Reform – Reorganisation – Transformation

Reform – Reorganisation – Transformation

Zum Wandel in deutschen Streitkräften
von den preußischen Heeresreformen
bis zur Transformation der Bundeswehr

Im Auftrag des
Militärgeschichtlichen Forschungsamtes
herausgegeben von

Karl-Heinz Lutz, Martin Rink
und Marcus von Salisch

R. Oldenbourg Verlag München 2010

Umschlagabbildungen:
Gruppenbild der maßgeblichen preußischen Reformer (von links: Scharnhorst,
Hardenberg und Stein). Kolorierter Holzschnitt um 1860 (akg-images);
Werbeplakat für die Bundeswehr, 1969 (Bundeswehr/IMZ);
Ausstellungslogo: Barbara Krückemeyer (Potsdam)

Die Deutsche Nationalbibliothek verzeichnet diese Publikation in der Deutschen Nationalbibliografie; detaillierte bibliografische Daten sind im Internet
über http://dnb.d-nb.de abrufbar.

© 2010 Oldenbourg Wissenschaftsverlag GmbH, München
Rosenheimer Str. 145, D-81671 München
Internet: oldenbourg.de

Redaktion und Projektkoordination: MGFA, Potsdam, Schriftleitung
    Satz: Carola Klinke, Antje Lorenz
    Umschlaggestaltung/Bildbearbeitung: Maurice Woynoski
    Lektorat: Alexander Kranz (Berlin)
    Bildredaktion: Knud Neuhoff (Berlin) und Carmen Winkel (Potsdam)

Herstellung: Wuhrmann Druck & Service GmbH, Freiburg i.Br.

ISBN 978-3-486-59714-1

Inhalt

Von der Aufklärung zur preußischen Reformzeit

Militär im Wandel – Vom 19. Jahrhundert bis zum Zeitalter der Weltkriege

Deutsche Streitkräfte nach 1945

Diachrone Betrachtungen

Vorwort

Die Anforderungen, die seit Mitte der 1990er-Jahre durch die Auslandseinsätze an die Streitkräfte des wiedervereinigten Deutschlands gestellt werden, erfordern deren stetige Veränderung. Dieser Prozess der permanenten Anpassung an jeweils neue Gegebenheiten wird allgemein als »Transformation« bezeichnet und in der Bundeswehr wie in der Öffentlichkeit als ein beschleunigter, dauerhafter Wandel wahrgenommen.

Bereits ein flüchtiger Blick in die Militärgeschichte zeigt jedoch, dass deutsche Streitkräfte beinahe zu allen Zeiten aufgrund verschiedener Ursachen Wandlungsprozessen unterschiedlicher Intensität unterworfen waren. Insbesondere im Verlauf der letzten 200 Jahre sahen sich politische wie militärische Führung immer wieder veranlasst, Aufgaben und Rolle des Militärs in Staat und Gesellschaft neu zu definieren und nicht zuletzt auch zu legitimieren. Dabei erscheint es zunächst sekundär, ob diese Prozesse kumulativ oder eher evolutionär abliefen. Die Dynamik des technischen, wissenschaftlichen und industriellen Fortschritts sowie demografische und mentale Entwicklungen blieben jedenfalls selten ohne Auswirkungen auf das Militärwesen. Dies ist ein deutliches Indiz für die enormen Wechselwirkungen zwischen Militär, Gesellschaft, Wirtschaft und Technik. Auch das ist ein Grund für den vom Militärgeschichtlichen Forschungsamt traditionell betriebenen Forschungsansatz einer modernen Militärgeschichte, die den Gegenstand Militär in all seinen Wechselbeziehungen zu den politischen, gesellschaftlichen und kulturellen Beziehungsfeldern betrachtet.

Ein Beispiel für einen mit anderen Handlungsfeldern verzahnten, geschichtsmächtigen Umbruch stellen die preußischen Heeresreformen zu Beginn des 19. Jahrhunderts dar. Die Rückbesinnung auf die Protagonisten und die Auseinandersetzung mit ihnen und ihren Idealen ist ein wesentlicher Bestandteil der Geschichte der Bundeswehr. Nicht zuletzt erlebte sie am 12. November 1955, dem 200. Geburtstag des Militärreformers Gerhard von Scharnhorst, mit der Ernennung der ersten 101 Soldaten ihren offiziellen Gründungsakt. Die Leitgedanken der preußischen Heeresreformer zur zukünftigen Entwicklung der Streitkräfte sind für das Traditionsverständnis der Bundeswehr von ganz zentraler Bedeutung. Im Bewusstsein ihrer Modernität wurden sie beim Wiederaufbau einer westdeutschen Bündnisarmee von den »Gründervätern« der Bundeswehr aufgegriffen.

Die preußischen Heeresreformen, die Gründung der Bundeswehr sowie der gegenwärtige Transformationsprozess der Streitkräfte bilden somit auch die wesentlichen inhaltlichen Rahmendaten des vorliegenden Bandes. Auch bislang weniger im Fokus stehende Veränderungen im deutschen Militär sollen hier thematisiert werden. Dies gilt beispielsweise für die Veränderungen in anderen, nicht preußischen Streitkräften, deren Untersuchung der oft allzu sehr auf Preußen fixierten Geschichtsschreibung zum Opfer fiel. Sie sollen ebenso Beachtung finden wie gescheiterte Versuche zur Modernisierung des Militärs.

Der vorliegende Band ist neben der Wanderausstellung »Reform, Reorganisation, Transformation. Zum Wandel in deutschen Streitkräften von den preußischen Heeresreformen bis zur Transformation der Bundeswehr« das zweite Produkt eines mehrjährigen Forschungsprojekts des Militärgeschichtlichen Forschungsamtes. Ich danke daher dem Projektleiter, Herrn Oberstleutnant Dr. Karl-Heinz Lutz sowie Herrn Oberstleutnant d.R. Dr. Martin Rink und Herrn Hauptmann Dr. Marcus von Salisch für ihr Engagement bei der inhaltlichen Gestaltung der Ausstellung sowie des Bandes. In diesen Dank beziehe ich alle Mitarbeiterinnen und Mitarbeiter der Schriftleitung des MGFA unter Leitung von Dr. Arnim Lang sowie dem Lektor Alexander Kranz mit ein.

Der vorliegende Band ist ein wichtiger Beitrag zur Geschichte der Entwicklung deutscher Streitkräfte und zum Selbstverständnis der Bundeswehr, deshalb wünsche ich ihm viele interessierte Leser in Wissenschaft und Öffentlichkeit.

Dr. Hans Ehlert
Oberst und Amtschef des
Militärgeschichtlichen Forschungsamtes

Geleitwort

Wer die Geschichte deutscher Streitkräfte verfolgt, wird stets erneut feststellen, dass sie umgruppiert, neu ausgerichtet oder grundlegend reformiert worden sind. Hierfür waren überwiegend politische Zäsuren verantwortlich, sodass die bewaffnete Macht in Einklang mit neuen politisch-gesellschaftlichen Verhältnissen zu bringen war. Unabhängig davon, ob wir in diesem Zusammenhang von *Reformen, Reorganisationen* oder *Transformationen* sprechen, handelt es sich hierbei um Begriffe, deren innere Logik und Reichweite sich erst dann erschließen, wenn ihre Wirkungsgeschichte sorgfältig untersucht worden ist.

Die preußischen Staats- und Heeresreformen nach 1806 sind diesbezüglich das klassische Beispiel: Sie wurden von den politischen und militärischen Reformern umfassend angelegt und wirkten nachhaltig fort. Insbesondere wurde hier die Notwendigkeit erkannt, den preußischen Staat mitsamt seiner Armee von Grund auf neu zu organisieren. In vielerlei Hinsicht ist diese Reform auch für die Bundeswehr von Bedeutung. Nach wie vor haben zentrale Überlegungen der preußischen Reformer des frühen 19. Jahrhunderts ihre Gültigkeit. Auch deswegen gelten die preußischen Staats- und Heeresreformen als eine Traditionssäule der Bundeswehr. Auf ihnen beruhen Maßstäbe und Beispiele für werteorientiertes Handeln – auch heute noch. Daher nehmen diese Reformen den zentralen Platz im vorliegenden Sammelband ein. Sie waren zu ihrer Zeit allerdings nicht die einzigen erforderlichen Umgestaltungen. Deshalb werden auch die unterschiedlichen Entwicklungen anderer deutscher Staaten exemplarisch in den Blick genommen.

Nicht zuletzt für den Aufbau der Bundeswehr nach dem Zweiten Weltkrieg waren ihre damaligen Gründer aufgerufen, etwas völlig Neues zu schaffen. Doch es zeigte sich, dass in der Bundeswehr im Stadium ihres Entstehens nicht alles so »neu« war, wie es vorderhand erschien: Zu ausgeprägt waren allein schon die personellen Kontinuitäten der Gründergeneration im Verhältnis zur Wehrmacht. Dennoch brauchte die neu aufgestellte junge Bundeswehr den Vergleich mit der Reform von 1807 bis 1813 nicht zu scheuen: Erstmals in der deutschen Geschichte existierte ab 1955 eine konzeptionell in den demokratischen Rechts- und Verfassungsstaat integrierte Gesamtstreitmacht; erstmals bestand eine gesetzlich durchgängig kodifizierte Normierung für die Streitkräfte (die sowohl die Rechte als auch die Pflichten der Soldaten enthielt); erstmals gab es parlamentarisch vorbehaltene Kontrollmechanismen und erstmals in der deutschen Geschichte war die Armee auf eine bündnispolitische Integration hin orientiert. Von einer wirklich vollendeten Reform in der Bundeswehr kann indessen erst mit Blick auf die Reformvorhaben der 1970er-Jahre gesprochen werden. Erst sie schufen Neues und haben die deutschen Streitkräfte über die Jahrzehnte hinweg in einem Gleichgewicht zwischen Integration in die Gesellschaft, bündnisgemeinsamer Aufgabenerfüllung und zeitgemäßer Ausrüstung und Ausrichtung gehalten. Es war sowohl für die Soldaten als auch für die sie umgebende Gesellschaft ein ambitioniertes Vorhaben. Davon künden zahlreiche Kontroversen um Wehrfragen, Krisen und Affären, aber auch Erfolge und Durchbrüche.

Dass gesellschaftliche Kontroversen offen ausgetragen wurden, hat sicher zur Stabilität der Bundesrepublik Deutschland beigetragen. Anders war es in der DDR. Eine umfassende Militärreform fand bis Ende 1989 nicht statt; Versuche hierzu wurden durch den Fall der Mauer und die Deutsche Einheit obsolet. Das Gesicht der Bundeswehr hat sich schließlich seit den 1990er-Jahren erneut dramatisch gewandelt. Zum einen wandelte sie sich zur Armee der Einheit, bald darauf zur Armee im (Auslands-)Einsatz. Es hat den Anschein, als ob erforderliche Reformen, einmal initiiert und beschlossen, wegen immer kürzer werdender Reaktionszeiten auf die Erfordernisse der Zeit kaum mehr zu Ende geführt werden können. Wie schnell sich die Anforderungen an die Sicherheitsvorsorge von Staaten verändern können, haben die Ereignisse des 11. September 2001 gezeigt. Die Streitkräfte und die Gesellschaft müssen daraus die richtigen und verantwortbaren Konsequenzen ziehen.

Für eine Bewertung der Transformation der Bundeswehr ist es noch zu früh. Gleichwohl ist es sinnvoll, sie in ihren bisherigen Konturen zu beschreiben. Eine wissenschaftliche Einordnung dieses Komplexes wird etwa in dem Forschungsprojekt des Militärgeschichtlichen Forschungsamtes »Bundeswehrgeschichte nach 1990« zu leisten sein.

Parallel zum vorliegenden Band ist das Medium »Wanderausstellung« ein wesentlicher Teil dieses Gesamtprojektes. Es ist ein Lernraum, in dem vor allem Soldatinnen und Soldaten mit den historischen Wurzeln ihrer Armee vertraut gemacht werden sollen. Durch den Blick auf die Geschichte der Reformen deutscher Streitkräfte in Text und Bild werden sie in die Lage versetzt, in turbulenten Zeiten Deutungswissen zu erwerben. Das Projekt »Reform, Reorganisation, Transformation. Zum Wandel in deutschen Streitkräften von den preußischen Heeresreformen bis zur Transformation der Bundeswehr« ist in der bewusst zweigleisig angelegten Art dazu bestimmt, auf das Lern- und Leseverhalten der Zielgruppen angemessen zu reagieren. Im vorliegenden Begleitband geht es unter anderem darum, Einzelaspekte des Themas zu vertiefen. Er stellt sozusagen den zeitüberdauernden Anteil des Projektes dar und möchte eine Wegmarke in der Behandlung des Themas setzen. Dank gebührt dem Ausstellungsteam wie den Herausgebern dieses ausstellungsbegleitenden wissenschaftlichen Sammelbandes. Dem Gesamtprojekt wünsche ich eine hohe Akzeptanz und ich erhoffe mir einen guten Beitrag zur historischen Bildung in der Bundeswehr.

Oberst i.G. Dr. Hans-Hubertus Mack
Stellvertretender Amtschef MGFA

Martin Rink und Marcus von Salisch

Zum Wandel in deutschen Streitkräften von den preußischen Heeresreformen bis zur Transformation der Bundeswehr

Reformen stehen am Anfang eines Neubeginns. Dadurch sind sie definiert. Vor allem deutsche Streitkräfte waren in den 200 Jahren zwischen dem späten 18. Jahrhundert, dem ausgehenden Zeitalter der Aufklärung, und der postmodernen Ära des beginnenden 21. Jahrhunderts teils sehr tief greifenden Neuanfängen oder Umbrüchen unterworfen, die zumeist auch mit politischen und gesellschaftlichen Zäsuren einhergingen. Dies allein wäre freilich kein Spezifikum des deutschen Militärs, das sich ohnehin an den historischen Wegmarken von 1806-1814, 1862-1871, 1918-1920, 1933/35-1945, 1950-1955/56 und 1989/90 stets als plurales Gebilde verschiedener militärischer Organisationsbereiche darstellte. Im Gegensatz zu anderen europäischen Streitkräften scheint jedoch die Radikalität militärischer Wandlungsprozesse in deutschen Streitkräften in den historischen Beschleunigungsphasen von 1789-1813 und 1989-2009 besonders ausgeprägt zu sein; und trotz der konservativen Selbstwahrnehmung gilt Ähnliches auch für das deutsche Militär im Zeitalter der Weltkriege. So ist es das Ziel dieses Buches, eine Brücke über zwei Jahrhunderte deutscher Militärgeschichte zu schlagen, in denen es um »Reform«, »Reorganisation«, »Modernisierung« oder »Transformation« ging – alles Begriffe, die mannigfachen semantischen und historischen Ausprägungen unterworfen waren und noch sind[1]. Denn zur Geschichte von Wandlungsprozessen gehören nicht nur Konzepte und deren Realisierung, sondern auch ihr Hinausschieben und ihr Scheitern, ihr verstecktes Weiterleben und ihr Mythos. Wenn es hier um militärischen Wandel gehen soll, dann auch – bewusst oder unbewusst – um eine Folie, vor der die Kontinuitäten klarer hervortreten.

---

[1] Zum Komplex der Militärreformen siehe auch die Ausstellung »Reform – Reorganisation – Transformation. Zum Wandel in den deutschen Streitkräften von den preußischen Heeresreformen bis zur Transformation der Bundeswehr«, betreut von Karl-Heinz Lutz und Marcus von Salisch sowie den Aufsatz Karl-Heinz Lutz und Marcus von Salisch, Militärreformen in Deutschland zu Beginn des 19. Jahrhunderts. In: Militärgeschichte. Zeitschrift für historische Bildung, 2007, 4, S. 4-9.

I. Neuanfang und Reform:
Kennzeichen der Bundeswehr im Aufbau

Reformen stehen nie voraussetzungslos am Anfang eines Neubeginns. Denn das »neu« zu Gestaltende soll ja anders sein als das Vorhergehende. Logisch wie historisch verbleibt damit aber gerade das »Alte« als Bezugsgröße, von der es sich abzusetzen gilt. Entsprechend ist auszuloten, welche Wandlungsprozesse der Gegenwart ihre Parallelen oder Unterschiede in der Vergangenheit finden. Der pauschale Bezug der Gegenwart auf Vergangenes – etwa die Aussage, es sei alles schon einmal da gewesen – muss undeutlich bleiben, solange unklar ist, *was* schon einmal da gewesen ist und was als wirklich »neu« bezeichnet werden kann. Gerade wenn es gilt, Reform-, Wandlungs- oder Transformationsprozesse ins Werk zu setzen und dabei das »Alte« hinter sich zu lassen, wird klar, dass *diese* Forderung nach Reformprozessen so neu mitnichten ist. Da sich Gegenwart auf Vergangenheit bezieht – ob wir nun wollen oder nicht –, bietet es sich an, Wandlungsprozesse des deutschen Militärs der vergangenen zwei Jahrhunderte im gemeinsamen Bezug darzustellen. Das erst ermöglicht einen Vergleich, der jedoch – richtig verstanden – keine Gleichsetzung sein darf.

Die Bundeswehr befand sich in ihren Anfangsjahren in diesem Spannungsfeld zwischen Alt und Neu. Bereits die Vertreter ihrer Gründergeneration fühlten sich als Reformer. Genau dies verdeutlicht die inzwischen klassische Devise der Himmeroder Tagung vom Oktober 1950 zum Inneren Gefüge der projektierten westdeutschen Armee: »[Es] sind die Voraussetzungen für den Neuaufbau von denen der Vergangenheit so verschieden, daß ohne Anlehnung an die Formen der alten Wehrmacht heute grundlegend Neues zu schaffen ist[2].« Dies bezog sich auf die Tradition, in welche sich die neuen Streitkräfte zu stellen gedachten; es strahlte aber auch auf andere Gestaltungsfelder der Streitkräfte aus. Entsprechend des gewünschten »neuartigen« Charakters bestimmten vier Determinanten den Aufbau der Streitkräfte: Sie sollten erstens als Parlamentsarmee dem Primat der Politik unterstehen; zweitens sollten sie als Wehrpflichtarmee eng in die Gesellschaft integriert und drittens als Bündnisarmee mit den westlichen Partnern eng verzahnt sein. Viertens sahen die Planer eine Gesamtstreitkräftelösung vor, also eine integrierte Organisation aller Teilstreitkräfte[3].

[2] Hans-Jürgen Rautenberg und Norbert Wiggershaus, Die »Himmeroder Denkschrift« vom Oktober 1950. Politische und militärische Überlegungen für einen Beitrag der Bundesrepublik Deutschland zur westeuropäischen Verteidigung, 2. Aufl., Karlsruhe 1985, S. 53.
[3] So die späteren Generalinspekteure der Bundeswehr de Maizière (1966-1972, ab 1952 bereits Mitarbeiter im Amt Blank) und Wellershoff (1986-1991): Ulrich de Maizière, Was war neu an der Bundeswehr? Betrachtungen eines Zeitzeugen. In: Entschieden für Frieden. 50 Jahre Bundeswehr 1955 bis 2005. Im Auftr. des MGFA hrsg. von Klaus-Jürgen Bremm, Hans-Hubertus Mack und Martin Rink, Berlin 2005, S. 11-16; Dieter Wellershoff, Das Ganze vor den Teilen sehen. Zur inneren und äußeren Integration unserer Bundeswehr in ihrer fünfzigjährigen Geschichte. In: Entschieden für Frieden (wie vorstehend), S. 19-38. Hans-Jürgen Rautenberg, Streitkräfte und Spitzengliederung – zum Verhältnis von ziviler und bewaffneter Macht bis 1990. In: Entschieden für Frieden (wie vorstehend),

All das stand im klaren Kontrast zu früheren deutschen Armeen, vor allem zur Wehrmacht. Deren Erfolge, Versagen und Untergang hatten die Gründerväter der Bundeswehr selbst miterlebt (und teils sogar mitgestaltet). Am Anfang stand – wieder einmal – die Erfahrung der Katastrophe.

Daher boten sich die preußischen Reformer als Traditionslinie für die neuen westdeutschen Streitkräfte an. Für sie war die Erfahrung des Desasters von Jena und Auerstedt am 14. Oktober 1806 sowie der Zusammenbruch des alten Preußens binnen weniger Monate ebenfalls ein Antrieb für einen konsequenten Neuanfang gewesen. Nicht umsonst verwies das im Jahr 1957 erschienene Handbuch Innere Führung darauf, dass »Namen wie Stalingrad, Dresden oder Berlin oder die Jahreszahl 1945 uns daran erinnern, daß unser ›Jena und Auerstedt‹ überreichlich stattgefunden hat, wenn auch unter anderen Vorzeichen«[4]. Die totale Niederlage war zudem nicht nur rein militärisch zu erklären; sie war »weder zufällig noch auf das bloße militärische Kräfteverhältnis zurückzuführen«[5]. Wie die preußischen Reformer empfanden auch die Bundeswehrgründer die Notwendigkeit, die Militärreform in den gesellschaftlich-politischen Rahmen zu stellen. So war die Wahlverwandtschaft zwischen Bundeswehr und preußischen Reformern von den Anfängen bis zur Gegenwart als Traditionslinie verankert[6]. Die preußischen Reformer hatten eineinhalb Jahrhunderte zuvor die enge Verbindung von Militär, Staat und Gesellschaft betont und als Maßstab für ihre Reformprojekte eingefordert. So war es denn eine glückliche Fügung, dass der offizielle Tag des »Uniformanziehens« der ersten Bundeswehrsoldaten – zwar recht improvisiert – auf den 12. November 1955 gelegt werden konnte, den 200. Geburtstag Gerhard von Scharnhorsts[7]. An diese Figur wollten und konnten die Gründerväter der Bundeswehr anknüpfen.

S. 107-122, hier S. 112-114; Rautenberg/Wiggershaus, Die »Himmeroder Denkschrift« (wie Anm. 2), S. 40.

[4] Handbuch Innere Führung, Hilfen zur Klärung der Begriffe. Hrsg. von Bundesministerium für Verteidigung, Führungsstab der Bundeswehr I 6, 2. Aufl. 1960 (= Schriftenreihe Innere Führung, Erstauflage 1957), S. 19.

[5] Wolf Graf von Baudissin, Preußens Heeresreform. Kein Zurück in eine »heile Epodie«. In: Die Zeit, 8.6.1973, Nr. 24.

[6] Vgl. den Beitrag Köster in diesem Band; de Maizière, Was war neu (wie Anm. 3), S. 15; John Zimmermann, Vom Umgang mit der Vergangenheit. Zur historischen Bildung und Traditionspflege in der Bundeswehr. In: Die Bundeswehr 1955 bis 2005. Rückblenden – Einsichten – Perspektiven. Im Auftrag des MGFA hrsg. von Frank Nägler, München 2007 (= Sicherheitspolitik und Streitkräfte der Bundesrepublik Deutschland, 7), S. 115-129.

[7] Bruno Thoß, Allgemeine Wehrpflicht und Staatsbürger in Uniform. In: Gerhard von Scharnhorst. Vom Wesen und Wirken der preußischen Heeresreform. Hrsg. von Eckhardt Opitz, Bremen 1998 (= Schriftenreihe des Wissenschaftlichen Forums für Internationale Sicherheit, 12), S. 147-163, hier S. 147 f.; Wilhelm Meier-Dörnberg: Die Auseinandersetzung um die Einführung der Wehrpflicht in der Bundesrepublik Deutschland. In: Die Wehrpflicht. Entstehung, Erscheinungsformen und politisch-militärische Wirkung. Im Auftr. des MGFA hrsg. von Roland G. Foerster, München 1994 (= Beiträge zur Militärgeschichte, 43), S. 107-118. Zum Selbstbild der neuen Bundeswehr im Spiegel der Personalwerbung: Thorsten Loch, Das Gesicht der Bundeswehr. Kommunikationsstrategien in der Freiwilligenwerbung der Bundeswehr 1956 bis 1989, München 2008 (= Sicherheitspolitik und Streitkräfte der Bundesrepublik Deutschland, 8), S. 135 f.

Das Schaffen von »grundlegend Neuem« verlief in der jungen Bundeswehr jedoch weder reibungslos noch ohne Anlehnung an »alte Formen«. Dies galt zunächst für das Personal, das natürlich durch die Vordienstzeiten in Wehrmacht, Reichswehr und teils auch noch in den kaiserlichen Heeren geprägt war. Auch machte etwa die Debatte um die Schlüsselqualifikationen und die Bildung des Offiziers um die junge Bundeswehr und ihre »Gründerväter« keinen Bogen. Ohnehin ist dies eine fast »zeitlose« Begleiterscheinung der Entwicklung deutscher Armeen spätestens seit dem Zeitalter der Aufklärung. Auch in den 1950er und vor allem ab den späten 1960er-Jahren kam es zur Auseinandersetzung aufgeschlossener Offiziere mit einer konservativen Militärelite über die Durchsetzung zeitgemäßer und allgemeingültiger Bildungs- und Führungsmodelle sowie über die Notwendigkeit erhöhter wissenschaftlicher Anforderungen an den Offizier angesichts der zunehmenden Technisierung und der beginnenden atomaren Bedrohung[8]. Auch hier prallten die Vorstellungen vom »zackig strammen Soldaten« und der »Paradekompanie« auf das neue Leitbild vom mündigen »Staatsbürger in Uniform«, das dem modernen Lebensgefühl Rechnung tragen sollte – jedoch ohne Einbußen bei der Kampfbereitschaft hinzunehmen[9]. Der später in höchste Führungsverwendungen der NATO aufgestiegene Graf Kielmansegg formulierte hierzu (in erstaunlicher Anlehnung an das Gedankengut frühneuzeitlicher Militäraufklärer) bereits 1940: »Der Offizier muss nicht nur seine militärische Fachbildung haben, sondern eine allgemeine Bildung [...] Er darf nicht mit Kommiss-Scheuklappen durch das Leben laufen, aus denen er neben mehr oder weniger Dienst allenfalls noch Mädchen und Alkohol sieht und weiter nichts.« Er müsse »sich darüber im Klaren sein, dass es darüber hinaus noch einige Dinge gibt, die von Wert sind [...] Es ist nun mal ein inneres Gesetz, nicht nur des Offiziertums, sondern der Führerschaft überhaupt, dass der Gebildetere grundsätzlich der Geeignetere ist[10].« Dabei kam es

---

8   Klaus Naumann, Ein staatsbürgerlicher Aristokrat. Wolf Graf von Baudissin als Exponent der militärischen Elite. In: Wolf Graf von Baudissin 1907‑1993. Modernisierer zwischen totalitärer Herrschaft und freiheitlicher Ordnung. Hrsg. im Auftr. des MGFA von Rudolf J. Schlaffer und Wolfgang Schmidt, München 2007, S. 37‑54.

9   Helmut R. Hammerich, »Kerniger Komiss« oder »Weiche Welle«? Baudissin und die kriegsnahe Ausbildung in der Bundeswehr. In: Wolf Graf von Baudissin (wie Anm. 8), S. 127‑138.

10 Aus Kielmanseggs Vortrag »Der Offizier« vom Winter 1940. Zit. nach Karl Feldmeyer und Georg Meyer, Johann Adolf Graf von Kielmansegg 1906‑2006. Deutscher Patriot, Europäer, Atlantiker, Hamburg, Berlin, Bonn 2007, S. 96 f. An der Schwelle zum 21. Jahrhundert wandelt sich das Anforderungsprofil des deutschen Offiziers und Soldaten stetig. Vor diesem Hintergrund wird nach wie vor über die Gewichtung der Inhalte der Ausbildung des militärischen Führers, also auch über den Stellenwert seiner »inneren Ethik« und seiner wissenschaftlichen Bildung diskutiert. Dies charakterisiert die Militäraufklärung nicht zuletzt als einen fortschreitenden, die Entwicklung der Streitkräfte begleitenden und somit die Thematik des vorliegenden Bandes umschließenden Prozess. Marco Seliger, Auf der Suche nach Identität. In: loyal. Magazin für Sicherheitspolitik, 7/8 (2008), S. 8‑13; Winfried Gräber, Der Offizier der Luftwaffe. Umrisse eines Anforderungsprofils als erzieherische Herausforderung. In: Gneisenau Blätter, 5 (2007), S. 76‑82; Hans-Hubertus Mack, Historische Bildung und Erziehung in deutschen Streitkräften. In:

in praktisch-organisatorischer Hinsicht darauf an, »zeitgemäße« Formen von Menschenführung, Organisation, Technikbeherrschung und Selbstbild zu entwickeln. Die historisch-politische Bildung der jungen Armee suchte dem Rechnung zu tragen, indem das zwischen 1957 und 1961 herausgegebene Handbuch »Schicksalsfragen der Gegenwart« Historiker, Politikwissenschaftler und Politiker zu Wort kommen ließ, damit diese den engen Zusammenhang von Militär, Staat und Gesellschaft – im damaligen Sprachgebrauch: von »Staats-, Gesellschafts- und Heeresverfassung« – darlegen konnten[11]. Es ist kein Zufall, dass in diesem Werk implizit oder explizit der Wandel deutscher Streitkräfte ein stets wiederkehrendes Motiv darstellte. Zur Verwirklichung solcher Ideale bedurfte es jedoch erst bestimmter gesellschaftlicher und politischer Voraussetzungen sowie eines Generationenwechsels im militärischen Schlüsselpersonal. Ohne Zweifel stellten die Gründungsjahre der Bundeswehr eine einschneidende Zäsur der deutschen Militärgeschichte dar. Dennoch boten ihr erst die 1970er-Jahre dasjenige Klima, in dem hinsichtlich ihres Bildungs- und Ausbildungssystems, ihrer Organisation und Strukturen Anspruch und Wirklichkeit im Sinne der Leitgedanken der »Inneren Führung« zu größerer Deckungsgleichheit gelangen konnten[12].

Während die Leitgedanken der »Gründerväter« der Bundeswehr spätestens seit dem Umbau der 1970er-Jahre weitgehend als gültig betrachtet wurden, klafften Anspruch und Wirklichkeit in den Streifkräften der DDR zunehmend auseinander. Hier war man dem bürgerlich konnotierten Begriff »Reform« gegenüber wenig aufgeschlossen. Zwar räumte die Nationale Volksarmee in ihrer »revolutionären« Tradition den »Schöpfern der Volksbewaffnung« Scharnhorst und Gneisenau sowie der sowjetisch/russisch-deutschen Waffenbrüderschaft nicht nur einen prominenten Platz ein – sie postulierte gar im Film »Scharnhorst – Schöpfer der Volksbewaffnung« das alleinige »historische Recht« auf Scharn-

---

  Gneisenau Blätter, S. 51-67. Ulrike Merten, Politische Bildung in den Streitkräften. Problemlagen und Perspektiven. In: if. Zeitschrift für Innere Führung, 2 (2008), S. 17-20.

[11] Schicksalsfragen der Gegenwart. Handbuch politisch-historischer Bildung. Hrsg. vom Bundesministerium für Verteidigung, Innere Führung; hier etwa im Bd 1 (1957): Theodor Litt, Wie versteht unser Zeitalter sich selbst? (zum »Atomzeitalter«), S. 9-28; Martin Drath, Die sowjetische Gesellschaftslehre unter Berücksichtigung ihrer Revolutionstheorie, S. 145-182; Martin Göhring, Die Französische Revolution und der moderne Staat, S. 217-244; Walter Hubatsch, Koalitionskriegführung in neuester Zeit, S. 271-294; Gerhard Oestreich, Soldatenbild, Heeresreform und Heeresgestaltung, S. 295-321; Gerhard Ritter, Die Wehrmacht und der politische Widerstand gegen Hitler, S. 322-348. Bd 2 (1957): Werner Hahlweg, Clausewitz und die Gegenwart, S. 183-207; Helmut Krausnick, Die Wehrmacht im Dritten Reich, S. 282-329; Bd 3 (1958): Hans Herzfeld, Staats-, Gesellschafts- und Heeresverfassung, S. 9-26; Walter Bußmann, Königliche Armee – Volksheer. Zur Geschichte des preußischen Heereskonflikts in den sechziger Jahren [des 19. Jhdt.], S. 27-46; Karl Dietrich Bracher, Die deutsche Armee zwischen Republik und Diktatur (1918-1945), S. 95-120; Fritz Erler, Heer und Staat in der Bundesrepublik, S. 223-256.

[12] Vgl. Eckard Opitz, »Kämpfer« oder »Denker«? Der lange und kontroverse Weg zum Studium für angehende Offiziere in Deutschland. In: Die Bundeswehr 1955 bis 2005 (wie Anm. 6), S. 105-113; Karl-Heinz Janßen, Ein Scharnhorst der Bundeswehr? Im Kreuzfeuer der Kritik: Bildungsplaner Thomas Ellwein. In: Die Zeit, 11.6.1971, Nr. 24. Siehe auch die Beiträge Schlaffer und Bormann in diesem Band.

horst[13]. Wie weit sie sich in der Realität jedoch vom Ideal einer »Volksarmee« entfernte, belegt eine Forderung von NVA-Soldaten aus der Zeit des politischen Umbruchs 1989/90: »Die Armee muss zusammengehen mit der Volksbewegung für einen demokratischen Sozialismus [...] Die Nationale Volksarmee muss eine Armee des Volkes und seines Staates sein, nicht die einer Partei[14].« Der verspätete Reformversuch der NVA trug sicher dazu bei, Militär und Gesellschaft in der untergehenden DDR wieder verstärkt, aber zu spät, einander anzunähern. Der rasche Prozess der deutschen Wiedervereinigung setzte dem Vorhaben jedoch Grenzen. Der Beitritt der DDR zum Geltungsbereich des Grundgesetzes am 3. Oktober 1990 läutete das Ende der »Armee ohne Staat« ein[15].

Seit dem Ende des Ost-West-Konfliktes muss sich die Bundeswehr – nun als »Armee der Einheit«[16] – mit einem sich ständig erweiternden geografischen und funktionalen Aufgabenspektrum auseinandersetzen. Im Gegensatz zum Kalten Krieg ist der Grad der »klassischen« militärischen Bedrohung zwar gesunken. Andere Risiken wie transnationaler Terrorismus oder die Gefahr der Proliferation von Massenvernichtungswaffen haben indes zugenommen. Die Globalisierung bestimmt nicht nur die Wirtschaft, sondern auch das sicherheitspolitische Denken. Bedrohungen und Risiken werden regional entgrenzt[17]. Folglich sieht sich auch die Bundeswehr gezwungen, global zu denken. Dies hat unmittelbare Auswirkungen auf ihre Struktur, Ausrüstung und Ausbildung[18]. Eine einmalige Anpassung an diese Herausforderungen – sei es als *Reform* oder *Reorganisation* – mit einem definierten Endzustand genügt nicht mehr. Um Deutschland – unter anderem – auch »am Hindukusch« verteidigen zu können, wird die *Transformation* der deutschen Streitkräfte für zwingend geboten betrachtet. Nicht nur die

---

[13] Matthias Rogg, Armee des Volkes? Militär und Gesellschaft in der DDR, Berlin 2008 (= Militärgeschichte der DDR, 15), S. 44 f.; Zur Rezeption der »Frühbürgerlichen Revolution in Deutschland«, dem Bauernkrieg 1524/25 unter Führung Thomas Müntzers, vgl. exemplarisch: Der Bauer stund auf im Land'. Leseheft für den Zirkel »Politische Grundschule«. Hrsg. vom Zentralrat der Freien Deutschen Jugend, Abt. Propaganda, Pößneck o.J.

[14] Vgl. Beitrag Heider in diesem Band.

[15] Christopher Jones, Gorbačevs Militärdoktrin und das Ende des Warschauer Paktes. In: Der Warschauer Pakt. Von der Gründung bis zum Zusammenbruch 1955 bis 1991. Im Auftr. des MGFA hrsg. von Thorsten Diedrich, Winfried Heinemann und Christian F. Ostermann, Berlin 2009 (= Militärgeschichte der DDR, 16), S. 261. Rogg, Armee des Volkes? (wie Anm. 13), S. 575–580.

[16] Vgl. Gunnar Digutsch, Die NVA und die Armee der Einheit. In: Die Bundeswehr 1955 bis 2005 (wie Anm. 6), S. 451–476; Werner von Scheven, Die Bundeswehr und der Aufbau Ost. In: Entschieden für Frieden (wie Anm. 3), S. 441–455; Nina Leonhard, Die Soldaten der NVA und der Aufbau Ost. In: Entschieden für Frieden (wie Anm. 3), S. 457–467; Abenteuer Einheit. Zum Aufbau der Bundeswehr in den neuen Ländern. Hrsg. von Hans Peter von Kirchbach, Manfred Meyers und Victor Vogt, Frankfurt a.M. 1992.

[17] Vgl. Herfried Münkler, Die neuen Kriege und ihre sicherheitspolitischen Folgen. In: Entschieden für Frieden (wie Anm. 3), S. 647–655; Andreas Herberg-Rohte, Der Krieg. Geschichte und Gegenwart, Frankfurt a.M. 2003; Asymmetrische Konflikte im Spiegel der Zeit. Hrsg. von Sebastian Buciak, Berlin 2008.

[18] Vgl. Klaus Naumann, Der Wandel des Einsatzes von Katastrophenhilfe und NATO-Manöver zur Anwendung von Waffengewalt und Friedenserzwingung. In: Die Bundeswehr 1955 bis 2005 (wie Anm. 6), S. 477–494.

Bundeswehr wandelt sich, sondern auch die westliche Bündnisarchitektur. Im Sinne der Interoperabilität verlangt eine Transformation der NATO (und anderer Akteure wie der EU) auch die Transformation ihrer Mitglieder. Moderne deutsche Streitkräfte sollen an der Seite ihrer Bündnispartner gemäß den militärtechnologischen Vorgaben der vernetzten Operationsführung handlungsfähig sein. Zum Integrationsdruck gesellt sich dabei der Zeitdruck, denn die Anforderungen an die Bundeswehr im Einsatz haben hinsichtlich der Intensität, der Anzahl und der Dauer seit dem Beginn der Auslandseinsätze auf dem Balkan Mitte der 1990er-Jahre weit stärker zugenommen als erwartet. Es gilt, durch die Transformation die Lücke zwischen dem veränderten Anforderungsprofil und dem Fähigkeitsprofil der deutschen Streitkräfte zu schließen[19].

Nicht nur bei den Bundeswehrreformern stand daher die Wahrnehmung des »Fortschritts« im Hintergrund. Wolf Graf von Baudissin, der mit seinem neuen Bild vom »gewollten Soldaten« entscheidend die Selbstwahrnehmung der Bundeswehr prägte (nicht aber die oft viel prosaischere Realität), führte im einschlägigen Handbuch Innere Führung von 1957 aus: »Beharrende und verändernde Kräfte haben stets gegeneinander gerungen. Kein geschichtliches Leben ohne Tradition! ›Lebendig‹ aber kann Tradition nur in der Wandlung bleiben. Erst wo Tradition erstarrt, tritt sie in Widerstreit mit dem Leben und entzieht sich damit der Zukunft. ›An der Spitze des Fortschritts stehen‹ (Scharnhorst), meint eine Haltung, die sich an den immer neuen Aufgaben mißt und dabei stetig Kraft zu neuer Entfaltung entwickelt[20].« Und wie unterschiedlich auch im Einzelnen die Konzepte in den zwei Jahrhunderten zwischen 1789 und 1989 gewesen sind: Alle Veränderer bezogen sich (meist implizit) auf die Annahme einer historischen Entwicklung in Richtung Fortschritt. Deren Gültigkeit oder Grenzen treten erst im Rückblick klarer hervor.

---

[19] Franz-Josef Meiers, Zur Transformation der Bundeswehr. In: APuZ, 21 (2005), S. 15-22; Franz H.U. Borkenhagen, Entwicklungslinien aktueller deutscher Sicherheitspolitik. In: Die Bundeswehr 1955 bis 2005 (wie Anm. 6), S. 501-517; Peter Dreist, Die Auslandseinsätze der Bundeswehr zwischen Politik und Verfassungsrecht. In: Entschieden für Frieden (wie Anm. 3), S. 507-524; Ralph Thiele, Gerhard von Scharnhorst. Zur Identität der Bundeswehr in der Transformation, Bonn 2006; Bewahren genügt nicht – mit der Transformation in die Zukunft. Wolfgang Schneiderhan, Generalinspekteur der Bundeswehr, gegenüber bundeswehr.de am 1. April 2009: <www.bundeswehr.de/portal/a/bwde/streitkraefte/transformation06> [letzter Abruf 26.7.2009].

[20] Handbuch Innere Führung (wie Anm. 4), S. 51. Der Klammerverweis auf Scharnhorst ist im Original fett hervorgehoben. Zum »gewollten Soldaten«: Frank Nägler, Der gewollte Soldat und sein Wandel. Personelle Rüstung und Innere Führung in den Aufbaujahren der Bundeswehr 1956 bis 1964/65, München 2009 (= Sicherheitspolitik und Streitkräfte der Bundesrepublik Deutschland, 9) [in Vorb.]; Andreas Broicher, Gerhard von Scharnhorst. Soldat – Reformer – Wegbereiter, Aachen 2005, S. 229-232.

II. Das Zeitalter Napoleons und die preußischen Heeresreformen – Beginn der Moderne?

»Am Anfang war Napoleon«, so die sprachgewaltige Einleitung von Thomas Nipperdey in seine Geschichte des 19. Jahrhunderts[21]. Nach dieser Lesart war der korsischstämmige Kaiser der Franzosen Katalysator und Synonym für den beschleunigten Wandel an der Schwelle zur »Moderne«. Für jeden Schul- und universitären Lehrplan markiert die Französische Revolution von 1789 die Wegscheide zwischen »Früher Neuzeit« und der »Neueren und Neuesten Zeit«. Die Revolution, die ab 1792/93 in eine fast ununterbrochene Serie von Kriegen mündete, ermöglichte nicht nur den Aufstieg Napoleons. Der Bezug auf ihre Prinzipien erlaubte dem Konsul und späteren Kaiser sein »bonapartistisches« Regierungssystem, die (so proklamierte) Verwirklichung der »Interessen des Volkes«. Die Adaption dieses Prinzips durch seine Gegner – wie zögerlich und widersprüchlich sie auch immer im Einzelnen verlief – führte dann in den Jahren 1808/09 und 1813 bis 1815 zu seinem Fall. Das waren alles beschleunigte Prozesse, die für die beiden folgenden Jahrhunderte die leitenden Paradigmen setzten und an denen sich die Zeitgenossen – in zustimmender oder ablehnender Weise – orientierten.

Nun etablierte sich die »Nation« als semantisch neu geformtes Vergemeinschaftungskonzept. Hinzu trat das Instrument, das den absolutistischen Herrschern in seiner Perfektion letztlich versagt geblieben war: An der Schwelle zum 19. Jahrhundert formierte sich der bürokratische Anstaltsstaat. Zu den Faktoren dieser »Modernisierung« sind weiterhin der »Industriekapitalismus« und entsprechend der Aufstieg der »marktbedingten Klassen« zu rechnen; als Tiefenprägung ferner die allmählich ausgreifende »Rationalisierung in wachsenden Bereichen des kulturellen Lebens«[22]. Diese »Modernisierung« transformierte das Europa des Ancien Régime zu demjenigen des 19. Jahrhunderts. Unabhängig davon, ob es sich hierbei um einen radikalen oder evolutionären Wandel handelte: Ihr Katalysator war der Krieg. Mit den Revolutionskriegen ab

---

[21] Thomas Nipperdey, Deutsche Geschichte 1800-1866. Bürgerwelt und starker Staat, München 1983, S. 11.

[22] Hans-Ulrich Wehler, Deutsche Gesellschaftsgeschichte, Bd 1: Vom Feudalismus des Alten Reiches bis zur Defensiven Modernisierung der Reformära 1700-1807, 2. Aufl., München 1989, S. 14. Unter Betonung der gleitenden Übergänge vom 18. zum 19. Jahrhundert wird in jüngerer Zeit Kritik an dieser Konzeption laut: Ralf Pröve, Militär, Staat und Gesellschaft im 19. Jahrhundert, München 2006 (= Enzyklopädie deutscher Geschichte, 77), S. 61. Prononciert ferner Ute Planert, etwa in: Krieg und Umbruch in Mitteleuropa. Erfahrungsgeschichte(n) auf dem Weg in eine neue Zeit, Paderborn [u.a.] 2009 (= Krieg in der Geschichte, 44). Hrsg. von Ute Planert, S. 11-23, hier S. 12-16; Ute Planert, Die Kriege der Französischen Revolution und Napoleons. Beginn einer neuen Ära der europäischen Kriegsgeschichte oder Weiterwirken der Vergangenheit? In: Formen des Krieges. Von der Antike bis zur Gegenwart. Hrsg. von Dietrich Beyrau, Michael Hochgeschwender und Dieter Langewiesche, Paderborn [u.a.] 2007 (= Krieg in der Geschichte, 37), S. 149-162, hier S. 161 f.

1792/93, mit der napoleonischen Herrschaft über halb Europa und ihrer Beendigung in den Freiheits- oder Befreiungskriegen ab 1813 beschleunigten sich Entwicklungsschübe, die im weiteren Verlauf des Jahrhunderts voll zur Entfaltung kamen. Ihre Fernwirkung prägt noch die »postmoderne« Staatenwelt an der Schwelle zum 21. Jahrhundert. Die materielle, personelle und mentale Aufrüstung in der Zeit zwischen 1792 und 1815 folgte ihrerseits nicht voraussetzungslos. Sie setzte Prozesse fort, die bereits im Zeitalter der Aufklärung in Intellektuellensalons erörtert und in den »modernen Reformstaaten« des aufgeklärten Absolutismus verwirklicht worden waren. In besonderer Hinsicht galt dies im Militärwesen.

Im 21. Jahrhundert würde man die im Zeitalter Napoleons ausgelösten Wandlungsprozesse in den deutschen Staaten wohl als »Reformen« charakterisieren: Nun griffen – etwa mit der extensiven Requisitionspraxis der napoleonischen Heere und der de jure durchgängigen Konskription – neue Mobilisierungsformen materieller und personeller Art; nun veränderten sich militärische Organisation und Taktik beschleunigt. Dazu kam die teils behutsam, teils radikal umgestaltete politische Landkarte. Dies brachte vielen Zeitgenossen neue Herrscher, neues Recht, neue Behörden und ein neues Militär. So hatte der militärische Wandel eine politische und gesellschaftliche Dimension. Umgekehrt wiesen auch die »zivilen« Felder dieser Transformation eine militärische Seite auf. Über dies alles wölbte ein mehr als 20 Jahre langer Krieg – ein in der »alten« Bundesrepublik (nicht jedoch in der DDR) lange vernachlässigtes Betrachtungsfeld.

III. Worte und Begriffe: »Revolution«, »Reform«, »Reorganisation«, »Transformation«

Von 1793 bis 1805, also innerhalb von zwölf Jahren Krieg und Krise, formte das revolutionäre, dann napoleonische Frankreich seine Armee zur wohl schlagkräftigsten ihrer Zeit. Im Jahr 1805 schlug dieses Militär die Heere Österreichs und Russlands; im Folgejahr warf sie das altpreußische Heer nicht nur nieder, sondern zertrümmerte es. So ist es keine geringe Leistung der preußischen Staats- und Heeresreformer, binnen fünf Jahren neben dem vielfach neu gestalteten Staatswesen auch eine Streitkraft zu »reorganisieren«, die sich in den Feldzügen ab 1813 den napoleonischen Truppen als ebenbürtig, teils auch überlegen zeigte. Die preußischen Heeresreformen haben seitdem einen guten Klang, genauso wie die mit ihr parallel in Gang gesetzte (mehr oder weniger vollzogene) Staatsreform.

Der Begriff »Reform« scheint seit den Umbrüchen der 1990er-Jahre allerdings ein wenig aus der Mode geraten zu sein. Im Gegenteil: Wohl nicht zuletzt aufgrund der – realen oder so empfundenen – Zumutungen von Rechtschreibreform, Währungsumstellung auf den Euro oder »Agenda 2010« verlor der etablierte Begriff in den Jahren um die Jahrtausendwende an Strahlkraft. Anders als in den beiden Jahrhunderten zuvor stand nun die Richtung des Fortschritts nicht mehr fest. Mit den friedlichen Revolutionen von 1989/90 ergab sich eine neue Unübersichtlichkeit: politisch, wirtschaftlich und nicht zuletzt auch militärisch. Das seitdem aufgekommene Schlagwort der »Neuen Kriege« verdeutlicht dies[23]. Die Bundeswehr wandelte sich von Grund auf. Recht unvorbereitet für die meisten Betroffenen wurde sie von der »Armee der Einheit« zur Armee im Einsatz. Angesichts des tief greifenden und zeitlich nicht begrenzbaren Anpassungsdrucks erscheint der Begriff der »Reform« überholt. Vielmehr wandelt sich die Bundeswehr nach dem Konzept der »Transformation« – ein Wort, von dem einer ihrer maßgeblichen Verfechter, der Generalinspekteur der Bundeswehr Wolfgang Schneiderhan, durchaus zugibt, es sei »für manche zu einem Reizwort geworden«[24].

Bereits dieser kurze Überblick zeigt die Wandelbarkeit des Reformbegriffs. So muss im vorliegenden Band auf den Versuch verzichtet werden, eine begriffspuristische, allgemeingültige Nominaldefinition von »Reformen« oder »Militärreformen« vorzunehmen, die für alle hier vorgestellten Wandlungsprozesse gleichermaßen geeignet wäre. Dies hat zunächst einen logischen Grund: Denn »Inhalt und Umfang eines Begriffes stehen gegeneinander in umgekehrtem Verhältnis. Je mehr nämlich ein Begriff unter sich enthält, desto weniger enthält er in sich und umgekehrt«[25]. Demgemäß wäre ein (zu) allgemeiner Reformbegriff inhaltsarm und zu diffus, um etwas auszusagen. Andererseits wären inhaltsreiche, also aussagekräftige Begriffe zu eng, um die vielfältige historische Realität und die von Zeitgenossen wie Historikern verwandte Begrifflichkeit angemessen im »Total-Modell« zu fassen. Der Preis hierfür besteht in einer gewissen Mehrdeutigkeit, so bei den Begriffen »Transformation« oder (preußischer Heeres-) »Reform«: Erstens kann es sich um eine in Zeit und Raum konkret benennbare Umgestaltungsphase handeln – die Transformation der Bundeswehr des beginnenden 21. Jahrhunderts oder die preußischen Heeresreformen von 1807 bis 1814. Diese Einengung hat Vorteile: So entsteht ein

---

[23] Mary Kaldor, New and Old Wars. Organized Violence in a Global Era, 3. ed., Cambridge, MA 2001; Herfried Münkler, Die neuen Kriege, 5. Aufl., Reinbek 2003; Herfried Münkler, Die Zukunft der Bundeswehr im Rahmen von Auslandseinsätzen. In: Entschieden für Frieden (wie Anm. 3), S. 647-656; Martin Rink, Der kleine Krieg. Entwicklungen und Trends asymmetrischer Gewalt 1740 bis 1815. In: Militärgeschichtliche Zeitschrift, 65 (2006), S. 355-388, hier S. 355 f.

[24] Wolfgang Schneiderhan, Bewahren genügt nicht – mit der Transformation in die Zukunft. In: loyal, April 2009; <http://www.bundeswehr.de>, Navigation über »Streitkräfte«, »Transformation« [letzter Abruf 24.7.2009]. Zur Transformation: Weißbuch 2006. Zur Sicherheitspolitik Deutschlands und zur Zukunft der Bundeswehr. Hrsg. vom Bundesministerium der Verteidigung Berlin 2006, S. 95-101.

[25] Immanuel Kant, Logik. In: Sämtliche Werke. Hrsg. von der Königl. Preußischen Akademie der Wissenschaften, Bd 9, Berlin 1923, S. 1-150, hier S. 95; zum selben Problem: Kazimierz Ajdukiewicz, Abriss der Logik, Berlin (Ost) 1958 (Originaltitel: Zarys logiki, 1952), S. 19-34.

Idealtypus[26]. Als die einzige und »eigentliche« Heeresreform erschiene dann die preußische, die den Idealtyp einer Militärreform gewissermaßen übererfüllt[27]. Dessen ungeachtet verbleiben aber – zweitens – auch allgemeinere Begriffsbedeutungen bestehen. Unbeschadet des in der Bundeswehr üblichen »offiziellen« Sprachgebrauchs kann man, ohne dabei an Wissenschaftlichkeit zu verlieren, auch andere Wandlungsprozesse als »Reformen« bezeichnen oder das 19. Jahrhundert als ein »Jahrhundert der Transformation« beschreiben[28]. Mithin sind im Folgenden unterschiedliche Begrifflichkeiten in Rechnung zu stellen – gerade dann, wenn ein diachroner Überblick über zwei Jahrhunderte beabsichtigt ist. Auch die Pluralität von Begriffen ist Teil der Geschichte. Selbst wenn hier ein pragmatischer Ansatz verfolgt wird, nach dem jede Autorin und jeder Autor letztlich singuläre Entwicklungsstränge beschreibt, so beziehen sich diese Wandlungsprozesse aufeinander sowie auf ältere Begriffsprägungen.

Seit alters her bezeichnet das Wort »Reform« [lat. reformatio] Veränderung und Besserung. Der Begriff findet sich bereits in den Paulusbriefen der Bibel[29]; im deutschsprachigen Raum ist er seit Beginn des 18. Jahrhunderts gebräuchlich. Friedrich Carl von Moser (1723-1788) etwa grenzte den Reformbegriff scharf von der »Reformation« ab, um den historisch einzigartigen und erhabenen Charakter der Letzteren hervorzuheben. Dies fixierte die »Reformation« von nun an auf die religiösen Bewegungen des 16. Jahrhunderts. »Reformen« – das waren hingegen die gegenwärtigen und zukünftigen Aufgaben späterer Epochen. Neben der allgemeinen Bedeutung »ändern, erneuern, verbessern« wurde unter *reformiren* in der Frühen Neuzeit im militärischen Sinne auch das Unterstecken fremder Soldaten in die eigene Truppe verstanden: »Eine Kompanie, ein Regiment reformiren heißt, die Offiziere abdanken und die Gemeinenn unter andere Kompanien oder Regimenter verteilen oder unterstecken[30].« Im

---

[26] Max Weber, Die »Objektivität« sozialwissenschaftlicher und sozialpolitischer Erkenntnis. In: Max Weber. Gesammelte Aufsätze zur Wissenschaftslehre. Hrsg. von Johannes Winckelmann, 7. Aufl., Tübingen 1988, S. 146-214, insbes. S. 190-195.

[27] Dierk Walter, Albrecht Graf von Roon und die Heeresreorganisation von 1859/60. In: Militärische Reformer in Deutschland im 19. und 20. Jahrhundert, Potsdam 2007 (= Potsdamer Schriften zur Militärgeschichte, 2). Im Auftrag der Deutschen Kommission für Militärgeschichte und des MGFA hrsg. von Hans Ehlert und Michael Epkenhans, S. 23-34, hier S. 23 f.

[28] Pröve, Militär, Staat und Gesellschaft (wie Anm. 22), S. 1.

[29] In den neutestamentlichen Briefen Römer 12,2 und Philipper 3,21 ist aus heilsgeschichtlicher Perspektive von der grundlegenden »Umwandlung« bzw. Erhebung und Erneuerung des Geistes und des Körpers die Rede, welche zu einem besseren, ja »herrlichen« Zustand höherer Qualität führen wird. Ralph Bollmann sieht in diesem christlichen Konzept von Reform bereits das neuzeitliche Fortschrittsdenken vorangelegt. Reformen sollen nicht nur den Verfall stoppen (der Dekadenz wehren), sondern zu höheren Entwicklungsstufen, zur Vervollkommnung der Gesellschaft, führen. Ralph Bollmann, Reform. Ein deutscher Mythos, Berlin 2008, S. 21 f.

[30] Grosses vollständiges Universal-Lexicon aller Wissenschafften und Künste, Welche bishero durch menschlichen Verstand und Witz erfunden und verbessert worden. Hrsg. von Johann Heinrich Zedler, Leipzig und Halle 1732-1750, Bd 30 (1741), Sp. 1694 f., Lemma »reformiren«. Das »Unterstecken« von Regimentern am Beispiel der sächsischen Armee:

ausgehenden 18. Jahrhundert erhielt der Reformbegriff eine schärfere Konturierung. Denn mit dem anhebenden Zeitalter der »Revolution« trat nun ein Gegenbegriff hervor. Auch dieser hatte sich vom bisherigen Wortsinn gelöst. Denn als »révolution« galt der berühmten Encyclopédie noch um 1765 die Umdrehung der Erde oder der Zahnräder eines Uhrwerks um die eigene Achse – wovon noch der Anfang des 19. Jahrhunderts aufkommende Revolver zeugt. So blieb denn auch im konservativen Verständnis dieser Begriff im Sinne eines »Zurückdrehens« bestehen. Neben der astronomischen Bedeutung aber hatte das Zedler-Lexikon um 1741 als »Revolution« auch eine »sonderliche Aenderung im Regiment und Policey-Wesen« eines Landes definiert[31]. Mit diesen Worten konnte man freilich sechs Jahrzehnte später sowohl eine »Revolution« als auch eine »Reform« bezeichnen. Freilich galt die Reform im Folgenden als planmäßiger, kontrollierter Gegenpol zur gewaltsamen Revolution. Meyers Neues Konversationslexikon von 1866 bescheinigte der Reform in politischer Hinsicht einen präventiven Charakter: Sie soll »die Revolution verhüten, indem sie die wirklich notwendig gewordenen Neuerungen langsam, ohne gewaltsame Erschütterungen und ohne gewaltsame Verletzung obwaltender Privatinteressen anzubahnen sucht.« Soll die Reform zum Erfolg führen, müssen »Volk und Regierung einmüthig [...] fortstreben«[32]. Genau in diesem Sinne führte etwa Helmuth von Moltke der Ältere aus, dass zur Durchführung von Reformen zuvörderst eine »starke Regierung« vonnöten sei, denn die Revolution habe »jederzeit die zuerst verschlungen, welche sie zu leiten versuchten«[33].

Neben der Reform trat im zeitgenössischen militärischen Sprachgebrauch der Begriff der »Reorganisation« im Sinne einer – zunächst nicht politisch konnotierten – administrativen Neuordnung hervor[34]. So bezeichnete der preu-

---

Marcus von Salisch, Treue Deserteure. Das kursächsische Militär und der Siebenjährige Krieg, München 2009 (= Militärgeschichtliche Studien, 41), S. 128-139, hier S. 170-185.

[31] Encyclopédie, ou dictionnaire raisonné des sciences, des arts et des métiers, par une société de gens de lettres. Mis en ordre et publ. par Denis Diderot et par Jean le Rond D'Alembert, t. 14 (Neufchâtel 1765), S. 238 »Revolution«; S. 237 »Revolutions de la terre«; Zedler, Grosses vollständiges Universal-Lexikon (wie Anm. 30), Bd 31 (1742), Sp. 954, Lemma »revolution«; Reinhart Koselleck, Revolution. Rebellion, Aufruhr, Bürgerkrieg. In: Geschichtliche Grundbegriffe. Historisches Lexikon zur politisch-sozialen Sprache in Deutschland. Hrsg. von Otto Brunner, Werner Conze und Reinhart Koselleck, Bd 5 (1984), S. 653-788, hier S. 653-656.

[32] Neues Konversations-Lexikon. Ein Wörterbuch des allgemeinen Wissens. Hrsg. von Hermann Meyer, Hildburghausen 1866, S. 594 f.; Otto Brunner, Reform. In: Geschichtliche Grundbegriffe (wie Anm. 31), Bd 5, S. 338-360.

[33] Schreiben Helmuth von Moltke an Dr. D. nach London vom 10.12.1890. In: Gesammelte Schriften und Denkwürdigkeiten des Generalfeldmarschalls Graf H. v. Moltke, Bd 7, Berlin 1892, S. 212.

[34] Unter Reorganisation wird gemeinhin eine Um- bzw. Neugestaltung oder Neuordnung verstanden; etwas wird »wieder«-organisiert. Auffällig ist der fehlende Hinweis darauf, dass mit dem Prozess der Neuordnung automatisch auch eine Verbesserung eines Zustandes einhergeht. Somit wird der Begriff eher mit administrativ-organisatorischen Maßnahmen assoziiert, denen der fundamentale Charakter einer Reform zumeist fehlt. Meyers neues Lexikon. Hrsg. vom Bibliographischen Institut Leipzig, Bd 6, Leipzig 1964,

ßische König Friedrich Wilhelm III. (1770-1840) das von ihm 1807 zur Behebung der Missstände im Heer eingesetzte Komitee nicht als Reform- sondern als *Reorganisations*kommission[35]. Auch die Veränderungen, die der preußische Kriegsminister Albrecht Graf von Roon (1803-1879) ab 1859/60 in der preußischen Armee betrieb, werden bis heute gemeinhin als Roonsche Heeresreorganisation bezeichnet. Diese Auseinandersetzung zwischen zwei militärischen Konzepten – einem konservativen, der Krone möglichst nahe stehenden sowie dem liberalen einer »volksnahen« Militärorganisation – war kein allumfassender Umbruch (auch wenn es die preußenfreundliche Legende später umzudeuten suchte). Sie vollzog sich jedoch innerhalb einer Hochphase militärisch-technischer Innovationsschübe, in einer Art »militärischer Revolution«[36]. Der Begriff der »Revolution« erhielt im Zeitalter der Weltkriege eine Bedeutung, die auch auf das deutsche Militär angewandt werden konnte. Nun, in radikal-nationalistischer Diktion erfuhr das einst verpönte Wort sogar seine ideologische Überhöhung. Setzte sich die von den Alliierten zusammengestutzte – und dabei etlicher Errungenschaften der preußischen Heeresreformer beraubte – Reichswehr der Weimarer Republik noch mit links- und rechtsextremen Aufständen auseinander und diskutierte den »Volkskrieg« zur Abwehr äußerer Feinde[37], verlieh Adolf Hitler der »Revolution« im Sinne einer ideologischen Erneuerung der deutschen Streitkräfte eine bis dato unbekannte Qualität: »Von jedem Angehörigen des Heeres, ganz besonders aber von dem Offizier [wird erwartet], daß er den Anschauungen des Dritten Reiches gemäß handelt, auch wenn solche Anschauungen nicht in gesetzlichen Bestimmungen, Verordnungen oder dienstlichen Befehlen festgelegt sind[38].« In anderer Hinsicht behielt die »Revolution« in militärisch-historischer Hinsicht auch eine evolutionäre Bedeutung – wahrscheinlich zunächst eher unbeabsichtigt. Denn an den marxistisch-leninistischen Revolutionsbegriff hefteten sich auch die technologischen Errungenschaften. Das Militärlexikon der DDR kennzeichnete 1961 als »Revolution im Militärwesen« eine »qualitative Umwälzung der Mittel und Methoden des bewaffneten Kampfes, der Organisation der Streitkräfte, ihrer Führung und Ausbildung sowie des militärtheoretischen Denkens«. Als Beispiele für

---

S. 917; Deutsches Wörterbuch. Neu hrsg. von Renate Wahrig-Burfeind, Gütersloh 2006, S. 1225.

[35] Der historiografische Begriff der »Preußischen Reform(en)« setzte sich erst mit dem Interesse der liberalen Historiker an der Reformzeit durch. 1863 wurde er lexikalisch von Rotteck/Welcker erfasst; Treitschke bezeichnete 1879 die Jahre nach 1806 als Zeitalter der Reformen, vgl. Brunner, Reform (wie Anm. 32), S. 346.

[36] Pröve, Militär, Staat und Gesellschaft im 19. Jahrhundert (wie Anm. 22), S. 66; Dierk Walter, Preußische Heeresreformen 1807-1870. Militärische Innovation und der Mythos von der »Roonschen Reform«, Paderborn [u.a.] 2003 (= Krieg in der Geschichte, 16), S. 34; Walter, Albrecht von Roon (wie Anm. 27), S. 31, 34.

[37] Klaus-Jürgen Müller, Generaloberst Ludwig Beck. Eine Biographie, Paderborn 2008, S. 76 f.

[38] Erlass vom 21.4.1934. Zit. nach Eugenie Trützschler von Falkenstein, Reichswehr und »Machtergreifung«. In: Johannes Hampel, Der Nationalsozialismus. Macherergreifung und Machtsicherung 1933-1935. Hrsg. von der Bayerischen Landeszentrale für politische Bildung, 1994, S. 328. Siehe auch den Beitrag Förster in diesem Band.

solche Umwälzungen wurden die Entwicklung der strategischen und taktischen Raketen- und Kernwaffen, die Mittel der elektronischen Kriegführung sowie Vollmotorisierung und Mechanisierung der Streitkräfte benannt[39].

Fast zeitgleich, zuerst 1956, wurde von Michael Roberts der Begriff der »Military Revolution« geprägt, der eine Debatte über den technisch-organisatorischen Wandel der frühneuzeitlichen Heere auslöste. Letztlich diffundierte der Begriff: Unter der »Military Revolution« konnten sowohl die Entwicklung der Artillerie um 1500 gefasst werden als auch die Etablierung europäischer »Massenheere« in der Phase zwischen 1750 und 1815[40]. Eine ähnliche »militärisch-technische Revolution« wurde in den 1980er-Jahren zunächst vom sowjetischen Marschall Nikolai Ogarkov ausgemacht und dann, vor allem von US-Experten als »Revolution in Military Affairs« popularisiert. Der technologische Wandel, insbesondere durch die Entwicklung in der Informations- und Kommunikationstechnik ermöglichte in der Tat neue Konzepte wie das vom »Network-centric-Warfare«[41]. Diese »Vernetzte Operationsführung« ist in der Bundeswehr des beginnenden 21. Jahrhunderts ein prägnantes, aber nicht das einzige Beispiel für die neuen Verfahren und Techniken, die sich unter Berücksichtigung der gesellschaftlichen, wirtschaftlichen und sicherheitspolitischen Entwicklung in der fortwährenden Um- und Neugliederung der Streitkräfte niederschlagen. Dies alles verbindet sich mit dem als »Transformation« bezeichneten Gesamtkonzept der Bundeswehr[42]. Darunter ist die Gestaltung eines fortwährenden, komplexen, dynamischen und allenfalls in Jahrzehntschritten zu bemessenden Anpassungsprozesses an sich stetig verändernde Rahmenbedingungen und Einsatzrealitäten zu verstehen[43].

---

[39] Militärlexikon. Hrsg. von der Militärakademie Friedrich Engels, Berlin (Ost) 1962, S. 317.

[40] Zur Debatte: The Military Revolution Debate. Readings on the Military Transformation of Early Modern Europe, Boulder, Oxford 1995. Ed. by Clifford J. Rogers (hier insbes. die Einleitung: Clifford Rogers, The Military Revolution in History and Historiography, S. 1-10); Geoffrey Parker, The Military Revolution. Military Innovation and the Rise of the West, 1500-1800, Cambridge, MA [et al.] 1988; Carlo Cipolla, Vele e cannoni. In: Carlo Cipolla, Tecnica, società e cultura. Alle origini della supremazia tecnologica dell'Europa (XIV-XVII secolo), Bologna 1989 (zuerst erschienen als Guns and Sails in the Early Phase of European Expansion 1400-1700, London 1965). Ein kritischer Überblick: Jutta Nowosadtko, Krieg, Gewalt und Ordnung. Einführung in die Militärgeschichte, Tübingen 2002, S. 213-221.

[41] Benjamin Schreer, Die Transformation der US-Streitkräfte im Lichte des Irakkrieges (SWP-Studie), Berlin 2003, S. 7 f. <http://www.swp-berlin.org/en/common/get_document.php?asset_id=680> [letzter Abruf 27.7.2009].

[42] Weißbuch 2006 (wie Anm. 24), S. 95-101.

[43] Transformation bedeutete bereits im 19. Jahrhundert »Umgestaltung«. Gebräuchlich war und ist der Begriff vor allem in den Naturwissenschaften, insbesondere in der Genetik und in der Geometrie. Die naturwissenschaftlichen Definitionen charakterisieren die Transformation als Wandlungsprozess: Transformation bezeichnet im geometrischen Verständnis ein Verfahren, bei dem »aus gegebenen Figuren neue Figuren von anderer Lage und anderer Gestalt abgeleitet werden«. In der Genetik verbirgt sich dahinter die »erhebliche Veränderung« von Zellen. Aus historischer Perspektive kann aufgrund der Umwälzungen in Politik, Verfassung und Gesellschaft etwa das »lange 19. Jahrhundert« als ein »Jahrhundert der Transformation« gelten. Meyers Konversations-Lexikon, Leipzig

IV. Die preußischen Heeresreformen –
Handlungsfelder eines Prototyps der Militärreform

Nach der Katastrophe von 1806 geriet kein völlig »neues« Gedankengut an die Oberfläche. Denn viele Konzepte waren durchaus schon vorher im ausgehenden Ancien Régime in Militärzirkeln erörtert, in der Publizistik ausgebreitet oder aber im kleinen Maßstab entwickelt worden. Drei Protagonisten prägten die Reformzeit, sodass sie im nachfolgenden Kollektivgedächtnis eine besondere Rolle spielten – bis heute auch in der Tradition der Bundeswehr: Gerhard von Scharnhorst, der ab Mitte 1807 als Vorsitzender der sogenannten Militärreorganisationskommission (MRK) und später als geschäftsführender Kriegsminister einen Kompromiss zwischen den Reformerfordernissen und den Bedenken des oft zurückhaltenden Königs fand. Im Frühjahrsfeldzug von 1813 fungierte er bis zu seinem Tod im Juni desselben Jahres als Chef des Stabes in der Schlesischen Armee Gebhard Leberecht von Blüchers. Sein Nachfolger in dieser Funktion, August Wilhelm Graf Neidhardt von Gneisenau, zuvor ebenfalls Mitglied in der MRK, trat in besonders radikaler Weise für einen »Volkskrieg« nach Art der spanischen Guerilla ein. Carl von Clausewitz begleitete die Reformen seines Mentors Gerhard von Scharnhorst als dessen persönlicher Adjutant und vermittelte durch sein hinterlassenes Werk »Vom Kriege« ein überdauerndes geistiges Erbe der preußischen Reformzeit und ihrer Sicht auf Militär, Gesellschaft und Politik.

In der Kritik der Reformer verband sich die Unzufriedenheit mit den praktisch-organisatorischen Defiziten im Militärwesen mit einer Fundamentalkritik. Diese richtete sich gegen das überkommene Militär- und Staatssystem, die bisher gängigen kulturellen Leitbilder und Symbole, die Mentalität und den Habitus der Heere des Ancien Régime[44]. Eindringlich schilderten Clausewitz und Hermann von Boyen – ein weiterer Angehöriger der MRK – die logistischen und rüstungstechnischen Unzulänglichkeiten und die absurden Folgen der

---

1897, S. 982; Meyers neues Lexikon (wie Anm. 34), Bd 6, S. 120; Pröve, Militär, Staat und Gesellschaft im 19. Jahrhundert (wie Anm. 22), S. 1.

[44] Ausführlichere Darstellung und Belege des folgenden Abschnitts in: Martin Rink, Jena und die Folgen. Reformdruck – Reformanspruch – Reformmythos. In: Jena 1806. Vorgeschichte und Rezeption. Hrsg. von Karl-Heinz Lutz und Marcus von Salisch, Potsdam 2009 (= Potsdamer Schriften zur Militärgeschichte, 7), S. 33-61. Zum militärpolitischen Hintergrund mit neuen Einblicken siehe in dem genannten Band auch Sven Lange, Preußens asymmetrische Herausforderung – Preußische Politik und Armee am Vorabend der Schlacht von Jena und Auerstedt, S. 15-31; zur ikonografischen und intellektuellen Verarbeitung: Gerhard Bauer, Die Ikonografie des Sieges: 1806 und die Malerei des 19. und 20. Jahrhunderts, S. 61-80; Andreas Herberg-Rothe, Clausewitz und Napoleon – Jena, Moskau, Waterloo, S. 81-108. Die ältere, oft grobschlächtige Vorstellung, dass die Preußische Armee von 1806 in jeder Hinsicht innovationsunfähig gewesen sei, wird von der jüngeren Forschung klar relativiert: Lange, Preußens asymmetrische Herausforderung (wie oben), S. 28 f.; Rink, Jena (wie oben), S. 44 f.; Olaf Jessen, »Preußens Napoleon«? Ernst von Rüchel. Krieg im Zeitalter der Vernunft 1754-1823, Paderborn [u.a.] 2007, S. 164-174.

Kompaniewirtschaft der altpreußischen Armee. Zu den materiellen Mängeln trat nach Auffassung der Unzufriedenen ein unzureichendes Personal. So waren die Offiziere in Kleinigkeiten des Dienstes befangen. Bei den Mannschaftssoldaten kritisierten sie die Werbung von »Ausländern« (also Nichtpreußen), die sie als Negativauslese kennzeichneten. Zur schlechten Personalauswahl und Ausbildung kam die menschenunwürdige Behandlung, so die Vollstreckung der Prügelstrafe an den Soldaten auf öffentlichen Plätzen. Als Kern des Übels erschien den Reformern die selektiv wahrgenommene Wehrpflicht – die Ausnahmen im Rahmen des preußischen Kantonsystems, die das Militär von der Gesellschaft entfremdete. Keineswegs hielten sie den Staat Preußen durch ein Zuviel, sondern eher durch ein Zuwenig an kriegerischer Gesinnung in Militär, Behörden und Gesellschaft geprägt. Die preußischen Reformer legten daher in ihren bald nach der Schlacht von Jena und Auerstedt niedergebrachten Aufzeichnungen wie auch in ihren späteren Memoiren nicht nur militärtechnisches, sondern auch gesellschaftliches Versagen offen. Angesichts der Niederlage besaßen zwar zunächst die pragmatisch-taktischen Aspekte Priorität. Diese verbanden sich jedoch mit Veränderungen, die tief ins System reichten. Konkret ging es um eine Reform der militärischen Spitzen- und Truppengliederung, der Taktik und Truppenführung sowie der Mobilisierung zum Militärdienst. Ferner ging es um ein neues Konzept von Ausbildung und Allgemeinbildung der Soldaten – beides verstanden die Zeitgenossen gleichermaßen als »Bildung«. Hinzu trat die Reform des »inneren Gefüges«: Personalauswahl, Menschenführung, Kriegsartikel. Das Ziel der Reformer lag in einer Re-Professionalisierung der Armee, jedoch unter »nationalem« (erst preußischem, dann auch deutschem) Vorzeichen: Der »Ausländer« galt als tendenziell unzuverlässig und mochte fortlaufen; der Landeseinwohner war dagegen rekrutierungsfähig und rekrutierungspflichtig.

In taktisch-praktischer Hinsicht wurde die bisher übliche Lineartaktik mit Elementen der Kolonnentaktik und dem aufgelösten Schützengefecht verknüpft. Wo es vorher oberhalb der Regimentsebene – bis auf den improvisierten Versuch im Feldzug von 1806 – keine dauerhaft bestehende Gliederung gegeben hatte, entstanden nun mit den Brigaden (analog den französischen Divisionen) und Korps moderne Großverbände. Nun wurde nicht mehr nur ein kleiner Teil, sondern die Masse der Truppe im Schützengefecht ausgebildet, und auch sonst fanden Grundsätze des »kleinen Krieges« Eingang in den Dienst aller Truppen. Zudem erfolgten eine Verbesserung der Schießausbildung und eine Erneuerung der Artillerie, vor allem der reitenden[45]. Ausbildung, Einsatz, Ha-

45 Michael Sikora, Gerhard von Scharnhorst – die »Verkörperung« der preußischen Heeresreform. In: Militärische Reformer in Deutschland (wie Anm. 27), S. 11-22, hier S. 16; auch: Olaf Jessen, Entfesselt Bellona! Die preußische Heeresreform im Schatten Napoleons 1805-1813. In: Napoleon. Trikolore und Kaiseradler über Rhein und Weser. Hrsg. von Veit Veltzke, Köln 2007, S. 441-464, hier bes. S. 446 f. Zur Bedeutung des kleinen Krieges für die Reformzeit weiterhin: Carl von Clausewitz, Meine Vorlesungen über den kleinen Krieg, gehalten auf der Kriegs-Schule 1810 und 1811 – Artillerie. Geschütze. In: Carl von Clausewitz. Schriften – Aufsätze – Studien – Briefe. Hrsg. von Werner Hahlweg, Göttin-

bitus sowie letztlich die geforderte Mentalität widersprachen dem Alten – vordergründig – recht deutlich. Es ist kein Zufall, dass sich die neue Uniformierung ab 1807/08 klar vom altpreußischen Modell abhob. Nun lehnte sie sich an das russische Modell an, das seinerseits dem der französischen Truppen ähnelte. All diese Uniformen jedoch entliehen sich Stilelemente vom Kostüm der früheren leichten Truppen. Zum neuen Habitus der Reformzeit gehörten ferner Anleihen aus dem alten Rom, so etwa die »römischen« Helme für die schwere Reiterei. Das alles verdeutlichte, wie sehr sich an die pragmatischen Veränderungen auch »moralische Größen« hefteten. Dieses Amalgam aus Pragmatismus und »Geist« schlug sich im »corporate design« von Armee und Königreich nieder. Es gab den Reformen ihr eigenes Gepräge.

Als wesentliche Leistung erschien es den Reformern und den späteren Betrachtern, die Einheit von Volk und Heer verwirklicht zu haben: taktisch, organisatorisch und mental. Denn an die preußische Reformzeit 1807-1814 knüpft sich vor allem der Gedanke der Wehrpflicht. Dieser fand seine Essenz in Scharnhorsts berühmtem Diktum von 1807: »Alle Bewohner des Staats sind geborne Verteidiger desselben«[46] – genau so hatte es vorher schon der Franzose Lazare Carnot formuliert[47]. Den Reformern kam es besonders darauf an, das Rekrutierungspotenzial zu erhöhen. Das ging nur über die Aufhebung der altständischen Befreiungen vom Militärdienst. Dieser freilich blieb auch in der Reformzeit bei den Betroffenen teils unbeliebt und teils umstritten. Doch erst von einer gleichmäßigen Mobilisierung der Bevölkerung zum Militärdienst erhofften sich die Reformer, den »Volkskrieg« gegen die napoleonische Besatzungsherrschaft führen zu können. Als die Wehrpflicht im Februar und März 1813 umgesetzt wurde, galt sie dem Anspruch nach »allgemein« und im Gegensatz zur französischen Konskription ohne Ausnahmen – das zumindest war die leitende Idee[48]. Demgegenüber erfolgte aber eine eher ressourcen- und zielgruppenorientierte Mobilisierung: Preußen bot im Jahr 1813 insgesamt 279 000 Mann unter Waffen auf. Neben den bis Mitte 1813 deutlich vermehrten Linienverbänden rückten ca. 120 000 regional, d.h. von den Provinzen aufgebotene Landwehrmänner aus. Dazu traten 28 000 Kriegsfreiwillige. Diese Männer (und einige wenige Frauen) waren vor allem Freiwillige Jäger, die gewissermaßen zu

gen 1966, S. 208-598. Gerhard von Scharnhorst, Militairisches Taschenbuch zum Gebrauch im Felde (Erstauflage: Hannover 1793, zweite Auflage bereits 1794, dritte Auflage Hannover 1815), Nachdruck Osnabrück 1980. Allgemein: Martin Rink, Vom »Partheygänger« zum Partisanen. Die Konzeption des kleinen Krieges in Preußen 1740-1813, Frankfurt a.M. 1999 (= Europäische Hochschulschriften, Reihe III, 851).

46 Gerhard von Scharnhorst, Memoire zur Verfassung der Reservearmee vom August 1807. In: Gerhard v. Scharnhorst, Ausgewählte Schriften. Mit einer Einf. hrsg. von Ursula von Gersdorff, Osnabrück 1983 (= Bibliotheca Rerum Militarium, 49), S. 235-241, hier S. 235.

47 Eckardt Opitz, Die allgemeine Wehrpflicht in Deutschland. Eine historische Betrachtung mit aktuellem Bezug. In: Militärgeschichte. Zeitschrift für historische Bildung, 1 (1999), S. 5.

48 Zur Wehrpflicht kompakt: Heinz Stübig, Die Wehrverfassung Preußens in der Reformzeit. Wehrpflicht im Spannungsfeld von Restauration und Revolution 1815-1860. In: Die Wehrpflicht (wie Anm. 7), S. 39-53, hier insbes. S. 45-47. Siehe auch die Beiträge von Weitzdörfer-Henk, Pommerin und Bergien in diesem Band.

Sonderkonditionen aus den gebildeten und vermögenden Schichten hervorge-
hen sollten; de facto dienten aber auch sehr viele Handwerker unter ihnen. In
die Zahl der Freiwilligen eingerechtet werden müssen die insgesamt 3800 Angehörigen des Freikorps Lützow (wobei sich alle genannten Zahlen nie auf die
Effektivstärke der Verbände beziehen, sondern auf die insgesamt für den Krieg
Mobilisierten). Zu diesen vier Modi der Wehrpflicht – Linie, Landwehr, Freiwillige Jäger und Freikorpssoldaten – trat der Landsturm. Dieser war als lokale
Formation zur Führung des guerillaartigen Volkskrieges gedacht, wurde aber
so nie gebraucht. De facto ergaben sich also gleitende Übergänge zwischen den
verschiedenen Wehrformen, die dadurch verstärkt wurden, dass die Linien-
truppe von 1813 genau wie die Landwehr zum großen Teil aus kurz ausgebildeten Wehrpflichtigen unter Führung von bis dahin inaktiven Offizieren bestand[49].

Dass zwischen 1807 und 1813 die Kriegsartikel neu gefasst, Körperstrafen
verboten und Vorstellungen zur zeitgemäßen Menschenführung eingeführt
wurden, wurzelte teils im militärischen Pragmatismus, teils aber auch in Vorstellungen der Aufklärung. Im Kern der Militärreform stand die Wehrpflicht
als physische und geistige Mobilisierung des brachliegenden Potenzials an
»Humanressourcen«. Dazu vollzog sich neben den militärhandwerklich-
organisatorischen Lösungsansätzen der Reform eine umfassende Neuinterpre-
tation des Verhältnisses von Militär, Staat und Gesellschaft. Dies verlieh nicht
nur den Reformprozessen von 1807 bis 1812 ihr eigentümliches Gepräge, es
führte auch zur propagandistischen Überhöhung von 1813. Letztlich bewirkte
es ab 1814 die zunehmende Zurückdrängung der Reformer durch konservative-
re Kräfte. Etliche Errungenschaften der Reformen konnten sich oft nur als Torsi
behaupten[50]. Besonders die Verwirklichung der allgemeinen Wehrpflicht zeigte,
dass nicht alles Neue ohne Anlehnung an die Formen der alten Armee auskam.
Doch führte die – vorgebliche – Rückkehr zum alten Kantonsystem zu einer
neuen Interpretation der Rolle des »Volkes in Waffen«. Diese Vorstellung von
der militärischen Aktivierung des Volkes prägte später nicht nur den Nationalismus und bald auch den Militarismus, sondern war auch der Nährboden für
zahlreiche Mythen: Dass etwa der preußische »König rief, und alle, alle kamen«
erweist sich als preußen- und fürstenfreundliche Interpretation. Andererseits
entpuppte sich auch die nationale Rhetorik als Mobilisierungsköder für ein
Bürgertum, das 1813 nicht immer so willig zu den Waffen lief, wie es die natio-

---

[49] Zur Konvergenz der Wehrformen im Dreieck zwischen den Polen Söldner, Berufssoldat
und Vaterlandsverteidiger auch: Martin Rink, Die Verwandlung. Die Figur des Partisanen
vom freien Kriegsunternehmer zum Freiheitshelden. In: Die Rückkehr der Condottieri?
Krieg und Militär zwischen Verstaatlichung und Privatisierung im 20. Jahrhundert. Hrsg.
von Stig Förster, Christian Jansen und Günther Kronenbitter, Paderborn [u.a.] 2009
(= Krieg in der Geschichte, 57). Zu den freiwilligen Jägerdetachements als »Mobilisierungsköder«: Rink, Vom Partheygänger (wie Anm. 45), S. 358. Zur Konvergenz zwischen
Landwehr und Linie siehe Walter, Preußische Heeresreformen (wie Anm. 36); zur Zusammensetzung der freiwilligen Jägerdetachements Rudolf Ibbeken, Preußen 1807-1813.
Staat und Volk als Idee und Wirklichkeit, Köln, Berlin 1970, S. 398-405, 443-450.
[50] Heinz Duchhardt, Stein. Eine Biographie, Münster 2007, S. 199, 234.

nale Propaganda des 19. Jahrhunderts kundtat. Eines jedoch war klar: Die Verbindung von Armee und Volk gelangte mit den Reformen auf eine neue Ebene. Das bot Anknüpfungspunkte für eine spätere Vereinnahmung der Reformer durch sehr unterschiedliche politische Strömungen.

Auch wenn vielleicht kaum ein Staat so schnell so umfassend sein Militärwesen umgestaltete wie Preußen zwischen 1807 und 1814, sind diese Reformen doch keineswegs einzigartige Phänomene. Es zeigt sich, dass sie eingebettet waren in Säkulartrends, die sich auch in anderen Territorien vollzogen. Dort erfolgten die Veränderungen weniger spektakulär, doch langfristig waren sie nicht weniger grundlegend. Bereits während der »Vor-Reformen« der Spätaufklärung ist zwischen den einzelnen deutschen Staaten ein starker grenzüberschreitender Gedankenaustausch feststellbar. Charakteristisch für diesen Prozess, der sich in der zweiten Hälfte des 18. Jahrhunderts intensivierte, ist die Debatte um den Stellenwert von Bildung und Verwissenschaftlichung im Berufsbild des Soldaten, insbesondere des Offiziers[51]. Gerade außerhalb Preußens war dieser Diskurs oftmals durch die Veränderungen in der gegenseitigen Wahrnehmung der Dienstgradgruppen, durch ein sich wandelndes Selbstbild geprägt. Weniger die Sorge um die Kriegstüchtigkeit stand im Zentrum der Betrachtung, sondern soziale Belange und das Ansehen des Militärs in der Öffentlichkeit. Auch vollzogen sich die Prozesse außerhalb Preußens oft über einen längeren Zeitraum. Im Königreich Sachsen etwa kam es erst zwischen 1831 und 1834 zur Einführung der Wehrpflicht, zur offiziellen Abschaffung entehrender Strafen, zur Einrichtung eines Kriegsministeriums und zur Neuordnung der Militärverwaltung[52]. Die klassische Abfolge von jähem Fall, Reform und Wiederaufstieg ist für andere deutsche Territorien also vielfach nicht gegeben. Das Erlebnis von 1806 bedeutete für andere, weniger machtbewusste Staaten eben eine weniger tiefe Zäsur. Ihre Heere wurden nicht in Struktur und Tradition zerbrochen. Deshalb ist im Militärwesen deutscher Mittelstaaten in diesem Zeitraum meist kein jäher, kumulativer und allumfassender Umbruch wie im preußischen Heer zwischen 1807 und 1814 festzustellen. Daher soll hier die preußische Reformzeit wenigstens fallweise mit anderen Entwicklungen kontrastiert werden, damit sich ihre charakteristischen Spezifika vom allgemeinen Säkulartrend abheben. Vor allem die oft evolutionären Umbrüche außerhalb Preußens ermöglichen es – zusammen mit dem sozial- und kulturgeschichtlichen Paradigma der Geschichtswissenschaften seit den 1990er-Jahren –, das späte 18. und das frühe 19. Jahrhundert stärker im Zusammenhang zu sehen, als dies in früheren Darstellungen üblich war[53]. Gerade im Falle der »Minder-

---

[51] Heinz Stübig, Nationalerziehung. Pädagogische Antworten auf die »deutsche Frage« im 19. Jahrhundert. Schwalbach/Ts. 2006, S. 69-72.

[52] Reiner Groß, Geschichte Sachsens, Leipzig 2004, S. 211; Oscar Schuster und Friedrich A. Francke, Geschichte der Sächsischen Armee von deren Errichtung bis auf die neueste Zeit, Dritter Theil, Leipzig 1885, S. 30-32. Siehe hierzu den Beitrag Salisch in diesem Band.

[53] Vgl. Pröve, Militär, Staat und Gesellschaft (wie Anm. 22), S. 1-3; Ute Planert, Der Mythos vom Befreiungskrieg. Frankreichs Kriege und der deutsche Süden. Alltag – Wahrnehmung – Deutung, Paderborn 2007, S. 25, 475.

mächtigen« ist zu überlegen, ob hier von einem »langen 19. Jahrhundert« ge-sprochen werden kann, im Verlauf dessen sich die – auch militärischen – Ver-hältnisse weit evolutionärer vollzogen, als in Preußen vor und nach seiner gro-ßen Katastrophe.

V. Beiträge dieses Sammelbandes

Mit dem Überblick über die unterschiedlichen Begriffsprägungen, vor allem aber über die preußischen Heeresreformen und deren Widerhall in der Bun-deswehr, ist der Rahmen gezogen, den die Beiträge des vorliegenden Sammel-bandes ausfüllen. Ausgangspunkt der Betrachtungen sollen die Reformbestre-bungen in den Streitkräften der deutschen Staaten um 1800 sein. Folglich widmet sich die erste Sektion *Von der Aufklärung zur preußischen Reformzeit* den preußischen Heeresreformen im Vergleich. Dass die Ergebnisse des von den prominenten preußischen Reformern angeleiteten Umgestaltungsprozesses im Militärwesen keineswegs nur als eine unmittelbare Folge der Zäsur von 1806/07 zu werten sind, belegt der Beitrag zum militärischen Bildungswesen im Zeital-ter der Aufklärung von Heinz Stübig. Er zeichnet die aufgeklärte Debatte über den Wandel des Kriegsbildes in der zweiten Hälfte des 18. Jahrhunderts nach und gewährt Einblicke in die Auswirkungen dieses Diskurses auf Bildung und Ausbildung insbesondere der Offiziere. Als einer der wirkmächtigsten Schüler der Militäraufklärung ging der »Beweger« der preußischen Heeresreform Ger-hard von Scharnhorst hervor. Sein Leben und Wirken als Lehrer, Stabsoffizier, Reformer und »Soldat in gesellschaftlicher Verantwortung« beleuchtet Michael Sikora. Wesentlicher Antrieb der Scharnhorstschen Reformbemühungen im preußischen Militär war die Niederwerfung des korsischen »Tyrannen« Napo-leon. Ein Mittel hierzu war die Volkserhebung im sogenannten Volkskrieg. Martin Rink widmet sich der Adaption dieses revolutionären Denkmodells und den letztlich disparaten Verwirklichungsmodi im Zuge der Allgemeinen Wehr-pflicht. Die im kollektiven Gedächtnis haftende Präsenz der preußischen Re-formen hat nur allzu oft den Blick auf ähnliche Bestrebungen in anderen deut-schen Staaten verstellt. Die tief greifenden Veränderungen, die durch die gemeinsamen Feldzüge mit der napoleonischen Armee im Militärwesen deut-scher Mittelstaaten ausgelöst wurden, untersucht Marcus von Salisch am Bei-spiel des Kurfürstentums bzw. Königreiches Sachsen. Anschließend betrachten Sabine Haring und Helmut Kuzmics die habsburgische Armee im Spannungs-feld zwischen beharrendem Habitus und den durch die napoleonischen Kriege erforderlichen Reformen. Aus militärsoziologischer Sicht zeichnen sie anhand des Bildes vom kaiserlich-königlichen Offizier den Weg des Habsburger Mili-tärs bis zum Ersten Weltkrieg nach.

Am Anfang der zweiten Sektion *Militär im Wandel – Vom 19. Jahrhundert bis zum Zeitalter der Weltkriege* steht der Beitrag von Silvia Kesper-Biermann, der den rechtlichen Niederschlag der Militärreformen zwischen 1800 und 1871 aufzeigt – schließlich erforderte die Ausprägung einer neuen Gesellschafts- und damit auch Rechtsordnung die Einpassung eines hiermit korrespondierenden Militärstrafrechts. Obgleich im Zuge der konservativen Restauration nach 1815 viele der Reformer an Einfluss verloren, blieb ihr Werk weiter wirksam. Im »Vormärz«, der Zeit bis 1848, verfolgten liberale und demokratische Kräfte weiterhin das Ziel, das Militär in die Gesellschaft zu integrieren und es verfassungsmäßig an den Rechtsstaat zu binden. Inwieweit sich mit dem »Bürgersoldaten« ein anderes auf die preußischen Heeresreformen zurückzuführendes Ideal im Zuge der »großen Geschichtswende der Deutschen im 19. Jahrhundert«[54], der Revolution von 1848/49, etablieren konnte, erörtert Henning Pahl. Die Beleuchtung der Umgestaltungsprozesse im deutschen Militär vom Vormärz bis zum »Zeitalter der Weltkriege« zeigt, dass die hergebrachte Sicht einer »Erstarrung« im deutschen Militärwesen nach 1848/49 und nach der Reichseinigung von 1871 zu kurz greift. Vielmehr erfolgten mannigfaltige Wandlungsprozesse und Initiativen zur Veränderung. Das gilt auch für die langen »kriegslosen« – und damit für das Militär »erfahrungslosen« – Phasen bis zum Ersten Weltkrieg. Am Beispiel des Schleswig-Holsteinischen Heeresneuaufbaus in der Zeit von 1848 bis 1851 zeigt Jan Schlürmann die Handlungsfelder eines solchen Prozesses auf. Wie Dierk Walter anschließend darlegt, erfolgte die umfassende Modernisierungswelle der preußischen Armee in den 1860er-Jahren nicht in einem konzentrierten Reform-Umbruch, der die – angebliche – Zeit der Stagnation seit den Befreiungskriegen aufbrach. Vielmehr erfolgte eine gleitende, zögerliche und auch nicht ohne Fehlschläge verlaufende Entwicklung. In welchem Maße die Forderungen, die das deutsche Militär aufgrund seiner Erfahrungen in den überseeischen Konflikten vor dem Ersten Weltkrieg erhob, einer politischen und ressortspezifischen Beschränkung unterlagen, verdeutlicht der Beitrag von Eckard Michels zur Etablierung einer expeditionsfähigen Streitmacht in Übersee zwischen 1900 und 1914. Mit dem Ersten Weltkrieg zeigte sich jedoch keineswegs das erste Mal das neue Bild eines »modernen«, durch schwere Artillerie und den Kampf im Schützengraben gekennzeichneten Krieges. Stefan Zimmermann zeigt anhand der Rezeption des Russisch-Japanischen Krieges 1904/1905, in welcher Weise deutsche Experten und Zeitzeugen die Tendenzen vom »Krieg der Zukunft« auswerteten – vielfach handelte es sich auch um »lessons unlearned«. Die auf die »Urkatastrophe« des 20. Jahrhunderts folgende Zäsur von 1918/19 bedeutete das Ende vieler Institutionen, die ihren Ursprung den preußischen Heeresreformen verdankten – etwa des Großen Generalstabes und der Wehrpflicht. Welche Transformationsprozesse das deutsche Militär zwischen 1918/19 und 1945 zu bewältigen

---

[54] Veit Valentin, zit. nach Wolfgang Schieder, 1848/49: Die ungewollte Revolution. In: Wendepunkte deutscher Geschichte 1848-1990. Hrsg. von Carola Stern und Heinrich A. Winkler, Frankfurt a.M. 1997, S. 18.

hatte, veranschaulicht der Beitrag von Harald Potempa. Dieser vermittelt einen
Überblick über die Einschnitte innerhalb von kaum zweieinhalb Jahrzehnten:
die Übergänge zwischen Kriegs-, Bürgerkriegs-, Friedens- und wiederum
Kriegsarmee; vom kaiserlichen Militär zu Streitkräften in der Demokratie und
anschließend in der Diktatur. Die »Ordnung von Staat und Militär« in der
Weimarer Republik vertieft Walter Mühlhausen. Dabei spürt er der Frage nach,
inwiefern der »Reformer« Seeckt das Militär den Erfordernissen des mit einer
starken Hypothek belasteten Staates anpasste und inwieweit seine militärpolitischen Reformen der jungen Demokratie dienlich sein konnten. Das Bild der aus
der »nationalen Revolution« als potenzieller Sieger hervorgegangenen Wehrmacht als – angeblich ideologieresistentem – »grauen Fels in brauner Flut« stellt
Jürgen Förster infrage. Auch die Wehrmacht durchlief einen tief greifenden
Transformationsprozess, in dem sie sich dem Primat einer verbrecherischen
Politik unterwarf. Dieser Umstand kontrastierte durchaus mit der Eigenwahr-
nehmung vieler Beteiligter in der Nachkriegszeit; nicht wenige von ihnen waren später Soldaten der Bundeswehr im Aufbau.

Die allgemeine Wehrpflicht gilt als die wesentliche Errungenschaft der
preußischen Militärreformer. Ihre Wiedereinführung durch Hitler 1935 schuf
die personellen Voraussetzungen für den kommenden Krieg. Während es unter
der nationalsozialistischen Diktatur kaum Möglichkeiten gab, diese Wiedereinführung einer offenen gesellschaftlich-politischen Debatte zu unterziehen, lagen
die Dinge in den demokratischen Parlamenten der Weimarer Republik und der
neu gegründeten Bundesrepublik Deutschland anders. Jutta Weitzdörfer-Henk
bildet mit ihrem Aufsatz eine die Zäsur von 1945 überspannende Klammer zu
dritten Sektion: *Deutsche Streitkräfte nach 1945.* Die Autorin zeigt, mit welcher
Vehemenz beide Parlamente dieses »Herzstück« der deutschen Armee diskutierten und welche (Dis-) Kontinuitäten dabei hervortraten. Dass sich die Bundeswehr bereits mit dem Datum ihrer Gründung in die Tradition der »Väter der
Wehrpflicht«, der preußischen Reformer stellte, bietet einen Anknüpfungspunkt für den Beitrag von Burkhard Köster: »Tradition in der Bundeswehr –
Tradition der Reformen?« Angesichts der historischen Wirkungsmacht der
preußischen Reformen betont der Autor, wie wichtig die Kerngedanken dieses
Reformwerkes für die Gründerväter der Bundeswehr um den Grafen Baudissin
dennoch waren; galt es doch nach dem moralischen und militärischen Scheitern
der Wehrmacht neue deutsche Streitkräfte mit einer deutlich anderen Ausrichtung als ihre Vorläuferinnen zu etablieren. Entsprechend kennzeichnet Köster
die nach wie vor leitende Traditionsvorstellung der Bundeswehr als eine wer-
tebezogene Auswahl aus der Geschichte. Doch nicht alles, was im Konzept von
Anfang an gefordert wurde, konnte de facto umgesetzt werden. Rudolf Schlaffer hinterfragt in seinem kritischen Aufsatz die Umsetzbarkeit (teils auch den
Willen hierzu) der geforderten inneren Neuausrichtung der Bundeswehr im
Aufbau. Dabei stellt er heraus, dass diese Reform erst mit der sozialliberalen
Ära der 1970er-Jahre ihren einstweiligen Abschluss fand. Zentrale Kriterien
waren dabei u.a. Bildung und Erziehung der »Staatsbürger in Uniform«. Unter
dem Titel »Als Schule der Nation überfordert – Konzeptionelle Überlegungen

zur Erziehung des Soldaten in der Aufbauphase der Bundeswehr« greift auch
Kai Uwe Bormann dieses Thema am Beispiel der frühen Bundeswehr auf. Auch
in weiten Teilen der Gesellschaft herrschte ein Bild vom Militär als Vermitt-
lungsinstanz ordnungsrelevanter Sekundärtugenden vor, das mit dem Erzie-
hungsideal der Bundeswehrgründer klar kontrastierte. Wie in der Bundeswehr
kam auch im Traditionsverständnis der NVA Scharnhorst und den »Helden«
der Freiheitskriege des 19. Jahrhunderts eine zentrale Bedeutung zu. Allerdings
war dieses Verhältnis durchaus ambivalent: Den »brauchbaren« Verdiensten
der Reformer stand die Gefahr eines »Preußenkultes« in den Streitkräften gegenüber. Über diese schwierige – aber von offizieller Seite dosierte – Zweckge-
meinschaft informiert der Beitrag von Rüdiger Wenzke. Die Tradition der Heeresreformen führte in der NVA nicht zum »Staatsbürger in Uniform«, sondern
zur Instrumentalisierung der Angehörigen der NVA für die Erfüllung des
»Klassenauftrages der Streitkräfte«. Das hieraus resultierende Maß an Reform-
bedürftigkeit zeigt der Beitrag von Paul Heider zur Militärreform in der DDR
1989/90 auf. Erst in der letzten Phase ihres Bestehens vermochte sich die NVA-
Führung zur Erörterung wirklich umgestaltender Fragen durchzuringen. Die
Diskussionen hierzu fielen in das kurze Zeitfenster, als eine eigenständige E-
xistenz der DDR noch im Bereich des Möglichen erschien. Die deutsche Vereinigung bedeutete jedoch das Ende der NVA und ihrer letztlich abortiven Reform. Die Bundeswehr hat sich von der »Armee der Einheit« rasch zur
Einsatzarmee gewandelt. Jan Philipp Weisswange verfolgt diese Umbruchspha-
se, die das Gesicht der Streitkräfte tief greifend und nachhaltig verändert hat
und noch weiter verändern wird. Die Transformation der Bundeswehr erfordert auch eine neue Reflexion über das Selbstverständnis des Soldaten in einer
demokratischen Gesellschaft. Andreas Herberg-Rothe geht am Ende dieser
Sektion daher der Frage nach, inwieweit die Konzeptionen des »Staatsbürgers
in Uniform« und der »Inneren Führung« in Bezug auf eine »Armee im Einsatz«
Bestand haben können und ob sie den aktuellen Veränderungen von Krieg und
Gewalt in der Weltgesellschaft noch gerecht werden. Mit der Analyse von Clausewitz' »wunderlicher Dreifaltigkeit des Krieges« vollzieht der Autor zudem
die Rückbindung zum Zeitalter der preußischen Reformen.

Die letzte Sektion des Sammelbandes ist den *diachronen Betrachtungen* vorbehalten. Reiner Pommerin greift mit seinem Aufsatz zu zwei Jahrhunderten der
Allgemeinen Wehrpflicht in Deutschland die äußerst komplexe und kontroverse Entwicklung dieser Institution nochmals im Längsschnitt auf – *zwischen Belli-
zismus und Zivilgesellschaft*. Anschließend vermittelt Rüdiger Bergien einen
Überblick über Konzeptionen zu *militärischen Mobilisierungs- und Legitimations-
konzepten* nach den jeweiligen Niederlagen von 1806, 1918 und 1945. Hier stellte
sich stets erneut die Alternative zwischen einer hochprofessionellen oder einer
Bürgerarmee. Am Beispiel deutscher jüdischer Soldaten seit 1813 stellt Michael
Berger ein Beispiel für die (Des)Integration gesellschaftlicher Minderheiten in
Armee, Staat und Gesellschaft dar – einen bislang eher wenig beachteten Be-
standteil der Geschichte jüdischer Deutscher. Hierbei treten die Phasen der von
Staat und Mehrheitsgesellschaft gewollten Integrations- wie Ausschlussprozes-

se der vergangenen zwei Jahrhunderte hervor. Von der altpreußischen Armee bis zur Gegenwart spannt sich der Beitrag von Angelika Dörfler-Dierken zur Militärseelsorge in deutschen Streitkräften, der ebenso wie die anschließende Darstellung von Manfred Franz Heidler zur Militärmusik sektorale Veränderungen in die allgemeinen Wandlungsprozesse von Militär, Staat und Gesellschaft einordnet. Den Sammelband beschließen die Ausführungen von Eberhard Birk. Angesichts von Ende und Nachwirkungen der deutschen Militärreformen erörtert der Autor Chancen und Grenzen, um die militärische Tradition auf eine gemeinsame europäische Basis zu stellen.

VI. Ausblick: »... an der Spitze des Fortschritts«?

Geschichte wirkt auf die Gegenwart – sei es als Tradition, als Blaupause oder abschreckendes Gegenbeispiel für konkrete Veränderungsmaßnahmen, als Anschauungsmaterial zur historischen, politischen oder gesellschaftlichen Orientierung oder aber als abzustoßender Ballast. Das Vorantreiben von militärischen Transformationsprozessen ist auch eine Frage der Balance, des Verhältnisses von Einflussgruppen und Interessenlagen, von Takt und Tempo. Speziell für die Geschichtswahrnehmung in Deutschland ist die Stilisierung der *Gesamt-reform* zum Mythos kennzeichnend. Doch auch Mythen täuschen nicht über den Umstand hinweg, dass Transformationsprozesse ein »Doppelgesicht« tragen: Es gehört zur Charakteristik der »Reform«, dass sie am Ende nie wirklich gelingt oder scheitert, sondern zumeist stecken bleibt[55].

Zurück zum eingangs erwähnten Zitat: »Tradition aber in der Armee muß es sein, in Form zu bleiben und an der Spitze des Fortschritts zu marschieren[56].« Erst durch die Quellenkritik erhält diese, im Handbuch Innere Führung wie im weiteren offiziösen Schriftgut der Bundeswehr verwandte Passage ihre richtige Tiefenschärfe. Denn sie stammt nicht von Scharnhorst, sondern von Reinhard Höhn, einem Forscher mit ausgeprägter nationalsozialistischer Vergangenheit. Dessen aus enormem Quellenschatz schöpfende Werke waren aber Mitte der

---

[55] Bollmann, Reform (wie Anm. 29), S. 12, 161, 163 f. Lutz/von Salisch, Militärreformen (wie Anm. 1), S. 4.

[56] Reinhard Höhn, Scharnhorsts Vermächtnis, Bonn 1952, S. 89; ähnlich schon in Reinhard Höhn, Revolution – Heer – Kriegsbild, Darmstadt 1944, S. 467-514, hier insbes. S. 467-470, 483-489. Das obenstehende Zitat problematisiert Donald Abenheim, Bundeswehr und Tradition. Die Suche nach dem gültigen Erbe des deutschen Soldaten, S. 35. Allgemeine Kritik an Höhn: Winfried Mönch, »Rokokostrategenё«. Ihr negativer Nachruhm in der Militärgeschichtsschreibung des 20. Jahrhunderts. Das Beispiel von Reinhard Höhn und das Problem des »moralischen Faktors«. In: Die Kriegskunst im Lichte der Vernunft. Militär und Aufklärung im 18. Jahrhundert. T. 1 (= Aufklärung, 11 [1999], 2). Hrsg. von Daniel Hohrath und Klaus Gerteis, S. 76-98, hier S. 80 f. Hierzu auch Rink, Jena (wie Anm. 44), S. 43 f., 60.

1950er-Jahre die aktuellsten ihrer Art – kein Wunder, dass sie die Diktion der Bundeswehr-Gründergeneration beeinflussten.

Schon von daher ist nicht nur der Blick auf die jeweiligen Umbrüche und ihre Protagonisten (und die entsprechenden Antagonisten) gerechtfertigt, sondern auch die kritische Beleuchtung ihres Mythos. Dies gilt selbst dann, wenn sich der Blick gegen die Betrachter selbst richten sollte. Diese Verantwortung zur kritischen Eigenschau ist in der Bundeswehr wie in der bundesrepublikanischen Gesellschaft stets neu geboten. Doch scheint es, dass sie mittlerweile fest verankert ist. Auch das ist ein Ergebnis von Reformerfahrungen.

Von der Aufklärung zur preußischen Reformzeit

Heinz Stübig

Das höhere militärische Bildungswesen
im Zeichen der Aufklärung

I. Die Debatte über den Wandel des Kriegsbildes
in der zweiten Hälfte des 18. Jahrhunderts

Die zweite Hälfte des 18. Jahrhunderts war durch einen nachhaltigen Wandel im Bereich der Kriegführung und entsprechende Veränderungen im Kriegsbild geprägt, woraus wiederum weitreichende Konsequenzen für die militärische Bildung und Ausbildung der Soldaten, insbesondere der Offiziere, resultierten. Die militärische Strategie im Zeitalter des Absolutismus, die durch den Defensivgedanken bestimmt wurde, war vorwiegend darauf ausgerichtet, sich durch kluges Manövrieren in den Besitz der feindlichen Magazine und Versorgungslinien zu bringen, um so die Operationsbasis des Feindes zu zerstören oder zumindest zu beeinträchtigen. Dagegen zielte die in den Revolutionskriegen entwickelte strategische Konzeption auf die physische Vernichtung der feindlichen Streitkräfte ab, wozu Feuer und Bewegung gleichermaßen eingesetzt wurden. Diese Entwicklung führte unter anderem dazu, dass der Krieg nicht mehr in dem Maße wie zuvor durch das militärische Können des jeweiligen Feldherrn entschieden wurde, sondern in erster Linie von der Entschlossenheit und Einsatzbereitschaft der Soldaten selbst abhing[1].

Im taktischen Bereich entsprach der Defensivstrategie die Lineartaktik, d.h. der bis zur äußersten Perfektion getriebene drillmäßige Einsatz von Massen, die sich im Gleichschritt in ausgerichteten Linien bewegten und auf das Kommando ihrer Offiziere gleichzeitig feuerten. Dagegen wurde die Kampfweise der französischen Revolutionsheere durch die Stoßkraft der in gewissem Umfang selbstständig operierenden Kolonnen sowie die Tirailleurtaktik bestimmt. Zwar war die Auflösung der Truppen in kleinere Einheiten zunächst dem Umstand geschuldet, dass ein großer Teil der französischen Soldaten nicht genügend ausgebildet und daher gar nicht in der Lage war, die komplizierten Manöver

---

[1] Dieses unterschiedliche strategische Vorgehen bezeichnete Hans Delbrück mit den Begriffen »Ermattungsstrategie« und »Niederwerfungsstrategie«. Vgl. Hans Delbrück, Geschichte der Kriegskunst im Rahmen der politischen Geschichte, T. 4, Berlin 1920, S. 514-521.

der Linienarmeen auszuführen, aber dieser Mangel erwies sich letztlich als
Vorteil, insofern als sich der Angriff in massierten Kolonnen in Verbindung mit
der Tirailleurtaktik schon bald den in starren Bewegungsabläufen agierenden
alliierten Armeen überlegen zeigte.

Ein weiterer wichtiger Faktor war der Enthusiasmus der französischen
Kämpfer. Dieser Enthusiasmus verkörperte die über die Nation vermittelte
gefühlsmäßige Bindung des Soldaten an das Militär. In ihm war die Kampfmo-
ral der Franzosen begründet. Zugleich war er die Voraussetzung für die wirk-
same Umsetzung des Kolonnenstoßes sowie »der bestimmende geistige Faktor
des Tirailleursystems«[2]. Ähnlich sah es auch Gerhard von Scharnhorst, der am
Ersten Koalitionskrieg teilgenommen hatte. Zwar verteidigte er weiterhin die
Verwendung der stehenden Heere in denjenigen Fällen, in denen es auf einen
konzentrierten Truppeneinsatz in offenem Gelände ankam, jedoch hatte er die
Überzeugung gewonnen, dass beim kleinen Gefecht in durchschnittenem Gelände die in zerstreuter Ordnung kämpfenden französischen Truppen aufgrund
ihrer größeren Flexibilität den Alliierten deutlich überlegen waren. Die Bedeutung dieser Neuerungen unterstrich er mit der Feststellung: »Und es ist eine
ausgemachte Wahrheit, daß die französischen Tirailleurs den größten Theil der
Affairen in diesem Kriege entschieden haben; daß sie denen, der verbundenen
Armeen, überlegen waren[3].«

Die militärischen Erfolge der französischen Soldaten stellten das Selbstverständnis der preußischen Militärs radikal infrage. Schon bald erkannten aufgeklärte Militärkritiker, dass es nicht länger um die Abstellung von Missständen
gehen konnte, sondern um eine grundlegende Revision der bisherigen Kriegführung. Zu den prominenten Teilnehmern an dieser Debatte zählten Georg
Heinrich von Berenhorst und Heinrich Dietrich von Bülow. Georg Heinrich von
Berenhorst (1733-1814)[4] nahm als Soldat am Siebenjährigen Krieg teil, zuletzt in
der Adjutantur des preußischen Königs Friedrichs II. Später absolvierte er eine

[2] Rainer Wohlfeil, Vom Stehenden Heer des Absolutismus zur Allgemeinen Wehrpflicht (1789-1814). In: Handbuch zur deutschen Militärgeschichte 1648-1939, Bd 1, Abschnitt II. Begr. von Hans Meier-Welcker. Hrsg. vom Militärgeschichtlichen Forschungsamt durch Friedrich Forstmeier, Wolfgang von Groote, Othmar Hackl, Hans Meier-Welcker und Manfred Messerschmidt, Frankfurt a.M. 1964, S. 93.

[3] Gerhard Scharnhorst, Entwickelung der allgemeinen Ursachen des Glücks der Franzosen in dem Revolutionskriege und insbesondere in den Feldzügen von 1794 und 1797. In: Gerhard von Scharnhorst, Ausgewählte Schriften. Zusammengestellt von Ursula von Gersdorff, Osnabrück 1983 (= Bibliotheca Rerum Militarium, 49) S. 47-110, hier S. 191 f.

[4] Zu Berenhorst vgl. Eberhard Kessel, Militärgeschichte und Kriegstheorie in neuerer Zeit. Ausgewählte Aufsätze. Hrsg. von Johannes Kunisch, Berlin 1987 (= Historische Forschun-gen, 33), S. 80-115, 116-121; Dietrich Allert, Georg Heinrich von Berenhorst. Bastard des Alten Dessauers, Halle 1996 (= Sachsen-Anhalt. Beiträge zur Landesgeschichte, H. 4); Eckardt Opitz, Von der Kritik zur Reform. Anmerkungen zur Vorgeschichte der preußi-schen Heeresreform. In: Gerhard von Scharnhorst. Vom Wesen und Wirken der preußi-schen Heeresreform – Ein Tagungsband. Hrsg. von Eckardt Opitz, Bremen 1998 (= Schriftenreihe des Wissenschaftlichen Forums für Internationale Sicherheit e.V., 12), S. 31-48; Eckardt Opitz, Georg Heinrich von Berenhorst. In: Klassiker der Pädagogik im deutschen Militär. Hrsg. von Detlef Bald, Uwe Hartmann und Claus von Rosen, Baden-Baden 1999 (= Forum Innere Führung, 5), S. 37-61.

glanzvolle zivile Karriere am Hof des Fürsten Johann Georg von Anhalt-Dessau. 1795 begann er mit der Niederschrift seiner »Betrachtungen über die Kriegskunst über ihre Fortschritte, ihre Widersprüche, und ihre Zuverläßigkeit. Auch für Layen verständlich, wenn sie nur Geschichte wissen«, die er zwischen 1797 und 1799 in drei Bänden anonym erscheinen ließ[5]. Mit diesem Buch wollte Berenhorst den Nachweis erbringen, dass es aufgrund der Unberechenbarkeit des Kriegsgeschehens nicht möglich sei, allgemeine Regeln für die Kriegführung aufzustellen[6]. Wenn jedoch der Zufall, das »große Ungefähr«, bei den kriegerischen Auseinandersetzungen eine entscheidende Rolle spielte, so folgte daraus, dass sich die Ausbildung nicht länger auf die Durchführung möglichst kunstvoller Evolutionen konzentrieren durfte, sondern stattdessen jene Elemente betont werden mussten, die für das Verhalten im Gefecht erforderlich waren. Von daher forderte Berenhorst möglichst realistische Übungen, um die Einsatzbereitschaft und Ausdauer der Soldaten zu steigern.

Daraus ergaben sich zugleich neue Anforderungen an die Offiziere, die – so Berenhorst – eine wissenschaftliche Grundbildung in den Fächern Mathematik, Geschichte, Statistik, Lebensphilosophie und Religion erforderlich machten. Ferner gehörten dazu Geländereisen, durch die die militärischen Führer im Rahmen von praktischen Übungen mit den geografischen Gegebenheiten vertraut gemacht werden sollten. Die auf diese Weise ausgebildeten Offiziere sollten sich nicht länger als Zuchtmeister verstehen, »sondern als ernste, aber liebe- und einsichtsvolle Pädagogen, und Meister in der Waffenhandthierung«[7]. Seine weiteren Vorschläge zur Umgestaltung des inneren Gefüges der Armee bezogen sich auf die Verbesserung der Lebensumstände der Soldaten. Berenhorst mochte in ihnen nicht länger »Gliedermänner von Holz« sehen und kritisierte scharf den Drill, der darauf abzielte, sie maschinenmäßig abzurichten. Stattdessen trat er für eine humane Behandlung der Soldaten ein und forderte die Abschaffung aller entehrenden Strafen. Dabei war er sich bewusst, dass die von ihm vorgeschlagenen Eingriffe in die Verfassung des Militärs gravierende politische Veränderungen voraussetzten. Jedoch sah er Anzeichen dafür, »daß jeder Staatsbürger wieder, wie ehmals, auch Staatsvertheydiger würde« und gab sich der Hoffnung hin, das Rekrutierungswesen längerfristig auf völlig neue Grundlagen zu stellen[8].

Auch Heinrich Dietrich Reichsfreiherr von Bülow (1760-1807) begann seine berufliche Laufbahn zunächst als Soldat, ehe er nach etlichen Umwegen als

---

[5] [Georg Heinrich von Berenhorst], Betrachtungen über die Kriegskunst über ihre Fortschritte, ihre Widersprüche und ihre Zuverläßigkeit. Auch für Layen verständlich, wenn sie nur Geschichte wissen, 3 Teile, Leipzig 1797-1799. Zu den einzelnen Fassungen vgl. Allert, Georg Heinrich von Berenhorst (wie Anm. 4), S. 63.

[6] Vgl. Kessel, Militärgeschichte (wie Anm. 4), S. 98 f.

[7] Berenhorst, Betrachtungen über die Kriegskunst, T. 2 (wie Anm. 5), S. 447.

[8] Zur sozialen und rechtlichen Lage der Soldaten und den daraus resultierenden Problemen vgl. Berenhorst, Betrachtungen über die Kriegskunst, T. 2 (wie Anm. 5), S. 344-354. Weiterhin ebd., S. 164, 444, 450 (Zitate).

Militärschriftsteller hervortrat[9]. 1799 erschien sein Hauptwerk »Geist des neuern Kriegssystems, hergeleitet aus dem Grundsatze einer Basis der Operationen, für Laien in der Kriegskunst faßlich vorgetragen von einem ehemaligen Preußischen Officier«[10]. Im Anschluss daran publizierte er in rascher Folge eine Fülle weiterer militärwissenschaftlicher Schriften[11]. Während Berenhorst das Kriegsgeschehen maßgeblich durch den Zufall bestimmt sah, glaubte Bülow an die Möglichkeit, Regeln für die Kriegführung aufstellen zu können, durch die die Friktionen auf dem Gefechtsfeld weitgehend ausgeschlossen werden konnten. Die von ihm entwickelte Theorie der »Basierung« kriegerischer Unternehmungen beanspruchte, das Zusammenspiel der einzelnen Kriegselemente als mathematisch bestimmbares Beziehungsgefüge darzustellen. Bülow definierte das Ziel der militärischen Operationen als Objekt, die rückwärts gelegenen Punkte, also die Festungen, Magazine usw., als Subjekte und die Marsch- und Versorgungswege als Operationslinien. Die Linie, auf der sich die Subjekte befinden, bezeichnete er als Basis. Verbindet man sie mit den beiden äußersten Operationslinien, so ergibt sich ein Dreieck. Nach Bülows Überzeugung führte ein militärisches Unternehmen dann unweigerlich zum Erfolg, wenn die Operationslinien einen Winkel von mindestens 90 Grad bildeten. Diese Erkenntnis fasste er in folgendem Lehrsatz zusammen: »Operationslinien, die in einem stumpfwinklichten Dreieck eingeschlossen sind, oder in einem Zirkel-Ausschnitt von 90 und mehr Graden, sind die bestmöglichsten und hinlänglich basirt[12].«

Im Zusammenhang mit seinen Bemühungen um eine mathematische Fundierung der Entscheidungen auf dem Gefechtsfeld beschäftigte sich Bülow auch mit der Rolle soldatischer Massen im Rahmen der zukünftigen Kriegführung. Der Staat, der die meisten Truppen aufbringen konnte, musste – so das Ergebnis seiner Analyse der Revolutionsfeldzüge – die jeweilige kriegerische Auseinandersetzung gewinnen. In diesem Sinne dekretierte er: »Disciplin, Taktik, Muth sind nur mitwirkende Potenzen, die Masse, die Quantität der Streiter entschei-

---

[9] Zu Bülow vgl. Rese, Bülow (Heinrich), Freiherr von. In: Allgemeine Encyclopädie der Wissenschaften und Künste in alphabetischer Folge von genannten Schriftstellern. Bearb. und hrsg. von J.S. Ersch und J.G. Gruber, Th. 13, Leipzig 1824, S. 355–359; Eduard Bülow, Aus Dietrichs Bülow's Leben. In: Heinrich Dietrich von Bülow, Militärische und vermischte Schriften, in einer Auswahl mit Bülow's Leben und einer kritischen Einleitung. Hrsg. von Eduard Bülow und Wilhelm Rüstow, Leipzig 1853, S. 1–48; Franz Ludwig August von Meerheimb, Bülow, Dietrich Heinrich Frhr. v. B. In: Allgemeine Deutsche Biographie. Hrsg. durch die Historische Commission bei der Königl. Akademie der Wissenschaften, Bd 3, Berlin 1876 (ND 1967), S. 515–517.

[10] Diese Schrift ist vollständig, die übrigen sind in Auswahl abgedruckt in: Bülow, Militärische und vermischte Schriften (wie Anm. 9).

[11] Eine Zusammenstellung von Bülows Schriften findet sich in: Das gelehrte Teutschland oder Lexikon der jetzt lebenden teutschen Schriftsteller, angefangen von Georg Christoph Hamberger, fortgesetzt von Johann Georg Meusel, 5. Aufl., Lemgo 1796–1834, Bd 13, S. 192 f.; Bd 16, S. 336; Bd 17, S. 288 f.

[12] Heinrich Dietrich von Bülow, Lehrsätze des neuern Krieges oder reine und angewandte Strategie aus dem Geist des neuern Kriegssystems hergeleitet von dem Verfasser des Geistes des neuern Kriegssystems und des Feldzugs von 1800, Berlin 1805, S. 365; die Beweisführung findet sich ebd., S. 365–372.

det. Die Schlachten der Zukunft werden durch Tirailleurfeuer entschieden werden[13].« Die Konsequenzen dieser Betrachtungsweise liefen ebenso wie die
Überlegungen von Berenhorst darauf hinaus, die gesamte Volkskraft für den
Krieg zu mobilisieren und das System der Exemtionen vollständig aufzugeben.
Wenngleich Bülow der Bildung und Ausbildung der Truppen weniger Beachtung schenkte, so kritisierte er doch die Ausbildung und das Verhalten der Offiziere sowie die Lebensumstände der einfachen Soldaten. Dabei wies er darauf
hin, dass sich die Soldaten inzwischen wieder daran erinnerten, dass sie Menschen seien, und fuhr dann fort: »Ich will zwar nicht behaupten, daß sie dies
vergessen hätten, allein so ganz ungegründet ist denn doch der Vorwurf nicht,
daß sie blos Automaten wären, die nur durch Berührungen mit dem Stock,
durch Flüche und kurz ausgestoßene Silben sich bewegten[14].«

Trotz ihres unterschiedlichen Verständnisses des Kriegsgeschehens stimmten Berenhorst und Bülow in wesentlichen Teilen ihrer Reformvorschläge überein. Einerseits forderten sie, die Ausbildungspraxis der Streitkräfte, einschließlich der Unterweisung der militärischen Führer, auf die Veränderungen des
Kriegsbildes und deren Auswirkungen auf die Strategie und Taktik abzustimmen, andererseits ging es ihnen um eine Neubestimmung des Verhältnisses von
Militär und ziviler Gesellschaft, was die Beachtung der Menschenwürde des
Soldaten einschloss. Die Kriege der Zukunft – so die Einsicht von Berenhorst
und Bülow – konnten nur unter Beteiligung der gesamten Nation geführt werden.

II. Die Folgerungen für die Bildung
und Ausbildung der Offiziere

Welche Auswirkungen die sich abzeichnenden Veränderungen im Kriegsbild
auf die zeitgenössischen Überlegungen über die zukünftige Bildung und Ausbildung des militärischen Führungsnachwuchses hatten, soll am Beispiel Friedrich Nockhern von Schorns erläutert werden. Der ehemalige Oberst in nieder-
ländischen Diensten veröffentlichte 1783 ein dreiteiliges Werk mit dem Titel
»Idées raisonnés sur une systeme [sic] général & suivi des toutes les connois-
sances militaires & sur une methode lumineuse pour etudier la science de la
guerre avec l'ordre & discernement«[15], das bereits zwei Jahre später in deutscher Übersetzung herauskam[16].

---

[13] Zit. nach von Meerheimb, Bülow (wie Anm. 9), S. 515 f. Vgl. auch Hans Delbrück, Geist
      und Masse in der Geschichte. In: Hans Delbrück, Vor und nach dem Weltkrieg. Politische
      und historische Aufsätze 1902-1925, Berlin 1926, S. 600-623.
[14] Bülow, Militärische und vermischte Schriften (wie Anm. 9), S. 70.
[15] Zu Nockhern von Schorn vgl. Das gelehrte Teutschland (wie Anm. 11), Bd 7, S. 290 f.
      (Dort findet sich auch die obige Literaturangabe.), sowie Die Bildung des Offiziers. Do-

In seiner Vorrede führte der Verfasser unter anderem aus, man habe inzwischen erkannt, dass »der Krieg eine regelmäßige und weit umfassende Wissenschaft (sey), die, wie alle andere, durch die Theorie in den Schriften erlernt, und durch die Praxis und Erfahrung in den Feldzügen vervollkommert« werde [sic][17]. Allerdings, so Nockhern von Schorn weiter, sei es bis jetzt noch nicht gelungen, diese Wissenschaft so umfassend und systematisch darzustellen, dass sich angehende Offiziere durch ein entsprechend angeleitetes Studium adäquat auf ihren späteren Beruf vorbereiten konnten. Diesem Ziel galten daher seine Bemühungen. Dabei war die Kriegswissenschaft für Nockhern von Schorn ein interdisziplinäres Konstrukt, dessen einzelne Bestandteile auf ihre spezifische Anwendbarkeit auf das Kriegswesen hin befragt werden mussten. Von ausschlaggebender Bedeutung war ferner, dass man die einzelnen, den Krieg konstituierenden Elemente nicht isoliert betrachtete, sondern sie auf den Gesamtzusammenhang des kriegerischen Geschehens bezog. Die damit aufgeworfenen Fragen, also die Frage nach dem Wesen des Krieges und der Wissenschaft, die ihn zum Gegenstand hatte, erörterte der Autor im ersten Teil seines Werkes. Wie er den Stand der damaligen militärwissenschaftlichen Bemühungen einschätzte, geht aus folgender Bemerkung hervor: »Die praktische Wissenschaft oder vielmehr die Kriegskunst ist auf eine hohe Stufe der Vollkommenheit gekommen, zum wenigsten in einigen Theilen und besonders in der Strategie oder Kunst, zu commandiren, nicht so in der Disciplin und Taktik, wo man noch über die wahren Grundsäze im finstern tappt; vielleicht ist auch nicht alles in der Fortification und Artillerie gethan und gesagt, und ich glaube, daß schöpferische Köpfe mit der Zeit noch mehr neue und vortheilhaftere Entdekungen darinnen, als bishero geschehen ist, machen werden[18].«

Im dritten Teil seines Buches versuchte Nockhern von Schorn, die damit aufgeworfenen Probleme weiter zu klären, indem er die für die Kriegswissenschaften konstitutiven Bereiche ausführlich erörterte. Dabei unterschied er: 1. den Militäretat; darunter verstand er die für die Kriegführung notwendigen Menschen und Materialien; 2. die Disziplin; sie beinhaltete für ihn vor allem die Durchsetzung der Militärgesetze; 3. die Taktik, d.h. »die Kunst, Trouppen von jeder Art gut einzurichten, zu stellen und zu manövriren, sowohl in einzelnen Corps, als auch mit der ganzen Armee«; 4. die Ingenieurwissenschaft, die die Befestigungskunst sowie die Anlage und Verteidigung von Festungen und Feldschanzen umfasste; 5. die Artillerie, die das notwendige Wissen über die Verfertigung, die Zusammensetzung, den Gebrauch und die Wirkung von Kanonen, Mörsern und Haubitzen, einschließlich der Kenntnisse über die dazuge-

---

kumente aus vier Jahrhunderten, ausgewählt und kommentiert von Jürgen Bertram, o.O. 1969 (= Schriftenreihe Innere Führung, Reihe: Bildung, H. 5), S. 27 f.

[16] Friedrich Nockhern von Schorn, Versuch über ein allgemeines System aller militarischen Kenntnisse, nebst einer einleuchtenden Methode die Kriegswissenschaft mit Ordnung und Erkenntniß zu studieren, in drey Theilen, nebst sechs methodischen Tafeln, Nürnberg und Altdorf 1785; eine italienische Übersetzung dieses Buches erschien 1825 in Neapel.

[17] Ebd., S. III.

[18] Ebd., S. 32.

hörigen Instrumente, Materialien und Maschinen, vermittelte; 6. die Strategie, also »die Kunst zu commandiren, und Kriegsoperationen zu führen«[19].

Mit allen diesen Bereichen, einschließlich ihrer Beziehung untereinander, sollten sich die angehenden Offiziere gründlich auseinandersetzen. Auf welche Weise dies geschehen sollte, beschrieb Nockhern von Schorn im zweiten Teil seines Werkes. Gleich zu Beginn seiner diesbezüglichen Überlegungen wies der Verfasser darauf hin, dass eine systematische Betrachtung des Krieges nur auf der Basis logischen Denkens möglich sei, worunter er die Kunst verstand, »richtig zu denken, oder einen anständigen Gebrauch unserer Verstandesfähigkeiten zu machen, um das wahre in den Dingen zu entdeken«. Was damit genau gemeint war, machte er in den Partien deutlich, in denen er seine Methode detailliert darzustellen versuchte. Dort formulierte er mit Blick auf den jungen Soldaten: »In seinen Untersuchungen muß seine erste Sorge stets seyn, sich eine genaue Definition und Eintheilung von einem jeden vorhabenden Gegenstand zu machen. Hierauf untersucht er die Natur derselben, und liest die Grundsäze und Regeln in den besten Schriftstellern darüber nach; wenn aber diese, wie es oft geschieht, von einander abweichen, oder sich in den Grundsäzen widersprechen, so kann er seine Meinung darüber so lange für sich behalten, bis eine längere Theorie oder Praxis und vernünftige Erfahrung ihn berechtigen, darüber zu entscheiden[20].«

Dass die Ansichten der jeweiligen Autoren immer nur das Material abgeben konnten, an dem der militärische Führungsnachwuchs seine eigenen Vorstellungen und Überzeugungen entwickeln sollte, unterstrich Nockhern von Schorn in seinen nachfolgenden Bemerkungen, in denen er ausdrücklich davor warnte, »sich von Autoritäten, und noch weniger von eingeführten Meinungen verblenden und mit hinziehen zu lassen«; denn, so der Autor weiter, »nichts führt mehr zur Mittelmäsigkeit, als der knechtische Anhang an die Routine und an üblichen Gebräuchen«. Für Nockhern von Schorn bestand das Studium des Krieges in der Lektüre und Aneignung der grundlegenden militärwissenschaftlichen Werke, der Ausarbeitungen über die einzelnen Truppengattungen und der Darstellungen vergangener Feldzüge und Schlachten. Mit den Hauptgebieten der Kriegswissenschaft sollte sich der angehende Offizier gründlich und systematisch beschäftigen, um »das allgemeine System der Wissenschaft mit aller möglichen Aufmerksamkeit zu fassen, und es sich in das Gedächtniß zu prägen«. Dementsprechend enthielt der »Versuch« Hinweise auf eine Vielzahl von militärwissenschaftlichen Werken, die sowohl das antike Schrifttum und die Klassiker der Kriegskunst umfassten als auch Karten und Pläne sowie Beschreibungen von bedeutenden kriegerischen Unternehmungen[21].

Deutlich kann man in diesen Überlegungen einen aufklärerischen Duktus erkennen: Es ging Nockhern von Schorn darum, die tradierten militärwissen-

---

[19] Vgl. ebd., S. 82-208, sowie die im Anhang wiedergegebene »Allgemeine Tafel. Allgemeines System der Kriegswissenschaft in ihren sechs Hauptteilen entwickelt«.

[20] Ebd., S. 56, 62.

[21] Vgl. ebd., S. 62 f., 69-75.

schaftlichen Meinungen am Kriterium der Vernunft zu überprüfen, Widersprüche aufzudecken und sie in einem argumentativen Diskurs zu entscheiden. Die Kriegswissenschaft wurde von ihm als analytisches Instrument verstanden, das den künftigen Offizier in die Lage versetzte, auch in schwierigen Situationen den Überblick zu behalten und entsprechend der vorgefundenen Lage die angemessenen Befehle zu erteilen. Durch die wissenschaftliche Durchdringung des Krieges und seiner Begleiterscheinungen hoffte der Autor, die Gesetze, nach denen sich kriegerische Auseinandersetzungen gestalteten, und alle Bedingungen, die ihren Verlauf beeinflussten, offenlegen zu können. Dabei vertrat er wie Bülow die Ansicht, dass es möglich sei, die Führung eines Krieges bis in die Details hinein zu planen.

Mit Blick auf die schaumburg-lippische Militärschule auf dem Wilhelmstein und die preußische Kadettenanstalt in Stolp soll verdeutlicht werden, wie man den veränderten Anforderungen an den Offiziernachwuchs mit neuen militärischen Bildungs- und Ausbildungskonzepten begegnete.

III. Die Umsetzung der neuen Anforderungen an die Offiziere in den militärischen Bildungseinrichtungen

1. Die schaumburg-lippische Militärschule auf dem Wilhelmstein

Die Errichtung der schaumburg-lippischen Militärschule auf dem Wilhelmstein war das Werk des Grafen Wilhelm zu Schaumburg-Lippe (1724-1777)[22], der als einer der herausragenden Heerführer und Militärtheoretiker seiner Zeit galt. Er hatte am Siebenjährigen Krieg teilgenommen und mehrere Jahre die Artillerie der verbündeten preußischen, hannoverschen, englischen und schaumburg-lippischen Truppen kommandiert. Später wurde er Oberkommandierender der portugiesischen Armee, die er erfolgreich in einem Verteidigungskampf gegen das mit Frankreich verbündete Spanien führte.

Die Festung Wilhelmstein wurde zwischen 1765 und 1767 auf einer künstlich angelegten Insel in der Mitte der westlichen Hälfte des Steinhuder Meeres errichtet. Der gesamte Komplex bestand aus der sternförmigen Hauptinsel sowie 16 Nebeninseln und diente seit dem Frühjahr 1767 als Artillerie- und Ingenieurschule[23]. Mit dem 1770 erlassenen »Reglement, die Studia und Exercitia

---

[22] Zu Leben und Werk des Grafen vgl. Hans H. Klein, Wilhelm zu Schaumburg-Lippe. Klassiker der Abschreckungstheorie und Lehrer Scharnhorsts, Osnabrück 1982 (= Studien zur Militärgeschichte, Militärwissenschaft und Konfliktforschung, 28).

[23] Vgl. Bernhard Poten, Geschichte des Militär-, Erziehungs- und Bildungswesens in den Landen deutscher Zunge, Bd 5, Berlin 1897 (= Monumenta Germaniae Paedagogica, 18), S. 235-264.

derer schaumburg-lippe-bückeburgischen Ingenieurs und Artilleristen betreffend«[24] wurde diese Einrichtung in eine Militärschule mit deutlich umfangreicherem Lehrprogramm umgewandelt. Das »Reglement« bestimmte, dass der militärische Führungsnachwuchs – also die »Conducteurs«, die lernenden Unteroffiziere, Kadetten und jungen studierenden Artilleristen[25] – durch besonders qualifizierte Offiziere an vier Tagen in der Woche einen einstündigen Unterricht, die sogenannte »Privatinformation«, erhielten. Zur Ergänzung und Vertiefung des Gelernten hatten die Militärschüler Zugang zu einer umfangreichen Sammlung von Büchern, Plänen, Manuskripten, Landkarten und Instrumenten, die sie pro Woche zweimal nach eigenem Ermessen benutzen konnten.

Das auf dem Wilhelmstein entwickelte Bildungs- und Ausbildungskonzept basierte darauf, den Offizieranwärtern zunächst die Grundlagen der Artillerie-, Ingenieurs- und Mineurkunst zu vermitteln und sie erst danach mit den Spezialkenntnissen vertraut zu machen, die sich aus den unterschiedlichen Anforderungen der einzelnen Truppengattungen ergaben. Insofern nahmen die Berufswissenschaften, einschließlich der Mathematik und der Naturwissenschaften, den ersten Platz ein; daneben wurden Geografie, Zeichnen, insbesondere militärisches Planzeichnen, und Französisch (später auch Englisch) gelehrt. Für die einzelnen Fächer hatte Graf Wilhelm sowohl den Lehrstoff als auch die Lehrbücher selbst bestimmt[26].

Mit der von ihm ausgewählten Lektüre verfolgte der Graf den Zweck, »das Gedächtniß [des Offizierschülers] mit militärischen Kenntnissen und Ideen zu bereichern, um seine eigenen Fähigkeiten zu entwickeln und den Verstand solchergestalt militärisch zu bilden, daß in solchen Fällen, wo die dem Officier gegebenen Befehle nicht alle Umstände seines Verhaltens bestimmen, er selbst in solchen Dingen, die seiner Entschließung überlassen bleiben, die beste oder wenigstens eine gute Parthey zu ergreifen hinlängliche Kenntnisse und Beurtheilungskraft erlange«. Daher seien »keineswegs die Meinungen derer Autoren als Gesetze, Vorschriften oder ohnabänderliche Grundsätze zu betrachten«. Nachdem es 1773 zu einer Neueinteilung und Erweiterung des Lehrstoffes gekommen war – in der ersten Klasse wurden die Artillerie- und Mineurwissenschaften unterrichtet, in der zweiten militärische Geografie und Befestigungswesen und in der dritten die für die Kriegführung wichtigen Industriezweige – unterstrich ein Befehl vom 10. März 1774 nachdrücklich den Bildungs- und Erziehungsauftrag der Schule. Dieser basierte auf dem Leitbild des tapferen, zugleich ehrliebenden und rechtschaffenen Soldaten. Dazu gehörte auch die Beschäftigung mit Autoren, »welche solche Lehren und Beyspiele enthalten, wodurch die Neigungen des Herzens zur Rechtschaffen-

---

[24] Abgedruckt in: Wilhelm Graf zu Schaumburg-Lippe, Schriften und Briefe. Hrsg. von Curd Ochwadt, Bd 2, Frankfurt a.M. 1977 (= Veröffentlichungen des Leibniz-Archivs, 7), S. 78-88; auf S. 88-103 finden sich Kommentare und Ergänzungen zu dem »Reglement«.

[25] Die Zahl der Kadetten und studierenden Artilleristen (also der eigentlichen Offizieranwärter) wurde auf zwölf begrenzt. Vgl. Wilhelm Graf zu Schaumburg-Lippe, Schriften und Briefe (wie Anm. 24), S. 86.

[26] Eine Aufstellung der im Unterricht benutzten Literatur findet sich in ebd., S. 80-82.

heit, Erkenntlichkeit, Treue, Wohlthun etc. gelenket, die Begierde, sich durch vorzüglich edle Handlungen Ruhm zu erwerben, erwecket, und Abscheu und Entfernung vor alles, so laster- oder tadelhaft ist, [...], rege gemacht werden«[27].

Den Bemühungen um eine umfassende theoretische Schulung der Soldaten entsprach die durchgängige Berücksichtigung der militärischen Praxis. In dem »Reglement« wurde ausdrücklich darauf hingewiesen, dass für die Offizieranwärter neben ihren Studien »die Anwendung des Gelernten in würklicher Erfahrung wesentlich notwendig« sei und dass aus diesem Grunde, zusätzlich zu den sich sonst bietenden Gelegenheiten, in den Sommermonaten gezielt praktische Übungen stattfinden sollten. Dazu gehörten die Aufnahme und Beurteilung des Geländes, die verschiedenen Arbeiten beim Festungsbau, Schießübungen sowie der Umgang mit Bomben, Granaten und Minen. Daneben besuchten die Schüler Handwerksbetriebe und wohnten dem Geschützguss und der Pulverherstellung bei. Angestrebt wurde eine enge Verbindung zwischen Theorie und Praxis: Der Unterricht diente dazu, den angehenden Artilleristen und Ingenieuren die grundlegenden Kenntnisse zu vermitteln, die sie zur Ausübung ihrer Berufstätigkeit benötigten; die Übungen im Gelände sollten sie über das unter den konkreten Bedingungen Erreichbare und Durchsetzbare aufklären. Dieser Zielsetzung folgten auch die Prüfungen, die dreimal im Jahr, und zwar am dritten Ostertag, am dritten Pfingsttag und am Michaelistag (29. September), stattfanden[28]. Voraussetzung für die Aufnahme in die Militärschule war die Konfirmation, weil die Offizieranwärter den Militäreid leisten mussten. Des Weiteren wurde von den Bewerbern »im Schreiben und Rechnen hinlängliche Fertigkeit«[29] verlangt. Charakteristisch für die inneren Verhältnisse der Militärschule war, dass – im Unterschied zu einer sonst verbreiteten Praxis – die Offizieranwärter nicht körperlich gezüchtigt werden durften, sondern durch Lob, Ermahnung und das Vorbild ihrer Vorgesetzten geleitet werden sollten. Erfolgreiche Schüler bekamen Buch- oder Geldgeschenke bzw. erhielten als besondere Auszeichnung eine goldene Medaille[30].

Gerhard von Scharnhorst, der bedeutendste Absolvent dieser Militärschule, hat in seiner ersten Publikation das Werk des Grafen Wilhelm zu Schaumburg-Lippe als »Versuche, die vornehmsten Theile der Kriegskunst aufzuklären, ihre dunkelsten und combinirtesten Gegenstände mehr zu entwickeln, sich selbst über diesen oder jenen nicht genug excolirten Gegenstand zu belehren, und ihn zu höherer Vollkommenheit zu bringen«[31], charakterisiert. Damit umriss er

[27] Ebd., S. 90, 92.
[28] Zu den Einzelheiten vgl. ebd., S. 82, 85 f., 93.
[29] Ebd., S. 87.
[30] Diese Vorgehensweise erinnert stark an die Meritenpraxis in den philanthropinischen Bildungsanstalten.
[31] Gerhard Scharnhorst, Von den Militairanstalten des verstorbenen regierenden Grafen von Schaumburg-Lippe, Königl. Portugiesischen Generalissimi &c. In: Theodor Schmalz, Denkwürdigkeiten des Grafen Wilhelms zu Schaumburg-Lippe, Hannover 1783, S. 161-186, hier S. 163 f.

zugleich die Zielsetzung, an der sich die Bildung und Ausbildung der schaumburg-lippischen Artilleristen und Ingenieure auf dem Wilhelmstein orientierte.

2. Die preußische Kadettenanstalt in Stolp

Nach den Schlesischen Kriegen baute Friedrich II. (1712-1786) das preußische
Kadettenkorps weiter aus, indem er zur Entlastung der Berliner Hauptanstalt
ein weiteres Hilfsinstitut gründete. Als Standort für die Neugründung wurde
von ihm Stolp in Hinterpommern bestimmt[32]. Die dortige Kadettenanstalt wurde 1778 mit einem Kostenaufwand von 10 769 Talern errichtet; sie umfasste
zwölf Hofmeister (so der Name der Gouverneure in den Voranstalten) und 96
Kadetten[33]. Die Kadetten, die die Anstalt vom 8. bis zum 13. Lebensjahr besuchten, verteilten sich auf sechs Klassen. Die Hofmeister wirkten als Lehrer
und Erzieher. Die Fächer, die in den beiden unteren Klassen unterrichtet wurden, waren Lesen, Schreiben, Rechnen, Erdkunde, Geschichte und Religion. In
den vier oberen Klassen kamen Schönschreiben, Rechtschreibung, Briefstil und
Geometrie hinzu. Darüber hinaus wurde Französischunterricht erteilt. Ein
Tanzmeister unterwies die Kadetten zweimal in der Woche. Nach Abschluss
ihrer Ausbildung in Stolp wurden sie bei entsprechender Eignung an das
Hauptinstitut in Berlin versetzt.

Über die pädagogische Ausrichtung des Stolper Kadettenhauses geben die
im Unterricht verwendeten Materialien Aufschluss; sie gehörten zum Kernbestand der philanthropischen Lehrwerke und Erziehungsliteratur[34]. So verfügte
das Stolper Institut über mehrere Bücher von Joachim Heinrich Campe. Dazu
zählten das »Sittenbüchlein für Kinder aus gesitteten Ständen« (1777), die
zwölfbändige »Kleine Kinderbibliothek« (1779-1784), »Die Entdeckung von
Amerika« (1781), das Werk »Theophron oder Der erfahrene Ratgeber für die
unerfahrene Jugend« (1783) und schließlich die zwölfteilige »Erste Sammlung
merkwürdiger Reisebeschreibungen für die Jugend« (1785-1793). Daneben war
der von Christian Felix Weiße herausgegebene »Kinderfreund« (1775-1782)
vorhanden ebenso wie Christian Gotthilf Salzmanns zweiteiliges »Moralisches
Elementarbuch, nebst einer Anleitung zum richtigen Gebrauch desselben«
(1782-1783) sowie das »Lesebuch für die Jugend der Bürger und Handwerker«
(1786) von J.G. Lorenz. Von Peter Villaume besaß man die »Geschichte des

---

[32] Zum Folgenden vgl. Poten, Geschichte des Militär-Erziehungs- und Bildungswesens (wie
Anm. 23), Bd 4, Berlin 1896 (= Monumenta Germaniae Paedagogica, 17), S. 69-71; Graf
von Haslingen, Geschichte des Kadettenhauses in Potsdam, 2. Aufl., Berlin 1907, S. 1-31
(Da die Stolper Kadetten im Jahr 1811 nach Potsdam überführt wurden, ist ihre Ge-
schichte zugleich die Vorgeschichte des Potsdamer Instituts.); Karl-Hermann Freiherr von
Brand und Erwin Heckner, Kadetten. Aus 300 Jahren deutscher Kadettenkorps, Bd 1,
München 1981, S. 209-213.

[33] Zum Folgenden vgl. Haslingen, Geschichte des Kadettenhauses (wie Anm. 32), S. 6 f.

[34] Zu den Bildungs- und Erziehungsvorstellungen der Philanthropen vgl. Hanno Schmitt,
Vernunft und Menschlichkeit. Studien zur philanthropischen Erziehungsbewegung, Bad
Heilbrunn 2007.

Menschen« (1783) und von Johann Matthias Schröckh die vierteilige »Allgemeine Weltgeschichte für Kinder« (1779-1784). Ferner gehörte zum Stolper
Buchbestand auch die zweiteilige, von Johann Gottlieb Schummel herausgegebene »Moralische Bibliothek für den jungen deutschen Adel« (1786)[35]. Diese
Auseinandersetzung mit den aufklärerischen Bildungs- und Erziehungsideen
stand zunächst in scharfem Kontrast zu der in Stolp angewandten Strafpraxis.
Dazu heißt es in den Erinnerungen eines ehemaligen Zöglings: »Die Erziehung
war sehr strenge. Aus einigen Ohrfeigen oder Schlägen mit dem Lineal auf die
Finger machte man sich nichts. Unangenehm war die Strafe mit einem fußlan-
gen Rohrstock, der an beiden Enden mit Blei ausgegossen war und mit dem
man auf die inwendige Handfläche ein halbes oder ganzes Dutzend Hiebe erhielt[36].« Die Verhängung dieser Strafe war jedem Lehrer gestattet; ihre Vollstreckung fand jeweils am Sonnabendnachmittag im Beisein aller Kadetten statt.
    Entscheidende Veränderungen in Stolp erfolgten im Jahr 1795, als Haupt-
mann Friedrich Wilhelm Ludwig von Dedenroth die Leitung des Instituts übernahm. Er konzipierte nicht nur einen neuen Lehrplan, der den Anforderungen
der Zeit besser entsprach[37], sondern reformierte auch die inneren Verhältnisse
der Anstalt. Das von ihm entworfene »Unterrichtstableau« ging »von der in
bezug auf die damaligen hinterpommerschen Kadetten-Aspiranten sehr richtigen Voraussetzung aus, daß jeder derselben bei seinem Eintritte in das Stolper
Haus absolut nichts wisse«[38]. Die neu eintretenden Kadetten kamen in die
sechste Klasse, eine Elementarklasse, in der zunächst die Buchstaben und Zahlen gelehrt wurden und später die Anfänge des Lesens, Schreibens und Rech-
nens. In der fünften Klasse wurde dieser Unterricht fortgeführt. Dabei wurden
mit dem Lesen Begriffserklärungen verbunden, im Schreiben wurden die großen Buchstaben geübt und im Rechnen die vier Grundrechenarten, einschließlich ihrer praktischen Anwendung. Mit der vierten Klasse setzte der »bildende
Unterricht« ein, der Geschichte, Geografie, deutsche Sprache und Rechnen umfasste. Im Geschichtsunterricht standen »Fragmente von allen Zeiten und Völkern« im Vordergrund. Im Geografieunterricht beschäftigten sich die Kadetten
mit der Beschaffenheit der Erde im Allgemeinen sowie mit den Ländern und
Hauptstädten Europas. Ausgangspunkt des Unterrichts war Stolp, gemäß der
pädagogischen Maxime, vom Bekannten zum Unbekannten fortzuschreiten. Im
Deutschen übten sich die Schüler anhand von leichten Erzählungen und Reise-
schilderungen weiter im Lesen. Im Rechnen ging man in dieser Klasse zu den
Brüchen und zum Dreisatz über, wobei darauf geachtet wurde, dass die zu be-

[35] Vgl. Haslingen, Geschichte des Kadettenhauses (wie Anm. 32), S. 7.
[36] Louis von Scharfenort, Bilder aus der Geschichte des Kadetten-Korps für Alt und Jung,
Berlin 1889, S. 53.
[37] Die Vorschläge Dedenroths wurden von General von Mosch, dem Chef des Kadettenkorps, ausdrücklich befürwortet und dienten als Richtschnur für die Umstrukturierung
der übrigen Voranstalten. Vgl. Brand/Heckner, Kadetten (wie Anm. 32), S. 211.
[38] Vgl. zum Folgenden Haslingen, Geschichte des Kadettenhauses (wie Anm. 32), S. 14-17.
Dazu gehörte auch, dass die meisten Kadetten zunächst nur ihre kaschubische Mutter-
sprache verstanden und die deutsche Sprache erst erlernen mussten. Vgl. ebd., S. 7.

arbeitenden Aufgaben einen Bezug zur Lebenswelt der Schüler hatten. In der dritten Klasse, in die die Kadetten mit elf Jahren eintraten, wurde der »bildende Unterricht« fortgesetzt. Im Geschichtsunterricht wurde nun neben der allgemeinen Geschichte auch die vaterländische, d.h. preußische Geschichte sowie die Geschichte fremder Völker behandelt, und zwar vorwiegend unter militärischen Gesichtspunkten. In den übrigen Fächern wurden diejenigen Inhalte wieder aufgenommen, die bereits in der vierten Klasse Gegenstand des Unterrichts gewesen waren. Neu hinzu kam die Naturlehre. Die zweite und erste Klasse wurden als zusammenhängende Kurse betrachtet; sie dienten der Erweiterung und Vertiefung des in den letzten Jahren durchgenommenen Lehrstoffes. Im Mittelpunkt des in allen Klassen erteilten Religionsunterrichts, dem Martin Luthers Bibelübersetzung zugrunde lag, stand das Bemühen, den Kadetten »die einfachen und wahren Sätze, wie sie von der Bibel gegeben sind«, verständlich zu machen. Insgesamt war der von Dedenroth entworfene Lehrplan darauf angelegt, nicht das Gedächtnis der Kadetten durch Auswendiglernen zu beschäftigen, sondern vielmehr ihren Verstand zu üben und sie zum eigenen Denken anzuregen. Darüber hinaus wurde im Unterricht das Ziel verfolgt, die Schüler »durch die Wissenschaften dem Edlen, Guten zuzuführen«, d.h. ihnen grundlegende Werte und Normen zu vermitteln. Mit der Revision des Lehrplans ging auch eine Umgestaltung des bis dahin gültigen Disziplinar- und Strafsystems einher. Bei der Neuregelung ließ sich Dedenroth von der Idee leiten, das Ehrgefühl der Kadetten anzustacheln und ihre Lernmotivation zu verstärken. So gestattete er beispielsweise den neu eingetretenen Kadetten nicht eher das Anlegen der roten Achselklappen, als bis sie über ausreichende Kenntnisse im Lesen und Schreiben verfügten. Zöglinge, die sich während der Woche tadelsfrei geführt hatten, wurden von ihm am Sonntagmittag vor dem gemeinsamen Essen lobend erwähnt, zuweilen lud er sie auch an seinen Mittagstisch ein. Außerdem verlieh er Medaillen als »Prämien für Fleiß und gute Sitten«[39]. Wengleich Dedenroth bereits im Juli 1797 starb, hatten die von ihm eingeführten Reformen dauerhaft Bestand und bestimmten die Arbeit in Stolp bis zum Umzug der Kadetten nach Potsdam im Jahr 1811[40]. Dies führte u.a. dazu, dass der Andrang nach Stolp so groß war, dass man dort im Gegensatz zu den Voranstalten in Kulm und Köslin unter den Anwärtern die geeignetsten auswählen konnte[41].

Das auf dem Wilhelmstein und in Stolp praktizierte Bildungs- und Ausbildungskonzept war insofern typisch für die militärpädagogischen Bestrebungen gegen Ende des 18. Jahrhunderts, als es allgemeinbildende und militärwissenschaftliche Lehrgegenstände miteinander verband[42]. Dabei orientierte sich die

---

[39] Haslingen, Geschichte des Kadettenhauses (wie Anm. 32), S. 14, 16 f.
[40] Ebd., S. 29–31.
[41] Vgl. Brand/Heckner, Kadetten (wie Anm. 32), S. 212.
[42] Das änderte sich erst in der zweiten Hälfte des 19. Jahrhunderts, als die militärfachliche Ausbildung innerhalb der Offizierausbildung immer stärker in den Vordergrund trat. Vgl. Heinz Stübig, Das höhere militärische Bildungswesen zwischen Professionalisierung und sozialer Abgrenzung. Zur Entwicklung der Kriegsschulen und der Kriegsakademie

inhaltliche Ausgestaltung des Unterrichts weitgehend am philanthropischen
Ideengut. Das galt sowohl für die Gestaltung des Unterrichts und die Förderung der Selbsttätigkeit der Zöglinge als auch hinsichtlich der tief greifenden
Veränderungen im Bereich der inneren Ordnung. Sie bedeuteten eine Abkehr
von den überlieferten Formen der Disziplinierung und Bestrafung und zielten
stattdessen auf die Vermittlung von sittlichen Normen und Wertvorstellungen
ab, die die Würde des Menschen zum Maßstab hatten. Gleichwohl wurde durch
die Übernahme von Grundzügen der Aufklärungspädagogik der eigentliche
Zweck der militärischen Einrichtungen, nämlich den Offiziernachwuchs heran-
zubilden, nicht beeinträchtigt. Im Gegenteil: Der »aufgeklärte« Offizier war die
adäquate Antwort auf die gravierenden Veränderungen, denen die Kriegführung im ausgehenden 18. Jahrhundert unterworfen war. Allerdings wurde er
nicht auf den Krieg im Zeichen der »entfesselten Bellona« vorbereitet. Noch
immer richtete sich die Praxis der Ausbildung an der überlieferten Kampfweise
aus. Insofern waren die Veränderungen, die gegen Ende des 18. Jahrhunderts
eingeführt wurden, nur erste Schritte im Hinblick auf eine grundlegende Reform, die sowohl mit der Wahrnehmung des einfachen Soldaten als »Mann von
Ehre« und den daraus resultierenden Konsequenzen für seine rechtliche Stellung Ernst machte, als auch die Erkenntnisse über die strategischen und taktischen Neuerungen zur Grundlage eines veränderten Konzepts der militärischen
Bildung und Ausbildung erklärte. Diese Entwicklung bahnte sich in Preußen
erst unter dem Eindruck der Siege Napoleons an und war nach der katastrophalen Niederlage der eigenen Truppen bei Jena und Auerstedt unausweichlich.

---

in Preußen während des 19. Jahrhunderts. In: Wirtschaft, Wissenschaft und Bildung in
Preußen. Zur Wirtschafts- und Sozialgeschichte Preußens vom 18. bis zum 20. Jahrhundert. Hrsg. von Karl Heinrich Kaufhold und Bernd Sösemann, Stuttgart 1998 (= Viertel-
jahrschrift für Sozial- und Wirtschaftsgeschichte, Beih. 148), S. 191-212.

Michael Sikora

Scharnhorst. Lehrer, Stabsoffizier, Reformer

Gerhard von Scharnhorst zählt seit Langem zu den fast ungetrübten Lichtgestalten der deutschen Geschichte. Sicher, als Reformer hatte er sich zunächst auch viele Feinde gemacht, und konservative Militärs taten sich noch lange schwer mit seiner Würdigung. Andere aber feierten ihn schon seit den Befreiungskriegen im Anschluss an Ernst Moritz Arndt als »deutscher Freiheit Waffenschmidt«[1]. Spätestens nach der Reichsgründung hoben ihn alle Seiten auf ihren Schild, in erstaunlicher Einmütigkeit gleichermaßen Konservative, Liberale und Sozialisten, auch wenn sie damit teilweise sehr unterschiedliche Konzepte der Heerespolitik legitimieren wollten[2].

Nicht weniger bemerkenswert ist, dass er zu den wenigen Persönlichkeiten deutscher Militärgeschichte gehörte, die auch nach 1945 gewürdigt und als Vorbild berufen werden konnten; ja im Grunde nun erst recht, galt er doch als Anknüpfungspunkt für eine unbelastete Traditionspflege. Und das geschah auch noch, einmal mehr erstaunlich, zugleich in der Bundesrepublik und in der DDR, sodass Scharnhorst auch in den Jahrzehnten der Teilung eine gesamtdeutsche Leitfigur verkörpert hat – wiederum allerdings unter gegensätzlichen, teilweise konkurrierenden Vorzeichen[3]. Diese Gegensätze sind mittlerweile

---

[1] Entstanden 1813, u.a. in Ernst Moritz Arndts ausgewählte Werke in sechzehn Bänden. Hrsg. von Heinrich Meisner und Robert Geerds, Leipzig 1908, hier: Bd 9, S. 30 f.; oder: Arndts Werke. Auswahl in 12 Teilen. Hrsg. von August Leffson und Wilhelm Steffens, hier T. 1: Gedichte, Berlin o.J. [1912], S. 131 f.; vgl. Marie-Nicolette Hoppe, Beiträge zum Scharnhorst-Bild im 19. Jahrhundert (1813-1871). Persönlichkeit und Werk in der frühen Rezeption, Diss. Universität Bonn 1995, hier bes. S. 147-188.

[2] Vgl. Michael Sikora, Zwischen Liberalismus und Militarismus: Gesichter Scharnhorsts 1813-1918. In: Gerhard von Scharnhorst. Vom Wesen und Wirken der preußischen Heeresreform. Ein Tagungsband. Hrsg. von Eckardt Opitz, Bremen 1998 (= Schriftenreihe des Wissenschaftlichen Forums für Internationale Sicherheit e.V., 12), S. 94-132, hier bes. 109-118. Aus dem 19. Jahrhundert stammen auch noch die bis heute nicht ersetzten biografischen Standardwerke, zum einen die sehr materialreiche, stellenweise einer Kompilation ähnelnde Arbeit von Georg Heinrich Klippel, Das Leben des Generals von Scharnhorst. Nach größtenteils bisher unbenutzten Quellen, 3 T. in 2 Bde, Leipzig 1869/71, zum anderen, aus einem Guss, die grundlegende Arbeit von Max Lehmann, Scharnhorst, 2 Bde, Leipzig 1886/87.

[3] Zu speziellen Aspekten der Scharnhorst-Rezeption in der Bundesrepublik, insbesondere und aufschlussreich zur Gründungsphase der Bundeswehr vgl. Bruno Thoß, Allgemeine Wehrpflicht und Staatsbürger in Uniform. In: Gerhard von Scharnhorst (wie Anm. 2), S. 147-162. Biografische Eckpfeiler setzten Rudolf Stadelmann, Scharnhorst. Schicksal

selbst vergangen, aber die Auseinandersetzung mit Scharnhorst hat offenbar noch nicht ihre Aktualität verloren[4].

Liest man vor diesem Hintergrund Zeugnisse über persönliche Begegnungen mit Scharnhorst, stößt man immer wieder auf überraschende Eindrücke,

und Geistige Welt. Ein Fragment, Wiesbaden 1952, und Reinhard Höhn, Scharnhorsts Vermächtnis, Bonn 1952, 3. Aufl. unter dem Titel, Scharnhorst. Soldat – Staatsmann – Erzieher, München 1981; beide Texte sind allerdings im Wesentlichen, unter unterschiedlichen Vorzeichen, schon vor 1945 entstanden; speziell zu Höhn vgl. die Anmerkungen bei Heinz Stübig, Die preußische Heeresreform. Kontinuität und Wandel im Geschichtsbild der Bundesrepublik Deutschland. In: Gemeingeist und Bürgersinn. Die preußischen Reformen. Hrsg. von Bernd Sösemann, Berlin 1993 (= Forschungen zur brandenburgischen und preußischen Geschichte, Beiheft N.F., 2), S. 171-190, hier S. 182 f. Hinzu trat, ohne neue Forschungsimpulse, Siegfried Fiedler, Scharnhorst. Geist und Tat, München 1958. Die wichtigsten Schriften Scharnhorsts wurden zugänglich durch Gerhard von Scharnhorst, Ausgewählte Schriften. Hrsg. von Ursula von Gersdorff (= Bibliotheca Rerum Militarium, 49), Osnabrück 1983. Einen neuen historiografischen Ansatz markieren dann erst wieder die Arbeiten von Heinz Stübig, Armee und Nation. Die pädagogisch-politischen Motive der preußischen Heeresreform 1807-1814, Frankfurt a.M. 1971; Heinz Stübig, Scharnhorst. Die Reform des preußischen Heeres, Göttingen, Zürich 1988 (= Persönlichkeit und Geschichte, 131). Zur Wahrnehmung in der DDR vgl. Jürgen Angelow, Geschichtsschreibung und Traditionspflege. Zur Scharnhorst-Rezeption in der DDR. In: Gerhard von Scharnhorst (wie Anm. 2), S. 163-184. Als Referenzwerke dürfen gelten die Biografie von Hansjürgen Usczeck, Scharnhorst. Theoretiker, Reformer, Patriot. Sein Werk und seine Wirkung in seiner und für unsere Zeit, Berlin (Ost) 1972, und die Quellensammlung Gerhard von Scharnhorst. Ausgewählte militärische Schriften. Hrsg. von Hansjürgen Usczeck und Christa Gudzent, Berlin 1986 (= Schriften des Militärgeschichtlichen Instituts der DDR).

[4] Zuletzt sind mehrere, aus dem gedruckten Material erarbeitete Biografien erschienen, die je für sich Wege der Aktualisierung gehen. Als Versuch einer konservativen Deutung Klaus Hornung, Scharnhorst. Soldat – Reformer – Staatsmann, Esslingen, München 1997; vor dem Hintergrund einer eigenen militärischen Biografie Andreas Broicher, Gerhard von Scharnhorst. Soldat – Reformer – Wegbereiter, Aachen 2005; im Kontext aktueller Herausforderungen Ralph Thiele, Gerhard von Scharnhorst. Zur Identität der Bundeswehr in der Transformation, Bonn 2006. Auch in der aktuellen Publizistik tritt Scharnhorst immer wieder in Erscheinung, im ganzen Meinungsspektrum, vgl. beispielsweise, aus Anlass des Preußenjahres, ohne Berührungsängste: »Ein Idol im Depot«, von Christian Semler. In: tazmag, Beilage zu der tageszeitung vom 6./7.1.2001, S. III; oder, aus Anlass des Jubiläums der Reformen, die angesichts heutiger Reformdiskussionen umso heller dargestellt werden, als Teil einer Titelgeschichte: »Die gute Revolution«, von Klaus Wiegrefe. In: Der Spiegel, 13.8.2007 (Nr. 33), S. 32-42. Neue Grundlagen für eine wissenschaftliche Auseinandersetzung will das Projekt einer Gesamtausgabe von Scharnhorsts handschriftlichem Nachlass legen; bisher erschienen: Gerhard von Scharnhorst. Private und dienstliche Schriften, Bd 1: Schüler, Lehrer, Kriegsteilnehmer (Kurhannover bis 1795). Hrsg. von Johannes Kunisch, bearb. von Michael Sikora und Tilman Stieve, Köln, Weimar, Wien 2002 (= Veröffentlichungen aus den Archiven Preußischer Kulturbesitz, 52,1); Bd 2: Stabschef und Reformer, Kurhannover 1795-1801. Hrsg. von Johannes Kunisch, bearb. von Michael Sikora und Tilman Stieve (Bd 52,2), 2003; Bd 3: Lehrer, Artillerist, Wegbereiter (Preußen 1801-1804). Hrsg. von Johannes Kunisch in Verbindung mit Michael Sikora, bearb. von Tilman Stieve (Bd 52,3), 2005; Bd 4: Generalstabsoffizier zwischen Krise und Reform (Preußen 1804-1807). Hrsg. von Johannes Kunisch in Verbindung mit Michael Sikora, bearb. von Tilman Stieve (Bd 52,4), 2007; vgl. Michael Sikora, Historisierung eines Militärmythos. Genese und Stand des Scharnhorst-Editionsprojekts. In: Archivarbeit für Preußen. Hrsg. von Jürgen Kloosterhuis, Berlin 2000 (= Veröffentlichungen aus den Archiven Preußischer Kulturbesitz, Arbeitsberichte 2), S. 363-388.

auch für die Autoren selbst, scheint doch Scharnhorst keineswegs den Eindruck
vermittelt zu haben, den man von historischer Größe und erst recht nicht von
einem preußischen General zu erwarten meinte. In der äußeren Erscheinung
weich und etwas nachlässig, trat er bescheiden und zurückhaltend auf, verhielt
sich gerade auf offiziellem Parkett verschlossen und schüchtern. Im öffentlichen
Vortrag wirkte er unbeholfen und schwerfällig, rang nach Worten, drehte sich
weitschweifig im Kreis um seine Gedanken[5]. Alle jene flüchtigen Beobachter
würden sich in ihm täuschen, so notierte ein Zeitzeuge, »die das Erscheinen
eines großen Mannes nur immer durch Knalleffekte begleitet wähnen«[6]. Wieder
ein anderer erinnerte sich:
> »Scharnhorst [...] zeigte [...] sich keineswegs als ein Offizier der preußischen
> Parade. Dieser große Mann, dem Preußen so unendlich viel verdankt, sah
> gewissermaßen einem Gelehrten in Uniform ähnlich; wenn man neben ihm
> auf dem Sopha saß, war sein ruhiges Gespräch der Art, dass ich fortdauernd
> an einen berühmten Gelehrten erinnert wurde. Seine Stellung war dann eine
> höchst bequeme, ja gekrümmte, und er äußerte sich wie ein sinnender Mann,
> der ganz von seinem Gegenstande erfüllt ist[7].«

Wenn man sich außerdem vor Augen hält, dass Scharnhorst aus ziemlich einfachen, bäuerlichen Verhältnissen stammte, dann wird bewusst, dass dieser be-
deutungsschwere Lebenslauf eigentlich höchst unwahrscheinlich gewesen ist.
Denn einem Aufstieg in höhere Kreise schienen ohnehin unüberwindliche Hindernisse im Weg zu stehen. Scharnhorst wurde schließlich noch in die alte ständische Gesellschaft hineingeboren, in der der Status der Menschen noch sehr
viel mehr von ihrer Herkunft determiniert war, als wir uns das im Horizont der
Moderne überhaupt noch vorstellen können[8]. Sicher, auch in der ständischen
Ordnung hat es schon immer Spielräume für Mobilität gegeben, und sicher ist
auch, dass Mitte des 18. Jahrhunderts selbst in deutschen Landen diese Ordnung Risse zu zeigen begann. Aber die Grenzen zwischen den sozialen Gruppen waren immer noch hoch gezogen, sie waren teilweise rechtlich verankert,
sie waren aber vor allem soziokulturell markiert, indem insbesondere die höheren Stände sehr genau darauf achteten, wer dazugehörte und wer nicht – gerade

5   Vgl. Carl von Clausewitz, Über das Leben und den Charakter von Scharnhorst, Berlin
    1935 (= Kriegsgeschichtliche Bücherei, 1), vor allem S. 32 f. Diese Ausgabe ist um einige
    Stellen ergänzt, die in der Erstausgabe in: Historisch-Politische Zeitschrift, 1 (1832),
    S. 175-222, der Zensur zum Opfer gefallen waren; nach der lückenhaften Erstausgabe
    auch die Wiedergabe in Carl von Clausewitz, Verstreute kleine Schriften. Zsgest., bearb.
    u. eingel. von Werner Hahlweg (= Bibliotheca Rerum Militarium, 45), Osnabrück 1979,
    S. 205-249; vgl. die Rezension von Eberhard Kessel in: Historische Zeitschrift, 235 (1982),
    S. 649-651.
6   Hermann von Boyen, Beiträge zur Kenntniß des General von Scharnhorst und seiner
    amtlichen Thätigkeit in den Jahren 1808 bis 1813, Berlin 1833, S. 7.
7   Henrich Steffens, Was ich erlebte. Aus der Erinnerung niedergeschrieben, Bd 7, Breslau
    1843; Neudruck: Henrich Steffens, Was ich erlebte. Aus der Erinnerung niedergeschrie-
    ben, 5 Bde. Hrsg. von Dietrich von Engelhardt, hier: Bd 4, Stuttgart–Bad Cannstatt 1996
    (= Natur und Philosophie, 4), S. 80 f.
8   Knappe und anschauliche Einführung in diese Problematik bei Paul Münch, Lebensfor-
    men in der frühen Neuzeit, Frankfurt a.M., Berlin 1992, S. 65-124.

in Kurhannover, Scharnhorsts Heimat, dessen Eliten zu den konservativsten des Reiches gezählt werden.

Einem solchen ungewöhnlichen Lebenslauf nachzuspüren, heißt zum einen, sich ein Bild von diesem Menschen zu machen, seinen Eigenschaften, seinen Vorstellungen, seinem Verhalten in entscheidenden Situationen. Das geht aber zum anderen auch nicht, ohne sich von den Umständen ein Bild zu machen, in die ihn sein Leben hineinführte, von den Traditionen und Werten, an denen sich die Menschen seiner Zeit orientierten, von sozialen und politischen Verhältnissen, die über Macht und Ohnmacht entschieden, von Ereignissen und Ideen, die Bestehendes verteidigten oder infrage stellten, Veränderungen bremsten oder beschleunigten. In besonderer Weise regt gerade diese Lebensgeschichte daher auch dazu an, über das Grundproblem biografischer Rekonstruktion nachzudenken, über das Verhältnis zwischen dem denkenden und tätigen Individuum und seiner Umwelt, die sein Bild der Wirklichkeit bestimmt und die ihm Chancen öffnet und Grenzen setzt, die Spielräume schafft für Handlungen und Pläne, denen die Menschen hinterher vielleicht Größe zuschreiben.

Ein solches Programm kann an dieser Stelle natürlich nur als Skizze verwirklicht werden. Um ihm aber wenigstens annäherungsweise gerecht werden zu können, können sich die folgenden Beobachtungen nicht in einer chronologischen Erzählung erschöpfen. Vielmehr soll der Lebenslauf von vornherein auf sein charakteristisches Profil zugespitzt werden, indem er hier vereinfacht und strukturiert vorgestellt wird; indem er in drei Kapiteln auf die entscheidenden Rollen zurückgeführt wird, die Scharnhorst in seinem beruflichen Leben eingenommen hat, als Lehrer, als Stabsoffizier, als Reformer. Besondere Aufmerksamkeit soll dabei den Nahtstellen dazwischen, den Weichenstellungen gelten. Im Rahmen dessen wird nur sehr begrenzt Raum sein, um sich mit den preußischen Heeresreformen im Einzelnen auseinanderzusetzen, denn das würde sonst alles andere überlagern. Andererseits bietet diese Herangehensweise die Chance, die einzelnen Etappen von Scharnhorsts Leben etwas gerechter zu gewichten, als wenn man, wie meistens, ganz auf den Reformprozess fixiert bleibt.

Das erste Drittel dieses Lebens liegt ohnehin weitgehend im Dunkeln. Aber die beiden wichtigsten Sachverhalte, die uns bekannt sind, führen gleich mitten hinein in die Problematik der Mobilität in der ständischen Gesellschaft. Denn was waren die zwei Möglichkeiten des Fortkommens? Scharnhorsts Vater, ursprünglich Kleinbauer am unteren Rand der ländlichen Sozialhierarchie[9], hat sie beide genutzt, für sich und für seinen Sohn. Die eine Option, das war die Partnerwahl. Nicht ohne Widerstände heiratete Scharnhorsts Vater in die Spitze der ländlichen Hierarchie, nämlich die Tochter eines Vollbauern und Rittergutbesitzers. Nach langen Auseinandersetzungen in der Familie gelangte er

---

[9] Vater und Großvater zählten ursprünglich zu den sogenannten Brinksitzern, Kleinbauern mit sehr bescheidenem Besitz, oft noch nicht lange im Dorf, wenig anerkannt und meist am Rand angesiedelt; zu den Anfängen von Scharnhorsts Biografie, auch zum Folgenden, vgl. Lehmann, Scharnhorst (wie Anm. 2), Bd 1, S. 3-5.

schließlich in den Besitz des ehemals adligen Gutes, das sogar zur Teilnahme am Landtag berechtigte. Als sein Sohn Gerhard Jahrzehnte später, lange nach dem Tod des Vaters, über seinen Eintritt in preußische Dienste verhandelte und dabei um eine Erhebung in den Adelsstand bat, konnte er in typischer Kombination von Scheu und Stolz argumentieren: »Obwohl ich nichts weniger als von Adel bin, so habe ich doch einen adelichen Gut u[nd] auch Sitz und Stimme auf dem Landtage[10].«

Das zweite Medium für Mobilität in der ständischen Gesellschaft war Bildung. Dieses Tor öffnete sich für den jungen Scharnhorst in Gestalt der Militärschule des Grafen Wilhelm zu Schaumburg-Lippe, mitten auf einer Insel im Steinhuder Meer gelegen. Den Lebensumständen entsprechend hatte Scharnhorst keinen regulären Schulunterricht genossen, wohl aber einiges beim Pfarrer gelernt, einiges sich selbst angeeignet. Der Vater hatte seinerseits mehrere Jahre als Soldat sein Auskommen gefunden, da lag es nur nahe, den Sohn, als er alt genug war, in der nur wenige Kilometer entfernten Schule unterzubringen.

Die Schule war ein typisches Produkt der Aufklärung; ihr Gründer, Graf Wilhelm, ein Kleinlandesherr und erfahrener Truppenführer, räsonierte selbst über Krieg und Frieden. Seine Gründung gehörte zu einer jüngeren Generation militärischer Ausbildungsstätten; verband sich früher die militärische Vorbereitung mit der Versorgung des adligen Nachwuchses, trat nun ein wissenschaftlicher Bildungsanspruch in den Vordergrund[11]. Die Schule auf dem Wilhelmstein war ursprünglich ohnehin nur für das Artillerie- und Ingenieurkorps vorgesehen und mit seinem technischen Schwerpunkt für Adlige wenig attraktiv. Wo nur Eignung zählte, bot sich eben auch für den jungen Scharnhorst eine Chance. Das Fenster war im Übrigen nur kurz geöffnet; wie bei manch anderen Initiativen, die nur vom Willen eines Fürsten abhingen, existierte die Schule kaum zehn Jahre. Die letzten fünf davon erlebte Scharnhorst.

---

[10] Scharnhorst in einem Brief an den preußischen Oberstleutnant Karl Ludwig Jakob von Lecoq, wahrscheinlich am 5.10.1800, Gerhard von Scharnhorst. Private und dienstliche Schriften (wie Anm. 4), Bd 2, S. 443.

[11] Zur Militärschule vgl. Hans H. Klein, Wilhelm zu Schaumburg-Lippe, Osnabrück 1982 (= Studien zur Militärgeschichte, Militärwissenschaft und Konfliktforschung, 28), S. 262-269; Scharnhorst selbst schrieb über seinen Lehrer: Von den Militär-Anstalten des verstorbenen regierenden Grafen von Schaumburg-Lippe. In: Briefwechsel, meist historischen und politischen Inhalts, 56 (1782), S. 93-101; die Anforderungen der Militärschule spiegeln die Prüfungsfragen, die Scharnhorst beantworten musste, vgl. dazu Gerhard von Scharnhorst. Private und dienstliche Schriften (wie Anm. 4), Bd 1, S. 3-23. Zur Kenntnis des Grafen Wilhelm außerdem Erich Hübinger, Graf Wilhelm zu Schaumburg-Lippe und seine Wehr, Leipzig 1937, und die Edition Wilhelm Graf zu Schaumburg-Lippe. Schriften und Briefe. Hrsg. von Curd Ochwadt, 2 Bde, Frankfurt a.M. 1977 (= Veröffentlichungen des Leibniz-Archivs, 6/7). Zur Offizierbildung im 18. Jahrhundert Daniel Hohrath, Die »Bildung des Officiers« im 18. Jahrhundert. In: Die Bildung des Offiziers in der Aufklärung. Ferdinand Friedrich von Nicolai und seine enzyklopädischen Sammlungen, Ausstellungskatalog der Württembergischen Landesbibliothek, Stuttgart 1990, S. 28-63; Bernhard R. Kroener, Der Offizier im Erziehungsprogramm der Aufklärung. In: Von der Friedenssicherung zur Friedensgestaltung. Deutsche Streitkräfte im Wandel. Hrsg. von Heinrich Walle, Herford 1991, S. 23-34.

Welche Chancen aber hatte ein hoch qualifizierter Artillerist niederer Herkunft wirklich? Er konnte seine Kenntnisse anbieten, musste aber auf Vorgesetzte hoffen, die das auch zu schätzen wussten. Ein solcher kommandierte das hannöverische Kavallerieregiment, in dem früher auch Scharnhorsts Vater gedient hatte. Schon seit einigen Jahren betrieb der Kommandeur eine Regimentsschule, und dort bot sich Scharnhorst die Gelegenheit, seine Erfahrungen vom Wilhelmstein unmittelbar umzusetzen, freilich nicht durch Anwendung des Gelernten, sondern durch dessen Weitergabe[12].

I. Lehrer

Scharnhorst wurde also Lehrer, zunächst an der Regimentsschule, wenige Jahre später an der neu errichteten kurhannöverischen Artillerieschule; und wenn man chronologisch vorgreift, so begann er 1801, als er von der hannöverischen zur preußischen Armee wechselte, auch in Berlin wieder als Lehrer, an der dortigen Lehranstalt für junge Offiziere. 18 Jahre lang, die Hälfte seiner aktiven Dienstzeit nach Abschluss der Ausbildung, wirkte er als Lehrer, und man darf sagen, er war in erster Linie Lehrer; mit seiner Lehrtätigkeit verband er seine ursprünglichsten Anliegen, aus seiner Lehrtätigkeit entwickelte er seine grundlegenden Überzeugungen – beinahe überflüssig zu erwähnen, dass dabei Graf Wilhelm in Vielem, wenn nicht dem Meisten als Vordenker und Pate angesehen werden muss. Zahlreiche Denkschriften begleiteten diese Tätigkeit[13]. Sie entwickelten nicht nur Lehrpläne, sondern reflektierten auch immer wieder, wie das Engagement der jungen Soldaten geweckt werden könnte, durch Belobigungen und regelmäßige Prüfungen. Meist war Scharnhorst ohnehin mit der Einrichtung oder der konzeptionellen Fortentwicklung seiner Bildungseinrichtungen befasst. Das hieß aber auch immer, die Notwendigkeit des Unterrichts an sich zu begründen.

Schließlich wich seine Vorstellung, in der Nachfolge des Grafen Wilhelm, in mancherlei Hinsicht von den herkömmlichen Anschauungen ab. Üblicherweise stellte man sich vor, dass die Kompetenz eines Offiziers in dem Maße stieg, in dem er über die Jahre immer mehr Erfahrung sammelte. Tiefere Einsichten in die Kriegswissenschaften, wenn man sie denn überhaupt für nötig hielt, waren

---

[12] Vgl. Stübig, Scharnhorst (wie Anm. 3), S. 20; Bernhard Poten, Geschichte des Militär-Erziehungs- und Bildungswesens in den Landen deutscher Zunge, 5 Bde, hier: Bd 2, Berlin 1891, ND Osnabrück 1982 (= Bibliotheca Rerum Militarium, 24), S. 16-19, zum Folgenden auch S. 26-44.

[13] Berichte und Pläne zum militärischen Bildungswesen während der Hannoveraner Zeit finden sich in Gerhard von Scharnhorst. Private und dienstliche Schriften (wie Anm. 4), Bd 1, S. 105-181, der Niederschlag der Berliner Tätigkeit, der auch Vorlesungstexte umfasst, überwiegend zusammengefasst in ebd., Bd 3, S. 300-644.

allenfalls erst dann zu vermitteln, wenn der Offizier in höheren Rängen auch entsprechende Aufgaben übertragen bekam. Scharnhorst setzte dem entgegen, dass vielmehr in jungen Jahren bereits die nötigen Kenntnisse vermittelt werden müssten. Dabei ging es Scharnhorst keineswegs um die Vermittlung dogmatischer Lehrsätze und Regeln, wie sie manche Kriegstheoretiker der Zeit verbreiteten. Eigentlich ganz im Gegenteil: Im Zentrum seines Anliegens stand die Entwicklung selbstständiger Urteilskraft. Urteilskraft verlangte aber nicht nur empirische Kenntnisse, sondern auch theoretische Einsichten, um aus gegebenen Bedingungen die richtigen Konsequenzen zu ziehen. Deshalb war es ihm auch so wichtig, schon die jungen Anwärter entsprechend zu schulen, weil eben alle Erfahrung nichts nutzen würde, verfügte man nicht über die Urteilskraft, sie auch entsprechend zu interpretieren und einzuordnen[14]. Deshalb war es ihm wichtig, diese Fähigkeit an möglichst konkreten Beispielen zu schulen, am liebsten im Gelände, mit angenommenen Konstellationen, aber auch durch die Verarbeitung historischer Beispiele. Kriegsgeschichte spielte daher eine große Rolle für Scharnhorst, sie war eine Form, Urteilskraft am Beispiel zu schulen. Diese Überzeugungen hat Heinz Stübig in einer glücklichen Formulierung auf den Punkt gebracht: »Für Scharnhorst ist die Wissenschaft vom Krieg kein geschlossenes System von Sätzen, sondern vielmehr kritisch angewandte Kriegsgeschichte[15].« Unabhängigkeit der Meinung und eine große Vorliebe für die Kraft des historischen Beweises, das hielt auch Carl von Clausewitz für die hervorstechenden Merkmale von Scharnhorsts Denken[16].

Man könnte spöttisch sagen, Scharnhorsts Bildungsideal bestand darin, alle Offiziere so werden zu lassen, wie er selbst war. Lässt man aber die Personalisierung beiseite, ist das gar nicht so falsch. Hier vollzog sich, ganz konkret, ganz punktuell, struktureller Wandel. Natürlich richtete Scharnhorst seine Vorstellungen nach dem aus, was er selbst gelernt, was ihn selbst fasziniert hatte. Aber er propagierte damit auch ein neues Offizierbild, ein neues Rollenverständnis, das sich eben ausschließlich von der fachlichen Kompetenz her definierte. Scharnhorst setzte einen neuen professionellen Standard für ein Tätigkeitsfeld, in dem bis dahin Gewohnheiten und ständische Privilegien den Offizierdienst eher als eine standesgemäße Lebensführung des Adels denn als ein Berufsbild begriffen hatten. Von Anfang an legte Scharnhorst großen Wert darauf, dass die

---

[14] Dieses Grundanliegen Scharnhorsts zieht sich durch zahlreiche Denkschriften, vgl. nur die früheste Ausarbeitung in Gerhard von Scharnhorst. Private und dienstliche Schriften (wie Anm. 4), Bd 1, S. 122–124. Ein wichtiges Stück ist in besonderer Form separat ediert worden: Gerhard Scharnhorst, Nutzen der militärischen Geschichte, Ursach ihres Mangels. Faksimile der Handschrift mit Übertragung und Einführung von Ursula von Gersdorff, Osnabrück 1973 (= Bibliotheca Rerum Militarium, 44); auch in Scharnhorst, Ausgewählte Schriften (wie Anm. 3), S. 199–207. Weil sich herausgestellt hat, dass dieses Stück wahrscheinlich deutlich früher datiert werden muss als bisher angenommen, wird es erst in einem Nachtrag Eingang in die aktuelle Werkausgabe finden.

[15] Stübig, Scharnhorst (wie Anm. 3), S. 56.

[16] Clausewitz, Über das Leben (wie Anm. 5), S. 30 f.

Lehrinhalte auch tatsächlich geprüft werden sollten[17]. Später wurde dann daraus die Bedingung, um überhaupt zum Offizier befördert zu werden.

Nun entsprach es aber auch Scharnhorsts Selbstverständnis und Rastlosigkeit, es nicht bei Denkschriften und Vorlesungen zu belassen. Wo ihm die vorhandenen Lehrbücher nicht genügten, griff er selbst zur Feder und verfasste das »Handbuch für Offiziere«[18] als eine Art Kompendium des militärischen Wissens und das »Militärische Taschenbuch zum Gebrauch im Felde«[19] als praxisorientierten Leitfaden. Erst in der Berliner Zeit wurden die ersten Bände des »Handbuchs der Artillerie« fertig[20]. Die Auseinandersetzung mit militärwissenschaftlichen Themen regte er zudem durch die Herausgabe von Fachzeitschriften an; nach zwei rasch eingegangenen Projekten startete 1788 das »Neue militairische Journal«, das es immerhin bis 1805 auf 13 Bände brachte[21].

Scharnhorst war nicht der erste militärische Publizist in Deutschland[22]. Aber militärische Themen hatten sich erst allmählich, erst seit Mitte des Jahrhunderts als Gegenstand eines eigenständigen Diskurses innerhalb der Öffentlichkeit etabliert, durch zunehmende Buchproduktion und die Gründung von Periodika. Scharnhorsts Projekte sicherten ihm daher rasch einen prominenten Platz. Bald führten die wichtigsten Militärbibliotheken seine Zeitschriften. Sein Ta-

---

[17] Vgl. frühe Denkschriften zum Militärschulwesen in: Gerhard von Scharnhorst. Private und dienstliche Schriften (wie Anm. 4), Bd 1, S. 120 f., 131 f.

[18] Gerhard von Scharnhorst, Handbuch für Officiere in den anwendbaren Theilen der Krieges-Wissenschaften, 3 Bde, Hannover 1787-90, 2. Aufl. Hrsg. von Johann Gottfried Hoyer, Hannover 1815.

[19] Gerhard von Scharnhorst, Militairisches Taschenbuch zum Gebrauch im Felde, Hannover 1793, weitere Aufl. 1793, 1794, 1815; Neudruck der Aufl. von 1794 mit einer Einleitung von Ulrich Marwedel, Osnabrück 1980.

[20] Gerhard von Scharnhorst, Handbuch der Artillerie, 3 Bde, Hannover 1804-1814; der erste Band war noch aus dem ersten, der Artillerie gewidmeten Band des Handbuchs für Offiziere entwickelt worden und firmierte zugleich unter dem Titel »Handbuch für Officiere in den angewandten Theilen der Krieges-Wissenschaften«. Zur Rezeption dieses und der anderen Publikationen Scharnhorsts vgl. Hoppe, Beiträge (wie Anm. 1), S. 246-279.

[21] Neues militärisches Journal, 7 Bde. Hrsg. von Gerhard von Scharnhorst, Hannover 1789-1793, fortgesetzt unter dem Titel: Militärische Denkwürdigkeiten unserer Zeiten, insbesondere des französischen Revolutions-Krieges, 6 Bde, Hannover 1797-1805, Letztere auch als Neudruck, mit einer Einleitung von Joachim Niemeyer (= Bibliotheca Rerum Militarium, 37), Osnabrück 1985. Zuvor hatte Scharnhorst bereits herausgegeben: Militair-Bibliothek, vier Ausgaben 1782-1784; Bibliothek für Officiere, vier Hefte 1785.

[22] Grundlegend immer noch die kommentierte Bibliografie von Max Jähns, Geschichte der Kriegswissenschaften vornehmlich in Deutschland, 3 Abteilungen, München, Leipzig 1889-1891 (= Geschichte der Wissenschaften in Deutschland, 21), hier vor allem 3. Abt.: Das XVIII. Jahrhundert seit dem Auftreten Friedrichs des Großen, 1740-1800; vgl. außerdem Otto Basler, Wehrwissenschaftliches Schrifttum im 18. Jahrhundert, Berlin 1933. Glänzender Überblick zu neueren Forschungen, in einem weiten Horizont: Daniel Hohrath, Spätbarocke Kriegspraxis und aufgeklärte Kriegswissenschaften. Neue Forschungen und Perspektiven zu Krieg und Militär im ›Zeitalter der Aufklärung‹«. In: Die Kriegskunst im Lichte der Vernunft. Militär und Aufklärung im 18. Jahrhundert, T. 2. Hrsg. von Daniel Hohrath und Klaus Gerteis, Hamburg 2000, S. 5-47; siehe auch die anderen Beiträge dieser Themenhefte, u.a. Michael Sikora, »Ueber die Veredlung des Soldaten«. In: Die Kriegskunst im Lichte der Vernunft. Militär und Aufklärung im 18. Jahrhundert, T. 1, Hamburg 1999, S. 25-50.

schenbuch erfuhr in zwei Jahren drei Auflagen, eine vierte folgte 1815. Scharnhorst machte sich auf diese Weise einen Namen weit über Hannover hinaus. Zuallererst also wurde er als Militärschriftsteller bekannt, und als solcher war er noch bis weit ins 19. Jahrhundert präsent, ehe die Entwicklung der Kriegführung und Publizistik seine Texte überholte. Der Erfolg ermunterte auch Scharnhorsts Ehrgeiz; über Plänen zur Überarbeitung des Handbuchs bekannte er gegenüber seinem Verleger: »Es ist nicht meine Absicht, hierbey zu profitiren, mein Haupt Zwek ist nur ein bleibendes Andenken dadurch zu erwerben[23].«

Denn die Schriften erlaubten es ihm nicht nur, sein didaktisches Anliegen, sein Bildungsideal einem breiteren Publikum vorzustellen. Er fand damit auch Anschluss an Gleichgesinnte. Denn es kann nicht übersehen werden, dass Scharnhorsts Ideale noch längst kein Allgemeingut waren. Im Gegenteil: Das Räsonnieren blieb den meisten Offizieren, die lieber auf Stand und Ehre hielten, höchst suspekt; und es hatte ja noch nicht einmal einen angestammten Platz innerhalb des Militärs. Als Lehrer an der Artillerieschule spielte Scharnhorst in der hannöverischen Armee trotz allem Engagement eine individuelle Sonderrolle seitwärts der militärischen Hierarchien.

Durch seine Publizistik aber wurde er Teil eines Kommunikationsnetzes, das nachdenkliche und wissenshungrige Offiziere in ganz Deutschland verband und das mittlerweile auch in der Forschung als eigenständiger Zweig innerhalb der Aufklärungsbewegung wahrgenommen wird[24]. Ganz in diesem Geiste suchte Scharnhorst auch persönlichen Kontakt zu Gleichgesinnten. Welches Glück musste er daher empfinden, als ihm kurz nach seinem Wechsel nach Berlin zu Ohren kam, dass dort eine Gesellschaft für Kriegswissenschaften gegründet werden sollte. Mit Feuereifer stürzte er sich in dieses Projekt und wurde rasch zur treibenden Kraft. Die Gesellschaft vereinte jüngere und ältere Offi-

---

[23] Scharnhorst in einem Brief an den Verleger Christian Dietrich Helwing, 7.11.1796, Gerhard von Scharnhorst. Private und dienstliche Schriften (wie Anm. 4), Bd 1, S. 43, vgl. auch Hoppe, Beiträge (wie Anm. 1), S. 253.

[24] Vgl. Hohrath, Spätbarocke Kriegspraxis (wie Anm. 22), und die anderen Beiträge dieser Themenhefte, u.a. Sikora, Ueber die Veredlung. Vgl. zudem als Überblick Olaf Jessen, »Preußens Napoleon«? Ernst von Rüchel. Krieg im Zeitalter der Vernunft 1754-1823, Paderborn [u.a.] 2007, S. 66-79, 164-174; Peter Blastenbrei, Literaten und Soldaten. Die Militärkritik der deutschen Aufklärung. In: Militär und Gesellschaft in der Frühen Neuzeit, Bulletin, 6 (2002), S. 125-138, Bulletin, 7 (2003), S. 27-40; Johannes Kunisch, Das »Puppenwerk« der stehenden Heere. Ein Beitrag zur Neueinschätzung von Soldatenstand und Krieg in der Spätaufklärung. In: Johannes Kunisch, Fürst – Gesellschaft – Krieg. Studien zur bellizistischen Disposition des absoluten Fürstenstaates, Köln 1992, S. 131-159; Johannes Kunisch, Friedensidee und Kriegshandwerk im Zeitalter der Aufklärung. In: Kunisch, Fürst, S. 161-201; Bernhard R. Kroener, Aufklärung und Revolution: Die preußische Armee am Vorabend der Katastrophe von 1806. In: Die Französische Revolution und der Beginn des Zweiten Weltkrieges aus deutscher und französischer Sicht. Hrsg. vom Militärgeschichtlichen Forschungsamt, Herford, Bonn 1989, S. 45-70; Azar Gat, The Origins of Military Thought from the Enlightenment to Clausewitz, Oxford 1989; problematisch wegen seiner völkisch inspirierten, vereinfacht teleologischen Sicht, aber materialreich: Reinhard Höhn, Revolution, Heer, Kriegsbild, Darmstadt 1944, S. 71-120; als originellen, breit gefächerten Essay vgl. auch John A. Lynn, Battle. A History of Combat and Culture, Boulder, CO 2003, S. 111-144.

ziere, auch zwei Angehörige des königlichen Hauses gehörten zu den Grün-
dungsmitgliedern[25]. Regelmäßig trafen sich die Mitglieder, um sich gegenseitig
Vorträge zu halten und zu diskutieren; und da man die Vortragstexte schon
hatte, wurde auch gleich eine Zeitschrift herausgegeben[26].

Man darf annehmen, dass dies die Form von Intellektualität war, wie sie sich
Scharnhorst von gebildeten und fachkundigen Offizieren wünschte, und zwar
keineswegs als Selbstzweck, sondern zur eigenen Weiterbildung im Dienst des
militärischen Auftrags. Solange Scharnhorst aber zugleich als Lehrer tätig war,
bewegte er sich ganz im Reich der Theorie. Nun war er nicht eigentlich kriegs-
lüstern, aber er war ehrgeizig genug, sich auch im eigentlichen militärischen
Geschäft beweisen zu wollen, nicht zuletzt, um auch auf der Karriereleiter vo-
ranzukommen. Seine Lehrtätigkeit war Ursprung und Basis seines Denkens
und Wollens; aber die militärische Praxis war die Mitte, sie war der Sinn des
Ganzen, und daher gehört das Kapitel über seine militärischen Erfahrungen
und Verdienste auch dahin: in die Mitte.

II. Stabsoffizier

Fünfzehn Jahre hatte Scharnhorst in Hannover unterrichtet, da holte ihn der
Krieg vom Katheder weg. Im Frühjahr 1793 rückte ein kurhannöverisches Kontingent als Teil einer österreichisch-englischen Armee ins Feld gegen das revolutionäre Frankreich. Typisch Scharnhorst: Noch Hals über Kopf in seine Studien und Projekte vertieft, ließ er sich noch Bücher hinterherschicken, redigierte
Manuskripte[27]. Rasch aber nahm der Krieg seine ganze Aufmerksamkeit in Anspruch. Das waren zunächst keine schönen Erfahrungen, in zweierlei Hinsicht
sogar eher ein Schock.

Zunächst erschütterte ihn die Grausamkeit des Krieges, nicht die eigene Gefährdung, sondern die Gräuel, »der Anblik der unschuldigen jammernden
Menschen im Blute neben mir, das Feur der brennenden Dörfer, von Menschen
zum Vergnügen angelegt«, und sein verblüffendes Fazit lautete: »Ich bin nicht
zu den Soldaten gemacht[28].« Als der erste Band der neuen Werkausgabe erschienen ist, mit diesen und anderen vergleichbaren Textstellen, konnte es sich

---

[25] Vgl. Charles E. White, The Enlightened Soldier: Scharnhorst and die Militärische Gesell-
      schaft in Berlin, 1801-1805, New York 1989, zuletzt Jessen, »Preußens Napoleon«? (wie
      Anm. 24), S. 240-247; Dokumente zu Scharnhorsts Aktivitäten nun auch in Gerhard von
      Scharnhorst. Private und dienstliche Schriften (wie Anm. 4), Bd 3, S. 70-79, 645-704.
[26] Denkwürdigkeiten der Militärischen Gesellschaft zu Berlin, 5 Bde, Berlin 1802-1805,
      Neudruck hrsg. von Joachim Niemeyer, Osnabrück 1985 (= Bibliotheca Rerum Mili-
      tarium, 37).
[27] Scharnhorst an seine Frau Klara, 30.3.1793. In: Gerhard von Scharnhorst. Private und
      dienstliche Schriften (wie Anm. 4), Bd 1, S. 201-203.
[28] Scharnhorst an seine Frau Klara, 24.5.1793. In: Gerhard von Scharnhorst. Private und
      dienstliche Schriften (wie Anm. 4), Bd 1, S. 215.

selbst die Frankfurter Allgemeine Zeitung nicht verkneifen, ihre Rezension unter die effekthaschende Überschrift zu stellen: »Der General, ein Pazifist[29].« Das ist natürlich Humbug. Scharnhorst war sensibel, oder, um dies zeitgemäßer auszudrücken, er war empfindsam, auch dies ja eine Haltung, die im 18. Jahrhundert kultiviert worden ist. Er litt unter der Trennung von seiner Familie, er berichtete seiner Frau, sich schon einmal von seinen Leuten abwenden zu müssen, um seine Tränen nicht zu zeigen[30]. Aber Zeugnisse über solche Erschütterungen traten bald zurück, verdrängt von und verdrängt durch seine professionelle Wahrnehmung der militärischen Ereignisse. Die Gräuel des Krieges berührten sein Selbstverständnis auch deshalb nicht, weil er zu wissen meinte, wo die Ursachen lagen: »Der Mann ohne Bildung ist doch ein wahres Vieh, ein grausames Thier« – der Krieg bestärkte also noch seine pädagogische Sendung, man könnte vielleicht auch sagen: Er baute sie darin ein. Weiter heißt es an derselben Stelle: »Überhaupt habe ich gefunden, daß nur wohlgebildete Leute die Greuel des Krieges zu mildern suchten und daß ungebildete Offiziere eben so thierisch als die Gemeinen waren[31].«

Aber auch Scharnhorsts Selbstverständnis als gebildeter Offizier wurde ernüchtert. Seine theoretische Schulung führte dazu, dass er überall nur Fehler wahrnahm, und gerade auch militärische Führer, die Fehler machten. In seiner noch relativ untergeordneten Position brachte ihn diese Erfahrung in ein Dilemma. »In manchen Anordnungen sehe ich Unzwekmäßigkeit, und dazu darf ich kein Wort sagen[32].« Selbstbewusst bekannte er: »Ich kann mich woll rühmen, daß niemand den Zusammenhang so weiß als ich. Es giebt entsetzlich dumme und feige Leute.« Das Schmerzlichste war aber wohl, dass seine Kompetenz vorläufig noch keine Anerkennung fand; um noch einmal eines seiner offenen Worte aus den Briefen an seine Frau zu zitieren: »Das dumste Vieh kömmt hier fast so gut durch als der Einsichtsvollste.«

Das aber berührte seine Pläne und Hoffnungen im Innersten. Scharnhorst hatte den Krieg, immerhin schon 38 Jahre alt, ohne festen Status im Artillerieregiment als Titularkapitän begonnen und bemühte sich in den folgenden Monaten hartnäckig darum, eine Kompanie übertragen zu bekommen. Dabei drängten ihn Geldsorgen, Ehrgeiz und nicht zuletzt das Bestreben, die Versorgung seiner Familie auf eine gesicherte Grundlage zu stellen[33]. Seine Bemühungen blieben jedoch erfolglos; er scheiterte am Vorrang des Dienstalters, an Eitelkei-

29 Wolfgang Schuller in der FAZ vom 2.4.2003, S. 38.
30 Scharnhorst an seine Frau Klara, 25.4.1793. In: Gerhard von Scharnhorst. Private und dienstliche Schriften (wie Anm. 4), Bd 1, S. 206, 23.3.1794, S. 350.
31 Scharnhorst an Jacob Mauvillon, 5.6.1793. In: Gerhard von Scharnhorst. Private und dienstliche Schriften (wie Anm. 4), Bd 1, S. 224.
32 Dieses und die folgenden Zitate in einem Brief an seine Frau Klara, 1.-3.6.1793. In: Gerhard von Scharnhorst. Private und dienstliche Schriften (wie Anm. 4), Bd 1, S. 216-218. Diese Probleme begegnen immer wieder, vgl. z.B. S. 252.
33 Gegenüber seiner Frau musste er sich in diesem Sinne gelegentlich für seinen Eifer rechtfertigen, vgl. Scharnhorst an seine Frau Klara, 5.2.1794. In: Gerhard von Scharnhorst. Private und dienstliche Schriften (wie Anm. 4), Bd 1, S. 312; die Themen begegnen aber fortwährend in der Korrespondenz dieser Monate, vgl. z.B. S. 267, 274 f., 288.

ten; auch hatte er bisher als Lehrer außerhalb der Waffengattungen und ihrer Beförderungsreihenfolge gestanden. Nicht zuletzt rieb er sich an den ständischen Privilegien. In einer anderen Einheit musste er beobachten, dass selbst ein kleiner Junge von Adel Scharnhorsts ebenfalls unadligem Schwager vorgezogen wurde. Was also den adligen Offizieren von selbst zuzufallen schien, darum musste Scharnhorst jetzt und später immer wieder kämpfen: »Wir werden von Aristokraten zurückgesetzt und streiten für die Aristokraten, das ist nun ein mal so[34].«

Scharnhorst nutzte dagegen, wenn man so sagen darf, die Chancen, die ihm der Krieg bot; er bewährte sich im Gefecht, ergriff sogar beherzt die Initiative und machte auf sich aufmerksam[35]. Ein hannöverischer General, Rudolf Freiherr von Hammerstein, erkannte seine analytischen und konzeptionellen Kompetenzen und zog ihn in seine Nähe. An seiner Seite war Scharnhorst maßgeblich an einer der spektakulärsten Aktionen des flandrischen Kriegsschauplatzes beteiligt, dem Ausbruch aus der belagerten Festung von Menin[36]. Wenig später begegnet uns Scharnhorst im Stab des hannöverischen Befehlshabers Johann Ludwig Graf von Wallmoden-Gimborn; dort bleibt er auch nach Kriegsende tätig. Aber Scharnhorst blieb unzufrieden: »Ich kann nicht dafür; das Gefühl meiner Kräfte, etwas Außerordentliches thun zu können, wird mir nicht aufhören zu quälen, bis sich eine vortheilhafte Veränderung eröfnet oder eine Rückkehr in mich selbst alle Ambition erstikt[37].«

Anderthalb Jahre später, als die hannöverische Armee ein Korps zur Beobachtung des Waffenstillstands aufstellen musste, rückte Scharnhorst offiziell in die Position des Generalquartiermeisters. Die Stabsarbeit war ganz offensichtlich der Ort, wo Scharnhorst seine besonderen Fähigkeiten geltend machen konnte. Die ersten größeren Denkschriften, die unter dem Eindruck der Kriegserfahrungen entstanden, entwerfen systematische Konzepte für die Aufgaben und die Organisation der Generalstabsarbeit[38]. Im Grunde aber konstruierte er seinen eigenen Wirkungsraum innerhalb der militärischen Hierarchie, versuchte, aus einer Nische eine Institution zu machen. Neue Kompetenzen schufen sich neue Strukturen.

Allerdings stand er damit immer noch seitwärts der Rang- und Beförderungshierarchie. Schon als ihm die Generale während des Krieges formlos und

---

[34] Noch einmal in einem Brief an seine Frau Klara vom 3.6.1793. In: Gerhard von Scharnhorst. Private und dienstliche Schriften (wie Anm. 4), Bd 1, S. 218, dort auch die Erwähnung seines Schwagers.

[35] Anfang September 1793 bei Kämpfen südöstlich von Dünkirchen, vgl. Scharnhorsts privaten Bericht in einem Brief an seine Frau, 8.9.1793. In: Gerhard von Scharnhorst. Private und dienstliche Schriften (wie Anm. 4), Bd 1, S. 257-260, sowie einen von ihm verfassten Zeitungsbericht, ebd., S. 268-274.

[36] Scharnhorsts eigene Berichte darüber in: Gerhard von Scharnhorst. Private und dienstliche Schriften (wie Anm. 4), Bd 1, S. 370-378.

[37] Scharnhorst an seine Frau Klara Scharnhorst, 28.3.1795. In: Gerhard von Scharnhorst. Private und dienstliche Schriften (wie Anm. 4), Bd 1, S. 656.

[38] Vgl. Gerhard von Scharnhorst. Private und dienstliche Schriften (wie Anm. 4), Bd 1, S. 681-717.

an der Hierarchie vorbei ihr Vertrauen schenkten, sah sich Scharnhorst mit Neid und Missgunst konfrontiert. Als Quartiermeister blieb er ohne feste Verankerung innerhalb der Beförderungsreihenfolge und musste mühsam um seine Einrangierung ringen. Nicht weniger zäh musste er um die Zuweisung von Zulagen kämpfen, um überhaupt auch finanziell eine gewisse Genugtuung aus seiner gestiegenen Verantwortung zu erlangen. Daran, das Kommando über ein Regiment zu erlangen, war unter diesen Umständen nicht zu denken. Diese Sackgasse veranlasste ihn schließlich, nach langem Hin und Her den Werbungen eines preußischen Offiziers, der ihn bei der Observationsarmee kennengelernt hatte, nachzugeben. Wesentlicher Teil der Verhandlungen war auch hier, seinen Platz in der Beförderungsliste und seine Aussicht auf ein Regiment verbindlich festzulegen; nicht zuletzt, zur Absicherung dessen, seine Nobilitierung[39]. Für diese Vorteile, aber auch für den Ruhm der preußischen Armee nahm er in Kauf, aus der Kommandoebene der hannöverischen Armee in den Lehrbetrieb der Berliner Offizierschule zurückzukehren.

Über seine Lehre, seine Publikationen und seine Kontakte in der militärischen Gesellschaft gewann er so viel Ansehen, dass er wenige Jahre später, 1804, bei der Neugestaltung des preußischen Generalstabs, als einer von drei Generalquartiermeistern wieder in die Verantwortung genommen wurde. Als solcher zog er 1806 wieder in den Krieg. Aber wieder warteten dieselben ambivalenten Erfahrungen auf ihn. Mochte auch sein Fachwissen seinen Platz gefunden haben, respektabel und verantwortungsvoll, so stand ihm doch klar vor Augen, dass er seinen Vorstellungen nur dann in vollem Umfang Geltung verschaffen könnte, wenn ihm auch einmal ein großes Kommando übertragen würde. Denn als Quartiermeister blieb er immer in abhängiger Position. Im Dezember 1805 stand Scharnhorst mit dem Armeekorps des Herzogs Karl Ferdinand von Braunschweig untätig im Felde; seiner Tochter Julie schrieb er: »Gern wollte ich auf alles in der Welt Verzicht thun, wenn ich nur 6 Wochen damit machen könnte, was ich wollte. Aber so dient das Studium von 35 Jahren und einige vielleicht angeborne Talente zu weiter nichts, als daß sie mir meine Carriere angenehm machen[40].«

Bis hierhin hat sich Scharnhorsts militärische Laufbahn noch ganz im Rahmen des Ancien Régime bewegt. Gewiss, die Grenzen, die seiner Herkunft normalerweise gesetzt waren, hatte er längst überschritten, auch wenn er immer wieder an sie erinnert wurde. Aber die Chancen, die sich Scharnhorst geboten hatten, waren noch ganz verwurzelt in dem, was die Aufklärung im Rahmen des Ancien Régime angeregt und möglich gemacht hatte. Seit dem Aufbruch in den Krieg 1793 hatte sich Scharnhorst aber noch mit einem epochalen Wandel

---

[39] Zu den Verhandlungen vgl. Gerhard von Scharnhorst. Private und dienstliche Schriften (wie Anm. 4), Bd 2, S. 442-448, 450-457, 464-467, 489-505. Scharnhorst hatte bereits im Laufe des Jahres 1797 sehr ernsthaft über einen Wechsel nach Preußen verhandelt; die parallelen Bemühungen um Perspektiven im hannöverischen Dienst machen seine Schwierigkeiten besonders deutlich, vgl. ebd., S. 68-71, 76-89, 94-96, 116 f.

[40] Scharnhorst an seine Tochter Julie von Scharnhorst, 17.12.1805. In: Gerhard von Scharnhorst. Private und dienstliche Schriften (wie Anm. 4), Bd 4, S. 157.

ganz anderer Dimension auseinanderzusetzen, mit der Französischen Revolution und ihrer Kriegführung. Sie konfrontierte ihn mit neuen militärischen Praktiken, aber auch mit einem neuen, revolutionären Kampfgeist, jedenfalls bei
einem Teil seiner Gegner. Sie konfrontierte ihn mit einer militärischen Machtentfaltung, vor deren Bedrohung er nicht müde wurde zu warnen. Sie konfrontierte ihn nicht zuletzt mit den Karrieren, von denen er träumte. Denn aufseiten
seiner Gegner bekam er vorgeführt, wie tätige Offiziere in relativ jungen Jahren,
in seinem Alter etwa, schon in höchste Positionen aufstiegen und große Kommandos führten. Das machte Scharnhorst noch nicht zu einem Sympathisanten.
Wie viele andere hatte die revolutionäre *Terreur* auch Scharnhorst von der Revolution abgestoßen. Aber die Öffnung der militärischen Laufbahnen für die
Begabung, die Beseitigung der Privilegien, so nahm er es jedenfalls wahr, das
betraf ganz unmittelbar seine eigene Lebenssituation. Zugleich musste er resig-
niert einsehen, dass an eine vergleichbare Veränderung in Preußen nicht zu
denken war: »Bey andern Armeen [als der französischen] ist dies nicht möglich,
ohne alle innern Verhältniße ganz zu zerreißen. Nur der republikanische Enthusiasmus und der Geist der Revolution erlaubt diese Anordnung der Dinge[41].« Es ging auch anders. Im Herbst 1806, nach der Niederlage bei Jena und
Auerstedt, waren die inneren Verhältnisse auch in Preußen für einen historischen Moment ganz zerrissen. Im Zuge dessen eröffneten sich auch für Scharnhorst nicht vorhersehbare Gestaltungsmöglichkeiten.

III. Reformer

Der Krieg gegen das revolutionäre Frankreich hatte Scharnhorst eine Fülle von
Eindrücken und Erfahrungen beschert, die er, ganz gemäß seinen Vorstellungen
von der empirischen Grundlage der Kriegswissenschaft, laufend notierte und
reflektierte. Es war wohl sein geschulter Blick, die eingeübte analytische Routine, Sachverhalte möglichst undogmatisch zu beobachten und zu beurteilen, die
ihn früher und schärfer als andere erkennen ließ, was an diesem Krieg besonders war. Das hieß nun keineswegs, dass ihm dieser Krieg revolutionär neu
vorkam; es waren einzelne, aber wirkungsvolle Elemente. Das hieß auch keineswegs, dass er nun gebannt auf die französischen Revolutionstruppen fixiert
gewesen wäre; viel mehr Kopfzerbrechen bereiteten ihm, wie schon angedeutet,
die Fehler der eigenen Seite. Bald schon trat er mit einem Versuch an die Öffentlichkeit, strukturelle Ursachen für die Misserfolge der Alliierten zu benen-
nen[42].

---

[41] Gerhard von Scharnhorst. Private und dienstliche Schriften (wie Anm. 4), Bd 2, S. 765.
[42] Am konzentriertesten in dem berühmten Aufsatz »Entwicklung der allgemeinen Ursachen des Glücks der Franzosen in dem Revolutionskriege und insbsondere in dem Feldzuge von 1794«, zuerst erschienen im Neuen Militairischen Journal, 8 (1797), S. 1-154, er-

Taktische und organisatorische Neuerungen, allem voran die tragende Rolle der Tirailleure, der Scharfschützen, die sich ohne jede Formation frei im Gelände bewegten und trotzdem auch im regulären Gefecht Wirkung zeigten, waren das eine; die unterschiedlichen Einstellungen zum Krieg waren das andere. Auf der Seite der Alliierten konnte er nur Halbherzigkeit und Uneinigkeit wahrnehmen, Übermut, Privilegienwirtschaft und Kastengeist. Auf französischer Seite sah er unter einer straffen, zentralen Führung alle Kräfte, Güter wie Menschen, mobilisiert zu dem einen militärischen Zweck. Die revolutionäre Rhetorik selbst brachte dies auf den Begriff, Scharnhorst griff ihn auf: Die Franzosen agierten wie eine Nation. Mustergültig lässt sich in Scharnhorsts Texten verfolgen, wie sich mit diesem Begriff eine neue Vorstellung von gesellschaftlicher Einheit verbindet, ein neues Konzept gesellschaftlicher Ordnung, das an die Stelle dessen trat, was bisher als selbstverständlich galt und nun nur noch als Egoismus und Partikularismus der Privilegierten erschien.

Scharnhorst war freilich kein Staatstheoretiker, auch kein patriotischer Dichter; er dachte in praxisorientierten, militärischen Kategorien. Der Nation gegenüber, auf Preußen gemünzt, bekundete er Loyalität, aber nur vage und beiläufig, sie war ihm vor allem Ausdruck einer neuen Dimension militärischer Leistungsfähigkeit. Die Entwicklung in Frankreich rezipierte er in gewissem Sinne als Vorbild, vor allem aber als Herausforderung, der sich Preußen in Scharnhorsts Augen unausweichlich zu stellen haben würde. Wenige Monate vor dem Zusammenbruch setzte er jene viel zitierte Denkschrift auf, in der er die Bewaffnung des Volkes in Gestalt einer Nationalmiliz forderte, damit Preußen sich gegen einen Unterjochungskrieg behaupten könnte[43]. Aber von der Verwirklichung solcher Pläne war man zu diesem Zeitpunkt noch weit entfernt.

Die verlorene Schlacht von Jena und Auerstedt am 14. Oktober 1806 stürzte Scharnhorst zunächst in chaotische Umstände. Dreieinhalb Wochen wirkte er noch, eher zufällig an die Seite General Blüchers geraten, am Rückzug eines preußischen Korps mit. Immerhin, mit Blücher, dem zwar etwas grobschlächtigen, aber tatkräftigen adligen Befehlshaber, verstand er sich überraschend gut. Unter ihrer einvernehmlichen Führung beschäftigte der Verband zeitweise mehrere französische Korps, wie beim Katz- und Mausspiel. Solche Spiele sind aber eben einseitig, am Ende geriet Scharnhorst in Lübeck in Gefangenschaft, wenig später musste auch Blüchers Korps kapitulieren. Scharnhorst wurde

---

neut in: Gerhard von Scharnhorst, Ausgewählte Schriften (wie Anm. 3), S. 97-150. Zu Scharnhorsts Wahrnehmung und Adaption der revolutionären französischen Kriegführung vgl. Michael Sikora, Aneignung zur Abwehr: Scharnhorst und die preußischen Heeresreformen. In: Vom Gegner lernen. Feindschaften und Kulturtransfers im Europa des 19. und 20. Jahrhundert. Hrsg. von Martin Aust und Daniel Schönpflug, Frankfurt a.M. 2007, S. 61-94; Michael Sikora, Scharnhorst und die militärische Revolution. In: Die Wiedergeburt des Krieges aus dem Geist der Revolution. Hrsg. von Johannes Kunisch und Herfried Münkler, Berlin 1999 (= Beiträge zur Politischen Wissenschaft, 110), S. 113-130; Günter Wollstein, Scharnhorst und die Französische Revolution. In: Historische Zeitschrift, 227 (1978), S. 325-352.

[43] Sogenannte April-Denkschrift von 1806, mehrmals gedruckt, jetzt in Gerhard von Scharnhorst. Private und dienstliche Schriften (wie Anm. 4), Bd 4, S. 208-215.

ausgetauscht und schlug sich nach Königsberg durch, wohin auch König Friedrich Wilhelm III. geflüchtet war: unter den gegebenen Umständen eine abenteuerliche Reise. In Ostpreußen wurde noch gekämpft; Scharnhorst trat wieder in
den Stabsdienst, verdiente sich sogar als Stabschef der Preußen in der Schlacht
bei Eylau einen Orden, aber der katastrophale Kriegsverlauf, die völlig ungewisse Zukunft, die ständigen Anforderungen der ungeliebten Stabstätigkeit,
noch verschärft durch dienstliche Querelen, das alles lastete schwer auf ihm[44].
Scharnhorst war nun 51 Jahre alt und erwartete nicht mehr viel. Wieder einmal,
wie nach dem Revolutionskrieg, aber unter viel dramatischeren Umständen, sah
er sich in einer Sackgasse. Er sehnte sich zurück nach seinem ursprünglichen
Lebensinhalt und bat einen Freund in England, ihn für eine frei gewordene
Führungsposition an einer englischen Militärschule zu empfehlen. In dieser
Situation, im Juli 1807, beförderte der König ihn in den Generalsrang; aber noch
am selben Tag schrieb Scharnhorst dem Freund: »Es werden sich Leute genug
freuen, wenn ich weggehe, und ich kann unmöglich in den 10 oder höchstens
15 Jahren, welche ich noch zu leben habe, mich immer und ewig mit den Menschen herumplagen; ich wünsche mich in dieser letzten Periode meines Lebens
den ruhigern Geschäften, den Wissenschaften widmen zu können[45].«
Wenige Tage später übertrug ihm der König unverhofft die Leitung der neu
formierten Militärreorganisationskommission. Wieder stand er mit seiner
Kompetenz bereit, um eine Aufgabe anzugehen, für die er sich wie kein anderer
empfohlen hatte. Denn einerseits war er aufgrund seiner Stabstätigkeiten mit
den praktischen Erfordernissen der Organisation bestens vertraut, zum anderen
hatte er bewiesen, Maßnahmen zu einer inneren Erneuerung konzipieren zu
können. Dem König gegenüber hatte sich Scharnhorst zudem immer als unbedingt loyal erwiesen. Das war wichtig, weil der König gerade auf dem Gebiet
des Militärs konkrete Vorgaben machte und vorsichtig zwischen Bewahrung
und Erneuerung manövrierte. Scharnhorst stellte denn auch seine persönlichen
Pläne bald zurück. Dabei blieb die Zukunft bis auf Weiteres noch völlig ungewiss. Die Weichenstellungen vollzogen sich in unspektakulärem, improvisiertem Rahmen, anfangs im noch beschaulichen Memel, später in Königsberg, in
einem relativ kleinen Kreis von Beamten und Offizieren. »Wir gleichen einem
vom Schiffbruch geretteten Haufen, der auf eine öde Insel sich ohne alle Bedürfnisse versetzt sieht[46].«
Ein großer Teil der zu lösenden Aufgaben war unter diesen Umständen ganz
praktischer Natur und wurde von der Notwendigkeit diktiert. Die verbliebenen
Truppen mussten teilweise neu zusammengestellt und im verbliebenen Staatsgebiet neu verteilt, die Rekrutierungsbezirke neu zugeordnet werden, heimkeh-

---

[44] Vgl. dazu Michael Sikora, Scharnhorsts 1806. In: Krise, Reformen – und Militär. Preußen
vor und nach der Katastrophe von 1806. Hrsg. von Jürgen Kloosterhuis und Sönke Neitzel, Berlin 2009, S. 47–64.
[45] Scharnhorst an Johann Friedrich von der Decken. In: Gerhard von Scharnhorst. Private
und dienstliche Schriften (wie Anm. 4), Bd 4, S. 573.
[46] Scharnhorst an Ludwig Freiherrn von Ompteda, 25.10.1807. In: Gerhard von Scharnhorst.
Private und dienstliche Schriften (wie Anm. 4), Bd 4, S. 701.

rende Soldaten und Offiziere mussten zugewiesen werden, viele wurden beurlaubt, um Geld zu sparen; die Besoldung wurde reduziert, die Etats mussten entsprechend neu kalkuliert und aufgestellt werden; die ganze Ausstattung der Truppen war neu zu überdenken, bis hin zur Zahl der Packpferde; umgekehrt aber galt es, den eingetretenen Mangel an Gewehren und Munition möglichst schnell, möglichst unauffällig und möglichst billig auszugleichen. Auch die Richtlinien für die militärische Praxis wurden teilweise revidiert, obwohl einiges schon vor 1806 verändert worden war. Aber sie wurden weiter fortgeschrieben, neue Instruktionen setzten neue Akzente, für das Exerzieren der Soldaten, für Übungen und Manöver, für taktische Bewegungen, für die Aufstellungen zur Schlacht, für die Einteilung der Armee in größere Verbände.

Die Armee musste aber nicht nur neu aufgestellt werden. Angesichts des katastrophalen Kriegsverlaufs wuchs, gerade beim König, die Bereitschaft, sich auf grundlegendere Veränderungen einzulassen. Das galt zum Beispiel für die Besetzung der Offizierstellen. Scharnhorst bot sich nun auf einmal die Chance, seine Vorstellungen von gebildeten, professionelleren Offizieren in das Regelwerk der preußischen Armee einzupflanzen. Dabei ging es den Reformern darum, die fachliche Qualifikation der Offiziere zu steigern und damit zugleich den Vorrang des Adels bei der Besetzung der Offizierstellen zu brechen. Deshalb sollte künftig im Frieden allein der Nachweis von Kenntnissen zum Offizierdienst berechtigen, weshalb denn auch entsprechende, allerdings auch nicht allzu anspruchsvolle Prüfungen zur Bedingung gemacht wurden. Unter den dergestalt qualifizierten Fähnrichen sollten dann die Leutnants eines Regiments die Kandidaten für den Offizierstand auswählen. Die Reformer hätten es am liebsten gehabt, wenn das Prinzip der Wahl durch die nächsthöhere Dienstgradgruppe auch bei allen weiteren Beförderungen Anwendung gefunden hätte. Aber schon damit drangen sie nicht mehr durch, es blieb mit wenigen Ausnahmen bei den Beförderungen nach Dienstalter[47]. Immerhin schlossen sich in den folgenden Jahren noch die Bemühungen um eine Reform des Militärbildungswesens an, die auf Systematisierung der Einrichtungen zielten, auf Ab-

---

[47] Die durchaus kontrovers geführten Diskussionen bis zum neuen »Reglement über die Besetzung der Stellen der Portepeefähnrichs und über die Wahl zum Offizier« vom 6.8.1808 skizziert Lehmann, Scharnhorst (wie Anm. 2), Bd 2, S. 52-67. Zur allgemeinen Orientierung hilfreich ist Heinz G. Nitschke, Die Preußischen Militärreformen 1807-1813, Berlin 1983, eine aus der Literatur geschöpfte Zusammenstellung der Personen und Maßnahmen ohne vertiefte Interpretation. Die wichtigsten Korrespondenzen und Erlasse aus der ersten Phase der Reformen findet man in: Die Reorganisation des Preussischen Staates unter Stein und Hardenberg, T. 2, Bd 1: Das Preussische Heer vom Tilsiter Frieden bis zur Befreiung 1807-1814 (weitere Bde nicht erschienen). Hrsg. von Rudolf Vaupel, Leipzig 1938 (= Publikationen aus den Preussischen Staatsarchiven, 94); vgl. ergänzend: Die Reorganisation der Preußischen Armee nach dem Tilsiter Frieden, 4 Abschnitte in 2 Bde; Bd 1: Die Jahre 1806-1808, bearb. von R. von Scherbening und K.W. von Willisen, Berlin 1862 (= Beihefte zum Militär-Wochenblatt, Oktober 1854 bis einschließlich Juni 1855, Mai bis einschließlich Dezember 1856, Juni bis einschließlich Dezember 1862), Bd 2, Abschnitt 4: Die Jahre 1809 bis 1812, Berlin 1866 (= Beiheft zum Militair-Wochenblatt, August 1865 bis einschließlich Oktober 1866).

stimmung mit den Prüfungsanforderungen und auf Verbindlichkeit von Bildungsstandards.

Ein zweites gleichermaßen symbolträchtiges Projekt, das die Reformer um Scharnhorst ebenso unverzüglich angingen, war die Neugestaltung der Militärstrafen. Das Ziel war die Beseitigung der Prügel, die bis dahin als reguläre Strafe verhängt werden konnten, die teilweise aber auch noch als Disziplinierung im alltäglichen Dienst praktiziert wurden. An deren Stelle trat nun ein neu konzipiertes Militärstrafrecht mit einem fein dosierten System von Arreststrafen. Vieles daran wurde wieder hin und her diskutiert, auch unter den Reformern, aber die große Linie gegen die Körperstrafen setzte sich durch. Dabei ging es nicht eigentlich um eine Humanisierung im modernen Sinn. Die Reformer stießen sich vor allem daran, weil Prügel als demütigend und ehrverletzend galten; weil darin auch Geringschätzung und Verachtung der einfachen Soldaten zum Ausdruck kam. Aus Sicht der Reformer wurde damit aber das Militär an sich in Misskredit gezogen. In der Tat stand das Militär des 18. Jahrhunderts in keinem guten Ansehen, und die weiteste Kluft bestand zwischen den Soldaten und dem gebildeten Bürgertum. Gerade diese Kluft aber wollten die Reformer überwinden.

Schließlich waren die verschiedenen Maßnahmen auf ein gemeinsames Leitmotiv hin ausgerichtet, auf die militärische Mobilisierung der ganzen männlichen Bevölkerung, insbesondere eben jener bürgerlichen Gruppen, Kaufleute, Beamte, Akademiker. Privilegien, die meist für die ganze Stadtbevölkerung galten, hatten sie bis dahin von der militärischen Erfassung ausgenommen. Aus ihrer Sicht erschien das Militär oft nur als Gesindel, das von hochnäsigen Adligen unter die Knute gezwungen wurde, ein Zerrbild vielleicht, aber sicher ein Milieu, mit dem die meisten nichts zu tun haben wollten. Dem hielten die militärischen Reformer die Maxime entgegen: »Alle Bewohner des Staats sind geborne Verteidiger desselben[48].« So hatten es auch die französischen Revolutionäre verkündet. Aber Scharnhorst und seine Mitstreiter behaupteten lieber, dass das doch eigentlich schon im alten Preußen gegolten habe, durch die Privilegien quasi nur verunklart. Ohnehin war das Gesellschaftsbild der Reformer keineswegs egalitär. Nicht nur aus quantitativen Gründen sollte nämlich die Wehrpflicht eine allgemeine sein, »sondern sie soll auch die richtigeren Begriffe der gebildeten Stände, vor allem das Prinzip der Ehre in die Reihen der Krieger verbreiten und so der Armee ein intelligentes Übergewicht geben[49].« Das ganze Reformprojekt nahm die Gestalt einer Bildungsbewegung an, es atmet den ganzen Bildungsoptimismus der Aufklärung,

[48] Der erste Paragraf des Vorläufigen Entwurfs zur Verfassung der Provinzialtruppen vom 15.3.1808, zit. nach Das Preussische Heer (wie Anm. 47), S. 384, vorgelegt schon mit einem Immediatbericht vom 31.8.1807, vgl. ebd., S. 82.
[49] Aus einer Denkschrift für die Einführung der Konskription, 5.4.1810, unterzeichnet von Scharnhorst, Oberst Albrecht Georg Ernst Karl von Hake, Major Johann Georg Gustav von Rauch und Major Hermann von Boyen, zit. nach: Max Lehmann, Preußen und die allgemeine Wehrpflicht im Jahre 1810. In: Historische Zeitschrift, 69 (1892), S. 431–461, hier S. 443.

und darin weitete sich nicht zuletzt Scharnhorsts Prägung zu dem Traum eines
von allem Groben und aller Engstirnigkeit geläuterten Bürgerheeres.

Die Verwirklichung einer solchen allgemeinen Militärdienstpflicht hatte jedoch mit besonderen Schwierigkeiten zu kämpfen[50]. Zum einen musste diese
Mobilisierung in irgendeiner Weise mit den Beschränkungen, die Napoleon
Preußen auferlegt hatte, in Einklang gebracht werden. Ständig veränderte sich
zudem die politische Großwetterlage. Zum anderen waren die Vorschläge für
die Einbeziehung aller Bevölkerungsgruppen in die militärische Planung selbst
innerhalb der reformerisch gesinnten bürgerlichen Eliten umstritten – die noch
lange nicht davon begeistert waren, sich auf das Militär einzulassen. Jahrelang
wurden immer wieder neue Konzepte diskutiert, und die meisten davon trugen
den Vorbehalten und Einschränkungen dergestalt Rechnung, dass sie eine
Trennung vorsahen zwischen der Linienarmee, also den bisherigen Truppen,
und den Verbänden, die durch die allgemeine Mobilisierung neu aufgestellt
werden sollten. In dieser Gestalt, als Linie und Landwehr, wurde die Wehrpflicht schließlich auch im turbulenten Frühjahr 1813 verwirklicht. Die Wohl-
habenden konnten sich zudem für die sogenannten Freiwilligen Jäger melden
und dort – zumindest der Idee nach – weitgehend unter sich bleiben.

Es ist hier nicht der Ort, diese Entwicklungen im Einzelnen zu verfolgen und
das Verhältnis zwischen der Theorie der Reformer und der Wirklichkeit der
Befreiungskriege 1813 bis 1815 zu vermessen. Die Umrisse der Maßnahmen
skizzieren hier nur den Rahmen, in dem Scharnhorsts Rolle als Reformer Gestalt annahm. Die Wirklichkeit sah, wie sollte man es anders erwarten, sehr viel
nüchterner aus, und das galt auch für Scharnhorsts Wirklichkeit. Gewiss, er war
auf dem Höhepunkt seiner Möglichkeiten, er genoss einen Gestaltungsspiel-
raum, als ob er selbst die Winde der Epochenwende drehen konnte. Aber
zugleich war er zunächst nicht mehr als der Vorsitzende einer Ad-hoc-
Kommission, wieder am Rande der militärischen Hierarchie und wieder ohne
wirklich eigenen Entscheidungsbereich. In den ersten Monaten der Kommissi-
onsarbeit sah sich Scharnhorst noch einer Mehrheit eher zurückhaltender
Kommissionsmitglieder gegenüber, sodass die Kräfte noch zusätzlich in bisweilen wohl recht ruppigen Auseinandersetzungen verschlissen wurden. Erst
nach einigem Stühlerücken gelang es Scharnhorst, einen Kreis von Vertrauten
um sich zu scharen, die an einem Strang zogen, aber dann war es für mehrere

---

[50] Zur verwickelten Geschichte der Wehrpflichtkonzepte vgl. zuletzt Michael Sikora, Milita-
risierung und Zivilisierung. Die preußischen Heeresreformen und ihre Ambivalenzen. In:
Die preußische Armee zwischen Ancien Régime und Reichsgründung. Hrsg. von Peter
Baumgart, Bernhard R. Kroener und Heinz Stübig, Paderborn [u.a.] 2008, S. 164–195;
Dierk Walter, Preußische Heeresreformen 1807–1870. Militärische Innovation und der
Mythos der »Roonschen Reform«, Paderborn [u.a.], 2003 (= Krieg in der Geschichte, 16),
Kap. 5; Ute Frevert, Die kasernierte Nation. Militärdienst und Zivilgesellschaft in
Deutschland, München 2001, Kap. 1; Ute Frevert, Das jakobinische Modell: Allgemeine
Wehrpflicht und Nationsbildung in Preußen-Deutschland. In: Militär und Gesellschaft im
19. und 20. Jahrhundert. Hrsg. von Ute Frevert, Stuttgart 1997 (= Industrielle Welt, 58),
S. 17–47.

Monate immer noch der eher konservative Generaladjutant und nicht Scharnhorst, der die Ergebnisse dem König vortrug.

Die Phase, in der die eingeschworenen Reformer in der Kommission vereint
ihr Projekt vorantreiben konnten, währte ohnehin nicht sehr lange. Die Kommission erfüllte ihren letzten Zweck, indem sie sich Anfang 1809 selbst überflüssig
machte, durch die Einrichtung eines ebenfalls neu organisierten Kriegsdepartements. Damit wurde die militärische Führung vereinheitlicht, eingebettet in
eine Neugestaltung und Vereinheitlichung der gesamten Regierungsspitze.
Indes blieb die Position eines obersten Kriegsministers unbesetzt; Scharnhorst
bekam nur die Leitung eines der beiden untergeordneten Departments anvertraut, mit der immerhin auch die Leitung des nun angegliederten Generalstabs
verbunden war; die andere Abteilung wurde einem konservativen Offizier übertragen. Was aus Sicht des Königs eine kluge Balance darstellen mochte, signalisierte Scharnhorst einmal mehr auch die Grenzen seiner Möglichkeiten.

Scharnhorst kam ohnehin nicht zur Ruhe. Immer wieder musste er sich mit
Widerständen und Intrigen seiner Gegner auseinandersetzen. Französischer
Druck zwang ihn 1810 dazu, die Leitung des Departments zumindest offiziell
niederzulegen. Als sich schließlich sein König Anfang 1812 zu einem Bündnis
mit Frankreich gezwungen sah, verlor Scharnhorst auch seinen informellen
Einfluss. Die Gruppe der Reformer hatte sich ohnehin in alle Winde zerstreut.
Ein knappes Jahr später, als sich der König nach den französischen Verlusten im
Russlandfeldzug zur Wende gegen Frankreich bewegen ließ, begegnet uns
Scharnhorst dann wieder an der Seite Friedrich Wilhelms. Er wurde als Stabschef zu einer der Schlüsselfiguren der Mobilisierung gegen Frankreich. Aber ein
großes Kommando bekam er auch jetzt nicht übertragen. Er musste sich darauf
beschränken, Blücher als Befehlshaber durchzusetzen. An dessen Seite zog er
wiederum als Stabschef in den Krieg.

IV. Fazit

Nacheinander ist zur Sprache gekommen, wie Bildung und Wissenschaft die
Basis von Scharnhorsts Lebenswerk bildeten, wie Bewährung und Verantwortung in der militärischen Praxis der Mittelpunkt seines Strebens waren und wie
letztlich die politische Gestaltung zur eher unverhofften Krönung seines Le-
benswerks wurde. Dabei ist deutlich geworden, dass Scharnhorst ein Kind des
18. Jahrhunderts gewesen ist und alle Chancen aufgesaugt hat, die ihm das aufgeklärte Zeitalter mit seinen Visionen einer besseren, weil vernünftigeren, gebildeten Welt geboten hat. Dabei waren seine Vorstellungen, das, was er gelernt
hatte, keineswegs revolutionär. Nicht eigentlich neue Ideen waren sein Angebot, sondern eine neue Art und Weise, möglichst vorurteilsfrei zu beobachten

und zu urteilen. So gerüstet schickte er sich an, die Grenzen seiner Herkunft zu überschreiten.

Aber jenseits dieser Grenzen gab es noch keinen richtigen Platz für ihn, zumal im Rahmen des traditionsbewussten Militärs. Er verkörperte einen neuen Typ von Offizier, nicht durch Herkunft, sondern durch Bildung qualifiziert, nicht von Standesbewusstsein getrieben, sondern von einem professionellen Selbstbewusstsein. Als solcher erlangte er eine gewisse Prominenz, stand auch nicht allein, aber gehörte doch zu einer Minderheit, ohne feste Verankerung in den Strukturen der Militärgesellschaft. Deshalb fand er sich so oft in Nischen wieder. Ohne sicheren Status, ohne Verbindungen im Netzwerk des adligen Offizierkorps war er immer angewiesen auf mächtige Gönner, die ihm ihr Vertrauen schenkten. In der entscheidenden Phase war das immerhin der König von Preußen.

Auf dieser Grundlage gelang Scharnhorst trotzdem eine bemerkenswerte Karriere. Indem er seine Nischen besetzte, sicherte, ausbaute und institutionalisierte, sehen wir gleichsam den Epochenwandel bei der Arbeit. Die Frage nach Subjekt und Objekt hebt sich dabei auf. Scharnhorst verkörperte den Wandel, in dem seine Praxis neue Rollen definierte. Am Ende eröffneten sich ihm sogar ungeahnte Gestaltungschancen. Gerade in einem Augenblick gesellschaftlicher Erschütterung, in der tradierte Gewohnheiten und Überzeugungen infrage standen, öffnete sich ihm ein Fenster; gerade weil er Überzeugungen vertrat, die über die Grenzen dieser Gewohnheiten hinausgingen, aber auch, weil er loyaler Soldat und kein Revolutionär war.

Allerdings war er auch Soldat genug, um die eigentliche Erfüllung seiner Laufbahn auf dem Schlachtfeld zu suchen. Angesichts seiner ungewöhnlichen Karriere mag das rückblickend erstaunlich wirken, aber das war eben auch Element seines professionellen Selbstverständnisses. Scharnhorst konnte praktisch nie der normale Soldat sein, der er eigentlich sein wollte – normal im Sinne einer planbaren, gesicherten Karriere, normal aber auch in dem Sinne, dass Soldaten nicht nur analysieren und organisieren, sondern kämpfen und befehlen. Und bis zuletzt quälte ihn, dass die Traditionen quasi noch nicht so sehr erschüttert waren, um ihm diesen Wunsch zu erfüllen. »Alle 7 Orden und mein Leben gäbe ich für das Kommando eines Tages«, so schrieb er selbst in viel zitierten Worten, in einem Brief an seine Tochter im Mai 1813, einem Brief, der durch die Geschicke des Lebens zu seinem letzten wurde[51]. Fünf Wochen später starb er an den Folgen einer nicht ausgeheilten Schusswunde.

In gewissem Sinne spiegelte noch die Rezeption seiner Zeitgenossen das Dilemma seiner Laufbahn. Als ihm offiziell das Denkmal vor der Neuen Wache gesetzt wurde, da zeigte es ihn und zeigt ihn bis heute in grüblerischer Pose, als Planer, nicht als Feldherr. Es sieht so aus, als habe der König selbst dafür plädiert und Überlegungen widersprochen, die Figur auf ein gezogenes Schwert,

---

[51] Scharnhorst an seine Tochter Julie Gräfin zu Dohna-Schlobitten, 21.5.1813, zit. nach: Gerhard von Scharnhorst, Scharnhorsts Briefe, Bd 1: Privatbriefe. Hrsg. von Karl Linnebach, München, Leipzig 1914, S. 482.

dem Symbol der militärischen Aktion, gestützt zu zeigen[52]. Damit fiel aber selbst noch sein Denkmal aus der militärischen Normalität seiner Zeit heraus. Ein konservativer Kritiker mäkelte denn auch, Scharnhorst sei »gewiß der erste Mensch, dem man bloß wegen guter Anstalten, die er gemacht, unter Feldherren eine Bildsäule gesetzt hat«[53]. Aber es sind eben diese »guten Anstalten«, die ihm dauerhafte Bedeutung verliehen haben. Rückblickend, aus der Distanz, wurde er zu einem Gestalter des Epochenwandels. Sicher machten es diese »guten Anstalten« für die Nachwelt auch leichter als eine gewonnene Schlacht, ihn so unterschiedlich und doch so einmütig zu vereinnahmen. Als Soldat in gesellschaftlicher Verantwortung ist er im Verlauf der Zeit offenbar immer aktueller geworden – auch ein Paradox dieses ungewöhnlichen Lebenslaufs.

[52] Vgl. Hoppe, Beiträge (wie Anm. 1), S. 197-223, bes. S. 211.
[53] Friedrich August Ludwig von der Marwitz. Ein märkischer Edelmann im Zeitalter der Befreiungskriege. Zwei Bände in drei Teilen, Berlin 1908-1913. Hrsg. von Friedrich Meusel, hier Bd 1: Lebensbeschreibung, Berlin 1908, S. 505.

Martin Rink

Preußisch-deutsche Konzeptionen zum »Volkskrieg« im Zeitalter Napoleons

»Am Anfang war Napoleon«[1]. Und an dessen Anfang stand die Revolution. Beide historischen Großereignisse prägten eine neue Art des Krieges, den »Volkskrieg«. Der Krieg und die Bezugnahme auf das »Volk« kennzeichneten das Vierteljahrhundert zwischen 1789 und 1815. Beides steht auch im Hintergrund der preußischen Reformzeit sowie der Militärreformen in den deutschen Staaten des 19. und noch des 20. Jahrhunderts. Die zunächst gegen die inneren Gegner der privilegierten Stände gerichtete »kämpferische Revolution« in Frankreich wandelte sich ab 1792 zur kriegerischen Revolution, in der die inneren Konflikte in einem »revolutionären Krieg« nach außen getragen wurden. Danach blieb der Krieg – im Namen des Volkes – der Ereignishintergrund, der die Stabilisierung der Direktorial- und dann der Konsularregierung erlaubte, bis sich schließlich der erfolgreichste der Revolutionsgenerale zum Kaiser der Franzosen erhob. Seitdem mit der Revolution die Grenze zwischen Innen- und Außenpolitik niedergerissen worden war, entspann sich ein Kreislauf der charismatischen Herrschaft, der das bonapartistische Regierungssystem kennzeichnet. Doch war das »Zeitalter der Revolutionen« und der anschließenden »Erhebung der Völker«[2] nicht allein durch eine »revolutionäre« Mobilisierung der Massen gekennzeichnet. Denn stets erfolgten anschließende Regulierungsprozesse: so die französischen Militärreformen der 1790er-Jahre, die preußischen Heeresreformen ab 1807, sogar die Organisations- und Militarisierungstendenzen der größeren spanischen Guerillaverbände gegen Ende des Spanischen Unabhängigkeitskrieges[3].

---

[1]   Thomas Nipperdey, Deutsche Geschichte 1800-1866. Bürgerwelt und starker Staat, München 1987, S. 11.

[2]   Friedrich Meinecke, Das Zeitalter der deutschen Erhebung (1795-1815), Bielefeld, Leipzig 1913; Willy Andreas, Das Zeitalter Napoleons und die Erhebung der Völker, Heidelberg 1955; Eric J. Hobsbawm, The Age of Revolution 1789-1848, New York 1962.

[3]   Zu Frankreich: Michael Sikora, Die französische Revolution der Heeresverfassung. In: Die preußische Armee. Zwischen Ancien Régime und Reichsgründung. Hrsg. von Peter Baumgart, Bernhard R. Kroener und Heinz Stübig, Paderborn [u.a.] 2008, S. 135-163, hier S. 153-158; zu Preußen: Michael Sikora, Militarisierung und Zivilisierung. Die preußischen Heeresreformen und ihre Ambivalenzen. In: Die preußische Armee (wie oben), S. 164-195; zu Spanien: Charles Esdaile, Fighting Napoleon. Guerrillas, Bandits and Adventurers in Spain, 1808-1813, New Haven, CT, London 2004, S. 160 f., 170 f.

I. Neue Begriffe zwischen neu und alt

Der Volkskrieg bezieht sich auf die Mobilisierung der Bevölkerung zum Zweck der Kriegführung; physisch durch die allgemeine Wehrpflicht und »moralisch« durch die politische Propaganda. Somit können unter dem Volkskrieg sowohl die Operationen der vom Staat mobilisierten Wehrpflichtheere verstanden werden als auch der irreguläre Kampf. Auch hier sind begriffliche Semantik und historische Wahrnehmung ganz erheblich von der nachfolgenden Geschichtsschreibung aufgenommen und teilweise erst erzeugt worden[4]. Und wenn es zum gemeinsamen Nenner der preußischen Reformen gehörte, die Masse des »Volks«, also die »Nation« zum Kampf gegen die napoleonische Herrschaft aufzubieten, dann beriefen sie sich nicht nur auf das Vorbild der französischen Konskription, sondern auch auf die spanische Guerilla; gleichzeitig aber auch auf das altpreußische Kantonsystem. Entsprechend diesem mehrpoligen Bild vom Volkskrieg in seiner staatlich gesteuerten oder seiner irregulären Gestalt mochte man die Ereignisse von Februar und März 1813 unter die konkurrierenden Begriffe vom »Freiheits-« oder »Befreiungskrieg« bringen. Beide Interpretationen entfalteten Folgewirkungen durch das 19. Jahrhundert hinweg bis (mindestens) in die Mitte des 20.

Die Mobilisierung des »Volkes« – wer immer im Einzelnen auch gemeint war – bezog sich auf die Vorstellung, die alle Bürger gleichermaßen berechtigte – und verpflichtete –, an der Verteidigung ihres Vaterlands mitzuwirken. Das war der politische Aspekt des Volkskrieges. Dem aber musste es auf militärischer Ebene entsprechen, dass hier per definitionem nicht professionelle Krieger aufgeboten werden sollten. Entsprechend musste der Mangel an militärischer Ausbildung kompensiert werden – durch »patriotischen Enthusiasmus«. Mit einer gewissen Notwendigkeit trat aber hinzu, dass auf der taktischen Ebene eine Kampfart beschworen wurde, die sich auch für solche Männer (und gegebenenfalls auch Frauen) eignete, deren Profession eben nicht im dauerhaften Militärdienst bestand. Damit rückte das untere Ende der Gewaltsamkeit in den Fokus; das, was im 18. Jahrhundert wie im Zeitalter Napoleons als »kleiner Krieg« bezeichnet wurde[5]. Und nichts anderes heißt das spanische Wort »guer-

---

[4]   Zu den Semantiken des »Volkskrieges«: Ralf Pröve, Militär, Staat und Gesellschaft im 19. Jahrhundert, München 2006 (= Enzyklopädie deutscher Geschichte, 77), S. 15-17. Weiterhin: Karen Hagemann, »Mannlicher Muth und teutsche Ehre«. Nation, Militär und Geschlecht zur Zeit der Antinapoleonischen Kriege Preußens, Paderborn 2002 (= Krieg in der Geschichte, 8), S. 273; und Dierk Walter, Preußische Heeresreformen 1807-1870. Militärische Innovation und der Mythos der »Roonschen Reform«, Paderborn 2003 (= Krieg in der Geschichte, 16), S. 104-114, 167-182.

[5]   Zum kleinen Krieg: Johannes Kunisch, Der kleine Krieg. Studien zum Heerwesen des Absolutismus, Wiesbaden 1973; Martin Rink, Vom Partheygänger zum Partisanen. Die Konzeption des kleinen Krieges in Preußen 1740-1813, Frankfurt a.M. 1999. Neuere Bewertungen in: Martin Rink, Der kleine Krieg. Entwicklungen und Trends asymmetrischer Gewalt 1740-1815. In: Militärgeschichtliche Zeitschrift, 65 (2006), S. 355-388, vor allem S. 359-375. Kompakt: Martin Rink, Kleiner Krieg. In: Enzyklopädie der Neuzeit. Hrsg.

rilla«. Sowohl die Aufrufe der spanischen Juntas ab 1808 als auch Denkschriften der preußischen Reformer zwischen 1808 und 1812 propagierten die Taktik des kleinen Krieges. Dieser wurde jedoch nicht so realisiert wie geplant, aber auch das ist symptomatisch für die verwickelte Geschichte der Konzeptionen für und wider den Volkskrieg. Insofern ist es wenig überraschend, dass es 1813/14 letztlich beim Kompromiss blieb.

Für die Zeitgenossen kennzeichnete das Phänomen den Anbruch einer neuen Zeit. »Der Volkskrieg ist im kultivierten Europa eine Erscheinung des neunzehnten Jahrhunderts. Er hat seine Anhänger und seine Widersacher, die letzteren entweder aus politischen Gründen, weil sie ihn für ein revolutionäres Mittel, einen für gesetzlich erklärten Zustand der Anarchie halten, der der gesellschaftlichen Ordnung nach innen ebenso gefährlich sei wie dem Feinde nach außen, oder aus militärischen Gründen, weil sie glauben, der Erfolg entspräche nicht der aufgewendeten Kraft[6].« Mit diesen Worten verdeutlichte Carl von Clausewitz die ambivalente Natur des Gegenstands. Als revolutionär neu kennzeichnete er einerseits das Requisitionssystem, andererseits das Anschwellen der Massenheere infolge der allgemeinen Dienstpflicht. Damit habe das »kriegerische Element in unserer Zeit« die »alte künstliche Umwallung« der bisherigen Kriegführung durchbrochen. Diese Gegenüberstellung des Heerwesens im Ancien Régime gegenüber der »revolutionären Kriegführung« galt seitdem auch in der historiografischen Erzählung fast als Dogma; erst in jüngerer Zeit wird sie zugunsten einer differenzierteren Betrachtung aufgebrochen[7]. Doch wird eine solche Perspektive erst dann möglich, wenn die vorrevolutionären Vorläufer derjenigen Elemente betrachtet werden, die sich später zum Volkskrieg amalgamierten. Clausewitz' Feststellung, dass seine Aussage zum Volkskrieg nur für das »kultivierte Europa« gelte, relativiert jedoch die Neuartigkeit des Phänomens. Denn natürlich war es Clausewitz wie anderen Zeitgenossen bewusst, dass die Kriegführung außerhalb Europas dem Gepräge des

von Friedrich Jaeger im Auftrag des Kulturwissenschaftlichen Instituts (Essen), Bd 6, Stuttgart 2008, S. 777. Zeitgenössische Definitionen z.B. in folgenden Werken: Georg Wilhelm Frhr. von Valentini, Abhandlung über den kleinen Krieg und über den Gebrauch der leichten Truppen, mit Rücksicht auf den französischen Krieg. Mit Anmerkungen versehen von L.S. von Brenkenhof, 3. Aufl., Berlin 1810, S. 1; Carl von Clausewitz, Meine Vorlesungen über den kleinen Krieg, gehalten auf der Kriegs-Schule 1810 und 1811 – Artillerie. Geschütze. In: Schriften – Aufsätze – Studien – Briefe. Dokumente aus dem Clausewitz-, Scharnhorst- und Gneisenau-Nachlaß sowie aus öffentlichen und privaten Sammlungen, Bd 1. Hrsg. von Werner Hahlweg, Göttingen 1966, S. 208-598, hier S. 231, 233; Johann Baptist Schels, Leichte Truppen; kleiner Krieg. Ein praktisches Handbuch für Offiziere aller Waffengattungen, Wien 1813, S. 127-130; Carl von Decker, Der kleine Krieg, im Geiste der neueren Kriegführung. Oder Abhandlung über die Verwendung und den Gebrauch aller drei Waffen im kleinen Kriege, 3. Aufl., Berlin, Posen, Bromberg 1828, S. 3-5.

[6]   Carl von Clausewitz, Vom Kriege. Hrsg. und eingel. von Werner Hahlweg, 18. Aufl., Bonn 1973, S. 799-806 (Zitat S. 799, hier auch die im Absatz folgenden Zitate).
[7]   Sikora, Die französische Revolution (wie Anm. 3), S. 137-139; Pröve, Militär (wie Anm. 4), S. 1 f.

Volkskrieges recht ähnlich sei[8]. So erweist sich dessen »Neuigkeit« im Kern als
etwas ziemlich Altes. Denn mit der massiven Mobilisierung »des Volkes«
wurden Errungenschaften des 17. und 18. Jahrhunderts zurückgedreht.

Die Ausdifferenzierung der Gesellschaft in eine »zivile« und eine »militärische« Sphäre ist Ausdruck einer Arbeitsteilung. Der Volkskrieg wäre dann deren Aufhebung, und als ein Rückfall in vorarbeitsteilige, in »archaische« Zeiten
erschien diese Art des Krieges auch dessen Kritikern. Der Rückgriff auf Formen
des Volkskrieges verband sich mit einer »voraussetzungsärmeren« Art der
Kriegführung, eben dem »kleinen Krieg«. So entsprach es einer inneren Logik,
dass die Guerilla begriffsprägend für die »neuzeitliche« Form des Volkskrieges
wurde[9]. In vieler Hinsicht wurde das »Ancien Régime« (das wegen seiner vor-
»modernen« Prägung so heißt) nur graduell von den »modernen Zeiten« der
Revolution abgelöst oder besser: überlagert. Die Militärreformen im Zeitalter
Napoleons und somit auch die preußischen Heeresreformen sprossen auch aus
älteren Wurzeln, gerade die auf den Volkskrieg bezogenen Züge. Genau diese
erschienen aber als besonders »revolutionär«.

Der Begriff des Volkskrieges war auch eine Polemik gegen die Söldnerheere
des Ancien Régime. Deren überholten Wehrverfassungen wurde die wesentliche Ursache für die Niederlagen gegen die Armeen der Revolution zugeschrieben. Umgekehrt erschienen die revolutionären Volksaufgebote als unüber-
windlich. Die vielen Ausprägungen und Zwischenformen zwischen
aufgebotenen Dienstpflichtigen und geworbenen Kriegsmännern erlauben es
indessen kaum, von einer strikten Dichotomie zwischen wehrpflichtigen
»Volksheeren« einerseits und Söldnertruppen andererseits zu sprechen; doch
genau diese Gegenüberstellung kam im Denken aufgeklärter Militärkritiker des
18. Jahrhunderts auf. Die spätere begriffliche Unterscheidung zwischen dem
negativ behafteten »Söldner« und dem – neutral oder positiv verwendeten –
»Soldaten« war zur Zeit des Ancien Régime noch nicht verbreitet. Die einschlägigen Lexika gebrauchten beide Begriffe synonym. Dennoch kritisierte die
Encyclopédie im 1765 publizierten Band die von der Bevölkerung getrennten
Armeen der Zeit[10], was auf die spätere Umdeutung des Söldnerbegriffs ins

---

[8] Clausewitz, Vom Kriege (wie Anm. 6), S. 193 f., S. 834, S. 952 f.; ähnlich auch Georg Wilhelm von Valentini, Die Lehre vom Krieg, T. III: Der Türkenkrieg, 2. Aufl., Berlin 1830,
   S. 10.

[9] Peer Schmidt, Der Guerillero. Die Entstehung des Partisanen in der Sattelzeit der Moderne – eine atlantische Perspektive 1776-1848. In: Geschichte und Gesellschaft, 29 (2003),
   S. 161-190, hier S. 163, freilich unter Betonung, dass »die im Guerillakampf angelegte Dialektik in die Moderne« weise (hier S. 188). Mit etwas anderer Bewertung: Rink, Der kleine Krieg (wie Anm. 5), S. 361.

[10] Grosses vollständiges Universal-Lexikon aller Wissenschaften und Künste, welche bishero durch menschlichen Verstand und Witz erfunden und verbessert worden. Hrsg. von
   Johann Heinrich Zedler, Leipzig und Halle 1733-1750, Bd 20 (1739), Spalte 887; Bd 38
   (1743), Spalte 435-447, 510, 517; Grammatikalisch-kritisches Wörterbuch der Hochdeut-
   schen Mundart, mit beständiger Vergleichung der übrigen Mundarten, besonders aber
   der Oberdeutschen. Hrsg. von Johann Christoph Adelung. Überarbeitet von Franz Xaver
   Schönberger. Hrsg. von Jonathan Gabriel Uffenheimer, Bd 4, Wien 1811, S. 130 f. Encyclopédie, ou dictionnaire raisonné des sciences, des arts et des métiers, par une société de

Negative verwies. Die erst seit dem 18. Jahrhundert vollends etablierte begriffliche Unterscheidung von »zivil« und »militärisch«[11] wurde so im Zeitalter der Revolution wieder infrage gestellt.

Auch in der vormodernen Welt waren Bauern und Bürger Objekte der Inanspruchnahme durch Krieg und Militär. Das reichte von Hand- und Spanndiensten und der Bereitstellung von Quartieren für die Armee bis zu Schanzarbeiten, Botengängen und zur erzwungenen Spionage. Bereits im Ancien Régime wurde die Bevölkerung der Kriegsschauplätze für die logistische Zwangsunterstützung durch Requisitionen in Anspruch genommen; es war das, was in den Kriegen der Revolution und dann Napoleons derart ins Große gesteigert wurde, dass Clausewitz es als Eigenart der »neuen« Kriegführung hervorhob. Zwar war das Zeitalter des Absolutismus durch eine »Volksentwaffnung« gekennzeichnet, doch war das ein Ideal, das nicht immer vollends realisiert wurde. Nach wie vor blieben »vormoderne« Volksaufgebote bestehen: lokal aufgebotene Landsturmverbände oder Landwehren, städtische und andere Milizen, oder die Ergänzung der stehenden Truppe nach Art der preußischen Kantonpflicht. Natürlich bestanden zwischen diesen Rekrutierungsmustern klare Unterschiede, handelte es sich doch bei Milizionären um Kriegsdienst leistende Zivilpersonen, während die preußischen Kantonisten als Soldaten einer stehenden Armee dienten. Doch aufgrund der extensiv gehandhabten Beurlaubungspraxis konvergierten beide Systeme ineinander[12]. Die historiografische Erzählung des 19. und 20. Jahrhunderts stellte die Heere des Absolutismus gern als eine strikt von der Zivilbevölkerung getrennte Organisation dar, die in Preußen merkwürdigerweise gleichzeitig eine »Militarisierung« der Gesellschaft bewirkt haben soll[13]. Denn trotz des qualitativen Sprungs in Militärwesen und Kriegfüh-

gens de lettres. Ed. par Denis Diderot und Jean le Rond D'Alembert, t. 15, Neufchâtel 1765, S. 311; t. 10, Neufchâtel 1765, S. 369.

[11] Werner Conze, Michael Geyer, Reinhard Stumpf, Militarismus. In: Geschichtliche Grundbegriffe. Historisches Lexikon zur politisch-sozialen Sprache in Deutschland. Hrsg. im Auftr. des Arbeitskreises für Moderne Sozialgeschichte von Otto Brunner, Werner Conze und Reinhart Koselleck, Bd 4, Stuttgart 1978, S. 1-47, hier S. 2-4, S. 7; André Corvisier, Armées et sociétés en Europe de 1494 à 1789, Paris 1976, S. 21; Bernhard R. Kroener, Législateur de ses armées. Verstaatlichungs- und Feudalisierungstendenzen in der militärischen Gesellschaft der Frühen Neuzeit am Beispiel der französischen Armee im Zeitalter Ludwigs XIV. In: Der Absolutismus – ein Mythos? Hrsg. von Ronald G. Asch und Heinz Duchhardt, Köln, Weimar, Wien 1996, S. 311-328, hier S. 323.

[12] Wolfgang Neugebauer, Die Geschichte Preußens. Von den Anfängen bis 1947, 3. Aufl. 2007, S. 67-69; Sikora, Militarisierung und Zivilisierung (wie Anm. 3), S. 173 f.

[13] Otto Büsch, Militärsystem und Sozialleben im alten Preußen 1723-1807. Die Anfänge der sozialen Militarisierung der preußisch-deutschen Gesellschaft, Berlin 1961, 2. Aufl., Frankfurt a.M., Wien 1981; ihm folgend: Hans-Ulrich Wehler, Deutsche Gesellschaftsgeschichte, Bd 1: Vom Feudalismus des Alten Reiches bis zur Defensiven Modernisierung der Reformära 1700-1807, 2. Aufl., München 1989, S. 250; dagegen: Bernhard. R. Kroener, »Des Königs Rock«. Das Offizierkorps in Frankreich, Österreich und Preußen im 18. Jahrhundert – Werkzeug sozialer Militarisierung oder Symbol gesellschaftlicher Integration? In: Die preußische Armee (wie Anm. 3), S. 72-95, hier S. 76 f., 87-89; Christopher Clark, Preußen. Aufstieg und Niedergang 1600-1947, Lizenzausgabe Bonn 2007, S. 127-129.

rung blieben Kontinua, die ex post weggedeutet wurden. Auch zwischen den »Söldnern« und »Wehr-Pflichtigen« bestanden im Ancien Régime facettenreiche Übergänge[14]. Wichtig blieben jedoch die ständisch, beruflich, landschaftlich oder religiös begründeten Ausnahmen von der Dienstpflicht, die sich zudem nach der Wirtschaftskraft der Personen richteten[15]. Abseits der stehenden »staatlichen« Heere verblieben weiterhin Restbestände eines (halb)autonomen Militärunternehmertums, vor allem bei den zum kleinen Krieg bestimmten Freitruppen. Aus diesen verschiedenen vorabsolutistischen Organisationsformen erwuchsen in der napoleonischen Zeit Kristallisationskerne für eine Mobilisierung zum Volkskrieg.

Neben dem Volkskrieg war der kleine Krieg ein militärisches Modethema der napoleonischen Zeit. Diese Taktik umfasste Gefechtshandlungen wie das Durchführen von Handstreichen, Hinterhalten und Überfällen, meist auch das Eintreiben von Beutegut. In der Hauptsache jedoch bestand der kleine Krieg aus den Tätigkeiten Verbindung, Aufklärung, Sicherung und Erkundung. Zu jener Zeit war er fast kongruent mit dem Einsatz der »leichten Truppen«. Eines war der kleine Krieg des 18. Jahrhunderts keineswegs: eine »revolutionäre« Kriegführung[16]. Gleichwohl integrierte die Kriegführung im Zeitalter Napoleons Teile des kleinen Krieges, sodass vielen Zeitgenossen nun gewissermaßen alle Kriegführung als »kleiner Krieg im großen« erschien[17]. Auch andere Formen kollektiver Gewalt, die aus einer vorabsolutistischen Zeit stammten, mündeten später in den Volkskrieg. Vor allem auf der Iberischen Halbinsel des 18. und frühen 19. Jahrhunderts existierte eine breite Palette zwischen Brigantentum, Schmugglerwesen, spontan zur Waffe greifenden Landleuten und provinzialen oder lokalen Milizen. Und auch im Mitteleuropa des Ancien Régime entfaltete die angeblich »gezähmte Bellona« die Schrecken des Krieges[18].

---

[14] Michael Sikora, Söldner – historische Annäherung an einen Kriegertypus. In: Geschichte und Gesellschaft, 29 (2003), S. 210-238, hier S. 210 f.; Daniel Hohrath, Soldiers and Mercenaries, Protagonists in Trans-Cultural Wars in the Modern Ages. In: Transcultural Wars from the Middle Ages to the 21st Century. Ed. by Hans-Henning Kortüm, Berlin 2006, S. 249-260, hier S. 255 f.

[15] Das preußische Kantonsystem mitsamt seinen Ausnahmeregelungen etwa in der Fassung vom 12. Februar 1792. In: Novum Corpus Constitutionum Prussico-Brandenburgensium [...] Hrsg. von der Kgl. Preussischen Academie der Wissenschaften, 12 Bde, Berlin 1756-1822, hier: Bd 9, 1796, Spalte 777/778-819/820. Allgemein: Neugebauer, Die Geschichte Preußens (wie Anm. 12), S. 173 f.

[16] So bereits Kunisch, Der kleine Krieg (wie Anm. 5); Werner Hahlweg, Preußische Reformzeit und revolutionärer Krieg (= Beiheft zur Wehrwissenschaftlichen Rundschau), Berlin, Frankfurt a.M. 1962. Obwohl beide Schriften über die Diktion ihrer Zeit hinausweisen, werden auch hier die Übergänge zwischen dem Zeitalter des Absolutismus und dem Zeitalter Napoleons strikter gezogen, als das den gleitenden Übergängen der Zeit entsprach.

[17] Der kleine Krieg oder Dienstlehre für leichte Truppen. Nach dem Französischen von Thomas Auguste le Roy de Grandmaison. Mit vielen Zusätzen und neuen Darstellungen bereichert und herausgegeben von Julius von Voß. Hrsg. und übersetzt von Julius von Voß, Berlin 1809, Vorrede, S. III.

[18] Gerhard Ritter, Staatskunst und Kriegshandwerk. Das Problem des Militarismus in Deutschland, Bd 1: Die altpreußische Tradition (1740-1890), München 1959, S. 50-59. Dif-

Nach wie vor existierten hier Fälle, in denen die Bevölkerung im 18. Jahrhundert zur Waffe griff – freilich mit abnehmender Tendenz. Wenn der Verdacht aufkam, die Einwohner unterstützten eine der Kriegsparteien im Kampf, waren sie der Gefahr brutaler Vergeltungsmaßnahmen ausgesetzt[19]. Dieser Kriegsbrauch blieb noch im napoleonischen Zeitalter bestehen: auf der Iberischen Halbinsel oft flächendeckend, in Mitteleuropa als punktuelle Vergeltung bei Unruhen; mindestens jedoch als Drohung im Hintergrund. Besonders im kleinen Krieg war die Berührungsfläche zwischen Bevölkerung und Militär besonders groß. Besonders hier wurde die Bevölkerung zur Versorgung, Quartierleistung, zu Bauarbeiten, als »Bauernwachen«, Boten und Spione eingesetzt – idealerweise gegen gute Bezahlung, andernfalls und meist parallel dazu, mit nackter Gewalt[20]. Die Soldaten selbst bedurften einer Order ihrer militärischen Führung, um nicht als Straßenräuber aufgeknüpft zu werden, das galt im 18. wie im 19. Jahrhundert[21]. Trotzdem operierten die Akteure des kleinen Krieges taktisch und juristisch oft an der Grauzone zur Irregularität.

Der kleine Krieg war noch in anderer Hinsicht für den Volkskrieg: In den 1790er-Jahren konnte diese Art zu kämpfen mit dem Idealbild volksverbundener Kämpfer verknüpft werden, die sich – aus Sicht ihrer Apologeten – wohltuend von den verzopften »Söldnerheeren« des Ancien Régime abhoben. Die im Zeitalter des Absolutismus gestiegenen Anforderungen der militärischen Führung hatten militärisch-organisatorische Verfahrensweisen erzeugt, die gegen Ende des 18. Jahrhunderts einen Grad an Überkomplexität erreichten. In der spätaufgeklärten Literatur wurde das als Revuetaktik verspottet[22]. Demgegenüber wiesen die französischen Tirailleure taktisch in die Zukunft. Zwar siegten

ferenzierter: Jürgen Luh, Kriegskunst in Europa 1650-1800, Köln, Weimar, Wien 2004, S. 194-208.

[19] Samuel B. Carsted, Zwischen Schwert und Pflugschar. Ausgewählter Nachdruck der »Atzendorfer Chronik«. Bearbeitet von Eduard Stegmann, ausgewählt und eingeleitet von Jürgen Kloosterhuis, Paderborn 1989 (= Quellen und Schriften zur Militärgeschichte, 3), S. 239, 371 f.

[20] Martin Rink, Die noch ungezähmte Bellona. Der kleine Krieg und die Landbevölkerung im 18. Jahrhundert. In: Militär und ländliche Gesellschaft in der frühen Neuzeit. Hrsg. von Stefan Kroll und Kersten Krüger, Hamburg 2000, S. 165-189. Dies veranschaulichen die Ausführungen Gerhard von Scharnhorsts, die dieser 1793 genauso wie im Frühjahrsfeldzug 1813 erließ. Gerhard Scharnhorst, Militairisches Taschenbuch zum Gebrauch im Felde, 3. Aufl., 1794, Neudruck Osnabrück 1980 (= Bibliotheca Rerum Militarium, 31), S. 145; Gerhard von Scharnhorst, Instruktion für das Streifkorps Lützow, Anfang April 1813. In: Gerhard von Scharnhorst. Ausgewählte Schriften. Zusammengestellt von Ursula von Gersdorff, Osnabrück 1983 (= Bibliotheca Rerum Militarium, 49), S. 497-499, hier S. 498.

[21] Grosses vollständiges Universal-Lexikon (wie Anm. 10), Bd 26, Spalte 1049. Ähnlich: Encyclopédie (wie Anm. 10), Bd 12, S. 89 f.

[22] Georg Heinrich von Berenhorst, Betrachtungen über die Kriegskunst, über ihre Fortschritte, ihre Widersprüche, und ihre Zuverlässigkeiten. Auch für Layen verständlich, wenn sie nur Geschichte wissen, 2. Aufl., Leipzig 1798, Bd 2, S. 326-329. Allgemein: Christopher Duffy, The Army of Frederick the Great, Newton Abbot, London, Vancouver 1974, S. 149; Olaf Jessen, »Preußens Napoleon«? Ernst von Rüchel. Krieg im Zeitalter der Vernunft, Paderborn [u.a.] 2007, S. 216-218.

die zunächst eher mäßig organisierten französischen Revolutionstruppen der 1790er-Jahre nicht nur durch Elan und Enthusiasmus, sondern durch ihre Überzahl; und sie siegten nicht immer[23]. Doch ging aus ihnen die organisatorisch, taktisch und operativ neu gestaltete napoleonische Armee hervor, die um 1805/06 wohl das militärische Optimum ihrer Zeit darstellte.

II. Die »Erfindung« des Volkskrieges im revolutionären Frankreich

Die Französische Revolution war Ausgangs- und Bezugspunkt für die Freiheitsbewegungen der »Neuzeit«. Und die »revolutionäre« Kriegführung brachte den Volkskrieg. Das zunächst defensive Konzept der Protagonisten der Revolution brachte bald einen kämpferischen Diskurs hervor. Hier entstanden nachwirkende Denkfiguren, wie die Gefährdung der Revolution durch die Kräfte der Konterrevolution: die Emigranten und die sie unterstützenden europäischen Mächte. So führte die Proklamation der Herrschaft des Volkes zu dessen Mobilisierung für den Krieg. Es entstand eine grenzüberschreitende Konfliktlinie, infolge der sich die Revolution zum europäischen Bürgerkrieg erweiterte[24].

Der revolutionären Denkfigur entsprechend sei das Volk unbesiegbar, sobald es nur selbst die Waffen in die Hand nehme. Diese Verschiebung zeigt sich deutlich im Lied von April 1792, das dem Oberbefehlshaber der französischen Rheinarmee gewidmet war. In diesem Kriegslied, das später als »Marseillaise« zur französischen Nationalhymne avancierte, treten alle Elemente des Volkskrieges klar hervor: Es ging um die Mobilisierung der »Kinder des Vaterlandes« gegen die »Söldnerphalangen« mit ihren »reißenden Soldaten«. Gegenüber

---

[23] So aber Adam Heinrich Dietrich von Bülow, Geist des neuern Kriegssystems hergeleitet aus dem Grundsatze einer Basis der Operationen auch für Laien der Kriegskunst faßlich vorgetragen, Hamburg 1799, S. 332. Darauf gestützt und dem eigenen Zeitgeist entsprechend weitergesponnen: Reinhard Höhn, Revolution, Heer, Kriegsbild, Darmstadt 1944, S. 244 f. Sehr kritisch zu diesem: Winfried Mönch, »Rokokostrategen«. Ihr negativer Nachruhm in der Militärgeschichtsschreibung des 20. Jahrhunderts. Das Beispiel von Reinhard Höhn und das Problem des »moralischen Faktors«. In: Die Kriegskunst im Lichte der Vernunft. Militär und Aufklärung im 18. Jahrhundert, T. 1 (= Aufklärung, 11 [1999], 2). Hrsg. von Daniel Hohrath und Klaus Gerteis, S. 76-98, hier S. 87-95. Vgl. auch Timothy C.W. Blanning, The French Revolutionary Wars, 1787-1802, London [u.a.] 1996, S. 116-128.

[24] Timothy C.W. Blanning, The Origins of the French Revolutionary Wars, 7. ed., London, New York 1995, S. 121 f.; Elisabeth Fehrenbach, Die Ideologisierung des Krieges und die Radikalisierung der Französischen Revolution. In: Revolution und Krieg. Zur Dynamik historischen Wandels seit dem 18. Jahrhundert. Hrsg. von Dieter Langewiesche, Paderborn 1989, S. 57-66, hier S. 60, 64. Wolfgang Kruse, Die Erfindung des modernen Militarismus. Krieg, Militär und bürgerliche Gesellschaft im politischen Diskurs der Französischen Revolution 1789-1799, München 2003.

standen die »Sklaven« und »Söldlinge« im Dienst der »blutrünstigen Despoten«. Dagegen erhob sich das Bild des großherzigen französischen Kriegers für die »süße Freiheit«. Das war von nun an das revolutionäre Bild vom Volkskrieg: Unter der Parole »Freiheit gegen Sklaverei« erfolgte der Kampf »Aller«; physisch zur Verteidigung der Heimat, ideell für Freiheit und Vaterland. Damit einher ging die Abgrenzung vom sklavischen »Söldling« und Fürstendiener[25]. Genau nach diesem Muster wurde drei Monate später, im Juli 1792, die allgemeine Wehrpflicht proklamiert und im Februar des Folgejahres in ihren Bestimmungen verschärft. Das Konzept des revolutionären Volkskriegs stand hinter der im Sommer 1793 dekretierten Levée en masse, der Mobilisierung der gesamten Bevölkerung für den ideologisierten Volkskampf: Die jungen Männer sollten in den Kampf ziehen, die Verheirateten Waffen schmieden und die Versorgung sicherstellen, die Frauen Zelte und Kleidung nähen sowie in den Lazaretten dienen, die Kinder die Alten pflegen; diese hingegen sollten sich auf die öffentlichen Plätze begeben, um den Hass gegen die Könige zu predigen und die Einheit des Vaterlands und der Republik zu beschwören[26]. Die umfassende Mobilisierung beschwor den nationalen »Enthusiasmus« und politisierte den Krieg. Trotz dieser »moralischen« Antriebskräfte war der Kampfwert der »en masse« Mobilisierten anfangs gering. Desertionen und Autoritätsprobleme erschwerten die Führung. Überdies warfen die in den Städten ausgehobenen Nationalgarden oft mehr Probleme auf als sie lösten. So wurden diese revolutionär inspirierten Verbände an der Seite der regulären Verbände an die Front geschickt und mit diesen amalgamiert, letztlich also reguliert. Die Umbrüche der Revolution boten neben neuen militärischen Konzepten auch lange zuvor entwickelten Ideen Realisierungschancen. Dazu gehörten die Ergänzung der Linear-

---

[25] »Chant de guerre pour l'armée du Rhin dédié au Maréchal Lukner« (= Rouget de Lisle: Marseillaise), zit. nach der Faksimilewiedergabe des Erstdrucks, Straßburg, 7. Juli 1792. Zit. nach: Michael Hochedlinger, Johann Nikolaus Graf Luckner (1722-1794). Söldnertum zwischen Ancien Régime und Revolution. In: Militärgeschichtliches Beiheft zur Europäischen Wehrkunde/Wehrwissenschaftliche Rundschau, 6 (1990), S. 5-13, hier S. 9. Hier die klassischen Einleitungszeilen: »Allons enfants de la Patrie,/ Le jour de gloire est arrivé!/ Contre nous de la tyrannie,/ L'étendard sanglant est levé«; im Weiteren, grob thematisch geordnet: »ces féroces soldats«; »ces phalanges mercenaires«; »des cohortes étrangères«; »cette horde d'esclaves«; »Tremblez tyrans«; »ces despotes sanguinaires«; »Français, en guerriers magnanimes«; »Liberté, Liberté chérie,/ Combats avec tes défenseurs!«; »Tout est soldat pour vous combattre,/ S'ils tombent, nos jeunes héros,/ La terre en produit de nouveaux,/ Contre vous tout prêts à se battre!«

[26] Décret qui détermine le Mode de Réquisition des Citoyens français contre les Ennemis de la France; Décret qui fixe les mesures à prendre quand la Patrie est en danger (5.-8. Juli 1792); Décret qui fixe le mode de recrutement de l'armée (24. Februar 1792) und Décret qui détermine le Mode de Réquisition (23. August 1793). In: Entwicklungsgeschichte des deutschen Heerwesens, Bd 5: Das Heerwesen des 19. Jahrhunderts. Hrsg. von Eugen von Frauenholz, München 1941, S. 78-83. Allgemein: Histoire militaire de la France. Dir. par André Corvisier und Jean Delmas, t. 2: De 1715 à 1871. Sous la dir. de Jean Delmas, 2. éd., Paris 1997, hier die Kapitel von Jean Bodinier, insbes. S. 195-224, 299-301; Wolfgang Kruse, Die Erfindung des modernen Militarismus. Krieg, Militär und bürgerliche Gesellschaft im politischen Diskurs der Französischen Revolution 1789-1799, München 2003, S. 72-155, hier insbes. S. 73, 88, 129 f., 136, 154 f.

taktik durch die tiefe Gefechtsordnung in Kolonnen, eine verstärkte Rolle der Artillerie sowie taktische Verfahren, die vordem exklusiv zum kleinen Krieg gehört hatten[27].

Abseits der militärorganisatorischen und taktischen Aspekte änderte sich mit der Revolution die Legitimation kriegerischer Gewalt. Durch eine neue Taktik und durch neue Akteure wurde das *ius in bello*, also die im Krieg gelten-den Konventionen, durch die neue Revolutionssemantik in mancher Hinsicht aufgebrochen (selbst wenn sie auch im Ancien Régime oft genug umgangen worden waren und selbst wenn andererseits manch ritterliche Kriegsbrauch beibehalten wurde, so die Freilassung kriegsgefangener Offiziere auf Ehren-wort). Das *ius ad bellum*, also das Recht, Krieg zu führen, wurde neben dem Staat von konkurrierenden Akteuren in Anspruch genommen. Da die Kriegsle-gitimation sich nunmehr auf das »Volk« oder die »Nation« bezog, konnten auch nicht staatliche Gewaltakteure ihre Rolle zur legitimen – wenngleich formaljuristisch nicht notwendigerweise legalen – Kriegführung beanspruchen. Dies betraf, genauso wie der dritte Aspekt der *recta intentio*, die rechtmäßige Zielset-zung des Krieges, die Rolle der Bevölkerung am Krieg.

III. Volkskrieg in Deutschland? Die Adaption eines revolutionären Modells 1806 bis 1809

Die revolutionäre Konzeption vom Volkskrieg blieb in Deutschland zunächst eine Wahrnehmung aus der Fremdperspektive. Eine neue Art der Milizbewaff-nung oder von Volksaufgeboten blieb auf wenige Ausnahmen, etwa am Ober-rhein, beschränkt; allerdings waren das nicht »revolutionäre«, sondern eher vormoderne, nun reaktivierte Wehrformen[28]. Gleichzeitig diskutierten aufge-klärte Militärs die neue Art der Kriegführung; so etwa in der 1801 auf Initiative des Neupreußen Gerhard von Scharnhorst in Berlin gegründeten Militairischen Gesellschaft. Dort ging es vor allem um die rein militärischen Aspekte, etwa um die Anpassung der Taktik an die Kampfweise der »Neufranken«[29]. Andere As-pekte des Volkskrieges, obgleich diesem natürlich nicht zugerechnet, regten sich in Form traditioneller Widerständigkeiten; besonders da, wo es gegen

[27] Gilbert Bodinier, L'Armée de la Révolution et ses transformations. In: Histoire militaire de la France (wie Anm. 26), S. 235-260, S. 238 f.; Sikora, Die französische Revolution der Heeresverfassung (wie Anm. 3), S. 151 f.

[28] Ute Planert, Der Mythos vom Befreiungskrieg. Frankreichs Kriege und der deutsche Sü-den. Alltag – Wahrnehmung – Deutung, 1792-1841, Paderborn [u.a.] 2007 (= Krieg in der Geschichte, 33), S. 386-404.

[29] Gerhard Scharnhorst, Von der Nothwendigkeit, leichte Truppen zu haben und deren Nutzen, undatiert, abgedr. in: Hahlweg, Preußische Reformzeit (wie Anm. 16), S. 58-60; Hauptmann von Beulwitz, Versuch eines Beispiels zur Anleitung der leichten Infanterie, in den Vorbereitungen zu ihrem Dienst im Felde. In: Denkwürdigkeiten der militairischen Gesellschaft, Bd 4, 1. Stück, Berlin 1804 (ND Osnabrück 1985), S. 89-146.

Steuererhöhungen und gegen die Konskription ging und vor allem, wo die Herrschaft im Zuge der territorialen Neuordnung Deutschlands gewechselt hatte. So erlebte die Zeit der großen Erschütterungen im Gefolge der Revolution auch ein Aufleben des traditionellen Brigantentums. Hieraus ergaben sich aber Formen der Gewalt, die, wie in Spanien, genauso wie in Süditalien, in einen mehr oder weniger flächendeckenden Volksaufstand münden konnten. In Norditalien blieb es bei lokalen, wenngleich drastisch niedergeschlagenen Aufständen[30]. Auch in Deutschland erzeugte der radikale Umbruch Unruhen, die sich an den Maßnahmen und Zumutungen der neuen Ordnung entzündeten, wie in anderen Territorien auch. Im norddeutschen Modellstaat Westphalen verstärkten sich diese Unruhekeime durch ehemalige althessische oder preußische Soldaten, Deserteure und Konskriptionsflüchtlinge; alte Loyalitäten wirkten hier genauso im Hintergrund wie materielle Existenznot[31]. Diese Gemengelage blieb im Hintergrund für die Aufstandspläne der »Patrioten« zwischen 1807 und 1809.

Um die Jahreswende 1806/07, nur wenige Wochen nach der Katastrophe von Jena und Auerstedt, erhob sich die Person des Ferdinand von Schill zum Prototypen eines Protagonisten im künftigen Volkskrieg – das war 15 Monate, bevor das spanische Vorbild ein Beispiel des Volksaufstandes setzte. Schill, ein bis dahin unbekannter Dragonerleutnant, der beim ruhmlosen Kampf seines Regiments in der Schlacht bei Auerstedt verwundet worden war, schleppte sich auf eigene Faust in die hinterpommersche Festung Kolberg. Auf eigene Initiative bildete er dort aus zersprengten Soldaten ein kleines Freikorps, verstärkt durch Leute vom Land mit improvisierter Bewaffnung. Unabhängig vom militärisch sehr begrenzten Wert der Aktionen Schills setzten diese publikumswirksame Zeichen dafür, dass die Widerstandskraft Preußens nicht gebrochen sei. Die gleichzeitig aktiv bei der Verteidigung ihrer Stadt hervortretende Bürgerschaft Kolbergs unter ihrem Wortführer Joachim Nettelbeck belegte, dass in der Bevölkerung bisher brachliegende Kräfte mobilisiert werden konnten. Auch die Kolberger aber lehnten sich an das Vorbild ihrer Stadt im Siebenjährigen Krieg an, als diese erfolgreich zwei Belagerungen widerstanden hatte, nicht zuletzt durch die Hilfe der Bürger. Den Taten Schills wurde ein überschwängliches Presseecho zuteil. So erlebte Schill binnen kurzer Zeit einen beispiellosen Aufstieg – ausgezeichnet mit dem Pour le Mérite des Königs, beehrt mit der Huld der Königin, bejubelt von der Bevölkerung, mannigfaltig abgebildet auf Kupferstichen, Tabakdosen und auch als Spritzfigur auf Tortenguss[32]. Die Zeit zwi-

---

[30]   Alan Forrest, The Ubiquitous Brigand. The Politics and Language of Repression; Martin Boycott-Brown, Guerilla Warfare avant la lettre: Northern Italy, 1792-97, beide in: Popular Resistance in the French Wars. Patriots, Partisans and Land Pirates. Ed. by Charles Esdaile, London 2004, S. 25-43, sowie 45-66.

[31]   Ute Planert, Der Mythos vom Befreiungskrieg (wie Anm. 28), S. 424-437; Heinz Heitzer, Insurrectionen zwischen Weser und Elbe, Berlin (Ost) 1959, S. 122-127.

[32]   Martin Rink, Patriot und Partisan. Ferdinand von Schill als Freikorpskämpfer neuen Typs. In: Für die Freiheit – gegen Napoleon. Ferdinand von Schill, Preußen und die deutsche Nation. Hrsg. von Veit Veltzke, Köln, Weimar, Wien 2009, S. 65-106, sowie die ande-

schen November 1806 und Februar 1807, genau jene, in der das alte Preußen zugrunde ging, ist die formative Phase für den Mythos Schill. Der früher im Ruch von Kriegsgräueln stehende Parteigänger (französisch »partisan«) wandelte sich so zum volksbefreienden Partisan neuen Typs.

IV. Der Volkskrieg in Spanien – Gegen die Revolution und gegen Napoleon

In der Gestalt des spanischen Guerilleros fand der Volkskrieg geradezu seinen Archetyp. Doch ist dieser ebenso von Legenden umrankt wie in ihrer historischen Ausgestaltung heterogen[33]. Als Napoleon im April/Mai 1808 daranging, eine ihm genehme Regierung in seinem unzuverlässig scheinenden Bündnispartner Spanien zu installieren, begann der Spanische Unabhängigkeitskrieg. Spanische Anfangserfolge ergaben sich im Sommer 1808 zunächst in regulären Gefechten, zugleich aber erhob sich in rascher Folge an vielen verschiedenen Orten ein Volksaufstand, der sich gegen (vermeintliche) Franzosen genauso richtete wie gegen Teile der etablierten Ordnung. Das Fehlen eines legitimen Königs ermöglichte die Entstehung dezentraler Gewalten, die den Widerstand proklamierten. Dabei mischten sich Kräfte mit vordem antiabsolutistischer Stoßrichtung mit solchen, die in späterer Diktion als Liberale auftraten. Gegen Ende 1808 sah sich Spanien einer massiven Offensive des französischen Kaisers selbst ausgesetzt. Erst in dieser Phase, ab der Jahreswende 1808/09, entwarfen die spanischen »Patrioten« eine Konzeption des irregulären Volkskrieges[34].

Die napoleonischen Truppen begegneten dem Widerstand der Bevölkerung nicht anders, als es die Heere im Jahrhundert zuvor auch getan hatten: Wo immer möglich übten sie gnadenlose Vergeltung. Was in Spanien anders war als in anderen Teilen Europas, war nicht so sehr das Faktum einer kollektiven Gewaltanwendung durch Zivilpersonen. Das Neue war vielmehr, dass sich in Spanien solche Aufstandsbewegungen sehr rasch und fast flächendeckend etablierten. Sie hefteten sich oft an die Reste alter Institutionen: So bildeten sich in der ersten Phase des Krieges lokale Juntas um die Notablen der Provinz oder militärische Führer der geschlagenen spanischen Armee; teils waren auch Män-

---

ren Beiträge in diesem Band. Helmut Bock, Schills Rebellenzug 1809, 4. Aufl., Berlin (Ost) 1988, S. 46.

[33] Gerade der Aspekt der Heterogenität ihrer Träger wird von der neueren Literatur zur Guerilla hervorgehoben. Dabei werden manche frühere Mythen relativiert: Esdaile, Fighting Napoleon (wie Anm. 3), S. 130-159, insbes. 158 f.; Ronald Fraser, Napoleon's Cursed War. Popular Resistance in the Spanish Peninsular War, New York 2008, S. 338-346. Paradigmatisch für die ältere Diktion dagegen: Georg Ortenburg, Waffen der Revolutionskriege 1792-1848, Augsburg 2005, S. 194-196.

[34] Rainer Wohlfeil, Spanien und die deutsche Erhebung, Wiesbaden 1965, S. 19-39; Charles Esdaile, The Peninsular War. A New History, London 2002, S. 37-86.

ner mit von der Partie, die als wohlhabende Kaufleute oder Landbesitzer eine Privatarmee zusammengestellt hatten. Auch die Juntas selbst erfreuten sich nicht der ungeteilten Beliebtheit bei ihren Landsleuten; sie standen vielmehr unter dem Druck der Straße, was in der Anfangsphase des Krieges teils zu chaotischen Ausschreitungen führte. Nachdem sich die reguläre spanische Armee fast immer als im Feld unterlegen gegenüber den französischen und rheinbündischen Truppen erwiesen hatte, blieb um die Jahreswende 1808/09 kaum eine andere Möglichkeit, als an die »moralischen Größen« zu appellieren und alle verbliebenen Kräfte zu mobilisieren. Die Regierungsjunta wandte sich im Namen des letzten legitimen Königs mit flammenden Aufrufen an alle Spanier, sich am Volkskrieg zu beteiligen. Unter Rückgriff auf den Begriff des »kleinen Krieges« wurden alle Mittel legitimiert, um dem Feind Schaden zuzufügen. Neu war nun der Sinn dieser Bezeichnung: Durch den etablierten Begriff »guerrilla« aus der Militärsprache wurde den irregulären Kräften die Aura der Legitimität verliehen[35]. Neben Versprengten der regulären Armee sollten sich auch Milizionäre, Deserteure, Schmuggler und Banditen den Widerstandsgruppen anschließen. Oft waren es auch einfach gegen ihren Willen ausgehobene Männer. Die Verkündung der Allgemeinen Wehrpflicht durch den König Joseph Bonaparte trieb seinen Gegnern darüber hinaus viele Wehrdienstflüchtlinge in die Arme.

Angesichts dieser bunten Mischung der spanischen Freiheitskämpfer schien die französische Lesart bestätigt, die in den Guerilleros nichts als Briganten sah. Die unterschiedlichen Sichtweisen rührten auch aus dem Charakter des Krieges. Der spanische Unabhängigkeitskrieg war schließlich eine Mischung aus einem regulären Staatenkrieg und einem Bürgerkrieg, der in Polizeiaktionen einerseits, in organisiertes Verbrechen andererseits ausfranste. Das war zum einen bedingt durch viele vorabsolutistische Relikte, die auf der Iberischen Halbinsel bestehen geblieben waren, ganz im Gegensatz etwa zu Mitteleuropa: Das absolutistische Programm der Volksentwaffnung hatte in Spanien nur mäßigen Erfolg gehabt; die etwa in Preußen streng verpönten Stadt- und Provinzialmilizen bestanden hier im großen Stil weiter[36]. Genauso hatten die zahlreichen Wirtschaftsgrenzen innerhalb des Landes dafür gesorgt, dass hier sowohl ein gut

---

[35] Aufrufe in Rainer Wohlfeil, Spanien (wie Anm. 34), S. 299-317. Zu den alten Wurzeln der iberischen Guerilla in Begriff und Ausprägung: Vittorio Scotti Douglas, Spagna 1808. La genesi della guerriglia moderna. 1. Guerra irregolare, »petite guerre«, »guerrilla«. In: Spagna Contemporanea, 18 (2000), S. 9-31, hier bes. S. 15-22; Vittorio Scotti Douglas, Regulating the Irregulars. Spanish Legislation on la guerrilla during the Peninsular War. In: Popular Resistance in the French Wars (wie Anm. 30), S. 137-160, hier S. 138; Lluís Roura I Aulinas, »Guerra pequeña«, y formas de movilización armada en la Guerra de la Independencia: ¿Tradicion o innovación? In: La Guerra de la Independencia. Estudios, 2 vols. Ed. par José Antonio Armillas Vicente, Zaragoza 2001, S. 275-300, hier S. 276 f., 291, 299 f.; Ricardo García Cárcel, El sueño de la nación indomable. Los mitos de la guerra de la Independencia, Madrid 2007, S. 136 f. Zum Wandel des Begriffs vom »Partisanen«: Rink, Vom Partheygänger (wie Anm. 5), S. 400-408.

[36] Johann Hellwege, Die spanischen Provinzialmilizen im 18. Jahrhundert, Boppard a.Rh. 1969.

organisiertes Schmugglerwesen existierte wie auch bewaffnete Kräfte, die sie jagten. Aus all dem ergab sich ein Substrat, aus dem die Guerilla erwachsen konnte; freilich ein extrem heterogenes Gemisch verschiedener Akteure. Wo vorher die Grenzen zwischen organisiertem Schmugglerwesen und Verbrechertum fließend gewesen waren, wurden es nun die zwischen Banditen und Freiheitskämpfern. Mit der zweiten Kriegshälfte bestand für die spanischen Guerillaverbände nur noch die Alternative zwischen der Adaption militärischer Organisationsformen und den Rückfall ins Brigantentum[37]. Und nicht alle Spanier erhoben sich gegen die Fremdherrschaft: Viele zogen es vor, mit dem gutwilligen, doch vom Bruder ferngesteuerten König Joseph Bonaparte zu kooperieren; schließlich verhieß seine neue Ordnung ein Modernisierungsprogramm, das all jene Pläne in die Tat umzusetzen versprach, die im bisherigen Reformprozess des Ancien Régime versandet waren. So verzahnten sich äußere und innerspanische Konflikte, monarchisch-dynastische Loyalitäten mit sozialen Antrieben, materielle Motivationen mit denen eines ideologisierten Religions- und Meinungskrieges[38].

Die Dekrete der spanischen Patrioten prägen unsere Vorstellung von der Guerilla bis heute. Der »Guerillero« ist geradezu zum Archetyp geworden: als Vorkämpfer zur Befreiung eines unterdrückten Volkes; als Avantgarde auch zur Durchsetzung »progressiver Prinzipien«. Die Realität des Guerillakrieges dagegen war eine mehrfache: Neben der Dualität von politischen und taktischen Guerillakonzeptionen existierte das Nebeneinander von wild-romantischen Freiheitskämpfern und anarchischen Ordnungsstörern. Auch in Spanien fand der Volkskrieg nicht so statt wie proklamiert.

---

[37] Zum ambivalenten Charakter der spanischen Guerilla besonders prononciert: Esdaile, Fighting Napoleon (wie Anm. 3), S. 82-88, 150 f. Weiterhin: Fernando Martínez Laínez, Como lobos hambrientos. Los guerrilleros en la Guerra de la Independencia (1808-1813), Madrid [u.a.] 2007, S. 83-95; Fraser, Napoleon's Cursed War (wie Anm. 33), S. 338 f.

[38] Zum Sozialprofil der Guerilla: Charles Esdaile und Leonor Hernández Enviz, The Anatomy of a Research Project: The Sociology of the Guerrilla War in Spain, 1808-14. In: Popular Resistance in the French Wars (wie Anm. 30), S. 115-135; Fraser, Napoleon's Cursed War (wie Anm. 33), S. 344-347. Zum regionalen Profil der Guerillaverbände: Martínez Laínez, Como lobos (wie Anm. 37), ab S. 261; Rafael Abella und Javier Nart, Guerrilleros. El pueblo español en armas contra Napoleón (1808-1814), Madrid 2007, S. 171-277. Für Navarra: John Lawrence Tone, The Fatal Knot: The Guerilla War in Navarre and the Defeat of Napoleon in Spain, Chapel Hill, NC 1994. Älter, doch nach wie vor wertvoll: Rainer Wohlfeil, Der Volkskrieg im Zeitalter Napoleons. In: Napoleon I. und das Militärwesen seiner Zeit. Im Auftrag des Militärgeschichtlichen Forschungsamtes und der Ranke-Gesellschaft hrsg. von Wolfgang von Groote und Klaus-Jürgen Müller, Freiburg i.Br., S. 105-122, hier S. 106-109.

V. Österreichs »deutscher Krieg« von 1809 und Insurrektionsversuche in Norddeutschland

Von den spanischen Ereignissen inspiriert war der österreichische Koalitionskrieg von April bis Juli 1809. Als österreichische Truppen den Inn überschritten und eine Proklamation »an die deutsche Nation« verkündet wurde, bestand das Neue nicht in der Verkündung von Proklamationen, wohl aber die Bezugnahme auf ganz Deutschland[39]. Diese neuen Töne bezogen sich freilich auch auf den Kaiser als früheres Oberhaupt des Alten Reiches. Zwei Tage nach Kriegsausbruch begann der Aufstand im zu Bayern geschlagenen Tirol. Hier blieb die Grenze zwischen innerem und äußerem Konflikt verwischt. Die Kampfhandlungen erfolgten nach Art der Guerilla, wobei sich die Aufständischen auf frühere Tiroler Freiheitsrechte bezogen, um die sie vom bayerischen Reformstaat gebracht worden waren: Vor allem die Steuerlasten und die Konskription nährten den Widerstand. Den österreichischen Krieg flankierte eine deutschlandweite Propaganda; nicht zuletzt finanziert aus der österreichischen Staatskasse.

Direkt beeinflusst vom spanischen Volkskrieg waren die Bestrebungen der preußischen Reformer Karl Freiherr vom und zum Stein, Gerhard von Scharnhorst und August Neidhardt von Gneisenau zur Vorbereitung eines Volksaufstandes gegen die französische Besatzung. Stein legte am 11. August 1808 eine Denkschrift vor, in der er dem König antrug, an die Seite Österreichs zu treten[40]. Scharnhorst plante Näheres zur Umsetzung[41]. Das angestrebte Kriegsbild drückte Gneisenau in seiner Denkschrift vom August 1808 aus, die sich auch mit seiner späteren Denkschrift von 1811, der Bekenntnisschrift Clausewitz' von 1812 und dem im April 1813 proklamierten Landsturmedikt deckte[42]. Explizit

[39] Helmut Rößler, Graf Stadion, Bd 1, Wien, München 1966, S. 293, sowie Bd 2, S. 33.
[40] Freiherr vom Stein. Briefe und amtliche Schriften. Bearbeitet von Erich Botzenhart. Neu hrsg. von Walther Hubatsch, Bd 2/2: Das Reformministerium (1807-1808), Stuttgart 1960, S. 808-812; Georg Heinrich Pertz, Das Leben des Ministers Freiherrn vom Stein, Bd 2, Berlin 1850, S. 99-102; Max Lehmann, Freiherr vom Stein, 2. Aufl., Leipzig 1921, S. 311; Rudolf Ibbeken, Preußen 1807-1813. Staat und Volk als Idee und Wirklichkeit, Köln, Berlin 1970, S. 34 f., 117; Heinz Duchhardt, Stein. Eine Biographie, Münster 2007, S. 224 f.
[41] Gerhard von Scharnhorst, Denkschrift über die Fortführung des Krieges gegen Napoleon vom August 1808 aus Königsberg; Organisation einer Anstalt, um das Volk zur Insurrektion vorzubereiten und im eintretenden Fall zu bestimmen. Beide in: Gerhard von Scharnhorst, Ausgewählte militärische Schriften. Hrsg. von Christa Gudzent und Hansjürgen Usczeck, Berlin (Ost) 1986, S. 259-264. Auch in Friedrich Thimme, Zu den Erhebungsplänen der preußischen Patrioten im Sommer 1808. Ungedruckte Denkschriften Gneisenau's und Scharnhorsts's. In: Historische Zeitschrift, (1901), 86, S. 79-110, S. 97-99.
[42] Gneisenaus Denkschriften von September 1808 sind abgedruckt in Thimme, Zu den Erhebungsplänen (wie Anm. 41), S. 89-94, 95-97, 100-109; Die Reorganisation des Preussischen Staats unter Stein und Hardenberg, T. 2: Das Preussische Heer vom Tilsiter Frieden bis zur Befreiung. Hrsg. von Rudolf Vaupel, Bd 1, Leipzig 1938, S. 549-555, 565-567; August Wilhelm Anton Neidhardt von Gneisenau, Denkschriften zum Volksaufstand vom 8.8.1811, abgedruckt in: Georg Heinrich Pertz, Das Leben des Feldmarschalls Grafen Neidhardt von Gneisenau, Bd 2, Berlin 1864, S. 106-142; Carl von Clausewitz, Bekennt-

bezog sich dieser Plan auf »Spaniens edles Beispiel« – vier Monate, bevor dort die ersten Denkschriften erlassen wurden! Der von Preußen gesteuerte Volksaufstand sollte in den ex-preußischen Gebieten im Königreich Westphalen links der Elbe hervorbrechen. Dass ein solcher auch diesseits des Grenzflusses losbrechen könnte, davor fürchteten sich nicht nur die von den preußischen Reformern als »Franzosenpartei« denunzierten Konservativen[43]. Auch der König lehnte dies klar und deutlich ab. Gerade dieses Gegeneinander der preußischen Parteiungen und das Oszillieren der Akteure zwischen ihnen verdeutlicht die Ambivalenzen und Unsicherheiten um die Planung einer »deutschen Guerilla«.

Das markanteste Beispiel für die Chancen und Grenzen eines Volkskrieges bot das Beispiel des vor Kolberg zum Volkshelden avancierten Schill. Dieser zog Anfang Dezember 1808 mit seinen zum regulären Husarenregiment aufgewerteten Verband in triumphaler Weise in seine neue Garnison Berlin ein. Dort beteiligte er sich an den Aufstandsplänen, die das Netzwerk preußischer Patrioten unter dem Eindruck des spanischen Krieges schmiedete[44]. Schill stand auch in Kontakt zu den (ehemaligen) preußischen Offizieren, die einen Aufstand in der Altmark und gegen die französisch besetzte Grenzfestung Magdeburg planten. Dieser Versuch misslang jedoch Anfang April. Zwar bemächtigten sich die Aufständischen der Stadt Stendal, zerstreuten sich jedoch, als bekannt wurde, dass von preußischer Seite keine weitere Unterstützung zu erwarten war. Schill blieb weiterhin im Netzwerk der Patrioten tätig. So bereitete er, unter anderem mit Adolf von Lützow, dem Freikorpsführer von 1813, eine Proklamation an die Bewohner Westphalens vor, die jedoch vorab verraten wurde. Am 28. April 1809 zog er mit seinem Verband vor die Tore Berlins, wo er sich an seine Soldaten wandte, ob sie bereit seien dem Beispiel in Spanien und Tirol zu folgen und »die Schmach des Vaterlandes an den gehaßten Feind [zu] rächen«[45]. Einige inaktive Offiziere und Zivilpersonen schlossen sich ihm an, doch blieb die erhoffte Beteiligung am Aufstand gering. Durch seine ungeheuerliche Tat, die man auch Desertion nennen mochte, hatte sich seine Truppe von einem regulären Verband zu einem Freikorps zurückverwandelt; rechtlich bestand nun kein Unterschied mehr zwischen Schills Männern und einer Räu-

---

nisschrift von 1812 (unter Mitwirkung Gneisenaus und Boyens). In: Carl von Clausewitz, Schriften – Aufsätze – Studien – Briefe. Dokumente aus dem Clausewitz-, Scharnhorst- und Gneisenau-Nachlaß sowie aus öffentlichen und privaten Sammlungen. Hrsg. von Werner Hahlweg, Göttingen 1966, Bd 1, S. 678-751.

[43] So etwa Hermann von Boyen im galligen Blick zurück. Erinnerungen aus dem Leben des Generalfeldmarschalls Hermann von Boyen, 2 Bde. Hrsg. von Dorothea Schmidt, Berlin 1990, hier Bd 1, S. 123.

[44] Veit Veltzke, Zwischen König und Vaterland. Schill und seine Truppen im Netzwerk der Konspiration. In: Gegen Napoleon (wie Anm. 32), S. 107-154, hier insbes. S. 119-139.

[45] Georg Bärsch, Ferdinand v. Schill's Zug und Tod im Jahre 1809. Zur Erinnerung an den Helden und die Kampfgenossen, Leipzig 1860, S. 1-12, 32-38, 218-220 (Zitat S. 38). Weiterhin: Ibbeken, Preußen (wie Anm. 40), S. 151 f.

berbande[46]. König Jérôme hatte Schill unterdessen geächtet. Dennoch wurde das Korps durch ein leichtes Infanteriebataillon verstärkt, das Schill in Berlin unterstanden hatte und sich selbstständig aus der preußischen Hauptstadt absetzte. Das war nun offene Desertion. Zu allem Überfluss setzten einige derer, die Schill nachträglich aus Berlin folgten »über die vorgehaltenen Gewehre der Thorschildwachen und sprengten unter lautem Beifalljauchzen der ganzen Thorwache davon«[47]. Das war das Risiko des Volkskrieges: ein Krieg auf eigene Initiative, ohne die Billigung des Herrschers; eine Vorstufe zur Anarchie, die zum Glück der Ordnungshüter allerdings nicht eintrat. Nach einem Zug durch die Altmark setzte sich Schill durch Mecklenburg in Richtung Stralsund ab, wo er am 25. Mai einzog. Am selben Tag traf dort die Nachricht ein, dass der Österreichische Krieg verloren war. Damit war das Unternehmen Schills aussichtslos geworden. In Stralsund wurde ein Landsturm aus der Bevölkerung aufgeboten, doch verlor das Charisma Schills bei seinen Gefolgsleuten an Strahlkraft. Am 31. Mai nahmen holländische und dänische Truppen die Stadt in kurzem und heftigem Kampf, Schill fiel[48]. Sein Unternehmen, das als Initialzündung für einen Volksaufstand gedacht war, endete als Streifzug, der von vielen bejubelt und von wenigen unterstützt wurde. Umgekehrt missbilligte der preußische König die Tat, bekämpfte sie aber nicht aktiv. Immerhin hatte sich das Freikorps einen ganzen Monat lang ohne irgendeine äußere Unterstützung behauptet, ein feindliches Regiment zerschlagen und der Welt so die militärische Hilflosigkeit des napoleonischen Modellstaats vor Augen geführt. Schill blieb nicht der Einzige. Einen Monat nach seinem Zug folgte ihm der »Schwarze Herzog« Friedrich Wilhelm von Braunschweig-Oels, der um sein Erbe gebrachte Thronanwärter des zum Königreich Westphalen geschlagenen Herzogtums Braunschweig. Er bildete in Böhmen ein Freikorps und kämpfte als »Verbündeter« Österreichs. Nach einem ähnlichen Zug wie Schill erreichte er Anfang August Braunschweig, doch blieb ihm kurz darauf nur der schnelle Weg zur Nordseeküste auf die rettenden englischen Schiffe[49]. Der Aufstand von 1809 hatte sich in mutigen, doch einstweilen folgenlosen Einzeltaten erschöpft. Dennoch: Erstens waren dies nur die größeren Widerstandsbewegungen unter vielen dezentralen Unruhen, die sich gegen die Besatzungsmacht genauso richteten, wie sie die traditionale Ordnung der örtlichen Eliten latent gefährdeten. Unterdessen war aber, zweitens, ein Konzept entstanden. Aufgrund der mangelhaften Koordina-

---

[46] Carl Binder von Krieglstein, Ferdinand von Schill. Ein Lebensbild. Zugleich ein Beitrag zur Geschichte der preußischen Armee, Berlin 1902, S. 147-155; Bärsch, Ferdinand v. Schill's Zug (wie Anm. 45), S. 56.

[47] Felix Graf Voss, Zur Geschichte des Schill'schen Zuges im Jahre 1809. Aus den hinterlassenen Papieren seines Vaters, o.O. 1854, S. 12.

[48] Bärsch, Ferdinand v. Schill's Zug (wie Anm. 45), S. 73 f., 81, 94, 97, 105-115; Binder von Krieglstein, Ferdinand von Schill (wie Anm. 48), S. 160 f., 166-170, 185-199.

[49] Paul Zimmermann, Der Schwarze Herzog Friedrich Wilhelm von Braunschweig, Hildesheim 1936; Allgemein: Martin Rink, Kleinkrieg in Westphalen. Aufstände, Kosaken, Streifkorps 1809-1813. In: Das Militär und die Kriege des Königreichs Westphalen 1807-1813. Hrsg. von Markus Stein, erscheint Neumünster 2009.

tion der Beteiligten war es vorerst gescheitert. Doch existierten nun Vorbilder für den »Sturm 1813«.

Nach der Entlassung Steins im Dezember 1808 endeten die Planungen zum Volksaufstand – abgesehen von der zur Minderheitsmeinung gewordenen Konzeption einiger Reformer. Gneisenaus Landsturmkonzeption von 1811 plante den totalen Widerstand nach Art eines flächendeckenden Volkskriegs – nun in strategischem Maßstab. Gneisenau hatte erkannt, dass das Interesse an »Ruhe und Ordnung« auch als Mittel der napoleonischen Herrschaft wirkte. Wie in den Kriegen des Ancien Régime, nur weit effizienter, saugten die Truppen Napoleons die Ressourcen der von ihnen besetzten Länder aus – auch mithilfe der örtlichen Bürokratie der besetzten Länder, die den Drohungen in aller Regel nachgaben. Das Landsturmkonzept Gneisenaus dekretierte demgegenüber geradezu die Außerkraftsetzung der öffentlichen Ordnung. Taktisch blieb dieses Konzept vom kleinen Krieg gekennzeichnet. Geradezu in Umkehrung des bisherigen Dogmas der Konservativen behauptete Gneisenau, dass in dieser Kampfweise »der deutsche Soldat Ueberlegenheit« besitze. Aufgrund ihrer Unterlegenheit im offenen Kampf sollten sich die Milizen nur in kleinen, überraschenden Gefechten schlagen. Als Voraussetzung für das Gelingen seiner Konzeption nannte Gneisenau »Moralische Principe«, also »Enthusiasmus« und »Nationalgefühl«.

Gneisenau setzte sich nicht gegen seinen König durch. Preußen blieb bei einer schwankenden Politik der Risikominimierung[50]. Im aufgeregten Sommer 1809 wie in der Zeit danach hielt dieser »hartnäckig an seiner Politik der Untätigkeit« fest; eine Politik, die im Rückblick eben auch als »höchst klug« erscheinen kann[51] – zumal, wenn in Rechnung gestellt wird, dass in Spanien weite Zonen der Anarchie entstanden waren. Mit seinem Konzept für den Landsturm hatte Gneisenau jedoch ein Muster des Volkskriegs entworfen, das bei der nächsten Chance ins Werk gesetzt werden konnte. Dieser Fall trat ein, als Napoleons Grande Armée in Russland zugrunde ging.

VI. »Nun Volk steh auf und Sturm brich los« – Deutschland 1813

Der preußisch-deutsche Befreiungskrieg wurde vorbereitet durch weitere Eigenmächtigkeiten von preußischen Untertanen. Mit der Neutralitätserklärung des Generals Hans David Ludwig Graf Yorck von Wartenburg gegenüber

---

[50] Ibbeken, Preußen (wie Anm. 40), S. 108-111, 147; Thomas Stamm-Kuhlmann, König in Preußens großer Zeit. Friedrich Wilhelm III. der Melancholiker auf dem Thron, Berlin 1992, S. 274.
[51] Clark, Preußen (wie Anm. 13), S. 400-405; auch Neugebauer, Die Geschichte Preußens (wie Anm. 12), S. 92.

Russland zu Neujahr 1813 wurde der Monarch vielmehr vor vollendete Tatsachen gestellt; genauso wie durch die Bildung einer Landwehr durch die Ständeversammlung in Ostpreußen, das Stein im Auftrag der russischen Besatzungsmacht verwaltete. Der »Befreiungskrieg« Deutschlands wurde nicht ausgelöst durch den preußischen König, wie es die spätere Legende wollte, sondern von Russland. Wenn sich der Krieg einer anderen Legende gemäß im Rückblick als ein Volkskrieg par excellence darstellte, dann deswegen, weil hier durchaus Eigenarten eines »Freiheitskrieges« hervortraten. Denn dem König war sein Gewaltmonopol für eine gewisse Zeit entglitten: Truppenführer, Beamte und Stände handelten zwar in seinem Namen – aber autonom. Das trug, je nach dem, vor-absolutistisch-alte, oder revolutionär-neue Züge.

Im Februar und März 1813 setzte sich Friedrich Wilhelm III. selbst – zögerlich – an die Spitze der Bewegung. Am 16. März erklärte er Frankreich den Krieg, am Folgetag erließ er die berühmten Aufrufe »An Mein Volk« und »An Mein Kriegsheer«. Hier kam die fundamentale Wandlung der offiziellen Kriegskonzeption zum Ausdruck. Nun beschwor auch der König den nationalen Aspekt mit religiöser Inbrunst. Ambivalent blieb er bezüglich des zu befreienden Volkes – nur Preußen oder alle Deutsche? Diese Verlegenheit wurde dadurch gelöst, dass zumeist von der »Nation« und dem »Vaterland« die Rede war[52]. Nun folgte die Mobilisierung der Bevölkerung – es war eine allgemeine Wehrpflicht, freilich aus unterschiedlichen Wurzeln. Zunächst wurden (1.) die Linienverbände vermehrt; am 9. Februar wurden alle bisherigen Wehrdienstbefreiungen aufgehoben. Am 17. März 1813 ergingen (2.) Bestimmungen zur Aufstellung einer Landwehr. Diese sollte durch die Kreise, also dezentral aufgeboten werden. Die Landwehrleute hatten sich selbst zu bekleiden und, wo möglich, zu bewaffnen. Sie sollten im regulären Gefecht die Linientruppen unterstützen, dennoch ergaben sich Anklänge an die Taktik des kleinen Krieges. Einen Krieg des Volkes verhieß auch die Tuchmütze mit dem weißen Kreuz und der Aufschrift: »Mit Gott für König und Vaterland«. Ergänzt wurde das Aufgebot des Volkes (3.) durch die am 8. Februar 1813 proklamierten freiwilligen Jägerdetachements[53]. Diese sollten nach dem Muster früherer Freitruppen operieren. Nun aber waren diese Formationen als Mobilisierungsköder für die Gebildeten und Begüterten gedacht. Eine ähnliche Formation war (4.) das Freikorps, dessen Aufstellung Adolf von Lützow Anfang Februar beantragte. Anders als die Jägerdetachements war diese Formation nicht an die regulären Regimenter angegliedert, sondern sollte im feindlichen Hinterland, vor allem in

---

[52] An Mein Volk und An Mein Kriegsheer, Schlesische privilegierte Zeitung, 20. März 1813. Als Faksimile etwa in: Franz Schnabel, Das Zeitalter Napoleons von 1799-1815. In: Propyläen Welt-Geschichte, Bd 7, Berlin 1928. Hrsg. von Walter Goetz, S. 117-248, S. 222 f. Konzeptfassungen in: Geheimes Staatsarchiv Preußischer Kulturbesitz, Rep. 92, N 45, Nr. 2, Bl. 2-4; diskutiert in: Rink, Vom Partheygänger (wie Anm. 5), S. 322 f.; Stamm-Kuhlmann, Friedrich Wilhelm III. (wie Anm. 50), S. 372 f.

[53] Verordnung über die Organisation der Landwehr, Vollständige Verordnung ueber die Organisation der Landwehr und deren Beilagen; Bekanntmachung in Betreff der zu errichtenden Jägerdetachements, 8.2.1813. In: Entwicklungsgeschichte (wie Anm. 26), Bd 5, S. 141-143, 148-157.

früher preußischen Gebieten, die Bevölkerung für die patriotische Sache gewinnen. Im Besonderen war es eine Exiltruppe für nichtpreußische Deutsche
unter preußischer Flagge. Den deklaratorischen Höhepunkt erreichten die Konzeptionen zum Volkskrieg (5.) durch die Landsturmverordnung vom 21. April.
Dieser Erlass atmete ganz den Geist, mit dem Gneisenau seine frühere Guerilla-
Konzeption dem König angetragen hatte. In Preußen, so wie überall dort, wo
im Herbstfeldzug 1813 die Truppen der Koalitionsarmee vorrückten, bot die
Wirklichkeit aber dasselbe Bild: Stets wurde ein Landsturm mit begeisternder
Rhetorik zur Vaterlandsverteidigung, kämpfend nach Guerilla-Art proklamiert;
stets erfolgte der Einsatz dieser Formationen als lokale Ordnungsmacht – arg-
wöhnisch beäugt von Bürokratie und Vertretern der etablierten Ordnung. Ende
Juli wurden die Bestimmungen zum Landsturm wieder erheblichen Restriktionen unterworfen. Von einer spontanen Volkserhebung war in den Modifikationen keine Rede mehr. Am 4. März 1814 erging der königliche Befehl, sämtliche
Landsturmübungen auszusetzen[54].

Die personelle Mobilisierung wurde durch diese allgemeine, doch zielgruppenorientierte Wehrpflicht konsequent erhöht. Zu Beginn des Frühjahrsfeld-
zugs betrug die preußische Heeresstärke erst 65 000 Mann. Hier kam neben den
Linienverbänden nur die ostpreußische Landwehr zum Einsatz[55]. Doch vermehrte sich die Landwehr bis zu Beginn des Herbstfeldzuges auf 109 000 Mann
zu Fuß und 11 000 Mann zu Pferde. So stellte die Landwehr letztlich rund die
Hälfte der insgesamt 279 000 im Befreiungskrieg mobilisierten Preußen und
kann wohl als das »eigentliche Kernstück der preußischen Heeresreform bezeichnet werden«[56]. Das war jedoch ein Volkskrieg, der in einer organisatorischen, wenn auch verflochtenen Linie zu Mobilisierungsmodi des Ancien
Régime lag. Ein »revolutionärer Krieg« war es mitnichten.

Ergänzt wurde die personelle Mobilisierung in Preußen durch die Aktivierung der vielfach beschworenen »moralischen Größen«. Hier kam ein teils wild-
romantisches Konzept des Volkskrieges zum Tragen, so wie es eben nicht der
Realität entsprach. Bei aller oft spröden Realität beim Einexerzieren und trotz
der Berührungsängste der verschiedenen in Landwehr und Landsturm aufein-
andertreffenden sozialen Schichten[57] – das Märzerlebnis von 1813 war allenthalben durch den geweckten Patriotismus gekennzeichnet. Das fand sein Abbild in den Symbolen, die seitdem mit den preußischen Heeresreformen aufs
Engste verbunden sind. In seiner Denkschrift vom August 1811 hatte Gneisenau
die Idee entwickelt, einen »Preußisch-deutschen Orden« zu stiften, der
dienstgradunabhängig von jedem Soldaten nur nach dem Leistungsprinzip zu

---

[54] Verordnung über den Landsturm vom 21. April 1813, abgedruckt in: Entwicklungsge-
schichte (wie Anm. 26), Bd 5, S. 161-171; Verordnung in Betreff der Modifikationen des
Landsturm-Ediktes vom 21sten April d.J. In: ebd., Bd 5, S. 172-175. Allgemein: Rink, Vom
Partheygänger (wie Anm. 5), S. 323-336.

[55] Rudolf Friederich, Die Befreiungskriege 1813-1815, 3 Bde, Berlin 1911/12, hier: Bd 1,
S. 122 f.; Ibbeken, Preußen (wie Anm. 40), S. 398 f.

[56] Heinz G. Nitschke, Die Preußischen Militärreformen 1807-1813, Berlin 1983, S. 184-186.

[57] Beispiele hierfür in Rink, Vom Partheygänger (wie Anm. 5), S. 329 f.

erwerben war[58]. Diese Grundidee verwirklichte der König zwei Jahre später, am 10. März 1813, in Form des Eisernen Kreuzes. Der um einige Tage auf den Geburtstag der verstorbenen Luise rückdatierte Orden sollte »durchgängig von Höheren und Geringeren auf die gleiche Weise in den angeordneten zwei Klassen getragen« werden[59]. Es war »der sinnfälligste Ausdruck der politischen Wandlung Preußens nach 1806«[60] – jeder im Volk war gleich.

Das Ergebnis der Kriege von 1813/14 zeigte sich jedoch in doppelter Gestalt, so wie sie die konträren Begriffsprägungen vom »Freiheits-« oder »Befreiungskrieg« widerspiegeln. Nach der Denkfigur des »Freiheitskrieges« war die spontane Volkserhebung enthusiastischer Vaterlandsverteidiger der wichtigste Grund für die Niederwerfung des korsischen »Tyrannen«. Davon zeugen die Aufrufe, die 1813 von den russisch-(exil)deutschen Streifkorps in Norddeutschland und in Sachsen verbreitet wurden; davon zeugen die Lieder eines Theodor Körner und die Propaganda eines Ernst Moritz Arndt. Letzterer entwarf mit seinen Propagandaschriften, namentlich im »Katechismus für den teutschen Kriegs- und Wehrmann« und in der Schrift »Was bedeutet Landsturm und Landwehr?« die Idee eines Volkskrieges, in der der »Unterschied von Krieger und Bürger« praktisch aufgehoben war[61]. In seiner volkstümlichen Sprache, die durch die Gottesdienste der Bevölkerung allenthalben geläufig war, verband sich die Sakralisierung des Krieges fürs Vaterland mit einer patriotisch-revolutionären Rhetorik: »Denn wer gegen Tyrannen kämpft, ist ein heiliger Mann, und wer Übermut steuert, tut Gottes Dienst [...] Wer aber unter dem Tyrannen ficht und gegen die Gerechtigkeit das mordende Schwert zieht, des Name ist verflucht[62].« Ähnlich proklamierte auch Theodor Körner den ausnahmslosen Kriegsdienst für alle männlichen Deutschen: »Das Volk steht auf, der Sturm bricht los!/ Wer legt noch die Hände feig in den Schoß?// Pfui über die Buben hinter dem Ofen,/ Unter den Schranzen und unter den Zofen[63]!«

Das beschworene Bündnis zwischen Volk und Krone war jedoch ein sehr einseitiges. Denn der umfassenden Mobilisierung nach verschiedenen Aufbietungsmodi folgten umgehend Maßnahmen, um die zu Hilfe gerufenen Kräfte des Volkes wieder in die Bahnen des bürokratischen Anstaltsstaats zurückzulenken. Nichts zeigt dies besser als die Proklamation und anschließende Rück-

---

58 Gneisenau, Denkschriften zum Volksaufstand vom 8.8.1811, (wie Anm. 44), Bd 2, S. 111, 124, 128 f.

59 Zit. nach: Hans-Joachim Schoeps, Preußen, Frankfurt a.M., Berlin 1981, S. 345 f.

60 Jörg Nimmergut, Deutsche Orden und Ehrenzeichen bis 1945, Bd 2, München 1997, S. 1007; allgemein: Hans-Peter Stein, Symbole und Zeremoniell in deutschen Streitkräften. Vom 18. bis zum 20. Jahrhundert, Herford, Bonn 1984, S. 55-57; Walter Transfeld, Wort und Brauch in Heer und Flotte. Hrsg. von Hans-Peter Stein, 9. Aufl., Stuttgart 1986, S. 277-281.

61 Franz Schnabel, Deutsche Geschichte im neunzehnten Jahrhundert, Bd 1, Freiburg i.Br. 1929, Neudruck München 1987, S. 503.

62 Ernst Moritz Arndt, Katechismus für den teutschen Kriegs- und Wehrmann, Stuttgart 1939, S. 14.

63 Theodor Körner, Leyer und Schwert. In: Körners Werke. Hrsg. von Augusta Weldler-Steinberg, Berlin [u.a.] o.J., S. 9-50, Gedicht: Männer und Buben, S. 42-44, hier S. 42.

nahme des Landsturmkonzepts. Dagegen tritt im anderen Modus des Volksaufgebots, der Landwehr, die säkulare Tendenz des 19. Jahrhunderts sehr deutlich zutage: Sie mündete in der organisierten Mobilisierung für ein stehendes Wehrpflichtheer nach Art der Linie. Im Ergebnis entstand zwar die von den Reformern geforderte Massenmobilisierung, die sich in den Feldzügen gut bewährte. In seiner irregulären Gestalt dagegen fand der Volkskrieg, abgesehen von fulminanten Einzeltaten, im Büro statt. Ganz im Sinne dieses Ergebnisses weihte der preußische König das 1818 bis 1821 erbaute Kreuzbergdenkmal vor Berlin »dem Volke, das auf seinen Ruf hochherzig Gut und Blut dem Vaterlande darbrachte«.

VII. Volkskrieg, Wehrpflicht, bleibende Symbole

Wenn der Volkskrieg im Zeitalter der Revolution seinen Anfang nahm, so galt das für seinen Begriff, und dieser blieb vielgestaltig. Nicht zuletzt die verwickelte Semantik gab Anlass für die politischen Auseinandersetzungen des 19. Jahrhunderts. Als Ergebnis eines Vierteljahrhunderts von Revolution und Krieg hatte sich der »Söldner« begrifflich vom »Soldaten« gelöst. Während im Ancien Régime die Gegenüberstellung vom »Soldaten« (= »Söldner«) gegenüber der zivilen Welt etabliert worden war, verschob sich die Dichotomie im »Zeitalter der Revolutionen« zu der zwischen »Söldling« (= »fremder Fürstendiener«) gegenüber dem »Wehrmann« und »Vaterlandsverteidiger«, wobei die beiden Letztgenannten nun beanspruchen konnten, die eigentlich wahren »Soldaten« zu sein. Genau diese Diktion vertrat 1816 Karl von Rotteck, die so auch Eingang in das Brockhaus-Lexikon fand[64]. Voraussetzung dafür war, dass sich das »Vaterland« zur »Nation« gewandelt hatte.

Hinter alledem wirkte jedoch unausgesetzt der Prozess einer weiteren Professionalisierung. Erst im 19. Jahrhundert wurde der durchgängige militärische Friedensdienst üblich; der staatliche Administrationsdurchgriff bot die Möglichkeit, eine »Allgemeine« Wehrpflicht in die Realität umzusetzen (selbst wenn diese keineswegs so »allgemein« gehandhabt wurde, wie der Begriff es suggeriert). Erst jetzt wurde, zumal in Preußen, die militärische Sphäre von der der Zivilpersonen durch den Bau von Kasernen, durch die Erschließung großflächiger Übungsareale abgegrenzt. Nun erst wurden die Lücken in der staatlichen Durchdringung geschlossen, die im 18. Jahrhundert in Form der alten Kompaniewirtschaft oder der Möglichkeit von Militärsubunternehmern zur Anwer

---

64   Karl von Rotteck, Ueber Stehende Heere und Nationalmiliz, Freiburg 1816, S. III f.; Conversations-Lexikon oder encyclopädisches Handwörterbuch für gebildete Stände, 2. Aufl., Bd 9, Leipzig, Altenburg 1817, S. 208-215. weiteren Rezeption: Pröve, Militär, (wie Anm. 4); Martin Rink, Jena und die Folgen. Reformdruck – Reformanspruch – Reformmythos. In: Jena und Auerstedt 1806. Vorgeschichte und Rezeption. Im Auftr. des MGFA hrsg. von Karl-Heinz Lutz und Marcus von Salisch, Potsdam 2009, S. 33-60.

bung von Freikorps bestanden hatten. Damit war auch für den »Partisanen« kein Platz mehr in den regulären Armeen. Dieser Begriff löste sich vom Detachementführer, der im Rahmen der regulären Armee den kleinen Krieg geführt hatte. Nun besetzte ihn der irreguläre Volkskrieger. Allerdings blieb der Begriff Volkskrieg in einer so breit gefächerten Begriffsprägung bestehen, dass sich jede Armee, welche die Wehrpflicht praktizierte, als dessen Agentin darstellen konnte. Infolge der Begegnung mit der Französischen Revolution und Napoleon wurde auch in Deutschland die Idee einer Einheit von »Volk und Heer, Bürger und Soldat, Kriegsstand und Ehre, Militär und Begeisterung für das Vaterland« formuliert[65]. Diese Sichtweise entsprach nicht nur der des quellenkundigen, doch im NS-Geist urteilenden Historikers Reinhard Höhn. Ihr folgte auch die historische Zunft in der Bundesrepublik, soweit sie sich mit dem nach 1945 anrüchig gewordenen Thema der Militärgeschichte überhaupt befasste. Aufgrund der proklamierten Einheit stellte sich jedoch die Frage, wem die tonangebende Rolle zukam – dem »Volk« oder dem »Heer«. Das bestimmte die politischen Konflikte des 19. und noch des 20. Jahrhunderts, bis die proklamierte Totalität der Einheit im Zweiten Weltkrieg in der berüchtigten Parole Joseph Goebbels gipfelte: »Nun, Volk, steh auf und Sturm brich los!«

Angesichts seiner vormodernen Wurzeln ist eines deutlich geworden: Am Anfang des Volkskrieges stand eben nicht Napoleon. Doch stand dieser, als Geschöpf der Revolution wie als Fokus der gegen ihn gerichteten »Volksbewegungen« am Anfang einer politisch-semantischen Umprägung, die bis in die Gegenwart hineinwirkt. Dies zog sich bis in die junge Bundesrepublik Deutschland, deren erster Bundespräsident Theodor Heuß das liberale Diktum forttrug, die Wehrpflicht sei »legitimes Kind der Demokratie«[66]. Demgegenüber wurde der andere Zweig des Volkskriegs, der »Partisan« von professioneller Seite abgelehnt. Im Gründungsdokument der Bundeswehr, der Himmeroder Denkschrift, stand neben der Forderung nach der Allgemeinen Wehrpflicht auch, dass die Vorbereitung eines Partisanenkampfes »auszuschalten« sei. »Das deutsche Volk, die deutsche Geländegestaltung und Bodenbedeckung sind für diese Kampfweise nicht geeignet[67].« Dieselbe Bundeswehr erlebte jedoch am 12. November 1955, dem 200. Geburtstag Scharnhorsts, unter einem großen Eisernen Kreuz ihren Gründungsakt. So wie die Marseillaise an den allgemeinen Volkskrieg zur Verteidigung des Vaterlands erinnert, so wurzelt aber das Eiserne Kreuz in den Plänen zum guerillaartigen Volkskrieg.

---

65 Nach Reinhard Höhn, wiedergegeben in: Conze/Geyer/Stumpf, Militarismus (wie Anm. 11), S. 14. Vgl. hierzu Anm. 23.

66 Wilhelm Meier-Dörnberg, Die Auseinandersetzung um die Einführung der Wehrpflicht in der Bundesrepublik Deutschland. In: Die Wehrpflicht. Entstehung, Erscheinungsformen und politisch-militärische Wirkung. Im Auftr. des MGFA hrsg. von Roland G. Foerster, München 1994 (= Beiträge zur Militärgeschichte, 43), S. 107-118, hier S. 107 f.

67 Hans-Jürgen Rautenberg und Norbert Wiggershaus, Die »Himmeroder Denkschrift« vom Oktober 1950. Politische und militärische Überlegungen für einen Beitrag der Bundesrepublik Deutschland zur westeuropäischen Verteidigung, 2. Aufl., Sonderdr., Karlsruhe 1985, S. 37.

Marcus von Salisch

Das Beispiel Sachsen:
Militärreformen in deutschen Mittelstaaten

Das Jahr 1806 markiert eine der größten Zäsuren in der deutschen Geschichte. Die Jahreszahl ist nicht nur verbunden mit dem Ende des Heiligen Römischen Reiches Deutscher Nation und mit dem Zusammenbruch des »alten« Preußen[1]. Sie markiert zugleich auch den Auftakt zur Reformierung des preußischen Staats- und Militärapparates, zu einer Neugestaltung, die aufgrund ihrer Ganzheitlichkeit sicher ihresgleichen sucht. Die Art und Weise, in welcher die Reformer um Gerhard von Scharnhorst »quantitativ allumfassend und zugleich qualitativ fundamental« in die überkommenen Strukturen des altpreußischen Heeres sowie in das Verhältnis zwischen Militär und Gesellschaft eingriffen, erhebt dieses Reformwerk geradezu zum Idealtypus einer Militärreform[2]. Die Veränderungen im preußischen Militär zwischen 1806 und 1814 sind dabei wohl die »unstrittigste« Heeresreform – im Gegensatz zu früheren oder späteren Reformen, die eher evolutionär verliefen. Die Jahrhunderte überdauernde Deutung der preußischen Reformen als wesentliche Ursache der Erfolge in den mystifizierten »Befreiungskriegen« räumte dieser Umwälzung zudem eine entsprechende Gewichtung im kollektiven Gedächtnis ein, die bis heute nachwirkt.

---

[1] Hans-Werner Hahn, Machtpolitischer Umbruch und innenpolitischer Aufbruch. Jena 1806 und die Folgen. In: Das Jahr 1806 im europäischen Kontext. Balance, Hegemonie und politische Kulturen. Hrsg. von Andreas Klinger/Hans-Werner Hahn/Georg Schmidt, Köln 2008, S. 1-19, hier S. 3 f.

[2] Dierk Walter, Albrecht Graf von Roon und die Heeresreorganisation von 1859/60. In: Militärische Reformer in Deutschland im 19. und 20. Jahrhundert. Im Auftrag der Deutschen Kommission für Militärgeschichte und des MGFA hrsg. von Hans Ehlert und Michael Epkenhans, Potsdam 2007 (= Potsdamer Schriften zur Militärgeschichte, 2), S. 23-34, hier S. 23 f.; zur preußischen Heeresreform: Dierk Walter Preußische Heeresreformen 1807-1870. Militärische Innovation und der Mythos der »Roonschen Reform«, Paderborn [u.a.] 2003 (= Krieg in der Geschichte, 16); Stephan Huck, Geschichte der Freiheitskriege, Potsdam 2004; Michael Sikora, Gerhard von Scharnhorst – die Verkörperung der preußischen Heeresreform. In: Militärische Reformer in Deutschland, S. 11-21; Olaf Jessen, »Preußens Napoleon«? Ernst von Rüchel 1754-1823. Krieg im Zeitalter der Vernunft, München 2007; Heinz Duchhardt, Stein. Eine Biographie, Münster 2007; Bernhard Schmitt, Armee und staatliche Integration: Preußen und die Habsburgermonarchie 1815-1866. Rekrutierungspolitik in den neuen Provinzen: Staatliches Handeln und Bevölkerung, Paderborn [u.a.] 2007 (= Krieg in der Geschichte, 36).

Wo Licht ist, ist aber bekanntlich auch Schatten: Die Zentriertheit der deutschen Geschichtsschreibung auf den preußischen Staat und sein Militärwesen sowie auf die Konkurrenz zu Österreich würdigte die parallel verlaufenden und keineswegs minder ernsthaft betriebenen reformerischen Tätigkeiten in anderen deutschen Staaten lange Zeit zu Randerscheinungen herab. »Wirkt bei einer solchen Einteilung nicht ein wenig übermächtig die Vorstellung von der völligen Dominanz der Großmächte Preußen und Österreich, neben denen man dann – notgedrungen – noch ein wenig ein ›Drittes Deutschland‹ zur Sprache bringen muß, weil sich vielleicht doch nicht alles unter dem ›Deutschen Dualismus‹ subsumieren läßt?«[3] – so Walter Demels Frage, die eher noch eine treffende Zustandsbeschreibung beinhaltet.

Angesichts einer solchen Schieflage erscheint es umso lohnenswerter, sich einmal dem Militärwesen des Kurfürstentums und ab 1806 des Königreiches Sachsen in der Übergangsphase vom 18. zum 19. Jahrhundert zu nähern. Insgesamt lässt sich konstatieren, dass die sächsische Militärgeschichte der traditionsreichen und tiefgründigen Erforschung des preußischen Heerwesens weitestgehend als Desiderat gegenübersteht. Erst in den letzten Jahren erfuhr das sächsische Militär eine stärkere Beachtung durch die historische Forschung[4].

I. Staat und Heer um 1800

Von den katastrophalen Folgen des Siebenjährigen Krieges (1756-1763) hatte sich Kursachsen sehr rasch erholt. Die für das Ausland vorbildhaften Folgen des innenpolitisch orientierten »Rétablissements« wurden weit über Sachsen

---

[3] Walter Demel, Der aufgeklärte Absolutismus in mittleren und kleinen deutschen Territorien. In: Der aufgeklärte Absolutismus im europäischen Vergleich. Hrsg. von Helmut Reinalter und Harm Klueting, Wien 2002, S. 70-112, hier S. 75 f.

[4] Von den hierzu erschienen Arbeiten sei exemplarisch hingewiesen auf Marcus von Salisch, Treue Deserteure. Die kursächsische Armee und der Siebenjährige Krieg, München 2009; Roman Töppel, Die Sachsen und Napoleon. Ein Stimmungsbild 1806-1813, Köln 2008 (= Dresdner Historische Studien, 8); Jan Hoffmann, Die sächsische Armee im Deutschen Reich 1871 bis 1918, Dresden 2007 [Diss.], URL: http://nbn-resolving.de/urn:nbn:de:swb:14-1184264663626-52141; Wolfgang Gülich, Die sächsische Armee zur Zeit Napoleons. Die Reorganisation von 1810 (= Schriften der Rudolf-Kötzschke-Gesellschaft, 9), Beucha 2006; Stefan Kroll, Soldaten im 18. Jahrhundert zwischen Kriegsalltag und Friedenserfahrung. Lebenswelten und Kultur in der kursächsischen Armee 1728-1796, Paderborn [u.a.] 2006 (= Krieg in der Geschichte, 26); Gunther Götze, Die Winterschlacht bei Kesselsdorf am 15. Dezember 1745, Lommatzsch 2003; Jürgen Luh, Sachsens Bedeutung für Preußens Kriegführung. In: Dresdner Hefte, 68 (2001), S. 28-34; Reinhard Köpping, Sachsen gegen Napoleon. Zur Geschichte der Befreiungskriege, Berlin 2001; Wolfgang Friedrich, Die Uniformen der Kurfürstlich Sächsischen Armee 1673-1783, Dresden 1998; Wolfgang Friedrich, Die Uniformen der Königlich Sächsischen Armee 1810-1867, Dresden 1997; Dietmar Bode, 1756. Der Beginn des Siebenjährigen Krieges in Sachsen, Dresden 1996 (= Schriften des Arbeitskreises Sächsische Militärgeschichte e.V., 5).

hinaus als »la surprise de l'Europe« bezeichnet[5]. Führende Männer des sächsischen Wiederaufbaus traten später in fremde Dienste über und gewannen somit unter anderem auch Einfluss auf die geistigen Väter der preußischen Staatsreform[6].

Die Zeit zwischen 1768 und 1827 war wesentlich durch die Regentschaft des Kurfürsten Friedrich August III. (ab 1806 König Friedrich August I.), des »Gerechten«, geprägt. Inwieweit diese Zeit auch als »aufgeklärt absolutistisch« bezeichnet werden kann, ist heute in der Geschichtsforschung umstritten. Hier sei nur auf die relativ starke Stellung der sächsischen Stände nach 1763 verwiesen[7]. Kennzeichnend für diese Epoche waren jedenfalls das beständige Streben Sachsens nach Neutralität[8] und – bis 1806 – nach Reichkonstitutionalität. Innenpolitisch dominierten Sparsamkeit sowie die fehlende Bereitschaft zu zeitgemäßen Veränderungen im sächsischen Staatswesen. Begünstigt durch eine hohe Bevölkerungsdichte und eine günstige Verkehrslage gediehen im Schatten dieser bedächtigen, risikoscheuen Politik jedoch Handel und Gewerbe nach liberalen Grundsätzen sehr gut, wie etwa die Vielzahl von Manufakturgründungen zeigt[9]. Dass sich die einbrechende Industrialisierung jedoch auch auf die sozia-

---

[5] Zit. nach: Das geheime politische Tagebuch des Kurprinzen Friedrich Christian 1751 bis 1757. Hrsg. von Horst Schlechte, Weimar 1992 (= Schriftenreihe des Staatsarchivs Dresden, 13), S. 46. Insgesamt fehlten dem stark physiokratisch-kameralistisch geprägten Programm des Rétablissements jedoch solche Maßnahmen, welche die Neugestaltung in Kursachsen nach 1763 als »aufgeklärt-absolutistisch« erscheinen lassen. Orientiert man sich am »Idealtypus« eines aufgeklärt-absolutistischen Staates, so konnte Sachsen zwar den »inneren Frieden« konsolidieren und seine traditionelle Wirtschaftskraft wiedererlangen, jedoch blieben Rückstände in den Bereichen der Toleranzpolitik sowie des Bildungs-, Rechts- und Verwaltungswesens bestehen. Simone Lässig, Reformpotential im »dritten Deutschland«? Überlegungen zum Idealtypus des Aufgeklärten Absolutismus. In: Landesgeschichte in Sachsen. Tradition und Innovation. Hrsg. von Simone Lässig, Rainer Aurig und Steffen Herzog, Dresden 1997, S. 187-215; Reiner Groß, Geschichte Sachsens, Leipzig 2001, S. 171 ff.; Walter Demel, Reich, Reformen und sozialer Wandel 1763-1806, Stuttgart 2005 (= Gebhardt. Handbuch der deutschen Geschichte, 12), S. 245.

[6] So orientierte sich beispielsweise der englische Minister William Pitt d.J. zur Tilgung der Schulden aus dem amerikanischen Unabhängigkeitskrieg am sächsischen System der Staatsentschuldung. Friedrich Anton von Heynitz übernahm 1777 das preußische Berg- und Hüttendepartement. In dieser Funktion beeinflusste er den Freiherrn von Stein, Hardenberg und Alexander von Humboldt hinsichtlich ihrer Staatsauffassung maßgeblich. Groß, Geschichte Sachsens (wie Anm. 5), S. 161 f., 164 f., 171; Wolfgang Weber, Friedrich Anton von Heynitz und die Reform des preußischen Berg- und Hüttenwesens. In: Persönlichkeiten im Umkreis Friedrichs des Großen. Hrsg. von Johannes Kunisch, Köln 1988 (= Neue Forschungen zur brandenburg-preußischen Geschichte, 9), S. 121-134.

[7] Kroll, Soldaten im 18. Jahrhundert (wie Anm. 4), S. 58; Demel, Der aufgeklärte Absolutismus (wie Anm. 3), S. 85, 93 f., 109-111.

[8] Nur während des Bayerischen Erbfolgekrieges sowie im Ersten Koalitionskrieg gegen Frankreich wich Sachsen von diesem Kurs ab.

[9] Zwischen 1763 und 1806 entstanden in Kursachsen 161 neue Manufakturen. Demel, Reich, Reformen und sozialer Wandel (wie Anm. 5), S. 111, 219 f.; Groß, Geschichte Sachsens (wie Anm. 5), S. 171 f.; Dorit Petschel, Die Persönlichkeit Friedrich Augusts des Gerechten, Kurfürsten und Königs von Sachsen. In: Sachsen 1763-1832. Zwischen Rétablissement und bürgerlichen Reformen. Hrsg. von Uwe Schirmer, Beucha 2000 (= Schriften der Kötzschke-Gesellschaft, 3), S. 77-100.

len Verhältnisse auswirkte und breiten Reformbedarf erforderte, machten die Unruhen im Jahre 1790 nachhaltig deutlich[10]. Der mangelnden Bereitschaft des Kurfürsten zu Veränderungen entsprach auch der Zustand des Heeres, das er – obgleich ohne besondere Neigung zum Militärischen – aber keineswegs gering schätzte.

Das sächsische Heer befand sich um 1800 insgesamt auf dem zeittypischen Stand der meisten europäischen Armeen. Hinsichtlich seiner Struktur, der Führung und Ausbildung sowie dem inneren Gefüge entsprach es der »alten« kurfürstlich-sächsischen Armee des ausgehenden 18. Jahrhunderts. Die Führung der etwa 30 000 Mann starken Armee[11] oblag formell dem Kurfürsten[12]. Als oberste politische Entscheidungsbehörde fungierte das Geheime Kabinett, während sich das Geheime Kriegsratskollegium mit den Fragen der Ausrüstung, Versorgung und Finanzierung der Armee befasste. Dem »Militairdepartement des Geheimen Kabinetts« war das General-Kriegsgerichtskollegium zugeordnet. Ein Kriegsministerium und ein Generalstab existierten noch nicht[13].

Die sächsische Infanterie gliederte sich im Frieden ebenso wie die Kavallerie in zwei Generalinspektorate, denen je ein General vorstand. Seine Aufgaben bestanden in der Überwachung von Ausbildung, Ordnung, Heeresergänzung sowie der Verwaltung der Regimenter. Das Regiment war in organisatorischer und taktischer Hinsicht die wichtigste Einheit des Heeres. Eine Gliederung in Korps und Divisionen war ebenso wenig eingeführt worden, wie in den anderen Armeen des Ancien Régime. Eine Zusammenfassung der Waffengattungen Kavallerie, Infanterie und Artillerie zum »Gefecht der verbundenen Waffen« (wie wir es heute nennen würden) war somit nicht gegeben[14]. Ebenso fehlte ein militäreigenes, von zivilen Fuhrdiensten unabhängiges Transportwesen. Die Bewaffnung der Soldaten war insgesamt die zeittypische, also das glattläufige Steinschlossgewehr mit Bajonett bei der Infanterie, der Säbel bei der Kavalle-

[10] Groß, Geschichte Sachsens (wie Anm. 5), S. 176 f.
[11] Während des Bayerischen Erbfolgekrieges 1778 wies die kursächsische Armee einen Etat von etwa 23 500 Mann auf. Um 1790 betrug die Stärke des Heeres etwa 24 600 Mann. Angesichts einer Einwohnerzahl von 1,895 Millionen betrug das Verhältnis der Soldaten zur der Gesamtbevölkerung 1:73 (Zum Vergleich: Österreich: 1:64, Preußen: 1:32). Der Anteil der »Militärbevölkerung« (diese beinhaltet neben den Soldaten auch deren Familien sowie Gesindeleute) betrug zu dieser Zeit 2,7 Prozent). Kroll, Soldaten im 18. Jahrhundert (wie Anm. 4), S. 73.
[12] Dem Kurfürsten unterstanden persönlich die sogenannten »Eximierten Korps«. Hierzu zählten zum Beispiel die Schweizer Leibgarde, das Kadettenkorps, das Garde du Korps sowie die Leibgrenadiergarde. Gülich, Die sächsische Armee zur Zeit Napoleons (wie Anm. 4), S. 49.
[13] Der Posten eines Generalfeldmarschalls wurde seit 1781 nicht mehr verliehen. Letzter Inhaber dieses Titels war Fürst Friedrich Eugen von Anhalt-Dessau. Er hatte jedoch keine aktive Funktion mehr in der sächsischen Armee. Vorher hatte Johann Georg »Chevalier de Saxe« als letzter aktiver Feldmarschall gewirkt. Heinrich A. Verlohren, Stammregister und Chronik der Kur- und Königlich-Sächsischen Armee von 1670 bis zum Beginn des Zwanzigsten Jahrhunderts. Hrsg. von Max Barthold und Franz Verlohren, Leipzig 1910, S. 110.
[14] Gülich, Die sächsische Armee zur Zeit Napoleons (wie Anm. 4), S. 23-27.

rie[15]. Der Dienst erschöpfte sich in Friedenszeiten weitgehend im Exerzieren, also der Einzelausbildung – dem »Drill« – sowie dem Manöver in der geschlossenen Ordnung. Vor Beginn der Koalitionskriege führte die sächsische Armee zur Verbesserung ihrer Kriegstüchtigkeit mehrere »Exerzierlager« mit einer Dauer von 10 bis 14 Tagen durch. Die Ausbildung in diesen Lagern erfolgte jedoch fernab den Anforderungen des beweglich geführten Gefechtes, das zur Zeit der Revolutionskriege zutage trat. Da beispielsweise die Schießübungen auf Kosten des Kompaniechefs erfolgten, wurden sie allenfalls zaghaft betrieben. Zeitgenössischen Beobachtern erschienen die Zusammenziehungen der Armee etwa im Vergleich zu den preußischen Revuen allenfalls als harmlose »Zeltlager«. Der sächsische Dienst galt als weniger »scharf«, die Exerzitien als minder exakt und die im Schnitt etwas kleineren Soldaten entsprachen weniger dem ästhetischen Ideal der Zeit. Allerdings genoss vor allem die sächsische Kavallerie einen insgesamt guten Ruf[16]. Hervorzuheben ist der große Anteil leichter Reiterverbände im sächsischen Heer. Während bei der Infanterie noch keine Einheiten existierten, die einer flexiblen, aufgelockerten Gefechtsführung Rechnung trugen – etwa Jägertruppen[17] –, verfügte die Kavallerie bereits über vier leichte Reiterregimenter (»Chevauxlegers«) sowie ab 1790 über ein Husarenregiment[18]. Nicht existent war im sächsischen Heer allerdings ein effizientes Transport- und Nachschubwesen. Die Versorgung im Felde musste also gemäß den militärischen Gepflogenheiten des Ancien Régime durch Magazine beziehungsweise durch Requirierungen erfolgen, wodurch die Armee in ihrer operativen Freiheit stark beschnitten wurde[19].

Zur Heeresergänzung waren in Sachsen ab 1780 Rekrutierungsbezirke für die einzelnen Regimenter eingerichtet worden. Die Dauer der Dienstverpflichtung betrug neun Jahre, sie umfasste alle »unangesessenen Männer«[20] zwischen 15 und 35 Jahren. Neben dem Rekrutieren bestand für die einzelnen Regimenter die Möglichkeit, sich in den genannten Bezirken selbstständig durch Werbung zu ergänzen. Obwohl gewaltsame Werbung verboten war, konnten derartige

---

[15] Zu Uniformierung und Ausrüstung der sächsischen Armee um 1800: Reinhold Müller und Wolfgang Rother, Die kurfürstlich-sächsische Armee um 1791, Berlin (Ost) 1990, S. 19-28; Oskar Schuster und Friedrich A. Francke, Geschichte der Sächsischen Armee von deren Errichtung bis auf die neueste Zeit, Zweiter Theil, Leipzig 1885, S. 224-241.

[16] Schuster/Francke, Geschichte der Sächsischen Armee (wie Anm. 15), S. 226; Kroll, Soldaten im 18. Jahrhundert (wie Anm. 4), S. 193-195. Jürgen Luh, Kriegskunst in Europa 1650-1800, Köln 2004, S. 220; Gülich, Die sächsische Armee zur Zeit Napoleons (wie Anm. 4), S. 48 f., 81.

[17] Allerdings waren in den Infanterieregimentern einzelne Soldaten (acht je Kompanie) als »Scharfschützen« eingeteilt. Diese sollten ausschwärmen und wichtige Geländepunkte besetzen. 1804 wurde für diese Schützen ein Reglement formuliert. Sie waren allerdings nicht mit der präziser wirkenden Büchse bewaffnet. Schuster/Francke, Geschichte der Sächsischen Armee (wie Anm. 15), S. 225 f.; Zur Bedeutung der Büchse: Luh, Kriegskunst (wie Anm. 16), S. 147-149.

[18] Gülich, Die sächsische Armee zur Zeit Napoleons (wie Anm. 4), S. 56, 58.

[19] Zum Transportwesen vor 1800: Luh, Kriegskunst (wie Anm. 16), S. 42-55.

[20] Zum »Ansässigmachen« vgl. Kroll, Soldaten im 18. Jahrhundert (wie Anm. 4), S. 138.

Vorfälle keineswgs vollkommen ausgeschlossen werden[21]. »Ausländer« dienten in der sächsischen Armee – nicht zuletzt aufgrund der kostenintensiveren Anwerbung – nur in einem sehr geringen Maße. Für das Jahr 1792 lässt sich beispielsweise für die Infanterie ein »Ausländeranteil« von 5,9 Prozent, für die Kavallerie von 3,6 Prozent ausmachen[22]. Auch das sächsische Offizierkorps zeichnete sich durch eine sehr hohe regionale Homogenität aus[23]. Dieser hohe Anteil an »Landeskindern« bewirkte zudem in religiöser Hinsicht eine Dominanz des evangelischen Glaubens im Heer[24]. Hinsichtlich der Verwaltung der Truppen war die sogenannte Kompaniewirtschaft das kennzeichnende Merkmal. Innerhalb des Regiments fungierte dabei die Kompanie (bei der Kavallerie die Eskadron) als wirtschaftliche Einheit. Der Kompaniechef erhielt jährlich aus der Generalkriegskasse einen Pauschalbetrag zugewiesen, mit dem er den Unterhalt (vor allem Verpflegung, Werbung und Ausrüstung) seiner Soldaten bestreiten musste[25]. Wirtschaftete er sparsam, blieb der Gewinn zu seiner Verfügung. Hierbei unterlag er jedoch einer Prüfung durch den Regimentsquartiermeister.

Die sozialen und wirtschaftlichen Verhältnisse im sächsischen Heer ließen um die Jahrhundertwende offenbar zu wünschen übrig. Bekleidung und Ausrüstung waren vielfach mangelhaft. Um persönlichen Profit zu erzielen, griffen die Kompanieinhaber oftmals auf minderwertige und damit kostengünstige Materialien zurück, die jedoch eine geringe Haltbarkeit aufwiesen. Die Besoldung der Mannschaften und niederen Offizierränge war gering, entsprach aber in etwa derjenigen in anderen Armeen[26]. Materielle Anreize zum Militärdienst waren somit kaum vorhanden, Nebeneinkünfte für den Soldaten und Unteroffizier geradezu lebensnotwendig. Solche wirtschaftlichen Betätigungen führten

---

[21] Nicht selten nutzten die lokalen Obrigkeiten die Anwesenheit der Werber, um unliebsame Angehörige unterer sozialer Schichten loszuwerden. Den Militärdienst leisteten jedoch vorwiegend als »ehrlich« angesehene Leute wie Handwerksgesellen und Bauernsöhne, die nicht mit der Übernahme des väterlichen Gutes bedacht wurden. Hinzu kamen Tagelöhner und Gelegenheitsarbeiter. Die Kavallerie nahm aufgrund ihres elitären Selbstverständnisses zumeist nur ausgesuchte Leute an. Kroll, Soldaten im 18. Jahrhundert (wie Anm. 4), S. 133 f., 143, 163 f., 168; Gülich, Die sächsische Armee zur Zeit Napoleons (wie Anm. 4), S. 28 f.

[22] Der Begriff »Ausländer« meint nach damaligem Verständnis vor allem Einwohner der thüringischen Herzogtümer, Preußen und Österreicher. Kroll, Soldaten im 18. Jahrhundert (wie Anm. 4), S. 158 f., 178.

[23] Walter Thum, Die Rekrutierung der sächsischen Armee unter August dem Starken (1694-1733), Leipzig 1912 (= Leipziger Historische Abhandlungen, 29), S. 54.

[24] Um die Mitte des 18. Jahrhunderts waren beispielsweise im Regiment »Graf Stolberg« etwa 94 Prozent der Unteroffiziere und Soldaten evangelischen, etwa 5 Prozent katholischen und etwa 1 Prozent reformierten Glaubens. Kroll, Soldaten im 18. Jahrhundert (wie Anm. 4), S. 170 f.

[25] Zur Übernahme einer Kompanie als materielle und soziale »Chance«: Olaf Groehler, Das Heerwesen in Brandenburg und Preußen von 1640 bis 1806. Das Heerwesen, Berlin 2001, S. 52, 59, 62; Hans Bleckwenn, Unter dem Preußen-Adler. Das brandenburgisch-preußische Heer 1640-1807, München 1978, S. 152 ff.

[26] Schuster/Francke, Geschichte der Sächsischen Armee (wie Anm. 15), S. 233; Gülich, Die sächsische Armee zur Zeit Napoleons (wie Anm. 4), S. 35 f.

nicht selten zu einer gewissen Konkurrenzsituation mit den zivilen Gewerbe-treibenden[27]. Die Einquartierung der Soldaten bei Bürgern und Bauern – die zu dieser Zeit typische Art der Unterbringung – barg zusätzliches Konfliktpotenzi-al. Zudem wirkte sich die Monotonie des Garnisondienstes negativ auf die Mo-tivation der Soldaten aus. Der damit zuweilen einhergehende Alkoholkonsum führte in der Öffentlichkeit oftmals zu Unannehmlichkeiten, Zwistigkeiten und Schlägereien[28]. Im Falle eines Vergehens erwarteten den Soldaten im Allgemei-nen harte körperliche Strafen. Während des Dienstes war das Prügeln schon bei kleinen Nachlässigkeiten ein angemessenes Erziehungsmittel. Allerdings galt es auch, die Gesundheit des Soldaten nicht dauerhaft zu ruinieren. Vor diesem Hintergrund kann die militärische Strafpraxis zuweilen sogar als etwas »mil-der« angesehen werden, als ihr ziviles Pendant[29]. Im sächsischen Offizierkorps, wo die Offiziere in der Regel auf Lebenszeit verblieben, herrschten das Prinzip der Anciennität und eine deutliche Überalterung in allen Dienstgradgruppen. Das Durchschnittsalter der Majore betrug beispielsweise 56,5, das der Obersten 62 und das der Generalität 71,5 Jahre[30]. Die Ausbildung der sächsischen Offizie-re erfolgte klassischerweise über die Kadettenkompanie beziehungsweise über die praktische Diensterfahrung in den Regimentern. Einzig die Artillerie konnte seit 1766 eine eigene Schule aufweisen, ansonsten war eine vereinheitlichte Ausbildung der Offiziere unbekannt. Zudem verlangte allein die Artillerie vom Offizieranwärter einen Nachweis seiner Befähigung. Hinsichtlich seiner sozia-

---

[27] Solche Einkünfte konnten aus der Übernahme zusätzlicher militärischer Aufgaben (z.B. Wachdienste) resultieren oder aber auch aus Betätigungen im Handwerk, in der Land-wirtschaft sowie dem Trödelhandel. Kroll, Soldaten im 18. Jahrhundert (wie Anm. 4), S. 285–288.

[28] Hier entzündete sich der Streit vor allem an der »Einquartierungspflicht«. Es beschwerten sich häufig diejenigen Wirte, die zur Aufnahme von Soldaten gezwungen wurden, ohne dafür Geld zu erhalten. Da vor allem in bürgerlichen Kreisen mit zunehmender Rücksicht auf die eigene »Privatsphäre« gegen 1800 vermehrt davon Gebrauch gemacht wurde, sich von der Aufnahmepflicht freizukaufen, verlagerten sich die Soldatenunterkünfte immer mehr in die ärmeren Randbezirke der Städte. Kroll, Soldaten im 18. Jahrhundert (wie Anm. 4), S. 272 f., 293 f.

[29] Die Militärjustiz unterstand im sächsischen Heer dem »Generalauditeur«. Bei den Re-gimentern existierten Kriegsgerichte. Ihnen oblag die Rechtsprechung über alle Soldaten und Unteroffiziere bis hin zum Hauptmann. Ihnen gehörte als juristischer Berater der »Auditor«, ein Jurist im Range eine Offiziers, an. Für die Vergehen von Stabsoffizieren war das Generalkriegsgericht zuständig. Die Rechtswirklichkeit im sächsischen Heer wurde von Zeitgenossen im Vergleich zu derjenigen in der preußischen Armee als »mil-der« empfunden. Schuster/Francke, Geschichte der Sächsischen Armee (wie Anm. 15), S. 234 f.; Gülich, Die sächsische Armee zur Zeit Napoleons (wie Anm. 4), S. 36–38; Kroll, Soldaten im 18. Jahrhundert (wie Anm. 4), S. 193 f.

[30] Im Vergleich dazu wird zum Beispiel das durchschnittliche Lebensalter der französischen Obersten im Lager von Boulogne 1804/05 mit 39 Jahren angegeben. Bei den Marschällen reichte die Spanne von 34 bis zu 51 Jahren. Im Jahre 1806 betrug das Durchschnittsalter der Unteroffiziere im Regiment »Prinz Xaver« 41,5 Jahre. Interessant erscheint in diesem Zusammenhang auch, dass sich die viel gerühmte Verjüngung des preußischen Offizier-korps im weiteren Verlauf des 19. Jahrhunderts wiederum in eine Überalterung verkehr-te. Gülich, Die sächsische Armee zur Zeit Napoleons (wie Anm. 4), S. 42, 79; Walter, Preußische Heeresreformen (wie Anm. 2), S. 571 f.

len Zusammensetzung wies das sächsische Offizierkorps einen Adelsanteil von etwa 70 Prozent auf[31].

Am Vorabend der Schlacht von Jena und Auerstedt erscheint das sächsische Militär, das zu diesem Zeitpunkt längst keine herausragende Rolle unter den europäischen Heeren mehr spielte, als eine Armee mit zeittypischen Defiziten. Ihre Schwächen lagen dabei weniger in den Bereichen Struktur und Ausrüstung, sondern vielmehr auf den Gebieten der Führung der Armee und des Offizierkorps, in der Ausbildung nach zeitgemäßen Grundsätzen, in der Bewirtschaftung und Versorgung sowie im Bereich der Verankerung des Militärs in der Gesellschaft.

II. Militär und Aufklärung

Insbesondere das letzte Drittel des 18. Jahrhunderts kann auch im kursächsischen Heer als eine Zeit gesteigerter aufklärerischer Tätigkeit in Militärkreisen gelten. Dass Militär und Krieg teilweise einen erheblichen Bestandteil der aufgeklärten Debatte darstellten, hat die historische Forschung erst in letzter Zeit herausgearbeitet[32]. Zumeist konzentrierten sich die Untersuchungen bislang jedoch auf das preußische Militär[33].

Es darf aber nicht übersehen werden, dass auch in Kursachsen als einem Zentrum der Aufklärung in Militärkreisen über notwendige Veränderungen im Stehenden Heer debattiert wurde. Das Militär spielte in der mitteldeutschen Sozietätslandschaft gegen Ende des 18. Jahrhunderts eine bedeutende Rolle. Waren bereits von Generalfeldmarschall Friedrich August Graf von Rutowski (1702-1764), dem Halbbruder des Kurfürsten Friedrich August II., noch vor dem Ausbruch der Schlesischen Kriege erste freimaurerisch-aufklärerische Impulse auf das sächsische Heer ausgegangen, gehörten die Militärs nur wenige Jahrzehnte später zu den in Sozietäten – vor allem in den Freimaurerlogen – am stärksten präsenten Berufsgruppen[34].

---

[31] Im preußischen Offizierkorps betrug der Adelsanteil um 1806 etwa 90 Prozent. Walter Demel, Der europäische Adel. Vom Mittelalter bis zur Gegenwart, München 2005, S. 85. Schuster/Francke, Geschichte der Sächsischen Armee (wie Anm. 15), S. 229.

[32] Vgl. Die Kriegskunst im Lichte der Vernunft. Militär und Aufklärung im 18. Jahrhundert. Hrsg. von Daniel Hohrath und Klaus Gerteis, 2 Teile, Hamburg 1999.

[33] Jessen, Preußens Napoleon (wie Anm. 2), S. 66-79; Heinz Stübig, Heer und Nation. Die nationalpädagogischen Ideen Hermann von Boyens. In: Nationalerziehung. Pädagogische Antworten auf die »deutsche Frage« im 19. Jahrhundert. Hrsg. von Heinz Stübig, Schwalbach 2006; Heinz Stübig, Erziehung und Gesellschaft im Denken Gneisenaus bis zum Beginn der preußischen Reformen. In: MGM, 16 (1974), 2, S. 111-129.

[34] Rutowski gründete 1738 in Dresden die erste Freimaurerloge in Sachsen (die dritte auf deutschem Boden) und machte durch seine aufgeklärten Konzepte zur Menschenführung im sächsischen Heer auf sich aufmerksam. Der Zeitpunkt der Logengründung belegt, dass Rutowski – legt man die Periodisierung der mitteldeutschen Aufklärung nach Hol-

Anregungen kamen dabei nicht zuletzt aus dem »Ausland«. So fand etwa die von Scharnhorst ab 1788 herausgegebene militärwissenschaftliche Zeitschrift »Neues Militairisches Journal« auch im sächsischen Offizierkorps größere Verbreitung. Mit der in Dresden verlegten Zeitschrift »Bellona« verfügten die sächsischen Offiziere zudem über ein eigenes Medium. Die 1771 gegründete »Große Sozietät« bot Ihnen ein Podium zur Lektüre und Diskussion[35]. Während der spätere preußische Militärreformer August Neidhardt von Gneisenau vor 1806 noch »keinen Sterblichen von seinem Stand und seiner Bestimmung abrufen« wollte, verschwammen im kursächsischen Heer bereits gegen Ende des 18. Jahrhunderts die einst beinahe unüberbrückbaren Grenzen zwischen den Dienstgradgruppen[36]. Hatten im Siebenjährigen Krieg beispielsweise die sächsischen Unteroffiziere ihre Befähigung für höhere – überwiegend Adeligen vorbehaltene – Führungsaufgaben nachgewiesen, partizipierten sie später auch aktiv an der aufgeklärten Debatte[37]. So waren sie zum Beispiel Teilnehmer regelmäßiger Diskussionsrunden mit privat-informellem Charakter, die in den Wohnungen von Offizieren stattfanden. Die zunehmende Berücksichtigung der Mannschaften und Unteroffiziere bei der Verleihung von militärischen Auszeichnungen – also das Zugeständnis von »Ehre« – ist ein zusätzliches Indiz für

---

ger Zaunstöck zugrunde – als ein Vorreiter der Sozietätsbewegung gelten kann. Die »arkane Gründungsphase«, die vor allem durch eine Vielzahl an Freimaurerlogen-Gründungen gekennzeichnet war, datiert Zaunstöck auf die Zeit zwischen 1740 und 1781. Die aufklärerischen Impulse, die Rutowski aus seiner vorangegangenen Dienstzeit in Warschau mitbrachte, zeigen, dass die Sozietätsbildung keineswegs durch politische Grenzen gehemmt wurde. Sicher hatte Rutowskis Wirken einen gewissen Anteil daran, dass später gerade das Militär – neben dem Beamtentum und den Bildungsberufen – die mitteldeutschen Freimaurerlogen dominierte und in diesem Raum auch in der gesamten Sozietätsbewegung (etwa durch Doppel- oder Mehrfachmitgliedschaften) stark vertreten war. So dominierten Offiziere im ausgehenden 18. Jahrhundert auch den Orden der Gold- und Rosenkreuzer. Holger Zaunstöck, Sozietätslandschaft und Mitgliederstrukturen. Die mitteldeutschen Aufklärungsgesellschaften im 18. Jahrhundert, Tübingen 1999, S. 91, 138, 177, 184, 211, 216; Kurt Kranke, Freimaurerei in Dresden. Aspekte ihrer äußeren Geschichte im 18./19. Jahrhundert. In: Dresdner Hefte, 64 (2000), S. 13 f. Zur sächsischen Aufklärung – jedoch ohne Bezüge zum Militär – siehe auch: Sächsische Aufklärung. Hrsg. von Anneliese Klingeberg u.a., Leipzig 2001 (= Leipziger Studien zur Erforschung von regionenbezogenen Identifikationsprozessen, 7); Agatha Kobuch, Zensur und Aufklärung in Kursachsen. Ideologische Strömungen und politische Meinungen zur Zeit der sächsisch-polnischen Union, Weimar 1988.

[35]   Kroll, Soldaten im 18. Jahrhundert (wie Anm. 4), S. 183, 187.

[36]   Aus einer anonymen Denkschrift Gneisenaus an Friedrich Wilhelm III. vom April 1803. Zit. nach Stübig, Erziehung und Gesellschaft (wie Anm. 33), S. 114.

[37]   Da die meisten sächsischen Offiziere nach der Kapitulation am Lilienstein 1756 den Übertritt in die preußische Armee verweigerten und auf Ehrenwort entlassen wurden, kam den Unteroffizieren in den zwangseingegliederten sächsischen Regimentern als »Korsettstangen« eine tragende Rolle zu. Der Großteil der oftmals in geschlossenen Formationen aus dem preußischen Dienst entlaufenen sächsischen Soldaten wurde während ihrer Flucht und anschließenden Sammlung von ihnen geführt. Mit großem Selbstverständnis und hoher Dienstauffassung führten sie die Aufgaben der Offiziere aus.

den frühen Wandel in der gegenseitigen Wahrnehmung der Dienstgradgruppen in der kursächsischen Armee[38].

Wesentliche Inhalte der Debatte waren zum einen das Ansehen des Militärs in der Öffentlichkeit sowie die sozialen Verhältnisse der Soldaten. Die militärinterne Diskussion ist dabei vor allem als Reaktion auf die zunehmende bürgerliche Kritik am Stehenden Heer anzusehen[39]. Durch eine Verbesserung der allgemeinen Dienstbedingungen – beispielsweise des Militärstrafsystems – hoffte man, das »tugendhafte Verhalten«, die Motivation und das Betragen der Soldaten heben und somit zu einer Steigerung ihres Ansehens in der Öffentlichkeit beitragen zu können. Neben der »moralischen Besserung« wurde auch der geringe Sold thematisiert, zudem die Problemkreise Altersarmut und Invalidität[40]. Während die allgemeine Kriegstüchtigkeit offenbar weniger thematisiert wurde, bezog sich die Diskussion zum anderen ganz wesentlich auf militärtheoretische Belange. Einen gewissen Bekanntheitsgrad haben in diesem Zusammenhang beispielsweise die militärwissenschaftlichen Schriften des sächsischen Artillerieoffiziers Johann Gottlieb Tielke erlangt[41]. Auch der sächsische General Volpert Christian von Riedesel setzte sich mit den Anforderungen des »Soldaten Standtes« auseinander[42]. Neben moralischen Forderungen wie »Tugend, Fleiß und Tapfferkeit«, durch die auch »eine niedrige Geburth der größern gleich gelten« könne, neben »Fleiß und Mühe«, forderte er vor allem die Auseinandersetzung der Offiziere mit der »Kriegs-Wißenschaft«. Geprägt durch den aufklärerischen »Bildungsenthusiasmus«[43] verurteilte Riedesel den stupiden Haudegen, dessen fachliches Können weitgehend auf Erfahrungswissen basierte, scharf. Der ihm vorschwebende Idealtypus eines Offiziers war

---

38   Gegen Ende des 18. Jahrhunderts war es im sächsischen Heer offenbar nicht ungewöhnlich, dass auch Unteroffiziere an den Zusammenkünften aufgeklärter Offiziere teilnahmen. Kroll, Soldaten im 18. Jahrhundert (wie Anm. 4), S. 188, 190, 575.
39   Vgl. Jessen, Preußens Napoleon (wie Anm. 2), S. 173; Werner Gembruch, Bürgerliche Publizistik und Heeresreform in Preußen (1805-1808). In: MGZ, 16 (1974), 2, S. 7-32.
40   Kroll, Soldaten im 18. Jahrhundert (wie Anm. 4), S. 186-189.
41   Tielkes Werke wurden von verschiedenen namhaften europäischen Heerführern rezipiert. Er stand auch mit Scharnhorst in Briefkontakt. Vgl. Moritz Schneider, Aus dem Nachlass des kursächsischen Artilleriehauptmanns Johann Gottlieb Tielke. Ein Beitrag zur Quellenkritik der Geschichte des Siebenjährigen Krieges. In: Forschungen zur Brandenburgischen und Preussischen Geschichte, Bd 3, Leipzig 1890, S. 165-226; Interessant sind in diesem Zusammenhang die Betrachtungen des sächsischen Offiziers Johann Gottfried von Hoyer über die ersten beiden Feldzüge des Siebenjährigen Krieges, für die sächsische Militärgeschichte aber vor allem seine »Analisierung des Feldzuges von 1756«. Siehe Johann Gottfried von Hoyer, Versuch junge Offiziers zum Studium der Kriegsgeschichte aufzumuntern. Mit einem Plan des verschanzten Lagers bey Pirna, Tübingen 1809.
42   Die Schrift »Einige Annotationes. Waß bey dem Soldaten Standte vor Qualiteten erfordert werden« ist Bestandteil der umfangreichen Handschriftensammlung der Bibliothek des Militärgeschichtlichen Forschungsamtes Potsdam (Sign.: 0106183). Insbesondere Martin Meier hat auf die bislang wenig beachteten Handschriftenbestände der Bibliothek des MGFA aufmerksam gemacht, diese überblicksartig erfasst und in Auszügen kommentiert: Martin Meier, Die Handschriften der Bibliothek des Militärgeschichtlichen Forschungsamtes, Potsdam 2007 (= Potsdamer Schriften zur Militärgeschichte, 4).
43   Walter, Preußische Heeresreformen (wie Anm. 2), S. 568.

»durch Passion agitirt«. Den erworbenen Bildungsgrad erhob Riedesel zum wichtigsten Kriterium für dessen »Avancement«. Er forderte von den Offizieren die permanente geistige Auseinandersetzung mit dem Krieg. Bildung und Verwissenschaftlichung galten ihm und anderen aufgeklärten Offizieren als wichtigste »Einfalltore« für moderne Gedanken. Die Umwälzungen, denen sich der sächsische Staat und sein Militär nach 1806 ausgesetzt sahen, boten nicht zuletzt Chancen für die Militäraufklärer zur praktischen Umsetzung ihrer Gedanken.

III. Die Feldzüge der sächsischen Armee zwischen 1806 und 1809 als Motor für Veränderungen

Am 14. Oktober 1806 erlitten die sächsischen Truppen an der Seite des preußischen Heeres in der Schlacht bei Jena eine vernichtende Niederlage[44]. Daraufhin erklärte sich der sächsische Kurfürst für neutral und beorderte seine verbliebenen Truppen in ihre Garnisonen zurück. Der Frieden von Posen vom 11. Dezember 1806 beendete den Krieg offiziell. Neben der Erhebung Sachsens zum Königreich und der Festlegung der Kontributionen beinhaltete er die Verpflichtung Sachsens zur sofortigen Waffenhilfe für Frankreich gegen Preußen[45]. Bereits im Februar 1807 wurde das neue Kontingent zusammengezogen[46].

Besonders letzter Umstand trug dazu bei, dass die sächsische Staats- und Armeeführung vorerst kaum Gelegenheit fand, die Schwächen des eigenen Heeres sowie die Ursachen der Niederlage zu analysieren. Es erscheint zudem fraglich, ob eine umfassende Selbstkritik nach preußischem Vorbild zu diesem Zeitpunkt im sächsischen Militär überhaupt angebracht schien[47]. Die Sachsen hatten nach eigenem Dafürhalten bei Jena tapfer gekämpft, was ihr verehrter und nun in seinem Rang erhöhter Landesvater entsprechend würdigte. Da man

---

[44] Gerd Fesser, 1806. Die Doppelschlacht bei Jena und Auerstedt, Jena 2006, S. 43-61; Karl-Horst Bichler, Napoleons Krieg gegen Preußen und Sachsen 1806, Berlin 2006, S. 74-114, 167-171; Egon Krannich und Jürgen Rolle, Husaren und Grimma. Eine Kulturgeschichte, Grimma 2004, S. 94-96; Schuster/Francke, Geschichte der Sächsischen Armee (wie Anm. 15), S. 246-264; Ernst von Werlhof, Geschichte des 1. Husaren-Regiments »König Albert«, Nr. 18, Leipzig 1909, S. 162-171.

[45] Für den noch andauernden Feldzug gegen Preußen musste Sachsen ein Kontingent von 6000 Mann stellen, für weitere Kriegsfälle 20 000 Mann. Gülich, Die sächsische Armee zur Zeit Napoleons (wie Anm. 4), S. 72 f.; Groß, Geschichte Sachsens (wie Anm. 5), S. 181 f.; Dorit Petschel, Sächsische Außenpolitik und Friedrich August I. Zwischen Rétablissement, Rheinbund und Restauration, Köln 2000 (= Dresdner Historische Studien, 4), S. 296-300. Zur französischen Besatzung in Sachsen: Töppel, Die Sachsen und Napoleon (wie Anm. 4), S. 26-50.

[46] Zum Einsatz der sächsischen Truppen im Krieg gegen Preußen: Schuster/Francke, Geschichte der Sächsischen Armee (wie Anm. 15), S. 265-270.

[47] Zu den Debatten im preußischen Heer nach der Niederlage von Jena und Auerstedt: Jessen, Preußens Napoleon (wie Anm. 2), S. 307 f., 314 f., 323-328. Klaus Hornung, Scharnhorst, Soldat – Reformer – Staatsmann. Die Biographie, München 1997, S. 134-136.

unter preußischem Oberbefehl gestanden hatte, konnte die Niederlage zudem einer schwachen preußischen Führung angelastet werden. Außerdem wurde die sächsische Armee nach der Schlacht bei Jena nicht im selben Maße wie das preußische Heer räumlich verstreut, noch durch Friedensbestimmungen drastisch in seiner Stärke reduziert und damit auch nicht in Struktur und Tradition zerbrochen. Die von den Franzosen propagierte Befreiung vom »preußischen Joch« stieß bei der sächsischen Bevölkerung zunächst durchaus auf Zustimmung; Napoleon konnte auf die Soldaten eine charismatische Wirkung entfalten und stand zudem in einem guten persönlichen Einvernehmen mit dem sächsischen König[48]. Da sich Sachsen ohnehin nicht als Militärstaat verstand und über keinerlei Großmachtambitionen verfügte, wirkte eine Niederlage zudem weniger demütigend als im Falle Preußens. Kurz gesagt: Sachsen hatte 1806 keinen Krieg, sondern allenfalls eine Schlacht verloren. In politischer Hinsicht hatte es sogar Gewinne erzielen können.

Anders als in Preußen, wo Friedrich Wilhelm III. auf die Niederlage unter anderem mit der raschen Einsetzung der »Reorganisationskommission« reagierte, erfolgten daher in Sachsen zunächst nur geringe Veränderungen im Militärwesen, die vor allem den Bereich der Ausrüstung und Uniformierung betrafen. Hervorzuheben ist allerdings die Installation eines Vorläufers des späteren »Generalstabes« in den Divisionen. Zumindest wurde im Jahre 1808 auch versucht, die Kriegsbereitschaft der sächsischen Truppen durch die Abhaltung zweier Exerzierlager zu erhöhen. Eingeführt wurden neue Fahnen und Standarten, neue Gewehre sowie leichte Abänderungen bei der Uniformierung. Allerdings verschwanden nach 1806 auch die Zöpfe und Perücken aus dem Militär sowie (ab 1808) bei den Offizieren die Stöcke[49]. Erheblich weitreichendere Folgen hatte jedoch der Feldzug gegen Österreich im Jahre 1809, an dem die sächsischen Truppen – nun gegliedert in zwei Divisionen – als IX. Armeekorps des französischen Heeres teilnahmen. Bereits während des Marsches nach Österreich zog man die leichten Schützen zu eigenen Abteilungen zusammen und stellte eine hoch bewegliche Batterie Reitende Artillerie auf. Im weiteren Verlauf des Feldzuges fochten die Sachsen zwar tapfer, allerdings offenbarte sich auch die Rückständigkeit des gesamten sächsischen Militärapparates, insbesondere die Unzulänglichkeit der Gefechtsausbildung sowie die Schwerfälligkeit der Kompaniewirtschaft[50]. Um Napoleon keine Ursache zur Unzufriedenheit zu

---

[48] Winfrid Halder, Friedrich August III./I. (1763/1806-1827). In: Die Herrscher Sachsens. Markgrafen, Kurfürsten, Könige 1089—1918. Hrsg. von Frank-Lothar Kroll, München 2007, S. 203-222, hier S. 215 f.; Gülich, Die sächsische Armee zur Zeit Napoleons (wie Anm. 4), S. 100; Töppel, Die Sachsen und Napoleon (wie Anm. 4), S. 244 f.; zur Aufnahme sächsischer Soldaten aller Dienstgrade in die französische Ehrenlegion: Rainer Wächtler, Die Königlich Sächsischen Mitglieder der Ehrenlegion (1807-1813), Chemnitz 2002.

[49] Schuster/Francke, Geschichte der Sächsischen Armee (wie Anm. 15), S. 270-293, 302; Werlhof, Geschichte des 1. Husaren-Regiments (wie Anm. 44), S. 172-185.

[50] Töppel, Die Sachsen und Napoleon (wie Anm. 4), S. 245-262. John H. Gill, With Eagles to Glory. Napoleon and his German Allies in the 1809 Campaign, London u.a. 1992, S. 248-311. Zum Dienst leichter Infanterie um 1800 vgl. Reglement: Regulations for the

geben und aufgrund der inzwischen von den sächsischen Offizieren gesammelten Erfahrungen, sollte das folgende Jahr zahlreiche gravierende Veränderungen im sächsischen Militär mit sich bringen.

IV. Die Neuformierung der Armee 1810 bis 1812

So wie sich nach 1807 Vertreter der Stände und der Beamtenschaft mit bürgerlichem Hintergrund um eine umfassende Staatsreform in Sachsen[51] bemühten, versuchten gleichzeitig auch hohe – für ihren Dienstgrad aber noch junge und ehrgeizige – sächsische Offiziere, Veränderungen im Militärwesen herbeizuführen[52]. Zu ihnen gehörten die Generalmajore Karl Friedrich von Gersdorff, Ferdinand von Funck und Johann Adolf Freiherr von Thielmann sowie der Oberst Karl Friedrich Freiherr von Langenau. Gersdorff und Langenau – beide Stabschefs der sächsischen Divisionen im Feldzug gegen Österreich – sowie Thielmann als Kommandeur der im Lande zurückgelassenen Truppen, legten dem König ihre Schlussfolgerungen aus den Ereignissen von 1809 in aller Offenheit dar[53]. Die Denkschriften beinhalteten militärinterne Verbesserungsvorschläge für fast alle Bereiche: Führung und Personalauswahl, Rekrutierung, Gerichtsbarkeit, Uniformierung, Organisation und Wirtschaft der Armee sowie die Zusammensetzung des Geheimen Kriegsratskollegiums. Als Vorbild dienten zumeist die Einrichtungen der französischen Armee. Aus deren Sicht war eine gewisse Vereinheitlichung der Rheinbundkontingente ohnehin nötig, sollten diese doch unter Führung Napoleons und seiner Marschälle als funktionierendes Ganzes agieren.

Nachdem der König die Vorschläge durch eine unabhängige Militärkommission hatte prüfen lassen, erfolgte auf dieser Grundlage die Weisung zur »Formirung der Armee« in 14 Punkten. Eigene Anregungen des Königs sind in diesem Zusammenhang nicht bekannt. Bereits vor dem Inkrafttreten dieser Weisung war das Reglement für die sächsische Infanterie nach dem Vorbild des

---

Exercise of Riflemen and light Infantry, and instructions for their conduct in the field, London 1798.

[51] Zwischen 1808 und 1815 erschienen 43 Schriften zum Reformbedarf in Sachsen, die sich vor allem am französischen und preußischen Vorbild orientierten. 1807 wurde zudem eine »Wiederaufhelfungs-Kommission« eingesetzt. König und Minister schenkten den Reformvorschlägen aber letztendlich kein Gehör. Groß, Geschichte Sachsens (wie Anm. 5), S. 183.

[52] Zum Beispiel des Obersten Johann Adolph von Thielmann: Töppel, Die Sachsen und Napoleon (wie Anm. 4), S. 249 f.

[53] Weitere Reorganisationsvorschläge sind unter anderem von folgenden Offizieren bekannt: Major von Süßmilch, genannt Hörning (Kavallerie); Major von Carlowitz (Errichtung leichter Infanterie); Major Hoyer (Ingenieurkorps); Hauptmann von Großmann (leichte Artillerie); Hauptmann Bonniot (Artillerie). Gülich, Die sächsische Armee zur Zeit Napoleons (wie Anm. 4), S. 103, ausgewählte Biografien: S. 252-257.

französischen Manuel d'Infanterie von 1808 überarbeitet worden. Dem Mangel an leichter Infanterie versuchte man 1809 mit der Errichtung zweier Schützenbataillone entgegenzuwirken. Zu den vorgezogenen Veränderungen gehörte zudem die Einführung des Leistungsprinzips im Offizierkorps. Seit dem 26. Februar 1809 sollten die Offiziere vom Kapitän/Rittmeister aufwärts vor allem aufgrund ihrer Fähigkeiten und nicht nach ihrem Dienstalter befördert werden[54]. Ein wesentlicher Inhalt der Neuformierung der Armee, die sich ab Mai 1810 unter der Leitung des Generalmajors von Gersdorff vollzog, war die feste Installation eines Königlichen Generalstabes aus ausgesuchten Offizieren. Dieser unterstand – ebenso wie etwa der Kriegsminister und das »Geheime Kriegsratskollegium« – nun dem »Militair-Departement«. Als erster Chef des Generalstabes fungierte Gersdorff. Die Einrichtung des Postens wurde von einer entsprechenden Instruktion begleitet. Der Generalstabschef verfügte innerhalb der Armee über eine enorm herausgehobene Position, er fungierte gewissermaßen als Stellvertreter des Monarchen in militärischen Angelegenheiten.

Die etwa 31 600 Mann starke Armee wurde fortan im Frieden wie im Krieg in eine Kavallerie- und zwei Infanteriedivisionen gegliedert[55]. Die Generalinspektorate erloschen somit. Die Divisionen besaßen in Zukunft auch einen eigenen Generalstab. Die Divisionskommandeure erhielten dazu ebenfalls eine entsprechende Dienstanweisung. Aus den erwähnten beiden Schützenbataillonen wurden zudem zwei Leichte Infanterieregimenter und ein neues Jägerkorps formiert. Hinsichtlich der Gliederung und Stärke bestanden zwischen den Linien- und den Leichten Regimentern keine gravierenden Unterschiede. Allerdings waren die leichten Truppen in taktischer Hinsicht für das sogenannte Tirailleurgefecht vorgesehen, das durch eine aufgelockerte oder geöffnete Gefechtsordnung sowie durch den Feuerkampf des Einzelschützen anstelle des Massenfeuers geprägt war. Hierzu war für das Jägerkorps statt der Muskete die präziser schießende Büchse eingeführt worden. Die übrige Infanterie erhielt zudem neue Gewehre und in der Ausbildung wurde dem gezielten Einzelfeuer eine höhere Wertigkeit eingeräumt[56]. Auch ein Teil der Artillerie erhielt neues Geschütz, des Weiteren wurde die Reitende Artillerie zur Brigade mit einem entsprechenden Stab formiert. Der Artillerie zugeordnet war fortan ein Trainbataillon, das für den Transport der Artillerie verantwortlich war und zugleich den Fuhrpark für die gesamte Armee bildete. Auch das Ingenieurkorps wurde

[54] Dies führte dazu, dass viele nur eingeschränkt taugliche Offiziere bereits vor dem Feldzug gegen Österreich in ihren Garnisonen zurückgelassen wurden. Schuster/Francke, Geschichte der Sächsischen Armee (wie Anm. 15), S. 295, 301; Gülich, Die sächsische Armee zur Zeit Napoleons (wie Anm. 4), S. 106 f.

[55] Jede Infanteriedivision gliederte sich fortan in zwei Brigaden, die Kavalleriedivision in drei Brigaden. Bei der 2. Infanteriedivision existierte zudem eine Leichte Infanteriebrigade. Ingenieur- und Artilleriekorps sowie die Invalidenkompanie unterstanden dem Chef des Generalstabes.

[56] Georg Ortenburg, Waffe und Waffengebrauch im Zeitalter der Revolutionskriege, Koblenz 1988, (= Heerwesen der Neuzeit, 3. Abt., Das Zeitalter der Revolutionskriege, 1), S. 55; Gülich, Die sächsische Armee zur Zeit Napoleons (wie Anm. 4), S. 127; Schuster/ Francke, Geschichte der Sächsischen Armee (wie Anm. 15), S. 301 f.

neu organisiert. Hierbei ist vor allem die Errichtung einer Kompanie Sappeure zu erwähnen[57]. Von den sächsischen Landesfestungen sollte Torgau zukünftig zur bedeutendsten ausgebaut werden. Hinsichtlich der Stationierung der Truppen ist hervorzuheben, dass auf königliche Weisung die Standquartiere der Verbände in Zukunft nicht auf mehrere Orte verteilt, sondern die Regimenter künftig geschlossen zu stationieren waren. Diese verstärkte räumliche Konzentration der Truppen deutete bereits den Prozess an, der im weiteren Verlauf des 19. Jahrhunderts zur Etablierung der Kaserne als zentralem militärischen Lebensraum führen sollte[58]. Zusammenziehungen der Großverbände – beispielsweise zu Übungen oder Mobilmachungen – sollten jedoch in Regionen stattfinden, in denen das Militär ansonsten nicht präsent war[59].

Hinsichtlich der Heeresergänzung sollte ab 1811 das mit der Werbung verbundene Ersatzsystem entfallen und durch die Landrekrutierung mit Kreiskommissionen ersetzt werden. Auffälligstes Zeichen der vorgenommenen Veränderungen war nach außen hin – neben der Einführung neuer Feldzeichen mit königlichem Wappen – die neue Uniformierung der Armee nach französischem Vorbild[60]. Auch beim Offizierkorps wurden wesentliche Veränderungen vorgenommen. Im Zuge der Umstellung auf ein neues Wirtschafts- und Verwaltungssystem erfolgte einmal die völlige Abkehr von der Kompaniewirtschaft. Fortan zeichnete der Chef des Generalstabes beziehungsweise der Generalintendant für die ökonomischen Belange der Armee verantwortlich. Hinzu kamen die bereits angedeutete Abkehr vom Prinzip der Anciennität und die damit einhergehende Verjüngung des Offizierkorps[61].

Insgesamt gelang es Gersdorff, die angedachten Veränderungen im sächsischen Heer im Einklang mit dem Staatshaushalt weitestgehend umzusetzen und die Armee somit auf einen hohen Stand zu bringen. Die vorgenommenen Veränderungen scheinen den sächsischen Offizieren auch Zuversicht und Motivation eingeflößt zu haben. Den bevorstehenden Ereignissen sahen sie jedenfalls mit Ehrgeiz und Eifer entgegen[62].

Der Russlandfeldzug Napoleons setzte dem Vorhaben jedoch enge zeitliche Grenzen: Bereits im Mai 1811 begannen die Vorbereitungen in Form einer Zusammenziehung der Armee zu Ausbildungs- und Übungszwecken. Noch wäh-

---

[57] Gülich, Die sächsische Armee zur Zeit Napoleons (wie Anm. 4), S. 144-147.
[58] Wolfgang Schmidt, Historische Militärarchitektur in Potsdam heute, Potsdam 2001, S. 14.
[59] Die Schulung der militärischen Führer in der Beurteilung und Ausnutzung des unbekannten Terrains war eine notwendige Begleiterscheinung der Auseinandersetzung mit der napoleonischen Taktik. Sie war beispielsweise auch ein wesentlicher Bestandteil der taktischen Veränderungen im preußischen Heer zur selben Zeit. Reinhard Sautermeister, Die taktische Reform der preußischen Armee nach 1806 (Diss.), Tübingen 1935, S. 63, 71, 74.
[60] Hierzu im Detail: Wolfgang Friedrich, Die Uniformen der Königlich Sächsischen Armee 1810-1867, Dresden 1997.
[61] Das durchschnittliche Lebensalter konnte durch Pensionierungen und Durchführung überfälliger Beförderungen beispielsweise bei der sächsischen Generalität von 71,5 Jahren (1806) auf 61 Jahre (1810/12), bei den Obersten der Infanterie von 64 Jahren (1806) auf 56 Jahre (1812) gesenkt werden. Gülich, Die sächsische Armee zur Zeit Napoleons (wie Anm. 4), S. 170-181.
[62] Töppel, Die Sachsen und Napoleon (wie Anm. 4), S. 263.

rend dieser Zeit wurden einige der geplanten strukturellen und organisatorischen Änderungen vorgenommen. Im kommenden Jahr nahmen etwa 27 000 Mann als sächsisches Kontingent im VII. französischen Armeekorps am Feldzug gegen Russland teil. Von den französischen Befehlshabern mehrfach auf verschiedene Verbände aufgeteilt und durch die extremen Anforderungen des Feldzuges dezimiert, kehrten von den Sachsen allenfalls 3000 bis 5000 in ihre Heimat zurück. Die neu geschaffene sächsische Armee existierte somit bereits 1813 nicht mehr[63]. Der Wechsel Sachsens auf die Seite der Gegner Napoleons bewirkte bereits neue Veränderungen im sächsischen Militär, die nach den für Sachsen katastrophalen Ergebnissen des Wiener Kongresses ihre Fortsetzung fanden[64].

V. Verbliebene Defizite

Ungeachtet der Anzahl der im sächsischen Heer vorgenommenen Veränderungen blieben zahlreiche Schwachstellen bestehen. Anders als beispielsweise in Preußen hielt man im sächsischen Heer auch weiterhin an einer getrennten und wenig gefechtsnahen Übung und Ausbildung von Kavallerie, Infanterie und Artillerie fest. Auch hatte einzig die Artillerie in Gestalt des »Trainbataillons« eine vom zivilen Fuhrwesen unabhängige Transportkomponente erhalten. Das Sanitätswesen hatte kaum Verbesserungen erfahren. Obwohl das Offizierkorps erfolgreich verjüngt wurde, hob sich dessen Bildungsstand nur wenig – das neue preußische System einer vereinheitlichten Ausbildung in »Kriegsschulen« beziehungsweise »Kriegsakademien« mit entsprechenden Zulassungsschwellen fand in Sachsen keine Nachahmung. Der gravierendste Unterschied lag jedoch in der Verankerung des Militärs in der Gesellschaft. Ungeachtet aller Veränderungen innerhalb des sächsischen Offizierkorps blieb der Anteil des Adels insbesondere bei den Offizieren der Infanterie und Kavallerie unverändert hoch. Als »bürgerlicher« erwiesen sich lediglich die Artillerie und das Ingenieurkorps. Anders als in Preußen hatte man im sächsischen Heer nach 1806 also keine Versuche unternommen, bürgerliche Kräfte und ihre Kompetenzen verstärkt in das Militär zu integrieren. In Gersdorffs Plänen spielte offenbar auch der Gedanke einer allgemeinen Dienstpflicht nie eine Rolle[65]. Die Integration

[63] Ebd. S. 274 f.; Werlhof, Geschichte des 1. Husaren-Regiments (wie Anm. 44), S. 190-210.
[64] Als erstes sichtbares Zeichen des Frontenwechsels wurden zum Beispiel die Abzeichen nach französischem Muster abgeschafft und durch solche ergänzt, die sich am russischen Vorbild orientierten. Schuster/Francke, Geschichte der Sächsischen Armee (wie Anm. 15), S. 369-374; Schuster/Francke, Geschichte der Sächsischen Armee, III. Theil, Leipzig 1885, S. 3-10.
[65] Insgesamt ist sogar ein leichter Rückgang des Anteils bürgerlicher Offiziere erkennbar. Waren 1806 noch 11 Prozent der sächsischen Generale und 17 Prozent der Obersten bürgerlicher Herkunft, so betrug ihr Anteil 1810 noch 7 Prozent (Generale) bzw. 14 Prozent

aller Bevölkerungsschichten zum gemeinsamen Kampf gegen Napoleon, die spätere Formierung des »Banners der freiwilligen Sachsen« sowie einer sächsischen Landwehr wurde dementsprechend 1813 vom russischen Generalgouverneur für Sachsen, Fürst Nikolaij Grigorevič von Repnin-Volkonskij, initiiert[66].

VI. Zusammenfassung

Die Veränderungen des Jahres 1810 modernisierten das sächsische Militärwesen ohne Zweifel in einem breiten Umfang, brachten jedoch nicht alle Bereiche desselben auf den bestmöglichen Stand der Zeit. Insgesamt berührten die Maßnahmen fast ausschließlich materielle, militärtechnische, organisatorische und strukturelle Aspekte. Ideelle Belange, der Bereich der Heeresverfassung, die Integration bürgerlicher Kräfte und Kompetenzen, also gewissermaßen die Nahtstelle zwischen Militär und Gesellschaft, blieben jedoch weitgehend unberührt. Dennoch ist der Fortschritt des aufgeklärten Diskurses im sächsischen Heer hervorzuheben. Bilanziert man den gesamten Veränderungsprozess zwischen 1806 und 1812 mit einem Blick auf eine »echte«, auf die preußische Heeresreform, so tragen die Veränderungen im sächsischen Heer eher den Charak-

---

(Oberste). Im Artilleriekorps betrug der Anteil bürgerlicher Offiziere 85 Prozent, im Ingenieurkorps 95 Prozent. Zur Einführung einer allgemeinen Wehrpflicht (mit Stellvertreterregelung) kam es in Sachsen erst 1834. Gleichzeitig wurden auch das Offizierkorps für Bürgerliche geöffnet und körperliche Züchtigungen abgeschafft. Gülich, Die sächsische Armee zur Zeit Napoleons (wie Anm. 4), S. 103, 179 f.; Schuster/Francke, Geschichte der Sächsischen Armee (wie Anm. 64), S. 31 f.; Groß, Geschichte Sachsens (wie Anm. 5), S. 211.

66 Vom Oktober 1813 bis zum November 1814 wurde das Königreich Sachsen einem Zentralverwaltungsrat für die zurückeroberten deutschen Gebiete unterstellt. Dieser stand unter der Leitung des Freiherrn vom Stein. Eine der ersten Maßnahmen des Gouverneurs Fürst Repnin war die Aufforderung an die Sachsen, sich gegen Napoleon zu bewaffnen. Ergebnis dieses Aufrufes war der etwa 3000 Mann starke »Banner der freiwilligen Sachsen«, der offenbar nur durch gehörigen Druck auf die Bevölkerung formiert werden konnte. Nach der Rückkehr aus ihrem Kriegseinsatz im Jahre 1814 wurden die Freiwilligen aus Furcht vor »bewaffneten Volksmassen« sofort wieder entlassen. Ebenso wurden nach preußischem Vorbild »für die Dauer des Krieges« eine sächsische Landwehr und ein Landsturm formiert. Auch in diesem Falle wurde der »Dienst am Vaterland« oftmals durch Strafandrohung erzwungen. Auch die Landwehrmänner wurden nach kurzem Kriegseinsatz 1814 wieder entlassen. Da nach 1806 in Sachsen – anders als etwa in Preußen – keine Insurrektionspläne existierten, war die Formierung eines Landsturmes überflüssig. Zum Zeitpunkt der russischen Verwaltung war das Königreich bereits von französischen Truppen geräumt, sodass der Landsturm auch hier ohne militärische Bedeutung war. Aus diesen Gründen kam es in diesem Falle nicht zur Aufstellung entsprechender Formationen. Reinhard Köpping, Sachsen gegen Napoleon. Zur Geschichte der Befreiungskriege 1813–1815, Berlin 2001; Reiner Gross, Von Moskau nach Leipzig. Sachsen an Napoleons Seite und unter russischer Oberhoheit. In: Dresdner Hefte, 74 (2003), S. 24 ff.; Erhard Hexelschneider, Kulturelle Begegnungen zwischen Sachsen und Rußland 1790–1849, Köln 2000 (= Geschichte und Politik in Sachsen, 13), S. 138 ff.

ter einer Reorganisation, einer durch äußere Zwänge angestoßenen Evolution des Militärwesens. Die Seitenblicke auf das preußische Heerwesen um 1800 zeigen aber auch, dass die dortigen Reformprozesse keineswegs als einzigartige Phänomene inmitten hoffnungslos zurückgebliebener Nachbarn zu sehen sind. Es muss vielmehr davon ausgegangen werden, dass gerade die aufgeklärte Debatte mit ähnlicher Intensität auch bei den »Mindermächtigen« geführt wurde. Die zahlreichen Parallelen zwischen der Militäraufklärung in Sachsen und Preußen deuten zudem auf starke grenzüberschreitende Impulse hin. Zwar ist im sächsischen Militärwesen kein jäher, kumulativer und allumfassender Umbruch festzustellen, wie im preußischen Heer zwischen 1807 und 1814. Jedoch gilt es zu überlegen, ob im Falle Sachsens stattdessen von einer längeren Reformperiode gesprochen werden kann, die mit dem Siebenjährigen Krieg einsetzte und mit der Einführung der Wehrpflicht im Jahre 1834 ihren Endpunkt fand. Sie war gerade im ausgehenden 18. Jahrhundert weniger durch die Diskussion um die Kriegstüchtigkeit geprägt, als durch die Veränderungen in der gegenseitigen Wahrnehmung der Dienstgradgruppen, durch ein sich wandelndes Selbstbild. Insofern ist auch darüber nachzudenken, ob die sächsische Armee hinsichtlich des inneren Gefüges im Vergleich zum preußischen Heer um 1800 sogar als die – im aufgeklärten Sinne – »modernere« gelten kann.

Helmut Kuzmics und Sabine A. Haring

Habitus und Reform in der Habsburger Armee zwischen 1800 und 1918

I. Die habsburgische Armee zwischen beharrendem Habitus und dem Stachel der Reform

Der habsburgische Offizier hat viele Kilometer Film hinterlassen, die uns ein glänzend-trügerisches Bild von seinem Wesen oder besser: seiner Erscheinung übermitteln. Er ist charmant, trägt eine blitzende Uniform, neigt zum Schürzenjägertum und manchmal zu leichter Vertrotteltheit, weicht keinem Duell aus und zieht tapferer ins Manöver als in den Krieg. Wenn auch dieses Bild seines Habitus mehr Parodie als sonst irgendetwas ist, so ist es natürlich nicht gänzlich falsch und die Idee von einem relativ stabilen »Habitus« muss es auch nicht zwangsläufig sein. Verstehen wir unter einem sozialen Habitus die sichtbar-körperlich gewordene Ebene des Ausdrucks von gewohnheitsmäßig auftretenden Gefühlen und Gefühlsstrukturen, einschließlich jener, die ein gewisses Verhalten vorhersagbar machen, so geht es hier vor allem um das Erleben oder die Kontrolle jener Gefühle, die mit dem Erfolg im Krieg zu tun haben. Ausgangspunkt unserer Überlegungen ist die verblüffende Stabilität gewisser Konstellationen in der österreichischen Geschichte kriegerischer Auseinandersetzungen – nach den überwältigenden Siegen des Prinzen Eugen wurde kein entscheidender, nachhaltiger Sieg mehr erzielt, und wir begegnen dem Paradoxon, dass der durchaus ritterlich-feudale Charakter des österreichischen Offiziers mit seiner Betonung einer ungebrochenen Kriegermoral in einem deutlichen Kontrast zu Verhaltenszügen steht, die wir als denkbar unkriegerisch einschätzen –, nämlich einer Haltung des Zauderns und Zögerns, der Unselbstständigkeit und Entschlusslosigkeit, die Niederlagen vorzuprogrammieren scheint.

Um 1800 war Napoleons Kriegführung im Vergleich zur österreichischen einfach, schnell und rücksichtslos. Die zur Untätigkeit einladende spätbarocke Schlachtenphilosophie der Österreicher war schon durch den Preußen Friedrich II. schmerzhaft korrigiert worden; Napoleon zwang zur Totalumkehr. Aber trotz einer sich über ein Jahrhundert erstreckenden Reformtätigkeit kommt Manfried Rauchensteiner für den Ersten Weltkrieg zu einer ganz ähnlichen

Wertung: Was sich nach der misslungenen Herbstoffensive bei Luck 1915 offenbarte,

>war aber ein Dilemma der österreichisch-ungarischen Führung, und insbesondere war es ein Dilemma ihrer Führer. Die Armeekommandanten und eine ganze Reihe von Korpskommandanten waren tatsächlich nicht in der Lage, eine selbständige operative Führung unter Beweis zu stellen. Sie zeigten einen Dilettantismus, der in der österreichischen Literatur nach dem Krieg meistens schamvoll verschwiegen wurde. Es ist aber fast unbillig, Einzelpersonen herauszugreifen und sie zu kritisieren. Denn es waren ja nicht einzelne! Beginnend mit dem Armeeoberkommando und sich fortsetzend über die Armeekommandanten, die Korpskommandanten bis zu den Divisionären war immer wieder festzustellen, daß die Generalität häufig nicht entsprach, zu wenig Initiative entwickelte, gelegentlich nicht befehlstreu war und vor allem weder zu überzeugen noch zu begeistern vermochte. Auch dabei kann nicht einfach von Versagen gesprochen werden, denn die Gründe dafür lagen teilweise wohl tiefer[1]«.

Obwohl die habsburgische Armee nach jeder Niederlage reformiert wurde, was auch einen Wechsel in Prinzipien und Strategien der Kriegführung mit sich bringen mochte, ergibt sich ein ultrastabiler Befund in ihrem defensiven, langsamen, unentschlossenen Charakter über die Jahrhunderte hinweg. Militärwissenschaftler interessieren sich dafür, inwieweit Ausbildung, Schulung in Logistik, Organisationsgrad und Bewaffnung die Kampfstärke habsburgischer Heere bestimmt haben. Hier interessiert stattdessen, warum österreichische Feldherren (viele von Geburt Ausländer) und Offiziere so oft Mut zum Risiko und selbstständige Führungskraft vermissen haben lassen. Dies sollte nicht mit persönlicher Feigheit verwechselt werden: Ludwig von Benedek z.B. hielt sich gerade im Bewusstsein der bevorstehenden Niederlage glänzend und setzte sich jeder Todesgefahr aus. Worum es geht, ist die österreichische Neigung zur Passivität, wenn Energie gefordert war. Defensivtaktik selbst konnte ja auch durchaus sinnvoll sein; aber wenn sie sich mit lähmender Langsamkeit verband, war sie, gelinde ausgedrückt, unproduktiv.

Traditionell waren die Führungspositionen im Heer dem Adel vorbehalten, der dynastisch ergeben war und alten Idealen der Ritterlichkeit anhing. Im 18. Jahrhundert und dem größten Teil des 19. Jahrhunderts gab es noch das alte Regimentsinhabersystem, dessen Standardmerkmale Nepotismus und Korruption, Schlendrian und Nonchalance waren. Mit jedem Reformschub wurde die Armee standardisierter, »staatlicher« und »wissenschaftlicher«. Damit wurde der Militärdienst allerdings für den alten Adel wachsend unattraktiv. Dessen bevorzugtes Feld blieb die Kavallerie, während etwa der Dienst bei der Artillerie den schwierigen Besuch von Kriegsschulen erforderte und daher stärker bürgerlich und amtsadelig wurde. 1896 waren bereits 77,4 Prozent der Offiziere bürgerlich[2]. Trotzdem blieb der Geist der Armee feudalaristokratisch. Laut

---

[1]   Manfried Rauchensteiner, Der Tod des Doppeladlers. Österreich-Ungarn und der Erste Weltkrieg, 2. Aufl., Graz, Wien, Köln 1994, S. 290.
[2]   Vgl. István Deák, Der k. (u.) k. Offizier 1848-1918, Wien, Köln, Weimar 1991, S. 13 f.

Deák war das Offizierkorps um 1900 übrigens auch nicht mehr dominant deutschsprachig (gerade noch 55 Prozent)[3]. Es wurde aber offenkundig nicht nur der Geist des Feudalismus unter den Vorzeichen ärarischer Knausrigkeit ins Bürgertum tradiert, sondern auch der vormoderne Schlendrian trotz aller Bürokratisierung. Dies alles bedeutete Entscheidungsschwäche, unklar definierte Kompetenzen, Angst eher vor dem Verlust des Wohlwollens bei Hof und Hofkriegsrat als vor der Niederlage auf dem Schlachtfeld. Johann Christoph Allmayer-Beck hat die österreichische Schlachtenphilosophie bezüglich des Präzedenzfalls der Schlacht von Kolin vom 18. Juni 1757 zusammengefasst: Eine Schlacht sollte man nur annehmen, wenn man zahlenmäßig überlegen ist und über eine »gute« Stellung verfügt (meist eine Höhenstellung); die Schlachtordnung ist schwerfällig und linear; der Gegner bekommt die Initiative; der Gegner darf sogar vorbeidefilieren, ohne erheblich gestört zu werden; daraufhin erfolgt das Erschließen der Absicht des Feindes und das Treffen von als geeignet erscheinenden Gegenmaßnahmen; die Schlacht hat langsam abzubrennen wie nasses Pulver; d.h., Einheit um Einheit wird nacheinander in die Schlacht geworfen, bis sie ihren Kampfwert verliert (nach diesem System gibt es keine Überraschungen – der Stärkere sollte gewinnen); und es hat keine Verfolgung des geschlagenen Feindes stattzufinden – die dabei entstehende Unordnung ist zu vermeiden[4].

Nach diesem Modell wurde zwar Kolin gewonnen, aber zahlreiche andere Schlachten gingen verloren. So warf Johann Joseph Wenzel Graf Radetzky von Radetz, einer der wenigen tatkräftigen österreichischen Feldherren, dem Grafen Dagobert Sigismund von Wurmser vor, »ohne festen Plan operiert zu haben, mit zuviel Defensive, mit zersplitterten Kräften und zu langsamen Bewegungen, ›dass man nur zum Fechten entschlossen, aber planlos die Armee geführt hat‹«[5]. Verzettelung durch Übervorsicht – das scheint zur österreichischen Mentalität geworden zu sein. Im 19. Jahrhundert und selbst noch am Vorabend des Ersten Weltkriegs scheint sie sich mit einer gewissen Hartnäckigkeit gehalten zu haben. Es gab eine Änderung – nach Napoleon wurde den habsburgischen Truppen, in Kopie der napoleonischen Stoßtaktik, ein blinder, oft selbstmörderischer Offensivdrang anbefohlen, aber an der strategischen Schwerfälligkeit änderte sich wenig. Geistfeindlichkeit, Entscheidungsschwäche, Autoritätsfixierung und feudaler Geist blieben jedenfalls erhalten.

Die preußische Heeresreform von 1807 nun war, in ihren Absichten noch mehr als in allen ihren Ergebnissen, so ziemlich auf das Gegenteil einer solchen Mentalität gerichtet. Auch ihr lag die schreckliche Erfahrung der Katastrophe durch Napoleon zugrunde; ihre Reformer hatten die stolze preußische Armee als im Vergleich mit den revolutionären Franzosen unselbstständig, unbeweg-

---

[3]   Ebd., S. 223.
[4]   Vgl. Johann Christoph Allmayer-Beck und Erich Lessing, Das Heer unter dem Doppeladler. Habsburgs Armeen 1718-1848, München 1981, S. 87 f.
[5]   Oskar Regele, Feldmarschall Radetzky. Leben, Leistung, Erbe, Wien, München 1957, S. 51.

lich, maschinenhaft dressiert erlebt[6]. Es bleibt in diesem Zusammenhang die eigentümliche Ambivalenz der preußisch-deutschen Entwicklung zu würdigen, die einerseits als autoritärer »Sonderweg«, anderseits als erfolgreiche Modernisierung (Demokratisierung, Verwissenschaftlichung der Ausbildung, Betonung der Würde des Soldaten und Einschränkung der Sondergerichtsbarkeit) gewertet werden kann. Insbesondere von Österreich aus war das »Heil aus Deutschland«[7] wegen seines antiklerikalen und antifeudalen Charakters für viele verführerisch, und es wurde der alten Dynastie und den vielen nicht deutschen Völkern der Monarchie bewusst entgegengesetzt.

Das zentrale Anliegen unseres Beitrags ist, die im Zuge der Napoleonischen Kriege eingeleiteten und durch die Napoleonische »Dauerbedrohung« vor allem von Erzherzog Carl intensivierten Reformbemühungen in der Habsburgermonarchie vor dem Hintergrund einer mächtigen, von den äußeren Umständen erzwungenen Beharrungsmentalität näher zu beleuchten. In diesem Kontext wird auch zu fragen sein, inwiefern sich der Reformimpuls aus Preußen in dem geopolitisch und im inneren Staatsaufbau so verschiedenen Österreich bemerkbar gemacht hat, und zwar gerade vor dieser Beharrungsmentalität. Das Schicksal dieser Reformideen, ihre realgeschichtliche Umsetzung wird anschließend unter der Berücksichtigung der Dialektik von Reform und Mentalität näher in den Blick genommen. Hier soll auch skizzenhaft das Schicksal des habsburgischen Armeehabitus auf dem Hintergrund der durch Niederlagen verursachten Reformen berührt werden und mit den Erfahrungen vom Ersten Weltkrieg in den Erinnerungen von habsburgischen Offizieren verglichen werden. Sie hatten in Galizien zwischen 1914 und 1916 ausgiebig Zeit und Gelegenheit, sowohl die österreichisch-ungarische Armee als auch die deutsche zu studieren. Ob sie die Spur der preußischen Reform von 1807 bis 1813 noch erkennen konnten, und in welcher der beiden Armeen stärker, das soll den Abschluss dieses Aufsatzes bilden.

II. Die napoleonischen Kriege und der Reformdruck auf das habsburgische Heer: Reformschub bei Erzherzog Carl

»Am Anfang war Napoleon. Die Geschichte der Deutschen, ihr Leben und ihre Erfahrungen in den ersten eineinhalb Jahrzehnten des 19. Jahrhunderts, in denen die ersten Grundlagen des modernen Deutschland gelegt worden sind, steh[en] unter seinem Einfluß. Die Politik war das Schicksal, und sie war seine

---

[6] Vgl. Thomas Nipperdey, Deutsche Geschichte 1800-1866. Bürgerliche Welt und starker Staat, München 1994, S. 51. Siehe auch Hans Delbrück, Geschichte der Kriegskunst, T. 2: Die Neuzeit. Vom Kriegswesen der Renaissance bis zu Napoleon, Nachdr. der Neuausg. 2000, Hamburg 2008, S. 592; Gunther E. Rothenberg, Die Napoleonischen Kriege, Leipzig 2000, S. 174 f.

[7] Friedrich Heer, Der Kampf um die österreichische Identität, Wien, Köln, Graz 1981, S. 21.

Politik: Krieg und Eroberung, Ausbeutung und Unterdrückung, Imperium und Neuordnung[8].« Mit diesen Sätzen beginnt Nipperdey seine deutsche Geschichte. Ähnliches gilt wohl auch für die Habsburger Monarchie, die in den Koalitionskriegen von 1792 bis 1805 mit den jeweiligen Verbündeten gegen Frankreich kämpfte und deren Offiziere durch die hoch motivierten, schnell beweglichen, aggressiven Franzosen und ihren unüberwindlich-genialen Schlachtenlenker Napoleon geschockt gewesen waren[9]. Im Hinblick auf das habsburgische Kriegs- und Militärwesen spielte zur Zeit der Napoleonischen Kriege als Feldherr und Reformer ein Mann eine zentrale Rolle: nämlich Erzherzog Carl, der jüngere Bruder Franz I., des Kaisers von Österreich.

Der in Florenz am Hofe seines Vaters, des Großherzogs Leopold von der Toskana (späterer Kaiser Leopold) aufgewachsene und im Geist der Aufklärung erzogene Carl studierte nach dem Tod Kaiser Josephs II. und der Krönung seines Vaters zum römisch-deutschen Kaiser in Wien »Kriegswissenschaften« und wurde vom zunächst in preußischen Diensten gestandenen, dann durch seine Kritik an der »dekadenten Militärorganisation unter [...] Marschall Möllendorf« in Ungnade gefallenen Generalstabsoffizier Karl Friedrich von Lindenau in militärischer Strategie und Technik unterwiesen. Zur »Vervollständigung seiner Kenntnisse« absolvierte er den »Gamaschendienst« mit einer von seinem Oheim Albert, dem Herzog von Sachsen-Teschen, zur Verfügung gestellten Infanteriekompanie und nahm an den Beratungen der militärischen Behörden der Niederlande teil[10].

In Wien rief die von der französischen Gesetzgebenden Versammlung am 27. April 1792 formulierte Kriegserklärung zunächst keine große Besorgnis hervor. Der französische Gegner wurde in militärischer Hinsicht zunächst nicht als große Bedrohung eingestuft, stärkere Aufmerksamkeit galt der »Polnischen Frage«, deren vorläufige »Lösung« durch die zweite polnische Teilung das Verhältnis zum preußischen Koalitionspartner trüben sollte. Bei La Grisuelle erlebte Erzherzog Carl seine Feuertaufe, unter dem Feldzeugmeister Friedrich Wilhelm Prinz zu Hohenlohe-Kirchberg nahm er am Feldzug gegen die Franzosen teil, der durch Missverständnisse und Misstrauen zwischen den Alliierten sowie durch eine vor allem im Hinblick auf die wendigen französischen Truppen immer augenscheinlicher werdende Langsamkeit gekennzeichnet war[11].

Der im Feldzug 1793 unter dem zum Reichsfeldmarschall ernannten Prinzen Friedrich Josias von Coburg-Saalfeld kämpfende und in der Schlacht bei Neerwinden siegreiche, danach von Kaiser Franz zum Generalgouverneur der österreichischen Niederlande ernannte Carl wies in den folgenden Jahren seinen Bruder, den Kaiser, immer wieder auf Mängel im österreichischen Heer hin: auf dessen mangelhafte Ausstattung, auf die Unfähigkeit der jungen, vorrangig

8   Nipperdey, Deutsche Geschichte (wie Anm. 6), S. 11.
9   Zu den Napoleonischen Kriegen vgl. unter anderen Rothenberg, Die Napoleonischen Kriege (wie Anm. 6).
10   Vgl. Helmut Hertenberger und Helmut Wiltschek, Erzherzog Karl. Der Sieger von Aspern, Graz, Wien, Köln 1983, S. 9-26, Zitate S. 25.
11   Vgl. ebd., S. 31-34.

durch Protektion in die jeweiligen Positionen gekommenen Generalstabsoffiziere, die mit »Bataillons und Divisionen [...] wie mit Puppen« herumwerfen, auf
den chronischen Geldmangel, der dazu führte, dass das Heer nicht einmal richtig verpflegt werde[12]. In der von ihm verfassten Abhandlung »Über den Krieg
mit den Neufranken« stellte er die Forderung nach einer »leichten« Truppe,
jedoch ohne das Kordonsystem völlig zu verwerfen[13]. Nachdem Erzherzog Carl
am Feldzug 1794 und 1795 teilgenommen und 1796 bis 1800 die österreichischen Armeen in Süddeutschland, Norditalien und der Schweiz – und oft erfolgreich – befehligt hatte, bekleidete er ab 1801 das Amt des Präsidenten des
Hofkriegsrates. Die Missstände im Kriegswesen waren durch die vorangegangenen Feldzüge mehr als deutlich geworden; insbesondere die sich im Vergleich mit dem hohen Tempo der französischen Truppen äußerst nachteilig
auswirkende Langsamkeit der Befehlsketten zwischen den jeweiligen Armee-
führern und dem Hauptquartier in Wien, das über jede geplante größere Mili-
täroperation unterrichtet werden musste und darüber in der Regel zeitintensive
Beratungen anstellte, sowie das Nichtreagieren des Hofkriegsrates auf Forderungen von der Front: nach Geld für den Sold, Monturen, Waffen und Verpflegung. In einem Brief an seinen Stiefvater hielt Carl 1797 fest: »Wir werden uns
auch ohne Hemden und Hosen schlagen. Manche Regimenter sind ganz nackt.«
Ebenso fehlte das von Carl eingeforderte einheitliche Oberkommando über alle
Fronten, welches für die Koordination der unterschiedlichen Operationen verantwortlich gewesen wäre. Gerade im Verlauf des Zweiten Koalitionskrieges,
der mit dem Frieden von Lunéville formell beendet wurde, wurde die Uneinigkeit der Verbündeten im Hinblick auf Kriegsziele und -strategien zu einem
entscheidenden Nachteil im Kampf gegen Napoleon[14].

1801 ernannte der neue Kaiser Franz I. seinen Bruder Carl zum Präsidenten
des Hofkriegsrates[15]. Bereits im April 1801 legte Carl dem Kaiser die »Allgemeinen Grundsätze der Reorganisation des Hofkriegsrates« vor: Den ver-
schachtelten militärischen Organisations- und Verwaltungsebenen begegnete er
mit der Besetzung der Leitungspositionen im Hofkriegsrat durch fachkundige
und erfahrene Generäle. Die Departments für Artillerie, Genie und Generalstab
wurden ausgeschieden und direkt dem Präsidenten unterstellt. Eine Norma-
lienkommission wurde eingerichtet und mit der Sichtung existierender Vorschriften und deren Anpassung an veränderte Rahmenbedingungen betraut.
Die Bereiche der Verpflegung, Bekleidung und Ausrüstung der Truppen sollten
inventarisiert und rationalisiert, das Rechnungswesen neu organisiert werden.
Die lebenslängliche Dienstzeit im österreichischen Heer wurde aufgehoben, die

---

[12] Vgl. ebd., S. 34-45.
[13] Vgl. Erzherzog Carl von Österreich, Ausgewählte Schriften, Bd 5. Hrsg. von Franz von
      Malcher, Wien [u.a.] 1894, zitiert nach: Hertenberger/Wiltschek, Erzherzog Karl (wie
      Anm. 10), S. 46.
[14] Vgl. Hertenberger/Wiltschek, Erzherzog Karl (wie Anm. 10), S. 38-102; Rothenberg, Die
      Napoleonischen Kriege (wie Anm. 6), S. 38-77.
[15] Zur Geschichte des Hofkriegsrates vgl. Oskar Regele, Der Österreichische Hofkriegsrat
      1556-1848, Wien 1949.

militärische Dienstpflicht vom 18. bis zum 40. Lebensjahr, in Friedenszeiten bis zum 26. Lebensjahr beschränkt. Die Präsenzdienstpflicht betrug bei der Infanterie zehn, bei der Kavallerie zwölf und bei der Artillerie vierzehn Jahre[16]. Der stets schleppend agierende und nur wenig erfolgreiche Staatsrat sollte nach Vorstellung Carls durch ein in drei Departments gegliedertes Staats- und Konferenzministerium ersetzt werden: Auswärtige Angelegenheiten, Inneres, Kriegs- und Marineministerium. Dessen Leiter sollten gemeinsam den Kaiser in bedeutsamen Angelegenheiten beraten. Im Jahr 1801 wurden auf Vorschlag des Grafen Ferdinand von und zu Trauttmansdorff für Auswärtige Angelegenheiten und Franz-Anton Graf von Kolowrat für Inneres ernannt. Carl selbst wurde Kriegsminister; er hatte nun in militärischen Fragen das einzige Vertretungsrecht gegenüber dem Kaiser. 1803 führte Carl eine weitere Umbildung im Hofkriegsrat durch, die unter anderem die Dreiteilung in Militär, politisch-ökonomische Belange und Justiz, weitere Untergliederungen in Departments und Direktionen, die Einführung des Generalkommandos sowie die Regulierung der Verhältnisse an der Militärgrenze umfasste. Die Förderung der beiden Militärbildungsanstalten: der Theresianischen Militärakademie und der Ingenieursakademie, die Verabschiedung einer neuen Dienstvorschrift für die Gesamtarmee (1805) und das 1807 verabschiedete Dienstreglement sowie die Reorganisation des Kriegsarchivs zählten zu weiteren Reformen Carls[17].

Dieser Reformtätigkeit waren jedoch von Beginn an Grenzen gesetzt. So arbeitete das Konferenzministerium im Carlschen Sinne nur kurz; alsbald wurde dessen Tätigkeit sowohl vonseiten des Kaisers als auch vonseiten der Mitarbeiter unterhöhlt. Die Zusammenarbeit zwischen dem Kriegsministerium einerseits und dem Außen- und Innenministerium andererseits fand de facto nicht statt, jedes Ministerium agierte ohne Kenntnis der Vorgänge in und der Absprachen mit den anderen Ministerien weitgehend souverän. Im Hinblick auf die neu geregelte Wehrpflicht griff Erzherzog Carl kaum in die traditionellen Vorrechte der privilegierten Bevölkerungsgruppen ein, die Hauptlast trugen weiterhin die Bauern sowie der nicht privilegierte Teil der Stadtbevölkerung. Die hohen Offizierstellen blieben dem Adel vorbehalten. Die Zeit für die Reformen war darüber hinaus viel zu kurz. Carl selbst gehörte in jenen Jahren vor dem Dritten Koalitionskrieg der immer mehr an Einfluss verlierenden »Friedenspartei« an, er befürwortete die Neutralität Österreichs und lehnte ein Bündnis mit Russland ab. 1805 wurde Theodor Graf Baillet de Latour zum Präsidenten des Hofkriegsrates und Fürst Schwarzenberg zu dessen Vize. Nach massivem Drängen beim Kaiser wurde Carl 1806 Generalissimus und konnte seine vor dem Dritten Koalitionskrieg eingeleiteten Reformen weiterführen. Im

---

[16] Bis zu Carls Reformen wurde der aufgrund des Wehrgesetzes Joseph II. von 1781 eingezogene Rekrut lebenslänglich zum Militärdienst verpflichtet, d.h. er war sowohl als Arbeitskraft wie auch als Privatmensch für die Gesellschaft und Familie nicht mehr verfügbar. Die Gemeinden stellten daher häufig nicht gerade die »Tüchtigsten« für den Kriegsdienst ab.

[17] Vgl. Hertenberger/Wiltschek, Erzherzog Karl (wie Anm. 10), S. 111-124; Regele, Der Österreichische Hofkriegsrat (wie Anm. 15), S. 27 f., 31 f.

Hofkriegsrat wurde der Geschäftsgang neu strukturiert und ein Stellenplan für die beim Hofkriegsrat beschäftigten Militär- und Zivilpersonen in Leitungsfunktionen erstellt. Die höchsten Stellen der Militärbehörde sollten nur von Militärs besetzt werden. Erst die nachgeordneten Stellen in jedem Department sollten auch von Zivilpersonen bekleidet werden. Abschließend hielt Carl in dem Anfang 1806 verfassten Elaborat fest, dass die neue Militärverwaltung mehr Tätigkeit, Energie und Raschheit von den Mitarbeitern fordere. Die prekäre Finanzlage in der Monarchie schränkte allerdings den Spielraum für die nach 1805 eingeleiteten Reformen entscheidend ein. Ein zentrales Problem war die geringe Kriegsstärke des österreichischen Heeres, die Carl durch die Aufstellung von Reservetruppen auszugleichen suchte[18]: »Dieses Reserveheer bot ein Reservoir von verfügbaren ausgebildeten Soldaten, die im Frieden nur wenig Kosten verursachten. Die Stärke des stehenden Heeres konnte niedrig gehalten werden. So konnte man sparen und dazu noch den Bedingungen des Friedensvertrages Rechnung tragen, der die Stärke des stehenden Heeres der Donaumonarchie stark reduzieren wollte[19].«

Die nach dem Vorbild der spanischen Volksaufgebote geschaffene Landwehr bildete den zweiten Teil der Sedentärtruppen. Sie sollte im Sinne einer »allgemeinen Volksbewaffnung zur Ausnützung der Wehrkraft des Volkes« die eigenen Landstriche für den Fall des Eindringens fremder Heere in das eigene Land verteidigen. Im Juni 1808 wurde in den deutschen Gebieten der Monarchie die Bildung von Landwehrverbänden angeordnet, die zum Großteil aus zeitlich Befreiten bestehen sollten, die in ihren eigenen Landkreisen in Bataillonsstärke ausgebildet wurden. Die Offizierchargen wurden mehrheitlich von verwundeten oder pensionierten Offizieren gestellt, wobei noch Großgrundbesitzer, höhere Beamte und Würdenträger angenommen wurden, während die Unteroffizierposten mit ausgedienten Soldaten, Invaliden, Lehrern, bisher Freigestellten und anderen besetzt wurden. An jedem Sonntag trafen die Landwehrmänner in der Pfarre oder an anderen Gemeindeplätzen zusammen, um gemeinsam zu üben. Dies schien nicht zuletzt ein verstärktes Zusammengehörigkeitsgefühl hervorzurufen. 1852 wurde die Landwehr aufgelöst und 1869 als nationale Truppe in beiden Reichshälften neben der gemeinsamen k.u.k. Armee aufgestellt. Teilweise erfolgte zwar ein Übergang zum Volksheer, aber Begeisterungsfähigkeit und Initiative eines Volksheeres wurden weder geweckt noch genützt. Besonders sichtbar wurde dies, wenn z.B. Truppen, deren »Habitus« (bzw. »Wildheit«) sie für derlei Aufgaben mehr als geeignet gemacht hätte – wie die Panduren und Militärgrenzer, die als kreative leichte Infanterie ideal gewesen wären – stattdessen in steife Formen der Lineartaktik gezwängt wurden, ohne dabei jedoch zu »guten« Linientruppen zu werden. Der Soldat wurde weiterhin zur »steifen Puppe« abgerichtet, der nur unter massivem Fremd-

---

[18] Vgl. Hertenberger/Wiltschek, Erzherzog Karl (wie Anm. 10), S. 111-150 sowie S. 176-188; Regele, Der Österreichische Hofkriegsrat (wie Anm. 15), S. 29-32.
[19] Hertenberger/Wiltschek, Erzherzog Karl (wie Anm. 10), S. 184. Vgl. weiterhin Gunther E. Rothenberg, The Army of Francis Joseph, West Lafayette, IN 1976, S. 6 f.

zwang in Bewegung kam. Übungen im Verband, in deren Zuge das Neue in Truppenausbildung geübt worden wäre, fanden aufgrund der finanziellen Notsituation kaum statt[20].

Auf Vorschlag Carls wurde der gebürtige Schwabe und zunächst als Gesandter in Stockholm, London und Pressburg tätige Graf Philipp Stadion, der den Staat stärker auf die Nation gründen wollte und nach einer Koalition mit Preußen strebte, 1805 Außenminister. Stadion, dem es recht bald gelang, großen Einfluss auf den Kaiser auszuüben, teilte zunächst Carls Meinung dahingehend, dass sich Österreich zur Konsolidierung seiner Kräfte neutral verhalten sollte[21]. Nach der Niederlage der Preußen bei Jena und Auerstedt, dem Frieden von Tilsit und nachdem Napoleon den Spanien-Feldzug begonnen hatte[22], tendierte Stadion und mit ihm viele andere jedoch zunehmend in Richtung Präventivkrieg gegen Napoleon. Widerstand, so die Argumentationslinie dieser Richtung, sei die einzige Alternative zur bevorstehenden Vernichtung durch Napoleon. Die Einheiten des österreichischen Heeres waren entsprechend ihrer strategischen Aufgaben in der Monarchie verteilt und formiert. Die Durchsetzung der eingeleiteten Reformen wurde jedoch, so Carl, durch den »Schneckengang unserer Staatsverwaltung«, also durch die Langsamkeit der Bürokratie be-, ja teilweise wohl auch verhindert:

»Statt dem unmittelbaren Befehle zum Vollzug sehe ich noch immer dem Erfolg ermüdender Deliberationen entgegen, und doch beruht die ganze Stütze der Monarchie auf der schnellen Brauchbarkeit Ihrer Armee! Die Armee hat keine Schuhe, die Ökonomie-Kommissionen keine Tücher, das Leder, die Wolle, die besten Pferde gehen außer Land. Die nämliche unverantwortliche Lauigkeit herrscht in allen Teilen der Ziviladministration, und weitläufige Diskussionen setzen sich jeder dringenden Untersuchung entgegen. Indessen Napoleon in dem Flug eines Adlers mit gerüsteten Armeen die entferntesten Provinzen überschwemmt, kommen wir nicht einmal mit der Dotierung einer Festung zu Stande«[23].

Die Kriegspartei setzte sich durch, wobei Stadion und auch andere den Krieg Österreichs als nationalen Krieg der Deutschen für die Befreiung und »Wiedergeburt« des Reiches begriffen. In Preußen versuchten der Freiherr Karl von und zum Stein, General Gerhard von Scharnhorst und General August von Gneisenau, die Streitkräfte zu mobilisieren, um gemeinsam mit Österreich in den Krieg gegen Napoleon zu ziehen; allerdings ohne Erfolg: Der preußische König Friedrich Wilhelm III., der auf Russland setzte, und nur die Aufnahme von Kontakten zu Österreich und England zusagte, legte die Operationspläne von Scharnhorst und Gneisenau auf Eis. Stadions Freund Gentz erklärte den Krieg zur Nationalsache. Napoleon sollte aus Deutschland vertrieben werden, Auf-

---

20   Vgl. Carl von Clausewitz: Vom Kriege [hinterlassen 1832-1834], 16. Aufl., Bonn 1952, S. 255.
21   Zu Stadion vgl. u.a. Hellmuth Rößler, Graf Johann Philipp Stadion. Napoleons deutscher Gegenspieler, 2 Bde, Wien, München 1966.
22   Vgl. Rothenberg, Die Napoleonischen Kriege (wie Anm. 6), S. 97-117.
23   Zit. in Hertenberger/Wiltschek, Erzherzog Karl (wie Anm. 10), S. 196.

stände sollten die Truppen der Habsburger unterstützen[24], wobei Stadion festhielt, dass es im Allgemeinen besser sei, wenn man erst beim Erscheinen der österreichischen Truppen die Volksaufstände in einem Land aktivierte »und von da das Feuer des Aufstandes sich ausbreiten läßt«. Die Leitung der Aufstände bliebe dann in der Hand der österreichischen Generäle, während man sonst mit einer »Art von Junta oder Zentralleitung« wie mit einem verbündeten Hof verhandeln müsste[25]. Später, im Rückblick auf 1809, beschrieb Stein dies folgendermaßen: »Von 1806 bis 1809 arbeiteten die Stadions daran, um den Geist der Nation zu erheben, um die Armee zu verstärken und zu vervollkommnen, beides mit Erfolg, die Nation war begeistert, die Armee schlug sich tapfer.« In den Befreiungskriegen vier Jahre später hätte sich, so Stadion, im Zuge der Ablehnung des nationalen Prinzips durch Metternich die Situation geändert: Die österreichischen Soldaten täten zwar ihre Schuldigkeit, aber auch nicht mehr. Ihnen fehle der Geist von 1809[26].

In der Bewegungsschlacht bei Eggmühl bei Regensburg, beim berühmten Sieg bei Aspern-Essling, der Niederlage bei Wagram und zu Beginn der Schlacht von Znaim führte Carl den Oberbefehl. In einem Schreiben am 23. Juli legte er schließlich seinem Bruder Franz »das Commando der Armee zu Füßen«. Am 31. Juli 1809 verließ er den Kriegsschauplatz und damit seine bisherige Stellung und Laufbahn und widmete sich dem Verfassen seines militärischen Hauptwerkes »Grundsätze der Strategie, erläutert durch die Darstellung des Feldzuges von 1796 in Deutschland«, das 1813 erschien und in mehrere Sprachen übersetzt wurde[27].

III. Reform und Habitus im Jahrhundert nach den napoleonischen Kriegen

Die Bedeutung eines sozialen Habitus im Sinne eines relativ stabilen Affekthaushalts von Menschen über mehrere Generationen zeigt sich besonders in seinem Beharrungsvermögen dann, wenn sich alles andere herum schnell ändert. Die militärische Revolution, die von Frankreich ausging, stellte eine Änderung dar, der die Armeen der europäischen Fürstenstaaten zuerst kaum etwas

---

[24] Eine besondere Rolle im Hinblick auf ein Bündnis mit Preußen kommt dem Minister Reichsfreiherr von Stein zu, der darauf hoffte, den »König im Ernstfall mitreißen zu können«. Siehe Rößler, Graf Johann Philipp Stadion, Bd 1 (wie Anm. 21), S. 315-317. Stein bat Österreich nach seiner Ächtung durch Napoleon um Asyl.

[25] Zitiert nach Rößler, Graf Johann Philipp Stadion, Bd 2 (wie Anm. 21), S. 33. – Metternich habe, so Nipperdey, »endgültig aus dem Krieg der Völker den Krieg der Mächte gemacht; nicht Befreiung, Freiheit und gar nationale Einheit, sondern Ordnung und Wiederherstellung eines Gleichgewichts waren das Ziel des Krieges«. Siehe Nipperdey, Deutsche Geschichte (wie Anm. 6), S. 87.

[26] Vgl. Rößler, Graf Johann Philipp Stadion, Bd 2 (wie Anm. 21), S. 96.

[27] Vgl. Hertenberger/Wiltschek, Erzherzog Karl (wie Anm. 10), S. 216-340.

entgegenzusetzen hatten. Sie – auch und vor allem Österreich – waren genötigt zu reagieren. Es galt, verhältnismäßig noch immer relativ kleine Berufsarmeen von lange Zeit dienenden Offizieren und einfachen Soldaten in Armeen unter weit größerer Beteiligung der Volksmassen umzuwandeln. Wichtige Änderungen wurden in Taktik und Organisation notwendig. Gravierend aber war auch der Wandel in tief sitzenden Einstellungen, Gewohnheiten und Verhaltensweisen im Gefecht und bei der Ausbildung. Man kann also die Art und Weise, wie Österreichs Armeen auf Napoleons Kampfweise eingestellt wurden, die dabei zutage tretende Diskrepanz zwischen Wunsch und Wirklichkeit, als Test für die »Habitus-These« ansehen.

Die Autoren des österreichischen »Generalstabswerks« über den Krieg gegen Frankreich 1809 haben in detaillierter und sorgfältiger Weise Leistungen, Versäumnisse und strukturelle Grenzen österreichischer Anpassungsfähigkeit an diese außerordentliche Herausforderung aufgelistet[28]. Tatsächlich war Österreichs Antwort eine Reaktion des ganzen Organismus. Nach den schweren Niederlagen in den Kriegen zuvor wurde in einer ungeheuren Kraftanstrengung noch einmal ein riesiges Heer aus dem Boden gestampft – auf dem Papier waren es noch einmal 300 000 Mann. Die noch immer großteils aristokratischen Akteure, die das Gewaltmonopol des spätabsolutistischen Staates kontrollierten, scheuten trotz ihrer Revolutionsangst nicht davor zurück, wie die Franzosen, die sie bekämpften, ihr »Volk« zu bewaffnen, und, angeführt und beflügelt von den Versuchen des Reformers aus dem Kaiserhaus, Erzherzog Carl, versuchte man, in Ausbildung und Organisation die mit der Person Napoleons assoziierte neue Beweglichkeit der Truppen im Felde nachzuahmen. Die Zeit für diese Reform war eindeutig zu kurz, was sich insbesondere bei der Landwehr zeigte, die ohne Kavallerie und Artillerie nur äußerst mäßigen Kampfwert entwickelte. Auch waren nicht überall in allen Teilen der Monarchie jene Traditionen hoch entwickelt, die das, was man mit Clausewitz den »kriegerischen Volksgeist«[29] nennen könnte, hervorbringen hätten können. Aber dennoch war es ein imposanter Versuch, und letzten Endes gelang es wohl hauptsächlich wegen dieser Anstrengung, Österreichs Großmachtstellung zwischen 1813 und 1815 wieder zurückzugewinnen und noch ein weiteres halbes Jahrhundert zu bewahren.

In taktischer Hinsicht hatte sich vor allem in bitteren Niederlagen gezeigt, dass man neue, beweglichere Einheiten nach französischem Vorbild brauchte, die kleiner als ganze Armeen waren, aber dennoch selbstständig und in Kooperation mit anderen Heeresteilen operieren konnten. Das war die Geburtsstunde der Armeekorps (28 Bataillone Infanterie, 16 Eskadronen Kavallerie, 10 Batterien und 2 Pionierkompanien). Aber wie im »Generalstabswerk« zum Feldzug 1809 vermerkt, wurde in Österreich aus diesem Korps kein echter operativer Großverband. Dieser sei weiterhin wie eine – bloß kleinere – »Lineararmee«

---

[28] Vgl. Krieg 1809, Bd 1. Nach den Feldakten und anderen authentischen Quellen, bearbeitet in der kriegswirtschaftlichen Abteilung des k.u.k. Kriegsarchivs, Regensburg 1907.
[29] Vgl. Clausewitz, Vom Kriege (wie Anm. 20), S. 255.

geführt worden, mit häufigen Umgruppierungen und schwerfälliger Logistik. Zum Teil fehlten für die neue Art der Kriegführung die entsprechenden neu ausgebildeten Soldaten: Die Infanterie bestand aus großteils ungeübten Mannschaften, die Lineartaktik maschinenhaft dressierter Infanteristen war immer noch dominant; was allerdings gebraucht worden wäre, waren einerseits selbstständig das Gelände ausnützende »Plänkler« (Tirailleurs) und sich zum wuchtigen Bajonettstoß formierende Kolonnen. Zu Übungen dafür ermangelte es an Zeit, aber es war auch ein Mentalitätsproblem. Vor allem fehlten Übungen in Großverbänden, um das Zusammenwirken einzelner Waffengattungen zu verbessern; und ein Ergebnis dessen war, dass die Österreicher 1809 in der Schlacht weiterhin auf der Linie klebten. Dasselbe geschah mit den »Plänklern«: Statt das Gelände vorgeschoben auszunützen, um den »regulären« Infanteristen zur Seite zu stehen, verwandelten sich österreichische Plänkler gerne in leichte Truppen, die von den Linientruppen getrennt operierten und damit unwirksam blieben.

Besonders die großen Verpflegungs- und Nachschubprobleme – das französische Requisitionssystem wurde nicht übernommen – machten schnelle Bewegungen schwierig. Dieser Sachverhalt ist vor allem deshalb interessant, weil er mit derselben Langsamkeit österreichischer Armeen in Verbindung steht, die man auch mit dem Habitus des Zögerns generell assoziieren kann. In dem speziellen Fall scheint das Problem bei der mangelnden Disziplin und Ordnung in den Trainkolonnen selbst gelegen zu sein, deren Mitglieder oft Zivilisten und gar nicht auf militärischen Transport vorbereitet und spezialisiert waren – ganz anders bei den Franzosen. Ein weiteres Strukturmoment der von Carl initiierten Reform war die Installierung eines neuen Befehlsapparats, der aber vor allem dazu führte, dass sich überhaupt niemand mehr auskannte. Die gewünschte neue Flexibilität wurde hiermit offenbar nicht hergestellt. Offiziere bekamen wenig Orientierung und Übersicht; zum Teil hatte die Reform zu wenig Zeit gehabt, um 1809 schon effektiv geworden sein zu können. Vor allem aber ist es die mangelnde Initiative in der Führung auf allen Ebenen, die von der Angst vor den Vorgesetzten behindert worden sei[30]. Hier hätten Carls Reformen nicht gegriffen, außerdem sei ihm selbst nicht das ganze Ausmaß der nötigen Änderungen bewusst gewesen: »Die natürliche Findigkeit der Franzosen ging dem österreichischen Mannschaftsmaterial größtenteils ab, der militärische Drill ertötete die geringe Neigung des Mannes, im Gefecht selbständig zu handeln[31].«

So blieben die Erfolge der immer komplizierter gewordenen Ausbildung bescheiden und das Ergebnis mager. Die Franzosen blieben viel beweglicher. Dazu sei noch die vergrößerte Angst vor Einbrüchen der gegnerischen Kavallerie in die bei forcierter Kolonnentaktik entstehenden Lücken gekommen, mit dem Resultat, dass man selbst die hoch beweglichen eigenen Reiter zum Schutz der Infanterie einsetzen musste und sie damit zur Defensive zwang – sie mussten Angriffe parieren, statt Schläge auszuteilen. Insgesamt wurde so der Angriffs-

[30] Vgl. Krieg 1809 (wie Anm. 28), S. 109.
[31] Ebd., S. 112.

geist gelähmt, Warten auf den Ausgang des Kampfes gewann die Oberhand
über den Willen, selbst die Entscheidung zu suchen. Das Ergebnis war eine im
Vergleich zu den Franzosen ungleich größere Passivität trotz tapferer Beharr-
lichkeit. Selbst die Denkweise des großen Reformers Erzherzog Carl verrät noch
immer den Habitus, der sich in der zweiten Hälfte des 18. Jahrhunderts geformt
hatte: Er entsprach den Regeln des klassischen Positionskriegs, betonte Klugheit
und Vorsicht bei Märschen, die Notwendigkeit der Sicherung von Verbindungen, trotz etlicher Neuerungen, wie der Forderung nach Schnelligkeit bei der
Suche nach Entscheidung oder der Herstellung örtlicher Überlegenheit. Das bei
den Franzosen sehr bedeutsam gewordene Tirailleur-Gefecht, über das Scharnhorst bereits 1797 festhielt[32], dass es eine »ausgemachte Wahrheit« sei, »daß die
französischen Tirailleurs den größten Teil der Affairen in diesem Kriege entschieden haben«, blieb zunächst in Österreich und auch in Preußen eine »wild-
wachsende Pflanze«; erst allmählich wurde diese Taktik übernommen[33]. Es
blieb aber die Verwendung der Tirailleurs eher defensiv, und Carl hielt auch
weiterhin an der Idee fest, große Räume gleichzeitig abzudecken und »gute«
Stellungen zu gewinnen. Gerade dies führte, in Verbindung mit dem generellen
Habitus der Langsamkeit, zum Verlust der Schlacht bei Eggmühl, in der er zu
viel zugleich halten wollte und die Gelegenheit zum Angriff in Überzahl ver-
streichen ließ. (Aber immerhin war es Carls Wirken zu danken, dass Napoleon
bei Aspern-Essling seine erste Niederlage erhielt und bei Wagram nur knapp
und mit hohen Verlusten siegte.) Selbst der von Gunther Rothenberg als bester
General der Habsburger bezeichnete Erzherzog Carl zeigte damit eine defensive, langsame, unentschlossene Haltung, scheute das Risiko und versuchte, die
Zuspitzung auf eine alles entscheidende Schlacht zu verhindern[34]. Mit größter
Sorgfalt, so Hans Holtzheimer, widmete er sich der Auswahl der Rückzugslinie:
»Fast könnte man sagen, Erzherzog Carl habe die Schlacht von Wagram von
vornherein auf den Rückzug angelegt[35].«

Bereits zuvor in Italien hatte Carl als Oberbefehlshaber der Italienarmee seine Überlegenheit nicht in einer Offensive zum Ausdruck gebracht, sondern im
Gegenteil, zunächst schloss er mit dem zuerst wohl unterlegenen Marschall
André Masséna einen Waffenstillstand, der es dem französischen General ermöglichte, sich nicht unbeträchtlich zu verstärken. Auch im Krieg von 1809 war
der Vormarsch der österreichischen Truppen im Vergleich zu den französischen
durch Langsamkeit und Zögerlichkeit geprägt, die es wiederum der napoleonischen Streitmacht leicht machten, sich zu sammeln und sich auf den Krieg vor-

[32] Im Anschluss an diese Beobachtung unterbreitete Scharnhorst Vorschläge im Hinblick auf
taktische Reformen. Seine Ideen sollten sich jedoch erst später durchsetzen.
[33] Vgl. Delbrück, Geschichte der Kriegskunst, Bd 4 (wie Anm. 6), S. 590–594.
[34] Vgl. Rothenberg, Die Napoleonischen Kriege (wie Anm. 6), S. 47; Gunther E. Rothenberg,
The Emperor's Last Victory. Napoleon and the Battle of Wagram, London 2004; Hans
Holtzheimer, Erzherzog Karl bei Wagram. Ein Beitrag zur Beurteilung des Erzherzogs
Karl von Oesterreich als Feldherrn, Berlin 1904, S. 10 f.
[35] Holtzheimer, Erzherzog Karl (wie Anm. 34), S. 22.

zubereiten[36]. Wenn aber schon Carl sich dem neuen Denken nur bedingt öffnen konnte, so war es, nach dem Urteil des »Generalstabswerks«, um seine Generäle und Offiziere noch viel schlechter bestellt:

> »So tüchtig sich einzelne in der Führung kleiner Detachements, in der Lösung jener Aufgaben, welche der sogenannte kleine Krieg mit sich brachte, erweisen mochten, verloren sie jegliche Initiative, taten sie nichts ohne höheren Befehl, sobald sie sich im engeren Rahmen der Armee wussten und sich nach den überlieferten Anschauungen nur als ein Rädchen der großen Maschine betrachten durften, deren Bewegung im großen und im kleinen allein von der Triebkraft, dem obersten Kommando, abhing. Dieses Verhalten der Unterführer drückte der österreichischen Armee jenen Stempel des passiven Gehorsams auf, der die Truppen in blinder Ergebenheit sich opfern, aber selten zu einer selbständigen, die Umstände voll benützenden Tat sich aufschwingen ließ. Dies mußte zu schweren Misserfolgen einem Feinde gegenüber führen, bei dem Aktivität und Initiative im reichsten Maße vorhanden waren[37].«

Diese Aussagen lassen wenig Zweifel übrig. Das Problem der habsburgischen Armeen anno 9 war nicht mangelnde Tapferkeit und auch nicht Entschlossenheit, soweit es um das Aushalten ging, sondern mangelnde Initiative aufgrund der inneren, psychischen Verfasstheit, die auf Abhängigkeit von Fremdzwängen von oben abgestimmt war. Österreichische Offiziere fürchteten den Tadel ihrer Vorgesetzten mehr als den Feind, und das machte sie immobil und unkreativ. Der »Habitus der Untätigkeit ohne besonderen Befehl« blieb somit noch lange bestehen und überlebte offenkundig auch die Verbürgerlichung des habsburgischen Offizierkorps ohne Weiteres. Österreichische Offiziere waren also pflichttreu, tapfer, aber unselbstständig. Auch Carl selbst hatte noch nie eine solche Armee geführt, in der selbstständige Unterführer die Norm gewesen wären. So waren die auf dem Papier imposanten Zahlenverhältnisse nur Schein – es gab viele Pferde, viele Soldaten, viele Kanonen, aber nur eine langsame, schlecht koordinierte Führung und dazu: schlechte Wege, keine Verpflegung und den zurückhängenden Train, die die Armee entscheidend bremsten. Beispielsweise lässt sich der gesamte Bericht über die Niederlage bei Eggmühl auf die Formel: Vorsicht + mangelndes taktisches Wissen = Niederlage reduzieren. Steht hinter der Ersteren der Habitus zu großer Autoritätsfixierung, so hinter dem Letzteren der Habitus geringer Lernwilligkeit. Beides führte zu Passivität, Zaudern selbst bei numerischer Übermacht.

Auf die Phase der Restauration nach dem Wiener Kongress folgte das Jahr 1848, das für die Habsburger Monarchie eine wahrhaftige Existenzkrise brachte[38]. Ohne die in der Niederschlagung der Aufstände in Ungarn und Italien sowie der sozialen Rebellion in Österreich siegreiche Armee wäre Österreich nicht erst 1918, sondern wohl schon 70 Jahre vorher zerstückelt worden. Die

---

[36] Vgl. Rothenberg, Die Napoleonischen Kriege (wie Anm. 6), S. 118-131.
[37] Krieg 1809 (wie Anm. 28), S. 118.
[38] Im Hinblick auf die Entwicklungen in militärischen Fragen zwischen 1815 und 1847 vgl. unter anderen Rothenberg, The Army of Francis Joseph (wie Anm. 19), S. 9-21.

Marschälle sicherten dem Kaiser den Thron und Österreich den Fortbestand. Allmayer-Beck hat hier sehr genau herausgearbeitet, was dieser Sachverhalt für das Selbstverständnis und die Stellung der Armee mit Folgen, die zum Teil bis 1918 reichten, bedeutete. Zum einen liegt hier der Keim für die Anomalie im Vergleich mit den sich rundherum herausbildenden Armeen von Nationalstaaten: Die habsburgische Armee war kaisertreu, »unpolitisch«, aber im großen Konflikt zwischen autoritär-hierarchischen, »feudalen« Prinzipien und jenen eines »liberalen«, nach mehr politischer Beteiligung schreienden Bürgertums an der Seite von Kaiser und Adel. Das führte auf lange Sicht dazu, dass die Armee im Denken und Fühlen feudal gesonnen blieb, in der gesellschaftlichen Stellung isoliert war und in zuerst eindeutiger, später etwas abgeschwächter Weise gerade von den dynamischsten und zukunftsorientiertesten Teilen der Gesellschaft bekämpft bis ignoriert wurde. Im offenen Widerspruch zum stärker auf Bildung und Fleiß setzenden Bürgergeist setzte die Armee nach 1848 verstärkt auf das Kriterium der Treue, Ergebenheit, auf Disziplin und körperlichen Einsatz und verschüttete wieder den Zugang zu Wissen und Bildung auch in der militärisch sedimentierten Form taktisch-strategischen Planungswissens. Hier konnte man keine »Schriftgelehrten« brauchen, sondern ganze, einsatzbereite, nicht lange fackelnde Männer – was sich spätestens in Königgrätz rächen sollte. Korpsgeist, Tapferkeit, Disziplin, die Nähe zu feudalaristokratischen Werten der Ehre beseelten eine Kriegerelite, die weiterhin Instrument der Adelsherrschaft blieb und die auch in der Bürokratie ihren zweiten, natürlichen Feind sah. Eine weitere zentrale Eigenschaft der habsburgischen Armee war ebenfalls in der Niederschlagung der Revolution besonders deutlich hervorgetreten. Sie war nicht nur ein Instrument des Gewaltmonopols »nach außen«, in der kriegerischen Staatenkonkurrenz, sondern sie war es fast ebenso sehr »nach innen«, zur Unterdrückung zentrifugaler – nationaler – Tendenzen und zur Niederhaltung sozialer Rebellion – von Bürgern und arbeitenden Unterschichten. Augenfälligster Ausdruck dieser Rolle der Armee war der Bau von Kasernen in Wien, um die aufrührerische Stadt jederzeit kontrollieren zu können[39].

Eine praktische Konsequenz aus dem mangelnden Rückhalt, den die Armee als Instrument der Krone bei den aufsteigenden, wachsend ethnisch-national gesonnenen bürgerlichen Schichten fand, war der Geldmangel, an dem sie chronisch litt und der sich auch in einer vergleichsweise dürftigen Alimentierung von Offizieren und Mannschaften zeigte. Insofern, als dieser Geldmangel auf Ausrüstung und Ausbildung durchschlug, wirkte er gleichsinnig auf die Effektivität und Kampfstärke der Armee in ganz direkter Weise. In diesem Falle hätten wir wohl auch eine Erklärung mit dem Argument eines langfristig wirkenden Habitus, der aber noch nichts mit Gefühlen, wohl aber mit Wissen und Organisation zu tun hätte. Auf diesen Faktor machte Allmayer-Beck indirekt aufmerksam, als er die Armeereformen nach 1848 ansprach, die in der Abschaf-

---

[39] Vgl. Johann Christoph Allmayer-Beck, Die bewaffnete Macht in Staat und Gesellschaft. In: Adam Wandruszka und Peter Urbanitsch, Die Habsburgermonarchie 1848-1918, Bd 5: Die bewaffnete Macht, Wien 1987, S. 1-141.

fung des Hofkriegsrates, der Übernahme der napoleonischen Gliederung der Armee und der erstmaligen Schaffung eines Armeeoberkommandos in Friedenszeit bestanden[40].

Man kann diese Reform als Überwindung fast mittelalterlicher Zustände (bis zu diesem Zeitpunkt hatte es in der habsburgischen Armee nur lokale Kommanden gegeben) ansehen, als unerlässlichen Zentralisierungs- und damit Modernisierungsschub. Es erfolgte der Übergang zur Konskription mit achtjähriger Dienstzeit, die nur einen kleineren Teil der männlichen Bevölkerung betraf und die höheren Stände sowie die gebildeten Bürger überhaupt aussparte. Der Militarisierungsgrad der österreichischen Bevölkerung blieb eigentlich bis 1914 geringer als der etlicher Nationalstaaten, wofür der Prozentsatz der Rekrutierten eine wichtige Information darstellt[41]. Was aber jedenfalls seltsam anmutet, ist die Geringschätzung wissenschaftlich-militärischer Bildung in der Armee; trotz der Gründung der »Kriegsschule« 1852, einer militärischen Akademie und einschlägiger Bemühungen schon Erzherzog Carls wurden entsprechend Interessierte als »Schriftgelehrte« verunglimpft. Es ist nicht schwer, diese antiintellektualistische Stimmung, kritisch vermerkt, auch in selbstbiografischen Äußerungen führender Offiziere aufzufinden[42]. Es entsteht ein in mancher Hinsicht recht paradoxes Bild vom österreichischen Offizierhabitus: das eines Mannes der »Praxis«, der eher »grob« ist, für den Exerzieren und Reglement, somit »Disziplin« im engsten Sinne, am wichtigsten sind, der aber – und das wird man in den Kriegen von 1859 und 1866 sehen – trotz aller Tapferkeit auf dem Schlachtfeld zu strategischer Entschlossenheit und schnellem Entscheiden nicht in der Lage ist. Bis 1859 waren zweifellos die meisten unfähigen höheren Kommandanten Hochadelige, die ihre Position nicht der Leistung, sondern der Geburt verdankten[43]. Zudem bedeutete jeder Schritt der konstitutionellen Anbindung des Heeres (bis 1914) im Wesentlichen weniger Geld für das Heer. Er zeigt aber auch, dass die fatale Entscheidung von 1914 – auf den drohenden Verlust der Großmachtstellung (die es, streng genommen, ohnehin seit 1866 nicht mehr gab) bzw. den drohenden Zerfall von innen mit Krieg zu reagieren, statt diese Tendenzen mit anderen, politischen Mitteln abzuwenden – eine Geschichte hat, die mindestens bis 1848 zurückgeht. Auch hier kann man einen sozialen Habitus am Werk sehen, der Österreichs Politik nach außen bestimmen sollte: einerseits viele defensive und friedliche Züge, da man zu einer kriegerisch-offensiven Haltung nicht wirklich fähig war, dies auch merkte und beim

---

[40] Vgl. ebd., S. 18, 24 f.
[41] Vgl. genauer hierzu Walter Wagner, Die K. (u.) K. Armee – Gliederung und Aufgabenstellung. In: Wandruszka/Urbanitsch, Die Habsburgermonarchie (wie Anm. 39), S. 142-633, hier S. 492; im Jahre 1879 waren etwa in Österreich-Ungarn 0,86 % der Einwohner im Friedensstand rekrutiert gegen 1,5 % in Frankreich, im Kriegsstand 2,94 % gegen 3,66 %.
[42] Vgl. Anton Mollinary, 46 Jahre im österreichisch-ungarischen Heere 1833-1879, Zürich 1905; Stillfried Adolf von Rathenitz (Generalmajor, 1856-1946), Erinnerungen aus meinem Leben. Donation Stillfried Adolf, Nachlass des Kriegsarchivs, Wien o.J., B/862.
[43] Vgl. Allmayer-Beck, Die bewaffnete Macht (wie Anm. 39), S. 48.

alltäglichen Kampf um die nötigen Machtmittel – insbesondere im Wettkampf mit Nationalstaaten, die offenbar die nötigen Mittel leichter aufbrachten – immer wieder an diese Grenzen stieß. Selbst Kaiser Franz Joseph bekannte immer wieder seine Friedensliebe, aber auch die breitere Gesellschaft jenseits der Militärkaste war kaum jemals so militarisiert, wie dies in Preußen-Deutschland oder Frankreich der Fall war; andererseits existierte ein feudaler Geist der Militärs, für den die Bereitschaft zu Kampf und Tod weit mehr als nur ein Lippenbekenntnis war.

Die österreichische Armee war im 19. Jahrhundert – als Reaktion auf Napoleon und die neuen Regeln der revolutionären Massenheere, und hier in Parallele zu den preußischen Armeereformen – jedenfalls anders als im 18. Jahrhundert von einem durchgehenden, rücksichtslosen Offensivgeist beseelt. Dem entspricht der »Trani-Schneid« der Kavallerie, der (entstanden in den italienischen Feldzügen ab 1848) rücksichtslos-tapferes Herangehen an schwere Hindernisse forderte. Für die Infanterie wurde die ebenfalls selbstmörderische »Stoß-Taktik« zur Pflicht, die schon 1859 in Solferino verheerend viele Todesopfer forderte, 1864 gegen Dänemark beibehalten wurde, sich (scheinbar) als weiterhin tauglich erwies und die 1866 vom preußischen Hinterlader furchtbar bestraft wurde; in modifizierter Form blieb sie bis zum Weltkrieg die Norm, obwohl die waffentechnologische Entwicklung zum Repetier- und Maschinengewehr die Defensive begünstigte. Damit stand die habsburgische Armee nicht allein; aber es erscheint als deutliche Differenz zum »barocken« Armeehabitus der Österreicher im 18. Jahrhundert, wie er insbesondere in den Kriegen gegen Preußens Friedrich, aber auch noch gegen das revolutionäre und napoleonische Frankreich in Erscheinung trat. Königgrätz jedenfalls war der Punkt in der Geschichte der habsburgischen Armee, an dem, so Allmayer-Beck, sichtbar wurde, dass praktisch alles, Bewaffnung, Ausbildung, Heeresgliederung und Führungstechnik, überholt war. Das schrie nach Reform. Für die Armee bedeuteten die Entwicklungen nach 1866 vielerlei. Einerseits kam es zu den ersten Elementen der Industrialisierung des Krieges (passgenaue Massenproduktion), andererseits zur Demokratisierung in der paradoxen Form der Ausweitung der Wehrpflicht (eine späte Anlehnung an das preußische Beispiel) und zuletzt zur Effektivierung der Armee unter dem Aspekt der Bürokratisierung und Zentralisierung. Wieder finden wir eine Annäherung (mit Verspätung allerdings) an die Prinzipien der preußischen Reform von 1807. Das Inhabersystem wurde 1868 abgeschafft.

Die nun einsetzende Demokratisierung führte zur vermehrten Anerkennung des bürgerlichen Leistungsprinzips, allein schon dadurch, dass sich der Anteil der Generalstabsoffiziere aus dem Adel von 60 Prozent im Jahr 1863 auf nicht einmal 12 Prozent im Jahr 1913 (88,5 Prozent Bürgerliche, einschließlich des Beamtenadels) verringerte[44]. Zugleich wurde das Reserveoffizierwesen nach preußischem Vorbild eingeführt; Einjährig-Freiwillige mit oft deutsch-natio-

----

[44] Vgl. ebd., S. 74.

nalen Neigungen (dem Zeitgeist entsprechend) ergänzten das Berufsoffizier-korps und insgesamt kam es zu einer gewaltigen Wandlung des altösterreichi-schen Berufsheers zum österreichisch-ungarischen Völkerheer, in dem die großösterreichischen Wirgefühle der Militärs auf die engeren ethnisch-kultu-rellen Wirgefühle von Ungarn, Tschechen und anderen stießen. Darum blieb sie in Größe und Ausrüstung hinter dem Ausbau der Streitkräfte der wichtigsten Konkurrenten der Habsburger Monarchie zurück und wirkte dabei nicht nur über einen defätistischen Habitus, sondern direkt über die Beschneidung der Ressource für die erfolgreiche Führung von Kriegen (oder auch die erfolgreiche außenpolitische Drohung mit Krieg). Vielleicht wäre das kein Problem gewe-sen, wenn sich die Außenpolitik dieses so fragilen Gebildes den geringer wer-denden militärischen Möglichkeiten angepasst hätte und etwa durch Prosperi-tät und friedliche Freiheit der Entwicklung ihrer Völker sowohl nach innen wie nach außen attraktiv gewirkt hätte. Zweifellos war die Monarchie ökonomisch recht erfolgreich, aber zweifellos war dies – und der Schutz, den ihre Armee vor den erstarkenden Mächten Deutschland und Russland gewährten – den politi-schen Eliten nicht so bedeutsam, wie es vielleicht angemessen gewesen wäre.

Der Erste Weltkrieg wurde zum ultimativen Härtetest für die alte habsburgi-sche Armee. In einem ganz bestimmten Sinn bestand sie ihn bekanntlich nicht – der Krieg ging verloren, die Monarchie zerfiel und damit verschwand ein Machtzentrum aus Europa, das dieses ein halbes Jahrtausend lang wesentlich mitgestaltet hatte. Informativ ist hier ein autobiografischer Bericht des k.u.k. Generalmajors Paul Schinnerer (geb. 1869, gest. 1957). Er ist deswegen so be-sonders interessant, weil er die Persistenz des habsburgischen Armeehabitus selbst nach der Reform und unter den Vorzeichen der Verbürgerlichung des Offizierberufs belegt. Schon allein seine Herkunft ist insofern bemerkenswert, als sie typisch für den Übergang der habsburgischen Armee von einem feudal-aristokratisch geprägten zum bürgerlichen Offizierkader war. Sein Vorrücken in die höheren Offizierränge verdankte er seinem Eindruck zufolge seinem taktisch-organisatorischen Wissen. Sein Weltbild war von der Bedeutung von technischem Wissen und organisatorischer Leistung geprägt. Diese Kontrastfo-lie gilt es zu bedenken, wenn wir seine acht Jahre vor Kriegsausbruch niederge-schriebenen Einschätzungen der k.u.k. Armee betrachten: Hier spielt Schinnerer auf die institutionellen Probleme der Armee – Stellungsschacher und Cliquen-wirtschaft – an. Aber er spricht auch ganz direkt den sozialen Habitus dieser Armee an:

> »Auch ganz andere Menschen hätten überall hingehört, denn alle waren sich gleich. Mit denselben Menschen, mit denen gearbeitet werden musste, war eben nicht mehr zu machen, die alten Ideen und der alte Schlendrian waren nicht mehr auszurotten. Entfernte man einen, so trat ein anderer an seine Stelle, der im selben Geleise weiterzog; man konnte die Menschen wechseln, die Denkungsweise aber blieb dieselbe. Auch Conrad war davon nicht frei, auch er war ein Wiener-Neustädter [Absolvent der Militärakademie dort-

selbst] und konnte sich trotz mancher besseren Einsicht von den Erziehungseinflüssen seiner Jugend nicht emanzipieren[45].«
Schinnerer spricht die klassischen Eigenschaften des Habitus-Begriffs an: Es handelt sich um Ideen, aber auch Gewohnheiten, die unbewusst das Handeln leiten; die Prägung erfolgt in der Jugend, bleibt aber – als Disposition – ein Leben lang erhalten.

Was ist für Schinnerer dieser »Schlendrian«? Er ist wesentlicher Bestandteil einer prinzipiell modernisierungsfeindlichen Haltung und zeigt sich vor allem in einer Haltung »mangelnder Voraussicht« und »Phantastereien der Höheren«, denen niemand entgegenzutreten wagt. Immer wieder beschreibt Schinnerer Vorgesetzte, die sich vor wirklicher Arbeit drücken und Kritiker als »Schwarzseher« denunzieren. Immer wieder trifft sein hartes Urteil vor allem die berufsmäßigen »Optimisten«, die den Gegner unterschätzen: »Ich sah, daß wir gänzlich unvorbereitet in den Entscheidungskampf treten würden, sah die erschreckenden Rückständigkeiten auf allen Gebieten und die vollständige Kopflosigkeit und den verbrecherischen Leichtsinn unserer leitenden militärischen und polizeilichen Kreise.« So fehlten in der Ausbildung faktische Schulung; die Manöver seien nicht realistisch; und wenn doch, offenbarten sie ein entsetzliches Durcheinander. Rückständig sind aber auch Bewaffnung und Befestigung, so z.B. an der bedrohten Grenze zu Italien. Modernisierung bedeutete für Schinnerer Maschinengewehre, Telefone und immer wieder: bessere Organisation. Und noch deutlicher werden seine düsteren Vorahnungen im folgenden Satz: »Hatte ich schon die letzten Jahre mich mit düsteren Ahnungen abgequält, so wurden diese nunmehr zu immer größerer Gewissheit für mich und hoffnungslos sah ich das, für uns unabweisliche Geschick herannahen[46].«
Diese fatalistische Grundhaltung in ganz Europa vor dem Krieg wurde schon von etlichen Historikern als mitkonstitutiv für den dann tatsächlich erfolgenden Ausbruch konstatiert. An seinen Offizierkollegen bemerkt Schinnerer vor allem Selbsttäuschung, einen Habitus der Leichtfertigkeit, kaschiert mit Pathos und Phrasen, wie beim »dilettantischen Hochstapler« Kraus-Ellislago, nachmaliger Kommandierender an der Galizienfront. Besonders stieß er sich am Atavismus der Kavallerie mit ihrem Rückhalt am Hof, der prächtigen, weithin sichtbaren Uniform, den beschwerlichen Stiefeln und unbrauchbaren Säbeln, ohne Schanzzeug und Stichwaffen ausgerüstet – all dies freilich damals keine rein österreichischen Probleme. Sechs Jahre später war der Krieg da, und Schinnerers düstere Einschätzungen lebten voll wieder auf[47].

---

[45] Paul Schinnerer (Generalmajor, 1859-1967), Erinnerungen aus meinem Leben 1869-1918, I, Archiv »Dokumentation lebensgeschichtlicher Aufzeichnungen«, Institut für Wirtschafts- und Sozialgeschichte, Wien o.J., S. 172.
[46] Ebd., S. 71, 130 f., 182, 185, 194.
[47] Ebd., S. 272 f.

IV. Das Erbe der preußischen Armeereform von 1807, sichtbar in der deutschen Armee am östlichen Kriegsschauplatz?

Fassen wir noch einmal die wichtigsten Elemente der 100 Jahre vor der »Urkatastrophe des 20. Jahrhunderts« erfolgten preußischen Antwort auf französische Massenarmeen zusammen: a) Bekenntnis zum Volkskrieg, ermöglicht durch die allgemeine Wehrpflicht; b) Professionalisierung und Abbau von Standesprivilegien, Leistung statt Anciennität; c) Entweiblichung des Heeres und Reduktion des Trosses; und d) Verbesserung der Kampfmotivation durch rechtliche und soziale Besserstellung des gemeinen Soldaten bzw. Unteroffiziers: vom Untertan zum Bürger. Fügen wir hierzu die Selbstreinigung des preußischen Offizierkorps und die Installierung eines nationalen (preußisch-nationalen), opferwilligen Kriegsgeistes, so landen wir beim »Volk in Waffen«, einem Ideal, das zwar nicht immer Realität geworden ist, aber möglicherweise in der preußisch-deutschen Armee doch weit stärker als in Österreich[48]. Sieht man von dem Punkt c) ab, so liefert Constantin Schneider in seinen 641 Seiten umfassenden Kriegserinnerungen von 1914 bis 1919 beachtenswerte Einschätzungen, die gewaltige Unterschiede zwischen beiden Armeen hinsichtlich der anderen Merkmale – ableitbar von den frühen preußischen Reformen und ihrer vielleicht doch recht nachhaltigen Wirkung – offenbaren[49]. Der bürgerliche Offizier Schneider, der in Galizien als Oberleutnant beim Stab eingeteilt war und für die Logistik des Artillerieeinsatzes verantwortlich war, vereinigt in seiner Darstellung beinahe literarische Schilderungen nicht nur der dramatischen Abläufe an den Fronten, sondern auch erstaunliche Einsicht in psychische Prozesse sowohl bei sich selbst als auch bei den anderen. Seinem Urteil über Stärken und Grenzen der k.u.k. Armee kommt daher einiges an Glaubwürdigkeit zu.

»Noch etwas kam dazu: Der wichtigste Faktor im Krieg ist das Glück. Wir hatten tapfere Truppen, in vieler Beziehung auch tapferer als die Deutschen, denn ihnen fielen grausamere und opfervollere Aufgaben zu als den Deutschen, aber das Glück bevorzugte sie allzu selten. Es schenkte uns vor allem keinen Führer. Nämlich keinen, zu dem man Vertrauen haben konnte [...] Wie anders war der neue Geist, den die deutsche Führung uns lehrte: Die Einfachheit war ihre Devise und die Schonung des Menschenmaterials. Bei uns wurde von ruhmreichen Kampfepisoden erzählt, da eine Kompanie einen Sturm unternahm und nur 10 Mann am Leben blieben. Wir staunten unsere Kommandanten den Führer dieser Kompanie als Helden an und segneten ihn mit Orden. Anders war es bei den Deutschen: sie zeichneten jenen

---

[48] Vgl. Karen Hagemann, »Männlicher Muth und teutsche Ehre«. Nation, Militär und Geschlecht zur Zeit der antinapoleonischen Kriege Preußens, Paderborn [u.a.] 2002 (= Krieg in der Geschichte, 8), S. 73-104.

[49] Vgl. Constantin Schneider, Die Kriegserinnerungen 1914-1919, Hrsg. von Oskar Dohle, Wien, Köln, Weimar 2003.

Kommandanten vor allem aus, der mit den geringsten Verlusten die größten
Erfolge errang. Dieses Verständnis fehlte uns gänzlich. Die ganze Kriegsführung war auf blinde Tapferkeit eingestellt, die mehr einer Verzweiflung ent-
sprang als einer Begeisterung. Diese verlustreiche Tapferkeit großgezogen
zu haben, war die Schuld unserer Führer, ihre Tätigkeit war oft die von
Schlächtern, ihr Sinn die Grausamkeit und ihr Lohn Verdammnis[50].«
Dieses Urteil wird viele überraschen, die mit Preußen-Deutschland nur den
Begriff des »Kadavergehorsams« assoziieren, und ein Blick nach Verdun und
zur Hölle, die Erich von Falkenhayn dort schuf, ist wahrlich auch belehrend.
Aber es wäre falsch, diesen Eindruck Schneiders als reines Hirngespinst abzu-
tun. Und der größere Respekt, den man in der deutschen Armee dem gemeinen
Soldaten als Mitglied einer »Volksgemeinschaft« zollte (ein anderer Ausdruck,
der heute zu Recht diskriminiert ist), kontrastierte erheblich mit dem viel aus-
geprägteren Klassencharakter des österreichischen Vielvölkerheeres:
> »Tief und unüberbrückbar war auch die Kluft, die zwischen Führern und
> Geführten bestand. Es waren 2 verschiedene Kasten entstanden: die Minori-
> tät der Herrschenden, die Majorität der Gehorchenden, Leidenden. Die Ers-
> teren lebten in vollster Sicherheit, machten Eroberungszüge mit, reisten im
> Auto von Schlacht zu Schlacht. Sie waren kleine Herrscher über Leben und
> Tod. Sie regierten in ihrem Reich, hatten ihre Minister, die sie vertraten,
> hatten ihre eigenen Richter und Priester, sprachen Recht und taten Unrecht.
> Und ihre Untertanen waren die Namenlosen, die Eintagsfliegen, die nur
> kamen, um ein paar Kriegstage mitzumachen, ein paar Märsche, ein paar
> Gefechte; sie entrannen dem Grab nur, wenn sie krank oder verwundet
> wurden und auf die Weise einige Zeit der Gefahr entgingen. Sie waren Skla-
> ven ohne Menschenrecht, die man nach ihrem Werte gleich einer Ware ab-
> schätzte[51].«

Es ergibt sich der paradoxe Eindruck von einer Mentalität der militärischen
Führer der Habsburger Armee, die Zögerlichkeit und Unentschlossenheit im
Strategischen mit tollkühner, selbstmörderischer Aggressivität in der Ausführung verband. Dazu gesellte sich – summa summarum – ein im Vergleich zur
deutschen Führung rückständiger Grad der Professionalität. Schneider listet die
Punkte auf: Sparsamkeit beim »Menschenmaterial« verlangt Überfluss im »toten« Material; Vorrang bekommt die Ausbildung des Kämpfers; ständige Arbeit
(Schießübungen, Stellungsbau, Feindbeobachtung, Nachdrücklichkeit, eindeutige Geschützausrichtung) macht große Opfer unnötig. Die Truppen sollen lernen: Schulung der Reserven, Bildung von Stoßtrupps, Klarheit der Befehle und
Verantwortungsbereiche[52]. Das Zauberwort heißt »Organisation« – wie im berühmten Diktum des k.u.k. Generals bei Karl Kraus, dass es diese sei, die seine
Offiziere einführen sollten, auch wenn sie den Deutschen hinsichtlich des »gewissen Etwas« manches voraus hätten[53].

---

[50] Ebd., S. 351.
[51] Ebd., S. 351 f.
[52] Vgl. ebd., S. 432 f.
[53] Karl Kraus, Die letzten Tage der Menschheit. Tragödie in fünf Akten mit Vorspiel und
      Epilog. T. I. Erster bis dritter Akt, München 1978, S. 230.

Somit kann man mit gutem Grund vermuten, dass die preußischen Reformen von 1807 langfristige Wirkungen gehabt haben, die sie wahrscheinlich auch in der habsburgischen Armee gezeitigt hätten, wäre ihre Rezeption nicht von einer gänzlich anderen geo- und innenpolitischen Situation be- oder verhindert worden. Ob ihre erfolgreiche Übernahme viel an der Katastrophe von Niederlage und Zerfall geändert hätte – wer weiß? Dass aber der Zusammenprall von »Völkern in Waffen« bei allen intern-humanisierenden Absichten auch die Abdrift in grenzenlose Barbarei zur Folge haben konnte, ist uns nach dem letzten, in blutrotes Dunkel getauchten, Jahrhundert wohl bewusst geworden.

Militär im Wandel – Vom 19. Jahrhundert
bis zum Zeitalter der Weltkriege

Sylvia Kesper-Biermann

»Jeder Soldat ist Staatsbürger«[1]: Reformen im Militärstrafrecht in Deutschland 1800 bis 1872

In seinen »Richtlinien für die Reorganisation der Armee« vom Juli 1807 stellte der preußische König Friedrich Wilhelm III. einen Katalog von 19 Maßnahmen auf, mit denen die »Wiedergeburt der Armee« eingeleitet werden sollte. Eine davon zielte auf die Neuordnung der militärischen Strafen[2]. Diese wurde, wie der weitere Verlauf der Arbeiten der Militärreorganisationskommission (MRK) zeigen sollte, als zentrales Element einer Gesamtreform des Militärs verstanden. Obwohl der Hinweis darauf in kaum einer Darstellung der Preußischen Heeresreformen fehlt, ist eine eingehendere Beschäftigung mit dem Militärstrafrecht des 19. Jahrhunderts bislang weitgehend ausgeblieben[3]. Insbesondere fand die Reformtätigkeit der anderen deutschen Staaten auf diesem Rechtsgebiet kaum Beachtung. Im Folgenden soll ein Überblick über die Militärstrafgesetzgebung in Deutschland vom Beginn des 19. Jahrhunderts bis zum Militärstrafgesetzbuch für das Deutsche Reich von 1872 gegeben werden. Im Mittelpunkt stehen die Militärstrafgesetzbücher, die zugleich Mittel und Ausdruck der Maßnahmen zunächst in den deutschen Einzelstaaten und dann im Deutschen Reich waren. Es geht also um das materielle Militärstrafrecht; disziplinarrechtliche Bestimmungen und insbesondere das Prozessrecht können nicht behandelt werden. Auch die Frage, inwieweit sich die Veränderungen im Militärstrafrecht auf die Praxis auswirkten, wie also die rechtlichen Normen von den Gerichten angewandt wurden, muss ausgeklammert bleiben.

Die Darstellung erfolgt in vier Schritten. Der *erste* Teil gibt einen Überblick darüber, welche rechtlichen Regelungen in der Zeit von etwa 1800 bis 1872 in

---

[1] Martin Damianitsch, Studien über das Militär-Strafrecht in seinem materiellen und formellen Theile mit Hinblick auf die neueren Militär-Strafgesetze und vorzugsweiser Berücksichtigung des österr. Militär-Strafgesetzbuches vom Jahre 1855, Wien 1862, S. 137.

[2] Abgedruckt in: Die Reorganisation des Preussischen Staates unter Stein und Hardenberg, 2. T.: Das Preussische Heer vom Tilsiter Frieden bis zur Befreiung 1807-1814, Bd 1. Hrsg. von Rudolf Vaupel, Ndr. der Ausg. von 1938, Osnabrück 1968, S. 8-15; die Militärstrafen betrifft Punkt 12, S. 10.

[3] Anders sieht es für das 20. Jahrhundert und insbesondere die Zeit des Nationalsozialismus aus, vgl. dazu den zusammenfassenden Überblick von Manfred Messerschmidt, Die Wehrmachtjustiz 1933-1945. Paderborn [u.a.] 2005. Forschungsüberblick bei Jutta Nowosadtko, Krieg, Gewalt und Ordnung. Einführung in die Militärgeschichte, Tübingen 2002, S. 200-213.

Deutschland überhaupt bestanden. Die Reformmaßnahmen in den deutschen
Einzelstaaten und die damit verbundenen juristischen und militärischen Motive
und Ziele behandeln die beiden folgenden Abschnitte. Dabei geht es *zweitens*
um die Kodifikation des Militärstrafrechts und seinen Geltungsbereich sowie
drittens um die Militärstrafen und das Strafensystem. Im *vierten* Teil stehen das
Militärstrafgesetzbuch für das Deutsche Reich und die im Rahmen seiner Entstehung zum Ausdruck kommenden Auseinandersetzungen über das Verhältnis von Militär und Gesellschaft im Mittelpunkt. *Fünftens* schließlich wird eine
Einordnung der Preußischen Reformen vorgenommen und die Ergebnisse im
Hinblick auf die Frage zusammengefasst, welche Bedeutung die Neuordnung
der militärischen Strafen im 19. Jahrhundert gegenwärtig für die Traditionspflege der Bundeswehr hat.

I. Rechtliche Regelungen im Überblick

Um 1800 war das Militärstrafrecht in den deutschen Staaten vorwiegend in
sogenannten Kriegsartikeln sowie in einer Reihe einzelner Verordnungen, beispielsweise über Desertionen, Duelle oder unerlaubte Werbungen, geregelt[4].
Die Kriegsartikel waren Ende des 18. Jahrhunderts vielerorts novelliert worden,
beispielsweise in Österreich 1769 (revidiert 1808) oder in Preußen 1797[5]. Das
preußische Militärstrafrecht wurde ebenfalls zur Rechtsgrundlage in Baden, das
1803 das zwei Jahre zuvor publizierte »Krieges- oder Militär-Recht« des Kriegs-
rats und Generalauditeurs Georg Wilhelm Cavan einführte. Gemäß der allgemeinen Tendenz der badischen Organisationsedikte ging es dabei weniger um
eine Neuordnung als um die Systematisierung und Fortschreibung des geltenden Rechtszustandes. Dieser wurde im weiteren Verlauf des 19. Jahrhunderts
durch einzelne Verordnungen und das zivile Strafgesetzbuch von 1845 ergänzt[6].

---

[4] Zum Folgenden Dangelmaier, Geschichte des Militär-Strafrechts. In: Jahrbücher für die
deutsche Armee und Marine, 79 (1891), S. 271-290; Eberhard Schmidt, Militärstrafrecht,
Berlin 1936, S. 8-10; in Bezug auf Preußen Axel Janda, Die Entwicklung von Militärstrafrecht und Militärstrafgerichtsbarkeit unter besonderer Berücksichtigung der Misshand-
lung Untergebener in der Kaiserlich Deutschen Marine, Diss. jur. Köln 1981, S. 26-45; österreichische Kriegsartikel von 1808, abgedruckt bei Eugen von Frauenholz, Das
Heerwesen des XIX. Jahrhunderts, München 1941, S. 350; Hubert Schmid, Die Gesetzgebungsgeschichte des Militärstrafrechts für das Königreich Bayern zwischen 1806 und
1900, München 2000, S. 439.

[5] Zu den preußischen Kriegsartikeln Heinz Stübig, Armee und Nation. Die pädagogisch-
politischen Motive der preußischen Heeresreform 1807-1814, Frankfurt a.M. 1971,
S. 74-79.

[6] Zum badischen Militärstrafrecht um 1850 Ignaz Ortwein von Molitor, Die Kriegsgerichte
und Militärstrafen im neunzehnten Jahrhundert mit einem Rückblicke auf die Kriegsstra-
fen der Römer, die Kriegsgewohnheiten der alten Deutschen, und die Kriegsgesetze bis
zum Beginne dieses Jahrhunderts, mit besonderer Berücksichtigung der Kriegsgesetze

Grundlegende Änderungen im Militärstrafrecht unternahmen die deutschen Staaten größtenteils erst nach dem Ende der napoleonischen Kriege und der Neuordnung Deutschlands auf dem Wiener Kongress. Sie erfolgten in Form von eigenen Gesetzbüchern, die das Militärstrafrecht kodifizierten[7]: Bayern verabschiedete 1813 »militärische Strafgesetze«[8], Württemberg erließ 1818 ein Militärstrafgesetzbuch, darauf folgten Hannover 1820 (revidiert 1841), das Großherzogtum Hessen und Sachsen 1822 (Letzteres revidiert 1838) sowie Oldenburg 1840. Die kurzlebige schleswig-holsteinische Armee erhielt 1850 ein Militärstrafgesetzbuch[9]. Nach der Jahrhundertmitte brachten Österreich 1855 und Bayern 1869 eine Kodifikation zum Abschluss; Oldenburg und Sachsen nahmen 1861 bzw. 1855 und 1867 Revisionen vor; Hessen-Darmstadt 1858. Preußen hatte schon 1808 mit einer Überarbeitung der Kriegsartikel und zwei besonderen Verordnungen über Militärstrafen neue Prinzipien auf diesem Rechtsgebiet begründet[10]. Ein eigenes Gesetzbuch publizierte das Königreich dagegen erst 1845[11]. Selbstständig neben den genannten Kodifikationen bestanden Disziplinarvorschriften, die ebenfalls zunehmend zu umfangreichen Ordnungen zusammengefasst wurden. Ferner existierten die Kriegsartikel fort, nun einen Auszug aus dem jeweiligen Militärstrafgesetzbuch, eine kurze Pflichtenlehre und allgemeine dienstliche Anordnungen für die Soldaten enthaltend. Auf sie wurde jeder neu Eintretende verpflichtet[12].

Wie die vorangegangene Aufzählung deutlich macht, stand die Schaffung von Militärstrafgesetzbüchern in allen deutschen Staaten während der ersten zwei Drittel des 19. Jahrhunderts auf der Tagesordnung. Teilweise erfolgte die Verabschiedung sehr schnell wie in Bayern und Württemberg, teilweise gingen ihr langjährige Entstehungs- und Entscheidungsprozesse voran. Ohne auf die jeweils spezifischen Gegebenheiten in den einzelnen Territorien eingehen zu können, lassen sich einige allgemeine Aussagen über die Rahmenbedingungen machen, die für die Kodifikation des Militärstrafrechts von Bedeutung waren. Zu nennen sind zunächst Kriegserfahrungen, aus denen man eine Notwendigkeit zur Veränderung militärischer Strafen ableitete. Insbesondere militärische Niederlagen ließen – besonders prominent in Preußen nach 1806, aber bei-

---

Oesterreichs, Preußens, Sachsens, Württembergs, Badens, dann Frankreichs, Sardiniens und der Eidgenossenschaft, Wien 1855, S. 87-93.

[7] Die Aufzählung berücksichtigt nur die größeren deutschen Staaten.

[8] Vgl. die Einführungsverordnung bei Frauenholz, Das Heerwesen (wie Anm. 4), S. 350; Schmid, Die Gesetzgebungsgeschichte (wie Anm. 4), S. 47-56.

[9] Vgl. dazu den Aufsatz von Jan Schlürmann in diesem Band sowie Jan Schlürmann, Die Schleswig-Holsteinische Armee 1848-1851, Tönning, Lübeck, Marburg 2004, S. 305-309.

[10] Kriegsartikel für Unteroffiziere und Soldaten, Verordnung wegen der Militärstrafen und Verordnung wegen Bestrafung der Offiziere, alle vom 3.8.1808, abgedruckt bei Frauenholz, Das Heerwesen (wie Anm. 4), S. 101-120. Dazu jetzt Oliver C. Prinz, Der Einfluss von Heeresverfassung und Soldatenbild auf die Entwicklung des Militärstrafrechts, Göttingen 2005, S. 85.

[11] Vgl. dazu Janda, Die Entwicklung (wie Anm. 4), S. 56-72.

[12] Vgl. Frauenholz, Das Heerwesen (wie Anm. 4), S. 34 f.; Max Ernst Meyer, Deutsches Militärstrafrecht, Bd 1: Allgemeiner Teil, Leipzig 1907, S. 27-29.

spielsweise auch in Bayern nach dem Krieg von 1866[13] – Überlegungen aufkommen, inwieweit sich das bestehende System des Militärstrafrechts bewährt
habe. Im hier untersuchten Zeitraum waren die napoleonischen Kriege zu Jahr-
hundertbeginn, aber auch der Einsatz der Armee im Inneren während der Revolution von 1848/49 wichtige Kriegserfahrungen, die Reformprozesse anstie-
ßen oder beschleunigten. Das zeigen die beiden zeitlichen Schwerpunkte der
Publikation von Militärstrafgesetzbüchern um 1820 und in den 1850er Jahren.
Darüber hinaus spielte die Angleichung von zivilem und Militärstrafrecht eine
Rolle. In einigen Fällen erfolgte die Verabschiedung militärischer Kodifikationen zeitgleich mit der ziviler Strafgesetzbücher, beispielsweise in Hannover
1841 und besonders ausgeprägt in Sachsen 1838, 1855 und 1867. In diesen Fällen
ging der Impuls vom allgemeinen Strafrecht aus, mit dem die Strafbestimmungen für die Armee in Übereinstimmung gebracht werden sollten[14].

Die einzelnen deutschen Staaten regelten das Militärstrafrecht souverän.
Gemeinsame und übereinstimmende Regelungen für die Mitglieder des Deutschen Bundes wurden zwar vielfach gefordert[15], aber nicht realisiert. Der von
der provisorischen Reichsregierung erarbeitete und von der Frankfurter Pauls-
kirche Anfang 1849 diskutierte Entwurf eines reichseinheitlichen Militärstrafrechts blieb folgenlos[16]. Die Gründung des Norddeutschen Bundes 1867 und
des Deutschen Reiches 1871 schufen dann gänzlich veränderte Voraussetzungen, die schnell in gesetzliche Regelungen mündeten: Die Verfassung des
Norddeutschen Bundes begründete eine einheitliche Bundesarmee und wies
dem Bund die Kompetenz über die Militärgesetzgebung zu. Gemäß Artikel 61
führte die Verordnung vom 29. Dezember 1867 das in Preußen geltende Militärstrafrecht in den anderen Bundesstaaten – mit Ausnahme Sachsens – ein.
Nach der Einigung von 1871 galten im Staatsgebiet des Deutschen Reiches zusätzlich die württembergische Kodifikation von 1818 und die bayerische von
1869. Die beiden süddeutschen Staaten hatten sich nämlich vertraglich die Geltung ihrer Vorschriften bis zum Erlass eines Reichsgesetzes zusichern lassen.
Den Wunsch nach »baldmöglichste[r] Vorlage« eines einheitlichen Gesetzbuches hatte der Reichstag schon im März 1870 geäußert. Nach Beendigung des
Deutsch-Französischen Krieges erhielt der preußische Generalauditeur Eduard
Fleck im März 1871 dann den offiziellen Auftrag, einen Entwurf auszuarbeiten.
Dieser wurde von einer Expertenkommission und dem Bundesrat beraten und
gelangte schließlich am 8. April 1872 an den Reichstag. Nach »stürmischen Ver-

---

[13] Vgl. Schmid, Die Gesetzgebungsgeschichte (wie Anm. 4), S. 195.
[14] Knapper Überblick bei Sylvia Kesper-Biermann, Einheit und Recht. Strafgesetzgebung
und Kriminalrechtsexperten in Deutschland vom Beginn des 19. Jahrhunderts bis zum
Reichsstrafgesetzbuch von 1871, Frankfurt a.M. 2009, S. 24 f.
[15] Z.B. von Damianitsch, Studien über das Militär-Strafrecht (wie Anm. 1), S. 2. Ludwig von
Jagemann, Die Militärstrafen im Lichte der Zeit, Erlangen 1849, betonte die »Nothwendigkeit eines allgemeinen deutschen Militärstrafgesetzbuches«, S. 1.
[16] Vgl. dazu aus bayerischer Perspektive Schmid, Die Gesetzgebungsgeschichte (wie
Anm. 4), S. 123-130.

handlungen« und erheblichen Modifikationen erhielt das Gesetzbuch am 8. Juni die Zustimmung des Parlaments; zwölf Tage später wurde es publiziert und trat zum 1. Oktober 1872 in Kraft[17].

Das Militärstrafgesetzbuch für das Deutsche Reich fußte in erster Linie auf dem preußischen Militärstrafgesetzbuch von 1845, griff aber auch Elemente der sächsischen und der bayerischen Kodifikation auf. Insofern ist es als Abschluss der im frühen 19. Jahrhundert einsetzenden Reformbemühungen im Militärstrafrecht zu sehen, nicht als Beginn einer ganz neuen Entwicklung. Dieser Aspekt weist zugleich darauf hin, dass allein von der Existenz vieler einzelstaatlicher Gesetzbücher vor der Reichseinigung nicht auf grundlegende Unterschiede in den militärstrafrechtlichen Reformprinzipien und -maßnahmen geschlossen werden kann. Vielmehr stimmten diese in den Grundzügen zwischen den Mitgliedern des Deutschen Bundes überein, wenn auch Unterschiede in Einzelfragen fortbestanden. Für die Entstehung der zivilen Strafgesetzbücher in den deutschen Partikularstaaten während der ersten zwei Drittel des 19. Jahrhunderts war charakteristisch, dass sie in einen gesamtdeutschen, die Grenzen der einzelnen Territorien übergreifenden Diskurs- bzw. Kommunikationszusammenhang eingebettet war. So tauschte man Entwürfe und verabschiedete Gesetzbücher, kommentierte und verglich sie und berücksichtigte die Erfahrungen anderer in der Rechtsanwendung[18]. Dafür, dass vergleichbare Austausch- und Transferprozesse auch auf dem Gebiet des Militärstrafrechts stattfanden, gibt es einige Hinweise[19].

II. Reformen in den Einzelstaaten: Kodifikation und Geltungsbereich

Die Kritik am herkömmlichen Militärstrafrecht und die damit einhergehenden Ideen zu dessen Umgestaltung traten in Deutschland im ausgehenden 18. Jahrhundert auf. Dementsprechend lassen sich erste Reformmaßnahmen schon vor 1800 feststellen, wofür die bereits erwähnten Revisionen der Kriegsartikel zu dieser Zeit ein Indiz bieten[20]. Sie brachten zwar nur Veränderungen in

---

[17] Zur Entstehung Janda, Die Entwicklung (wie Anm. 4), S. 73-80; Ernst Traugott Rubo, Militär-Strafgesetzbuch für das Deutsche Reich. Text-Ausgabe mit Anmerkungen und Sachregister, Berlin 1872, S. 9-23.

[18] Dazu Kesper-Biermann, Einheit und Recht (wie Anm. 14), S. 165-233.

[19] Diese Frage lässt sich beim derzeitigen Forschungsstand jedoch nicht abschließend beantworten. Vgl. etwa Damianitsch, Studien über das Militär-Strafrecht (wie Anm. 1), bes. S. III f.; in Bezug auf das bayerische Militärstrafgesetzbuch von 1869 Schmid, Die Gesetzgebungsgeschichte (wie Anm. 4), S. 196.

[20] Vgl. auch Hans-Ulrich Wehler, Deutsche Gesellschaftsgeschichte, Bd 1: Vom Feudalismus des Alten Reichs bis zur defensiven Modernisierung der Reformära 1700-1815, 2. Aufl., München 1989, S. 465.

einzelnen Punkten, doch konnten die umfassenden Neuordnungen des 19. Jahrhunderts daran anknüpfen. Die mit den Reformen im Militärstrafrecht verbundenen Ziele und Motive sind in Preußen zu Beginn des 19. Jahrhunderts am programmatischsten formuliert und von der Forschung am meisten beachtet worden, waren jedoch keineswegs exklusiv, sondern ebenfalls in den anderen deutschen Staaten anzutreffen.

Zunächst ist festzustellen, dass die Kodifikation des militärischen Strafrechts in eigenen Gesetzbüchern im 19. Jahrhundert an sich ein Mittel und ein Ziel der Reformmaßnahmen bildete. Das vielerorts in unterschiedlichen und verstreuten rechtlichen Normen behandelte Militärstrafrecht sollte an einem Ort zusammengefasst, vereinheitlicht und gleichzeitig systematisiert werden. So beklagte der preußische Generalauditeur Cavan 1801 das »Labyrinth« der bisherigen Darstellungen und nannte als wesentliches Motiv für sein Kriegsrechtsbuch, dem »Mangel einer systematischen Ordnung« abzuhelfen[21]. Die preußischen Kriegsartikel von 1808 stellten insofern einen Zwischenschritt dar, als sie zwar einerseits das militärische Strafrecht ordneten und systematisierten, die Form der Kriegsartikel jedoch andererseits beibehielten. Das änderte sich seit den 1820er Jahren, als die Militärstrafgesetzbücher zunehmend allgemein-juristische Standards bzw. Forderungen der Strafrechtswissenschaft und Gesetzgebungstechnik berücksichtigten. Diese Kodifikationen waren in der Regel in einen Allgemeinen und einen Besonderen Teil gegliedert. Der Allgemeine Teil zählte die auf jedes Delikt anzuwendenden Prinzipien auf, machte also beispielsweise Aussagen zur Strafzumessung, Strafmilderung und Strafschärfung, zum Rückfall oder zur gemeinschaftlichen Begehung von Straftaten durch mehrere Personen. Der Besondere Teil führte die einzelnen Delikte auf und ordnete sie systematisch. Die hannoversche Kodifikation von 1841 etwa teilte die Straftaten ein in die Kategorien »Vergehen wider die Subordination«, wozu Verletzung der Ehrerbietung, Ungehorsam und Meuterei gehörten, »Vergehen der Vorgesetzten gegen Untergebene«, worunter im Wesentlichen der Missbrauch der Dienstgewalt zu verstehen war; »Vergehen in Bezug auf einzelne bestimmte Dienstverrichtungen«, etwa im Wachdienst; »Desertion und ähnliche Vergehen«; Vergehen in Bezug auf den Umgang mit Militäreigentum; »Vergehen in Bezug auf den Dienst«, also Pflichtwidrigkeiten und -versäumnisse. Speziell für den Kriegszustand wurden Strafen für Verrat, »Pflichtverletzungen aus Feigherzigkeit« sowie Plündern und Marodieren festgelegt. Daneben zählte das Gesetzbuch einige Handlungen auf, die eigentlich im zivilen Strafgesetzbuch zu finden waren, bei deren Ahndung aber »das Militair-Dienstverhältniß eine besondere Berücksichtigung« erfordere, unter anderem Majestätsbeleidigung und

---

[21] Georg Wilhelm Cavan, Das Krieges- oder Militär-Recht, wie solches jetzt bei der Königlich Preußischen Armee besteht, 2 Bde, Ndr. der Ausg. Berlin 1801, Bad Honnef 1982, hier: Bd 1, S. III f.; vgl. auch Eduard Fleck, Kommentar über das Strafgesetzbuch für das Preußische Heer, Bd 1: Militär-Strafgesetze, Berlin 1869, S. 3.

Diebstahl[22]. Auch das üblicherweise im Rahmen der zivilen Kodifikationen geregelte Duell nahmen einige Militärstrafgesetzbücher auf[23].

Die Zielrichtung dieser Reformen war eine zweifache: Die Zusammenfassung und Systematisierung des Militärstrafrechts in einem Gesetzbuch schuf zum einen Rechtssicherheit für den einzelnen Soldaten, der sich umfassend und einfach über unerlaubte Handlungen und die dafür vorgesehenen Konsequenzen informieren konnte. Auch dem »Ungebildeten« sollte »alles so deutlich als möglich« gemacht werden, erklärte beispielsweise die preußische Militärreorganisationskommission 1808[24]. Zum anderen diente die Kodifikation einer Effektivierung der Militärjustiz, denn auch die Richter verfügten nun über eine gut zu handhabende Rechtsgrundlage. Das war umso nötiger, als die Militärrichter ausschließlich oder zumindest überwiegend keine studierten Juristen, sondern Offiziere waren. Der badische Generalauditor Wilhelm Brauer begründete deshalb sein 1851 herausgegebenes badisches Militärstrafrecht mit der Notwendigkeit, »den Offizieren, welche als Gerichtsinhaber und Richter mit dem Militärstrafrechte vertraut sein müssen, wenn nicht die Urteilssprüche das Gepräge der Willkür an sich tragen sollen, ein kurzes Handbuch zu geben, das ihnen die erforderliche Aufklärung gewähren könne«[25].

Ein weiterer Reformkomplex betraf den Geltungsbereich des militärischen Strafrechts. Hier zeigte sich deutlich, wie schon im 18. Jahrhundert einsetzende Tendenzen nach der Jahrhundertwende fortgeführt wurden. Die Militärstrafgesetzbücher des 19. Jahrhunderts galten für »Militärpersonen«, also diejenigen, die im aktiven Militärdienst standen, pensioniert oder Invaliden waren, neben den »streitenden« Soldaten, Unteroffizieren und Offizieren erstreckte es sich auch auf die »nicht-streitenden« Militärbeamten, -geistlichen oder -ärzte[26]. Das österreichische Militärstrafgesetzbuch von 1855 begrenzte den Personenkreis auf diejenigen, die den militärischen Diensteid abgelegt hatten[27]. Teilweise wurde das Militärstrafrecht im Kriegszustand unter bestimmten Bedingungen auf alle »der Armee ins Feld folgenden Personen« ausgedehnt. Soldatenfrauen und -kinder, in der Frühen Neuzeit als Teil des »Kriegerstandes« auch dessen rechtlichen Normen und Gerichtsbarkeit unterworfen, unterstellte man der

---

22 Militair-Strafgesetzbuch für das Königreich Hannover, Hannover 1841, §§ 57-217.
23 Z.B. Art. 172 des Großherzoglich Hessischen Militärstrafgesetzbuches von 1858. Vgl. dazu ausführlich Peter Dieners, Das Duell und die Sonderrolle des Militärs. Zur preußisch-deutschen Entwicklung von Militär- und Zivilgewalt im 19. Jahrhundert, Berlin 1992.
24 MRK an Generalauditeur von Koenen am 17.5.1808. In: Die Reorganisation des Preussischen Staates (wie Anm. 2), S. 406.
25 Wilhelm Brauer, Das badische Militärstrafrecht und Militärstrafverfahren. Zum Gebrauche für Offiziere und Kriegsbeamte, und als Leitfaden zu Vorlesungen an der Kriegsschule bearbeitet, Karlsruhe 1851, S. IV; vgl. auch Damianitsch, Studien über das Militär-Strafrecht (wie Anm. 1), S. 139.
26 Ausführliche Erläuterungen anhand des Militärstrafgesetzbuches für das Deutsche Reich von 1872 bei Meyer, Deutsches Militärstrafrecht (wie Anm. 12), S. 41-53; vgl. zu Baden auch Brauer, Das badische Militärstrafrecht (wie Anm. 25), S. 1-3.
27 Vgl. Damianitsch, Studien über das Militär-Strafrecht (wie Anm. 1), S. 3.

zivilen Gesetzgebung und Rechtsprechung[28]. Dieser Prozess dauerte indes in den deutschen Staaten unterschiedlich lange, in Schleswig-Holstein und Österreich etwa bis zur Jahrhundertmitte, nämlich bis zur Verabschiedung der Kodifikationen von 1850 bzw. 1855[29].

Gleichzeitig reduzierte sich das sachliche Regelungsgebiet zunehmend auf militärspezifische Delikte, während bei den »gemeinen Verbrechen« von Militärpersonen auf die allgemeinen Landesgesetze, und das bedeutete vornehmlich auf die zivilen Strafgesetzbücher, als Rechtsgrundlage verwiesen wurde. So setzte etwa das Einführungsgesetz zum Kriminalgesetzbuch des Herzogtums Sachsen-Anhalt 1841 die »die *gemeinen* Verbrechen der Soldaten« betreffenden Teile der Kriegsartikel außer Kraft und verwies auf die zivile Kodifikation. Paragraf 2 des hannoverschen Militärstrafgesetzbuches aus demselben Jahr erklärte, »alle sonstige gemeine Verbrechen oder polizeilich zu ahndenden Vergehen [...] auch gegen Militairpersonen – unter Beibehaltung ihres militairischen Gerichtsstandes soweit solcher gesetzlich begründet ist – [seien] nach den Vorschriften des allgemeinen Criminalgesetzbuchs« zu bestrafen[30]. Damit einhergingen jedoch weiterhin »Verschiedenheiten« zwischen militärischem und zivilem Strafrecht, insofern sie »durch die Verhältnisse des Soldatenstandes notwendig gemacht werden«, wie es die preußischen Kriegsartikel von 1808 formulierten. Das bedeutete beispielsweise, dass in Preußen gegen Soldaten keine Geldstrafen, körperliche Züchtigungen und Zuchthausstrafen verhängt werden durften. Die speziellen Strafvorschriften bezogen sich vor allem auf Diebstahl, Tötungs- und Körperverletzungsdelikte[31]. Daneben bestanden auch Unterschiede in den Strafprinzipien fort. So wirkte Trunkenheit für Soldaten genauso wenig strafmildernd wie Furcht vor persönlicher Gefahr, denn »die erste, und [...] geringste Tugend des Militärs ist die, daß er Muth habe«, erklärte Heinrich Friedberg als Vertreter der preußischen Regierung 1872 im Reichstag[32]. Die grundsätzliche Notwendigkeit eines eigens auf »Militärpersonen« zugeschnittenen Strafrechts und seine Regelung in selbstständigen Gesetzbüchern wurden im gesamten 19. Jahrhundert nicht bestritten[33].

[28] Vgl. am Beispiel Preußens Karen Hagemann, »Mannlicher Muth und teutsche Ehre«. Nation, Militär und Geschlecht zur Zeit der antinapoleonischen Kriege Preußens, Paderborn [u.a.] 2002 (= Krieg in der Geschichte, 8), S. 82 f.; Janda, Die Entwicklung (wie Anm. 4), S. 13.

[29] Vgl. Schlürmann, Die Schleswig-Holsteinische Armee (wie Anm. 9), S. 307 f.; Molitor, Die Kriegsgerichte (wie Anm. 6), S. 60 f.

[30] Eine Ausnahme bildete hier das österreichische Militärstrafgesetzbuch von 1855, das auch alle gemeinen Verbrechen und Vergehen enthielt. Vgl. Damianitsch, Studien über das Militär-Strafrecht (wie Anm. 1), S. 12.

[31] Vgl. Art. 30 ff. der Kriegsartikel von 1808, Zitat Art. 30, abgedruckt bei Frauenholz, Das Heerwesen (wie Anm. 4), S. 107.

[32] Reichstagssitzung vom 18.4.1872, zit. nach R. Höinghaus, Militär-Strafgesetzbuch für das Deutsche Reich. Vom 20. Juni 1872. Ausführlich ergänzt und erläutert durch die vollständigen amtlichen Motive, die Commissionsberichte und Verhandlungen des Reichstages, 2. Aufl., Berlin 1872, S. 22.

[33] Vgl. Jagemann, Die Militärstrafen (wie Anm. 15), S. 4-7.

Die beiden bislang genannten Aspekte der Reformtätigkeit in den deutschen Staaten, die Kodifikation des Militärstrafrechts in eigenen Gesetzbüchern sowie dessen Beschränkung auf Militärpersonen und militärspezifische Delikte, sind im Rahmen der allgemeinen Strafrechts- und Rechtsreformen vor allem in der ersten Hälfte des 19. Jahrhunderts zu sehen. Diese Maßnahmen verfolgten in erster Linie keine militärspezifischen Ziele. Vielmehr erfolgten sie zum einen im Zuge des Ausbaus moderner Staatlichkeit und der Umgestaltung der ständischen in eine bürgerliche Staats- und Gesellschaftsordnung. Dazu gehörten die Rechtsvereinheitlichung und die Schaffung von Rechtsgleichheit – davon erhoffte man sich Integrationswirkungen für den jeweiligen Gesamtstaat. In Preußen betonte der Staatsrat 1845 diese Funktion von Rechtsreformen und hob die Militärstrafrechtsbestimmungen aus dem Jahr 1808 als Beispiel für einen gelungenen Integrationsprozess innerhalb der preußischen Armee hervor[34]. Zum anderen orientierten sich die Reformen an den zeitgenössischen Standards juristischer Gesetzgebungstechnik[35]. Die neuen Militärstrafgesetzbücher bildeten in der rechtswissenschaftlichen Logik und Terminologie einen Teil des sogenannten Nebenstrafrechts. Es wurde außerhalb der allgemeinen Strafgesetzbücher geregelt und bezog sich auf einzelne spezialisierte Materien oder Personengruppen. Insofern verstanden sich die militärstrafrechtlichen Kodifikationen zumindest seit den 1840er Jahren als Ergänzungen ihrer zivilen Pendants.

Sie bezogen sich auf Delikte mit einem »dem allgemeinen Strafrecht ganz fremden, auf dem militärischen Dienstverhältnisse beruhenden Tatbestand«. Der badische Generalauditor Ludwig von Jagemann fasste sie als »unmittelbare Verstöße *gegen die militärische Zucht, Ordnung* und *Treue*« zusammen[36]. Insbesondere trugen sie den für die Armee postulierten besonderen Anforderungen an die Disziplin Rechnung und dienten dazu, das Befehls- und Gehorsamsverhältnis zu festigen. »Das Kriegsvolk theilt sich der Natur der Sache nach in zwei Hauptclassen, in die der *Befehlenden* und *Gehorchenden*«, erläuterte Jagemann weiter[37]. So ging in Preußen mit der Abschaffung der Leibesstrafen 1808 die explizite Feststellung einher, dem Offizier stünden in bestimmten Fällen von Ungehorsam »alle Mittel zu Gebote, seinen Befehlen Gehorsam zu verschaffen, und er ist in solchen Fällen sogar berechtigt, den widerspenstigen Soldaten auf der Stelle niederzustossen«[38]. Anhand des hessen-darmstädtischen Militärstrafgesetzbuchs von 1858 lässt sich zeigen, wie weit die Insubordination gefasst wurde. Unter die Verletzung der Achtung und Ehrerbietung gegenüber dem

---

[34] Zu den Reformmotiven im zivilen Strafrecht Kesper-Biermann, Einheit und Recht (wie Anm. 14), S. 120–136, hier S. 128.

[35] Dazu ausführlich in Bezug auf die Kodifikationen des 19. Jahrhunderts Bernd Mertens, Gesetzgebungskunst im Zeitalter der Kodifikationen. Theorie und Praxis der Gesetzgebungstechnik aus historisch-vergleichender Sicht, Tübingen 2004, S. 287–457.

[36] Jagemann, Die Militärstrafen (wie Anm. 15), S. 39 (Hervorhebung im Original); Schmidt, Militärstrafrecht (wie Anm. 4), S. 5.

[37] Jagemann, Die Militärstrafen (wie Anm. 15), S. 2.

[38] Art. 4 der preußischen Kriegsartikel von 1808, zit. nach Frauenholz, Das Heerwesen (wie Anm. 4), S. 102.

Vorgesetzten fielen beispielsweise schon unbegründete Beschwerden. Als besonders strafwürdig in diesem Zusammenhang erschienen Aufruhr und Meuterei. Mit Festungsstrafe bis zu zwei Jahren bedrohte das Gesetzbuch schon denjenigen, aus dessen Äußerungen und Handlungen »die Absicht zu erkennen ist, Unzufriedenheit und Ungehorsam zu erregen«, also etwa »öffentliche Äußerungen der Unzufriedenheit über Vorgesetzte oder Dienstbefehle; öffentliches Murren oder ungestüme Beschwerden über Mangel, Strapazen oder andere ungünstige Verhältnisse«[39]. Andererseits verpflichtete die Kodifikation von 1858 wie die 50 Jahre ältere preußische Verordnung wegen der Militärstrafen die Offiziere dazu, Rekruten nicht herabwürdigend zu behandeln, sondern »mit vernünftiger Umsicht, Ueberlegung und ohne persönliche Leidenschaftlichkeit«[40]. Die Forderung nach unbedingtem Gehorsam der Untergebenen ging also mit deren Schutz vor dem Missbrauch der Befehlsgewalt einher. »Innere Achtung, Liebe und Vertrauen zum Vorgesetzten sind ein mächtiger Hebel, sie wirken mehr als alle Strafgesetze«, erklärte auch der österreichische Auditor Martin Damianitsch zum Ideal des neuen Verhältnisses zwischen Offizieren und Soldaten[41].

Ob und inwieweit sich dieses Musterbild über die Gesetzestexte hinaus auf die Praxis auswirkte, ist indes fraglich. Charakteristisch für das Verhältnis von Offizieren einerseits, Unteroffizieren und Soldaten andererseits war nämlich deren unterschiedliche Behandlung im Militärstrafrecht[42]. Die den Offizieren angedrohten Strafen waren wesentlich milder; wie das Strafensystem des hannoverschen Gesetzbuches von 1841 zeigt, gab es unterschiedliche Sanktionskataloge[43]. Im Verlauf des 19. Jahrhunderts nahm die Differenzierung auf der Ebene der strafrechtlichen Normen zwar ab. So kannte die hessen-darmstädtische Kodifikation von 1858 nur noch ein einheitliches Strafensystem mit Freiheits-, Ehren-, Geld- und Todesstrafe. Doch war der Vollzug der einzelnen Strafen unterschiedlich geregelt: Arrest hieß für die Offiziere die Beschränkung des Aufenthaltsortes vornehmlich auf die eigene Wohnung und eventuell Einschränkung der sozialen Kontakte; für Soldaten konnte er je nach Art des Arrests Verpflegung nur mit Wasser und Brot oder Dunkelarrest bedeuten[44]. Vor allem auf Betreiben des Reichstages wurde die Angleichung der Strafen im Militärstrafgesetzbuch für das Deutsche Reich weiter vorangetrieben. Die Nationalliberalen argumentierten hier mit der Rechtsgleichheit, die sie insbesondere in Preußen – im Gegensatz etwa zu den süddeutschen Staaten – durch eine in ihren Augen ungerechtfertigte Privilegierung der Offiziere verletzt sahen. In

---

[39] Großherzoglich Hessisches Militärstrafgesetzbuch. Nebst Vollzugsvorschriften, und mit Beifügung der weiteren Gesetze und Verordnungen über Vergehen und Strafen der Militärpersonen, Darmstadt 1858, hier Art. 121, 126, 127.

[40] Verordnung wegen der Militärstrafen 1808, zit. nach Frauenholz, Das Heerwesen (wie Anm. 4), S. 115.

[41] Vgl. Damianitsch, Studien über das Militär-Strafrecht (wie Anm. 1), S. 40 f.

[42] Am Beispiel Preußens Messerschmidt, Die Wehrmachtjustiz (wie Anm. 3), S. 5.

[43] Militair-Strafgesetzbuch für das Königreich Hannover, § 22 (wie Anm. 22).

[44] Großherzoglich Hessisches Militärstrafgesetzbuch, Art. 14-19 (wie Anm. 39).

der militärgerichtlichen Praxis des Kaiserreichs schlug sich die in den Normen zurückgenommene Bevorzugung der Offiziere indes kaum nieder[45].

III. Reformen in den Einzelstaaten: Militärstrafen und Strafensystem

Den wichtigsten Bereich der Reformen im 19. Jahrhundert bildeten unzweifelhaft die Militärstrafen und das Strafensystem. Im Ancien Régime war es durch harte Maßnahmen gekennzeichnet, die man als notwendig zur Ausbildung und Aufrechterhaltung der Disziplin unter den Söldnern ansah[46]. »Jeder meint, sobald man Soldat sei, könne man ohne bedeutende Ursach halb zu Tode geprügelt werden«, beschrieb Gerhard von Scharnhorst 1808 den allgemeinen Eindruck vom Dienst in der Armee[47] und Generalauditeur Johann Friedrich von Koenen stellte fest: »Eine wahre und furchtbare Drohung war es da, wenn der Vater seinem ungeratenen Sohne drohte, ihn der Trommel folgen zu lassen[48]«. Ende des 18. Jahrhunderts lassen sich zwar Tendenzen zur Milderung ausmachen. So sollte gemäß den preußischen Kriegsartikeln von 1797 »bei härteren Todesstrafen dem Leben des Verbrechers, vor Zufügung der Marter, auf eine den Zuschauern unmerkliche Weise ein Ende gemacht« werden[49]. Eine umfassende Neugestaltung blieb zu diesem Zeitpunkt jedoch noch aus; das Strafensystem war weiterhin durch teilweise drakonische Strafdrohungen gekennzeichnet[50]. Leitende Grundsätze waren laut Generalauditeur Cavan,

> »theils Härte der Strafe zur Abwendung der bösen Folgen, z.E. bei der Insubordination und Desertion u.s.w., theils Beschleunigung der Strafe zu desto stärkerem und abschreckenderem Eindruck bei anderen, theils auch bei der Art der Strafe Rücksicht, dass der Soldat, so lange es nur ohne Nachtheil des Ganzen geschehen kann, zum Dienst brauchbar bleibe, und auf die möglichst kürzeste Zeit dem Dienste entzogen werde«[51].

Qualifizierte Todesstrafen durch Verbrennen, Rädern oder Vierteilen waren im preußischen Militärstrafrecht noch genauso vorgesehen wie Leibesstrafen, zum Beispiel Staupenschläge, Gassenlaufen oder Brandmarkung. Zum Katalog der

---

45   Vgl. zu diesem Aspekt Meyer, Deutsches Militärstrafrecht (wie Anm. 12), S. 121 f.; Prinz, Der Einfluss, (wie Anm. 10), S. 189.
46   Vgl. Ulrich Bröckling, Disziplin. Soziologie und Geschichte militärischer Gehorsamsproduktion, München 1997, S. 66 f., 74 f.
47   Scharnhorst an Stein vom 3.7.1808, zit. nach Die Reorganisation des Preussischen Staates (wie Anm. 2), S. 500.
48   Die Reorganisation des Preussischen Staates (wie Anm. 2), S. 431.
49   Cavan, Das Krieges- oder Militär-Recht (wie Anm. 21), Bd 2, § 2697, S. 7.
50   Zu Preußen Cavan, Das Krieges- oder Militär-Recht (wie Anm. 21), Bd 1, S. 6–15; zu Sachsen Wolfgang Gülich, Die Sächsische Armee zur Zeit Napoleons. Die Reorganisation von 1810, Beucha 2006, S. 36–40.
51   Cavan, Das Krieges- oder Militär-Recht (wie Anm. 21), Bd 1, S. 7.

Sanktionen gehörten zudem verschiedene Formen von Freiheits- (Festungshaft, Zuchthaus, Schanzarbeit) und Ehrenstrafen (Degradation, Ehrlosigkeitserklärung). Inwieweit und in welchem Umfang diese Strafen in den frühneuzeitlichen Heeren tatsächlich vollzogen wurden oder ob sie den Reformern des 19. Jahrhunderts nicht eher als Folie dienten, vor der die eigenen Maßnahmen als besonders human erschienen, ist in der neueren Forschung jedoch umstritten[52].

An diesem Punkt setzten die Reformmaßnahmen in Preußen und den anderen deutschen Staaten an. »Die öffentliche Meinung verlangt jetzt allgemein für den Soldaten, welcher sich eines Vergehens schuldig gemacht hat, weniger entehrende Bestrafungsarten, als es die zeither üblichen Stockschläge und das Gassenlaufen sind«, berichtete die Militärreorganisationskommission am 6. April 1808 dem preußischen König[53]. Anstelle der Leibesstrafen schlug das Gremium ein System abgestufter Arreststrafen vor. Es bestand aus einfachem Arrest, mittlerem Arrest bei Wasser und Brot sowie schwerem Arrest, geschärft durch Dunkelheit und dadurch, dass dem Verurteilten »das Niederlegen durch auf den Fußboden angemachte Latten unangenehm gemacht« wird. »Es ist keinem Zweifel unterworfen«, so fuhr der Bericht der Militärreorganisationskommission fort, »daß Rekruten unter diesen Einrichtungen ohne Schläge im Exerzieren unterrichtet und zum Dienst gebildet werden können«[54]. Mit den Kriegsartikeln von 1808 traten die Reformen in Preußen dann in Kraft[55]: Das Gassenlaufen wurde abgeschafft, neben dem Arrest und der Todesstrafe – die in einzelnen Fällen allerdings noch in Form des Räderns und Verbrennens angedroht war – gab es verschiedene Freiheits- und Ehrenstrafen wie die Ausstoßung aus dem Soldatenstand oder die Versetzung in dessen zweite Klasse. In dieser Strafklasse waren Prügel ausdrücklich zugelassen, weil man sie für diejenigen Soldaten, deren Verhalten als unehrenhaft angesehen wurde, als Straf- und Disziplinarmittel nicht entbehren zu können glaubte[56]. Gleichzeitig überwog zu Beginn des 19. Jahrhunderts noch die optimistische Einschätzung, es sei »mit Gewissheit zu erwarten, dass diese Classe bald von selbst aufhören werde«[57]. Nicht nur in Preußen diskutierte man regierungsintern und öffentlich lebhaft darüber, ob man auf körperliche Züchtigungen beim Militär wirklich vollständig verzichten könne. Mehrheitlich entschlossen sich die deutschen Staaten in der ersten Hälfte des 19. Jahrhunderts wie Württemberg 1818 dazu, Prügel »nur als Nothmittel,

---

[52] Nowosadtko, Krieg (wie Anm. 3), S. 211 f.
[53] Zu Zusammensetzung und Tätigkeit der Kommission Heinz G. Nitschke, Die Preußischen Militärreformen 1807-1813. Die Tätigkeit der Militärreorganisationskommission und ihre Auswirkungen auf die preußische Armee, Berlin 1983, zum Militärstrafrecht S. 127-133.
[54] Immediatbericht vom 6.4.1808. In: Die Reorganisation des Preussischen Staates (wie Anm. 2), S. 361-365, Zitate S. 361, 364.
[55] Zur Entstehung Stübig, Armee und Nation (wie Anm. 5), S. 82-101.
[56] Vgl. dazu auch Reinhart Koselleck, Preußen zwischen Reform und Revolution. Allgemeines Landrecht, Verwaltung und soziale Bewegung von 1791 bis 1848, 3. Aufl. 1981, S. 655 f.
[57] Rezension. In: Jenaische allgemeine Literatur-Zeitung vom 11.10.1808, Sp. 65-68, hier Sp. 66.

oder als Strafe für solche Vergehen, die eine niedrige Gesinnung verrathen« –
dabei dachte man an Diebstahl, Feigheit, Aufruhr und Meuterei – beizubehal-
ten[58]. Auch in Hannover hielt man grundsätzlich daran fest. Die vollständige
Abschaffung der körperlichen Züchtigung als Strafmaßnahme erfolgte vielerorts, etwa in Preußen, erst um bzw. nach 1850. In Österreich hingegen war sie
im Militärstrafgesetzbuch von 1855 noch ausdrücklich vorgesehen; dort bestand
bis zu diesem Zeitpunkt sogar das Gassenlaufen noch als Strafe[59].

Das im Allgemeinen Teil des hannoverschen Militärstrafgesetzbuches von
1841 aufgeführte Strafensystem zeigt zudem, dass sich die Sanktionskataloge in
Deutschland im Grundsatz ähnelten, auch wenn in Einzelheiten Unterschiede
fortbestanden[60]. Gegen Unteroffiziere und Soldaten durften als Freiheitsstrafen
Gefängnis, Arbeitshaus, Zuchthaus und Kettenstrafe verhängt werden; der Katalog der Ehrenstrafen umfasste Degradation, Entziehung der Ehrenzeichen,
Versetzung in die Strafklasse und »Ausstoßung aus dem Militärstande«, dazu
kamen als dritte Gattung noch Strafhiebe, und zwar zwischen 25 und 300. Für
Offiziere war Arrest bzw. Festungsarrest als Freiheitsstrafe vorgesehen, verschiedene Formen des Verweises und des Verlustes der Stelle kamen als Ehren-
strafen hinzu. Geldstrafen wurden für Militärangehörige explizit ausgeschlossen; die Todesstrafe hingegen konnte gegen alle verhängt werden[61]. Das
Militärstrafgesetzbuch für das Deutsche Reich blieb 1872 im Wesentlichen bei
diesem Sanktionskatalog mit Todesstrafe, Zuchthaus, Gefängnis und Arrest als
Hauptstrafen sowie dem Verlust der bürgerlichen Ehrenrechte, Degradation,
Dienstentlassung, Versetzung in die zweite Klasse des Soldatenstandes und
Entfernung aus dem Heer als Nebenstrafen[62]. Gegenüber dem preußischen Militärstrafgesetzbuch von 1845 wurde das Strafmaß jedoch in vielen Fällen ver-
mindert[63].

Die Motive für diese Reformmaßnahmen lagen – anders als in den bislang
behandelten Breichen – in genuin militärischen Überlegungen. »Sobald aber bei
der Rekrutierung weniger Exemtion stattfindet, müsste mit den militärischen
Strafen eine Änderung geschehen«, hatte der preußische König Friedrich Wilhelm III. schon in seinen Richtlinien für eine Reorganisation der Armee 1807
festgestellt. Die auf die bisherigen Söldnerheere zugeschnittenen Strafbestimmungen sollten also an die vor allem durch die geplante Einführung der Wehrpflicht grundlegend zu verändernde Armee angepasst werden. Dabei hatten die
Reformer vor allem das Bürgertum, also die »wohlhabendere und gebildetere
Klasse der Landeseinwohner«, und deren Verklammerung mit dem Militär im

---

58 Publikationspatent vom 20.7.1818. In: Militärische Strafgesetze für die Königlich Württembergischen Truppen, Stuttgart 1818, S. III-VIII, hier S. IV.

59 Vgl. Damianitsch, Studien über das Militär-Strafrecht (wie Anm. 1), S. 178 f.; Fleck,
Kommentar (wie Anm. 21), S. 35 f.; Molitor, Die Kriegsgerichte (wie Anm. 6), S. 81.

60 So sah beispielsweise das preußische Militärstrafgesetzbuch von 1845 die Vermögenskon-
fiskation als Strafe vor; die sächsische Kodifikation von 1838 das »Flintentragen«.

61 Vgl. Militair-Strafgesetzbuch für das Königreich Hannover (wie Anm. 22), §§ 22-49.

62 Vgl. die Übersicht bei Meyer, Deutsches Militärstrafrecht (wie Anm. 12), S. 120-140.

63 Vgl. Höinghaus, Militär-Strafgesetzbuch (wie Anm. 32), S. 9 f.; Janda, Die Entwicklung
(wie Anm. 4), S. 77-80.

Auge[64]. »Unmöglich kann der gebildete Sohn gebildeter Eltern, der Sohn des Offiziers, des charakterisierten Ziviloffizianten, des Edelmanns, des Kaufmanns pp. Neigung zum Soldatenstande fassen, wenn er in demselben entwürdigender und verächtlicher Behandlung ausgesetzt ist«, meinte auch Koenen[65]. Die Reform des Strafensystems, vor allem der Verzicht auf Leibes- und andere entehrende Strafen, wurde somit als zentrales Mittel, ja geradezu als Voraussetzung weiterer Militärreformen angesehen. Verschiedene Seiten begrüßten deshalb ausdrücklich, dass die Reformen im Militärstrafrecht in Preußen *vor* der Einführung der allgemeinen Wehrpflicht erfolgten. »Die Proklamation der Freiheit der Rücken scheint also der Verallgemeinerung der Waffenpflichtigkeit vorangehen zu müssen«, schrieb Oberstleutnant August Neidhardt von Gneisenau im Juli 1808 in einem berühmt gewordenen Zeitungsartikel[66]. Die enge Verbindung von Wehrverfassung und Militärstrafrecht zeigte sich, wenn auch mit teilweise erheblicher zeitlicher Verspätung gegenüber Preußen, ebenfalls in den anderen deutschen Staaten, etwa um die Jahrhundertmitte in Schleswig-Holstein, wo Reformen des Militärstrafrechts zu den ersten Sofortmaßnahmen der neuen Armee gehörten[67]. 1862 stellte der österreichische Auditor Damianitsch dann ganz selbstverständlich fest: »Jeder Soldat ist Staatsbürger, er hat als solcher, eben dieselben allgemeinen Pflichten [...]; man muss ihm daher auch dieselben Rechte einräumen«[68].

Damit einhergehend verfolgten die Reformer die Strategie, nicht nur dem Offizierkorps eine besondere Ehre zuzuschreiben, sondern auch den Soldatenstand als Ehrenstand zu definieren und jedem Einzelnen individuelle Ehre zuzugestehen. Es wurde der Anspruch vertreten, gerade die Armee sei das Sammelbecken des wertvollen Teils der Nation[69]. Koenen erläuterte dementsprechend im Mai 1808, er habe bei der Umarbeitung der Kriegsartikel »überall das Ehrgefühl des Soldaten und die Meinung, dass ein jeder den Kriegsdienst als eine heilige und unverletzliche Pflicht gegen das Vaterland ansehen und noch nach seiner Verabschiedung eine Ehre darin setzen müsse, als Soldat gedient zu haben«, berücksichtigt[70]. Diesem neuen Leitbild entsprechend nahmen

---

[64] Vgl. Stübig, Armee und Nation (wie Anm. 5), S. 80 f.; Nitschke, Die Preußischen Militärreformen (wie Anm. 53), S. 127. Zitat aus dem Promemoria Graf von Lottums über die Reorganisation der Armee vom August 1807. In: Die Reorganisation des Preussischen Staates (wie Anm. 2), S. 45-58, hier S. 51.

[65] Die Reorganisation des Preussischen Staates (wie Anm. 2), S. 427 f.

[66] Gneisenau, Freiheit der Rücken. In: Volksfreund vom 9.7.1808, zit. nach Stübig, Armee und Nation (wie Anm. 5), S. 91.

[67] Vgl. Schlürmann, Die Schleswig-Holsteinische Armee (wie Anm. 9), S. 303-311.

[68] Damianitsch, Studien über das Militär-Strafrecht (wie Anm. 1), S. 137.

[69] In Bezug auf das Offizierkorps und dessen Ehrengerichtsbarkeit Erik Nils Voigt, Die Gesetzgebungsgeschichte der militärischen Ehrenstrafen und der Offizierehrengerichtsbarkeit im preußischen und deutschen Heer von 1806 bis 1918, Frankfurt a.M. [u.a.] 2004 (= Rechtshistorische Reihe, 283); Manfred Messerschmidt, Die preußische Armee. In: Handbuch zur deutschen Militärgeschichte 1648-1939, Bd 2, Abschnitt IV, T. 2. Hrsg. vom Militärgeschichtlichen Forschungsamt durch Friedrich Forstmeier [et al.], München 1979, S. 10-225, hier S. 154.

[70] Bericht vom 26.5.1808. In: Die Reorganisation des Preussischen Staates (wie Anm. 2), S. 409-437, hier S. 427.

Ehrenstrafen in den neuen Strafsystemen einen wichtigen Stellenwert ein. Das kam am deutlichsten in der Schaffung einer zweiten bzw. Strafklasse für den Soldatenstand zum Ausdruck. Ausgehend von Preußen führten auch die anderen deutschen Staaten diese Einrichtung ein. Sie fand schließlich Eingang in das Reichs-Militärstrafgesetzbuch von 1872[71]. Der Erfolg dieser Konzeption vom Soldaten- als Ehrenstand zeigte sich 1870 bei den Beratungen im Reichstag zum Strafgesetzbuch für den Norddeutschen Bund[72]. Dort konnte sich die zu Beginn des 19. Jahrhunderts noch nicht mehrheitsfähige Auffassung endgültig durchsetzen, wegen schwerer Verbrechen zu Zuchthaus verurteilte Männer seien aus der Armee zu entfernen bzw. für dauerhaft unfähig zum Wehrdienst zu erklären[73]. »Auch wird jeder ehrliebende Soldat es als einen Schimpf betrachten und es darf ihm daher nicht zugemuthet werden, mit ehemaligen Zuchthäuslern zusammen zu dienen und dieselben als ihm gleichstehende Kameraden zu betrachten«, schrieb der preußische Kriegsminister Albrecht von Roon 1869 an Bundeskanzler Otto von Bismarck. Das würde nicht nur die Disziplin gefährden, sondern auch in der Bevölkerung zu der Ansicht führen, der Soldatenstand habe aufgehört, »ein Ehrenstand in der edelsten Bedeutung des Wortes zu sein«[74]. Das folgenreiche Prinzip der »Wehrunwürdigkeit« wurde somit in Deutschland zu diesem Zeitpunkt reichseinheitlich festgeschrieben[75].

Der Appell an das Ehrgefühl aller Armeeangehörigen und die Abschaffung bestimmter, als entehrend angesehener Sanktionen bedeutete jedoch nicht, dass man meinte, beim Militär auf energisches und konsequentes Strafen verzichten zu können. Vielmehr wurden beide Aspekte als sich ergänzende Seiten einer Medaille verstanden, wie es 1841 ein Zeitschriftenartikel ausführte: »Die Disziplin in einem Volksheere muß also nothwendig zugleich an das Ehrgefühl anknüpfen, sowohl an das individuelle, welches sich auf die Person bezieht, oder auch auf Kameradschaft, Kompagnie, Regiment, als an das nationale, welches König und Vaterland mit Ehrfurcht und Liebe umfaßt. Hierbei sollte jedoch die Furcht vor der strengsten Strafe für grobe Vergehungen nicht verschwinden[76]«. Diese Einschätzung bringt gleichzeitig zum Ausdruck, dass die Reformer mit der Neubewertung des Militärdienstes nicht nur, wie bereits erwähnt, die gesellschaftliche Basis bzw. das Potenzial der Armee erweitern, son-

[71] Ausdrücklich gegen eine Strafklasse argumentiert Jagemann, Die Militärstrafen (wie Anm. 15), S. 20 f.

[72] Vgl. zum Folgenden Kesper-Biermann, Einheit und Recht (wie Anm. 14), S. 429-433.

[73] Seit dem Ende des 18. Jahrhunderts war in Preußen die Verurteilung zum Militär als Strafe möglich. Scharnhorst polemisierte dementsprechend, das Militär bestehe aus »Ausländern, Vagabunden, Trunkenbolden, Dieben, Taugenichtsen und Verbrechern aus ganz Deutschland«. Zit. nach Wehler, Deutsche Gesellschaftsgeschichte, Bd 1 (wie Anm. 20), S. 248, 251.

[74] Schreiben Roon an Bismarck vom 11.10.1869, Bundesarchiv Berlin, R 1401, Nr. 638, hier Bl. 39 f.

[75] Vgl. Messerschmidt, Die preußische Armee (wie Anm. 69), S. 153 f.

[76] Franz Vorländer, Ueber das Prinzip der militärischen Disziplin. In: Zeitschrift für Kunst, Wissenschaft und Geschichte des Krieges, 52 (1841), zit. nach Bröckling, Disziplin (wie Anm. 46), S. 144. Vgl. auch Jagemann, Die Militärstrafen (wie Anm. 15), S. 10.

dern gleichzeitig deren Schlagkraft und Effizienz steigern wollten. »Nur eine Armee, welche mit dem Gefühl vor den Feind tritt, dass sie einen Kampf der Ehre zu bestehen habe, ist eine gute und ausdauernde Armee«, meinte Ludwig von Jagemann[77]. Nicht mehr nur durch äußeren Zwang und strenge Disziplin, sondern aus eigenem Antrieb, aus Liebe und Pflichterfüllung gegenüber Landesherrn und Vaterland, sollten die Soldaten kämpfen und einen dementsprechend hohen Einsatz zeigen. Nach Ansicht Carl von Clausewitz' musste es Ziel sein, »daß man die Kräfte eines jeden Einzelnen im Heere so viel als möglich in Anspruch nimmt und ihm eine kriegerische Gesinnung einflößt, damit so das Kriegsfeuer alle Elemente des Heeres durchglühe«[78]. Im Vormärz und insbesondere nach 1848 kam für einige konservative Regierungen noch ein politischer Aspekt hinzu. Die »Umformung veralteter Militärgesetze« sei auch deshalb nötig, stellte der österreichische Landgerichtsrat Ignaz Ortwein von Molitor 1855 fest, »damit diese [...] zur Unterdrückung und Hintanhaltung revolutionärer Umtriebe und Handlungen so viel als möglich geeignet würden«[79]. Die Effektivierung militärischen Strafens durch eine Reform der Rechtsgrundlagen konnte also auch dazu dienen, die Armee zu einem wirkungsvollen Instrument des Monarchen im Inneren zu machen. Die Humanisierung der Strafpraxis und ein »emanzipatorischer Ansatz« als Selbstzweck spielten demnach unter den Reformzielen im 19. Jahrhundert nur eine untergeordnete Rolle[80], wenn auch sicherlich die darüber in Bezug auf das zivile Strafrecht der Zeit geführten Debatten in der gebildeten Öffentlichkeit bekannt waren.

IV. Militär und Gesellschaft: Das Militärstrafgesetzbuch für das Deutsche Reich von 1872

Bei der Entstehung des Militärstrafgesetzbuches für das Deutsche Reich von 1872 waren andere Motive und Ziele als in den Einzelstaaten von Bedeutung. Die genannten, vor allem in der ersten Jahrhunderthälfte wichtigen Reformforderungen waren durch die einzelstaatlichen Gesetzbücher ja schon weitgehend erfüllt worden und zudem hatte die Reichsgründung veränderte politische Rahmenbedingungen geschaffen. Das Ziel der Vereinheitlichung des unterschiedlichen militärstrafrechtlichen Rechtszustandes im neuen Bundesstaat hatte Vorrang. Die Angehörigen einer einheitlichen deutschen Armee sollten

---

[77] Jagemann, Die Militärstrafen (wie Anm. 15), S. 12.
[78] Zit. nach Bröckling, Disziplin (wie Anm. 46), S. 115; vgl. auch Thomas Nipperdey, Deutsche Geschichte 1800-1866. Bürgerwelt und starker Staat, 6. Aufl., München 1993, S. 51.
[79] Molitor, Die Kriegsgerichte (wie Anm. 6), S. 1.
[80] So aber Stübig, Armee und Nation (wie Anm. 5), S. 81; Manfred Messerschmidt, Das preußische Militärwesen. In: Handbuch der preußischen Geschichte, Bd 3: Vom Kaiserreich zum 20. Jahrhundert und Große Themen der preußischen Geschichte. Hrsg. von Wolfgang Neugebauer, Berlin 2001, S. 386.

nicht unterschiedlichen Strafbestimmungen unterworfen sein. Darüber hinaus spielte auch ein politischer, nämlich der nationale Aspekt eine Rolle: Die amtlichen Motive zum Regierungsentwurf zeigten sich davon überzeugt, »welch ein wichtiges politisches Element für die Stärkung des Deutschen Reiches darin zu finden ist, wenn die ganze aus verschiedenen Kontingenten zusammengesetzte Deutsche Armee unter einem und demselben Gesetze lebt, da erfahrungsmäßig Nichts so sehr das Gefühl der Zusammengehörigkeit weckt und stärkt, als das Bewusstsein: ein und dasselbe Recht zu haben und nach denselben Rechtsgrundsätzen beurtheilt zu werden«[81]. Als Grundlage diente das preußische Militärstrafgesetzbuch von 1845, wofür neben den Kräfteverhältnissen im Deutschen Reich der vorangegangene Deutsch-Französische Krieg von Bedeutung war: Dass »die Preußische Militärgesetzgebung zur Befestigung und Erhaltung der mit Recht rühmend anerkannten Disziplin, welche die glorreichen Erfolge des letzten Feldzuges nicht wenig gefördert, wesentlich beigetragen hat«, galt nämlich laut der Motive als selbstverständlich. Die zentrale Rolle des Militärs als Grundpfeiler für den neuen Nationalstaat spielte ebenfalls eine herausragende Rolle. So betonte der sächsische Oberstaatsanwalt Oskar Schwarze 1872 im Reichstag »die Bedeutung des Heeres für unsere Machtstellung, so wie für die gesamte nationale Entwickelung, die mit dieser Machtstellung untrennbar und unauflöslich verbunden ist«[82]. Der Deutsch-Französische Krieg hatte allerdings die Notwendigkeit der Umgestaltung einiger Strafvorschriften und einige »Lücken des Strafrechts« gegenüber der preußischen Kodifikation hervortreten lassen. Als Konsequenz wurden beispielsweise die Strafen für »Marodeure und Leichenräuber« erhöht. Das Gesetzbuch von 1845, erklärten die Motive, »war in einer Zeit entstanden, in der die Bedürfnisse, welche der Krieg an ein Militär-Strafgesetzbuch zu stellen hat, zu sehr in Vergessenheit gerathen waren«[83].

Das Militärstrafgesetzbuch für das Deutsche Reich wurde dezidiert als Ergänzung zum ein Jahr früher verabschiedeten zivilen Reichsstrafgesetzbuch konzipiert. Dessen Paragraf 10 legte fest, dass die »allgemeinen Strafgesetze« nur insoweit Anwendung auf »Militairpersonen« fänden, »als nicht die Militairgesetze ein Anderes bestimmen«[84]. Die Kodifikation von 1872 orientierte sich im Allgemeinen Teil, beispielsweise im Strafensystem, eng an ihrem zivilen Pendant. Lediglich der in den Parlamentsberatungen umstrittene Arrest und die Ehrenstrafen, wie zum Beispiel Degradation oder die Versetzung in die zweite Klasse des Soldatenstandes, wurden als spezielle Sanktionen für militärische Delikte aufgenommen. Für die Nationalliberalen war dieser Aspekt zentral, um die Integration des Militärs in den Staat deutlich zu machen, wie der Rechtsanwalt Friedrich Heinrich Meyer(-Thorn) erläuterte. Damit habe der Reichstag »dem *Principe* zum Ausdruck verholfen [...]: ›das Heer ist ein Theil des Volkes,

[81] Zit. nach Höinghaus, Militär-Strafgesetzbuch (wie Anm. 32), S. 11.
[82] Reichstagssitzung vom 18.4.1872. In: Stenographische Berichte des Deutschen Reichstages, Bd 29, Berlin 1872, S. 102.
[83] Vgl. die Motive bei Höinghaus, Militär-Strafgesetzbuch (wie Anm. 32), S. 10.
[84] Zur Entstehung des Strafgesetzbuches von 1871 Kesper-Biermann, Einheit und Recht (wie Anm. 14), S. 297-371.

das Strafsystem darf und kann in seinen *Grund*begriffen nur ein Theil des allgemeinen bürgerlichen Strafsystems sein‹«[85].

Diese Stellungnahme verweist auf prinzipielle Auseinandersetzungen über das Verhältnis von Militär und Gesellschaft, die anhand des Militärstrafrechts im 19. Jahrhundert geführt wurden. Die bisherigen Ausführungen mögen den Eindruck erweckt haben, als seien die Reformen im Militärstrafrecht zwischen 1800 und 1872 geradlinig und unstrittig verlaufen. Tatsächlich gab es jedoch zahlreiche Kontroversen, innerhalb der Gremien, die mit der Erarbeitung von Gesetzbüchern beauftragt waren, zwischen verschiedenen Gruppen innerhalb des Militärs, aber auch zwischen Militär und Zivilgesellschaft[86]. Aus konservativer Sicht und aus der vieler Offiziere trug die Milderung von Strafen oder die Abschaffung bestimmter Strafarten immer die latente Gefahr der Disziplinlosigkeit in sich und stellte in dieser Perspektive die Grundfesten des Militärs infrage. »Autorität von oben und Gehorsam von unten, mit einem Wort: Disziplin ist die ganze Seele der Armee«, fasste General Helmuth von Moltke 1872 im Reichstag diese Position zusammen[87]. Es werde nicht ohne Grund befürchtet, hatte der österreichische Landesgerichtsrat von Molitor schon 1855 festgestellt, »dass durch eine freiere Rechtsform, durch Abschaffung strenger Strafen der Soldat sich freier fühle, daher selbständig handle und denke, somit aufhöre blind zu gehorchen und dadurch die Subordination, die Disciplin, die Seele militärischer Organisation, gelockert und aufgelöst werde«[88].

Insbesondere die Vertreter eines gemäßigten, am Ideal des Verfassungs- und Rechtsstaates orientierten Liberalismus forderten dagegen die Einbindung des Militärs in die Verfassungsordnung, um es aus seiner Rolle als unkontrollierbares Instrument in der alleinigen Verfügungsgewalt der Monarchen zu lösen[89]. Die Konflikte darüber kamen nicht nur innerhalb staatlicher Behörden und Gremien zum Ausdruck, sondern wurden auch öffentlich ausgetragen. Die publizistische Auseinandersetzung in Zeitungen und Zeitschriften nutzten verschiedene Gruppen geschickt dazu, um für ihre Positionen zu werben. Das ließ sich schon im Rahmen der preußischen Heeresreformen zu Beginn des 19. Jahrhunderts feststellen, als Gneisenau mit seinem Zeitungsartikel gegen die Prügelstrafe gezielt an die Öffentlichkeit ging, weil er sich der Unterstützung aus dem aufgeklärt-bürgerlichen Lager sicher sein konnte[90]. Die Parlamente in den konstitutionellen Staaten des Deutschen Bundes und der deutsche Reichstag boten ebenfalls Foren, in denen öffentlich über Fragen

---

[85] Reichstagssitzung vom 8.6.1872. In: Stenographische Berichte (wie Anm. 82), S. 836 (Hervorhebung im Original).
[86] Vgl. dazu am Beispiel Bayerns Schmid, Die Gesetzgebungsgeschichte (wie Anm. 4).
[87] Reichstagssitzung vom 7.6.1872, zit. nach Schmidt, Militärstrafrecht (wie Anm. 4), S. 1 (im Original hervorgehoben).
[88] Molitor, Die Kriegsgerichte (wie Anm. 6), S. 211.
[89] Vgl. dazu den knappen Überblick bei Wolfram Wette, Militarismus in Deutschland. Geschichte einer kriegerischen Kultur, Frankfurt a.M. 2008, S. 40-47; Bröckling, Disziplin (wie Anm. 46), S. 145-147; Dieners, Das Duell (wie Anm. 23), S. 140-154.
[90] Vgl. dazu Stübig, Armee und Nation (wie Anm. 5), S. 90 f.; Nitschke, Die Preußischen Militärreformen (wie Anm. 53), S. 130 f.

des Militärstrafrechts und des Verhältnisses von Militär und Gesellschaft diskutiert werden konnte. Da die Gesetzbücher nur mit Zustimmung der Volksvertretungen in Kraft treten konnten, gaben die Debatten den Abgeordneten die Möglichkeit, ihre jeweilige Position vor den Bürgern und Wählern zu vertreten. Die gegensätzlichen Anschauungen trafen 1872 im Reichstag beim Militärstrafgesetzbuch, dem »Zwitterding von Justiz und Militär«, wie es der Abgeordnete Eduard Lasker nannte, aufeinander. »Denn es liegt in der Natur des Gegenstandes, daß die Gegensätze der militärischen Auffassung und der juristischen vielleicht mehr wie auf irgend einem andern Gebiete auf einander platzen«, eröffnete Justizkommissar Friedberg die Debatte über den von einer Expertenkommission erstellten Regierungsentwurf[91]. Den Parlamentariern vor allem der nationalliberalen Fraktion schien die Vorlage vor allem die Position des Militärs zu berücksichtigen und sie sahen es deshalb als ihr Anliegen an, die »unabweisbaren Ansprüche der bürgerlichen Gesellschaft« zu vertreten. »Ist es nicht unsere Aufgabe und haben wir nicht eben nach dem Kriege erst begonnen, die Kluft in den Anschauungen zwischen Militär und Zivil auszufüllen und Beide als einheitliches Volk darzustellen, wie es sich geziemt in einem Lande, wo die allgemeine Militärpflicht eine Wahrheit ist?«, fragte Lasker gleich zu Beginn der Debatte rhetorisch[92]. Für ihn und viele andere Juristen unter den Abgeordneten waren die angemahnten Interessen der bürgerlichen Gesellschaft weitgehend gleichbedeutend mit den Forderungen von Rechtswissenschaft und Juristen an das Gesetz. Fast synonym sprachen sie deshalb von »bürgerlichen Interessen«, »bürgerlichen Justizansichten« und »allgemeinen Rechtsprincipien«.

Nationalliberal-juristische und militärisch-konservative Positionen prallten in verschiedenen Punkten aufeinander, etwa bei der Frage, ob unterschiedliche Strafarten für Offiziere und Soldaten mit dem Grundsatz der Rechtsgleichheit zu vereinbaren seien oder im Hinblick auf die militärische Ehre. Die mit den Reformen zu Beginn des 19. Jahrhunderts verbundene Erwartung, die Charakterisierung des Soldatenstandes als Ehrenstand könne Militär und Gesellschaft miteinander verbinden, hatte sich nämlich nicht erfüllt. Vielmehr hatte die Betonung militärischer Ehre in der Selbstwahrnehmung gerade der Offiziere zu einer Abkapselung der Armee und zur Betonung der Unterschiede zur Zivilgesellschaft geführt[93]. Dass »die Armee ein Institut für sich ist, daß sie, wie [...] einmal gesagt wurde, auf einer Insel für sich allein lebt«, schien dem Abgeordneten Meyer im Reichstag 1872 offensichtlich zu sein[94]. Die Liberalen bestritten demgegenüber auch im Rahmen der Beratungen zum Militärstrafgesetzbuch die Existenz und insbesondere die Vorrangstellung einer speziellen Ehre und damit eines Sonderstatus' des Militärs in Gesellschaft und Staat. Erst im Verlauf

---

[91] Reichstagssitzung vom 18.4.1872, zit. nach Höinghaus, Militär-Strafgesetzbuch (wie Anm. 32), S. 25, 23 f.
[92] Ebd. (wie Anm. 32), S. 34.
[93] Vgl. allgemein Wehler, Deutsche Gesellschaftsgeschichte, Bd 1 (wie Anm. 20), S. 468.
[94] Reichstagssitzung vom 9.6.1872. In: Stenographische Berichte (wie Anm. 82), S. 836.

des Kaiserreiches sollte dieser Konflikt in einer »neuen Synthese von Bürgertum und Militär« aufgehoben werden[95].

V. Fazit und Ausblick

Die Neuordnung des Militärstrafrechts bildete in allen deutschen Staaten einen zentralen Bestandteil der Heeresreformen des 19. Jahrhunderts. Sie umfasste die Zusammenfassung und Systematisierung der Strafbestimmungen in eigenen Gesetzbüchern, die Beschränkung des Geltungsbereichs auf Militärpersonen und militärische Delikte sowie die Anpassung an das zivile Strafrecht und schließlich die Änderung des Strafensystems von Körperstrafen hin zu Freiheits- und Ehrenstrafen. Diese Aspekte zusammengenommen lassen es gerechtfertigt erscheinen, auf der Ebene der rechtlichen Normen von grundlegenden Reformen im militärischen Strafrecht zwischen 1800 und 1872 zu sprechen[96]. Ziele und Motive der Maßnahmen waren mehrschichtig; neben im engeren Sinne juristischen Absichten verfolgten sie vor allem den Zweck, die gesellschaftliche Basis der Armee zu erweitern sowie ihre Kampfkraft und Effizienz zu steigern.

Preußen ist innerhalb Deutschlands sicherlich zunächst als Vorreiter dieser Entwicklung anzusehen, nicht zuletzt deshalb, weil es die maßgeblichen Reformmaßnahmen sehr früh umsetzte. Insbesondere die Kriegsartikel und die Verordnungen von 1808 gewannen Ausstrahlungskraft auf die anderen deutschen Staaten, die mehrheitlich seit dem Ende der napoleonischen Kriege eigene Militärstrafgesetzbücher erließen. Österreich erscheint in diesem Zusammenhang als Nachzügler, weil dort beispielsweise bis 1855 etwa noch Gassenlaufen und Prügel als Strafen angedroht waren[97]. Die Bedeutung der preußischen Maßnahmen von 1808 lag vor allem in der programmatischen Formulierung und dem dezidierten Aufgreifen aufklärerischer Reformkonzepte und -intentionen in Bezug auf die militärstrafrechtlichen Normen, die überall in Deutschland seit dem ausgehenden 18. Jahrhundert diskutiert wurden. Deren Umsetzung und Anwendung waren jedoch auch in Preußen selbst nach der Reformzeit deutliche Grenzen gesetzt. So konnte das Militärstrafgesetzbuch von 1845 schon nicht mehr den Anspruch erheben, besonders fortschrittlich zu sein. Im Gegenteil merkten Zeitgenossen an, dessen Hauptzweck sei »offenbar mehr die Erhaltung der strengsten Disciplin als eine scrupulöse Wahrung der Rechte

---

95 Vgl. Ute Frevert, Ehrenmänner. Das Duell in der bürgerlichen Gesellschaft, München 1991, S. 90-99, Zitat S. 99.

96 Anders Messerschmidt, Die preußische Armee (wie Anm. 69), S. 163. Seiner Ansicht nach blieb es bei »kleinen und kleinsten Reformen [...], die wenig am System zu verändern mochten«.

97 Den Gründen dafür kann an dieser Stelle nicht genauer nachgegangen werden. Vgl. zu den österreichischen Militärreformen den Beitrag von Kuzmics/Haring in diesem Band.

Einzelner«[98]. Dieser Eindruck verstärkte sich im Laufe der Zeit umso mehr, als viele andere deutsche Staaten ihre Reformbemühungen fortsetzten. Darüber hinaus prägte die preußische Praxis ein militärstrafrechtliches Verfahren, das »eindeutig von den besonderen Bedürfnissen des Militärs bestimmt« war und den angeklagten Soldaten und Unteroffizieren nur eine schwache Stellung einräumte[99]. Aufgrund der dominierenden Stellung Preußens wurden die dortigen Normen, wenn auch modifiziert, zur Grundlage für das Deutsche Reich.

Wie eingangs bereits erwähnt, haben die Reformen des Militärstrafrechts, und zwar insbesondere die Abschaffung körperlicher und entehrender Strafen, einen festen Platz in der gegenwärtigen Erinnerung an die Heeresreformen des 19. Jahrhunderts. Vor allem die preußischen Kriegsartikel und Verordnungen von 1808 gehören zum Katalog der unter anderem in Überblicksdarstellungen und Schulbüchern[100] regelmäßig aufgezählten Maßnahmen und spielen auch in der Traditionspflege der Bundeswehr eine wichtige Rolle[101]. Nicht von ungefähr knüpft man dabei vor allem an die Programmatik der Reformer von 1808 an, die Abschaffung entwürdigender Strafpraktiken habe einen neuen Soldaten-Typus, »den Bürger als Verteidiger des Vaterlandes«, hervorgebracht. Indem dieser gewissermaßen als Ahnherr des bundesrepublikanischen »Staatsbürgers in Uniform« verstanden wird, erhalten die Reformen im Militärstrafrecht des 19. Jahrhunderts Bedeutung als eine der »Traditionssäulen der Bundeswehr«[102].

---

[98] Molitor, Die Kriegsgerichte (wie Anm. 6), S. 149.
[99] Knapper Überblick bei Messerschmidt, Die Wehrmachtjustiz (wie Anm. 3), S. 1-3, Zitat S. 2.
[100] Vgl. dazu den Beitrag von Benjamin Hemmerle in diesem Band.
[101] Vgl. z.B. den Artikel »Die preußische Heeresreform« auf den Internetseiten der Bundeswehr, <www.bundeswehr.de>, Startseite > Streitkräfte > Grundlagen > Geschichte > Die preußische Heeresreform [letzter Abruf: 20.3.2009].
[102] Geschichte trifft Gegenwart. In: Y.online. Das Magazin der Bundeswehr, Juli 2007, URL: <http://www.y-punkt.de/portal/a/ypunkt> [letzter Abruf: 20.3.2009].

Henning Pahl

Die Ideale der preußischen Heeresreformen im Umkreis der Revolution von 1848/49

»Militär ist eine dauerhafte gesellschaftliche Veranstaltung«, wobei Frieden der Normalfall und Krieg der Ernstfall bzw. das »eigentliche Bewährungsszenario« sind[1]. Diese Feststellung von Ute Frevert benennt zwei Ausgangsüberlegungen auch dieses Beitrags: Zum einen kann Militär nicht unabhängig von der Gesellschaft, aus der heraus es sich rekrutiert und für die es aufgestellt wurde, gedacht werden. Vielmehr steht das Militär, unabhängig von seiner Organisationsform, in vielfältigen Wechselbeziehungen mit der Gesellschaft[2]. Zum anderen stellt der Krieg oder jede Situation, die zum Einsatz des Militärs führt, das eigentliche Bewährungsszenario des Militärs dar: Ausrüstung, Taktik, Kampfbereitschaft, psychische und physische Verfassung der Soldaten müssen sich in dieser Krise bewähren, und es zeigt sich, ob die Vorbereitung auf den Ernstfall erfolgreich war. Dabei hat die militärische Bewährungskrise wiederum direkte Auswirkungen auf die zivile Gesellschaft.

I. Die Ideale der preußischen Heeresreformen

Die Schlacht von Jena und Auerstedt am 14. Oktober 1806 stellte eine Bewährungskrise erster Güte für das preußische Militär dar. Es offenbarten sich schwerwiegende Defizite in der Wehrverfassung, die Anlass für tief greifende Reformen gaben. Diese betrafen zum einen die innere Ordnung der Armee selbst, zum anderen deren Verhältnis zur Gesellschaft sowie zum Zeitgeist. Hauptziel der Reform war es, die Armee aus ihrem ständischen Sonderdasein zu lösen und aus dem Staatsheer des Absolutismus ein in der Nation veranker-

---

[1] Ute Frevert, Gesellschaft und Militär im 19. und 20. Jahrhundert: Sozial-, kultur- und geschlechtergeschichtliche Annäherungen. In: Militär und Gesellschaft im 19. und 20. Jahrhundert. Hrsg. von Ute Frevert, Stuttgart 1997 (= Industrielle Welt, 58), S. 7-14, hier S. 10.

[2] Vgl. M. Rainer Lepsius, Militärwesen und zivile Gesellschaft. In: Militär und Gesellschaft (wie Anm. 1), S. 359-370, hier S. 361.

tes »Volksheer« zu machen[3]. In Zukunft sollten nicht mehr Sold und Zwang die Kampfbereitschaft der Soldaten begründen, sondern der Patriotismus des Bürgers. Durch die Abschaffung des Adelsprivilegs, die Beförderung nach Leistung, die Abschaffung entehrender Disziplinarstrafen und das Verbot diskriminierender Behandlung der Soldaten durch ihre Offiziere sowie die Einführung der allgemeinen Wehrpflicht sollte die Armee verbürgerlicht und das prosperierende Nationalbewusstsein in die preußische Wehrverfassung integriert werden. Dazu müsste, so Karl August von Hardenberg in einer Denkschrift für Friedrich Wilhelm III. vom September 1807, die Tatsache umgesetzt werden, »daß alle Bürger eines Staats sind und gleiche Ansprüche haben. Je weniger man den Soldaten von dem Bürger trennt, je mehr man bei beiden das [sic!] wahre *point d'honeur* erweckt, desto mehr werden Patriotismus und schöne ehrenvolle Taten die Nation verherrlichen und alle sich nur als Glieder einer Familie lieben und behandeln[4].« Landesverteidigung sollte eine aus patriotischem Bürgerbewusstsein sich ergebende »freudig erfüllte Pflicht und Ehre« sein[5]. Nicht mehr der Untertan-Soldat sollte das Land verteidigen, sondern der selbstbewusste *soldat citoyen*, der Bürgersoldat, der in Dienstzeiten seine Eigenschaften als Bürger und als Bürger seine Wehrbereitschaft behalten sollte[6]. Jedoch war Preußen nach der Niederringung Napoleons nicht mehr bereit, die bürgerlichen Teilhaberechte in entscheidender Weise zu stärken. Das Verfassungsversprechen des Königs blieb uneingelöst und der Status des Soldaten blieb der eines minderberechtigten Untertanen – ausgeschlossen von den Freiheits- und Bürgerrechten und als solcher ein Fremdkörper innerhalb der bürgerlichen Gesellschaft. Auch in Zukunft sollte allein die Verpflichtung auf König und Vaterland und die strenge Disziplin das Dienstethos des Soldaten begründen. »Wirklich neu war an dieser Konzeption nur, daß jener Dienst nun [...] von allen männlichen Einwohnern gleichermaßen geleistet werden sollte[7].« So wie die Demokratisierung der Gesamtgesellschaft nach 1815 verweigert wurde, so blieb auch die Verbürgerlichung der Armee ein nur in Teilen realisiertes Ideal.

---

[3]   Ernst Rudolf Huber, Der Kampf um Einheit und Freiheit 1830 bis 1850, Stuttgart [u.a.] 1988 (= Deutsche Verfassungsgeschichte, 2), S. 240 f.

[4]   Zit. nach Ute Frevert, Das jakobinische Modell: Allgemeine Wehrpflicht und Nationsbildung in Preußen-Deutschland. In: Militär und Gesellschaft (wie Anm. 1), S. 17-47, hier S. 20.

[5]   Thomas Nipperdey, Deutsche Geschichte 1800-1866. Bürgerwelt und starker Staat, München 1994, S. 53.

[6]   Huber, Der Kampf um Einheit und Freiheit (wie Anm. 3), S. 241.

[7]   Frevert, Das jakobinische Modell (wie Anm. 4), S. 25.

II. Die Idee des Bürgersoldaten im Vormärz

Doch die Ziele der Heeresreformer blieben lebendig. Liberale und demokratische Oppositionelle verfolgten weiterhin das Ziel der Integration des Militärs in die Bürgergesellschaft. Das fürstlich-absolutistische, stehende Heer galt ihnen als Garant der Untertanengesellschaft, das bürgerliche Heer dagegen als eine Voraussetzung zur Durchsetzung einer klassenlosen Staatsbürgergesellschaft[8]. Bereits 1817 forderte der liberale Staatsrechtler Karl von Rotteck in seiner Schrift »Nationalmiliz und stehendes Heer« ein »demokratisches Bürgerheer« anstelle eines »Staatsheeres«. Krieg solle nicht mehr das Handwerk von bezahlten Söldnern, sondern »eine aus dem Gesellschaftsband fliessende Verpflichtung des Bürgers« sein. »Liebe zum Vaterland – demnach auch zur Freiheit, ohne welche es kein Vaterland gibt – ist also jener höhere Geist, welcher echte Nationalstreiter durchglüht[9].«

Carl Theodor Welckers Artikel über das Heerwesen im »Staatslexikon« aktualisierte einen Grundgedanken der preußischen Heeresreform, indem er die beiden Wehrverfassungen gegenüberstellte: Im absolutistischen Zeitalter habe man stets versucht, »das Militär auszubilden [...] zur despotischen Waffe der Willkür nach Außen und gegen das eigene Volk und seine Freiheiten. Man strebte danach, es möglichst von den allgemeinen staatsbürgerlichen Verhältnissen zu isolieren, es zu einer militärischen Kaste, zu einem Staate im Staate auszubilden, es möglichst servil und politisch unwürdig zu erziehen. Man wollte ein willenloses Werkzeug despotischer Eigenmacht [...], eine Schar [...] unmündiger Knechte und Söldlinge [...], ausgeschlossen von der Teilnahme an verfassungsmäßiger Männerfreiheit und ihren Bestrebungen [...] Das konstitutionelle Staatsbürgertum dagegen fordert ein kriegerisches Bürgerheer und Offiziere als einen staatsbürgerlichen Stand im Staate mit den allgemeinen bürgerlichen Rechten und Pflichten [...] Heut zu Tage vollends kann nur ein Heer mit der natürlichen treuen gesetzlichen Bürgergesinnung zugleich kräftig und zugleich treu und sichernd für den Thron wie für des Vaterlands Freiheit sich erweisen. Nur ein von den Bürgern geachtetes und geliebtes Heer, ein Freund und Schützer ihrer Freiheit, wird auch von ihnen nachhaltige Unterstützung und die nötigen Opfer erhalten und in der Stunde der Gefahr den Bürger wie den Soldaten für den Kampf begeistern[10].« Die »freie thätige Theilnahme der

---

8   Vgl. Ralf Pröve, Politische Partizipation und soziale Ordnung. Das Konzept der »Volksbewaffnung« und die Funktion der Bürgerwehren 1848/49. In: Revolution in Deutschland und Europa 1848/49. Hrsg. von Wolfgang Hardtwig, Göttingen 1998, S. 109-132, hier S. 112-114.

9   Zit. nach Reinhard Mielitz, Das badische Militärwesen und die Frage der Volksbewaffnung von den Jahren des Rheinbundes bis zur 48er Revolution. Ein Beitrag zur Geschichte der deutschen Kleinstaaten in der 1. Hälfte des 19. Jahrhunderts, Freiburg i.Br. 1956, S. 97 f.

10   Carl Theodor Welcker, »Anhang zum Artikel Heerwesen«. In: Das Staats-Lexikon oder Encyklopädie der Staatswissenschaften in Verbindung mit vielen der angesehensten

Bürger am Gemeinwesen, an seinen Pflichten und Rechten, namentlich durch das freie Associations-, Petitions- und Wahlrecht und durch allgemeine Wehrpflicht« war für Welcker der sicherste Garant dafür, dass der Soldat bereit sei, Leib und Leben für das Vaterland zu geben[11]. Der Soldat galt Welcker immer als Teil der Gesamtgesellschaft. Deshalb bezogen sich seine Reformhoffnungen stets zugleich auf beides: die Wehrverfassung und die Staatsverfassung. Die Freiheitskämpfer der Revolution 1848/49 hatten die Hoffnung, die unbeantworteten Freiheitsfragen in Militär und Gesellschaft einer Lösung zuführen zu können.

III. Die Ideale der Heeresreformen in der Petitionsbewegung von 1848/49

Seit Mitte der 1840er-Jahre wurden Forderungen nach Presse- und Meinungsfreiheit, nach Abschaffung der adeligen Vorrechte und einer gerechten Besteuerung, nach einer verfassungsgebenden Nationalversammlung und nach der Verbürgerlichung der Armee immer lauter. Im September 1847 versammelten sich über 800 bürgerlich-radikale Oppositionelle in Offenburg und stellten einen Katalog von 13 grundlegenden Forderungen zur Erneuerung der Gesellschaft auf[12]. Zwei Forderungen variierten die Ziele der preußischen Heeresreform in den Artikeln 7 und 4: »Wir verlangen eine volkstümliche Wehrverfassung. Der waffengeübte und bewaffnete Bürger kann allein den Staat schützen«. Und: »Wir verlangen Beeidigung des Militärs auf die Verfassung[13]«. Das bestehende Konskriptionswesen sollte beseitigt werden, weil es zu großer Wehrungerechtigkeit und zudem die Entstehung einer antiliberal-königstreuen Einstellung bei den länger dienenden Soldaten begünstigte[14]. Das Militär sollte

---

Publicisten Deutschlands. Hrsg. von Carl von Rotteck und Carl Theodor Welcker, Altona 1839, Bd 7, S. 589-607, hier S. 592-594.

[11] So Frevert, Das jakobinische Modell (wie Anm. 4), S. 39, unter Verwendung eines Zitats von Carl Theodor Welcker im Artikel »Bürgertugend und Bürgersinn«. In: Das Staats-Lexikon (wie Anm. 10), Bd 3 (1859), S. 229.

[12] Zur Offenburger Versammlung vgl. Wolfgang von Hippel, Revolution im deutschen Südwesten. Das Großherzogtum Baden 1848/49, Berlin [u.a.] 1998, S. 86-91.

[13] Karl Obermann, Flugblätter der Revolution. Eine Flugblattsammlung zur Geschichte der Revolution von 1848/49 in Deutschland, Berlin 1970, S. 47-49.

[14] Vgl. Markus Bultmann, Erfahrung von Freiheit und Unfreiheit in der deutschen Geschichte. Rastatt und Offenburg: Erinnerungsorte der Revolution 1848/49. Darstellung – Vermittlung – Dokumentation. Koblenz 2007, S. 135-137; sowie Karl-Heinz Lutz, Das badische Offizierskorps 1840-1870/71, Stuttgart 1997 (= Veröffentlichungen der Kommission für geschichtliche Landeskunde in Baden-Württemberg. Reihe B: Forschungen, 135), S. 24-26.

verbürgerlicht und die Soldaten in ihrer Auftragserfüllung auf die Verfassung verpflichtet werden[15].

In der seit März 1848 in allen deutschen Staaten sich entfaltenden Petitionsbewegung gehörten derartige Forderungen zum Standardrepertoire, wobei die allgemeine Volksbewaffnung und die Verfassungsverpflichtung der Soldaten im Mittelpunkt standen. Die Mannheimer Forderungen vom 27. Februar 1848 – die ersten ihrer Art und beispielgebend für viele weitere – stellten die »allgemeine Volksbewaffnung mit freier Wahl der Offiziere« an ihre erste Stelle[16]. Erst danach folgten Forderungen nach Pressefreiheit, Schwurgerichten und einem deutschen Parlament. Diese Abfolge entsprach der Wahrnehmung, nach der das fürstliche Militär das wichtigste Instrument zur Unterdrückung des Volkes war. Seine Abschaffung galt Vielen als Vorbedingung für die Befreiung der Gesamtgesellschaft aus fürstlicher Bevormundung[17]. »Der Soldat sei nur gegen den äußern Feind da; die Sicherheit der Bürger vertraue man den Bürgern selbst«, forderten in diesem Sinne Wormser Bürger in einer Petition vom 1. März 1848[18]. Das Militär müsste auf die Verfassung vereidigt, das Volk bewaffnet und eine Bürgerwehr errichtet werden. Letztere sollte für die Aufrechterhaltung der öffentlichen Ordnung zuständig sein. Zur vollständigen Überwindung der alten, absolutistischen Wehrverfassung forderten die Wormser Bürger weiterhin: »Die Bürgergarde wähle ihre Führer selbst.« Die Kölner »Forderungen des Volkes« vom 3. März 1848 verlangten die »Aufhebung des stehenden Heeres und Einführung einer allgemeinen Volksbewaffnung mit vom Volke gewählten Führern[19]«. Die zweite Offenburger Versammlung vom 19. März 1848 forderte die »Verschmelzung der Bürgerwehr und des stehenden Heeres« zur »Bildung einer wahren, alle waffenfähigen Männer umfassenden Volkswehr«[20]. Gleiches wiederholte eine Freiburger Versammlung am 26. März, und die Städte der preußischen Rheinprovinz forderten am 24. März 1848 von ihrem König den Erlass einer Verfassung und das Recht auf »Volksbewaffnung mit freier Wahl der Führer«[21]. Ähnliche Forderungen finden sich in allen Teilen Deutschlands

15 Den Verfassungseid forderte auch eine Dresdner Petition vom 7.3.1848. In: Obermann, Flugblätter (wie Anm. 13), S. 70-72.

16 Die Forderungen bei Obermann, Flugblätter (wie Anm. 13), S. 125. Vgl. von Hippel, Revolution (wie Anm. 12), S. 103-105.

17 Eine undatierte Petition aus dem Rheinischen bezeichnete das stehende Heer als »Werkzeug des Despotismus und der Unterdrückung«, das den Bürgern auch finanziell eine schwere Last aufbürde. Obermann, Flugblätter (wie Anm. 13), S. 65 f. Die finanzielle Belastung der Bürger durch das stehende Heer spielte nur eine untergeordnete Rolle innerhalb der Volksforderungen zur Wehrverfassung. Namentlich erwähnt wird das finanzielle Motiv z.B. in der Petition der Heppenheimer Versammlung vom 10.10.1847. In: Erinnerungsstätte für die Freiheitsbewegungen in der deutschen Geschichte. Katalog der ständigen Ausstellung. Hrsg. vom Bundesarchiv, Außenstelle Rastatt, Koblenz 1984, S. 123 f.

18 Obermann, Flugblätter (wie Anm. 13), S. 58-60. Hier auch das folgende Zitat.

19 Erinnerungsstätte für die Freiheitsbewegungen (wie Anm. 17), S. 152.

20 Die Offenburger Forderungen und die Freiburger Beschlüsse bei Hans Fenske, Quellen zur deutschen Revolution 1848/49, Darmstadt 1996, S. 80-84.

21 Obermann, Flugblätter (wie Anm. 13), S. 110-112.

vor allem zu Beginn, aber vereinzelt auch noch gegen Ende der Revolution. So verlangte die Landesversammlung des badischen Volkes in Offenburg am 13. Mai 1849 »Volksbewaffnung auf Staatskosten«, Verschmelzung des stehenden Heeres mit der Volkswehr, Aufhebung der Militärgerichtsbarkeit und freie Wahl der Offiziere[22].

Tatsächlich wurde die Idee der Volksbewaffnung an zahlreichen Orten gleich zu Beginn der Revolution umgesetzt. In Mannheim wurde am 3. März, in Breslau am 17. März die Bewaffnung der Bürgerschaft durch den Magistrat beschlossen und in die Wege geleitet[23]. Im liberalen Baden gab die Regierung unter dem Eindruck der Petitionsbewegung der Forderung nach Volksbewaffnung nach, jedoch nur in Form einer gemeindlich organisierten Bürgerwehr. Das Gesetz über die Bildung der Bürgerwehr bestimmte als deren Aufgabe, »die Vertheidigung des Landes, der Verfassung und der durch die Gesetze gesicherten Rechte und Freiheiten gegen innern und äußern Feind«[24]. Doch die Verbürgerlichung des Militärs war mit diesem Gesetz keineswegs umgesetzt, denn das stehende Heer blieb neben der Bürgerwehr weiterhin bestehen.

Die Forderungen zur Reform der Wehrverfassung, die als zeitgenössische Weiterentwicklung der Ideale der Heeresform gelesen werden können, finden sich nicht nur in Petitionen der zivilen bürgerlich-liberalen und demokratischen Oppositionsbewegung, sondern auch in Bittschriften aus dem militärischen Bereich, verfasst bzw. unterzeichnet von Offizieren und Soldaten. Zu den eindrücklichsten Belegen gehören die Petitionen aus Baden[25]. 243 Soldaten der

[22] Fenske, Quellen zur deutschen Revolution (wie Anm. 20), S. 325-327. Vgl. insgesamt Michael Wettengel, Die Revolution von 1848/49 im Rhein-Main-Raum. Politische Vereine und Revolutionsalltag im Großherzogtum Hessen, Herzogtum Nassau und in der Freien Stadt Frankfurt, Wiesbaden 1989, S. 52; Wolfram Siemann, Die deutsche Revolution 1848/49, Frankfurt a.M. 1985, S. 58-60; Frevert, Das jakobinische Modell (wie Anm. 4), S. 40.

[23] Pröve, Politische Partizipation (wie Anm. 8), S. 109; Johann Baptist Bekk, Die Bewegung in Baden von Ende des Februar 1848 bis zur Mitte des Mai 1849, Mannheim 1850, S. 98.

[24] Zit. nach Reinhard Höhn, Verfassungskampf und Heereseid. Der Kampf des Bürgertums um das Heer (1815-1850), Leipzig 1938, S. 183. Vgl. Mielitz, Das badische Militärwesen (wie Anm. 9), S. 242-245; Bekk, Die Bewegung in Baden (wie Anm. 23), S. 98. Die Entwicklung in Berlin und Brandenburg schildert Pröve, Politische Partizipation (wie Anm. 8), S. 114-118.

[25] Zu den Soldatenpetitionen und weiteren Beispielen soldatischen Aufbegehrens vgl. Sabrina Müller, Soldaten in der deutschen Revolution von 1848/49, Paderborn [u.a.] 1999 (= Krieg in der Geschichte, 3), S. 183-204. Die Autorin deutet die Soldatenpetitionen jedoch vor allem als sozial motiviert (vgl. S. 185, 196): »Im Mittelpunkt der Beschwerden stand stets: der Sold, das Essen, schäbige oder unpraktische Kleidung, Exerzierübungen, die grobe Behandlung durch Vorgesetzte und ungerechte Strafen [...] Die Petitionen [...] sind ein Beleg dafür, dass die Mannschaften [...] Bürgerrechte [...] beanspruchten, um ihre Vorstellungen von gerechten Dienstbedingungen diskutieren und gemeinsam zum Ausdruck bringen zu können«. Die politische Motivation der Rastatter Soldatenpetition betonen dagegen Mielitz, Das badische Militärwesen (wie Anm. 9), S. 267, und Bultmann, Erfahrung von Freiheit (wie Anm. 14), S. 138 f. Ähnliche Belege zu Petitionen und anderen partizipatorischen Bestrebungen der »Bürgersoldaten« sind von einer Arbeit von Matthias Nicklaus zu erwarten, die derzeit am MGFA entsteht: Die deutsche Erhebung inner-

Karlsruher Garnison unterzeichneten im März 1848 eine Petition, in der sie die Teilhabe an den bürgerlichen Rechten für sich reklamierten, »denn nur der freie, sich als Bürger fühlende Soldat, nur der die Freiheit und das [R]echt Genießende wird fähig, seine Freiheit und Rechte zu schützen[26].« Und die Unterzeichner einer Offenburger Soldatenpetition vom 8. April bringen ihre Forderungen auf den Punkt, indem sie sich selbstbewusst als »Bürger im Soldatenrock« bezeichneten[27].

Im Mittelpunkt einer Mannheimer Soldatenpetition vom 22. März 1848 stand die Klage über die Entwurzelung, die der Bürger mit seinem Eintritt in die Armee erfahre. Er werde aus seinem sozialen, kulturellen und beruflichen Umfeld herausgerissen und sei während der Zeit des Soldatendaseins »seiner Menschenwürde beraubt«. Und »während er bis dahin seine eigenen Ansichten, seine persönliche Überzeugung sagte, soll er nun plötzlich ein willenloses Werkzeug in den Händen seines Vorgesetzten werden«[28]. Hinzu kämen gravierende Schwierigkeiten beim späteren Wiedereintritt in das zivile Leben. Schließlich kritisierten die Verfasser der achtseitigen Petition den »kargen Sold«, die »spärliche Nahrung« und insbesondere die »nicht selten [...] entwürdigende Behandlung«. Schon die Anrede der Soldaten durch ihre Vorgesetzten sei entehrend. Man sei ja bereit, so die Verfasser der Mannheimer Petition, »unseren letzten Blutstropfen für unser Vaterland zu vergießen«, jedoch nicht unter diesen »drückendsten Verhältnissen«[29]. Die Unterzeichner forderten die Vereinigung von stehendem Heer und Volkswehr und die Verbesserung der allgemeinen Situation.

Noch deutlicher als in der Mannheimer Petition kommen die Ideen der Heeresreform in einer Petition der Rastatter Soldaten zum Ausdruck. 652 Soldaten und Offiziere der Rastatter Bundesfestung unterzeichneten im März 1848 eine zehnseitige Petition, die die Forderungen nach Verbesserung der Lebensbedingungen, Beförderung nach Leistung, ungehindertem Zugang zu militärischen Bildungs- und Ausbildungseinrichtungen und Abschaffung der entehrenden Behandlung durch die Offiziere enthielt, die aber vor allem eines war: ein politisches Bekenntnis und Ausdruck eines neuen soldatischen Selbstverständnisses[30]. Die Verfasser beklagten, dass sie vom Genuss der Bürgerrechte ausgeschlossen seien: »Wir Soldaten sind noch die Stiefkinder einer alten abgestreiften Zeit mit ihrer beschämenden Überlieferung«. Unter dem Diktum »Wir sind keine geworbenen Söldlinge, wir sind Bürgersoldaten« beanspruch-

_____

    halb der europäischen Freiheits- und Aufstandsbewegung der Jahre 1848/49 unter besonderer Berücksichtigung der Rolle des sogenannten Bürgersoldaten (AT).

[26] Aus der Petition Karlsruher Soldaten vom 22.3.1848 zit. nach Müller, Soldaten in der deutschen Revolution (wie Anm. 25), S. 199.

[27] Aus der Petition Offenburger Soldaten zit. nach ebd. S. 204.

[28] »Petition vieler Unteroffiziere und Soldaten verschiedene Wünsche in bezug auf den Militärstand betreffend«. In: Generallandesarchiv Karlsruhe 231/1541 (22.3.1848).

[29] Vgl. dazu Frevert, Das jakobinische Modell (wie Anm. 4), S. 23, 29-31.

[30] »Petition von Offizieren und Soldaten des 1. und 3. badischen Infanterie-Regiments zu Rastatt und der dort garnisonierenden Kanoniers, die Herstellung eines verfassungsmäßigen Standes betreffend«. In: Generallandesarchiv Karlsruhe 231/1541 (März 1848).

ten die Unterzeichner, nicht länger außerhalb der Zivilgesellschaft stehen zu
müssen, sondern Teil derselben zu werden. Dem Militär obliege nicht länger
die Ausführung des fürstlichen Willensentscheides, sondern »die Verteidigung
des Landes, der Verfassung und der durch die Gesetze gesicherten Rechte und
Freiheit«. Nie mehr wollte man gegen die eigenen Landsleute mit Waffengewalt
vorgehen. Die Kategorie des »Gewissens« stellten die Verfasser der Petition
dabei der Gehorsamspflicht gegenüber und zeigten sich überzeugt, dass einige,
in der Verfassung formulierte Wertvorstellungen jedem staatlichen Handeln
vorgelagert seien. Damit ist das in der Rastatter Soldatenpetition entworfene
Ideal des »Bürgersoldaten« eine Aktualisierung des Scharnhorst'schen Gedankens des Bürgers im Soldatenrock und zugleich eine fast visionäre Projektion
des heutigen Konzepts des Staatsbürgers in Uniform. Die Zahl von 652 Unter-
zeichnern, die mit Namen und Dienstgrad unterschrieben, war ein eindrucksvoller Beleg dafür, wie weit die Politisierung der deutschen Bevölkerung und
damit auch der Soldaten, die sich ja aus den Reihen der Bürger rekrutierten,
1848 bereits vorangeschritten war[31]. Denn das Petitionsrecht stand den Rastatter
Soldaten ausdrücklich nicht zu. Es bedurfte also einerseits eines außerordentlichen Mutes und andererseits eines klaren politischen Bekenntnisses, um die
Petition zu unterzeichnen.

Vergleichbare Soldatenpetitionen sind aus verschiedenen deutschen Staaten
überliefert. Eine Eingabe von Landwehrmännern und Reservisten aus Köln,
Trier und Düsseldorf an den preußischen Kriegsminister, den Grafen August
Karl Wilhelm von Kanitz belegt, wie politisch und selbstbewusst die Soldaten
nun vielerorts dachten. »Es gibt aber Rechte [...], die keine Macht der Erde in
Frage stellen kann«, so die provozierende Feststellung, »es sind die ewigen,
unveräußerlichen Rechte der freien Rede und der freien Vereinigung. Der Minister, der sie angreift oder unter seiner Verantwortung angreifen läßt, begeht
einen Staatsstreich[32]«.

IV. Die Wehrverfassungsfrage in der Paulskirche

Es liegt auf der Hand, dass die Frankfurter Nationalversammlung die Frage der
Wehrverfassung als eine der dringlichsten behandeln musste und bereits frühzeitig mit der Ausarbeitung einer Wehrverfassung begann. Doch die Debatten
offenbarten schnell, dass die Wehrverfassung ein fast unlösbares Problem war,
denn hinter ihr verbargen sich zugleich eine bestimmte Gesellschaftsvorstellung

---

[31] Die Petition sei, so vermutet Müller, Soldaten in der deutschen Revolution (wie Anm. 25),
     S. 197, von »einem Soldaten mit höherer Bildung oder von einem Bürger formuliert wor-
     den«.
[32] Aus gleichlautenden Eingaben aus Köln (15.5.1848), Trier (18.5.1848) und Düsseldorf
     (20.5.1848) zit. nach ebd. S. 198.

sowie sehr unterschiedliche Vorstellungen über die Machtverteilung zwischen der Zentralgewalt und den Bundesstaaten. Hauptstreitpunkt war der Artikel III der zukünftigen Reichsverfassung. Hier ging es um die Frage, ob die Zentralgewalt volle Verfügungsgewalt über die gesamte bewaffnete Armee erhalten sollte – dies forderten vor allem liberale Verfassungsjuristen[33] – oder lediglich »die Oberaufsicht und Leitung« – diesen Standpunkt vertraten vor allem etablierte Militärpolitiker[34]. Die große Mehrheit der Parlamentarier wollte den Fahneneid auf Reichsoberhaupt und Reichsverfassung ablegen lassen, lediglich die radikalen Demokraten plädierten für den Eid allein auf die Reichsverfassung. Die Wahl der Offiziere forderten allein die linken Demokraten, während die übrigen Fraktionen deren Ernennung durch die Regierung vorsahen[35]. Daneben wurde die Frage nach der allgemeinen Wehrpflicht diskutiert, die wiederum mit der nach der Gleichberechtigung aller Bürger verbunden war. Auch in der Frage, ob es sich bei der Armee um ein stehendes Heer oder eine Bürgerwehr handeln sollte, vertraten die Fraktionen gegensätzliche Positionen. Und während der Beratung über diese Aspekte standen die Parlamentarier unter immensem Zeitdruck, denn es war ihnen bewusst, dass vom Erfolg der Heeresorganisation auch der Erfolg ihres Verfassungswerkes insgesamt abhängen würde. Die Armee stellte die Macht dar, mit deren Hilfe sich eine Verfassung durchsetzen oder bekämpfen ließ.

Der Entwurf des Wehrgesetzes vom 25. September 1848 sah vor, dass die Volkswehr aus einer Kombination von stehendem Heer, Landwehr und Bürgerwehr bestehen sollte[36]. Eine Stellvertretung war ebenso unzulässig wie die Nichteinberufung aus religiösen Gründen. Als Kompromisslösung wurde schließlich die weitgehende Selbstständigkeit der Heere unter Leitung der Einzelregierungen festgeschrieben[37]. Alle näheren Bestimmungen wurden, weil eine Einigung nicht möglich war, einem späteren Wehrgesetz überlassen. Da eine breite Mehrheit der Nationalversammlung das preußische Wehrsystem als

---

[33] So bereits im Vorentwurf des Verfassungsausschusses vom 8.7.1848 zu Artikel III der Reichsverfassung und später im revidierten Entwurf vom 27.9.1848. In: Die Verhandlungen des Verfassungsausschusses der deutschen Nationalversammlung. Hrsg. von Johann G. Droysen, Berlin 1849, T. 1, Anl. 6 und 14. Vgl. auch die Gegenanträge der rechten und linken Minderheiten im Verfassungsausschuss vom 19.10.1847 und 19.10.1848. In: Stenographischer Bericht über die Verhandlungen der deutschen constituierenden Nationalversammlung zu Frankfurt a.M. Hrsg. von Franz Wigard, 9 Bde, Leipzig und Frankfurt a.M. 1848-1849, Bd 4, S. 2718 und 2721 f.

[34] Gegenantrag des Wehrausschusses vom 8.11.1848 zu Artikel III der Reichsverfassung. In: Stenographischer Bericht (wie Anm. 33), Bd 4, S. 3147-3149. Vgl. insgesamt Bultmann, Erfahrung von Freiheit (wie Anm. 14), S. 139-146; Höhn, Verfassungskampf (wie Anm. 24), S. 127-142.

[35] Stellungnahme der Demokraten Franz Wigard, Gottlieb Schüler und Robert Blum zu ihrem Gegenentwurf vom 19.10.1848 zum Artikel III der Reichsverfassung. In: Stenographischer Bericht (wie Anm. 33), Bd 4, S. 2742-2746.

[36] In: Verhandlungen der deutschen verfassungsgebenden Reichsversammlung zu Frankfurt a.M. Hrsg. von Konrad D. Haßler, Frankfurt a.M. 1849, Bd 2, S. 336-344.

[37] Endgültige Version des Artikels III der Reichsverfassung vom 28.3.1849. In: Dokumente zur deutschen Verfassungsgeschichte, Bd 1: Deutsche Verfassungsdokumente 1803-1850. Hrsg. von Ernst Rudolf Huber, Stuttgart 1978, S. 305 f.

Vorbild der zukünftigen deutschen Wehrverfassung ansah, kam es schnell zu
einer Einigung auf eine auf Reichsoberhaupt und Reichsverfassung vereidigte
Volkswehr mit allgemeiner Wehrpflicht. Doch die Entscheidungen der Pauls-
kirche wurden – wie die Verfassung insgesamt – nie in Kraft gesetzt.

V. Der Rastatter Soldatenaufstand

Als Preußen, Österreich, Hannover und Sachsen die Annahme der Reichsverfassung verweigerten, entfalteten die oben analysierten politischen Bekenntnis-
se von Bürgern und Soldaten vom März 1848 erneut ihre Wirkmächtigkeit. Die
sogenannte Reichsverfassungskampagne war der verzweifelte Versuch weiter
Teile der Bevölkerung, wenn nötig mit Gewalt die Anerkennung der Reichsverfassung durch die Fürsten zu erreichen. Es kam zu Aufständen in Sachsen,
Westfalen, der Pfalz und Baden. In Baden desertierte zwischen dem 11. und
14. Mai 1849 die gesamte reguläre großherzogliche Armee – ein einmaliger
Vorgang in der Geschichte[38]. Die Stadt und Bundesfestung Rastatt wurde zum
Schauplatz des letzten Gefechts für die Errungenschaften der Nationalversammlung. Am 9. und 10. Mai kam es hier zu einem feierlichen Verbrüderungsfest zwischen den Soldaten der Bundesfestung und der Rastatter Bürgerwehr[39].
Unter schwarz-rot-goldenen Fahnen wurden die »Einheit und Größe des deut-
schen Vaterlandes«, die »Treue und Liebe zum Volk«, »die Sache der Wahrheit
und Gerechtigkeit« beschworen sowie die Aufrechterhaltung der Reichsverfassung gelobt. Dem alten politisch-gesellschaftlichen System wurde eine klare
Absage erteilt und die Militär- mit der Zivilgesellschaft symbolisch zu einem
Rechtsraum vereinigt: »Soldaten«, rief der Leutnant der Rastatter Bürgerwehr,
Ludwig Wetzel, den mehreren Hundert Zuhörern entgegen, »die frühere
Scheidwand zwischen Euch und uns, zwischen Euch Söhnen des Volkes und
uns Bürgern ist eingerissen. Ein Band umschlingt uns Alle, wir sind das Volk,
das seine Freiheit fordert! Aus wem stammt Ihr Brüder, Ihr Soldaten – aus dem
Volk! Wer sind Eure Angehörigen, liebe Eltern und Geschwister – das Volk!
Und wohin werdet ihr zurückkehren – zum Volke werdet ihr wieder zurück-
kehren![40]« Am 11. Mai befreiten Soldaten einen Kameraden aus dem Arrest, zu

---

[38] Vgl. Mielitz, Das badische Militärwesen (wie Anm. 9), S. 273-283, sowie von Hippel,
   Revolution im deutschen Südwesten (wie Anm. 12), S. 333-342.
[39] Zum Rastatter Soldatenaufstand vgl. Peter Hank, Soldatenerhebung und Amalie Struve.
   In: Rastatt und die Revolution von 1848/49. Von der Freiheitsfestung zur Preußischen Besetzung. Hrsg. von Peter Hank, Heinz Holeczek, Christian Jung und Martina Schilling,
   Rastatt 2001 (= Stadtgeschichtliche Reihe, 6,2), S. 125-242; Müller, Soldaten in der deutschen Revolution (wie Anm. 25), S. 260-274; Hippel, Revolution im deutschen Südwesten
   (wie Anm. 12), S. 374-379; Bultmann, Erfahrung von Freiheit (wie Anm. 14), S. 137-139.
[40] Zitiert nach Hank: Soldatenerhebung (wie Anm. 39), S. 190. Zum Verbrüderungsfest siehe
   dort S. 169-194.

dem dieser wegen seiner Rede auf dem Verbrüderungsfest verurteilt worden war. Weitere Befehlsverweigerungen und Ausschreitungen gegen Offiziere folgten. Der am 12. Mai angereiste badische Kriegsminister, General Friedrich Hoffmann, floh angesichts der feindlichen Stimmung aus der Bundesfestung. Die Flucht des badischen Großherzogs Leopold folgte noch am selben Tag. Bereits einen Tag später verkündete Amand Goegg vom Fenster des Rastatter Rathauses die Beschlüsse der zweiten Offenburger Versammlung. Lorenz Brentano, der an der Spitze der provisorischen republikanischen Regierung in Karlsruhe stand, vereidigte am 14. Mai die Soldaten der Festung auf die Reichsverfassung.

Für den regierenden Landesausschuss (die provisorische Landesregierung) in Karlsruhe ergab sich nun die Gelegenheit, das Heerwesen nach seinen Vorstellungen neu zu gliedern. Am 28. Mai erging ein dementsprechender Organisationserlass, der wesentlich von Gustav Struve ausgearbeitet worden war[41]. Dieser beruhte auf der Verschmelzung des stehenden Heeres mit Bürgergarde und Freikorps. Es bestand Wehrpflicht, die Offiziere sollten durch ihre Soldaten gewählt werden.

Das neue soldatische Selbstverständnis offenbarte sich in einem Appell der »badischen Soldaten an ihre Kameraden im übrigen Deutschland«[42]. Darin verwiesen sie auf die Reichsverfassung und die Grundrechte, die doch »ein Gesetz für ganz Deutschland« sein sollten. Sie forderten »Recht und Gerechtigkeit wie ein anderer Bürger« und die freie Wahl der Offiziere. Sie seien nicht mehr bereit, sich für die Fürsten zur Schlachtbank führen zu lassen, ohne zu wissen, warum und wofür. »Wenn die hohen Herren selber kein Gesetz mehr gelten lassen wollen, für was sollen wir uns dann schlagen?« Aber nicht nur der Auftrag, sondern auch das innere Gefüge des Heeres wurde grundlegend infrage gestellt: »Ordnung und Unterwerfung muß seyn, das ist wahr; aber wissen wollen wir, wem und warum wir uns unterwerfen, dazu hat uns Gott unsern Verstand gegeben.« Dann nämlich würden sie »noch viel lieber gehorchen, als vorher, weil wir jetzt der gerechten und auf unser Wohl bedachten Regierung des Volks gehorchen und nicht einer Hand von Adeligen, die uns das Fell über die Ohren ziehen. Bürger wollen wir seyn, wie unsere Brüder alle. Wir wollen gern die Pflichten erfüllen, die jeder gute Bürger dem Staate und der Regierung gegenüber zu erfüllen hat; aber auch die Rechte wollen wir, wie ein anderer Bürger hat und damit basta! Die Bürger reichen uns freudig die Hand dazu, und wir reichen ihnen die Hand und gehen Arm in Arm mit ihnen dem großen Ziele zu, das da heißt: *Freiheit! Gleichheit! Bruderliebe!*«.

Doch die Hoffnungen der Freiheitskämpfer erfüllten sich nicht. Das von preußischen Truppen dominierte Bundesheer schlug die Aufständischen zuerst im Feld und begann am 30. Juni mit der Belagerung der Festung Rastatt. Am 23. Juli mussten sich die ca. 6000 Soldaten – die letzten verbliebenen Freiheits-

---

[41] »Organisation der Volkswehr.« In: Stadtarchiv Rastatt, C-95, 28 (28.5.1849).
[42] »Die badischen Soldaten an ihre Kameraden im übrigen Deutschland«. In: Stadtarchiv Rastatt, C-95, 37 (Druck, ohne Datum, vermutlich Mai 1849).

kämpfer der Revolution 1848/49 – »auf Gnade und Ungnade« ihren Belagerern ergeben. Ihre Entwaffnung vor den Mauern der Bundesfestung steht sinnbildlich für das Ende des Konzepts der Bürgerbewaffnung im Umkreis der Revolution 1848/49. Im Rastatter Soldatenaufstand von 1849 zeigten sich ein letztes Mal die Umrisse der Heeresreform, bevor die Armee wieder zu dem »verläßlichen Instrument des Monarchen« (Frevert) wurde, das es vor 1848 gewesen war. Die Reorganisation der preußischen Armee im Jahr 1858 beendete endgültig den Versuch, eine selbstständige Bürgerarmee nach dem Vorbild des *soldat citoyen* aufzubauen. Und auch die Hoffnung Gustav Struves, dass die badische Armee einst als das erste Bürger- und Freiheitsheer Deutschlands verehrt werden würde, hat sich bis heute nicht erfüllt.

Jan Schlürmann

Die Schleswig-Holsteinische Armee 1848 bis 1851: Militärische Reformfähigkeit und -unfähigkeit in Zeiten der politischen und militärischen Revolution

I. Ein Gesamtstaat versinkt im Bürgerkrieg: Die »Schleswig-Holsteinische Erhebung« vom 24. März 1848

Die Kriegsereignisse von 1848 bis 1850 in den Herzogtümern Schleswig und Holstein werden bis heute von der Militärgeschichtsschreibung als »deutsch-dänischer« Krieg wahrgenommen, dem ein zweiter im Jahre 1864 folgte und an deren beider Ende die Integration »Schleswig-Holsteins«[1] in den preußisch-deutschen Einheitsstaat im Jahre 1871 stand. Diese Sichtweise ist der preußischen Geschichtspolitik des späten 19. Jahrhunderts geschuldet, die bemüht war, dem Reich von 1871 einen Gründungsmythos zugrunde zu legen[2]. Beide Kriege gegen Dänemark wurden als Selbstbehauptungs- und Freiheitskämpfe für einen deutschen Bruderstamm interpretiert, als Baustein auf dem Weg zu einem künftigen deutschen Nationalstaat. Die dänische und schleswig-holsteinische Regionalgeschichtsschreibung hat sich allerdings seit einiger Zeit von dieser Deutung mehr und mehr entfernt. Beide sehen den kriegerischen Konflikt von 1848/50, in dem die Kontrahenten nur unzureichend als »Dänen« einerseits und »Deutsche« andererseits charakterisiert werden können, primär als einen inneren Konflikt des dänischen Gesamtstaates, als einen regelrechten dänischen »Bürgerkrieg«[3].

---

[1]   In diesem Beitrag versteht sich die Kennzeichnung der Begriffe »Schleswig-Holstein« und »Schleswig-Holsteiner« immer als Hinweis auf deren besonderen politischen Aussagegehalt in den Jahren 1848-1851; die Schreibweise »Schleswigholstein« als Ausdruck der gewünschten Zusammengehörigkeit geht auf den Politiker Uwe Jens Lornsen zurück, der sie 1831 für seine Schrift »Ueber das Verfassungswerk in Schleswigholstein« benutzte.

[2]   Vgl. dazu Sönke Loebert, Die dänische Vergangenheit Schleswigs und Holsteins in preußischen Geschichtsbüchern, Frankfurt a.M. 2008 (= Kieler Werkstücke, Reihe A, 29).

[3]   Jan Schlürmann, 1848-1850 – deutsch-dänischer Krieg oder Bürgerkrieg? In: Grenzfriedenshefte, 53 (2006), 3, S. 167-176; Michael Bregnsbo, Dänemark und 1848: Systemwechsel, Bürgerkrieg und Konsensus-Tradition. In: 1848 – Revolution in Europa. Verlauf, politische Programme, Folgen und Wirkungen. Hrsg. von Heiner Timmermann, Berlin 1999 (= Dokumente und Schriften der Europäischen Akademie Otzenhausen, 87), S. 153-164.

Die Auseinandersetzung mit den militärischen Gegnern, insbesondere mit
der Schleswig-Holsteinischen Armee, die lediglich während der Kriegsjahre
von 1848 bis 1851 bestand, unterstützt diese These vom Bürgerkrieg, denn diese
Armee war ein unmittelbares Ergebnis des beginnenden Auseinanderbrechens
des Gesamtstaates. Die nationalen Bestandteile dieses Staates – Dänen und
Deutsche – begannen im Revolutionsjahr von 1848 erst damit, eigenstaatliche
Konzepte zu entwickeln, wobei die Begriffskategorien der vollen staatlichen
Unabhängigkeit und der Separation offiziell vermieden wurden. Beide Seiten
griffen 1848 zum Mittel der Gewaltanwendung: Die »Schleswig-Holsteiner«,
wie sich die politisch aktiven Teile der deutschsprachigen Minderheitsbevölke-
rung nannten, um ihre Sonderrechte im Gesamtstaat zu wahren, die »Eiderdä-
nen«[4], wie die nationaldänische Bewegung mit Hinblick auf ihre anvisierte
Südgrenze genannt wurden, um das gemischtsprachige Herzogtum Schleswig
dem Königreich Dänemark anzugliedern. Dass beide Seiten letztlich scheiterten,
beide Gruppen jeweils nur einen kleinen Teil ihrer Bevölkerungsgruppen repräsentierten und der Großteil der Gesamtstaatsuntertanen den Ereignissen politisch fernstand, muss als weiterer Indikator für ein Bürgerkriegsszenario gewertet werden.

Die Schleswig-Holsteinische Armee entstand faktisch unmittelbar im An-
schluss an die Bildung einer »Provisorischen Regierung« am 24. März 1848 in
Kiel in Reaktion auf einen politischen Machtwechsel in Kopenhagen, in dem
der König offen seine Sympathien für die eiderdänische Partei gezeigt hatte[5].
Die im Februar in Paris ausgebrochene Revolution sowie die Märzereignisse in
Berlin und Wien taten ihr Übriges, um im Herzogtum Holstein und Teilen
Schleswigs eine allgemeine Begeisterung für politische Veränderungen unter
der kleinen politisierten Schicht von Intellektuellen zu wecken. Die »Provisori-
sche Regierung« war aber keineswegs einem radikalrevolutionären Umsturz-
prinzip verhaftet, im Gegenteil. Die in informeller Weise zusammengestellte
Regierung betonte, im Namen des als unfrei geltenden Landesherrn die Macht
treuhänderisch übernommen zu haben[6]. Man ging sogar so weit, den Bruch mit
Kopenhagen als einen Akt legitimer Konterrevolution zu interpretieren – ein
Schritt, der insbesondere mit Hinsicht auf das in den Herzogtümern stehende
dänische Gesamtstaatsmilitär vorgenommen wurde. Zwar rechnete man ohnehin nur damit, die aus deutschsprachigen Rekruten gebildeten Einheiten der
Herzogtümer als militärische Stütze gewinnen zu können. Die traditionelle

---

[4] Mit diesem meist von deutscher Seite verwendeten Begriff wird hauptsächlich dem nationalen Programm dieser nationalliberalen Bewegung in Dänemark Rechnung getragen;
deren Ziel war die Integration des gemischtsprachigen Herzogtums Schleswig in das en-
gere Königreich Dänemark. Die Südgrenze des Herzogtums bildete der Fluss Eider.

[5] Noch am Abend des 23. März 1848 stellte sich das in Kiel stationierte 5. Jägerkorps der
Gesamtstaatsarmee auf die Seite der schleswig-holsteinischen Bewegung.

[6] Dass der dänische König die Kabinettsumbildung mithilfe eiderdänischer und anderer
liberaler Politiker aus freien Stücken vornahm, war auch den meisten schleswig-
holsteinischen Politikern bekannt. Noch am Vorabend des 24. März 1848 war eine Depu-
tation aus den Herzogtümern nach Kopenhagen gereist und hatte sich dort von der allgemeinen Begeisterung und der tatsächlichen Haltung des Königs überzeugen können.

Verbundenheit der Soldaten und vor allem der Offiziere mit der Person des dänischen Königs bedurfte jedoch gerade der Legitimierung des Seitenwechsels durch die Konstruktion vom »unfreien Landesherrn«, die in letzter Konsequenz Kopenhagen zum Zentrum der Revolution machte und Kiel zu einer Bastion der letzten getreuen Anhänger des Monarchen stilisierte[7]. Schon in den ersten Tagen der »Erhebung«, wie man diesen Bruch mit dem Gesamtstaat nannte, trat damit ein entscheidendes, unauflösliches Problem offen zutage: In einer allgemeinen europäischen Revolutionsstimmung vertrat eine der monarchischen Zentralregierung gegenüber aufständische politische Bewegung offen legitimistische, teilweise sogar konterrevolutionäre Standpunkte. Für die gleichfalls geäußerten Reformwünsche und insbesondere für den Aufbau der nun dringend notwendigen Verteidigung – Kopenhagen rüstete Ende März ein Befriedungsheer – war ein Festhalten an überkommenen Strukturen ein Hemmnis. Lediglich die rasche politische und militärische Unterstützung der »Schleswig-Holsteiner« durch Preußen und andere Bundestruppen wurde durch diesen konservativen Kurs erleichtert. Der deutschen Einheitsbewegung jedoch konnten und wollten sich viele schleswig-holsteinische Liberale nicht entziehen, denn die schleichende Entfremdung zwischen deutschen und dänischen Untertanen war in den 1840er-Jahren fortgeschritten und der Regierungswechsel in Kopenhagen, der Anlass für die »Erhebung«, war dänischerseits mit klaren nationalen Forderungen verbunden gewesen. Die Herzogtümer sollten sich »mit aller Kraft der Einheitsbewegung Deutschlands« anschließen, wie die »Provisorische Regierung« in einem Atemzug mit ihren ansonsten legitimistischen Parolen verlautbarte[8]. Damit aber schufen sich die Schleswig-Holsteiner ein weiteres politisches Problem, denn mit der Forderung, das Herzogtum Schleswig in den Deutschen Bund und darüber hinaus beide Herzogtümer in ein entstehendes Deutsches Reich einzugliedern, verließen sie den Boden des für sich in Anspruch genommenen Rechts[9]. Beide nationalen Ideen, die eines deutschen »Schleswig-Holstein« und die eines nationaldänisches Königreichs mit Schleswig, ließen sich ohne ein Ende des alten gesamtstaatlichen Staatsverbandes nicht verwirklichen. Für die Schleswig-Holsteiner war die Ausgangslage in dieser Situation wesentlich schlechter als die der nationalen Dänen. Letztere besaßen bereits ein national geschlossenes Kernreich und der Monarch hatte sich auf ihre Seite gestellt. Ihre Gegner hingegen mussten sich auf die

---

[7] Eine häufige Bezeichnung des Monarchen in den Herzogtümern war »König und Herzog« oder »König-Herzog«. Damit deutete man an, dass der dänische König lediglich in seiner Eigenschaft als Herzog von Schleswig, Holstein und Holstein als Landsherr betrachtet wurde. Diese streng aufrechterhaltene Diktion führte bald zur paradoxen Erklärung, man führe Krieg gegen den König im Namen des Herzogs.

[8] Landesarchiv Schleswig-Holstein (LAS), Abt. 22, Nr. III E.E 1 Proklamation der Provisorischen Regierung, Kiel, 24. März 1848.

[9] Die Grenze des Heiligen Römischen Reiches bildete seit etwa 800 der Fluss Eider. Ungeachtet der deutschen Besiedlung Süd- und Mittelschleswigs blieb diese Grenze bestehen und wurde 1815 bei der Bildung des Deutschen Bundes bestätigt, indem Holstein und Lauenburg Mitgliedstaaten des Bundes wurden, Schleswig aber außerhalb des Bundes verblieb.

politische und militärische Gunst und Unterstützung Preußens und anderer deutscher Staaten verlassen, weil sie aus eigener Kraft kaum zum Kampf gerüstet waren. Die schleswig-holsteinische Führung musste zudem jene breiten Bevölkerungsschichten auf ihre Seite ziehen, an denen bisher politische oder gar nationale Entwicklungen vorbeigegangen waren. Das Spektrum dieser national Indifferenten reichte vom ländlichen Bewohner Mittelschleswigs, der gleichermaßen dänische, deutsche und friesische Dialekte sprach und verstand, bis hin zu Offizieren, Beamten und Kaufleuten, die sich zwar kulturell dem Deutschtum zurechneten, aber noch stark mit dem zerbrechenden Gesamtstaat und seiner Dynastie verwurzelt waren.

Das war die politische Ausgangssituation, vor die sich die »Provisorische Regierung« im März 1848 gestellt sah: eine unglückliche Stellung zwischen alten, weiterhin wirksamen Bindungen an den dänischen Gesamtstaat einerseits und dem neuen, nationalstaatlichen Konzept eines weitgehend autonomen deutschen Staates »Schleswig-Holstein« andererseits; zwischen liberalen, sogar demokratischen Vorstellungen, die im Paulskirchenparlament diskutiert werden sollten, und der konservativen, aber nicht zu entbehrenden Militärmacht Preußen andererseits. Verschärft wurde diese Situation durch den raschen Entschluss Kopenhagens, die Revolte militärisch niederzuschlagen. Praktisch seit dem Tage der Bildung der »Provisorischen Regierung« befand sich Schleswig-Holstein im Kriegszustand, jedoch ohne über eine reguläre Armee und alles zu ihrem Einsatz Notwendige zu verfügen.

II. Eine Armee aus dem Nichts: Bereiche der organisatorischen Militärreform und ihre politisch-militärische Vorgeschichte

1. Die militärische Ausgangslage in »Schleswig-Holstein«[10]

Im politisch sehr inhomogenen Kabinett der »Provisorischen Regierung« war der Prinz Friedrich zu Schleswig-Holstein-Sonderburg-Augustenburg, genannt »zu Noer«, mit allen militärischen Fragen betraut worden. Der Spross aus einer Seitenlinie des im Königreich Dänemark herrschenden Hauses hatte bis 1846 die Stellung eines Generalkommandierenden in den Herzogtümern innegehabt. Trotz seiner Zugehörigkeit zur gesamtstaatlichen Elite verbanden ihn und seine Familie die vagen Hoffnungen auf eine Standeserhöhung als regierende Herzöge von »Schleswig-Holstein« mit den ansonsten politisch durchaus divergierenden Zielen der übrigen Regierungsmitglieder, die gemäßigten bis radikalliberalen Tendenzen anhingen. Militärisch war der Prinz ebenso wie fast alle

---

[10] Vgl. zu diesem Themenkomplex ausführlicher Jan Schlürmann, Die Schleswig-Holsteinische Armee 1848-1851, Tönning 2004, S. 49-54.

höheren Offiziere der Gesamtstaatsarmee weitgehend unerfahren. 1813 hatten dänische Truppen zuletzt aktiv im Feld gestanden. Seitdem hatten ihre Offiziere nur noch in auswärtigen Diensten, etwa im Griechischen Unabhängigkeitskrieg (1821-1829), praktische Erfahrungen sammeln können.

Betraf dieses Problem beide Seiten, so wies der beim Königreich verbliebene »kerndänische« Heeresteil doch einen entscheidenden Vorteil auf. Alle militärischen Zentralbehörden sowie der Großteil der Magazine, Waffendepots und die gesamte Kriegsmarine befanden sich in dessen Kontrollbereich. Die »Schleswig-Holsteinische Armee« hingegen machte nur ungefähr ein Drittel der alten Gesamtstaatsarmee aus, im Ganzen eine Division (»Generalkommando«) aus vier Infanteriebataillonen, zwei Jägerkorps, zwei Dragonerregimentern, einem Artillerieregiment sowie einer Ingenieurabteilung[11]. Militärisches Herz der jungen Armee war die Eiderfestung Rendsburg, welche der Prinz zu Noer noch am 24. März 1848 kampflos und im Einverständnis mit der deutschgesinnten Garnison besetzen konnte. Hier fand die »Provisorische Regierung« zumindest einiges militärisches Material sowie die Kriegskasse der Garnison vor. Neben Kriegsministerium und Heeresverwaltung mussten vor allem vier entscheidende Bereiche von Grund auf neu errichtet werden: die Heeresergänzung, die gesamte Logistik, das Militärjustiz- und das Militärsanitätswesen. Dass hier Grundlegendes fehlte, war nicht allein durch die unterschiedliche Verteilung der militärischen Ressourcen zu Kriegsbeginn zu erklären, denn auch den Dänen fehlte es in den genannten Bereichen an fast allem. Vielmehr hatten radikale Sparmaßnahmen und die systematische Verschleppung dringender Reformen im Gesamtstaatsmilitär seit 1813 ihre Spuren hinterlassen. Der Aufbau der Schleswig-Holsteinischen Armee vollzog sich also unter denkbar schlechtesten Voraussetzungen: Die Armee, vor allem das durch Abgänge dänischgesinnten Personals gelichtete Offizierkorps[12], bildete noch kein erprobtes, in sich geschlossenes Ganzes. Es fehlte an Material, Personal und Infrastruktur. Der Aufbau der Armee, an und für sich bereits ein enormes Unterfangen, musste während eines drei Jahre ununterbrochen herrschenden Kriegszustandes und angesichts zeitgleich ebenfalls anstehender innenpolitischer Aufbauarbeit bewerkstelligt werden.

2. Die Heeresergänzung

Der drohende Krieg, die geringe Sollstärke und der massive Abgang von Offizieren aus politischen Gründen zwang die »Provisorische Regierung« dazu, im

---

[11] Diese weit unter ihrer Friedenssollstärke gehaltenen Truppen zählten am 12. März 1848 nur etwa 2650 Mann vgl. Schlürmann, Die Schleswig-Holsteinische Armee (wie Anm. 10), S. 52.

[12] Von den am 24. März 1848 in den Herzogtümern diensttuenden 182 Offizieren verblieben lediglich 62 im Dienst der »Provisorischen Regierung«. Unter den Abgängern, die gegen eine Ehrenerklärung abziehen durften, befanden sich neben vielen dänischsprachigen Offizieren auch eine größere Anzahl deutschsprachiger, aber gesamtstaatspatriotischer Männer; siehe Schlürmann, Die Schleswig-Holsteinische Armee (wie Anm. 10), S. 58.

März 1848 kurzfristige Maßnahmen zur Verstärkung der Armee vorzunehmen. Diese bestanden in der Einberufung bereits ausgebildeter älterer Mannschaften sowie in der Aufstellung von Freikorps, deren Mannschaften sich aus herbeieilenden Freiwilligen aus ganz Deutschland zusammensetzten. Das Offizierkorps erhielt ebenfalls Zuwachs aus dem Gebiet des Deutschen Bundes, vor allem aus Preußen. Mit diesen Maßnahmen gelang es, die Armee im ersten Feldzugsjahr von 1848 auf etwa 10 000 zu bringen. Allerdings kündigte sich 1849 ein weiteres Kriegsjahr an und die mittlerweile durch eine ebenfalls provisorische »Statthalterschaft« abgelöste schleswig-holsteinische Regierung musste sich ernsthaft mit der bereits in Gesamtstaatszeiten diskutierten Frage nach Einführung der allgemeinen Wehrpflicht befassen. Die Debatte offenbarte die größeren gesellschaftlichen und politischen Zusammenhänge des Wehrpflichtgedankens, denn die mehrheitlich bisher vom Dienst befreiten höheren sozialen Schichten machten ihre Zustimmung von einer Vielzahl von Reformen abhängig. So sollten vor allem die Körperstrafen und alle übrigen als entehrend empfundenen Einrichtungen im Militär gänzlich abgeschafft werden; unfreiwillig zeigte diese Debatte, wie gering der soziale Stellenwert des einfachen Soldaten noch zu Gesamtstaatszeiten in den Augen der höheren Schichten gewesen war – für deren Söhne wünschte man sich humanere Bedingungen. Obwohl man sich schließlich im Sommer 1848 auf eine allgemeine Wehrpflicht einigen konnte und alle Freikorps aufgelöst wurden, blieben bis zum Kriegsende 1851 weitgehende Befreiungen vom Dienst möglich[13]. Zwar hatte man die professionelle Stellvertretung verboten, doch blieben viele Berufsgruppen vom Dienst befreit. So blieb die Sozialstruktur der Armee weiterhin geprägt von Angehörigen der einfachen ländlichen Schichten[14].

Der hohe Anteil nicht einheimischer Offiziere in der Schleswig-Holsteinischen Armee hat Generationen von Forschern zu der Behauptung veranlasst, die Armee sei mehr oder weniger von Preußen – der zahlreichsten Gruppe unter den »Ausländern« – dominiert worden, wie überhaupt das Militär äußerlich wie innerlich »borussifiziert« worden sei. Eine genaue statistische Untersuchung des Offizierkorps hat jedoch ergeben, dass die Dominanz dieser fremden Offiziere über den Zeitraum von 1848 bis 1851 sowie über einzelne Truppengattungen und Dienststellungen hinweg sehr unterschiedlich gewesen ist und die eingangs formulierte These kaum aufrechterhalten werden kann. Die höchsten militärischen Ränge, ausgenommen nur der Oberbefehlshaber, dominierten Einheimische mit 50 bis 65 Prozent, unter den zahlreichen Sekondeleutnants, dem niedrigsten Offizierdienstgrad, machten »Schleswig-Holsteiner« 50 Prozent aus. Lediglich die höheren Stabsoffiziere wurden mehrheitlich von Preußen besetzt. Diese Posten waren allerdings mit Befehlshaberstellen über Bataillone (Oberst, Oberstleutnant, Major) und Kompanien (Hauptmann) verbunden, sodass diese Offiziere einen besonderen Platz in der Wahrnehmung

---

[13] Provisorische Verordnung, betr. Die Einführung allgemeiner Wehrpflicht [...], Rendsburg, 8. Juli 1848. Vgl. dazu Schlürmann, Die Schleswig-Holsteinische Armee (wie Anm. 10), S. 237.

[14] Schlürmann, Die Schleswig-Holsteinische Armee (wie Anm. 10), S. 366-369.

der Soldaten einnahmen und das Bild von einer »borussifizierten« Armee unterstützten. Dieses Verhältnis galt allerdings nur für die Infanterie. Die Kavallerie blieb eine Hochburg des einheimischen Adels. Diese Feststellung leitet zur
entscheidenden Frage nach der Sozialstruktur des Offizierkorps über. War es in
der Schleswig-Holsteinischen Armee für Bürgerliche leichter als in anderen
deutschen Armeen möglich, Offizier zu werden? Die statistische Untersuchung
des zahlenmäßigen Verhältnisses zwischen bürgerlichen und adligen Offizieren
in der Schleswig-Holsteinischen Armee sowie in zeitgenössischen Vergleichs-
armeen zwischen 1819 und 1850 ergab im Einzelnen:

**Bürgerliche und Adlige im Offizierkorps deutscher Heere 1819 bis 1851
(Angaben in Prozent)[15]**

Schleswig-Holstein 1848-1851[a]				Sachsen 1848[b]		Preußen 1819[b]		Hannover 1850[c]	
Einheimische		Ausländer							
Adel	Bürger	Adel	Bürger	Adel	Bürger	Adel	Bürger	Adel	Bürger
14,2 %	26,2 %	28 %	31,6 %						
Adel, gesamt		Bürger, gesamt							
42,2 %		57,8 %		61,5 %	38,5 %	54,1 %	45,9 %	43,7 %	56,3 %

a) Auf Grundlage von Archivalien des Nachlasses Geerz, 4-6, in der Universitätsbibliothek der
Christian-Albrechts-Universität zu Kiel (UB Kiel).
b) Angaben nach Karl Demeter, Das deutsche Offizierkorps in Gesellschaft und Staat 1650-1945,
3. Aufl., Frankfurt 1963, S. 30.
c) Angaben nach Hans-Peter Düsterdieck, Das Heerwesen im Königreich Hannover von 1820 bis
1866, Braunschweig 1971, S. 213.

Die Schleswig-Holsteinische Armee wies demnach einen vergleichsweise hohen
Anteil von Offizieren bürgerlicher Herkunft auf, wobei diese Feststellung ein-
schränkend nur für die subalternen Ränge (Premier- und Sekondeleutnant) galt.
Die übrigen Beispiele zeigen, wie stark das Verhältnis in anderen deutschen
Heeren schwankte; hier können jeweils spezifische Besonderheiten etwa bei den
Zugangsvoraussetzungen zur Offizierlaufbahn, die in Sachsen besonders streng
waren, herausgelesen werden. Im Falle der Schleswig-Holsteinischen Armee
kann festgestellt werden, dass die hohe Anzahl bürgerlicher Subalternoffiziere
ein Ergebnis des seit 1849/50 noch einmal gewachsenen Offiziermangels gewesen ist[16]. Inwieweit diese bürgerlichen Offiziere längerfristig, vor allem in Friedenszeiten, eine Aufstiegschance auch in höhere Ränge besessen hätten, lässt
sich nicht ermitteln. Die Schleswig-Holsteinische Armee eröffnete zwar Bürgerlichen eine verglichen mit anderen deutschen Armeen gute Möglichkeit, Offizier zu werden. Diese Maßnahme ist aber im Zusammenhang mit den Notwendigkeiten des Krieges zu sehen. Die preußischen Offiziere in der Schleswig-
Holsteinischen Armee – einschließlich der preußischstämmigen Oberbefehlsha-

[15] Angaben nach Schlürmann, Die Schleswig-Holsteinische Armee (wie Anm. 10), S. 390.
[16] Mit dem politisch-militärischen Rückzug Preußens aus dem Krieg wurden fast alle preußischen Offiziere in der Schleswig-Holsteinischen Armee bis 1850 abberufen.

ber, hielten sich dabei stets mit ihren sozialen Wertvorstellungen nicht zurück. Generalleutnant Eduard von Bonin sagte dazu: Man müsse »bei Offiziersvorschlägen solcher Leute, welche der nicht gebildeten Klasse angehörten, sehr vorsichtig sein«[17].

3. Heeresverwaltung und Logistik

Alle höheren militärischen Verwaltungsbehörden einschließlich des Generalkriegskollegiums befanden sich bei Ausbruch des Krieges auf dem Gebiet des Königreiches Dänemark. Hier musste die Schleswig-Holsteinische Armee grundlegend Neues schaffen. Nach improvisierten Anfängen im Jahre 1848 gelang es dem Militär nach den politischen Vorgaben der ins Leben gerufenen schleswig-holsteinischen Zivilbehörden, erstmals eine höchste Verwaltung auf Grundlage des Ministerialsystems aufzubauen[18]. Dass auch hinsichtlich dieser Maßnahme bereits während der Gesamtstaatszeit Einigkeit geherrscht hatte, der Kriegsausbruch aber letztlich diese überfällige Reform anstieß, zeigt die Umstellung des Kollegial- auf das Ministerialsystem im Königreich Dänemark, die bereits im März 1848 vorgenommen wurde.

Ein Vergleich mit dem zeitgenössischen preußischen System, das als Vorbild für die Schleswig-Holsteiner sicherlich auf der Hand gelegen hätte, zeigte, dass man andere Wege ging. Das Schleswig-Holsteinische Ministerialdepartement (= Ministerium) des Krieges wies 1849 vier große, streng nach Sachgebieten geordnete Abteilungen auf, während das Preußische Kriegsministerium noch 1851 in 11 personalstarken Abteilungen die gleichen Aufgaben erledigte. Die Funktionstüchtigkeit des schleswig-holsteinischen Militärverwaltungsapparates wird umso eindrucksvoller, wenn man bedenkt, dass ihr Aufbau personell und strukturell auf keiner Grundlage hatte aufbauen können, trotzdem innerhalb weniger Kriegsjahre ein Heer von 40 000 Mann (1850) effektiv verwalten konnte.

Im Bereich der eigentlichen Heereslogistik, die zur Mitte des 19. Jahrhunderts noch fast ausschließlich auf Lebensmittel- und Futterlieferungen sowie auf Fuhrdienste der dazu verpflichteten Zivilisten aufgebaut war, wurde ebenso effektiv Neues geschaffen. Nur stichwortartig kann an dieser Stelle auf die wegweisende Organisation der Armee- und Feldintendantur sowie des militärischen Fuhrwesens hingewiesen werden, die zu keiner Zeit nicht in der Lage gewesen wären, die Armee auch im entferntesten Teil Jütlands zu versorgen.

---

[17] Wilhelm Lüders, Schleswig-Holsteins Erhebung und Kampf gegen Dänemark, Leipzig 1850, S. 19. Der preußischstämmige Generalleutnant von Bonin war 1848-1949 Oberbefehlshaber der Schleswig-Holsteinischen Armee.

[18] Das bis dahin im Gesamtstaat übliche System war noch nach Prinzipien des frühneuzeitlichen Kollegialsystems, also ohne verantwortliche und ressortgebundene Minister, organisiert.

4. Das Militärjustizwesen[19]

Kein Bereich eines Heerwesens veranschaulicht so nachdrücklich den Stellenwert des einfachen Soldaten in Militär und Zivilgesellschaft wie das Justizwe-
sen. In Verfahrensweisen, Möglichkeiten zur Verteidigung und in Bestrafungsarten und Strafmaßen zeigt sich, inwieweit das Militär, das in seinem Wesen
zwangsläufig hierarchische und autoritäre Züge trägt, von geistigen Strömungen seiner Zeit beeinflusst wird und inwieweit es willens und in der Lage war,
zivilgesellschaftliche Werte und Normen auch im Umgang mit Soldaten
zugrunde zu legen.

Im Gesamtstaatsheer existierten militärjuristische Strukturen, die man in der
Schleswig-Holsteinischen Armee zunächst auch provisorisch weiterhin in Gültigkeit beließ. Die bereits angesprochene Debatte um die Einführung der allgemeinen Wehrpflicht, aber auch politischer Druck liberaler Politiker in dem seit
1848 eingerichteten Parlament, übte Druck auf eine rasche Reform des Justizwe-
sens einschließlich seiner Strafgesetze aus. Ähnlich wie in anderen Bereichen
ergab sich in diesem Falle eine Konfrontation zwischen liberalen schleswig-
holsteinischen Reformern und konservativen Kräften, die in Gestalt preußischer
Militärjustizfachleute aber auch in Gestalt der preußischstämmigen Militärführung Schleswig-Holsteins auftraten. Ihren endgültigen Niederschlag fanden die
Bemühungen um eine reformierte Militärjustiz im Militärstrafgesetzbuch von
1850. Dieses wies gemessen am Vorbild des preußischen Militärstrafgesetzbuches deutlich mildere Strafmaße auf. Die zur gleichen Zeit erarbeitete Militärstrafprozessordnung fiel ebenfalls aus dem strengen zeitgenössischen Rahmen.
Militärprozesse sollten demnach künftig öffentlich sein, und die Angeklagten
durften ihre zivilen [!] Verteidiger frei wählen. Das Strafrecht unterschied auch,
ob Straftaten im Rahmen der militärischen Tätigkeit oder in einem rein zivilen
Umfeld begangen wurden, und trug somit dem Umstand Rechnung, dass Soldaten auch Bürger waren. Der »Mißbrauch der Dienstgewalt«[20] durch Vorgesetzte wurde als Vergehen ausdrücklich berücksichtigt und Beschwerdemög-
lichkeiten für Soldaten eröffnet. Verfahren konnten einem sogenannten
Anklagerat zur Revision vorgelegt werden. Wegen massiver Verschleppung bei
der Umsetzung dieser Maßnahmen durch konservative, meist preußische Offiziere einschließlich des Oberbefehlshabers von Bonin, konnten viele Bestandteile der Militärstrafprozessordnung erst kurz vor dem Ende der Armee im
Winter 1850 umgesetzt werden. Der heftige Widerstand dieser Gruppe, die im
liberalen Strafgesetz immer wieder eine Gefahr für die Disziplin zu erkennen
glaubte, zeigt, wie ungewöhnlich fortschrittlich hier ein Militärjustizwesen –
noch dazu in Kriegszeiten – gestaltet wurde.

---

[19] Vgl. dazu ausführlicher Schlürmann, Die Schleswig-Holsteinische Armee (wie Anm. 10),
     S. 302-323.
[20] Schleswig-Holsteinischer Militair-Gesetz-Codex, Abschnitt VII, §§ 162-175.

5. Das Militärsanitätswesen

Zur Mitte des 19. Jahrhunderts machte die Medizin einige wichtige Fortschritte, die jedoch in den meist nur rudimentär vorhandenen militärischen Sanitätsdiensten kaum Eingang fanden. Dabei muss festgestellt werden, dass die Mehrzahl der Kriegsopfer auch unter den Soldaten zumeist auf ausbrechende Seuchen und nur zu einem Bruchteil auf eigentliche Kampfhandlungen zurückzuführen war. Unter der letzteren Gruppe wiederum war noch um 1850 zu beobachten, dass die Mehrzahl aufgrund mangelnder oder ganz ausbleibender Ersthilfe verstarb. Beide Erkenntnisse griffen in den Reihen des neu formierten schleswig-holsteinischen Militärsanitätswesens bedeutende Militärärzte und Chirurgen auf. Bernhard von Langenbeck, Georg Friedrich Louis Stromeyer und Friedrich von Esmarch – um die bekanntesten zu nennen – führten Prinzipien der Hygiene in den Hospitälern ein, was zwar eine 1848/49 ausbrechende Cholera- und Typhusepidemie nicht ganz verhindern, so aber doch in Grenzen halten konnte. Zur rascheren Versorgung der im Felde Verwundeten entwickelte man 1850 das Konzept der »fliegenden Brigadeambulanzen«, das kleine bewegliche und auf einzelne Truppenteile verteilte Militärsanitätseinheiten vorsah. Diese waren in der Lage, schneller als zuvor mit notwendigen Ersthilfemaßnahmen zu beginnen; Esmarch, der spätere hochdekorierte preußische Militärchirurg, sammelte im Erhebungskrieg maßgebliche Erfahrungen, die zur Entwicklung der eigentlichen »Ersten-Hilfe«-Konzeption führten[21]. Dass die in der Schleswig-Holsteinischen Armee entwickelte militärmedizinische Organisation breitere Resonanz in Europa fand, zeigt die zeitgenössische Rezeptionsgeschichte[22].

III. Reform in Zeiten der politischen Revolution: Militär, politische Führung und Zivilgesellschaft

1. Der zivil-militärische Konflikt zwischen Regierung und Militärführung

Die hier bisher genannten Reformen betrafen bei Weitem nicht allein das Militär, auch wenn es den organisatorischen Rahmen dafür bildete. Rückkopplun-

---

[21] Jan Schlürmann, Friedrich von Esmarch und die Schleswig-Holsteinische Erhebung 1848-1851. In: Friedrich von Esmarch (1823-1908). Ausstellung anlässlich seines 100. Todestages, Kiel 2008, S. 17-22.

[22] Adolf Erismann, Armee und Sanitätswesen der Herzogthümer Schleswig-Holstein. Nebst einem Anhang: Über Sanitätscompagnien, mit specieller Rücksicht auf die Eidgenoessische Armee, Bern 1851; Preußische Sanitäts-Truppen. Ein Beitrag zur Armee-Geschichte. In: Beiheft zum Militair-Wochenblatt für November und December 1851, Berlin, S. 1-12.

gen ergaben sich zwangsläufig mit vielen Bereichen der zivilen Gesellschaft, sei es durch die Erweiterung des Rekrutierungsrahmens auf neue soziale Gruppen oder durch die veränderten Rahmenbedingungen, unter denen Zivilisten in die militärische Logistik eingebunden waren. Die zivile politische Führung Schleswig-Holsteins einschließlich der neu geschaffenen Legislative war maßgeblich am Reformwerk beteiligt. Alle der zuvor genannten Aspekte waren Gegenstand heftiger Debatten in der schleswig-holsteinischen Landesversammlung.

Konflikte ergaben sich zwischen diesen zivilen Entscheidungsträgern und den Militärexperten aus Preußen und anderen deutschen Staaten. Diese militärische »Gegenregierung«, die aufgrund des ununterbrochenen Kriegszustandes im Land seit 1848 beständig Entschlüsse nach Maßgabe allein militärischer Notwendigkeiten einforderte, konnte schließlich im Jahre 1850 die weitgehende Außerkraftsetzung der Verfassung vom September 1848 erreichen. Angesichts der im letzten Kriegsjahr ausbleibenden Militärhilfe und der veränderten außenpolitischen Lage erzwangen die Militärs in dieser Notlage von der Regierung u.a. den Ausschluss des Militärs von anstehenden Parlamentswahlen – ein verfassungsmäßig zugesichertes Recht –, die Außerkraftsetzung bürgerlicher Freiheiten in Militärstandorten, und das Militär nahm sich sogar eigenmächtige diplomatische Notenwechsel mit dem dänischen Gegner heraus. Es ist deshalb nicht falsch, die Spätphase des Erhebungskrieges unter diesem Aspekt als »Militärdiktatur« zu bezeichnen. Selbst das letztendliche Eingeständnis des Scheiterns der Erhebung – die Wiederunterstellung unter dänische Oberhoheit – erzwang eine Gruppe schleswig-holsteinischer Offiziere, indem sie der politischen Führung die Gefolgschaft verweigerte[23].

Liberale, demokratische und soziale Forderungen schleswig-holsteinischer Politiker blieben während der Erhebungszeit vielfach ausgeblendet und wurden seitens der konservativen Adelselite – der »Ritterschaft« – im Einvernehmen mit großen Teilen des Offizierkorps torpediert. So setzte man die Armee im Inneren gegen die »Insten«[24] ein; das waren land- und besitzlose Bauern auf den ausgedehnten ostholsteinischen Gebieten, die sich von der Erhebung eine Verbesserung ihrer sozialen Lage erhofft hatten[25]. Die Erhebung erhielt so sehr rasch eine konservative Richtung, die sie stark von Entwicklungen etwa in Baden und der Pfalz 1848/49 unterschied.

---

[23] Schlürmann, Die Schleswig-Holsteinische Armee (wie Anm. 10), S. 188.

[24] Von »Einsasse« abgeleitete Bezeichnung für die ärmste ländliche Schicht in den ostholsteinischen Güterbezirken.

[25] Jan Klussmann, Die Unruhe unter den kleinen Leuten. Handlungs- und Wahrnehmungsweisen einer Landarbeiterbewegung im östlichen Holstein (Farve, 1848-50). In: Subjektive Welten. Wahrnehmung und Identität in der Neuzeit. Hrsg. von Martin Rheinheimer, Neumünster o.J. (= Studien zur Wirtschafts- und Sozialgeschichte Schleswig-Holsteins, 30), S. 155-210; Jan Klussmann, »Socialistische Excesse« in Holsteins Grafenecke? Die Landarbeiter des Gutes Farve und die Revolution (1848-1851). In: Schleswig-Holstein, 10 (2002), S. 4-7.

2. »Deutsche Räuber« und »dänische Feiglinge«: Feindbilder, Kriegsgefangenschaft und zivil-militärisches Verhältnis als Spiegel der nationalen Frage

Stärker trat hingegen das nationale Moment in den Vordergrund. Insbesondere die anfängliche Begeisterung für die »schleswig-holsteinische Sache« im Paulskirchenparlament machte die Erhebung zu einem nationalen Anliegen. Untersuchungen zu dem in der Schleswig-Holsteinischen Armee vertretenen politischen Spektrum haben dabei ergeben, dass Einheimische, vor allem aber Schleswiger, mit dem nationalen Programm eines »deutschen Schleswig-Holstein« wenig bis gar nichts anfangen konnten. Die multikulturelle Tradition ihrer engeren Heimat bis 1848 hatten die politischen und national positionierten Eliten beider Seiten kaum durchbrechen können. So fällt auf, dass Konflikte zwischen dem Militär als Besatzungsmacht und der jeweiligen Zivilbevölkerung zum einen selten waren und zum zweiten häufig nicht die eigentliche Schleswig-Holsteinische Armee, sondern andere deutsche Bundes- oder »Reichstruppen« als Akteure sah[26].

Es fehlte zwar nicht an harmlosen symbolischen Provokationen wie dem Absingen nationaler Lieder oder dem Zeigen nationaler Farben; insgesamt verhielten sich die jeweils 1849 und 1850 von deutschen oder dänischen Truppen besetzten Schleswiger aber passiv bis gleichgültig gegenüber den politischen Aspekten der Besetzung. Bis auf einen dilettantischen Versuch, 1849 eine dänische »Guerilla« ins Leben zu rufen, weist der Erhebungskrieg zu keiner Zeit den Charakter eines »Volkskrieges« auf[27].

Die Untersuchung von gängigen Feindbildern auf beiden Seiten, die Behandlung von Kriegsgefangenen und die Praxis der Zwangsrekrutierungen erhärten das Bild von einer weitgehend noch nicht verfestigten nationalen Vorstellung. Das wirksamste Feindbild spielte stets mit sozialen Stereotypen, etwa dem »deutschen Räuber«, der in Gestalt eines alles Alte zerstörenden Freischärlers daherkam. Der dänische Soldat hingegen wurde mehrheitlich als unpolitisch, feige und militärischen Dingen völlig fernstehend wahrgenommen. – Das war ebenfalls kein typisches Element nationaler Propaganda, denn die versuchte vergeblich, das Bild eines rücksichtslosen Eroberers und Unterdrückers hervorzurufen.

---

[26] So löste etwa am 6.10.1848 eine badische Einheit eine verbotene Feier Dänischgesinnter in Hadersleben blutig auf; siehe Schlürmann, Die Schleswig-Holsteinische Armee (wie Anm. 10), S. 457 f.

[27] Ebd., S. 458 f.

IV. Die technisch-militärische Revolution

Der Einfluss technischer Entwicklungen auf das Militärwesen wird von vielen Historikern bis heute einerseits überschätzt, andererseits nicht weitgehend genug interpretiert. Erfindungen in der Waffentechnik wie etwa das Hinterladergewehr, das Maschinengewehr oder der Panzer werden in diesem Zusammenhang oft per se als Gründe militärischer Überlegenheit und in der Folge als Gründe militärischer Erfolge ausgemacht[28]. Technische Neuerungen stießen jedoch häufig zunächst auf Ablehnung bei konservativen Militärführungen und wurden erst dann wirksam, wenn man es verstand, die technische Neuerung mit neuen taktischen und strategischen Überlegungen zu verbinden. Zu kurz greifen viele Forschungsarbeiten hinsichtlich solcher Neuerungen, die in ihrer Bedeutung gar nicht erfasst werden, weil – nicht selten aufgrund mangelnder heereskundlicher Kenntnisse – viele Forscher militärtechnologischen Fortschritt allein auf die technische Verfügungsgewalt über moderne Waffensysteme verengen.

Für die Zeit um 1848/50 liegt der entscheidende Motor für technische Neuerungen auf der Hand: die Industrialisierung und ihr sichtbarster Ausdruck, die Dampfmaschine. Sie ermöglichte eine Revolution des Transportwesens, die auch den militärischen Sektor erfasste. So nutzten beide Seiten im Krieg von 1848/50 Dampfkriegsschiffe, die schleswig-holsteinische Flottille[29] sogar das erste Schraubenkriegsschiff sowie mit dem »Brandtaucher« ein wenig ausgereiftes frühes Unterseeboot. Da seit 1844 eine Eisenbahnverbindung die größten wirtschaftlichen und militärischen Zentren Holsteins miteinander verband (Kiel–Rendsburg–Neumünster–Glückstadt–Altona), konnte die Schleswig-Holsteinische Armee in ihrem Hinterland auf dieses effektive neue Transportmittel im Krieg zurückgreifen. Neben Truppentransporten ermöglichte die über Hamburg-Bergedorf sogar an Magdeburg und Berlin angeschlossene Bahn direkte Waffenlieferungen aus Preußen sowie den Transport von Nachschub aus Altona und Hamburg in die Hauptfestung Rendsburg.

In die Zeit zwischen 1830–1850 fällt die Einführung neuer Gewehrtypen, die sich durch einen verbesserten Zündmechanismus (Perkussion), durch verbesserte Munition (Minié-Geschosse) und technische Veränderungen des Rohres durch »Dorne«[30] auszeichnen. Obwohl auch im Krieg von 1848/50 nicht immer

[28] Vgl. dazu Uffe Østergaard, Bagladegeværerne i 1864. In: 19 myter i Sønderjyllands historie. Hrsg. vom Historisk Samfund for Sønderjylland, Aabenraa 2002, S. 152–161. Østergaard weist überzeugend nach, dass das von den preußischen Truppen im zweiten Deutsch-Dänischen Krieg 1864 eingesetzte Zündnadelgewehr keineswegs zu einer generellen Überlegenheit über die mit Vorderladersystemen ausgerüsteten Dänen führte.

[29] Die schleswig-holsteinischen Marinestreitkräfte galten als Teil »schleswig-holsteinische Flottille« der 1848/49 aufgebauten deutschen Reichsflotte; sie bildeten eine organisatorisch geschlossene schleswig-holsteinische Marine.

[30] Diese am Rohrende angebrachten Dorne drückten die eingeführten Geschosse zusammen mit einem passenden Metallladestock enger als zuvor in das Rohr, sodass – oft in Kombi-

auf enge lineartaktische Formationen verzichtet wurde, bewirkten diese gegenüber den im 18. und frühen 19. Jahrhundert stark verbesserten Gewehre eine
häufigere Auflösung der Formationen in Schützenketten bis hin zu Experimenten der Schleswig-Holsteinischen Armee mit Schützen-»Rotten« von nur zwei
Mann[31]. Diese Fechtart benötigte eine neue Art gut ausgebildeter, zur Eigeninitiative fähiger und ausgebildeter Soldaten; die Schützen sollten »in der Art ge-
meinschaftliche Sache [machen], daß in der Regel einer geladen hat, wenn der
andere seinen Schuß abgiebt«[32]. Das spiegelt in der Konsequenz eine nicht zu
unterschätzende taktische aber auch soziale Veränderung wider, denn das hohe
Maß an Eigeninitiative, an technischem und taktischem Verständnis und nicht
zuletzt an persönlichem Mut in Abwesenheit direkter Vorgesetzter, das man
den Schützen abverlangte, führte zu einem neuen Verständnis vom Wesen und
Wert des einfachen Soldaten. Wenn das Exerzieren auch aus disziplinarischen
Gründen wichtiger Bestandteil der Ausbildung blieb, so legte man verstärkten
Wert auf eine geradezu wissenschaftliche Begleitausbildung auch einfacher
Soldaten[33].

Die Einführung von Waffenrock und Helm – so unscheinbar und neben-
sächlich dies erscheinen mag – ist in einem ebensolchen Kontext zu sehen: Die
Einführung beider Uniformbestandteile in fast allen deutschen und vielen europäischen Armeen war im Wesentlichen praktischen und gesundheitspoliti-
schen Überlegungen geschuldet[34]. Damit fand auch äußerlich ein spürbarer
Bruch mit Elementen des frühneuzeitlichen Militärwesens statt, und es kün-
digten sich Entwicklungen an, die augenfällig erst im Ersten Weltkrieg zutage
traten.

V. Forschungsperspektiven

Der Krieg von 1848/50 sowie die deutschen und europäischen Kriegsereignisse
der Revolutionszeit von 1848/49 insgesamt, wurden bisher von der militärgeschichtlichen Forschung wenig beachtet. Entscheidende Veränderungen, vor
allem der Einfluss technischer Neuerungen, wurden späteren Kriegsereignissen
wie dem Krimkrieg (1853-56) und dem US-amerikanischen Bürgerkrieg

---

nation mit gezogenen Läufen – eine stabilere und damit genauere und weittragendere
Schussbahn erreicht wurde.

[31] Schlürmann, Die Schleswig-Holsteinische Armee (wie Anm. 10), S. 515-517.
[32] Exerzierreglement für die Schleswig-Holsteinische Infanterie, Schleswig 1849, § 91.
[33] Schlürmann, Die Schleswig-Holsteinische Armee, S. 516. – Vgl. auch beispielhaft den
Lehrplan für die Ausbildungswochen, 1849, LAS Abt. 55 Kop. Abg. II Nr. 2[I-II].
[34] Jan Schlürmann, Die Einführung von Helm und Waffenrock beim Infanteriebataillon des
Lübecker Bundeskontingents 1845-1855 (Teil 1). In: Zeitschrift für Heereskunde,
66 (2002), 404, S. 62-67; sowie Teil 2. In: Zeitschrift für Heereskunde, 67 (2003), 408,
S. 65-67.

(1861–65) zugeschrieben[35]; ein Ergebnis der Tatsache, dass militärhistorische Grundlagenforschung neben schwerpunktmäßig ideen-, kultur- und theoriegeschichtlich ausgerichteten Arbeiten, immer noch im Wesentlichen im angelsächsischen Raum stattfindet. Dieser richtet seinen Blick dann auf solche Ereignisse, die seiner Forschungstradition nahestehen, nämlich auf die Kriege mit britischer und amerikanischer Beteiligung. Das Beispiel der Schleswig-Holsteinischen Armee von 1848/50 zeigt, dass auch in Mitteleuropa und den zahlreichen deutschen Heeren vor den sogenannten preußisch-deutschen Einigungskriegen von 1864/66/71 einschneidende Reformen diskutiert und umgesetzt wurden. Hier bietet sich der Forschung noch ein weites Betätigungsfeld. Die Ergebnisse der Untersuchungen des schleswig-holsteinischen Heeresneuaufbaus einschließlich der damit verbundenen politischen, sozialen, technischen und wirtschaftlichen Herausforderungen an ihre Schöpfer müssen mit anderen zeitgenössischen und unter ähnlichen Bedingungen aufgebauten Heeren sowie mit einer ähnlichen »Lebensdauer« ausgestatteten Militärwesen verglichen werden. Dazu bietet sich das badisch-pfälzische Revolutionsheer ebenso an wie das Beispiel der ungarischen Armee von 1848/49[36].

---

[35] In diesem Zusammenhang sei kurz auf die Karrieren ehemaliger schleswig-holsteinischer Soldaten und Offiziere in der Brasilianisch-Deutschen Legion (1852), der Britisch-Deutschen Krimlegion (1853) sowie im Unionsheer im amerikanischen Bürgerkrieg hingewiesen; Schlürmann, Die Schleswig-Holsteinische Armee (wie Anm. 10), S. 197 f.

[36] Während zur ungarischen Armee von 1848/49 bereits eine Reihe von grundlegenden Untersuchungen vorliegen, hat sich die deutsche Militärgeschichtsschreibung – abgesehen von einigen Arbeiten aus der DDR – dem Thema der badisch-pfälzischen Revolutionsarmee bisher weitgehend verweigert.

Dierk Walter

Roonsche Reform oder militärische Revolution?
Wandlungsprozesse im preußischen Heerwesen
vor den Einigungskriegen

Österreich 1866, Frankreich 1870/71: Der preußische Sieg über zwei waffenstar-
rende Großmächte überraschte viele Zeitgenossen, hatte doch das Heer Wilhelms I. bis dahin nicht unbedingt als schlagkräftigstes und modernstes des
Kontinents gegolten. Seit damals wird der erstaunliche Erfolg der preußisch-
deutschen Waffen in den Einigungskriegen neben der Führungskunst Helmuth
von Moltkes (des Älteren) vor allem der preußischen »Heeresreform« der
1860er-Jahre zugeschrieben. Im engeren Sinne bezieht sich das auf die 1859/60
durchgeführte Reorganisation der Heeresstruktur, nach dem ab 5. Dezember
1859 amtierenden Kriegsminister Albrecht von Roon als die Roonsche Reform
bekannt. Sie wurde vor allem von der zeitgenössischen Literatur und der Geschichtsschreibung des Kaiserreiches in den Vordergrund gestellt, und eine
historiografische Tradition, die auf Eckart Kehr und Gerhard Ritter zurückgeht,
schreibt ihr bis heute weitreichende Auswirkungen auf die Beziehung von Militär und Gesellschaft in Deutschland bis mindestens 1945 zu.

In einem weiteren Sinne steht »Heeresreform« als Sammelbegriff für eine
Vielzahl von Transformationsprozessen im preußischen Militärwesen vor den
Einigungskriegen. Der Aufstieg des Generalstabs zum zentralen Kontroll- und
Führungsorgan, die Operationsprinzipien Moltkes, die militärische Nutzung
von Telegrafie und Eisenbahnen, die Einführung gezogener Hinterlader bei
Infanterie und Artillerie und entsprechende Anpassungen der taktischen Dok-
trinen, eine Verjüngung des Offizierkorps und Reformen im Militärbildungs-
wesen konstituieren so eine umfassende Modernisierungswelle, die schon bei
Colmar von der Goltz 1914 kollektiv als »preußische Armeereform von 1860«
firmierte[1]. Die Tendenz fand sich später auch in der Militärhistoriografie der
DDR[2]. Gegenwärtig ist es vor allem die englischsprachige Literatur, die diesen

---

[1] Colmar Freiherr von der Goltz, Kriegsgeschichte Deutschlands im Neunzehnten Jahrhundert, 2 Bde, Berlin 1910/1914 (= Das Neunzehnte Jahrhundert in Deutschlands Entwicklung, 8), hier Bd 2: Im Zeitalter Kaiser Wilhelms des Siegreichen, S. 191-206.
[2] Heinz Helmert und Hansjürgen Usczeck, Preußischdeutsche Kriege von 1864 bis 1871.
Militärischer Verlauf, 4. Aufl., Berlin (Ost) 1978, S. 32-42; Hermann Rahne, Mobilmachung. Militärische Mobilmachungsplanung und -technik in Preußen und im Deutschen

weiten Reformbegriff pflegt[3]. Gelegentlich ist sogar von einer »militärischen Revolution« in Preußen die Rede[4]. Wie ich an anderer Stelle argumentiert habe, kann der Begriff »Heeresreform« durchaus beides sinnvoll beschreiben: entweder eine grundlegende Modifikation der Wehrverfassung, also der materiellen, sozialen und ideellen Grundlagen der Beziehung von Militär und Gesellschaft (»fundamentale Heeresreform«), oder aber Transformationsprozesse in so vielen Bereichen des Militärwesens gleichzeitig, dass in der Summe eine neue Qualität entsteht (»kumulative Heeresreform«). Unverzichtbar für eine historiografisch nutzbringende Verwendung des Begriffs scheint aber, dass der beschriebene Wandel im Militärwesen erstens geplant ist und sich zweitens in relativ kurzer Zeit vollzieht. Evolutionäre Veränderungen über längere Zeit entziehen sich einer Beschreibung als »Reform«, geschweige denn als »Revolution«[5].

Diese Messlatte soll im Folgenden an die realhistorischen Wandlungsprozesse im preußischen Militärwesen vor den Einigungskriegen angelegt werden. Erstens, was war der materielle Gehalt der Roonschen Reform, und inwieweit brachte sie einen fundamentalen Wandel im Verhältnis von Militär und Gesellschaft? Zweitens, welche weiteren wichtigen Veränderungen traten im Jahrzehnt vor den Einigungskriegen im preußischen Militärwesen auf; und kulminierten und beschleunigten sie sich innerhalb relativ kurzer Zeit in einer Weise, die es erlaubt, sinnvoll von einer kumulativen Heeresreform zu sprechen?

I. Die historische Bedeutung der Reorganisation von 1859/60

Materiell handelte es sich bei der Reorganisation, deren Durchführung im Anschluss an die Mobilmachung anlässlich des Französisch-Österreichischen Krieges im Juli 1859 begann, lediglich um eine tendenzielle Anpassung der Stärke der preußischen Armee an die seit 1814 stetig gestiegene Bevölkerungszahl.

Reich von Mitte des 19. Jahrhunderts bis zum Zweiten Weltkrieg, Berlin (Ost) 1983 (= Militärhistorische Studien, Neue Folge, 23), S. 29-41.

[3] Geoffrey Wawro, The Austro-Prussian War. Austria's War with Prussia and Italy in 1866, Cambridge, MA 1996, S. 12-25; Frederick Zilian Jr., From Confrontation to Cooperation. The Takeover of the National People's (East German) Army by the Bundeswehr, Westport, CT 1999, S. 3; Geoffrey Wawro, Warfare and Society in Europe 1792-1914, London 2000, S. 78-84.

[4] Paul Kennedy, The Rise and Fall of the Great Powers. Economic Change and Military Conflict from 1500 to 2000, London 1988, S. 184.

[5] Dierk Walter, Artikel »Heeresreformen«. In: Enzyklopädie der Neuzeit. Im Auftrag des Kulturwissenschaftlichen Instituts (Essen) und in Verb. mit den Fachwissenschaftlern hrsg. von Friedrich Jaeger, Bd 5, Stuttgart 2007, Sp. 277-289, hier Sp. 277 f.; Dierk Walter, Albrecht Graf von Roon und die Heeresreorganisation von 1859/60. In: Militärische Reformer in Deutschland im 19. und 20. Jahrhundert. Im Auftrag der Deutschen Kommission für Militärgeschichte und des MGFA hrsg. von Hans Ehlert und Michael Epkenhans, Potsdam 2007 (= Potsdamer Schriften zur Militärgeschichte, 2), S. 23-34, hier S. 23 f.

Dazu wurden erstens künftig 63 000 statt bis dahin rund 40 000 Rekruten jährlich eingezogen. Zur Aufnahme dieser zusätzlichen Wehrpflichtigen wurde
zweitens die Zahl der Friedenskader des stehenden Heeres annähernd verdop-
pelt. Drittens stieg dadurch die Präsenzstärke der Armee im Frieden, die seit
1814 bei rund 140 000 Mann stagniert hatte, auf etwa 200 000 Mann oder von
0,8 Prozent auf 1,1 Prozent der preußischen Bevölkerung. Die 1,3 Prozent, denen der alte Präsenzstand bei einer deutlich geringeren Bevölkerungszahl 1814
entsprochen hatte, wurden also nicht einmal erreicht. Und viertens beinhaltete
die Reorganisation eine Neuabgrenzung der Altersklassen, primär eine Verdoppelung der Reservedienstzeit von zwei auf vier Jahre. Dies war notwendig,
um im Mobilmachungsfall die doppelte Zahl von Bataillonen auf Kriegsstärke
auffüllen zu können, obwohl die Rekrutierung nur um 60 Prozent stieg. Diese
letzte Maßnahme war es – abgesehen von der etwas stumpfen Waffe des Bud-
getrechts, denn in Preußen wurde damals der Staatshaushalt nur pauschal vom
Parlament gebilligt –, die dem Landtag ein Mitspracherecht über die Armee-
vorlage sicherte. Denn die Abfolge von aktiver, Reserve- und Landwehrdienst-
zeit war im Boyenschen Wehrgesetz von 1814[6] verankert, und dessen Abänderung war nun, unter der seit 1848/50 bestehenden konstitutionellen Monarchie,
nur noch auf dem Wege parlamentarischer Gesetzgebung möglich[7].

Hingegen ging es um zwei Dinge in der Reorganisation von 1859 und der
Wehrvorlage von 1860 nicht, obwohl sie in der Geschichtsschreibung gerne
irreführend mit ihnen verknüpft werden: Erstens berührte die Vorlage nicht die
Dauer der aktiven Friedensdienstzeit[8]. Der Grundwehrdienst dauerte vorher
wie nachher gesetzlich drei, faktisch aufgrund von Winterbeurlaubungen im
dritten Dienstjahr zweieinhalb Jahre. Zwar forderten die liberalen Parteien im
Abgeordnetenhaus als politisches Zugeständnis die Verkürzung auf zwei Jahre,
und die strikte Weigerung der Regierung des Prinzregenten Wilhelm, darauf
einzugehen, wurde zu einem der Hauptauslöser des preußischen Verfassungs-
konfliktes (1862-1866). Das aber gehört zur politischen Geschichte der Staatskrise und nicht zur militärhistorischen Einordnung der Reorganisation von
1859/60.

Zweitens und vor allem führte die Reorganisation nicht – wie fast durchgehend in der Literatur suggeriert – zur Ausgliederung der Landwehr, »einer bis
dahin selbständigen Reservistentruppe«[9] mit dem »Ethos einer Bürgerarmee«[10],

---

6   Gesetz über die Verpflichtung zum Kriegsdienst, Berlin, 3.9.1814.
7   Dierk Walter, Preußische Heeresreformen 1807-1870. Militärische Innovation und der
    Mythos der »Roonschen Reform«, Paderborn [u.a.] 2003 (= Krieg in der Geschichte, 16),
    Kap. 7.
8   Wie u.a. behauptet bei Walter Görlitz, Der Deutsche Generalstab. Geschichte und Gestalt,
    1657-1945 Frankfurt a.M. 1950, S. 101; Michael Geyer, Deutsche Rüstungspolitik
    1860-1980, Frankfurt a.M. 1984, S. 25, stellvertretend für den größten Teil der deutsch-
    sprachigen Literatur.
9   Wolfram Pyta, Liberale Regierungspolitik im Preußen der »Neuen Ära« vor dem Heeres-
    konflikt: Die preußische Grundsteuerreform von 1861. In: Forschungen zur Brandenbur-
    gischen und Preußischen Geschichte, 57 (1992), S. 179-247, hier S. 198.

aus dem Feldheer, dessen eine Hälfte sie bis dahin im Mobilmachungsfall hätte stellen sollen. Zum einen war die Landwehr auch vor 1859 in keiner Weise mehr »selbständig«. In der idealistischen Gedankenwelt der preußischen Heeresreformer von 1807-1813 war die Landwehr wohl einmal als separate Wehrorganisation des vordem vom Kriegsdienst befreiten besitzenden und gebildeten Bürgertums vorgesehen gewesen, dem so der stumpfsinnige Drill der Linienarmee erspart bleiben sollte. In Wirklichkeit aber war die Landwehr der Befreiungskriege (1813-1815), die immerhin auf dem Papier noch unabhängig vom stehenden Heer rekrutierte, mit diesem bereits in vielfältiger Weise institutionell verflochten. Das Boyensche Wehrgesetz von 1814 verband die beiden Wehrorganisationen dann noch enger, indem es im Rahmen der allgemeinen Wehrpflicht die Mannschaften unterschiedslos zunächst für eine aktive und anschließende Reservedienstzeit von insgesamt fünf Jahren der Linienarmee und danach für weitere 14 Jahre der Landwehr zuteilte. Zwar blieb der Landwehr anfangs noch ein eigenes Offizierkorps, das sich zunächst aus Kriegslandwehroffizieren und dann zunehmend aus den sogenannten Einjährig-Freiwilligen rekrutierte: Angehörigen des Besitz- und Bildungsbürgertums, die nach verkürztem Dienst in der Linie zu Landwehroffizieren befördert wurden. Aber dieses Offizierkorps verfiel schon in den 1830er-Jahren derart, dass die Landwehr bald bis hinunter zur Kompanieebene von dafür abkommandierten aktiven Offizieren geführt wurde. Und die autonome organisatorische Gliederung der Landwehr, die ursprünglich sogar eigene Divisionen bildete, wurde zunehmend abgebaut. 1819 wurden die Landwehrbrigaden in die Divisionen, 1852 die Landwehrregimenter in die Brigaden des stehenden Heeres integriert. Schon vor der Reorganisation von 1859/60 war die Landwehr nichts anderes als ein Reservistenverwaltungspool der Linie[11].

Zum anderen wurde die Landwehr – allerdings dem erklärten Anliegen der Initiatoren zum Trotz – in der Reorganisation keineswegs aus dem Feldheer ausgeschieden. Zwar sah die Vorlage ursprünglich den vollständigen Ersatz der Landwehr in der mobilen Armee durch die Verdoppelung der Formationen des stehenden Heeres vor; an die Stelle jedes Landwehrbataillons sollte also ein neues Linienbataillon treten. Das Feldheer sollte, so der Reorganisationsplan, dadurch einheitlicher, jünger und somit schlagkräftiger werden, während die älteren, im Zivilleben produktiveren, aber militärisch weniger leistungsfähigen Soldatenjahrgänge soweit als möglich geschont und wenn überhaupt, dann nur für Festungsgarnisonen und Besatzungsaufgaben verwendet wurden. Schon dieser Plan basierte aber auf einem statistischen Trick: Da gar nicht genügend Rekruten für eine tatsächliche Verdoppelung des stehenden Heeres zur Verfügung standen, blieb es bei der (annähernden) Verdoppelung der Kader. Zur Auffüllung auf Kriegsstärke blieben in großem Umfang Landwehrmannschaf-

---

10 Dieter Storz, Kriegsbild und Rüstung von 1914. Europäische Landstreitkräfte vor dem Ersten Weltkrieg, Herford 1992 (= Militärgeschichte und Wehrwissenschaften, 1), S. 335 (Anm. 15 zu S. 322). Beides stellvertretend für den Tenor praktisch der gesamten neueren deutschen Darstellungen.
11 Walter, Preußische Heeresreformen (wie Anm. 7), Kap. 5 und 6.

ten, also ältere Jahrgänge, nötig, die lediglich auf dem Papier zur Kriegsreserve umdeklariert wurden; daher die Verlängerung der Reservedienstzeit von zwei auf vier Jahre[12].

Vor allem aber hat es dieses in der Reorganisationsvorlage vorgesehene, nur aus Linienformationen bestehende Feldheer in der Realität nie gegeben. Es fiel der preußischen Militärführung nämlich gar nicht ein, sich selbst im Kriegsfall in der Heeresgröße zu beschränken. Die wirkliche historische Signifikanz der Reorganisation von 1859/60 war vielmehr die Ausweitung der Reservepotenziale durch die erhöhte Rekrutierung. Sie ermöglichte es Preußen, ein wesentlich größeres Feldheer aufzustellen als zuvor und es im Kriegsfall länger mit Ersatz zu versorgen. Dementsprechend hat auch nicht ein verjüngtes Prätorianerheer in den Einigungskriegen gekämpft, sondern ein Volksheer von fast 700 000 Mann (1866) und 1,2 Millionen Mann (Norddeutscher Bund, 1870/71)[13]. Zu einem ansehnlichen Teil bestand dieses Heer aus älteren Reservisten und echten Landwehrmännern, die eigene Divisionen und sogar Armeekorps bildeten, die keineswegs nur für Besatzungsaufgaben eingesetzt wurden[14]. Dieser Trend verstärkte sich im Kaiserreich. Ab 1875 sah die Mobilmachungsplanung auch formal wieder die ausgedehnte Kriegsverwendung aus Beurlaubten (Reservisten und Landwehrmännern) gebildeter Großverbände vor. Am Ende bestand das im Sommer 1914 mobilisierte Heer aus 4 Millionen Mann, von denen nur 1,2 Millionen Mann in Linientruppenteilen dienten; und nur 800 000 davon waren aktive Soldaten. 80 Prozent der mobilisierten Mannschaften waren Beurlaubte, und nicht weniger als 70 Prozent kämpften in reinen Beurlaubtenverbänden[15]. Die mobile Landwehr in den preußischen Mobilmachungsplänen vor 1859 hatte dagegen nur 50 Prozent der Gesamtstärke der Armee ausgemacht.

Die Reorganisation von 1859/60 änderte mithin faktisch selbst kurzfristig kaum etwas am Status der Landwehr im preußischen Heer, da das aus verjüngten Linientruppen bestehende Feldheer so nie mobilisiert wurde; langfristig führte die Erhöhung der Reservepotenziale durch die vermehrte Rekrutierung stattdessen zu einer immer größeren mobilen Armee, die nicht aus *weniger* Beurlaubten, sondern aus *mehr* bestand. Und dennoch ist die Reorganisation, und insbesondere die vorgebliche Abschaffung der Landwehr, in der deutschen Geschichtsschreibung des 20. Jahrhunderts nicht selten als grundlegende soziopolitische Zäsur, als einschneidende Neuordnung der Beziehung von Staat, Militär und Gesellschaft, mithin als wahrhaft fundamentale Heeresreform interpretiert worden.

---

12   Ebd. Kap. 7, vor allem S. 434-437.
13   Rahne, Mobilmachung (wie Anm. 2), S. 51; Ottomar Freiherr von der Osten-Sacken und von Rhein, Preußens Heer von seinen Anfängen bis zur Gegenwart, 3 Bde, Berlin 1911-14, hier: Bd 3: Das preußisch-deutsche Heer: bis zur Gegenwart, S. 140 f.
14   Albert von Boguslawski, Die Landwehr von 1813 bis 1893, Berlin 1893, S. 19-21; Gustaf Lehmann, Die Mobilmachung von 1870/71, Berlin 1905, S. 76-159; Das Königlich Preußische Kriegsministerium 1809-1909. Hrsg. vom Kriegsministerium, Berlin 1909, S. 132 f.; Osten-Sacken (wie Anm. 13), Preußens Heer, Bd 3, S. 180 f.
15   Rahne, Mobilmachung (wie Anm. 2), S. 77-145.

Max Lenz beschrieb in seiner ehedem einflussreichen »Geschichte Bismarcks« (Erstauflage 1902) die Reorganisation bereits als primär innenpolitisch motiviert. Die Ausweitung der Rekrutierung, die Expansion des Offizierkorps der Linie, neue Kasernen für die zusätzlichen aktiven Truppenteile und »die Verschmelzung der Landwehr mit dem stehenden Heer« verstand er als geplante Ausweitung der Macht der Krone zulasten des Bürgertums, letztlich als gezielte Militarisierung der Zivilgesellschaft[16]. Eckart Kehrs Essay »Zur Genesis des Königlich Preußischen Reserveoffiziers« (1928) gehört trotz weithin fehlender Nachweise bis heute zum Kernfundus der Militarismusdebatte. Kehr postulierte dort einen tiefgreifenden qualitativen Wandel vom Landwehroffizier vor 1859, den er als geistig selbstständigen, selbstbewussten Bürger-Offizier mit freiheitlicher Gesinnung und nur losester Verbindung zum stehenden Heer beschrieb, zum Reserveoffizier nach 1859, den er im Gegenzug als fest in seinem Linientruppenteil verwurzelten Transmissionsriemen militärischer und obrigkeitsstaatlicher Werte in die Zivilgesellschaft hinein verstand[17]. Und Gerhard Ritter, der mit dem ersten Band seines Hauptwerkes »Staatskunst und Kriegshandwerk« (1954) bis zur Gegenwart fast alle Interpretationen der preußischen Militärgeschichte des 19. Jahrhunderts prägt, sah das »Hauptziel der großen Heeresreform« in der »restlosen Entbürgerlichung des Heeres«. Die Landwehr war für ihn eine von der Linie unabhängige Wehrorganisation des liberalen Bürgertums, ihre Verdrängung aus dem Feldheer diente daher der gewaltsamen Wiederherstellung der vollen Kontrolle der Krone über das Heer[18]. Lenz, Kehr und vor allem Ritter folgend, haben Historiker bis zur Gegenwart die Landwehr vor 1859 als eine Art Bürgerwehr unter »eigenen Inspekteurs«[19] oder gar »lokalen Honoratioren«[20] beschrieben, als »Organisation der militärischen Führer des oppositionellen Bürgertums«[21], ja gar als »bewaffneter Arm des Bürgertums«[22]. Ihre vorgebliche Ausgliederung aus der Armee erschien unter dieser Perspektive zwangsläufig als autoritäre Kehrtwende, als Sicherstellung der unbeschränkten monarchisch-aristokratischen Verfügungsgewalt über die bewaffnete Macht. Vermehrte Rekrutierung, Sicherung des Zugriffs auf den Reserveoffizier und »Entbürgerlichung« des Heeres summierten sich so zu einer

---

[16] Max Lenz, Geschichte Bismarcks, 3. Aufl., Leipzig 1911, S. 116 f.
[17] Eckart Kehr, Zur Genesis des Königlich Preußischen Reserveoffiziers. In: Eckart Kehr, Der Primat der Innenpolitik. Gesammelte Aufsätze zur preußisch-deutschen Sozialgeschichte im 19. und 20. Jahrhundert. Hrsg. von Hans-Ulrich Wehler, 2. Aufl., Frankfurt a.M. 1976, S. 53–63.
[18] Gerhard Ritter, Staatskunst und Kriegshandwerk. Das Problem des »Militarismus« in Deutschland, 4 Bde, München 1954–68, hier: Bd 1: Die altpreußische Tradition, S. 154–166, Zitat S. 154.
[19] Egmont Zechlin, Bismarck und die Grundlegung der deutschen Großmacht, Stuttgart 1930, S. 177.
[20] Hans-Ulrich Wehler, Deutsche Gesellschaftsgeschichte, 5 Bde, München 1987–2008, hier: Bd 3: Von der »Deutschen Doppelrevolution« bis zum Beginn des Ersten Weltkrieges 1849–1914, S. 254.
[21] Emil Obermann, Soldaten – Bürger – Militaristen. Militär und Demokratie in Deutschland, Stuttgart 1958, S. 119.
[22] Geyer, Deutsche Rüstungspolitik (wie Anm. 8), S. 25.

dramatischen Schwerpunktverschiebung im Verhältnis von Staat und Militär einerseits und Zivilgesellschaft andererseits, zu einem massiven Militarisierungsschub, der letztlich an der Wurzel des deutschen »Sonderweges« zu verorten war[23].

Es fällt allerdings bei nüchternem Hinsehen eher schwer, den materiellen Gehalt der Reorganisation von 1859 für derart weitreichende Folgen verantwortlich zu machen. Am ehesten mag man noch Lenz glauben: Mehr Soldaten, mehr aktive Offiziere, mehr Kasernen in mehr Städten bedeuteten sicher eine Ausweitung der militärischen Präsenz im Zivilleben. Allerdings: wie die Zahlen belegen, eine eher maßvolle und zudem kurzfristige. Wie erinnerlich, brachte die Nachrüstung von 1859/60 die Friedensstärke der Armee von 0,8 Prozent auf 1,1 Prozent der Bevölkerung; 1814 hatte die Quote aber schon bei 1,3 Prozent gelegen. Die Rekrutierung stieg von 26 Prozent zeitweilig auf 40 Prozent eines Jahrganges, fiel aber im Kaiserreich schon nach wenigen Jahren auf gut 30 Prozent zurück, was Deutschland im Mittelfeld der Kontinentalmächte platzierte und weit hinter dem des Sozialmilitarismus doch recht unverdächtigen Frankreich. Dieses zog zur selben Zeit rund 50 Prozent seiner wehrfähigen Männer als Rekruten ein[24].

Kehrs und Ritters Argumente hingegen lassen sich mit der Wirklichkeit der Landwehr vor 1859 definitiv nicht in Einklang bringen. Nur in der Gedankenwelt der Heeresreformer von 1807-1813 war die Landwehr jemals eine separate Wehrorganisation des Bürgertums gewesen. In der Realität aber war sie schon ab 1814 wenig mehr als ein administrativer Rahmen für die Verwaltung der Reservisten der Linie, der lange vor 1859 selbst den letzten Anschein von Selbstständigkeit verloren hatte. Ein eigentliches Offizierkorps der Landwehr existierte bereits in den 1840er-Jahren nicht mehr, und daher konnte auch von einem eigenen, bürgerlichen Landwehrethos *innerhalb der Landwehr* keine Rede sein. Es gab einen liberaldemokratischen Wehrmythos, der *von außen* auf die Landwehr projiziert wurde, aber mit ihrer Realität nichts zu tun hatte[25]. Anders

---

[23] Ausgeprägt in der DDR-Literatur, etwa bei Konrad Canis, Die politische Taktik führender preußischer Militärs 1858 bis 1866. In: Die großpreußisch-militaristische Reichsgründung 1871. Voraussetzungen und Folgen. Hrsg. von Horst Bartel und Ernst Engelberg, 2 Bde, Berlin 1971, hier: Bd 1, S. 118-156, vor allem S. 116-127; Ernst Engelberg, Bismarck, 2 Bde, Berlin 1985-90,hier: Bd 1, S. 506-509. Aber auch Geyer, Deutsche Rüstungspolitik (wie Anm. 8), S. 25-30; Klaus-Erich Pollmann, Heeresverfassung und Militärkosten im preußisch-deutschen Verfassungsstaat 1860-1868. In: Parlamentarische und öffentliche Kontrolle von Rüstung in Deutschland 1700-1970. Beiträge zur Historischen Friedensforschung. Hrsg. von Jost Dülffer, Düsseldorf 1992, S. 45-61, hier: S. 46-48; Winfried Heinemann, Roon, die Heeresreform und das Kaiserreich. In: Militärgeschichtliche Beihefte, 1 (1987), S. 1-16, S. 87 f.

[24] Walter, Preußische Heeresreformen (wie Anm. 7), S. 472 f.

[25] Adolf Mürmann, Die öffentliche Meinung in Deutschland über das preussische Wehrgesetz von 1814 während der Jahre 1814-1819, Berlin 1910; Reinhard Höhn, Verfassungskampf und Heereseid. Der Kampf des Bürgertums um das Heer (1815-1850), Leipzig 1938, S. 16-19; Dorothea Schmidt, Die preußische Landwehr. Ein Beitrag zur Geschichte der allgemeinen Wehrpflicht in Preußen zwischen 1813 und 1830, Berlin 1981, S. 136-138;

als Kehr annahm, stand der Landwehroffizier vor 1859 im Übrigen praktisch in derselben Beziehung zur Linie wie der spätere Reserveoffizier. Er wurde im stehenden Heer ausgebildet, brauchte die zweimalige Billigung durch das Offizierkorps seines Linientruppenteils, um überhaupt ernannt zu werden, und konnte auch weiterhin dorthin zu Übungen abkommandiert werden[26]. Ohnehin legt die offiziöse zeitgenössische Vorstellung von der »Emanzipation des Mittelstandes« (Boyen[27]) über die Landwehroffizierlaufbahn nahe, dass die Funktionsweise und Wirkungsrichtung des Instituts bereits vor 1859 zutreffend als Vereinnahmung des Bürgertums für die Armee und damit für den Staat verstanden wurde; nicht etwa umgekehrt als Auslieferung der Armee an das Bürgertum. Dies alles war also schon ganz im Sinne des Reserveoffizierpatents im Kaiserreich. Liberale Parlamentarier haben denn auch im Verfassungskonflikt standhaft beteuert, als Landwehroffiziere seien sie ebenso gut Offiziere des Königs wie jeder Linienoffizier; das Etikett der »Bürgerarmee« wiesen sie hingegen weit von sich[28]. Und dass 40 Landwehrbataillone in der Revolution von 1848/49 mit kaum erwähnenswerten Ausnahmen[29] klaglos ihren Dienst im Ausland wie im Inland versahen[30], ist wohl der schlagendste Beweis dafür, dass die monarchische Verfügungsgewalt über die Armee von der Landwehr in keiner Weise bedroht war. Wann denn, wenn nicht hier, hätte der vorgebliche »bewaffnete Arm des Bürgertums« seine wirkliche Loyalität beweisen sollen – hätte diese denn in Wahrheit bei der Bourgeoisie und nicht bei der Krone gelegen?

Der auf Kehr und Ritter gründenden Vorstellung einer einschneidenden soziopolitischen Kehrtwende in Richtung sozialer Militarisierung durch die Reorganisation von 1859/60 liegt mithin ein verzerrtes, idealisierendes Bild der Landwehr vor der Reorganisation zugrunde. Die fundamentale Veränderung des Verhältnisses von Militär und Gesellschaft in Preußen war die Einführung der allgemeinen Wehrpflicht 1813/14. Sie begründete die enge Verflechtung der Zivilgesellschaft mit der Armee als »Schule der Nation«, sie schuf mit dem Institut des Einjährig-Freiwilligen als Offizier des Beurlaubtenstandes den wich-

Ute Frevert, Die Kasernierte Nation. Militärdienst und Zivilgesellschaft in Deutschland, München 2001, S. 94 f.

[26] Landwehrverordnung, Berlin, 21.11.1815, § 33; R. de l'Homme de Courbière, Die Preußische Landwehr in ihrer Entwickelung von 1815 bis zur Reorganisation von 1859. Nach amtlichen Quellen bearbeitet, Berlin 1867, S. 95-95; Manfred Messerschmidt, Die politische Geschichte der preußisch-deutschen Armee. In: Handbuch zur deutschen Militärgeschichte 1648-1939. Hrsg. vom MGFA durch Friedrich Forstmeier [et al.], Bd 2, Abschnitt IV, T. 1, S. 3-380, hier S. 72.

[27] Friedrich Meinecke, Das Leben des Generalfeldmarschalls Hermann von Boyen, 2 Bde, Stuttgart 1896/99, hier: Bd 2, S. 213.

[28] Etwa Stenographische Berichte über die Verhandlungen des preußischen Abgeordnetenhauses, Berlin 1861, Bd 3, S. 1485, 1487 (29.5.1861).

[29] Ernst Rudolf Huber, Deutsche Verfassungsgeschichte seit 1789, 7 Bde, Registerbd, Stuttgart 1957-1990, hier: Bd 2, S. 862-865.

[30] Thomas Nipperdey, Deutsche Geschichte 1800-1866. Bürgerwelt und starker Staat, München 1983, S. 750; Lothar Gall, Bismarck. Der weiße Revolutionär, Frankfurt a.M. 1993, S. 201.

tigsten Anreiz für die soziale Militarisierung des Bürgertums. Die Reorganisation von 1859/60 hat an diesen grundlegenden Weichenstellungen nichts geändert. Mit der (maßvollen) Erhöhung der Rekrutierungsquote trug sie lediglich dazu bei, die soziale Reichweite der Wehrpflicht zu vergrößern; damit stieg zugleich die Attraktivität der freiwilligen Meldung als »Einjähriger«, da es wahrscheinlicher wurde, andernfalls zum regulären Dienst von zweieinhalb Jahren einberufen zu werden. Insgesamt wurde die Armee – darin ist Lenz zuzustimmen – nach 1859 tendenziell präsenter im öffentlichen Raum und in der Zivilgesellschaft, allerdings lediglich als Funktion der großen Zahl. Ein Qualitätssprung ist hingegen nicht erkennbar.

Die wirkliche historische Bedeutung der Reorganisation von 1859/60 liegt weniger in ihren militärischen und soziopolitischen als in ihren allgemeinpolitischen Konsequenzen, die ihr die Aufmerksamkeit der Geschichtsschreibung in einem Umfang gesichert haben, der zu ihrem mageren materiellen Gehalt in keinem vernünftigen Verhältnis steht. Die Wehrvorlage von 1860 wurde zum Auslöser des preußischen Verfassungskonflikts. Ohne Verfassungskonflikt aber hätte es höchstwahrscheinlich keinen Ministerpräsidenten Bismarck gegeben, ohne Bismarck fast sicher keine Einigungskriege und kein Kaiserreich. Das allerdings heißt nicht, dass die Reorganisation der Armee eine *notwendige* Voraussetzung der Reichsgründung gewesen wäre: Erwiesenermaßen gab es alternative Konfliktfelder, die ebenso gut die fragile Machtbalance der liberalkonservativen »Neuen Ära« (1858–1862) hätten zerstören und Bismarck an die Macht bringen können[31]. Noch war die Reorganisationsvorlage ein *hinreichender* Grund für die historischen Prozesse, zu deren Auslösung sie beitrug; denn im militärischen Kern, der erhöhten Rekrutierung, war sie ganz unumstritten, und um die Beibehaltung der Landwehr im Feldheer führte die Mehrheit der Liberalen im Landtag lediglich ein parteipolitisch motiviertes Rückzugsgefecht. Die parlamentarische Auseinandersetzung um die Wehrvorlage spitzte sich auf Punkte wie die Dienstzeitfrage zu, die vom Gesetzesentwurf selbst unberührt blieben[32].

Der vierjährige Verfassungskonflikt selbst kreiste im Kern um zwei Konfliktpunkte. Der eine war die Reichweite und Bedeutung des parlamentarischen Budgetbewilligungsrechtes, und hier hat Bismarck die autoritäre Ausdeutung, im Konfliktfall falle die Entscheidungsgewalt an die Krone zurück, nicht durchsetzen können. Der andere Streitpunkt aber war das Mitspracherecht der Landesvertretung über die Struktur der bewaffneten Macht, das mit der unbeschränkten königlichen Kommandogewalt, wie sie die Hohenzollern verstan-

[31] Etwa die Erbhuldigungsfrage. Huber, Deutsche Verfassungsgeschichte (wie Anm. 29), Bd 3, S. 288–290; Gall, Bismarck (wie Anm. 30), S. 208–210.

[32] Theodor von Bernhardi, Die Reform der Heeresverfassung (Bemerkungen zu dem Bericht der Militair-Commission des Abgeordneten-Hauses). Januar 1861. In: Theodor von Bernhardi, Vermischte Schriften, 2 Bde, Berlin 1879, hier: Bd 2, S. 418–484, vor allem S. 450–452; Zechlin, Bismarck (wie Anm. 19), S. 179–187; Ritter, Staatskunst (wie Anm. 18), Bd 1, S. 160–166; Huber, Deutsche Verfassungsgeschichte (wie Anm. 29), Bd 3, S. 285 f.; Nipperdey, Deutsche Geschichte 1800–1866 (wie Anm. 30), S. 752–754.

den, nicht in Einklang zu bringen war. Der Ausgang dieser Auseinandersetzung war von fundamentaler Bedeutung für die Einbindung des Militärs in die Verfassungsstruktur des Kaiserreiches. Denn während der budgetrechtliche Konflikt durch die Indemnitätsbitte des Sommers 1866 im Kompromiss aufgelöst wurde, ist die Reorganisation von 1859 auch nachträglich durch kein Landesgesetz bestätigt worden; sie blieb Ausfluss der königlichen Kommandogewalt[33]. Dieses anachronistische Institut überlebte daher über die Verfassung des Norddeutschen Bundes von 1867 in die Reichsverfassung hinein, und bis zur Revolution von 1918 blieb die Personal- und Organisationsstruktur der Armee ein irritierend prämoderner, beinahe verfassungsfreier Raum im politischen System Deutschlands. Das aber sind, wie gesagt, allgemeinpolitische Folgen der Auseinandersetzung über die Wehrvorlage von 1860, die mit deren materiellem, militärischen Gehalt nur indirekt zu tun haben.

II. Wandel im Militärwesen vor den Einigungskriegen

Berührte somit die Reorganisation von 1859/60 die Beziehungen zwischen Militär und Gesellschaft in Preußen-Deutschland nicht fundamental, war dann vielleicht der Wandel auf verschiedenen Bereichen des preußischen Militärwesens unmittelbar vor den Einigungskriegen umfassend und tief greifend genug, um sinnvoll wenigstens von einer kumulativen Heeresreform sprechen zu können – einer preußischen »militärischen Revolution«? Man denkt dabei an den Aufstieg des Generalstabs unter Moltke, an Kruppgeschütze und Zündnadelgewehre, an Eisenbahnen und Telegrafen, an taktische Neuerungen, vielleicht auch an Reformen in der Offizierausbildung und Offizierbeförderung. Die englischsprachige Literatur offeriert zusätzlich die territoriale Rekrutierung und die vorgebliche Übereinstimmung von Friedens- und Kriegsgliederung der Armee sowie das Auftragsprinzip der Befehlsgebung als zentrale Elemente der »militärischen Revolution« vor den Einigungskriegen[34]; die deutschsprachige Forschung ist sich in der Regel bewusst, dass diese Neuerungen vielmehr auf die Reformphase 1807 bis 1813 zurückgehen.

Genau das aber gilt auch – und diese Erkenntnis ist in der Literatur bereits wesentlich weniger verbreitet – in weiten Bereichen für die Entwicklung des Generalstabs hin zu seiner zentralen Kontroll- und Kommandofunktion im

---

[33] Rudolf von Gneist, Die Militärvorlage von 1892 und der preußische Verfassungskonflikt von 1862 bis 1866, Berlin 1893, S. 106; Fritz Löwenthal, Der Preußische Verfassungsstreit 1862-1866 Phil. Diss., München 1914, S. 295 f.; Huber, Deutsche Verfassungsgeschichte (wie Anm. 29), Bd 3, S. 363-365.
[34] Die in der Regel zudem insgesamt Moltke zugeschrieben wird: Wawro, The Austro-Prussian War (wie Anm. 3), S. 12-25; Wawro, Warfare and Society (wie Anm. 3), S. 78-84; Robert M. Citino, The German Way of War. From the Thirty Years' War to the Third Reich, Lawrence, KS 2005, S. 149-153.

Militärwesen, die in den Einigungskriegen auch formal anerkannt wurde. In deutsch- wie englischsprachigen Darstellungen dominiert noch immer die von Alfred von Schlieffen populär gemachte[35] Anekdote über die Schlacht von Königgrätz, die mit der Pointe »wer aber ist der General Moltke?« unterstellt, noch im Feldzug von 1866 seien Institution und Person des Generalstabschefs selbst in der hohen Generalität weithin unbekannt gewesen[36]. Suggeriert wird so, der Aufstieg des Generalstabs sei vermittels der Führungsleistung Moltkes des Älteren in den Einigungskriegen praktisch über Nacht erfolgt[37], ja der Feldmarschall habe den modernen Generalstab mehr oder weniger aus dem Nichts überhaupt erst erschaffen[38]. Entsprechend sind die fünf preußischen Stabschefs zwischen Scharnhorst und Moltke, die dem Generalstab durch kontinuierliche Verbesserungen seine moderne, professionelle Form gegeben haben[39], heute kaum mehr dem Namen nach bekannt. Struktur, Arbeitsweise und Aufgabenspektrum des Generalstabes, wie sie unter Moltke bestanden, waren bis ins Detail Produkte der Generalstabsreform Scharnhorsts: die Gliederung in einen zentralen Generalstab in Berlin und Truppengeneralstäbe bei den Korps und Divisionen; die Verantwortung für die höhere Offizierausbildung und die Berliner Kriegsschule (später Kriegsakademie); der Sonderdienstweg, der Generalstabsoffiziere sowohl ihrem Truppenkommandeur als auch dem Chef des Generalstabs der Armee unterstellte; Militärgeografie, Militärgeschichte und Militärzeitschriften; Generalstabsreisen und Kriegsspiele; der Nachrichtendienst im Ausland; die Erstellung von Kriegsplänen.

Lediglich zwei Dinge kamen im Vorfeld der Einigungskriege neu hinzu. Zum einen wurde der Generalstab um die Jahrhundertmitte vermittels seiner Zuständigkeit für die Evaluation militärtechnischer Neuerungen zum Hauptprotagonisten der militärischen Eisenbahnnutzung und erlangte auf diesem Wege die Kontrolle über die Mobilmachungsplanung, die bis dahin beim Kriegsministerium gelegen hatte. Zum anderen erhielt am 2. Juni 1866, kurz vor Beginn des böhmischen Feldzuges, der Chef des Generalstabes der Armee offiziell die Befugnis, im Namen des Obersten Kriegsherrn bindende Befehle an die Truppen zu erlassen. Eigentlich war das nur die Übertragung eines Prinzips,

[35] Generalfeldmarschall Alfred Graf von Schlieffen, Gesammelte Schriften, 2 Bde, Berlin 1913, hier: Bd 2, S. 442.

[36] Görlitz, Der Deutsche Generalstab (wie Anm. 8), S. 113; Eberhard Kessel, Moltke, Stuttgart 1957, S. 480; Lothar Burchardt, Helmuth von Moltke, Wilhelm I. und der Aufstieg des preußischen Generalstabes. In: Generalfeldmarschall von Moltke. Bedeutung und Wirkung. Hrsg. von Roland G. Foerster, München 1991 (= Beiträge zur Militärgeschichte, 33), S. 19-38, hier S. 28; Moltke. Vom Kabinettskrieg zum Volkskrieg. Eine Werkauswahl. Hrsg. von Stig Förster, Bonn 1992, S. 14; Citino, The German Way (wie Anm. 34), S. 152 f. Zur Dekonstruktion der Anekdote: Walter, Preußische Heeresreformen (wie Anm. 7), S. 85-87.

[37] Oder gar »kometenhaft«. Burchardt, Moltke (wie Anm. 36), S. 36.

[38] Christian E. O. Millotat, Das preußisch-deutsche Generalstabssystem. Wurzeln – Entwicklung – Fortwirken, Zürich 2000, S. 61-80; Citino, The German Way (wie Anm. 34), S. 149-151.

[39] Karl von Grolman (1814-19), August Rühle von Lilienstern (1819-21), Friedrich Freiherr von Müffling (1821-29), Johann von Krauseneck (1829-48), Karl von Reyher (1848-57).

das auf Armee-, Korps- und Divisionsebene seit den Befreiungskriegen eingeführt war, auf die oberste Führungsorganisation im Felde. Aber es machte doch
die zentrale Kontrollfunktion des Stabes offiziell für alle sichtbar und den Generalstabschef selbst fortan unumgehbar. Zwar dauerte es bis in den Krieg von
1870/71 hinein, ehe der operative Führungsanspruch des Generalstabs auch
gegenüber dienstälteren Armeebefehlshabern durchgesetzt war. Und die formale Anerkennung als eine dem Kriegsministerium gleichrangige militärische
Spitzenbehörde durch Verleihung des Rechts zum Immediatvortrag bei Monarchen erhielt der Stabschef überhaupt erst 1883.

Aber real führte ab 1866 eine auf dem Leistungsprinzip und formalisierten
Verfahren beruhende bürokratische Behörde die Armee operativ im Kriege und
war im Frieden für weite Bereiche von Ausbildung, Taktik, Doktrin, Mobilmachungsplanung usw. zuständig. Damit war Preußen allen anderen Mächten um
Längen voraus. Allein die formale Anerkennung dieser Zentralfunktion des
Generalstabes aber war der Ära Moltkes des Älteren geschuldet. Das System
hingegen basierte auf Scharnhorst, und Moltke war nicht sein Schöpfer, sondern
sein Produkt: der erste Generalstabschef überhaupt, der selbst die von Scharnhorsts Nachfolgern formalisierte Generalstabsausbildung durchlaufen hatte.
Natürlich brachte Moltkes über 30-jährige Amtszeit (1857-88) noch einen erheblichen Ausbau der Organisation und auch der Kompetenzen des Stabes und
eine Absicherung seiner Position im Militärwesen; aber das war Expansion und
Sicherung des Bestehenden, nicht Neuerfindung[40].

Wie vorausschauend, wie erfolgreich war die preußische Armee vor den Einigungskriegen in der Aneignung moderner Waffen- und Kommunikationstechnik? Das berühmte Zündnadelgewehr Johann Nikolaus von Dreyses, dem
der preußische Sieg über Österreich 1866 mitunter fast allein zugeschrieben
wird, war mit seiner gegenüber dem glattläufigen Vorderlader um das Dreifache gesteigerten Feuerfrequenz und Reichweite sowie seinem zuverlässigen
Perkussionsschloss tatsächlich eine revolutionäre Waffe – zur Zeit seiner ersten
Einführung in der preußischen Armee im Jahre 1840. Dann aber brauchte die
Militärführung fast 20 Jahre, bis endlich die ganze preußische Infanterie mit
dem neuen Gewehr ausgerüstet war. Zu den Gründen für diese Verzögerung
gehörte die geringe Produktionsleistung der Dreyseschen Fabrik, die aus Ge-
heimhaltungsgründen lange nicht erweitert oder um neue Fertigungsstätten
ergänzt wurde. Wichtiger aber war, dass die modernen gezogenen Vorderlader
der Typen Thouvenin und Minié, die zeitgleich in den meisten europäischen
Ländern eingeführt wurden, gegenüber dem Zündnadelgewehr durchaus kon-
kurrenzfähig erschienen. Sie hatten eine noch höhere effektive Reichweite, wa-

---

[40] Walter, Preußische Heeresreformen (wie Anm. 7), Kap. 10. Eine zuverlässige, kritische
Geschichte des preußischen Generalstabs seit seinen Anfängen fehlt. Görlitz, Der Deutsche Generalstab (wie Anm. 8), ist sachlich vielfach fehlerhaft; Trevor N. Dupuy, A Geni-
us for War. The German Army and General Staff, 1807-1945, London 1977, fußt in weiten
Teilen auf Görlitz; Arden Bucholz, Moltke, Schlieffen, and Prussian War Planning, New
York 1991, neigt zur Idealisierung; und Millotat, Das preußisch-deutsche Generalstabssystem (wie Anm. 38), weist nicht über die Klassiker hinaus.

ren billiger, ja sogar mit geringen Unkosten durch Konversion glattläufiger Vorderlader herzustellen. Zudem waren sie nicht mit den Kinderkrankheiten des Zündnadelgewehrs geschlagen, das bis in die Einigungskriege hinein mit seinem ungenügend gasdichten Verschluss und seiner fragilen Zündnadel nicht unbedingt nutzerfreundlich war[41]. Einzig in der Feuerfrequenz blieben gezogene Vorderlader hinter dem Dreysegewehr zurück. Dessen Feuergeschwindigkeit von fünf bis sieben Schuss pro Minute galt aber nicht durchgehend als Vorteil in einer Zeit, in der Schnellfeuer weithin mit Munitionsverschwendung und resultierendem Kontrollverlust gleichgesetzt und die Entscheidungswirkung ohnehin noch im Bajonettangriff gesucht wurde[42]. Als das Zündnadelgewehr 1859 endlich allgemein eingeführt war, stand es mithin bereits kurz vor der Obsoleszenz. Es genügte noch für einen triumphalen Sieg über Österreich, vornehmlich wegen dessen völlig verfehlter Infanterietaktik, die auf den Sturmangriff geschlossener Formationen vertraute. Aber schon im Krieg von 1870/71 war das 30 Jahre alte Gewehr der preußischen Infanterie dem modernen, viel weiter reichenden Chassepotgewehr der Franzosen hoffnungslos unterlegen[43].

Eher noch schleppender verlief in Preußen die Einführung gezogener Stahlgeschütze mit Hinterladung. Das war neben denen des Zündnadelgewehrs vergleichbaren Kinderkrankheiten und der anfänglich geringen Tauglichkeit von gezogenen Geschützen zur Bekämpfung von Nahzielen[44] vor allem Widerständen in der preußischen Artillerieführung gedankt, die bis zum Krieg gegen Österreich der Nahunterstützung der Infanterie mit glattläufigen Kanonen anhing. Erst die völlige Hilflosigkeit der kurzreichenden preußischen Geschütze angesichts einer österreichischen Artillerie, die durchgehend mit gezogenen Läufen ausgerüstet war, führte nach dem böhmischen Feldzug zur durchgehenden Annahme gezogener Hinterlader und einer entsprechenden Taktik für den Masseneinsatz auf größere Entfernungen, die dann die Dominanz der preußischen Artillerie in den großen Schlachten des Krieges gegen Frankreich begründeten[45].

Tendenziell aufgeschlossener stand die preußische Armee hingegen dem neuen Transportmittel der Eisenbahn gegenüber. Zwar vergingen nach Baubeginn der ersten Eisenbahnen auf preußischem Boden noch fast drei Jahrzehnte,

---

[41] Meinecke, Das Leben (wie Anm. 27), Bd 2, S. 527-529; Das Königlich Preußische Kriegsministerium (wie Anm. 14), S. 162-169; Dennis Showalter, Railroads and Rifles. Soldiers, Technology, and the Unification of Germany, Hamden, CT 1975, S. 77-99.

[42] Heinz Helmert, Militärsystem und Streitkräfte im Deutschen Bund am Vorabend des Preußisch-Österreichischen Krieges von 1866, Berlin 1964 (= Militärhistorische Studien, Neue Folge, 7), S. 110-120.

[43] Richard Holmes, The Road to Sedan. The French Army 1866-70, London 1984 (= Royal Historical Society Studies in History, 41), S. 201-203; Frank Kühlich, Die deutschen Soldaten im Krieg von 1870/71. Eine Darstellung der Situation und der Erfahrungen der deutschen Soldaten im Deutsch-Französischen Krieg, Frankfurt a.M. 1995, S. 325-329.

[44] W[ilhelm]. Witte, Die gezogenen Feldgeschütze nach ihrer Einrichtung, Ausrüstung etc. nebst einigen Regeln für die Behandlung des Materials, 3. Aufl., Berlin 1867, S. 66-68.

[45] Showalter, Railroads (wie Anm. 41), S. 143-221.

bevor die Mobilmachungsplanung durchgehend auf den Schienentransport ausgerichtet wurde. Das aber spiegelte lediglich die Entwicklung des Eisenbahnwesens und des Liniennetzes aus den Kinderschuhen heraus bis zur Alltagstauglichkeit im nationalen Maßstab. Bereits in den 1840er-Jahren beschäftigten sich Kriegsministerium und Generalstab mit der Planung größerer Truppenverschiebungen auf der Schiene, arbeiteten in Kooperation mit dem für die Bahnen zuständigen Handelsministerium entsprechende Verfahren aus, erließen organisatorische Bestimmungen und bildeten Offiziere in Eisenbahnangelegenheiten aus. In der Revolution von 1848/49 und der Mobilmachung von 1850 war der Schienentransport militärischer Verbände schon Alltag. In den Einigungskriegen basierten Mobilmachung und Aufmarsch vollständig auf der ausgedehnten und minutiös geplanten Nutzung der Eisenbahn, was Preußen einen unschätzbaren Vorteil gegenüber seinen auf diesem Gebiet eher rückständigen Gegnern verschaffte[46]. Anders sah es bei der Telegrafie aus, die zwar mit statischen Linien schon in den 1850er-Jahren das gesamte Gebiet der Monarchie erschloss, aber bis in die Einigungskriege hinein hinreichend zuverlässigen und mobilen Gerätes entbehrte, um tatsächlich die Führung von Armeen im Felde zu erleichtern, stationäre Ereignisse wie Festungsbelagerungen einmal ausgenommen[47]. Mit dieser mäßig erfolgreichen Nutzung der neuen Kommunikationstechnik konnten andere Mächte Preußen durchaus das Wasser reichen[48]. Grundsätzlich verlief mithin die Aneignung moderner Technik durch das preußische Militär in den Jahrzehnten vor den Einigungskriegen eher zögerlich und damit langfristig. Der im internationalen Vergleich beachtliche Vorteil auf dem Gebiet der militärischen Eisenbahnnutzung basierte auf langfristigen, evolutionären Lernprozessen; die stark verzögerte Einführung gezogener Geschütze und Gewehre führte zu massiven taktischen Defiziten im Krieg von 1866, wo die Artillerie, und im Deutsch-Französischen Krieg, wo die Infanterie mit obsoleten, deutlich unterlegenen Waffen antrat. Von einer »militärischen Revolution« war da wenig zu spüren.

Für das Gebiet taktischer Konzepte und Doktrinen fällt das Bild eher noch düsterer aus. Während die um das Dreifache gesteigerte Schussfrequenz und Reichweite von Infanteriewaffen sowie parallele Leistungsverbesserungen der

---

[46] Die Entwickelung des Militäreisenbahnwesens vor Moltke (= Beiheft zum Militair-Wochenblatt, 1902); Rahne, Mobilmachung (wie Anm. 2), S. 23–28; Showalter, Railroads (wie Anm. 41), S. 19–72; Klaus-Jürgen Bremm, Von der Chaussee zur Schiene. Militärstrategie und Eisenbahnen in Preußen von 1833 bis zum Feldzug von 1866, München 2005 (= Militärgeschichtliche Studien, 40).

[47] Herman Frobenius, Geschichte des preußischen Ingenieur- und Pionier-Korps von der Mitte des 19. Jahrhunderts bis zum Jahre 1866, 2 Bde, Berlin 1906, hier: Bd 1, S. 210 f., 286–291, 378–385, und Bd 2, S. 204–208; Martin van Creveld, Command in War, Cambridge, MA 1985, S. 107–109; Martin van Creveld, Technology and War. From 2000 B.C. to the Present, 2. Aufl., New York 1991, S. 157–159; Stefan Kaufmann, Kommunikationstechnik und Kriegführung 1815–1945. Stufen telemedialer Rüstung, München 1996, S. 69–129.

[48] Walter, Preußische Heeresreformen (wie Anm. 7), S. 586.

Artillerie die Nahkampfzone des Schlachtfeldes erheblich tiefer und um ein Vielfaches tödlicher machten, zog die preußische Infanterie noch mit taktischen Formationen in den Deutsch-Französischen Krieg, die fast unverändert auf napoleonischen Vorbildern basierten[49]. Die Gefechtsentscheidung wurde zumindest reglementarisch nach wie vor im Schockangriff mit dicht aufgeschlossenen Bataillonskolonnen gesucht, in denen die Mannschaften Schulter an Schulter bis zu zwölf Glieder tief standen und mithin einladende Massenziele für moderne Feuerwaffen bildeten. Seit dem Exerzierreglement von 1847 war immerhin der Einsatz des Bataillons in vier separaten Kompaniekolonnen fakultativ gestattet und wurde von Moltke als Generalstabschef ausdrücklich empfohlen[50]. Aber da preußische Infanteriekompanien mit 250 Mann vergleichsweise groß waren, und die Mannschaften nach wie vor dicht geschlossen standen, war auch eine solche Kompaniekolonne auf einem von gezogenen Hinterladern dominierten Schlachtfeld viel zu unhandlich und verwundbar.

Der aufgelockerte oder gar zerstreute Einsatz der Infanterie war reglementarisch bis in die Einigungskriege einerseits den Füsilierbataillonen[51], andererseits dem dritten Glied der Musketierbataillone vorbehalten, das für das Schützengefecht in zerstreuter Ordnung vor der Front des Bataillons ausgebildet wurde. Auch das blieb aber auf dem Papier optional; der Schützeneinsatz musste jeweils gesondert befohlen werden, und eigene Reglemente für diesen Dienst ergingen überhaupt erst 1853/54[52]. Im Kriege von 1870/71 erzwang die Feuerkraft der französischen Infanterie zwar auf Dauer eine realistischere Mischtaktik, in der die Schützen größere Bedeutung gewannen und die nach wie vor zunächst als Entscheidungsreserve zurückbehaltenen geschlossenen Formationen oft nur zur sukzessiven Verstärkung der Feuerlinie herangezogen wurden[53]. Dennoch hingen preußische Kommandeure weiterhin der napoleonischen Vorstellung an, das Feuergefecht habe lediglich vorbereitende Wirkung, die Entscheidung falle hingegen mit dem Sturmangriff geschlossener Kolon-

---

[49] Basis der Taktikausbildung war bis 1888 im Kern das Exerzir-Reglement für Infanterie der Königlich Preußischen Armee, Berlin 1812. Das Exerzir-Reglement für die Infanterie der Königlich Preußischen Armee, Berlin 1847, war eine unwesentlich modifizierte Fassung und erschien seinerseits 1876 in einem kaum veränderten Neudruck.

[50] Bemerkungen vom 12. Juli 1858 über Veränderungen in der Taktik infolge des verbesserten Infanteriegewehrs; Bemerkungen vom April 1861 über den Einfluß der verbesserten Feuerwaffen auf die Taktik. In: Moltkes Militärische Werke. Hrsg. vom Großen Generalstabe, Abteilung für Kriegsgeschichte, 4 Abteilungen, 13 Bde, Berlin 1892-1912, hier: Abteilung 2, Bd 2, S. 7-9 und S. 29-41; Kessel, Moltke (wie Anm. 36), S. 278.

[51] Auf dem Papier leichte Infanteriebataillone, von denen je eines zusammen mit zwei Musketierbataillonen (schwere Infanterie) das Infanterieregiment bildete. Da aber in den Einigungskriegen Regimenter kaum je geschlossen eingesetzt wurden, entfiel die Sonderrolle der Füsilierbataillone weitgehend.

[52] Militärische Schriften weiland Kaiser Wilhelms des Großen Majestät. Hrsg. vom Königlich Preußischen Kriegsministerium, 2 Bde, Berlin 1897, S. 196-248.

[53] Joachim Hoffmann, Die Kriegslehre des Generals von Schlichting. In: Militärgeschichtliche Mitteilungen, 7 (1970), S. 5-35, hier S. 5; Kühlich, Die deutschen Soldaten (wie Anm. 43), S. 347-350.

nen[54]. In den großen Feldschlachten des August 1870 griff die preußische Infanterie wiederholt in massiven Exerzierplatzformationen über offenes Gelände frontal befestigte Stellungen an[55]. In der spektakulärsten dieser Aktionen verlor das Gardekorps bei St. Privat am 18. August 1870 in kürzester Frist fast ein Drittel seiner Ausgangsstärke und beendete den Tag mit Einheiten, die nach dem Ausfall aller Offiziere von Unteroffizieren geführt wurden[56]. Selbst auf dem Hintergrund dieser Erfahrungen blieb die napoleonisch geprägte Kolonnentaktik für die preußische Infanterie auch im Kaiserreich Standard. Erst mit dem Infanteriereglement von 1888 wurde der Schützenschwarm als Normalformation anerkannt. Aber auch danach blieb die Tendenz bestehen, die Schützen im Manöver rigider formaler Kontrolle zu unterwerfen und damit eine realistische Gefechtsausbildung mit individueller Deckungssuche im Gelände unmöglich zu machen. Feldbefestigungen, gar das regelmäßige Schanzen der Infanterie, waren noch weithin Anathema[57]. Dass die Kavallerie bis zum Ersten Weltkrieg in völliger Leugnung der verheerenden Wirkung moderner Feuerwaffen am seit Langem obsoleten Schockangriff mit der Blankwaffe festhielt, ist bekannt, und war im Übrigen in fremden Armeen nicht anders. Lediglich die preußische Artillerie schaffte es, aus ihrem verfehlten, batterieweise zersplitterten Einsatz im Krieg von 1866 etwas zu lernen und 1870/71 mit einer wesentlich verbesserten Taktik für den wirkungsvollen Masseneinsatz auf größere Entfernung anzutreten.

Im Offizierkorps brachten die Jahre vor den Einigungskriegen ebenfalls keine umstürzenden Neuerungen. Die Vorbildungsvoraussetzungen für den Eintritt in die Offizierlaufbahn wurden bereits seit der Reformphase 1807 bis 1813 immer wieder einmal angehoben, das Offizierkorps damit schrittweise profes-

[54] R. Braeuner, Militairische Betrachtungen über unsere Armee, Berlin 1862, S. 82-88; Wilhelm Rüstow, Geschichte der Infanterie, 2 Bde, 2. Aufl., Nordhausen 1864, hier: Bd 2, S. 358-361; W. von Scherff, Studien zur neuen Infanterie-Taktik, 2. Aufl., Berlin 1876, S. 20 f.; Volkmar Regling, Grundzüge der militärischen Kriegführung zur Zeit des Absolutismus und im 19. Jahrhundert. In: Handbuch zur deutschen Militärgeschichte 1648-1939. Hrsg. vom MGFA durch Friedrich Forstmeier [et al.], Bd 5, Abschnitt IX, S. 11-425, hier: S. 332-334.
[55] Albert von Boguslawski, Taktische Folgerungen aus dem Kriege von 1870-1871, Berlin 1872, S. 69-82; Albert von Boguslawski, Die Entwickelung der Taktik seit dem Kriege von 1870/71, 3 Bde, Berlin 1877/78, Bd 1.
[56] Der deutsch-französische Krieg 1870-71. Redigirt von der kriegsgeschichtlichen Abteilung des Großen Generalstabes, 5 Bde, Berlin 1874-81, hier: Bd 2, S. 848-894; Michael Howard, The Franco-Prussian War. The German Invasion of France, 1870-71, 2. Aufl., London 2001, S. 174-181; Dennis Showalter, The Wars of German Unification, London 2004, S. 271 f.
[57] Joachim Hoffmann, Wandlungen im Kriegsbild der preußischen Armee zur Zeit der nationalen Einigungskriege. In: Militärgeschichtliche Mitteilungen, 3 (1968), S. 5-33, hier S. 21-23; Hoffmann, Die Kriegslehre (wie Anm. 53); Creveld, Technology (wie Anm. 47), S. 171 f.; Storz, Kriegsbild (wie Anm. 10), S. 27-33, 145-148; Antulio J. Echevarria II, A Crisis in Warfighting. German Tactical Discussions in the Late Nineteenth Century. In: Militärgeschichtliche Mitteilungen, 55 (1996), S. 51-68, hier: S. 55-61, 67 f.; Stephan Leistenschneider, Auftragstaktik im preußisch-deutschen Heer 1871 bis 1914, Hamburg 2002, S. 62-72.

sionalisiert[58]. Die wirkliche Durchsetzung eines Leistungsprinzips war damit aber nur teilweise verbunden, unter anderem deswegen, weil bis zum Ende des Jahrhunderts einerseits »königliche Gnade« erwünschte Bewerber in großem Umfang von den entsprechenden Nachweisen befreite[59], andererseits das berüchtigte Würdigkeitszeugnis den Offizierkorps der Regimenter eine standespolitisch motivierte Selektion der Offizieranwärter ermöglichte[60]. Die Beförderung in höhere Ränge nach Leistung statt nach Dienstalter setzte sich nie wirklich durch[61]. Und die durch die Literatur spukende Vorstellung einer massiven Verjüngung des Offizierkorps in der Amtszeit Edwin von Manteuffels als Chef des Militärkabinetts (1857-1865), der für die Personalien der Offiziere zuständigen Immediatbehörde, lässt sich aus den Quellen kaum erhärten[62]. Immerhin, der preußische Offizier war in den Einigungskriegen vermutlich besser ausgebildet und professioneller als seine Kollegen in den meisten anderen europäischen Staaten, ein nicht unwichtiger Entwicklungsvorsprung. Der basierte allerdings auf kontinuierlichen Prozessen, deren Wurzeln in den Reformen von 1807-1813 lagen. Und diese Diagnose gilt eben für alle Gebiete, auf denen das preußische Militärwesen vor den Einigungskriegen im internationalen Vergleich tendenziell ein positives Bild abgab. Der Generalstab war über Jahrzehnte hinweg professionalisiert worden und in seine Führungsposition hineingewachsen; die militärische Eisenbahnnutzung wurde seit den 1840er-Jahren vorangetrieben. Manches wurde verschleppt: Das Zündnadelgewehr war in den Einigungskriegen bereits 30 Jahre alt und schon wieder beinahe obsolet; Kruppgeschütze kamen erst im Deutsch-Französischen Krieg wirklich zum Tragen. Und manche Anpassungsleistung, die eigentlich erforderlich gewesen wäre, blieb aus: Die preußische Infanterietaktik brauchte für die an sich simple Ausrichtung auf das Zeitalter gezogener Hinterlader ein halbes Jahrhundert.

Das irreführende Bild einer vergleichsweise konzentrierten Reformphase vor den Einigungskriegen, die eine längere Zeit relativer Stagnation seit den Befreiungskriegen ablöste, ist nachträglicher Glorifikation der Helden der Reichsgründungszeit in der populären Mythologie und der Geschichtsschreibung des Kaiserreichs entsprungen. Ein düsterer Hintergrund war nötig, um die Ver-

---

[58]   Bernhard Poten, Geschichte des Militär-, Erziehungs- und Bildungswesens in den Landen deutscher Zunge, 5 Bde, Berlin 1889-1897 (Neudruck Osnabrück 1982), hier: Bd 4: Preußen, S. 187-193.

[59]   Karl Demeter, Das Deutsche Offizierkorps in Gesellschaft und Staat 1650-1945, gekürzte Sonderausgabe der 3. Aufl., Frankfurt a.M. 1963, S. 88-91.

[60]   Ebd. S. 12-29; Rainer Wohlfeil, Vom stehenden Heer des Absolutismus zur Allgemeinen Wehrpflicht (1789-1814). In: Handbuch zur deutschen Militärgeschichte 1648-1939, Bd 1, Abschnitt II. Hrsg. vom MGFA durch Friedrich Forstmeier [et al.], München 1979, S. 11-303, hier: S. 143 f.; Manfred Messerschmidt, Das preußisch-deutsche Offizierkorps 1850-1890. In: Das deutsche Offizierkorps 1860-1960. Hrsg. von Hanns-Hubert Hofmann, Boppard a.Rh. 1977, S. 21-38, hier: S. 26-33.

[61]   Meinecke, Das Leben (wie Anm. 27), Bd 2, S. 103-106; Reinhard Höhn, Scharnhorsts Vermächtnis, 2. Aufl., Frankfurt a.M. 1972, S. 237-244.

[62]   Siehe die entsprechende Diskussion bei Walter, Preußische Heeresreformen (wie Anm. 7), S. 571-575.

dienste Moltkes, Roons, Manteuffels und vor allem Wilhelms I. um die Armee im Kontrast noch heller erstrahlen zu lassen[63]. Dass diese Akteure alle fast zeitgleich zwischen 1857 und 1859 in ihre Schlüsselposition gelangten[64], legte das Bild einer kurzen, von ihnen initiierten Reformphase vor den Einigungskriegen nahe. Die Erfolge der Armee in diesen Kriegen verliehen diesem Heldenepos unmittelbare Glaubwürdigkeit.

Mit der tatsächlichen Entwicklung des preußischen Militärwesens in den Dekaden vor 1866 ist es allerdings kaum vereinbar. Diese war vielmehr von kontinuierlichen, eher zögerlichen und teilweise auch gescheiterten Anpassungsprozessen geprägt. Was im preußischen Militär vor den Einigungskriegen regierte, war die Evolution, nicht die »militärische Revolution«. Das Bild einer großen preußischen Heeresreform in den 1860er-Jahren – ob »fundamental« oder »kumulativ« – ist ein preußischer patriotischer Mythos, den die Geschichtswissenschaft aus gutem Grund ad acta legen sollte.

---

[63] Klassisch bei Goltz, Kriegsgeschichte (wie Anm. 1), Bd 2, S. XXX, 112 f.; Osten-Sacken, Preußens Heer (wie Anm. 13), Bd 2, S. 384 f.

[64] Wilhelm I.: Oktober 1857 Stellvertreter Friedrich Wilhelms IV., 1858 Prinzregent; Manteuffel: 1857 Chef des Militärkabinetts; Moltke: 1857 interimistisch, 1858 definitiv Generalstabschef; Roon: 1859 Kriegsminister.

Eckard Michels

Eine deutsche Kolonialarmee?
Reformansätze zur Stärkung der militärischen Schlagkraft in Übersee 1900 bis 1914

Das deutsche Kolonialreich währte nur drei Jahrzehnte, von 1884 bis 1918. In politischer, wirtschaftlicher und militärischer Bedeutung nahm es nie den Stellenwert ein, den die Überseebesitzungen für Großbritannien und Frankreich, aber auch für kleinere Mächte wie Portugal, Spanien und die Niederlande besaßen. Die kurze Zeit seiner Existenz, seine relative Bedeutungslosigkeit und die Art der Erwerbung der Besitzungen durch private Initiativen in den 1880er-Jahren, die erst im Nachhinein gleichsam widerwillig vom Reich als »Schutzgebiete« adoptiert wurden, bewirkten, dass die deutschen Kolonialtruppen Ende des 19. Jahrhunderts relativ improvisiert entstanden und diesen provisorischen Charakter bis zum Ausbruch des Ersten Weltkrieges nie ganz ablegten. Betrachtet man die Geschichte der Kolonialtruppen unter dem Gesichtspunkt der Reform, so lassen sich drei Perioden unterscheiden. Tastende Anfänge in der Phase der Eroberung sowie Herausbildung eines relativ labilen Militärinstruments kennzeichnen die ersten eineinhalb Dekaden bis etwa 1900. Dieser um 1900 erreichte Rüstungsstand wurde in den Folgejahren zunächst durch den Anspruch, nunmehr weltumspannend politisch und militärisch präsent zu sein, der sich in der ungewöhnlich starken deutschen militärischen Intervention im Boxerkrieg manifestierte, sodann durch die Herausforderungen der Kriege in Deutsch-Südwest- und Deutsch-Ostafrika zwischen 1904 und 1907 als unzureichend und reformbedürftig empfunden. Zwischen 1900 und 1908 setzten als Folge dessen Diskussionen um die Verbesserung der überseeischen militärischen Interventionsfähigkeit ein. Sie bewirkten zwar Teilreformen. Die eigentlich angestrebte Neuordnung der deutschen Kolonialtruppen, kulminierend in der Forderung, eine spezielle Auslandstruppe zu schaffen, unterblieb jedoch. Das letzte Jahrfünft vor dem Ausbruch des Ersten Weltkrieges ist schließlich durch weitere Einzelinitiativen der Militärbehörden gekennzeichnet, die Schlagkraft in Übersee unterhalb der Schwelle einer politisch und finanziell letztlich nicht durchsetzbaren »großen« Reform zu verbessern.

I. Die deutschen Kolonialtruppen um 1900

Am Ende des 19. Jahrhunderts verfügte das Kaiserreich nur über schwache militärische Landstreitkräfte in Übersee zur Sicherung seiner seit 1884 erworbenen Kolonien. In Togo und in den Südseebesitzungen, die relativ problemlos hatten erobert werden können, gab es nur einige Hundert Mann Polizeitruppen. Lediglich die wichtigsten Besitzungen Deutsch-Südwestafrika, Deutsch-Ostafrika und Kamerun besaßen militärische Formationen, die sogenannten Schutztruppen. Diese umfassten um 1900 in allen drei Kolonien zusammen etwa 4000 Soldaten. Während die Schutztruppe in Deutsch-Südwestafrika wegen des dortigen relativ gesunden Klimas nur aus Deutschen bestand, wurden die Mannschaften und der Großteil des Unteroffizierkorps in den beiden tropischen Kolonien von schwarzen Söldnern gestellt. In dem der Marine unterstehenden, 1897 erworbenen chinesischen Kiautschou befand sich ferner das III. Seebataillon[1].

Die Landstreitkräfte in Afrika entstanden nicht etwa nach einem vorgefassten Plan. Ihre Aufstellung resultierte vielmehr aus den jeweiligen lokalen militärischen Erfordernissen in Abhängigkeit davon, auf wie viel autochthonen Widerstand man gestoßen war. Die Schutztruppen wiesen anfangs zudem unterschiedliche organisatorische Strukturen auf[2]. Sie wandelten sich in einer Reihe von Gesetzen zwischen 1891 und 1895 von zunächst privaten Söldnereinheiten, die lediglich im Auftrag des Reiches handelten, in staatliche Formationen um. Diese wurden nunmehr aus einem vom Reichstag zu beschließenden Budget für die Kolonien und nicht etwa aus dem Militärbudget finanziert. Sie unterstanden daher weder dem Heer noch, wie etwa die insgesamt drei Seebataillone, der Marine, sondern bildeten eine dritte, allerdings schwache Säule im militärischen Gefüge des Kaiserreichs. Bis 1896 war die Verantwortlichkeit für die Schutztruppen zwischen Marine und Auswärtigem Amt aufgeteilt: Organisation und Disziplinfragen der Schutztruppen waren Sache der Ersteren, Budgetierung, Verwaltung und Verwendung hingegen ressortierten bei Letzterem. Erst 1896 kamen die Schutztruppen ganz unter die Kontrolle des Auswärtigen Amtes[3]. Hier gab es seitdem ein »Oberkommando der Schutztruppen« bestehend aus einem Dutzend Personen, das von einem Major geführt wurde. Abgesehen von den zur Marine gehörigen Seebataillonen unterstanden die Kolonialtruppen damit, einmalig für das Kaiserreich, einer Zivilinstanz. Lediglich ihre Personalpolitik blieb über das Militärkabinett weiterhin

---

[1] Deutschlands koloniale Wehrmacht in ihrer gegenwärtigen Organisation und Schlagkraft. Aufgrund von neuesten amtlichen Dokumenten bearbeitet von einem höheren Offizier, Berlin 1906.

[2] Bundesarchiv Berlin (BA), R 2/42603, Denkschrift des Oberkommandos der Schutztruppen im Auswärtigen Amt, ca. 1899.

[3] André Triebel, Die Entstehung der Schutztruppengesetze für die deutschen Schutzgebiete Deutsch-Ostafrika, Deutsch-Südwestafrika und Kamerun 1884-1898, Frankfurt a.M. 2008 (= Rechtshistorische Reihe, 358).

direkt dem Kaiser unterstellt. Schon dieses merkwürdige Arrangement zeugt von der geringen Bedeutung, das den Kolonialtruppen in der Militärmonarchie von Beginn an zugemessen wurde. Oberster Grundsatz blieb zudem, dass die Kolonialeinheiten den Steuerzahler möglichst wenig kosten sollten und das Militärbudget des Heimatheeres nicht zu schmälern hatten, denn Sinn und Zweck der Kolonialpolitik waren in Öffentlichkeit wie Reichstag umstritten. Weil auch die Ausgaben für die Schutztruppen aus dem insgesamt knappen Kolonialbudget des Auswärtigen Amtes bestritten werden mussten, reduzierte man deren Etatstärke auf das absolut erforderliche Minimum, das zwar gerade die Unterdrückung der autochthonen Bevölkerung sicherstellte, die Abwehr von Angriffen von außen jedoch kaum gewährleisten konnte.

Abgesehen vom I. und II. Seebataillon in Kiel und Wilhelmshaven gab es um 1900 keine Reserveformationen im Reich selbst, die im Falle größerer militärischer Konflikte in Übersee sofort dorthin entsandt werden konnten. Die Seebataillone waren allerdings aufgrund von Zusammensetzung, Ausbildung und Auftrag als Kolonialtruppe kaum geeignet. Sie wurden von der Marine auch nur kurzzeitig »ausgeliehen« für überseeische Einsätze, denn ihre Hauptaufgabe war die Sicherung der Küsten und Kriegshäfen in Deutschland. Paradoxerweise zog sich die Marine gerade in der von Bernhard von Bülow, dem Staatssekretär des Auswärtigen Amtes, Ende 1897 mit Rückendeckung des Kaisers deklarierten Ära der »Weltpolitik« auf ihre europäischen Aufgaben zurück. Mit dem Amtsantritt von Alfred von Tirpitz konzentrierte sie sich fortan auf den Aufbau einer Schlachtflotte in der Nordsee. Der Erwerb neuer oder die Verteidigung der bereits eroberten Kolonien wurde von der Marine nun als eher lästige Ablenkung der Ressourcen von der eigentlichen Hauptaufgabe gesehen. Diese Einstellung änderte sich bis 1914 nicht mehr[4].

Um die Jahrhundertwende, im Zeichen der von Bülow deklarierten Weltpolitik, die auf ein weiteres koloniales Ausgreifen und daraus resultierende mögliche koloniale Konflikte mit anderen europäischen Mächten schließen ließ, erhoben sich Forderungen, dass Deutschland für seinen neuen Anspruch auch ein geeignetes militärisches Interventionsinstrumentarium brauche. »Wo ist unsere koloniale Expeditionstruppe, welche den Besatzungen Ersatz und Verstärkung zusendet, neue Besatzungen abgibt und zur Ausführung kraftvoller Überseeunternehmungen, zu Angriff und Verteidigung bereit ist«, fragte der bayerische Generalleutnant von Keller im Jahre 1901. Im Gegensatz dazu hätten Frankreich und Großbritannien Zehntausende von Soldaten, die vor allem in Nordafrika und Indien, aber auch im Mutterland als überseeische Interventionsreserve bereitstünden[5]. Die deutschen Kolonialtruppen hingegen seien ein Ausweis übertriebener Sparsamkeit. Wo andere Nationen Regimenter unter-

---

4   Harding A. Ganz, Colonial Policy and the German Imperial Navy. In: Militärgeschichtliche Mitteilungen, 21 (1977), S. 35-52.
5   Generalleutnant Keller, Über Kolonialtruppen. In: Jahrbücher für die deutsche Armee und Marine, 118 (1901), S. 127-162, Zitat S. 158.

hielten, begnüge sich Deutschland mit Kompanien. Ein Major Gallus schrieb[6], es sei nicht praktikabel, die Truppenstärke in den Kolonien selbst zu erhöhen, da dies zu kostspielig und das dortige Klima Europäern abträglich sei. Vielmehr solle das Reich in der Heimat eine gesonderte Einheit bilden, deren Offiziere besonders ausgewählt und geschult werden müssten. Neben dem militärischen Auftrag müssten die Offiziere auch mit den Aspekten der Erschließung und wirtschaftlichen Entwicklung der Kolonien vertraut gemacht werden. Es empfehle sich, diese Kolonialtruppe, die alle Waffengattungen umfassen müsse, und die zu einer Verschmelzung von Seebataillonen und Schutztruppen führen werde, in Kiel zu stationieren.

II. Lernen für den Kolonialkrieg: Das »Ostasiatische Expeditionskorps«

Die Aufstellung und Entsendung des »Ostasiatischen Expeditionskorps« zum Einsatz gegen die »Boxer« in China im Sommer 1900 war Ausdruck für das »persönliche Regiment« Wilhelms II., denn er beschloss diese Aktion ohne Konsultation des Reichstages[7]. Für das Expeditionskorps, das während seiner einjährigen Existenz vom Juli 1900 bis zum Juli 1901 eine Durchschnittsstärke von mehr als 18 000 Soldaten aufwies, wurden nur Freiwillige berücksichtigt. Offiziell herrschte kein Kriegszustand, für den Einheiten des Heimatheeres mobilisiert werden konnten. Die Abgabe der Truppen nach China sollte ferner so erfolgen, dass die heimatliche Kriegsgliederung keine Einbuße erlitt, was ebenfalls gegen die Verschiffung geschlossener Verbände des Heimatheeres sprach. So wurden die nach China entsandten Soldaten in ihren Stammeinheiten durch die Einberufung von Reservisten ersetzt[8]. Dies verdeutlicht, dass aus Sicht der Planer im preußischen Kriegsministerium die militärische Schlagkraft des Reichs in Mitteleuropa selbst in Zeiten relativ geringer internationaler Spannungen keinesfalls durch große überseeische Expeditionen gefährdet werden sollte. Es mussten also für das Ostasiatische Expeditionskorps neue Einheiten, basierend auf den Freiwilligenmeldungen aus dem ganzen Reich, zusammengestellt werden. Der personelle »Pool« für ein Expeditionskorps solcher Größe konnte allerdings nur etwa zur Hälfte aus aktiven Soldaten gedeckt werden, sodass den anderen Teil Reservisten stellten – angelockt vom hohen Sold, den es für diese Unternehmung gab.

---

[6]   Major Gallus, Bedarf Deutschland in Zukunft einer Kolonialtruppe? In: Beiträge zur Kolonialpolitik und Kolonialwirtschaft, 1 (1899/1900), S. 197-204.

[7]   Annika Mombauer, Wilhelm, Waldersee and the Boxer Rebellion. In: The Kaiser. New Research on Wilhelm II's Role in Imperial Germany. Ed. by Annika Mombauer und Wilhelm Deist, Cambridge 2003, S. 91-118.

[8]   BA, R 43/934, Denkschrift betreffend die Expedition nach Ostasien, Aufzeichnung der Reichskanzlei vom November 1900.

Die China-Expedition hatte für das Kriegsministerium eindeutig Testcharakter[9], was von der Lernwilligkeit der deutschen militärischen Führung angesichts dieser weitgehend neuen Herausforderung zeugt. So beauftragte der zum »Weltmarschall« ernannte Oberbefehlshaber der europäischen Streitkräfte in China, Alfred Graf von Waldersee, Offiziere seines Stabes, die Kolonialtruppen der anderen in China operierenden Großmächte zu studieren und darüber Berichte zu verfassen[10]. »Die Deutschen sind immer am Fragen und Notieren«, hieß es entsprechend in einem Bericht des britischen Verbindungsoffiziers im Stabe Waldersees, Oberst James Grierson[11]. Als im Januar 1901 das Kriegsministerium beim Befehlshaber der deutschen Truppen in China, Generalleutnant Emil von Lessel, anfragte, welche Verbesserungen er hinsichtlich Uniformierung, Ausrüstung und Transportmitteln für zukünftige überseeische Einsätze vorschlage, empfahl er schlichtweg die genaue Kopie der britischen Ausstattung[12]. Als vorbildlich wurde zudem das Ein- und Ausschiffen der Truppen, die Kooperation zwischen Land- und Seestreitkräften, die rasche kartografische Erfassung bislang unbekannter Operationsgebiete und das Signalwesen des britischen Expeditionskorps herausgestellt[13].

Nach Rückkehr des Ostasiatischen Expeditionskorps aus China bildete sich im Herbst 1901 in Berlin eine »Kommission zur Beratung der für etwaige künftige Expeditionen erforderlichen und wünschenswerten Maßnahmen«. Entsprechend den vornehmlich 1900/1901 aufgetretenen Problemen, also Transport von größeren Truppenkontingenten und Material zur See und Beschaffungsfragen hinsichtlich geeigneter Kleidung, Transportfahrzeugen sowie Zug- und Reittieren, dominierten diese Aspekte die Beratungen. Die Idee, eine spezielle, in der Heimat stets abrufbar bereitstehende Kolonialtruppe aufzustellen, wurde trotz der auch von Waldersee nach seiner Rückkehr erhobenen Forderung offenbar schnell wieder fallen gelassen. Waldersee hatte zudem davor gewarnt, in Zukunft erneut auf Mannschaften aus der Reserve zurückzugreifen. Diese hätten sich nur wegen des hohen Soldes gemeldet, seien aber äußerst undiszipliniert und für einen Großteil der in China begangenen Verbrechen verantwortlich gewesen[14].

---

9   Reinhard Brühl, Aufbau und Verlegung von Streitkräften für den überseeischen Einsatz am Beispiel des »Ostasiatischen Expeditionskorps«. In: Militärgeschichte, 18 (1979), S. 193-205.
10 Bayerisches Hauptstaatsarchiv München (BHStA), MKr 853, Denkschrift Waldersees über die Erfahrungen in China, 7.8.1901.
11 National Archives Kew (NA), WO106/6262, Report on the Organization of the German Contingent China Expeditionary Force, 11.12.1900.
12 Emil von Lessel, Böhmen, Frankreich, China. Erinnerungen eines preußischen Offiziers 1866-1901, Köln 1981, S. 244.
13 BHStA, MKr 853, Denkschrift Waldersees über die Erfahrungen in China, 7.8.1901; Lessel, Böhmen (wie Anm. 12), S. 185 und 211; E. Binder-Krieglstein, Die Kämpfe des deutschen Expeditionskorps in China und ihre militärischen Lehren, Berlin 1902, S. 262-265.
14 BHStA, MKr 853, Denkschrift Waldersees über die Erfahrungen in China, 7.8.1901; dort auch ein »Überblick über die in den Kommissionsberatungen über die Ostasiatische Expedition zu erörternden Fragen« (Denkschrift des Kriegsministeriums vom 1.11.1901).

Das Ergebnis der Kommissionsberatungen waren die 1903 für den internen Dienstgebrauch herausgegebenen »Anhaltspunkte für die Mobilmachung von Truppen für außereuropäische Unternehmungen«, die 1904 vom Kaiser genehmigt wurden. Die Richtlinien sahen nicht etwa eine spezielle, in der Heimat stets abrufbereite Eingreiftruppe vor. Sie orientierten sich explizit an den in China 1900/1901 gemachten Erfahrungen mit einem ad hoc aufgestellten Expeditionskorps von etwa 20 000 Mann als Muster für künftige Einsätze[15]. Das Dokument befasste sich mit der Rekrutierung (wobei bei den Mannschaften am Grundsatz der Freiwilligkeit festgehalten und nach Möglichkeit keine Reservisten geworben werden sollten), der Kriegsgliederung und Bewaffnung einer vorübergehend aus dem Kontingentsheer der Heimat herausgelösten Streitmacht und damit zusammenhängenden Fragen wie der Kommandohoheit, der Besoldung und des Militärstrafrechts.

Man kann angesichts der unklaren Quellenlage nur vermuten, dass für das Festhalten an einem ad hoc aufzustellenden Expeditionskorps nach Muster des Boxerkriegs budgetäre Restriktionen ausschlaggebend waren sowie der damit einhergehende Unwillen des Kriegsministeriums, die heimatliche Kriegsgliederung zu schwächen. Zudem hatte die Chinaexpedition eher logistische Probleme offenbart, nämlich Truppen und Material über Zehntausende von Kilometern zu transportieren und die Soldaten dort angemessen zu versorgen. Der Einsatz war weniger eine taktisch-operative Herausforderung gewesen. Entsprechend resümierte denn auch Generalleutnant von Keller in seinem Aufsatz »Über Kolonialtruppen« aus dem Jahre 1901, dass Forderungen nach einer großen deutschen Kolonialarmee nach Maßstab Frankreichs und Großbritanniens voreilig seien: Deutschland habe seine militärische China-Probe glänzend bestanden und sei zudem in erster Linie Kontinentalmacht. Das Schicksal von Kolonien werde für Deutschland auf den Schlachtfeldern und Meeren Europas entschieden. Wünschenswert sei allerdings ein kleines Kolonialkorps als Kern großer Entsendungsstreitkräfte[16].

III. Reformimpulse als Folge des Herero- und Namakrieges

Eine neue Runde in den Diskussionen um die Reform der deutschen Kolonialstreitkräfte setzte mit dem Krieg zwischen 1904 und 1907 in Deutsch-Südwestafrika gegen die Herero und Nama ein. Eine weitere Erhebung bislang ungekannten Ausmaßes gegen die deutsche Herrschaft erfolgte parallel 1905/1906 in Ostafrika durch die Maji-Maji-Bewegung. Obwohl in Deutsch-Ostafrika wesentlich mehr Menschen gegen die Kolonialherrschaft kämpften

[15] BA, R 2/42835, Anhaltspunkte für die Mobilmachung von Truppen für außereuropäische Unternehmungen (Mobilmachung von Expeditionstruppen), Berlin 1903.
[16] Keller, Über Kolonialtruppen (wie Anm. 5), S. 160.

und dieser Krieg aufseiten der Afrikaner noch wesentlich mehr Menschenleben forderte, stellte aus militärischer Sicht der Konflikt in Deutsch-Südwestafrika die wesentlich größere Herausforderung dar. Entsprechend galt in den militärinternen Erörterungen der dortige Krieg als der Ernstfall, aus dem man für die Zukunft lernen könnte.

Die militärische Reaktion des Reiches entsprach zunächst jener des Jahres 1900 und den 1903 niedergelegten Grundsätzen. Zunächst wurden die Seebataillone verschifft. Während es in Deutsch-Ostafrika 1905/1906 ausreichte, nur etwa ein halbes Seebataillon als Verstärkung zu entsenden, bildeten die Seebataillone für Deutsch-Südwestafrika nur eine Vorhut. In den folgenden Monaten stellte das Kriegsministerium, das anstelle des überforderten Auswärtigen Amtes die Federführung übernahm, neue Formationen zusammen, die auf Freiwilligenmeldungen aus dem Heimatheer basierten. Insgesamt wurden von Anfang 1904 bis Anfang 1907 etwa 20 000 Soldaten von Deutschland nach Deutsch-Südwestafrika entsandt. Die dortige Durchschnittsstärke betrug in diesen drei Jahren etwa 11 000 Mann. Auch hierbei musste in Ermangelung von Freiwilligenmeldungen aus dem aktiven Heer nach einigen Monaten auf einsatzwillige Reservisten zurückgegriffen werden. Die Soldaten erhielten eine dreiwöchige militärische Ausbildung für den Einsatz in Deutsch-Südwestafrika nach Muster der dortigen Schutztruppe. Diese zählte bei Kriegsausbruch etwa 800 Mann und bestand aus berittener Infanterie. Einzig diese »Zwitterwaffengattung« konnte in den ausgedehnten Weiten des Schutzgebietes mit seiner Wasserknappheit erfolgreich operieren. Auch waren die Herero und Nama beritten. In den meisten Fällen wurde auf deutscher Seite aber nur ein schlechter Kompromiss erzielt: Entweder besaß man relativ gute Reiter, die im Umgang mit Pferden vertraut waren, die sich aber im Gefecht, das in Südwestafrika in der Regel abgesessen geführt wurde, nicht im Gelände zu bewegen wussten und schlecht schossen. Oder man hatte es mit im Reiten ungeübten Infanteristen zu tun, welche die Pferde durch unsachgemäße Behandlung ruinierten und somit den Operationsradius der Einheiten begrenzten[17].

Das Expeditionskorps erlitt durch den mit modernen Schusswaffen vertrauten sowie hoch beweglichen Gegner und durch die ungewohnten klimatischen Verhältnisse wesentlich höhere Verluste als das Kontingent, das einige Jahre zuvor in China gedient hatte. Diese Schwierigkeiten verdeutlichten, dass weder die Seebataillone aus Wehrpflichtigen noch ein rasch aufgestelltes Expeditionskorps bei militärischen Konfrontationen in Übersee einen größeren Kolonialkrieg schnell beenden konnten. Daher erhoben sich während des Krieges erneut Forderungen, eine permanente Interventionsstreitmacht im Reich zur schnellen Entsendung zu schaffen[18]. Sie erhielten quasi amtlichen Charakter,

---

[17] Bundesarchiv-Militärarchiv Freiburg (BA-MA), RW 51/18, Überblick über die bei der Entsendung von Verstärkungen für die Schutztruppe nach Südwestafrika gemachten Erfahrungen, 1.11.1908; Deutschlands koloniale Wehrmacht (wie Anm. 1), S. 79–82.
[18] Hauptmann von Haeften, Eine deutsche Kolonialarmee. In: Vierteljahrshefte für Truppenführung und Heereskunde, 2 (1905), S. 609–639, Von Alvensleben, Zur Frage der Or-

indem es in der 1906 veröffentlichten kriegsgeschichtlichen Darstellung des Generalstabes zum Feldzug gegen die Herero hieß: »Das Fehlen dauerhaft vorhandener, für überseeische Zwecke stets verwendbarer Truppen, einer Art Kolonialarmee, wurde in dieser Zeit von allen Seiten besonders unangenehm empfunden, und die zu Tage tretenden Mißstände lehrten, daß das Reich eine Kolonialtruppe in der Heimat dringend nötig hat, um den Anforderungen überseeischer Machtentfaltung genügen zu können[19].«

Als unmittelbare Folge der Kriege in Deutsch-Südwestafrika und Deutsch-Ostafrika zwischen 1904 und 1907 entstand 1907 das Reichskolonialamt (RKA) als eigenständige oberste Reichsbehörde unter dem liberalen und reformfreudigen Bankier Bernhard Dernburg[20]. Damit ging die Verantwortlichkeit für die Kolonialtruppen vom Auswärtigen auf das neue Amt über. Die Bedeutung der Schutztruppen wurde dadurch aufgewertet, dass nun ein Offizier im Range eines Generalmajors den Militärstab – nun unter dem Namen »Kommando der Schutztruppen« – im RKA führte. Die Stellenbesetzung wurde damit begründet, dass zukünftig Tausende von Soldaten als Besatzungstruppen in Deutsch-Südwestafrika verbleiben müssten. Zudem könne die Autorität des Militärs im neu errichten Amt nur auf diese Art gewahrt werden, denn nun stünde dem Kommandeur nicht mehr wie zuvor im Auswärtigen Amt ein Abteilungsleiter, sondern ein Staatssekretär als Zivilist gegenüber. Ferner sei ein solcher Offizier auch der geeignete Kommandeur für größere Auslandseinsätze[21].

Dernburg wollte die Kolonien wirtschaftlich entwickeln, sodass sie sich eines Tages selbst finanziell würden tragen können. Voraussetzung hierfür war aber die Rücksichtnahme auf die ökonomischen Interessen der autochthonen Bevölkerung und deren Integration in den Geldkreislauf anstelle einer einseitigen Bevorzugung der deutschen Siedlerwirtschaft. Dies erforderte u.a. ein besser geschultes Offizierkorps der Schutztruppen, das sich nicht nur als Unterdrücker, sondern auch als Entwickler der Kolonien verstand und ein Mindestmaß an Verständnis für Fragen der Kolonialpolitik mitbrachte. Daher machte es das RKA ab 1907 zur Pflicht für Offiziere der Leutnantsränge, die in den Schutztruppen dienen wollten, für sechs Monate am Seminar für Orientalische Sprachen (SOS) der Berliner Universität zu studieren. Vereinzelt hatte es schon vor 1907 solche Offizierstudenten am SOS gegeben, doch war bis dahin

---

ganisation von Kolonialtruppen. In: Zeitschrift für Kolonialpolitik, Kolonialrecht und Kolonialwirtschaft, 7 (1905), S. 928-934.

[19] Die Kämpfe der deutschen Truppen in Südwestafrika, Bd 1: Der Feldzug gegen die Hereros. Hrsg. von der Kriegsgeschichtlichen Abteilung des Großen Generalstabs, Berlin 1906, S. 130.

[20] Woodruff D. Smith, The German Colonial Empire, Chapel Hill, NC 1978, S. 191-201.

[21] Vereinzelte Unterlagen hierzu in BA, R 43/931. Auch in Kamerun kam es zu einer Vergrößerung der Schutztruppe durch die Gebietserwerbungen von 1911 auf Kosten Frankreichs als Folge der zweiten Marokkokrise. Der Umfang aller drei Formationen in den afrikanischen Kolonien stieg damit bis 1914 auf etwa 6500 Mann an. Verglichen mit den etwa 90 000 Soldaten, die Frankreich in Afrika unterhielt, oder den allein 225 000 Soldaten der britischen Truppen in Indien bildeten die Schutztruppen allerdings weiterhin eine mehr als bescheidene Kolonialstreitmacht.

der Besuch der Kurse nicht zwingende Voraussetzung für die Aufnahme in die Schutztruppen gewesen. Offiziere vom Hauptmann aufwärts mussten hingegen auch nach 1907 nicht am SOS studieren. Sie bekamen aber nur noch eine Verwendung in Afrika, wenn sie bereits zuvor in Übersee gedient hatten. Die Leutnante erhielten am SOS eine sprach- und landeskundliche Vorbereitung auf ihr jeweiliges Einsatzgebiet. Dabei mussten nicht nur die Regionalsprachen der jeweils dominierenden Ethnien, sondern auch Französisch, Englisch und – im Falle Ostafrikas – Arabisch erlernt werden. Das Bestehen der Prüfung in der jeweiligen Landessprache wie Suaheli in Deutsch-Ostafrika oder Fulbe und Haussa für Kamerun war die Voraussetzung für die endgültige Entsendung nach Übersee. Ferner gehörten zum Curriculum Veranstaltungen zu Fragen der Kolonialwirtschaft, der Tropenhygiene und Kartografie sowie der geografisch-astronomischen Ortsbestimmung. Erfahrene Kolonialoffiziere gaben ferner Unterricht zu militärischen Aspekten des künftigen Einsatzes, also über Stärke und Charakter der Schutztruppen, zur militärischen Situation in den Nachbarkolonien, zum Umgang mit schwarzen Söldnern sowie zu Problemen von Marsch und Lager im afrikanischen Busch. Man analysierte ferner vergangene Gefechte der Schutztruppen in Afrika. Abschließend musste jeder Offizier eine zweiwöchige Ausbildung am Maschinengewehr absolvieren, das sich im Herero- und Namakrieg erstmals bewährt hatte[22]. Allerdings stand die militärische Ausbildung für den Einsatz in Afrika nicht im Vordergrund. Diese erfolgte – falls überhaupt – durch die jeweiligen Schutztruppen vor Ort und wohl auch dort nicht in systematischer Form. Lediglich die Schutztruppe in Deutsch-Ostafrika gab 1911 eine Art »Schulungsheft« für den »Buschkrieg« heraus[23]. Es spiegelte die durch Dernburg eingeleitete Reformära in der deutschen Kolonialpolitik wider, da es die einheimische Bevölkerung als schützens- und förderungswürdige Produzenten und Konsumenten in den Vordergrund stellte. Basierend auf den Erfahrungen des Maji-Maji-Krieges, bei dem vermutlich mehr als eine Viertelmillion Afrikaner durch die Strategie der »verbrannten Erde« umgekommen war, ermahnte dieser Leitfaden nun die Schutztruppenoffiziere, unnötige Menschenverluste zu vermeiden, weil die »Eingeborenen« selbst »einen der Hauptwerte Deutsch-Ostafrikas« darstellten[24].

Neben diesen punktuellen Verbesserungen ab 1907, also Aufwertung des Führungsstabes der Schutztruppen innerhalb des neuen Reichskolonialamtes, leichte Erhöhung ihrer Etatstärken in Deutsch-Südwestafrika und Kamerun sowie bessere Vorbereitung der Offiziere auf ihre zu erwartenden Aufgaben, bildete sich im Herbst 1908 die »Südwestafrika-Kommission« zum Zwecke einer grundlegenden Reform und Reorganisation der deutschen Kolonialstreitkräfte. Grundlage waren die Erfahrungen aus dem Herero- und Namakrieg. In dem Gremium waren Generalstab, Kriegsministerium, Marine und RKA ver-

---

[22] Geheimes Staatsarchiv Preußischer Kulturbesitz Berlin, I. HA Rep. 208 A (Akten des SOS), insbesondere Bde 221-225, 233 und 241.
[23] Anleitung zum Felddienst in Deutsch-Ostafrika, Dar-es-Salaam 1911.
[24] Ebd., S. 22.

treten. Bei den sich bis Frühjahr 1909 hinziehenden Beratungen standen weniger logistische Fragen im Vordergrund. Dies deutet darauf hin, dass die Verlegung, Ausrüstung und Versorgung von Truppen während des Krieges in Deutsch-Südwestafrika keine größeren Probleme mehr bereitet hatte. Also hatten die Erfahrungen in China und die Empfehlungen der danach eingesetzten Kommission durchaus ein Mehr an Effizienz bewirkt. Entsprechend den in Südwestafrika aufgetretenen Schwierigkeiten bei der Bekämpfung des Gegners dominierten hingegen 1908/1909 Aspekte der besseren militärischen Schulung des einzelnen Soldaten die Beratungen: insbesondere eine verbesserte Schießausbildung sowie die Erziehung zu mehr Selbstständigkeit. Kolonialkonflikte erforderten wegen der aufgelockerten Kampfweise und hohen Beweglichkeit der Gegner mehr Eigeninitiative vom Einzelnen. Außerdem wurde über eine »permanente Eingreiftruppe« für Kolonialeinsätze beraten, wie sie RKA und Kriegsministerium wünschten[25]. Diese »Auslandstruppe« sollte nicht nur umfangreicher als die Marine-Infanterie sein, sondern sich im Gegensatz zu deren Wehrpflichtigen aus lang dienenden, besser ausgebildeten und wegen eines höheren Durchschnittsalters physisch widerstandsfähigeren Soldaten zusammensetzen. Anders als die Seebataillone sollte die »Auslandstruppe« nach Möglichkeit auch berittene Abteilungen umfassen. Die neue Formation sollte jedoch nicht aus dem bestehenden Wehretat finanziert werden, sondern aus einem entsprechend zu vergrößernden Budget des RKA. Nach Ansicht des Kriegsministeriums durfte nämlich keine Umstrukturierung oder Verkleinerung der für den Fall eines europäischen Krieges im Reich stehenden Verbände riskiert werden[26]. Damit sanken die Chancen, eine solche Truppe zu realisieren. Der Reichstag zeigte sich zumeist unwillig, größere Investitionen für das Kolonialreich zu bewilligen. Oft konnten diese nur mit erheblichen politischen Zugeständnissen andernorts erkämpft werden[27]. Zudem herrschte auch in den militärischen Stäben die Auffassung vor, dass eine Ausweitung des deutschen Kolonialreiches im Zeitalter des Hochimperialismus kaum durch überseeische Operationen, sondern letztlich auf den Schlachtfeldern Europas entschieden werde, also durch Sieg über die kolonialbesitzenden Nachbarn: »Nicht die Kolonien entscheiden wie bei England die Geschicke des Mutterlandes, sondern die Geschicke der Kolonien werden in Europa ausgekämpft«, hieß es in der Vorlage des Kommandos der Schutztruppe im RKA[28]. Kriegsministerium wie

---

[25] BA-MA, RM 3/4323, Grundzüge der Stellungnahmen des Kriegsministeriums vom 21.11.1908; sowie dort »Überblick über die bei der Entsendung von Verstärkungen für die Schutztruppe gemachten Erfahrungen und die in den Kommissionsberatungen zu erörternden Fragen« (Aufzeichnung des Kommandos der Schutztruppen vom 1.11.1908). Vgl. zur Kommission auch Bernd-Felix Schulte, Die deutsche Armee 1900-1914. Zwischen Beharren und Verändern, Düsseldorf 1977, S. 192-199.

[26] BA-MA, RM 3/4323, Grundzüge für die Stellungnahme des Kriegsministeriums, 21.11.1908.

[27] Smith, The German Colonial Empire (wie Anm. 20), S. 144-154; Horst Gründer, Geschichte der deutschen Kolonien, 3. Aufl., Paderborn 1995, S. 63-77.

[28] BA-MA, RM 3/4323, Überblick über die bei der Entsendung von Verstärkungen für die Schutztruppe in Südwestafrika gesammelten Erfahrungen, 1.11.1908.

RKA machten sich offenbar von Beginn an wenige Illusionen über die Realisierbarkeit einer »Auslandstruppe« und damit über die grundlegende Reformierbarkeit und Erweiterung der deutschen Kolonialstreitkräfte. Der an den Kommissionsberatungen teilnehmende Oberstleutnant Ludwig von Estorff schrieb in seinen Memoiren, dass zwar alle vertretenen Stellen die Notwendigkeit einer solchen Truppe grundsätzlich befürworteten, aber unisono erklärten, selbst weder Geld noch Soldaten zur Verfügung stellen zu können, sondern dies vielmehr von den jeweils anderen Ressorts erwarteten[29].

Aufgrund der mangelnden finanziellen Durchsetzbarkeit des Projektes gegenüber dem Reichstag und der Fixierung von Kriegsministerium und Generalstab auf eine ungeschmälerte militärische Schlagkraft in Europa endeten die Diskussionen der Kommission im März ohne eine eindeutige Empfehlung zur Aufstellung der »Auslandstruppe«. Am Ende der Kommissionsberatungen im März 1909 drängte sich allenfalls eine Teilreform auf, die sich ohne zusätzliche Finanzmittel am Reichstag vorbei realisieren ließ: Die Marine-Infanterie musste für künftige überseeische Einsätze besser vorbereitet werden, und zwar möglichst umgehend durch Offiziere mit nicht zu weit zurückliegender Erfahrung in kolonialen Konflikten. Diese sollten mehr Nachdruck auf die Schießausbildung der einzelnen Soldaten legen und vermehrt Übungen im Feld- und Patrouillendienst abhalten[30]. Allerdings hatte die Marine schon bei den Beratungen deutlich gemacht, dass die Seebataillone allenfalls sekundär eine Kolonialtruppe darstellten. Ihre Hauptaufgabe bleibe der Schutz der deutschen Häfen und Küsten, was den durch die Kommissionsberatungen intendierten Reformimpuls nochmals abschwächte[31].

IV. Budgetäre Restriktionen trotz neuer Herausforderungen

Der Reichstag scheint in seiner Mehrheit bis 1914 regelrecht »allergisch« auf das Konzept einer eigenständigen Kolonialarmee reagiert zu haben, wie das Protokoll einer Ressortbesprechung von 1910 andeutet. In dieser Beratung über ein Gesetzesvorhaben zur Regelung der Wehrpflicht in den Kolonien plädierte das RKA für eine äußerst vorsichtige Formulierung des Entwurfs. Jeder Verdacht sollte ausgeräumt werden, dass das geplante Gesetz Grundlage einer Kolonial-

---

[29] Ludwig von Estorff, Wanderungen und Kämpfe in Südwestafrika, Ostafrika und Südafrika 1904-1910, Wiesbaden 1968, S. 145 f.

[30] BA-MA, RW 51/19, Ergebnisse der Kommission zur Beratung der aufgrund der Entsendung von Verstärkungen für die Schutztruppe in Südwestafrika gemachten Erfahrungen, März 1909.

[31] BA-MA, RM 3/4323, Ausführungen des Korvettenkapitäns Löhlein in der Sitzung vom 17.2.1909 zur Frage der Verwendung der Marine-Infanterie als Expeditionstruppe, sowie RM 3/4324, Schreiben der Inspektion der Marine-Infanterie an das Kommando der Marinestation der Ostsee, 31.5.1911.

armee werden und damit dem Reichstag Anlass geben könne, die Initiative als Ganzes abzulehnen[32]. Abgesehen davon, dass das Parlament die zusätzlichen Ausgaben für eine Kolonialarmee scheute, wäre eine solche Truppe auch ein Instrument in den Händen des Kaisers gewesen, das er nach Belieben für seine sprunghafte Außenpolitik hätte einsetzen können. Wilhelm II. hatte bereits mit der Entsendung des Ostasiatischen Expeditionskorps die Legislative überrumpelt, um dann später wiederholt das Parlament um Nachtragshaushalte für dieses im Alleingang initiierte Abenteuer anzugehen. Ein weiterer Streit zwischen Militär und Legislative entbrannte 1910 um die Personalpolitik der Schutztruppen: Der Kaiser pochte auf das Recht, die Personalpolitik weiterhin über sein Militärkabinett und damit an allen zivilen Kontrollinstanzen vorbeizusteuern. Der Reichstag hingegen argumentierte, dass es sich bei den Schutztruppen um neuartige Formationen handele, die sich aus einem gesonderten Etat finanzierten und sogar einer zivilen Behörde unterstanden und sich damit außerhalb der klassischen militärischen Prärogative des Monarchen befänden[33].

Obwohl die zweite Marokkokrise (1911) im Reich das Bewusstsein schärfte, dass auch die Kolonien in einen größeren europäischen Konflikt hineingezogen werden könnten und ihre Verteidigungsfähigkeit entsprechend erhöht werden müsse, wurde das Projekt einer vergrößerten deutschen Kolonialarmee nach 1908/1909 nicht mehr ernsthaft diskutiert[34]. Es schien aussichtslos, den Reichstag von der Notwendigkeit einer solchen Maßnahme zu überzeugen. Der politische Preis für die Bereitstellung entsprechender Mittel durch die Legislative wäre aus Sicht der Militärbehörden zu hoch gewesen. Die Jahre relativer Friedfertigkeit in den Kolonien seit 1907 sowie der Ausbau der dortigen Eisenbahnlinien, die eine schnellere Truppenverlegung als zuvor erlaubten, dienten vielmehr dem Reichstag als Argumente, am Vorabend des Ersten Weltkrieges sogar eine Reduktion der Schutztruppen zu fordern. So argumentierten selbst Koloniallobbyisten wie der ehemalige Gouverneur von Deutsch-Südwestafrika, Theodor Leutwein, kurz vor Kriegsausbruch, dass sich das Schicksal des deutschen Kolonialreiches in einem Großkonflikt vor allem in Europa entscheiden werde. Angesichts der feindlichen Übermacht müsse sogar mit dem vorübergehenden Verlust der außereuropäischen Besitzungen zu Lande und zur See gerechnet werden[35]. Zur Erhöhung der Verteidigungsfähigkeit der Kolonien gegen äußere Bedrohungen wurde in den letzten Vorkriegsjahren lediglich begonnen, die dortigen Schutztruppen auf das moderne Gewehr 98 umzurüs-

---

[32] BA, R 2/42606, Protokoll der Ressortbesprechung zwischen Auswärtigem Amt, Kriegsministerium, RKA, Reichsschatzamt und Reichsmarineamt über ein neues Schutztruppengesetz, 25.11.1910.

[33] Rudolf Schmidt-Bückeburg, Das Militärkabinett der preußischen Könige und deutschen Kaiser. Seine geschichtliche Entwicklung und staatsrechtliche Stellung 1787-1918, Berlin 1933, S. 231-234.

[34] Unterlagen hierzu finden sich in BA, R 1001/9553, 9560, 9561.

[35] Gouverneur a.D. Leutwein, Die Organisation der Kolonialtruppen und ihre Aufgaben. In: Deutschland als Kolonialmacht. 30 Jahre deutsche Kolonialgeschichte. Hrsg. vom Kaiser-Wilhelm-Dank Verein der Soldatenfreunde, Berlin 1914, S. 38-43.

ten. Ferner arbeitete man mit Nachdruck an einer direkten Funkverbindung zum Reich durch Aufbau leistungsfähiger Sendestellen.

Das Kriegsministerium verfolgte bis Kriegsausbruch das Projekt, anstelle der »Auslandstruppe« zumindest den finanziellen und organisatorischen Rahmen für ein dem Kaiser direkt unterstehendes »Deutsches Expeditionskorps« in Brigadestärke zu schaffen. Geplant war ein Budget zum Ankauf von geeigneter Ausrüstung sowie von Reit- und Zugtieren. Außerdem gedachte man, durch regelmäßige Umfragen in den Kontingenten des Heimatheeres eine »Personalreserve« von Freiwilligen zu schaffen. Diese sollten auf dem Papier bereits den zu entsendenden Einheiten zugewiesen werden. Das Geld hierfür wurde erstmals als Sonderposten im generellen Heeresetat für das Jahr 1914 bereitgestellt. Allerdings gab es statt der veranschlagten 1,2 Millionen nur 700 000 Reichsmark[36]. Ferner konzentrierten sich die Anstrengungen der Militärbehörden in den letzten Jahren vor Kriegsausbruch auf zwei Gesetzesinitiativen: Beinahe modern und durchaus kooperativ gegenüber dem Reichstag muteten die Überlegungen des Kriegsministeriums von 1911 an, wenigstens eine gesetzliche Grundlage für die zukünftige Entsendung eines Expeditionskorps auszuarbeiten, um nicht wieder wie beim Einsatz in China im rechtsfreien Raum agieren und den Reichstag im Nachhinein um Indemnität bitten zu müssen. Ein solches »Entsendegesetz« hätte aus Sicht des Kriegsministeriums den Vorteil gehabt, dass man auch eingespielte Einheiten des Heimatheeres nach Übersee verschiffen konnte und nicht nur ad hoc aufgestellte Freiwilligenverbände wie im Boxer-, Herero- und Namakrieg. Für das Kriegsministerium stand also der Gewinn an militärischer Effizienz im Vordergrund, selbst wenn dies bedeutete, dem Reichstag ein Mitspracherecht in Fragen der Militär- und Außenpolitik einzuräumen. Das Reichsamt des Innern äußerte deshalb Bedenken: Das Angebot einer gesetzlichen Regelung von Auslandseinsätzen würde die Machtansprüche und Mitwirkungsrechte des Reichstages stärken[37].

Das »Entsendegesetz« kam bis 1914 nicht mehr zustande. Als Ausdruck der erhöhten Bedrohung der deutschen Kolonien von außen trat am 22. Juli 1913 aber ein Gesetz in Kraft, das die in den Kolonien lebenden Deutschen zum Wehrdienst in den dortigen Schutztruppen verpflichtete. Zudem eröffnete es für Wehrpflichtige aus dem Reich die Möglichkeit, ihren Dienst in Übersee abzuleisten. Auch dieses Gesetz war gegenüber dem Reichstag nur unter dem Gesichtspunkt langfristiger Kostenersparnis durchsetzbar gewesen. Sinn machte es eigentlich nur für Deutsch-Südwestafrika, der einzigen deutschen Siedlerkolonie, in der es überhaupt eine gewisse Zahl von Wehrpflichtigen gab. Wegen des relativ gesunden Klimas konnte man dorthin auch relativ gefahrlos Europäer entsenden. Hier also hätten Wehrpflichtige durchaus Aufgaben übernehmen können, die bislang von den wesentlich höher besoldeten Berufssoldaten der Schutztruppe erfüllt worden waren[38].

---

[36] Vereinzelte Unterlagen hierzu in BA, R 2/42835.
[37] Ebd.
[38] Vereinzelte Unterlagen hierzu in BA, R 2/42606.

V. Fazit

Betrachtet man abschließend die Geschichte der deutschen Kolonialtruppen unter dem Gesichtspunkt von Reformfähigkeit und -unfähigkeit, so fällt auf, dass die Militärführung des Kaiserreichs ein hohes Maß an Lernwilligkeit gegenüber neuen Herausforderungen sowie einen nüchternen Blick für organisatorische, logistische und ausbildungsbedingte Missstände aufwies. Diese gedachte sie, nach Möglichkeit auch zu beheben. Hiervon zeugten u.a. die 1901 und 1908 eingesetzten Kommissionen. Zugleich erfuhr die durchaus vorhandene Reformwilligkeit hinsichtlich der militärischen Schlagkraft in Übersee ihre Begrenzung in zwei unveränderlichen Determinanten damaliger deutscher Militärpolitik: Die eine war die verfassungsrechtliche Struktur des Kaiserreichs. Diese wies ein gespanntes Verhältnis auf zwischen der tendenziell auf uneingeschränkte Entscheidungsfreiheit in Wehrfragen pochenden Militärmonarchie, die ein Mehr an militärischer Schlagkraft in Übersee nicht mit dem Mitspracherecht des Reichstages in Fragen der Militärpolitik erkaufen wollte, sowie einer Legislative, die über das Mittel der Budgetkontrolle Einfluss auf die Militärpolitik zu nehmen trachtete. Das Parlament wollte kein Geld für eine neuartige Streitmacht bewilligen, die in den Händen der Exekutive zum Instrument für eine abenteuerliche Außenpolitik werden konnte. Die zweite Determinante stellte die geostrategische Lage des Kaiserreichs in der Mitte Europas dar. Heer wie Marine sahen militärische Verpflichtungen in Übersee eher als lästige Ablenkungen von der Hauptaufgabe an, den Krieg in Europa zu Lande und auf dem Wasser vorzubereiten. Die Ausweitung kolonialen Besitzes oder auch nur die Verteidigung der bis 1900 erworbenen »Schutzgebiete« spielte demgegenüber nur eine untergeordnete Rolle. Diese Einschränkungen verfassungsrechtlicher wie geostrategischer Art bewirkten, dass es zwar als Folge der kolonialen Konflikte ab 1900 zu Teilreformen kam. So wurde die Logistik für den Einsatz in Übersee verbessert, ebenso wie die Schulung des einzelnen Soldaten für die ihn dort erwartenden Aufgaben. Eine grundsätzliche Neustrukturierung wie auch eine erhebliche Vergrößerung der Kolonialstreitkräfte unterblieben jedoch trotz wiederholter Anläufe aufgrund der unverrückbar erscheinenden strategischen und politischen Rahmenbedingungen.

»Eine so verrückte Art der Kriegsführung
war noch nicht da, solange die Welt steht.«
(Helmuth von Moltke)[1]

Stefan Zimmermann

Die Vision vom Krieg der Zukunft: Die deutsche Rezeption des Russisch-Japanischen Krieges 1904/1905

Der vorliegende Beitrag versucht, auf einer breiten Grundlage zeitgenössischer Quellen herauszuarbeiten, welche Erscheinungen während des Russisch-Japanischen Konfliktes in Ostasien in den Jahren 1904/05 von den dort eingesetzten deutschen Militärbeobachtern registriert wurden und wie diese, sowohl von den Beobachtern selbst als auch von der deutschen Militärpublizistik, wahrgenommen, analysiert und im Hinblick auf ein zukünftiges Kriegsszenario in Europa bewertet wurden. In welchem Maße haben die Erkenntnisse der deutschen Militärbeobachter und die militärpublizistische Aufarbeitung des Russisch-Japanischen Krieges das in Deutschland vorherrschende Kriegsbild geprägt und beeinflusst? Welche Phänomene interpretierte man als richtungsweisend für die zukünftige Kriegführung? Welche Veränderungen erkannte man, welche nur partiell und welchen verschloss man sich – möglicherweise sogar wider besseres Wissen? Führten die Erkenntnisse aus diesem Krieg zu Nachbesserungen im deutschen Militärwesen im eher evolutionären Sinne, waren sie der Katalysator für tief greifende Reformen oder zogen sie etwa gar keine nennenswerten Veränderungen nach sich? Hinter diesen Gedanken, die im Zentrum der Studie stehen sollen, verbirgt sich letztlich die Frage nach der Reformfähigkeit oder -unfähigkeit des deutschen Militärs im Jahrzehnt vor dem Ersten Weltkrieg.

I. Der Kriegsverlauf

Als am Morgen des 8. Februar 1904 japanische Kriegsschiffe mit ihrem Angriff auf die vor Port Arthur vor Anker liegende russische Pazifikflotte den Russisch-Japanischen Krieg eröffneten, blickten die Generalstäbe der europäischen

---

[1] Helmuth von Moltke 1848-1891. Dokumente zu seinem Leben und Wirken. Hrsg. von Thomas Meyer, Bd 1, Basel 1933, S. 247.

Großmächte gebannt nach Ostasien. Erstmals seit dem Deutsch-Französischen Krieg von 1870/71, der zum Zeitpunkt des Russisch-Japanischen Krieges mehr als 30 Jahre zurücklag, standen sich auf dem ostasiatischen Kriegsschauplatz wieder zwei militärische Schwergewichte gegenüber.

Die nahezu komplette Ausschaltung der russischen Pazifikflotte gleich zu Beginn des Krieges ermöglichte den Japanern die Landung ihrer Bodentruppen ohne russischen Widerstand. Erst Ende März 1904 stellte sich dem japanischen Vormarsch in das Landesinnere am Fluss Yalu erstmals eine russische Armee entgegen. Diese wurde von den Japanern besiegt und zum Rückzug gezwungen – die Japaner hatten ihren ersten Sieg auf mandschurischem Boden errungen. In der Folge gelang es den japanischen Truppen, den Hafen und die Festung Port Arthur vom Hinterland und den russischen Hauptkräften abzuschneiden und einzuschließen. Nun begann die Belagerung der strategisch wichtigen Stadt, die bis zum 19. Dezember 1904 andauerte und etwa 30 000 russischen und über 60 000 japanischen Soldaten das Leben kostete. Der russische Oberbefehlshaber Alexei N. Kuropatkin unternahm bei Liaoyang, wo er 160 000 Mann mit 600 Geschützen zusammengezogen hatte, einen weiteren Versuch, den Vormarsch der Japaner aufzuhalten. Die zahlenmäßig unterlegenen Japaner ergriffen jedoch die Initiative und zwangen die russischen Truppen zum Rückzug. Die Wintermonate nutzten besonders die Russen, um mit der Transsibirischen Eisenbahn frische Kräfte heranzuführen. Sie verliefen ohne entscheidende militärische Operationen beider Seiten.

Der wachsende Druck aus St. Petersburg auf den russischen Oberkommandierenden zwang diesen, sich im Februar 1905 bei Mukden den Japanern zur entscheidenden Schlacht zu stellen. Auf einer Frontlänge von 160 Kilometern gruppierten sich um Mukden über 300 000 russische Soldaten mit 1200 Geschützen und 60 Maschinengewehren. Dem japanischen Marschall Iwao Oyama standen 250 000 Mann, deutlich weniger Feldgeschütze, jedoch über 200 Maschinengewehre zur Verfügung. Die Japaner ergriffen – wie in fast allen Kämpfen des Konflikts – auch in dieser letzten großen Landschlacht die Initiative. Ihre Offensive traf das russische Heer in einer Phase der Umgruppierung und bedrohte die Eisenbahnlinie und damit die Lebensader und einzige Rückzugsmöglichkeit der Russen. Mukden war ein Desaster für die Truppen des Zaren: über 100 000 Tote und Verwundete, 32 000 Soldaten gerieten in Kriegsgefangenschaft. Kuropatkin drohte eingekesselt zu werden und befahl den Rückmarsch. Die Japaner hatten etwa 42 000 Tote zu beklagen.

Die russische Generalität wollte den Kampf auch nach der Katastrophe von Mukden fortsetzen, doch die innenpolitischen Unruhen im europäischen Teil des Zarenreiches und der immer größer werdende Wunsch nach Frieden ließen Mukden das letzte große Landgefecht dieses Krieges bleiben. Nach der Niederlage der russischen Flotte bei Tsushima folgte der Zar einem Vermittlungsangebot des amerikanischen Präsidenten Theodore Roosevelt; Russland unterzeichnete am 5. September 1905 den Vertrag von Portsmouth. In militärischer Hinsicht hatte das »Reich der aufgehenden Sonne« den »russischen Bären« tatsächlich gestürzt. Der erste Sieg einer asiatischen Nation über eine europäische Großmacht war Realität geworden[2].

II. Beobachtungen in den verschiedenen Bereichen

Bereits vor Ausbruch der Feindseligkeiten im Fernen Osten hatte der deutsche Generalstab einige Offiziere ausgewählt, die sich unmittelbar nach Kriegsbeginn in das mandschurische Kriegsgebiet begeben sollten. Als offizielle Militärbeobachter war es ihre Aufgabe, sowohl aufseiten der russischen, wie auch der japanischen Truppen am Krieg teilzunehmen und über ihre Beobachtungen in die Heimat zu berichten. Alle anderen europäischen Großmächte, auch die USA, Australien und einige südamerikanische Staaten, unternahmen ähnliche Anstrengungen, um sich über die Kampfhandlungen aus erster Hand zu informieren. Am Ende des Krieges im Frühjahr 1905 stellte das Deutsche Reich die größte Anzahl von Militärbeobachtern auf dem ostasiatischen Kriegsschauplatz. »Für den Soldaten kann es, besonders bei der jetzigen langen Friedenszeit kaum eine erwünschtere und erstrebenswertere Aufgabe geben, als teilzunehmen an dem Feldzuge einer fremden Armee, den Krieg aus eigener Anschauung kennenzulernen«, notierte ein Beobachter[3].

Die rasch publizierten Erinnerungen und Erfahrungsberichte der deutschen Militärbeobachter[4], die breite Presseberichterstattung über den Konflikt und die Veröffentlichungen anderer europäischer Militärführungen bildeten für die deutsche Militärpublizistik die Grundlage für eine Vielzahl von Artikeln, Aufsätzen und Denkschriften[5], die sich mit den unterschiedlichsten Einzelerschei-

---

[2] Überblicksdarstellungen über die Vorgeschichte des Russisch-Japanischen Krieges, den Kriegsverlauf und einzelne Schlachten bieten: David Schimmelpenninck van der Oye, Toward the Rising Sun. Russian Ideologies of Empire and the Path to War with Japan, Dekalb, IL 2001; Geoffrey Wawro, Warfare and Society in Europe 1792-1914, London, New York 2000; Geoffrey Jukes, The Russo-Japanese War 1904-1905, Oxford 2002; Richard Connaughton, The War of the Rising Sun and the Tumbling Bear, London 2003.

[3] Freiherr Eberhard von Tettau, Achtzehn Monate mit Russlands Heeren in der Mandschurei, Bd 1: Von Beginn des Krieges bis zum Rückzug nach Mukden, Berlin 1907, S. 1 f.

[4] Friedrich H.B.J. Bronsart von Schellendorff, Sechs Monate beim japanischen Feldheer, Berlin 1906; Karl von Hohenzollern, Meine Erlebnisse während des russisch-japanischen Krieges 1904-1905, Berlin 1912; Ernst zu Reventlow, Der Russisch-Japanische Krieg, 3 Bde, Berlin 1905-1906; Eberhard von Tettau, Achtzehn Monate mit Rußlands Heeren in der Mandschurei, 2 Bde, Berlin 1907.

[5] Eine Auswahl: Franz Aubert, Der russisch-japanische Krieg 1904-1905. Ein kurzer Überblick über seinen Verlauf, Berlin 1909; Friedrich Immanuel, Erfahrungen und Lehren des russisch-japanischen Krieges 1904/05 für Heer-und Truppenführung, Berlin 1906; Friedrich Otto Löffler, Der russisch-japanische Krieg in seinen taktischen und strategischen Lehren, 2 Bde, Berlin 1905; Arthur von Lüttwitz, Das Angriffsverhalten der Japaner im ostasiatischen Kriege 1904/05, Berlin 1906; Hermann von Müller, Geschichte des Festungskrieges von 1885-1905 einschließlich der Belagerung von Port Arthur, Berlin 1907; Marbach (Hauptmann), Die Tätigkeit der Feld- und schweren Artillerie im

nungen des Russisch-Japanischen Krieges auseinandersetzen und im Sinne der applikatorischen Methode versuchten, daraus Lehren zu ziehen und konkrete Handlungsanweisungen abzuleiten. Dies galt für alle Truppengattungen gleichermaßen.

1. »Dazu kommt, dass der Japaner in seiner ganzen Anlage und Gewöhnung kein Reiter ist[6].« – Die Kavallerie

Bereits der Krimkrieg 1853 bis 1856 und der Deutsch-Französische Krieg 1870/71 hatten bezüglich der Zukunft der Kavallerie viele offene Fragen hinterlassen. Man hatte erkannt, dass infolge der raschen technologischen Entwicklung von Artillerie- und Infanteriewaffen Kavallerieattacken ein Relikt der Vergangenheit geworden waren. Die Kolonialkriege und der viel beachtete Burenkrieg (1899–1902) waren unter topografischen und klimatischen Bedingungen ausgefochten worden, die nur wenige Lehren für den Kavallerieeinsatz der Zukunft bereithielten. Auch in der Mandschurei konnten die berittenen Truppen beider Kriegsparteien in keiner Schlacht das Geschehen entscheidend beeinflussen. Vielmehr verdammten die lang dauernden Schlachten, genauso wie die monatelangen Kampfpausen während der Wintermonate, die Kavallerieverbände zur Wirkungslosigkeit. Mit Überraschung registrierten die internationalen Beobachter, dass sich die japanische Kavallerie, die man im Vorfeld als einzige Waffengattung als ihren russischen Gegnern deutlich unterlegen eingeschätzt hatte, sich den hochgelobten Kosaken-Einheiten der russischen Armee als durchaus ebenbürtig erwies. Die Zukunft der berittenen Waffengattung blieb auch nach dem Russisch-Japanischen Krieg mehr als ungewiss. Die »Götterdämmerung« der Kavallerie war jedenfalls nicht in der Mandschurei, sondern bereits Ende des 19. Jahrhunderts angebrochen und sollte spätestens 1914 ein schnelles Ende finden.

2. »Der ganze Boden war so dicht mit Geschosssplittern und Felstrümmern besät, dass er seine ursprüngliche Beschaffenheit völlig verloren hatte[7].« – Die Artillerie

Im Russisch-Japanischen Krieg standen sich zwei im Bereich der Artillerie qualitativ und quantitativ hochgerüstete Konkurrenten gegenüber. Ein gänzlich neues Phänomen dieses Krieges war das Verfahren des indirekten Schießens.

Russisch-Japanischen Feldkriege 1904/05 und der Einfluß der dortigen Kriegserfahrungen auf unsere Artillerieverwendung. In: Beiheft zum Militärwochenblatt, Berlin 1911, S. 283–338; Otto Schulz, Betrachtungen über das Verhalten der Japaner und Russen im Angriff und in der Verteidigung im Kriege 1904/05 vom infanteristischen Standpunkt aus. In: Beiheft zum Militärwochenblatt, Berlin 1907, S. 371–397.

[6] Löffler, Der russisch-japanische Krieg (wie Anm. 5), S. 114.

[7] Bronsart von Schellendorff, Sechs Monate (wie Anm. 4), S. 166.

Die neuen logistischen und industriellen Rahmenbedingungen erlaubten es erstmals in der Kriegsgeschichte, Artillerie als raumsperrende Waffe einzusetzen, ohne dass ein konkretes Ziel zwingend sichtbar sein musste. Noch nie zuvor waren in einem Konflikt so viele Geschütze eingesetzt und solche Mengen an Munition verschossen worden. Die erzielten Ergebnisse der Artillerie blieben dennoch auf beiden Seiten hinter den Erwartungen zurück. Die deutschen Militärbeobachter sahen den offenkundigen Hauptgrund für die relative Wirkungslosigkeit des Artilleriebeschusses darin, dass die Kampfhandlungen mit zunehmender Dauer immer mehr den Charakter eines Stellungskrieges annahmen und beide Kriegsparteien die Möglichkeit erhielten, »ihre Stellungen derart auszugestalten, daß die zur Verfügung stehende Artillerie tatsächlich wenig machen konnte, am allerwenigsten die Feldartillerie«[8]. Fast alle Beobachter registrierten die Schwierigkeit der Feldartillerie, gegen eingegrabene Infanterie zählbare Erfolge zu erzielen. Jedoch begann man, diese beunruhigenden Beobachtungen zu relativieren. Vor allem die monatelangen Gefechtspausen würden beiden Heeren ein problemloses und regelmäßiges Ergänzen der Munition gestatten. Ein Verfeuern derartiger Mengen an Geschossen wäre in einem mit wesentlich höherem Tempo geführten europäischen Krieg überhaupt nicht möglich. Man hoffte also, ein Krieg nach »europäischen Muster« werde solche relativ fruchtlosen, materialaufwendigen und lang andauernden Artillerieduelle gegen befestigte Feldstellungen gar nicht entstehen lassen. Dennoch erkannte man auf deutscher Seite, dass sich die Voraussetzungen und Bedingungen des Artilleriekampfes zu Beginn des 20. Jahrhunderts entscheidend verändert hatten. Die wahrscheinlich wichtigste Einsicht war die, das Artilleriefeuer und Infanterieangriff noch mehr miteinander verschmolzen waren, als bis dato angenommen. Auch die deutsche Militärführung, so die Folgerung, müsse sich von der Vorstellung des Artilleriekampfes als eigenständigem ersten Teil der Offensive, dem der Angriff der Infanterie folge, verabschieden und erkennen, »dass alle Handlungen des Angriffs von Anfang an zu einem einheitlichen Ganzen planmäßig ineinander greifen müssen«[9]. Die primäre Aufgabe der Artillerie sei es fortan, den Angriff der Infanterie vorzubereiten und zu unterstützen. Dem Niederhalten bzw. dem Niederkämpfen der feindlichen Artillerie komme also nur noch zweitrangige Bedeutung zu. »Man scheute sich offenbar, die unangenehme Wahrheit, d.h. die Machtlosigkeit gegenüber verdeckt aufgestellter Artillerie, offen auszusprechen[10].« Dies war eine Augenwischerei, die sich auf den Schlachtfeldern von 1914 bitter rächen sollte.

---

[8]   Reventlow, Der Russisch-Japanische Krieg (wie Anm. 4), Bd 2, S. 454.
[9]   Löffler, Der russisch-japanische Krieg (wie Anm. 5), S. 119.
[10] Hans Linnenkohl, Vom Einzelschuß zur Feuerwalze. Der Wettlauf zwischen Technik und Taktik im Ersten Weltkrieg, Bonn 1996, S. 120.

3. »Der Krieg in der Mandschurei aber ist fast ebenso sehr mit dem Spaten wie mit der Feuerwaffe durchgekämpft worden[11].« – Die Infanterie

Zurückliegende Konflikte wie der Krimkrieg, der Russisch-Türkische Krieg und der Burenkrieg hatten deutlich gezeigt, dass Stellungskämpfe beim Einsatz von Infanterie einen immer größeren Raum beanspruchten und konventionelle Frontalangriffe nur mehr unter größten Verlusten und vagen Erfolgsaussichten durchführbar waren. Auch das »deutsche Erfolgsrezept«, den Gegner mit Flankenangriffen auszuhebeln, hatte spätestens seit den Beobachtungen von 1904/1905 den Nimbus einer Erfolgsgarantie verloren. »Evaluating the events of the Russo-Japanese War, tacticians discovered that in line of an available flank to assault, infantry might have to conduct extremely difficult and costly breakthrough operations[12].«

Die drei zentralen Aspekte in der Diskussion um die Durchführung des Infanterieangriffes waren dessen zeitliche Dauer, die Geschwindigkeit, mit der er durchgeführt werden sollte, und die Feuerkraft der vorrückenden Schützenreihen. Die deutschen Militärbeobachter vor Ort wie auch die Fachpublizistik konzentrierten sich in ihrer Aufarbeitung des Krieges beinahe ausschließlich auf die Offensivmethoden der japanischen Infanterie. Diese Fokussierung lag nahe, da das japanische Heer mit dem deutschen Infanteriereglement sehr erfolgreich gekämpft hatte. Registriert wurden besonders die Flexibilität der Japaner – sei es, dass sie ihre traditionellen dunkelblauen Uniformen bereits nach den ersten Kämpfen gegen neue Uniformen tauschten, die sich wenig von den Naturtönen abhoben – und die Fähigkeit der japanischen Infanterie, die Beschaffenheit des jeweiligen Angriffsgeländes auszunutzen. Weiterhin wurde die Fähigkeit registriert, sich einzugraben – oft an Ort und Stelle, wenn der Infanterieangriff ins Stocken geriet. Wie erwähnt, begann der Faktor Zeit für die Offensive der Infanterie eine immer wichtigere Rolle zu spielen. Die Kämpfe hatten gezeigt, dass oft mehrere Angriffe am Tag nötig waren, um sich Stück für Stück an den Gegner heranzukämpfen. Dieses Angriffsverhalten bedurfte zudem stets artilleristischer Feuervorbereitung und -unterstützung, um Aussicht auf Erfolg zu haben.

Dennoch schien der Russisch-Japanische Krieg den Beobachtern den Beweis dafür erbracht zu haben, dass der Infanterieangriff nach wie vor nicht nur das sicherste, sondern vielmehr das einzige mögliche Mittel darstellte, einen militärischen Sieg zu erringen. Die Japaner, so schien es den Beobachtern, hatten vor Augen geführt, dass bedingungslose Offensive die beste Antwort auf verstärkte Defensive sei. Friedrich von Bernhardi verband seine Analyse deshalb mit einer Warnung: »Unter keinen Umständen dürfen wir weder durch die kriegerischen Erfahrungen des mandschurischen Krieges noch durch die geschickte Dialektik

---

[11] Friedrich von Bernhardi, Vom heutigen Kriege, Berlin 1912, S. 246 f.
[12] Antulio J. Echevarria II., A Crisis in Warfighting: German Tactical Discussions in the Late Nineteenth Century. In: Militärgeschichtliche Mitteilungen, 53 (1996), S. 1-68, hier S. 57.

einseitiger Theoretiker uns bewegen lassen, das Wesen der Offensive in etwas anderem als in Mut, Kühnheit und Schnelligkeit suchen und uns über die Bedeutung der Zeit hinweg zu täuschen[13].«

4. Exkurs: Maschinengewehr

Der Russisch-Japanische Krieg war auch derjenige militärische Konflikt, welcher der Diskussion über das Potenzial des Maschinengewehrs und dessen Rolle in zukünftigen Kriegen einen deutlich höheren Stellenwert verlieh. In keinem Konflikt zuvor wurden von beiden Kriegsparteien Maschinengewehre in so großer Zahl eingesetzt – bei der Schlacht von Mukden waren es insgesamt fast 300 Stück. Eine Taktik, die den Möglichkeiten dieser Waffe angepasst war, wurde jedoch erst in den Jahren nach dem Krieg entwickelt. Das Offensiv-Potenzial des Maschinengewehres wurde von den meisten Kriegsbeobachtern in der Mandschurei erkannt – im Gegensatz zu seiner enormen Wirkung in der Defensive. Das Maschinengewehrfeuer der Angreifer fügte dem eingegrabenen Verteidiger zwar oft keine allzu großen Verluste zu, zwang ihn aber, in seiner Deckung zu verbleiben, beeinträchtigte sein Defensivfeuer und nahm ihm die Möglichkeit zum raschen Gegenstoß. Aus vielen Berichten der Militärbeobachter geht hervor, dass in diesem Bereich »die Japaner bereits damals über taktische Erkenntnisse verfügten, die sich die Europäer, in dem [...] zehn Jahre später ausbrechenden Weltkrieg erst durch ungeheure Blutopfer erkaufen mussten[14].« Bei den Kämpfen um die Hafenfestung Port Arthur fand das Maschinengewehr indessen zum ersten Mal in großer Zahl eine rein defensive Verwendung innerhalb eines stark befestigten Stellungssystems. Gerade die mörderische Wirkung, die es hier entfaltete, hätte den europäischen Beobachtern die Augen für das furchtbare Potenzial dieser Waffe öffnen müssen. Zumindest in Deutschland stand man den Erkenntnissen des Russisch-Japanischen Krieges bezüglich des Einsatzes von Maschinengewehren allerdings offener gegenüber als in anderen europäischen Staaten[15].

III. Auf dem Weg nach Verdun: Der Stellungskrieg in der Mandschurei und die Kämpfe um Port Arthur

»The battle was World War I in miniature, with helpless infantry platoons clawing their way across shrapnel- and machinegun-swept ›firezones‹, falling

---

[13] Bernhardi, Vom heutigen Kriege (wie Anm. 11), S. 256.
[14] Linnenkohl, Vom Einzelschuß zur Feuerwalze (wie Anm. 10), S. 52.
[15] Dieter Storz, Kriegsbild und Rüstung vor 1914. Europäische Landstreitkräfte vor dem Ersten Weltkrieg, Bonn [u.a.] 1994, S. 178.

into barbed-wire and shell craters and rarely even coming to grips with their entrenched adversaries[16].«

Als im mandschurischen Winter 1904/05 nahezu jede operative Bewegung zum Stillstand kam und sich die russischen und japanischen Armeen in kilometerlangen festen Stellungssystemen gegenüberlagen, war dieses Phänomen für die deutschen Militärbeobachter vor Ort sowohl in zeitlicher als auch in räumlicher Dimension von ganz neuer Qualität. Die Kampfhandlungen waren zum Stillstand gekommen, die Kontrahenten vermieden größer angelegte Offensivaktionen und verlegten sich vielmehr darauf, ihre defensiven Positionen weiter auszubauen. Sowohl bei den Beobachtern vor Ort als auch in der Heimat löste diese Art der Kriegführung tiefstes Erstaunen und Ratlosigkeit aus. So schrieb Helmuth von Moltke am 25. Januar 1905: »Kuropatkin steht noch immer unbeweglich den Japanern gegenüber. Eine so verrückte Art der Kriegsführung war noch nicht da, solange die Welt steht[17].« Colmar Freiherr von der Goltz zeigte sich beeindruckt, dass sich die Gegner in ihren Stellungen so nahe waren, dass »sie einander hörten und sich verhöhnten und beschimpften, wie die antiken Helden vor der Schlacht«[18].

Bereits der Krimkrieg, die Deutschen Einigungskriege und besonders der Russisch-Türkische Krieg 1877/78 hatten in einigen Phasen bereits einzelne Elemente eines Stellungskrieges moderner Prägung erkennen lassen[19]. Diese beunruhigenden Erscheinungen wurden aber bei der militärwissenschaftlichen Aufarbeitung dieser Konflikte nahezu gänzlich ausgeklammert[20].

Die meisten defensiv angelegten Befestigungen des Russisch-Japanischen Krieges bestanden aus Schützengräben. Diese wurden mit zunehmender Dauer des Krieges und besonders während der Wintermonate zu einem dichten Netz von Grabenlinien mit Eindeckungen, Unterständen, Verbindungsgräben zu rückwärtig angelegten Stellungen für das rasche Heranbringen von Reserven, die Einrichtung von Unterkünften und Verbandsplätzen ausgebaut. Die Gräben selbst wurden zusätzlich durch Sandsäcke gesichert, da besonders während des Winters der Boden bis zu einer Tiefe von einem halben Meter gefroren war und keine allzu tiefen Gräben ausgehoben werden konnten. Im Vorgelände der Schützengräben wurden Verhaue aus Stacheldraht und Ästen sowie Fallgruben

16 Wawro, Warfare and Society (wie Anm. 2), S. 155 f.
17 Helmuth von Moltke (wie Anm. 1), S. 247.
18 Colmar Freiherr von der Goltz, Denkwürdigkeiten, Berlin 1929, S. 273.
19 Vgl. Neil Stewart, The Changing Nature of Warfare, Abingdon 2001.
20 Lothar Burchardt, Operatives Denken und Planen von Schlieffen bis zum Beginn des Ersten Weltkriegs. In: Operatives Denken und Handeln in deutschen Streitkräften im 19. und 20. Jahrhundert. Mit Beitr. von Horst Boog [et al.], Herford, Bonn 1988 (= Vorträge zur Militärgeschichte, 9), S. 45–71, hier S. 60: »Diese Beispiele wurden jedoch von der sonst so sorgfältig arbeitenden Kriegsgeschichtlichen Abteilung des Generalstabs entweder ignoriert oder aber als für mitteleuropäische Verhältnisse irrelevant abgetan: Der Umfassungs- wie der Vernichtungsgedanke sollten in ihrer Alleingültigkeit selbst dort unangetastet bleiben, wo sie dem kriegsgeschichtlichen Befund widersprachen.«

teils mit zugespitzten Holzpfählen errichtet[21]. Im Gelände hinter den Stellungssystemen wurden die ebenfalls befestigten Artilleriestellungen positioniert.
Neu war die Größenordnung der Verwendung von Stacheldraht. Grundsätzlich
fiel die Bewertung der Stellungssysteme durch die deutschen Militärbeobachter
meist zugunsten der Japaner aus. In diesem Zusammenhang wurde betont, dass
die japanischen Stellungen bereits auf mögliche Ausbruchsversuche und Ge-
genoffensiven ausgelegt seien. Vor dem Hintergrund der unbedingten Offensive sollte sich auch die Konzeption von defensiven Positionen diesem Primat
unterordnen, so die Sichtweise deutscher Beobachter. Friedrich von Bernhardi
fasste die beiden Hauptlehren in seinem Werk »Vom heutigen Kriege« so zusammen: »1. Möglichst einfache, übersichtliche Anlage der Schlachtfeldbefesti-
gung; 2. Wahrung des Angriffsgedankens bei der Anlage, denn die reine Abwehr wird doch schließlich unterliegen, mag sie sich in noch so verwickelte
Befestigungen eingraben und verstecken[22].«

Besonders die blutigen Kämpfe um die russische Hafenstadt Port Arthur
nahmen von allen Kämpfen, wenn nicht gar von allen militärischen Auseinandersetzungen im Vierteljahrhundert vor dem Ausbruch des Ersten Weltkriegs,
den Horror des Stellungskriegs in erschreckendem Ausmaß vorweg. Als »Erster
Weltkrieg im Miniaturformat« mit all dessen wesentlichen Erscheinungen
bezeichnete Geoffrey Wawro zu Recht die Kämpfe um Port Arthur[23]. Die deutschen Beobachter zeigten sich beeindruckt und entsetzt zugleich von den Stellungssystemen, welche die Hügel um Port Arthur in regelrechte »Höhlen-
städte« verwandelt hatten, wie Carl Prinz von Hohenzollern nach einer Front-
besichtigung vermerkte. Dennoch waren nur wenige der deutschen Beobachter
vor Ort und der Militärpublizisten der Meinung, dass die Schlacht um Port
Arthur neue Verhältnisse für Kampf um befestigte Stellungen geschaffen hatten. Eine bemerkenswerte Ausnahme bildete die Darstellung der Kämpfe von
Major Schroeter[24]. Er forderte als Konsequenz aus Port Arthur eine spezielle
Ausbildung der Infanterie im Festungsnahkampf, auf die man in Deutschland
im Vertrauen auf die Durchschlagskraft der Artillerie bisher verzichtet hatte.
Port Arthur, so Schroeter, sei die erste Belagerung befestigter Stellungen unter
den Verhältnissen moderner Kriegführung gewesen. Es hätten sich gleichwerti-
ge Gegner gegenübergestanden und die Defensivstellungen hätten sich auf dem
neuesten Stand der Technik befunden. Mit Einschränkungen wurden diese
Feststellungen Schroeters von einigen Fachleuten geteilt – während andere
wiederum eine ganz andere Meinung vertraten. Als »vollständig unmodern«
kritisierte etwa Generalmajor Max von Hoffmann nach der Besichtigung von
Port Arthur die russischen Befestigungsanlagen. Er musste aber eingestehen,

---

[21] Eine detaillierte Beschreibung der Schützengräben, Stellungen und Hindernisse beider
     Kriegsparteien findet sich in: Immanuel, Erfahrungen und Lehren (wie Anm. 5), S. 67–85.
[22] Bernhardi, Vom heutigen Kriege (wie Anm. 11), S. 81, 84 f.
[23] Wawro, Warfare and Society (wie Anm. 2), S. 155 f.
[24] Johannes Schroeter, Port Arthur, Berlin 1905.

»daß augenblicklich der Ingenieur der stärkere ist im Kampfe gegen die Artilleristen«[25].

Nicht nur die Belagerung von Port Arthur, auch das Aufeinandertreffen der Japaner und Russen bei Mukden warfen bereits einen blutigen Schatten auf die Schlachtfelder der Westfront ein knappes Jahrzehnt später. Obwohl die Kämpfe bei Mukden fast drei Wochen andauerten und beiden Seite furchtbare Verluste brachten, wurden sie von den Militärbeobachtern nach dem »Schock von Port Arthur« geradezu begeistert aufgenommen: »Mukden reassured European soldiers who wanted to believe that the principles and tactics of 1870 were still valid[26].«

Ein genauerer Blick auf die Realitäten von Mukden offenbarte jedoch genau das Gegenteil dessen, was den offensivbegeisterten Analysten als Hoffnungsschimmer erschienen war. Die japanischen Sieger hatten für ihren Sieg genauso blutig bezahlt wie die unterlegene Armee des Zaren.

Gehörte die Zukunft nun dem Stellungs- oder dem Offensivkrieg? Welche Bedeutung würden Stellungskämpfe auf einem zukünftigen europäischen Kriegsschauplatz gewinnen? In den Ausführungen eines Majors schwingt allzu deutlich die Sorge vor den »Fesseln des Stellungskampfes« mit: »Uns wollen die Schlachten Friedrich des Großen, Napoleons I., Moltkes noch immer als Ideal erscheinen. Königgrätz, Gravelotte, Sedan brachten die Entscheidung an einem Tage! [...] Wir stehen in unserer Auffassung unverändert auf diesem Grundsatz und hoffen, den Krieg nach wie vor durch große, schnelle Entscheidungsschläge, [...] zu Ende zu führen[27].« Nahezu alle deutschen Beobachter sahen im mandschurischen Krieg kein Vorbild für einen Zukunftskrieg. In einem europäischen Konflikt mit Beteiligung des Deutschen Reiches werde es keinen vergleichbaren Stellungskrieg geben. Man warnte im Gegenzug vielmehr vor einer Überbewertung der Stellungskämpfe in der Mandschurei: »Mag man noch so sehr bestrebt sein, sich gemäßigt auszudrücken, immer wird man diese Kriegsführung als eine klägliche bezeichnen müssen und niemals darf man aus ihren Ergebnissen allgemeine Schlüsse ziehen, etwa bezüglich der Bedeutung und der Widerstandsfähigkeit befestigter Stellungen[28].« Für das verstärkte Auftreten von Stellungskämpfen machte man meist den langsamen Kriegsverlauf mit etlichen langen Gefechtspausen verantwortlich. Die Frage, ob ein Infanterieangriff im deckungsarmen Gelände gegen eingegrabene Verteidiger überhaupt noch erfolgreich durchzuführen sei, schien durch die japanischen Siege positiv beantwortet.

---

[25] Nowak, Aufzeichnungen des Generalmajors Max Hoffmann, Berlin 1930.
[26] Wawro, Warfare and Society (wie Anm. 2), S. 156.
[27] Immanuel, Erfahrungen und Lehren (wie Anm. 5), S. 65.
[28] Bernhardi, Vom heutigen Kriege (wie Anm. 11), S. 130.

IV. »Lessons unlearned« am Vorabend
des Ersten Weltkriegs

Als im Frühjahr 1905 die Waffen in der Mandschurei schwiegen und das militärische Debakel der russischen Armee feststand, machten sich auch die deutschen Militärbeobachter auf den Weg zurück. Der Russisch-Japanische Krieg sollte sich bereits in der unmittelbaren Folgezeit als noch stärker prägend auf den militärwissenschaftlichen Diskurs innerhalb der militärischen Eliten des Deutschen Kaiserreichs auswirken als der Burenkrieg zwei Jahre zuvor. Dennoch sollte man die Rezeption beider Konflikte nicht isoliert betrachten.

Die während des Burenkrieges beobachteten Phänomene hatten innerhalb der militärischen Eliten der europäischen Großmächte eine tiefe Verunsicherung hinterlassen – auch innerhalb der militärischen Führung des Deutschen Reiches. In der Analyse der Kämpfe in Südafrika schien zum ersten Mal die bedrohliche Option eines Scheiterns der Methoden des Infanterie- und Artilleriekampfes auf, die sich im Laufe des 19. Jahrhunderts entwickelt und bewährt hatten. Zudem drängte der Burenkrieg erste Zweifel an der Doktrin vom »kurzen Krieg« auf.

Die Lehren des Kriegs in Asien erwiesen sich jedoch als ambivalenter, »da sich hier die deutschen Gefechtsgrundsätze und die den moralischen Faktoren zugeordneten Bedeutungen zu bestätigen schienen, während zugleich der neue komplexe Charakter der modernen Kriegsführung mit der gesteigerten Bedeutung der Militärtechnik und des Hinterlandes deutlich wurden«[29]. Auf den Schlachtfeldern der Mandschurei war zum ersten Mal im 20. Jahrhundert eine neue Art der Kriegführung mit einer sich stetig weiterentwickelnden Bedeutung der Militär- und Kommunikationstechnik und veränderten Verhältnissen vom Raum und Zeit in bis dato ungeahnten und teilweise bestürzenden Dimensionen zutage getreten. Das intensive Studium des Russisch-Japanischen Krieges hatte auch für die deutschen Militärbeobachter ein komplexes Beziehungsgeflecht zwischen militär- und kommunikationstechnischen, sozioökonomischen, kulturellen und psychologischen Faktoren zutage treten lassen, das die militärischen Eliten angesichts neuer Optionen, Chancen und Risiken vor größte Herausforderungen stellte.

Allerdings beschränkten sich die Nachwirkungen des russisch-japanischen Konflikts nicht nur auf den militärwissenschaftlichen Diskurs, sondern sie hatten durchaus auch greifbare Auswirkungen auf die deutsche Armee. In allen Waffengattungen kam es in den Jahren nach 1905 zwar nicht zu radikalen Reformen, aber dennoch zu verschiedenen Modernisierungen und Veränderun-

---

[29] Christian Th. Müller, Anmerkungen zur Entwicklung von Kriegsbild und Kriegsszenario im preußisch-deutschen Heer vor dem 1. Weltkrieg. In: Militärgeschichtliche Mitteilungen, 57 (1998), S. 358–442, hier S. 398.

gen[30]. Diese betrafen vor allem die Ausbildung und Ausrüstung. Von besonderer Bedeutung war in diesem Zusammenhang ein neues Reglement für die Infanterie aus dem Jahr 1906, das bereits einige konkrete Lehren aus der Beobachtung der Kämpfe in der Mandschurei berücksichtigte. Die Infanterie blieb die unbestrittene Hauptwaffe des Heeres, allerdings sollte ihr Zusammenwirken mit der Artillerie verstärkt werden. Der Angriff auf befestigte Stellungen, der Umgang mit dem Schanzzeug, das Errichten von Deckungen und Hindernissen sowie die Erkundung des Geländes vor dem Angriff wurden nun stärker betont. Zudem sollte das Gepäck der Infanteristen vor dem Angriff abgelegt und der Sandsack als Verstärkungsmittel eingeführt werden. Das Reglement von 1906 war indessen kein völlig neues Regelwerk, sondern stellte vielmehr eine Entwicklung des bestehenden dar. Dieses, so die vorherrschende Meinung, hatte sich durch die japanischen Siege bestätigt und musste daher nicht grundlegend geändert werden.

Dass nicht aus allen Erscheinungen dieses Krieges derartige Lehren für die zukünftige Kriegführung gezogen wurden, war an sich kein neuartiges Phänomen. Aus allen größeren militärischen Konflikten seit der Mitte des 19. Jahrhunderts waren bereits falsche Folgerungen gezogen oder offensichtliche Hinweise für die Zukunft übersehen worden, allerdings »in this litany of lessons unlearned, the Russo-Japanese War of 1904-05 holds a unique place«[31].

Die Analyse und Bewertung der Erscheinungen auf dem mandschurischen Kriegsschauplatz wurde dadurch erschwert, dass die Berichte der Militärbeobachter vor Ort meist nur deskriptiven Charakter besaßen. Die nächste, die analytische Stufe, also die Übertragung der Beobachtungen auf einen zukünftigen europäischen Kriegsschauplatz, konnten die Militärbeobachter nicht leisten – oder wollten es möglicherweise auch gar nicht. Darin lag ein Teil des Dilemmas der vielen »Lessons unlearned«. Gary P. Cox formuliert es in seinem Vergleich der Bewertung des Krieges 1904/1905 durch die britische und deutsche Militärgeschichtsschreibung so: »Unfortunately, the lessons of Manchuria were descriptive, but not predicitive. They illustrated the fundamental problem of postulating lessons from history lies in the very nature of history itself. Good history often makes poor soothsaying[32].«

Auch von den Vertretern des militärischen »Establishments« um 1900 konnte kein vollkommen ungetrübter Blick auf das Kriegsgeschehen im Fernen Osten erwartet werden. Zu sehr waren auch die Fachpublizisten und die militärischen Eliten in der Heimat in ihren Denkmustern und Doktrinen gefangen, als dass sie sich in einem Maß davon hätten lösen können, das ihnen einen unver-

---

[30] Detaillierte Beschreibung der Entwicklung aller Waffengattungen der deutschen Armee zwischen dem Ende des Russisch-Japanischen Kriegs 1905 und dem Ausbruch des Ersten Weltkrieges 1914. In: Storz, Kriegsbild und Rüstung (wie Anm. 15), S. 167-199.

[31] Gary P. Cox, Of Aphorisms, Lessons and Paradigms: Comparing the British and German Official History of the Russo-Japanese War. In: The Journal of Military History, 56 (1992), S. 389-401.

[32] Ebd., S. 400.

stellten Blick auf sich in der Landkriegführung abzeichnenden Veränderungen gestattet hätte.

Auf dem Sektor der Waffentechnik registrierten die Militärbeobachter insbesondere das große Potenzial von Defensivwaffen und Verteidigungssystemen nicht in vollem Maße. Gleiches galt für Einzelphänomene wie den Einsatz von Handgranaten oder Stacheldraht. Besonders evident wurden die Fehleinschätzungen im Falle der Wirkung von Maschinengewehren. Obwohl die Kämpfe die Möglichkeiten dieser Waffe auch im defensiven Einsatz hatten deutlich werden lassen und dies auch von den Militärbeobachtern ausführlich geschildert wurde, erkannte man die Konsequenzen nur teilweise und setzte zunächst auf die Modifikation bestehender Waffensysteme[33].

In operativer Hinsicht führte der Russisch-Japanische Krieg mehr noch als der Burenkrieg allen Fachleuten deutlich vor Augen, dass die Doktrin vom »kurzen Krieg« mit ein bis zwei großen, den Konflikt entscheidenden Schlachten nicht mehr haltbar war. Dies war wahrscheinlich die wichtigste und schmerzhafteste Lehre. Zukünftige Kriege würden nicht mit den »kurzen« Feldzügen von 1866 und 1870 zu vergleichen sein. Das Szenario eines zukünftigen Konflikts zweier oder mehrerer Großmächte zu Beginn des 20. Jahrhunderts sah vollkommen anders aus: »With so many men and so much firepower arrayed on the either side, future wares between great powers would probably be longer struggles of attrition that would exact far higher social and economic costs that this one had done[34].«

Der Konflikt in der Mandschurei führte den Beobachtern vor Augen, wie rasch ein nach modernen Maßstäben geführter Bewegungskrieg zunächst ins Stocken geraten und dann über weite Strecken den Charakter eines Stellungskrieges in bis dato ungeahnten zeitlichen und räumlichen Dimensionen annehmen konnte. Gerade diese Beobachtungen wurden vom Großen Generalstab ignoriert oder aber als spezifisch »mandschurisches Phänomen« betrachtet und damit als irrelevant für die mitteleuropäischen Verhältnisse bewertet. Der nahezu sakrosankte Status des Umfassungs- und Vernichtungsgedankens blieb in seiner Alleingültigkeit unangetastet, auch wenn die Befunde des Russisch-Japanischen Krieges ein anderes Szenario aufzeigten. Auch aus den Reihen jüngerer und durchaus aufgeschlossener Mitglieder der deutschen Militärelite erhoben sich in den Folgejahren kaum Gegenstimmen oder alternative operative Entwürfe, die dieser Vorstellung entgegentraten[35]. Fiedler fasst diese Haltung in seinem Buch »Zeitalter der Millionenheere« folgerichtig so zusammen: »Das Inferno der Materialschlacht lag noch im Schoß der Zukunft, daß sich schrittweise Angriffe auf befestigte Stellungen wiederholen würden, wollte kaum jemand erwarten, der Bewegungskrieg nach dem Muster Napoleons und

---

[33] Hew Strachan, European Armies and the Conduct of War, London 1983, S. 113: »The armies of Europe on the eve of 1914 therefore placed enormous stress on magazine riflefire. However, the emphasis on the rifle was by then already outmoded, and indeed helped to obscure an equally dramatic innovation, that of the machine-gun.«

[34] Wawro, Warfare and Society (wie Anm. 2), S. 159.

[35] Vgl. Burchardt, Operatives Denken (wie Anm. 20), S. 60.

Moltkes blieb im Bild. Langdauernde Schlachten, wie bei Mukden galt es zu vermeiden, d.h. nach dem ganzen Verlauf des Russisch-Japanischen Krieges jenes gleichgewichtige, frontale Ausringen der Kräfte bis zur Erschöpfung beider Seiten[36].«

Die Option eines Stellungskriegs blieb damit nahezu ausgeschlossen, »so verrannt in bzw. so geblendet von der Magie eines ›Cannae‹, des operativ entscheidenden Umfassungs- und Vernichtungssieges, den mit Hilfe von Schlieffens Plan auch der an sich Unterlegene erringen können sollte«[37], waren die Verantwortlichen. Dennoch war es zumindest einigen Teilen der militärischen Spitze des Kaiserreichs durchaus klar, dass man die Möglichkeit eines langwierigen Stellungskrieg nicht als gänzlich unrealistisch abtun sollte. Stig Förster diagnostizierte für die Befindlichkeiten innerhalb der militärischen Eliten in Bezug auf diese Frage: »Je näher die Beteiligten jedoch der engeren Generalstabsführung standen, desto pessimistischer waren sie auch in dieser Hinsicht. Klar war offenbar allen halbwegs Eingeweihten, dass dies ein langer furchtbarer Krieg werden würde[38].«

Es war also eine Vielzahl von Gründen, die eine nüchterne Analyse der neuen Phänomene und deren Integration in geltende strategische und taktische Vorstellungen verhinderte. Hierzu gehörte sicher auch die fehlende Einordnung der Beobachtungen in den größeren Kontext sozio-ökonomischer und politischer Veränderungsprozesse: »The failure to relate war to politics, to integrate what was possible tactically with what occurred socially in Europe, meant that the ethos of 1866 and 1870 prevailed: war would be a search for absolute victory but it would be short. The failure of analysis was not primarily military, it was political[39].«

Man verweigerte sich aber nicht nur innerhalb der Militärelite des Deutschen Reiches teilweise den unbequemen Lehren des Russisch-Japanischen Krieges, auch die anderen Großmächte Europas reagierten in ähnlicher Art und Weise. Die scheinbar weiterhin bestehende Überlegenheit der Offensive gegenüber der Defensive wurde zur Hauptlehre des Krieges im Fernen Osten erhoben, welche die Bewertung aller anderen Erscheinungen und deren möglichen Folgen in den Hintergrund drängte[40]. Der Fokus der Analyse konzentrierte sich auf das Resultat der Offensivaktionen, wie den Durchbruch der feindlichen Linien oder den Einbruch in das gegnerische Stellungssystem. Die Begeisterung und Erleichterung der Militärbeobachter über die Tatsache, dass trotz gestei-

---

[36] Siegfried Fiedler, Das Zeitalter der Millionenheere?, Bonn 1993, S. 244.
[37] Burchardt, Operatives Denken (wie Anm. 20), S. 67.
[38] Stig Förster, Der Krieg der Willensmenschen. Die deutsche Offizierselite auf dem Weg in den Ersten Weltkrieg, 1871-1914. In: Willensmenschen. Über deutsche Offiziere. Hrsg. von Ursula Breymayer [u.a.], Frankfurt a.M. 1999, S. 23-36, hier S. 30.
[39] Strachan, European Armies (wie Anm. 33), S. 129.
[40] Michael Howard, Men against Fire: The Doctrine of the Offensive in 1914. In: Makers of Modern Strategy. Ed. by Peter Paret, Princeton, NJ 1994, S. 510-527, hier S. 18: »The main lesson that European observers deuced from the Russo-Japanese War, was that in spite of all advantages which the new weapons gave to the defense, the offensive was still entirely possible.«

gerter Defensivstärke und immensem Blutzoll eine offensive Kriegführung letztlich doch zum Sieg führte, überwog alle Zweifel und Bedenken. Das Ergebnis der japanischen Offensiven wurde mit Genugtuung registriert, der Preis der Siege jedoch meist ausgeblendet.

Da die waffentechnische Ausstattung der beiden Kriegsparteien insgesamt gleichwertig war, begab man sich daher in anderen Kategorien auf die Suche nach den Gründen der japanischen Siege und schien sie in der außerordentlich großen Moral, dem Kampf- und Offensivgeist und der Todesverachtung der japanischen Soldaten gefunden zu haben. Das »moralische Element« wurde in den meisten Berichten als letztlich entscheidender Faktor hervorgehoben. Die Betonung der kämpferischen Energien bot eine willkommene Antwort auf die neuen technischen Herausforderungen. Mehr als die militärischen Eliten der anderen europäischen Großmächte neigten die Vertreter des Kaiserreichs zu einer Überbetonung moralischer Faktoren. Grund hierfür war ein Dilemma zwischen postulierten deutschen Kriegszielen, dem tatsächlichen militärischen Potenzial des Reiches und den im Fernen Osten offensichtlich gewordenen Tendenzen. Die Betonung moralischer Faktoren schien hierfür eine Lösung anzubieten[41].

V. Zusammenfassung

Ziel der militärischen Führung des Deutschen Reiches war es, nach den widersprüchlichen Lehren aus dem japanischen Sieg 1904/1905 ein ihrer Ansicht nach adäquates Bild des nächsten großen militärischen Konflikts mit deutscher Beteiligung zu entwerfen. Unter Berücksichtigung der oben angesprochenen Faktoren war die Entwicklung eines solchen Kriegsbildes ein äußerst schwieriges Unterfangen. Daran änderte auch die große Menge an Beobachtungen und Informationen, welche die deutschen Militärbeobachter von den ostasiatischen Schlachtfeldern lieferten, nichts. Dort deuteten sich bereits zahlreiche Phänomene an, die 1914 auf den Schlachtfeldern Europas grausame Realität werden sollten. Die Auswertung der Beobachtungsergebnisse bewirkte aber allenfalls punktuelle Veränderungen, jedoch bei Weitem keine tief greifenden Reformen. Aufgrund des Festhaltens an tradierten – in der Vergangenheit sicher erfolgreichen – doktrinären Vorstellungen erwies sich das deutsche Militär in planerischer Hinsicht hier als weitgehend reformunfähig. Viele Lektionen wurden nicht gelernt. Cox kommt in seiner Arbeit zum berechtigten Fazit: »Confronted

---

[41] Müller, Kriegsbild und Kriegsszenario (wie Anm. 29), S. 400: »Dieses Dilemma konnte nur durch die Überbetonung moralischer Faktoren, wie die Hypertrophie der Rolle des Feldherren und die hybride Annahme, über die bessere Führungskunst zu verfügen, scheinbar aufgelöst werden. Außerdem wurde fast schon traditionell die Übertragbarkeit der Erfahrungen außereuropäischer Kriege in Frage gestellt.«

with barbed-wire, shrapnel, trenches and machine-guns, all used frequently and in relative abundance during the 1904-05 war, the armies of Europe ignore or refused to see the clear ›lessons of history‹, and persisted in tactics and doctrines that nearly destroyed an entire generation[42].«

---

[42] Cox, Of Aphorisms (wie Anm. 31), S. 392.

Harald Potempa

Im Schatten der Niederlage.
Deutsche Streitkräfte von Compiègne (1918) bis Reims (1945):
Reformen und Ideologie im Zeitalter der Weltkriege?

Die französischen Städte Compiègne und Reims waren die Schauplätze zweier Kriegsenden und zweier deutscher Niederlagen im 20. Jahrhundert[1]. Zwischen beiden Ereignissen vom 11. November 1918 bis zum 7. Mai 1945 spannt sich ein Vierteljahrhundert, in dem die deutschen Streitkräfte acht grundlegenden Transformationsprozessen unterworfen waren[2]: Um die Jahreswende 1918/19 erfolgte der Übergang von der Kriegs- zur Bürgerkriegsarmee. In der anschließenden Phase bis 1920/21 musste der Wandel von der Bürgerkriegs- zur Friedensarmee bewältigt werden[3]. Zugleich vollzogen sich der Wandel vom Kaiserlichen Kontingentsheer zur ersten gesamtdeutschen Armee der Weimarer Republik, der Übergang von der Wehrpflichtigen- zur Berufsarmee und das Schrumpfen der Streitkräfte einer Großmacht zum Militär einer Mittelmacht. Nach kaum einem Jahrzehnt der relativen Stabilität vollzog sich ab 1933 der nächste Transformationsschub: von der Berufsarmee der Republik zur Wehr-

---

[1]   Boris Barth, Dolchstoßlegenden und politische Desintegration. Das Trauma der deutschen Niederlage im Ersten Weltkrieg 1914-1933, Düsseldorf 2003; Kriegsende 1918. Ereignis, Wirkung, Nachwirkung. Im Auftrag des MGFA hrsg. von Jörg Duppler und Gerhard P. Groß, München 1999; Das Deutsche Reich und der Zweite Weltkrieg, Bd 10/1: Die militärische Niederwerfung der Wehrmacht; Bd 10/2: Die Folgen des Zweiten Weltkrieges. Im Auftr. des MGFA hrsg. von Rolf-Dieter Müller, München 2008; Andreas Kunz, Wehrmacht und Niederlage. Die bewaffnete Macht in der Endphase der nationalsozialistischen Herrschaft 1944 bis 1945, München 2005 (= Beiträge zur Militärgeschichte, 64).
[2]   Martin Kutz, Deutsche Soldaten. Eine Kultur- und Mentalitätsgeschichte, Darmstadt 2006, S. 41-106; Wolfram Wette, Militarismus in Deutschland. Geschichte einer kriegerischen Kultur, Darmstadt 2008, S. 133-214.
[3]   Heiner Möllers, Reichswehrminister Otto Geßler. Eine Studie zu »unpolitischer« Militärpolitik in der Weimarer Republik, Frankfurt a.M. [u.a.] 1998; Walter Mühlhausen, Hans von Seeckt und die Organisation der Reichswehr in der Weimarer Republik. In: Militärische Reformer in Deutschland im 19. und 20. Jahrhundert. Mit Beiträgen von Walter Mühlhausen, Frank Nägler, Michael Sikora und Dierk Walter. Im Auftrag der Deutschen Kommission für Militärgeschichte und des MGFA hrsg. von Hans Ehlert und Michael Epkenhans, Potsdam 2007, S. 35-52; Manfred Zeidler, Reichswehr und Rote Armee 1920-1933. Wege und Stationen einer ungewöhnlichen Zusammenarbeit, 2. Aufl., München 1994, S. 29-46, 155-165.

pflichtigenarmee der NS-Diktatur[4]; vom Friedensheer der Mittelmacht zur Kriegswaffe einer Großmacht; von der Friedensarmee der Diktatur zur Kriegsarmee der Diktatur. Diese Wandlungsprozesse kennzeichnen die bewaffnete Macht Deutschlands im »Zeitalter der Weltkriege«. Dieses war durch »die Extensivierung im Einsatz von Gewaltmitteln und -methoden, durch die Ausbreitung [des Krieges] in den europäischen Großraum und [dessen] Ausweitung in den gesellschaftlichen Binnenraum« geprägt[5]. In den genannten Transformationsprozessen spiegelt sich mithin eine nachhaltige Veränderung des Charakters des Krieges, der eingesetzten Kriegsmittel und des Ideologisierungsgrades von Streitkräften und Kriegführung.

Wie können diese Wandlungsprozesse deutscher Streitkräfte im Zeitalter der Weltkriege angemessen bezeichnet werden? Sind sie eher als Reformen[6] (im Sinne planmäßiger Änderungen und Verbesserungen innerhalb des Bestehenden), als umfassende (organisatorische) Reorganisationen oder gar als (umwälzende) Revolutionen aufzufassen? Antworten hierauf kann die Untersuchung von vier exemplarischen Bereichen geben, die es nach einem gerafften chronologischen Abriss der Transformationsdimensionen zwischen 1918 und 1945 näher zu beleuchten gilt: die Moral der Truppe, die NS-»Volksgemeinschaft« in Waffen, das Verhältnis von Staat und Militär am Beispiel der von Letzterem zu leistenden Eide sowie die Bezugnahme von Reichswehr und Wehrmacht auf die preußischen Reformer.

I. Militär 1918 bis 1945:
Die chronologische Dimension der Transformation

Im September 1918 erklärte die Oberste Heeresleitung (OHL) den [Ersten] Weltkrieg für verloren und forderte einen raschen Frieden[7]. Da die Entente aber nur mit einem demokratischen Deutschland zu verhandeln bereit war, wurde

---

[4] Jürgen Förster, Die Wehrmacht im NS-Staat. Eine strukturgeschichtliche Analyse, München 2007 (= Beiträge zur Militärgeschichte: Militärgeschichte kompakt, 2); Die Wehrmacht. Mythos und Realität. Im Auftrag des MGFA hrsg. von Rolf-Dieter Müller und Hans Erich Volkmann, München 1999; Wolfram Wette, Die Wehrmacht. Feindbilder – Vernichtungskrieg – Legenden, Darmstadt 2002.
[5] Bruno Thoß, Die Zeit der Weltkriege – Epochen als Erfahrungseinheit? In: Erster Weltkrieg – Zweiter Weltkrieg. Ein Vergleich. Krieg, Kriegserlebnis, Kriegserfahrung in Deutschland. Hrsg. im Auftrag des MGFA von Bruno Thoß und Hans Erich Volkmann, Paderborn [u.a.] 2002, S. 7-30, hier S. 15.
[6] Hans Ehlert und Michael Epkenhans, Einleitung. In: Militärische Reformer in Deutschland (wie Anm. 5), S. 7-10; Frank Nägler, Wolf Graf von Baudissin – ein Reformer? In: Ebd., S. 53-61.
[7] Enzyklopädie Erster Weltkrieg. Hrsg. von Gerhard Hirschfeld, Gerd Krumeich und Irina Renz, akt. u. erw. Studienausgabe, Paderborn [u.a.] 2009.

im Oktober 1918 die deutsche Verfassung von 1871 entsprechend reformiert. Dies war grob die Rahmenlage, in der die Marineleitung jenen Flottenvorstoß plante, gegen den sich der Widerstand erhob, der schließlich in die Revolution mündete. »Arbeiter- und Soldatenräte« übernahmen das Kommando, die deutschen Monarchien stürzten. Am 9. November 1918 wurden in Berlin sowohl die »Deutsche Republik« als auch die »Sozialistische Deutsche Republik« proklamiert. Den Streitkräften stellte sich damit die Frage nach der Legitimität von Staatsform und Regierung. Die Antwort gaben Generalleutnant Wilhelm Groener und Friedrich Ebert (SPD) am 10. November: Die OHL und die Regierung der Deutschen Republik akzeptierten sich gegenseitig. Am 11. November wurde der Waffenstillstand unterzeichnet, der Krieg war beendet.

Die Truppen der Westfront wurden rückverlegt und demobilisiert. Deutsches Militär stand aber nach wie vor im Baltikum, in Weißrussland und in der Ukraine. Es fungierte dort sowohl als Besatzung als auch zur Niederschlagung kommunistischer Aufstände oder solcher der Nationalbewegungen der unabhängig gewordenen Länder. An den deutschen Grenzen und auf vormals deutschem Territorium formierten sich neue Nationalstaaten: (Deutsch-) Österreich, die Tschechoslowakei, Polen und Litauen. Die völkerrechtlich nicht garantierten Grenzen des Deutschen Reiches im Osten und Südosten galten fortan als bedroht, die Nachbarschaft zu Polen und der Tschechoslowakei war keineswegs frei von Spannungen. Der Grenzschutz avancierte daher zur vordergründigen Aufgabe der Streitkräfte[8]. Hinzu kamen aus innenpolitischer Sicht bürgerkriegsähnliche Situationen in Gestalt bewaffneter Aufstände, kommunistischer Umsturzversuche und partikularistischer Bestrebungen in den Jahren 1918 bis 1924[9]. In diesem Zusammenhang war – zum ersten Mal seit 1848/49 – deutsches Militär in größerem Maße auch im Inneren eingesetzt. Die Republik benötigte also aus mehreren Gründen zuverlässige Streitkräfte. Da sich große Teile des Kriegsheeres nach dem Friedensschluss in Auflösung befanden, wurden im Auftrag der Regierung Ebert halbreguläre Freikorps aufgestellt[10]. Sie rekrutierten sich aus Kriegsveteranen und gingen teilweise mit Brachialgewalt vor. Es kam zur Bildung von Einwohnerwehren und Grenzschutzformationen. Das von der Nationalversammlung in Weimar am 6. März 1919 verabschiedete »Gesetz über die Bildung einer vorläufigen Reichswehr« – einer Art »Bürger-

---

[8]   Diese Grenzen waren nicht in die völkerrechtliche Garantie der Locarno-Verträge einbezogen worden. Klaus-Jürgen Müller, Generaloberst Ludwig Beck. Eine Biographie, Paderborn [u.a.] 2007, S. 76-79; Rüdiger Bergien, Staat im Staate? Zur Kooperation von Reichswehr und Republik in der Frage des Grenz- und Landesschutzes. In: Vierteljahrshefte für Zeitgeschichte, 56 (2008), 4, S. 643-678; Jun Nakata, Der Grenz- und Landesschutz in der Weimarer Republik 1918-1933. Die geheime Aufrüstung und die deutsche Gesellschaft, Freiburg i.Br. 2002 (= Einzelschriften zur Militärgeschichte, 41).

[9]   Dieter Dreetz, Klaus Gessner und Heinz Sperling, Bewaffnete Kämpfe in Deutschland 1918-1923, Berlin (Ost) 1988.

[10] Hagen Schulze, Freikorps und Republik 1918-1920, Boppard a.Rh. 1966; Matthias Sprenger, Landsknechte auf dem Weg ins Dritte Reich? Zu Genese und Wandel des Freikorps-Mythos, Paderborn [u.a.] 2008.

kriegsarmee« – legte deren Stärke auf 420 000 Mann fest. Teile der alten Armee und der genannten Freiwilligenverbände und Volkswehren wurden darin zusammengefasst. Ihr Auftrag lautete: Schutz der Reichsgrenzen, Durchsetzung der Autorität der Reichsregierung und die Aufrechterhaltung von Ruhe und Ordnung im Inneren[11].

Die relativ geringe Stärke der neuen Reichswehr ließ Militärs wie Joachim von Stülpnagel angesichts der instabilen innen- und außenpolitischen Lage über die Anwendbarkeit asymmetrischer Konzeptionen vom Kampf durch deutsche Streitkräfte intensiv nachdenken. Dazu gehörten insbesondere Taktiken des sogenannten Kleinen Krieges, die sich teils mit dem Gedanken eines »Volkskrieges« verbanden[12]. Dies war freilich kein neues Motiv militärischer Innovationen, wie der explizite Bezug auf die preußischen Heeresreformer verdeutlicht. Da das deutsche Militär im 19. Jahrhundert nur wenig Erfahrung in der Bekämpfung von Aufständen hatte sammeln können, wurden die Erkenntnisse der anderen Kolonialmächte umso detaillierter ausgewertet[13]. »Neue« Erfahrungen mit dem Kleinen Krieg wurden 1920 in die Vorschrift »Sammelheft der Bestimmungen über Verwendung der Wehrmacht im Reichsgebiet bei öffentlichen Notständen und inneren Unruhen« gegossen und bildeten nicht zuletzt auch eine Grundlage für die deutsche Partisanenbekämpfung im Zweiten Weltkrieg[14]. Dies stellte eine deutliche Abkehr vom bisherigen militärisch-strategischen Denken in Deutschland dar. Der Kleine Krieg war bislang als brutal und zu wenig entscheidungssuchend bezeichnet worden. Anstelle des Dogmas von der raschen, entscheidenden Offensive offenbarte die »Nadelstichtaktik« der Ermattung und des Volkskrieges durchaus Alternativen. Diese Überlegungen geschahen nicht zuletzt im Rückgriff auf die Konzeptionen von Landwehr und Landsturm der preußischen Reformer; sie können zudem auch als Vorgriff auf die Konzepte von »Volkssturm« und »Werwolf« der Jahre 1944/45 interpretiert werden.

Die Friedensbestimmungen von Versailles 1919 engten den Spielraum der deutschen Planer jedoch weiter ein. Sie betrafen nicht nur die territorialen Verluste und damit die Entstehung einer neuen geostrategischen Situation. Aus der Wehrpflichtigenarmee des Krieges wurden Streitkräfte aus Zeit- und Berufssoldaten. Ihre Stärke war streng limitiert: 100 000 Mann Reichsheer, 15 000 Mann Reichsmarine, Gesamtzahl der Offiziere 4000. Sämtliche Institutionen und Mittel zur Planung, Organisation und Führung eines modernen Krieges waren verboten: Großer Generalstab, Panzer, Flugzeuge, U-Boote, schwere Artillerie.

---

[11] Dokumente zur deutschen Verfassungsgeschichte, Bd 4, Hrsg. von Ernst-Rudolf Huber, 3. neu bearb. Aufl., Stuttgart [u.a.] 1992, S. 85.
[12] Müller, Generaloberst Ludwig Beck (wie Anm. 8), S. 76-79; Grundzüge der deutschen Militärgeschichte, Bd 2. Im Auftrag des MGFA hrsg. von Karl-Volker Neugebauer, Freiburg i.Br. 1993, S. 294 f.
[13] Harald Potempa, Die Perzeption des Kleinen Krieges im Spiegel der deutschen Militärpublizistik 1871 bis 1945 am Beispiel des Militär-Wochenblattes (Studie, www.mgfa.de), Potsdam 2009.
[14] Dreetz/Gessner/Sperling, Bewaffnete Kämpfe (wie Anm. 9), S. 318-352.

Deutschland war damit vom Status einer Großmacht auf den einer Mittelmacht zurückgestutzt worden. Das Gesetz über die Reichswehr vom 23. März 1921 fixierte schließlich die Stellung der neuen deutschen Streitkräfte, die sich nun auf dem Weg zur Friedensarmee befanden.

Waffenstillstand, Revolution und die Bedingungen von Versailles bildeten zusammen mit den Parolen »Novemberverbrecher« und »Dolchstoß in den Rücken der Front« jenes Konglomerat, das rasch zum »Schockerlebnis 1918« stilisiert wurde. Dieses galt es für Deutschland in Zukunft unter allen Umständen zu vermeiden. Daher gaben Reichswehrminister Otto Geßler und der Chef der Heeresleitung General Hans von Seeckt nach den Wirren des Kapp-Putsches die Parole aus, die Reichswehr habe in erster Linie »unpolitisch« zu sein[15]. Das hieß: Sie sollte die Verfassung anerkennen, im Inneren für Ordnung sorgen und sich darauf konzentrieren, die Ergebnisse des Ersten Weltkrieges nach der applikatorischen Methode auszuwerten, um Erkenntnisse für den Krieg der Zukunft zu gewinnen. Unter dieser Maßgabe entstand beispielsweise im Reichsarchiv das 14-bändige Werk »Der Weltkrieg 1914-1918«[16]. Die Weltkriegserfahrung bildete in den kommenden Jahren die Grundlage aller militärischen Überlegungen. Die Ereignisse zwischen 1914 und 1918 wurden als ein Krieg mit totalen Tendenzen und enormen Auswirkungen auf die gesamte Gesellschaft sowie auf die Wirtschaft interpretiert. Die Reichswehr ging nun von einem Revanchekrieg aus, der gegebenenfalls noch »totaler« geführt werden müsse.

Aus den Beschränkungen wie aus den teils traumatischen Erfahrungen des Stellungskrieges 1914 bis 1918 resultierten taktisch-operative Innovationen. Großräumige Operationen sollten wieder möglich sein. Die militärischen Faktoren Kräfte, Raum, Zeit und Information, sowie der Kampf mit Feuer, Bewegung und Sperren wurden deshalb einer kompletten Neubewertung unterzogen. Als Mittel zur Wiedergewinnung der Initiative wurden Motorisierung, Mechanisierung, der Einsatz von Luftstreitkräften, das Gefecht der verbundenen Waffen und die Auftragstaktik erkannt[17]. Hierauf basierten in weiterer Sicht letztlich

---

15 Möllers, Reichswehrminister Otto Geßler (wie Anm. 3), S. 21-48.
16 Gerd Krumeich und Gerhard Hirschfeld, Die Geschichtsschreibung zum Ersten Weltkrieg. In: Enzyklopädie Erster Weltkrieg (wie Anm. 7), S. 304-315; Markus Pöhlmann, Von Versailles nach Armageddon. Totalisierungserfahrungen und Kriegserwartungen in deutschen Militärzeitschriften 1918-1939. In: An der Schwelle zum totalen Krieg. Militärzeitschriften und die internationale Debatte über den Krieg der Zukunft, 1918-1939. Hrsg. von Stig Förster, Paderborn [u.a.] 2002, S. 323-391; Hermann Rumschöttel, Kriegsgeschichtsschreibung als militärische Geschichtspolitik? Zur publizistischen Arbeit des Bayerischen Kriegsarchivs nach 1918. In: Zeitschrift für bayerische Landesgeschichte, 61 (1998) 1, S. 233-254.
17 Heinz-Ludger Borgert, Grundzüge der Landkriegführung von Schlieffen bis Guderian. In: Deutsche Militärgeschichte in sechs Bänden 1648-1939, Bd 6, Abschnitt IX. Hrsg. vom MGFA durch Friedrich Forstmeier [et al.], Herrsching 1983, S. 427-584, hier, S. 529-584; James S. Corum, The Luftwaffe. Creating the Operational Air War, 1918-1940, Lawrence, KS 1997, S. 49-123; Stephan Leistenschneider, Auftragstaktik im preußisch-deutschen Heer 1871 bis 1914, Hamburg [u.a.] 2002; Potempa, Die Perzeption des Kleinen Krieges (wie Anm. 13), S. 111-133; Werner Rahn, Strategische Optionen und Erfahrungen der

auch die Planungen der Wehrmacht und die schnellen Eroberungen der Jahre
1939 bis 1942. Zur Erprobung der modernen Waffen für den Krieg der Zukunft
wurden Scheinfirmen gegründet, wurde im Ausland produziert und Fach-
personal dort ausgebildet. Vertragslücken wurden genutzt: Man förderte den
legalen Segelflug ebenso wie die Raketentechnik. Es kam auch zur Nutzung
ziviler Kapazitäten: Personal aus Luftsport und -verkehr wurde militärisch ausgebildet, Verkehrsflugzeuge wurden in militärischen Varianten erprobt[18].

Die Reichswehr selbst begriff sich als Kader- und Führerarmee einer künftigen deutschen Streitmacht in Millionenstärke. Sie schuf sich eine geheime Personalreserve, die »Schwarze Reichswehr«[19], die eng mit paramilitärischen Formationen, mit Veteranen und Jugendorganisationen zusammenarbeitete. Dies
stellte einen Bruch mit dem bisherigen Gedankengut dar, denn noch im Kaiserreich hatte das Militär den Milizen und paramilitärischen Organisationen ein
eher schlechtes Zeugnis ausgestellt[20].

Ab 1930 wurde die Reichswehr im Inneren auch wieder politisch aktiv[21]. Sie
nahm am 30. Januar 1933 die Ernennung Adolf Hitlers zum Reichskanzler hin.
Drei Tage später erläuterte dieser der militärischen Führung sein Programm[22].
Er garantierte die personelle und materielle Aufrüstung der Streitkräfte und
definierte ihre Rolle: »Wehrmacht wichtigste und sozialistischste Einrichtung
des Staates. Sie soll unpol[itisch] und überparteilich bleiben. Der Kampf im
Innern ist nicht ihre Sache, sondern der Nazi-Organisationen. Anders wie in
Italien keine Verquickung von Heer und SA beabsichtigt[23].« Für die Reichswehr
ergab sich hierdurch die Möglichkeit, sich der ungeliebten Aufgabe der »Be-
friedung« im Inneren zu entledigen. Die während des Krieges übliche »Arbeitsteilung« zwischen Wehrmacht und NS-Organisationen deutete sich hier
bereits an[24].

---

deutschen Marineführung 1914 bis 1944. Zu den Chancen und Grenzen einer mitteleuro-
päischen Kontinentalmacht gegen Seemächte. In: Deutsche Marinen im Wandel: vom
Symbol nationaler Einheit zum Instrument internationaler Sicherheit. Im Auftr. des
MGFA hrsg. von Werner Rahn, München 2005, S. 197-233.

[18] Albert Fischer, Die Lufthansa als Instrument der geheimen Rüstungspolitik? Ziviler Luft-
verkehr und Militarisierung in der Weimarer Republik. In: MGZ, 64 (2005), S. 465-486;
Sören Flachowsky, »Das größte Geheimnis der deutschen Technik«. Die Entwicklung des
Stratosphärenflugzeugs Ju 49 im Spannungsfeld von Wissenschaft, Industrie und Militär
1926-1936. In: Dresdener Beiträge zur Geschichte der Technikwissenschaften, 32 (2008),
S. 3-32.

[19] Bernhard Sauer, Schwarze Reichswehr und Fememorde. Eine Milieustudie zum Rechts-
radikalismus in der Weimarer Republik, Berlin 2004.

[20] Potempa, Die Perzeption des Kleinen Krieges (wie Anm. 13), S. 138-140.

[21] Wolfram Pyta, Vorbereitungen für den militärischen Ausnahmezustand unter Papen/
Schleicher. In: Militärgeschichtliche Mitteilungen, 51 (1992) 2, S. 385-428; Wolfram Pyta,
Hindenburg. Herrschaft zwischen Hohenzollern und Hitler, München 2007.

[22] Hans Magnus Enzensberger, Hammerstein oder der Eigensinn. Eine deutsche Geschichte,
Frankfurt a.M. 2008, S. 9-13, 113-122.

[23] Der Nationalsozialismus. Dokumente 1933-1945. Hrsg. und kommentiert von Walter
Hofer, Frankfurt a.M. 1978, S. 180 f.

[24] Peter Longerich, Heinrich Himmler. Biographie, München 2008, S. 180-186, 533-558.

Die voranschreitende Ausschaltung der Demokratie und die Etablierung der NS-Diktatur bot den Militärs die Chance, alle vorliegenden Planungen zu realisieren. Mit dem »Gesetz über den Aufbau der Wehrmacht« vom 16. März 1935 und dem Wehrgesetz vom 21. Mai 1935 wurde die Wehrpflicht wieder eingeführt. Die Wehrmacht gliederte sich fortan in Heer[25], Kriegsmarine[26] und Luftwaffe[27]. Allein das Heer wuchs bis Ende 1936 von 100 000 auf 550 000 Mann auf, 1939 umfasste es 2,75 Millionen Mann. Aus den 15 000 Mann der Reichsmarine wurden bis 1939 40 000 Mann Kriegsmarine und die Luftwaffe umfasste bis 1939 400 000 Mann. Selbstredend konnte im Rahmen des Neuaufbaus ein modernerer Stand erreicht werden als dies bei konkurrierenden Armeen der Fall war, und zwar technisch, taktisch und organisatorisch. Die Streitkräfte wurden mit modernen Waffen ausgerüstet, Luftlandetruppen wurden aufgestellt. Auftragstaktik, Disziplin, Gehorsam und Effizienz zeichneten die Wehrmacht zu Beginn aus[28]. Dieses Machtinstrument war imstande, all die gewagten außenpolitischen Aktionen des »Dritten Reiches« bis 1939 abzusichern, bei denen sich die Westmächte mit einer »Zuschauerrolle« begnügten. Was den zukünftigen Krieg anbelangte, so eröffnete Adolf Hitler am 5. November 1937 der Wehrmachtführung seine Vorstellungen von diesem Waffengang[29]. Eine zentrale Rolle spielten für ihn Mobilität und Geschwindigkeit in der Operationsführung. Obwohl Teile der alten Führungselite seinen Plänen skeptisch gegenüberstanden, konnten sie den Krieg letztlich nicht abwenden[30]. Zwischen 1939 und 1942 weitete sich der deutsche Machtraum durch den Einsatz schneller Truppen und durch großräumige Blitz- und Vernichtungsoffensiven mit Panzern und Flugzeugen gewaltig aus. Dänemark, Norwegen, die Benelux-Staaten, Frankreich, Jugoslawien und Griechenland[31] wurden erobert. Der Krieg breitete sich bis nach Nordafrika aus[32].

Spätestens mit Beginn des Überfalls auf die Sowjetunion führten die deutschen Truppen und ihre Verbündeten[33] nicht nur einen Eroberungs-, sondern

---

[25] Bernhard R. Kroener, Mobilmachungsplanungen gegen Recht und Verfassung. Kriegsvorbereitungen in Reichsheer und Wehrmacht 1918-1939. In: Erster Weltkrieg – Zweiter Weltkrieg (wie Anm. 5), S. 57-77.

[26] Michael Salewski, Das maritime »Dritte Reich« – Ideologie und Wirklichkeit 1933 bis 1945. In: Deutsche Marinen im Wandel (wie Anm. 17), S. 451-484.

[27] Harald Potempa, Die Wiedererlangung der Wehrhoheit und der Aufbau der Luftwaffe als eigenständigem dritten Wehrmachtsteil. »Soll ein Volk von Fliegern werden« – Anmerkungen zu Militärluftfahrt und popularer Wahrnehmung. In: Hans Felix Husadel. Werk – Wirken – Wirkung. Hrsg. von Michael Schramm, Bonn 2006, S. 42-59.

[28] Martin van Creveld, Kampfkraft. Militärische Organisation und militärische Leistung 1939 bis 1945, 3. Aufl., Freiburg i.Br. 1996, S. 203-207; Martin van Creveld, Die deutsche Wehrmacht: eine militärische Beurteilung. In: Die Wehrmacht (wie Anm. 4), S. 331-345.

[29] Grundzüge der deutschen Militärgeschichte (wie Anm. 12), S. 376-379.

[30] Müller, Generaloberst Ludwig Beck (wie Anm. 8), S. 307-333.

[31] Harald Potempa, Der Partisanenkrieg der Wehrmacht. In: Am Rande Europas? Der Balkan – Raum und Bevölkerung als Wirkungsfelder militärischer Gewalt. Im Auftrag des MGFA hrsg. von Bernhard Chiari und Gerhard P. Groß, München 2009, S. 265-286.

[32] Rolf-Dieter Müller, Der letzte deutsche Krieg 1939-1945, Stuttgart 2005, S. 34-180.

[33] Rolf-Dieter Müller, An der Seite der Wehrmacht. Hitlers ausländische Helfer beim »Kreuzzug gegen den Bolschewismus« 1941-1945, Berlin 2007.

auch einen weltanschaulichen Vernichtungskrieg[34]. Dies hatte sich bereits im Feldzug gegen Polen 1939 und während der Kämpfe in Südosteuropa angedeutet. Im Feldzug gegen die Sowjetunion fielen die letzten Schranken: Juden, Partisanen und Kommunisten wurden in Arbeitsteilung und in Zusammenarbeit zwischen Wehrmacht und SS/SD systematisch »vernichtet«[35]. Vorstöße in die Tiefe des Raumes unter anschließender »Säuberung« des Geländes hinter der Front brachten auch den Partisanenkrieg hervor, eine Mischung aus »Kampfhandlung und Mordaktion«[36].

Entzogen die militärischen Erfolge der ersten Kriegsjahre einem militärischen Widerstand vorerst weitgehend die Grundlagen, so änderte sich angesichts des Wechsels der militärischen Initiative ab 1943 die Lage jedoch gravierend[37]. Der militärische Widerstand verurteilte nun die Verbrechen des NS-Regimes, seine Maßlosigkeit und die Beleidigung der Majestät des Rechts[38]. Hinzu kam die Erkenntnis, dass Deutschland den Krieg de facto verloren hatte: Im Juni 1944 hatte sich die Lage an allen Fronten dramatisch verschlechtert, eine totale Niederlage war unausweichlich. Es galt nun, wenigstens die Existenz Deutschlands und seiner Bevölkerung zu retten. Doch weder die militärische noch die politische Führung des Reiches dachten an eine »vorzeitige« Beendigung des Krieges, denn ein »November 1918« sollte sich nicht wiederholen! Es galt daher, Hitler zu beseitigen und die Alliierten um Frieden anzusuchen. Das Attentat vom 20. Juli 1944 schlug jedoch fehl und das NS-Regime rechnete brutal mit seinen Gegnern und dem eigenen Volk ab: Während der Endkämpfe von August 1944 bis Mai 1945 fielen so viele deutsche Soldaten wie in den drei Jahren Krieg zuvor[39]. Erst der Selbstmord Hitlers beim Fall Berlins am 30. April 1945 machte eine bedingungslose Kapitulation möglich. Am 9. Mai 1945 war der Zweite Weltkrieg in Europa beendet, der größte Teil Deutschlands war zu diesem Zeitpunkt bereits erobert und besetzt. Dem deutschen Staat und seinem Militär stand wiederum eine der größten Zäsuren ihrer Geschichte, eine völlige Umgestaltung, bevor. Die Transformationen im Zeitalter der Weltkriege boten

---

[34] Dieter Pohl, Die Herrschaft der Wehrmacht. Deutsche Militärbesatzung und einheimische Bevölkerung in der Sowjetunion 1941-1944, München 2008, S. 87-106, 283-304.

[35] Bernhard R. Kroener, »Der starke Mann im Heimatkriegsgebiet«. Generaloberst Friedrich Fromm. Eine Biographie, Paderborn [u.a.] 2005, S. 509-527; Bernd Wegner, Hitlers politische Soldaten. Die Waffen-SS 1933-1945. Leitbild, Struktur und Funktion einer nationalsozialistischen Elite, 7. Aufl., Paderborn [u.a.] 2006, S. 84-94, 307-309.

[36] Hannes Heer, Die Logik des Vernichtungskrieges. Wehrmacht und Partisanenkampf. In: Vernichtungskrieg. Verbrechen der Wehrmacht 1941 bis 1944. Hrsg. von Hannes Heer und Klaus Naumann, Hamburg 1995, S. 104-138; Lutz Klinkhammer, Der Partisanenkrieg der Wehrmacht 1941-1944. In: Die Wehrmacht (wie Anm. 4), S. 815-836, hier S. 836.

[37] Torsten Diedrich, Paulus. Das Trauma von Stalingrad. Eine Biographie, Paderborn [u.a.] 2008, S. 194-298.

[38] Winfried Heinemann, Der militärische Widerstand und der Krieg. In: Das Deutsche Reich und der Zweite Weltkrieg, Bd 9/1: Die deutsche Kriegsgesellschaft 1939 bis 1945: Politisierung, Vernichtung, Überleben. Im Auftr. des MGFA hrsg. von Jörg Echternkamp, München 2004, S. 743-892.

[39] Rüdiger Overmans, Deutsche militärische Verluste im Zweiten Weltkrieg, München 1999 (= Beiträge zur Militärgeschichte, 46), S. 319-321.

nach dem Krieg beim Aufbau neuer deutscher Streitkräfte in den 1950er-Jahren aber durchaus Anknüpfungspunkte – freilich unter den Voraussetzungen völlig andersgearteter politischer Systeme[40].

II. »Nie wieder November 1918«: Der Transformationsprozess der Moral der Truppe

Der Diskurs über »Material oder Moral« hatte bereits im Ersten Weltkrieg eingesetzt[41]. Bulgarien und Österreich-Ungarn waren demnach vor allem deswegen besiegt worden, weil der Kampfeswille der Soldaten zusammenbrach. Gleiches galt für die deutschen Truppen. Als Ursachen wurden destruktive kommunistische – im Falle der Donaumonarchie auch nationalistische – »Wühlarbeit« ebenso benannt wie die Entschlusslosigkeit der alten Eliten. Auch wurden Schwächen im »Inneren Gefüge« der Truppe ausgemacht. Mit dem Ideal des »entschlossenen Freikorpskämpfers« wurde ein Gegenpol hierzu konstruiert. Der Nachteil dieser Kämpfer bestand allerdings darin, dass sie sich nur dem Führer des jeweiligen Freikorps verpflichtet sahen. Für die Zukunft galt es daher, die Entschlossenheit der Freikorps mit der Disziplin einer regulären Truppe zu vereinigen.

Bei den Diskursen um den totalen »Krieg der Zukunft« galt die Annahme, dass dabei künftig noch höhere physische und psychische Anforderungen an Soldaten wie Zivilbevölkerung gestellt würden. Weder an der Front noch in der Heimat sollte die Moral aber jemals wieder wanken dürfen. Daher maß man ihrer Stärkung fortan eine enorme Bedeutung bei. Dies äußerte sich etwa in entsprechenden militärpädagogischen, psychologischen und wehrwissenschaftlichen Überlegungen[42]. Die Entente hatte das Mittel der Propaganda im Kriege beispielsweise besser gehandhabt als das Deutsche Reich. Mit dem Anbruch des »Dritten Reiches« stand der Soldat schließlich »mitten im Volk«, die Zeit des »Staatsheeres« war beendet. Die Propaganda bildete eine der wichtigsten »Innovationen« des NS-Regimes – bezogen auf die Mobilisierungswirkung, die Reichweite und die Fernwirkung der propagierten Ideologeme. Das Gewicht des Faktors »Moral« äußerte sich ab 1935 u.a. darin, dass bei den Soldaten nun jede abweichende Geisteshaltung registriert wurde. Die Truppe wurde hinsichtlich ihrer Gesinnung nicht mehr sich selbst überlassen. Die Soldaten hatten fortan von der Idee des Nationalsozialismus überzeugt zu sein. Als Mittel zur Durchsetzung dieses Zieles wurde während des Krieges – analog zur Anwendung von Ideologie und Terror in der sowjetischen Roten Armee sowie

---

[40] Die Bundeswehr 1955 bis 2005. Rückblenden – Einsichten – Perspektiven. Im Auftrag des MGFA hrsg. von Frank Nägler, München 2007.
[41] Potempa, Die Perzeption des Kleinen Krieges (wie Anm. 13), S. 89–91.
[42] Ebd., S. 91–94, 139–140.

der chinesischen Volksbefreiungsarmee[43] – die Stelle des NSFO geschaffen, des »Nationalsozialistischen Führungsoffiziers«. Dessen Aufgabe bestand in der Indoktrination der Truppe[44]. Man griff damit das Mittel des »Vaterländischen Unterrichtes« aus dem Ersten Weltkrieg wieder auf und radikalisierte dasselbe. Die Propaganda hatte jedoch nicht nur *in* der Wehrmacht, sondern auch *für* die Truppe zu wirken. So wurde in der Heimat, in den besetzten Gebieten, im rückwärtigen Raum und an der Front jeder »Angriff« auf die Moral der Truppe unbarmherzig geahndet. Hierzu zählten etwa das Verteilen von Flugblättern, die Weitergabe von Parolen, das Hören ausländischer Rundfunksender, Spionage, Sabotage und Zersetzung. Sie wurden einem bewaffneten Angriff gleichgesetzt. Laut Erlass von 1941 war »die Erhaltung der Mannszucht«, d.h. der »Moral«, auch die Aufgabe der Kriegsgerichte[45]. 1944/45 rief das NS-Regime eine weitere militante Partisanenorganisation ins Leben: den »Werwolf«. Der verdeckte Kampf gegen die Alliierten war nur ein Auftrag dieser Organisation. Der Kampf gegen »Kollaborateure« in den eigenen Reihen erschien mindestens ebenso wichtig. Somit sollte der »Werwolf« die Aktivitäten der Stand- und Feldgerichte und des Volksgerichtshofes ergänzen und zur ideologischen Durchdringung des deutschen Militärs beitragen.

III. NS-»Volksgemeinschaft« in Waffen: Die Transformation von Ideologisierung, Brutalisierung und Vernichtung in Militär und Gesellschaft

1918 war nicht nur die »Moral« der Truppe, sondern – wie erwähnt – auch diejenige der Bevölkerung zusammengebrochen. Im Zeitalter des totalen Krieges hatte die »Heimatfront« aus Sicht des NS-Regimes unbedingt standzuhalten. Die Radikalisierung des Krieges ging deshalb mit einer engen Verknüpfung mit der Idee der NS-»Volksgemeinschaft« einher. Eine »arische«, rassisch definierte Gemeinschaft sollte entstehen, in der Standes- und Klassenunterschiede keine Rolle mehr spielten und strenge »Rassenhygiene« galt.

Die Wehrmacht sollte das Ideal dieser »Volksgemeinschaft in Waffen« darstellen. Im Gegensatz zur Berufsarmee der Reichswehr mit ihrer geheimen Reserve wurde die Wehrmacht daher konsequent als Wehrpflichtigenarmee auf-

---

[43] Jung Chang und Jon Halliday, Mao. Das Leben eines Mannes, das Schicksal eines Volkes, München 2005, S. 311-331; Catherine Merridale, Iwans Krieg. Die Rote Armee 1939-1945, Frankfurt a.M. 2006, S. 52-62.

[44] Jürgen Förster, Geistige Kriegführung in Deutschland 1919 bis 1945. In: Das Deutsche Reich und der Zweite Weltkrieg, Bd 9/1 (wie Anm. 38), S. 469-640, hier S. 590-620.

[45] Grundzüge der deutschen Militärgeschichte (wie Anm. 12), S. 366-368; Anton Holzer, Das Lächeln der Henker. Der unbekannte Krieg gegen die Zivilbevölkerung 1914-1918, Darmstadt 2008, S. 77-81; Manfred Messerschmidt, Die Wehrmachtjustiz 1933-1945, Paderborn [u.a.] 2005.

gebaut. Hierzu wurde das Personal der Reichswehr herangezogen und um Veteranen und Ungediente ergänzt. Der hohe Personalbedarf und die Kriegsverluste sorgten dafür, dass sich die Durchlässigkeit der Laufbahngruppen erhöhte und die Auswahlkriterien modifiziert wurden – eine Entwicklung, die bereits in der Reichswehr zu beobachten war. Für Mannschaften und Unteroffiziere erhöhte sich die Chance, Offizier zu werden, die Dienstgradstrukturen änderten sich. Die »Verfügung zur Förderung von Führerpersönlichkeiten« vom 4. November 1942 markierte einen Meilenstein in diesem Prozess. Der Grundsatz der Beförderung nach Dienstalter wurde um die Möglichkeit der »Tapferkeitsbeförderung« ergänzt. Im Frühjahr 1944 entstammten bereits 64 Prozent des deutschen Offizierkorps den Mannschaftsdienstgraden[46]. Generale und Oberste in einem Alter von Anfang 30 Jahren blieben auch in der Wehrmacht eine Ausnahme, aber im Gegensatz zur kaiserlichen Armee waren sie dort durchaus zu finden. Auch diese in Einzelfällen immens gesteigerte soziale Mobilität bedeutete eine »Transformation« der deutschen Streitkräfte; ihre Entsprechung fand sie in der »Verbürgerlichung« des Offizierkorps im Krieg[47]. Auch hier trat also eine »Innovation« zutage: Die soziale Öffnung des Offizierkorps schuf eine nationalsozialistische »Volksarmee« – umso mehr, je länger der Krieg dauerte und je verlustreicher er geführt wurde.

Bereits die Auswertung des Kleinen Krieges bis 1918 verband die Vernichtung der gegnerischen Streitmacht auch mit der »Ausrottung« der Bevölkerung und der Zerstörung ihrer Lebensgrundlagen. Bislang bedeutete militärische Vernichtung vor allem das Niederkämpfen gegnerischer Streitkräfte mit dem Ziel, sie an der Fortsetzung des Kampfes zu hindern. Der Begriff der »Vernichtung« veränderte sich im Zeitalter der Weltkriege jedoch drastisch[48]. Da Juden und Kommunisten nach der nationalsozialistischen Weltanschauung transnational agierten, konnte sich der Vernichtungskampf gegen sie nicht mehr ausschließlich auf Deutschland beschränken. Während des Zweiten Weltkrieges wurde daher – besonders an der Ost- und Südostfront[49] – Vernichtung mit Genozid gleichgesetzt[50]. Dies betraf neben den Juden auch die »Partisanen« und ihre Helfer.

---

[46] Wolfgang Petter, Militärische Massengesellschaft und Entprofessionalisierung des Offiziers. In: Die Wehrmacht (wie Anm. 4), S. 359–370, hier S. 365.

[47] Bernhard R. Kroener, »Menschenbewirtschaftung«, Bevölkerungsverteilung und personelle Rüstung in der zweiten Kriegshälfte (1942–1944). In: Das Deutsche Reich und der Zweite Weltkrieg, Bd 5/2: Organisation und Mobilisierung des deutschen Machtbereichs. Kriegsverwaltung, Wirtschaft und personelle Ressourcen 1942–1944/45. Hrsg. vom MGFA, Stuttgart 1999, S. 777–1001, hier S. 856–878.

[48] Andrea Böhm, Der Wille zur Vernichtung. In: Das uneingelöste Versprechen. 60 Jahre Allgemeine Erklärung der Menschenrechte. Hrsg. von Franz-Josef Hutter und Carsten Kimmle, Karlsruhe 2008, S. 181–189; Jaques Sémelin, Säubern und Vernichten. Die politische Dimension von Massakern und Völkermorden, Hamburg 2007.

[49] Potempa, Die Perzeption des Kleinen Krieges (wie Anm. 13), S. 141–151.

[50] Manfred Messerschmidt, Militarismus – Vernichtungskrieg – Geschichtspolitik. Zur deutschen Militär- und Rechtsgeschichte. Im Auftrag des MGFA hrsg. von Hans Ehlert, Arnim Lang und Bernd Wegner, Paderborn [u.a.] 2006.

Insgesamt ging die Totalisierung des Krieges im Zeitalter der Weltkriege mit Ideologisierung und Brutalisierung einher. Dies galt für Nationalsozialismus, Faschismus und Kommunismus gleichermaßen[51]. »Säubern« und »Vernichten« war zwar keine Besonderheit der bewaffneten Organe der deutschen »Volksgemeinschaft«; doch war der industriell organisierte Massenmord an den europäischen Juden singulär. Einen Beitrag dazu leistete die »Volksgemeinschaft in Waffen«. Sie eroberte nicht nur die entsprechenden Gebiete, sondern duldete und unterstützte auch alle weiteren Begleiterscheinungen des Krieges.

IV. Eide als Indikator für die Transformationsprozesse von Staat, Verfassung und Militär

»Ich N.N. schwöre zu Gott dem Allwissenden und Allmächtigen einen leiblichen Eid, daß ich seiner Majestät dem Könige von Preußen, [folgt der Name des Königs] meinem allergnädigsten Landesherrn, in allen Vorfällen zu Lande und zu Wasser in Kriegs- und Friedenszeiten und an welchen Orten es immer sei, treu und redlich dienen, Allerhöchstdero Nutzen und Bestes befördern, Schaden und Nachteil aber abwenden, die mir vorgelesenen Kriegsartikel und die mir erteilten Vorschriften und Befehle genau befolgen und mich so betragen will, wie es einem rechtschaffenen, unverzagten, pflicht- und ehrliebenden Soldaten [Offizier] eignet und gebührt. [Für Protestanten] So wahr mir Gott helfe durch Jesum Christum zur Seligkeit! [Für Katholiken] So wahr mir Gott helfe und sein heiliges Evangelium! [Für Juden] So wahr mir Gott helfe! [Seit 1911 für Katholiken und Protestanten gemeinsam:] So wahr mir Gott helfe durch Jesum Christum und sein heiliges Evangelium[52]!«

Dieser von preußischen Offizieren und Soldaten in verschiedenen Abwandlungen im Zeitraum von 1831 bis 1918 abzulegende Eid wurde zu Gott selbst geleistet und unterschied sich nach Laufbahngruppen, Konfessionen und Kontingentzugehörigkeit. Er verweist auf die damalige komplizierte Militärverfassung in Deutschland[53]. Das Kaiserreich von 1871 war als Zusammenschluss von 25 souveränen deutschen Staaten entstanden[54]. Das Heer setzte sich entsprechend aus den Kontingentarmeen der einzelnen Bundesstaaten zusammen. Die größeren unter ihnen besaßen eigene Kriegsministerien und Militärverwaltungen. Die Soldaten wurden daher auf den jeweiligen Landesherren persönlich verei-

[51] Jörg Baberowski und Anselm Doering-Manteuffel, Ordnung durch Terror. Gewaltexzesse und Vernichtung im nationalsozialistischen und im stalinistischen Imperium, Bonn 2006, S. 59-79.
[52] Sven Lange, Der Fahneneid. Die Geschichte der Schwurverpflichtung im deutschen Militär, Bremen 2002, S. 70.
[53] Ebd., S. 57-86.
[54] Hans Boldt, Deutsche Verfassungsgeschichte. Politische Strukturen und ihr Wandel, Bd 2: Von 1806 bis zur Gegenwart, München 1990, S. 168-220.

digt. Marine und Schutztruppen blieben von dieser föderalen Struktur ausgenommen, sie unterstanden dem Kaiser unmittelbar. Im Kriegsfall führte dieser den Oberbefehl über alle deutschen Truppen. Der Reichstag als Vertretung des Volkes übte über das Budgetrecht Einfluss auf die Entwicklung des Militärs aus. Die Entscheidungen fielen aber vor allem in den Militärkabinetten. Das Prinzip der Öffentlichkeit der Entscheidung wurde durch diverse Rechte zum unmittelbaren Vortrag beim Monarchen bzw. Kriegsminister ausgehebelt. Das Heer blieb somit in erster Linie ein Königsheer, dessen Soldaten ihrem Landesherrn in persönlicher Treue verpflichtet waren. Eine Bindung an die Verfassung war deshalb im Eidestext nicht vorgesehen.

»Ich schwöre Treue der Reichsverfassung und gelobe, daß ich als tapferer Soldat das Deutsche Reich und seine gesetzmäßigen Einrichtungen jederzeit schützen, dem Reichspräsidenten und meinen Vorgesetzten Gehorsam leisten will[55].« Diesem Eid der Reichswehr vom 14. August 1919 gingen zahlreiche Zwischenstufen voran[56]. Der nüchterne Text lautete für alle Laufbahngruppen gleich und verzichtete nun auf jedwede religiöse Beteuerungsformel. In der Verfassung vom 11. August 1919 wurde postuliert, dass in der ersten deutschen Demokratie fortan alle Staatsgewalt vom Volke ausging[57]. Das Ressort Militärwesen wurde damit zur Reichsangelegenheit, repräsentiert durch ein Reichswehrministerium[58]. An die Stelle des abgedankten Kaisers trat als Oberbefehlshaber nun der vom Volke gewählte Reichspräsident, dem auch in Krisenzeiten verschiedene Befugnisse zugestanden wurden. Auf der Ebene der Exekutive war der Reichswehrminister zuständig, der Reichstag beschloss den Wehretat. Es gab jedoch keine direkte Rechenschaftspflicht des Ministers gegenüber dem Reichstag. Der Reichspräsident konnte zudem den jeweiligen Reichskanzler ohne Mitwirkung des Reichstages berufen oder entlassen. So konnte Reichspräsident Paul von Hindenburg am 30. Januar 1933 auch Adolf Hitler zum Reichskanzler ernennen, ohne dass dieser über eine parlamentarische Mehrheit verfügte. Mit Brutalität und Skrupellosigkeit verwandelte Hitler Deutschland binnen weniger Monate in eine Diktatur. Die Verfassung von 1919 blieb zwar auch nach dem »Ermächtigungsgesetz« vom Februar 1933 in Kraft, die Grundrechte galten jedoch nicht mehr. Auch die Stellung des Militärs im Staate änderte sich. Das spiegelte sich im Dezember 1933 in der Neuvereidigung der Reichswehr wider: »Ich schwöre bei Gott diesen heiligen Eid, daß ich meinem Volk und Vaterland allzeit treu und redlich diene und als tapferer und gehorsamer Soldat bereit sein will, jederzeit für diesen Eid mein Leben einzusetzen[59].« Die religiöse Beteuerungsformel hielt damit wieder Einzug. Allerdings

[55] Grundzüge der deutschen Militärgeschichte (wie Anm. 12), S. 314.
[56] Lange, Der Fahneneid (wie Anm. 52), S. 421-423.
[57] Dokumente zur deutschen Verfassungsgeschichte (wie Anm. 11), S. 151-179; Eberhard Kolb, Die Weimarer Republik, 5. Aufl., München 2000 (= Oldenbourg Grundriss der Geschichte, 16), S. 169-181.
[58] Die Reichswehr bestand aus Reichsheer und Reichsmarine.
[59] Grundzüge der deutschen Militärgeschichte (wie Anm. 12), S. 314; Lange, Der Fahneneid (wie Anm. 52), S. 423. Hier auch das folgende Zitat.

wurde nun »bei Gott« geschworen, der Eid selbst wurde damit heilig. Die Verfassung fand keine Erwähnung mehr, die Bezeichnung Deutsches Reich war ebenso gelöscht worden. »Volk und Vaterland« war nun zu dienen. Im August 1934 wurde die gesamte Reichswehr nochmals neu vereidigt: »Ich schwöre bei Gott diesen heiligen Eid, daß ich dem Führer des Deutschen Reiches und Volkes Adolf Hitler, dem Oberbefehlshaber [Obersten Befehlshaber ab. 20. Juli 1935] der Wehrmacht, unbedingten Gehorsam leisten und als tapferer Soldat bereit sein will, jederzeit für diesen Eid mein Leben einzusetzen.« Diese Eidesformel wurde bis 1945 beibehalten. Die religiöse Beteuerung war belassen, die Vereidigung auf eine Person wieder eingeführt worden. Neu war jedoch der »unbedingte Gehorsam«. Nach dem Tod Paul von Hindenburgs vereinigte Adolf Hitler die Ämter des Reichskanzlers und des Reichspräsidenten in seiner Person. Somit war er auch Oberbefehlshaber der Reichswehr. Den Vorschlag für den Eidestext hatte das Reichswehrministerium selbst unterbreitet. Er ist als zeitgenössische Reaktion auf die Rivalität mit der SA und die Liquidierung der SA-Führung im Sommer 1934 zu verstehen. Die Reichswehr behauptete sich damit zumindest zeitweise als alleiniger Waffenträger. Die Macht im NS-Staat ruhte nun auf zwei Säulen: auf der Reichswehr/Wehrmacht und auf der NSDAP. Hatten Reichswehr und Wehrmacht in der Aufbauphase allerdings noch geglaubt, ihre Selbstständigkeit bewahren zu können, so zerstoben diese Hoffnungen spätestens mit der Blomberg-Fritsch-Krise 1938[60]. Nach der Beseitigung des Reichswehr- bzw. Kriegsministeriums war Adolf Hitler nun tatsächlich der Oberste Befehlshaber. Ab 1941 führte er auch das Heer persönlich. Damit war eine Reformvorstellung des 19. Jahrhunderts verwirklicht worden: Der Primat der Politik beanspruchte nun lückenlose Gültigkeit; freilich war es ein verbrecherisches Regime, dem die Streitkräfte zu folgen hatten.

Das für das »Dritte Reich« typische Kompetenzgerangel zwischen den verschiedenen Machtzentren schlug sich auch in der Kriegsgliederung der Wehrmacht nieder. Neben dem 1938 aufgestellten Oberkommando der Wehrmacht (OKW) existierte jeweils ein Oberkommando des Heeres (OKH), der Marine und der Luftwaffe bzw. das Reichsluftfahrtministerium. Das OKH war dem OKW aber nicht unterstellt. Das OKH hatte die Operationen auf dem jeweiligen Hauptkriegsschauplatz zu führen, die übrigen oblagen dem OKW[61]. Hinzu kamen die Aktivitäten der Parteiformationen, zu denen vor allem die Waffen-SS gehörte: »Ich schwöre Dir, Adolf Hitler, als Führer und Kanzler des Reiches Treue und Tapferkeit. Wir geloben Dir und den von Dir bestimmten Vorgesetzten Gehorsam bis in den Tod, so wahr mir Gott helfe[62].« Interessanterweise war der Eid selbst in diesem Zusammenhang nicht heilig, die religiöse Beteuerungsformel stand erst am Ende. Adolf Hitler wurde jedoch nicht nur namentlich genannt, sondern mit »Du« bezeichnet, wodurch das persönliche Treuever-

[60] Müller, Generaloberst Ludwig Beck (wie Anm. 8), S. 275-306.

[61] Geoffrey P. Megargee, Hitler und die Generale. Das Ringen um die Führung der Wehrmacht 1933-1945, Paderborn [u.a.] 2006, S. 46-79.

[62] Lange, Der Fahneneid (wie Anm. 52), S. 135-139, 424. Ausländische Verbände der Waffen-SS hatten eigene Eidesformeln.

hältnis explizit zum Ausdruck kommen sollte. Die Eide von Wehrmacht und Waffen-SS kannten keinerlei Einschränkungen hinsichtlich der Verwendung von Streitkräften. Eine Verfassungsbindung gab es in beiden Fällen nicht.

Im Jahre 1944 wurde mit dem »Volkssturm« ein weiteres bewaffnetes Element aufgestellt. Die Propaganda bemühte hierbei besonders die preußischen Reformer und deren »Landsturmkonzept« von 1811. Jeder Deutsche zwischen 16 bis 60 sollte dementsprechend die Alliierten bekämpfen. Im Eid des Landsturmes finden sich daher auch die zeitgenössischen Motive der Verteidigung der Heimat, der Freiheit, des Volkes sowie seiner Zukunft: »Ich schwöre bei Gott diesen heiligen Eid, daß ich dem Führer des Großdeutschen Reiches, Adolf Hitler, bedingungslos, treu und gehorsam sein werde. Ich gelobe, daß ich für meine Heimat tapfer kämpfen und lieber sterben werde, als die Freiheit und damit die soziale Zukunft meines Volkes preiszugeben«[63].

V. Die preußischen Reformer: Zur Transformation von Vorbildern und Symbolen

Waren die Eide deutscher Streitkräfte eine Ausprägung rechtlicher und ethischer Normen, spiegelte ihre Geschichte auch Kontinuitäten hinsichtlich ihrer Traditionsanbindungen wider. Dies gilt vor allem für die preußischen Reformer. Die Reichswehr pflegte bewusst die Erinnerung an die alte Armee, an die preußischen Reformer und an die Befreiungskriege. Auch die NS-Propaganda nahm wiederholt auf die Reformer von 1807 Bezug, sie stellte die Erfolge der neu formierten Armee ab 1813 heraus und übte sich in historischen Analogien[64]. Die staatsbürgerlichen Ideale der Militärreformer blieben jedoch gänzlich außen vor.

Ausdruck dieses »Traditionsverständnisses« waren u.a. die Benennung der Schlachtschiffe »Scharnhorst« und »Gneisenau«, der ab 1939 zum »Großdeutschen Befreiungskampf« deklarierte Krieg und die Instrumentalisierung des Geburtstages von Scharnhorst (12. November) im Jahre 1944 als »Tag des Deutschen Volkssturmes«. Im Film »Kolberg«[65] – dem letzten Film der UFA 1945 – wurden Gneisenau und die Volksbewaffnung propagandistisch überhöht. Während die zumeist den Offizieren vorbehaltenen »Halsorden« der Monarchien 1939 nicht erneuert wurden, erfuhr das 1813 gestiftete Eiserne Kreuz eine Be-

---

[63] Lange, Der Fahneneid (wie Anm. 52), S. 139–142, 424.
[64] Potempa, Die Perzeption des Kleinen Krieges (wie Anm. 13), S. 92–94, 103 f.
[65] Krieg und Militär im Film des 20. Jahrhunderts. Im Auftrag des MGFA hrsg. von Bernhard Chiari, Matthias Rogg und Wolfgang Schmidt, München 2003 (= Beiträge zur Militärgeschichte, 59); Rainer Rother, Vom Kaiserreich bis in die fünfziger Jahre. Der deutsche Film. In: Mythen der Nationen – Völker im Film. Hrsg. von Rainer Rother, Berlin 1998, S. 63–81, hier S. 75.

deutungssteigerung[66]. Die Kriegsauszeichnung konnte von jeher an alle Dienst-grade verliehen werden. Mit der Stiftung eines Ritterkreuzes zum Eisernen Kreuz und den Zusätzen des Eichenlaubes, der Schwerter und der Brillanten wurde die Auszeichnung zum Orden. Überall ersetzte nun das Hakenkreuz die königlichen Initialen. Das Amalgam von Preußentum und Nationalsozialismus war kennzeichnend für die Propagandastrategie, die insbesondere der Propa-gandaminister Joseph Goebbels ins Werk und in Szene setzte: vom »Tag von Potsdam« zur Reichstagseröffnung am 21. März 1933 bis zum Durchhaltefilm »Kolberg«, der am 30. Januar 1945 im zerstörten Berlin uraufgeführt wurde. So verschmolzen in der NS-Ideologie unterschiedliche Traditionen: Preußen und Deutschland; Nationalsozialismus und Militär; Tradition, Militärreform und politische Revolution – all das erschien als eine gedachte Einheit, als deren Fluchtpunkt sich Hitler und das Hakenkreuz präsentierten.

VI. Zusammenfassung

Im Schatten der Niederlage, zwischen Compiègne (1918) und Reims (1945), hatten deutsche Streitkräfte im Zeitalter der Weltkriege acht Transformations-prozesse zu meistern: Aus der kaiserlichen Wehrpflichtigenarmee des Krieges von 1914 bis 1918 wurde die als »unpolitisch« geltende Berufsarmee der Repu-blik. Die Reichswehr sah ihre Aufgaben primär im Inneren, sie plante jedoch für den künftigen totalen Krieg. Die aus ihr hervorgehende »politische« Wehr-pflichtigenarmee Wehrmacht wurde als »Volksgemeinschaft in Waffen« von der nationalsozialistischen Diktatur zu Überfall, Eroberung und Vernichtung eingesetzt. In den Jahren 1939 bis 1942 vergrößerte sie den deutschen Machtbe-reich erheblich und gab dem totalen Krieg in jeder Hinsicht ein neues Gepräge.

Die deutschen Streitkräfte im Zeitalter der Weltkriege wiesen Unterschiede auf, die sich an den Kriterien des vorherrschenden Kriegsbildes, der Moral, der Eide, der Verfassung, des Inneren Gefüges, der Indienstnahme der preußischen Reformer und der Stellung in der Gesellschaft, aber auch am Grad der Ideologi-sierung, der Brutalisierung und der Vernichtung festmachen lassen. Diese viel-gestaltigen Veränderungen lassen sich teils als militärische Reorganisationen, teils als Reformen ansprechen. Reformen aber vollziehen sich innerhalb des Bestehenden. Das Bestehende – in diesem Falle Deutschland – aber wandelte sich von 1918 bis 1945 selbst so massiv, dass diese Transformationen wohl eher als »revolutionäre« Prozesse mit evolutionärem Charakter zu charakterisieren wären.

---

[66] Das Eiserne Kreuz. Zur Geschichte einer Auszeichnung. Hrsg. von Harald Potempa, Berlin-Gatow 2003, S. 20-25; Ralph Winkle, Der Dank des Vaterlandes. Eine Symbolge-schichte des Eisernen Kreuzes 1914 bis 1936, Essen 2007.

Walter Mühlhausen

Hans von Seeckt und die Organisation
der Reichswehr in der Weimarer Republik[*]

»Die Armee, Eckpfeiler und Grundstein künftiger Entwicklung, muss wieder werden, was sie war: das festgefügte, willige, einheitliche Gebilde[1].« Mit diesen knappen Worten umriss im November 1919 General Hans von Seeckt, soeben zum Chef des Truppenamtes ernannt, vor Generalstabsoffizieren die Ziele der militärischen Organisation in der Weimarer Republik. Zu diesem Zeitpunkt, nach dem Ende eines verlorenen Weltkrieges und nach Unterzeichnung des weithin als Schmachfrieden empfundenen Vertrages von Versailles – beides Ereignisse, die als Wegmarken das innere Gefüge der militärischen Macht zutiefst erschüttert hatten –, befand sich die Reichswehr auf dem Wege zur allmählichen Konsolidierung, die jedoch jäh mit dem Kapp-Lüttwitz-Putsch im März 1920 unterbrochen werden sollte. Das Ende des Umsturzversuches, der deutlich gezeigt hatte, wie wenig bis dahin das Militär in die Demokratie eingebunden und wie tief die Kluft zwischen Republik und Reichswehr war, leitete einen neuen Abschnitt in der deutschen Militärgeschichte ein, der als Ära Seeckt bezeichnet worden ist[2]. Denn mit Seeckt gelangte nach dem Umsturzversuch ein Mann in die verantwortliche Position für die Gestaltung der Reichswehr, der diese konsequent zu einer schlagkräftigen und eigenständigen Institution formte.

Bei seinem Amtsantritt in den März-Tagen 1920 waren die wichtigsten militärpolitischen Weichenstellungen bereits erfolgt, auch unter seiner Beteiligung, wenngleich er sich mit seinen Vorstellungen von einem Neuaufbau im Sommer und Herbst 1919 nicht hatte durchsetzen können. Seeckt übernahm die Aufgabe an der Spitze der militärischen Schaltzentrale in der schwersten Krise der Armee in der noch jungen Republik. Die März-Revolte war bei vielen Offizieren,

---

[*] Dies ist eine überarbeitete Fassung des gleichlautenden Beitrages, der zuerst erschienen ist in: Militärische Reformer in Deutschland im 19. und 20. Jahrhundert. Im Auftr. der Deutschen Kommission für Militärgeschichte und des MGFA hrsg. von Hans Ehlert und Michael Epkenhans, Potsdam 2007, S. 35–52.

[1] Notizen Seeckts von Ende November 1919. In: Zwischen Revolution und Kapp-Putsch. Militär und Innenpolitik 1918–1920. Bearb. von Heinz Hürten, Düsseldorf 1977, S. 282.

[2] Heinz Hürten, Der Kapp-Putsch als Wende. Die Rahmenbedingungen der Weimarer Republik seit dem Frühjahr 1920, Opladen 1989.

vor allem in der Marine[3], auf Sympathie gestoßen; zahlreiche Kommandostellen hatten ein klares Bekenntnis zur verfassungsmäßigen Regierung vermissen lassen und sich abwartend verhalten. Nach dem Putsch positionierte Seeckt das Militär im demokratischen Staat neu. Am 18. April 1920 gab der neue Chef der Heeresleitung einen Erlass heraus, in dem es einleitend hieß:

»Das Offizierkorps der Reichswehr steht in seiner Schicksalsstunde. Seine Haltung in der nächsten Zeit wird darüber entscheiden, ob es die Führerschaft im jungen Heer behält oder nicht. Entschieden wird damit zugleich, ob es der Reichswehr gelingt, das Wertvolle aus der Vergangenheit hinüber zu retten in eine tätige Gegenwart zu einer hellen Zukunft. Mit der Reichswehr ist Bestand und Gedeihen des Volkes und Staates unlöslich verknüpft. Als Teil des Volkes und stärkste Stütze des Staates muss die Reichswehr der Entwicklung folgen, die Volk und Staat durchleben[4].«

In diesem Erlass, der das Ergebnis von Besprechungen des Generals mit Reichspräsident Friedrich Ebert, dem verfassungsmäßigen militärischen Oberbefehlshaber, war, hieß es u.a., dass er von jedem, »der jetzt noch in der Reichswehr dient«, erwarte, sich als ehrlicher Soldat »auf den Boden der Reichsverfassung« zu stellen. Dabei nahm Seeckt auch auf die Befindlichkeiten im Offizierkorps Rücksicht:

»Es ist nicht zu erwarten, dass ein jeder den Wandel der Zeit in seinem Herzen begrüßt. Durchdrungen muss aber ein jeder von uns von der inneren Überzeugung sein, dass nur, wenn der Soldat treu zu seiner verfassungsmäßigen Pflicht steht, der Weg wieder aufwärts führt.«

Dieser Befehl, dem der Reichspräsident in seinen Randnotizen das Prädikat »gut« verlieh und eine Verbreitung per Anschlag in allen Kasernen und in der Presse empfahl[5], markiert den eigentlichen Beginn der Ära Seeckt, die bis zum Herbst 1926 dauern sollte. In diesen sechs Jahren nahm die »Ordnung von Staat und Militär jene Form an, die für die Folgezeit kennzeichnend blieb und das Geschick der Weimarer Republik maßgeblich« bestimmen sollte[6]. In welcher Weise passte Seeckt das Militär den Erfordernissen einer neuen Staatsform an, die mit Auflagen der Sieger belastet war? Waren seine militärpolitischen Neuerungen Reformen im Sinne einer organischen Weiterentwicklung, die der Demokratie diente?

---

[3] Vgl. Werner Rahn, Reichsmarine und Landesverteidigung 1919–1928. Konzeption und Führung der Marine in der Weimarer Republik, München 1976, S. 51 ff. Im Überblick: Walter Mühlhausen, Friedrich Ebert 1871–1925. Reichspräsident der Weimarer Republik, 2. Aufl., Bonn 2007, S. 378 ff.

[4] Erlass in: Das Kabinett Müller I. 27. März bis 21. Juni 1920. Bearb. von Martin Vogt, Boppard a.Rh. 1971, S. 131.

[5] Marginalie Eberts vom 21.4.1920 auf dem Begleitschreiben, mit dem ihm der Erlass Seeckts übersandt worden war; Bundesarchiv Berlin (BAB), R 601 (Präsidialkanzlei/Büro des Reichspräsidenten)/1301, pag. 17. Vgl. auch Hürten, Der Kapp-Putsch als Wende (wie Anm. 2), S. 27.

[6] So Hürten in seiner Einleitung zu: Die Anfänge der Ära Seeckt. Militär und Innenpolitik 1920–1922. Bearb. von Heinz Hürten, Düsseldorf 1979, S. XI.

Hans von Seeckt, Spross einer Offizierfamilie, erklomm 1913 mit seiner Berufung zum Chef des Stabes des III. Armeekorps in Berlin[7] eine herausgehobene Stellung im wilhelminischen Militärapparat. Im Ersten Weltkrieg setzte sich seine Karriere als Chef des Stabes in verschiedenen Kommandobehörden fort, die mit der außergewöhnlichen Berufung zum »Chef des Generalstabes des Ottomanischen Feldheeres« ihren Höhepunkt erreichte. Seeckt ging im Dezember 1917 zum Waffenbruder in die Türkei nach Konstantinopel.

Als er am Nachmittag des 13. November 1918, vier Tage nach dem revolutionären Umbruch, in die Reichshauptstadt zurückkehrte, war nichts mehr so wie am 20. August 1918, als er letztmalig Berlin verlassen hatte: Der Kaiser hatte abgedankt, die Revolution hatte die fürstlichen Kronen fortgespült, die im wilhelminischen Reich ausgegrenzte Arbeiterbewegung war an die Macht gelangt. Mit dem Sturz der Monarchie hatte das Militär sein Königsschild verloren und war in eine tiefe Sinnkrise gestürzt. Sollte man sich der Republik zur Verfügung stellen? Seeckt, lange Wochen ohne Verwendung, blieb ein aufmerksamer Beobachter der Szenerie. Er registrierte, dass eine allgemein nach der Revolution erwartete Reform des Militärs, die dieses zu einer verlässlichen Stütze der jungen Demokratie hätte machen sollen, von der sozialdemokratischen Revolutionsregierung nicht mit Entschlossenheit verfolgt wurde. Ein radikaler personeller Schnitt blieb aus; eine organisatorische Reform erfolgte nicht. Die alten Kommandobehörden mit der Obersten Heeresleitung (OHL) an der Spitze arbeiteten unbehelligt weiter. Die Zurückhaltung der neuen sozialdemokratischen Machthaber resultierte vornehmlich aus der Einschätzung, dass eine wirkungsvoll funktionierende militärische Organisation in der Übergangszeit aus innen- wie außenpolitischen Gründen unerlässlich sei. Die Zusammenarbeit zwischen dem Rat der Volksbeauftragten und der militärischen Führung fußte im Wesentlichen auf dem gemeinsamen Ziel, das Funktionieren der staatlichen Ordnung zu gewährleisten. Ob eine militärische Reform unter den Rahmenbedingungen der Revolutionszeit überhaupt möglich war, gehört zu den Streitpunkten der historischen Forschung – fest steht, dass der Versuch nicht mit dem nötigen Nachdruck unternommen wurde. Zu den dauerhaften und die junge Republik prägenden Entscheidungen gehörte die Verständigung zwischen dem sozialdemokratischen Parteivorsitzenden Friedrich Ebert, Kopf der Revolutionsregierung, und Wilhelm Groener, Generalquartiermeister der OHL, am 10. November 1918. Mit dem Rückgriff auf das alte Offizierkorps und dem Weiterbestehen der OHL waren Vorentscheidungen für die künftige Struktur und personelle Besetzung der Armee gefallen[8].

---

[7] Einen guten Einstieg in die Biographie bietet: Friedrich-Christian Stahl, Hans von Seeckt (1866–1936). In: Die Weimarer Republik. Portrait einer Epoche in Biographien. Hrsg. von Michael Fröhlich, Darmstadt 2002, S. 85–95. Umfassend: Hans Meier-Welcker, Seeckt, Frankfurt a.M. 1967. Vgl. auch – mit zeitbedingten Einschränkungen – Friedrich von Rabenau, Seeckt. Aus seinem Leben, 1918–1936, Leipzig 1941.

[8] Zum Militärproblem in der Revolution (das hier nicht auszubreiten ist) mit Verweis auf die umfangreiche, hier nicht aufzulistende ältere Literatur: Mühlhausen, Friedrich Ebert (wie Anm. 3), S. 110 ff.

In der verfassungsrechtlichen Übergangszeit zwischen dem Zusammentritt der Nationalversammlung im Februar 1919 und der Verabschiedung der Verfassung im August des gleichen Jahres bildeten die Grundlagen der Militärverfassung zum einen das Gesetz über die vorläufige Reichsgewalt vom 10. Februar, das dem neuen Reichswehrminister wie jedem anderen Ressortleiter die parlamentarische Verantwortung für seinen Bereich (also die Militärangelegenheiten) zuwies. Dazu kam das am 6. März 1919 verabschiedete Gesetz über die Bildung einer vorläufigen Reichswehr[9]. Dieses Gesetz war als ein einjähriges Provisorium gedacht, besaß aber, bedingt durch den Kapp-Lüttwitz-Putsch, der eine endgültige legislative Regelung verzögerte, dann bis zur Verabschiedung des Reichswehrgesetzes im März 1921 Gültigkeit.

Seeckt, ab Mitte Januar 1919 als Leiter der Verbindungsstelle der OHL in Königsberg für die Rückführung des Ostheeres zuständig, arrangierte sich mit den neuen Verhältnissen. In einem noch von ihm entworfenen Erlass des Oberkommandos Grenzschutz Nord vom 24. April 1919 heißt es: »Ob uns die heutige Staatsform gefällt oder nicht, ob wir sie für die richtige halten, darauf kommt es nicht an. Heute geht es um den Staat selbst und das Reich.« Die Republik war nicht das, was Seeckt wollte, sie war nicht das, was seinem Verständnis und seinen Vorstellungen vom Staat entsprach, aber er trat ihr nicht mit Ablehnung gegenüber, sondern mit kritischer Haltung. Dennoch sollten sich die Offiziere – wie es in diesem Erlass weiter hieß – »mit den Strömungen des öffentlichen Lebens vertraut machen und sich mit dem Denken, Fühlen und Empfinden, aber auch mit den Lebensbedingungen der neuen Kreise des Volkes beschäftigen und sie verstehen[10].«

Das war leichter gesagt als getan, denn die Reichswehr, die sich als innenpolitischer Machtfaktor mit der Niederwerfung der Aufstände im Frühjahr 1919 stabilisierte und damit ihre Position im Machtgeflecht der jungen Republik festigte, wurde durch den als Dokument der Schande und der Schmach apostrophierten Vertrag von Versailles in ihren Grundfesten erschüttert. Die Bedingungen wurden als erniedrigend und demütigend empfunden. Seeckt selbst war als Leiter der militärischen Vertretung in der deutschen Friedensdelegation unter der Führung von Außenminister Ulrich Graf Brockdorff-Rantzau mit nach Frankreich gegangen. Zwischen dem General und dem Außenminister entwickelten sich Spannungen, die über Jahre anhalten sollten[11]. Solche Kritik

[9] Die Gesetze in: Dokumente zur deutschen Verfassungsgeschichte. Hrsg. von Ernst Rudolf Huber, Bd 4: Deutsche Verfassungsdokumente 1919–1933, 3. Aufl., Stuttgart 1991, S. 77 ff. und S. 85. Zur parlamentarischen Beratung und Bedeutung des Reichswehrgesetzes vgl. Jürgen Schmädeke, Militärische Kommandogewalt und parlamentarische Demokratie. Zum Problem der Verantwortlichkeit des Reichswehrministers in der Weimarer Republik, Lübeck, Hamburg 1966, S. 31 ff.; Wolfram Wette, Gustav Noske. Eine politische Biographie, Düsseldorf 1987, S. 360 ff.

[10] Zitate bei Meier-Welcker, Seeckt (wie Anm. 7), S. 212 und S. 215.

[11] Diese Spannungen wurden selbst noch im Sommer 1922 bei der erstmaligen Besetzung des Botschafterpostens in Moskau, als Seeckt sich gegen die vor allem von Reichspräsident Ebert forcierte, von Reichskanzler Wirth widerstrebend akzeptierte Berufung Brockdorff-Rantzaus sperrte, deutlich; dazu Christiane Scheidemann, Ulrich Graf Brockdorff-

klang schon in einem Brief Seeckts vom Februar 1919 an: »Viel besser ein fester Sozialist an die Spitze als diese Reklamegrafen und weich gewordenen Demokraten, die der blassen Angst das diplomatische Mäntelchen umhängen[12].«

Brockdorff-Rantzau enttäuschte ihn, der Friedensvertrag desillusionierte und erzürnte ihn. Bereits Anfang Mai 1919 hatte er davon geschrieben, dass ein General, der an diesem Friedensvertrag in irgendeiner Form beteiligt sei, auch wenn ihn keine Schuld an diesem träfe, die Konsequenzen zu ziehen und zu gehen habe[13]. Dazu war er bereit. Doch sein Rücktrittsgesuch wurde nicht angenommen. Er blieb. Mit der Auflösung der OHL am 3. Juli 1919 und der Errichtung der unter Groener stehenden Befehlsstelle Kolberg, die für die Truppenteile im Osten zuständig war, übernahm Seeckt »die im Frieden dem Generalstab der Armee obliegenden Geschäfte«[14]. Zwei Tage später wurde er Vorsitzender der Vorkommission für die Organisation des Friedensheeres und schließlich Vorsitzender des von Reichswehrminister Gustav Noske (SPD) am 19. Juli 1919 berufenen Ausschusses für die Organisation des Reichswehrministeriums. In diesem Wirkungsfeld ging es ihm im Wesentlichen darum, so viel wie möglich vom einstigen Generalstab als Idee und Behörde mit in die neue militärische Organisation hinüberzuretten. Denn in der nächsten Zeit musste es darum gehen, eine Organisation zu schaffen, die der im Friedensvertrag vorgesehenen Reichswehrstärke von 100 000 Mann entsprach. Für den organisatorischen Neuordnungsprozess war zu beachten, dass nach dem Versailler Vertrag (Artikel 160) ein »Großer Generalstab« oder ähnliche Formationen aufzulösen waren bzw. nicht mehr gebildet werden durften.

Die organisatorischen Weichenstellungen erfolgten unter der Federführung von Reichswehrminister Noske und des preußischen Kriegsministers Walther Reinhardt, der im Dezember 1918 das Amt übernommen hatte. Reinhardt stand einer moderaten Reform des Militärs durchaus aufgeschlossen gegenüber[15]; der Württemberger entwickelte einen einheitlichen Verwaltungs- und Kommandoapparat, in dem es keinen Platz für eine politisch nicht verantwortliche militärische Spitze in Form der alten OHL gab. Das aufzubauende Reichswehrministerium wollte er als eigentliche militärische Behörde installieren und die Dominanz des Generalstabs im Ministerium verhindern[16]. Während Reinhardt in verstärktem Maße bewährte Frontoffiziere in das neue Heer hineinbringen wollte, favorisierte Seeckt, dabei Groener hinter sich wissend, Generalstabsoffiziere. Seeckt ging es darum, den Reichswehrminister neben den eigentlichen

Rantzau (1869–1928). Eine politische Biographie, Frankfurt a.M. 1998, S. 557 ff.; vgl. Mühlhausen, Friedrich Ebert (wie Anm. 3), S. 522 f.; siehe auch Die Anfänge der Ära Seeckt (wie Anm. 6), S. 288 f. (dort Anm. 6), Seeckts Konzept eines Briefes an Reichsgerichtspräsident Walter Simons vom Oktober 1922.

12 Bundesarchiv-Militärarchiv, Freiburg (BA-MA), Nachlass (NL) Seeckt 176, pag. 205: Seeckt an Joachim von Winterfeldt, 19.2.1919.

13 Brief vom 6.5.1919 an Groener; Wilhelm Groener, Lebenserinnerungen. Jugend, Generalstab, Weltkrieg. Hrsg. von Friedrich Frhr. Hiller von Gaertringen, Göttingen 1957, S. 515.

14 Zwischen Revolution (wie Anm. 1), Einleitung, S. XXXIII.

15 Fritz Ernst, Aus dem Nachlaß des Generals Walther Reinhardt, Stuttgart 1958, S. 12.

16 Schmädeke, Militärische Kommandogewalt (wie Anm. 9), S. 69 ff.

militärischen Bereich zu stellen, ihn auf die parlamentarische und politische Verantwortlichkeit zu reduzieren. Eigentlicher oberster militärischer Befehlshaber sollte der Chef des Truppenamtes sein. Dem Truppenamt sollte unter den verschiedenen nebeneinander bestehenden Ämtern im Reichswehrministerium eine Leitfunktion zukommen. Seeckt wollte diese Abteilung zur zentralen und alles beherrschenden militärischen Kommandobehörde formen, im Grunde genommen zu einem Generalstab unter anderem Signet[17]. Durch die Etablierung einer militärisch omnipotenten Institution, die einem militärischen Oberbefehlshaber gleichkam, sollte der Minister von der Kommandogewalt ausgeschlossen werden. Seeckt wollte nicht nur eine andere Spitzengliederung als sein Widersacher Reinhardt, er wollte auch eine militärische Spitzenstellung für sich erobern.

In diesen auch persönlich gefärbten Auseinandersetzungen um die künftige Organisation ließ Groener keine Gelegenheit ungenutzt, sich bei Ebert und Noske für die Vorstellungen von Seeckt, den er für eine führende Position favorisierte, zu verwenden[18]. Groener wollte Sorge dafür tragen, dass die Kommandogewalt in die Hände von Seeckt gelangte[19]. Dieser konnte – durch Krankheit und Kur behindert – nur bedingt in die Auseinandersetzungen eingreifen. Aber anscheinend war Groeners stetes Bohren nicht ohne Erfolg: Nach einer Besprechung mit Noske notierte er am 21. August in seinem Tagebuch, dass der Reichswehrminister »im nächsten Frühjahr Seeckt an Reinhardts Stelle als ›Chef der Heeresleitung‹« nehmen wolle[20]. Das war ein (unsicherer) Wechsel auf die Zukunft, denn zunächst setzte sich Reinhardt durch.

Zum 1. Oktober 1919 nahm das nach Reinhardts und Noskes Vorstellungen neu gebildete Reichswehrministerium seine Arbeit auf[21]. Dem Minister unterstanden der Chef der Heeresleitung und der Chef der Marineleitung; zum ersten Mal in der deutschen Militärgeschichte war das Heer der ungeteilten Befehls- und Kommandogewalt eines zivilen Ministers unterstellt. Seeckt übernahm wenige Wochen später die Leitung des »Allgemeinen Truppen-Amtes«, der wichtigsten zentralen Heeresdienststelle, in deren Obliegenheit als wesentliche Aufgaben die Verwendung der Truppen und die Heeresorganisation fielen. Er sah sein Amt als das Haupt eines geschlossenen Offizierkorps,

---

17 Seeckts »Bemerkungen zu dem Gliederungsvorschlag des Reichswehrministeriums« vom 9.7.1919 in: Ebd., S. 194 ff.; vgl. die Bewertung ebd., S. 74 ff.

18 Zum Verhältnis zwischen Groener und Seeckt vgl. Gerhard W. Rakenius, Wilhelm Groener als Erster Generalquartiermeister. Die Politik der Obersten Heeresleitung 1918/19, Boppard a.Rh. 1977, S. 236 f. Vgl. für die Beziehungen Reinhardts zu Seeckt: Meier-Welcker, Seeckt (wie Anm. 7), S. 237 ff. Siehe zum Folgenden auch Francis L. Carsten, Reichswehr und Politik 1918–1933, Köln, Berlin 1964, S. 60 ff.

19 BA-MA, NL Groener 25, pag. 145 (R): Tagebuchaufzeichnung vom 1.9.1919 über ein Gespräch mit Schleicher, der Groener bat, den Dienst nicht zu quittieren, was dieser jedoch mit Hinweis auf sein Verhältnis zu Reinhardt ablehnte.

20 So Groener im Tagebuch unter dem 20.8.1919; ebd., pag. 132 (R).

21 Erlass des Reichswehrministers über die vorläufige Regelung der Befehlsbefugnisse vom 20.9.1919 und (ergänzend) zur Gliederung des Reichswehrministeriums vom 8.11.1919; Auszüge in: Schmädeke, Militärische Kommandogewalt (wie Anm. 9), S. 199 ff.

diejenige Stelle, die künftig »für den Geist des Generalstabs der Armee« verantwortlich sein sollte[22]. Zunächst aber hatte sein Truppenamt die im Friedensvertrag auferlegte Reduktion der Reichswehr auf 100 000 Mann durchzuführen.

Im Januar 1920, zum Zeitpunkt des Inkrafttretens des Vertrages von Versailles, verfügte die vorläufige Reichswehr noch über etwa 250 000 Mann[23], einschließlich der in der Revolutionszeit gebildeten Freikorps. Die Alliierten konzedierten zwar, dass die Heeresstärke nicht schon bis spätestens zum 31. März 1920 auf die im Versailler Vertrag festgeschriebenen 100 000 Mann zu reduzieren war, sondern zunächst bis zum 10. April 1920 auf 200 000 und dann bis zum 10. Juli 1920 auf die endgültige Zahl von 100 000. Somit hatte die deutsche Seite immerhin mehr als drei Monate gewonnen. Doch an dem Grundproblem hatte sich nichts verändert: Es ging um Massenentlassungen. Ganze Formationen waren aufzulösen. Und das konnte nicht ohne Widerspruch ablaufen. Die von Noske und Seeckt verfügte Auflösung der Marinebrigaden Ehrhardt und Loewenfeld, der wohl schlagkräftigsten Formationen der Reichswehr, die gleichzeitig aber zu Recht als politisch unzuverlässig galten, gab den Startschuss für den Umsturzversuch unter der militärischen Führung von General von Lüttwitz, dem Chef des Reichswehrgruppenkommandos 1 in Berlin, eingeleitet am 13. März 1920 durch den Marsch der Marinebrigade Ehrhardt auf Berlin.

In den ersten Stunden des Kapp-Putsches hing das unmittelbare Schicksal der rechtmäßigen Regierung im Wesentlichen vom Verhalten der militärischen Führung ab: Seeckt zeigte sich wie die Mehrheit der führenden Offiziere jedoch nicht bereit, den meuternden Soldaten mit militärischen Mitteln zu begegnen, weil die Truppe der Belastung, auf Kameraden zu schießen, nicht gewachsen sei. »Reichswehr schießt nicht auf Reichswehr« soll Seeckt gesagt haben. Nur der Chef der Heeresleitung Reinhardt plädierte dafür, gegen die Aufständischen mit Waffengewalt Widerstand zu leisten. Der Regierung blieb mehrheitlich nur die Flucht. Dass Seeckt die offene Meuterei nicht mit Gewalt beantworten, sondern die Truppe aus der sich abzeichnenden Auseinandersetzung heraushalten und sich auf eine nach allen Seiten hin offene Neutralitätsposition zurückziehen wollte, war formal ein Ratschlag an den Minister und keine Verweigerung des Gehorsams, kam aber doch in der Substanz einer Aufkündigung der Gefolgschaft gleich[24]. Seeckt zog sich in seine Wohnung zurück und reichte seinen Abschied ein.

Doch wieder kam es anders. Der in Berlin als Statthalter der geflohenen Regierung gebliebene Vizekanzler Eugen Schiffer (DDP) ernannte Seeckt am 17. März anstelle von Lüttwitz zum Befehlshaber des Reichswehrgruppen-

[22] So in seinen Notizen für eine Ansprache an Generalstabsoffiziere im November 1919; Zwischen Revolution (wie Anm. 1), S. 281.

[23] Nach Rainer Wohlfeil und Hans Dollinger, Die deutsche Reichswehr. Bilder, Dokumente, Texte. Zur Geschichte des Hunderttausend-Mann-Heeres 1919–1933, Frankfurt a.M. 1972, S. 191.

[24] So Wette, Gustav Noske (wie Anm. 9), S. 639. Für die Revolte vgl. ausführlich: Johannes Erger, Der Kapp-Lüttwitz-Putsch. Ein Beitrag zur deutschen Innenpolitik, Düsseldorf 1967, insbes. S. 108 ff.

kommandos 1. Seeckt übte dann einen Tag später de facto die Geschäfte des Chefs der Heeresleitung aus. Und Ebert beauftragte ihn am 22. März mit der Wahrnehmung der Geschäfte des zurückgetretenen Reichswehrministers Noske[25]. Nach der Ernennung von Otto Geßler (DDP) zum Reichswehrminister übertrug Ebert Seeckt kommissarisch die Geschäfte des Chefs der Heeresleitung. Ebert bestätigte ihn endgültig erst am 5. Juni 1920 in seinem neuen Amt. Dass der Reichspräsident dies einen Tag vor der Reichstagswahl tat, geschah wohl aus der Unsicherheit über den Wahlausgang und in der Ungewissheit, wer nach den Wahlen Reichswehrminister werden würde. Ebert wollte damit vollendete Tatsachen schaffen, denn Seeckt hatte in seinen Augen gute Arbeit geleistet. Die Bewährungszeit hatte da immerhin schon zweieinhalb Monate gedauert.

Seeckt war in der militärischen Führung anerkannt; er galt weithin als ein Mann, der die Disziplin der Reichswehr garantieren konnte. Er hatte aber zuvor keinen Zweifel gelassen, dass er, falls er dies militärisch für erforderlich hielt, auch den zivilen Gewalten Paroli bieten würde: Als die Reichsregierung Mitte Oktober 1919 beschlossen hatte, Munitionslieferungen für die deutschen Truppen im Baltikum sofort vollständig zu stoppen[26], schickte der gerade zum Chef des Truppenamtes ernannte Seeckt dennoch vier Eisenbahnwaggons mit Munition ins Baltikum. Das führte zu einem Zusammenstoß zwischen dem wegen dieser Eigenmächtigkeit gegen eine Regierungsorder aufgebrachten Reichskanzler Gustav Bauer (SPD) auf der einen und seinem Parteikollegen Gustav Noske als Reichswehrminister auf der anderen Seite, der glaubte, Seeckts Fehlverhalten noch nachträglich billigen zu müssen.

Für die Entfaltung der eigenen Vorstellungen von der militärischen Organisation war in hohem Maße Seeckts Verhältnis zum Reichspräsidenten entscheidend. Bereits in den Tagen nach dem Kapp-Putsch entwickelte sich zwischen Reichspräsident Ebert und General Seeckt ein von gegenseitiger Achtung geprägtes Verhältnis. Seeckt glaubte mit Ebert sachlich auskommen zu können; er könne, so hatte er bereits im Februar 1919 seiner Frau geschrieben, mit »Herrn Ebert und Genossen« zusammenarbeiten »trotz diametral verschiedener Welt- und Wirtschaftsauffassung, weil ich diese Leute für verhältnismäßig ehrlich, wenn auch für Ideologen und Schwächlinge halte«[27]. Trotz mancher sachlicher Differenz entwickelte sich insgesamt ein zunehmend solides dienstliches Verhältnis, das die Stellung Seeckts stärkte, vor allem bei seinen Auseinandersetzungen mit der Sozialdemokratie. Seeckt habe, so schrieb der Sozialdemokrat

---

[25] BAB, R 43 (Reichskanzlei) I/952, pag. 27: Abschrift des Erlasses des Reichspräsidenten vom 22.3.1920, mit dem Vermerk, dass dieser Seeckt persönlich ausgehändigt worden sei.
[26] Vgl. die Kabinettssitzung vom 13.10.1919. In: Das Kabinett Bauer. 21. Juni 1919 bis 27. März 1920. Bearb. von Anton Golecki, Boppard a.Rh. 1980, S. 300 ff.
[27] Brief an seine Frau Dorothea vom 6.2.1919, zit. in Rabenau, Seeckt (wie Anm. 7), S. 143. Vgl. Meier-Welcker, Seeckt (wie Anm. 7), S. 213.

Carl Severing in seinen Erinnerungen, das Vertrauen des »Reichspräsidenten in hohem Maße« besessen. Das traf zu[28].

Diese vor allem nach der Konferenz von Spa im Juli 1920 sich vertiefende enge Zusammenarbeit förderte die unbedingte loyale Haltung Seeckts gegenüber dem Staatsoberhaupt. Nichts kennzeichnet die Bedeutung dieser Beziehung mehr als die Tatsache, dass Eberts Tod 1925 auch den Anfang vom Ende der Seecktschen Karriere markierte[29]. Seeckt war von Eberts Tod ergriffen. Dass er, der – wenn möglich – republikanischen Feierlichkeiten fernblieb, bei der Überführung von Eberts Leichnam vom Präsidentenpalais zum Bahnhof den ganzen Weg zu Fuß hinter dem Sarg zurücklegte, war »ein ungewöhnlicher Tribut an einen Zivilisten«[30].

Mit Seeckt setzte Ebert im März 1920 auf einen Mann, der konsequent die militärische Macht in Distanz zur Staatsordnung halten wollte. Und der neue Minister Otto Geßler[31], der die politische Vertretung der Reichswehr übernahm, wies Seeckt die Zuständigkeit für die militärfachliche Seite zu und stellte sich gegenüber den Parteien vor das Militär. Und auch Ebert griff hier über die Sicherung seiner formellen Rechte nicht weiter ein, setzte der von Seeckt forcierten Entwicklung weg vom Parlamentsheer, das Noske und Reinhardt hatten schaffen wollen, nichts entgegen. Die Troika Ebert-Geßler-Seeckt einte die grobe Zielrichtung, die Reichswehr von der Tagespolitik fernzuhalten und, wie Seeckt es in einem Befehl am 4. November 1923 formulierte, die Truppe zu einem unbedingt zuverlässigen »Instrument in der Hand ihrer Führer« zu machen[32]. Im Februar 1921 mahnte er in Anbetracht der bevorstehenden Entscheidung in der Reparationsfrage, dass das Heer »die treueste Stütze« der Regierung sein müsse: »Für uns Soldaten ist heute wie stets der Gehorsam die höchste und unbedingte Pflicht[33].«

---

[28] Zusammenschau der Urteile zum Verhältnis zwischen Ebert und Seeckt bei Meier-Welcker, Seeckt (wie Anm. 7), S. 306 und S. 461, sowie Mühlhausen, Friedrich Ebert (wie Anm. 3), S. 360 f. Friedrich von Boetticher, Chef der Abteilung für Auslandsbeziehungen im Reichswehrministerium, überliefert in seinen ungedruckten Erinnerungen – »So war es« (MS), S. 137; BA-MA, NL Boetticher 147 – ein angeblich von Ebert stammendes und bald die Runde machendes Wort über den stets einen Monokel tragenden General: »Durch sein Monokel sieht Seeckt die großen staatsmännischen Linien. Für die kleinen Bagatellen ist er zu kurzsichtig.«

[29] So die Wertung von Meier-Welcker, Seeckt (wie Anm. 7), S. 460.

[30] Harold J. Gordon, Die Reichswehr und die Weimarer Republik 1919-1926, Frankfurt a.M. 1959, S. 314 (auf der Basis von Auszügen aus den Erinnerungen von Seeckts Adjutanten Hans Harald von Selchow; diese jetzt in: BA-MA, NL Rabenau 11, pag. 25). »Solche Tage«, so schreibt Selchow weiter, waren dem General ein Gräuel, »denn nichts war ihm grässlicher, als in der Öffentlichkeit auftreten zu müssen in einer für den Offizierstand doch nicht gerade so überaus ehrenwerten Zeit.«

[31] Für ihn vgl. Heiner Möllers, Reichswehrminister Otto Geßler. Eine Studie zu »unpolitischer« Militärpolitik in der Weimarer Republik, Frankfurt a.M. 1998, insbes. S. 49 ff.

[32] Rabenau, Seeckt (wie Anm. 7), S. 371; Die Anfänge der Ära Seeckt (wie Anm. 6), S. XVII.

[33] Die Anfänge der Ära Seeckt (wie Anm. 6), S. 245: Befehl Seeckts vom 26.2.1921.

Der Reichspräsident unterstrich diese Ziele; auch ihm ging es um Entpolitisierung, aber zudem um Einschwören auf die neue Verfassungsordnung. Hierauf hob er in seinem ersten Aufruf an die Reichswehr nach dem Putsch ab:
»Ich bin entschlossen, um jede Politik grundsätzlich aus der Reichswehr
fernzuhalten, keinerlei politische Betätigung in irgendeiner Richtung in ihr
zu dulden und die Truppe zu einem in sich geschlossenen, von verfas-
sungstreuen Führern geleiteten Machtmittel zum Schutze der Ordnung zu
gestalten[34].«
Ebert vertrat den Standpunkt, dass »Politik in der Kaserne und im Dienst nicht
geduldet« werden dürfe, dass aber dem Einzelnen eine Teilnahme an Versammlungen außer Dienst freigestellt sei[35]. Seeckt und Geßler waren sich einig
in dem Grundsatz, die Reichswehr von jeglicher Politik und umgekehrt die
Politik von der Reichswehr fernzuhalten[36]. Es ging um ein »Herausziehen der
Reichswehr aus der Politik und dem Brennpunkt der politischen Agitation«[37].
Schon in seinem ersten Befehl als Stellvertreter des Reichswehrministers vom
19. März 1920 hatte Seeckt das in einfache Worte gepackt: »Wir Soldaten haben
uns fern von der Politik zu halten«; er hatte aber gleichzeitig auch gemahnt, die
Truppen »zum Schutz der verfassungsmäßigen Gewalt einzusetzen«[38]. Seeckts
und Eberts Interessen schienen hier weitgehend synchron zu laufen, aber für
Seeckt gewann der Begriff »Politik« sehr rasch einen viel weiter gehenden Inhalt; mit zunehmender Dauer verstand er darunter jedwedes staatliches Handeln, ob der Regierung, des Parlaments oder der Verwaltung. Politik und Staat,
auch in der neu etablierten republikanisch-demokratischen Form, erschienen
ihm Begriffe gleichen Inhalts. In letzter Konsequenz zielte das Heraushalten der
Reichswehr aus der so von Seeckt definierten Politik darauf, diese neben den
Staat zu stellen[39]. Seeckt wollte die Armee in Distanz zur politischen Ordnung
halten und trat mit dem Anspruch an, ihr eine selbstständige Stellung im Staat
zu verschaffen. Dieses Bestreben ging angeblich sogar soweit, dass er eine Teilnahme des Reichspräsidenten an militärischen Übungen nicht gewünscht
habe[40].

---

[34] So im ersten Aufruf des Reichspräsidenten nach dem Kapp-Putsch; Dokumente zur deut-
       schen Verfassungsgeschichte, Bd 4 (wie Anm. 9), S. 254.
[35] BAB, R 601/1288, pag. 27: Aufzeichnung über eine Besprechung zwischen Ebert und
       Geßler, 16.4.1920; dazu auch ebd., pag. 10: Aufzeichnung über die Besprechung zwischen
       Ebert, Reichskanzler Müller, Geßler und hohen Offizieren, 9.4.1920.
[36] Meier-Welcker, Seeckt (wie Anm. 7), S. 541.
[37] BAB, R 601/1301, pag. 22: Bekanntmachung des Reichswehrministers an die Truppe,
       19.5.1920.
[38] Die Anfänge der Ära Seeckt (wie Anm. 6), S. 53. Im Erlass vom 18.4. heißt es: »Mit allen
       Kräften soll die politische Betätigung jeder Art dem Heere ferngehalten werden.« Siehe
       Kabinett Müller I (wie Anm. 4), S. 133.
[39] Vgl. dazu Schmädeke, Militärische Kommandogewalt (wie Anm. 9), S. 89.
[40] Meier-Welcker, Seeckt (wie Anm. 7), S. 547, nach Rabenau, Seeckt (wie Anm. 7), S. 275.
       Die von Rabenau, ebd., aufgestellte Behauptung, dass Seeckt Eberts Absicht, Paraden ab-
       zunehmen, abgeblockt habe, und von ihm der Befehl gegeben worden sei, dass Ehren-
       kompanien keinen Vorbeimarsch vor dem Reichspräsidenten zu machen hätten, ist von
       Meier-Welcker (ebd.) widerlegt worden. Auch die noch bei Hans-Ulrich Wehler, Deut-
       sche Gesellschaftsgeschichte, Bd 4: Vom Beginn des Ersten Weltkriegs bis zu Gründung

Nach der Niederschlagung des Kapp-Lüttwitz-Putsches ging es zunächst darum, die Reichswehr von den unzuverlässigen Kräften zu säubern. Da zeigte der Reichspräsident Entschlossenheit. Auch Seeckt wollte das Putsch-Unternehmen liquidieren, aber nur die Verantwortlichen für den Umsturzversuch der gerechten Strafe zuführen. Wenige Tage nach dem Putsch erließ er einen Befehl, in dem er ausdrücklich bestimmte, dass eine Bestrafung derjenigen, die Befehlen der militärischen Vorgesetzten gefolgt seien, ausgeschlossen sei, dass aber die verantwortlichen obersten Führer für ihr Verhalten zur Rechenschaft gezogen würden[41]. Damit betraf die Verfolgung nur einen ganz eng gezogenen Kreis. Die Untersuchung des Verhaltens der Offiziere während des Putsches fiel in die Obhut des im Reichswehrministerium gebildeten Untersuchungsausschusses. Mit dieser Kommission war die Säuberung der Reichswehr zu einer innerdienstlichen Angelegenheit geworden. Durch das »Gesetz über die Gewährung von Straffreiheit« vom 4. August 1920 entledigte man sich einer Vielzahl anhängiger Verfahren; ausgenommen davon blieben die Rädelsführer[42]. Mit der Amnestie war auch dem Untersuchungsausschuss der Boden entzogen. Zum 1. September 1920 schloss er seine Arbeit ab. Insgesamt waren 1021 Fälle bei Heer und Marine behandelt worden. Bei etwa der Hälfte wurde vorgeschlagen, keine Konsequenzen zu ziehen, bei den anderen auf Dienstenthebung, Beurlaubung oder Versetzung erkannt. 172 Offiziere wurden entlassen, darunter sechs Generale[43]. Kein einziger Reichswehrangehöriger wurde wegen seiner Beteiligung am Putsch zu einer Freiheitsstrafe verurteilt. Ein umfassendes personelles Revirement im Sinne einer personalpolitischen Erneuerung der Reichswehr, die sicher populär gewesen wäre und der man sich im Reichswehrministerium nach den Ereignissen vom März nicht hätte widersetzen können, war somit erfolgreich abgeblockt worden.

Ebert und Seeckt wollten als Konsequenz des Putsches das Militär auf die eigentlichen Aufgaben zurückführen und Zivil- und Militärbereich wieder trennen. Dieses Ziel setzten sie konsequent um. Das Militär sollte für seinen Bereich eigenverantwortlich agieren und das Reichswehrministerium entschiedener in die Obliegenheiten der nachgeordneten Stellen eingreifen. Eberts Forderung nach einer konsequenteren Führung spielte Seeckt in die Hände, dem

---

der beiden deutschen Staaten 1914–1949, 2. Aufl., München 2003, S. 418, zu findende Feststellung, Seeckt habe »kein einziges Mal die Verfassungsfeier am 11. August« besucht, stimmt so nicht. So schritt Ebert, gefolgt von Seeckt, zum Verfassungstag 1922 eine Reichswehreinheit ab.

[41] Befehl vom 23.3.1920 in: Die Anfänge der Ära Seeckt (wie Anm. 6), S. 82. Siehe ebd., S. 89, die Erklärung Seeckts an die Presse vom 26.3., wo er von der Notwendigkeit der Prüfung der Haltung der Offiziere während des Putsches spricht.

[42] Zum Amnestiegesetz, das sowohl am Kapp-Putsch Beteiligte als auch im Zuge der nachfolgenden Ruhrkämpfe Angeklagte betraf, vgl. Das Kabinett Fehrenbach. 25. Juni 1920 bis 4. Mai 1921. Bearb. von Peter Wulf, Boppard a.Rh. 1972, S. 34 und S. 80: Kabinettssitzungen vom 5. und 24.7.1920; Gesetz im Reichsgesetzblatt 1920, S. 1487.

[43] Abschlussbericht der Kommission vom 1.9.1920. In: Der Kapp-Lüttwitz-Ludendorff-Putsch. Dokumente. Hrsg. von Erwin Könnemann und Gerhard Schulze, München 2002, S. 520. Vgl. Mühlhausen, Friedrich Ebert (wie Anm. 3), S. 374 f.; siehe auch Wohlfeil/ Dollinger, Die deutsche Reichswehr (wie Anm. 23), S. 199.

es, so schrieb er in den Tagen nach dem Putsch, um eine straff geführte, innerlich gefestigte Wehrmacht ging, die »für das Leben jedes Staates unbedingte
Notwendigkeit« sei[44]. Und das galt insbesondere für eine Armee, die auf
100 000 Mann zu reduzieren war und die zudem ohne die allgemeine Wehrpflicht auskommen musste, die der Friedensvertrag (Artikel 173) untersagte.
Das wurde schließlich durch das Gesetz vom 21. August 1920 umgesetzt[45].
Seeckt sah die Gefahr, dass durch die Abschaffung der Wehrpflicht dem Reich
ein »Söldnerheer«, ein »Prätorianerheer« aufgezwungen werde, das immer eine
Gefahr im Staate bilde. Ein Heer müsse ein integrierender Teil der Volksgemeinschaft werden, ein Volksheer, das sich aus allen Schichten zusammensetze.
Dabei müsse das Offizierkorps verjüngt werden[46]. Entscheidend für die Auswahl der Offiziere sei neben der militärischen Eignung, so notierte er im März
1920, die »unbedingte Bereitwilligkeit, der Verfassung zu dienen, ohne Politik
zu betreiben«[47].

Aber gerade die Reduktion auf ein 100 000-Mann-Berufsheer kam seinen
Vorstellungen von der militärischen Organisation entgegen. Als neuer Chef der
Heeresleitung konnte er seine Vorstellungen Wirklichkeit werden lassen, wie er
sie im Juli 1919 formuliert und später in einem Brief an Reichswehrminister
Noske Mitte Januar 1920 nuanciert zu Papier gebracht hatte[48]. Gerade in letzterer Denkschrift traten die Eckwerte seiner Vorstellungen deutlich zutage: Es
ging ihm darum, den Minister von der Kommandogewalt auszuschalten und
einen (durch den Friedensvertrag eigentlich untersagten) militärischen Oberbefehlshaber zu installieren. Er wollte also zivile Bürokratie und militärisches
Kommando trennen, wobei an die »Spitze der Armee eine kommandoführende
Persönlichkeit«, ein Fachmann – also ein General – treten musste. Den bisherigen Chef der Heeresleitung beschnitt Seeckt zu einem militärisch einflusslosen,
sich auf reine Verwaltungsaufgaben beschränkenden Unterstaatssekretär und
stellte ihn neben den kommandierenden General, ohne dass beide in wechsel-
seitiger Beziehung stehen sollten. Der kommandierende General als Chef des
Stabes sollte in Seeckts Vorstellung »der höchste militärische Vorgesetzte aller
Truppen und Einrichtungen der Reichswehr sowie aller Offiziere« sein. Seinem
Bereich zugeordnet waren die Personalabteilung, das Amt für Truppenausbildung und das für Truppenführung, das insbesondere für die Verwendung von
Militär nach innen und außen sowie für Landesverteidigungsfragen zuständig
sein sollte. Eigentlich wollte Seeckt den kommandierenden General, der gegen-

[44] Die Anfänge der Ära Seeckt (wie Anm. 6), S. 104: Befehl Seeckts vom 28.3.1920.
[45] Gesetz in: Ursachen und Folgen. Vom deutschen Zusammenbruch 1918 und 1945 bis zur
      staatlichen Neuordnung Deutschlands in der Gegenwart. Eine Urkunden- und Doku-
      mentensammlung zur Zeitgeschichte. Bd 7: Die Weimarer Republik. Vom Kellogg-Pakt
      zur Weltwirtschaftskrise 1928–30. Die innerpolitische Entwicklung, Berlin [1962], S. 454.
[46] Die Anfänge der Ära Seeckt (wie Anm. 6), S. 89: Erklärung Seeckts für die Presse,
      26.3.1920.
[47] Aufzeichnung vom 24.3.1920; Schmädeke, Militärische Kommandogewalt (wie Anm. 9),
      S. 93.
[48] Ausführlich dargelegt ebd., S. 87 ff.; der Brief Seeckts vom 16.1. mit dem Organisations-
      schema in: ebd., S. 202 ff.

über dem Parlament nicht verantwortlich war, ganz aus dem Ministerium herauslösen: »Seine Stellung wäre klarer, wenn er und sein Stab außerhalb des Reichswehrministeriums stünde, wenn auch natürlich unter dem Minister.« Solch eigenständigem Dasein schob der Friedensvertrag einen Riegel vor. Ohnehin: diese Organisationsvorschläge Seeckts von Mitte Januar 1920 wären bei Noske wohl kaum auf fruchtbaren Boden gefallen.

Aber bereits zwei Monate später sah es schon ganz anders aus. Noske war von den eigenen Genossen aus dem Amt gejagt worden, Reinhardt hatte aus Solidarität mit dem Minister gleichfalls demissioniert. In der militärischen Schaltzentrale in der Bendlerstraße agierte (und regierte) jetzt Seeckt. Mit der Berufung zum Chef der Heeresleitung standen seine Vorstellungen der militärischen Spitzenorganisation in einem ganz anderen Lichte, denn nun ging es nicht mehr darum, einen kommandieren General neben dem ungeliebten Chef der Heeresleitung Reinhardt zu installieren, sondern aus der neuen Position als Chef der Heeresleitung dieses Amt zum kommandierenden General zu formen, zur eigentlichen »kommandierenden Spitze«, wie es in seinen Organisationsskizzen vom 24. März 1920 hieß[49]. Seeckt begann umgehend damit, sein Amt ganz in diesem Sinne zur höchsten militärischen Kommandostelle zu festigen. Seine Vorstellungen wurden schließlich mit dem Erlass vom 11. August 1920 zur Regelung der Befehlsbefugnisse im Reichsheer realisiert[50]. Dieser Erlass verfügte die von ihm schon lange angedachte Zweiteilung der Heeresspitze, mit einem Chef der Heeresleitung und dem neuen Generalquartiermeister, die als verantwortliche Ratgeber dem Reichswehrminister unterstellt waren. Gleichzeitig wurde die von Seeckt gewollte Stärkung seiner Position als Chef der Heeresleitung zementiert. Damit einhergehend wurde der Reichswehrminister um die militärische Entscheidungsgewalt beraubt, blieb aber politisch verantwortlich. Der Chef der Heeresleitung war im Grunde genommen der die Reichswehr kommandierende General, den Seeckt von Beginn an gewollt hatte. Ihm waren die zentralen militärischen Ämter im Reichswehrministerium zugeordnet. Weiterhin unterstellt waren ihm die Oberbefehlshaber der beiden Gruppenkommandos sowie die zehn Divisionskommandeure draußen im Lande. Diese Kombination von überragender Stellung im Ministerium und Kompetenz nach außen machte ihn faktisch zum obersten militärischen Führer. Seine Dominanz wurde auch nicht durch den Generalquartiermeister, der geraume Zeit später in Chef der Heeresverwaltung umbenannt wurde, beschnitten. Der Rücktritt von Hans von Feldmann als Chef der Heeresverwaltung im September 1922 bot Seeckt gleichwohl die Chance, seine 1920 noch präferierte Zweiteilung der Heeresspitze zu revidieren und auf die einst von Reinhardt geschaffene Einheit von Heeresführung und Heeresverwaltung zurückzukehren, um so die eigene Position nochmals zu stärken. Indem Seeckt einfach keinen Stellvertreter für sich

[49] Seeckt Organisationsentwurf vom 24.3.1920 in: Schmädeke, Militärische Kommandogewalt (wie Anm. 9), S. 93.
[50] Auszüge ebd., S. 204; vgl. die Darlegung ebd., S. 94 ff., sowie des Weiteren: Wohlfeil/ Dollinger, Die deutsche Reichswehr (wie Anm. 23), S. 86; dazu auch Hürtens Einleitung zu: Die Anfänge der Ära Seeckt (wie Anm. 6), S. XX.

bestellte, hatte er auch für den Fall seiner Abwesenheit alle Fäden in seiner Hand. Weitere geringfügige organisatorische Änderungen festigten seine Position im Ministerium.

So nutzte er Personalverschiebungen zu seinen Gunsten. Der Chef des Personalamts der Heeresleitung, der im September 1921 zum Generalleutnant ernannte Johann Edler von Braun, zählte nicht zu den unbedingten Gefolgsleuten Seeckts, weil er nicht nur wie dieser Generalstabsoffiziere, sondern auch verdiente Truppenoffiziere in die neue, zu verkleinernde Reichswehr bringen wollte. Gerade in der Zeitspanne vom Spätjahr 1919 über den Frühsommer 1920, als mit der Konferenz von Spa die Hoffnungen auf ein 200 000-Mann-Heer endgültig zerstoben waren, bis hinein in die Zeit nach dem Londoner Ultimatum im Mai 1921, als noch weitere Personalreduktionen vorgenommen werden mussten, kam der Personalpolitik eine zentrale Bedeutung zu. Geßler überließ die Auswahl der zu Verabschiedenden Seeckt, dessen aus militärischen Erwägungen getroffene Entscheidungen er billigte. Braun konnte sich bei Konflikten mit Seeckt seines Rückhaltes beim Reichspräsidenten sicher sein. Erst im März 1922 gab Ebert dem mehrmaligen Gesuch Brauns auf Verabschiedung statt[51]. Der Abgang Brauns eröffnete Seeckt die Chance zu einer Personalveränderung in seinem Sinne: Mit Oberst Wilhelm Heye setzte er einen Mann seines unbedingten Vertrauens als neuen Chef des Personalamtes ein, der schließlich 1926 auch sein Nachfolger als Chef der Heeresleitung werden sollte[52].

Zum Neujahrstag 1921 hatte Seeckt bereits in einem Befehl verkünden lassen: »Das Reichsheer ist fertig gebildet. Ein neuer Abschnitt der Heeresgeschichte beginnt[53].« Das war, zumindest was die organisatorische Form betraf, doch ein klein wenig voreilig, denn erst am 23. März 1921 wurde das entsprechende Wehrgesetz vom Reichstag verabschiedet. Aber es entsprach ohnehin dem, was bereits durch Fakten geschaffen worden war[54]. Das Gesetz zielte darauf, die Reichswehr politisch zu neutralisieren. Für den Soldaten ruhte das Wahlrecht und es war ihm untersagt, sich einer politischen Vereinigung anzuschließen oder politischen Versammlungen beizuwohnen, sich überhaupt politisch zu betätigen (§ 36). Mit diesem Gesetz wurde das Selbstverständnis der Reichswehr manifestiert, die sich über den parteipolitischen Hader gestellt sah und als eigenständiger Machtfaktor der abstrakten Idee des Staates, der Allgemeinheit, dem Allgemeinwohl verpflichtet fühlte. Diese Überparteilichkeit wurde zur »Chiffre«, hinter der sich die Distanz zur Verfassung, die Distanz zur Gesellschaft der Weimarer Republik verbarg[55]. An dieser Struktur, die Seeckt im Juni 1923 noch einmal schriftlich fixieren ließ, änderte sich nichts. Sie

[51] Vgl. Mühlhausen, Friedrich Ebert (wie Anm. 3), S. 401 ff.
[52] Vgl. Gordon, Die Reichswehr (wie Anm. 30), S. 222.
[53] Ursachen und Folgen, Bd 7 (wie Anm. 45), S. 455.
[54] Wehrgesetz in: Ebd., S. 457.
[55] So Heinz Hürten, Reichswehr und Republik. In: Ploetz – Weimarer Republik. Eine Nation im Umbruch. Hrsg. von Gerhard Schulz, Freiburg, Würzburg 1987, S. 80 – 89, hier S. 85.

machte Seeckt faktisch zum »Generalissimus«[56]; das blieb so, auch wenn 1926 mit Rücksicht auf alliierte Forderungen durch Verordnung des Reichspräsidenten die Oberbefehlshaber der Gruppen und die Divisionskommandeure sowie die Landeskommandanten dem Reichswehrminister direkt unterstellt wurden. Seeckt blieb aber kraft seines Ranges Vorgesetzter[57].

Mit dieser so gefestigten Organisationsstruktur im Rücken gewann das Militär, das Seeckt immer als Garant der inneren Sicherheit und Ordnung verstand[58], durch das Verhalten im Kapp-Lüttwitz-Putsch verlorenes Terrain zurück. Nach der Revolte war das am augenfälligsten in der Frage des Ausnahmezustandes geschehen: Hatte die politische Führung in Gestalt von Reichspräsident und Reichsregierung bis zum Putsch wie selbstverständlich zur Sicherung von Ruhe und Ordnung auf die Reichswehr zurückgegriffen, so wurde sie danach von der Aufgabe entbunden[59]. Die Niederschlagung der kommunistischen Revolte im mitteldeutschen Industrierevier im März 1921 wurde der im Aufbau befindlichen preußischen Schutzpolizei überantwortet, die ihre Feuertaufe als Krisenregulator bestand. Reichswehr kam nur bei der Erstürmung der von den Aufständischen besetzten Leuna-Werke und bei der Niederwerfung der Revolte im Kreis Liebenwerda zum Zuge.

Gegen das im Fall der Provinz Sachsen zum Vorschein getretene Bemühen, dem Instrument Ausnahmezustand den militärischen Anstrich zu nehmen, machte die Reichswehr mobil, die sich nach den kommunistischen Unruhen in Mitteldeutschland mit scharfer Kritik zu Wort meldete, um sich als Krisenmanager in Erinnerung zu bringen. Das Vorgehen im preußischen Sachsen sei ein »Schulbeispiel dafür, wie man es nicht machen soll«[60]. Das zielte letztlich darauf, die im April 1920 vollzogene und im März 1921 erprobte Entmilitarisierung des Ausnahmezustandes zu revidieren und den militärischen wieder zur Regel zu machen. In der Staatskrise des Herbstes 1923 sollte es dann soweit sein, als der militärische Ausnahmezustand im Gefolge des Abbruchs des passiven Widerstandes gegen die französische Besetzung der Ruhr verhängt und beim Hitler-Putsch im November 1923 Seeckt die vollziehende Gewalt übertragen wurde.

In diesem Moment, als mächtigster Mann im Reich, trat Seeckt aus der sich selbst auferlegten politischen Reserve heraus, testete aus, wie weit er sich auf politisches Terrain vorwagen konnte. Es kam zu Konflikten zwischen Seeckt und Ebert, die durchaus den Charakter eines Machtkampfes annahmen, da

---

[56] Wohlfeil/Dollinger, Die deutsche Reichswehr (wie Anm. 23), S. 86; Ausdruck »Generalissimus« ebd., S. 87.

[57] Verordnung vom 28.1.1926; vgl. ebd., S. 87.

[58] Vgl. etwa: Generaloberst von Seeckt, Gedanken eines Soldaten, Berlin 1929, S. 114.

[59] Vgl. Hürten, Der Kapp-Putsch als Wende (wie Anm. 2), S. 34. Siehe auch Mühlhausen, Friedrich Ebert (wie Anm. 3), S. 740 ff.

[60] Die Anfänge der Ära Seeckt (wie Anm. 6), S. 245: Denkschrift des Truppenamtes für den Reichspräsidenten (datiert 22.4.1921). Insgesamt, so schob Geßler am 13.5. ergänzend nach, müsse es »Hauptgrundsatz« bleiben, »dass die Reichswehr so lange wie möglich den inneren Kämpfen ferngehalten und erst dann eingesetzt wird, wenn die Polizei allein den [...] Aufgaben nicht gewachsen erscheint«; BAB, R 601/618, pag. 200.

Seeckt sich weigerte, Forderungen Eberts Folge zu leisten. Letztlich behielt Ebert die Oberhand, weil Seeckt, der mit Gedanken an eine (vorübergehende) Diktatur spielte, nicht gewillt war, den letzten Schritt (und zwar gegen den Reichspräsidenten) zu wagen.

Als Seeckt am 13. Februar 1924 Ebert vorschlug, den militärischen Ausnahmezustand alsbald aufzuheben, war für diesen Schritt eher die Resignation vor den wachsenden Widerständen vonseiten der Politik verantwortlich als die Erkenntnis, dass die Zeit für eine Rückkehr zur staatlichen Normalität reif sei[61]. Das Institut des Ausnahmezustandes hatte sich als wirksames Mittel in der Staatskrise bewährt und letztlich zur Wiederherstellung des verfassungsmäßigen Normalzustandes geführt. Dabei war es den politisch Verantwortlichen, und hier vor allem dem omnipotenten Reichspräsidenten gelungen, die weitreichenden Pläne der im Zuge der Bedrohung der staatlichen Einheit mit umfassenden Vollmachten ausgestatteten Reichswehr niederzuhalten. Wenn es von außen betrachtet bisweilen so schien, dass Ebert und Seeckt sozusagen »von Macht zu Macht« verhandeln würden[62], so spiegelte das die realen Beziehungen nicht wider, wusste doch Ebert den General immer in seine Schranken zu verweisen. Die Rückgabe der Ausnahmevollmachten an die parlamentarische Regierung jedenfalls war ein Eingeständnis Seeckts, die erhoffte politische Umformung der Republik nicht erreichen zu können. Mit der konsequenten Abwehr der Seecktschen Vorstöße im November/Dezember 1923 hatte Ebert gesiegt.

Die 1924 einsetzende relative Konsolidierung und Stabilisierung entband die Reichswehr für den Rest von Seeckts Amtszeit von der Funktion als innenpolitischer Krisenregulator. Es galt, sich den inneren Aufgaben zuzuwenden, Stabilität und Leistungsfähigkeit der Reichswehr zu festigen. Im Oktober 1926 endete Seeckts Amtszeit, als er ohne Absicherung beim Minister die Teilnahme eines Enkelsohnes des Kaisers an einer Truppenübung erlaubt hatte und Geßler dies zum Anlass nahm, ihn wegen dieser Eigenmächtigkeit fallen zu lassen – ein insgesamt wenig rühmlicher Abschied[63]. Das Ende der Ära Seeckt markierte zweifelsohne einen Einschnitt in der Geschichte der Reichswehr in der ersten Republik.

Seeckt (und mit ihm die Führung der Reichswehr) hatte auf Wandel mit dem Ziel gesetzt, die aufgrund der friedensvertraglichen Auflagen stark zu vermindernde Reichswehr durch »Entpolitisierung, Disziplinierung und Steigerung der militärischen Effizienz«[64] zu einem zuverlässigen Instrument in den Händen ihrer Führer zu formen. Für Seeckt als militärischen Reformer ging es dabei um die Modernisierung und Professionalisierung unter erdrückenden Rahmen-

---

[61] BAB, R 601/429, pag. 197: Seeckt an Ebert, 13.2.1924; Eberts Antwort vom Tag danach ebd., pag. 198. Vgl. Mühlhausen, Friedrich Ebert (wie Anm. 3), S. 698; dort (S. 681 ff.) auch ausführlich zu Seeckt in der Herbstkrise 1923.

[62] So der vormalige führende Politiker der DNVP Kuno Graf von Westarp an den Seeckt-Biographen Rabenau am 8.6.1938; BA-MA, NL Rabenau 7, pag. 23.

[63] Dokumente zum Rücktritt in: Ursachen und Folgen, Bd 7 (wie Anm. 45), S. 484 ff.

[64] Zitat im Vorwort der Herausgeber zu: Die Anfänge der Ära Seeckt (wie Anm. 6), S. VII.

bedingungen, aber eben nicht um Demokratisierung – und schon gar nicht um Republikanisierung, worunter Seeckt jeglichen Eingriff von außen in die Eigenständigkeit der Reichswehr verstand und daher strikt abwehrte[65]. Insofern entwickelte sich die Reichswehr nicht zum republikanischen Parlamentsheer.

Seeckt hatte aber das erreicht, was er im November 1919 vor Offizieren als Ziel umrissen hatte: Die Reichswehr stand als »das festgefügte, willige, einheitliche Gebilde« da[66]. Die neue Reichswehr war als geschlossene Institution sein Werk: eine in den Händen der Führer treu ergebene Macht, die Sicherheit und Ordnung gewährleistete und die jegliche Putschversuche unterband. Es war ihm unter der organisatorischen Neuerung und den Belastungen aus dem verlorenen Krieg gelungen, »das Wertvolle aus der Vergangenheit hinüber zu retten«, wie er es im einleitend zitierten Erlass vom 18. April 1920 als Ziel formuliert hatte. Aber zu der dort prophezeiten hellen Zukunft kam es nicht[67].

In einem Erlass vom 7. Juli 1919 hatte er davon geschrieben, dass es ein Fortschritt der Zeit sei, wenn der Offizier »am politischen Leben des Volkes« teilnehme[68]. Doch mit der Erfahrung Kapp-Putsch im Hintergrund und der wachsenden Kritik an der Reichswehr, die über die politische Linke hinaus auch aus dem linksliberalen Lager kam, intensivierte er die Bemühungen, Politik aus dem Militär herauszuhalten. Die Reichswehr, die sich ob solcher Vorwürfe nicht genügend respektiert und von den Vertretern der neuen demokratischen Ordnung, vor allem der Sozialdemokratie, diskriminiert sah, fühlte sich in ihren Vorbehalten gegenüber der Republik bestätigt und baute die vorhandenen Ressentiments gegen die neue Staatsordnung nicht ab. Sie kapselte sich noch mehr gegenüber der neuen Republik und ihren Organen ab, was von Seeckt gefördert und von Geßler geduldet wurde, der sich als ministerielles Schutzschild zur Abwehr von parlamentarischen Einwirkungsversuchen verstand. »Ohne Geßlers Abschirmung nach außen wäre Seeckts Werk niemals gelungen«, schrieb Joachim von Stülpnagel, seinerzeit enger Mitarbeiter von Seeckt, in seinen Erinnerungen[69]. Und Seeckts Adjutant Hans-Harald von Selchow stellt rückblickend fest, dass das Offizierkorps in der Mehrzahl bei formalem Gehorsam die Republik abgelehnt und die negative Einstellung durch Betonung der Ideale Vaterland und Nation kompensiert habe[70]. Im November 1919, damals noch Chef des Truppenamtes, hatte es Seeckt vor Generalstabsoffizieren so formuliert: »Was wir wollen und müssen, steht über der Politik, das Wohl des Vaterlandes[71].« Unter dem Schlagwort der Entpolitisierung meinte man Distanz zur politischen Ordnung und umgekehrt. Letztendlich, so prophezeite der oldenburgische Ministerpräsident Theodor Tantzen (DDP) schon 1922, stehe am Ende der von

---

[65] Meier-Welcker, Seeckt (wie Anm. 7), S. 541.
[66] Siehe Anm. 1.
[67] Siehe Anm. 4.
[68] Ursachen und Folgen (wie Anm. 45), Bd 2: Der militärische Zusammenbruch und das Ende des Kaiserreichs, Berlin [1958], S. 536; Meier-Welcker, Seeckt (wie Anm. 7), S. 235.
[69] BA-MA, Depot Stülpnagel 25, pag. 5: Stülpnagel an Harold J. Gordon, 9.11.1959.
[70] BA-MA, NL Selchow 2: Nachkriegserinnerungen, S. 122.
[71] Zwischen Revolution (wie Anm. 1), S. 282.

Seeckt immer wieder proklamierten Entpolitisierung der Reichswehr ihre »Ent-republikanisierung«[72].

Hatte mit der vollendeten Organisation des Reichswehrministeriums im Herbst 1919 das Heer zum ersten Mal uneingeschränkt der Kommandogewalt eines zivilen Ministers unterstanden, so konnte Seeckt unter dem neuen Reichswehrminister Geßler das erreichen, was ihm zuvor nicht gelungen war: die Beschneidung der Kompetenzen des Reichswehrministers, was die Um-wandlung vom »parlamentarischen Ministerium zum unverantwortlichen Kommandostab«[73] ermöglichte und letztlich die Vorstufe für die durch Seeckt forcierte Entwicklung der Reichswehr zu einer dem abstrakten Staate ver-pflichteten Institution darstellte[74]. Seeckt hatte in der Tat die neue Reichswehr »geformt«. Er hatte die Strukturen den außenpolitischen Auflagen in Gestalt der Friedensbedingungen angepasst; in diesem Sinne war er Reformer, auch wenn in der Organisation vieles an alten Strukturen gerettet wurde. Kein Re-former war Seeckt im Sinne einer Neustrukturierung der Wehrmacht, die diese auf den Boden der neuen Staatsordnung gestellt und zum festen integralen Bestandteil der Demokratie gemacht hätte. Die von ihm geschaffene, in einem machtstaatlichen (und eben nicht einem republikanischen) Selbstverständnis erzogene Wehrmacht näherte sich innerlich nicht der Republik an. Die Distan-zierung von der Regierungsform überdauerte Seeckts Ausscheiden aus dem Amt, auch wenn nach ihm die neue Führung im Hinblick auf das Ziel, auf der Basis der von Seeckt geformten stabilen und leistungsfähigen Reichswehr eine schlagkräftige Armee zu formen, zur Kooperation und zum Kompromiss mit der zivilen Gewalt gezwungen war. Auch die Politik Groeners, Reichswehrmi-nister ab 1928, die Reichswehr zu einem politisch zuverlässigen festen Be-standteil der Republik zu formen, endete ohne Erfolg[75]. Es blieb dabei: Die Reichswehr stimmte politisch eben nicht mit der verfassungsmäßigen Ordnung überein; sie war Fremdkörper in der Republik. 1933 schrieb Seeckt, dass beim Aufbau des Reichsheeres »eine in sich geschlossene Organisation« entstehen müsse, die ihr Eigenleben besitzen sollte und »ihre Rolle im Staat innerhalb der gezogenen Grenzen übernehmen« konnte[76]. Zu diesem Zeitpunkt hatte die Reichswehr zur »inneren Aushöhlung und damit zum Scheitern der Republik« beigetragen[77].

---

[72] Auf der DDP-Vorstandssitzung am 25.11.1922; Linksliberalismus in der Weimarer Repu-blik. Die Führungsgremien der Deutschen Demokratischen Partei und der Deutschen Staatspartei 1918–1933. Eingel. von Lothar Albertin. Bearb. von Konstanze Wegner in Verb. mit Lothar Albertin, Düsseldorf 1980, S. 280.
[73] Schmädeke, Militärische Kommandogewalt (wie Anm. 9), S. 94.
[74] Solches überhöhte Seeckt später in seiner Schrift von 1929: »Das Heer dient dem Staat, nur dem Staat; denn es ist der Staat«; Seeckt, Gedanken eines Soldaten (wie Anm. 58), S. 116.
[75] Vgl. Johannes Hürter, Wilhelm Groener. Reichswehrminister am Ende der Weimarer Republik (1928–1932), München 1993, insbes. S. 199 ff.
[76] Hans von Seeckt, Die Reichswehr, Leipzig 1933, S. 30. Siehe auch Meier-Welcker, Seeckt (wie Anm. 7), S. 538.
[77] So Eberhard Kolb, Die Weimarer Republik, 7. Aufl., München 2009, S. 193.

Jürgen Förster

Die Wehrmacht im NS-Staat:
Ein »grauer Fels in der braunen Flut«?[*]

Der Titel dieses Beitrags ist Programm. Er erinnert an Manfred Messerschmidts gleichlautendes Buch, das zusammen mit den Veröffentlichungen Andreas Hillgrubers und Klaus-Jürgen Müllers Ende der 1960er Jahre den längst fälligen Paradigmenwechsel in der Militärgeschichte einleitete[1]. Denn die quellengestützte, wissenschaftlich-kritische Sicht dieser Autoren entriss die Wehrmacht der Erinnerungs- und Memoirenliteratur. Auch das Satzzeichen hinter dem Zitat ist Programm. Denn so bleibt die Frage offen, ob die in der Reichswehr kursierende Parole des Stabschefs der SA, Ernst Röhm, das Militär in den Sturmabteilungen der NSDAP »untergehen« zu lassen[2], wirklich das militärpolitische Ziel des Nationalsozialismus war oder ob nicht doch die kleine professionelle Reichswehr das Fundament für das Volksheer des nationalsozialistischen Deutschland bilden sollte.

Entgegen der landläufigen Auffassung – die von ehemaligen hohen Wehrmachtoffizieren in der Nachkriegszeit entscheidend mitgeprägt wurde – war die Wehrmacht eben nicht resistent gegen den nationalsozialistischen Primat der Politik. Entgegen der Legende einer »grauen« in die nationalsozialistische Herrschaft nur begrenzt eingepassten Wehrmacht unterzog sich das deutsche Militär zwischen 1933 und 1945 einer Transformation im Sinne des Regimes. Wenngleich es zu weit führte, die Wehrmacht pauschal mit dem Regime zu identifizieren, war deren »Verstrickung« tiefer als lange auch von der historischen Forschung angenommen.

---

[*] Ebenfalls veröffentlicht in: Der militärische Widerstand gegen Hitler im Lichte neuer Kontroversen. Hrsg. von Joachim Scholtyseck und Christoph Studt, Münster [in Vorb.] (= Schriftenreihe der Forschungsgemeinschaft 20. Juli 1944 e.V., 12).

[1] Manfred Messerschmidt, Die Wehrmacht im NS-Staat. Zeit der Indoktrination, Hamburg 1969 (= Truppe und Verwaltung, 16); Andreas Hillgruber, Hitlers Strategie. Politik und Kriegsführung 1940/1941, Frankfurt a.M. 1965; Klaus-Jürgen Müller, Das Heer und Hitler. Armee und nationalsozialistisches Regime 1933–1940, 2. Aufl., München 1988 (= Beiträge zur Militär- und Kriegsgeschichte, 10).

[2] Vgl. Helmut Krausnick, Der 30. Juni 1934. Bedeutung – Hintergründe – Verlauf. In: Aus Politik und Zeitgeschichte, 25 (1954), 4, S. 317–324, hier S. 319. Vgl. auch Helmut Krausnick, Vorgeschichte und Beginn des militärischen Widerstandes gegen Hitler, In: APuZ, B 47, 1954, S. 609–626; B 45, 1955, S. 665–682; B 46, 1955, S. 686–707.

I. Der Diskurs über die Geschichte der Wehrmacht – Ein Überblick

Die Wehrmacht des NS-Staates ist weitgehend erforscht, und doch ist ihr Bild bis heute umstritten. Während sich viele Historiker den »Verbrechen der Wehrmacht« widmeten und diese Seite des Zweiten Weltkrieges ins Zentrum der öffentlichen Meinung rückten, halten andere, besonders Veteranen, an einer früheren Deutung der Wehrmachtgeschichte fest, dass das Militär ein Eigenleben geführt, dem Nationalsozialismus widerstanden habe und, wenn überhaupt, in die Verbrechen von SS und Gestapo nur »verstrickt« gewesen sei.

Der Diskurs über die Wehrmacht leidet außer dem Engagement mancher Beteiligter auch unter der Ambivalenz des Begriffes. Benutze ich ihn strukturell oder personell? Spreche ich von *der* Wehrmacht als Instrument des Staates oder verstehe ich darunter die Gesamtheit *der* Soldaten? Wenn heute in der politischen Debatte gesagt wird, dass *die* Bundeswehr die Freiheit auch am Hindukusch verteidige, heißt das doch nicht, dass *alle* Bundeswehrangehörigen in Afghanistan stationiert sind. Außerdem ist es, empirisch gesehen, ein aussichtsloses Unterfangen, exakt herausfinden zu wollen, wie hoch der Prozentsatz derjenigen Militärangehörigen wirklich gewesen ist, die zwischen 1933 und 1945 entweder an eine »glorreiche Zukunft« des nationalsozialistischen Deutschland glaubten oder dessen aggressive Ziele ablehnten. Denn schließlich trugen über 17 Millionen Männer die Uniform der Wehrmacht und dazu noch fast eine Million die der Waffen-SS. Diese Millionen in Uniform, knapp ein Viertel der Gesamtbevölkerung des »Großdeutschen Reiches«, waren aber beileibe nicht alle Deutsche. Sie machten zudem aufgrund ihres verschiedenen Alters, ihrer verschiedenen Tätigkeiten und Einsatzgebiete außerordentlich unterschiedliche Erfahrungen mit dem »Dritten Reich« und seinem Krieg. Viele Soldaten oder SS-Angehörige trugen sogar noch das mentale Gepäck des Ersten Weltkrieges und der Zwischenkriegszeit mit sich herum. Es ist mithin kein Wunder, dass es extrem unterschiedliche Erinnerungen an den Nationalsozialismus und seinen Krieg gab und noch gibt. So konnten zum einen viele nach 1945 über ein ganz »normales« Leben ab 1933 oder ganz »normale« Kriegserlebnisse berichten. Mit ihrer individuellen Ansicht ließ sich aber nicht zugleich beweisen, dass *die* Wehrmacht nicht nationalsozialistisch gewesen sei, Soldaten keine Verbrechen begangen hätten.

Besonders viele ehemalige Offiziere der Wehrmacht litten nach 1945 unter einem gewissen »Maß an vorsätzlicher Bewusstseinsspaltung«. Einerseits lehnten sie Nürnberg, die alliierten Kriegsverbrecherprozesse überhaupt in Bausch und Bogen ab, andererseits nutzten sie den dort erfolgten Freispruch für den Generalstab und das Oberkommando der Wehrmacht (OKW) sowie Dwight D. Eisenhowers »Ehrenerklärung« von 1951 für die deutschen Soldaten zur Steigerung des eigenen Selbstwertgefühls bei der anstehenden Wiederbewaffnung der Bundesrepublik. Die wahrhaft Schuldigen in der Heimat, an der Front und im besetzten Europa waren dagegen schnell ausgemacht: Hitler und die Organisationen seines Nationalsozialismus. Diese entlastende Haltung einer ganzen Generation erfasste Gerald Reitlinger mit dem genialen Titel seines Buches: »The SS. Alibi of a Nation« (1956). So konnte es damals in Deutsch aber nicht erscheinen. Die Intention des Autors bewusst verfälschend, erhielt Reitlingers Buch den Titel: »Die SS. Tragödie einer deutschen Epoche«[3].

Auch der zehn Jahre später einsetzende, bereits erwähnte Paradigmenwechsel bedeutete nicht, dass die historischen Interpretationen eines Karl-Dietrich Bracher oder Manfred Messerschmidt zum Verhältnis von Wehrmacht und Nationalsozialismus von der kriegsgedienten Generation sowie deren Angehörigen auch geteilt wurden. Denn die wollten weder lesen noch hören, dass diese rassistische Weltanschauung keineswegs nur die »politische Religion« *eines* Mannes und einiger fanatischer Unterführer gewesen sei oder dass es zwischen Heer und Hitler tatsächliche eine, wenngleich fatale »Teilidentität der Ziele«[4] gegeben habe. Von diesem Verdrängungskomplex war auch Joachim Fest nicht ganz frei, als er 1973 in seiner stark beachteten Hitler-Biografie den Angriff auf die Sowjetunion im Sommer 1941 folgendermaßen beschrieb: »Während die Wehrmacht stürmisch vorwärts drang, [...] errichteten die Einsatzgruppen in den eroberten Gebieten eine Terrorherrschaft, trieben Juden, kommunistische Funktionäre, Intellektuelle zusammen und liquidierten sie[5].« Dieses Zerrbild der historischen Wirklichkeit, als hätten nur die Formationen der SS, also Gestapo, SD, Sicherheits- und Ordnungspolizei sowie die Waffen-SS, den Todesstoß gegen die weltanschaulichen Gegner des Nationalsozialismus, also Judentum und Bolschewismus, geführt und die Wehrmacht stünde ohne Fehl und Tadel da, ist inzwischen durch eine große Anzahl detaillierter Forschungen vollständig zerrissen worden. Dieser gesicherte Befund hielt jedoch einen Veteranen 2007 nicht davon ab, mir nach Erscheinen meines Büchleins über die Wehrmacht im NS-Staat mangelnde Repräsentativität, pauschales Urteilen und Verurteilen vorzuwerfen. Dabei hatte dieser ehemalige Marineoffizier nur eine Besprechung von Michael Salewski gelesen! Sie war am 17. Juli 2007 in der »Frankfurter Allgemeinen Zeitung« mit der Überschrift »Traute Gemeinsamkeit« erschienen. Leider beherzigen auch bekannte Fernsehserien über die Wehrmacht nicht den historischen Grundsatz, »Aufklärung als Methode« (Jürgen Kocka) zu betreiben. Sie transportieren lieber emotionalisierende Bilder in die interessierte Öffentlichkeit als differenzierte Informationen.

So unstrittig die Tatsache ist, dass die Kriegserfahrungen einer 17-Millionen-Wehrmacht unterschiedlich gewesen sind, so unstrittig ist die Position, dass sich die Wehrmacht, laut Wehrgesetz von 1935 der »Waffenträger des deutschen Volkes und die soldatische Erziehungsschule der Nation«, nicht über eine Dekade lang im Zustand einer künstlichen Unschuld befunden haben kann. Hier gilt es, sofort eine Einschränkung zu machen. Wenn an dieser Stelle über

---

[3]   Gerald Reitlinger, Die SS. Tragödie einer deutschen Epoche, Wien 1957.
[4]   Messerschmidt, Die Wehrmacht (wie Anm. 1), S. 1.
[5]   Joachim Fest, Hitler. Eine Biographie, Frankfurt a.M. 1973, S. 887.

die Wehrmacht im NS-Staat gesprochen wird, so kann es sich primär nicht um den sogenannten Landser handeln, der bereitwillig oder widerwillig gegebene Befehle seiner Vorgesetzten ausführte. Beim Verhältnis Wehrmacht und Nationalsozialismus geht es vielmehr zuerst einmal um das höhere Offizierkorps, das zwar auch hierarchisch gegliedert war, aber über mehr Einblicke in die Ziele der politischen Führung und einen viel größeren Handlungsspielraum verfügte als der einfache Soldat oder Offizier.

II. Die Geschichte der Wehrmacht – Ein Teil der Geschichte des NS-Staates

Die historische Perspektive, die Geschichte der Wehrmacht als einen Teil der Geschichte des NS-Staates zu beschreiben, stößt in der allgemeinen Geschichtswissenschaft noch immer auf Skepsis. Obgleich unter Historikern eigentlich unstrittig sein sollte, dass Krieg und Nationalsozialismus konstitutiv zusammengehören, orientieren sich Gesamtinterpretationen des »Dritten Reiches« immer noch weit stärker an den Friedens- als an den Kriegsjahren, wird selbst in einschlägigen Publikationen zum nationalsozialistischen Krieg die Wehrmacht nicht als Strukturelement des NS-Staates zentral thematisiert, sondern in einzelne Fallstudien zerlegt[6]. Dies ist umso bedauerlicher, als damit der für den Nationalsozialismus integrale Zusammenhang von Staat, Gesellschaft, Wehrmacht und Krieg, also »zwischen binnengesellschaftlicher und zwischenstaatlicher Ordnungspolitik«[7] in Deutschland und Europa verloren geht.

Das eine war für Hitler nicht denkbar ohne das andere. Denn der Aufbau einer autoritären Führung, eines weltanschaulich geeinten Volkes und einer schlagkräftigen Wehrmacht diente nur einem Zweck: nämlich das »Leben des Volkes« durch kriegerische Expansion auf lange Sicht zu sichern. Um aus der zerrissenen deutschen Gesellschaft der »Systemzeit« eine echte deutsche »Blut- und Schicksalsgemeinschaft« unter der Führung des Nationalsozialismus zu formen, war es auch notwendig, alle »zersetzenden« Einflüsse auszuschalten, seien sie ideologischer oder rassischer Art. Dabei standen die »Entfernung der Juden« und die »Ausrottung des Marxismus« an oberster Stelle. So wie Hitler im September 1933 dankbar war, dass die Reichswehr »in den Tagen der Revolution« auf seiner Seite gestanden hatte, so freute sich die militärische Führung, dass der Führer der nationalsozialistischen Bewegung die Wehrmacht zu einer

---

[6]   Vgl. Der nationalsozialistische Krieg. Hrsg. von Norbert Frei und Hermann Kling, Frankfurt a.M. 1990.

[7]   Bernd Wegner, Kriegsgeschichte – Politikgeschichte – Gesellschaftsgeschichte. Der Zweite Weltkrieg in der westdeutschen Historiographie der siebziger und achtziger Jahre. In: Neue Forschungen zum Zweiten Weltkrieg. Literaturberichte und Bibliographien aus 67 Ländern. Hrsg. von Jürgen Rohwer und Hildegard Müller, Koblenz 1990 (= Schriften der Bibliothek für Zeitgeschichte, 28), S. 102-129, hier S. 104.

tragenden Säule des neuen Staates, neben der Partei, bestimmt hatte. Dass die Geschichte der Wehrmacht auch eine Geschichte des NS-Staates und des »Hitler-Mythos« ist, wurde nie deutlicher als im Sommer 1940. Es war der überraschend schnelle Sieg über Frankreich, der eine bis dahin nicht gekannte Übereinstimmung zwischen Regime, Bevölkerung und Wehrmacht schuf. Hitler schwamm auf einer Woge nationaler Begeisterung. Der unerwartete militärische Triumph wurde nämlich ihm, seiner Kriegführung und seiner nationalsozialistischen »Revolutionsarmee« zugeschrieben. Emotional überwältigt priesen die Oberbefehlshaber von Heer, Marine und Luftwaffe Hitler als »ersten Soldaten des Reiches«. Ein Panzergeneral ging noch weiter und sprach vom »militärisch überragenden Führergenie des Führers«. Dieses Lob begründete er mit dessen »revolutionärer Umgestaltung« der deutschen Kriegskunst. Hitler habe nämlich die infanteristische »Stoßtrupp-Taktik« von 1917/18 auf den operativen Bewegungskrieg von 1940 übertragen, wobei Panzerdivisionen und Stukas die Rolle des Stoßtrupps im Großen übernommen hätten. Für General Heinrich von Vietinghoff bildete der eben gewonnene Feldzug das militärgeschichtliche Gegenstück des preußischen Desasters von 1806/07 unter dem umgekehrten Vorzeichen des Verlierers. Die Faszination des deutschen Sieges durchdrang selbst gestandene Soldaten und Mitglieder des späteren Widerstandes. Ihre Genugtuung über den Zusammenbruch Frankreichs litt allerdings darunter, dass Hitler diesen Erfolg an seine Fahnen heftete[8].

Die Geschichtsmächtigkeit des militärischen Triumphs im Westen ließ also Hitler und dessen Wehrmacht in den Vordergrund des Krieges treten, und zwar auf Kosten der Partei. Sie macht aber auch deutlich, dass wir die Affinität zwischen Wehrmacht und Nationalsozialismus, die weitreichende Übereinstimmung gemeinsamer politischer und militärischer Ziele nicht verstehen, wenn wir nur bis 1933 zurückgehen. Denn die Köpfe der Soldaten waren voller Erinnerungen und Hoffnungen, voller Ressentiments und Hassgefühle gegenüber Frankreich und Polen, längst bevor Hitler und sein Nationalsozialismus begannen, Deutschland neu auszurichten. Diese Mentalität müssen wir kennen, wenn wir jenen, die nur die lange europäische Friedensepoche seit 1945 im Bewusstsein haben und schnell moralisch über den Krieg urteilen, verständlich machen wollen, warum die militärische Führung bereitwillig auf den innen- und außenpolitischen Kurs des NS-Regimes einschwenkte. Der Ausgangspunkt für unsere Betrachtung muss also 1918 sein.

Die Geschichte Deutschlands in der ersten Hälfte des 20. Jahrhunderts ist von zwei Bündnissen zwischen Politik und Militär geprägt. Die erste Allianz, die zwischen Reichspräsident Friedrich Ebert und Generalquartiermeister Wilhelm Groener am Ende des Ersten Weltkrieges (1918/19), hatte sich noch als »Konkursverwalter« des untergegangenen Kaiserreiches verstanden. Aus Angst vor einer linken Revolution hatten beide die Aufrechterhaltung der Ordnung betont und den radikalen Bruch mit der Vergangenheit vermieden. Die zweite

8 Vgl. Jürgen Förster, Die Wehrmacht im NS-Staat. Eine strukturgeschichtliche Analyse, München 2007 (= Beiträge zur Militärgeschichte. Militärgeschichte kompakt, 2), S. 168–170.

Allianz, die zwischen Adolf Hitler und Werner von Blomberg (1933-1938), stand dagegen von Anfang an unter dem Zeichen einer »revolutionären« Veränderung der Republik. Die »Wiederwehrhaftmachung Deutschlands«, die beide Partner ab 1933 in Angriff nahmen, darf allerdings nicht auf die personelle und materielle Aufrüstung der kleinen Reichswehr reduziert werden. Sie war ein viel umfassenderes Konzept, das auch eine geistige Mobilmachung der deutschen Gesellschaft für den Krieg beinhaltete[9]. Diese Militarisierung Deutschlands aber war kein neues Ziel einer neuen, »nationalen« Regierung, sondern ein Erbstück des Ersten Weltkrieges, dessen geistige Gefangene Hitler und Blomberg waren.

Das Doppeltrauma der äußeren und inneren Niederlage hatte nicht nur die Politik der Weimarer Kabinette seit 1919 bestimmt, sondern auch die Pläne der Reichswehr. Die von ihr beklagten »Kalamitäten der Systemzeit« verhinderten allerdings, dass alle militärischen Blütenträume reifen konnten. Nun versprach 1933 ein rechtsradikaler Kanzler nicht nur, alles, aber auch alles für die Wehrmacht zu tun, sondern setzte den dafür beschlossenen (ersten) Vierjahresplan auch tatkräftig um. Wer konnte da etwa erwarten, dass die Reichswehr ein Bollwerk gegen den Nationalsozialismus sein sollte? Tatsächlich war die militärische Führung hocherfreut über die politische »Morgenröte«, die Hitler intern an die Wand malte. Ein späterer Heerführer, damals Abteilungsleiter im Allgemeinen Heeresamt, hoffte, nun endlich »aus der jüdisch-bolschewistischen Schweinerei« herauszugelangen[10]. Generalmajor Ludwig Beck z.B. begrüßte den »Umschwung als ersten Lichtblick seit 1918«[11]. Deshalb warf zwölf Jahre später der ehemalige Reichswehrminister Blomberg seinen Kameraden »zweckgebundene Vergesslichkeit« vor. Denn die sogenannte Generalstabsdenkschrift vom November 1945 verschwieg die militär-politischen Erfüllungen der Jahre 1933 bis 1938, die die Generale damals für Hitler und dessen Bewegung eingenommen hatten: autoritäre Führung, Abstreifen der »Fesseln von Versailles«, Schaffung einer kriegsfähigen Wehrmacht nebst kämpferischer Volksgemeinschaft[12].

Kein Herrschaftssystem wurde binnen weniger Jahre politisch, ideologisch und organisatorisch so ausschließlich auf eine Person ausgerichtet wie der nationalsozialistische Führerstaat. Alle politische Gewalt war nur die Exekutive des

---

[9]   Zur »weltanschaulichen Führungsarbeit« in Reichswehr und Wehrmacht vgl. Jürgen Förster, Geistige Kriegführung in Deutschland 1919 bis 1945. In: Das Deutsche Reich und der Zweite Weltkrieg. Die deutsche Kriegsgesellschaft 1939-1945, Bd 9/1: Politisierung, Vernichtung, Überleben. Im Auftr. des MGFA hrsg. von Jörg Echternkamp, München 2004, S. 469-640.

[10] Ein deutscher General an der Ostfront. Die Briefe und Tagebücher des Gotthard Heinrici 1941/42. Hrsg. von Johannes Hürter, Erfurt 2001, S. 339 f. (17.2.1933).

[11] Armee und Drittes Reich 1933-1939. Darstellung und Dokumentation. Hrsg. von Klaus-Jürgen Müller, 2. Aufl., Paderborn 1989, S. 151 (17.3.1933)

[12] Vgl. Manfred Messerschmidt, Vorwärtsverteidigung. Die »Denkschrift der Generäle« für den Nürnberger Gerichtshof. In: Manfred Messerschmidt, Militarismus, Vernichtungskrieg, Geschichtspolitik. Zur deutschen Militär- und Rechtsgeschichte. Im Auftr. des MGFA hrsg. von Hans Ehlert, Arnim Lang und Bernd Wegner, Paderborn 2006 [u.a.], S. 315-330.

Führerwillens. Die in der Geschichtswissenschaft zu lange dichotomisch diskutierten Herrschaftsphänomene, charismatische Monokratie Hitlers *oder* Polykratie rivalisierender Partikulargewalten, waren in Wirklichkeit keine Gegensätze. Sie gehören vielmehr systembedingt zusammen. Dies lässt sich auch in
der militärischen Gesellschaft nachweisen. Der teilweise erbitterte Kompetenz-
streit führerimmediater Partikulargewalten um die Streitkräfte des NS-Staates,
zuerst Reichswehr und SA, dann Wehrmacht und SS, also um professionelle
Kader oder politische Miliz, Wehrmacht des Volkes oder Instrument der Führergewalt, führte trotz aller vermeidbarer Energieverluste zu einer Beschleuni-
gung des auf Realisierung drängenden Grundkonsenses von 1933: der »Wiederwehrhaftmachung« Deutschlands.

Das Militär gehörte zweifellos zu den politischen Siegern der »nationalen
Revolution«. War die Reichswehr doch die einzige staatliche Organisation, die
ihren Aufgaben lange Zeit ohne Eingriffe von außen nachgehen konnte. Der
vom Reichspräsidenten allein ernannte Reichswehrminister und Befehlshaber
verbündete sich regelrecht mit dem Regierungschef. Der wiederum bemühte
sich um die Loyalität der militärischen Führer, weil er die Zukunft seiner Herrschaft mit dem Wiederaufbau einer starken Wehrmacht verbunden sah. Blombergs Allianz mit dem Nationalsozialismus stieß innerhalb von Heer, Marine
und Luftwaffe (ab 1935) auf viel größere Zustimmung als die Kooperation seines Vor-Vorgängers im Amt, Wilhelm Groener, mit der ungeliebten Republik
(1928-1932). Was Kurt von Schleicher bereits im Dezember 1918 zu denken
gewagt und Hans von Seeckt von seinem vorgesetzten Minister im Januar 1920
gefordert hatte, war 1933 Realität geworden: die Identität von Reichs- und Militärpolitik. Die Wehrmacht glaubte, in einer Epoche der deutschen Geschichte
zu leben, »wie sie seit dem Großen Kurfürsten« nicht mehr da gewesen war[13].
Die Rolle, die die Reichswehr bei der Verankerung des Nationalsozialismus in
Deutschland spielte, kann machtpolitisch kaum überschätzt werden. Sie stand
z.B. beim »innenpolitischen Kampf« der NSDAP gegen deren weltanschauliche
Gegner nicht nur unbeteiligt Gewehr bei Fuß. Sondern Blomberg setzte erste
rassistische Maßnahmen in vorauseilendem Gehorsam sofort in der Reichswehr
um. So entfernte er 1933/34 jüdische Angestellte, Beamte und Soldaten aus ihren Reihen. Die Reichswehr half wenig später auch der SS logistisch bei der
Ermordung der SA-Spitze.

---

[13] Stichworte der Abt. Inland im Wehrmachtamt für ihren Chef, Walter von Reichenau. Vgl.
Förster, Die Wehrmacht im NS-Staat (wie Anm. 8), S. 27.

III. Von der Kader-Reichswehr zur
nationalsozialistischen »Volks-Wehrmacht«

Mehr als der 30. Januar 1933 (»Machtergreifung«), der 30. Juni 1934 (»Röhm
Putsch«) oder der 2. August 1934 (Eid auf Hitler) markieren der 16. März und
der 21. Mai 1935 eine Wende in der Militärgeschichte des NS-Staates. Die sym-
bolträchtige Verkündigung der deutschen Wehrhoheit per Gesetz und der Erlass eines neuen Wehrgesetzes bedeuteten das offizielle Aus für die selektive
Kader-Reichswehr und den Beginn einer nationalsozialistischen »Volks-Wehr-
macht«. Sie war *per definitionem* der »Waffenträger des deutschen Volkes« und
die Wehrpflicht »Ehrendienst am deutschen Volke«. Zugleich galt die Wehrmacht wieder als »soldatische Erziehungsschule« und höchste Stufe in der politischen Erziehung eines jeden jungen Mannes »arischer Abstammung«, nach
Elternhaus, Schule, Hitlerjugend und Arbeitsdienst. Die ersten Rekruten (Jahrgang 1914) rückten am 1. November 1935 für ein Jahr in die Kasernen ein. In
dem bald den »Nürnberger Gesetzen« angepassten Wehrgesetz offenbarte sich
der ausgrenzende Effekt einer rassisch definierten, *deutschen* Wehrmacht ebenso
wie in der nur für den Offiziernachwuchs geltenden, personalwirtschaftlichen
Richtlinie Hitlers vom 13. Mai 1936[14].

Der strukturelle Aufwuchs der Streitkräfte wurde von einem geistigen Veränderungsprozess begleitet. Hatte der neue Reichswehrminister in seinem ersten Tagesbefehl vom 31. Januar 1933 die Reichswehr noch ganz traditionell als
»überparteiliches Machtmittel« des Staates definiert, so legte Blomberg wenig
später das »Unpolitischsein« der Soldaten offiziell ad acta und verlangte, dem
Nationalsozialismus »mit aller Hingabe zu dienen«. Die im Dezember des gleichen Jahres beschlossene Verdreifachung des Heeres wurde von oben mit einer
»geistigen Durchdringung« der Soldaten mit den »Leitgedanken« der Weltanschauung des Nationalsozialismus untermauert, die, wie Blomberg betonte,
national und sozialistisch sei. Das Erziehungsziel war der gründlich ausgebildete
Kämpfer, der sich »seines Volkstums und seiner allgemeinen Staatspflichten bewusst« war[15]. In der Aufbauphase der Wehrmacht hatten harte Ausbildung, innere Festigung und Erziehung der Truppe noch Vorrang vor ideologischer Indoktrination. Es galt, Volk und Heer, Weltanschauung und Waffe, Nationalstolz
und Rassebewusstsein, Disziplin und Opferbereitschaft, Tradition und Neubeginn miteinander zu verschmelzen. Um diese Aufgabe zu bewältigen, griff das
Militär bewusst auf die Legenden der Preußischen Heeresreform von 1806 und
des Frontkämpfertums im Ersten Weltkrieg zurück und benutzte den »Hitler-
Mythos« gezielt als Mittel für seine Zwecke. Von den Soldaten wurde das »innere Verständnis und [die] seelische Bereitschaft« gefordert, ihre Pflicht zu tun
und sich immer so zu verhalten, »wie es der Führer von uns zu unserem und

---

[14] Vgl. ebd., S. 95.
[15] Armee und Drittes Reich (wie Anm. 11), S. 171 (16.4.1935).

zum Nutzen unseres Volkes erwarten muß«[16]. Dabei verlangte dieser gar nicht, die Soldaten zu Nationalsozialisten zu machen, sondern die professionellen Kader der Wehrmacht, also Offiziere und Unteroffiziere, sollten aus den jungen, nationalsozialistisch erzogenen Wehrpflichtigen gut ausgebildete Soldaten machen.

Setzten die Oberbefehlshaber und Kommandeure die von Hitler und Blomberg definierten Erziehungsziele in ihrem Befehlsbereich um? Fielen die Verfügungen unten, in der Truppe, auf fruchtbaren Boden? Am 2. März 1937 machte z.B. der spätere Feldmarschall und damalige Kommandeur der 1. Panzerdivision, Maximilian Frhr. von Weichs, seine Vorstellungen einer militarisierten Volksgemeinschaft deutlich, als er davon sprach, dass mit der nationalsozialistischen Revolution das ganze Volk »nicht nur im Äußeren, sondern auch in seiner seelischen Haltung begonnen [habe], den *Gleichschritt des Heeres* aufzunehmen«. Die individuelle Erziehungsarbeit in der Truppe verband Weichs mit folgenden Forderungen: »1. Härte gegen sich selbst, 2. Natürliches Standesbewußtsein, 3. Ausgeprägtes Ehrgefühl, 4. Einfache Lebenshaltung, 5. Im innersten Wesen deutsch sein, 6. Nicht zu übertreffende Liebe zu Volk, Vaterland und Führer[17].« Diese Verfügung fand nicht nur die sofortige, volle Zustimmung des Oberbefehlshabers des Heeres. In die gleiche Kerbe wie das Heer hieben auch Marine und Luftwaffe. Noch 1943 verhehlte Großadmiral Erich Raeder seinen Stolz nicht, dass die Erziehung in der Marine bereits in der Weimarer Republik auf eine »innere Haltung« der Soldaten abgezielt habe, »die von selbst eine wahrhaft nationalsozialistische Einstellung« ergeben habe. Was verstand Raeder darunter? Vor allen Dingen Geschlossenheit, Disziplin und Gehorsam, eben einen solch »einheitlichen soldatischen Geist«, der sowohl die militärische Schlagkraft der Marine stärken als auch die Wiederholung eines »geistig-seelischen Zusammenbruchs« wie 1918 vermeiden sollte[18]. Ganz im Sinne seines Oberbefehlshabers definierte ein Kommandant sein Vorpostenboot als »nationalsozialistischen Musterbetrieb« und forderte von den Offizieren, neben richtiger Führung, Behandlung und Betreuung der Mannschaft, »zugleich ein vorbildlicher Nationalsozialist zu sein«[19]. Die Luftwaffe konnte natürlich nicht an ähnlich lange Traditionslinien anknüpfen wie Heer und Marine. War sie doch ein echtes Kind des Nationalsozialismus. Aber auch die Luftwaffe wollte Hitlers Weltschauung mit dem alten preußisch-deutschen Soldatengeist verbunden wissen. Wer nicht nationalsozialistisch sein könne, der sollte den »Rock Adolf Hitlers« erst gar nicht anziehen. Was sollte den »ganzen Mann« der Luftwaffe

---

[16]   Vgl. Ian Kershaw, Hitler 1889–1936, Stuttgart 2002, S. 665. Nach dem 20.7.1944 verfügte der neue Chef des Generalstabes des Heeres, Heinz Guderian, dass jeder Offizier »ein Statthalter, ein örtlicher Vertreter des Führers« in seinem Befehlsbereich sein müsse. »Er hat an jeder Stelle und zu jeder Zeit so zu handeln, als ob der Führer anwesend wäre.« Bundesarchiv-Militärarchiv (BA-MA), RH 24-51/108.

[17]   Förster, Geistige Kriegführung (wie Anm. 9), S. 472, 492.

[18]   Ebd., S. 548. Die Marine arbeitete nach Blombergs grundlegendem Erlass vom 30.1.1936 einen neuen Leitfaden für den Unterricht an der Marineschule in Mürwik aus.

[19]   Förster, Geistige Kriegführung (wie Anm. 9), S. 541.

auszeichnen? Außer vorbildlicher »nationalsozialistischer Staatsauffassung und Lebensführung« wurden Gehorsam, Heldenmut, Opfersinn und Kameradschaft gefordert oder anders ausgedrückt: kühner Angriffsgeist und stete Einsatzbereitschaft[20].

Die höhere militärische Führung beließ es allerdings nicht bei bloßen erziehungspolitischen Appellen. Bereits am 12. Januar 1935 hatte Blomberg auf der Befehlshabertagung gedroht, diejenigen aus der Wehrmacht zu entfernen, die sich der nationalsozialistischen Weltanschauung nicht fügen könnten, wobei er den Generalen eine gewisse Schonzeit bewilligte. Dieses personalpolitische Ziel unterstützte der Oberbefehlshaber des Heeres, General der Artillerie Werner Frhr. von Fritsch, nachdrücklich, und zwar gegen interne Kritiker. Am 19. August 1935 unterrichtete er sein Offizierkorps darüber, dass Deutschlands Zukunft »auf Gedeih und Verderb« fest mit dem Nationalsozialismus verbunden sei, und »wer schädigend gegen den nationalsozialistischen Staat [handele, sei] ein Verbrecher«[21].

Im Zuge der konkreten Kriegsvorbereitungen der Wehrmacht, also ab 1938, erhielt auch deren »geistige Kriegführung« ein neues Erziehungsziel: den »politischen Soldaten«. Um der erwünschten Synthese von Soldatentum und Weltanschauung näherzukommen, brauche der Offizier keineswegs zum »politischen Kommissar« der NSDAP mutieren. Seiner dualen Führungsrolle im anvisierten Weltanschauungskrieg – taktisch und erzieherisch – werde der deutsche Offizier aber nur gerecht, wenn er, von der nationalsozialistischen Idee erfüllt und professionell geschult, »unbeirrbare Gefolgschaftstreue zum Führerwillen« beweise und seine Soldaten mit Entschlossenheit »beseele«, den erforderlichen Lebenskampf durchzufechten[22]. Zum Schluss seines Vortrages kündigte der Lehrgangsleiter des OKW, Oberst Hermann Reinecke, personalpolitische Konsequenzen an, und zwar mit ausdrücklichem Einverständnis der Oberbefehlshaber von Heer, Marine und Luftwaffe: »Wer vor seinem Gewissen glaubt, die geschilderten Anforderungen nicht bedingungslos und uneingeschränkt erfüllen zu können oder zu wollen, hat kein Anrecht auf Zugehörigkeit zum Offizierkorps der nationalsozialistischen Wehrmacht.« Ein Teilnehmer dieses Lehrgangs in Berlin, Oberst Erwin Rommel, Kommandeur der Kriegsschule Wiener Neustadt, notierte sich: »Der Soldat muß heute politisch sein [...] Die Wehrmacht ist das Schwert der neuen deutschen Weltanschauung[23].«

Der strukturelle Transformationsprozess, der die pluralistische Weimarer Republik in den nationalsozialistischen Führerstaat verwandelte, hatte bereits Anfang 1938 einen weiteren Höhepunkt erreicht. Im Februar wurde nun auch die Wehrmacht führungsmäßig gleichgeschaltet. Die unmittelbare Befehlsgewalt übernahm Hitler, zusätzlich zu seinen Funktionen als Parteiführer, Regierungs- und Staatschef sowie oberster Richter, allerdings mehr aus momentaner

20 Ebd., S. 555.
21 Ebd., S. 491 f.
22 Ebd., S. 497–499.
23 Ebd., Anm. 85.

Verlegenheit denn aus langfristiger Planung. Hitler war außer sich gewesen, als sein Vertrauter Blomberg, als Feldmarschall der höchste Soldat des »Dritten Reiches«, trotz der außenpolitisch angespannten Situation mit Österreich, die Liebe zu einer jungen Frau über die Interessen des nationalsozialistischen Staates stellte, lieber aus dem hohen Amt des Reichskriegsministers schied, als sich von ihr zu trennen. So unglücklich Blombergs engste Mitarbeiter, Wilhelm Keitel und Alfred Jodl, darüber waren, dass ihr Chef »gefallen« war, so froh zeigten sie sich über Hitlers Willen, »anderen Kräften« auch weiter nicht zu erlauben, in das Gefüge der Wehrmacht »einzubrechen«. Blombergs eingespielter militärischer Stab wurde nun gemäß dem Führerprinzip zu einem reinen Exekutivinstrument Hitlers umgebildet. Aus dem von der Heeresführung lange bekämpften Minister-/Wehrmachtamt wurde das Oberkommando der Wehrmacht. In Keitels Überzeugung, damit die einheitliche Wehrmachtführung erhalten zu haben, lag zugleich die Ursache seiner Schwäche. Der Chef des OKW war zwar zum ersten militärischen Berater Hitlers aufgestiegen, aber er besaß außerhalb seines eigentlichen Bereichs keinerlei Befehlsgewalt. Strukturell gesehen, fungierte Keitel nur als ein weiterer Kanzleichef oder »Sekretär« des »Führers«. Mit Blombergs Ausscheiden war der Militärelite endgültig die Logik des Krieges entzogen. Sie hatten sich nur noch mit dessen Grammatik zu befassen. Denn auch Hitler hatte militärgeschichtlich aus dem Ersten Weltkrieg gelernt. Anders als Kaiser Wilhelm II. hielt er den »Lebenskampf« des deutschen Volkes für ein zu ernstes Geschäft, um es den Generalen oder Admiralen zu überlassen. Hitlers außenpolitische Erfolge des Jahres 1938 – gewaltlose Angliederung Österreichs und des Sudetenlandes – ließen allerdings die politischen und militärischen Bauchschmerzen mancher Generale schnell vergehen und vergrößerten das Prestige des »Führers«. Hitlers Rückhalt in der Bevölkerung festigte wiederum dessen unumschränkte Stellung als politischer und militärischer Führer des »Dritten Reichs«. Diese war allerdings auch durch die langjährigen Auseinandersetzungen *innerhalb* der Wehrmacht um die effektivste Kriegsspitzengliederung gefördert worden.

IV. Hitlers politische Soldaten – Die Waffen-SS und eine transformierte Wehrmacht

Was von der sozialgeschichtlich geprägten Geschichtswissenschaft ganz übersehen wird, ist die Tatsache, dass die beiden genannten Herrschaftsphänomene des Führerstaates, charismatische Monokratie und Polykratie rivalisierender Partikulargewalten, im Bereich der Wehrmacht ab Dezember 1941 in Hitler aufgehoben waren. Hitler übernahm nämlich in der ersten Winterkrise an der Ostfront, zusätzlich zu seiner Funktion als Oberster Befehlshaber der Wehrmacht, auch den direkten Oberbefehl über das Heer. Damit war auf dem Felde der Operationsführung des größten und wichtigsten Wehrmachtteils die sonst geltende konkurrierende Linienführung des NS-Herrschaftssystems durchbrochen. Diese Tendenz verstärkte sich im Laufe des Krieges, sodass etwa die Gauleiter – in ihrer Eigenschaft als Reichsverteidigungskommissare – 1944 die vollziehende Gewalt im rückwärtigen Operationsgebiet des Heeres erhielten oder als Heinrich Himmler Oberbefehlshaber des Ersatzheeres und sogar aktiver Truppenführer wurde. Kurz vor der bedingungslosen Kapitulation der Wehrmacht wurde die Partei allerdings wieder zurückgestuft, als Hitler Großadmiral Karl Dönitz und Feldmarschall Albert Kesselring zu regionalen Oberbefehlshabern ernannte, denen auch die Reichsverteidigungskommissare unterstanden. In diesem Zusammenhang darf nicht vergessen werden, dass nach Hitlers Tod für die wenigen letzten Tage des NS-Staates mit Dönitz ein aktiver Soldat an dessen Spitze und seiner Wehrmacht stand.

Werfen wir kurz einen »strukturellen« Blick auf einen anderen »Waffenträger« des NS-Staates: die SS. Jeder kennt sie. In unseren Vorstellungen vom Nationalsozialismus und seinem Krieg hat die SS ihren gesicherten Platz. Mehr noch als der Begriff Wehrmacht lassen die der »Schutzstaffel Adolf Hitlers« oder der Gestapo eine Vielzahl von Bildern entstehen, die so verschieden sind wie die Standpunkte und Blickwinkel der einzelnen Betrachter. Die Eckpunkte lauten: Garde des Führers oder vierter Wehrmachtteil, politische Soldaten oder »Soldaten wie andere auch«[24]. War dieser militärische Arm der SS tatsächlich dazu ausgebildet, das »zusätzliche Element der Erbarmungslosigkeit auf das moderne Schlachtfeld« zu bringen[25]? Der Aufstieg der SS zu einer wirklichen, bewaffneten »Führerexekutive« beginnt nach der mörderischen Ausschaltung der SA-Spitze und der vergrößerten Kommandogewalt Hitlers nach dem Tode Hindenburgs. Nach dessen »grundsätzlicher Entscheidung« für die Aufstellung einer besonderen innenpolitischen, »bewaffnet stehenden Verfügungstruppe«, die spätere Waffen-SS, erließ Blomberg, in seiner Funktion als Reichsverteidigungsminister, am 24. September 1934 entsprechende Richtlinien. Denn im Kriegsfall sollte dieser Verband dem Heer zur Verfügung stehen. Der Reichsführer-SS, Heinrich Himmler, machte allerdings sofort klar, dass er in weltanschaulichen Fragen »über sich nur den Führer« anerkenne[26]. Es lag auf der Hand, dass das Verhältnis zwischen Heer und SS von gegenseitigem Misstrauen über die wahren Absichten der anderen Seite erfüllt waren. Während die Partei eine Militärdiktatur befürchtete, empfand das Heer die Verfügungstruppe (VT) als lästige Konkurrenz (so taucht der Begriff Waffen-SS in den Quellen erst ab Herbst 1939 auf). Beide Seiten hatten Unrecht. Die Wehrmacht war froh über den Platz, den ihr Hitler im NS-Staat zugewiesen hatte, und die VT umfasste Ende Dezember 1938 nur knapp über 14 000 Freiwillige. Zu jener Zeit hatte eine weitere Verfügung Hitlers, wieder nach erfolgtem Machtzuwachs,

---

[24] Paul Hausser, Soldaten wie andere auch. Der Weg der Waffen-SS, Osnabrück 1966.

[25] Die SS. Elite unter dem Totenkopf. 30 Lebensläufe. Hrsg. von Ronald Smelser und Enrico Syring, Paderborn 2000, S. 10.

[26] Förster, Die Wehrmacht im NS-Staat (wie Anm. 8), S. 77.

endgültige Klarheit und nachträgliche Legalisierung der Verfügungstruppe als bewaffnetes Organ seiner unmittelbaren Führergewalt gebracht. Sie sollte in »sich die Vorzüge einer politischen Avantgarde und inneren Eingreiftruppe mit den Charakteristika eines militärischen Feldverbandes« vereinen[27]. Weil sich Wehrmacht und SS nicht grundsätzlich ablehnend gegenüberstanden, überwogen Nützlichkeitserwägungen auftretende Spannungen auf unterer Ebene. Über seine eigenen Vorstellungen von »Sicherheit im Innern« im Falle eines Krieges hatte Himmler die Wehrmacht bereits im Januar 1937 aufgeklärt. Es sei seine Aufgabe, den dann entstandenen »Kriegsschauplatz Innerdeutschland«, d.h. einschließlich der eroberten Gebiete, auf Biegen und Brechen gesund zu erhalten, um einen weiteren Dolchstoß des »internationalen jüdisch-freimaurerisch geführten Bolschewismus« unmöglich zu machen. Als seine Statthalter in den Wehrkreisen und im Besatzungsgebiet, als Koordinatoren der verschiedenen SS-Aufgaben und »sturste Vertreter seiner Befehle« sollten »Höhere SS- und Polizeiführer« fungieren[28]. Erst der Krieg selbst schuf neben weiteren Chancen für den personellen und materiellen Ausbau der Waffen-SS jene Sachzwänge und Einsatzmöglichkeiten, die diese Führerexekutive über den ursprünglich konzipierten Rahmen weit hinaustrieb. Die vernichtende, duale Rolle dieses Instruments unmittelbarer »Führergewalt« lässt sich am besten am Beispiel der Formationen des »Kommandostabes RFSS« in der Sowjetunion studieren[29].

Im vollen Bewusstsein der politischen Risiken, aber mit der Hoffnung, dass die Westmächte die gewaltsame Niederwerfung Polens trotz ihrer Garantieerklärungen zähneknirschend hinnehmen würden, hatte Hitler die Wehrmacht am 1. September 1939 angreifen lassen. Die Inszenierung der Stärke sowie die einseitigen Schuldzuweisungen während der Reichstagssitzung konnten nur die uninformierte Öffentlichkeit darüber hinwegtäuschen, dass Hitler die aggressive Erweiterung deutschen »Lebensraums« einer friedlichen Revision der Versailler Grenzen vorgezogen hatte. Wie schon ein Jahr zuvor verstand Hitler sich als »erster Soldat« der Wehrmacht. Er ließ die Welt wissen, dass das hinter ihm marschierende deutsche Volk ein anderes sei als das von 1918[30]. Über den Charakter dieses neuen Krieges in Europa hatte Hitler dem Offizierkorps bereits mehrere Male reinen Wein eingeschenkt. Da nun einmal rassische Erkenntnisse die Völker in den Kampf trieben, so hatte er beispielsweise im Februar 1939 den Truppenkommandeuren des Heeres erklärt, werde der kommende Krieg ganz anders sein als der Erste Weltkrieg, nämlich »ein reiner Weltanschauungskrieg, d.h. bewusst ein Volks- und Rassenkrieg«. Um diesen zu gewinnen, reiche die gesetzliche Treue- und Gehorsamspflicht des Offiziers gegenüber seinem

[27] Bernd Wegner, Hitlers Politische Soldaten. Die Waffen-SS 1933–1945. Leitbild, Struktur und Funktionen einer nationalsozialistischen Elite, Paderborn [u.a.] 1982, S. 118.

[28] Vgl. die einschlägige Arbeit von Ruth Bettina Birn, Die Höheren SS- und Polizeiführer. Himmlers Vertreter im Reich und in den besetzten Gebieten, Düsseldorf 1986.

[29] Vgl. Martin Cüppers, Wegbereiter der Shoa. Die Waffen-SS, der Kommandostab Reichsführer-SS und die Judenvernichtung 1939–1945, Darmstadt 2005 (= Veröffentlichung der Forschungsstelle Ludwigsburg der Universität Stuttgart, 4).

[30] Förster, Die Wehrmacht im NS-Staat (wie Anm. 8), S. 166.

obersten Vorgesetzten aber nicht aus. Er müsste in diesem auch seinen obersten *weltanschaulichen* Führer sehen. Dem sei er auf Gedeih und Verderb verpflichtet und müsse ihm gläubig folgen. Ob General von Vietinghoff an jene Rede dachte, als er vor dem Frankreichfeldzug in sein Tagebuch eintrug: »Führer befiehl, wir folgen«[31]?

Die Wechselwirkung zwischen Strategie und Politik, Waffe und Weltanschauung, Kollaboration und Widerstand radikalisierte sich, als der Nationalsozialismus begann, in Europa ein brutales Besatzungsregime zu etablieren. Allerdings ist die Beschreibung der erstaunlichen Wandlung von nationalkonservativen Generalen zu Komplizen Hitlers im Vernichtungskrieg, zuerst im Osten sowie auf dem Balkan und ab Herbst 1943 auch in Italien, ein anderes Thema, das hier nicht weiter ausgeführt werden kann. Bezogen auf die Stellung der Wehrmacht im NS-Staat, lässt sich das Thema mit einem Aphorismus von Georg Heinrich von Berenhorst aus dem Jahre 1805 schließen: »Die Gemeinen sind die Basis, Obristen und Hauptleute die Säulen einer vollendeten militärischen Rotunde; sie tragen die mächtige Kuppel; sie tragen – wenn's sein muß – einen hohlen Herkules oben auf derselben, lange den Stürmen und Ungewittern entgegen.« Besonders schwere Stürme erlebte die Wehrmacht im Jahr 1944. Doch weder die Niederlagen an der West- und Ostfront im Juni noch die Sprengladung im Führerhauptquartier im Juli konnten Hitler beseitigen und die militärische Rotunde zum Einsturz bringen. In einer beispiellosen Transformation hatte sich die militärische Macht dem Primat der NS-Politik unterworfen. Das galt auch für die anfangs »graue« Wehrmacht.

---

[31] BA-MA, N 574/2, Sammeleintrag vom 19.–24.2.1940.

Bildteil

Offizier und Bildung: Kriegsschule. Kupferstich aus »Der Vollkommene Teutsche Soldat« von Hannß Friedrich von Fleming, 1726.

MGFA/Sammlung Bleckwenn

Abb. oben:
Bellona, die römische Göttin des Krieges. Kupferstich aus
»Der Vollkommene Teutsche Soldat« von Hannß Friedrich von
Fleming, 1726.   *MGFA/Sammlung Bleckwenn*

Abb unten:
Werbung von Soldaten im 18. Jahrhundert. Kupferstich aus
»Der Vollkommene Teutsche Soldat« von Hannß Friedrich von
Fleming, 1726.   *MGFA/Sammlung Bleckwenn*

Auszug der preußischen Landwehr ins Feld nach der Aussegnung in der Kirche
zu Königsberg 1813. Rechts ein jüdischer Soldat, der sich von seinen Angehörigen
verabschiedet. Öl auf Leinwand von Gustav Graef 1860/61. *bpk*

Das Eiserne Kreuz von 1813. Entwurfszeichnung von Karl Friedrich Schinkel und die Ausführung. *bpk/Kupferstichkabinett, SMB/Jörg P. Anders*

Gruppenbild der maßgeblichen preußischen Reformer. Kolorierter Holzschnitt, um 1860. *akg-images*

Erzherzog Karl von Österreich. Öl auf Leinwand von unbekanntem Maler.   *bpk*

Sächsische Soldaten leisten
Napoleon den Treueeid. Große
Teile von ihnen blieben bis zur
Völkerschlacht bei Leipzig mit
dem Heer Napoleons verbündet.
Lithografie nach Gemälde von
Pietro Benvenuti, 1812.
akg-images

Radierung von Francisco
José de Goya y Lucientes
aus der Reihe »Desastres de
la Guerra« (Die Schrecken
des Krieges).
bpk/Hamburger Kunsthalle/
Christoph Irrgang

Revolutionsszene. Öl auf Holz von unbekanntem Künstler, 1848.
bpk/Nationalgalerie, SMB/Andres Kilger

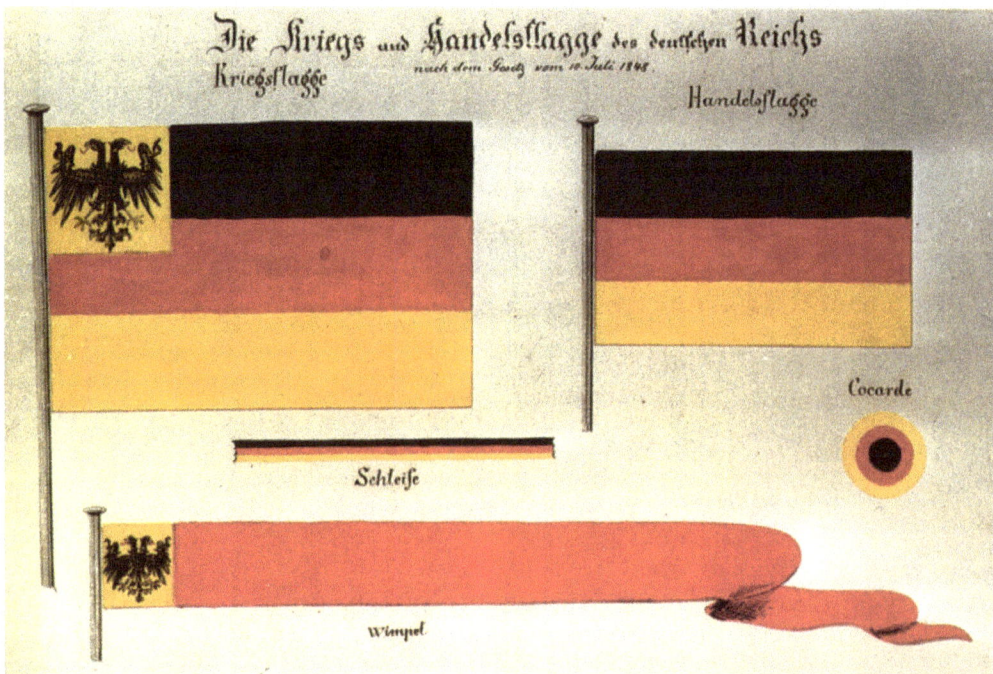

Die Frankfurter Nationalversammlung gründet 1848 die erste gesamtdeutsche
Marine. Im Bild die Kriegs- und die Handelsflagge des Deutschen Reichs.
Faksimile des Aquarells für den Entwurf der Flaggen, veröffentlicht mit dem
Reichsgesetzblatt vom 13. November 1848.   *BArch*

»Frei und Einig!« Erinnerung
an den 18. und 19. März 1848.
Zeitgenössische Lithografie
von F. Hübner.   *bpk*

Wilhelm Adolf von Trützschler, Mitglied der badischen Revolutionsregierung,
und Ludwik Mieroslawski, Oberbefehlshaber der badischen Revolutionsarmee,
vor der angetretenen Mannheimer Volkswehr. Zeitgenössische Farblithografie.

akg-images

Schlacht bei Königgrätz im Deutschen Krieg, 1866. Farbdruck nach Aquarell
von Carl Röchling, um 1894.   *akg-images*

Eingeborener Fahnenträger der
Schutztruppe in Deutsch-Ostafrika,
um 1906.

BArch/105-DOA6369/Walther Dobbertin

Die VATERLAND, eines der größten
deutschen Passagierschiffe und
»Antwort« auf die britische TITANIC,
im Trockendock, 5. März 1914.

BArch/137-022366

Tradition trifft Moderne: Kapitänleutnant a.D. Paul Engelhardt bei Flugversuchen
mit einem Doppeldecker in Johannisthal bei Berlin, 12. August 1910.

BArch/146-1972-026-35/Otto Haeckel

Demontage
eines deutschen
Panzers nach den
Bestimmungen
des Versailler
Vertrages.
Nachkolorierte
Fotografie, 1920.
akg-images

Panzerwagen-
Attrappen der
Reichswehr,
bestehend aus mit
Blech verkleideten
Autos, bei einer
Geländeübung,
Februar 1932.
BArch/102-13102

Der Schöpfer
und Organisator
der Reichswehr,
Generaloberst Hans
von Seeckt, mit
Offizierschülern
im Reichs-
wehrmanöver in
Thüringen 1925.
*BArch/146-2005-0163/
Oscar Tellgmann*

Nationalsozialismus und preußisch-deutsche Tradition reichen sich die Hand: Reichspräsident Paul von Hindenburg und Reichskanzler Adolf Hitler am »Tag von Potsdam«, 21. März 1933.   *BArch/183-S38324*

Flugzeuge der von den Nationalsozialisten neu aufgebauten Luftwaffe im Formationsflug während des »Reichsparteitages« 1937.   *bpk/Wolff Tritschler*

Vernichtungskrieg: Erschießung von griechischen Zivilisten durch deutsche Fallschirmjäger auf Kreta, 2. Juni 1941   *BArch/101I-166-0527-04/Franz Peter Weixler*

Der Große Zapfenstreich der NVA anlässlich des VII. Turn- und Sportfestes sowie der IX. Kinder- und Jugendspartakiade der DDR vor dem Leipziger Völkerschlachtdenkmal, 28. Juli 1983.   *BArch/183-1983-0729-101/Friedrich Gahlbeck*

Auf einer Demonstration in Cottbus fordern Wehrpflichtige der NVA eine sofortige Militärreform verbunden mit einer Reduzierung der Wehrdienstzeit auf zwölf Monate, 12. Januar 1990.
BArch/183-1990-0112-304/ Rainer Weisflog

Theodor Blank überreicht am 12. November 1955, dem 200. Geburtstag
Scharnhorsts, den ersten Freiwilligen der Bundeswehr ihre Ernennungs-
urkunden.   *BArch/146-1995-057-16*

Symbole: Plakat
zur Gründung der
Bundeswehr, 1956.
BArch/005-001-035

Offizier und Bildung: Junge Offiziere beim Studium in der Bibliothek.

Bundeswehr/IMZ

Interkulturelle Kompetenz, selbstständiges Handeln, zweckmäßige Ausrüstung: Ein deutscher Soldat der International Security Assistance Force (ISAF) bei seinem Patrouillengang durch Kabul, 17. Mai 2002.   *Bundeswehr/IMZ*

Deutsche Streitkräfte nach 1945

Jutta Weitzdörfer-Henk

»Warum brauchen wir die Wehrpflicht?«
Wehrpflichtdebatten im Weimarer Reichstag
und im Deutschen Bundestag

Die Bestimmungen des Versailler Friedensvertrages[1] waren vor allem hinsichtlich des deutschen Militärsystems und für das Selbstverständnis der Deutschen einschneidend: Nicht nur die Heeresreduktion auf 100 000 Mann, sondern auch die geforderte Abschaffung der allgemeinen Wehrpflicht rüttelte an den Grundfesten des bis dahin herrschenden Verständnisses eines deutschen Militärsystems[2]. Die allgemeine Wehrpflicht galt vielen Deutschen, Militärs und Politikern gleichermaßen, als »Herz« der deutschen Armee. Elias Canetti bezeichnet das Heer gar als das »Massensymbol«, welches die deutsche Nation bis 1945 zusammengehalten habe: »Für den Deutschen bedeutet das Wort ›Versailles‹ nicht so sehr die Niederlage, die er nie wirklich anerkannt hat, es bedeutete das Verbot der Armee; das Verbot einer bestimmten sakrosankten Übung, ohne die er sich das Leben schwer vorstellen konnte. Das Verbot der Armee war wie das Verbot einer Religion. Der Glaube der Väter war unterbunden, ihn wiederherzustellen war jedes Mannes heilige Pflicht[3].«

Die Abschaffung der Wehrpflicht und die Einführung einer Berufsarmee quittierten militärische, politische und gesellschaftliche Kräfte Deutschlands mit großer Ablehnung. Zum einen spielten dabei militärische Gesichtspunkte eine Rolle: Die Beschränkung auf ein 100 000-Mann-Berufsheer bedeutete zwangsläufig einen enormen militärischen Kräfteverlust. Zum anderen empfanden Militärs wie Politiker den Wegfall der allgemeinen Wehrpflicht als einen enormen Verlust an Einflussmöglichkeit des Staates auf junge Männer. Die Erziehungsfunktion, die dem Militär schon seit dem frühen 19. Jahrhundert

---

[1] Zitat in der Überschrift entnommen aus: Warum brauchen wir die Wehrpflicht? Eine Denkschrift der Bundesregierung. Hrsg. vom Presse- und Informationsamt der Bundesregierung, Bonn 1956.

[2] Art. 173 des Versailler Friedensvertrages besagt: »Die allgemeine Wehrpflicht wird in Deutschland abgeschafft. Das deutsche Heer darf nur im Wege freiwilliger Verpflichtung aufgestellt und ergänzt werden.« Reichsgesetzblatt 1919, S. 931.

[3] Elias Canetti, Masse und Macht, Frankfurt a.M. 1980, S. 200. Zit. nach Dieter Langewiesche: Was heißt »Erfindung der Nation«? Nationalgeschichte als Artefakt oder Geschichtsdeutung als Machtkampf. In: Historische Zeitschrift, 277 (2003), 3, S. 593-617, hier S. 609.

und dann vor allem vonseiten der Regierungsparteien des Kaiserreichs als gesellschaftspolitische Komponente zugesprochen worden war, konnte nicht länger aufrechterhalten werden. Da diese Einflussmöglichkeit nun wegfallen sollte, kam es zu Debatten innerhalb der parlamentarischen und staatlichen Institutionen, wie die Wehrpflicht mit den ihr zugeschriebenen gesellschaftspolitischen Funktionen ersetzt werden könnte. Der Wehrpflicht, einer wesentlichen Errungenschaft der Militärreformen im frühen 19. Jahrhundert, wurden folglich auch in den Nachkriegsphasen des 20. Jahrhunderts positive politische und gesellschaftliche Auswirkungen zugeschrieben. Der vorliegende Beitrag soll daher untersuchen, welche Aufgaben die Institution der allgemeinen Wehrpflicht in Deutschland nach Meinung der Parlamentarier des Weimarer Reichstages erfüllen sollte, wie die Abgeordneten deren erzwungenen Wegfall beurteilten und welche Folgerungen sie daraus zogen. Wollten die Parlamentarier den Verlust der Wehrpflicht im Laufe der 1920er-Jahre ausgleichen? Inwieweit kam es zur Gründung von »Ersatzinstitutionen«, um deren gesellschaftspolitische Aufgaben zu übernehmen? In einem Ausblick werden die für Weimar untersuchten Ergebnisse mit den Bundestagsdebatten zum Thema Wiederaufrüstung in den 1950er-Jahren verglichen. Zu beiden Zeiten entstanden Reformen vor dem Hintergrund einer Niederlage im vorangegangenen Krieg. Beschleunigten diese Niederlagen die Umsetzung von bestimmten Reformvorhaben und können diese daher als Katalysatoren für Veränderungen angesehen werden? Da die Wehrpflicht ein Bindeglied zwischen dem militärischen und gesellschaftlichen Bereich darstellt und als Ausdruck der Wechselbeziehungen und gegenseitigen Beeinflussung von Militär, Staat und Gesellschaft gesehen werden kann[4], wird der »zivile Wert« einer eigentlich militärischen Institution näher beleuchtet[5]. Die Fokussierung auf Parlamentsdebatten ergibt sich zum einen aus der Feststellung, dass schon Parlamentarier im Reichstag des Kaiserreichs der Wehrpflicht eine zentrale Funktion bei der Erziehung, Disziplinierung und damit auch der Einbindung der jungen Männer bzw. Rekruten in das Staatssystem zugeschrieben hatten. Im Folgenden gilt es zu untersuchen, inwieweit sich diese Zuschreibung auch in den Parlamenten der Weimarer Republik und der Bundesrepublik Deutschland fortsetzte. Zum anderen bieten Parlamentsdebatten einen gebündelten Zugriff sowohl auf die Einstellung und das Programm der einzelnen Parteien bezüglich eines bestimmten Themas als auch indirekt auf die Themen, die die Gesellschaft zu einem bestimmten Zeitpunkt bewegten[6]. Die Regierungsebene wird gegebenenfalls herangezogen, um zu

---

[4] Vgl. dazu u.a. Anne Lipp, Diskurs und Praxis. Militärgeschichte als Kulturgeschichte. In: Was ist Militärgeschichte? Hrsg. von Thomas Kühne und Benjamin Ziemann, Paderborn [u.a.] 2000 (= Krieg in der Geschichte, 6), S. 223-228, hier S. 216 f.

[5] Vgl. dazu Thomas Kühne und Benjamin Ziemann, Militärgeschichte in der Erweiterung. Konjunkturen, Interpretationen, Konzepte. In: Was ist Militärgeschichte? (wie Anm. 4), S. 9-46.

[6] Zum Weimarer Parlamentarismus und der Aussagefähigkeit von Äußerungen der Politiker im Reichstag siehe Thomas Mergel, Parlamentarische Kultur in der Weimarer Republik. Politische Kommunikation, symbolische Politik und Öffentlichkeit im Reichstag, 2. unveränd. Aufl., Düsseldorf 2005 (= Beiträge zur Geschichte des Parlamentarismus und der

überprüfen, welche in den Parlamentsdiskussionen angedachten Lösungsmöglichkeiten sich in tatsächlichen Gesetzen oder Verordnungen niederschlugen. Da es hier vornehmlich um einen Vergleich der Parlamentsdiskussionen der beiden deutschen Nachkriegs-Demokratien gehen soll, wird im Folgenden die Zeit des Nationalsozialismus nur insofern berücksichtigt, als sie Einfluss auf den Debattenverlauf im Deutschen Bundestag genommen hat[7].

I. Erziehung durch Wehrdienst

Schon den Militärreformern des frühen 19. Jahrhunderts war das Erziehungsmoment der Wehrpflicht wichtig. Dabei sollte das Heer als moralische Instanz dienen, die die einzelnen Bevölkerungsgruppen und Stände näher zusammenbringt. Jenseits der militärischen Aufgaben wurde der Armee also eine weitere Funktion zugewiesen: die gesellschaftliche Komponente der Armee als »Erziehungsstätte der Nation«, die der drohenden »Erschlaffung und Verweichlichung« entgegenwirken sollte[8]. Im weiteren Verlauf des 19. Jahrhunderts diente der Militärdienst unter anderem zur »Erziehung« und damit möglichen Assimilation der jüdischen Bevölkerung. Ähnlich wie in der Schule sollte der »jüdische Jüngling« während des Militärdienstes dem christlichen Wehrpflichtigen angeglichen werden und zum christlichen Glauben erzogen werden[9]. Demzufolge schätzten vor allem die Politiker der jeweiligen Zeit die Erziehungsaufgabe der Armee für bestimmte Bevölkerungsgruppen oft höher ein als den militärischen Wert der Wehrpflicht.

Vor allem im Kaiserreich legten Politiker und hohe Militärs einen großen Wert auf die Erziehungsfunktion der Wehrpflicht. Damit sahen viele die Armee sozusagen als verlängerten Arm der Schule, die einen weiteren Teil der Ausbildung und Erziehung der jungen Männer übernahm. Was in der Schule bei den Jungen nicht erreicht worden sei, sollte durch den Militärdienst anerzogen werden. In diesem Zusammenhang kann auch der Ausspruch des nationalliberalen Reichstagsabgeordneten Rudolf Gneist 1874 bei der Debatte über das Mi-

---

politischen Parteien, 135), S. 16. Der Reichstag sei die »systemische Stelle, an der Staat und Gesellschaft« aufeinanderträfen.

[7] Zu den Schwierigkeiten eines diachronen Vergleiches siehe Hartmut Kaelble, Der historische Vergleich. Eine Einführung zum 19. und 20. Jahrhundert, Frankfurt a.M. 1999, S. 14-16.

[8] Vgl. Eckardt Opitz, Allgemeine Wehrpflicht – ein Problemaufriß aus historischer Sicht. In: Allgemeine Wehrpflicht. Geschichte, Probleme, Perspektiven. Hrsg. von Eckardt Opitz und Frank S. Rödiger, Bremen 1995 (= Schriftenreihe des Wissenschaftlichen Forums für Internationale Sicherheit e.V., 6), S. 9-29, hier S. 17.

[9] Heinz Stübig, Die Wehrverfassung Preußens in der Reformzeit. Wehrpflicht im Spannungsfeld von Restauration und Revolution 1815-1860. In: Die Wehrpflicht. Entstehung, Erscheinungsformen und politisch-militärische Wirkung. Im Auftr. des MGFA hrsg. von Roland G. Foerster, München 1994, S. 39-53 (= Beiträge zur Militärgeschichte, 43).

litärgesetz gesehen werden: »Denn heute gerade ist gegen die stetige Tendenz zur Verweichlichung in den vornehmen Klassen, gegen die Tendenz der Verkümmerung der körperlichen Entwicklung in der Fabrikbevölkerung, gegen die allgemeine Genuß- und Erwerbssucht die Verpflichtung, ein, zwei, drei Jahre seinem Staat zu dienen, das unersetzliche Gegengewicht[10].«

In der Weimarer Republik, unter völlig veränderten politischen Vorzeichen, vertraten Politiker fast aller Parteien ebenfalls die Meinung, die Wehrpflicht sei für die Erziehung, »die wirtschaftliche Leistungsfähigkeit«[11] und die Einbindung junger Männer in den Staat unabdingbar. So stellte Walter Schücking von der Deutschen Demokratischen Partei (DDP) in der Reichstagsdebatte über die Abschaffung der Wehrpflicht die »erziehlichen Einwirkungen des früheren Dienstjahres« fest und befand: »Ich denke weniger an solche glücklichen Wirkungen, daß jeder, der gedient hatte, gelernt hatte sich zu waschen usw. Ich denke vor allen Dingen an eine hochpolitische Wirkung, die mit einem Dienstjahre verbunden ist; diese sehe ich in der Verknüpfung des Individuums mit dem Staat[12].« 1925 war Siegfried von Kardorff, Abgeordneter der Deutschen Volkspartei (DVP), im Weimarer Reichstag der Meinung: »Mit der allgemeinen Wehrpflicht [...] ist ein Moment der Erziehung für unser Volk weggefallen, das wir auf die Dauer gar nicht entbehren können[13].« Zu den mit der Wehrpflicht verknüpften Erziehungsmomenten, die als gesellschaftspolitisch wichtig erachtet wurden, gehörten unter anderem die Bekämpfung »ungesunder Lebensweisen« und damit verbunden die Steigerung der »Volksgesundheit«, die Verbesserung der Wirtschaftskraft sowie das Herstellen einer engeren Beziehung zwischen dem Staat und seinen Bürgern. Somit wurde der Institution der Wehrpflicht nicht nur eine militärische, sondern auch eine wichtige zivile Funktion zugeschrieben, die nicht zuletzt die Integration in den jeweiligen Staat verstärken sollte. Bemerkenswerterweise erfolgte diese Zuschreibung unabhängig von den jeweiligen politischen Gegebenheiten und dem politischen System.

Auch die von der Christlich Demokratischen Union (CDU) geführte Bundesregierung unter Konrad Adenauer sprach in den Diskussionen über die Wiedereinführung der Armee in den 1950er-Jahren von den gesellschaftspolitischen Aufgaben der Wehrpflicht, die ihrer Meinung nach für eine Wiedereinführung derselbigen sprechen sollten: Sie veröffentlichte im April 1956 die Schrift »Wa-

---

[10] Rudolf Gneist (Nationalliberale Partei) in der ersten Beratung des Reichsmilitärgesetzes, 16.2.1874. In: Stenographische Berichte über die Verhandlungen des Deutschen Reichstages, 2. Legislatur-Periode, 1. Session 1874, Bd 35, S. 93.

[11] Siegfried von Kardorff (DVP) in der ersten und zweiten Beratung des Entwurfs eines Gesetzes, betreffend die Abschaffung der allgemeinen Wehrpflicht und die Regelung der Dauer der Dienstverpflichtung, 30.7.1920. In: Verhandlungen des Reichstages, I. Wahlperiode 1920, Stenographische Berichte, Bd 344, 14. Sitzung, S. 431.

[12] Walter Schücking (DDP). In: Verhandlungen des Reichstages, Bd 344 (wie Anm. 11), S. 434.

[13] Siegfried von Kardorff (DVP) in der Fortsetzung der zweiten Beratung der Reichshaushaltspläne für 1924 und 1925, Reichsministerium des Inneren, 12.6.1925. In: Verhandlungen des Reichstages, III. Wahlperiode 1924, Stenographische Berichte, Bd 386, 71. Sitzung, S. 2240.

rum brauchen wir die Wehrpflicht?«, worin folgende Aufgaben der Wehrpflicht
genannt wurden: Förderung der menschlichen Werte, Verbesserung der Volksgesundheit, Erwerben von Kenntnissen, die im Berufsleben von Vorteil seien[14].

II. Die fehlende Wehrpflicht in der Weimarer Republik

Die Niederlage im Ersten Weltkrieg, aber auch die revolutionären Ereignisse in
Deutschland erforderten, wie erwähnt, eine Umstrukturierung der gesamten
deutschen Armee, wobei die Bestimmungen des Versailler Friedensvertrages
den Politikern und Militärs enge Grenzen setzten[15]. Aufgrund der politischen
und revolutionären Umbrüche und der teilweisen Auflösung der Armee-
einheiten nach dem Waffenstillstand konnte die allgemeine Wehrpflicht in
Deutschland nach Kriegsende 1918 nicht länger beibehalten werden, sondern
wurde durch Freiwilligenanwerbung ersetzt[16]. Die Bestimmungen des Friedensvertrages machten im Frühjahr 1919 alle Hoffnungen zunichte, die Wehrpflicht bald wieder einführen zu können. Denn nach langen und zähen Verhandlungen hatten sich die Alliierten darauf geeinigt, die deutsche Armee zu
einer Berufsarmee umzustrukturieren und das bisherige System des Militärdienstes als Ausdruck des »preußisch-deutschen Militarismus« zu verbieten. In
Deutschland rief dieses Verbot eine Welle der Empörung bei Militärs, Politikern

---

[14] Warum brauchen wir die Wehrpflicht? (wie Anm. 1), S. 24 f. Zur Kritik an dieser Schrift
vgl. Opitz, Allgemeine Wehrpflicht (wie Anm. 8), S. 27 f. Opitz spricht gar von der »Ver-
logenheit des Textes«.

[15] Vgl. dazu grundlegend Rainer Wohlfeil, Heer und Republik, und Edgar von Matuschka,
Organisation des Reichsheeres. In: Handbuch zur deutschen Militärgeschichte 1618-1939.
Begr. von Hans Meier-Welcker. Hrsg. vom MGFA durch Friedrich Forstmeier [et al.],
Bonn 1979-1981, hier Bd 3, Abschnitt VI, S. 5-303, 305-379. Für die Zusammenarbeit
zwischen Politik und Militär direkt nach Ende des Krieges siehe u.a. Rolf Feldner jr., Zwi-
schen kaiserlicher Armee und Reichswehr. Das Problem der Machtverteilung in der re-
volutionären Übergangsperiode. In: Aus Politik und Zeitgeschichte, 50 (1971), S. 3-21.
Für militärinterne Veränderungsprozesse in der Zwischenkriegszeit vgl. u.a. James
S. Corum, A Comprehensive Approach to Change. Reform in the German Army in the
Interwar Period. In: The Challenge of Change. Military Institutions and New Realities,
1918-1941. Ed. by Harold R. Winton, Lincoln, NE 2000, S. 35-73.

[16] So erließ der Rat der Volksbeauftragten am 12. Dezember 1918 das »Gesetz zur Bildung
einer Freiwilligen Volkswehr«. Allerdings scheiterten die verschiedenen Versuche, eine
militärische Macht neben der alten kaiserlichen Armee zu etablieren. Weder die »Roten
Garden« noch die »Republikanische Soldatenwehr« noch das »Regiment Reichstag«
konnten sich durchsetzen. Als wenig zuverlässig hätte sich auch die »Volksmarinedivisi-
on« erwiesen, wofür Hagen Schulze die »politische Zerrissenheit des sozialistischen Lagers« verantwortlich machte. Außerdem sei die große Masse der Anhänger der Sozialdemokraten nach Ende des Krieges nicht dazu bereit gewesen, sich wieder militärisch zu
organisieren. Hagen Schulze, Weimar. Deutschland 1917-1933, Berlin 1982 (= Deutsche
Geschichte. Die Deutschen und ihre Nation), S. 172 f.

und gesellschaftlichen Kräften hervor[17]. Schon im Kaiserreich hatten Militärs wie Politiker der allgemeinen Wehrpflicht zwei ganz unterschiedliche Aufgaben zugeschrieben: Über diese Institution sollte Deutschland zum einen für den großen zu erwartenden Krieg militärisch bestens gerüstet sein, zum anderen sollten durch den Militärdienst aber auch die jungen Männer des Staates zu kaisertreuen Untertanen erzogen werden. In dieser Lesart hatte die Armee lange Zeit als Prototyp einer »Disziplinierungsinstanz« gegolten, weil die meisten Menschen hier weder freiwillig waren noch sich frei bewegen und entfalten konnten[18]. Die Wehrpflicht stellte für den Staat die optimale Möglichkeit dar, so viele junge Männer wie möglich (entsprechend den finanziellen und militärischen Fähigkeiten und Bedürfnissen) zu kasernieren und in ihrem Sinne erziehen zu können[19]. Zumindest waren die Regierungsparteien des Kaiserreichs immer von dieser Möglichkeit ausgegangen und auch die Politiker des Weimarer Reichstags erblickten für den Staat eine große Chance darin, über die Wehrpflicht auf junge Männer einzuwirken[20]. Aus diesem Grunde blieb der Verlust der Wehrpflicht in den 1920er-Jahren auch im Reichstag ein Thema. Immer wieder forderten Politiker einen Ersatz für die fehlende Militärzeit, um die verloren geglaubte Disziplinierung der jungen Menschen und damit deren Einbindung in den Staat wieder herzustellen.

[17]   Vgl. dazu Wolfram Wette, Deutsche Erfahrungen mit der Wehrpflicht 1918-1945. Abschaffung in der Republik und Wiedereinführung durch die Diktatur. In: Die Wehrpflicht (wie Anm. 9), S. 91-106. Und genauso Wolfram Wette, Wie es im Jahre 1919 zur Abschaffung der Wehrpflicht in Deutschland kam. In: Allgemeine Wehrpflicht (wie Anm. 8), S. 67-87, bes. 70-72. Die Regierung Scheidemann hatte den Alliierten zuvor allerdings selbst angeboten, die Wehrpflicht abzuschaffen, in der Hoffnung, auch andere Nationen zu einer allgemeinen internationalen Abrüstung zu bewegen.

[18]   Zur Armee als Disziplinierungsinstanz siehe Ulrich Bröckling, Disziplin. Soziologie und Geschichte militärischer Gehorsamsproduktion, München 1997. Auf die Armee als »totale Institution« verweist auch Ute Frevert, Die kasernierte Nation. Militärdienst und Zivilgesellschaft in Deutschland, München 2001, S. 229. Benjamin Ziemann schwächt die Rolle der Armee als »totale Institution« dagegen ab: Benjamin Ziemann, Sozialmilitarismus und militärische Sozialisation im deutschen Kaiserreich 1870-1914. Desiderate und Perspektiven in der Revision eines Geschichtsbildes. In: Geschichte in Wissenschaft und Unterricht, 52 (2001), S. 148-164, hier S. 155.

[19]   Vgl. dazu Werner K. Blessing, Disziplinierung und Qualifizierung. Zur kulturellen Bedeutung des Militärs im Bayern des 19. Jahrhunderts. In: Geschichte und Gesellschaft, 17 (1991), S. 459-479.

[20]   Vgl. dazu Markus Funck, Militär, Krieg und Gesellschaft. Soldaten und militärische Eliten in der Sozialgeschichte. In: Was ist Militärgeschichte? (wie Anm. 4), S. 157-174, hier S. 165 und Stig Förster, Der doppelte Militarismus. Die deutsche Heeresrüstungspolitik zwischen Status-quo-Sicherung und Aggression 1890-1913, Stuttgart 1985 (= Veröffentlichungen des Instituts für Europäische Geschichte Mainz, 118).

III. Das »Gesetz zur Abschaffung der allgemeinen Wehrpflicht und die Regelung der Dauer der Dienstverpflichtung«

Stellvertretend für andere Reichstagsdebatten über die Wehrpflicht in der Weimarer Republik steht die Debatte über die Abschaffung der Wehrpflicht vom Sommer 1920. Sie spricht alle wichtigen Themen gebündelt an, die mit der allgemeinen Dienstpflicht in den 1920er-Jahren verbunden wurden.

Das »Gesetz zur Abschaffung der allgemeinen Wehrpflicht und die Regelung der Dauer der Dienstverpflichtung« war wie erwähnt eine Vorgabe des Versailler Friedensvertrags. Der Reichstag musste dieses Gesetz beschließen, obwohl die allgemeine Wehrpflicht zu diesem Zeitpunkt in Deutschland bereits abgeschafft worden war. Es war somit ein rein formaler Akt der Bestätigung. Der erste Redner, Max von Gallwitz, Abgeordneter der Deutschnationalen Volkspartei (DNVP) und General der Artillerie a.D., hielt die Debatte daher für unnötig und sah darin nichts Weiteres als eine erneute Demütigung der deutschen Armee seitens der Entente. Deswegen könne seine Partei dem Gesetz auch nicht zustimmen[21]. Im Gegensatz zur DNVP bestätigten alle übrigen Parteien den Gesetzesentwurf. Dennoch machten auch ihre Redner deutlich, dass dies nur aufgrund der Verpflichtungen aus dem Versailler Friedensvertrag hin geschehen könne und sie dies mit »außerordentlich bitteren und schmerzlichen Empfindungen« täten, wie es Siegfried von Kardorff ausdrückte.

Im Debattenverlauf gingen die meisten Redner auf die von ihnen erkannten positiven Folgen der allgemeinen Wehrpflicht für das deutsche Volk ein. Dabei spielten nicht ausschließlich militärische Faktoren eine Rolle. So führte von Kardorff die positive wirtschaftliche Entwicklung Deutschlands darauf zurück, dass die jungen Männer Militärdienst hätten leisten müssen: »Ich bin der Ansicht, daß unsere Volkskraft, unsere große wirtschaftliche Leistungsfähigkeit, die uns die Welt wirtschaftlich hat erobern helfen, nicht zum letzen Ende darauf beruht, daß der männliche Teil der Bevölkerung durch diese gute und oft harte Schule der Armee gegangen ist.« Des Weiteren habe die Institution der Wehrpflicht dazu beigetragen, dass ein »Gefühl für Ordnung und für Unterordnung, für Pünktlichkeit und Sauberkeit, [...] für Fleiß und Pflichttreue« im deutschen Volke geherrscht habe. Ein weiterer wichtiger Gesichtspunkt der Wehrpflicht sei deren Beitrag zur Volksgesundheit gewesen, weswegen »der Leibespflege und den Leibesübungen in Zukunft eine andere Bedeutung und eine stärkere Beachtung beigemessen« werden müsse[22]. Auch der Redner des Zentrums, der Rechtsanwalt Hans Herschel, bedauerte den Wegfall der Wehrpflicht und

---

[21] Max von Gallwitz (DNVP) in der ersten und zweiten Beratung des Entwurfs eines Gesetzes, betreffend die Abschaffung der allgemeinen Wehrpflicht und die Regelung der Dauer der Dienstverpflichtung, 30.7.1920. In: Verhandlungen des Reichstages, Bd 344 (wie Anm. 11), S. 428 f.

[22] Siegfried von Kardorff (DVP). In: Verhandlungen des Reichstages, Bd 344 (wie Anm. 11), S. 430–432.

nannte als ersten Grund dafür – ohne die militärische Komponente der Wehrpflicht auch nur anzusprechen – die körperliche Ertüchtigung und die Volksgesundheit. Zudem sei die Armee eine »Schule der Ordnung und Unterordnung«
gewesen[23]. Selbst die Sozialdemokratische Partei Deutschlands (SPD), vertreten
durch den Redakteur Georg Johann Schöpflin, bedauerte trotz aller Kritik, die
sie an der Ausgestaltung der Wehrpflicht im Kaiserreich immer geübt hatte,
den Wegfall derselbigen: »Ich sage: die allgemeine Wehrpflicht als solche haben
wir Sozialdemokraten immer verteidigt [...] Aber die Art, wie sie bei uns
durchgeführt worden ist, haben wir bekämpft[24].«

Einigkeit unter den Parteien herrschte auch darüber, dass es eine Aufgabe
des Staates sein müsse, die Wehrpflicht durch andere Institutionen zu ersetzen,
um deren Verlust ausgleichen zu können. Von Kardorff forderte den Ersatz für
die Wehrpflicht als »Aufgabe und Pflicht« der Politiker. Er sehe in der Erziehung zur Wehrhaftigkeit eine »Notwendigkeit für unser Volk« und forderte die
Zusammenarbeit aller Parteien mit Ausnahme der Unabhängigen Sozialdemokratischen Partei Deutschlands (USPD) jenseits des »Parteihaders«[25]. Den wei-
testgehenden Vorschlag dahingehend unterbreitete die DDP durch ihren Redner,
Professor Dr. Walter Schücking. Dieser brachte einen Antrag zur »Einführung
eines allgemeinen wirtschaftlichen Dienstjahres für die männliche und weibli-
che Jugend« ein, um dadurch »die früher mit der allgemeinen Wehrpflicht verbundenen erziehlichen Einwirkungen« ersetzen zu können. Die Vorteile der
früheren Wehrpflicht und des Dienstjahres sah Schücking in der Verknüpfung
von Individuum und Staat. Da der »natürliche Mensch« seiner Meinung nach
»mehr oder weniger egoistisch« sei, brauche man zusätzlich noch eine »Erziehung zur sozialen Gemeinschaft«. Außerdem erhoffte sich Schücking, dass
durch die körperliche Arbeit, die im Arbeitsdienst getätigt werde, eine Gemeinschaft zwischen Studenten und Arbeitern hergestellt werden könne. Schücking
schloss seine Rede mit der Hoffnung, dass durch das wirtschaftliche Dienstjahr
der Wiederaufbau Deutschlands vorangetrieben werden könne[26]. Sowohl die
SPD als auch das Zentrum begrüßten diesen Vorschlag im Kern. Allerdings
lehnten die Redner beider Parteien eine Zustimmung zu diesem Antrag zum
jetzigen Zeitpunkt ab, indem sie diese Thematik in den Zuständigkeitsbereich

---

[23] Hans Herschel (Zentrum). In: Verhandlungen des Reichstages, Bd 344 (wie Anm. 11),
      S. 443 f.
[24] Georg Johann Schöpflin (SPD). In: Verhandlungen des Reichstages, Bd 344 (wie Anm. 11),
      S. 439. Schöpflin verwies in seiner Rede auf August Bebel, der in den Militärdebatten des
      Kaiserreichs »den großen Gedanken und die fundamentale Forderung der Sozialdemo-
      kratie einer allgemeinen Wehrpflicht und Wehrhaftmachung des Volkes« verteidigt habe.
      Siehe dazu auch August Bebel, Nicht stehendes Heer sondern Volkswehr!, Stuttgart 1898.
[25] Siegfried von Kardorff (DVP) in der ersten und zweiten Beratung des Entwurfs eines
      Gesetzes, betreffend die Abschaffung der allgemeinen Wehrpflicht und die Regelung der
      Dauer der Dienstverpflichtung, 30.7.1920. In: Verhandlungen des Reichstages, Bd 344
      (wie Anm. 11), S. 432.
[26] Walter Schücking (DDP). In: Verhandlungen des Reichstages, Bd 344 (wie Anm. 11),
      S. 434 f.

von Pädagogen, Volkswirten und der Reichsschulkonferenz rückten[27]. Schöpflin befürchtete außerdem, dass eine zu schnell institutionalisierte Dienstpflicht zu einem »Gebilde gefährlichster Art« werden könnte. Bei den Alliierten könnte der Verdacht entstehen, Deutschland versuche, »eine Art verkappten Militarismus einzuführen«[28]. Die einzige Partei, die in der Debatte eine abweichende Haltung einnahm, war die USPD, die »mit Freude« erfüllt sei über die Abschaffung der Wehrpflicht, wie der Anwalt Kurt Rosenfeld es formulierte[29]. Den Antrag Schückings lehnte die USPD vehement ab, da sie weder die Auffassung vertrat, wonach die Wehrpflicht zu einer besseren körperlichen Tüchtigkeit der Deutschen beigetragen habe, noch daran glaubte, dass durch das Dienstjahr Klassenunterschiede zwischen Arbeitern und Studenten aufgehoben werden könnten[30].

IV. Der Debattenverlauf in den 1920er-Jahren: Leibesübungen und Arbeitsdienst als Ersatz

Im Laufe der 1920er-Jahre lassen sich in den Reichstagsdebatten sowohl eine Intensivierung der Diskussionen als auch eine höhere Dringlichkeit feststellen, das Problem einer Wehr- und Dienstpflicht zu lösen. Hatten noch Anfang der 1920er-Jahre Politiker der bürgerlichen und der rechten Parteien das Fehlen der Wehrpflicht beklagt, ohne dass es bezüglich der angesprochenen Ersatzinstitutionen zu nennenswerten weiteren Bemühungen im Reichstag kam, änderte sich dies um 1925. Diese Parteien forderten nun mit Vehemenz einen Ersatz für den Militärdienst. Vor allem hinsichtlich der Bereiche Turnen, Sport und Spiel kam es nun zu verstärkten Anstrengungen innerhalb des Reichstages[31]. Aufgrund des fehlenden Erziehungsmoments sah beispielsweise von Kardorff die Parlamentarier in der Pflicht zu handeln und forderte den Ersatz der Wehrpflicht durch Turnen und Sportpflicht. »Soldatische Spielereien« schloss er dabei allerdings aus, womit er sich gegen die Verbände richtete, die Sport lediglich als Tarnung für eine vormilitärische Jugendausbildung nutzten[32]. Ähnliche Red-

---

[27] Georg Johann Schöpflin (SPD) sowie Hans Herschel (Zentrum). In: Verhandlungen des Reichstages, Bd 344 (wie Anm. 11), S. 440, 444.

[28] Georg Johann Schöpflin (SPD). In: Verhandlungen des Reichstages, Bd 344 (wie Anm. 11), S. 439.

[29] Kurt Rosenfeld (USPD). In: Verhandlungen des Reichstages, Bd 344 (wie Anm. 11), S. 429.

[30] Rudolf Breitscheid (USPD) sowie Mathilde Wurm (USPD). In: Verhandlungen des Reichstages, Bd 344 (wie Anm. 11), S. 437, 440.

[31] Auf den Zusammenhang zwischen Leibesübungen und Wehrersatz verweist auch Christiane Eisenberg, »English sports« und deutsche Bürger. Eine Gesellschaftsgeschichte 1800-1939, Paderborn [u.a.] 1999, S. 329. Vor allem der Deutsche Reichsausschuss für Leibesübungen sah sich in der Rolle, die Wehrpflicht durch Leibesübungen ersetzen zu können. Ebd., S. 347.

[32] Siegfried von Kardorff (DVP) in der Fortsetzung der zweiten Beratung der Reichshaushaltspläne für 1924 und 1925, Reichsministerium des Innern, 12.6.1925. In: Verhandlun-

nerbeiträge in Bezug auf die Leibesübungen kamen vonseiten der DNVP[33]. Auch die SPD war der Meinung, es gebe nichts, was »erziehlicher und gesundheitsfördernder wirken könnte, als wenn wir bei der deutschen Jugend rechtzeitig erkennen, das Gesamtgebiet der Leibesübungen zu pflegen«. Die SPD definierte den Zweck der Leibesübungen aber anders als die bürgerlichen und rechten Parteien, die darin auch ein Mittel der Wehrhaftmachung erblickten: »Wir sind davon überzeugt, daß durch die Förderung der Leibesübungen auch gleichzeitig das Selbstbewußtsein gestärkt und damit auch das [Selbstbewusstsein] im eigenen Volke gefördert wird. Dadurch kann es im Bunde mit den anderen Völkern für ein freies und edles Menschentum eintreten[34].« Im Gegensatz zu den bürgerlichen und rechten Parteien erwähnte die SPD den Wegfall der Wehrpflicht im Zusammenhang mit den Leibesübungen auch nicht[35]. Anders dagegen die Kommunistische Partei Deutschlands (KPD), die in der Wehrpflicht oder einem möglichen Ersatz weiterhin lediglich ein Kampfmittel der Bourgeoisie gegen die proletarische Jugend sah und daher immer wieder auf die Gefahren einer Militarisierung hinwies: »Meine Partei«, so ihr Abgeordneter, der Schriftsteller Edwin Hoernle, »sieht darin den Versuch, die arbeitende Jugend in eine Art Zwangsdienstpflicht hineinzupressen, eine Art Militarisierung der arbeitenden Jugend im Interesse der heute herrschenden Gesellschaft, im Interesse des heutigen bürgerlichen Staates durchzuführen. Wir werden uns deshalb mit aller Schärfe gegen alle solche Versuche wenden, unter dem Vorwand einer Turn- und Sportpflicht die Militarisierung der Jugend im Sinne der heute herrschenden Gesellschaft [...] durchzuführen[36].«

---

gen des Reichstags, Bd 386 (wie Anm. 13), S. 2240. Auch die DDP richtete sich in einem Entwurf zu ihrem Wehrprogramm im Februar 1929 explizit gegen »militärische und wehrmachtähnliche Verbände« und deren vermeintlichen Beitrag zur körperlichen Ertüchtigung der Jugend. Diese Verbände seien »aussen- und innenpolitisch gefährlich, machtpolitisch sinnlos, militärisch unbrauchbare und für die körperliche Ertüchtigung ungeeignete Spielerei.« Ein demokratisches Wehrprogramm. Entwurf für den Parteivorstand, 8.2.1929, Bundesarchiv (BA) R 43 I/2661, Bl. 42-44. Die Wehrpflicht wurde in diesem Programm nicht erwähnt.

33 So beispielsweise Emil Berndt (DNVP) in der Fortsetzung der zweiten Beratung des Reichshaushaltsplans für 1926, Reichsministerium des Innern, 10. März 1926. In: Verhandlungen des Reichstags, III. Wahlperiode 1924, Stenographische Berichte, Bd 389, 175. Sitzung, S. 6136.

34 Carl Schreck (SPD) in der Fortsetzung der zweiten Beratung des Reichshaushaltsplans für 1926, Reichsministerium des Innern, 17. März 1926. In: Verhandlungen des Reichstags, III. Wahlperiode 1924, Stenographische Berichte, Bd 389, 178. Sitzung, S. 6278 f.

35 Auch in den »Richtlinien zur Wehrfrage« von 1929 forderte die SPD nicht die Wiedereinführung der Wehrpflicht. BA, R 43 I/2663, Bl. 81. Reichswehrminister Groener warf der SPD 1931 vor, auf einer ihrer Veranstaltungen eine »Vereidigung« zur Kriegsdienstverweigerung vorgenommen zu haben. Und das, obwohl die SPD in den 1920er-Jahren mehrmals »offiziell für das demokratische Prinzip der allgemeinen Dienstpflicht eingetreten« sei, so Groener in einem Beschwerdebrief an den Reichsinnenminister Wirth; BA, R 43 I/2663, Bl. 139 f.

36 Edwin Hoernle (KPD) in der Fortsetzung der zweiten Beratung des Reichshaushaltplans für 1924 und 1925, Reichsministerium des Innern, 16. Juni 1925. In: Verhandlungen des Reichstags, III. Wahlperiode 1924, Stenographische Berichte, Bd 386, 75. Sitzung, S. 2343 f.

Die Überlegungen innerhalb des Parlamentes zur Förderung der Leibesübungen gerade bei jungen Menschen bezogen sich in dieser Zeit unter anderem auf die Einrichtung einer zusätzlichen Turnstunde in den Schulen, auf den
Ausbau des Berliner Stadions und die Aufstockung der hierfür bereitgestellten
Mittel[37]. Diese gelang 1926 tatsächlich, als die Haushaltsmittel für Turnen, Spiel
und Sport von 400 000 auf 1 Mio. Mark erhöht wurden. Im Haushalt von 1927
stieg die diesem Bereich zugewiesene Geldmenge auf 1,5 Mio. Mark. 1928 wurden diese Mehrausgaben aufgrund der schlechter werdenden Wirtschaftslage
jedoch wieder zurückgenommen[38]. Dabei waren Überlegungen für eine vormilitärische Jugendertüchtigung nicht neu. Schon im Kaiserreich wurde diese
vielfach gefordert. 1904 setzte sich beispielsweise der Zentral-Ausschuss für
Volks- und Jugendspiele in Deutschland dafür ein, Leibesübungen der Jugend
zur Erhaltung der Wehrkraft zu fördern:
>»Das Kulturleben entwöhnt den Menschen mehr und mehr von körperlichen
Anstrengungen und verweichlicht ihn in hohem Grade. Wird diesem großen
Volkskräfteverbrauch nicht in eine mindestens ebenso große Kräfteerzeu-
gung, besonders durch planmäßige, gesundheitsfördernde Leibesübungen
von Jugend auf entgegengestellt, so muß die nationale Wehrkraft mit der Zeit
notwendig tiefen, in späteren Zeiten kaum noch zu verbessernden Schaden
erleiden[39].«
Auch Gedanken zu einer möglichen Dienstpflicht stammen spätestens aus der
Zeit des Ersten Weltkrieges[40]. Nachdem die Einführung einer Arbeitsdienstpflicht als Ersatzmöglichkeit für die Wehrpflicht zu Beginn der Weimarer Republik im Fokus der Parlamentsdebatten gestanden hatte, rückte dieses Thema
im Reichstag Anfang der 1920er-Jahre allerdings völlig in den Hintergrund[41].
Der Arbeitsdienst schien kein vordringliches Anliegen gewesen zu sein. Auch
im Reichsarbeitsministerium forcierte man die Angelegenheit nicht. Anfragen,
die diesbezüglich aus der Bevölkerung an das Ministerium gestellt wurden,
lehnte dieses mit dem Verweis auf die mangelnde Notwendigkeit ab[42]. Erst um

---

[37] Diese Forderungen stellte auch der Deutsche Reichsausschuss für Leibesübungen. Eisenberg, »English sports« und deutsche Bürger (wie Anm. 31), S. 348.

[38] Die in diesem Zusammenhang erreichten Erfolge schrieb sich unter anderem der Deutsche Reichsausschuss für Leibesübungen zu, wie in seinem Tätigkeitsbericht aus dem Jahre 1925/26 verzeichnet wird. Deutscher Reichsausschuss für Leibesübungen, Tätigkeits-
Bericht 1925-1926, BA, R 43 I/1982 Bl. 81 f.; vgl. auch Tätigkeits-Bericht des Reichsaus-
schusses für Leibesübungen 1928-1929, BA, R 43 I/1983, Bl. 232.

[39] Schreiben des Zentral-Ausschusses für Volks- und Jugendspiele in Deutschland an das
Königlich Württembergische Kriegsministerium, 11.6.1904, Hauptstaatsarchiv Stuttgart
M1/4 Bd 801, Bl. 23. Vgl. dazu grundlegend Eisenberg, »English sports« und deutsche
Bürger (wie Anm. 31), aber auch Frevert, Die kasernierte Nation (wie Anm. 18), S. 314 f.

[40] So beispielsweise Ludwig Borchardt, Allgemeine Dienstpflicht. Die natürliche Folge der
allgemeinen Wehrpflicht, Berlin 1915.

[41] Einen Forschungsüberblick zum Gedanken des Arbeitsdienstes und der Einführung des
Freiwilligen Arbeitsdienstes in Deutschland bietet Manfred Göbel, Katholische Jugend-
verbände und Freiwilliger Arbeitsdienst 1931-1933, Paderborn [u.a.] 2005 (= Veröffentlichungen der Kommission für Zeitgeschichte, Reihe B: Forschungen, 103), S. 14-21.

[42] So beispielsweise in einem Schreiben des Reichsarbeitsministers Brauns an den Deutschen
Bund für Arbeitsdienstpflicht im Oktober 1924, in dem es heißt: »Mir scheinen der Durch-

1925 thematisierten die Abgeordneten den Arbeitsdienst wieder verstärkt[43]. Hatten sich zunächst vor allem Teile der DDP für die Einführung eines Arbeitsdienstjahres eingesetzt, vertraten nun die Parteien des rechten politischen Spektrums diese Auffassung[44]. So versprachen sich DNVP und Nationalsozialistische Deutsche Arbeiterpartei (NSDAP) von der Errichtung eines Arbeitsdienstjahres, in dem vor allem Ödland kultiviert werden sollte, eine Entlastung des Arbeitsmarktes sowie die Schaffung von Raum für das wachsende deutsche Volk[45]. 1926 brachte die NSDAP daher einen Antrag zur Errichtung eines Arbeitsdienstjahres ein, den die anderen Parteien allerdings weitgehend ignorierten[46]. Erst mit Beginn der Weltwirtschaftskrise und der stark angestiegenen Arbeitslosigkeit vor allem unter Jugendlichen rückte der Arbeitsdienst wieder in den Blick der Parteien, sodass nun auch Teile der SPD für diesen plädierten[47]. 1931 wurde der Arbeitsdienst für Jugendliche schließlich per Notverordnung eingeführt und vom Reichstag widerspruchslos zur Kenntnis genommen – allerdings auf freiwilliger Basis und vordergründig ohne die Anfang der 1920er-Jahre befürwortete Erziehungskomponente, sondern lediglich als Arbeitsbeschaffungsmaßnahme[48]. Für die Durchführung des »Freiwilligen Arbeitsdienstes« zuständig waren freie Träger, Verbände und Vereine, die bei ihrer Arbeit von der Reichsanstalt für Arbeitsvermittlung und Arbeitslosenversicherung finanzielle Unterstützung erhielten. Die erzieherische Komponente des Arbeitsdienstes rückte indessen im Jahre 1932 wieder in den Vordergrund[49].

---

führung des Gedankens so große Schwierigkeiten im Wege zu stehen, daß sie zur Zeit jedenfalls nicht in Frage kommt.« Schreiben Reichsarbeitsminister an den Deutschen Bund für Arbeitsdienstpflicht, 31.10.1924, BA, R 3901/33142, Bl. 112.

[43] Vgl. Peter Dudek, Erziehung durch Arbeit. Arbeitslagerbewegung und freiwilliger Arbeitsdienst 1920-1935, Opladen 1988, S. 87-90.

[44] Noch im Jahre 1924 hatte der Reichsarbeitsminister Heinrich Brauns festgestellt, dass der Arbeitsdienst sowohl auf rechter als auch auf linker Seite gleichermaßen »beliebt« sei; BA, R 3901/33142.

[45] Franz Stöhr (NSDAP) in der Fortsetzung der zweiten Beratung der Reichshaushaltpläne 1924 und 1925, Reichsarbeitsministerium, 4.2.1925. In: Verhandlungen des Reichstags, III. Wahlperiode 1924, Stenographische Berichte, Bd 384, 14. Sitzung, S. 323.

[46] Drucksache 1840. In: Verhandlungen des Reichstags, III. Wahlperiode 1924, Anlagen zu den Stenographischen Berichten, Bd 406.

[47] Vgl. Dudek, Erziehung durch Arbeit (wie Anm. 43), S. 91, 214-217; Henning Köhler, Arbeitsdienst in Deutschland. Pläne und Verwirklichungsformen bis zur Arbeitsdienstpflicht im Jahre 1935, Berlin 1967; Kiran K. Patel, »Soldaten der Arbeit«. Arbeitsdienste in Deutschland und den USA 1933-1945, Göttingen 2003.

[48] Vgl. Köhler, Arbeitsdienst in Deutschland (wie Anm. 47), S. 70. Zuvor hatte die »Gutachterkommission zur Arbeitslosenfrage« unter der Leitung des ehemaligen Arbeitsministers Brauns den Freiwilligen Arbeitsdienst zur Milderung der Arbeitslosigkeit vorgeschlagen.

[49] Ebd., S. 193-195. Aber auch Kiran K. Patel, »Die Schule der Nation«. Der Arbeitsdienst des »Dritten Reichs« als Instrument der nationalsozialistischen Identitätspolitik. In: Kollektive Identitäten und kulturelle Innovationen. Ethnologische, soziologische und historische Studien. Hrsg. von Werner Rammert [u.a.], Leipzig 2001, S. 301-316, hier S. 303.

V. Verbände übernehmen Wehrpflichtersatz

Obwohl es ein erklärtes Ziel der Parteien der Weimarer Republik war, den Verlust der »erziehlichen Einwirkungen« der Wehrpflicht auszugleichen, stieß dieses Vorhaben an seine Grenzen: Wie aufgezeigt, konnten sich die Parteien weder bei der Förderung von Leibesübungen noch bei der Errichtung eines Arbeitsdienstes auf ein einheitliches Ziel einigen, weswegen vom Reichstag selbst auch kaum Gesetzesanstrengungen in diesen Bereichen stattfanden. Stattdessen bemühten sich verschiedene Vereine und Verbände darum, die Wehrpflicht zu ersetzen. Körperliche und geistige Erziehung sollten im Rahmen von Leibesübungen und Arbeitslagern stattfinden[50]. Diese Einrichtungen boten gleichzeitig die Möglichkeit, Jugendliche vormilitärisch auszubilden. So waren die Arbeitslager nach militärischen Gesichtspunkten strukturiert und die Förderung der Leibesübungen durch Wehrverbände und Volkssportorganisationen ging oft mit einer Ausbildung im Geländesport und im Kleinkaliberschießen einher, wodurch die fehlende militärische Ausbildung durch zivile Organisationen kompensiert werden sollte[51]. Diese wehrsportliche Ausbildung wurde teilweise indirekt durch den Staat aus Mitteln der Schwarzen Reichswehr finanziert. Jedoch nahmen sich das Reichswehr- und das Reichsinnenministerium des Problems der Jugendertüchtigung erst ab Anfang der 1930er-Jahre offiziell an. 1932 kam es schließlich zur Gründung des Reichskuratoriums für Jugendertüchtigung, das Jugendliche wehrsportlich ausbildete[52].

---

[50] Nach Dudek wurde das erste studentische Arbeitslager 1925 vom Jugendbund »Altwandervogel« abgehalten. Dudek, Erziehung durch Arbeit (wie Anm. 43), S. 118. Der Jungdeutsche Orden verknüpfte Gedanken zum Arbeitsdienst mit der Wehrhaftmachung der Jugend und verkündete in einer Flugschrift: »Eine Selbstverständlichkeit ist für den ›Jungdeutschen Orden‹ der Gedanke der Wehrhaftmachung und Wehrfähigkeit [...] Als Ersatz der Wehrpflicht erstrebt er die allgemeine Arbeitsdienstpflicht, um aus ihr und durch sie nicht nur materielle Werte sozialer und volkswirtschaftlicher Art zu schaffen, sondern auch, um die Idee vom ›Dienst am Staat‹ aufs neue in unsere nachwachsende Generation zu versenken.« Kurt von Schleicher am 1.12.1927, Bundesarchiv-Militärarchiv (BA-MA), RH 12-23/218, Bl. 421-427. Bei der Förderung der Leibesübungen trat vor allem der Deutsche Reichsausschuss für Leibesübungen in den Vordergrund. Vgl. Wilhelm Groener, Notizen zur Frage »Wehrhaftmachung der Jugend«, 1931, BA-MA, N 720/16.

[51] Seit 1924 wurden junge Männer in einer unter dem Namen »Volkssport« getarnten Wehrsportbewegung von ehemaligen Offizieren unter anderem in Geländeübungen und Kleinkaliberschießen ausgebildet. Eisenberg, »English sports« und deutsche Bürger (wie Anm. 31), S. 381. Zur Militarisierung des Sports in den 1920er-Jahren siehe ebd., S. 323-335.

[52] Vgl. dazu Groener, Notizen (wie Anm. 50), sowie Richtlinien für die Ausbildung im Geländesport, BA-MA, N 720/16.

VI. Die Wehrpflicht als Argumentationswerkzeug in der Weimarer Republik. Eine Bilanz

Im gesamten Zeitraum der Weimarer Republik verloren die Parlamentarier die Wehrpflicht nie aus dem Blick. Sie führten sie immer dann ins Feld, wenn sie sich besonders dringlich zu lösenden Problemen widmeten, die in irgendeiner Form mit der Wehrpflicht verknüpft werden konnten. Der Verweis auf die negativen Auswirkungen der fehlenden Wehrpflicht diente häufig dazu, die Brisanz geforderter Entscheidungen zu unterstreichen und ein schnelles Handeln zu fordern. Viele Politiker machten den fehlenden Militärdienst für verschiedenste gesellschaftliche Missstände verantwortlich. Durch den Verweis auf die Bestimmungen des Vertrages von Versailles konnten sie sich ihrer Verantwortung entziehen und die Schuld für die misslichen Zustände auf die Alliierten projizieren. Obgleich der Reichstag selbst nur einen geringen Einfluss auf die Schaffung von Ersatzinstitutionen hatte, ist die Untersuchung der dort stattfindenden Debatten insofern lohnend, als sich hier die gesellschaftspolitischen Diskussionen widerspiegeln, welche die Politik und Gesellschaft in den 1920er-Jahren bewegten. Nicht nur die Volksgemeinschaft wurde von den Abgeordneten propagiert[53], auch Fragen der Volksgesundheit, die Kritik am Versailler Friedensvertrag und den Alliierten, die Auseinandersetzung mit dem verlorenen Krieg und dessen Folgen sowie der Umgang mit einem möglichen neuen Krieg beschäftigte die Parlamentarier. So seien die Jugend und die gesamte deutsche Gesellschaft durch die Auswirkungen des Krieges betroffen, was sich in einem gesunkenen Gesundheitsstand, in Verwahrlosung und Arbeitslosigkeit zeige. Aber auch wenn sie sich vornehmlich auf den vergangenen Weltkrieg bezogen, spielte eine neue militärische Auseinandersetzung immer eine Rolle. In diesem Zusammenhang steht beispielsweise der Vorschlag der DVP-Abgeordneten Elsa Matz, die ein Dienstjahr für Mädchen forderte, um diese auf ihre Mutterrolle und -pflichten vorzubereiten[54]. Durch die angedachten Ersatzinstitutionen für die Wehrpflicht sollten alle Missstände behoben werden: Man wollte die Jugend wieder physisch und psychisch »stark« machen – gegebenen-

---

[53] Zur Idee der »Volksgemeinschaft« und die unterschiedliche Konnotation dieser bei den Parteien der Weimarer Republik siehe Jeffrey Verhey, Der »Geist von 1914« und die Erfindung der Volksgemeinschaft, Hamburg 2000, S. 346-355.

[54] Elsa Matz (DVP) in der Fortsetzung der zweiten Beratung des Reichshaushaltplans für 1920, Reichsministerium des Inneren, 15. März 1921. In: Verhandlungen des Reichstags, I. Wahlperiode 1920, Stenographische Berichte, Bd 348, 85. Sitzung, S. 3000. Außerdem wurde eine militärische Jugendausbildung von Mädchen gefordert, die dazu nötig sei, damit die Mädchen später in ihrer Rolle als Mütter den Wehrgedanken an ihre Kinder weitergäben. Die Jugendausbildung fremder Nationen als Vorbereitung für die Wehrhaftmachung (Vortrag nach dem Stande vom Juni 1931), BA-MA, N 720/16. Die strukturellen Unterschiede zwischen der allgemeinen Wehrpflicht für Männer und die Dienstpflicht für Frauen, die sich im Gegensatz zur Ausbildung in der Armee dem bürgerlichen Familien- und Berufsleben der Frauen einpasste, verdeutlicht Frevert, Die kasernierte Nation (wie Anm. 18), S. 287.

falls auch für einen neuen Krieg – und entstandene Degenerationen beseitigen. In den Reichstagsdebatten behandelten die Abgeordneten dieses Thema allerdings zunächst mit Vorsicht, um in der Öffentlichkeit nicht den Verdacht der »Kriegstreiberei« zu erwecken.

Nachdem in der Zeit der Weimarer Republik weder die allgemeine Wehrpflicht noch die angedachten Ersatzinstitutionen von staatlicher Seite eingeführt worden waren, geschah beides nach der »Machtergreifung« der NSDAP im Jahre 1933. Die NSDAP, die eine Wiedereinführung der Wehrpflicht schon seit 1920 in ihrem Parteiprogramm stehen hatte, stellte ab Ende 1933 die Weichen für die Realisierung dieses Ziels. Sowohl die allgemeine Wehrpflicht als auch die Arbeitsdienstpflicht wurden im Frühjahr 1935 beschlossen und eingeführt[55]. Eine Zeit der Debatten fand damit ihr Ende – obgleich unter anderen Vorzeichen, als von vielen Parlamentariern beabsichtigt.

VII. Die Wiedereinführung der Wehrpflicht in der Bundesrepublik

War die Wehrpflicht-Diskussion in der Weimarer Republik angesichts der Versailler Bestimmungen eine weitgehend hypothetische, mussten sich die Politiker der Bundesrepublik mit der tatsächlichen Wiedereinführung der Wehrpflicht auseinandersetzen[56]. Konkrete Ziele und Vorgaben zur Ausgestaltung des neuen Militärsystems spielten daher eine deutlich größere Rolle in den parlamentarischen Diskussionen als in den 1920er-Jahren[57]. Das Militärsystem der Bundesrepublik musste sowohl den militärischen als auch den bündnispolitischen Anforderungen seitens der westlichen Verbündeten Rechnung tragen

---

[55] Rudolf Absolon, Wehrgesetz und Wehrdienst 1935-1945. Das Personalwesen in der Wehrmacht, Boppard am Rhein 1960.

[56] Zu den Diskussionen im Deutschen Bundestag in den 1950er-Jahren und zur weiteren Entwicklung der Wehrpflicht in der Bundesrepublik Deutschland vgl. u.a. Reiner Pommerin, Die Wehrpflicht. Legitimes Kind der Demokratie oder überholter Ballast in der Einsatzarmee? In: Entschieden für Frieden. 50 Jahre Bundeswehr 1955-2005. Im Auftr. des MGFA hrsg. von Klaus-Jürgen Bremm, Hans-Hubertus Mack und Martin Rink, Freiburg i.Br. und Berlin 2005, S. 299-312, sowie Hans-Jürgen Rautenberg, Wehrpflicht und Wehrdienst im Widerstreit. Aus den Debatten im Deutschen Bundestag. In: Wehrdienst aus Gewissensgründen. Zur politischen und ethischen Legitimation der Verteidigung. Hrsg. von Hartmut Bühl und Friedrich Vogel, Herford und Bonn 1987, S. 35-46.

[57] Zur Wehrverfassung, Wehrgesetzgebung sowie zu Wehrpflichtgesetz und Soldatengesetz der 1950er und 1960er-Jahre in der Bundesrepublik Deutschland vgl. u.a. Hans Ehlert, Innenpolitische Auseinandersetzungen um die Pariser Verträge und die Wehrverfassung 1954 bis 1956. In: Hans Ehlert [et al.], Die NATO-Option, München 1993 (= Anfänge westdeutscher Sicherheitspolitik), S. 235-560, bes. 430-560, sowie die Kapitel »Die Wehrverfassung der Bundesrepublik« und »Der Soldat der Bundeswehr in Staat und Gesellschaft«. In: Verteidigung im Bündnis. Planung, Aufbau und Bewährung der Bundeswehr 1950-1972. Hrsg. von Militärgeschichtlichen Forschungsamt, München 1975, S. 92-116.

sowie die Erfahrungen mit der nationalsozialistischen Vergangenheit berücksichtigen. Von Februar 1952 an, als das erste Mal im Bundestag über eine mögliche Wiedereinführung der allgemeinen Wehrpflicht diskutiert wurde, blieb das
Thema virulent. Befürworter und Gegner der Wehrpflicht führten immer wieder ihre Argumente ins Feld, die wiederum eng mit dem Ost-West-Konflikt
verknüpft waren. So hielt die SPD die Einführung der Wehrpflicht für »schäd-
lich«, da sie auf »überholten militärischen Vorstellungen« beruhe. Auch wirtschaftliche Gesichtspunkte sprächen gegen sie, könne sie doch die »Volkswirtschaft in krisenhafte Verwicklungen stürzen«[58]. Außerdem vertiefe die
Einführung der allgemeinen Wehrpflicht die Spaltung zwischen West- und
Ostdeutschland. Mit dieser Meinung hatte die SPD, die seit den 1860er-Jahren
ein Berufsheer abgelehnt und eine Miliz befürwortet hatte, ihre Einstellung
hinsichtlich der Struktur einer deutschen Armee grundlegend geändert[59]. Die
CDU, die Christlich-Soziale Union (CSU) und die Freie Demokratische Partei
(FDP) sprachen sich im Sinne der Westintegration mehrheitlich für die Einführung der Wehrpflicht aus, da ohne sie die ihrer Meinung nach von den Alliierten geforderte Truppenstärke von 500 000 Mann nicht erreicht werden könne.
Damit war die Debatte über die Wehrpflicht in der Bundesrepublik, wie Wil-
helm Meier-Dörnberg es formulierte, »mit bündnispolitischen, operativen und
waffentechnischen Aspekten, letztlich mit dem Kriegsbild eines Ost-West-
Konflikts verknüpft«[60]. Die Meinungen der Regierungsparteien und der Opposition kamen in der dritten Beratung des Wehrpflichtgesetzes deutlich zum
Ausdruck. Fritz Erler (SPD) vertrat dabei folgende Meinung:
»Unser Volk lebt in einer tiefen Tragik. Zwei Armeen werden in den beiden
Teilen Deutschlands aufgestellt. Das ist schon schlimm genug. Noch
schlimmer ist es, daß diese beiden Armeen eingeschmolzen werden in
feindlich einander gegenüberstehende Militärblöcke, und noch schlimmer
ist es, wenn durch unser Zutun dafür gesorgt wird, daß es sich bei diesen
zwei Armeen dann auch noch um Wehrpflichtarmeen handelt[61]!«
Dem entgegnete Herbert Schneider von der Demokratischen Partei (DP):
»Ich sage dagegen: es ist schlimm, daß ein Teil des deutschen Volkes zur Bedrohung des anderen mißbraucht wird und daß der andere sich davor
schützen muß; es ist noch schlimmer, daß dieser Teil in den Ostblock einge-

---

[58] Fritz Erler (SPD) in der zweiten Beratung des Entwurfs eines Wehrpflichtgesetzes,
      4.7.1956. In: Verhandlungen des Deutschen Bundestages, 2. Wahlperiode 1953, Stenogra-
      phische Berichte, Bd 31, 157. Sitzung, S. 8588.
[59] Nicht zuletzt wahltaktische Gründe führten Mitte der 1950er-Jahre zu diesem Stim-
      mungsumschwung in der SPD. Das Ziel war, nach einer gewonnenen Bundestagswahl
      1957 die Wehrpflicht wieder abzuschaffen. Nachdem allerdings die CDU/CSU die abso-
      lute Mehrheit der Mandate in dieser Wahl erreichen konnte, gab auch die SPD ihre ableh-
      nende Haltung zur allgemeinen Wehrpflicht auf. Frevert, Die kasernierte Nation (wie
      Anm. 18), S. 337.
[60] Wilhelm Meier-Dörnberg, Die Auseinandersetzung um die Einführung der Wehrpflicht
      in der Bundesrepublik Deutschland. In: Die Wehrpflicht (wie Anm. 9), S. 107-118, hier S. 108.
[61] Fritz Erler (SPD) in der dritten Beratung des Entwurfs eines Wehrpflichtgesetzes, 6.7.1956.
      In: Verhandlungen des Deutschen Bundestages, 2. Wahlperiode 1953, Stenographische
      Berichte, Bd 31, 159. Sitzung, S. 8773.

gliedert ist und im Dienste des Ostblockes zur Bedrohung des anderen Teiles gegen seinen eigenen ausdrücklichen Willen mißbraucht wird; (Sehr richtig! bei der CDU/CSU) und es ist am allerschlimmsten, daß die Zone Zwangsmittel in der Hand hat, die weit über die Wehrpflicht hinausgehen[62].«

Neben diesen militärischen, politischen und sicherheitspolitischen Aspekten der Debatten im Bundestag nahm die gesellschaftspolitische Dimension der Wehrpflicht eine weitaus geringere Rolle ein, als es in Weimar der Fall gewesen war. Dennoch verloren auch die Parlamentarier des Bundestages diesen Punkt nicht völlig aus den Augen. Vor allem die mit dem Militär verbundenen »sittlichen Werte« wurden auch hier mehrfach beschworen. So formulierte Verteidigungsminister Theodor Blank: »Die Grundpflichten des Soldaten, treu zu dienen, gehorsam und tapfer zu sein und Kameradschaft zu üben, treffen den Soldaten, der auf Grund der Wehrpflicht Wehrdienst leistet, in gleicher Weise wie den Soldaten auf Zeit und den Berufsoldaten[63].« Auch Heinz Matthes (DP) vermisste die »alten Soldatentugenden der Ehre und Treue, der Pflichterfüllung und des Gehorsams, der Tapferkeit und Kameradschaft« und befand, es sei »traurige Gewissheit, daß diese Tugenden« heute nicht hoch im Kurs stehen«[64]. Die Frage, »inwieweit das Hineinzwängen sittlicher Normen in die Paragraphen eines Gesetzes notwendig und damit vertretbar« sei, blieb zwischen den Parteien umstritten[65]. Die Paragrafen 7, 12 und 13 des im März 1956 verabschiedeten Soldatengesetzes verankerten sittliche Normen wie Treue, Kameradschaft und Wahrheitsliebe letztendlich.

Die Erziehung der Jugend spielte im Bundestag eine viel geringere Rolle als in den Debatten des Reichstages. Auch hier lagen die Hoffnungen bzw. Sorgen und Bedenken der Parlamentarier auf einem anderen, konkreteren Gebiet: Wie

[62] Herbert Schneider (Bremerhaven) (DP). In: Verhandlungen des Deutschen Bundestages, Bd 31 (wie Anm. 61), S. 8804.
[63] Verteidigungsminister Theodor Blank in der ersten Beratung des Entwurfs eines Gesetzes über die vorläufige Rechtsstellung der Freiwilligen in den Streitkräften (Freiwilligengesetz), 27.6.1955. In: Verhandlungen des Deutschen Bundestages, 2. Wahlperiode 1953, Stenographische Berichte, Bd 26, 92. Sitzung, S. 5217.
[64] Heinz Matthes (DP) in der Fortsetzung der ersten Beratung des Entwurfs eines Gesetzes über die vorläufige Rechtsstellung der Freiwilligen in den Streitkräften (Freiwilligengesetz), 28.6.1955. In: Verhandlungen des Deutschen Bundestages, 2. Wahlperiode 1953, Stenographischen Berichte, Bd 26, 93. Sitzung, S. 5249. Über den Wert militärischer Tugenden für die Zivilgesellschaft siehe Ute Frevert, Heldentum und Opferwille, Ordnung und Disziplin. Militärische Werte in der zivilen Gesellschaft. In: Alte Werte – Neue Werte. Schlaglichter des Wertewandels. Hrsg. von Andreas Rödder und Wolfgang Elz, Göttingen 2008, S. 139-149.
[65] Georg Kliesing (CDU) in der ersten Beratung des Entwurfs eines Gesetzes über die Rechtsstellung der Soldaten (Soldatengesetz), 12.10.1955. In: Verhandlungen des Deutschen Bundestages, 2. Wahlperiode, Stenographische Berichte, 105. Sitzung, Bd 26, S. 5783; Hans Merten (SPD) wies ebenfalls auf die Problematik hin, diese Tugenden gesetzlich festzuschreiben, da ethische Forderungen im Gesetz letztendlich zu nichts verpflichteten und außerdem »auslegungsfähig« seien, sogar fast bis ins Gegenteil dessen, was der Gesetzgeber wollte. Hans Merten (SPD). In: Verhandlungen des Deutschen Bundestages, Bd 26 (wie Anm. 65), S. 5786.

könne die Jugend von der Richtigkeit, die Wehrpflicht wieder einzuführen, überzeugt werden?, war die beherrschende Frage. Während die Abschaffung der Wehrpflicht in den 1920er-Jahren als fehlende Erziehungs-, aber auch Integrationsinstanz des Staates bedauert wurde, sollte sich dies in der neuen Wehrgesetzgebung der Bundesrepublik anders darstellen. Zu diesem Zeitpunkt sollte die Integration der Staatsbürger in das politische System nicht länger über die Erziehungsinstanz »Wehrpflicht« hergestellt werden, sondern vielmehr sollten ihrerseits die Soldaten in die Gesellschaft integriert werden – gesellschaftliche Integration und Erziehung sollten dementsprechend nicht länger über militärische Institutionen geschehen, sondern vielmehr sollte das Militär durch gesellschaftliche Instanzen »zivilisiert« werden. Von den Überlegungen zum Modell des »Staatsbürgers ins Uniform« bis zu seiner tatsächlichen Realisierung dauerte es allerdings auch in der Bundesrepublik noch über ein Jahrzehnt[66]. Einen Meilenstein stellte hierbei die durch die sozialliberale Koalition angestoßene Bundeswehrreform dar, die das Ziel des »Staatsbürgers in Uniform« und damit die Einhegung des Militärs sowie die weitere Entmilitarisierung der Gesellschaft vorantrieb. Willy Brandt konkretisierte dies 1969 mit dem Ausspruch: »Die Schule der Nation ist die Schule[67].«

VIII. (Dis-)Kontinuitäten in den parlamentarischen Debatten über die Wehrpflicht

Trotz der herausgearbeiteten Unterschiede in den Parlamentsdebatten der 1920er und 1950er-Jahre bezüglich der Haltung der Parteien zum Thema Wehrpflicht lassen sich zumindest thematische Gemeinsamkeiten feststellen. Zu den Themenfeldern, die sowohl die Parlamentarier des Reichstages als auch des Deutschen Bundestages diskutierten, gehören u.a. die Bereiche Wirtschaft, Demokratie und Krieg.

Abgesehen von der KPD und der SPD schrieben die Parteien der Weimarer Republik der Wehrpflicht eine wichtige Funktion beim wirtschaftlichen Aufstieg der Deutschen zu. Die jungen Männer seien durch die Militärzeit zu Werten wie Fleiß, Pünktlichkeit, Ordnung und Disziplin erzogen worden, was sich positiv auf den Arbeitsmarkt ausgewirkt habe[68]. Der Wirtschaftsfaktor spielte in

---

[66] Zu den Reformvorhaben der sozialliberalen Koalition siehe u.a. Gabriele Metzler, Konzeptionen politischen Handelns von Adenauer bis Brandt, Paderborn [u.a.] 2005. Speziell zur Militärreform siehe Detlef Bald, Die Militärreform in der »Ära Brandt« – zur Integration von Militär und Gesellschaft. In: Entschieden für Frieden (wie Anm. 56), S. 341-353.

[67] Bundeskanzler Willy Brandt in seiner Regierungserklärung, 28.10.1969. In: Verhandlungen des Deutschen Bundestages, 6. Wahlperiode 1969, Stenographische Berichte, Bd 71, 5. Sitzung, S. 27.

[68] Frevert weist darauf hin, dass die dem Militär zugesprochenen Werte wie Pünktlichkeit, Sauberkeit und Ordnung »(klein-)bürgerlichen Vorstellungen haargenau« entsprächen

den 1950er-Jahren ebenfalls eine Rolle: Auch hier wurde auf die wichtige Rolle der Wehrpflicht für das Erwerben von berufsrelevanten Kenntnissen hingewiesen[69]. Umgekehrt zog die SPD das Wirtschaftsargument in den Bundestagsdiskussionen gegen die Einführung der Wehrpflicht heran, weil damit eine Schwächung der deutschen Wirtschaft aufgrund des Verlusts wichtiger Arbeitskräfte einhergehe[70].

Die These von der Wehrpflicht als demokratischer Institution in der Armee zog sich seit der Zeit der Frühliberalen des Vormärz' durch viele politische und parlamentarische Debatten. Und noch 1949 kennzeichnete Theodor Heuss im Parlamentarischen Rat die Wehrpflicht – viel zitiert – als »das legitime Kind der Demokratie«[71]. In den 1920er-Jahren bezogen vor allem Parlamentarier des rechten politischen Spektrums Wehrpflicht und Demokratie aufeinander. Der jeweils zugrunde gelegte Demokratiebegriff unterschied sich dabei allerdings enorm; so setzten beispielsweise die rechtskonservativen Kräfte der Weimarer Republik »Demokratie« nicht mit »Parlamentarismus« gleich, sondern verstanden ihn »im Sinne einer gleichmäßigen Lastenverteilung«[72]. Historisch betrachtet habe die Wehrpflicht aber weder demokratisierend noch pazifizierend gewirkt, so Wolfram Wette. Vielmehr habe sich bis 1945 »durchgängig die militaristische Inanspruchnahme der Wehrpflicht durchgesetzt«. Die Verknüp-

---

und daher die Erziehungsziele des Militärs von einem Großteil der Bevölkerung auch gebilligt worden seien. Das Militär selbst habe großen Wert darauf gelegt, in seiner Außenwirkung die positiven Auswirkungen der militärischen Erziehung auch über die Armeezeit hinaus auf die Gesellschaft darzustellen. Frevert, Die kasernierte Nation (wie Anm. 18), S. 272-274. Auch Frank Becker weist auf die »Anschlußfähigkeit des Militarismus« im Kaiserreich sowohl für die bürgerlichen als auch für die adligen Bevölkerungsteile, sogar für die Arbeiterschaft hin. Frank Becker, Synthetischer Militarismus. Die Einigungskriege und der Stellenwert des Militärischen in der deutschen Gesellschaft. In: Das Militär und der Aufbruch in die Moderne 1860 bis 1890. Armeen, Marinen und der Wandel von Politik, Gesellschaft und Wirtschaft in Europa, den USA sowie Japan. Im Auftr. des Militärgeschichtlichen Forschungsamtes und der Otto-von-Bismarck-Stiftung hrsg. von Michael Epkenhans und Gerhard P. Groß, München 2003 (= Beiträge zur Militärgeschichte, 60), S. 125-141, bes. S. 136 f.

69 Warum brauchen wir die Wehrpflicht? (wie Anm. 1), S. 24 f.

70 Fritz Erler (SPD) in der zweiten Beratung des Entwurfs eines Wehrpflichtgesetzes, 4.7.1956. In: Verhandlungen des Deutschen Bundestages, Bd 31 (wie Anm. 58), S. 8588. Auch Teile der CDU/CSU änderten in Bezug auf den Einfluss der Wehrpflicht auf die wirtschaftliche Lage Deutschlands ihre Haltung, allerdings erst nach Verabschiedung des Wehrpflichtgesetzes. Zum Tragen kam dieser Meinungsumschwung bei der Debatte über die Wehrdienstdauer, die nicht zuletzt aufgrund wirtschaftlicher Überlegungen in Zeiten der Vollbeschäftigung auf 12 statt auf 18 Monate festgelegt wurde. Meier-Dörnberg, Die Auseinandersetzung (wie Anm. 60), S. 116 f.

71 Theodor Heuss (FDP) im Parlamentarischen Rat, 15.1.1949. In: Parlamentarischer Rat. Verhandlungen des Hauptausschusses 1948/49, 41. Sitzung, Bonn 1949, S. 511 f. Hier zitiert nach Opitz, Allgemeine Wehrpflicht (wie Anm. 8), S. 9. Zur Einordnung der Aussage Theodor Heuss' siehe S. 9 f. Zu den Debatten im Parlamentarischen Rat über Krieg und Frieden sowie das Recht auf Kriegsdienstverweigerung siehe Alessandra Ferretti und Patrick Bernhard, Pazifismus per Gesetz? Krieg und Frieden in der westdeutschen Verfassungsdiskussion, 1945-1949. In: Militärgeschichtliche Zeitschrift, 66 (2007), S. 45-70, bes. 58-69.

72 Wette, Deutsche Erfahrungen mit der Wehrpflicht (wie Anm. 17), S. 100.

fung von Wehrpflicht und Demokratie erfolgte seiner Meinung nach 1945 nicht aufgrund historischer Vorbilder, sondern orientierte sich eher am Ideal des »Bürgersoldaten«[73].

Der Krieg spielt ebenfalls in beiden Debattenverläufen eine zentrale Rolle. In beiden Fällen fanden die Diskussionen in zwei Richtungen statt: Zum einen setzten sich die Parlamentarier mit den Folgen des vergangenen Krieges auseinander, zum anderen mit den Erfordernissen einer erneuten militärischen Auseinandersetzung. Dabei unterschieden sich die Redebeiträge enorm. Obgleich es auch pazifistische Stimmen gab, diskutierten viele Parlamentarier in der Weimarer Republik vor allem darüber, welche Konsequenzen aus dem verlorenen Weltkrieg zu ziehen und welche militärischen und gesellschaftlichen Veränderungen nötig seien, um sich für einen neuen Krieg besser zu rüsten. In der Bundesrepublik dagegen war es nach den Erfahrungen des Zweiten Weltkriegs und der nationalsozialistischen Vernichtungspolitik Allgemeingut, dass von Deutschland nie wieder Krieg ausgehen dürfe. Eine Konsequenz daraus war die Einbindung der deutschen Armee in die NATO. Angesichts der wahrgenommenen Bedrohung durch die Sowjetunion spielte aber die Verteidigung Westdeutschlands in einem zukünftigen Krieg eine große Rolle. Im Sinne der Westintegration setzten sich die meisten Politiker der CDU/CSU und der FDP daher für die Aufstellung einer Wehrpflichtigenarmee ein, um für einen möglichen Krieg gerüstet zu sein. Die SPD dagegen sah die Zukunftsfähigkeit eher in einer kleinen, spezialisierten Berufsarmee gewährleistet.

Kommt man abschließend zum Ausgangspunkt der Überlegungen zurück, dann kann die These von der Niederlage als Katalysator für Veränderungen sowohl für die Weimarer Republik als auch für die Bundesrepublik bestätigt werden. In beiden Fällen führten die Niederlagen sowie die daraus resultierenden alliierten Bestimmungen zu tiefen Einschnitten in das jeweilige Militärsystem. Die daraus folgenden Reformen waren zwar von außen gefordert, bewirkten aber auch die innenpolitische Auseinandersetzung mit Veränderungen der deutschen Armee. Hierbei traten aber weder in der Weimarer Republik noch im Bundestag genuin neue Gedanken zutage. Vielmehr wurden Forderungen umgesetzt, die schon in den Jahrzehnten zuvor virulent gewesen waren. So wurden, wie erwähnt, die Förderung der Leibesübungen sowie die Einführung einer vormilitärischen Jugendertüchtigung schon im Kaiserreich diskutiert, zu Zeiten also, als die allgemeine Wehrpflicht noch bestanden hatte. Auch Gedanken zu einer möglichen Dienstpflicht sind nicht neu. Spätestens im Ersten Weltkrieg sind diese schon debattiert worden. Die durch die neuen Gesetze eingeführte Demokratisierung der Bundeswehr in den 1950er-Jahren resultierte zu einem großen Teil aus Überlegungen, die bis ins frühe 19. Jahrhundert zurückreichten. Die SPD hatte sich seit dem Kaiserreich für demokratischere Strukturen ausgesprochen und dieses Anliegen auch in der Weimarer Republik

---

[73] Ebd., S. 104 f.

forciert – mit geringem Erfolg[74]. So waren die Überlegungen sowohl in Bezug auf die Ersatzinstitutionen der Wehrpflicht in den 1920er-Jahren als auch die Gedanken einer Demokratisierung der Armee in den 1950er-Jahren nicht neu, die Diskussionen darüber wurden aber durch die Kriegsniederlagen und die alliierten Bestimmungen neu entfacht.

Als Fazit lässt sich festhalten: Sowohl in der Weimarer Republik als auch in der Bundesrepublik löste die Niederlage des vorangegangenen Krieges Reformen innerhalb des Militärsystems aus, die ohne den Katalysator der Niederlage in dieser Form wohl nicht so schnell zustande gekommen wären. Die Reformen bzw. die Reformvorschläge schlugen sich über den militärischen Bereich hinaus auch in anderen Politikfeldern wie der Gesundheits-, der Jugend- und der Arbeitspolitik nieder. Dies verdeutlicht einmal mehr die enge Verzahnung und gegenseitige Beeinflussung von Militär und Gesellschaft.

---

[74] Frevert, Die kasernierte Nation (wie Anm. 18), S. 307 f. Zum Verhältnis von SPD und Militär in der Weimarer Republik siehe auch Eckardt Opitz, Exkurs. Sozialdemokratie und Militarismus in der Weimarer Republik. In: Militär und Militarismus in der Weimarer Republik. Beiträge eines internationalen Symposiums an der Hochschule der Bundeswehr Hamburg am 5. und 6. Mai 1977. Hrsg. von Klaus-Jürgen Müller und Eckart Opitz, Düsseldorf 1978, S. 269-286.

»Hätten nicht die neuen Generationen unauf-
hörlich gegen die ererbte Tradition revoltiert,
würden wir noch heute in Höhlen leben; wenn
die Revolte gegen die ererbte Tradition einmal
universell würde, werden wir uns wieder in den
Höhlen befinden.«
(Leszek Kołakowski) [1]

Burkhard Köster

Tradition in der Bundeswehr – Tradition der Reformen?

»Unter dem ›Banner‹ der Tradition fliehen die einen vor den Pflichten der Gegenwart in die Vergangenheit; die anderen entweichen den Forderungen der
Überlieferung durch die Flucht in das Aktuelle, das Heute – wenn nicht gar in
das unverbindliche Morgen[2].« Mit dieser Formulierung bezog 1957 einer der
Gründerväter der Bundeswehr, der spätere Generalleutnant Wolf Graf von
Baudissin, Stellung zu der schon damals kontrovers geführten Traditionsdebatte. Doch der Befund scheint weiter aktuell zu sein: Neben denen, die mit
dem Einklagen von Traditionen in der Vergangenheit verharren, finden wir
auch diejenigen, die sich vom unverbindlichen Zeitgeist treiben lassen, um sich
den Forderungen und Herausforderungen der Überlieferung zu entziehen.
Beide Positionen verweisen auf das Spannungsfeld menschlicher Existenz. Der
Mensch ist nun einmal lebendiger Teil der Geschichte. Er lebt in der Gegenwart,
muss dabei tagtäglich bewusst oder unbewusst auf überliefertes Wissen und
Erfahrungen zurückgreifen und sich zugleich an der Zukunft orientieren. Ohne
ein ständig zu überprüfendes Erfahrungswissen wäre das Überleben gefährdet.
Überlieferungen und Traditionen und ihr zeitbedingter Wandel, ihre »Unbe-
ständigkeit«, scheinen auf den ersten Blick ein typisch menschliches Phänomen
zu sein[3].

In diesem Kontext stellen sich zentrale Leitfragen: »Gibt es Zukunft in der
Vergangenheit«[4], was ist bewahrenswert, welches ist der Maßstab dafür? Was
bedeutet dies für die Traditionspflege in der Bundeswehr? Vor diesem theoreti-

---

[1] Leszek Kołakowski, Der Anspruch auf die selbstverschuldete Unmündigkeit. In: Vom
    Sinn der Tradition. Hrsg. von Leonhard Reinisch, München 1970, S. 1.
[2] Handbuch Innere Führung. Hilfen zur Klärung der Begriffe. Hrsg. von Bundesministeri-
    um für Verteidigung, Führungsstab der Bundeswehr I 6, Bonn 1957 (= Schriftenreihe In-
    nere Führung), S. 12.
[3] Arnold Toynbee, Tradition und Instinkt. In: Vom Sinn der Tradition (wie Anm. 1), S. 35.
[4] Ernst Bloch, Gibt es Zukunft in der Vergangenheit? In: Vom Sinn der Tradition (wie
    Anm. 1), S. 18-33.

schen Hintergrund sollen konkret Reformen – insbesondere die preußischen –
auf ihren Gehalt als Traditionsgut der Bundeswehr im 21. Jahrhundert geprüft
werden.

I. Tradition

Vor wenigen Jahren feierte die Bundeswehr ihren 50. Geburtstag. Trotz stürmi-
scher Zeiten einer Armee in der Transformation war dies auch eine Phase der
historischen Standortbestimmung und der Selbstvergewisserung. Eins war allen
öffentlichen Veranstaltungen und Publikationen gemeinsam: Der Bundeswehr
wurden Professionalität, feste Verankerung in der Gesellschaft und hohes Ansehen attestiert. Was in den Fünfziger- und Sechzigerjahren noch nicht unbedingt absehbar war, ist heute Wirklichkeit: Die Bundeswehr erhält in allen Umfragen hohe Vertrauenswerte als Institution. Der Staatsbürger in Uniform dient
in Streitkräften, deren demokratisch legitimierter Einsatz im Ausland Normalität geworden ist.
    Umso erstaunlicher erscheint daher der Befund, dass sich die Diskussionen
um die angemessene Traditionspflege bis zum heutigen Tag durch die Bundeswehrgeschichte ziehen[5]. Das Thema findet über alle Generationsgrenzen
hinweg Aufmerksamkeit, auch wenn sich die Positionen nicht immer am Alter
festmachen lassen. Insbesondere Vertreter der Medien suchen bisweilen unter
dem Vorzeichen »Tradition« nach Belegen für einen angeblichen Ungeist in der
Truppe. Dabei wird aber regelmäßig deutlich, dass eine rege Begriffsvielfalt,
wenn nicht gar Begriffsverwirrung herrscht. In der öffentlichen Diskussion
noch nachvollziehbar, bleibt dieses Resümee für Bundeswehrangehörige eher
unbefriedigend. Setzen doch soldatisches Denken und Handeln klare Begriffe
voraus. Diese sind insbesondere im Umgang mit dem Begriff »Tradition« geboten. Um den Wesensgehalt von Tradition im Verständnis der Bundeswehr zu
verstehen, muss er in der Abgrenzung von »Geschichte« und »Brauchtum«
bzw. »Konvention« betrachtet werden. Tradition lässt sich auf das lateinische
Verb *tradere* zurückführen. Damit ist im weitesten Sinnen »*den Nachgeborenen
überliefern/übergeben*« gemeint. Der Begriff findet sich bereits früh in literarischen Zeugnissen des 2. Jahrhunderts v. Chr. *Traditio* als kultureller Grundbeg-
riff von »*Überlieferung*«, und zwar materieller wie immaterieller Güter, lässt sich

---

[5]   Dazu bis Anfang der 1980er-Jahre: Donald Abenheim, Bundeswehr und Tradition. Die
      Suche nach dem gültigen Erbe des deutschen Soldaten, München 1989 (= Beiträge zur Mi-
      litärgeschichte, 27). Den Gesamtüberblick bis 2005 liefert: Loretana de Libero, Tradition in
      Zeiten der Transformation. Zum Traditionsverständnis der Bundeswehr im frühen
      21. Jahrhundert, Paderborn 2006, insbes. S. 159.

seit 2300 Jahren nachweisen[6]. Im deutschen Sprachgebrauch gibt es ihn seit dem 16. Jahrhundert[7].

Die gültigen »Richtlinien zum Traditionsverständnis und zur Traditions-pflege in der Bundeswehr« (sogenannter Traditionserlass) vom September 1982 definieren »Tradition« bundeswehrspezifisch als »die Überlieferung von Wer-ten und Normen[8]. Sie bildet sich in einem Prozess wertorientierter Auseinan-dersetzung mit der Vergangenheit. Maßstab für Traditionsverständnis und Traditionspflege in der Bundeswehr sind das nunmehr 60-jährige Grundgesetz und die der Bundeswehr übertragenen Aufgaben und Pflichten[9].« Demnach genügt für das Aufrechterhalten von Tradition nicht einfach ein Übernehmen vermeintlicher historischer Wahrheiten, die gerade für irgendeine Position zu passen scheinen oder angeblich schon »immer so« waren. Vielmehr stellt sich zuallererst für die Bundeswehr als Streitkräfte in der Demokratie die entschei-dende Frage: Was ist in der (militärischen) Vergangenheit so wertvoll, dass es noch heute bewahrenswert bleibt? Was also ist die »richtige« Tradition? Für die Suche nach der zukunftsweisenden Vergangenheit bietet der Traditionserlass dabei ein großes Maß an Freiheit: »Das Grundgesetz ist Antwort auf die deut-sche Geschichte. Es gewährt große Freiräume, zieht aber auch eindeutige Gren-zen[10].« Innerhalb des Grundgesetzes darf und soll sich die Bundeswehr dem-nach ihren Traditionsbezug frei wählen.

Freiheit der Auswahl scheint auch nur im Spiegel eines falschen, wenn star-ren und rückwärtsgewandten Traditionsbegriffes problematisch zu sein. Falsch ist es sicher, wenn unter Tradition ausschließlich die unkritische Verherrlichung militärischer Leistungen aus der Vergangenheit verstanden wird. Vielmehr gilt es, die Normen des freiheitlichen demokratischen Rechtsstaates als Ausgangs-punkt für den Blick zurück auf der Suche nach Traditionswertem in der Ver-gangenheit zu werfen. Nur an solchen Werten sollten sich Soldatinnen und Soldaten zukunftsgerichtet orientieren[11]. Die Forderung nach wertorientierter Auseinandersetzung setzt eine Denkleistung voraus, die auf vernunftorientier-ten Kenntnissen beruht. Daneben wird der Mensch jedoch auch in erheblichem

---

6   de Libero, Tradition (wie Anm. 5), S. 20 f.
7   Deutsches Wörterbuch von Jacob Grimm und Wilhelm Grimm. 16 Bde [in 32 Teilbänden], Leipzig 1854-1960, Bd 21 (1935), Sp. 1023. Online: <http://germazope.uni-trier.de/Projects/ WBB/woerterbuecher/dwb/woerterbuecher/funstuff/wbgui> [letzter Abruf 20.05.2009].
8   Als Beispiel für ein anderslautendes Begriffsverständnis: In der evangelischen Theologie wird neutestamentliche (ntl.) Tradition als »dasjenige kulturelle und rel[igiöse] Wissen verstanden, auf welches die ntl. Autoren bei der Formulierung ihrer Überzeugungen zu-rückgegriffen haben und das damit die hist[orische] Voraussetzung für die Ausbildung einer eigenen Identität des Urchristentums bildet«. Vgl. Religion in Geschichte und Ge-genwart. Handwörterbuch für Theologie und Religionswissenschaft, Bd 8. Hrsg. von Hans Dieter Betz [u.a.], 4., völlig neu bearb. Aufl., Tübingen 2005.
9   Richtlinien zum Traditionsverständnis und zur Traditionspflege in der Bundeswehr (»Traditionserlass«) vom 20.9.1982; zuletzt abgedruckt in der Zentralen Dienstvorschrift (ZDv) 10/1 – Innere Führung, November 2008, Anlage 3, hier 3/1, Ziff. 1 f.
10   Richtlinien (wie Anm. 9), Ziff. 2.
11   Burkhard Köster, Frage nach der Herkunft. In: Y. Magazin der Bundeswehr, (2002), 7, S. 12.

Maße von Gefühlen beherrscht. Vordergründig vernünftige Überlegungen in Traditionsfragen können daher mit der emotionalen Ebene kollidieren. Es reicht deshalb nicht aus, Tradition zu »verordnen«[12]. Denn Tradition benötigt letztlich die gefühlsmäßige, innere Annahme dessen, was mit der Vergangenheit verbinden soll[13]. Traditionsbewusstsein bildet sich individuell nur »auf der Grundlage persönlicher Wertentscheidungen«[14]. Ohne innere Annahme ist keine Überlieferung möglich. Damit kann es zu Konflikten zwischen allgemein anerkanntem, öffentlichem Traditionsgut und der individuellen Auswahl kommen. Beispiele für diese Problematik liefern die teilweise sehr emotionalen Diskussionen der letzten Jahre in Bundeswehr und Öffentlichkeit um Namensgebungen für Kasernen oder Geschwader in genügender Anzahl[15].

Die Diskussionen um die Frage, ob und was die Namensgeber heute an Werten vermitteln können, veranschaulichen zugleich, dass es letztlich immer auch um den Wesensgehalt von Tradition geht. Sie hat im ursprünglichen Sinne des Wortes etwas mit Kontinuität zu tun, mit bleibenden Werten aus der geschichtlichen Überlieferung, die auch heute für Soldaten als wertvoll erachtet werden. Vor dem Hintergrund der langen und abwechslungsreichen deutschen Geschichte müsste es doch recht einfach sein, Traditionslinien zu entwickeln, in die sich der Soldat der Bundeswehr eingebunden fühlt.

II. Historische Brüche, Reformen, Traditionsbrüche

Mit der Frage nach der Kontinuität stellt sich in Deutschland jedoch zumeist auch die Frage nach Traditionsbrüchen und den damit eng verknüpften Reformen. Einer der prominentesten Brüche knüpft sich an die Katastrophe der preußischen Armee im Jahr 1806. Nach ihrer verheerenden Niederlage gegen die napoleonischen Truppen im Herbst 1806 wurden die meisten altpreußischen Regimenter kurzerhand aufgelöst und ihre Tradition bis zum Ende des 19. Jahrhunderts nicht mehr gepflegt. Erst in der Wilhelminischen Ära kam es zur Traditionsrenaissance längst nicht mehr existenter Regimenter. Dieser Bruch löst indessen im beginnenden 21. Jahrhundert keine öffentlichen und politischen Emotionen mehr aus. Dies ist sicher auch dem Umstand geschuldet, dass wir uns diesem Thema lediglich über die Ergebnisse der historischen Forschung nähern können, dass direkte oder indirekte Bezüge zur eigenen Biografie eher unwahrscheinlich sind. Hierauf wird später nochmals einzugehen sein.

---

[12] Richtlinien (wie Anm. 9), Ziff. 4.
[13] Ein Beispiel in: Karl Heinz Schreiner, Das aktuelle Traditionsverständnis der Bundeswehr. In: Militärische Tradition. Hrsg. von Eberhard Birk, Fürstenfeldbruck 2004 (= Gneisenau Blätter, 3), S. 37-45, hier S. 43 f.
[14] Richtlinien (wie Anm. 9), Ziff. 4.
[15] In der öffentlichen Diskussion um Kasernennamen z.B. Eduard Dietl oder Ludwig Kübler, bei Namensgebern für Verbände der Luftwaffe z.B. Werner Mölders.

Der zweite hier relevante Traditionsbruch ist im 20. Jahrhundert erkennbar. Er berührt die immer noch zentrale Problematik in der Traditionsdebatte der Bundeswehr. Bereits das »Handbuch Innere Führung« verweist auf die Parallelität des historischen Einschnitts, die Tiefe der erforderlichen Reformen für den Neuanfang. Die Gründungsväter sahen sich der Kritik ausgesetzt und konterten den »Einwand, wir hätten eine zeitgemäße Reform nicht nötig, weil wir kein Jena und Auerstedt erlebt hätten«, mit dem Argument, dass »Namen wie Stalingrad, Dresden oder Berlin oder die Jahreszahl 1945 uns daran erinnern, dass unser ›Jena und Auerstedt‹ überreichlich stattgefunden hat, wenn auch unter anderen Vorzeichen[16].« Damit war zum einen die Brücke geschlagen zur Tradition der preußischen Heeresreformer, in deren Fußtapfen sich die Verantwortlichen für den Aufbau der jungen Bundeswehr stellten. Beides umschließt zum andern aber auch die ungeliebte deutsche Kernfrage, um deren Beantwortung bislang kein Beitrag zur Tradition herumkommt: »Wie halte ich es mit der Wehrmacht?« So wird immer wieder eingefordert, die Wehrmacht als Trägerin der älteren deutschen Militärtradition zu betrachten. Die Bundeswehr dürfe sie daher nicht aus der deutschen militärischen Tradition ausklammern. Man könne nicht den Traditionsbogen vom frühen 19. Jahrhundert in das 21. Jahrhundert schlagen und dabei historische Fakten wie etwa die Wehrmacht ausblenden.

Doch was ist davon zu halten, wenn beispielsweise im Oktober 1941 der Oberbefehlshaber der 6. Armee in seinem Befehl für das »Verhalten der Truppe im Ostraum« forderte: »Das wesentliche Ziel des Feldzuges gegen das jüdisch-bolschewistische System ist die völlige Zerschlagung der Machtmittel und Ausrottung des asiatischen Einflusses im europäischen Kulturkreis. Hierdurch entstehen der Truppe Aufgaben, die über das hergebrachte einseitige Soldatentum hinausgehen. Der Soldat ist im Ostraum nicht nur ein Kämpfer nach den Regeln der Kriegskunst, sondern auch ein Träger einer unerbittlichen Idee.« Löste Generalfeldmarschall Walter von Reichenau damit sich nicht selbst und seine Soldaten von der »hergebrachten« älteren deutschen Militärtradition[17]? Diese »althergebrachte Tradition« mit Werten wie Verantwortungsbewusstsein oder eigenständiges, sittlich gebundenes Verhalten war es doch, die die Männer des 20. Juli veranlasste, gegen das Unrechtsregime des sogenannten Dritten Reiches aufzustehen und ihr Leben für ihr deutsches Vaterland aufs Spiel zu setzen. Andererseits muss hier aber auch die grundsätzliche Frage gestellt werden, ob handelnden Personen der Geschichte Gerechtigkeit widerfährt, wenn Nachgeborene in moralischer Selbstgewissheit einfach den historischen Stab über sie brechen. Eine pauschale Verurteilung ohne Einzelfallprüfung und konkrete Fakten ist historisch falsch, unangemessen und der Debatte um Traditionen sicher abträglich.

---

16 Handbuch Innere Führung (wie Anm. 2), S. 19.
17 Köster, Frage nach der Herkunft (wie Anm. 11), S. 13. Zu dieser Problematik s. auch: Handbuch Innere Führung (wie Anm. 2), S. 62 f.

Insgesamt bleibt das Dilemma unauflösbar, dass es neben dem einzelnen, untadeligen, persönlichen Verhalten zugleich eine Wehrmachtführung gab, die in das NS-Regime tief verstrickt war und dass durch Wehrmachttruppenteile und einzelne Soldaten Verbrechen begangen wurden[18]. Dies war 1957 auch Graf von Baudissin und seinen Mitstreitern in der jungen Bundeswehr bewusst, als er im »Handbuch Innere Führung« folgerte, »wie schwierig es heute ist, an die wahre europäische und deutsche Soldatentradition anzuknüpfen, nach allem was hinter uns liegt [...] Daß auch auf der Feindseite damals unlautere und unrechte Dinge geschehen konnten, ist bei der Beurteilung dieses Phänomens unwesentlich, wie die Tatsache, dass sich auch großartige Beispiele gegenteiliger Haltung deutscher Soldaten anführen lassen[19].« Vor diesem Hintergrund regelt der Traditionserlass dann auch folgerichtig, dass die Bundeswehr nicht in der Tradition der Wehrmacht stehen kann: »Die Geschichte deutscher Streitkräfte hat sich nicht ohne tiefe Einbrüche entwickelt. In den Nationalsozialismus waren Streitkräfte teils schuldhaft verstrickt, teils wurden sie schuldlos missbraucht. Ein Unrechtsregime, wie das Dritte Reich, kann Tradition nicht begründen[20].«

Verbietet diese Folgerung aber automatisch auch die Beschäftigung mit der Wehrmacht? – eine Frage, die nicht nur die Bundeswehrtradition grundsätzlich berührt. Zur Beantwortung bleibt es daher unvermeidlich, den Begriff Tradition noch weiter abzugrenzen. Denn vieles, was Tradition genannt wird, hat wenig damit zu tun oder steht schlicht in falschem Zusammenhang. Tradition und (Militär-) Geschichte sind nicht dasselbe.

III. Geschichte

Um der Forderung nach Auswahl überhaupt genügen zu können, sind geschichtliche Grundkenntnisse und somit die Beschäftigung mit der eigenen Geschichte zwingende Voraussetzung. So kann und will wohl niemand beispielsweise die historische Erforschung von Operationen verbieten, seien es das viertägige Ringen in der Völkerschlacht bei Leipzig im Oktober 1813 oder der Westfeldzug der Wehrmacht 1940. Die Operationsgeschichte als ein Teilgebiet der Militärgeschichte und der allgemeinen Geschichtswissenschaft ist der Absicht nach wie jede Wissenschaft wertfrei und dem Gegenstand nach auf alle Gebiete der Vergangenheit gerichtet – auf die positiven ebenso wie auf die negativen. Ohnehin erfordert die Natur der Sache ein Mindestmaß an Einfühlsamkeit Zurückhaltung in der historischen Darstellung von Gewalt und Krieg. Für die Forschung selbst darf es jedoch keine Tabubereiche geben.

---

[18] Köster, Frage nach der Herkunft (wie Anm. 11), S. 14.
[19] Handbuch Innere Führung (wie Anm. 2), S. 63.
[20] Richtlinien (wie Anm. 9), Ziff. 6.

Der historischen Wissenschaft geht es zunächst um alle Aspekte der Vergangenheit, die dann aber zu bewerten und in einen Zusammenhang einzuordnen sind. Hier trennt sich meist die Spreu der unkritischen Verherrlicher bestimmter Kampfhandlungen von dem Weizen derer, die einzuordnen zu verstehen. Während die Geschichtswissenschaft nüchtern, autonom, ohne staatliche oder politische Kontrolle[21], auf der Basis abgesicherter Methoden versucht, die Vergangenheit zu (re-)konstruieren, bedeutet Traditionsbildung einen Prozess der bewussten Auswahl positiv bewerteter Beispiele aus der Fülle der Geschichte – einzelne Personen, Haltungen und Geschehnisse. »Die Geschichte liefert keine Anweisungen für künftiges Verhalten, wohl aber Maßstäbe und Orientierungen für Haltungen[22].

Dagegen erzeugen geschichtliche Unkenntnis, unkritische Verherrlichung historischer Ereignisse und Personen oder geschichtspolitische Ideologie eine Traditionspflege ohne werteorientierte Begründung. Richtige Tradition muss durch geschichtliches Wissen Rechtfertigung gewinnen[23]. Folgerichtig stellt die Bundeswehr in ihrem Traditionserlass fest, dass politische und historische Bildung »entscheidend zur Entwicklung eines verfassungskonformen Traditionsverständnisses und einer zeitgemäßen Traditionspflege beitragen. Dies fordert, den Gesamtbestand der deutschen Geschichte in die Betrachtung einzubeziehen und nichts auszuklammern«[24]. Konkret heißt das, in den Lehrplan der Offizierausbildung gehören nicht nur die preußischen Heeresreformen oder die Gründung der Bundeswehr, sondern selbstverständlich auch der gesamte Zweite Weltkrieg. Traditionswürdig ist er damit aber keinesfalls; eine Folgerung, die im Rahmen der geistigen Auseinandersetzung mit dieser Zeit abgeleitet werden sollte. Traditionsbildung in diesem Verständnis ist eine ständige intellektuelle Herausforderung, die den gebildeten Staatsbürger in Uniform verlangt.

IV. Brauchtum und Konventionen

Wenn also Geschichte alles betrachtet und Tradition werteorientierte Auswahl aus der Geschichte bedeutet, wo sind dann Denkmäler, Gedenkfeiern, Abzeichen, Uniformen, der militärische Gruß oder auch Teile des Formaldienstes einzuordnen? Sie sind teilweise vor langer Zeit entstanden, werden im allgemeinen Sprachgebrauch als Tradition bezeichnet, haben aber mit den Werten und Normen, auf denen die Verfassungsordnung der Bundesrepublik

---

[21] Weiter zur Problematik: Lutz Raphael, Geschichtswissenschaft im Zeitalter der Extreme. Theorien, Methoden, Tendenzen von 1900 bis zur Gegenwart, München 2003, S. 44 f.

[22] Ebd.

[23] Lexikon der Pädagogik. Hrsg. Vom Deutschen Institut für wissenschaftliche Pädagogik und dem Institut für vergleichende Erziehungswissenschaften, Bd 4, Freiburg, Basel, Wien, 5. Aufl., 1967, Bd 4, S. 634.

[24] Richtlinien (wie Anm. 9), Ziff. 5.

Deutschland gründet, zunächst nichts zu tun. Selbst manches Fest wird fälschlicherweise Tradition genannt, gemeint ist aber etwas anderes. Hier geht es um Brauchtum oder Konventionen, also um überlieferte militär-gesellschaftliche Verhaltensformen sowie Sitten und Gepflogenheiten des militärischen Alltags. Diese Abgrenzung ist indessen keine neue Erfindung des Traditionserlasses von 1982. Vielmehr ist sie, von Baudissin bereits 1956 in einem Beitrag der Zeitschrift »Wehrkunde« klar thematisiert, Kernbestand des Traditionsverständnisses in der Bundeswehr. In seinem Beitrag ordnet Baudissin die meisten militärischen Verhaltensweisen und Formen den – wie er es nennt – »Konventionen« zu[25]. Zur damaligen Zeit für »Traditionalisten nur als Affront wahrnehmbar«[26], führt diese Abgrenzung auch 55 Jahre nach Gründung der Bundeswehr bisweilen noch zu Missverständnissen. Zumeist beruhen diese auf Unwissen, gelegentlich aber werden sie auch bewusst benutzt, um über die Pflege überholter Bräuche angeblich »Soldatisches« aus der Geschichte zu retten, ohne dabei den Wertebezug herzustellen.

Selbst wenn nicht jeder Brauch demokratisch legitimiert sein muss, so darf er vom Selbstverständnis der Bundeswehr her, als eine Armee die der Menschenwürde zutiefst verpflichtet ist, nicht den Werten und Normen des Grundgesetzes entgegenstehen[27]. Es ist ein offenes Geheimnis, dass es auch innerhalb der Bundeswehr »Bräuche« gab, die gegen die Menschenwürde verstießen und die hoffentlich nirgends mehr praktiziert werden. Aber ein Brauch wie beispielsweise das Seitepfeifen in der Marine mit seiner jahrhundertealten Existenz hat Zukunft. Er wird immer wieder allgemein angenommen, vermittelt Zusammengehörigkeitsgefühl und Identität und ist damit auch Ausdruck von Tradition.

V. Offizielle Traditionslinien der Bundeswehr

Die Theorie muss sich in der Praxis abbilden lassen, um Bestand zu haben. Es ist auch im 21. Jahrhundert ein Irrglaube, eine einsatzbereite Armee sei rein technokratisch und ohne Berufsethos zu verwirklichen. Ganz im Gegenteil, der Soldatenberuf legt existenzielle Fragen nahe. Etwa: Wie kann ich dem Umgang mit Leben und Tod begegnen? Wie ist Gewaltanwendung moralisch zu legitimieren? Das Streben nach Sicherheit im Umgang mit diesen existenziellen Fra-

---

[25] Wolf Graf von Baudissin, Soldatische Tradition (1956). In: Wolf Graf von Baudissin, Soldat für den Frieden. Entwürfe für eine zeitgemäße Bundeswehr. Hrsg. von Peter von Schubert, München 1969, S. 79–86.

[26] Martin Kutz, Reform als Weg aus der Katastrophe. Über den Vorbildcharakter der preußischen Reformen 1808 und 1945 für Arbeit und Denken Baudissins. In: Innere Führung. Zum Gedenken an Wolf Graf von Baudissin. Hrsg. von Hilmar Linnenkamp und Dieter S. Lutz, Baden-Baden 1995 (= Demokratie, Sicherheit, Frieden, 94), S. 71–94, hier S. 78.

[27] Richtlinien (wie Anm. 9), Ziff. 10.

gen führt auch heute fast zwangsläufig zu der beschriebenen Suche nach vorbildhaftem Verhalten von Soldaten des eigenen Kulturkreises in der Vergangenheit. Eine Orientierung in Form von Vorbildern oder aber Symbolen kann dabei helfen. Von daher ist die Frage nach der angemessenen Traditionsbildung und -pflege zutiefst menschlich und sicherlich auch für Soldatinnen und Soldaten im 21. Jahrhundert sittlich geboten[28]. Unstrittig ist daher, dass die Bundeswehr Traditionen will und braucht. Als ein entscheidendes Kriterium für die Überlieferungswürdigkeit einer Tradition war abzuleiten, dass die zu vermittelnden soldatischen Wertvorstellungen mit dem Grundgesetz in Einklang zu bringen sind.

Obwohl der »Traditionserlass« den Gesamtbestand der deutschen Geschichte einbezogen sehen möchte, haben sich in den vergangenen Jahrzehnten – drei, neuerdings eigentlich vier – wesentliche Traditionslinien für die Bundeswehr herausgebildet:

1. Die Preußischen Reformen von 1808 bis 1813 und ihre Ideale gehören vom ersten Tag der Bundeswehr an zum Kern ihrer Traditionen.

2. Namen aus der Reformzeit wie Karl-August Fürst von Hardenberg, Peter Graf Yorck von Wartenburg oder die Urenkel Gneisenaus, Cäsar von Hofacker und Claus Schenk Graf von Stauffenberg , verweisen auf die zweite Tradi-tionslinie: den militärischen Widerstand gegen Adolf Hitler und das NS-Regime. An unvergänglichen Menschenrechten und dem eigenen Gewissen orientiertes Handeln, Opferbereitschaft und die Grenzen der Gehorsamspflicht lassen sich aus dem Handeln der Soldaten des 20. Juli 1944 ableiten. In den 1950er-Jahren noch umstritten, ist der militärische Widerstand eine tragende Säule der Traditionspflege in der Bundeswehr geworden.

3. Dass die Bundeswehr nach bald 50 Jahren Geschichte ihre eigenen Traditionen vermitteln möchte, liegt auf der Hand. Funktion der bundeswehreigenen Tradition war und ist es nicht, die Existenz der Armee zu rechtfertigen: Freiheitlich-rechtsstaatliche Traditionen sollen demokratisches Selbstverständnis im militärischen Alltag tiefer verankern helfen. Zudem sollen Verhaltens- und Handlungssicherheit gefördert und Orientierung geboten werden. Schon in der Himmeroder Denkschrift, wurde im Oktober 1950 für die künftigen Streitkräfte gefordert, es solle »ohne Anlehnung an die Formen der alten Wehrmacht heute *grundlegend Neues*« geschaffen werden[29]. Dies gelang mit der Gründung und Ausgestaltung der Bundeswehr. Erstmals war es möglich, eine Armee im Volk und in einem Bündnis von Demokratien zu verankern. Die Innere Führung ist ein wesentlicher Teil der bundeswehreigenen Tradition. Seit vielen Jahren nimmt die Bundeswehr inzwischen an Einsätzen im Rahmen der internationalen Gemeinschaft teil. Rund 70 Sol-

---

[28] Schreiner, Das aktuelle Traditionsverständnis (wie Anm. 13), S. 37.

[29] Hans-Jürgen Rautenberg, Norbert Wiggershaus, Die »Himmeroder Denkschrift« vom Oktober 1950. Politische und militärische Überlegungen für einen Beitrag der Bundesrepublik Deutschland zur westeuropäischen Verteidigung. In: MGM, 21 (1977), S. 135-206, hier S. 185; siehe auch: Schreiner, Das aktuelle Traditionsverständnis (wie Anm. 13), S. 42.

daten bezahlten dieses Engagement bislang mit ihrem Leben, noch einmal so viele wurden schwer verletzt. Gerade vor dem Hintergrund der deutschen Militärgeschichte kann man diese Einsätze gar nicht hoch genug einschätzen. Sie gehören inzwischen zum Kanon der Tradition der Bundeswehr.

4. Eine vierte Traditionslinie ist in den letzten Jahren in den Fokus der Bundeswehr gerückt[30]. Der Traditionserlass ruft dazu auf, in der Traditionspflege auch an solche Geschehnisse zu erinnern, »in denen Soldaten über die militärische Bewährung hinaus an politischen Erneuerungen teil hatten, die zur Entstehung einer mündigen Bürgerschaft beigetragen und den Weg für ein freiheitliches, republikanisches und demokratisches Deutschland gewiesen haben«[31]. Damit wird überdeutlich auf den noch unausgeschöpften Traditionsbestand der *»Bürgersoldaten« von 1848/49* verwiesen, der zugleich auch auf die mittelfristigen Folgen der Reformzeit nach 1807 zurückgreift[32].

VI. Preußische Reform und Traditionen der Bundeswehr

Alle vier Traditionslinien stehen im unmittelbaren Zusammenhang mit Erneuerungen, mit tief greifenden militärischen Reformen oder aktivem Widerstand. Aber stehen die Begriffe Tradition und Reform nicht im Widerspruch zueinander? Zugespitzt lässt sich auch fragen: Können Reformen überhaupt traditionswürdig sein oder Tradition für die Bundeswehr begründen?

Wenden wir uns zur Beantwortung dieser Frage den Preußischen Reformen des frühen 19. Jahrhunderts zu. Wenn es einen Traditionsbestand der Reformzeit gibt, muss sich aus ihm aktuell und zugleich zukunftsgerichtet eine Orientierung für Soldaten im 21. Jahrhundert ableiten lassen? Ein konkretes Beispiel liegt auf der Hand: Ohne sich dessen immer bewusst zu sein, stehen am Beginn soldatischen Dienstes in der Bundeswehr das Gelöbnis oder der Eid. Darin wird das Bekenntnis gesprochen, »der Bundesrepublik Deutschland treu zu dienen und das Recht und die Freiheit des deutschen Volkes tapfer zu verteidigen«. Mit diesen Worten steht der Staatsbürger in Uniform bewusst oder unbewusst in direktem historischen Bezug zu einem umfassenden Reformwerk, dessen Wirkungen bis heute im Staatsverständnis unseres Landes, im Bildungssystem, in den Rechtsgrundlagen und im Militärwesen zu finden sind, den Preußischen Reformen der Jahre 1808 bis 1813.

---

[30] Schreiner, Das aktuelle Traditionsverständnis (wie Anm. 13), S. 44 f.

[31] Richtlinien (wie Anm. 9), Ziff. 15.

[32] Dazu: Burkhard Köster, Neue Wege in der Traditionsbildung der Bundeswehr: Der »Bürgersoldat« von 1848. In: Perspektiven der Militärgeschichte. Raum, Gewalt und Repräsentation in historischer Forschung und Bildung. Im Auftrag des Militärgeschichtlichen Forschungsamtes hrsg. von Jörg Echternkamp, Wolfgang Schmidt und Thomas Vogel (in Vorbereitung).

Mit der Formulierung »Bundesrepublik Deutschland« und »deutsches Volk« wird unmittelbar deutlich, wofür Soldaten unter Umständen ihr Leben lassen müssen. Sie haben nichts gemein mit Söldnern, die ohne moralische Wertebindung für jeden bezahlenden Kriegsherrn gleichermaßen kämpfen[33]. Sie dienen vielmehr unserem demokratischen Staat und seiner freiheitlichen Verfassung und den Rechten seiner Bürger. Hier ist der Bezugspunkt die damals von den Reformern um Scharnhorst artikulierte Vorstellung, jeder Bürger eines Staates müsse zugleich dessen geborener Verteidiger sein. Aus Scharnhorsts Forderung nach innigerer Vereinigung von Armee und Nation erwächst damit zugleich die staatsbürgerliche Legitimation der Wehrpflicht[34]. Diese tief in unserem Selbstverständnis eines Rechtsstaates verwurzelte Traditionslinie ist bis heute prägend und bildet das Fundament der Traditionspflege in der Bundeswehr. Von Anbeginn an waren sich auch die Gründerväter der Bundeswehr dieses Sachverhalts bewusst. Die Vereidigung der ersten 101 Freiwilligen am 12. November 1955, am 200. Geburtstag des Militärreformers Scharnhorst, legt hierfür Zeugnis ab. Der 12. November hat sich zu einem offiziellen Gedenktag entwickelt, der regelmäßig mit einem öffentlichen Gelöbnis am Geburtsort Scharnhorsts, dem niedersächsischen Bordenau begangen wird. Der Soldat im Einsatz dient seiner Nation, seinem Vaterland, der Bundesrepublik Deutschland und ihrer verfassungsmäßigen Ordnung mit den dort formulierten Werten, ob in Deutschland oder einem Einsatzland.

Das Bekenntnis im Eid zur Bundesrepublik Deutschland weist auf den zweiten Reformbereich hin, der näher in den Blick genommen werden soll: auf die Verteidigung von Recht und Freiheit. Was 1807 mit der »Bauernbefreiung« begann und mit Städteordnung, Kommunalverfassung, Aufhebung von Zunftzwang und eingeschränkter Gewerbefreiheit, Judenemanzipation und umfassender Bildungsreform weiterging, war ein umfassender Reformansatz im Staats- und Bildungs- und Militärwesen. Teilhabe aller Bürger am Staatwesen und seiner Verteidigung, das Prinzip der Rechtsstaatlichkeit mit vielen Freiheitsrechten finden dort ihre Wurzeln, ebenso wie die Verankerung des Wertes Menschenwürde. Letztlich gründet das Bild vom Staatsbürger in Uniform auf dem Menschenbild der preußischen Reformzeit.

Freiheit entstand für die Reformer »durch die Einsicht in das sittlich Notwendige«[35]. Preußische Reformer, wie die Begründer der Inneren Führung der Bundeswehr, wollten »neue« Soldaten, die aus freiem Willen und Überzeugung dienten. Das bedeutete in beiden Fällen, dass Ehre und Würde des einzelnen Soldaten zu achten waren. Repressive Militärstrafen vertrugen sich damit ebenso wenig, wie nach 1955 ein Versagen staatsbürgerlicher Rechte. Hier findet die

---

[33] Handbuch Innere Führung (wie Anm. 2), S. 18 f., 67.
[34] Vgl. Kutz, Reform als Weg (wie Anm. 26), S. 83: Für ihn ist die Verbindung von Wehrpflicht und Freiheit zu dem Missverständnis umgedeutet worden, Wehrpflicht sei das legitime Kind der Demokratie. Vgl. dazu auch: Jörg Echternkamp, Feinde in den Freiheitskriegen – Militärische Tradition an der Spitze des Fortschritts. In: Militärgeschichte. Zeitschrift für historische Bildung, (2000), 4, S. 74.
[35] Kutz, Reform als Weg (wie Anm. 26), S. 82.

Konzeption der Inneren Führung der Bundeswehr ihren historischen Bezug. Der mündige Staatsbürger in Uniform muss Staatsbürger sein dürfen, als gebildeter, politisch denkender und handelnder Mensch integriert in Staat und Gesellschaft. Innere Führung beruht auf Einsicht in die Verteidigungswürdigkeit des Staates und eigenes Erleben der Rechte. Es geht letztlich darum, die Spannung zwischen den staatsbürgerlichen Rechten und den Forderungen militärischer Effizienz auszubalancieren. Gehorsam aus Einsicht verlangt Bildung, eine Forderung, die in der Neuregelung des Offizierersatzes und der Offizierausbildung nach 1808 sichtbar wurde und in der Bundeswehr letztlich in der Gründung der beiden Universitäten ihren Niederschlag fand. Die Reaktionen der Streitkräfte auf die gesellschaftlichen Umbrüche der 1960er-Jahre und auf den »Bildungsnotstand« gelten heute bei vielen Historikern als eigentliche »Reform« der frühen Bundeswehr. Der Freiheitsbegriff der preußischen Reformer ist von fundamentaler Bedeutung für Soldatinnen und Soldaten der Bundeswehr. Wenn heute Soldatinnen und Soldaten die Verteidigung der »Freiheit« geloben, stehen sie in einen unmittelbaren Traditionsbezug zu der gut 200 Jahre zurückliegenden Reformära.

Die Tradition der preußischen Reformen ist durch Personen und Symbole tief in die Traditionspflege der Bundeswehr verankert. Nach Scharnhorst wurden mehrere Kasernen in Deutschland benannt, andere nach Carl von Clausewitz, August Neidhardt von Gneisenau, aber auch von Fürst von Hardenberg, Karl Freiherr vom und zum Stein, Gebhard Leberecht von Blücher, Ludwig Graf Yorck von Wartenburg, Adolf von Lützow, Theodor Körner und anderen mehr[36]. Viele der Namensgeber haben sich auch in den Befreiungskriegen militärisch ausgezeichnet. Diese Namen zeigen, dass es dem Reformer Scharnhorst ebenso wie dem Reformer Baudissin 150 Jahre später nicht um eine Reform um der Reform willen ging. In erster Linie ging es beiden um eine dem Kriegsbild entsprechende, schlagkräftige Armee. Die Streitkräfte sollten »zu einem Instrument von höchster Schlagkraft«[37] gestaltet werden. Dieses Bestreben zeigt sich in der praktischen Ausgestaltung der militärischen Reformen nach 1808: Änderung der Kriegführung, Öffnung des Offizierkorps für Bürgerliche, Neuregelung der Offizierausbildung verbunden mit der Forderung nach Bildung, Reform der Militärstrafen, Schaffung des Kriegsministeriums, Einführung der allgemeinen Wehrpflicht nach 1813, um nur die zentralen Punkte zu nennen. Es ging und geht auch heute darum, Soldaten der Bundeswehr für ihre Aufgaben einsatzbereit zu machen. 1813 hieß die Bewährungsprobe Aufstand gegen die Besatzungsmacht und Befreiungskrieg mit verbündeten Nationen.

Hierfür hatte Gneisenau schon 1811 eine Tapferkeitsauszeichnung angeregt, einen Gedanken, der am 13. März 1813 mit der Stiftung des Eisernen Kreuzes umgesetzt wurde. Mit dieser im Kampf um die Freiheit der Nation verliehenen Auszeichnung verbinden bis heute viele Deutsche – nicht nur Soldaten – Tapferkeit und Freiheitsliebe. Von besonderer Bedeutung bleibt auch der oft ver-

---

[36] Dazu auch de Libero, Tradition (wie Anm. 5), S. 51.
[37] Handbuch Innere Führung (wie Anm. 2), S. 17.

gessene, damals revolutionäre und aufgeklärte Ansatz, dass bei der Verleihung erstmals dem Dienstgrad oder dem gesellschaftlichen Rang keine Bedeutung zukam. Dementsprechend erhielt das zweite jemals verliehene Eiserne Kreuz 2. Klasse mit dem Füsilier Lemke vom Bataillon Borcke für das Gefecht von Lüneburg am 2. April 1813 ein Mannschaftsdienstgrad. Die im Kampf um Freiheit der Nation verliehene Auszeichnung wurde von der Gesellschaft und vom Staat hoch geachtet und gewürdigt.

Das Eiserne Kreuz steht heute als noch überall sichtbares Zeichen für die Traditionslinie der Reformen von 1808 bis 1813. Es symbolisiert die überlieferungswürdigen Werte. Es versinnbildlichte schon für die Gründerväter der Bundeswehr tapferen soldatischen Dienst für die Freiheit unter Inkaufnahme der Gefahr von Verwundung und Tod – ein Aspekt, der auch für die Bundeswehr im Einsatz von besonderer Relevanz ist. Ob als Hoheitsabzeichen an Fahrzeugen oder an der Ordensspange in Form des Ehrenkreuzes: Die Form begegnet uns heute fast täglich. Das Eiserne Kreuz besitzt nach über 190 Jahren noch immer eine ungeheure Ausstrahlung und Bedeutung und ist damit »gute alte Tradition« der Bundeswehr seit 55 Jahren[38]. In der Sonderstufe des Ehrenkreuzes der Bundeswehr für Tapferkeit stehen die Staatsbürger in Uniform des 21. Jahrhunderts in unmittelbarer Tradition der Stiftung des Eisernen Kreuzes 1813.

VII. Schluss

Sicherlich stellt sich für den kritischen Historiker manche Erscheinung aus der preußischen Reformära als »Rückgriff aufs Historische in idealisierter Gestalt« dar[39]. Auch wenn es sich vielfach um Ideale handelte und zahlreiche Reformen nicht vollständig umgesetzt werden konnten bzw. im Sinne der Restauration wieder relativiert wurden, muss aber auch zur Kenntnis genommen werden, dass der »historische Bezug, die Orientierung am historischen Vorbild«[40] dieser Epoche konstituierend für die Gründerväter der Bundeswehr um Graf von Baudissin war. Sie wollten nach dem moralischen und militärischen Scheitern der Wehrmacht neue Streitkräfte gestalten, die sich an den Werten eines Freiherrn vom Stein, wie »Freiheit, Recht, Ehre und Würde des Einzelnen« ausrichten sollten[41]. Dieser unstrittige, weil emotional wenig aufgeladene Reformbestand besitzt im Kern auch im 21. Jahrhundert weiterhin zukunftsweisende und Identität stiftende Inhalte. Für Freiheit, Recht und Menschenwürde dienen Soldatinnen und Soldaten der Bundeswehr weltweit in unterschiedlichen

---

[38] Burkhard Köster, Symbol für Tapferkeit. In: Y. Magazin der Bundeswehr, (2003), 3, S. 94.
[39] Kutz, Reform als Weg (wie Anm. 26), S. 72.
[40] Ebd., S. 74.
[41] Baudissin, Soldatische Tradition (wie Anm. 25), S. 87.

Einsätzen. Den Wertebezug ihres Dienstes, der den Einsatz von Leib und Leben real fordert, können Sie sich u.a. an ausgewählten Beispielen der preußischen Reformära klarmachen.

Damit beantwortet sich auch die zu Beginn gestellte Frage: Ja, militärische Reformen können Tradition begründen. Ausgewählte Reformzeiten eignen sich vielleicht sogar besser als andere historische Epochen dazu, diese Wertegebundenheit deutlich zu machen. Im Vorher-nachher-Vergleich werden aus der historischen Retrospektive Fortschritte, Innovationen, aber auch Irrwege deutlich. Militärische Reformen können »Zukunft aus der Vergangenheit« weisen. Traditionspflege der Bundeswehr sollte nicht heißen, »alte Zöpfe« aus der friderizianischen Armee zu pflegen, sondern in der Auseinandersetzung mit dem Althergebrachten nach Überlieferungswürdigem zu suchen. Davon haben die Preußischen Reformen einen zentralen Kernbestand zu bieten, der – vielleicht gerade weil er relativ unstrittig ist – jedoch immer wieder von jeder Staatsbürgerin und jedem Staatsbürger in Uniform aktiv mit Leben gefüllt werden muss.

Rudolf J. Schlaffer

Der Aufbau der Bundeswehr: Reform oder Reformierung?

I. Die Bundeswehr: Reform und Neuanfang?

»Etwas grundlegend Neues schaffen« wollten die »Gründerväter« der Bundeswehr, so der ehemalige Verteidigungsminister Peter Struck im Jubiläumsjahr der deutschen Streitkräfte 2005[1]. Nach dieser Lesart wäre ihre Gründung im November 1955 wohl eine Zäsur in der bisherigen deutschen Militärgeschichte gewesen. Das Jahr 1955 wird seither in der Bundeswehr positiv als ein »Reformjahr« in militärischen Angelegenheiten verstanden. Dies geschieht zumeist unter Bezugnahme auf die preußischen Reformen von 1806, mit denen vor allem die Namen Karl Freiherr vom Stein und Gerhard von Scharnhorst verbunden werden. Geschichtswissenschaftlich wird dagegen die Auffassung vom »Reformjahr« verstärkt hinterfragt[2]. In der Politik wird mit dem Begriff »Reform« eine größere, planvolle und vor allem gewaltlose Umgestaltung bestehender Verhältnisse und Systeme bezeichnet. Etymologisch bezeichnet das Wort eine Wiederherstellung. Der dritte Generalinspekteur der Bundeswehr, General Ulrich de Maizière, nannte – über 30 Jahre nach seiner Pensionierung – die Bundeswehr im selben Jahr am selben Ort wie Struck »Neuschöpfung«[3]. Das Wort Neuschöpfung impliziert eine Art Unbescholtenheit, einen rigorosen Neuanfang, einen Bruch mit der bisherigen Entwicklung. Nimmt man beide Begriffe zusammen, bezeichnen sie Umgestaltung, Wiederherstellung und Neuanfang. Hieraus entsteht aber ein Widerspruch: Eine Umgestaltung und Wiederherstellung gründet auf dem Vorherigen; es entsteht aus Kontinuität sowie Neuem und bedeutet eine novellierte Rekonstruktion. Eine Neuschöpfung oder ein Neuanfang basiert hingegen auf einer Loslösung, eben ohne einen

---

[1] Peter Struck, Geleitwort des Bundesministers der Verteidigung. In: Entschieden für Frieden. 50 Jahre Bundeswehr 1955 bis 2005. Im Auftrag des MGFA hrsg. von Klaus-Jürgen Bremm, Hans-Hubertus Mack und Martin Rink, Freiburg i.Br., S. 4.

[2] Vgl. etwa: Tradition und Reform im militärischen Bildungswesen. Von der preußischen Allgemeinen Kriegsschule zur Führungsakademie der Bundeswehr. Eine Dokumentation 1810-1985, Baden-Baden 1985; Martin Kutz, Deutsche Soldaten. Eine Kultur- und Mentalitätsgeschichte, Darmstadt 2006; Detlef Bald, Die Bundeswehr. Eine kritische Geschichte 1955-2005, München 2005.

[3] Ulrich de Maizière, Was war neu an der Bundeswehr. In: Entschieden für Frieden (wie Anm. 1), S. 11.

Rückgriff auf bisherige Strukturen und Personen. Die positive Verwendung sowie Vermengung der Begriffe Reform und Neuschöpfung offenbart daher einen Widerspruch, welcher der offiziellen, offiziösen, aber auch wissenschaftlichen Interpretation der Aufbaugeschichte der Bundeswehr innewohnt. Aber was stellte die Bundeswehr der 1950er und 1960er-Jahre nun dar – eher eine Reformarmee oder eine wirkliche Neuschöpfung? Werden hier nicht Titulierungen verwendet, die nicht zutreffen können? Oder war die Bundeswehr weder das eine noch das andere; war sie vielleicht nur eine Reformierung bisheriger deutscher Streitkräfte und hier vor allem der nationalsozialistischen Wehrmacht in einem anderen politischen System?

II. Die Bundeswehr: Eine Neuschöpfung?

Einer der prominentesten Vertreter der sogenannten Aufbaugenerationen der Bundeswehr[4] war de Maizière selbst. Er galt als Pragmatiker und bezeichnete sich als solcher. In der Fremdwahrnehmung und in seiner Selbstsicht wird er in eine Reihe mit Wolf Graf von Baudissin und Johann Adolf Graf von Kielmansegg gestellt[5]. Der Militärhistoriker und Bundeswehrkritiker Martin Kutz sieht ihn dagegen als »Zuverlässigen«, der »zu Hause«, also nicht in der NATO, Karriere machte. Die »Zuverlässigen« charakterisierten das loyale Verhalten in der Wehrmacht während des Putschversuches gegen Adolf Hitler am 20. Juli 1944[6]. Ulrich de Maizière galt als Vertreter der »Neuschöpfungsthese« und war vielleicht sogar ihr Wegbereiter. Er sah das »Neue« durch vier Grundentscheidungen verwirklicht: 1. Armee in einem Bündnis, 2. Armee für die Verteidigung, 3. Organisation als Gesamtstreitmacht und schließlich 4. Armee in der Demokratie. Kontinuitäten sah er lediglich in den weit über die Wehrmacht hinaus reichenden Traditionen. Vor allem seien die preußischen Militärreformen neben dem Widerstand gegen Hitler beispielgebend für die Bundeswehr gewesen[7].

---

[4] Vgl. hierzu das Projekt im MGFA zu den »Militärischen Aufbaugenerationen der Bundeswehr von 1955 bis 1970«, das 2010 als Sammelband erscheinen soll. Bisher wurden die »Gründerväter« oder »Aufbauväter« mit der politischen oder militärischen Spitze identifiziert. Dies stellt aber eine Verkürzung dar. Vielmehr waren sowohl Zivilisten als auch Soldaten aller Hierarchieebenen beteiligt und nahmen am Aufbauprozess teil. Mit dem genannten Projekt wird diesem Umstand für die Soldaten Rechnung getragen. In einem Folgeprojekt könnten dann die zivilen Aufbaugenerationen analysiert werden. Auf die verschiedenen Generationen dieses Projektes wird im Folgenden eingegangen.

[5] Interview General a.D. Ulrich de Maizière mit dem Verfasser in Bonn-Heiderhof am 5.4.2005.

[6] Martin Kutz, Deutsche Soldaten (wie Anm. 2), S. 199. Weiterführende Erkenntnisse über Ulrich de Maizière sind durch die Forschungen von John Zimmermann am MGFA zu erwarten. Er arbeitet an einer biografischen Skizze für das Projekt »Aufbaugenerationen« und an einem militärischen Lebenslauf anlässlich des bevorstehenden 100. Geburtstages.

[7] Ulrich de Maizière, Was war neu (wie Anm. 3), S. 11-16.

Mit der Aufnahme der Bundesrepublik Deutschland in die NATO im Jahr 1955 gelang es dem ersten Bundeskanzler Konrad Adenauer (CDU), den jungen demokratisch verfassten westdeutschen Staat weitgehend aus dem Besatzungsstatut der Westmächte USA, Großbritannien und Frankreich herauszulösen. Sein Ziel war die Souveränität, das Mittel die Bundeswehr und der Katalysator seit dem Jahr 1950 der Korea-Krieg[8]. National unabhängige westdeutsche Streitkräfte waren aus mehreren Gründen weder für die westdeutschen Planer seit Himmerod[9] noch für die Westalliierten eine Alternative. Trotz der Konfrontation mit der Sowjetunion blieb ein stetes Unbehagen bei den vormaligen Kriegsgegnern und nunmehrigen Verbündeten bei dem Gedanken, dass bald wieder fast 500 000 westdeutsche Soldaten unter Waffen stehen sollten. Auch nach immerhin zehn Jahren ohne Militär standen die militärischen Fähigkeiten der deutschen Soldaten bei den Besatzungsmächten weiter hoch im Kurs. Die Verlagerung von strategischen Entscheidungsbefugnissen sowie operativer Planungs- und Führungsfreiheit von der Bundesregierung zur NATO sollte zu einem wichtigen Sicherungsmechanismus werden[10]. Die Einbindung der Bundeswehr in die Befehls- und Kommandostruktur der NATO, die Gliederung der Truppenverbände und die Bewaffnung waren daher weniger eine westdeutsche Einsicht als vielmehr eine alliierte Vorgabe. Für die westdeutschen politischen Entscheidungsträger schien dies hinnehmbar, um das Ziel der Souveränität nicht zu gefährden. Für die militärischen Planer bildete es eine Prämisse, die kaum infrage gestellt werden konnte, wenn man überhaupt wieder »mitspielen« wollte[11].

Die Bundeswehr wurde konsequent als Verteidigungsarmee aufgebaut. Wie die NATO als politisches und militärisches Verteidigungsbündnis im Jahr 1949 kreiert worden war, so war es durch das Grundgesetz in den Artikeln 24, 26 und mit der Einfügung des Artikels 87 a und b vorgegeben, dass die Bundesrepublik Streitkräfte zur Verteidigung aufstellt und von ihrem Territorium kein Angriffskrieg mehr ausgehen darf. Der Begriff der Verteidigung ist freilich eine Frage der Perspektive. Man ging davon aus, dass die Sowjetunion ihre bisherige Handlungsweise auch nach dem Zweiten Weltkrieg weiter verfolgen und die von ihr vom Nationalsozialismus befreiten Staaten unterjochen würde. Die

---

[8]   Rudolf J. Schlaffer, Der Wehrbeauftragte 1951 bis 1985. Aus Sorge um den Soldaten, München 2006, S. 23-25.

[9]   Zur Himmeroder Tagung: Hans Jürgen Rautenberg, Jürgen Wiggershaus, Die »Himmeroder Denkschrift« vom Oktober 1950: politische und militärische Überlegungen für einen Beitrag der Bundesrepublik Deutschland zur westeuropäischen Verteidigung, Karlsruhe 1977.

[10] Fraglich ist, ob die strategischen und operativen Fähigkeiten überhaupt vorher ausgeprägt waren. Vielmehr blieb militärisches Denken seit 1871 meist auf der taktischen Ebene stecken. Das vielfach gelobte Prinzip des »Führens mit Auftrag« ist zuvorderst eine taktische Innovation, das auf der operativen und strategischen Ebene schnell an seine Grenzen gelangte. Im derzeit laufenden Forschungsprojekt am MGFA »Die Spitzengliederung der Bundeswehr im politischen und gesellschaftlichen System der Bundesrepublik Deutschland« wird unter anderem auch diese Frage analysiert.

[11] Schlaffer, Der Wehrbeauftragte (wie Anm. 8), S. 25-28.

Angst vor der Roten Armee war sowohl durch die Kriegserfahrungen als auch durch die damit verbundene Propaganda in der westdeutschen Öffentlichkeit weit verbreitet[12]. Dieser Logik folgend, die durch den Angriff des kommunistischen Nordkorea auf das »freiheitliche« Südkorea zusätzliche Bestätigung erhielt, fand man sich gerne auf der Seite der bedrohten Völker wieder – gerade, weil mit der SBZ/DDR bereits ein Sowjetsatellit auf deutschem Boden geschaffen worden war. Auf der anderen Seite darf die Gegnerperspektive nicht übersehen werden: Aus Sicht der Sowjetunion wurde es vom neuen Hegemon USA und dessen pazifischen wie europäischen Verbündeten eingekreist. Die Fähigkeiten der NATO – allen voran natürlich der USA – zum strategischen Einsatz von Nuklearwaffen lagen wesentlich höher als die des erst 1956 gegründeten Warschauer Paktes oder der Sowjetunion. Während Moskau sich eher in der Defensive sah und lediglich seinen »cordon sanitaire« erweitern wollte, verfügten die USA und ihre Verbündeten über ein weltweites Stützpunktsystem mit Zugang zu allen Kontinenten und Weltmeeren. Moskaus Antwort war aufgrund der strategischen Fähigkeitslücken eine massive atomare und konventionelle Waffenkonzentration, die auf Mittel- und Westeuropa gerichtet war. Allein in diesem Raum konnte der Ostblock offensiv werden; global betrachtet befand er sich über den gesamten Kalten Krieg tatsächlich in der Defensive[13].

Eine weitere Neuerung bildete die Organisation der Bundeswehr als Gesamtstreitmacht. Die Spitzengliederung der Wehrmacht besonders während des Zweiten Weltkrieges glich alles andere als einem straffen und effizienten System. Zwar existierte mit dem Oberkommando der Wehrmacht (OKW) in der Anfangsphase des Krieges eine Institution, die für den Gesamtkriegschauplatz verantwortlich zeichnete. Trotzdem führten die Wehrmachtsteile Heer, Luftwaffe und Marine ein mehr oder weniger autarkes Dasein – von den paramilitärischen NS-Parteiformationen wie der Allgemeinen- oder Waffen-SS ganz zu schweigen. Auch die lange als Klammer dienende Figur des »Führers« Adolf Hitler vermochte es nicht, dieses Konglomerat an Konkurrenzorganisationen und -strukturen zielgerichtet zu steuern. Hitler verhinderte lediglich ein völliges Auseinanderfallen, von einer intentionalen gemeinsamen Handlungsweise konnte keine Rede sein[14]. Aus dieser Erfahrung einer tendenziell chaotischen

---

[12] Vgl. Jahrbuch der öffentlichen Meinung 1947-1955. Hrsg. von Elisabeth Noelle und Erich Peter Neumann, Bd 1, zweite durchgesehene Aufl., Allensbach 1956, S. 360 f.; Reinhard Mutz, Sicherheitspolitik und demokratische Öffentlichkeit in der BRD. Probleme der Analyse, Kritik und Kontrolle militärischer Macht, München, Wien 1978, S. 89-111.

[13] Vgl. Dieter Krüger, Schlachtfeld Bundesrepublik? Europa, die deutsche Luftwaffe und der Strategiewechsel der NATO 1958 bis 1968. In: Vierteljahrshefte für Zeitgeschichte, 56 (2008), S. 171-225; Bruno Thoß, »Bedingt abwehrbereit«. Auftrag und Rolle der Bundeswehr als NATO-Mitglied während der Kuba-Krise. In: Vor dem Abgrund. Streitkräfte der USA und UdSSR sowie ihrer deutschen Bündnispartner in der Kubakrise. Hrsg. von Dimitrij N. Filippovych und Matthias Uhl, München 2005, S. 65-84.

[14] Vgl. hierzu besonders Andreas Kunz, Wehrmacht und Niederlage. Die bewaffnete Macht in der Endphase der nationalsozialistischen Herrschaft 1944 bis 1945, 2. Aufl., München 2007. Als neueste Studie, die dieses aus Durchhaltewillen und Entprofessionalisierung erzeugte Chaos eindringlich analysiert, sei verwiesen auf: John Zimmermann, Pflicht zum Untergang. Die deutsche Kriegführung im Westen des Reiches 1944/45, Paderborn 2009.

Organisation zogen die Planer beim Aufbau der Bundeswehr Konsequenzen. In der sogenannten Bundeswehrlösung vereinigte man zentrale Abteilungen für Personal, Haushalt und Rüstung im Bundesministerium für/der Verteidigung und schuf neben einer einheitlichen zivilen Bundeswehrverwaltung eine militärische Struktur für territoriale Aufgaben. Einen erneuten Modernisierungsschub erfuhr diese Gesamtausrichtung in den letzten Jahren mit dem Berliner Erlass zur Stärkung der Aufgaben und Befugnisse des Generalinspekteurs vom Januar 2005 sowie mit der Schaffung eines gemeinsamen (»joint«) Organisationsbereiches, der Streitkräftebasis, mit einem eigenen Inspekteur[15]. Fraglos stellte die »Bundeswehrlösung« in der Aufbauphase gegenüber dem »Immediatwahn« des Kaiserreiches oder des »Dritten Reiches« einen fundamentalen Fortschritt dar, war aber von einer zentralen und straffen Organisation auf der Ebene einer Gesamtstreitkraft noch weit entfernt. Seit Adolf Heusinger[16] reduzierte sich die Stellung des Generalinspekteurs zunächst auf die eines militärischen Hauptabteilungsleiters, der eingeklemmt zwischen der politischen Leitungsebene, den zivilen Abteilungsleitern und den Inspekteuren der Teilstreitkräfte agieren musste. Diesen saß er im Militärischen Führungsrat (MFR) vor. Als militärischer Berater des Verteidigungsministers verfügte er immerhin über eine herausgehobene Stellung, jedoch blieb sein Handlungsspielraum aufgrund der Kompetenzen der politischen und zivilen Ebenen eingeschränkt. Auch seine Möglichkeiten, gegen den Willen der Inspekteure etwas zu bewirken, nahmen sich eher bescheiden aus. Wie chaotisch trotz allem auch das Verteidigungsministerium organisiert war, belegt die wiederholte Kritik des Wehrbeauftragten an den ministeriellen Arbeitsabläufen in den 1960er und 1970er-Jahren[17]. Auch in der aktuellen Einrichtung der Streitkräftebasis gelingt es übrigens nicht, die Personalstellen ausschließlich nach Qualifikation zu besetzen; es herrscht weiterhin der Proporz nach Teilstreitkraftzugehörigkeit.

Obwohl die Gesamtausrichtung der Bundeswehr gegenüber Reichswehr und Wehrmacht stärker realisiert worden war, schwächte das Kompetenzgerangel zwischen Streitkräfteebene, Teilstreitkräften, zivilen Abteilungen im BMVg und der zivilen Wehrverwaltung die Bundeswehr als Gesamtorganisation weiter. Inwieweit diese Spitzenorganisation also auch auf den zweiten Blick »neu« war, lässt sich aufgrund der personellen und strukturellen Kontinuitäten aus der Wehrmacht bezweifeln.

Zuletzt bleibt das wichtigste Merkmal der »Neuschöpfung« übrig: die Armee in der Demokratie. Zweifelsohne war die Bundesrepublik Deutschland seit 1949 eine parlamentarische Demokratie, wenn auch ohne Alternative, weil von den Westalliierten vorgegeben. Ob die westdeutsche Bevölkerung tatsächlich in der Lage gewesen wäre, den demokratischen Weg ohne die »Supervisoren« USA, Großbritannien und Frankreich zu gehen, darf durchaus infrage gestellt

15   Ulrich de Maizière, Was war neu (wie Anm. 3), S. 12 f.
16   Vgl. Georg Meyer, Adolf Heusinger. Dienst eines deutschen Soldaten 1915 bis 1964, Hamburg 2001; Georg Meyer, Adolf Heusinger 1945-1961: Vom Kriegsgefangenen zum Generalinspekteur, Potsdam 1997.
17   Schlaffer, Der Wehrbeauftragte (wie Anm. 8), S. 141 f.

werden. Ebenso wie für die Staatsform galt dies auch für das Signet einer Armee in der Demokratie. Wirklich neu war hingegen, wie man das pluralistisch-demokratische System des Staates zu dem hierarchisch-funktionalen der »neuen Streitkräfte« kompatibel gestaltete. Dieses Problem entwickelte sich zu einem wesentlichen Zankapfel in der innenpolitischen Auseinandersetzung um die westdeutsche Aufrüstung. Neben den äußeren parlamentarischen und außerparlamentarischen Kontrollmechanismen wie dem Wehrbeauftragten des Deutschen Bundestages, dem Verteidigungsausschuss, dem Budgetrecht oder der zivilen Leitung der Bundeswehr bzw. der zivilen Wehrverwaltung kam dem inneren Kontrollelement in Form einer Organisations- und Führungsphilosophie eine tragende Bedeutung zu. Die »Innere Führung« sollte den »freien Menschen, guten Staatsbürger und vollwertigen Soldaten« in einem Sinnsystem verbinden[18]. Sie vereint also den Soldaten mit dem in der freiheitlichen Ordnung lebenden Staatsbürger in einer Person[19]. Dieses für bisherige deutsche Binnenverfassungen fortschrittliche Konzept wurde maßgeblich von Wolf Graf von Baudissin verantwortet[20]. Dabei fanden die Planer im militärisch unbedeutenden Schweden ein Modell. Darauf aufmerksam wurde man auf Anregung des Bundestagsabgeordneten Ernst Paul (SPD), der dort während des »Dritten Reiches« im Exil gelebt hatte. Eine Kommission des Deutschen Bundestages, an der auch Ulrich de Maizière als Vertreter aus dem Amt Blank im Jahr 1954 teilgenommen hatte, sah in den schwedischen Verhältnissen ein Vorbild für das innere Gefüge der neuen Streitkräfte und die geplante Institution des Wehrbeauftragten. Die »Innere Führung« der Bundeswehr zeichnete sich durch die Übernahme und Umsetzung der Prinzipien des demokratischen Rechtsstaats in die Organisationsphilosophie der Armee aus. Anders als in der Reichswehr gab es fortan kein Nebeneinander mehr von Armee und Staat, weil die verfassungsmäßig garantieren Grundrechte bis auf wenige Einschränkungen voll in die Streitkräfte übernommen wurden. Die bewaffnete Macht und die demokratische Staatsform fanden auf diese Weise zusammen. Trotzdem musste diese Binnenverfassung die militärische Funktionsfähigkeit garantieren, also eine »offene« Gesellschaftsform mit einem autoritären an Befehl und Gehorsam orientierten »geschlossenen« Militärsystem akkulturieren. Deswegen hielten sich auch Bezüge zum Konzept des nationalsozialistischen »Volksheeres«. Der Soldat der Bundeswehr wurde wie der Wehrmachtsoldat ein politischer Soldat; er unterstand weiterhin dem Primat des Politischen. Prägnant formuliert heißt das: Elemente des Wehrmachtgefüges wurden übernommen und das Führer-

---

[18]   BA-MA, BW 9-411, fol. 24, Verfügung Blank, Az: L/II-58/53 geh. Vom 10.1.1953: Regelung der »Inneren Führung«. Vgl. auch Frank Nägler, »Innere Führung«: Zum Entstehungszusammenhang einer Führungsphilosophie. In: Entschieden für Frieden (wie Anm. 1), S. 321-339.
[19]   Rudolf J. Schlaffer, Die Innere Führung: Wolf Graf von Baudissins Anspruch und Wahrnehmung der Wirklichkeit. In: Wolf Graf von Baudissin (1907-1993). Modernisierer zwischen totalitärer Herrschaft und freiheitlicher Ordnung. Hrsg. von Rudolf J. Schlaffer und Wolfgang Schmidt, München 2007, S. 139-149, hier S. 142.
[20]   Vgl. die Beiträge in: Wolf Graf von Baudissin (wie Anm. 19).

prinzip durch das demokratische Prinzip ersetzt[21]. Denn anders als Kritiker oft verlautbarten[22], war die »Innere Führung« eben keine »Weiche Welle«, sondern forderte im Wesenskern den Kämpfer im »totalen« oder »permanenten Welt- bürgerkrieg«. Allerdings sollte solch ein Kämpfer seine Motivation durch die Einsicht in die Notwendigkeit des militärischen Dienens erfahren. Das »Dienen wofür« bildete fortan die individuell reflektierte Basis anstatt des bislang gülti- gen »absoluten Gehorsams«[23]. Eine in der Theorie intellektuell anspruchsvolle, aber dennoch wegweisende Philosophie.

In der Praxis ließ sie nur ein wesentliches Element außer Acht: das für den Aufbau der Bundeswehr zur Verfügung stehende Personal. Die Mehrheit dieses Personals war eben nicht in der Lage, den geistigen Sprung von der Wehrmacht über zehn Jahre ohne Militär zur Bundeswehr zu vollziehen. Die militärische Führung stand vor der unlösbaren Herausforderung, innerhalb von wenigen Jahren Streitkräfte von einer halben Million Soldaten aus dem Boden zu stamp- fen und mit der »neuen« Philosophie so vertraut zu machen, dass sie im Solda- tenalltag »gelebt« werden konnte. Durch die politischen Vorgaben geknebelt, die sich wenig darum scherten, wie beides erreicht werden mochte, sah man sich vor die Wahl zwischen einem möglichst schnellen Aufbau zur Erfüllung der Bündnisverpflichtungen und der Verankerung der »Inneren Führung« ge- stellt. Wer hätte sich bei diesen Alternativen wohl für die »Innere Führung« entschieden? Auch die politische Leitung und die militärische Führung der Bundeswehr setzte diese auf der Prioritätenliste nicht wirklich ganz nach oben. Daher verwundert es kaum, dass die Philosophie bis 1970 erst einmal ein Place- bo blieb – nach außen propagiert, nach innen torpediert[24].

Die Bundeswehr der Aufbauphase war fraglos eine Armee in einem Bünd- nis. Sie war zudem eine Verteidigungsarmee und mehr oder minder als Ge- samtstreitmacht organisiert. Wesentlich war jedoch der Aspekt von »Streitkräf- ten in der Demokratie«, in deren innerer Organisation sich auch die Staatsform wiederfinden musste. Dass diese Elemente in den vorherigen deutschen Ar- meen kaum oder überhaupt nicht ausgeprägt waren, ist unbestritten. Ob aber die versuchte Neuausrichtung zwischen 1955 und 1970 schon das Etikett einer Neuschöpfung wert ist, darf mit guten Gründen bezweifelt werden. Dafür fan- den sich in diesem Zeitraum einfach noch zu viele »alte« Wesenszüge, was per se zu damaliger Zeit weniger negativ bewertet und selbst von den Alliierten so gewollt war. Gerade die US-Amerikaner bauten auf die Zusammenarbeit mit den im Kampf gegen die Rote Armee erfahrenen Wehrmachtsoldaten unter

---

21 Vgl. Das Deutsche Reich und der Zweite Weltkrieg, Bd 9/1: Die deutsche Kriegsgesell- schaft 1939 bis 1945. Politisierung, Vernichtung, Überleben. Hrsg. von Jörg Eckernkamp, München 2004, S. 639 f. (Beitrag Förster); Nägler, Innere Führung (wie Anm. 18).
22 Vgl. Hans-Georg von Studnitz, Rettet die Bundeswehr!, Stuttgart 1967.
23 Rudolf J. Schlaffer, Schleifer a.D.? Zur Menschenführung im Heer der Aufbauphase. In: Helmut Hammerich, Dieter Kollmer, Martin Rink, Rudolf J. Schlaffer unter Mitarbeit von Michael Poppe, Das Heer 1950 bis 1970. Konzeption, Organisation und Aufstellung (= Sicherheitspolitik und Streitkräfte der Bundesrepublik Deutschland, Bd 3), S. 615-698, München 2006, hier S. 629-635; Nägler, Innere Führung (wie Anm. 18).
24 Vgl. Schlaffer, Der Wehrbeauftragte (wie Anm. 8), S. 272-275.

ihrer Kontrolle. Wichtiger ist allerdings, ob diese Wesenzüge in der weiteren
Entwicklung bestehen blieben oder sich tatsächlich überlebten.

III. Die Bundeswehr: Eine Reformarmee?

Eine Neuschöpfung oder ein Neuanfang mit Strukturbruch war der Aufbau der
Bundeswehr jedenfalls nicht. Passt dann aber zumindest das Etikett der Reformarmee? Wie bereits eingangs formuliert, bezeichnet eine Reform eine größere, geplante und vor allem gewaltlose Umgestaltung bestehender Verhältnisse. Wenn diese drei Eigenschaften auf den Bundeswehraufbau übertragen
werden, dann war dies in der Tat eine Reform. Im Vergleich zur Wehrmacht
änderten sich der äußere Rahmen und das innere Gefüge deutlich. Planungen
für westdeutsche Streitkräfte gab es bereits seit Ende der 1940er-Jahre. Einzig
stellt sich die Frage, ob die Veränderungen auch gewaltlos initiiert wurden.
Zweifel tauchen bei der Unterstellung auf, dass die deutschen Militärs ohne die
totale Niederlage von 1945 in der Lage gewesen wären, von sich aus eine solche
Umgestaltung vorzunehmen. So wie für die preußischen Reformen die Niederlage gegen Napoleon Bonaparte im Oktober 1806 ausschlaggebend war, so war
hier der verlorene Zweite Weltkrieg wegweisend. Der Vergleich hinkt vor allem
dort beträchtlich, wo es um die Art der Niederlage geht. Während sich die
preußischen Heeresreformer in Zeiten der Schwäche für eine Erhebung gegen
den militärisch bisher überlegenen Usurpator rüsteten, agierten die Bundeswehrplaner in einer moralisch und militärisch völlig zerrütteten Lage. Der
Zweite Weltkrieg war von der NS- und Wehrmachtelite verbrecherisch geführt
worden, viele Deutsche wurden dabei zu Tätern oder Beihelfern. Für Baudissin
kam dies einem »offenkundig sittlichen, politischen und militärischen Zusammenbruch« gleich[25]. Politisch gesehen brauchte man die Bundeswehr, um staatliche Souveränität erlangen zu können. Gesellschaftlich waren die Streitkräfte
jedoch unerwünscht, alles Militärische völlig diskreditiert. Im Amt Blank gab es
folglich für die ehemaligen Wehrmachtsoldaten eine zentrale Handlungsdirek-
tive: Die Wehrmacht durfte nicht wieder aufleben[26]! Vielmehr musste bewährtes
Altes mit unbelastetem Neuen verschmolzen werden. Der ehemalige Soldat der
Wehrmacht erwies sich indes als Conditio sine qua non. Zu ihm gab es ja auch
rein biologisch schlichtweg keine Alternative. Die Devise lautete fortan: die
Wehrmacht als Organisation nein, der Wehrmachtsoldat ja. Dies waren Auftrag
und Herausforderung zugleich. In der Not rangen sich selbst Adenauer und der
frühere General und spätere US-Präsident Dwight D. Eisenhower zu einer »Eh-

---

[25] Claus Freiherr von Rosen, Erfolg oder Scheitern der Inneren Führung aus der Sicht von
      Wolf Graf von Baudissin. In: Wolf Graf von Baudissin (wie Anm. 19), S. 207.
[26] Vgl. Dieter Krüger, Das Amt Blank. Die schwierige Gründung des Bundesministeriums
      für Verteidigung, Freiburg i.Br. 1993.

renerklärung« für »den« deutschen Soldaten durch[27]. Politisch wurden die Wehrmachtsoldaten damit kollektiv rehabilitiert, juristisch wollten dies die Vertreter der Soldatenverbände aber besser nicht angehen – wohl aus gutem Grunde mit Blick auf die Erfolgsaussichten[28]. Dennoch versuchte es manch einer – sogar mit Erfolg[29].

Bedingt durch den Bundeswehraufbau wurden viele Kriegs- und NS-Verbrecher im Paroleverfahren begnadigt und moralisch exkulpiert[30]. Ein erheblicher Anteil des Aufbaupersonals stellte demnach eine schwere Hypothek und ein problemreiches Startkapital dar. Jedoch bestand das »Aufbaupersonal« aus weit mehr als nur ehemaligen Wehrmachtsoldaten; es bildete eine überaus heterogene Masse, das sich in vier größere Einheiten mit übergreifenden Alterskohorten unterscheiden lässt[31]:

1. Eliten (obere militärische Führungsebene, Spitzenmilitärs): Diese Einheit umfasst bis auf wenige Ausnahmen in der Regel zwei Generationen wie die ehemaligen Frontoffiziere des Ersten Weltkrieges der Jahrgänge 1889-1900 und die Kriegsjugendgeneration des Ersten Weltkrieges der Jahrgänge 1900-1913.

2. Stabsoffiziere (Untergebenen- und Führungsebene I). Diese Gruppe beinhaltete vier Generationen:
   a) Kriegsjugendgeneration des Ersten Weltkrieges der Jahrgänge 1900-1913,
   b) Kriegskindergeneration der Jahrgänge 1913-1921 (Typus I des Frontoffiziers des Zweiten Weltkrieges),
   c) Generation der jungen Kriegsoffiziere der Jahrgänge 1922-1927 (Typus II des Frontoffiziers des Zweiten Weltkrieges),
   d) Flakhelfer der Jahrgänge 1927-1930 und der »weißen Jahrgänge« 1929-1937.

---

[27] Anfänge westdeutscher Sicherheitspolitik: 1945-1956, Bd 1: Von der Kapitulation bis zum Pleven Plan (Beitrag Rautenberg). Hrsg. vom MGFA, München 1982 S. 737-879, hier: S. 700 f.; Ulrich Brochhagen, Nach Nürnberg. Vergangenheitsbewältigung und Westintegration in der Ära Adenauer, Hamburg 1994, S. 198.

[28] Martin Kutz, Die verspätete Armee. Entstehungsbedingungen, Gefährdungen und Defizite der Bundeswehr. In: Die Bundeswehr 1955 bis 2005. Rückblenden – Einsichten – Perspektiven. Im Auftr. des MGFA hrsg. von Frank Nägler, München 2007 (= Sicherheitspolitik und Streitkräfte der Bundesrepublik Deutschland, Bd 7), S. 63-79, hier S. 69 f.

[29] Vgl. Bert-Oliver Manig, Die Politik der Ehre. Die Rehabilitierung des Berufssoldaten in der frühen Bundesrepublik, Göttingen 2004; Kerstin von Lingen, Kesselrings letzte Schlacht. Kriegsverbrecherprozesse, Vergangenheitspolitik und Wiederbewaffnung: der Fall Kesselring, Paderborn 2004; Oliver von Wrochem, Erich von Manstein. Vernichtungskrieg und Geschichtspolitik, Paderborn 2006.

[30] Rudolf Schlaffer, Gerechte Sühne? Das Konzentrationslager Flossenbürg. Möglichkeiten und Grenzen der nationalen und internationalen Strafverfolgung von NS-Verbrechen, Hamburg 2001, S. 159-161.

[31] Die folgende generationsspezifische Einteilung fußt vor allem auf Klaus Naumann, Generale in der Demokratie. Generationsgeschichtliche Studien zur Bundeswehrelite, Hamburg 2007, S. 30-34. Vgl. zu einer innerorganisatorischen Alters- und Ranggruppengliederung bei Schlaffer, Schleifer a.D.? (wie Anm. 23), S. 635-642.

3. Truppenoffiziere und Unteroffiziere (Untergebenen- und Führungsebene II).
In dieser unteren Führungsebene, hauptsächlich in der Truppe, versammelten sich die Vertreter der meisten Generationen:
a)   Kriegsjugendgeneration des Ersten Weltkrieges der Jahrgänge 1900-1913,
b)   Kriegskindergeneration des Ersten Weltkrieges der Jahrgänge 1913-1921
(Typus I des Frontsoldaten des Zweiten Weltkrieges),
c)   Generation der jungen Kriegsoffiziere der Jahrgänge 1922-1927 (Typus II
des Frontsoldaten des Zweiten Weltkrieges),
d)   Flakhelfer der Jahrgänge 1927-1930 und der »weißen Jahrgänge«
1929-1937,
e)   Generation der wehrpflichtigen Jahrgänge 1936-1950:
Kriegskindergeneration des Zweiten Weltkrieges 1936-1946.
4. Mannschaftsdienstgrade/Wehrdienstleistende (Untergebenen- und Basis-
ebene). Diese Gruppe umfasst lediglich die Generation der wehrpflichtigen
Jahrgänge 1936-1950: Kriegskindergeneration des Zweiten Weltkrieges
1936-1946).
Im Jahr 1955 trafen nach dieser Aufstellung in der neuen Bundeswehr allein
sechs verschiedene Generationen von Männern aufeinander, die unterschiedlicher in der Alters-, Sozialstruktur, in den mentalen Prägungen und jeweiligen
Sozialisationen nicht sein konnten. Alle verband sie seit 1955 eine Motivation:
Sie wollten nach dem militärischen »Sündenfall Wehrmacht« wieder Soldat in
der neuen Bundeswehr sein. Wenn diese Soldaten auch die »Alten« oder besser
die »Ehemaligen« blieben, so waren unter ihnen doch etliche, die reformorien-
tiert dachten: manche, weil sie überzeugt, andere, weil sie pragmatisch, und
viele, weil sie opportunistisch waren. Nur wenige Veränderungswillige fanden
jedoch Verbündete bei Politikern und in der Öffentlichkeit. Somit war die
Wehrverfassung als normative Ebene tatsächlich eine Reform, die Realität in
der Truppe und der Alltag der Soldaten aber erst einmal eine Kontinuität[32].
Aufgrund des zu rasanten Aufbaus mangelte es fast an allem, besonders an
Ausbildern, Vorschriften, Ausbildungsstätten und Unterkünften[33]. Ein Großteil
der Vorgesetzten behalf sich in ihrer Not damit, dass sie das praktizierten, was
sie zuvor gelernt hatten. Was damals professionell war, konnte auch jetzt nicht
ganz falsch sein. Und »professionell« war man ja gewesen, sonst hätte man
nicht sechs Jahre gegen eine gewaltige Übermacht durchgehalten und fast ganz
Europa erobert – so jedenfalls die Kernaussage in der Erinnerungsliteratur. Die
»erschriebenen Siege«[34], mit denen beispielsweise der ehemalige Generalstabs-

[32]   Vgl. Schlaffer, Schleifer a.D.? (wie Anm. 23).
[33]   Vgl. Schlaffer, Der Wehrbeauftragte (wie Anm. 8); Wolfgang Schmidt, Integration und
Wandel. Die Infrastruktur der Streitkräfte als Faktor sozioökonomischer Modernisierung
in der Bundesrepublik 1955 bis 1975, München 2006 (= Sicherheitspolitik und Streitkräfte
der Bundesrepublik Deutschland, Bd 6).
[34]   Vgl. Bernd Wegner, Erschriebene Siege. Franz Halder, die »Historical Division« und die
Rekonstruktion des Zweiten Weltkrieges im Geiste des deutschen Generalstabes. In: Politischer Wandel, organisierte Gewalt und nationale Sicherheit. Beiträge zur neueren Geschichte Deutschlands und Frankreichs. Hrsg. von Ernst Willi Hansen, Gerhard Schreiber
und Bernd Wegner, München 1995, S. 287-302; John Zimmermann, Das Bild der Generale

chef Hitlers, Generaloberst der Wehrmacht Franz Halder, in der von den US-Amerikanern einberufenen »Historical Division« die operativen und taktischen Fähigkeiten der Wehrmacht überhöhten und gleichzeitig die Hauptverantwortung für das strategische sowie moralische Fiasko Hitler und seinen Paladinen zuschrieb, taten ihr Übriges, um eine Legende von der »sauberen Wehrmacht« zu stricken. Die Kombination aus vermeintlich handwerklich höchstprofessionellen Wehrmachtsoldaten mit dem moralischen Dilemma der Eidesbindung an Hitler, die vor allem juristisch strapazierte Putativnotwehr und eine verbrecherische politische Führung waren der ideale Nährboden für eine erfolgreiche Verdrängung und Verweigerung der Vergangenheitsbewältigung durch den damals »ehrenhaft« kämpfenden deutschen Soldaten. Dass sie nunmehr auch noch für die »neuen Streitkräfte« umworben und gebraucht wurden, rechtfertigte manche Handlungen während des Krieges zusätzlich. Während die Politiker ihre Augen in dieser Hinsicht oftmals verschlossen, versicherten sie hingegen in der Öffentlichkeit, alles für einen »Neuanfang« getan zu haben. Im Grunde genommen war die Reform, die mit dem Jahr 1955 verbunden wird, in dieser Hinsicht nicht über einen Torso hinausgekommen[35]. Nicht zuletzt als Folge der Exkulpationsstrategien hielt sich eine Legende aus dieser Zeit sehr hartnäckig bis weit in die Gegenwart hinein: die angebliche Professionalität der Wehrmacht. Erst die Forschungsergebnisse seit dem Millennium zeigen immer deutlicher, dass die Soldaten der Wehrmacht, besonders zum Ende des Krieges, zunehmend handwerklich versagten und ihre Führung im Denken bei Weitem hinter den Erwartungen der Zeit lagen[36].

IV. Reformierung der Wehrmacht?

Eine völlige Neuschöpfung war die Bundeswehr also nicht, die Reform war wiederum bruchstückhaft geblieben. Folglich wurde mit der Schaffung der »Armee in der Demokratie« zunächst einmal nur die Wehrmacht reformiert. Nach außen sah es so aus, als ob die Bundeswehr eine Organisation ohne Kontinuitätsbezüge gewesen wäre. In der Innenansicht verfügte man zudem mit der »Inneren Führung« über eine Organisations- und Führungsphilosophie, die eigentlich das »Neue« mehr als verkörperte. Baudissin erkannte dagegen sehr schnell, dass viele Kameraden nur Lippenbekenntnisse ablieferten, gedanklich

---

- Das Kriegsende 1945 im Spiegel der Memoirenliteratur. In: Der Krieg im Bild – Bilder vom Krieg. Hamburger Beiträge zur Historischen Bildforschung. Hrsg. vom Arbeitskreis Bildforschung, Frankfurt a.M. [u.a.] 2003, S. 187-211.

[35] Vgl. Kutz, Die verspätete Armee (wie Anm. 28), S. 78 f.; Bald, Die Bundeswehr (wie Anm. 2).

[36] Vgl. vor allem Kunz, Wehrmacht und Niederlage (wie Anm. 14); Zimmermann, Pflicht zum Untergang (wie Anm. 14); Rudolf Schlaffer, John Zimmermann, Wo bitte geht's zur Schlacht. Kurioses aus dem deutschen Militär, Berlin 2009.

aber mit dieser Philosophie wenig oder gar nichts anfangen konnten und wollten. Seine stete Kritik verhallte ebenso wie die des ehemaligen Vizeadmirals der
Kriegsmarine und damaligen Wehrbeauftragten Hellmuth Guido Heye[37]. Erst
der Gang an die Öffentlichkeit in der Illustrierten »Quick« im Jahr 1964 mit der
Schlagzeile »In Sorge um die Bundeswehr« erreichte zumindest kurzzeitig bei
Politikern und Spitzenmilitärs eine Phase der Reflektion. In der Konsequenz
musste der Kritiker Heye 1964, offiziell aus gesundheitlichen Gründen, zu-
rücktreten. Der Tadel an der Praxis der »Inneren Führung« sollte ad absurdum
geführt werden. Deshalb gaben Verteidigungsminister Kai-Uwe von Hassel
und Generalinspekteur Heinz Trettner eine Studie bei der »System Forschung«
in Auftrag, um nach der »Heye-Affäre« eine realitätsnahe Bestandsaufnahme zu
erhalten[38]. Das Ergebnis war vernichtend. Es bestätigte Heye nachträglich, sodass die Studie schleunigst sang- und klanglos als nicht existent eingestuft
wurde und vernichtet werden sollte[39].

Stand seit 1955 doch die Wehrmacht wieder auf? Organisatorisch, strukturell
und personell ist dies in gewisser Hinsicht zu bejahen, aber auch kaum verwunderlich. Anders hätten die Bündnisverpflichtungen nicht eingehalten werden können, die weitgehende staatliche Souveränität der Bundesrepublik
Deutschland wäre ein Wunschtraum geblieben. Generalinspekteur Heusinger
wusste, dass die Bundeswehr der Aufbauzeit ohne traditionelle Bezüge zur
Wehrmacht nicht auskommen konnte[40]. Jedoch ging man zumindest bei der
Auswahl des Spitzenpersonals beim Aufbau der Bundeswehr einen anderen
Weg als sonst im Staatsapparat, in Wissenschaft oder Wirtschaft. Denn im Gegensatz zu diesen Bereichen prüfte ein Personalgutachterausschuss die Bewerber ab dem Rang Oberst aufwärts auf ihre charakterliche Eignung im Hinblick
auf eine Verwendung in der Bundeswehr. Manch ein überzeugter (ehemaliger) Nationalsozialist wurde somit abgewiesen oder bewarb sich erst gar
nicht[41]. Trotz der Hypothek des Personals blieb die Bundeswehr von größeren
Skandalen (wie z.B. die »Rudel-Affäre« 1976) weitgehend verschont, obwohl
die DDR-Organe immer wieder versuchten, sie und manche ihrer Generale zu
diskreditieren[42].

Der wesentliche Grund, dass sich eine »BundesWehrmacht« auf Dauer nicht
stabilisieren konnte, war die neue Staatsform. In der anfangs »ungeliebten«
Demokratie mit der daraus abgeleiteten »Inneren Führung« und dem stabilisie-
renden Faktor »Wirtschaftswunder« war eine Armee à la Wehrmacht langfristig
unmöglich geworden. Eine freiheitliche, offene Gesellschaftsordnung und eine

---

[37] Schlaffer, Der Wehrbeauftragte (wie Anm. 8), S. 347.
[38] BA-MA, BW 2/7893, FüSI4 an GI vom 4.7.1967 betreffend »Wehrsoziologische Untersuchungen«, S. 1; BA-MA, BW 2/7893, Studie zur inneren Situation der Bundeswehr. Eine
empirische Untersuchung zur Antinomie der Ziele von äußerer und innerer Führung.
[39] BA-MA, BW 2/7893, Vermerk vom 7.4.1965.
[40] Vgl. Schlaffer, Schleifer a.D.? (wie Anm. 23), S. 634 f.
[41] Vgl. Lingen, Kesselring (wie Anm. 29); Albert Kesselring, Soldat bis zum letzten Tag,
Bonn 1953.
[42] Vgl. Schlaffer, Der Wehrbeauftragte (wie Anm. 8), S. 257.

absolute, autoritär organisierte und strukturierte Armee waren schlicht inkompatibel. Spätestens an der Jugend- und Bürgerbewegung zum Ende der 1960er und Anfang der 1970er-Jahre wären solche Streitkräfte zerbrochen[43]. Dies war auch der Zeitpunkt, an dem die aus der Wehrmacht überkommenen Elemente im inneren Gefüge der Bundeswehr weitgehend der Vergangenheit angehörten[44]; vor allem deshalb, weil Anfang der 1970er-Jahre die letzten kriegsgedienten Soldaten aus dem aktiven Dienst ausschieden.

V. Zwischen Reformierung und Modernisierung?

Die Reform von 1955 war also ein »Gründungskompromiss« und blieb deswegen ein Torso. Trotzdem kann der Ansatz nicht hoch genug bewertet werden. Die Startvoraussetzungen waren alles andere als günstig, das Ziel war vorgegeben, der Weg dahin musste nach »alter deutscher Führungstradition« (Führen mit Auftrag) noch gefunden werden. Das Ziel waren demokratieverträgliche Streitkräfte, ein Weg dorthin die »Innere Führung«. Beide sind bis heute untrennbar miteinander verbunden. Ohne sie wäre die Bundeswehr weder besser aufgestellt noch einsatzfähiger. Nicht nur, dass mit der bisweilen zu vernehmenden Fundamentalkritik die intellektuelle Dimension dieser Führungsphilosophie nicht erfasst wird, sie setzt zudem die Funktions- und Einsatzfähigkeit der Bundeswehr aufs Spiel[45].

Einen negativen Effekt weist die normative Ebene der »Inneren Führung« tatsächlich auch auf. Die mit den demokratischen Spielregeln verbundenen Verwaltungsabläufe haben immer mehr Besitz vom militärischen System ergriffen und begünstigen beim militärischen Personal Tendenzen hin zu einer »verantwortungsscheuen Beamtenmentalität«. Dies macht Verfahrenswege in ihrer Gesamtheit komplizierter und im Einzelfall auch justiziabel. Die Anlehnung des Soldatenstatus an den öffentlichen Dienst brachte zwar – neben einer engeren Kontrolle – fast alle Vorteile des Beamtenstatus mit sich. Jedoch entwickelte sich die Bundeswehr im Kalten Krieg immer mehr zu einer »verwaltenden und verwalteten Armee«, und das Offizierkorps wandelte sich in der Mehrzahl zum »karriereorientierten opportunistischen Gewaltbeamten«[46] – eine Entwicklung,

---

[43] Ebd. (wie Anm. 8), S. 327-329.

[44] In der Traditionsfrage erreichte die Wehrmacht immer wieder eine aktuelle Brisanz, vgl. hierzu John Zimmermann, Vom Umgang mit der Vergangenheit. Zur historischen Bildung und Traditionspflege in der Bundeswehr. In: Die Bundeswehr 1955 bis 2005 (wie Anm. 28), S. 115-129.

[45] Georg Meyer, Weder Maske noch demokratische Heilslehre. Zum Streit um die Innere Führung. In: MGB/EWK/WWR, Oktober 1989, S. 1-16; Die »Blaue Blume« des Militärs – Ein Gespräch mit Brigadegeneral Reinhard Günzel. In: Sezession (2002), 6, S. 16-19.

[46] Vgl. auch Kutz, Die verspätete Armee (wie Anm. 28), S. 71.

die auch trotz des Wandels der Bundeswehr zur Einsatzarmee seit den 1990er-Jahren anhält[47].

Insgesamt waren im Jahr 1955 durchaus einschneidende Reformansätze beschlossen worden. *Die* Reform der Bundeswehr stellten diese aber noch keineswegs dar. Sie boten dennoch die Basis für eine eigenständige Neugestaltung der Streitkräfte. Zu *der* Reformarmee, die diesen Namen auch verdient, konnte die Bundeswehr aber erst zusammen mit den sozial-liberalen Reformen der Ära Helmut Schmidts werden[48], die eine völlige Umgestaltung des Bildungs- und Ausbildungssystems, der Organisation und Strukturen sowie zentraler Elemente der »Inneren Führung« mit sich brachte. Bis dahin war sie in etlichen Teilen der Wehrmacht näher als der propagierten neuen Bundeswehr. Trotz dieser Kritik bildeten die Reformansätze der Aufbaujahre jenen Markstein, an dem sich die Reformen der 1970er-Jahre ausrichten konnten.

[47] Vgl. Klaus Naumann, Einsatz ohne Ziel? Die Politikbedürftigkeit des Militärischen, Hamburg 2008; Unterrichtung durch den Wehrbeauftragten. Jahresbericht 2008 (50. Bericht), Deutscher Bundestag, 16. Wahlperiode, Drucksache 16/12200 vom 26.3.2009.
[48] Vgl. Kutz, Die verspätete Armee (wie Anm. 28), S. 78 f.; Detlef Bald, Politik der Verantwortung. Das Beispiel Helmut Schmidt. Der Primat des Politischen über das Militärische 1965-1975, Berlin 2008.

Kai Uwe Bormann

Als »Schule der Nation« überfordert.
Konzeptionelle Überlegungen zur Erziehung des Soldaten
in der Aufbauphase der Bundeswehr[1]

I. Von der Gegenwart früherer Verhältnisse

Kaum hatte der personelle Neubeginn westdeutschen Militärs mit der Ernennung der ersten 101 Freiwilligen am 12. November 1955, dem 200. Geburtstag des preußischen Militärreformers Gerhard Johann David von Scharnhorst öffentlichkeitswirksam Gestalt gewonnen, da drückte ein Vater in einem Schreiben an ein bekanntes Hamburger Nachrichtenmagazin die freudige Erwartung aus, dass man »seinen Herren Söhnen bald einmal nach altbewährter preußischer Art die Hammelbeine« lang ziehen werde. Denn das Militär, so sein Credo, sei »bisher immer noch die beste Schule des Volkes gewesen [und daran] sollte festgehalten werden«[2]. Ähnlich lautende Bekundungen von Müttern, die sich »von der Bundeswehr die Erziehung ihres missratenen Sohnes« erhofften oder sich eine Wehrpflichtarmee wünschten, »um mit ihrem Sohne fertig zu werden«[3], stützten dieses überkommene Denkmuster. Derartige Bestrebungen, die zukünftige Bundeswehr als Korrekturanstalt der eigenen Versäumnisse und pädagogischen Unzulänglichkeiten zu nutzen, fanden auf den ersten Blick aber nur wenig oder gar keinen Rückhalt. Mithin erfuhr der väterliche Wunsch eine mehrheitlich negative Resonanz[4] und auch von offizieller Seite wurde »diese Anschauung zur Freude eigentlich aller anderen« abgelehnt[5]. Eine nur wenige Monate später durchgeführte Meinungsumfrage »Wozu dient eine Bundeswehr?« kam unterdessen zu dem überraschenden Ergebnis, dass sich die Befürworter einer Erziehungsinstitution »Streitkräfte« ungeachtet aller vorangegangenen Erfahrungen eines positiven Echos sicher sein konnten[6]. Auf die

---

1   Für seine Ratschläge und Anregungen bin ich Herrn Fregattenkapitän Dr. Frank Nägler zu Dank verpflichtet.
2   Der Spiegel, 11.4.1956, S. 3.
3   Tagebuch Baudissin, 6.8.1956, 3.10.1956, BA-MA, N 717/6, fol. 48, 128.
4   Der Spiegel, 25.4.1956, S. 3 f.
5   Tagebuch Baudissin, 3.10.1956, BA-MA, N 717/6, fol. 128.
6   Diese Umfrage wurde durch das Institut für Demoskopie, Allensbach, im Auftrag des Spiegels durchgeführt. Vgl. Der Spiegel, 18.7.1956, S. 29-31.

Frage, ob man bei der Organisation der Bundeswehr den rein militärischen Verteidigungsaufgaben oder der Erziehung der jungen Männer das Primat einräumen sollte, votierten 43 Prozent der Befragten für die Erziehung, während lediglich 14 Prozent den Verteidigungsaufgaben den Vorrang einräumten; 27 Prozent sprachen sich für eine ausgewogene Aufgabenverteilung aus, 16 Prozent hatten hierzu keine Meinung. Die höchste Zustimmung für einen Erziehungsauftrag wurde dem Militär vonseiten der Frauen in der Altersklasse zwischen 45 und 59 Jahren zuteil, also dem Teil der Bevölkerung, deren Söhne von einer Wehrpflicht betroffen waren. Aber auch große Gruppen der Wehrpflichtigen selbst begrüßten die erzieherische Funktion des militärischen Dienstes. Ebenfalls positiv beschieden wurde die Frage, ob die Jugend des Militärs bedürfe, um Ordnung und Anstand zu erlernen. Auch hier dominierte die bereits erwähnte Altersgruppe der Frauen mit 70 Prozent Zustimmung, gefolgt von den Männern gleichen Alters (55 Prozent). Die Betroffenen selber stimmten nur mit 42 Prozent zu. Die Meinungsforscher zeigten sich über die Resultate überrascht, denn entgegen den heftigen Kontroversen, die das Thema Wiederbewaffnung in allen Teilen der Bevölkerung ausgelöst hatte, wurde das Militär von einer deutlichen Bevölkerungsmehrheit als »eine gute und notwendige pädagogische Einrichtung« betrachtet. Auf die sich ihnen stellende Frage, wie man sich nun das Bewusstsein gerade der jungen Menschen vorzustellen habe, »die glauben, es fehle ihnen ein Stück Erziehung – und gerade dieses?«, hatten sie jedoch keine Antwort. Leichter fiel den Meinungsforschern hingegen die Analyse der innenpolitischen Folgen der Umfrageergebnisse. Demnach würde sich die Mehrheit der Bevölkerung, einschließlich der Gegner einer Wiederbewaffnung, umso schneller mit der Aufstellung von Streitkräften arrangieren, »je deutlicher sie in dem Gefühl bestärkt wird, daß die Armee eigentlich nichts mit Krieg und Verteidigung zu tun habe, sondern in erster Linie dazu diene, Nachhilfestunden in den Disziplinen zu erteilen, die bei der Erziehung im Elternhaus zu kurz kamen«[7]. Blieb nur noch die Frage nach den Erziehungsmethoden zu beantworten. Hier überwog jedoch der Pessimismus. Immerhin 55 Prozent aller Befragten vertraten die Auffassung, dass es allen gegenteiligen Beteuerungen zum Trotz schließlich doch wieder »wie früher« würde; auf einen Erfolg der Reformbemühungen vertrauten lediglich 20 Prozent. In der Gruppe der männlichen 30-59-Jährigen, also der noch mit Masse Kriegsgedienten, betrug das Verhältnis sogar 68 zu 22 Prozent. Auffallend ist dabei die politische Färbung des Ergebnisses. Zeigten sich 51 Prozent der männlichen CDU-Anhänger skeptisch, waren es bei den Anhängern der SPD bereits 80 Prozent, die ein Wiederaufleben des alten (Un-) Geistes befürchteten.

Mit einer Bewertung dieses Ergebnisses taten sich die Meinungsforscher hingegen schwer: Waren der Bevölkerung die Reformbemühungen entgangen, die sich zum Teil schon in Gesetzen niedergeschlagen hatten? Die von Anbeginn verfolgte Strategie einer öffentlichen Diskussion über das Wie zukünftiger westdeutscher Streitkräfte legte das Gegenteil nahe. Ob dieser Vorgehensweise

---

[7] Der Spiegel, 18.7.1956, S. 30.

mit ihrer bewusst gewählten Transparenz aber der Erfolg in Gestalt einer breiten gesamtgesellschaftlichen Rezeption zuteilgeworden war, wurde durch die Umfrage nicht erfasst. Offenbar, so ein Erklärungsversuch der Meinungsforscher, gründete die düstere Perspektive in »den Schatten der erlebten oder legendären Gestalten des Kasernenhofes«, von denen Letztere sich literarisch und cineastisch in den Figuren der Feldwebel Himmelstoß (»Im Westen nichts Neues«) und Platzek (»08/15«) widerspiegelten. Nun musste es sich auf dem Kasernenhof erweisen, »ob die Buchstaben der Reformen die Kraft haben, diese Gestalten zu verscheuchen, um Platz für menschlichere zu machen«[8].

II. Von der »Himmeroder Denkschrift« zum Leitbild des »Staatsbürgers in Uniform«

Spiritus Rector der Bemühungen, dem »Inneren Gefüge« zukünftiger Streitkräfte ein neues, zeitgemäßes und von historischen Belastungen befreites Antlitz zu geben, war der ehemalige Major i.G. Wolf Graf von Baudissin[9]. 1947 aus australischer Kriegsgefangenschaft zurückgekehrt, wurde er im September 1950 gebeten, an der geheimen, von Bundeskanzler Adenauer einberufenen, Expertentagung im Eifelkloster Himmerod teilzunehmen. Deren Aufgabe bestand darin, die »militärischen Voraussetzungen [zu] klären, unter denen Westdeutschland in die europäisch-amerikanische Verteidigungsgemeinschaft eintreten« könne[10]. Baudissin, der zunächst ablehnend reagiert hatte, reiste nach eigenem Bekunden »ohne große Zuversicht und ohne konkrete Vorstellungen« an den Tagungsort[11]. Entwürfe, die Denkanstöße hätten geben können, fehlten. Er wurde dem Allgemeinen Ausschuss unter Leitung des Generals der Infanterie a.D. Hermann Foertsch zugeteilt; weitere Mitstreiter waren der langjährige Kommandeur der Luftwaffenkriegsakademie, General der Flieger a.D. Robert

---

[8] Ebd., S. 31.

[9] Zu Leben und Wirken Baudissins vgl. Wolf Graf von Baudissin 1907-1993. Modernisierer zwischen totalitärer Herrschaft und freiheitlicher Ordnung. Hrsg. im Auftr. des MGFA von Rudolf J. Schlaffer und Wolfgang Schmidt, München 2007.

[10] So lautete die offizielle Aufgabenstellung für die Tagung des Expertenausschusses am 29.8.1950 in Walberberg. Die Tagung wurde von Adenauer jedoch abgesagt, da er bei den Alliierten nicht den Eindruck erwecken wollte, dass bereits vor der New Yorker Außenministerkonferenz im September 1950, auf der die Frage der Eingliederung der Bundesrepublik in ein westliches Verteidigungsbündnis erörtert werden sollte, Vorbereitungen militärischer Art im Gange seien. Vgl. Hans-Jürgen Rautenberg und Norbert Wiggershaus, Die »Himmeroder Denkschrift« vom Oktober 1950. Politische und militärische Überlegungen für einen Beitrag der Bundesrepublik Deutschland zur westeuropäischen Verteidigung, Karlsruhe 1977, S. 15.

[11] Abschiedsvorlesung vom 18. Juni 1986 an der Universität der Bundeswehr in Hamburg. Gekürzt abgedruckt in: Wolf Graf von Baudissin und Dagmar Gräfin zu Dohna, »... als wären wir nie getrennt gewesen«. Briefe 1941-1947. Hrsg. und mit einer Einführung von Elfriede Knoke, Bonn 2001, S. 258-280, hier S. 266.

Knauss und Luftwaffenmajor a.D. Horst Krüger. Ihr Auftrag: Für die zukünftigen deutschen Soldaten ethische und moralische Grundsätze zu entwickeln und
die Leitprinzipien für das »Innere Gefüge« der aufzustellenden Streitkräfte zu
formulieren. Foertsch selbst war die Aufgabenstellung nicht fremd. Wenn auch
noch nicht als solches benannt, hatte er bereits als Leiter der Abteilung Inland
im Reichswehrministerium mehrere Schriften zu diesem Thema veröffentlicht.
Pikant hieran war nun, dass diese den Nationalsozialismus und seine Einflussnahme auf die Wehrmacht eindeutig bejahten[12]. Der Terminus selber ent-
stammte dem »Erlass zum Inneren Gefüge der Truppe vom 22. Mai 1942«, dessen inhaltlicher Schwerpunkt auf dem Vertrauensverhältnis zwischen Offizier,
Unteroffizier und Soldat lag. Hergestellt und vertieft werden könne dieses am
besten dadurch, indem der Offizier sich gerecht und fürsorglich zeige, Klagen
und Beschwerden seiner Soldaten ernst nehme und erwiesene Missstände ab-
stelle[13].

Die Beratungen des Ausschusses sowie deren Ergebnisse wurden nach Aus-
kunft Baudissins von heftigen Auseinandersetzungen begleitet. Angeblich fanden bestimmte Formulierungen nur aufgrund seiner Drohung, vorzeitig abzu-
reisen, Eingang in das Protokoll[14]. Letztlich wurde festgehalten, dass
Charakterbildung und Erziehung des Soldaten in ihrer Gewichtung der militärischen Ausbildung gleichrangig seien und daher dem »Inneren Gefüge« der
aufzustellenden Streitkräfte eine große Bedeutung zukäme[15]: Eine Forderung,
von der im weiteren Verlauf der Entwicklung sogar zugunsten eines Primats
der Erziehung abgewichen wurde. Da sich die Planungen und Maßnahmen auf
diesem Gebiet auf den derzeitigen Notstand Europas gründeten, seien »die

---

[12]   Hermann Foertsch, Der deutsche Soldat, Berlin 1934; Die Wehrmacht im nationalsozialistischen Staat, Hamburg 1935; Wehrpflichtfibel, Berlin 1936; Der Offizier der deutschen
Wehrmacht. Eine Pflichtenlehre, 4. Aufl., Berlin 1940.

[13]   Siehe BA-MA, RH 15/183, fol. 103 f.; siehe hier auch Schreiben des Stabschefs des Ersatzheeres, SS-Obergruppenführer und General der Waffen-SS Hans Jüttner, zum Thema Inneres Gefüge, fol. 131. Im Gegensatz zu Manfred Messerschmidt sieht Jürgen Förster
nicht Generalfeldmarschall Wilhelm Keitel als den »geistigen Vater« dieses Erlasses, sondern die hierfür zuständigen Offiziere in der Personal- und Heereswesenabteilung im
Oberkommando des Heeres. Das Deutsche Reich und der Zweite Weltkrieg, Bd 9/1: Die
deutsche Kriegsgesellschaft 1939 bis 1945. Politisierung, Vernichtung, Überleben. Im
Auftr. des Militärgeschichtlichen Forschungsamtes hrsg. von Jörg Echternkamp, München 2004, S. 469–640, hier S. 541 f. (Beitrag Förster); Manfred Messerschmidt, Die Wehrmacht im NS-Staat. Zeit der Indoktrination, Hamburg 1969 (= Truppe und Verwaltung,
16), S. 307 f.

[14]   Vgl. Martin Kutz, Deutsche Soldaten. Eine Kultur- und Mentalitätsgeschichte, Darmstadt
2006, S. 128. In diesem Zusammenhang sollte erwähnt werden, dass Baudissin lediglich
als Alternative zu dem aus persönlichen Gründen verhinderten Oberst i.G. a.D. Bogislaw
von Bonin zu der Tagung gebeten worden war, was seine Position nicht gerade stärkte.
Einfluss auf seine Stellung dürften aber ebenfalls sein niedriger Dienstgrad sowie die ihm
später oft vorgeworfene fehlende »Ostkriegerfahrung« und die frühzeitige Gefangenschaft gehabt haben.

[15]   Zu den Arbeitsergebnissen im Einzelnen: Rautenberg/Wiggershaus, Die »Himmeroder
Denkschrift« (wie Anm. 10), S. 53–55.

Voraussetzungen für den Neuaufbau von denen der Vergangenheit so verschieden, daß ohne Anlehnung an die Formen der alten Wehrmacht heute *grundlegend Neues* zu schaffen ist [...] Dabei ist es wichtig, daß Geist und Grundsätze des inneren Neuaufbaues von vorneherein auf lange Sicht festgelegt werden und über etwa notwendige Änderungen der Organisation ihre Gültigkeit behalten[16].« Die Erziehung des Soldaten habe sich jedoch nicht nur auf das rein Militärische zu beschränken, sondern auch der politischen und ethischen Erziehung müsse im allgemeinen Dienstunterricht größte Beachtung zuteilwerden. Ausgehend von der Vermittlung eines europäischen Geschichtsbildes und der Einführung in die politischen, sozialen und wirtschaftlichen Fragen der Zeit wurde postuliert, dass die Truppe einen entscheidenden Beitrag zur Entwicklung des Staatsbürgers und europäischen Soldaten leisten könne. Innere Festigkeit gegen die Zersetzung durch undemokratische Tendenzen wurde ebenso angestrebt wie die Förderung des Bewusstseins des Soldaten für eine soziale Einbindung ohne Sonderrechte und unter Wahrung der Menschenrechte; mit dem Burschenwesen und den Kasino-Ordonanzen als überlebte Einrichtungen sollte gebrochen werden[17]. Das Verbot des Zivil-Tragens außer Dienst sollte aufgehoben werden.

Wies der Inhalt der Denkschrift prinzipiell in die Zukunft, darf die Besetzung des Expertenausschusses nicht unberücksichtigt bleiben. Schließlich handelte es sich bei den Teilnehmern um 15 Offiziere, davon 10 Generale oder Admirale der ehemaligen Wehrmacht, deren militärische Biografien in der Reichswehr der Weimarer Republik, der Wehrmacht des »Dritten Reiches«, bei den Älteren in den Kontingentheeren oder der Marine des Kaiserreiches, begonnen hatten und die im Rahmen ihrer militärischen Sozialisation den überlieferten Traditionen eng verhaftet waren. Einerseits einem Neuanfang hinsichtlich des Verhältnisses zwischen Streitkräften, Staat und Gesellschaft verpflichtet, dem in der Konzeption des »Inneren Gefüges« – seit 1953 im Schriftverkehr offiziell »Innere Führung« genannt – Ausdruck verliehen wurde, spiegelte die Zusammensetzung des Himmeroder Expertenausschusses mithin auch die personelle Kontinuität zwischen Wehrmacht und zukünftiger Bundeswehr wider. Diese Kontinuität sollte sich mit der Einstellung ehemaliger Wehrmachtoffiziere und -unteroffiziere in der Aufbauphase der Streitkräfte bewusst fortsetzen[18]. Allein aufgrund der Sozialisation, Lebens- und Erziehungserfahrungen des zukünftigen Führungskaders kann von dem in der Denkschrift propagierten vollständigen Neuanfang – »einer Stunde Null« – im

---

[16] Ebd., S. 53.
[17] Vgl. ebd., S. 54 f.
[18] Detlef Bald spricht sogar von der Wiederbelebung des 1890 konzipierten Ideals einer Offizierrekrutierung aus »erwünschten Kreisen« (»Adel der Gesinnung«); in der bundesdeutschen Sprachregelung »Anreiz zur Werbung des erwünschten Ersatzes«. Vgl. Detlef Bald, Alte Kameraden. Offizierskader in der Bundeswehr. In: Willensmenschen. Über deutsche Offiziere. Hrsg. von. Ursula Breymayer [u.a.], Frankfurt a.M., 1999, S. 50-64, S. 53.

Bereich des »Inneren Gefüges« und mithin der soldatischen Erziehung nicht die Rede sein[19].

Die eigentliche Planungsphase des »Inneren Gefüges«, dessen grundlegende Thesen in Himmerod formuliert worden waren, begann im Mai 1951 mit Baudissins Anstellung in der Dienststelle des »Beauftragten des Bundeskanzlers für die mit der Vermehrung der alliierten Truppen zusammenhängenden Fragen«, dem Amt Blank, als Vorläufer des Bundesministeriums für Verteidigung. Sein Ziel war die Implementierung eines Leitbildes vom Soldaten als »Staatsbürger in Uniform«, dessen konzeptionelle Grundlagen er im Dezember 1951 auf einer Tagung ehemaliger Soldaten in Hermannsburg nördlich von Celle vorstellte[20]. Im Weiteren vertraten Baudissin und seine Mitarbeiter die Ergebnisse ihrer Planungstätigkeit in unzähligen Artikeln, öffentlichen Vorträgen, auf zahlreichen Tagungen, Podiumsdiskussionen sowie in Anhörungen vor dem Ausschuss des Bundestages für Fragen der europäischen Sicherheit, dem Vorläufer des Verteidigungsausschusses. Dennoch gelang es ihnen nicht, das wesentliche Element auf dem Weg zum »Staatsbürger in Uniform« – die Erziehung des Soldaten – allgemein verständlich zu machen. Dies wird nachfolgend darzulegen sein.

Bereits frühzeitig bildeten sich in der Diskussion um das »Innere Gefüge« trotz genereller Reformbereitschaft zwei Fronten heraus. So war die Mehrheit der Himmeroder Konferenzteilnehmer

»bereit, dem Ruf nach möglichst schneller und effektiver Wiederbewaffnung zur Verhütung bzw. zur wirksamen Verteidigung gegen eine sowjetische Aggression zu folgen [...] Doch konnte kein Zweifel daran bestehen, daß eine schnelle Aufstellung, die primär auf baldige Kriegstüchtigkeit der Streitkräfte zielte, sowohl die Auswahl des Führerkorps wie auch seine Ausbildung im Sinne einer tiefgreifenden Reform negativ beeinflussen mußte. Die Eignung ergab sich ohne Federlesen aus ihrer Frontbewährung; die Weiterbildung konnte sich mit Waffentechniken und bündnispolitischen Fragen begnügen. Jede Veränderung früher geltender Normen und Verfahren bedeutete Sand im Getriebe, weil es das Aufstellungstempo und den Elan der Ehemaligen lähmen mußte[21].«

Im Gegensatz zu dieser 25 Jahre später erfolgten Reflexion Baudissins, orientierte er sich an der im Herbst 1950 deklarierten Forderung, Neues zu schaffen, indem er einerseits die Position des Soldaten in den Streitkräften, andererseits deren Verhältnis zur Gesellschaft von Grund auf neu zu definieren suchte und damit in die Fußstapfen Scharnhorsts trat.

Baudissin, der unter dem Inneren Gefüge »die Gesamtheit aller Bedingungen und Faktoren, die das Verhältnis des Soldaten untereinander und das Verhältnis der Soldaten zur Gemeinschaft formen«, verstand, strebte ein Integrationsmodell an, in dem der »Staatsbürger in Uniform« ein guter Soldat,

---

[19] Zur Frage, ob es sich beim Aufbau der Bundeswehr um eine Reform oder einen Neuanfang handelte vgl. den Beitrag Schlaffer in diesem Band.

[20] Vgl. Wolf Graf von Baudissin, Soldat für den Frieden. Entwürfe für eine zeitgemäße Bundeswehr. Hrsg. und eingeleitet von Peter von Schubert, München 1969, S. 23-27.

[21] Abschiedsvorlesung (wie Anm. 11), S. 267.

vollwertiger Staatsbürger und freier Mensch zugleich sein sollte. In der drohenden Auseinandersetzung mit dem Totalitären könne nur der vom Wert der Freiheit überzeugte »und handwerklich hochwertige Einzelkämpfer bestehen, der sich aus Einsicht ein- und unterordnet«. Dieser Anspruch setze als Axiom voraus, dass die Streitkräfte keine eigenständige Lebensordnung im Sinne eines »Staates im Staate« bildeten, sondern dem Primat der Politik unterliegen und fest in der freiheitlich-demokratischen Grundordnung und der durch diese geprägten Gesellschaft verankert sein sollten. Integriert in die demokratische Lebensordnung der Gemeinschaft, sollte der Soldat – durch einschlägige Gesetze und Vorschriften vor einer Instrumentalisierung und Objektivierung seiner Person geschützt – die freiheitlichen Werte, die es zu verteidigen galt, auch im Dienst erfahren. Gleichsam würde der Staatsbürger in Uniform durch sein aktives Mitwirken Inhalt und Grenzen des Dienstes verantwortlich mitbestimmen und alles vermeiden, was dem Rechtsgedanken und der Würde des Menschen widerspräche, verlöre er hierdurch doch gerade das, was er als verteidigungswert erachtet. Als Beispiel diente Baudissin das Beschwerderecht des Soldaten, das von Konservativen als störend und »unsoldatisch« empfunden wurde. Für Baudissin war der Beschwerdeführer jedoch »kein lästiger Saboteur«, sondern ein mitverantwortlich Denkender, da durch die Bearbeitung seiner Eingabe, Anordnungen und Erfahrungen bestätigt würden oder aber Verbesserungen einträten. Das Erlebnis dieser Werte und die Möglichkeit zur Mitgestaltung verschafften ihm den Anreiz zur Verantwortung, ließen ihn nicht nur wissen, wofür er kämpfen solle, sondern gäben ihm auch den Willen dazu[22]. Baudissins Bild vom »Staatsbürger in Uniform« ist also das eines »politisch aktiven, in die Gesellschaft integrierten, mündigen Soldaten, der die gesetzliche Pflicht des Wehrdienstes als Teil seiner politischen Verantwortung freiwillig übernimmt«[23]. Staatsbürger zu sein, bedeutete für ihn Dienst an der Gemeinschaft aus innerer Bindung an deren sittliche Ordnung und aus Verantwortung ihr gegenüber: Denn »Freiheit ist ja ohne Bindung nicht denkbar; sie führt in die Anarchie. Bindung ohne Freiheit bringt die Tyrannei. Es ist unbestreitbar, daß nur derjenige, der in einem höheren Sinn gebunden und wirklich frei ist für Verantwortung in Tun und Denken, glaubwürdig und zuverlässig ist[24].« Für Staatsbürger, die aus »einer existentiell empfundenen Verantwortung für das Gemeinwesen«[25] gemeinsam »Waffendienst tun, kann es [zudem] kein Verhältnis mehr wie zwischen Unmündigen und Vorgesetzten oder das Verhältnis zum ›Kampfmittel‹ geben; sondern es sind hier eindeutig Partner in verschiedener Funktion mit gleicher Würde aus gleicher Verantwortung [...] Auch kann unter Staatsbürgern der Vorgesetzte weder ein Halbgott noch ein Feind sein,

---

[22] Vgl. Baudissin, Soldat für den Frieden (wie Anm. 20), S. 207, 42, 206; Zitate S. 151, 25.
[23] Uwe Hartmann, Frank Richter und Claus von Rosen, Wolf Graf von Baudissin. In: Klassiker der Pädagogik im deutschen Militär. Hrsg. von Detlef Bald, Uwe Hartmann und Claus von Rosen, Baden-Baden 1999 (= Forum Innere Führung, 5), S. 210–226, hier S. 217.
[24] Baudissin, Soldat für den Frieden (wie Anm. 20), S. 206.
[25] Hartmann/Richter/Rosen, Wolf Graf von Baudissin (wie Anm. 23), S. 219.

und der Kamerad kann kein Spießgeselle sein, mit dem zusammen alles zu tun gerechtfertigt ist[26].«

Eine besondere Stellung nimmt der Soldat gegenüber dem Krieg ein, denn dieser könne in seiner Totalität kein Feld ersehnter Bewährung mehr sein, wo Mannestugenden geweckt und betätigt werden. Die Erziehung eines noch von Ernst Jünger propagierten Kriegertypus, der »seine höchste Freiheit im Untergang zu sehen« vermochte[27], war unzeitgemäß geworden. Im Gegenteil: Wo es um die letzte Verteidigung der Existenz geht, hat der Soldat mitzuhelfen, »diesen Krieg durch einen Höchstgrad abwehrbereiter Kriegstüchtigkeit zu verhüten«. Im Notfall jedoch wird derjenige, der fest in die demokratische Gemeinschaft integriert ist, aus eigenem Erfahren ihrer Werte und der daraus resultierenden Verantwortung seinen Mitmenschen gegenüber wissen, was er zu verteidigen hat und hierfür auch sein Leben in die Waagschale werfen. Die Heroisierung des Todes auf dem Schlachtfeld, eine Erziehung zum Sterben hatte hier keinen Platz mehr[28]!

Von Baudissin nicht als abstrakt-utopisches Ideal, sondern als Wertmaßstab für Erziehung, Selbsterziehung und Bildung des Soldaten auf dem Weg zum »Staatsbürger in Uniform« entworfen, wurde dieses auf Freiheit, Verantwortung und Gleichwertigkeit beruhende soldatische Leitbild zweifach abgesichert: einerseits durch die Gesetze und Vorschriften, was eine Verrechtlichung des Soldatenberufs zur Folge hatte[29], andererseits durch die Aus- und fortlaufende Weiterbildung der militärischen Führer[30]. Baudissins Konzeption zeigte einen neuen Weg in Menschenführung und Erziehung auf, der den Realitäten in den pädagogischen Feldern Elternhaus, Schule und Betrieb in den 1950er-Jahren keineswegs entsprach. Gemäß den Umfrageergebnissen galt das Militär eher als Hort konservativen Beharrens, doch im Rahmen seiner Vortragstätigkeit über Menschenführung im Bergbau hatte Baudissin erkannt, »wie sehr die Qualität der Menschenführung und das Betriebsklima von der permanenten Weiterbildung des Führungspersonals abhängt«[31]. Nur durch deren Identifikation mit den Prinzipien des auf neuem Fundament stehenden »Inneren Gefüges« konnte diesem Erfolg beschieden sein. Hier musste insbesondere auf die ehemaligen Angehörigen von Reichswehr und Wehrmacht prägend eingewirkt werden.

Zur Umsetzung seines Leitbildes war Baudissin folglich gezwungen, eine Militärpädagogik in Theorie und Praxis zu begründen, die – basierend auf dem Integrationsgedanken – in die Allgemeine Pädagogik eingebunden sein muss-

---

26 Baudissin, Soldat für den Frieden (wie Anm. 20), S. 207.
27 Ernst Jünger, Der Arbeiter. Herrschaft und Gestalt, Hamburg 1932, S. 37 f.
28 Vgl. Baudissin, Soldat für den Frieden (wie Anm. 20), S. 153; Zitat S. 208.
29 Vgl. hierzu ausführlich, Frank Nägler, Der gewollte Soldat. Personelle Rüstung und Innere Führung in den Aufbaujahren der Bundeswehr 1956 bis 1964/65 (in Vorbereitung).
30 Vgl. Hartmann/Richter/Rosen, Wolf Graf von Baudissin (wie Anm. 23), S. 218.
31 Baudissin, Abschiedsvorlesung (wie Anm. 11), S. 265. Baudissin hatte nach seiner Entlassung aus der Kriegsgefangenschaft in der Töpferei seiner Frau, einer bekannten Bildhauerin, gearbeitet und Vortragstätigkeiten im Auftrag der evangelischen Kirche und der Gewerkschaften über Menschenführung wahrgenommen.

te[32]. In militärischen Kreisen sollte dieses zum Teil als Idealvorstellung des Soldaten interpretierte Konzept bereits von Anbeginn nicht nur auf Zustimmung, sondern auch auf Kritik, Ablehnung und – durch das Erziehungsverständnis Baudissins – auch auf Unverständnis stoßen. War der traditionelle Erziehungsbegriff an den umfassenden Herrschaftsanspruch des Vorgesetzten über die Persönlichkeitsentwicklung des Soldaten gebunden, wollte Baudissin die Erziehung auf eine indirekte Erziehung begrenzt wissen. Die Armee stellte für ihn keine primäre Erziehungsinstitution dar – als »Schule der Nation« sei sie überfordert und stünde im Gegensatz zur demokratischen Lebensordnung. Vielmehr entfalte sie durch ihr Dasein und die ihr übertragene Aufgabe eine indirekte erzieherische Wirkung[33]. Insbesondere habe sie »nicht zu so vordergründig verstandenen Tugenden wie z.B. ›Sauberkeit‹ und ›Ordnung‹« um ihrer selbst willen zu erziehen[34]. Die in den »Leitsätzen für die Erziehung des Soldaten« dennoch geforderte Erziehung eben hierzu[35] dürfte nicht im Widerspruch zur Grundauffassung Baudissins stehen, folgt sie doch den funktionalen Erfordernissen der soldatischen Gemeinschaft und Disziplin und nicht mehr dem Verlangen nach einer innenpolitisch angestrebten Korrektur verfehlter oder versäumter ziviler Erziehung zum gehorsamen Untertanen.

Forderte die traditionelle Erziehung eine direkte, auf das Innere der Person zielende pädagogische Intervention, stellte Baudissins Konzeption die Gestaltung der Rahmenbedingungen des militärischen Dienstes in den Vordergrund pädagogischen Handelns. Diese Rahmenbedingungen – soldatische Ordnung und militärische Aufgaben – sollten vom Vorgesetzten so gestaltet werden, dass die Soldaten im und durch den Dienst Verantwortung erleben und infolgedessen die Bedeutung von Vertrauen, Pflicht, Gehorsam, Disziplin und Kameradschaft erkennen konnten: »Das Ziel der Erziehung ist der freie und selbstbewußte Mensch innerhalb der soldatischen Gemeinschaft, in der er aus Einsicht bewußt Pflichten auf sich nimmt[36].« Hierzu war dem Soldaten ein maximaler Raum an Freiheit zu gewähren, um die Bedingungen zur Bewährung in der Mitverantwortung zu schaffen. Sollte der Wehrdienst als Ort staatsbürgerlicher Verantwortung legitimiert werden, erforderte dies die Anerkennung der Selbstverantwortung des Soldaten für seine Persönlichkeitsentwicklung[37]. Mit dieser Förderung der Persönlichkeit des Soldaten begründete Baudissin den

---

[32] Die nachfolgenden Ausführungen stützen sich auf die Arbeiten Hartmanns, der sich in seiner Dissertation umfassend mit dem Erziehungsbegriff im deutschen Militär auseinandergesetzt hat. Vgl. Uwe Hartmann, Erziehung von Erwachsenen als Problem pädagogischer Theorie und Praxis. Eine historisch-systematische Analyse des pädagogischen Feldes »Bundeswehr« mit dem Ziel einer pädagogischen Explikation des Erziehungsbegriffes im Hinblick auf erwachsenenpädagogisches Handeln, Frankfurt a.M. 1994. Eine gestraffte Konzentration auf den Erziehungsbegriff im Sinne Baudissin bietet Hartmann/Richter/Rosen, Wolf Graf von Baudissin (wie Anm. 23), S. 218-224.

[33] Vgl. Baudissin, Soldat für den Frieden (wie Anm. 20), S. 36, 233.

[34] Ebd., S. 36.

[35] Vgl. ZDv 11/1, Leitsätze für die Erziehung des Soldaten, Bonn 1957, S. 14.

[36] Baudissin, Soldat für den Frieden (wie Anm. 20), S. 147.

[37] Vgl. Hartmann/Richter/Rosen, Wolf Graf von Baudissin (wie Anm. 23), S. 219.

Erziehungsauftrag und forderte vom Vorgesetzten eine pädagogisch-systematische Vorgehensweise. Sie hätte dem Soldaten zunächst den Zweck der Aufgabe zu verdeutlichen, zu deren Erfüllung er aus Einsicht in die Notwendigkeit und aus Verantwortung sich und anderen gegenüber im Rahmen der ihm gewährten Freiheiten beitrug. Dabei stand die militärische Auftragserfüllung durch den hierzu mit der notwendigen Amtsautorität ausgestatteten Vorgesetzten außer Frage. Nicht das Ob, sondern das Wie der Auftragserfüllung stand im Zentrum der Inneren Führung. Die Methodik der Auftragsdurchführung war also durch den Erziehungsauftrag bestimmt: »In dieser Hinsicht, *nicht* jedoch bezüglich der Auftragserfüllung, besitzt Erziehung das Primat vor Führung und Ausbildung[38].« Besonders deutlich wird dieser Vorzug anhand der Leitsätze für die Erziehung des Soldaten, in denen es heißt: »Sittliche, geistige und seelische Kräfte bestimmen, mehr noch als fachliches Können, den Wert des Soldaten in Frieden und Krieg. Diese Kräfte zu entwickeln, ist Aufgabe der soldatischen Erziehung[39].« Die hierzu notwendigen Anforderungen an den Vorgesetzten werden durch den bei Baudissin im Schatten des Erziehungsbegriffes stehenden Bildungsbegriff beschrieben. Diese müssen politisch und pädagogisch gebildet sein, um ihre Aufgaben im Erziehungsprozess wahrnehmen zu können. Baudissin war sich sehr wohl bewusst, dass die in absehbarer Zeit in die Kaserne strömenden jungen Männer keine Staatsbürger in seinem Sinne sein konnten, dies aber in der Kaserne werden müssten, um ihre militärische Aufgabe erfüllen zu können. Ansonsten blieben ihnen Sinn und Grenzen des Dienstes verschlossen[40]. Hierzu sollte auch der staatsbürgerliche Unterricht dienen, dessen Durchführung in den Händen der verantwortlichen militärischen Erzieher, der Einheitsführer und Kommandeure, zu liegen habe. Nach Auffassung Baudissins waren nur sie in der Lage »den Zusammenhang von Erlebnis [Dienst] und Deutung [Unterricht], von Lehre und Leben« herzustellen und somit den ganzen Menschen anzusprechen. Denn nur derjenige, »der die Erlebnistherapie durch Ansatz und Durchführung des Dienstes leitet, ist allein zur Deutung fähig und berechtigt«. Es dürfe kein Dualismus entstehen, »zwischen einem Soldaten, der taktisch, und einem anderen, der politisch führt, oder einem Soldaten, der taktisch-handwerklich ausbildet, und einem Zivilisten, der politisch erzieht. Es darf nicht wieder das politische Moment aus dem soldatischen Bereich ausgeklammert werden, sondern der militärische Erzieher und Führer muß sich mit dem identifizieren, was er notfalls mit seinen Untergebenen zusammen verteidigen soll. Eine abstrakte und lediglich emotionale Loyalität [...] wäre für den Führenden in dieser totalen Auseinandersetzung nicht genügend tragfähig.« Die von seinen Kritikern oft prophezeite pädagogische Überforderung des Vorgesetzten teilte Baudissin nicht, da »das Schwergewicht der gesamten staatsbürgerlichen Bildung und Erziehung im Dienste liegt und [...] der

---

[38] Ebd., Hervorhebung durch den Verfasser.
[39] ZDv 11/1, Leitsätze für die Erziehung des Soldaten (wie Anm. 35), S. 8.
[40] Vgl. Baudissin, Soldat für den Frieden (wie Anm. 20), S. 256 f.

Unterricht nur einen Teil der Arbeit ausmacht«[41]. Infolgedessen wurde auch die Einrichtung einer Hierarchie von Erziehungsoffizieren verworfen, die den Truppenführer in der staatsbürgerlichen Erziehung seiner Soldaten unterstützen oder ganz ersetzen sollten[42]. Dem Vorgesetzten obliege es, die indirekte Erziehung durch Gewährung des hierfür notwendigen Rahmens sicherzustellen und das Erlebte und Erfahrene bewusst werden zu lassen, während die Aufgabe des Soldaten darin bestehe, in den Prozess der Selbsterziehung überzuleiten. Hierzu solle der Soldat einerseits von seinem Vorgesetzten angeregt werden, andererseits resultiere die hohe Bedeutung, die Baudissin der Selbsterziehung beimaß, unmittelbar aus dem Leitbild des »Staatsbürgers in Uniform« selbst: »Sinn*ver*mittlung durch Vorgesetzte wird dementsprechend ersetzt durch dienstgradübergreifende gemeinsame Sinn*er*mittlung[43].«

III. Die »Leitsätze für die Erziehung des Soldaten«

Thematisiert wurde das erzieherische Handeln im pädagogischen Feld zukünftiger Streitkräfte aber nicht mehr allein im stillen Kämmerlein militärischer Experten der Dienststelle Blank, sondern innerhalb der Gesellschaft und mit allen in ihr wirkenden Gruppen. Hatten diese im historischen Prozess bislang keinerlei Einfluss auf die Erziehungskonzeption und -wirklichkeit im deutschen Militär, vollzog sich nun ein umfassender Wandel[44]. Politik, Wissenschaft, Kirchen und Verbände – deren Bandbreite von den Soldatenverbänden bis zu den gewerkschaftlichen Jugendorganisationen reichten – nahmen, von den Planern im Amt Blank zur Unterstützung aufgerufen, regen Anteil an der Entwicklung des künftigen »Inneren Gefüges«. Auch die Medien machten ihren wachsenden Einfluss geltend. Ihre Vermittlerrolle diente nicht nur der Information, sondern ermöglichte es der Bevölkerung und Vertretern von Institutionen und Interessengruppen auch, sich in unzähligen Leserbriefen und Artikeln Gehör zu verschaffen. Deren Inhalte variierten zwischen uneingeschränkter Zustimmung, Skepsis über die Realität ihrer Verwirklichung und vollständiger Ablehnung einer als »Weiche Welle« titulierten Erziehungspraxis. Das reichte bis hin zu der bereits erwähnten Bitte um Erziehungshilfe im Falle »missratener« Söhne.

---

[41] Ebd., S. 256 f.
[42] Siehe Schreiben Baudissin an Berger, 8.10.1951, BA-MA, N 717/19; Schreiben Karst an Mercyn, 15.8.1952, BA-MA, N 717/49; Schreiben Weniger an Baudissin, 12.1.1954, BA-MA, N 717/67.
[43] Hartmann/Richter/Rosen, Wolf Graf von Baudissin (wie Anm. 23), S. 221 (Hervorhebung im Original).
[44] In den Medien wurden zwar Missstände angeprangert sowie Erziehungs- und Bildungsverhältnisse oftmals mit beißendem Spott karikiert, regulierende Eingriffe aufgrund öffentlichen Drucks hatten die verantwortlichen Militärs hingegen nicht zu befürchten.

In ihrem Bestreben, die Konzeption einer Erziehung des Soldaten voranzu-
treiben und ihre Arbeit auf ein Fundament größtmöglichen Verständnisses und
allgemeiner Zustimmung zu gründen, ist die Zusammenarbeit mit Vertretern
der universitären Wissenschaft besonders hervorzuheben. Auf Betreiben des
Amtes Blank fanden fünf Tagungen zum Komplex des »Inneren Gefüges« statt,
an denen neben Vertretern der Dienststelle und ehemaligen Offizieren auch
zahlreiche Wissenschaftler aus den Fachbereichen Pädagogik, Psychologie,
Soziologie, Theologie und Staatsrecht teilnahmen. Die Erziehung der Soldaten
zukünftiger Streitkräfte wurde auf den abschließenden Tagungen im September
und Oktober 1953 thematisiert. Als Diskussionsgrundlage diente ein Entwurf
der »Leitsätze für die Erziehung des Soldaten«[45] des Amtes Blank, gegliedert in
Ziele, Träger und Wege der Erziehung. Zugleich wurde ein von dem Göttinger
Erziehungswissenschaftler Erich Weniger parallel verfasster Alternativentwurf
»Vorschläge für eine andere Fassung und Anordnung der ›Leitsätze für Erziehung‹« erörtert[46].

Bereits auf der Septembertagung wurden nach Ansicht Baudissins alle wesentlichen Aspekte im Hinblick auf die Erziehung des künftigen Soldaten beleuchtet[47]. Der Erziehungsauftrag der Streitkräfte wurde zwar allgemein befürwortet, hervorgehoben wurde aber auch, dass nicht jeder Offizier ein guter
Erzieher sein könne. Daher sei es entscheidend, dass die höheren Offiziere über
pädagogische Fähigkeiten verfügten. Sie müssten ihr Wissen und Können wei-
tergeben, wodurch der Auswahl der führenden Offiziere für den erzieherischen
Aspekt eine ausschlaggebende Bedeutung zukomme[48]. Bedingt durch seinen
Erziehungsauftrag sei der Vorgesetzte verpflichtet, die ihm zur Verfügung stehenden Machtbefugnisse einzusetzen, um dem Untergebenen Raum für die
Entwicklung seiner Persönlichkeit einzuräumen. Je höher seine Dienststellung,
desto umfangreicher sein erzieherischer Einfluss[49]. Der von Weniger in die Diskussion eingebrachte Vorschlag eines gesonderten Abschnitts zur politischen
Bildung und dem staatsbürgerlichen Unterricht wurde mit der Begründung

---

[45] 1. Entwurf der »Leitsätze für Erziehung«, 15.6.1953, BA-MA, BW 9/2227, fol. 215-223. Der
Entwurf war durch den Mitarbeiter Baudissins, Hauptmann a.D. Heinz Karst, erarbeitet
worden.
[46] Vorschläge für eine andere Fassung und Anordnung der »Leitsätze für Erziehung«,
1.6.1953, BA-MA, BW 9/731. Zur Person Wenigers und seinem militärpädagogischen Ansatz vgl. Hartmann, Erziehung von Erwachsenen (wie Anm. 32), S. 224-260, 313-317;
Uwe Hartmann, Erich Weniger. In: Klassiker der Pädagogik im deutschen Militär (wie
Anm. 23), S. 188-209. Weniger veröffentlichte zahlreiche Schriften zu militärpädagogischen Fragen. Vgl. insbesondere Erich Weniger, Wehrmachtserziehung und Kriegserfahrung, Berlin 1938. Eine sehr kritische Sichtweise zum Wirken Wenigers nimmt Barbara
Siemsen ein. Vgl. Barbara Siemsen, Der andere Weniger. Eine Untersuchung zu Erich
Wenigers kaum beachteten Schriften, Frankfurt a.M. [u.a.], 1995.
[47] Siehe. Schreiben Baudissin an Blank, Rückäußerung zur Stellungnahme des Herrn Ab-
teilungsleiters I vom 16. Juni 1954, 23.6.1954, BA-MA, BW 9/2867, fol. 32.
[48] Protokoll der Sachverständigentagung 25./26. September 1953 in der Akademischen Bundesfinanzschule Siegburg, BA-MA, BW 9/3569, fol. 26.
[49] Vgl. Hartmann/Richter/Rosen, Wolf Graf von Baudissin (wie Anm. 23), S. 220.

abgelehnt, »daß dadurch der Eindruck erweckt werden könnte, als sei die politische Bildung der Soldaten eine gesonderte Aufgabe, anstatt integraler Bestandteil«[50] der Gesamterziehung.

Wie erfolgreich diese Zusammenarbeit zwischen den Vertretern des Amtes Blank und den universitären Erziehungswissenschaftlern von Baudissin eingeschätzt wurde, machen zwei Schreiben deutlich. An Weniger richtete er die Worte: »Es ist trostreich und erstaunend zugleich, wie man von verschiedenen Standpunkten aus zu gemeinsamer Schau der Dinge kommt[51].« An Theodor Wilhelm schrieb er: »[W]ir sind wohl gemeinsam ein gutes Stück vorangekommen. Persönlich bin ich ganz besonders dankbar für die vielfältige Bestätigung meiner Gedanken, die mir von Ihnen und den meisten Herren des Kreises gegeben wurde[52].« Diese Schreiben können als Beleg dafür angesehen werden, »dass die pädagogische Grundlegung der Inneren Führung im Sinne der damals vorherrschenden Geisteswissenschaftlichen Pädagogik zu interpretieren ist. Gleichzeitig bringen diese Dokumente zum Ausdruck, daß maßgebliche Vertreter der geisteswissenschaftlichen Pädagogik im militärpädagogischen Konzept keinen wesentlichen Widerspruch zu ihren Allgemeinen Pädagogiken feststellen[53].« – Die Integration des militärpädagogischen Ansatzes Baudissins in die Theorie und Praxis der Allgemeinen Pädagogik war also gelungen!

Für die Oktobertagung von vier Arbeitsgruppen zu einem neuen, sprachlich gestrafften und inhaltlich eindeutigeren Entwurf zusammengefasst, wurden die »Leitsätze« anschließend innerhalb des Amtes Blank weiter bearbeitet und im Mai 1954 unter anderem an den Abteilungsleiter I (Zentralabteilung), Ministerialdirigent Ernst Wirmer, mit Bitte um Stellungnahme versandt. Im Folgenden erreichte eine Kontroverse ihren Höhepunkt, deren Beginn sich bereits im April 1952 abzeichnete. Wirmer hatte bereits zu diesem frühen Zeitpunkt Vorbehalte gegen das Erziehungsverständnis Baudissins zum Ausdruck gebracht: »Er selbst mache keinen grundsätzlichen Unterschied zwischen Erziehung und Ausbildung; habe aber die Empfindung, dass Graf Baudissin das erzieherische Moment allzu sehr in den Vordergrund stelle und daher von dem späteren Offizier viel zu große pädagogische Leistungen erwarte. Er bitte während der Tagung zu prüfen, wie weit man derartige Forderungen in den Streitkräften verwirklichen könne. Die Erziehungsaufgabe im grossen sei nicht Sache der Soldaten, sondern all der Kräfte, welche man mit dem nebelhaften Begriff ›De-

---

50   Protokoll der Sachverständigentagung 25./26. September 1953 in der Akademischen Bundesfinanzschule Siegburg, BA-MA, BW 9/3569, fol. 32. Der in Himmerod erhobenen Forderung nach einer ethischen Erziehung des Soldaten wurde schließlich durch die Einrichtung eines »Lebenskundlichen Unterrichtes«, Genüge getan, der nach Konfessionen getrennt auf freiwilliger Basis stattfinden hat. Siehe ZDv 66/2 Lebenskundlicher Unterricht (Merkschrift), Bonn 1959. Zur Entstehungsgeschichte vgl. Herbert Kruse, Kirche und militärische Erziehung. Der lebenskundliche Unterricht in der Bundeswehr im Zusammenhang mit der Gesamterziehung des Soldaten, Hannover 1983.

51   Schreiben Baudissin an Weniger, 16.10.1953, BA-MA, N 488/1, fol. 34.

52   Brief Baudissin an Wilhelm, 3.12.1953, BA-MA, N 717/68.

53   Hartmann/Richter/Rosen, Wolf Graf von Baudissin (wie Anm. 23), S. 219.

mokratie‹ umschreibe. Wenn die Demokratie diese Arbeit nicht schaffe, dann
gelänge es den Streitkräften auch nicht[54].«

Zur Beendigung der Kontroverse sah sich der Leiter der Dienststelle, Theodor Blank, schließlich genötigt, Wirmer mit einem Schreiben zurechtzuweisen:
Er möge von weiteren Stellungnahmen zur Frage der »Leitsätze für die soldatische Erziehung« absehen, da er mit seiner Billigung des Entwurfes und der
Übergabe an den Bundestagsausschuss für Fragen der europäischen Sicherheit
die Diskussion innerhalb der Dienststelle als vorerst abgeschlossen ansehe[55]. Bis
dahin hatte Wirmer in zwei Stellungnahmen eine umfassende Kritik an den
überreichten Erziehungsleitsätzen zum Ausdruck gebracht[56]. Die hierin erhobenen Einwände richteten sich im Wesentlichen gegen die teils sinngemäße, teils
wörtliche Übernahme von Passagen aus der Ausbildungsvorschrift für die Infanterie (AVI) in der Fassung von Oktober 1938, ohne dass auf diese Quelle
hingewiesen werde[57]. Die Inanspruchnahme dieser Vorschrift aus der Zeit des
»Dritten Reiches« unter Missachtung ihrer Fassung von 1922[58] gereiche den
Leitsätzen in ihren sittlichen und politischen Grundlagen nicht zum Vorteil und
könnte gar zu deren vollständiger Diskreditierung in der Öffentlichkeit führen.
Außerdem fehle auch die in der Fassung von 1922 enthaltene klare Stellungnahme, wofür der Soldat kämpfen solle. Abgelehnt wurde auch die Vorrangstellung der Erziehung vor Ausbildung und Führung, die mit ihrem allgemeinen Erziehungsanspruch weit über die in den früheren Fassungen der AVI
aufgestellten Grundsätze hinausreiche. Dabei bestritt Wirmer nicht, dass im
Rahmen von Ausbildung und Führung von Soldaten erzieherische Aufgaben
anfallen, sah Offiziere und Unteroffiziere jedoch mit der Erziehung des Soldaten als vorrangigem Postulat überfordert. Gleichsam impliziere die Inanspruchnahme einer allgemeinen Erziehung und ihrer Vorrangstellung deren
Totalitätsanspruch und berge die Gefahr in sich, dass der Wehrdienst nicht nur
erneut als »Schule der Nation« angesehen werde, sondern als solcher auch wieder tätig sein wolle.

Den Vorwurf, die Leitsätze wiesen über die Grundsätze der AVI hinaus,
fasste Baudissin in seiner Erwiderung als Anerkennung auf[59]. Hieße es doch,
»die Konzeption vom ›Staatsbürger in Uniform‹ auf[zu]geben, wenn man
eine gesonderte soldatische Erziehung schaffen wolle. Dort, wo die allgemeinsten Erziehungsgrundlagen des bürgerlichen Lebens abgelehnt werden
und Anspruch auf eine Autonomie des soldatischen Bereichs mit erzieherischen Sonderverfahren erhoben wird, werden die Wurzeln des Militarismus

---

54 Protokoll der Arbeitstagung »Inneres Gefüge«, Akademische Bundesfinanzschule Siegburg, 19.-21. April 1952, BA-MA, BW 9/2528-2, fol. 3 f.
55 Schreiben Blank an Wirmer, 8.7.1954, BA-MA, BW 9/2867, fol. 42.
56 Stellungnahme Wirmer zum »Entwurf von Leitsätzen für die soldatische Erziehung«,
16.6.1954, BA-MA, BW 9/2867, fol. 19-23; zu Stellungnahme Wirmer zur Antwort Baudissin, 30.6.1954, BA-MA, BW 9/2867, fol. 37-41.
57 H. Dv. 130/1, Ausbildungsvorschrift für die Infanterie, H. 1: Leitsätze für Erziehung und
Ausbildung, Ausbildungsziele, Berlin 1938.
58 H. Dv. Nr. 130, Ausbildungsvorschrift für die Infanterie, H. 1, Berlin 1922.
59 Stellungnahme Baudissin an Blank, 23.6.1954, BA-MA, BW 9/2867, fol. 27-36.

gelegt [...] Nur eine sinnvolle, umfassende Verschmelzung mit den öffentlichen Erziehungsbestrebungen kann eine erfolgreiche soldatische Ausbildung ermöglichen und verhindern, dass sich wieder ein ›Staat im Staate‹ bildet. Nicht die Streitkräfte dürfen die ›Erziehungsschule der Nation‹ sein, sondern umgekehrt sollte die Gemeinschaft den bestimmenden Anteil an der Erziehung ihrer Soldaten haben. Institutionell und pädagogisch ist *jede* Sonderstellung der Streitkräfte – ob negativ oder positiv – eine Gefahr für Truppe und staatliche Gemeinschaft. Man würde aber den Streitkräften eine Sonderstellung geben, wenn man in 18 Monaten Dienstzeit die Erziehung zugunsten der dann technischen Ausbildung beiseite lassen oder aber eine besondere soldatische Erziehung losgelöst von den allgemeinen Erziehungsbemühungen, schaffen würde[60].«

Letztlich musste Wirmer in seiner Antwort auf Baudissins Rückäußerung eingestehen, dass ihm dessen Erziehungsbegriff nicht klar geworden sei. Er sah sich außerstande, »aus den Darlegungen [...] zu erforschen, aus welchen Quellen der Begriff ›Erziehung‹, der bei den Leitsätzen für die soldatische Erziehung Pate gestanden hat«, komme[61]. Diese Kontroverse veranschaulicht, dass es Baudissin und seinen Mitstreitern trotz umfangreicher Bemühungen nicht gelungen war, ihr Verständnis von Erziehung deutlich genug zu vermitteln. Indes ließen auch die »Leitsätze für die Erziehung des Soldaten« – gedacht als Handlungshilfe für den Vorgesetzten – eine klare Definition von Erziehung im Sinne der von Baudissin angestrebten Selbsterziehung vermissen. Auch Theodor Blank offenbarte in seiner Stellungnahme zu den Ausführungen Wirmers, dass ihm der pädagogische Kern der Auseinandersetzung und die Intention Baudissins fremd geblieben waren. So lässt er seinem Abteilungsleiter I mitteilen, dass Erziehung und Ausbildung nicht zu trennen seien; die Reihenfolge der Begriffe aber nicht auf einen Totalitätsanspruch in Fragen der Erziehung schließen lasse, sondern lediglich eine Frage des Geschmacks darstelle[62]. Das Verständnis von Baudissins ausdrücklich hervorgehobener und sachlich begründeter Vorrangstellung der Erziehung im Rahmen der Inneren Führung gegenüber Ausbildung und Führung war ihm verschlossen geblieben. Selbst einigen Mitgliedern des deutschen Ausschusses für das Erziehungs- und Bildungswesen, dem die Erziehungsleitsätze zur Stellungnahme vorgelegt wurden, um eine Empfehlung anlässlich des Aufbaus der Streitkräfte auszusprechen, war das Erziehungsverständnis Baudissins nicht deutlich geworden. Es sei nicht die Aufgabe der Truppenführung, »schon erzogene Menschen noch weiter zu erziehen; Erzie-

---

[60] Ebd., fol. 30.
[61] Stellungnahme Wirmer zur Antwort Baudissin, 30.6.1954, BA-MA, BW 9/2867, fol. 38. Dieser Hinweis auf die Grundbegrifflichkeit stellt gemäß Hartmann den produktiven Teil der Kritik Wirmers dar.
[62] Schreiben Bucksch an Wirmer, 19.6.1954, BA-MA, BW 9/2867, fol. 24. In diesem Schreiben wird auch die Kritik an der fehlenden Quellenangabe der AVI von 1938 sowie der fehlenden Stellungnahme, wofür der Soldat einzutreten habe, als berechtigt anerkannt. Letzteres sollte in einer in Vorbereitung befindlichen Präambel thematisiert werden; für die Unterrichtung des Bundestagsausschusses bei der Behandlung der Erziehungsleitsätze sollte Graf Kielmansegg Sorge tragen.

hung im Bereich der Streitkräfte bedeutet vielmehr Selbsterziehung. Die Führung soll jedoch dazu beitragen, daß innerhalb der Truppe die richtigen Formen
solcher Selbsterziehung entwickelt werden[63].« Dabei waren ihre Einwände und
die daraus resultierenden Forderungen vollkommen identisch mit den erzieherischen Intentionen Baudissins; hier oblag es Erich Weniger als Ausschussmitglied Aufklärungsarbeit zu leisten.

Uneingeschränkte Zustimmung erhielten Baudissin und seine Mitarbeiter
vonseiten der Politik. Denn der Ausschuss für Fragen der europäischen Sicherheit fällte auf Antrag des Abgeordneten General der Panzertruppen a.D. Hasso
von Manteuffel (FDP) ein einstimmiges Votum zugunsten der Erziehungsleitsätze. Darüber hinaus regte der General an, »zu überlegen, welche Wege eingeschlagen werden sollten, um sicherzustellen, dass der Gedanke über die Erziehung der zukünftigen Soldaten Wirklichkeit würde. Dazu wurde von allen
Fraktionen einhellig die Verstärkung des Referates »Inneres Gefüge« ins Auge
gefasst[64].«

Scharfe Kritik wurde den Reformbemühungen vonseiten des ehemaligen
Vorsitzenden des Allgemeinen Ausschusses, General der Infanterie a.D. Hermann Foertsch, entgegengebracht. Nicht der Staatsbürger in Uniform, sondern
der dem Willen zum Sieg verpflichtete Kämpfer sollte das primäre Ziel militärischer Erziehungsbemühungen darstellen. In erster Linie ein Kämpfer, fände er
seine soldatische Bewährung »nur im erfolgreichen Kampf, im ›Sieg‹«, aber
nicht in der Bewahrung des Friedens. Rechtliches Denken und Achtung vor der
Menschenwürde seien zwar lohnende Ziele, aber man täte gut daran, zuerst die
soldatischen Tugenden zu nennen. Als Quintessenz seiner Kritik unterbreitete
Foertsch im Rückgriff auf seine im »Dritten Reich« veröffentlichte Schrift »Der
Offizier der deutschen Wehrmacht« den Vorschlag, knapp und klar gefasste
Pflichten des Soldaten herauszugeben, deren Erfüllung die anzustrebenden
Erziehungsziele darstellten[65]. Ganz dem Tradierten verhaftet, drohte hier der
von vielen gefürchtete (Un-) Geist der »alten Zeiten« zu überdauern, aller Mitverantwortung Foertschs an den »grundlegend neues« fordernden Entschlüssen
in Himmerod zum Trotz.

---

[63] Änderungsvorschläge zum II. Entwurf der »Empfehlungen anläßlich des Aufbaus der
Streitkräfte«, BA-MA, N 488/10, fol. 46, zur endgültigen »Empfehlung des Deutschen
Ausschusses für das Erziehungs- und Bildungswesen aus Anlaß des Aufbaus der Bundeswehr«, 5.7.1956 vgl. ebd., fol. 2-5.

[64] Vermerk Karst, 12.11.1954, BA-MA, BW 9/2867, fol. 44. Siehe auch BT 2. WP, Stenographisches Protokoll der 18. Sitzung des Ausschusses für Fragen der europäischen Sicherheit
(6. Ausschuss), 21.9.1954, BA-MA, BW 1/54935, S. 14 f.

[65] »Die Erziehung des Soldaten umfaßt alle die soldatischen Tugenden, die in den ›Pflichten
des deutschen Soldaten‹ festgelegt sind.« Foertsch, Der Offizier der deutschen Wehrmacht (wie Anm. 12), S. 75. Zu den »Pflichten des deutschen Soldaten« siehe Friedrich
Altrichter, Das Wesen der soldatischen Erziehung, Oldenburg i.O., Berlin 1935, S. 217 f.
Zur Kritik Foertschs siehe Stellungnahme Foertsch zu »Leitsätze für die Erziehung des
Soldaten«, II/IG, Bonn 15.3.53, BA-MA, Nachlass Pfister, N 621/v. Kiste 23, Ordner StB
FG, S. 3-5, Anhang zu Schreiben Foertsch an Pfister, 21.8.1953; Stellungnahme Foertsch
zu »Leitsätze für die soldatische Erziehung«, Fassung vom 18. Mai 1954, 1.7.1954, BA
MA, BW 9/2592-3, fol. 80.

Obwohl Baudissin radikal mit der Armee als »Erziehungsschule der Nation«
brechen und an die preußischen Heeresreformer um Scharnhorst anzuknüpfen
gedachte, die die »Armee als Hauptbildungsschule der Nation für den Krieg«
verstanden, behielt er – wo die Anwendung des Bildungsbegriffs nahelag – den
negativ tradierten Erziehungsbegriff bei. Bedingt durch seine apolitische und
elitäre Bedeutung im deutschen Bildungsbürgertum erschien ihm und seinen
pädagogischen Beratern der Bildungsbegriff wohl nicht geeignet[66]. Damit setzte
er sein Konzept aber der Gefahr aus, das die Vorgesetzten – militärisch soziali-
siert im Sinne des tradierten Erziehungsbegriffes – das Neue nicht erkannten
oder erkennen wollten. Die genannten Beispiele zeigen bereits deutlich, wie
notwendig es sein würde, den Vorgesetzten die veränderten Inhalte des neu
definierten Erziehungsbegriffes durch intensive Aufklärung zu vermitteln[67].
Aber alle von Baudissin und seinem Referat erstellten Ausbildungsplanungen
zum frühzeitigen Verständnis des neu formierten »Inneren Gefüges« wurden
wie die Wehrakademie entweder nicht umgesetzt oder wie seine detaillierten
Überlegungen zu den Einweisungslehrgängen in Sonthofen zugunsten des mi-
litärfachlichen Teils radikal beschnitten[68].

IV. Der Erlass »Erzieherische Maßnahmen«

Die in den »Leitsätzen« festgeschriebenen »Wege der Erziehung« fanden ihre
praktische Ergänzung in dem Erlass »Erzieherische Maßnahmen«[69]. Die darin
aufgeführten Maßnahmen waren keine Disziplinarstrafen, sondern dienten der
Erziehung und Ausbildung. Ihre Anwendung beschränkte sich auf »Nachlässigkeiten oder kleinere Verstöße im täglichen Dienst« sowie auf deren
Gebrauch, »wenn der Ausbildungsmangel oder das Versagen nicht auf Nach-
lässigkeit oder mangelnden Willen, sondern auf körperlicher oder geistiger
Veranlagung des Soldaten« beruhte[70]. Sie differenzierten sich in die »Allgemeinen Erzieherischen Maßnahmen« – Belehrung, Ermahnung, Zurechtweisung
und Warnung –, die von allen Vorgesetzten angewandt werden konnten, und
die »Besonderen Erzieherischen Maßnahmen«, deren Anwendung nur dem

---

[66]   Zum Erziehungs- und Bildungsbegriff bei Scharnhorst und Baudissin vgl. Hartmann,
      Erziehung von Erwachsenen (wie Anm. 32), S. 201 f., S. 272–274.
[67]   Vgl. Hartmann/Richter/Rosen, Wolf Graf von Baudissin (wie Anm. 23), S. 222. Um dem
      zukünftigen Führerkorps ein Verständnis vom Leitbild des »Staatsbürgers in Uniform« zu
      vermitteln, plante das Referat Inneres Gefüge, 35 Merkblätter zu erstellen und an die
      Lehrstäbe der Ausbildungseinrichtungen zu versenden, deren Themen sich über alle Be-
      reiche militärischen Lebens und somit auch über die Erziehung des zukünftigen Soldaten
      erstrecken sollten. Vgl. Baudissin, Soldat für den Frieden (wie Anm. 20), S. 154.
[68]   Zum Scheitern des Baudissin'schen Lehr- und Weiterbildungskonzeptes im Rahmen der
      Aufbauphase der Bundeswehr, vgl. Kutz, Deutsche Soldaten (wie Anm. 14), S. 173–194.
[69]   Siehe Erzieherische Maßnahmen, 28.11.1958, BA-MA, BW 1/187240, S. 1–4.
[70]   Ebd., S. 1.

Disziplinvorgesetzten zustand. Diese ermöglichten die Ansetzung zusätzlichen Ausbildungs-, Arbeits- und Wachdienstes sowie der Reinigung von Waffen, Gerät und Bekleidung. Hinzu kamen das Versagen des Nacht- oder Wochenendurlaubes oder die Ablösung als Kraftfahrer oder von der fliegerischen Ausbildung. Diese Maßnahmen konnte der Disziplinarvorgesetzte auch gegen eine Gesamtheit von Soldaten aussprechen, »wenn es sich um die Erziehung zur ordentlichen Ausübung eines Dienstes handelt, der nur durch das Zusammenwirken aller Angehörigen einer Gesamtheit ausgeführt werden kann«[71]. Erzieherische Maßnahmen durften nur unter der Voraussetzung verhängt werden, dass sie keinen Strafcharakter hatten, die Ehre des Soldaten nicht verletzten, ein Zusammenhang zwischen dem festgestellten Mangel und der verhängten Maßnahme bestand und die Verhältnismäßigkeit gewahrt blieb. Mit diesen Maßnahmen wurde dem Vorgesetzten also ein Erziehungsmittel in die Hand gegeben, ohne gleich die disziplinare Keule auspacken zu müssen. Die Anwendungsbefugnis wurde jedoch bald als zu einengend empfunden. So erließ das Bundesministerium für Verteidigung 1965 eine Neufassung, die den Vorgesetzten einen größeren Handlungsspielraum zumaß[72]. Zu den bereits anwendbaren Sanktionsmitteln wurden die »Zusätzlichen Erzieherischen Maßnahmen« eingeführt, deren Anwendung den Kompaniefeldwebeln und Feldwebeln in Führungsverwendung offenstand. Sie erlaubten die schriftliche Ausarbeitung zu einem mangelhaft erfassten Ausbildungsstoff, die Anordnung eines zusätzlichen Wiederholungsdienstes für die Dauer einer Stunde sowie angemessene Bewegungsübungen im Falle einer laschen Ausübung des Ausbildungsdienstes. Eine wesentliche Modifikation erfuhren alle »Erzieherischen Maßnahmen« durch die Einführung von Anwendungsalternativen in Form positiver Sanktionen, deren Bandbreite vom Lob bis zur Förderung durch Sonderausbildung und Preisverleihungen reichte.

Dem Drill als Erziehungs- und Disziplinierungsmittel war bereits in den »Leitsätzen für die Erziehung des Soldaten« eine Absage erteilt worden. Er sollte zukünftig nur als Ausbildungsmittel zur Einübung ständig wiederkehrender Tätigkeiten dienen.

V. »Schwierige junge Soldaten«

Trotz dieser Erziehungsmethoden und -mittel bestand jedoch die Gefahr, dass sich Soldaten – auch unter der Zuhilfenahme der Disziplinarordnung – allen Erziehungsbemühungen widersetzten. Mithin musste darüber befunden werden, wie auf diese schwer erziehbaren Soldaten zu reagieren sei. Den Grund für

---

[71] Ebd., S. 2.
[72] Siehe Erlaß »Erzieherische Maßnahmen«, 20.2.1965. In: »Leitsätze für die Erziehung des Soldaten« und Erlaß »Erzieherische Maßnahmen«, S. 9-23.

deren abweichendes Verhalten sah Baudissin in individuellen Erfahrungen und gesellschaftlichen Prozessen, die unter anderem in Form einer fortschreitenden Auflösung der Elternhäuser, bewusster und unbewusster Eindrücke aus Kriegs- und Nachkriegsjahren sowie schwierigen Schulverhältnissen als Fehlentwicklungen auf die Jugendlichen und jungen Erwachsenen einwirkten und ihre Einordnungsfähigkeit einschränkten oder gar ganz ausschlossen. Um die Vertrauensbildung und Schlagkraft der Streitkräfte nicht zu stören, stehe die Forderung zur Diskussion, die Truppe von derart geprägten Wehrpflichtigen zu entlasten. Geschehen sollte dies durch die »weitgehende Aussonderung psychologisch Labiler bei der Musterung« sowie durch eine rechtzeitige Inanspruchnahme von Psychotherapeuten in der Truppe, bevor sich die Konflikte zuspitzten. Sollten alle erzieherischen Mittel, einschließlich der Versetzung in andere Truppeneinheiten, versagen, verbliebe als letzte Möglichkeit die Entfernung aus der Truppe durch die Disziplinarkammer[73]. Diese ambivalente Lösung besäße zwar den Vorteil eines klaren Schnittes, böte dem Wehrpflichtigen aber die Chance die Armee alsbald zu verlassen. Für Baudissin kam es infolgedessen darauf an, die ehrenvolle Entlassung mit materiellen und ideellen Vorteilen zu verbinden, mithin eine unehrenhafte Entlassung als schmerzlich empfinden zu lassen. Eine bereits in der Vergangenheit angewandte Alternative bestand für ihn in der Versetzung des renitenten Soldaten in »Sondereinheiten der Streitkräfte«, in denen zwar eine nicht näher definierte Sonderunterbringung erfolgen, aber eine menschenwürdige Behandlung sowie gleiche Dienstzeit, Besoldung und Verpflegung wie in der Truppe garantiert sein sollte[74]. Um diesen Weg für die Streitkräfte zweckmäßig und für ihren Ruf und Geist ungefährlich zu gestalten, könne er nur unter der Voraussetzung beschritten werden, dass in diesen »Sondereinheiten« ausschließlich besonders ausgewählte und ausgebildete Erzieher verwandt würden und die dort zu verrichtenden Tätigkeiten weitere Reibungswahrscheinlichkeiten ausschlössen. Daher dürften die Erzieher keine Soldaten sein, denn naturgemäß hätten die besten Erzieher in der Truppe selbst zu dienen. Ebenso verböte sich ein militärischer Dienst, »da dieser mit seinem Vorgesetztenverhältnis in erhöhtem Masse Reibungsfläche gibt, an denen die Betreffenden schon einmal gescheitert« seien[75]. Um diesen päda-

---

[73] Siehe Baudissin, »Gedanken zum Problem schwererziehbarer Soldaten«, 12.2.1954, BA-MA, N 493/v. 45, S. 1-3, Zitat S. 1. Diese Gedankenskizze diente der Vorbereitung auf eine Sitzung des Ausschusses »Innere Führung«. Siehe Kurzprotokoll, 27. Sitzung des Ausschusses »Innere Führung«, 12.2.1954, BA-MA, BW 9/2592-1, fol. 117-119. Die Urheberschaft Baudissins wird in einer gleichlautenden Fassung vom 3.2.1954 deutlich, bei der jedoch die letzte Seite fehlt. Siehe »Gedanken zum Problem schwererziehbarer Soldaten«, 3.2.1954, BA-MA, N 717/2, fol. 74 f.

[74] Zu den Sonder- und Bewährungseinheiten der Wehrmacht vgl. Bernhard R. Kroener, »Störer« und »Versager« Die Sonderabteilungen der Wehrmacht. Soziale Disziplinierung aus dem Geist des Ersten Weltkrieges. In: Adel – Geistlichkeit – Militär. Festschrift für Eckardt Opitz zum 60. Geburtstag. Hrsg. von Michael Busch und Jörg Hillmann, Bochum 1999, S. 71-90; Manfred Messerschmidt, Die Wehrmachtsjustiz 1933-1945, Paderborn [u.a.] 2005, S. 321-391.

[75] Baudissin, »Gedanken zum Problem schwererziehbarer Soldaten«, 12.2.1954, BA-MA, N 493/v. 45, S. 2.

gogisch wie politisch unerwünschten Reibungen zwischen Erzieher und Zög-
ling« zu begegnen[76], sahen Baudissins Überlegungen einen arbeitstherapeuti-
schen »Sonderdienst« in Form von Arbeitsverrichtungen auch für die Streitkräfte vor. Die Vorteile bestünden darin, dass die Streitkräfte selbst die
Verantwortung behielten und wichtige Erfahrungen auf dem Gebiet der Erziehungsarbeit mit Problemsoldaten sammeln könnten. Darüber hinaus könnten
Besserungswillige und sich schließlich Einordnende leichter in ihre Stammein-
heit zurückversetzt werden. Baudissin zog aber auch die Befürchtung in Be-
tracht, dass die Erziehung in Bestrafung ausarten könne. Seinen arbeitsthera-
peutischen Ansatz begründete er damit, »dass eine interessante gemeinsame
Arbeit, die womöglich noch der Fortbildung des Einzelnen dient, erfahrungs-
gemäss das beste Erziehungsmittel ist, das man für psychisch Labile sowohl als
Renitente hat«[77]. Hierbei sollte auf die Beratung durch Psychotherapeuten und
Erzieher aus dem Bereich der Jugendfürsorge keinesfalls verzichtet werden.
Auch für diesen Diskurs hatte sich Baudissin mit dem Sozialpsychologen und
-pädagogen Curt Werner Bondy, einem Freund Wenigers, der Kooperation mit
einem ausgewiesenen Fachmann auf dem Gebiet der Erziehung auffälliger und
straffällig gewordener Jugendlicher, versichert und damit seine Bemühungen
um eine gesamtgesellschaftliche Akzeptanz fortgesetzt[78].

Der Ausschuss »Innere Führung«, dem Baudissin seine Anregungen wenige
Tage später vortrug, zeigte sich überzeugt, dass die Möglichkeit einer vorzeitigen Entlassung aus dem Dienst für einige Wehrpflichtige einen Anreiz bieten
würde, dem man sich entgegenstellen müsse. Sie seien weder wehrunwürdig
noch -untauglich, sondern lediglich bedingt tauglich und daher blieben die
Streitkräfte für sie verantwortlich. Die Anregung Baudissins, diese Soldaten in
Institutionen des Innenministeriums zu versetzten, in denen die gleichen
dienstlichen Bedingungen herrschten wie in den Streitkräften[79], beurteilte der
Ausschuss skeptisch. Überzeugt davon, dass diese Behörde nicht an deren
Übernahme interessiert wäre, bliebe ihre Zusammenfassung in »Erziehungseinheiten« angesichts der Gefährdung des normalen Truppendienstes notwendig.
Im Gegensatz zu Baudissin sprach sich der Ausschuss aber eindeutig dafür aus,
»dass in diesen Erziehungseinheiten echter Truppendienst geleistet werden
müsse, damit die dorthin Versetzten nicht von vornherein das Gefühl der De-

---

[76] Kurzprotokoll, 27. Sitzung des Ausschusses »Innere Führung«, 12.2.1954, BA-MA,
      BW 9/2592-1, fol. 118.
[77] Baudissin, »Gedanken zum Problem schwererziehbarer Soldaten«, 12.2.1954, BA-MA,
      N 493/v. 45, S. 23. Greift man auf ein pädagogisches Wörterbuch zurück, wird »Arbeits-
      therapie« als eine »Behandlungsform seelischer oder körperlicher Störungen bzw. Krank-
      heiten [definiert], bei der den Patienten interessante, vom Schwierigkeitsgrad her ange-
      messene und nutzbringende Arbeiten angeboten werden. Dabei sollen sowohl einzelne
      psycho-motorische Funktionen geübt als auch das Selbstbewusstsein gestärkt werden«.
      Horst Schaub, Karl G. Zenke, Wörterbuch der Pädagogik, 4. Aufl., München 2000, S. 41.
[78] Siehe Schreiben Baudissin an Bondy mit Bitte um Zusammenarbeit, 2.12.1953, N 717/20.
[79] Baudissin, »Gedanken zum Problem schwererziehbarer Soldaten«, 12.2.1954, BA-MA,
      N 493/v. 45, S. 2.

gradierung« hätten. Wohl in Angedenken an die Methoden der Sonder- und
Bewährungseinheiten innerhalb der Wehrmacht verwies der Ausschuss noch
einmal eindrücklich auf das Verbot einer menschenunwürdigen Behandlung
und betonte die Notwendigkeit, »Erfahrungen des Jugendstrafvollzuges und
anderer moderner Erziehungsmethoden für Schwererziehbare« zu verwerten.
Berücksichtige man diese Forderungen und ließe den Betroffenen eine individuelle Behandlung zuteilwerden, bestünde die »begründete Hoffnung, daß ein
Teil wieder in die Truppe zurückkehren könne«[80]. Die Beratungen ließen offen,
wer über die Versetzung in eine Erziehungseinheit zu befinden habe und wie
die personelle Ausstattung dieser Einheiten bei Durchführung eines echten
Truppendienstes zu gestalten sei, da man hierfür die von Baudissin als Rei-
bungspotenzial abgelehnten militärischen Vorgesetzten benötigte, die von zivilen sozialpädagogisch und sozialpsychologisch geschulten Fachkräften in der
Erziehungsarbeit unterstützt werden sollten.

Thematisiert wurde die Frage spezieller Einheiten, »die [eine] besondere
Gewähr für die Durchführung erzieherischer Maßnahmen böten«, auch durch
den Bundestagsausschuss für Verteidigung. Im Rahmen seiner Beratungen über
den Entwurf eines Einführungsgesetzes zum Wehrgesetz hatten seine Mitglieder darüber zu befinden, welche Befugnisse »der Dienstvorgesetzte auf erzie-
herischem Gebiet den Angehörigen solcher Einheiten gegenüber« besitzen sollte[81],
wenn ein wehrpflichtiger Jugendlicher gemäß richterlicher Anordnung einer
besonderen Erziehungshilfe bedürfe[82]. Als Ergebnis seiner Beratungen lehnte
der Ausschuss die Einrichtung spezieller Einheiten ab und strich den Begriff
aus der Gesetzesvorlage. Zuvor hatte Baudissin in Abänderung der vorangegangenen Planungen deutlich gemacht, das eine Aufstellung besonderer Einheiten, die nur aus straffällig gewordenen Jugendlichen bestünden, keineswegs
beabsichtigt sei, da hierdurch einer eindeutigen Diskriminierung Vorschub
geleistet würde. Stattdessen plane man die Delinquenten in Einheiten zu über-
weisen, deren Chefs und Unteroffiziere über besondere erzieherische Qualifikationen verfügten. Das Zugeständnis zusätzlicher disziplinarer Möglichkeiten
für den Disziplinarvorgesetzten wurde jedoch als notwendig erachtet. Unterstützung erhielt Baudissin vom Vertreter der Rechtsabteilung des Verteidigungsministeriums. Dieser führte aus, dass diese Einheiten nicht mit den Son-
derheiten des »Dritten Reiches« vergleichbar seien, da die Soldaten nur durch
richterliche Anordnung, aber nicht auf dem Truppendienstweg zu überstellen
wären. Die vom Ausschuss erarbeiteten Vorschläge gingen schließlich in verän-

---

[80] Kurzprotokoll, 27. Sitzung des Ausschusses »Innere Führung«, 12.2.1954, BA-MA,
     BW 9/2592-1, fol. 118.
[81] Siehe BT, 2. WP. Stenographisches Protokoll der 138. Sitzung des Ausschusses für Vertei-
     digung (6. Ausschuss), 27.2.1957, BA-MA, BW 1/54931, S. 3 f.
[82] Auslöser war eine Debatte über die Sondervorschriften für Soldaten der Bundeswehr im
     Vierten Teil des Jugendgerichtsgesetzes, dessen § 112 durch die Wehrgesetzgebung einer
     Anpassung bedurfte.

derter Form in das Gesetz ein[83]. Benötigte der »Jugendliche oder Heranwachsende nach seiner sittlichen oder geistigen Entwicklung besonderer erzieherischer Einwirkung, so kann der Richter Erziehungshilfe durch den Disziplinarvorgesetzten als Erziehungsmaßregel anordnen«. Erfolgte eine derartige
Anordnung, musste der Disziplinarvorgesetzte die Überwachung und Betreuung des Soldaten auch außerhalb des Dienstes sicherstellen, womit dem Betroffenen »Pflichten und Beschränkungen auferlegt [werden], die sich auf den
Dienst, die Freizeit, den Urlaub und die Auszahlung der Besoldung beziehen
können«[84].

Letztlich wurde vonseiten des Ministeriums auf die Einrichtung jeglicher
»Sondereinheiten« verzichtet und stattdessen die Broschüre »Schwierige junge
Soldaten« als Orientierungshilfe für die Vorgesetzten erarbeitet[85]. Sie sollte helfen, schwierige Soldaten anhand ihres typischen Fehlverhaltens zu erkennen
und durch enge Kooperation mit dem Seelsorger und dem Truppenarzt Konflikte zu lösen[86]. Zeitigten alle Erziehungsbemühungen keinen Erfolg, war im
Zusammenwirken mit dem Truppenarzt die Entlassung des betreffenden Soldaten zu prüfen. Die besondere erzieherische Aufgabe des Vorgesetzten hervorhebend wurde abschließend festgehalten, dass eine militärische Einheit zwar
keine Erziehungseinrichtung im Sinne angewandter Psychologie sei, aber jeder
Vorgesetzte die Pflicht habe, »sich der einzelnen Soldaten und dabei besonders
der schwierigen Soldaten, der ›Sorgenkinder‹, anzunehmen«[87]. Für Baudissin,
der zu diesem Zeitpunkt bereits aus dem Ministerium ausgeschieden war und
als Brigadekommandeur in Göttingen ein Truppenkommando innehatte,
schloss diese Schrift die bestehende Lücke. Dem Wehrbeauftragten des Deutschen Bundestages, Generalleutnant a.D. Helmuth von Grolman, teilte er mit,
dass die Wehrersatzbehörden zum Teil noch nicht begriffen hätten, »daß die
Truppe an vielen Stellen Plattfüßler, nirgends aber Labile und Asoziale gebrauchen kann. Hier spuken noch immer alte Vorstellungen, daß der Kommiß keinem erspart bleiben solle bzw. daß die Truppe gerade zur Erziehung der
Schwierigen da sei. Wir haben aber weder Zeit noch Atem genug, uns mit diesen Jungen zu beschäftigen, die einfach ungeeignet sind. Beide Seiten werden
überfordert. Mancher Vorgesetzte läßt sich zu ungesetzlichen Maßnahmen rei

---

[83] Siehe BT, 2. WP. Stenographisches Protokoll der 138. Sitzung des Ausschusses für Verteidigung (6. Ausschuss), 27.2.1957, BA-MA, BW 1/54931, S. 1-26.

[84] Siehe § 112a und 112b JGG. In: Wehrstrafrecht mit Wehrdisziplinarordnung, Wehrbeschwerdeordnung, Strafgesetzbuch und Jugendgerichtsgesetz, 2. Aufl., München, Berlin
1959, S. 233 f.

[85] Vgl. Schwierige junge Soldaten. Hinweise zum Erkennen und Erziehen, Bonn 1961
(= Schriftenreihe Innere Führung, Reihe: Erziehung, 7); Schreiben Baudissin an Wangenheim, 29.3.1960, BA-MA, N 493/ v. 8, S. 1.

[86] Hierunter fielen u.a. der in der Reife Verzögerte, Störer, Willensschwache, Haltlose, leicht
Erschöpfbare, Nervöse, eingebildete Kranke, Minderbegabte, Schwermütige. Eine besondere Gefährdung lag im Falle der Homosexualität, zum damaligen Zeitpunkt ein Straftatbestand, des Alkoholismus sowie bei Selbstmordgefährdung vor. Vgl. Schwierige junge
Soldaten (wie Anm. 85), S. 16-25.

[87] Ebd., S. 32.

zen; auch führt ein solcher ›Fall‹ mit seinem Papierkrieg die Rechtsstaatlichkeit bald ad absurdum und begünstigt den Drang der Nichtskönner und Reaktionäre nach ›Vereinfachung‹[88].«

VI. »... darf der Soldat nicht aufhören, Bürger zu sein«

Mithin zerrannen die Erwartungen all derer, die von den Streitkräften auch weiterhin eine im klassischen Sinne verstandene Erziehung ihrer »missratenen« Sprösslinge erhofften. Gleichwohl ließen die militärischen und zivilen Planer das erzieherische Potenzial, das den Streitkräften innewohnt, nicht brachliegen. Einerseits mit traditionellen Vorstellungen von Erziehung im Militär brechend, andererseits aber den von der NS-Ideologie getragenen Gedanken eines »Volksheeres« – nunmehr in Form einer »demokratischen Volksarmee« (Theodor Blank) – fortführend, wurde die Erziehung des Soldaten an die freiheitlich-demokratische Grundordnung gebunden und »die staatsbürgerliche Verantwortung für die Freiheit [...] zur höchsten Maxime erhoben[89]«. Baudissin und seine Mitstreiter lehnten eine autonome Erziehung in den Streitkräften strikt ab und erhoben das Erleben freiheitlich-demokratischer Werte auch in den Streitkräften zum Prinzip. Für sie waren diese Streitkräfte nur noch »als ein Glied in der Erziehungskette zur politischen Verantwortung, die von der Familie über Schule und Jugendgruppe zum Betrieb, den Parteien und den öffentlichen Institutionen reicht,«[90] denkbar.

Nicht die militärische Sozialisation des Zivilen, sondern eine zivile Prägewirkung in das Militärische war das erklärte Ziel. Infolgedessen sahen sich die Streitkräfte in Umkehrung bisheriger Vorstellungen nicht mehr als Schule einer auf das Militär hin ausgerichteten Nation, sondern als Abbild der demokratischen Verfasstheit von Staat und Gesellschaft. Als »Schule der demokratischen Nation« dienten sie gleichsam als Werbeträger für den demokratischen Staat, indem der Soldat die verteidigungswürdigen Werte der freiheitlich-demokratischen Grundordnung während seines Dienstes unter Umständen erstmalig bewusst erlebte[91].

Das Leitbild eines »Staatsbürgers in Uniform« als Ziel militärischer Erziehungsbemühungen beantwortete auch die 150 Jahre zuvor vom Freiburger Professor und badischen Liberalen Karl von Rotteck aufgeworfene Frage, ob man

---

[88] Schreiben Baudissin an von Grolman, 20.5.1960, BA-MA, N 493/v.8, S. 1 f. Baudissin reagierte mit diesem Schreiben auf den 1960 vorgelegten Bericht des Wehrbeauftragten: »In den gleichen Zusammenhang fällt die häufige Einberufung von Wehrpflichtigen, die schwierige wirtschaftliche Verhältnisse zu Hause haben und nach kurzer Zeit Urlaubs- bzw. Entlassungsgesuche stellen.« Ebd., S. 2.
[89] Hartmann/Richter/Rosen, Wolf Graf von Baudissin (wie Anm. 23), S. 222.
[90] Baudissin, Soldat für den Frieden (wie Anm. 20), S. 221.
[91] Zu den Streitkräften als Werbeträger der Demokratie, vgl. ebd., S. 233.

die Nation selbst zum Heer oder ob man die Soldaten zu Bürgern machen wolle, eindeutig zugunsten des Letzteren. Wenn, wie die preußische Militär-
Reorganisationskommission 1808 feststellte, alle »Bewohner des Staates geborene Verteidiger desselben« sind[92], darf der Soldat nicht aufhören, Bürger zu
sein. Gerade in der Situation des permanenten Weltbürgerkrieges erlangte diese
von Rotteck eingeforderte Bürgerqualität des Soldaten, den er als »Nationalstreiter« charakterisierte, eine besondere Bedeutung, der die Planer im Amt
Blank mit der Konzeption des Leitbildes vom »Staatsbürger in Uniform« Rechnung trugen. Die atomare Vernichtung vor Augen fand der Soldat hierin die
Legitimation zur Verteidigung der freiheitlich-demokratischen Grundordnung.
Die Vermittlung und Realisierung dieses Leitbildes allein legitimierte die Erziehung im Militär!

---

[92] »Immediatbericht der Militär-Reorganisationskommission. Königsberg, 15. März 1808.«
In: Die Reorganisation des Preussischen Staates unter Stein und Hardenberg. T. 2, Bd 1:
Das Preussische Heer vom Tilsiter Frieden bis zur Befreiung 1807–1814. Hrsg. von Georg
Winter und Rudolf Vaupel, Leipzig 1938, S. 320–332, hier S. 324.

Rüdiger Wenzke

Die preußischen Heeresreformen als militärhistorische Tradition in der Nationalen Volksarmee (NVA)

Es war schon eine Überraschung, als im Jahr 1990 Angehörige des damaligen Bundeswehrkommandos Ost in einem Keller des kurz zuvor aufgelösten Ministeriums für Abrüstung und Verteidigung der DDR in Strausberg auf einige Kartons mit Auszeichnungen der NVA stießen, von deren Existenz bis zu diesem Zeitpunkt kaum jemand etwas wusste[1]. Die Fundstücke entpuppten sich als geheime »Tapferkeits-Orden«, mit denen die ostdeutsche Armeeführung im Falle eines bewaffneten Konfliktes herausragende und besonders mutige Einsätze von NVA-Soldaten zu würdigen gedachte[2]. Bemerkenswert an dieser speziellen DDR-Militärauszeichnung war jedoch nicht nur, dass sie bis zum Ende der NVA nicht verliehen wurde, sondern auch, dass sie nach einem »Helden« der Freiheitskriege des 19. Jahrhunderts, dem preußischen Generalfeldmarschall Gebhard Leberecht von Blücher benannt worden war. Die militärische Führung der DDR, die stets die »sozialistische Soldatenpersönlichkeit« in der NVA propagiert hatte, sah offenbar kein Problem darin, die Anerkennung und Würdigung solcher soldatischen Eigenschaften wie Tapferkeit, Mut und Kühnheit »beim zuverlässigen Schutz der Deutschen Demokratischen Republik im Verteidigungszustand«[3] mit dem Namen eines preußischen Offiziers zu verbinden.

Blieb der nach Blücher benannte »Orden für Tapferkeit« bis 1990 in den NVA-Kellern versteckt, war ein Zeitgenosse Blüchers, der preußische Militärre-

---

[1] Volker Koop, Abgewickelt. Auf den Spuren der Nationalen Volksarmee, Bonn 1995, S. 28.
[2] Knapp 400 dieser Orden und über 2600 »Medaillen für Tapferkeit« wurden 1990 dem Militärhistorischen Museum der Bundeswehr in Dresden übergeben.
[3] Bundesarchiv-Militärarchiv (BA-MA), DVW 1/39530, Bl. 61-67, Protokoll 69. Sitzung Nationaler Verteidigungsrat der DDR vom 25.1.1985, Tagesordnungspunkt 9: Stiftung des »Blücher-Ordens für Tapferkeit« und der »Blücher-Medaille für Tapferkeit«. Bereits 1965 waren vom Nationalen Verteidigungsrat Festlegungen zur Stiftung des »Blücher-Ordens« und der »Blücher-Medaille« getroffen worden. 1968 erfolgte dann durch den Ministerrat der DDR die Stiftung beider Auszeichnungen, die aber nicht veröffentlicht wurde. Im Januar 1985 erging nunmehr der ebenfalls unveröffentlichte Beschluss des Nationalen Verteidigungsrates zum Erlass einer Anordnung und einer Ordnung über die Verleihung des »Blücher-Ordens« und der »Blücher-Medaille« im Verteidigungszustand. Der Orden stellte ein symmetrisches Kreuz in Schwertform dar, auf dessen Vorderseite sich das Porträt Blüchers befand.

former Gerhard von Scharnhorst, bereits frühzeitig öffentlich zum Namensgeber für die höchste offizielle militärische Auszeichnung der DDR avanciert. Der »Scharnhorst-Orden« der NVA stellte zweifellos einen sichtbaren Ausdruck der Wertschätzung des sich sozialistisch gebenden Staates DDR und seiner Armee für einen Mann dar, »der als Soldat und Militärwissenschaftler, als Mitorganisator und Feldherr, als Reformer und Patriot Unvergängliches geleistet hat«[4]. Im übertragenen Sinne traf das auch auf das Werk der anderen preußischen Heeresreformer wie Carl von Clausewitz und August Neidhardt von Gneisenau zu. Ihr Erbe begründete eine durchaus widersprüchliche Traditionslinie der DDR-Volksarmee, die einerseits bereits in den Aufbaujahren des ostdeutschen Militärs ihren Anfang nahm, andererseits jedoch bis zum Ende der NVA in einem steten Spannungsverhältnis »der Gegensätze zwischen ›sozialistischer Armee‹ und Propagierung preußischer Militärtradition«[5] stand.

I. Militärischer Neuaufbau

Nach dem radikalen Macht- und Systemwechsel 1945, der Einleitung tief greifender Wandlungen der sozialen und ökonomischen Verhältnisse und der Gründung der DDR im Konnex des Kalten Krieges ging es für die »führende Kraft« im Osten Deutschlands, der Sozialistischen Einheitspartei Deutschlands (SED), unter anderem darum, die eigene Diktatur zu legitimieren und sie zugleich als beispielhaft für ganz Deutschland darzustellen. Dieses galt auch für den Neuaufbau bewaffneter militärischer Kräfte. Sie sollten Machtorgane verkörpern, die die »revolutionären Umgestaltungen« der Partei in allen gesellschaftlichen Bereichen zu schützen und zu verteidigen hatten.

Tatsächlich gelang es der SED innerhalb weniger Jahre, eine völlig neue militärische Führungsschicht in ihrem Machtbereich zu etablieren. Hatten bisher Adels- und Gutsbesitzerkreise die militärische Führungelite Deutschlands dominiert, entstand nunmehr im Osten ein von der Partei geführtes Offizierkorps, das sich hinsichtlich seiner Sozial- und Bildungsstruktur sowie seines politisch-ideologischen Profils grundlegend von allen bisherigen deutschen Militäreliten unterschied. Sein wichtigstes Charakteristikum war eine unübersehbar »proletarisch-klassenmäßige« Zusammensetzung: Die militärische Offizierschicht in der DDR wurde eindeutig durch die soziale Herkunft aus der Arbeiterschaft bestimmt. So waren Mitte 1951 knapp 85 Prozent aller Offiziere vor ihrem Eintritt in die ostdeutschen bewaffneten Kräfte als »Arbeiter« tätig

---

[4] Edgar Doehler und Horst Haufe, Militärhistorische Traditionen der DDR und der NVA, Berlin (Ost) 1989, S. 29.
[5] Paul A. Koszuszeck, Militärische Traditionspflege in der Nationalen Volksarmee der DDR. Eine Studie zur historischen Legitimation und politisch-ideologischen Erziehung und Bildung der Streitkräfte der DDR, Frankfurt a.M. 1991, S. 21.

gewesen[6]. Die neue Armee verstand sich zudem als Alternative zu jenem deutschen Militär, das für zwei Weltkriege verantwortlich gemacht wurde. Insbesondere Preußen galt dabei als Inkarnation von Militarismus und Krieg, das Preußentum als das reaktionärste Element in der deutschen Geschichte schlechthin. Der Bruch mit der preußisch-militaristischen Tradition war gewissermaßen Programm und beeinflusste auch die geheimen Anstrengungen zur Aufrüstung in der SBZ/DDR[7].

Anfang der 1950er-Jahre war es der SED-Führung gelungen, ihre Macht zu festigen und ein politisches System zu schaffen, das Voraussetzungen für die Übernahme des sowjetischen Sozialismusmodells bot. In diesem Zusammenhang gab die sowjetische Führung der DDR grünes Licht, um auch zum Aufbau einer regulären Armee überzugehen. Auf Geheiß der UdSSR sollte in der DDR nunmehr die »pazifistische Periode« beendet und »ohne Geschrei« (Stalin) eine »Volksarmee« geschaffen werden. Diese »getarnte Armee« stellte das entscheidende Bindeglied zwischen den Anfängen der geheimen Aufrüstung am Ende der 1940er-Jahre und der Schaffung regulärer sozialistischer Streitkräfte in der DDR in der zweiten Hälfte der 1950er-Jahre dar[8].

Im anderen deutschen Staat, in der Bundesrepublik, vollzogen sich zur gleichen Zeit militärpolitische Integrationsprozesse in Richtung Westeuropa, die in Ost-Berlin als »antinational« und friedensgefährdend angesehen wurden. Vor diesem Hintergrund ging es der SED mit Blick auf den Westen und auf die eigene Bevölkerung um handfeste Legitimationsbedürfnisse: Der DDR und ihren neuen militärischen Formationen musste eine eigene nationale Tradition und Identität gegeben werden. Es bot sich an, die Suche danach mit einer wertbezogenen Auswahl aus der Geschichte zu verbinden[9]. Die Staatspartei hatte in diesem Zusammenhang erkannt, dass gerade Traditionen für den Einzelnen und für die Gemeinschaft eine Stabilisierungsfunktion haben konnten. Durch Traditionen konnten nicht nur Werte und Normen weitergegeben und auf besondere Weise Sinn und Gemeinsamkeit vermittelt, sondern auch Identität transportiert werden[10]. Im Kontext eines »nationalen« und »patriotischen« Geschichtsbildes[11]

[6]   Rüdiger Wenzke, Auf dem Wege zur Kaderarmee. Aspekte der Rekrutierung, Sozialstruktur und personellen Entwicklung des entstehenden Militärs in der SBZ/DDR bis 1952/53. In: Volksarmee schaffen – ohne Geschrei! Studien zu den Anfängen einer »verdeckten Aufrüstung« in der SBZ/DDR 1947-1952. Im Auftrag des Militärgeschichtlichen Forschungsamtes hrsg. von Bruno Thoß, München 1994 (= Beiträge zur Militärgeschichte, 51), S. 205-272, hier S. 251.
[7]   Koszuszeck, Militärische Traditionspflege (wie Anm. 5), S. 93-98.
[8]   Torsten Diedrich und Rüdiger Wenzke, Die getarnte Armee. Geschichte der Kasernierten Volkspolizei der DDR 1952-1956, 2. Aufl., Berlin 2003 (= Militärgeschichte der DDR, 1).
[9]   Wendelin Szalai, Wie »funktionierte« Identitätsbildung in der DDR? In: Identitätsbildung und Geschichtsbewußtsein nach der Vereinigung Deutschlands. Hrsg. von Uwe Uffelmann, Weinheim 1993, S. 58-108.
[10] Koszuszeck, Militärische Traditionspflege (wie Anm. 5), S. 41-47; Die Identität der Deutschen. Hrsg. von Werner Weidenfeld, München, Wien 1983; Rüdiger Wenzke, Die Suche der NVA nach Identität. Bemerkungen zur nationalen Problematik im DDR-Militär. In: Die Suche nach Orientierung in deutschen Streitkräften 1871 bis 1990. Im Auftr. der Deut-

sowie ganz im Sinne einer deutschlandpolitischen Instrumentalisierung rekrutierte die SED nunmehr die Zeit der preußischen Reformen und der Freiheitskriege für sich. Es ging ihr dabei um Legitimation, aber auch um den Kampf gegen Pazifismus und für die Durchsetzung einer gesellschaftlichen Militarisierung in ihrem Machtbereich. Dazu sollten der bewusst geschürte Strom der Begeisterung für die Befreiungskriege und die selektive Preußenverehrung ihren Beitrag leisten.

Die DDR-Geschichtswissenschaft erhielt 1952 den Auftrag, sich den Reformen in Preußen und den Freiheitskriegen gegen Napoleon – in der DDR auch als »Befreiungskriege«, später dann als »Nationaler Unabhängigkeitskrieg« bezeichnet – zuzuwenden. Diese »Zuwendung« erbrachte erwartungsgemäß eine grundsätzliche Klärung des »positiven Verhältnisses« der DDR zu dieser Thematik. Es erschienen erstmals kleinere Editionen mit Auszügen aus Schriften von und über Blücher, Gneisenau, Scharnhorst und anderen. Vorläufiger Höhepunkt dieser bis dahin beispiellosen ideologischen »Preußen-Offensive« bildete die 140-Jahrfeier der Leipziger Völkerschlacht, die sich 1953 zu einer der größten Massenveranstaltungen der frühen DDR gestaltete. Der Chefideologe der SED, Albert Norden, schrieb dazu im kämpferischen Stil der Zeit: »Erheben wir die Flammenfahne der nationalen Unabhängigkeit, die Stein, Scharnhorst und Gneisenau entrollten und die von der Bourgeoisie unserer Tage in den Staub gezogen wird! [...] Wappnen wir uns, um unschlagbar zu sein, innerlich wie äußerlich gegen die kriegslüsternen Regenten in Washington und ihr Gesinde und Gesindel in Bonn[12]!«

Ein wichtiges Ziel der SED war es freilich, propagandistisch nutzbare Teile des Werkes der Reformer auch in die Traditionen und in das Selbstverständnis der eigenen bewaffneten Kräfte überzuleiten. In der Offizierzeitschrift der 1952 als getarnte Armee geschaffenen Kasernierten Volkspolizei erschienen so in der Rubrik »Aus der Geschichte des sozialen und nationalen Befreiungskampfes des deutschen Volkes« mehrere Beiträge, die in nationaler Rückbesinnung eine direkte Linie vom frühen 19. Jahrhundert zum Kampf der SED gegen die angebliche imperialistische Fremdherrschaft in Westdeutschland, für die nationale Einheit des deutschen Volkes und die deutsch-russische Waffenbrüderschaft herstellten[13]. Über die historischen Fakten und Hintergründe der preußischen Heeresreformen sowie über ihre wichtigsten Vertreter erfuhren die Soldaten jedoch kaum etwas. Der Begriff »Reform« war dabei bei manchen Ideologen im Politapparat des Militärs durchaus verpönt, weil er nicht in die Zeit der vorgeblich »revolutionären« gesellschaftlichen Veränderungen in der DDR passte. Die historische Militärreform wurde daher zumeist nur kurz als eine notwendige Voraussetzung für die Erhebung gegen Napoleon beschrieben.

---

schen Kommission für Militärgeschichte und des MGFA hrsg. von Michael Epkenhans, Potsdam 2006, S. 51-63 (= Potsdamer Schriften zur Militärgeschichte, 1).

[11] Koszuszeck, Militärische Traditionspflege (wie Anm. 5), S. 108-114.

[12] Albert Norden, Das Banner von 1813, 3. Aufl., Berlin (Ost) 1955, S. 67.

[13] Diedrich/Wenzke, Die getarnte Armee (wie Anm. 8), S. 451-459.

II. Aufrüstung und »progressive militärische Tradition«

Nach Jahren der verdeckten militärischen Aufrüstung in der SBZ/DDR erfolgte dann im Januar 1956 die offizielle Gründung der Nationalen Volksarmee. Es war eine politische Entscheidung, die sich passgerecht in die modifizierte nationale Politik der SED einordnete. Danach galt die Schaffung der Armee zwar der Verteidigung der DDR, sie entsprach aber nach der Lesart der SED »im Gegensatz zu den für aggressive Zwecke ausgebildeten und unter dem Kommando unverbesserlicher Militaristen stehenden imperialistischen Söldnerformationen in Westdeutschland« den Lebensinteressen des ganzen deutschen Volkes und trug damit »zutiefst nationalen Charakter«. Die NVA sollte sowohl als sozialistische Koalitionsarmee der DDR eine neue Qualität im deutschen Militärwesen darstellen, als auch von Anfang an tief in der deutschen Geschichte verwurzelt sein. Um die jungen ostdeutschen Streitkräfte nicht als geschichts- und traditionslos präsentieren zu müssen, rückte die Traditionsfrage zunehmend weiter in das Blickfeld der SED und der NVA-Führung. Generaloberst Willi Stoph, designierter Verteidigungsminister der DDR, ging bereits in seiner Rede zur Begründung des Gesetzentwurfes zur Schaffung der NVA am 18. Januar 1956 vor der DDR-Volkskammer darauf ein:
> »Die Angehörigen der Nationalen Volksarmee werden zur Ergebenheit gegenüber Volk und Vaterland erzogen. Ihre Erziehungsprinzipien beruhen auf den Grundsätzen der sozialistischen Moral, und ihre Vorbilder sind die großen Patrioten der deutschen Geschichte, die um Freiheit, Unabhängigkeit und Einigkeit unseres Volkes kämpften, wie Scharnhorst, Blücher und Gneisenau, und die unvergeßlichen Führer der deutschen Arbeiterklasse Karl Liebknecht, Rosa Luxemburg und Ernst Thälmann, die ihr Leben für die Befreiung des werktätigen Volkes vom kapitalistischen Joch gaben[14].«

Die DDR-Volksarmee gab sich so von Anfang an selbstbewusst als Ausdruck des entschiedenen Bruchs mit allem Reaktionären, Volks- und Völkerfeindlichen in der deutschen Militärgeschichte[15]. Das Traditionsverständnis der NVA war dabei eingebunden in die Traditionsauffassung der SED und des Staatswesens der DDR, die sich als »Erbin alles Progressiven in der Geschichte des deutschen Volkes«[16] verstanden. Die Armee sah sich in diesem Rahmen als Erbin und Wahrerin aller revolutionären und fortschrittlichen *militärischen* Traditionen des deutschen Volkes. Traditionsbildend für die NVA wurden vor allem solche Ereignisse der deutschen Militärgeschichte, in denen es um die Befreiung von Unterdrückung und Ausbeutung, um die Verhinderung bzw. revolutionäre

14 Willi Stoph, Begründung des Gesetzentwurfes über die Schaffung der NVA vor der Volkskammer der DDR am 18.1.1956. In: Die Nationale Volksarmee der Deutschen Demokratischen Republik. Eine Dokumentation, Berlin (Ost) 1961, S. 42 f., 44.
15 Armee für Frieden und Sozialismus. Geschichte der Nationalen Volksarmee der DDR, 2. Aufl., Berlin (Ost) 1987, S. 14-45.
16 Programm der Sozialistischen Einheitspartei Deutschlands. In: Protokoll der Verhandlungen des IX. Parteitages der Sozialistischen Einheitspartei Deutschlands, Bd 2, Berlin (Ost) 1976, S. 209-266, hier S. 209.

Beendigung von Kriegen sowie um die Durchsetzung des gesellschaftlichen Fortschritts gegangen war[17]. Fortschritt bedeutete dabei, wenn Ereignisse und Persönlichkeiten den vorgeblichen gesetzmäßigen Ablauf der Gesellschaftsformen im Sinne einer gesellschaftlichen Höherentwicklung von der Urgemeinschaft bis zum Sozialismus/Kommunismus befördert und beschleunigt hatten. Der Fortschrittsbegriff wurde somit in den Rang der Zentralkategorie für die Bewertung historischer Ereignisse und Prozesse erhoben. Aus der Gesamtheit des deutschen militärhistorischen Erbes wählte man dementsprechend für die Traditionen der NVA nur solche »passenden« Ereignisse, Verhaltensweisen und Persönlichkeiten aus, die diesem Fortschrittsbegriff gerecht wurden und denen aus Sicht der SED der Fortschritt zugeschoben werden konnte. So entstand schrittweise die sogenannte progressive *militärische* Traditionslinie der NVA, die sich vom Bauernkrieg 1524/25 bis in die Gegenwart zog[18].

Eine besondere Bedeutung kam in dieser Linie der preußischen Militärtradition aus der Zeit 1806 bis 1815 zu. Kaum eine andere Epoche in der deutschen Geschichte eignete sich so hervorragend als »›Paradigma‹ für Fortschritt und Veränderung«[19]. Die NVA fühlte sich von ihrem Charakter und Auftrag her berechtigt und verpflichtet, das Vermächtnis der preußischen Militärreformer und der Volkserhebung von 1813 in ihren Traditionsbestand aufzunehmen. Als Begründung dazu hieß es, dass das Werk der Reformer den gesellschaftlichen Fortschritt, die Überwindung des überlebten, reaktionären Militärwesens gefördert und Ideen ausgestrahlt habe, die geeignet schienen, der »Volkssouveränität im Militärwesen« Geltung zu verschaffen. Da sich die militärische Macht in der DDR bewusst und aktiv für die Verteidigung des gesellschaftlichen Fortschritts und des Friedens einsetze, bewahre sie diese progressive Tradition und setze sie fort. Darüber hinaus sei nur die sozialistische Landesverteidigung bisher der Forderung Scharnhorsts nach einem »Volk in Waffen« gerecht geworden, wobei jedoch die Einschränkung nachgeschoben wurde, dass es nicht das Bemühen der Kommunisten sei, ein Volk in Waffen an sich zu schaffen, sondern die wehrhafte Verteidigung stets als eine Klassenfrage gesehen werden müsse. Die preußischen »Reformer-Patrioten«, wie Scharnhorst, Clausewitz, Gneisenau und ihre Kameraden in der DDR genannt wurden, hätten in der demokratischen Idee der Volksbewaffnung, in der allgemeinen Wehrpflicht, das Fundament der für eine nationale Verteidigung nötigen Einheit von Volk und Armee gesehen. Ihre Vorstellungen über die Verteidigung des Vaterlandes

---

17 Otto-Eberhard Zander, Bundeswehr und Nationale Volksarmee. Traditionen zweier deutscher Streitkräfte, Berlin 2007, S. 114-171.
18 Fortschrittliche militärische Traditionen in der Geschichte des deutschen Volkes. In: Der Politarbeiter. Halbmonatszeitschrift der Kasernierten Volkspolizei, Sonderdruck, Mai 1956, S. 1-31.
19 Koszuszeck, Militärische Traditionspflege (wie Anm. 5), S. 255. Auch im Westen hatte man sich bei der Wiederaufrüstung und den Diskussionen über die Innere Führung mit Fragen der Reformzeit intensiv beschäftigt. Insofern bildeten die Rezeption und die Wirkung der preußischen Reformer ein gesamtdeutsches Phänomen beim Aufbau des neuen Militärs. Dazu auch Zander, Bundeswehr und Nationale Volksarmee (wie Anm. 17).

wären in der NVA durchgesetzt worden[20]. Die Heeresreformen wurden vor allem als Erkenntnis und Werk von Scharnhorst, Gneisenau, Clausewitz, Hermann von Boyen und Karl von Grolmann gewertet. Dabei blieben Rolle und Leistung Scharnhorsts stets im Vordergrund.

Wie bei der Gründung der Bundeswehr wurde Letzterer auch bei der Schaffung der NVA quasi bereits als Gründungspate bemüht[21]. Seine Person erlebte bis zum Ende der DDR eine ungebrochene Wertschätzung durch die DDR und ihre Armee, auch wenn das ostdeutsche Scharnhorst-Bild, zum Beispiel in Wissenschaft und Publizistik, Veränderungen unterlag. Diese Wertschätzung, gepaart mit einer teilweisen Glorifizierung, hing damit zusammen, dass sich Person und Schaffen Scharnhorsts relativ leicht im Sinne der SED-Politik und der Selbstdarstellung der NVA instrumentalisieren ließen. Nicht zuletzt die Aussagen der sogenannten Klassiker des Marxismus-Leninismus boten dafür gute Voraussetzungen. Für Friedrich Engels war Scharnhorst einer der größten Militärorganisatoren der neueren Zeit. Vladimir I. Lenin sah in ihm sogar einen der »besten Männer« Preußens[22].

»Scharnhorst war – ähnlich wie Suworow – ein Patriot, der seine Ehre darin sah, an der Spitze des Fortschritts, der militärwissenschaftlichen und militärtechnischen Entwicklung zu marschieren. Seiner sozialen Herkunft nach ein Bauernsohn, seiner politischen Einstellung nach ein fortschrittlicher bürgerlicher Reformer, seiner Haltung und seinem Wirken nach ein Revolutionär, ging er als Schöpfer der Volksbewaffnung und Organisator der Erhebung gegen Napoleon in die deutsche Militärgeschichte ein[23].«

DDR-Verteidigungsminister Heinz Hoffmann hob damit nicht nur den Anteil Scharnhorsts an der Entwicklung des Militärwesens und des militärischen Denkens seiner Zeit hervor, sondern er vereinnahmte ihn zugleich, wenn es um die Stiftung von Identität, um die Verbindung von Volk, Staat und Armee und um die Bereitschaft ging, Dienst für den sozialistischen Staat zu entwickeln. Dabei scheute man sich auch nicht, den Reformer Scharnhorst bei Bedarf sogar in den Rang eines »Revolutionärs« zu erheben. Scharnhorsts Forderungen nach gründlicher Ausbildung, nach einem intensiven Studium der Militärtheorie und Militärgeschichte zur Erziehung des Offizierkorps und seine Stellung als

---

[20] Hajo Herbell, Staatsbürger in Uniform 1789 bis 1961. Ein Beitrag zur Geschichte des Kampfes zwischen Demokratie und Militarismus in Deutschland, Berlin (Ost) 1969, S. 44-57; Doehler/Haufe, Militärhistorische Traditionen (wie Anm. 4), S. 28 f.

[21] Bruno Thoß, Allgemeine Wehrpflicht und Staatsbürger in Uniform. In: Gerhard von Scharnhorst. Vom Wesen und Wirken der preußischen Heeresreform. Ein Tagungsband. Hrsg. von Eckardt Opitz, Bremen 1998, S. 147-162 (= Schriftenreihe des Wissenschaftlichen Forums für Internationale Sicherheit e.V., 12); Jürgen Angelow, Geschichtsschreibung und Traditionspflege. Zur Scharnhorst-Rezeption in der DDR. In: Gerhard von Scharnhorst (diese Anm.), S. 163-184; Die Nationale Volksarmee der Deutschen Demokratischen Republik, Berlin (Ost) 1956, S. 36 f.

[22] Angelow, Geschichtsschreibung und Traditionspflege (wie Anm. 21), S. 164-166.

[23] Heinz Hoffmann, Symbol der Traditionen deutsch-sowjetischer Waffenbrüderschaft. In: Heinz Hoffmann, Sozialistische Landesverteidigung. Aus Reden und Aufsätzen 1963 bis Februar 1970, T. II, Berlin (Ost) 1971, S. 883-886, hier S. 884.

einflussreicher Militärtheoretiker wurden vor allem in späteren Jahren stärker in den Vordergrund gerückt.

»Wesentliches und Beispielhaftes für den sozialistischen Soldaten wie für den Bürger unseres Arbeiter-und-Bauern-Staates aber ergibt sich aus Scharnhorsts Denken und Handeln in einer revolutionären Periode, in der bürgerlichen Umwälzung der Gesellschaft und des Militärwesens, aus seinen Auffassungen vom und seinem Kampf für den gesellschaftlichen Fortschritt, aus seinem Ringen um eine Militärorganisation, in der sich die Einheit von Volk und Armee verkörpern sollte, aus seiner Einstellung zum russischen Volk und zur russischen Armee als Verbündete im Kampf um nationale Unabhängigkeit[24].«

Alles, was nicht ins Propagandabild der NVA über Scharnhorst passte, blendete man dagegen einfach aus. So gab es beispielsweise keine Diskussionen darüber, ob der in der NVA-Eidesformel von den Soldaten geforderte »unbedingte Gehorsam« mit dem Bild des politisch und militärisch mitdenkenden Staatsbürgers in Uniform Scharnhorst'scher Prägung übereinstimmte.

Zusammen mit Scharnhorst und anderen Offizieren gehörte vor allem Carl von Clausewitz zu jenen Militärs, die nach der katastrophalen Niederlage des preußischen Heeres in der Doppelschlacht von Jena und Auerstedt die Weichen für eine Militärreform gestellt hatten, womit nach Ansicht der SED dem bürgerlichen Fortschritt gedient und die patriotische Haltung großer Teile der Volksmassen gefestigt wurde[25]. Auch Clausewitz galt bereits wegen der positiven Wertungen durch Marx, Engels und Lenin als überaus hoffähig und damit für die sozialistischen deutschen Streitkräfte von Interesse. Sein Name war natürlich in erster Linie mit seinem Hauptwerk »Vom Kriege« verbunden, das bereits 1957 im DDR-Militärverlag von Ernst Engelberg und Otto Korfes neu herausgeben, später wiederholt historisch-kritisch gewürdigt und in den Dienst der sozialistischen Landesverteidigung und Wehrerziehung gestellt wurde[26].

Neben Scharnhorst und Clausewitz hatte man in der DDR auch Gneisenau der ersten Reihe der traditionswürdigen preußischen Reformer zugeordnet. Gneisenau galt in der NVA als einer der Väter der Heeresreformen, als ein maßgeblicher »Wegbereiter der bürgerlichen Umgestaltung des Militärwesens«[27]. Er wurde mit der Idee des Volksaufstandes, der allgemeinen Wehrpflicht und der preußisch-russischen Zusammenarbeit in das Traditionsbild der NVA aufgenommen. Der Umgang mit seiner Person war aber deutlich verhaltener, was

---

[24] Gerhard von Scharnhorst. Ausgewählte militärische Schriften. Hrsg. von Hansjürgen Usczeck und Christa Gudzent, Berlin (Ost) 1986, S. 44 (= Schriften des Militärgeschichtlichen Instituts der DDR).

[25] Carl von Clausewitz. Ausgewählte militärische Schriften. Hrsg. von Gerhard Förster und Dorothea Schmidt, Berlin (Ost) 1980, S. 7 (= Schriften des Militärgeschichtlichen Instituts der DDR).

[26] Reinhard Brühl, Zur militärtheoretischen Leistung Carl von Clausewitz'. In: Militärgeschichte, 19 (1980), 4, S. 389-401.

[27] August Wilhelm Neidhardt von Gneisenau. Ausgewählte militärischen Schriften. Hrsg. von Gerhard Förster und Christa Gudzent, Berlin (Ost) 1984, S. 8 (= Schriften des Militärgeschichtlichen Instituts der DDR).

offenbar mit seiner Rolle bei der Bekämpfung des Polnischen Aufstandes 1830/31 und seiner angeblichen Affinität zur Deutschtümelei zusammenhing.

III. Das Vermächtnis der preußischen Heeresreformer

Zwar gingen die preußischen Heeresreformer mit ihren Kernaussagen zur Wehrpflicht und zur Volksbewaffnung frühzeitig in den Traditionsbestand der NVA ein, doch existierte zu keinem Zeitpunkt eine Tradition, die sich ausschließlich auf die Militärreform bezog. Stets wurde das Werk der Militärreformer mit der Erhebung des deutschen Volkes gegen die napoleonische Fremdherrschaft verbunden. Im Traditionsverständnis der NVA bildeten daher die Militärreform *und* der »Nationale Unabhängigkeitskrieg 1813/14« eine untrennbare Einheit. Mitunter erhielten die Befreiungskriege jedoch als Zeichen mächtiger »Kraftentfaltung der Volksmassen«[28] weit mehr Aufmerksamkeit in der militärischen Traditionspflege als die eigentlichen Heeresreformen.

Vor allem in den 1950er-Jahren ließ man im Rekurs auf die Befreiungskriege die nationale Einheit beschwören und übertrug den Streitkräften die Rolle als Garanten für den Bestand der Nation gegen die »imperialistischen Aggressoren« im Westen. »Die Alliierten als imperialistischer Napoleon, Adenauer als volksverräterischer Rheinbundfürst – mit dieser Analogie ließ sich militärische Begeisterung schüren und kanalisieren[29].« Zudem boten sich die Befreiungskriege an, da von der hier angeblich geborenen »preußisch-russischen Waffenbrüderschaft« die sozialistische (ost-)deutsch-sowjetische Waffenbrüderschaft abgeleitet und als Faktor des aktuellen »Freiheitskampfes« dargestellt werden konnte. Die gemeinsamen Waffentaten deutscher und russischer Soldaten, aber auch die »herzlichen Begegnungen« der deutschen Bevölkerung mit den russischen Verbündeten hätten die Grundlage eines siegreichen Waffenbündnisses gebildet, das in der DDR unter neuen historischen Bedingungen und in einer neuen Qualität eine würdige Fortsetzung finde.

Der Befreiungskrieg sei darüber hinaus reich an progressiven militärischen Traditionen, weil er im wahrsten Sinne als Volkskrieg erschien. Seine Gerechtigkeit sei auch Quelle soldatischer Tugenden, die eine Freiheitsarmee auszeichnen. Pflichterfüllung, Mut, Heldentum und Kameradschaft wären aber keine Soldatentugenden an sich, sondern nur von Wert, wenn sie dem gesellschaftlichen Fortschritt dienen. Die Freiheitskriege hätten die historische Bewährung der bewaffneten Militärorganisationen des Volkskampfes, des Landsturmes und vor allem der Landwehr dokumentiert. Schlachten wie die an der

---

[28] Doehler/Haufe, Militärhistorische Traditionen (wie Anm. 4), S. 33.
[29] Olaf Briese, Kalter Krieg – Heißer Krieg. Der Mythos von 1813. In: Militarisierter Sozialismus, Berliner Debatte, Zeitschrift für sozialwissenschaftlichen Diskurs, Initial, 8 (1997), 6, S. 37–44, hier S. 40 f.

Katzbach, bei Großbeeren oder Leipzig seien deshalb nicht preußische Siege, sondern Ruhmesblätter in der Geschichte des Volkskampfes gewesen.

»Daß die Armee verbunden sein muß mit dem Volk, daß sie militärischer Sachwalter der Volksinteressen ist und ebendeshalb für den gesellschaftlichen Fortschritt einzustehen hat, das ist es vor allem, was von der [preußischen] Landwehr [der Reformzeit] im Traditionsbestand der NVA der DDR aufgehoben ist. In dem Patriotismus, in der mächtigen Kraftentfaltung der Volksmassen, aber auch in der den Sieg entscheidenden Kampfgemeinschaft zwischen dem russischen und dem deutschen Volk und zwischen den Soldaten beider Völker«[30] liege das Vermächtnis des Unabhängigkeitskrieges 1813/14 in der DDR-Volksarmee begründet.

IV. Fazit: Das ambivalente Erbe der preußischen Reformer

Trotz dieser und anderer Kernaussagen über die Bedeutung und die Rolle der Militärreformen und der Volkserhebung von 1813 als militärhistorische Tradition der NVA nahm die Reformzeit in der *praktischen* militärischen Traditionspflege der DDR-Streitkräfte eine insgesamt nur untergeordnete Rolle ein. So finden sich in den NVA-Zeitschriften nur wenige Beiträge über die preußische Reformzeit. Als 1962 in der DDR die allgemeine Wehrpflicht eingeführt wurde, hielten die Partei und die Armeeführung es nicht für nötig, auf die historischen Verdienste und die Vorreiterrolle der Reformer in dieser Frage zu verweisen. Vielmehr achtete die SED offenbar darauf, keinen unkontrollierten Preußenkult in der Armee zuzulassen. Auch Vertreter der Sowjetarmee schienen nicht immer glücklich, wenn es um »Preußen« in der NVA ging, witterten sie doch eine Abkehr vom sowjetischen Vorbild. So berichtete ein NVA-General über eine Auseinandersetzung, die er mit seinem sowjetischen Berater über die preußischen Militärreformer hatte:

»In meinem Dienstzimmer hingen kleine Porträts der preußischen Militärs Carl P.G. von Clausewitz und Gerhard J.D. von Scharnhorst. Eines Tages besuchte mich der sowjetische Militärberater, ein Kaukasier, dem Kommandeur der 1. MSD[Mot.-Schützen-Division] zugeordnet. Wir sprachen über die Ergebnisse der Gefechtsausbildung. Immer wieder betrachtete er die beiden Porträts, dann seine Frage: ›Wer sind diese Militärs?‹ Ich erklärte es ihm. Dann seine Forderung; ›Weg damit, ...!‹ Um irgendwelchen Ärger zu vermeiden, so meine Überlegungen, nahm ich die Bilder von der Wand und nahm sie mit in meine Wohnung[31]!!«

---

30 Doehler/Haufe, Militärhistorische Traditionen (wie Anm. 4), S. 33.
31 Hans-Georg Löffler, Soldat im Kalten Krieg. Erinnerungen 1955-1990, Bissendorf 2002, S. 138 (= Soldatenschicksale des 20. Jahrhunderts als Geschichtsquelle, 10).

NVA-Traditionsnamen aus der Zeit der preußischen Reformzeit und der Freiheitskriege

Jahr der Verleihung	Traditionsname	Kaserne/ Truppenteil	Standort	Bemerkungen
1963	Theodor Körner	Kaserne eines Grenzausbildungs-bataillons	Dömitz	Es fehlen Informationen zur Namensverleihung sowie zum weiteren Umgang mit dem Traditionsnamen in den Grenztruppen
1967	Ernst Moritz Arndt	Kaserne/ seit 1976 auch Mot.-Schützen-Regiment 9	Prora/ Hagenow	
1968	Neidhardt von Gneisenau	Grenzregiment 25	Oschersleben/ Marienborn	Nach Auflösung des Regiments in den 1980er-Jahren wurde der Name nicht wieder verliehen
1980	Adolf von Lützow	Kampfhub-schrauber-geschwader 5	Basepohl	
1984	Ferdinand von Schill	Kampfhub-schrauber-geschwader 3	Cottbus	
1986	Carl von Clausewitz	Ausbildungs-zentrum 19	Burg	
1987	Gebhard Leberecht von Blücher	Jagdbomben-flieger-geschwader 77	Laage	

Dass die SED im Umgang mit dem Komplex Heeresreform und Krieg gegen Napoleon auch bei anderen Formen der Traditionspflege auf die Wahrung der Proportionen achtete, zeigt ein Blick in die Praxis der Namensverleihungen der NVA. Im ostdeutschen Militär – darin eingeschlossen die Grenztruppen der DDR und Formationen der Zivilverteidigung – wurden bis 1990 etwa 300 Namen von Persönlichkeiten an Kasernen, Truppenteile, Einheiten und Einrichtungen verliehen. Darunter befanden sich 235 Namen von solchen Personen, die in der Zeit zwischen 1933 und 1945 im Widerstand gegen das Nazi-Regime aktiv gewesen waren – eine Zahl, die die Ausrichtung der NVA-Traditionspflege auf den Komplex »Antifaschismus«, dazu mit einer sichtbaren Einengung auf den kommunistischen Widerstand, mehr als deutlich unterstreicht. Auf die Zeit der Reformen und der Freiheitskriege des 19. Jahrhunderts beziehen sich demgegenüber nur sieben Namen.

Wenn auch für die 1980er-Jahre eine gewisse Hinwendung zu Namensträgern aus der preußischen Geschichte sichtbar ist, bleibt der Eindruck, dass »preußische« Namensgebungen eher restriktiv gehandhabt wurden. Weder Scharnhorst, noch Stein, Grolman, Boyen, aber auch nicht Fichte oder Jahn avancierten jemals zum Namenspatron einer NVA-Einrichtung oder Einheit.

Ein Blick in die einschlägigen Anordnungen und Weisungen des DDR-Verteidigungsministeriums bestätigt diese Zurückhaltung. So tauchen auch in der letzten vom Minister für Nationale Verteidigung der DDR erlassenen offiziellen Traditionsordnung der NVA aus dem Jahr 1984 keine Begriffe, Namen und Ereignisse aus der preußischen Reformzeit auf. Vielmehr ist allgemein nur von den »progressiven Traditionen des deutschen Volkes im Ringen um den gesellschaftlichen Fortschritt« die Rede, die jedoch deutlich sichtbar erst hinter anderen Traditionslinien angesiedelt sind:

»In den Mittelpunkt der militärischen Traditionspflege sind die militärischen Erfahrungen der revolutionären deutschen Arbeiterbewegung und des antifaschistischen Widerstandskampfes, die sozialistischen Traditionen der DDR, insbesondere die der NVA, der Grenztruppen der DDR und der Zivilverteidigung, die Traditionen der Einheit von Volk und Armee sowie die gemeinsamen Traditionen der Vereinten Streitkräfte der Teilnehmerstaaten des Warschauer Vertrages zu stellen[32].«

Die preußischen Heeresreformen sowie die Freiheitskriege waren als ein Gesamtkomplex in das Traditionsbild der NVA klar eingebunden. Dennoch tat man sich im Umgang mit den »preußischen Traditionen« insgesamt schwer. Anders als in der Bundesrepublik führte in der DDR die Tradition der Heeresreformen eben nicht dazu, den freien, mündigen Staatsbürger in Uniform zu propagieren oder zu schaffen.

---

[32] Ordnung Nr. 030/9/013 des Ministers für Nationale Verteidigung über die militärische Traditionspflege – Traditionspflegeordnung – vom 30.10.1984. In: Anordnungs- und Mitteilungsblatt des Ministeriums für Nationale Verteidigung der DDR, Nr. 081/84, B/13 – 1/2, S. 1-20, hier S. 4. Auch eine spätere »1. Änderung« der Traditionspflegeordnung aus dem Jahr 1988 wich nicht von dieser Grundaussage ab.

Vielmehr sollte das Umfunktionieren von Taten und Ideen der Reformer, die Verwischung von Widersprüchen und die Überzeichnung von historischen Persönlichkeiten dazu dienen, die Angehörigen der NVA für die Erfüllung des von der SED gestellten sogenannten Klassenauftrages der Streitkräfte zur Verteidigung der »sozialistischen Errungenschaften« zu instrumentalisieren und zu mobilisieren. Als es dann im Herbst 1989 darum ging, zum ersten Mal eine demokratische Militärreform in der DDR-Volksarmee durchzusetzen, spielten das Vermächtnis und die Traditionen der preußischen Militärreformer dabei keine Rolle[33].

---

[33] Siehe dazu den Beitrag Heider in diesem Band.

Paul Heider

Militärreform in der DDR 1989/90

Militärreformen sind mit gesellschaftlichen Umbrüchen verknüpft; so auch die
in der letzten Phase des Bestehens der DDR und der NVA. Sie war Bestandteil
der demokratischen Revolution, die das Scheitern der bisherigen Form des Sozialismus und eine breite, auf die Erneuerung der Gesellschaft zielende revolutionäre Volksbewegung, zur Voraussetzung hatte. Charakteristische Merkmale
dieser Bewegung waren massenhaftes Ausreisebegehren und die zu einem Or-
kan anschwellenden flächendeckenden revolutionären Manifestationen auf der
Straße. Diese erreichten mit der Montagsdemonstration am 9. Oktober 1989 in
Leipzig mit 70 000 Teilnehmern, der Großdemonstration von 500 000 Menschen
am 4. November in Berlin und der Öffnung der Berliner Mauer am
9. November markante Höhepunkte. Während mit dem 9. Oktober die Ära
Honecker faktisch zu Ende ging (sein erzwungener Rücktritt erfolgte am
17. Oktober), signalisierten der 4. und 9. November das unwiderrufliche Ende
des realen Sozialismus stalinistischer Prägung und das Scheitern des Honecker-
nachfolgers Egon Krenz als SED-Generalsekretär und Staatsratsvorsitzender der
DDR. Das ist auch die Zeitspanne, in der die gewaltsamen Polizeieinsätze gegen
die Volksbewegung wiederholt zu eskalieren drohten. Die auf Befehl des Verteidigungsministers, Armeegeneral Heinz Keßler, erfolgte Bildung von Einsatz-
hundertschaften der NVA und andere Vorkehrungen deuteten auf die Gefahr
hin, dass die Revolution durch Einsatz des Militärs in einem Bürgerkrieg hätte
erstickt werden können. Es gab mehrere Umstände und Bedingungen, die demgegenüber einen friedlichen Verlauf der Revolution sicherten[1]. Die im Beitrag
zu schildernde Militärreform der DDR und der NVA gehört zweifellos dazu. Es
ging nicht um oberflächliche kosmetische Operationen oder ressortmäßige,
längst überfällige Korrekturen, auf die manche die Veränderungen gern reduziert hätten.
    Eine den Erfordernissen entsprechende tief greifende Militärreform der
DDR konnte nicht allein von oben verordnet werden, sondern war eine von

[1]   Siehe dazu Paul Heider, Nationale Volksarmee – Ultima Ratio zum Erhalt der SED-
      Herrschaft? In: Das letzte Jahr der DDR. Zwischen Revolution und Selbstaufgabe. Hrsg.
      von Stefan Bollinger, Berlin 2004, S. 100-123. Auch Charles S. Maier, Das Verschwinden
      der DDR und der Untergang des Kommunismus, Frankfurt a.M. 1999, S. 204. Zum Prob-
      lem der Revolution hier insbesondere das Kapitel Herbstunruhen. Weiterhin: Erhard
      Neubert, Unsere Revolution. Die Geschichte der Jahre 1989/90, München 2008.

allen progressiven gesellschaftlichen Kräften gemeinsam mit der Nationalen Volksarmee zu lösende Aufgabe. Sie musste die von der Militarisierung des Landes geprägten realsozialistischen Strukturen und ihnen adäquate Geisteshaltungen überwinden. Das betraf zuvorderst den bestimmenden Einfluss der Staatspartei SED auf die Militärpolitik und auf alle Formen der Wehrerziehung. Vor allem aber galt es, das von der SED gegenüber und in der Armee ausgeübte parteipolitische Führungsmonopol zu brechen, die Politorgane und Parteiorganisationen aus den Streitkräften zu eliminieren und Schluss zu machen mit der im Geiste des Marxismus-Leninismus betriebenen ideologischen Indoktrination und geistigen Vereinnahmung der Armeeangehörigen. Anstelle des von oben verordneten klassenmäßigen Denkens und damit einhergehender ideologischer Positionen, wie etwa der überkommenen Feindbildprägung, sollte eine parteiunabhängige, pluralistische, staatsbürgerliche Bildung die Armeeangehörigen zu eigenständigem Denken und Verhalten befähigen. Dabei konnte in indirekter Anlehnung an die Bundeswehr sowie deren historischen Traditionen des Staatsbürgers in Uniform und an die patriotischen Taten der Hitlergegner vom 20. Juli 1944 angeknüpft werden.

Eine grundlegende Reform der Nationalen Volksarmee war lange vor 1989 überfällig. Doch die Armeeführung der DDR unter Verteidigungsminister Keßler lehnte Reformen grundlegender Art ab. Sie fühlte sich in dieser Haltung durch konservative sowjetische Militärs, die das neue sicherheitspolitische Denken Michail Gorbačevs ablehnten oder ihm zumindest reserviert gegenüberstanden, bestärkt. Man wollte verhindern, dass der Funke der Volksbewegung auf die Truppe überschlägt. Doch dieses Vorhaben misslang. Tatsächlich waren es die gesellschaftlichen Umbrüche in der DDR und das immer nachhaltigere Drängen auf Veränderungen in der Armee selbst, die eine rasche Einleitung tief greifender Reformen erzwangen. Das ungemein schnelle Voranschreiten der revolutionären Bewegung ließ für lange Vorbereitungsarbeiten kaum Zeit. Vieles unterlag deshalb der Improvisation. Kurz-, mittel- und langfristige Aufgaben und Vorhaben konnten unter dem Zwang der Ereignisse, vor allem auch wegen des zunehmenden Drucks der Armeebasis und der Bürgerbewegung, nicht wie beabsichtigt in einem längeren Zeitraum nacheinander erfüllt oder realisiert werden, sondern mussten unter Zeitdruck teilweise überstürzt eingeleitet und verwirklicht werden.

Als sehr hilfreich für die Einleitung der Militärreform erwiesen sich ideelle Vorarbeiten an wissenschaftlichen Einrichtungen der NVA, allen voran die an der Militärakademie »Friedrich Engels« in Dresden. Die erste öffentliche Debatte über Ziele und Inhalte einer Militärreform der NVA fand am 4. November 1989 im Rahmen einer Sondersitzung des Wissenschaftlichen Rates der Militärakademie statt. Die Tagung war auf Drängen reformorientierter Kräfte des Lehrkörpers bei maßgeblicher Einflussnahme von Generalmajor Prof. Dr. Rolf Lehmann, Stellvertreter des Chefs der Akademie für Wissenschaft und Forschung, einberufen worden, um die Positionen dieser höchsten militärischen Bildungsstätte der DDR zu der revolutionären Bewegung zu bestimmen. Kapitän zur See Prof. Dr. Wolfgang Scheler, Leiter des Lehrstuhls Philosophie an der

Akademie, erklärte rundheraus, die bisherige Form des Sozialismus sei gescheitert, er könnte nur gerettet werden, wenn die Revolution ihn grundlegend verändert. Auch eine Armeereform sei dafür unumgänglich. »Die Armee muss zusammengehen mit der Volksbewegung für einen demokratischen Sozialismus [...] Die Nationale Volksarmee muss eine Armee des Volkes und seines Staates sein, nicht die einer Partei[2].« Sowohl Scheler als auch die von der Tagung beschlossene »Standpunktbestimmung des Wissenschaftlichen Rates der Militärakademie« unterbreiteten Vorschläge über Ziel und Inhalt einer demokratischen Militärreform. »In der Armee müssen alle Freiräume für die Entfaltung der Persönlichkeit geöffnet werden. Wir brauchen den mündigen Staatsbürger in Uniform[3].«

Die »Standpunktbestimmung« erwies sich als ein Signal der Ermutigung an alle, die für grundlegende Reformen in der Gesellschaft und in der Armee eintraten. Gemäß der von ihr selbst übernommenen Verpflichtung hat die Militärakademie den Inhalt der Militärreform maßgeblich mitbestimmt. Das kam auch im ersten offiziellen Aufruf für eine Militärreform, den sechs Mitglieder des Wissenschaftlichen Rates für Friedensforschung bei der Akademie der Wissenschaften der DDR verfassten, zum Tragen[4]. Es handelte sich dabei um drei uniformierte und drei zivile Wissenschaftler, darunter die Militärs Lehmann und Scheler von der Militärakademie und Oberst Prof. Dr. Wilfried Schreiber von der Militärpolitischen Hochschule in Berlin-Grünau. Die Zusammensetzung versinnbildlicht das Zusammenwirken verschiedener gesellschaftlicher Kräfte bei Zustandekommen und Ausgestaltung der Militärreform. Eben darin bestand einer ihrer Wesenszüge. Die Militärreform, so der Aufruf, setze von Anfang an Öffentlichkeit und die Aufnahme der Ideen aller demokratischen Parteien und Bewegungen voraus.

»Im Kern muß es darum gehen, die Funktion der NVA, ihre Stellung in der Gesellschaft und ihre innere Verfaßtheit neu zu bestimmen[5].« Die mit dem Aufruf unterbreiteten Denkanstöße und Vorschläge betrafen Auftrag und Funktion der Armee, Demokratisierung und Rechtsstaatlichkeit, Wehrdienst und Soldatenberuf, Ökonomie und Ökologie sowie das Wechselverhältnis von Streitkräften und Wissenschaft. Die Anerkennung des mündigen Staatsbürgers in Uniform sei das Grundprinzip für Demokratie im Leben der Armee. Daher wurde die Bildung von gesellschaftlichen und sozialen Interessenvertretungen der Armeeangehörigen und Zivilbeschäftigten angeregt, wie beispielsweise Solda-

---

[2]   Der während der Ratstagung tonangebende Beitrag Schelers ist dokumentiert in: Für
      Entmilitarisierung der Sicherheit. 10 Jahre Dresdener Studiengemeinschaft Sicherheitspo-
      litik e.V. (DSS). DSS-Arbeitspapiere, 50 (2001), S. 141-144, hier S. 141, 143 f.
[3]   Standpunktbestimmung des Wissenschaftlichen Rates der Militärakademie »Friedrich
      Engels« auf seiner außerordentlichen Tagung am 4.11.1989. In: Für Entmilitarisierung
      (wie Anm. 2), S. 145-149, hier S. 147.
[4]   Militärreform in der DDR – Denkanstöße und Vorschläge. In: Für Entmilitarisierung (wie
      Anm. 2), S. 166-172.
[5]   Ebd., S. 166.

tenräte oder Vertrauensleute in Truppenteilen und Einheiten, Vertretungen der Militärstudenten und eines Verbandes der Berufssoldaten.

Den gesamtgesellschaftlichen Rahmen der Militärreform umriss der neue Ministerpräsident Hans Modrow in seiner Regierungserklärung vor der Volkskammer der DDR am 17. November 1989[6]. Er stellte Reformen des politischen Systems, der Wirtschaft, des Bildungswesens und der Verwaltung in Aussicht. Modrow betonte, Außen- und Sicherheitspolitik der DDR bedürften der demokratischen Diskussion und der parlamentarischen Kontrolle, sie hätten Frieden und die freie Entwicklung der Menschen zu garantieren. Die Militärdoktrin sei neu zu definieren, das Wehrgesetz neu zu fassen und ein Zivildienst einzuführen. Als Admiral Theodor Hoffmann, der neu ernannte Verteidigungsminister der Modrow-Regierung, am 20. November 1989 auf einer Kommandeurstagung die Einleitung einer Militärreform verkündete, setzte er die Regierungserklärung in ein konkretes Konzept für seinen Verantwortungsbereich um[7]. An die Spitze seines Referates stellte der Minister eine Schilderung der aktuellen politischen und militärpolitischen Lage, die von der tiefen gesellschaftlichen Krise der DDR gekennzeichnet war. Deren Talsohle sei noch nicht durchschritten. Bemerkenswert war seine Einschätzung, dass von den bewaffneten Kräften der Bundesrepublik oder anderer NATO-Staaten keine Gefahren für den revolutionären Prozess der Erneuerung des Sozialismus in der DDR ausgehen würden. Das war eine den bisherigen Bedrohungsanalysen und über Jahrzehnte geprägten Feindbildern konträre Bewertung[8]. Sie war von erheblichem Belang für eine im Prozess der Reform mit der Bundeswehr anzustrebende Sicherheitspartnerschaft. Zur Lage in den Truppenteilen und Verbänden der NVA stellte Minister Hoffmann fest, die Armeeangehörigen und die Grenzer hätten sich in den zurückliegenden Wochen als Soldaten des Volkes bewährt. Doch aus unterschiedlichen Gründen seien die bisherigen Normative der Gefechtsbereitschaft nicht zu halten und die Ausbildungsziele nicht zu erreichen gewesen.

Der politisch-moralische Zustand verlange eine differenzierte Bewertung. Die seitens der Modrow-Regierung angestrebte und teilweise bereits eingeleitete Erneuerung der sozialistischen Gesellschaft werde allgemein begrüßt und unterstützt. Dennoch zeige sich überall Vertrauensschwund gegenüber Funktionären der SED, des Staatsapparats und der Armeeführung. »Sorge um die Zukunft, Unsicherheiten, Zweifel und Skepsis, Enttäuschung, Erschütterung und Verbitterung, aber auch Zorn prägen zur Zeit das Bild[9].« Vordringliche

---

[6] Regierungserklärung des Ministerpräsidenten der DDR, Hans Modrow, vom 17.11.1989 (Auszug). In: Armee ohne Zukunft. Das Ende der NVA und die deutsche Einheit. Zeitzeugenberichte und Dokumente. Im Auftrag des Militärgeschichtlichen Forschungsamtes hrsg. von Hans Ehlert, Berlin 2002, S. 339.

[7] Die Rede des Ministers ist fast vollständig veröffentlicht. In: Volksarmee, 47 (1989). Siehe dazu auch Theodor Hoffmann. Das letzte Kommando. Ein Minister erinnert sich, Berlin, Bonn, Herford 1993, S. 38-41.

[8] Siehe dazu Paul Heider, »Nicht Feind, nicht Gegner, sondern Partner«. In: Vom Kalten Krieg zur deutschen Einheit. Im Auftrag des Militärgeschichtlichen Forschungsamtes hrsg. von Bruno Thoß, München 1995, S. 419-442, hier S. 436-442.

[9] Hoffmann, Das letzte Kommando (wie Anm. 7), S. 39.

Aufgabe sei daher, die Führung auf allen Ebenen fest in die Hand zu nehmen, durch Taten Vertrauen zu schaffen und sich mit allem Ernst dem revolutionären Erneuerungsprozess zu stellen. Dazu gehörte, die bisherige Geheimniskrämerei in militärischen Dingen zu überwinden und durch Transparenz und Offenheit der Öffentlichkeit gegenüber zu ersetzen. Die gesamte staatspolitische Aus- und Weiterbildung galt es neu zu gestalten. Die Kommandeure und die Vorgesetzten aller Stufen müssten es lernen, so Hoffmann, in einem bisher für sie ungewohnten Demokratieverständnis zu führen und mit den Menschen zu arbeiten. Die NVA sollte auch weiterhin den friedlichen Verlauf der Revolution mittragen.

Eine zu etablierende Reformadministration musste die Erfordernisse einer Militärreform der DDR in geordnete Bahnen lenken und die aktive Mitwirkung möglichst vieler Angehöriger der NVA, der neu entstandenen demokratischen Parteien und der Bürgerbewegungen sichern. Am 25. November 1989 konstituierte sich in Strausberg, am Sitz des Ministeriums für Nationale Verteidigung, die »Zentrale Arbeitsgruppe Militärreform« unter Leitung von Generalleutnant Prof. Dr. Hans Süß. Er war Hauptinspekteur der NVA und in der Leitung des Ministeriums einer der Hauptverfechter der Militärreform. In einem breit angelegten Referat gab er zunächst eine Zustandsbeschreibung der NVA und betonte, die einzuleitende Militärreform sei Teil der Erneuerung der DDR. Ziel der Reform sei eine Armee, »die in der Lage ist, unter veränderten innen- und außenpolitischen Bedingungen den ihr übertragenen Verfassungsauftrag auf der Grundlage eines breiten gesamtgesellschaftlichen Konsenses zu erfüllen«[10]. Doch für manche der im Referat vertretenen verbalen Standpunkte war ein solcher Konsens wohl kaum zu erreichen, zumal sie bald von der Entwicklung überholt worden sind. Das trifft auf die Behauptung zu, vom »Wiedervereinigungsanspruch« der Bundesrepublik (von dem zu diesem Zeitpunkt übrigens nicht die Rede sein konnte), würden Gefahren für die DDR und die anderen sozialistischen Staaten Europas ausgehen. Das Wehrmotiv der Bürger der DDR sei auf den »Erhalt der Eigenstaatlichkeit des sozialistischen Staates auf deutschem Boden und auf die Verteidigung der Errungenschaften und Werte« gerichtet[11]. Doch diese letztlich realitätsfernen Postulate hatten auf die Ausgestaltung der Militärreform kaum nennenswerten Einfluss. Süß nannte drei Aufgabenkomplexe, die kurz-, mittel- und langfristig durch die Militärreform zu lösen seien[12]. Sie betrafen *erstens*: Zweck und Auftrag der NVA. Inhalt und Konsequenzen aus der Militärdoktrin der DDR und aus den Bündnisverpflichtungen in der Warschauer Vertragsorganisation. *Zweitens*: die Stellung der Volksarmee in der Gesellschaft. Allen Entscheidungen über Erziehung, Ausbildung, Bewaffnung, Struktur und Gliederung der Führungsorgane, Truppen- und Flottenkräfte sowie über Führungs- und Einsatzprinzipien hätten künftig

---

[10]   Bundesarchiv-Militärarchiv (BA-MA), VA-01/37599, Protokoll der ersten Beratung der »Zentralen Arbeitsgruppe Militärreform«, Bl. 2-12, hier Bl. 3.

[11]   Ebd., Bl. 4 und 5.

[12]   Ebd. Das Folgende bezieht sich auf das genannte Protokoll.

Beschlüsse der obersten Volksvertretung (Volkskammer) und der Regierung der DDR zugrunde zu liegen. Fahneneid und Offiziergelöbnisse seien zu über-arbeiten und die Stellung der Berufskader der Streitkräfte in der Gesellschaft sei durch Dienstverträge gesetzlich zu regeln. Grundsätze für den Zivildienst wa-ren zu erarbeiten und mit Vertretern der Parteien, Volkskammerausschüssen und Kirchen zu beraten. *Drittens*: Inneres Gefüge der NVA. Demokratische Mitgestaltung und demokratische Interessenvertretung in den Streitkräften. Dies setze voraus, alle Armeeangehörigen und Zivilbeschäftigten als mündige Staatsbürger zu akzeptieren, ihnen unter den Bedingungen des militärischen Dienstes die Wahrnehmung demokratischer Rechte und Freiheiten zu gewäh-ren, um ihre Initiative, ihr schöpferisches Mitdenken und Mithandeln zu er-möglichen. Unter den weiteren zu diesem Komplex angesprochenen, sehr ins Detail gehenden Problemen und Fragestellungen waren die Trennung der Streitkräfte von der Partei und das Verhältnis zur Wissenschaft von besonderer Wichtigkeit.

Die Bildung zahlreicher Kommissionen und Arbeitsgruppen, fast aus-nahmslos unter dem Vorsitz leitender Generale und Offiziere des Ministeriums, konnte nur ein erster Schritt sein, um die angedachten Inhalte der Militärreform gesellschaftlich und truppenwirksam umzusetzen.

Generalmajor a.D. Prof. Dr. Reinhard Brühl, langjähriger Direktor des Mili-tärgeschichtlichen Instituts der DDR im Ruhestand, überraschte die Teilnehmer der Veranstaltung mit einigen Reminiszenzen aus der Geschichte der Preußi-schen Militärreform. Es gebe zwar keine Rezepte für Reformen. Doch Erfahrun-gen und Erkenntnisse aus der Tätigkeit der 1807 unter Gerhard von Scharnhorst gebildeten Reformkommission könnten hilfreich sein, so die Bereitschaft, neue Fragen kühn aufzugreifen, junge reformfähige und reformwillige Offiziere in deren Lösung einzubeziehen. Der Soldat müsse sich mit dem Inhalt des Solda-tenbildes, aktuell mit dem Staatsbürger in Uniform, wirklich identifizieren können. Wichtig sei daher, dass die Reform von Anfang an für den Soldaten spürbare Veränderungen bewirke.

Eine der ersten Maßnahmen Scharnhorsts sei gewesen, von 140 Generalen 136 nach Hause zu schicken. Damit habe die Kommission ein hohes Maß an Vertrauen in der Truppe und bei der Bevölkerung erreicht[13]. Gerade Letzteres konnte die Kommission unter Süß allein schon wegen ihrer Zusammensetzung nicht erreichen. Brühl folgend, äußerten während der konstituierenden Sitzung der »Zentralen Arbeitsgruppe Militärreform« einige Teilnehmer ihre Besorgnis, die Vertreter einzelner Ressorts könnten als Vorsitzende von Arbeitsgruppen vor allem darauf bedacht sein, ihre technokratischen Belange neu zu ordnen, statt alles dem politischen Anliegen der Reform unterzuordnen. Unklar war außerdem, welche Befugnisse den Mitgliedern der Reformkommission einge-räumt werden sollten, um Widerstände reformunwilliger oder reformunfähiger

---

[13] BA-MA, VA-01/37599, Bl. 18 f. Nach Kenntnis des Autors ist es im Verlauf der Militärreform der NVA zu keiner weiteren Bezugnahme auf die preußischen Heeresreformen gekommen.

Offiziere zu überwinden. Des Weiteren wurde angeregt, Wissenschaftler der Dresdner Militärakademie, die sich auf ihren Lehrstühlen bereits intensiv mit inhaltlichen Fragen der Militärreform und Wegen zu ihrer Realisierung befassten, in die Tätigkeit der Arbeitsgruppen einzubeziehen. Reformkommissionen wurden auch bei den Kommandos der Teilstreitkräfte und Militärbezirke der NVA gebildet. Bald sollte sich zeigen, dass die Militärreform weit über den Rahmen und die Zuständigkeit der NVA hinausreichte; sie war ein gesamtgesellschaftliches Anliegen. Deshalb beschloss der Ministerrat der DDR auf Vorschlag von Modrow am 21. Dezember die Bildung einer »Regierungskommission Militärreform der DDR«[14], die am 16. Januar 1990 zu ihrer konstituierenden Sitzung zusammentrat. Den Vorsitz in dieser Kommission, der in der Regel stellvertretende Minister aus 15 Ministerien oder Regierungsämtern angehörten, hatte der Verteidigungsminister. Die bisherige zentrale Reformkommission fungierte nunmehr als Expertengruppe zunächst noch unter Generalleutnant Süß als deren Sekretär. Nach dessen Einsatz als Chef der Militärakademie in Dresden leitete Generalleutnant Klaus Baarß die Expertengruppe. Die Tätigkeit der eingesetzten Kommissionen und Arbeitsgruppen war vielfältig, sodass es den Rahmen sprengen würde, sie im Einzelnen zu erörtern. Zu bemerken ist aber, dass in der Truppe auf deren Zusammensetzung vorwiegend aus Generalen und anderen leitenden Offizieren des Ministeriums, verbreitet mit Skepsis und teilweiser Ablehnung reagiert worden ist.

Regen Zuspruch fand hingegen der eingerichtete »Konsultationsstützpunkt« der Militärreformkommission, der Vorschläge, Eingaben und Stellungnahmen aus der Truppe sowie von Bürgern der DDR entgegennahm. Bis Ende April 1990 wurden 4646 derartiger Eingaben registriert. Dabei handelte es sich sowohl um Einzel- als auch um Gruppeneingaben, namentlich unterzeichnet vom Personalbestand ganzer Kompanien. Zahlenmäßig entfiel der größte Teil auf die Monate November und Dezember 1989. Im November betrafen die Soldatenforderungen hauptsächlich[15]: Verkürzung der Wehrdienstzeit auf 12 oder 15 Monate; Einführung eines zivilen Wehrersatzdienstes als Voraussetzung sowie die gesetzliche Regelung der Wehrdienstverweigerung; Herabsetzung des Einberufungsalters und möglichst wohnortnahe Einberufung; bessere Urlaubsregelungen; grundsätzliche Überprüfung und Änderung der militärischen Umgangsformen; freier Zugang zu den Medien auch in den Kasernen, d.h. Aufhebung des Verbots, westliche Rundfunksender und Fernsehstationen zu empfangen (was offiziell ab dem 1. Dezember erlaubt wurde); Trennung von Partei und Armee; Bildung unabhängiger, demokratischer Interessenvertretungen für die Armeeangehörigen.

Im Dezember bekundeten Soldaten des zweiten und dritten Diensthalbjahres demonstrativ ihr Desinteresse an der militärischen Ausbildung, verlangten die Verkürzung des Wehrdienstes, Erhöhung des Wehrsoldes und insgesamt eine

---

[14] Hoffmann, Das letzte Kommando (wie Anm. 7), S. 69.
[15] BA-MA, VA-01/37644, Eingaben, Anfragen, Vorschläge und Kritiken zur Militärreform Nov. 1989–Dez. 1989, Bl. 1–270.

stärkere Berücksichtigung ihrer sozialen Belange. Offiziere verlangten den Abbau noch vorhandener Feindbilder und die schnelle Überwindung der ungerechtfertigten Abschottung der Armee von der Bevölkerung. In nahezu allen Truppenteilen wurde den Forderungen durch die Bildung von Soldatenräten Nachdruck verliehen. Sie riefen zweifellos Erinnerungen an die Novemberrevolution von 1918 wach. Vergleicht man sie mit den Räten jener Zeit, weisen sie am ehesten Ähnlichkeiten zu den gemäßigten, sozialdemokratisch geführten Räten auf. Wie diese beanspruchten die Soldatenräte des November 1989 nicht die Kommandogewalt, sondern verstanden sich als Interessenvertreter der Soldaten in politischer und sozialer Hinsicht, als Kontrollinstanzen gegenüber den Offizieren und in zahlreichen Fällen von Anfang an als Ordnungsorgane an der Seite der Offiziere. In der Regel ist es überall dort, wo sich die Kommandeure kooperationsbereit zeigten, zu konstruktiver Zusammenarbeit, in zahlreichen anderen Fällen zu offenen Konflikten gekommen.

Trotz vielfacher Wortmeldungen aus der Truppe, meist von Soldaten und Unteroffizierdienstgraden, seltener von Offizieren, fehlte es der von oben eingeleiteten Militärreform an der notwendigen Durchschlagskraft. Dies ist wohl in erster Linie auf sehr unterschiedliche Reaktionen im Offizierkorps zurückzuführen[16]. Gingen den einen die angedachten Reformen zu weit, weil sie mit generellem Umdenken und der Preisgabe konservativer Verhaltensweisen verbunden waren, glaubten andere, lediglich längst überfällige Neuregelungen für ihr Ressort durchsetzen zu können.

Zu einer kritischen Einschätzung des bis dahin erreichten Standes kam es auf einer Beratung der »Kommission Militärreform« am 11. Dezember 1989. Generalleutnant Süß bemerkte, in den bisherigen Zuarbeiten zur Reform werde noch nicht immer sichtbar, dass der Ernst der Situation begriffen werde. Das von einzelnen Arbeitsgruppen vorgelegte Material entspreche nicht den Erfordernissen, wobei er namentlich die Arbeitsgruppen »Trennung Partei und Armee« und »Wissenschaftsreform« nannte. Besorgt stellte Süß fest, wenn es nicht in kürzester Zeit gelänge, der Öffentlichkeit gegenüber glaubhaft zu machen, dass sich die Armee von der Partei trennt, stehe die Existenz der Armee auf dem Spiel[17].

Das Verhältnis der NVA zur SED erwies sich als Kernfrage der demokratischen Militärreform. Während das Sekretariat der Politischen Hauptverwaltung der NVA in einem Beschluss vom 18. November 1989 für die »Erneuerung der Partei in der Nationalen Volksarmee und den Grenztruppen der DDR« eintrat und die Parteiorganisationen entsprechend orientierte[18], verlangten zahlreiche

16 Paul Heider, Die NVA im Herbst 1989. Zu ihrer Haltung während der revolutionären Umwälzung und ihr innerer Wandel auf dem Weg zur deutschen Einheit. In: Utopie kreativ, 54 (1995), S. 47-63, hier S. 54.
17 BA-MA, VA-01/37599, 2. Beratung der »Kommission Militärreform« am 11.12.1989, Bl. 49-63.
18 Brief des Sekretariats der Politischen Hauptverwaltung der NVA an alle Mitglieder und Kandidaten der SED in der Nationalen Volksarmee, in den Grenztruppen der DDR und in der Zivilverteidigung (im Besitz des Autors).

Soldatenräte und auch die Bürgerbewegungen entschieden, die Trennung der Armee von der Partei und die Auflösung ihrer Organisationen in der Armee. Diesen Standpunkt machten sich beispielsweise auch die reformwilligen Mitglieder der SED an der Dresdner Militärakademie in Vorbereitung auf den Sonderparteitag der SED im Dezember 1989 zu eigen. In einem entsprechenden Papier hieß es: »Nur wenn unsere Partei auf ihre bisher beanspruchten Vorrechte in den Streitkräften verzichtet, kann die NVA eine Armee des ganzen Volkes sein.« Es sei daher erforderlich, die SED-Parteiorganisationen innerhalb der NVA im Zuge der Militärreform aufzulösen[19]. Scheler begründete diesen Standpunkt auf dem Sonderparteitag der SED am 8./9. Dezember 1989 mit der Feststellung: »Wir wollen nicht länger die Armee einer Partei, sondern wir wollen die Armee des ganzen Volkes sein. Es ist deshalb auch unser Wille, daß die Parteiorganisationen in der Nationalen Volksarmee und in den Grenztruppen umgehend aufgelöst werden[20].« Der Parteitag stimmte zu. Das war zugleich eine entschiedene Absage an frühere Auftritte der NVA bei Parteitagen der SED, mit denen sie ihre Treue zur Partei und zugleich ihre Entschlossenheit bekundete, den ihr erteilten »Klassenauftrag« bedingungslos zu erfüllen. Der Parteitag gab auch den Anstoß zur Auflösung der »Kampfgruppen der Arbeiterklasse«, womit er sich mit der zu gleicher Zeit tagenden Landeskonferenz des »Neuen Forums« in Übereinstimmung befand. Das waren nicht mehr nur Absichtserklärungen, sondern wichtige Reformschritte zur Entmilitarisierung der DDR. Nach dem Parteitag begann parallel zur Auflösung der Politorgane – die es übrigens nach dem Beispiel der Sowjetarmee in allen Armeen des Warschauer Paktes gab – die Auflösung der Parteiorganisationen in der NVA und in den Grenztruppen. Das ging mit massenweisen Austritten aus der Partei einher. »Ganze Führungskollektive von Teilstreitkräften und Militärbezirken stellten sich auf den Standpunkt, die Berufssoldaten sollten aus der SED austreten, um die Unabhängigkeit der NVA von einer Partei zu dokumentieren[21].« Die Politorgane waren generell bis Februar 1990 aufzulösen und deren Offiziere anderen Verwendungen zuzuführen oder in Sondernachweise aufzunehmen. Teilweise fanden sie in den neu gebildeten Organen für staatsbürgerliche Arbeit Verwendung. Diese gravierenden strukturellen Einschnitte bedeuteten das Wegbrechen und den Verzicht auf eine der bisher tragenden Säulen der NVA.

Unabhängig davon spitzten sich im Dezember 1989 die Verhältnisse in der Armee zu. Die in allen Teilstreitkräften gebildeten Soldatenräte beklagten in ihren Eingaben an die Militärreformkommissionen ein Zurückbleiben der Reform im Vergleich zu den Umgestaltungen in der Gesellschaft, ihren Forderungen werde nur zögernd entsprochen. Noch immer herrschten verschiedentlich unsoziale Verhältnisse, Willkürmaßnahmen und menschenunwürdige Be-

19 Zuarbeit zur außerordentlichen Delegiertenkonferenz in der NVA. In: Für Entmilitarisierung (wie Anm. 2), S. 160–162, hier S. 160.
20 Außerordentlicher Parteitag der SED/PDS. Protokoll der Beratungen am 8./9. und 16./17. Dezember 1989 in Berlin. Hrsg. von Lothar Hornbogen, Detlef Nakath, Gerd-Rüdiger Stephan, Berlin 1999, S. 73.
21 Hoffmann, Das letzte Kommando (wie Anm. 7), S. 82.

handlung. Manche verwiesen auf eine »tyrannische Herrschaft« von Haupt-feldwebeln, die sich damit brüsteten, solange sie etwas zu sagen hätten, »werde es keine Demokratie geben. Reformen grenzten an Meuterei[22].«

Besonders die Anfang Dezember neu einberufenen Wehrpflichtigen, die an ihren Heimatorten an Demonstrationen teilgenommen und pluralistische Mei-nungsbildungsprozesse unter dem Einfluss der Bürgerbewegungen persönlich miterlebt hatten, spürten eine tiefe Kluft zwischen der revolutionären Bewe-gung im Lande und den Zuständen in den Kasernen der Streitkräfte. Zu gro-ßem Unmut unter den Neueinberufenen führte überdies der ihnen bevorste-hende Einsatz in der Volkswirtschaft. Im Januar 1990 waren es insgesamt 21 000 Armeeangehörige, davon allein 12 000 aus den Landstreitkräften, die sich in diesen zweckentfremdenden Einsätzen befanden. Viele hatten außerdem ge-hofft, das noch ausstehende Gesetz über den Zivildienst werde ihnen eine Wehrdienstverweigerung ermöglichen. In der Truppe herrschte somit eine un-geheure Anspannung.

Die Militärbürokratie, das war vielerorts zu spüren, hatte nicht selten im al-ten Stil weitergemacht. Charakteristisch dafür war ein sehr langsames Reagie-ren auf neue Maßnahmen oder deren absichtliches Verschleppen. Es erwies sich, dass die Militärreform ohne revolutionären Druck von unten nicht durch-setzbar war. Deshalb waren die Streikaktionen der Soldaten in Beelitz am 1./2. Januar 1990 von historischer Bedeutung. Auch an diesem Standort waren Forderungen von Soldaten unbeachtet geblieben. Bereits im November 1989 hatten über 40 Soldaten und Unteroffiziere in einer Eingabe unter anderem die Verkürzung der Wehrdienstzeit und standortnahe Einberufung, die Trennung gesellschaftlicher Organisationen und Parteien von der militärischen Führung, Verbesserung der Verpflegung und medizinischer Betreuung sowie Zugang zu Westmedien bei kasernierter Unterbringung gefordert[23]. Mithin ist davon aus-zugehen, dass es in Beelitz bereits längere Zeit gärte. Von »Meuterei« und eini-gen »putschauslösenden« Unteroffizieren kann deshalb keine Rede sein[24]. Der Kommandeur einer der Ausbildungsbasen in Beelitz, von der die Aktion in der Hauptsache ausgegangen war, verwies in einer Befragung darauf, dass der ent-standenen Situation mit Befehlsgewalt nicht beizukommen war. Der neu er-nannte Chef der Landstreitkräfte, Generalleutnant Horst Skerra, hatte dies ver-sucht und war damit gescheitert[25]. Als Lösungsweg erwies sich der »Dialog am Runden Tisch« zwischen Soldatenratsmitgliedern und anderen Sprechern der Soldaten, Vertretern der Kirchengemeinde und des Neuen Forums und schließ-lich mit Verteidigungsminister Hoffmann. Insgesamt waren an der Streikaktion in Beelitz etwa 300 Soldaten beteiligt, die durch ultimative Forderungen aus

---

[22] BA-MA, VA-01/37638, Eingaben, Anfragen Nov. 1989–März 1990, Bl. 51, 79, 94, 103–108.
[23] BA-MA, VA-01/37646, Bl. 167.
[24] So aber Horst Sylla, Horst Ulrich und Günter Starke, Zuverlässig geschützt. Zwischen Ostsee, Harz und Oder. Zur Geschichte des Militärbezirkes V (Neubrandenburg), o.O., Februar 2006, S. 386.
[25] BA-MA, Mo 11/92. Befragungsprotokoll von Major Gerd Deinert, Kommandeur der Aus-bildungsbasis 4 (ABas-4) zu den Vorgängen am Standort Beelitz, März 1990, Bl. 10.

einer Reihe anderer Truppenteile unterstützt und die von verschiedenen Medien bekannt gemacht worden sind. Der Beelitzer Soldatenrat unterbreitete dem Minister einen 24-Punkte-Forderungskatalog, der vom Soldatenrat und Vertretern des Verbandes der Berufssoldaten unterzeichnet und an alle Soldaten, Unteroffiziere und Offiziere der NVA gerichtet war. Eine prinzipielle Aussage benannte Zweck und Ziel der Aktion: »Aufgrund der tiefgreifenden Umwandlungen auf allen Gebieten in der DDR darf die Demokratie auch vor den Kasernentoren nicht haltmachen. Nur wenn die preußisch-militaristischen Überbleibsel in unserer Armee beseitigt werden, verdient sie den Namen Nationale Volksarmee. Nur so wird die NVA vom Volk akzeptiert und unterstützt werden[26]!« Der Erfolg des Beelitzer Soldatenrates war auf die positive Resonanz einer Reihe weiterer Soldatenvertretungen in der Truppe, und vor allem auf die Solidarität der Bevölkerung und der Kirchengemeinde des Standortes zurückzuführen. Vertreter von Bürgerbewegungen drängten den Soldatenrat, den Aufforderungen leitender Generale aus höheren Stäben nach Beendigung des Streiks und Rückkehr in die Kasernen erst dann Folge zu leisten, wenn seine Forderungen erfüllt seien. Hinzu kam, dass die meisten Offiziere der in Beelitz stationierten Einheiten Verständnis für die Forderungen der Streikenden aufbrachten. Somit hatte der Soldatenrat genügend Rückhalt, um am Runden Tisch seine Forderungen gegenüber dem Minister, der sich zu den streikenden Soldaten begeben hatte, zu vertreten. Hoffmann war nicht, wie andere vor ihm, gekommen, um *zu* den Soldaten zu sprechen, sondern *mit* ihnen. Die Entscheidungen des Ministers hatten umso größeres Gewicht, da es sich bei dem Forderungskatalog des Beelitzer Soldatenrates inhaltlich um eine Bündelung der besonders im Dezember in zahlreichen Eingaben erhobenen Forderungen und unterbreiteten Vorschläge handelte. Hinzu kommt, dass am 3. Januar Abordnungen der 9. Panzerdivision, der 3. Luftverteidigungsdivision und anderer Verbände den Minister in Strausberg bedrängten und ihm ihre Forderungen unterbreiteten. Dabei wiederholten sich im Grunde genommen die wechselseitigen Argumentationen von Beelitz[27].

Der Sache nach ging es darum, endlich die bislang verzögerte Reform des inneren Gefüges der Armee auf den Weg zu bringen. Die Entscheidungen und Zusagen des Verteidigungsministers im Ergebnis der Verhandlungen mit dem Beelitzer Soldatenrat und mit den genannten Abordnungen wurden nach erfolgter Konsultation mit Ministerpräsident Modrow per Fernschreiben der Truppe übermittelt[28]. Die Weisung des Ministers stellte in Aussicht, dass noch

[26] Forderungskatalog des Beelitzer Soldatenrates. Kopie im Besitz des Autors.
[27] Theodor Hoffmann hat die Vorgänge in ihrer ganzen Dramatik ausführlich geschildert, Hoffmann, Das letzte Kommando (wie Anm. 7), S. 91-95.
[28] Siehe Militärreform in der DDR. Mitteilungen, Positionen, Dokumente, Meinungen, 1 (1990), S. 1. (Im Folgenden: Militärreform). Siehe auch Hoffmann, Das letzte Kommando (wie Anm. 7), S. 96. Die von Hoffmann per Fernschreiben der Truppe übermittelten Regelungen über Dienstzeiten wurden durch Beschluss des Ministerrates zu »Festlegungen über die Durchführung des aktiven Wehrdienstes« vom 4.1.1990 sanktioniert, vgl. BA-MA, DVW 1/43729, Bl. 168.

im Januar ein neues Wehrdienstgesetz erarbeitet und dem Ministerrat zur Weiterleitung an die Volkskammer zwecks Beschlussfassung übergeben werde.

In diesem Gesetzentwurf werde von einer 12- statt bisher 18-monatigen Dienstzeit im Grundwehrdienst und 24-monatiger Dienstzeit im Dienstverhältnis auf Zeit ausgegangen. Die Wehrpflichtigen würden im Alter von 18 bis 21 Jahren in möglichst wohnortnahe Standorte einberufen. Vorab verfügte der Minister die vorzeitige Entlassung der Soldaten des dritten Diensthalbjahres zum 26. Januar 1990 und außerdem die Entlassung der anderen Grundwehrdienst leistenden Soldaten nach Ablauf von zwölf Monaten. Der Regierung wurde der Vorschlag unterbreitet, umgehend die ausschließlich für den Einsatz in der Volkswirtschaft geschaffenen Strukturelemente (Ausbildungsbasen und Pionierbataillone) aufzulösen und die Soldaten bei erfüllter Mindestdienstzeit von zwölf Monaten zu entlassen, die anderen an die Heimatwehrkreiskommandos zurückzuversetzen. Neu geregelt wurden die wöchentliche Dienstzeit (45 Stunden), Urlaub, Ausgang und die militärischen Umgangsformen. Der zu erarbeitende Entwurf einer neuen Innendienstvorschrift werde zur öffentlichen Beratung gestellt und gleichfalls zusammen mit einem neuen Wehrdienstgesetz dem Ministerrat zur Weiterleitung an die Volkskammer übergeben.

Die per Fernschreiben angewiesenen Maßnahmen lösten in der Truppe Unruhe und teilweise Verwirrung aus. Es handele sich um übereilte und undurchdachte Schritte, die Ausdruck von Konzeptionslosigkeit und mangelnder Fähigkeit zur Durchführung der Militärreform seien. Verschiedentlich wurde erneut die Forderung erhoben, kompetente und vertrauenswürdige sowie konsequent veränderungswillige Armeeangehörige aller Stufen zur Weiterführung der Militärreform einzubeziehen[29]. Diese und ähnliche Forderungen deuteten auf völlige Unzufriedenheit mit der Tätigkeit der Expertengruppe Militärreform hin, die man für unvorhergesehene Probleme verantwortlich machte. Besonders die vorzeitigen Entlassungen bereiteten bei der Aufrechterhaltung eines einigermaßen geordneten Dienstablaufs zur Sicherung der Objekte, Waffen und Technik sowie bei der Aufrechterhaltung des Beitrages zum diensthabenden System der Luftverteidigung der DDR außerordentliche Schwierigkeiten und stießen besonders bei Kommandeuren auf Widerspruch. Verschiedentlich weigerten diese sich, die fernschriftlich ergangenen Weisungen des Ministers bekannt zu machen. Vereinzelt wurde sogar in Erwägung gezogen, zur Verhinderung einer weiteren Destabilisierung der Gesellschaft militärische Gewalt anzuwenden. Einige Offiziere hielten es für erforderlich, dass die Armee selbst die Macht ergreifen sollte. Diese Auffassungen dominierten aber nicht, und sie nahmen auch nicht zu.

Unter diesen Umständen kam der am 19. Januar 1990 durchgeführten Kommandeurtagung erhebliche Bedeutung zu. Ihr Hauptanliegen, so der Minister,

---

29 Siehe dazu u.a. BA-MA, VA-01/37661, Reaktionen auf Beelitz, Bl. 105 f.

sei die Stabilisierung und Erhaltung der Armee[30]. Die Tagung hat zweifellos innerhalb der NVA zunächst beruhigend und stabilisierend gewirkt. Dies vor allem deshalb, weil Minister Hoffmann ein eindeutiges Bekenntnis zu den revolutionären gesellschaftlichen Prozessen im Lande abgab und weil er offen und konstruktiv zu den Forderungen aus der Truppe sowie zu den notwendigen nächsten Schritten bei der Weiterführung der Militärreform Stellung nahm. Es dürfe nicht zugelassen werden, dass die Armee im Prozess der eingeleiteten Veränderungen der staatlichen und gesellschaftlichen Ordnung in der DDR zu einem Sicherheitsrisiko werde, vielmehr habe sie zur Stabilisierung im Lande beizutragen. Das aber verlange das Bekenntnis der Kommandeure und aller Offiziere zum revolutionären Prozess. Der Minister charakterisierte die unwiderruflich vollzogene Wende als »Volksrevolution in einem Staat bisher stalinistischer Prägung«, der es nicht vermocht hatte, »eine gegenüber dem Kapitalismus höherentwickelte, demokratische Gesellschaftsordnung zu errichten«. Es habe sich um einen Staat gehandelt, der »durch die Politik einer anmaßenden und selbstherrlichen Partei- und Staatsführung in schroffem Gegensatz zu den Interessen der Volksmassen geriet und den friedlichen und demokratischen Aufbruch aller Klassen und Schichten herausforderte«. Das Bestreben der überwiegenden Mehrheit des Volkes sei es, ein politisches System zu schaffen, »das Bürgerfreiheit, persönliche Sicherheit, Rechtsstaatlichkeit, eine effiziente Wirtschaft, soziale und soziologische Sicherheit garantiert, bisherige überwachungsstaatliche oder in anderer Weise undemokratische Strukturen konsequent überwindet«. Nach außen sei die Revolution auf radikale Abrüstung und gleichberechtigte internationale Beziehungen gerichtet, »besonders aber auf eine Vertragsgemeinschaft und auf eine Konföderation beider deutscher Staaten im Rahmen eines ›europäischen Hauses‹«. Im Rückblick ist diese Position des Verteidigungsministers nicht nur als eindeutige Absage an eine wie auch immer geartete sozialistische Ordnung, sondern als Hinwendung zu einer bürgerlich-parlamentarischen Staatsform zu bewerten, ohne die eine Konföderation undenkbar gewesen wäre.

Die Einschätzung der revolutionären Bewegung war wichtig für die Bewertung der Vorgänge in der Truppe. Wegen ihrer Verflechtung mit den gesamtgesellschaftlichen Prozessen im Lande charakterisierte der Minister die Ereignisse in Beelitz und in einer Reihe anderer Garnisonen als Streiks und nicht als Meuterei. Gleichwohl betonte er, Streiks und Dienstverweigerung seien untaugliche Mittel zum schnelleren Vorantreiben der Militärreform.

Von jenen Offizieren, die glaubten mit einem konfrontativen Kurs dem weiteren Voranschreiten der Revolution Einhalt gebieten zu können, verlangte der Minister, schnellstens und konsequent von einer derartigen Position abzurücken. Keines der inneren Probleme des Landes sei mit Gewalt zu lösen. Dialog sei das Gebot der Stunde.

---

[30] BA-MA, VA-01/37603, Bl. 106-138. Referat des Ministers für Nationale Verteidigung auf der Kommandeurstagung am 19.1.1990. Das Nachfolgende bezüglich der Tagung bezieht sich darauf.

Unter Hinweis auf vorhandene Beispiele und gute Erfahrungen forderte Hoffmann die Kommandeure aller Stufen auf, den Dialog mit neu entstandenen politischen Parteien, Bürgerbewegungen und auch mit Vertretern der Kirchen zu suchen und soweit als möglich zusammenzuarbeiten. Nur so konnte gesichert werden, dass der eingeschlagene Weg gesellschaftlicher Veränderungen auch weiterhin friedlich verlief. Von ausschlaggebender Bedeutung für das weitere Verhalten der Armee war das eindeutige Bekenntnis zum neu bestimmten Primat der Politik gegenüber den Streitkräften. »Alles was diese Armee ausmacht, was sie braucht, wozu sie verpflichtet und berechtigt ist, wie sie gegliedert und ausgerüstet, ausgebildet und erforderlichenfalls eingesetzt wird, unterliegt den Beschlüssen des Parlaments und der parlamentarischen Kontrolle[31].« Das sei auch bei der weiteren Ausgestaltung der Militärreform als Richtschnur des Handelns zu betrachten.

Da die Militärreform Teil der Umgestaltung der Gesellschaft war, mussten die bestehenden und die sich neu formierenden gesellschaftlichen Kräfte an der Reform mitwirken können, in sie einbezogen werden. Den Rahmen dafür boten die »Runden Tische«: sowohl der »Zentrale Runde Tisch« als auch der beim Verteidigungsminister. In den Monaten Januar und Februar 1990 erschienen im Mitteilungsblatt »Militärreform« in schneller Folge eine Reihe von Gesetzentwürfen, teilweise in verschiedenen Varianten. Die wichtigsten davon betrafen ein neues Wehrpflicht- und ein neues Wehrdienstgesetz[32]. Die Entwürfe lösten heftige Diskussionen in der Truppe und an den Runden Tischen aus und mussten in veränderter Fassung vorgelegt werden. Das betraf besonders die Festlegung im ersten Entwurf des Wehrpflichtgesetzes, wonach es den Soldaten nicht gestattet sein sollte, Mitglied einer politischen Partei oder Organisation zu werden. Vor dem Wehrdienst bereits bestehende Mitgliedschaften müssten ausgesetzt werden; ferner sei eine Teilnahme an politischen Veranstaltungen in Uniform nicht gestattet[33]. Sicher war es den Autoren des Entwurfs darum gegangen, parteipolitischen Streit nicht in die Kasernen zu tragen. Doch viele Berufssoldaten verstanden es als politische Entmündigung, unterstellten den Verfassern mangelndes Demokratieverständnis und sahen darin einen Anschlag auf ihre staatsbürgerlichen Rechte. Doch nicht nur die kritischen Reaktionen, sondern auch die inzwischen erfolgten Regelungen zum Zivildienst verlangten, die Gesetzentwürfe in veränderter Fassung vorzulegen. Mit der am 20. Februar 1990 von der Regierung der DDR erlassenen »Verordnung über den Zivildienst in der Deutschen Demokratischen Republik«[34] wurde eine entsprechende Zusage des Ministerpräsidenten Modrow in seiner Regierungserklärung vor der Volkskammer der DDR am 17. November 1989 erfüllt. Bereits am 24. Januar 1990 hatte sich der Verteidigungsausschuss der Volkskammer mit

---

31 Ebd., Bl. 22.
32 Militärreform, 6 und 7 (1990).
33 Militärreform, 6 (1990), S. 5.
34 Verordnung über den Zivildienst in der Deutschen Demokratischen Republik vom 20. Februar 1990. In: Gesetzblatt der Deutschen Demokratischen Republik, T. 1, Nr. 10, Berlin, 28.2.1990, S. 79-81. Alle inhaltlichen Angaben beziehen sich im Folgenden darauf.

grundsätzlichen Fragen der Gestaltung des Zivildienstes befasst. Der Ausschussvorsitzende Wolfgang Herger (PDS) vertrat den Standpunkt, den Dienst mit der Waffe aus Glaubens- oder Gewissensgründen abzulehnen, entspreche »einem grundlegenden Menschenrecht«[35]. Das kam für viele überraschend, hatte doch bislang die Sicherheitsabteilung im Zentralkomitee der SED, deren Leiter Herger gewesen war, den Zivildienst grundsätzlich abgelehnt. Auf die inhaltliche Ausgestaltung der Verordnung nahmen auch die Minister der inzwischen umgebildeten und erweiterten Regierung Modrow, Lothar de Maizière und Rainer Eppelmann (ohne Geschäftsbereich)[36] Einfluss.

Die Verordnung enthielt die Grundsätze des Zivildienstes und regelte prinzipielle Verfahrensfragen. Danach hatten männliche Bürger der DDR, »die aus Glaubens- oder Gewissensgründen den Wehrdienst ablehnen«, das Recht, Zivildienst zu leisten, den man als »sozialen Dienst am Volke« definierte. Er war in Betrieben sowie in Einrichtungen des Gesundheits-, Sozial- und Rettungswesens und in kommunalen Einrichtungen, unabhängig von deren Rechtsform, zu leisten. Bürger, für die infolge des Feststellungsbescheides Zivildienstpflicht bestand, gehörten im Unterschied zu den bisherigen Bausoldaten nicht zur NVA oder ihrer Reserve; sie leisteten, wieder im Unterschied zu jenen, auch kein Gelöbnis. Bereits in einem Wehrdienstverhältnis stehende Bürger, auch Reservisten, wurden bei Übernahme in den Zivildienst von ihrem Fahneneid und Gelöbnis entbunden. Die Dauer des Dienstes betrug, wie bei Wehrpflichtigen, 12 Monate, er war zwischen dem vollendeten 18. und 23. Lebensjahr zu leisten. Auch hinsichtlich der materiellen und finanziellen Versorgung, der medizinischen Betreuung und des Urlaubs waren die Zivildienstleistenden den Soldaten im Grundwehrdienst gleichgestellt. Die Erklärung, Zivildienst leisten zu wollen, war in schriftlicher Form an das zuständige Wehrkreiskommando zu richten. Dessen Leiter hatte sie binnen einer Woche dem Direktor des Amtes für Arbeit des zuständigen Rates des Kreises zuzuleiten. Dieser stellte die Übernahme des Wehrpflichtigen in den Zivildienst fest. Eine Gewissensprüfung fand in keiner Form statt. Die Heranziehung zum Zivildienst, in der Regel im Heimatkreis des Dienstpflichtigen, erfolgte durch Dienstbescheid des Direktors des Amtes für Arbeit, der damit zugleich ein Dienstverhältnis begründete.

Die Verordnung über den Zivildienst, die Rainer Eppelmann als »das humanste Zivildienstgesetz Europas, vielleicht der Welt«[37] bezeichnete, war ein wesentliches Ergebnis und zugleich Bestandteil der Militärreform der DDR. Sie beseitigte den bisherigen Status »Bausoldat der NVA« und ließ Wirklichkeit werden, wofür die Bausoldaten seit Einführung der Wehrpflicht in der DDR eingetreten waren. Verwirklicht wurden auch Forderungen, die bereits 1981 die Dresdner Initiative »Sozialer Friedensdienst« erhoben hatte; sie verlangte schon damals, »Sozialen Friedensdienst als gleichberechtigte Alternative zu Wehr-

---

[35] Neues Deutschland, 25. Januar 1990.
[36] Siehe Rainer Eppelmann, Fremd im eigenen Haus. Mein Leben im anderen Deutschland, Köln 1993, S. 359.
[37] Ebd., S. 359.

dienst und Wehrersatzdienst«[38] zuzulassen. Auch andere unabhängige Friedensgruppen in der DDR, so die »Initiative Frieden und Menschenrechte« und Mitglieder der Berliner Samaritergemeinde waren für eine »Legalisierung der Wehrdienstverweigerung durch die Schaffung eines von jeglichen militärischen Strukturen unabhängigen zivilen Friedensdienstes«[39] eingetreten.

Folgerichtig trat an die Stelle des Wehrpflichtgesetzes nunmehr der Entwurf eines Dienstpflichtgesetzes. Erstmalig in der Geschichte der DDR und der NVA wurden somit gesetzlich verbindliche Regelungen nicht nur über den Wehrdienst, sondern auch über den Zivildienst im Rahmen eines einheitlichen Gesetzentwurfs öffentlich zur Diskussion gestellt[40]. Das gilt auch für den Entwurf einer neuen Innendienstvorschrift[41]. Mit Ergänzungen und Korrekturen wurden die Entwürfe am 9. März vom »Runden Tisch« beim Verteidigungsminister prinzipiell gebilligt. Alle am Runden Tisch vertretenen Parteien und Organisationen leisteten Zuarbeit zu den Gesetzen. Auch in der Truppe waren sie auf breite Resonanz gestoßen. In über 120 Briefen äußerten sich insgesamt 1600 Personen aus allen Teilstreitkräften und Führungsebenen der NVA, Eltern und Ehefrauen von Soldaten, Bürger der DDR sowie Vertreter von Parteien, Organisationen und Bürgerbewegungen außerhalb der Armee[42].

Reges Interesse der Zivilgesellschaft und von Bürgerbewegungen an Inhalt und Verlauf der Militärreform bekundete der Zentrale Runde Tisch auf seiner Tagung am 26. Februar 1990[43]. Die »Positionen des Runden Tisches zur Militärreform in der DDR«, vorgetragen von Dr. Eberhard Stief (NDPD), wurden im Ergebnis der Beratungen zum Beschluss erhoben. Darin war festgestellt, dass der bisherige Verlauf der Reform in der Armee teilweise sehr kontrovers beurteilt werde. Der Runde Tisch unterstütze das Verlangen der Armeeangehörigen, sich als Staatsbürger in Uniform selbst stärker einbringen zu können. Er trete für eine enge Verbindung von Volk und Armee ein und wolle zur Stabilität innerhalb der Armee beitragen. Die Ernennung eines Wehrbeauftragten nach dem Vorbild der Bundeswehr bei der Volkskammer sei in der Verfassung der DDR zu verankern. Die Diskussion zu diesen und anderen Aspekten der Position war sachlich und konstruktiv. Der Minister nahm zum weiteren Fortgang der Militärreform Stellung. Es gelte, sie »durch ein demokratisches Gesetzeswerk rechtlich auszugestalten«[44]. Vieles war noch im Fluss und harrte einer Lösung, die bestenfalls erst nach den Wahlen zur Volkskammer am 18. März

---

[38] Klaus Ehring, Martin Dallwitz, Schwerter zu Pflugscharen, Friedensbewegung in der DDR, Hamburg 1982, S. 186.

[39] »Freiheit ist immer Freiheit«. Die Andersdenkenden in der DDR. Hrsg. von Ferdinand Kroh, Frankfurt a.M., Berlin 1989, S. 216.

[40] Die verschiedenen Gesetzentwürfe sind veröffentlicht. In: Militärreform, 6, 7 und 13 (1990).

[41] Entwurf einer neuen Innendienstvorschrift. In: Militärreform, 4 und 5 (1990).

[42] Siehe BA-MA, VA-01/37605, Bl. 113 f.

[43] Siehe dazu Hoffmann, Das letzte Kommando (wie Anm. 7), S. 165-167; siehe dazu auch Hans Ehlert, Von der Wende zur Einheit. In: Armee ohne Zukunft (wie Anm. 6), S. 1-73, hier S. 16.

[44] Hoffmann, Das letzte Kommando (wie Anm. 7), Anl. 3, S. 317.

1990 zu erwarten war. Neben oder parallel zur Diskussion vorgelegter Gesetz-entwürfe standen im Mittelpunkt des Interesses am Runden Tisch beim Vertei-digungsminister die »Militärpolitischen Leitsätze der DDR«[45]. Um ihr eigent-liches Anliegen, nämlich Kriegsverhinderungsdoktrin zu sein, besser zu verdeutlichen, hatte man sich vom Begriff »Militärdoktrin« gelöst. Im Ver-ständnis des Runden Tisches bildeten die Leitsätze überdies sowohl eine wich-tige Grundlage als auch einen immanenten Bestandteil der Militärreform. In ihnen war die Frage nach Notwendigkeit, Charakter und Auftrag der Nationa-len Volksarmee bei Fortexistenz der DDR definitiv beantwortet. Die NVA wur-de als »eine Armee des ganzen Volkes und Teil des Volkes« der DDR charakte-risiert. »Sie ist parteipolitisch und weltanschaulich nicht gebunden. Die Entscheidung über ihren Einsatz erfolgt ausschließlich entsprechend den von der Volkskammer getroffenen Festlegungen.« Der Verfassungsauftrag der NVA bestehe darin, »einen Beitrag zur Bewahrung der äußeren Sicherheit« der DDR zu leisten und »schließt den militärischen Einsatz nach innen aus [...] Der An-gehörige der Nationalen Volksarmee ist mündiger Staatsbürger in Uniform und hat unter Wahrung des Prinzips der militärischen Einzelleitung das Recht auf demokratische Mitbestimmung in allen ihn betreffenden Angelegenheiten.« Jedem interessierten und geeigneten Bürger würde – unabhängig von Parteizu-gehörigkeit und Weltanschauung – »freier Zugang zu allen militärischen Lauf-bahnen und Führungsfunktionen garantiert«[46].

Damit wurde erstmalig eine in den sogenannten Volksfront-Richtlinien von 1936 getroffene Aussage zum Charakter eines »demokratischen Volksheeres« in den Rang offizieller Programmatik der Militärreform erhoben, was seither von der SED, der DDR und der NVA verdrängt worden war, weil es nicht mit dem Konzept und der Praxis des autoritären stalinistischen Militäraufbaus zu ver-einbaren war. Damals war festgeschrieben worden: »Das neue Reich wird das Reichsheer zu einem demokratischen Volksheer umgestalten. Soldaten und Offiziere erhalten die vollen staatsbürgerlichen Rechte. Die höheren Komman-dostellen werden nach den Grundsätzen der sachlichen Befähigung und der Ergebenheit für die demokratische Republik besetzt. Jedem Soldaten steht bei entsprechender Eignung die höhere militärische Schulung und Beförderung zum Offizier offen. Besondere Kommissionen der Volksvertretung wachen über die Rechte der Soldaten[47].« Diese auf eine konsequent demokratische Lösung der Militärfrage zielenden Leitsätze der Volksfront boten sich durchaus als

[45] Militärpolitische Leitsätze der Deutschen Demokratischen Republik (bestätigt am 27.2.1990 vom Runden Tisch beim Verteidigungsministerium). In: Hoffmann, Das letzte Kommando (wie Anm. 7), Anl. 1, S. 310-312. In einem Zeitzeugenbericht ist der Werde-gang der Erörterung der Leitsätze am Runden Tisch detailliert geschildert; vgl. Wilfried Schreiber, Von einer Militärdoktrin der Abschreckung zu Leitsätzen entmilitarisierter Si-cherheit. In: DSS-Arbeitspapiere, 86 (2007).
[46] Hoffmann, Das letzte Kommando (wie Anm. 7), S. 311 f.
[47] Richtlinien für die Ausarbeitung einer politischen Plattform der deutschen Volksfront. In: Ursula Langkau-Alex, Deutsche Volksfront 1932-1939. Zwischen Berlin, Paris, Prag und Moskau. Bd 3: Dokumente zur Geschichte des Ausschusses zur Vorbereitung einer deut-schen Volksfront, Chronik und Verzeichnisse, Berlin 2005, S. 152.

eines der Traditionselemente der Militärreform der DDR und NVA an, wenngleich die Reformdebatten von 1989/90 einen Hinweis darauf vermissen lassen.

Obwohl viele Vorhaben unvollendet bleiben mussten, war die Militärreform von grundlegender Bedeutung für die Teilhabe der NVA am friedlichen Verlauf der demokratischen Revolution in der DDR. Die Reformmaßnahmen trugen dazu bei, dass die zweifellos vorhandenen Gegensätze zwischen Volk und Armee partiell abgebaut werden konnten. An den »Runden Tischen«, das heißt am »Zentralen Runden Tisch« und am »Runden Tisch beim Verteidigungsminister« wurde in konstruktiven Dialogen und einem pluralistischen Meinungsbildungsprozess das Voranschreiten der Militärreform gefördert. An den »Tischen« waren nahezu alle gesellschaftlichen Parteien, Organisationen und Bürgerbewegungen, die hier nicht aufgezählt werden können, vertreten. Für die Reformer unter den Militärs war interessant festzustellen, dass es in den meisten Parteien und Bewegungen kompetente Vertreter für Militär- und Sicherheitsfragen gab.

Die Zusammenarbeit im Rahmen der Militärreform war eine auf gegenseitiger Achtung beruhende Periode gemeinsamen Lernens. Das fand seinen Niederschlag im Entwurf für einen Beschluss der Volkskammer über die militärpolitischen Leitsätze der DDR, in denen auch Auftrag und Charakter der NVA, frei von der Bindung an eine politische Partei und an eine einzige Weltanschauung, neu bestimmt worden sind. Die Trennung der NVA von der Partei war vollzogen und eine neu gestaltete staatsbürgerliche Bildung war eingeleitet. Gravierende Veränderungen im inneren Gefüge der Streitkräfte waren im Januar 1990 auf den Weg gebracht. Die Verordnung über den Zivildienst wurde als Beschluss des Ministerrates in Kraft gesetzt; Soldatenvertretungen waren anerkannt und konnten sich ebenso wie der am 20. Januar 1990 gebildete Verband der Berufssoldaten frei entfalten. Entwürfe eines neuen Wehrdienst- und eines Dienstpflichtgesetzes sowie für eine zivile Führungsspitze des Ministeriums waren erarbeitet und beraten worden.

Von einem Scheitern der Militärreform kann folglich keine Rede sein. Es war zu einer in der Geschichte der NVA nie gekannten breiten Diskussion und demokratischen Mitbestimmung auf dem Felde der Wehrgesetzgebung, der Dienstmotivation und der Ausarbeitung neuer Vorschriften (Innendienstvorschrift) gekommen. Auch die Offenheit und Transparenz gegenüber der Zivilgesellschaft und die *beginnende* Einbeziehung politischer Parteien, Organisationen und Bürgerbewegungen in die Erörterungen war ohne Beispiel in der Geschichte der NVA. Die bis zu den Volkskammerwahlen am 18. März geleistete Reformarbeit konnte, so der entsprechende Wille vorhanden war und das politische Kräfteverhältnis dies ermöglichten, von der frei gewählten Volkskammer beschlossen und in Kraft gesetzt werden. Doch der schnell verlaufende Prozess der beiden deutschen Staaten in Richtung Vereinigung setzte andere Prioritäten. Die Militärreform blieb deshalb unvollendet. Sie konnte bestenfalls als Tradition in der »Armee der Einheit« bewahrt werden.

Andreas Herberg-Rothe

Demokratische Krieger

I. Das Leitbild des Soldaten im 21. Jahrhundert

Die Veränderungen seit den epochemachenden Jahren 1989 bis 1991 erfordern ein anderes Leitbild der Soldaten in demokratischen Gesellschaften[1]. Insbesondere in der Bundesrepublik Deutschland war und ist der Weg von einer Armee, für die der Ernstfall der Frieden sein musste, zu einer »Armee im Einsatz« sehr weit[2]. Die Transformation der Bundeswehr erfordert eine erneute Reflexion über das Selbstverständnis von Soldaten in einer demokratischen Gesellschaft vor dem Hintergrund der Wandlungen der Kriegführung und der Bedrohungen. Die Konzeptionen des Staatsbürgers in Uniform und der Inneren Führung in der neu gegründeten Bundesrepublik entsprachen sowohl der Notwendigkeit der Abgrenzung einer Armee von Wehrpflichtigen gegenüber dem preußisch-deutschen Militarismus als auch der Verhinderung eines Krieges, der wohl zur Vernichtung des Lebens auf diesem Planeten geführt hätte. Beide Konzeptionen hatten für die Entwicklung der Bundesrepublik Deutschland eine ebenso große Bedeutung wie die der sozialen Marktwirtschaft[3].

Bis in die 1990er-Jahre hatte dieses Soldatenbild Bestand: der Bürger in Uniform, im Herzen Zivilist, mit fester Bindung an die freiheitlich-demokratische Grundordnung, die er notfalls zu verteidigen haben würde. Die Erhaltung des Friedens war der eigentliche Ernstfall. Damit ließ sich die »Zivilität« der Streitkräfte gut vereinbaren. Heute ist umstritten, ob dieses Selbstverständnis sowohl in Bezug auf eine »Armee im Einsatz« Bestand haben kann als auch den abzusehenden Veränderungen von Krieg und Gewalt in der Weltgesellschaft gerecht wird.

---

[1] Für zahlreiche Hinweise und Anregungen bin ich Wilfried von Bredow, Dieter Farwick, Michael Geyer, Jan Willem Honig, Klaus Naumann, Rüdiger Schmidt und Ralph Thiele sowie den Herausgebern dieses Sammelbandes zu außerordentlichem Dank verpflichtet. Bei der Vielzahl der Hinweise konnte ich nur einen Teil in den Text aufnehmen, sodass alle eventuellen Unzulänglichkeiten nur ich zu verantworten habe.

[2] Christian Schmidt, Das Selbstverständnis des Soldaten der Einsatzarmee. In: Militärisches Selbstverständnis, Gneisenau-Blätter, 8 (2008), S. 10-15.

[3] Inwieweit dieses Leitbild in der Praxis der Bundeswehr vollständig umgesetzt wurde, ist eine hiervon zu unterscheidende Frage; siehe zu diesbezüglichen Mythenbildungen den Beitrag in diesem Band. Das gleiche Problem von Leitbild und gesellschaftlicher Praxis betrifft auch die soziale Marktwirtschaft.

II. Gleiche Logik, andere Grammatik: Politik und Krieg

Die Transformation der Bundeswehr zur »Armee im Einsatz« wirft nicht nur
Fragen nach den Auswirkungen auf das Verhältnis von Militär, Politik und
ziviler Gesellschaft auf[4], sondern ist von genauso großer Bedeutung für das
Selbstverständnis des Militärwesens selbst. Die Konzepte der Inneren Führung
wie die des Staatsbürgers in Uniform bleiben Grundlage der Armee eines freiheitlich-demokratischen Staatswesens[5]. Auch der Primat der Politik über das
Militärwesen ist in einer demokratischen Gesellschaft unabdingbar, auch wenn
immer wieder neu austariert werden muss, wie weit dieser Primat gehen muss
und welchen Spielraum es für militärisches Handeln geben kann. Hier ist insbesondere daran zu erinnern, dass der hierfür immer wieder herangezogene Carl
von Clausewitz zwar den Primat der Politik immer wieder betont hat, zugleich
aber gesehen hat, dass dieser keine Einbahnstraße ist. Selbst unmittelbar vor
dem Abschnitt, in dem er seine weltberühmte Formel einführt, heißt es: »Die
Politik also wird den ganzen kriegerischen Akt durchziehen und einen fortwährenden Einfluss auf ihn ausüben, soweit es die Natur der in ihm explodieren-
den Kräfte zulässt[6].« Am besten wird dieses Spannungsverhältnis vielleicht in
seiner Unterscheidung von Logik und Grammatik des Krieges deutlich: Der
Krieg habe zwar keine eigene Logik, da er ein Teil eines größeren Ganzen ist,
jedoch eine eigene Grammatik. Hierzu muss man wissen, welche Bedeutung
der Begriff der Grammatik zu Lebzeiten Clausewitz' durch die Arbeit von Wilhelm von Humboldt hatte. Clausewitz begründete die Ablehnung einer eigenen
Logik des Krieges damit, dass diese die Bestimmung eines selbstständigen Ganzen impliziert – dieses Verständnis des Krieges als Totalität lehnte (der späte)
Clausewitz jedoch ab. Demgegenüber veranschaulicht der Begriff der Grammatik sowohl den Aspekt der Einheit des Krieges mit einem größeren Ganzen als
auch seine *relative* Eigenständigkeit.

Um dieses Spannungsverhältnis zu verdeutlichen, ist kurz auf die Bedeutung des Begriffes der Grammatik einzugehen. In einem (zeitgenössischen)
Artikel der »Encyklopädie der Wissenschaften und Künste« von Wilhelm von
Humboldt wird ausführlich auf den Begriff der Grammatik eingegangen. Wesentliche Inhalte von Clausewitz' Bestimmung des Krieges sind in diesem Arti-

---

[4] Sabine Mannitz, Weltbürger in Uniform oder dienstbare Kämpfer? Konsequenzen des
    Auftragswandels für das Soldatenbild der Bundeswehr. In: Friedensgutachten. Hrsg. von
    Bruno Schoch [u.a.], Münster 2007, S. 98-109; Sabine Mannitz und Simone Wisotzki, De-
    mokratien und Militär: Neue Aspekte eines alten Dilemmas. In: Schattenseiten des De-
    mokratischen Friedens. Zur Kritik einer Theorie liberaler Außen- und Sicherheitspolitik.
    Hrsg. von Anna Geis [u.a.], Frankfurt a.M. 2007 (= Studien der Hessischen Stiftung Frie-
    dens- und Konfliktforschung, 55), S. 205-234.

[5] »Die Grundsätze der Inneren Führung bilden die Grundlage für den militärischen Dienst
    in der Bundeswehr.« Pkt. 101 der neuen ZDV 10/1 vom 28. Januar 2008.

[6] Carl von Clausewitz, Vom Kriege. Hinterlassenes Werk des Generals Carl von Clause-
    witz, 19. Aufl., mit erneut erw. historisch-kritischer Würdigung von Werner Hahlweg,
    Bonn 1991, I. Buch, Kap. 1, Nr. 23, S. 210.

kel wiederzufinden, wenn jeweils der Begriff der Sprache durch den des Krieges ersetzt wird[7]. Clausewitz nimmt diesen Vergleich explizit vor und argumentiert zunächst, dass der politische Verkehr durch den Krieg nicht aufhöre, nicht in etwas ganz anderes verwandelt werde. Er fragt dann, ob der Krieg nicht »bloß eine andere Art von Schrift und Sprache« des Denkens verschiedener Völker und Regierungen ist. In diesem Zusammenhang betont Clausewitz, Krieg habe keine eigene Logik, sehr wohl aber als »Schrift und Sprache« des Denkens eine eigene Grammatik. In der »Encyklopädie der Wissenschaften und Künste« heißt es, dass die Grammatik die Bedeutung eines wissenschaftlichen Inbegriffes der Gesetze und Einrichtungen der Sprache ist. Alles, was von gesetzlicher Natur an der Sprache sei, gehöre zur Grammatik hinzu. Die Grammatik sei vollendet, wenn sie den ganzen Umfang des Gesetzmäßigen an der Sprache in sich selbst umschließt. Übertragen wir diese Kennzeichnung auf den Krieg, so ist die Grammatik des Krieges der Inbegriff der Gesetze und Einrichtungen desselben. Clausewitz' Formel vom Krieg zwar als Fortsetzung der Politik, aber mit anderen Mitteln als denen der Politik selbst basiert auf diesem unaufhebbaren Spannungsverhältnis. Der Krieg hat in Clausewitz' Denken keine eigene Logik, weil er Teil eines umfassenderen Ganzen ist – jedoch hat er zugleich eine eigene Grammatik[8].

Die in den Konzeptionen der Inneren Führung und des Staatsbürgers in Uniform festgesetzten Grundlagen des Verhältnisses von Gesellschaft, Politik und Militärwesen müssen vor dem Hintergrund der neuen Aufgabenbestimmung von Armeen demokratischer Gesellschaften sowie den Veränderungen der Kriegführung im 21. Jahrhundert ergänzt werden, um den unterschiedlichen Lebenswirklichkeiten von zivilem und militärischem Handeln gerecht bleiben zu können. Ansonsten besteht die Gefahr, dass die Grundsätze der zivilen Gesellschaft nur auf dem Papier oder nur abstrakt für die Armee gelten, weil sie wesentliche Teile des militärischen Selbstverständnisses und der entsprechenden Handlungen außer Acht lassen[9].

Seit den epochemachenden Jahren 1989-91 hat sich schrittweise das Leitbild des Kriegers, des »warriors«, im Unterschied zum Soldaten entwickelt. Bis heute wird in ihm der Unterschied und die Distanz soldatischen Handelns gegenüber dem Selbstverständnis einer zivilen Gesellschaft betont, gleichzeitig ein eigener Ehrenkodex des »warriors« entwickelt[10]. In einigen dieser Ansätze wie

---

[7]   Auffällig und wesentlich für die Bedeutung des Grammatikbegriffs ist allein schon die Tatsache, dass dieser Begriff auf nahezu 80 Seiten behandelt wird; kaum ein anderer Begriff hat eine solche ausführliche Darstellung gefunden. Allgemeine Encyklopädie der Wissenschaften und Künste. Hrsg. von Gersch und Gruber. Erste Sektion A-G. Herausgegeben von H. Brockhaus, Leipzig 1830, Nachdruck 1865, S. 1-80; Clausewitz, Vom Kriege (wie Anm. 6), S. 991.

[8]   Ausführlich hierzu Andreas Herberg-Rothe, Das Rätsel Clausewitz, München 2001; Andreas Herberg-Rothe, Clausewitz's Puzzle, The Political Theory of War, Oxford 2007.

[9]   Siehe auch die Beiträge in dem Band Militärisches Selbstverständnis (wie Anm. 2).

[10]   Michael Ignatieff, Die Zivilisierung des Krieges, Hamburg 2000; Robert Kaplan, Warrior Politics: Why Leadership Demands a Pagan Ethos, Washington 2001, sowie insbesondere Christopher Coker, The Warrior Ethos, London 2007.

vor allem bei John Keegan und Martin van Creveld, wird der Unterschied zur zivilen und demokratischen Gesellschaft jedoch so sehr hervorgehoben, dass kein Brückenschlag mehr möglich scheint[11]. Demgegenüber bleibt das entscheidende Problem im 21. Jahrhundert die Einbindung und Rückbindung des Militärwesens an Normen, Werte und Interessen einer demokratischen Gesellschaft – bei gleichzeitiger Anerkennung von dessen eigener Identität und Kultur. Historisch betrachtet hat es ganz unterschiedliche Ausprägungen dieses Verhältnisses gegeben. Doch kann die Geschichte dieses Spannungsverhältnisses in der Bundesrepublik einerseits als relative Ausnahme gelten. Andererseits hat sie in gewisser Hinsicht Vorbildcharakter, weil sie aufgrund der besonderen deutschen Vergangenheit der Zivilisierung des Militärwesens besondere Aufmerksamkeit geschenkt hat. Insofern können das Konzept der Inneren Führung ebenso wie das des Staatsbürgers in Uniform bis zu einem gewissen Grad sogar Vorbildcharakter für Armeen Argentiniens, Russlands und anderen haben.

Fraglich ist jedoch, ob das unaufhebbare Spannungsfeld, in dem die Soldaten einer demokratischen Gesellschaft grundsätzlich und immer stehen[12], aufgrund der Veränderungen von Kriegführung und Aufgabenstellung entweder angepasst oder aber neu gestaltet werden muss. Eine reine Anpassung an gewandelte Aufgaben wie im Begriff des »archaischen Kämpfers«[13] würde nicht nur das dynamische Band zwischen Militärwesen und Gesellschaft zerreißen und unüberbrückbar vertiefen, sondern auch einzelne und möglicherweise begrenzte Veränderungen absolut setzen. Umgekehrt tendieren Konzeptionen wie die des »bewaffneten Sozialarbeiters« dazu, das Spezifikum von soldatischem Handeln, die Anwendung und Androhung von Gewalt, zu gering zu schätzen[14]. Zwar ist es richtig, dass in modernen Armeen nur ein geringer Teil der Soldaten tatsächlich kämpft. Insofern ist die viel beschworene Rollendifferenzierung genauso wie die Multifunktionalität[15] eine sinnvolle Perspektive, kann jedoch gerade aufgrund der Differenzierung eine relativ konsistente Sinnstiftung für die Soldaten der Bundeswehr grundsätzlich nicht ermöglichen und in einer Sozialfigur verdichten. Ganz im Gegenteil scheint sich in der Multifunktionalität die unabdingbare berufliche und soziale Identität der Soldaten zu verflüchtigen. Demgegenüber soll hier mit dem Konzept des »demokratischen Kriegers« versucht werden, eine Brücke zu schlagen, die sowohl dem soldatischen Selbstverständnis gerecht werden kann als auch dessen notwendige

---

[11] John Keegan, Die Kultur des Krieges, Berlin 1995; Martin van Creveld, Die Zukunft des Krieges, München 2008.

[12] Die Literatur dazu ist im angloamerikanischen Raum notwendigerweise ausgesprochen vielfältiger, weil es dort eine wesentlich längere Diskussion über dieses Spannungsverhältnis gibt.

[13] Wolfgang Royl, Soldat sein mit Leib und Seele. Der Kämpfer als existenzielles Leitbild einer Berufsarmee. In: Ein Job wie jeder andere? Zum Selbst- und Berufsverständnis von Soldaten. Hrsg. von Sabine Collmer und Gerhard Kümmel, Baden-Baden 2005, S. 9–21.

[14] Hinweis von Wilfried von Bredow.

[15] Karl Haltiner und Gerhard Kümmel, Die Hybridisierung der Soldaten. Soldatisches Subjekt und Identitätswandel. In: Streitkräfte im Einsatz: Zur Soziologie militärischer Interventionen. Hrsg. von Gerhard Kümmel, Baden-Baden 2005, S. 47–54.

Rückbindung an eine demokratische Gesellschaft und deren politische Ziele in der Weltgesellschaft ermöglicht[16]. Hierbei ist auf den grundlegenden Unterschied der Sozialfiguren des Kämpfers und des Kriegers zu verweisen: Während ein Kämpfer nur eine Dimension soldatischen Handelns verkörpert, übergreift die Sozialfigur des Kriegers eine Vielfalt von möglichen Aufgaben und Differenzierungen wie etwa auch die drei Einsatzkategorien der Bundeswehr: Kampf, Stabilisierung und Unterstützung.

In systematischer Hinsicht folgt diese Perspektive eines Zusammendenkens von gegensätzlichen Polen[17] der Konzeption der »wunderlichen Dreifaltigkeit« von Clausewitz. Im Gegensatz zur Reduktion seines weitreichenden theoretischen Ansatzes auf die weltberühmte Formel vom »Krieg als Fortsetzung der Politik mit anderen Mitteln« hat er in der »wunderlichen Dreifaltigkeit« ein Instrumentarium geschaffen, mit dem prinzipiell alle Formen von Kriegen erfasst werden können[18]. In meiner Interpretation seiner Dreifaltigkeit ist jeder Krieg in historisch unterschiedlicher Art und Weise zusammengesetzt aus der ursprünglichen Gewaltsamkeit, dem Kampf zweier oder mehrerer Gegner sowie der Zugehörigkeit der Kämpfenden zu einer umfassenderen Gemeinschaft – ein Sachverhalt, den Clausewitz mit dem Primat der Politik verdeutlicht[19]. Die historisch unterschiedlichen Ausprägungen der jeweiligen Gewaltmittel, des Kampfes wie der jeweiligen Gemeinschaften bestimmen die Form eines jeden Krieges. Für das Selbstverständnis des Militärwesens gilt somit, dass ihre Soldaten in der Lage sein müssen, Gewalt anzuwenden oder anzudrohen, dass sie kämpfen[20] können und schließlich dass sie als Teil einer umfassenderen Gemeinschaft handeln und auch so wahrgenommen werden[21].

---

[16] Haltiner/Kümmel (ebd.) entwickeln methodisch eine ähnliche Position im Begriff des »Hybrid Soldier«, der verschiedene und gegensätzliche Bereiche in sich ausbalancieren muss.

[17] Auch Edward Luttwak konzentriert seine Überlegungen bezüglich der Strategie auf das Zusammendenken gegensätzlicher Pole, vgl. Edward Luttwak, Strategie. Die Logik von Krieg und Frieden, Lüneburg 2002.

[18] Hier muss darauf hingewiesen werden, dass Clausewitz' Konzept der wunderlichen Dreifaltigkeit sich grundlegend vom sogenannten trinitarischen Krieg unterscheidet. Dieser Begriff ist eine Konstruktion von Harry G. Summers und Martin van Creveld und basiert auf einer völlig verfehlten Interpretation von Clausewitz' Dreifaltigkeit; im Detail siehe Herberg-Rothe, Das Rätsel Clausewitz (wie Anm. 8).

[19] Clausewitz' Konzept von Politik meint nicht nur die politische Führung, sondern kann auch in jeweils anderem Kontext die politischen Verhältnisse zum Ausdruck bringen, manchmal sogar die politische Verfasstheit eines Gemeinwesens; siehe den von mir mit Jan Willem Honig herausgegebenen Sammelband Clausewitz. Staat und Krieg, Stuttgart 2010 (in Vorbereitung). Siehe hierzu ausführlich Herberg-Rothe, Das Rätsel Clausewitz (wie Anm. 8).

[20] Hieraus folgt jedoch nicht, dass das Leitbild des Soldaten der Kämpfer oder gar ein archaischer Kämpfer ist. Eine solche Sichtweise übersieht nicht nur den Unterschied zwischen Kämpfer und Krieger, wie er weiter unten entwickelt wird, sondern reduziert zudem die Vielfalt soldatischen Handelns auf nur einen Aspekt; siehe demgegenüber Royl, Soldat (wie Anm. 13).

[21] Herberg-Rothe, Das Rätsel Clausewitz (wie Anm. 8).

III. Vom »Soldaten« zum »Krieger«

Häufig werden mit dem Begriff des Soldaten unterschiedslos alle Waffenträger bezeichnet. Zur Unterscheidung gegenüber anderen Waffenträgern spricht man von Soldaten im engeren Sinne erst seit der Französischen Revolution. Soldaten dienen Staaten im Idealfall aus Überzeugung, sie verteidigen höhere Werte und identifizieren sich mit dem Staat, dem sie dienen. Im Regelfall ist der soldatische Militärdienst mit der Staatsbürgerschaft verknüpft, woraus die Wehrpflicht als Verpflichtung des einzelnen Bürgers gegenüber seinem Staat erwächst. »Die Verteidigung des Vaterlandes ist der Stiftungsmythos moderner Armeen« und des Soldaten[22]. Selbstverständlich ist diese Sinnzuschreibung kein unmittelbares Abbild der Wirklichkeit. Aber sie spielt nicht nur im Selbstverständnis und der politischen Bildung von Soldaten eine wesentliche Rolle, sondern ist zentral für die demokratische Legitimation der Wehrpflicht in modernen Armeen. Bereits Friedrich Engels meinte, die Wehrpflicht sei die einzige demokratische Institution Preußens. Im Frankreich der Revolutionszeit wurden Staatsbürgerschaft und die Mitgliedschaft in der Landesverteidigung als zwei Seiten einer Medaille gedacht und bezogen sich auf den Begriff der modernen Nation als einer politischen Größe, die das Volk als Souverän einsetzt[23].

Als Reaktion auf die preußischen Niederlagen wurden auch dort militärische Reformen eingeleitet, die sich einerseits am Vorbild der siegreichen napoleonischen Armeen orientierten, andererseits die besonderen preußischen Bedingungen berücksichtigten. Daraus entwickelte sich ein spezifisches Spannungsverhältnis: Zum einen wurde die gesamte Gesellschaft zum Zwecke der Kriegführung mit dem Ziel des patriotischen und opferbereiten »soldat citoyen« in Dienst genommen. Zum anderen aber musste die politische Transformation begrenzt bleiben, um das bestehende Herrschaftsgefüge aufrechterhalten zu können. Man hatte in Preußen keine souveräne Staatsbürgernation, es gab keine Verfassung, welche die Kompetenzen des Monarchen hätte beschneiden und die Bürger an der Gesetzgebung hätte beteiligen können. Wie sollten jedoch nationaler Enthusiasmus und Opfersinn für den Nationalstaat entsprechend dem französischen Vorbild erreicht werden ohne adäquate gesellschaftliche Grundlage, d.h. ohne Gleichheit und politische Partizipationsmöglichkeit aller Bürger und Bürgerinnen[24]? Die preußischen Militärreformen blieben nicht ohne Widerspruch, obwohl sie einige sehr positive Elemente enthielten, etwa die Abschaffung entehrender und unmenschlicher Strafen. Den Reformern blieb als Ausweg aus dem Dilemma, einerseits die ganze Gesellschaft für den Krieg

---

[22] Michael Sikora, Der Söldner. In: Grenzverletzer. Figuren politischer Subversion. Hrsg. von Eva Horn [u.a.], Berlin 2002; Michael Sikora, Söldner – historische Annäherung an einen Kriegertypus. In: Geschichte und Gesellschaft, 29 (2003), 2, S. 191-209.

[23] Ute Frevert, Die kasernierte Nation. Militärdienst und Zivilgesellschaft in Deutschland, München 2001; Militär und Gesellschaft im 19. und 20. Jahrhundert. Hrsg. von Ute Frevert, Stuttgart 1997, S. 21.

[24] Siehe Militär und Gesellschaft (wie Anm. 23).

mobilisieren zu müssen, andererseits an der bestehenden Gesellschaftsstruktur nichts ändern zu können, nur der Weg einer »Erziehungsdiktatur«. Die Armee sollte fortan mit der Zivilgesellschaft verschmelzen, indem tendenziell alle (männlichen) Bürger Soldaten würden.

Was bedeutet die perspektivische Einheit von Bürger und Soldat – die Militarisierung der Gesellschaft oder die Zivilisierung des Militärwesens? In Preußen kann man zunächst von einer Zivilisierung des Militärs sprechen, weil besonders entwürdigende und grausame Praktiken innerhalb des Militärwesens abgeschafft wurden. Doch im Laufe der Zeit setzte sich mehr und mehr eine Militarisierung der Gesellschaft durch, die Friedrich Meinecke im Rückblick als beispiellos in der Geschichte kennzeichnete. Vor allem nach den erfolgreichen Kriegen der Reichsgründungszeit 1864-1871 ging der preußische Leutnant »als junger Gott, der bürgerliche Reserveleutnant wenigstens als Halbgott durch die Welt[25]«. Entscheidend für das Bild des Soldaten als Angehöriger einer Massenarmee waren jedoch der Erste und Zweite Weltkrieg. Zwei Schlachten des Ersten Weltkrieges verdeutlichen zwei unterschiedliche Soldatenbilder: Langemarck und Verdun. In einem Kommuniqué der Obersten Heeresleitung wurde das Geschehen von Langemarck so beschrieben: »[Es] brachen junge Regimenter unter dem Gesange ›Deutschland, Deutschland über alles‹ gegen die erste Linie der feindlichen Stellungen vor und nahmen sie.« Was hier verschwiegen wurde, ist der massenhafte Tod der jungen Soldaten und die Tatsache, dass es sich um eine Niederlage handelte, denn nur ein Jahr später hieß es: »Der Tag von Langemarck wird in allen Zeiten ein Ehrentag der deutschen Jugend bleiben. Wohl fielen an ihm ganze Garben von der Blüte unserer Jugend, aber den Schmerz um die tapferen Toten überstrahlt doch der Stolz darauf, wie sie zu kämpfen und zu sterben verstanden[26].« Der aus der Schlacht bei Langemarck geborene Mythos beschwor eine soldatische Vergangenheit, die bestimmt ist durch das Ideal des heldenhaften Opfers für das Vaterland. Ganz anders der Verdun-Mythos: Verdun ist das Sinnbild des industrialisierten und entpersonalisierten Krieges. Die Begeisterung des Anfangs war verflogen, es ging nur noch um das Aushalten der Auswirkungen maschinisierter Kriegführung. Weder die britisch-französische Offensive an der Somme noch die deutsche bei Verdun erreichten ihre Ziele. Beide führten jedoch zu Schlachten von einem nie gekannten Aufwand. Auf wenigen Quadratkilometern wurden Hunderttausende von Menschen »verarbeitet«. Die Schlachten zielten nicht in erster Linie auf Geländegewinne, sondern auf höchstmögliche Verluste des Gegners. Die militärischen Erfolge im weiteren Verlauf des Ersten Weltkriegs wurden seitens der Deutschen nicht als Sieg überlegener Ideale gefeiert, sondern als Höhepunkt des modernen technologischen Krieges begriffen.

---

[25] Friedrich Meinecke zit. nach ebd., S. 17; Friedrich Meinecke, Die deutsche Katastrophe. Betrachtungen und Erinnerungen, Zürich 1946.

[26] Zit. nach Bernd Hüppauf, Schlachtenmythen und die Konstruktion des »Neuen Menschen«. In: »Keiner fühlt sich hier mehr als Mensch ...«. Erlebnis und Wirkung des Ersten Weltkrieges. Hrsg. von Gerhard Hirschfeld [u.a.], Essen 1993, S. 53-103, hier S. 56 f.

Der auf dem Boden von Verdun entstandene Mythos verlangte ein neues Soldatenbild. Unter der konstanten Todesdrohung des Schlachtfeldes habe der Soldat nur die Möglichkeit sich diesen Verhältnissen anzupassen. Für Ehre, Moral oder Ideale schien auf dem industrialisierten Schlachtfeld des 20. Jahrhunderts kein Platz mehr. Während früher die Waffen von den Menschen bedient wurden, bediente sich nunmehr die Waffe des Menschen. Elemente des Verdun-Mythos wurden im Faschismus zur Begründung des Ausleseprinzips verwandt: In einer scheinbar unentrinnbaren Kampfsituation dürfe sich der als idealer Soldat fühlen, der sich den Prinzipien moderner kriegerischer Gewalt unterwirft. Das idealisierte Bild des Frontkämpfers der Stahlgewitter erzeugte eine eigene Amoralität, die den Kampf verabsolutierte. Nicht ohne Grund zogen viele Soldaten des Deutschen Reichs ohne den Glauben an die gerechte Sache ihres Landes in den Zweiten Weltkrieg. Die Kombination aus rigider Moderne und vorzivilisierter Amoralität fand ihre schauerliche Verwirklichung bei den Mitgliedern der SS[27].

Nach dem Zweiten Weltkrieg entwickelten sich grundlegend andere Streitkräfte und andere Vorstellungen des »Soldaten«. Er wurde zum (demokratischen) Staatsbürger in Uniform. Nach Wilfried von Bredow lassen sich die Geschichte der 1956 entstandenen Bundeswehr und ihre gesellschaftspolitische Einbindung nur angemessen verstehen, wenn man sie beide als Konsequenz eines Bruchs mit der alles Militärische überbetonenden deutschen Geschichte vor 1945 auffasst. In der »Inneren Führung« – einem ausgebauten System von Maßnahmen, die das Konzept des Staatsbürgers in Uniform in der Rechtsstellung und im soldatischen Selbstverständnis jederzeit gewährleisten sollen – sieht Bredow »eine der innovativsten und kreativsten politischen Neuerungen der Bundesrepublik Deutschland, in ihrer Bedeutung durchaus vergleichbar mit der Konzeption der sozialen Marktwirtschaft«[28]. Das Bild des Soldaten wurde nunmehr mitbestimmt durch eine kritische Öffentlichkeit, durch die soziale Entzauberung des Militärischen, die Marginalisierung und Reduzierung der Streitkräfte im Zuge des umfassenden Bedrohungs- und Wertewandels und schließlich die institutionell vorgegebene und sich nicht ohne Widerstände durchsetzende Demokratisierung und Zivilisierung des staatlichen Gewaltinstrumentes. Seit dem Wandel von Landesverteidigungskräften zu Interventionsstreitkräften in den 1990er-Jahren, von Wehrpflicht- zu Berufsarmeen, sieht sich das Leitbild des demokratischen ›»Staatsbürgers in Uniform« einem erhöhten Anpassungsbedarf ausgesetzt – eine Entwicklung, die in den USA bereits nach dem verlorenen Vietnamkrieg eingesetzt hat[29].

---

[27] Ebd.; Bernd Wegner, Hitlers Politische Soldaten. Die Waffen-SS 1933-1945. Leitbild, Struktur und Funktion einer nationalsozialistischen Elite, Paderborn [u.a.], 5. Aufl. 1997.

[28] Wilfried von Bredow, Demokratie und Streitkräfte, Wiesbaden 2000.

[29] Allerdings ist umstritten, ob es eine geradlinige Entwicklung zum Konzept des Kriegers in den USA gegeben hat. Zum Teil dominierten sogar die Traditionalisten wie William C. Westmoreland; siehe etwa Stefan Goertz, Warum Streitkräfte mancher Staaten den Kleinen Krieg verlieren – Eine Kritik der westlichen Counterinsurgency-Doktrinen. In: Armee in der Demokratie. Zum Verhältnis von zivilen und militärischen Prinzipien. Hrsg. von

Diese Entwicklung reflektiert den Übergang von der Wehrpflicht zur Berufsarmee sowie ein neues Selbstverständnis und gewachsenes Selbstbewusstsein der Waffenträger. Fassen wir die vielfältigen Ansätze zusammen, so ist der Krieger oder »warrior« gekennzeichnet durch eine starke Wertgebundenheit, durch eine klare Distanz gegenüber der Zivilgesellschaft sowie durch ein hohes Maß an Professionalität. Die von Kriegern repräsentierten Werte spiegeln nicht die Werte der jeweiligen Gesellschaft oder Gemeinschaft wider. Sie sind nicht politisch oder ideologisch gefärbt, sondern sind allein in ihrer Organisation und Zugehörigkeit sowie ihren besonderen Fähigkeiten begründet[30]. Am nächsten kommen ihnen die mittelalterlichen Ritter. Wie diese verstehen sich Krieger als eine gesellschaftliche Elite[31]. Die Ablehnung der Werte der Zivilgesellschaft verdeutlicht John Keegan, einer der Propagandisten eines neuen Kriegerbildes. Der Krieg reiche in die geheimsten Tiefen des menschlichen Herzens, dorthin, wo das Ich rationale Ziele auflöse, wo der Stolz regiere, wo Emotionen die Oberhand hätten und der Instinkt herrsche. Eines von Keegans Vorbildern für den Krieger sind die römischen Zenturionen. Diese Offiziere seien mit Leib und Seele Soldat gewesen. Sie strebten nicht danach, in die Klasse der Regierenden aufzusteigen; ihr ganzer Ehrgeiz habe dem Erfolg einer Berufsgruppe gegolten, die es zum ersten Mal in der Geschichte zu Ansehen und Selbstbewusstsein brachte. Die Werte des römischen Berufssoldaten seien nicht materieller, sondern ideeller Natur gewesen. Nach diesen Idealen lebten, so Keegan, auch seine Kameraden in der Neuzeit: Stolz auf eine unverwechselbar männliche Lebensweise, Anerkennung durch die Kameraden, Befriedigung durch die Rangabzeichen sowie Hoffnung auf einen ehrenvollen Abschied und Ruhestand[32].

Heimtückisch, hinterhältig und weibisch – mit diesen Begriffen wird das umschrieben, was ein Krieger nicht sein soll[33]. Heimtückisch sind für Krieger beispielsweise Waffen, die einen unfairen Vorteil bieten. Das im Ersten Weltkrieg erstmals eingesetzte Giftgas erfüllte die damaligen Soldaten mit Abscheu, sie hielten diese Waffen für unritterlich. In diesem Bild des Kriegers drückt sich am deutlichsten der Aspekt des Zweikampfs aus, der im Hinblick auf die Waffen möglichst symmetrisch geführt wird[34]. Die Waffe und die Ehre einer Kriegerelite gehen eine unmittelbare Verbindung ein. Die kriegerische Waffe wird nur dem soldatischen Gegenüber, dem ehrbaren Feind, zugebilligt. Mit dem Blut von Partisanen, Verrätern oder »hinterlistigen Weibern« besudelt ein Krie-

---

Ulrich von Hagen, Wiesbaden 2006, S. 75–100. Möglicherweise wird das ganze Ausmaß der Veränderung auch in den US-Streitkräften erst heute erfasst.

[30] Ignatieff, Die Zivilisierung (wie Anm. 10).

[31] Dem widersprechen zum Teil die Ergebnisse der historischen Anthropologie bezüglich des Ehrbegriffs, des Begriffs des Spiels sowie des übergreifenden agonalen Regelwerks sozialer Interaktionen, säkularisiert in Konzepten wie Fairness, Anerkennung, Gegenseitigkeit usw.; Johan Huizinga, Homo ludens, Amsterdam 1945. Bezüglich der Wertbegriffe stehen Krieger in meinem Verständnis denjenigen von Rittern näher als denjenigen von Kämpfern.

[32] Keegan, Die Kultur des Krieges (wie Anm. 11), S. 388–391.

[33] Cora Stephan, Das Handwerk des Krieges, Berlin 1998, S. 132.

[34] Huizinga, Homo ludens (wie Anm. 31).

ger seine Waffe nicht. Verbrecher werden von Kriegern nicht mit der Waffe getötet, sie werden erhängt, »Flintenweiber« mit dem Gewehrkolben erschlagen. Als besonders widerwärtig und bösartig galt der Kampf mit Pfeil und Bogen, weil er die Waffe des armen Mannes war. Denn mit Pfeil und Bogen konnte jeder siegen: der allerärmste, »ehrloseste« und feigste Wicht[35]. Trotz einer deutlichen Überbewertung des mittelalterlichen Rittertums (insbesondere unter Berücksichtigung der geschlechtsspezifischen Wertungen) kann die Kategorie der »Ehre« des Kriegers in zukünftigen Konflikten eine wichtige Rolle bei der Begrenzung von Gewalt spielen. Denn ungeachtet der Existenz von Kriegskonventionen und der Einrichtung eines internationalen Kriegsverbrechertribunals läuft die derzeitige Entwicklung weltweit auf eine Aufkündigung der Begrenzungen von Gewaltanwendung hinaus. Krieger und »warrior« hingegen achten um der »Ehre« willen bestimmte Konventionen: Im Sinne des Kriegsbrauchs der sich beiderseits respektierenden »Krieger« erwuchsen so Aspekte einer »konventionellen« Kriegführung, die sich neben der Austragung der Konflikte auf die Abgrenzung gegenüber den nicht als legitim empfundenen Kämpfern gründete. Ein Vorbild für dieses Verständnis des Kriegers könnte Sun Tzu sein. Denn ungeachtet der Differenzen von direkter und indirekter Kriegführung zwischen ihm und Clausewitz könnten beide als komplementär in dem Sinne begriffen werden, dass Sun Tzu sich mehr auf die eigentliche Kriegführung und die Kriegführenden konzentriert, Clausewitz mehr auf den Zusammenhang des Krieges mit den vorangehenden und aus dem Krieg folgenden politisch-gesellschaftlichen Verhältnissen[36].

Seit dem Ende des Ost-West-Konflikts ist unter Stichwörtern wie »Risikogesellschaft«, reflexive Modernisierung und Globalisierung nicht nur die wissenschaftliche, sondern auch die gesellschaftliche Diskussion über die Auswirkungen der zunehmenden Transformation sozialer und nationaler Identitäten intensiviert worden. Soziale, politische und ökonomische Entwicklungen entwerteten überkommenes Wissen; tradierte Deutungsmuster erforderten neue Orientierungen. Im historischen und gegenwartsbezogenen Kontext wirken kulturelle und soziale Ordnungskonzepte als Orientierung. Unter dem Eindruck von Wandlungsprozessen und Veränderungen ihrer Lebenswelt passen Menschen solche Ordnungskonzepte an und organisieren sie neu, um die Welt fassbar und erklärbar zu machen[37]. Eine Hilfskonstruktion besteht darin, den gegenwärtigen Zustand als Überwindung des vorherigen zu etablieren, wie

---

[35] Stephan, Das Handwerk (wie Anm. 33), S. 130-133.

[36] Meine Kritik an Sun Tzu und der amerikanischen Kriegführung im Irak bezog sich gerade auf die Vernachlässigung der politisch-gesellschaftlichen Situation vor und nach dem Krieg, also auf eine Verabsolutierung von Sun Tzu und ist somit keine grundsätzliche Verabschiedung von Sun Tzu, wie dies zum Teil interpretiert wurde. Demgegenüber verdanke ich den Gedanken, dass beide komplementär gedacht werden müssen, Christopher Coker; Herberg-Rothe, Clausewitz's puzzle (wie Anm. 8).

[37] Komplexe Welt. Kulturelle Ordnungssysteme als Orientierung. Hrsg. von Silke Götsch und Christel Köhle-Hezinger, Münster [u.a.] 2003.

»post-westfälisch«[38] oder »post-national[39]«. Die Post-Bestimmungen haben jedoch nicht nur das Problem, dass sie einen grundlegenden Trennungsstrich
zwischen der vorherigen und der gegenwärtigen Entwicklung ziehen müssen
(ähnlich etwa dem Gegensatz von »neuen« und »alten Kriegen)«[40], sondern
auch, dass sie die aktuellen Veränderungen selbst noch in der Negation durch
die Brille des alten Paradigmas sehen. Genau die gleiche Problematik betrifft
die verschiedenen »Ent-Bestimmungen«: Entstaatlichung, Entpolitisierung, Entmilitarisierung, Entzivilisierung, Entterritorialisierung, Entgrenzung[41]. In gewisser Hinsicht wird in diesen Ansätzen eine vorherige Entwicklung idealtypisch hypostatisiert, die es historisch so nicht gegeben hat. Insbesondere das
»Westfälische System«, das erst nach 1989 zu Ende gegangen sein soll, wurde
bereits durch die Revolutions- und Napoleonischen Kriege von 1792 bis 1815
grundlegend erschüttert. Der Großteil der Kriege des gesamten 20. Jahrhunderts und insbesondere der Erste und Zweite Weltkrieg können bereits nicht
mehr in den Kategorien des »Westfälischen Systems« gedacht werden, genauso
wenig wie der Kalte Krieg.

Das entscheidende Problem der vielfältigen neuen Bestimmungen scheint
weniger in der Auseinandersetzung um empirische Befunde zu liegen, sondern
in der idealtypischen Re-Konstruktion eines früheren Zustandes[42]. Dies kann
dazu führen, dass eine begrenzte Entwicklung zur allgemeinen Norm verabso-
lutiert und als dominante Tendenz für die Zukunft prognostiziert wird. Zwar
dürften Prozesse, die mit den Begriffen von Staatszerfall, »failed states«, Privatisierung der Gewalt usw. beschrieben werden, unbestritten sein. Fraglich ist
jedoch, ob diese Begriffe das Ganze der gegenwärtigen Entwicklung ausdrücken, oder aber räumlich und zeitlich begrenzt bleiben. Demgegenüber kann
eine Begriffsbildung, die auf das Konzept der Ordnung bezogen ist, die gegenwärtigen Transformationen besser beschreiben: Auflösung von alten Ordnungen nach dem Ende des weltumspannenden bipolaren Systems und dem Beginn einer intensivierten Globalisierung, darauf einsetzende Tendenz zu einer
Privatisierung wie nach der Auflösung eines jeden großflächigen Ordnungssystems, »Widerstreit« (im Sinne Lyotards[43]) unterschiedlicher Ordnungssysteme und den vielfältigen Versuchen, diese miteinander kompatibel zu gestalten, bis hin zu gewaltsamen Konflikten um unterschiedliche Konzeptionen der
»Ordnung der Welt«.

---

[38] Ulrich Schneckener, Post-Westfalia trifft »Prä-Westfalia«. In: Die Zukunft des Friedens.
Hrsg. von Egbert Jahn [u.a.], Wiesbaden 2005, S. 189-211.

[39] Bernhard Zangl, Von der nationalen zur post-nationalen Konstellation. Die Transformation globaler Sicherheitspolitik. In: Die Zukunft des Friedens weiterdenken. Hrsg. von
Astrid Sahm [u.a.], Wiesbaden 2005, S. 159-188.

[40] Den Krieg überdenken. Kriegsbegriffe und Kriegstheorien in der Kontroverse. Hrsg. von
Anna Geis, Baden-Baden 2006, S. 12.

[41] Ebd., S. 19.

[42] Antulio J. Echevarria II, Fourth-Generation Warfare and Other Myths, Carlisle, PA 2005.

[43] Jean-François Lyotard, Der Widerstreit, München 1988.

IV. Neuere Entwicklungen

Um die für viele unerwarteten Formen der exzessiven Gewalt nach den epochemachenden Jahren 1989-1991 begreifbar zu machen, wurde von einigen Autoren der Begriff der »neuen Kriege« eingeführt[44]. Diese wurden gekennzeichnet durch den Verfall von Staatlichkeit, das Überhandnehmen privatisierter Gewalt, die Entwicklung von Bürgerkriegs-Ökonomien, das Auftreten scheinbar längst untergegangener Waffenträger wie Söldnern, Kindersoldaten und Warlords sowie durch Kämpfe um Identität, Bodenschätze und grundlegende existenzielle Ressourcen wie Wasser. Als ihr äußeres Kennzeichen gilt das massive Auftreten irrational scheinender Gewalt: Selbstmordanschläge, Formen von »Mega-Terrorismus« wie bei den Anschlägen des 11. September 2001, Massaker linker wie rechter, islamistischer oder sonstiger religiöser Bewegungen oder das Umschlagen von nachbarschaftlichen Beziehungen in den »Kampf aller gegen alle« in ethnisch überformten Konflikten.

Neben dem Begriff der »neuen Kriege« fanden außerdem Bezeichnungen wie privatisierte Gewalt, asymmetrische Gewaltstrategien, kleine Kriege, wilde Kriege, »low intensity conflicts«, postnationale Kriege, Kriege im Prozess von Globalisierung und der Durchsetzung des Kapitalismus sowie Kriege im Rahmen »globaler Fragmentierung« Eingang in den politischen und wissenschaftlichen Diskurs[45]. Allerdings wird mit diesen Begriffen jeweils nur ein Ausschnitt der Wirklichkeit in einer äußerst dynamischen und vor allem ungewissen Entwicklung beschrieben[46]. Die Vielfalt der Begriffsbildungen deutet auf diese Ungewissheit und die ihr zugrunde liegende veränderte Wahrnehmung des Kriegsgeschehens hin. Zum Teil wird allerdings mit jedem neuen Krieg ein neuer Kriegstyp konstruiert. Ein gemeinsamer Bezugspunkt dieser unterschiedlichen Begriffe scheint jedoch die Annahme zu sein, dass sich das Kriegsgeschehen von der Ebene des Staates verlagert habe. Es handele sich zumeist um Konflikte, in denen zumindest auf einer Seite nicht staatliche Akteure beteiligt sind. Hieraus wird abgeleitet, dass die Motivation und Zielsetzung dieser nicht staatlichen Akteure nicht mehr politischen oder ideologischen Imperati-

---

[44] Mary Kaldor, Neue und alte Kriege. Organisierte Gewalt im Zeitalter der Globalisierung, Frankfurt a.M. 2000; Mary Kaldor, New and Old Wars. Organized Violence in a Global Era, Stanford, CA 1999; Herfried Münkler, Die neuen Kriege, Reinbek 2003.

[45] Erhard Eppler, Vom Gewaltmonopol zum Gewaltmarkt, Frankfurt a.M. 2002; Herfried Münkler, Asymmetrische Gewalt. »Terrorismus als politisch-militärische Strategie«. In: Merkur, 56 (2002), 1, S. 1-12; Christopher Daase, Kleine Kriege – Große Wirkung. Wie unkonventionelle Kriegführung die internationale Politik verändert, Baden-Baden 1999; Wolfgang Sofsky, Traktat über die Gewalt, Frankfurt a.M. 1996; Bernhard Zangl und Michael Zürn, Frieden und Krieg, Frankfurt a.M. 2003; Dietrich Jung [u.a.], Kriege in der Weltgesellschaft. Strukturgeschichtliche Erklärung kriegerischer Gewalt 1945 bis 2000, Wiesbaden 2002; Sven Chojnacki, Wandel der Kriegsformen? – Ein kritischer Literaturbericht. In: Leviathan, 32 (2004), 3, S. 402-424, hier S. 419; Dieter Senghaas, Die Konstitution der Welt – eine Analyse in friedenspolitischer Absicht«. In: Leviathan, 31 (2003), 1, S. 117-152.

[46] Wilfried von Bredow, Turbulente Weltordnung, Stuttgart 1994.

ven folgt, sondern anderen Quellen entspringe, seien es ethnische, ökonomische oder einer Verselbstständigung der Gewalt. Ihren deutlichsten Ausdruck fand diese Sichtweise wohl in der Annahme einer kommenden Anarchie[47]. Aus dieser Sichtweise folgen unmittelbar neuere Konzepte wie die eines amerikanischen liberalen »Imperiums«, weil nur dieses ein Mindestmaß an Ordnung gegenüber der kommenden Anarchie gewährleisten könne[48]. Anders sähe es jedoch aus, wenn zumindest die Diffusion auf die Konfliktebene »unterhalb« des Staates lediglich eine Übergangsphase wäre oder wenn sich diese an sich unbestreitbare Entwicklung auf bestimmte Teile der Welt beschränken würde, auf die afrikanische Sahara und Afrika südlich der Sahara sowie die traditionellen Konfliktlinien an den Rändern der ehemaligen »Imperien«. Zudem könnte es sein, dass Teile der zukünftigen Konflikte politisch oder ideologisch bestimmt sein werden, obwohl es sich um nicht staatliche Akteure handelt. Das Paradigma dieser Kriege wäre dann nicht bestimmt durch den Gegensatz von Ordnung oder Anarchie, sondern durch denjenigen unterschiedlicher Ordnungsvorstellungen sowohl der Akteure selbst als auch der Öffentlichkeit, auf die sich die verschiedenen Konfliktparteien beziehen. Letzteres verweist auf den »interessierten Dritten«, besser: auf »den als interessiert unterstellten Dritten«, auf den sich die Gewaltakteure berufen[49]. Der entscheidende Aspekt in diesem Fall ist nicht die wertende Beurteilung der Ordnungsvorstellungen als solche, sondern dass die Konfliktdynamik anderen Regeln gehorcht als in einem Paradigma, in dem sich Ordnungsvorstellungen und Anarchie gegenüberstehen. Insbesondere Vorstellungen eines »liberalen Imperiums«, die bezüglich eines Gegensatzes von Ordnung und Anarchie noch angemessen sein mögen, würden ordnungspolitische Konflikte eher noch verschärfen.

In der Zeit des Kalten Krieges, des Wettrüstens zwischen den Supermächten, stand die Welt zwar mehrmals am Rande des atomaren Abgrundes. Die jeweilige Gewalt und die Konflikte schienen jedoch in eindeutigen Erklärungsmustern erfassbar zu sein: Ost gegen West oder imperialistische Aggression und ökonomische Interessen des militärisch-industriellen Komplexes aus der Sicht der einen Seite versus Totalitarismus im »Reich des Bösen« aus Sicht der anderen. Durch ihre Erklärbarkeit innerhalb von zwar gegensätzlichen, aber gleichwohl rationalisierbaren Deutungsmustern konnte die Gewalt auch in den Vorstellungen der Menschen eingegrenzt und eingehegt werden. Für diesen Versuch, die potenziell unendliche Gewalt in den zahlreichen Overkill-Kapazitäten durch eine geistige Anstrengung einzudämmen und einzugrenzen, steht vielleicht am deutlichsten Raymond Aron mit seinem viel beachteten Buch »Penser la guerre[50]«. Krieg zwischen den Supermächten durfte demnach nur noch gedacht,

---

[47] Robert Kaplan, The Coming Anarchy. In: Atlantic Monthly, 273 (1994), S. 44-76.
[48] John L. Gaddis, Surprise, Security, and the American Experience, Cambridge, MA 2004; Herfried Münkler, Imperien. Die Logik der Weltherrschaft – vom Alten Rom bis zu den Vereinigten Staaten, Berlin 2005.
[49] Münkler, Die neuen Kriege (wie Anm. 44), S. 180.
[50] Raymond Aron, Clausewitz: Philosopher of War. New York, 1986; Raymond Aron, Clausewitz. Den Krieg denken. Frankfurt a.M. [u.a.] 1980.

nicht mehr geführt werden. Trotz des Lebens am »Grand Hotel Abgrund« der nuklearen Zerstörung der Welt hatte der Ost-West-Konflikt eine weltpolitische Ordnungsfunktion sowohl in realpolitischer Hinsicht als auch bezüglich der tatsächlichen oder scheinbaren Erklärbarkeit von Gewalt und Krieg. Durch die neuen Formen der Gewaltausübung, die nach dem Ost-West-Konflikt massiv auf die Tagesordnung gelangten und zum Teil auch massenmedial inszeniert wurden, haben sich Krieg und Gewalt den klassischen Begriffen und so auch dem Begreifen entzogen, ohne dass bisher ein neuer übergreifender Ordnungs-rahmen gefunden werden konnte. Vielmehr scheint Gewalt gegenwärtig selbst ordnungsbildend zu sein und Gemeinschaften zu begründen[51].

Die Ordnungsfunktion des Kalten Krieges betraf nicht nur die unmittelbare Konfrontation der Supermächte und ihrer Bündnissysteme, sondern auch die sogenannten Stellvertreterkriege. Dies wird insbesondere in der Debatte über die Frage deutlich, wie neu die »neuen Kriege« tatsächlich sind. Kritiker der Annahme eines grundlegenden Gestaltwandels des Krieges argumentieren vor dem Hintergrund langer Zeiträume und ziehen etwa den chinesischen Bürger-krieg, den russischen Bürgerkrieg bis in die 1920er-Jahre oder den ersten Völ-kermord des 20. Jahrhunderts an den Armeniern heran, um nachzuweisen, dass die »neuen Kriege« keine neue Qualität aufweisen[52]. Demgegenüber betonen die Befürworter des Theorems der »neuen Kriege« einen grundlegenden Bruch in den Jahren 1989-1991. Sie vergleichen die Bürgerkriege unmittelbar vor und unmittelbar nach dieser Zäsur und leiten hieraus eine Bestätigung des Gestalt-wandels des Krieges ab[53]. Durch das Ende des weltumspannenden Ost-West-Konflikts wurden zahlreiche Bürgerkriegsparteien nicht mehr von den Super-mächten mit Waffen beliefert und ökonomisch alimentiert, sondern mussten die notwendigen Ressourcen des Kampfes zunehmend selbstständig beschaffen. Dies führte in zahlreichen Fällen zu klassischen Bürgerkriegsökonomien[54], die einhergehen mit illegalem Handel von Diamanten, Drogen und Frauen; mit dem Auspressen der Bevölkerung; mit Gewaltexzessen, um Hilfslieferungen ins Land zu locken, die dann beraubt werden können, sowie mit der gewaltsamen Aneignung besonders wertvoller Ressourcen (»Raubkapitalismus«). Dass nach dem Ende des Kalten Krieges zunächst eine Vielzahl von »privaten« Akteuren und Kämpfern in schwachen Staaten sowie an den traditionellen weltpoliti-schen Konfliktherden, den Rändern der früheren Imperien, auftraten, ist inso-fern als eine notwendige und historisch oftmals beobachtete Folge des Zusam-menbruchs eines großräumigen Ordnungssystems zu sehen.

---

51 Sofsky, Traktat (wie Anm. 45).
52 Chojnacki, Wandel (wie Anm. 45); Martin Kahl und Ulrich Teusch, Sind die »neuen Krie-ge« wirklich neu?. In: Leviathan, 32 (2004), 3, S. 382-401.
53 Monika Heupel und Bernhard Zangl, Von »alten« und »neuen« Kriegen. Zum Gestalt-wandel kriegerischer Gewalt. In: Politische Vierteljahresschrift, 45 (2004), 3, S. 346-367.
54 Ökonomie der Bürgerkriege. Hrsg. von François Jean und Jean-Christophe Rufin, Ham-burg 1999.

V. Re-Ideologisierung und Re-Politisierung des Krieges

Die weit über 2000 Kriege, die sich zwischen 1945 und der Jahrtausendwende auf der Welt ereigneten, haben nicht zur völligen Auflösung der staatlichen Ordnung der Weltgesellschaft geführt[55]. Im eigentlichen Sinne gibt es Prozesse des Staatszerfalls und sogenannte failed states nur in »neopatrimonialen Kriegen«, zumeist in Staaten in Afrika südlich der Sahara. Selbst bezüglich dieser Konflikte ist argumentiert worden, dass es sich hierbei um im Wesentlichen politische Konflikte handelt. Ausgangspunkt der Untersuchung von Isabelle Duyvesteyn etwa ist eine sehr weite Definition von Politik in Anlehnung an Robert Dahl: Ein politisches System in diesem Sinne ist definiert als »any persistent pattern of human relationship that involves, to a significant extent, power, rule or authority«[56]. Duyvesteyn verweist insbesondere darauf, dass in den von ihr untersuchten patrimonialen Systemen die Unterschiede von Ökonomie und Politik nicht so eindeutig zu ziehen sind, wie dies im westlichen Verständnis üblich ist. Scheinbar reine Kämpfe um die Aneignung von Ressourcen können machtpolitisch motiviert sein, um die eigene Anhängerschaft zu erhalten. Da die Machtposition in diesen Konflikten sehr häufig durch das jeweilige Ansehen der Führungspersonen bestimmt ist, können auch nicht politische Sachverhalte in einen machtpolitischen Kontext eingebunden sein. Ihre Annahme ist somit nicht, dass ökonomisch, religiös oder ethnisch bestimmte Konflikte in allen Fällen politisch sind, sondern dass diese Konflikte in einen politischen Rahmen innerhalb eines patrimonialen Systems eingebunden bleiben.

Duyvesteyn argumentiert, Auseinandersetzungen, die scheinbar nur um ökonomische Ressourcen ausgetragen werden, seien in Wirklichkeit machtpolitisch bestimmt. Diese Fehleinschätzung führte unmittelbar zum Scheitern der UN-Intervention in Somalia 1993–1995. Denn die Wahrnehmung des Konflikts als ökonomisch oder ethnisch bestimmt führte dazu, den Konfliktparteien eine politische Lösung aufzwingen zu wollen, die aber die Eigenheiten des immer noch existierenden patrimonialen Systems ignorierte. Verkürzt dargestellt, entschärfen Gewaltenteilung und das Austarieren der politischen Macht zwischen politischen Gegnern in demokratischen Gesellschaften den Konflikt, während eine solche Perspektive in patrimonialen Strukturen den Konflikt laut Duyvesteyn im Gegenteil eher verschärfe. Sie empfiehlt, dass eine Intervention in Gesellschaften mit einer patrimonialen Struktur nur eine der beteiligten Parteien favorisieren solle, weil nur so stabile Strukturen geschaffen werden könnten.

---

[55] Klaus Schlichte, Staatsbildung oder Staatszerfall. Zum Formwandel kriegerischer Gewalt in der Weltgesellschaft. In: Politische Vierteljahresschrift, 47 (2006), 4, S. 1–22, hier S. 18, unter Verwendung einer Unterscheidung der folgenden Realtypen: Dekolonisationskriege, sozialrevolutionäre Kriege, Kriege im Entwicklungsstaat, Kriege im neopatrimonialen Staat, Kriege im peripheren Sozialismus, ebd., S. 7.

[56] Isabelle Duyvesteyn, Clausewitz and African War, London 2005, S. 9.

Nur im stabilen Ordnungsrahmen eines patrimonialen Systems sei es in diesen Fällen möglich, zivilgesellschaftliche Strukturen aufzubauen[57].

An der Entwicklung Afghanistans lässt sich exemplarisch eine Re-Ideologisierung und Re-Politisierung von Kriegen und gewaltsamen Konflikten beobachten: Nach dem Sieg über die sowjetische Armee setzte dort Ende der 1980er-Jahre zunächst ein Bürgerkrieg zwischen Warlords und einzelnen Stämmen ein, bis der Konflikt re-ideologisiert wurde und die Taliban die Macht ergriffen. Eine mögliche Verlaufsform von Bürgerkriegen ist damit nicht nur die immer weiter voranschreitende Privatisierung bis hin zu Kleinstgemeinschaften, die nur durch die Gewaltanwendung zusammengehalten werden. In der historischen Entwicklung hat es zusätzlich eine Reihe von Fällen gegeben, in denen Bürgerkriege durch die Re-Ideologisierung und Re-Politisierung beendet oder auf eine neue Stufe gestellt wurden. Afghanistan ist insofern exemplarisch, als an diesem Beispiel einerseits die neue Qualität der Privatisierung des Krieges und der Gewalt dargestellt werden kann[58], andererseits die Re-Ideologisierung und Re-Politisierung des Konfliktes mit dem Aufkommen und dem anschließenden Sieg der Taliban besonders deutlich wird. Insofern ist es paradox, wenn einerseits betont wird, dass die Entwicklung des Krieges in Afghanistan zwar die neue Qualität der »neuen Kriege« belege, diese neue Tendenz jedoch andererseits explizit auf den Zeitraum bis zum Sieg der Taliban (1996) beschränkt werden müsse. Aus diesem Fallbeispiel kann somit keineswegs auf eine allgemeine Tendenz zur Privatisierung des Krieges geschlossen werden[59], sondern nur darauf, dass diese Entwicklung in diesem Fall zeitlich begrenzt war. Denn mit dem Wendepunkt des Taliban-Sieges wurde eine neue Phase eingeleitet: die des Weltordnungskrieges.

Die vorgenommene zeitliche Differenzierung lässt sich zusätzlich um eine geografische Zuordnung der beiden Phasen ergänzen. Die Privatisierung der Gewalt trifft demnach auf weite Teile Schwarzafrikas zu sowie auf Konfliktregionen wie den Balkan und den Kaukasus. Zudem ergibt sich eine Entwicklung von Weltordnungskriegen zwischen dem Westen und dem militanten Islamismus sowie in Zukunft vor allem mit China[60], aber möglicherweise auch Russland. Daraus folgt, dass die Ebene des Staatenkrieges auf zwei Ebenen gleichzeitig verlassen wurde – einerseits nach unten, als »privatisierter« Krieg, andererseits nach oben, als supra-staatlicher Krieg. Diese Unterscheidung ist grundlegender als die Versuche, zwischen »privatisierten« bzw. »neuen« Kriegen und solchen im Prozess globaler Fragmentierung nochmals zu differenzie-

---

[57] Ebd.

[58] Heupel/Zangl, Von »alten« und »neuen« Kriegen (wie Anm. 53).

[59] Ebd.

[60] So bereitet sich etwa Australien für einen möglichen Krieg gegen China vor. Das australische Verteidigungsministerium warnte in einem Bericht vor einem möglichen Krieg im asiatisch-pazifischen Raum in den nächsten zwei Jahrzehnten und gibt in seinem neuen Rüstungsprogramm 70 Milliarden Dollar zur Vorbereitung auf einen solchen Krieg aus, vgl. www.n-tv.de/1147623.htm [letzter Abruf: 14.8.2009].

ren und der ersteren Begriffsbildung ihre Legitimität zu bestreiten[61]. Kriegführung um Werte[62] und eine – wie auch immer begrenzte oder universal konzipierte – Ordnung der »Welt« unterscheiden sich grundsätzlich von privatisierten oder fragmentierten Kriegen. Beide Ebenen sind zwar in der Praxis miteinander verflochten, trotzdem analytisch voneinander zu unterscheiden. Zudem werden auch weiterhin Kriege von Staaten geführt, aber zumeist nicht aufgrund eines partikularen Interesses, sondern aus Gründen der Weltordnung, wie etwa am Begriff des US-»Imperiums«[63] oder der amerikanischen Hegemonie[64] zu verdeutlichen ist. Prozesse der technologischen, der ökonomisch-kapitalistischen und der kommunikativen Durchdringung der Welt verschärfen die Doppelbewegung von privatisierten Kriegen und globalen bzw. regionalen Weltordnungskriegen dramatisch, indem sie die Handlungsräume oftmals unmittelbar aufeinander beziehen. Während des Bürgerkrieges in Somalia etwa existierten marodierende Banden, die zugleich per Computer ihre Börsengeschäfte an der Wall Street abwickelten. Die Globalisierung erzwingt jedoch entgegen dem äußeren Schein einer durchgängigen Privatisierung des Krieges gerade die Re-Politisierung der Weltordnung[65].

Besonders deutlich tritt dieser Wandel in der Entwicklung Russlands und Indiens zutage. Wurde nach dem Zusammenbruch der Sowjetunion ein allgemeiner Bürgerkrieg befürchtet, ist Russland inzwischen auf die Weltbühne zurückgekehrt. Auch Indien schien kurz davor zu stehen, ein »failed-state« zu werden und auseinanderzubrechen. Hiervon kann keine Rede mehr sein. Vielmehr ist Indien inzwischen zur Großmacht avanciert. Insgesamt fünf Groß- bzw. Weltmächte kämpfen gegenwärtig (2009/10) um die »Ordnung der Welt«, um machtpolitischen Einfluss, verfolgen weltweit ihre eigenen Interessen. Die USA, Russland, China, Indien und Europa (dessen Zersplitterung seinen ökonomischen, ordnungs- und machtpolitischen Einfluss nur überdeckt)[66]. Hinzu kommen die Bemühungen des Iran, Saudi-Arabiens und Ägyptens, den Nahen Osten entsprechend der eigenen Vorstellungen zu ordnen. Die Auseinandersetzungen zwischen diesen Welt- und Großmächten sowie ihre gemeinsamen Aktionen zur »Ordnung der Welt« werden die kommenden Jahrzehnte dominieren, allerdings begleitet von einer Fortdauer »privatisierter Gewalt«. Zwar hatte Samuel Huntington mit seiner These eines Zusammenstoßes der Zivilisationen weit überzogen – aber zumindest die infolge der europäischen Kolonialisierung untergegangenen Großreiche kehren als Welt- oder Großmächte zurück, wie z.B. Indien und China, aber auch Russland. Selbst im Falle des Iran ist die An-

---

[61] Chojnacki, Wandel (wie Anm. 45).

[62] Hans Joas, Kriege und Werte. Studien zur Gewaltgeschichte des 20. Jahrhunderts, Weilerswist 2000.

[63] Michael Walzer, Is there an American Empire?, Dissent Magazine (1), http://www.dissentmagazine.org/menutest/archives/2003/fa03/walzer.htm [letzter Abruf: 24.6.2005].

[64] Claus Leggewie, Globalisierung versus Hegemonie. Zur Zukunft der transatlantischen Beziehungen. In: Internationale Politik und Gesellschaft, (2003), 1, S. 87-111.

[65] Antulio Echevarria II, Globalization and the Clausewitzian Nature of War. In: The European Legacy, 8 (2003), 3, S. 317-332.

[66] Faared Zakaria, Der Aufstieg der Anderen, Bonn 2009.

knüpfung an frühere islamische sowie das weit zurückliegende persische Großreich offensichtlich. Wenn es Sinn macht, Beispiele aus der Geschichte zu verwenden, um gegenwärtige Entwicklungen besser zu verstehen, dann steht uns eher ein neues langes 19. Jahrhundert (in das Revolutionen und »privatisierte Gewalt« eingebunden blieben und das in den 1. Weltkrieg mündete) bevor als die Rückkehr eines »sicherheitspolitischen Mittelalters«.

VI. Clausewitz' »wunderliche Dreifaltigkeit« als ausdifferenziertes Koordinatensystem

Die Veränderungen der Kriegführung seit den Jahren 1989–1991 erschienen vielen als so groß, dass scheinbar eine völlig neue Epoche der Kriegführung angebrochen schien und die vorherigen Paradigmen zum Erfassen der Komplexität des Kriegsgeschehens als überholt erscheinen ließen. Insbesondere Clausewitz' Konzeption vom Primat der Politik wurde vor dem Hintergrund der Entwicklung »neuer Kriege« sowie der »Revolution in Military Affairs« und insbesondere der Entwicklung der Vernetzten Operationsführung (network centric warfare) infrage gestellt[67]. Auffällig ist jedoch, dass diese scheinbar neueste Entwicklung mit sehr traditionellen Ansätzen des Partisanenkampfes insbesondere Mao Zedongs vergleichbar ist. So betonte etwa General John Abizaid, von 2003 bis 2007 Befehlshaber des für Zentralasien zuständigen US Central Command, bezüglich der Taliban: »In fact, this enemy is better networked than we are[68].«

Sehen wir jedoch genauer hin, so sind diese neuesten Entwicklungen nicht nur problemlos in ein differenziertes Verständnis von Clausewitz' »wunderlicher Dreifaltigkeit« zu integrieren. Vielmehr ist die Interpretation seiner Dreifaltigkeit als Kombination und Widerstreit der drei Tendenzen der ursprünglichen *Gewaltsamkeit,* dem *Kampf* zweier oder mehrerer Gegner sowie der Zugehörigkeit der Kämpfenden zu einer *umfassenderen Gemeinschaft* zugleich Grundlage der Identität von Soldaten: Diese müssen Gewalt anwenden und kämpfen können *für eine* und als Repräsentanten einer umfassenderen Gemeinschaft. Die hier vorgestellte Konzeption des demokratischen Kriegers basiert

---

[67] Frans P.B. Osinga, Science, Strategy and War. The Strategic Theory of John Boyd, London 2007; Antoine Bousquet, The Scientific Way of Warfare. Order and Chaos on the Battlefield of Modernity, London 2009. Genau genommen handelt es sich bei diesen neueren Ansätzen um eine Renaissance von Sun Tzu und Basil Liddell Hart sowie um die Loslösung des Militärwesens sowie des Handelns im Krieg vom Primat der Politik. Im Gegensatz zu Annahmen, man könne durch »information warfare« das Handeln jedes einzelnen Soldaten auf dem Schlachtfeld per Computervernetzung steuern, basiert die neueste Entwicklung von »Network-Centric Warfare« gerade auf der relativen Selbstständigkeit militärischen Handelns.

[68] Zit. nach Bousquet, The Scientific Way, S. 2 (wie Anm. 67).

auf dieser Bestimmung des Krieges durch Clausewitz und bedarf der Erklärung. Die im Folgenden dargestellten Gegensätze kennzeichnen idealtypisch
jeden Krieg, aus denen dieser je nach historisch-gesellschaftlichen Umständen
zusammengesetzt ist, ohne dass auf einen dieser Aspekte verzichtet werden
könnte. Denn eine »Theorie, welche eine derselben unberücksichtigt lassen [...]
wollte, würde augenblicklich mit der Wirklichkeit in solchen Widerspruch geraten, dass sie dadurch allein schon wie vernichtet betrachtet werden müsste«[69].
Anknüpfend hieran, doch zum Teil über Clausewitz hinaus, sollen nun vier
Gegensätze der drei Begriffsfelder der Gewalt, des Kampfes sowie der Gemeinschaft (zu der die Kämpfer gehören) thematisiert werden. Die grundlegende
These ist, dass in jedem wirklichen Krieg zum Teil ähnliche, aber auch unterschiedliche Zusammenfassungen dieser Gegensätze zu konstatieren sind.

1. Erstes Begriffsfeld: Gewalt

a) Der entscheidende Gegensatz innerhalb des Begriffsfeldes der Gewalt ist bei
   Clausewitz derjenige von Instrumentalität gegenüber Verselbstständigung.
   Der instrumentelle Pol dieses Gegensatzpaares findet sich in der Definition
   (191-192), der weltberühmten Formel (210) sowie der dritten Tendenz der
   »wunderlichen Dreifaltigkeit«. (213) Clausewitz thematisiert die Problematik der Verselbstständigung in den drei Wechselwirkungen zum Äußersten,
   (192-195) unmittelbar vor der Formel (210) sowie in der ursprünglichen
   Gewaltsamkeit des Krieges in der ersten der drei Tendenzen der »wunderlichen Dreifaltigkeit des Krieges«[70]. (213)
b) Ein wesentlicher Gegensatz, den Clausewitz immer wieder implizit thematisiert, ist derjenige, ob es sich bei den Kämpfenden um Gewaltamateure oder
   aber Gewaltspezialisten handelt. Er formuliert diesen Gegensatz zwar nicht
   ausdrücklich, macht ihn aber etwa zum Gegenstand seiner Erklärung für
   den Erfolg der französischen Revolutionstruppen über jene des Ancien
   Régime. Hieraus leitet sich etwa der Gegensatz von politisch-ideologisch-
   religiös bestimmter Motivation der Kämpfenden gegenüber einem ritterli-
   chen Ehrenkodex ab[71].
c) Obwohl nur angedeutet, thematisiert Clausewitz auch den grundlegenden
   Gegensatz zwischen Distanz und Nähe beim Kämpfen. Distanz in Zeit und
   Raum ermöglicht einerseits eine relative Rationalität, bringt jedoch das

[69] Da im Folgenden sehr detailliert auf Clausewitz eingegangen wird, gebe ich hier die
Referenz für alle Zitate an, die im Text nur mit der Seitenangabe vermerkt sind: Clausewitz. Vom Kriege (wie Anm. 6).
[70] Clausewitz, Vom Kriege (wie Anm. 6), I. Buch, Kap. 1. Hier die Untergliederung: Nr. 2
(Definition »Was ist der Krieg?«, S. 192 f.), Nr. 24 (die weltberühmte Formel »Der Krieg
ist eine bloße Fortsetzung der Politik mit anderen Mitteln, S. 210), Nr. 28 (»wunderliche
Dreifaltigkeit«, S. 212 f.).
[71] Dieser Gegensatz wird am deutlichsten von Keegan hervorgehoben, dessen Buch eigentlich die »Kultur des Kriegers« und nicht die des Krieges heißen sollte; Keegan, Die Kultur
des Krieges (wie Anm. 11).

Problem des unpersönlichen Tötens mit sich, indem die Menschlichkeit des Gegners bei großen Distanzen nicht mehr wahrgenommen wird. »Auge in Auge« mit einem Gegner zu kämpfen, erfordert ganz andere Eigenschaften, wie etwa Aggressivität und Hass. Das kann zu einer Verselbstständigung des Kampfes führen, ermöglicht jedoch zugleich, den Gegner als gleichen Menschen überhaupt noch wahrzunehmen.

d) Ein weiteres Kriterium sind die gewaltsamen Mittel, mit denen gekämpft wird. Diese Problematik wird von Clausewitz nicht gesondert thematisiert und muss deshalb hier ergänzt werden. Ein wesentlicher Gesichtspunkt ist vor allem die Frage der Finanzierung der Waffen und der Kämpfer. Sehr teure Waffensysteme und Kämpfer können etwa zu einer Begrenzung des Krieges führen, weil diese nicht so leicht riskiert werden können (wie etwa im 18. Jahrhundert). Demgegenüber haben mit sehr billigen Mitteln und Kämpfern geführte Kriege eher eine Tendenz zur Entgrenzung.

2. Zweites Begriffsfeld: Kampf

a) Die Notwendigkeit der Eskalation im Krieg, um nicht selbst vernichtet zu werden, findet sich bei Clausewitz in den drei Wechselwirkungen zum Äußersten; das Spiel der Wahrscheinlichkeiten und des Zufalls thematisiert er dagegen in der zweiten der drei Tendenzen der »wunderlichen Dreifaltigkeit« sowie in den entsprechenden Abschnitten des ersten Kapitels.

b) Den heute so oft diskutierten Gegensatz von Symmetrie und Asymmetrie zwischen den Kämpfenden, ihrer Strategie sowie ihrer sozialen Zusammensetzung thematisiert Clausewitz im ersten Kapitel anhand des Gegensatzes von Angriff und Verteidigung sowie im Detail in seinem gesamten Buch über die Verteidigung und verallgemeinert diese Problematik zu Beginn des zweiten Kapitels[72].

c) Gegensätzlich erscheint innerhalb des ersten Kapitels, ob der Kampf im Krieg gegen den gegnerischen Willen gerichtet ist (wie es in der Definition des Krieges bei Clausewitz heißt), oder aber bezogen ist auf die »Vernichtung« der gegnerischen Streitkräfte. Zwar präzisiert Clausewitz, was er unter Vernichtung der gegnerischen Streitkräfte versteht, und zwar dass damit nur gemeint sei, diese in einen solchen Zustand zu bringen, dass sie den Kampf nicht mehr fortsetzen können. Der ursprüngliche und bleibende Gegensatz des Kampfes gegen den gegnerischen Willen oder zur Vernichtung des Gegners wird aber in den Differenzierungen zum Vernichtungsprinzip lediglich wiederholt[73].

d) Clausewitz favorisierte in Anlehnung an die Kriegführung Napoleons lange Zeit seines Lebens eine direkte Strategie, in der die Streitkräfte des Gegners unmittelbar bekämpft werden. In der Literatur zu Clausewitz wurde diesem

---

[72] Clausewitz, Vom Kriege (wie Anm. 6), VI. Buch, S. 613-862, hier insbes. Kap. 1, S. 613-617.

[73] Ebd., I. Buch, Kap. 1, S. 215-230.

Ansatz jedoch eine »Ermattungsstrategie« und ebenso eine »indirekte Strategie« entgegengesetzt. Für eine allgemeine Theorie ist Clausewitz deshalb insofern zu ergänzen, als wir nicht nur die direkte Strategie gegen die Streitkräfte des Gegners berücksichtigen, sondern davon ausgehen, dass jeder Krieg eine Kombination von direkter und indirekter Strategie in jeweils unterschiedlicher Ausprägung ist.

3. Drittes Begriffsfeld: Kriegführende Gemeinschaft

a) Bezüglich der Krieg führenden Gemeinschaft ist zunächst zu unterscheiden, ob es sich um eine zeitlich relativ kurzfristig oder schon seit Langem existierende Gemeinschaft handelt. Der Grund hierfür ist, dass bei nur kurzfristig existierenden Gemeinschaften der Kampf und die Gewalt eine größere, ja konstituierende Rolle spielen, während es im Fall von seit Langem existierenden Gemeinschaften weitere Aspekte sind, die den Krieg mitbestimmen. So argumentiert Clausewitz etwa, die Kategorie der Zeit ermäßige die Tendenzen zur Eskalation in den drei Wechselwirkungen zum Äußersten dadurch, dass weitere Faktoren einbezogen werden müssen: zum einen, weil es sich um Staaten handeln kann, zum anderen, weil der Frieden nach dem Krieg »durch den politischen Kalkül« auf die Kriegführung zurückwirkt[74].

b) Ein weiterer Gegensatz ist davon bestimmt, ob der Krieg der Selbsterhaltung der eigenen Gemeinschaft oder insbesondere in revolutionären Krisensituationen der Herstellung einer neuen Gemeinschaft dient; sowie

c) entweder der Verfolgung von Interessen untergeordnet ist oder aber eher zur Erhaltung oder Verbreitung der Werte, Normen, Ideale der jeweiligen Gemeinschaft angestrengt wird. Beide Aspekte hat Herfried Münkler mit dem Gegensatz zwischen der instrumentellen Kriegsauffassung des späten gegenüber der existenziellen des frühen Clausewitz zusammengefasst[75].

d) Eng damit zusammenhängend, allerdings nicht ganz deckungsgleich, ist die Frage, ob der Zweck des Krieges außerhalb desselben oder insbesondere in kriegerischen Kulturen im gewaltsamen Kampf selbst liegt. Die soziale Zusammensetzung der jeweiligen Gemeinschaft wie die der Kämpfenden (Berufsarmeen, Heere von Wehrpflichtigen, Pistoleros usw.) spielt hier eine wesentliche Rolle.

Fassen wir diese grundlegenden Unterschiede zusammen, so ergibt sich das weiter unten dargestellte Koordinatensystem von Krieg und Gewalt. Jeder Krieg ist dementsprechend aus den drei Tendenzen der Gewalt, des Kampfes sowie der Zugehörigkeit der Kämpfenden zu einer Gemeinschaft bestimmt, denn es sind im Krieg immer Gemeinschaften, die gegeneinander kämpfen, auch wenn die Waffenträger stellvertretend für die Gemeinschaft handeln. Zusätzlich sind diese drei Tendenzen innerhalb der »wunderlichen Dreifaltigkeit«

---

[74] Ebd., Nr. 7 (»Der Krieg ist nie ein isolierter Akt«, S. 196 f.).
[75] Herfried Münkler, Gewalt und Ordnung, Frankfurt a.M. 1992.

durch weitere, zusätzliche Gegensätze bestimmt, aus denen jeder Krieg in unterschiedlicher Art und Weise zusammengesetzt ist. So hat jeder Krieg symmetrische und asymmetrische Tendenzen, auch wenn es in manchen Situationen so scheinen mag, als ob nur eine dieser Tendenzen zum Tragen käme. Eine weitere Differenzierung dieses Koordinatensystems wäre die Unterscheidung jeweils eines vierten Schwerpunktes: lineare oder nicht lineare Kriegführung, hierarchische oder netzwerkzentrierte Organisationsstruktur, ohne dass einer dieser gegensätzlichen Pole bereits das Ganze des Krieges bestimmen würde. Allerdings bedingen Netzwerk-Strukturen ein anderes Verhältnis von Kriegführenden und ziviler Gesellschaft. Kennzeichen einer solchen Kriegführung sind »lose and diffuse organisational structures«, in denen der zugrunde liegende politische Wille und Auftrag nicht mehr durch ein hierarchisches System bis zur untersten Ebene durchgesetzt werden kann, sondern wie in der Kriegführung von Partisanen eine hohe Wertbindung an politische Inhalte notwendigerweise voraussetzt. Gerade aufgrund der relativen Selbstständigkeit der Soldaten im Rahmen von »Network-Centric Warfare« verlangt diese Form der Kriegführung nicht einen »archaischen Kämpfer«, sondern den demokratischen Krieger. Die Handlungen dieser Soldaten werden im Kriegsfall in jedem Fall der politisch-kulturellen Gemeinschaft zugerechnet, für die sie stellvertretend handeln. Im Falle eines »archaischen Kämpfers« würden dessen Handlungen einem Gemeinwesen zugerechnet, das als demokratische Gesellschaft keinen Anteil hieran hat.

Clausewitz' »wunderliche Dreifaltigkeit« als ausdifferenziertes Koordinatensystem

Große Waffen (Atomwaffen, Panzer)	Kleine Waffen (Messer, Macheten)	Notwendigkeit der Eskalation	Friktion, Wahrscheinlichkeit und Zufall	Räumlich und zeitlich dauerhaft existierende Gemeinschaft (Staat, »Stamm«)	Kurzfristig existierende Gemeinschaft (Straßensperren, Gangs)
Zeitlich und räumlich geringe Auswirkung der Gewalt	Wesentliche Auswirkung der Gewalt	Direkte Kriegführung	Indirekte Kriegführung	Selbsterhaltung	Herstellung einer neuen Gemeinschaft
Gewalt		**Kampf**		**Kriegführende Gemeinschaft**	
Gewaltspezialisten	Gewaltamateure	Symmetrie des Kampfes	Asymmetrie des Kampfes	»Politik«: Interesse	Politik: Werte der Gemeinschaft
Verselbstständigung	Gewalt als Mittel	Ziel: Kampf gegen gegnerischen Willen	Ziel: Physische Vernichtung	Zweck außerhalb des Kampfes	Zweck innerhalb des Kampfes

© Andreas Herberg-Rothe

VII. Über die Bundesrepublik hinaus

Seit Ende des Kalten Krieges ist das Aufgabengebiet der Bundeswehr nicht mehr auf die reine Landesverteidigung begrenzt. Diesem Sachverhalt wurde inhaltlich durch einen »erweiterten Sicherheitsbegriff« Rechnung getragen[76]. Hierbei darf jedoch nicht übersehen werden, dass diese Erweiterung auch bedeutet, dass »Sicherheit« nicht allein durch die Bundeswehr gewährleistet werden kann, sondern diese ihre spezifischen Aufgaben im Rahmen eines Gesamtkonzepts wird erfüllen müssen. Andernfalls würde die Bundeswehr entweder überfordert oder aber die Sicherheitspolitik militarisiert.

Das klassische Kriegsbild ist weitgehend ersetzt worden durch ein umfassendes Sicherheitsbild, in dem das Militär eine – absolut gesehen – kleinere, aber zugleich qualitativ erweiterte Rolle im Rahmen der sicherheitspolitischen Akteure spielt[77]. Die Kombination der verschiedenen Perspektiven der Bereiche von Außen-, Wirtschafts-, Entwicklungs-, Justiz-, Innen- und Verteidigungspo-

---

[76] Weißbuch 2006 zur Sicherheitspolitik Deutschlands und zur Zukunft der Bundeswehr. Hrsg. vom Bundesministerium für Verteidigung, Berlin.

[77] Zum Konzept der vernetzten Sicherheit und der Transformation der Streitkräfte siehe Ralph Thiele, Trendforschung in der Bundeswehr. In: Zeitschrift für Außen- und Sicherheitspolitik, 2 (2009), 2, S. 1-11: »Konzepte wie Vernetzte Sicherheit, Comprehensive Approach und Effects-Based Approach to Operations gestalten das Zusammenwirken ziviler und militärischer Kräfte und Organisationen im Rahmen des Krisenmanagements, aber auch der Krisenprävention. Das Konzept der vernetzten Sicherheit (Bundesministerium der Verteidigung 2006) stützt sich auf einen ganzheitlichen, ressortübergreifenden und multilateral angelegten Ansatz, der im Rahmen einer nachhaltigen Gesamtstrategie staatliche und nichtstaatliche Instrumente zur Konfliktverhütung, Krisenbewältigung und Konfliktnachsorge wirksam integrieren soll. In der NATO verfolgt der Comprehensive Approach entsprechende Zielsetzungen. Der Effects-Based Approach to Operations setzt den Comprehensive Approach für die Bündnisstreitkräfte praktisch um und basiert auf der systemtheoretisch angelegten Analyse aller Zusammenhänge zwischen Akteuren und Interaktionen innerhalb eines Gesamtsystems. Dabei sind der amerikanische Ansatz und alliierte Ansätze – insbesondere der britische – mit dem der NATO inhaltlich grundsätzlich identisch. Der Effects-Based Approach to Operations zielt über dessen politisch-militärisch-soziale Strukturen primär auf das Verhalten des Widersachers. Entsprechend steht nicht das Handeln im Mittelpunkt der Betrachtung, sondern vielmehr die zu erzielende Wirkung. In seinem Rahmen erfolgt die praktische Integration politischer und militärischer, entwicklungspolitischer und wirtschaftlicher, humanitärer, polizeilicher und nachrichtendienstlicher Instrumente der Konfliktverhütung und Krisenbewältigung im Dienste einer multinational und ressortübergreifend angelegten grand strategy. Das Konzept der Provincial Reconstruction Teams im Rahmen des ISAF-Einsatzes in Afghanistan ist auf taktischer Ebene ein pragmatischer Ansatz in diese Richtung. Der Prozess der Transformation ist darauf ausgerichtet, die Effizienz und die Effektivität der zur Verfügung stehenden sicherheitspolitischen Instrumente mit Blick auf die veränderten sicherheitspolitischen Herausforderungen wesentlich zu steigern. Die Instrumente werden im Rahmen eines gemeinsamen Informations-, Führungs- und Wirkungsverbundes zusammengefasst. In einem ressortübergreifenden Ansatz wird die Vernetzung zwischen den Ressorts hergestellt, das Lagebewusstsein und das Lageverständnis in einem gemeinsamen öffentlich-privaten Lagebild gefördert. Derart entsteht eine strukturelle Flexibilität, infolge derer zugleich die Lernfähigkeit der sicherheitsrelevanten Akteure wächst.«

litik ermöglicht eine umfassende Vorgehensweise in Planung und Durchführung zur Konfliktlösung, um auf diese Weise den Anforderungen komplexer Konflikt- bzw. Krisenszenarien gerecht zu werden und dabei sowohl die Ursachen einer Krise und eines Konflikts als auch deren Folgen zu bekämpfen. Die sicherheitsrelevanten staatlichen und nicht staatlichen Akteure müssen hierzu ihre Ziele, Prozesse, Strukturen und Fähigkeiten bewusst aufeinander abstimmen, verknüpfen und sie systematisch in ihr langfristiges Handeln integrieren. Aufgrund dieser Erweiterung des Sicherheitsbegriffs benötigt eine demokratische Armee eine spezifische Aufgabe und Funktion, die hier mit dem Konzept einer neuen Containment-Politik verdeutlicht werden soll.

Mit dem Ende des Ost-West-Konflikts wurde auch das »Ende der Geschichte« im Verständnis eines Endes der Ausübung von Krieg und Gewalt von Francis Fukuyama ausgerufen[78]. Der Siegeszug von Demokratie und Marktwirtschaft schien unaufhaltsam geworden zu sein und mit ihm das 21. Jahrhundert ein weitgehend friedliches, weil ökonomisch bestimmtes zu werden. Diese Erwartungen wurden jedoch rasch enttäuscht, nicht nur durch die Massaker und Völkermorde in Afrika, sondern auch durch die Rückkehr des Krieges nach Europa, vor allem im ehemaligen Jugoslawien, sowie durch die Anschläge vom 11. September 2001 in den USA, den folgenden Krieg in Afghanistan, den Irak-Krieg 2003 und die Aufstände in Irak seit den Jahren 2003/2004 sowie durch den Krieg zwischen Georgien und Russland um Südossetien im Jahr 2008, neuerdings durch die Intensivierung des Krieges in Afghanistan sowie einem drohenden Krieg wegen des iranischen Atomprogramms. Nunmehr werden Krieg und Gewalt in vollständiger Umkehrung von Fukuyamas These oftmals als nahezu unabwendbar begriffen und der Kampf gegen einen neuen Totalitarismus islamistischer Prägung scheint vor der Tür zu stehen. Krieg und Gewalt werden zudem als »entgrenzt« wahrgenommen, und zwar sowohl in Bezug auf den Raum, weil terroristische Angriffe und solche von Piraten potenziell allgegenwärtig sind, als auch zeitlich, weil ein Ende nicht abzusehen ist. Auch bezüglich des Ausmaßes und der Brutalität der Gewalt kann von einer neuen Qualität gesprochen werden. Das gilt sowohl hinsichtlich einer weiteren »Entgrenzung« der Gewalt etwa in den Bürgerkriegen Afrikas als auch bezüglich neuartiger Bedrohungen, sollten terroristische Organisationen in den Besitz von Massenvernichtungswaffen gelangen.

Gegenüber diesen Prozessen ist eine neue Containment-Politik notwendig. George Kennan, der den ursprünglichen Ansatz bereits 1946 bezüglich der Expansion der UdSSR formuliert hatte, betonte 1987: Wir benötigen ein umfassenderes Konzept von Containment, in anderen Worten, eines, dass deutlicher auf die Probleme eingeht, denen wir gegenüberstehen[79]. Obwohl Kennans ursprüngliches Konzept durch verschiedene US-Regierungen auf den militärischen Aspekt reduziert wurde, gelang es durch die Einbeziehung des Konzep-

---

[78] Francis Fukuyama, The End of History and the Last Man, London, 1992.
[79] George F. Kennan, Containment 40 Years later. In: Containment. Concept and Policy. Ed. by Terry L. Deibel and John L. Gaddis, Washington, DC 1986, S. 23-31.

tes der gemeinsamen Sicherheit während des Kalten Krieges, die eigentliche Doppelstrategie der Zurückdrängung der militärischen Expansion einerseits und gleichzeitig den Ausbau der Kooperation andererseits, miteinander zu vereinbaren. Entgegen der weitverbreiteten Ansicht war es nicht allein die militärisch-technologische Überlegenheit der USA, die zu den Reformen Gorbačevs führte. Vielmehr ermöglichte erst die Doppelstrategie aus militärischer Abschreckung plus weitreichenden Angeboten zur Zusammenarbeit Glasnost und Perestroika.

Zwei Grundannahmen bestimmen meine Konzeption. Erstens ist davon auszugehen, dass die Entgrenzung von Krieg und Gewalt in der Weltgesellschaft so vielfältig und differenziert ist, dass ihr nicht mit einer einzigen Gegenstrategie begegnet werden kann. Vielmehr bedarf es einer übergreifenden Perspektive, um im jeweiligen Einzelfall entscheiden zu können, welche Maßnahmen die geeigneten sind – wobei die Möglichkeit von furchtbaren Irrtümern und Fehleinschätzungen nicht auszuschließen ist. Zweitens finden sich in der heutigen Weltgesellschaft – wie auch in der bisherigen Geschichte – zahlreiche gegenläufige Prozesse. Die Berücksichtigung nur einer Gegenstrategie kann daher zu paradoxen, unbeabsichtigten Entwicklungen führen.

Dies soll am Beispiel der Demokratisierung verdeutlicht werden. Wenn die einzige Gegenstrategie gegenüber den Prozessen der Entgrenzung der Gewalt wie des Krieges eine allgemeine und weltweite Demokratisierung wäre, die aufgrund des hohen symbolischen Wertes von Demokratie auch mit Gewalt durchzusetzen sei, würde dies mit hoher Wahrscheinlichkeit zu kontraproduktiven Ergebnissen führen. Dies ist besonders deutlich in den Fällen, in denen voll entwickelte rechtsstaatliche Demokratien noch nicht vorhanden sind, sondern Gesellschaften sich auf dem Weg der Transformation befinden. Hier ist viel stärker noch als in Bezug auf entwickelte Demokratien von den Antinomien des demokratischen Friedens zu sprechen. So ist es möglich, dass eine einseitige Förderung von Demokratisierungsprozessen ohne Berücksichtigung regionaler Besonderheiten im Einzelfall sogar zur Bildung antidemokratischer Bewegungen beiträgt. Historisches Anschauungsmaterial lieferten die Entwicklungen nach dem Ersten Weltkrieg. Auch hier hat es zunächst in nahezu allen Verliererstaaten Demokratisierungsprozesse, ja demokratische Revolutionen gegeben. Fast alle endeten jedoch in autoritären oder gar totalitären Herrschaften. In Osteuropa und auf dem Balkan wurde das »Selbstbestimmungsrecht der Völker«, das US-Präsident Woodrow Wilson verkündete, nicht im demokratischen Sinne, sondern unter nationalistischem Vorzeichen gedeutet und als Ausschluss ganzer Bevölkerungsgruppen praktiziert. Das Konzept des demokratischen Kriegers basiert somit nicht auf der Erzwingung von Demokratie, sondern der Begrenzung von Krieg und Gewalt in der Weltgesellschaft, um demokratische Selbstbestimmung zu ermöglichen und zu erhalten[80].

---

[80] Siehe etwa Roland Paris, Wenn die Waffen schweigen. Friedenskonsolidierung nach innerstaatlichen Gewaltkonflikten, Hamburg 2008.

Gegenläufige Entwicklungen finden sich vor allem in den folgenden Dimensionen: Globalisierung versus Kämpfe um Identitäten; Standortvorteile und Interessen; High-Tech-Kriege vs. »Kämpfe mit Messern und Macheten« bzw. asymmetrischer Kriegführung; Privatisierung von Krieg und Gewalt im Gegensatz zu dessen Re-Politisierung und Re-Ideologisierung sowie »Weltordnungskriegen«; Entstehung neuer regionaler machtpolitischer Zentren und Großmächte vs. wachsende Verrechtlichung internationaler Beziehungen und Institutionalisierung von regionalen und weltweiten Gemeinschaften.

Um diesen gegensätzlichen Entwicklungen zu begegnen, bedarf es einer differenzierten Gegenstrategie der Eindämmung von Krieg und Gewalt in der Weltgesellschaft, einer neuen Containment-Politik in Verbindung mit der Durchsetzung von »good governance«. Diese ist das übergreifende Gemeinsame von humanitärer Intervention und der Entwicklung einer Kultur ziviler Konfliktbearbeitung. Hinzu kommt die Begrenzung der Ursachen von Krieg und Gewalt, wie z.B. Armut, Unterdrückung, Unwissenheit, und die Lösung regionaler Konflikte als »Jahrhundertaufgabe« der Staatengemeinschaft und der zivilen Gesellschaften. Nicht zuletzt ist die Eindämmung der Verbreitung von Massenvernichtungswaffen aber auch von Handfeuerwaffen von überragender Bedeutung. Mit dem Konzept der Begrenzung ist die Einsicht verbunden, dass es vollkommen gewaltlose Gesellschaften oder gar eine entsprechend gewaltlose Weltgesellschaft in absehbarer Zeit nicht geben wird. Zudem würde das Ziel einer völligen Beseitigung von Konflikten als solches übersehen, dass Konflikte und ihre Lösung in der Geschichte oftmals die menschliche Entwicklung in Richtung der freiheitlichen und demokratischen Ideale vorangebracht haben – so etwa die Unabhängigkeitsbewegung in Amerika oder die Französische Revolution. Die Hauptaufgabe von Politik und gesellschaftlichen Kräften im 21. Jahrhundert besteht deshalb darin, Gewalt und Krieg zu begrenzen, damit andere als gewaltsame Strukturen aufrechterhalten werden können und die Mechanismen der »Gesellschaftswelt«[81] zum Tragen kommen können.

Als übergreifende politische Perspektive basiert das Konzept der Begrenzung von Krieg und Gewalt in der Weltgesellschaft somit auf folgenden Aspekten. Erstens: auf der Möglichkeit des Einsatzes militärischer Gewalt zur Begrenzung und Eindämmung besonders exzessiver wie massenhafter sowie gesellschaftszerstörender Gewalt als letztes Mittel der Politik; zweitens auf der Eindämmung von Gewalt begünstigenden Ursachen wie Armut und Unterdrückung vor allem im ökonomischen Bereich, aber auch auf der Anerkennung eines Pluralismus von Kulturen und Lebensstilen in der Weltgesellschaft; drittens auf der Entwicklung einer »Kultur« ziviler Konfliktbearbeitung (Konzepte, die umschrieben werden mit dem »zivilisatorischen Hexagon«, »global governance« und dem demokratischen Frieden), sowie viertens auf der Begrenzung des Besitzes wie der Ausbreitung jeglicher Art von Waffen insbesondere von Massenvernichtungswaffen und ihrer Trägerraketen. In diesem Rahmen haben

---

[81] Ernst Otto Czempiel, Weltpolitik im Umbruch. Die Pax Americana, der Terrorismus und die Zukunft der internationalen Beziehungen, München 2002.

die Soldaten der Bundeswehr als demokratische Krieger eine eigene Bedeutung und Identität. Nicht als diejenigen, die Demokratie oder Frieden gewaltsam erzwingen – dies würde sie nicht nur überfordern und sogar kontraproduktiv wirken; sondern dadurch, dass durch die Begrenzung und Eindämmung von Krieg und Gewalt unterschiedliche Formen von demokratischer Selbstbestimmung in der Weltgesellschaft ermöglicht werden können.

VIII. Statt einer Zusammenfassung: Die Identität des demokratischen Kriegers

Auf den ersten Blick erscheint der Begriff des demokratischen Kriegers ein Widerspruch in sich zu sein. Schließlich werden hier sich scheinbar widersprechende Wertesysteme in einer Konzeption zusammengedacht. Am Modell eines Magneten bzw. dem von Clausewitz favorisierten Modell der Einheit des polaren Gegensatzes von Angriff und Verteidigung lässt sich bereits methodisch verdeutlichen[82], dass solch eine widerstreitende Einheit kein logischer Gegensatz sein muss, sondern eine dynamische Wechselbeziehung in einem Kontinuum sein kann. Auf der einen Seite des Extrems steht die demokratische Gleichheit, die nicht gewaltsame Lösung von Konflikten, auf der anderen die Androhung und zum Teil gewaltsame Erzwingung der Begrenzung von Krieg und Gewalt; auf der einen Seite eine Zivilgesellschaft, auf der anderen ein Subsystem der Gesellschaft, dessen Identität durch eine kriegerische Ehre bestimmt ist[83].

Das entscheidende Band, dass beide Pole dieses dynamischen Verhältnisses miteinander verbinden kann, ohne ihre Gegensätzlichkeit aufzuheben, sind die klassischen republikanischen Tugenden, die in beiden Sphären relative Geltung beanspruchen können. Als klassische Tugenden gelten seit Platon die Klugheit (Weisheit), Gerechtigkeit, Tapferkeit und Mäßigung[84]. Ohne spezifisches, auf das politische Funktionieren des Gemeinwesens gerichtetes Ethos, lässt sich ein Staat nur unter den Bedingungen einer Diktatur aufrechterhalten[85]. Verträgt sich die republikanische Tugend, da sie auf das Gemeinwesen ausgerichtet ist, nicht unmittelbar mit der liberalen Demokratie, in der das Individuum im Vordergrund steht, kann sie eine vollständig neue Bedeutung als verbindendes Band zwischen demokratischer Gesellschaft und demokratischen Kriegern ent-

---

[82] Herberg-Rothe, Das Rätsel Clausewitz (wie Anm. 8).
[83] Wobei ich hervorheben möchte, dass die grundlegenden Wertesysteme nicht so unvereinbar nebeneinander stehen wie dies die Positionen von Keegan und van Creveld nahelegen und von Waffenfetischsten propagiert werden, die sich auch Krieger nennen, aber reine Kämpfer sind.
[84] Josef Pieper, Das Viergespann – Klugheit, Gerechtigkeit, Tapferkeit, Maß, München 1998.
[85] Siehe hierzu den Sammelband Gemeinwohl und Gemeinsinn. Zwischen Normativität und Faktizität. Hrsg. von Herfried Münkler und Harald Bluhm, Berlin 2001.

falten[86]. So gewährleistet schon für Machiavelli die republikanische Tugend die Freiheit nach außen und gleichermaßen nach innen[87]. Insofern ist die notwendige, wenn auch noch nicht hinreichende Bedingung des demokratischen Kriegers, zugleich republikanischer Soldat zu sein. Hinzu kommt die Begrenzung von Krieg und Gewalt in der Weltgesellschaft, um demokratische Gesellschaften zu ermöglichen. Eine erneuerte republikanische Tugend ist das Bindeglied zwischen liberal-demokratischer Gesellschaft und einem Ethos von Kriegern.

---

[86] Stichwort »Republicanism«. In: The Blackwell Encyclopaedia of Political Thought. Ed. by David Miller [et al.] Oxford 2004.

[87] Marcus Llanque, Politische Ideengeschichte. Ein Gewebe politischer Diskurse, München 2008, S. 159.

Jan-Phillipp Weisswange

Die Transformation der Bundeswehr: Ist alles im Fluss?

Panta rhei – alles ist im Fluss. Heraklits Lehre vom ewigen Werden und Wandeln scheint seit 1990 besonders für die deutsche Sicherheitspolitik und die Bundeswehr zu gelten[1]. »Wir übten mit aller Macht, aber immer wenn wir begannen, zusammengeschweißt zu werden, wurden wir umorganisiert. Ich habe später im Leben gelernt, dass wir oft versuchen, neuen Verhältnissen durch Umorganisation zu begegnen. Es ist eine phantastische Methode. Sie erzeugt die Illusion des Fortschritts, wobei sie gleichzeitig Verwirrung schafft, die Effektivität vermindert und demoralisierend wirkt[2].« Diese Beobachtung stammt nicht etwa von einem Bundeswehroffizier, der auf seine Dienstzeit seit 1990 zurückschaut. Vielmehr wird sie dem römischen Politiker Gaius Petronius (Suffektkonsul/18 v.Chr.-29 n.Chr.) zugeschrieben. Das Zitat unterstreicht, dass Umgliederungen, Reformen, Neustrukturierungen seit jeher zum militärischen Alltag gehören, aber auch hemmend wirken und zu Frustration führen können.

Als Verteidigungsminister Peter Struck am 21. Mai 2003 die Verteidigungspolitischen Richtlinien erließ, hatte die Bundeswehr seit dem Ende des Kalten Krieges bereits mehrere Umgestaltungsprozesse durchlaufen. Es sollte wiederum etwas Neues kommen; »die begonnene umfassende Reform der Bundeswehr wird weiter entwickelt«, hieß es in dem Dokument[3]. Das Wie ließ sich etwa eineinviertel Jahre später der Konzeption der Bundeswehr vom 9. August 2004 entnehmen: »Politische, gesellschaftliche, wirtschaftliche und nicht zuletzt auch technologische Umwälzungen laufen immer schneller ab. Nur ein ständiger Anpassungsprozess kann diesen Herausforderungen begegnen. In diesem Prozess müssen auch innovative Lösungsansätze genutzt werden, um die Bundeswehr effizienter zu gestalten. *Transformation* ist die Gestaltung dieses fortlaufenden, vorausschauenden Anpassungsprozesses, um die Einsatzfähigkeit

---

[1]   Heraklit frg. 65 A 3 Diehl.
[2]   Das vermeintliche Zitat des Gaius Petronius – seine Urheberschaft ist strittig – fand in der Truppe eine gewisse Verbreitung; hier zitiert nach Egon Wagenbach, Editorial zum Bundeswehr-Kurier der ver.di-Landesfachbereiche Bayern und Hessen, Juni 2007, München 2007, ver.di Bayern, S. 2.
[3]   Bundesministerium der Verteidigung (BMVg), Verteidigungspolitische Richtlinien, Berlin 21.5.2003, Randnr. 3.

der Bundeswehr zu erhöhen und auf Dauer zu erhalten[4].« Diese Formulierung behielt auch in den Folgedokumenten, dem Berliner Erlass vom 21. Januar 2005[5] und im Weißbuch 2006[6] ihre Gültigkeit. Im Gegensatz zu einer Reform weist die Transformation kein festgelegtes Ende auf. Sie bedeutet in dieser Konsequenz das Ende der statischen Streitkräfteplanungen. Transformation ist also weniger ein Ziel, sondern vielmehr eine Methode. Und sie ist in jedem Falle »eine intellektuelle Leistung«, »wesentliche Führungsaufgabe« und »Teamleistung«[7] – es braucht Steuermänner und alle müssen »in einem Boot« sitzen.

Etwa 2003 begann die Transformation der Bundeswehr[8]. Sie ist in Deutschland mit dem Namen Strucks und vor allem mit dem bis dato am längsten amtierenden Generalinspekteur der Bundeswehr, Wolfgang Schneiderhan, verbunden. Heute spricht einiges dafür, dass der Begriff Transformation die Augen seiner Mitarbeiter nicht mehr »erwartungsfroh leuchten« lässt, wie er es Ende 2003 erhoffte[9]. Bereits 2003 warnte der Wehrbeauftragte Wilfried Penner, Transformation drohe »zum Unwort in der Bundeswehr[10]« zu werden. Und selbst Schneiderhan räumte einen Reizwortcharakter des Begriffes ein[11]. Mehr noch: Zögerliches politisches Herumlavieren um die jüngst verschärfte Sicherheitslage in Afghanistan, fortdauernde Diskussionen um die Wehrpflicht, Sorgen um den Zustand von Truppe, Führungskultur, Einsatzfähigkeit, und Ausstattung – all das könnte Zweifel am Erfolg der Transformation nähren[12]. Es ist alles im Fluss – aber droht die Bundeswehr, dabei den Bach hinunterzugehen?

---

4   BMVg, Konzeption der Bundeswehr, Berlin 9.8.2004, S. 10. <http://www.geopowers.com/ Machte/Deutschland/doc_ger/KdB.pdf> [letzter Abruf 30.8.2009].
5   BMVg, Berliner Erlass, <www.bmvg.de> Startseite/Sicherheitspolitik/Angebote/Dokumente/Berliner Erlass.
6   BMVg, Weißbuch 2006 zur Sicherheitspolitik Deutschlands und zur Zukunft der Bundeswehr, Berlin 2006.
7   Wolfgang Schneiderhan, Bewahren allein genügt nicht – mit der Transformation in die Zukunft, in: loyal, April 2009, S. 29.
8   Die Konzeption der Bundeswehr bezeichnet die Verteidigungspolitischen Richtlinien vom 21. Mai 2003 als »Grundlage für die Transformation der Bundeswehr«, vgl. S. 5.
9   Wolfgang Schneiderhan, Die Bundeswehr im sicherheitspolitischen Umfeld des 21. Jahrhunderts. Vortrag am 4.11.2003 beim 14. Welt-am-Sonntag-Forum »Bundeswehr und Gesellschaft«; vgl. www.bmvg.de.
10 So der damalige Wehrbeauftragte am 16.12.2004 im Bundestag: <http://www.bundestag.de/parlament/wehrbeauftragter/50_148rede.html> [letzter Abruf 30.8.2009].
11 Schneiderhan, Bewahren (wie Anm. 7), S.29.
12 Siehe nur Thomas Darnstädt, Der Endlose Einsatz. Warum man einen Krieg nicht leugnen soll. In: Der Spiegel 31/2009, S. 34 f.; Reinhold Robbe, Für die Soldaten ist es Krieg. Interview mit Spiegel Online vom 24.6.2009, <http://www.spiegel.de/politik/ausland/ 0,1518,632315,00. html> [letzter Abruf 30.8.2009]; weiterhin auch Eric Chauvistré, Wir Gutkrieger. Warum die Bundeswehr im Ausland scheitern wird. Frankfurt a.M., New York 2009; Andreas Ahammer und Stephan Nachtigall, 5 plus 1. Wehrpflicht der Zukunft im Gesellschaftsdienst, Baden-Baden 2009; Michael Wolffsohn, Die Bundeswehr: Legenden und Tatsachen. In: Die Welt, 21.8.2008. <http://www.welt.de/die-welt/debatte/article 4366586/Die-Bundeswehr-Legenden-und-Tatsachen.html? print=yes#reqdrucken> [letzter Abruf 30.8.2009]; Ansgar Graw, Reform mit Hindernissen, in: loyal, Januar 2009, S. 12-18. Vgl. auch: Unterrichtung durch den Wehrbeauftragten. Jahresbericht 2008 (50. Bericht). Bundestagsdrucksache 16/12200, 26.3.2009. Berlin 2009.

Um diese Frage beantworten zu können, sollen zunächst die Entwicklungen seit dem Ende des Kalten Krieges bis zum Beginn der Transformation dargestellt, sodann deren Ziele, Dimensionen und Kernelemente erläutert und die bisherigen und gegebenenfalls zukünftigen Herausforderungen erörtert werden.

I. Der Weg zur Transformation

Mit dem Ende des Kalten Krieges haben sich die sicherheitspolitischen Rahmenbedingungen grundlegend gewandelt[13]. Die auf starken konventionellen militärischen Kräften und Atomwaffen basierte bipolare Weltordnung – die aufgrund des hohen Eskalationspotenzials paradoxerweise Stabilität bot – wich einer multipolaren mit neuartigen sicherheitspolitischen Risiken und Bedrohungen. So führt das Weißbuch 2006 folgende Risiken auf: internationalen Terrorismus; die Proliferation von Massenvernichtungswaffen; regionale, oftmals soziokulturell oder ethnisch geprägte Konflikte; zerfallene Staaten, die nicht in der Lage sind, ihre originären Funktionen auszuüben (»failed states«); demografische Entwicklung und Migrationsbewegungen; Organisierte Kriminalität; Angriffe auf und Unterbrechung von globalen Handelswegen; Gefährdung der Energiezufuhr sowie Epidemien und Pandemien.

In dieser Konsequenz verfolgt die Bundesrepublik einen vorausschauenden, umfassend angelegten sicherheits- und verteidigungspolitischen Ansatz, der neben militärischen Mitteln auch diplomatische, entwicklungspolitische, wirtschaftliche, innenpolitische oder umweltpolitische Dimensionen umfasst. Im Rahmen der ressortübergreifenden, multilateralen »Vernetzten Sicherheit« fällt auch multinationalen Bündnissen und Organisationen wie UNO, NATO, EU und OSZE eine Schlüsselrolle zu. In die gesamtstaatliche Sicherheitsvorsorge ist die Bundeswehr eingebunden. Sie sichert die außenpolitische Handlungsfähigkeit, leistet einen Beitrag zur Stabilität im europäischen und globalen Rahmen, gewährleistet die nationale Sicherheit und Verteidigung, trägt zur Verteidigung der Verbündeten bei und fördert multinationale Zusammenarbeit und Integration[14]. Die grundlegende Lageanalyse und die daraus gefolgerten Konsequenzen sind in Politik, Wissenschaft, »Strategic Community« und Streitkräften weitgehend unstrittig. Mehr noch: Sie waren es zum Großteil bereits 1990. Mit Rücksicht auf öffentliche und veröffentlichte Meinung begann damals der »Weg in die politische Normalität der Auslandseinsätze in kleinen, eher homöopathischen Schritten[15].«

[13] Martin van Creveld, Die Zukunft des Krieges. Wie Krieg geführt wird und warum, 3., überarb. Ausg., Hamburg 2004; Herfried Münkler, Die neuen Kriege, Reinbek 2002.
[14] Weißbuch 2006 (wie Anm. 6), S. 23–30, 70.
[15] Klaus Reinhardt, KFOR. Streitkräfte für den Frieden, Frankfurt a.M. 2002, S. 550.

Um sich an das neue sicherheitspolitische Aufgabenspektrum anzupassen, durchlief die Bundeswehr – nach wie vor das Hauptinstrument deutscher Sicherheitspolitik – seit dem Ende des Kalten Krieges zahlreiche und tief greifende Veränderungen[16]. Für die Präsenz- und Abschreckungsarmee des Kalten Krieges mit 495 000 Mann unter Waffen – mit einem Verteidigungsumfang von 1,055 Millionen Mann – begann mit der Wiedervereinigung Deutschlands zunächst die Phase der Armee der Einheit. Kurzfristig auf 588 000 angewachsen, wurde im Zuge der Strukturanpassungen in alten und neuen Ländern die Zahl der Verbände und Soldaten stetig reduziert. Ließ der Vertrag über Konventionelle Streitkräfte in Europa (KSE-Vertrag) noch eine Obergrenze von 370 000 Mann zu, wurde diese Zahl sehr bald unterschritten und liegt gegenwärtig (Ende 2009) bei rund 250 000 Soldaten.

Bereits unter Verteidigungsminister Gerhard Stoltenberg und Generalinspekteur Admiral Dieter Wellershoff sowie dessen Nachfolger General Klaus Naumann fiel die Entscheidung, die Bundeswehr zu einer Armee im Einsatz umzuwandeln. Die aufgrund politischer, verfassungsrechtlicher, öffentlichkeitswirksamer, aber auch streitkräfteinterner Bedenken geführte »Scheckbuchdiplomatie« des Zweiten Golfkriegs von 1991 verdeutlicht, warum dieser Wandel sehr behutsam erfolgen musste. Zwar ließen sich durch neue bündnispolitische Doktrinen wie das neue strategische Konzept der NATO von 1991 oder die von der WEU formulierten »Petersberg Tasks« bereits Einsätze im erweiterten Aufgabenspektrum außerhalb des NATO-Bündnisgebietes (»out of area«) absehen, doch erst die Klärung deren verfassungsrechtlicher Rechtmäßigkeit durch das Bundesverfassungsgericht am 12. Juli 1994 ebnete den Weg endgültig. Die von Stoltenbergs Nachfolger Volker Rühe erlassene, auf den gleichen Tag datierte »Konzeptionelle Leitlinie zur Weiterentwicklung der Bundeswehr« folgerte, dass »die Bundeswehr [...] heute auf den unwahrscheinlichsten, wenn auch gefährlichsten Einsatzfall noch am besten, für die wahrscheinlichsten neuen Einsatzaufgaben noch am wenigsten gut vorbereitet [ist]«[17]. Folglich legte sie die Grundlage für die nächste Umstrukturierung: Die Bundeswehr wurde in Krisenreaktions- (KRK), Hauptverteidigungskräfte (HVK) und Militärische Grundorganisation (MGO) ausdifferenziert; die neue Kategorie der Freiwillig länger Wehrdienst Leistenden (FWDL) begleitete fortan die Zeit- und Berufssoldaten in die Auslandseinsätze.

---

[16] Siehe hierzu und im Folgenden: Jan-Phillipp Weisswange, Von der Kultur der Zurückhaltung zu einer (Un-) Kultur des sicherheitspolitischen Desinteresses? Die vernachlässigte staatsbürgerliche Dimension des deutschen sicherheitspolitischen Entwicklungsprozesses seit 1990. In: Österreichische Militärische Zeitschrift, 2006, 1, S. 39–47; weiterhin: Johannes Varwick, Die Reform der Bundeswehr. Konturen und Defizite einer nicht geführten Debatte. In: Gegenwartskunde, 2000, 3, S. 321–332; Detlef Bald, Die rotgrüne Außen- und Sicherheitspolitik – zu den Hintergründen einer nationalen Machtpolitik. In: Neue deutsche Außen- und Sicherheitspolitik? Eine friedenswissenschaftliche Bilanz zwei Jahre nach dem rot-grünen Regierungswechsel. Hrsg. von Christiane Lammers und Ulrich Albrecht, Baden-Baden 2001 (= Schriftenreihe der Arbeitsgemeinschaft für Friedens- und Konfliktforschung e.V. [AFK], 27), S. 219 f.

[17] BMVg, Konzeptionelle Leitlinie zur Weiterentwicklung der Bundeswehr, Bonn 1994, S. 2.

Die »Armee im Einsatz« hatte zu diesem Zeitpunkt bereits die ersten Auslandsengagements absolviert: in Kambodscha und in Somalia. Fortan steigerte sich das Aufgabenspektrum stetig in Umfang, Intensität und geografischer Ausdehnung. Stellten die deutschen Streitkräfte bei den ersten friedensstabilisierenden Einsätzen auf dem Balkan (UNPROFOR, IFOR und SFOR) zunächst vornehmlich Sanitäts- und Logistikkräfte, kam unter einer rot-grünen Bundesregierung 1999 im Rahmen der KFOR erstmals ein größerer mechanisierter Kampfverband auf dem Balkan zum Einsatz. Außerdem übernahmen die deutschen Streitkräfte erstmals eigene Gebietsverantwortung. Mit Klaus Reinhardt kommandierte zudem erstmals ein deutscher NATO-General eine multinationale Eingreiftruppe. Nach den Anschlägen des 11. September 2001 beteiligte sich Deutschland aktiv am »Krieg gegen den Terrorismus« (OEF) und an der Stabilisierungsmission in Afghanistan (ISAF). Diesen Paradigmenwechsel verdeutlicht plakativ Strucks zum Zitatenklassiker avancierte Äußerung auf einer Pressekonferenz am 5. Dezember 2002 in Berlin: »Die Sicherheit Deutschlands wird auch am Hindukusch verteidigt[18].«

Umso bemerkenswerter ist, dass dieser sicherheitspolitische Paradigmenwechsel ohne breit angelegte sicherheitspolitische Debatte erfolgte. Kritiker sehen die Ursachen hierfür in einer als »Salamitaktik« bezeichneten Politik. Stück für Stück steigerte sich das militärische Engagement im Ausland, die Bedeutung der Landesverteidigung nahm ab und nur der Teil der Staatsbürger in Uniform, der den »bunten Rock« freiwillig länger trug, war unmittelbar vom erweiterten Aufgabenspektrum gefordert[19]. Gravierende Auswirkung hatte das für die deutsche Sicherheitskultur. Überspitzt formuliert, wandelte sie sich von einer »Kultur der militärischen Zurückhaltung« zu einer »(Un-)Kultur des sicherheitspolitischen Desinteresses«[20]. Diese schlug sich nicht nur in steigenden Wehrdienstverweigererzahlen nieder, sondern auch in der abflauenden politischen Diskussion. Der Journalist Florian Illies hat es so ausgedrückt: »1983 demonstrierten noch viele hunderttausend Angehörige der älteren Generationen im Bonner Hofgarten gegen den NATO-Doppelbeschluß. Mit uns war diesbezüglich kein Staat zu machen. Schon beim Golfkrieg hielten wir uns raus, und auch die Lichterketten waren eher eine Angelegenheit unserer Eltern. Mit den Kriegen in Bosnien und dem Kosovo wurde uns dann endgültig klar, daß die Welt zu kompliziert war, als daß man noch für oder gegen irgendwas sein

---

[18] Zitiert nach BMVg: »Minister Struck stellt Projektplanung Bundeswehr vor«. Vgl. www.bmvg.de/sicherheit/print/021205_pk_projekte.php. Dort heißt es fälschlicherweise: »Die Sicherheit der Bundeswehr [sic] wird eben auch am Hindukusch verteidigt.«

[19] Weisswange, Von der Kultur (wie Anm. 16), S. 40-44; Chauvistré, Wir Gutkrieger (wie Anm. 12), S. 54-78; Varwick, Die Reform (wie Anm. 16), S. 321-332; Bald, Die rotgrüne Außen- und Sicherheitspolitik (wie Anm. 16), S. 219-221.

[20] Zum Begriff der Sicherheitskultur: The Culture of National Security. Norms and Identity in World Politics. Ed. by Peter J. Katzenstein, New York 1996; siehe auch Hans-Joachim Reeb, Sicherheitspolitische Kultur in Deutschland seit 1990, Bremen 2003; Weisswange, Von der Kultur (wie Anm. 16), S. 39 f.

konnte [...] Die Love Parade ist die einzige Demonstration, zu der unsere nar-
zißtische Generation noch in der Lage ist[21].«

Das erweiterte Auslandsengagement der Bundeswehr schlug sich wiederum
in deren Strukturen nieder. Zunächst entstanden nach dem Antritt der rot-grünen
Bundesregierung 1998 drei Papiere für eine weitere Bundeswehrreform: der Bericht der »Weizsäcker-Kommission«, das »Eckwerte-Papier« des damaligen Generalinspekteurs Hans-Peter von Kirchbach und schließlich das wenige Tage später
von Rudolf Scharping vorgelegte »Eckpfeiler-Papier«[22]. Eine bessere Anpassung
an die Einsatzrealitäten hatten alle Dokumente gefordert; umgesetzt wurde
schließlich das Eckpfeiler-Papier Scharpings und des kurz darauf zum neuen
Generalinspekteur avancierten Harald Kujat. Es zielte in erster Linie auf die Erhöhung der Einsatzfähigkeit der deutschen Streitkräfte ab, was sich unter anderem
in der Priorisierung der Krisenreaktionskräfte (150 000 Soldaten der Eingreif- und
Reaktionskräfte; 108 000 Soldaten der Unterstützungskräfte) und der Einrichtung
des Einsatzführungskommandos der Bundeswehr widerspiegelte. Im Hinblick
auf den streitkräftegemeinsamen Ansatz wurden die Organisationsbereiche Zentraler Sanitätsdienst der Bundeswehr und Streitkräftebasis neu geschaffen, die die
drei klassischen Teilstreitkräfte Heer, Luftwaffe und Marine in allen streitkräftegemeinsamen Aufgaben – vor allem bei der Logistik und Führungsfähigkeit –
unterstützen. Die Scharping-Kujat-Reform sollte die Bundeswehr dazu befähigen,
parallel zwei mittlere Operationen (wie SFOR oder KFOR) oder eine größere Ope-
ration (wie die unwahrscheinlich gewordene Landes- und Bündnisverteidigung)
und jeweils dazu kleinere Missionen (z.B. Beobachtermissionen oder Rettungs-
und Evakuierungsoperationen) auszuführen. Die veränderten Realitäten nach den
Terroranschlägen des 11. September 2001 ließen diese Planungen jedoch obsolet
erscheinen, denn mit den Beteiligungen an ISAF in Afghanistan und OEF ebenfalls in Afghanistan und am Horn von Afrika waren nun zwei zusätzliche
»mittlere Operationen« zu bewältigen.

Weitere ausschlaggebende Faktoren waren die rasch fortschreitende technologische Entwicklung, die zunehmende Streitkräftegemeinsamkeit[23] sowie
Einschränkungen durch den begrenzten finanziellen Rahmen. Da auch bei den
Partner-Streitkräften tief greifende Veränderungen eingesetzt hatten, musste im
Bereich der militärischen Planungsverfahren eine multinationale Synchronisati-
on der verschiedenen nationalen Transformationsprozesse erfolgen. Dazu kam
das veränderte Kriegsbild. Wechselndes Gelände und Klima, asymmetrisch
operierende irreguläre Kräfte oder der Umstand, dass im gleichen Einsatzgebiet

---

[21] Vgl. Florian Illies, Generation Golf. Eine Inspektion, Frankfurt a.M. 2001, S. 164 f.
[22] Gemeinsame Sicherheit und Zukunft der Bundeswehr. Bericht der Kommission an die
Bundesregierung, Berlin, 23.5.2000; Generalinspekteur der Bundeswehr, Eckwerte für die
konzeptionelle und planerische Weiterentwicklung der Streitkräfte, Bonn, 23.5.2000; BMVg,
Die Bundeswehr – sicher ins 21. Jahrhundert. Eckpfeiler für eine Erneuerung von Grund
auf, Mai 2000.
[23] Im Englischen als »Jointness« und deutsch zunächst als »teilstreitkräfteübergreifender
Ansatz« bezeichnet – bis der damalige Stabsabteilungsleiter FüS VI, Flottillenadmiral
Heinrich Lange, zu Recht auf »Gemeinsamkeit« und nicht auf »Übergriffe« pochte.

humanitäre Hilfe, friedensstabilisierende Maßnahmen und das hoch intensive Gefecht parallel zueinander zu führen sind (»Three-Block War«) sind nur wenige Beispiele dafür[24].

Konsequenterweise entschloss sich die Bundeswehr, den rasant wechselnden Rahmenbedingungen nicht mehr mit weiteren Reformen, sondern mit einem eigenen Prozess permanenter Anpassung zu begegnen, mit der Transformation[25]. Die Scharping-Kujat-Reform hatte zu diesem Zeitpunkt die bisher tiefsten Eingriffe in die Bundeswehrstruktur geschaffen. Die »Grundlagendokumente« der Transformation – Verteidigungspolitische Richtlinien 2003, Weisung zur Weiterentwicklung der Bundeswehr 2004 und Konzeption der Bundeswehr 2004 – sowie das Weißbuch 2006 bauen darauf auf[26].

II. Transformation: Ziel und Dimensionen

Zum Ziel der Transformation führte die Konzeption der Bundeswehr aus: »Ziel der Transformation der Bundeswehr ist die Verbesserung ihrer Einsatzfähigkeit. Um dieses Ziel zu erreichen, sind die Aufgaben, Fähigkeiten und Ausrüstung mit den verfügbaren Finanzmitteln in einem bundeswehr- und streitkräftegemeinsamen Ansatz zu synchronisieren. Alles, was dem nicht dient, ist nachrangig[27].«

Für die Einsätze der Bundeswehr entstand auf Grundlage der sicherheitspolitischen Veränderungen, der Einsatzrealität und der internationalen Verpflichtungen die Nationale Zielvorgabe. Die Bundeswehr will in der Lage sein, folgende Verpflichtungen und Einsätze zu bedienen: 1. Internationale Verpflichtungen Deutschlands[28]; 2. Teilnahme an Friedensoperationen[29]; 3. Rettungs- und Evakuierungsoperationen[30]; 4. Schutz Deutschlands und seiner Bürgerinnen und Bürger: Bei Bedarf können hierzu alle Kräfte der Bundeswehr eingesetzt werden, um ihren Beitrag zum Schutze Deutschlands, zur Hilfeleistung nach besonders schweren Unglücksfällen oder nach Katastrophen zu leisten[31].

Die Transformation hat eine sicherheitspolitische, eine technologische, eine innovative, eine gesellschaftliche, sozio-emotionale und eine mentale Dimensi-

---

[24] Siehe Graw, Reform (wie Anm. 12), S. 12-15.
[25] Siehe Weißbuch 2006 (wie Anm. 6), S. 102.
[26] Siehe Schneiderhan, Bewahren (wie Anm. 7), S. 29 f.
[27] Konzeption der Bundeswehr (wie Anm. 4), S. 5.
[28] Darunter die NATO Response Force (NRF, ca. 15 000 Soldaten), EU European Headline Goal (inkl. EU Battle Groups 18 000 Soldaten) und UN Standby Arrangements (ca. 1000 Soldaten).
[29] Bis zu 14 000 Soldaten in bis zu fünf Einsatzgebieten als Beitrag zur Friedenssicherung und Stabilisierung.
[30] Bis zu 1000 Soldaten grundsätzlich unter nationaler Verantwortung.
[31] BMVg, Grundzüge der Konzeption der Bundeswehr, Berlin, 10. August 2004, S. 24 f.

on[32]. Sie umfasst alle Bereiche – die der Streitkräfte und ihrer Verwaltung. Hierzu zählen neben Fähigkeiten, Umfängen, Strukturen, Stationierung, Material und Ausrüstung vor allem Personal und Ausbildung. Im Zentrum der Transformation steht aber vor allem der Mensch. Er muss für diesen Prozess motiviert und »mitgenommen« werden[33].

III. Kernelemente der Transformation

Handlungsfeld Konzeptentwicklung und experimentelle Überprüfung (*Concept Developement and Experimentation, CD&E*): Eines der Kernelemente der Transformation bildet die Konzeptentwicklung und experimentelle Überprüfung. Hier sollen mögliche Innovationspotenziale für die Zukunftsfähigkeit der Bundeswehr erkannt und genutzt werden. Schwerpunkt der derzeitigen Konzeptentwicklung bildet ein übergreifendes, bundeswehrgemeinsames Operationskonzept sowie die konzeptionelle Grundlage für ein gemeinsames Lagebild, auf dem ein wiederum gemeinsames Lageverständnis basiert. Das sind wesentliche Voraussetzungen für die Vernetzte Operationsführung (NetOpFü). Die Begleitung von CD&E – eine wesentliche Aufgabe des Zentrums für Transformation[34] – beschränkt sich nicht nur auf die Bundeswehr. Deutschland beteiligt sich auch an den entsprechenden Vorhaben in der NATO und im multinationalen Rahmen[35].

Handlungsfeld Fähigkeiten: Auch wenn die Transformation alles, was nicht der Verbesserung der Einsatzfähigkeit dient, als nachrangig betrachtet, muss die Bundeswehr grundsätzlich alle ihr zugewiesenen Aufgaben erfüllen können. Die deutschen Streitkräfte sollen sich nach Einsatzbereitschaft und Fähigkeiten differenzieren, aber schnell, wirksam, durchsetzungsfähig und durchhaltefähig gemeinsam mit Streitkräften anderer Nationen eingesetzt werden können. Zum Fähigkeitsprofil gehören daher sechs miteinander verzahnte Fähigkeitskategorien.
1. Führungsfähigkeit: Sie ist Voraussetzung für Informations- und Führungsüberlegenheit und bestmögliche Wirkung im Einsatz. Sie erfordert ein streitkräfte- und führungsebenengemeinsames und effizientes Informationsmanagement sowie straffe Führungsorganisation und die Fähigkeit zur Vernetzten Operationsführung.

---

[32] Siehe Weißbuch 2006 (wie Am. 6), S. 102 f.; Konzeption der Bundeswehr (wie Anm. 4), S. 10.
[33] Konzeption der Bundeswehr (wie Anm. 4), S. 10; Schneiderhan, Bewahren (wie Anm. 7), S. 29.
[34] Das Zentrum für Transformation der Bundeswehr (ZTransfBw) unterstützt das BMVg bei Aufgaben für die zentrale Steuerung des Transformationsprozesses, für den Hauptprozess der Bundeswehrplanung, für die Planung, Vorbereitung, Durchführung und Nachbereitung von Einsätzen, Übungen und Experimenten sowie für Operations Research und Modellbildung und Simulation: www.zentrum-transformation.bundeswehr.de
[35] Siehe Weißbuch 2006 (wie Anm. 6), S. 105; Schneiderhan, Bewahren (wie Anm. 7), S. 31.

2. Nachrichtengewinnung und Aufklärung: Sie dienen dazu, Kenntnisse zur eigenständigen, situationsgerechten Lagebeurteilung aus allen Interessen-, Krisen- und Einsatzgebieten weltweit zu erlangen und somit die Entscheidungsfindung bei politischer Leitung und militärischer Führung zu ermöglichen.

3. Mobilität: Neben der strategischen Verlege- und Versorgungsfähigkeit in geografisch weit entfernte Einsatzgebiete bildet die taktische Beweglichkeit den zweiten Schwerpunkt dieser Fähigkeitskategorie.

4. Wirksamkeit im Einsatz: Das unmittelbare oder mittelbare Wirken gegen Ziele zur See, zu Lande, in der Luft oder im Informationsraum ist für die Durchsetzungsfähigkeit von Streitkräften bestimmend. Schon eine glaubhafte militärische Demonstration kann politisch, militärisch oder psychologisch wirken.

5. Unterstützung und Durchhaltefähigkeit: Diese stellt die personelle und materielle Einsatzbereitschaft der Bundeswehr für das gesamte Aufgabenspektrum sicher.

6. Überlebensfähigkeit und Schutz: Überlebensfähigkeit und Schutz von Personal und Material bilden Grundvoraussetzungen für die Auftragserfüllung. Sie sind darüber hinaus Ausdruck der Fürsorgeverpflichtung des Staates gegenüber den Angehörigen der Bundeswehr[36]. Dieses Fähigkeitsprofil gilt es, sowohl im Bereich der Beschaffung, aber auch in Bezug auf Ausbildung und Übung zu erreichen.

Handlungsfeld Kräftekategorien: »Kernelement der Transformation war und ist die Konzeption der Kräftekategorien als Reaktion auf neue Herausforderungen[37].« Die Bundeswehr gliedert sich in drei Kräftekategorien: Eingreif-, Stabilisierungs- und Unterstützungskräfte. Alle drei Kategorien umfassen Land-, Luft- und Seestreitkräfte sowie die erforderliche streitkräftegemeinsame Führung und Unterstützung. Die 35 000 Soldaten der Eingreifkräfte sind zu multinationalen, streitkräftegemeinsamen vernetzten Operationen hoher Intensität befähigt. Sie sollen vor allem friedenserzwingende Einsätze gegen vorwiegend militärisch organisierte Gegner durchführen. Zu diesem Kräftedispositiv zählen neben dem gepanzerten Kern des Heeres auch die Spezialkräfte. Weiterhin werden aus den Eingreifkräften vorwiegend die deutschen Beiträge zur NATO Response Force oder zu Operationen im oberen Intensitätsspektrum im Rahmen des EU Military Response Concepts sowie zum UN Standby Arrangement System geleistet. Die 70 000 Soldaten der Stabilisierungskräfte werden vorgehalten für multinationale, streitkräftegemeinsame militärische Operationen niedriger und mittlerer Intensität von längerer Dauer. Dennoch müssen sie gegen überwiegend asymmetrisch operierende Gegner durchsetzungsfähig sein. Im Vergleich zu den Eingreifkräften haben sie als militärisch effektive Kräfte einen anderen, aber gleichermaßen hochwertigen Auftrag und sind – auch wenn diesbezüglich gelegentlich eine andere Auffassung besteht – zur Eskalation und

---

[36] Weißbuch 2006 (wie Anm. 6), S. 112-116.
[37] Schneiderhan, Bewahren (wie Anm. 7), S. 30; Graw, Reform (wie Anm. 12), S. 15.

zum örtlich und zeitlich begrenzten Gefecht in der Lage. Wie die Eingreifkräfte auch setzen sich die Stabilisierungskräfte aus Zeit- und Berufssoldaten sowie FWDL und freiwillig eingeplanten Reservisten zusammen. Die 147 500 Soldaten der Unterstützungskräfte unterstützen die Eingreif- und Stabilisierungskräfte bei der Einsatzvorbereitung und -durchführung sowohl in der Heimat als auch in den Einsatzgebieten. Sie erfüllen neben logistischen sowie Führungsunterstützungsaufgaben generell querschnittliche Streitkräfteaufgaben[38].

Handlungsfeld Vernetzte Operationsführung (NetOpFü): Die Vernetzte Operationsführung ist ein weiteres Kernelement der Transformation. Sie bedeutet Führung und Einsatz von Streitkräften auf der Grundlage eines streitkräftegemeinsamen, alle Führungsebenen übergreifenden und interoperablen Informations- und Kommunikationsverbundes, der alle relevanten Personen, Stellen, Truppenteile und Einrichtungen sowie Aufklärungs- (Sensoren) und Waffensysteme (Effektoren) miteinander verbindet. In den künftigen Einsätzen soll die auf Basis eines gemeinsamen Lageverständnisses erlangte Informations- und Führungsüberlegenheit in Wirkung umgesetzt werden. Diese soll sich nicht nur im Erfolg auf dem Gefechtsfeld ausdrücken, sondern auch die Willensbildung des Gegners beeinflussen. Die NetOpFü soll sich in allen Fähigkeitskategorien der Bundeswehr widerspiegeln und in der Material- und Ausrüstungsplanung priorisiert berücksichtigt werden. Dabei erfolgt eine schrittweise und aufgabengerecht abgestufte Befähigung der Streitkräfte. Eingreif-, Stabilisierungs- und Unterstützungskräfte sollen allerdings so weit vernetzbar sein, dass sie sich wirkungsvoll unterstützen können. Aufgrund ihrer anspruchsvollen technischen Aspekte und ihrer Komplexität stellt die NetOpFü hohe Anforderungen an die Entscheidungsträger aller Ebenen. Sie müssen auf strategischer, operativer und taktischer Ebene gleichzeitig militärisch denken und im Sinne der übergeordneten Führung handeln. Das Führen mit Auftrag – ein Markenzeichen deutscher Militärkultur und bei Freunden und Partnern in höchstem Maße anerkannt – soll also unverzichtbare Grundvoraussetzung für die eingesetzten Soldaten bleiben[39].

IV. Aktuelle Entwicklungen und Herausforderungen

Strukturentwicklungen: Der Transformationsprozess zielt vor allem darauf ab, das Bundesministerium der Verteidigung (BMVg) und dessen nachgeordnete Bereiche ständig an die neuen Herausforderungen anzupassen. Die Verbesserung der Einsatzfähigkeit sollte durch eine weiterentwickelte Führungsorgani-

---

[38] Zu dem Personal der Unterstützungskräfte, in denen auch die Masse der Grundwehrdienstleistenden (GWDL) eingesetzt wird, zählen auch 39 000 Planstellen für Laufbahn- und Funktionsausbildung sowie zivilberufliche Qualifikationsausbildung. Vgl. Weißbuch 2006 (wie Anm. 6), S. 108–111.

[39] Ebd., S. 107.

sation erreicht werden, die durch den »Berliner Erlass« begonnen wurde. Der Generalinspekteur erhielt dadurch eine stärkere Stellung[40].

Auf operativer Ebene zeichnet das Einsatzführungskommando der Bundeswehr (EinsFüKdoBw) für die nationale Einsatzplanung und -führung verantwortlich. Dem Befehlshaber EinsFüKdoBw sind die Einsatzkontingente truppendienstlich und für die in nationaler Zuständigkeit verbliebenen Einsatzaufgaben unterstellt. Das Kommando Operative Führung Eingreifkräfte (Kdo OpFüEK) bildet unter anderem den Kern für ein verlegefähiges multinationales Einsatzhauptquartier und stellt bei Bedarf Personal für ein Operatives Hauptquartier für EU-Operationen. Das Kommando Führung Operationen von Spezialkräften (FOSK) plant und führt als eigenständiger Stab Einsätze von Spezialkräften auf der operativen Ebene[41]. Auf ministerieller Ebene wurde am 1. Juni 2008 der Einsatzführungsstab geschaffen. In ihm werden alle einsatzbezogenen Aufgaben der zivilen und militärischen Bereiche des BMVg zusammengeführt[42]. Damit sind, so der Generalinspekteur, die für die Kräftekategorien benötigten Führungsstrukturen einsatzbereit[43].

Das Heer bleibt als Träger der Landoperationen die größte Teilstreitkraft. Das Heeresführungskommando führt alle Großverbände – fünf Divisionen[44] – sowie die deutschen Anteile der multinationalen Korpsstäbe und der Deutsch-Französischen Brigade. Das Heeresamt führt alle zentralen Ausbildungseinrichtungen des Heeres und erarbeitet die Grundlagen für dessen Organisation, Weiterentwicklung, Ausrüstung und Ausbildung. Die Luftwaffe – umfangreich in die NATO integriert – stellt Fähigkeiten zur Landes- und Bündnisverteidigung bereit und gewährleistet »im streitkräftegemeinsamen Einsatz den Schutz der eigenen Bevölkerung und von Truppen im Ausland«. Unterhalb des BMVg führt das Luftwaffenführungskommando den Bereich Einsatz – drei Luftwaffendivisionen sowie das Lufttransportkommando[45]. Das Luftwaffenamt ist für die Einsatzunterstützung zuständig. Die Marine stellt im Rahmen des Konzeptes der »Expeditionary Navy« Fähigkeiten gegen konventionelle wie asymmetrische Bedrohungen bereit. Fast alle Kräfte sind der NATO assigniert und an

---

[40] Er ist der ministerialen Leitung für die Entwicklung und Realisierung der Gesamtkonzeption der militärischen Verteidigung – vor allem die Bundeswehrplanung, die Transformation, die Planung, Vorbereitung, Führung und Nachbereitung von Einsätzen sowie die Vorgabe streitkräftegemeinsamer Grundsätze – verantwortlich und wird durch den Führungsstab der Streitkräfte sowie die Inspekteure und Führungsstäbe der Teilstreitkräfte und Organisationsbereiche unterstützt und kann sich auf die Beratungen im Militärischen Führungsrat, im Einsatzrat sowie im Rüstungsrat stützen.

[41] Weißbuch 2006 (wie Anm. 6), S. 122.

[42] Lutz Krake, Der Einsatzführungsstab – Aufgaben, Ziele, Fähigkeiten, Strukturen. In: Strategie und Technik, 2008, 9, S. 11-13.

[43] Schneiderhan, Bewahren (wie Anm. 7), S. 30.

[44] Division Eingreifkräfte, Division Spezielle Operationen, Division Luftbewegliche Operationen, zwei weitere Divisionskommandos, die truppendienstlich vier weitere Brigaden der Stabilisierungskräfte führen.

[45] In der Zielstruktur verfügt die Luftwaffe über sieben fliegende Kampfverbände, drei Flugabwehrraketengeschwader für Luftverteidigung und mit Grundbefähigung zur Flugkörperabwehr, drei Einsatzführungsverbände und ein Objektschutzregiment.

allen vier »Ständigen Marineverbänden« beteiligt. Dem Flottenkommando unterstellt sind u. a. die beiden Einsatzflottillen und zwei Marinefliegergeschwader[46]. Das Marineamt ist für die lehrgangsgebundene Ausbildung, Rüstung, Ausrüstung und Logistik verantwortlich. Die Streitkräftebasis leistet querschnittlich und streitkräftegemeinsam bei Inlands- wie Auslandseinsätzen und bei der Katastrophenabwehr logistische Unterstützung und ist für Kampfmittelbeseitigung, ABC-Abwehr und Schutzaufgaben, Feldjägerwesen, Militärisches Nachrichtenwesen, strategische Aufklärung, Geoinformationswesen und Operative Information zuständig. Führungskommando ist das Streitkräfteunterstützungskommando, zentrale Fachaufgaben und die Weiterentwicklung der Streitkräftebasis obliegen dem Streitkräfteamt. Der Zentrale Sanitätsdienst stellt durch die sanitätsdienstliche Versorgung im In- und Ausland Schutz, Erhalt oder Wiederherstellung der Gesundheit der Soldaten sicher. Dem BMVg nachgeordnet sind auch die durch das Grundgesetz von der militärischen Organisation getrennte Bundeswehrverwaltung sowie der Rüstungs- und IT-Bereich[47].

Es fällt auf, dass die zahlreichen neu geschaffenen Führungsebenen immer weniger operative Verbände ins Feld führen können. An klassischen Kampftruppen stehen beim Heer derzeit lediglich sechs Panzer-, acht Panzergrenadier-, vier Fallschirmjäger-, drei Gebirgsjägerbataillone, ein Jägerbataillon, ein luftbewegliches Jägerregiment und ein neu aufzustellendes kombiniertes Infanterie- und Aufklärungsbataillon zur Verfügung. Die Vielzahl der Führungsebenen wird mit den gewandelten Einsätzen im multinationalen Rahmen begründet[48]. Ein anderer Erklärungsansatz wäre der Erhalt einer Aufwuchsfähigkeit in großem Rahmen. Allerdings lassen sich für Letzteres keine Belege finden. Angesichts jüngerer sicherheitspolitischer Entwicklungen – allen voran der Georgien-Konflikt im August 2008 – erscheint ein Nachdenken über mehr »boots on the ground« durchaus geboten. Als weiterer Kritikpunkt in der »Strategic Community« gilt die Gefahr einer »Zwei-Klassen-Armee« aufgrund unterschiedlicher Aufgaben und Ausstattung[49].

Entwicklungen der Personalstruktur: »Gut ausgebildete, gleichermaßen leistungsfähige wie leistungswillige Soldatinnen und Soldaten sowie zivile Mitarbeiterinnen und Mitarbeiter sind Grundvoraussetzung für die Einsatzbereitschaft der Bundeswehr«, heißt es im Weißbuch 2006[50]. Sie müssen für den Transformationsprozess »gewonnen« werden. Seit dem Ende des Kalten Krie-

---

[46] In der Einsatzflottille 1 wurden alle Bootsflottillen zusammengefasst. Zum heutigen Dispositiv gehören ein U-Boot-, ein Schnellboot-, ein Korvetten- und zwei Minensuchgeschwader, das Bataillon Spezialisierte Eingreifkräfte der Marine und das Bataillon Marineschutzkräfte sowie das Ausbildungszentrum U-Boote. Die Einsatzflottille 2 umfasst zwei Fregatten- und ein Trossgeschwader sowie einen ständig verfügbaren Einsatzstab.
[47] Weißbuch 2006 (wie Anm. 6), S. 123-126 (Heer); S. 127-130 (Luftwaffe); S. 131-133 (Marine); S. 135-138 (Streitkräftebasis); S. 139-142 (Zentraler Sanitätsdienst).
[48] Antwort der Bundesregierung auf die Große Anfrage der Abgeordneten Birgit Homburger, Elke Hoff sowie weiterer Abgeordneter und der Fraktion der FDP – BT-Drs. 16/9962, Berlin, 22. April 2009, S. 5 f.; Schneiderhan, Bewahren (wie Anm. 7), S. 30.
[49] Graw, Reform (wie Anm. 12), S. 17 f.
[50] Weißbuch 2006 (wie Anm. 6), S. 154.

ges ist die Bundeswehr massiv reduziert worden. Betrug ihr Personalumfang 1991 rund 650 000 Soldaten und zivile Bedienstete, ist deren Zahl unterdessen auf rund 370 000 gesunken – davon etwa 250 000 Soldatinnen oder Soldaten. Mit aktuell ca. 189 000 Berufs- und Zeitsoldaten (BS/ SaZ) sowie rund 110 000 zivilen Mitarbeitern ist die Bundeswehr noch immer einer der größten Arbeitgeber Deutschlands, obwohl sie bei den Einsparungen im Öffentlichen Dienst des Bundes einen Anteil von 80 Prozent erbracht hat.

Personalstärken der Bundeswehr 1987-2007 (ohne zivile Mitarbeiter)[51]

Jahr	Gesamt	BS/SaZ	Wehrpflichtige	Offiziere	Unteroffiziere	Mannschaften
1988	487 000	262 000	224 000	42 900	152 700	291 000
1990	509 100	300 700	208 400	65 000	176 000	267 500
1994	347 300	202 500	144 800	39 800	122 200	185 300
2001	302 200	187 450	114 750	37 300	110 900	154 000
2007	250 800	188 800	62 000	37 000	116 800	97 000
PSM	206 000	156 000	25 000 FWDL			
2010			25 000 GWDL			

Das Personalstrukturmodell (PSM) 2010 sieht 156 000 Zeit- und Berufssoldaten vor, zu denen de facto die rund 25 000 Freiwilligen (FWDL) gehören, die zusätzlichen Wehrdienst leisten. Aufgrund der seit Beginn der Auslandseinsätze gängigen Praxis, trotz der de jure vorhandenen Möglichkeit keine Grundwehrdienstleistenden (GWDL) in den Einsätzen des erweiterten Aufgabenspektrums einzusetzen, erfolgten die Personalreduzierungen zum erheblichen Teil bei dieser Kategorie.

Die Wehrpflicht bleibt in angepasster Form erhalten. Das PSM 2010 sieht 25 000 GWDL und 25 000 FWDL vor, allerdings schuf Verteidigungsminister Franz Josef Jung mehrfach mehr Dienstposten für Wehrpflichtige, um so die Wehrgerechtigkeit zu erhöhen[52]. Die Wehrpflichtgegner führen die vermeintliche Dienstungerechtigkeit, die Nachrangigkeit der Landesverteidigung, die vermeintliche Unprofessionalität und die Bindung von Zeit- und Berufssoldaten durch die Ausbildung von GWDL als Argumente gegen sie ins Feld. Dass sich die Allgemeine Wehrpflicht sicherheitspolitisch (Aufwuchsfähigkeit, militärische Flexibilität, Schutz der Bevölkerung vor asymmetrischen Bedrohungen, Katastrophenhilfe), gesellschaftspolitisch (bessere Integration der Streitkräfte in die Gesellschaft), streitkräftespezifisch (40 Prozent der SaZ werden aus den Reihen der GWDL gewonnen) und finanziell begründen lässt, muss daher in der öffentlichen Diskussion, aber auch innerhalb der Streitkräfte besser vermittelt werden. Eine Klärung der Wehrpflichtfrage in bisheriger deutscher sicher-

---

[51] Mitteilung BMVg, FüS I 2.
[52] BMVg, Moderne Wehrpflicht für die Bundeswehr der Zukunft, Berlin, März 2007, S. 24.

heitspolitischer Tradition durch die Entscheidung eines Verfassungsgerichtes über ihre Rechtmäßigkeit ist einer Sicherheitskultur nicht zuträglich[53].

Eine weitere Form des Wehrdienstes sind Reserveübungen. Acht bis neun Millionen Deutsche haben Wehrdienst geleistet und unterliegen noch der Wehrüberwachung. Die derzeitigen Strukturen erlauben aber lediglich die Einplanung von 80 000 bis 100 000 Reservisten. Durch das umstrittene Freiwilligkeitsprinzip für Wehrübungen mutiert der wehrpflichtige Reservist de facto zum Teilzeitsoldaten[54].

Die Personalgewinnung bleibt eine der größten Herausforderungen der Bundeswehr. Sie bietet im »Kampf um die besten Köpfe« zumindest für potenzielle männliche Bewerber einen großen Vorteil: Die Wehrpflicht gestattet einen schaufensterartigen Einblick. Jährlich hat die Bundeswehr einen Regenerationsbedarf von 2000 Bewerbern für die Laufbahnen der Offiziere und 19 000 für die der Unteroffiziere und Mannschaften. In den letzten Jahren nimmt die Zahl der Bewerbungen stetig ab[55]. Dieser Rückgang muss besonders angesichts der Tatsache alarmieren, dass die Bewerberbasis in den letzten Jahren erheblich vergrößert wurde.

Ausgelöst durch ein Urteil des Europäischen Gerichtshofes öffnete Verteidigungsminister Rudolf Scharping 2001 alle militärischen Tätigkeitsbereiche für Frauen. Derzeit (Ende 2009) sind rund fünf Prozent der Soldaten des Truppendienstes und 39 Prozent des Sanitätsdienstes weiblich. Dass die Integration von Frauen in den Streitkräften weitgehend zufriedenstellend verläuft, ist wohl nur zum Teil dem Soldatinnen-und-Soldaten-Gleichbehandlungsgesetz zu verdanken: Es soll eine Frauenquote von 15 Prozent im Truppen- und 50 Prozent im Sanitätsdienst erreichen und sieht daher die bevorzugte Förderung von Frauen vor[56]. Dieses Gesetz wird als Quotenzwang empfunden und stößt auf Skepsis – ebenso wie andere Auswüchse von Regelungswut, etwa geschlechtsneutral formulierte und daher unübersichtliche Vorschriften. Ein Beispiel: »Die Kommandantin bzw. der Kommandant eines Kampffahrzeuges, die Geschützführerin bzw. der Geschützführer oder Mörsertruppführerin bzw. Mörsertruppführer, die Führerin bzw. der Führer der Feuerleitstelle der Artillerie, die Bedienerin bzw. der Bediener des Feuerleitrechners im Feuerleittrupp Mörser und die Hubschrauberführerin bzw. der Hubschrauberführer sind stets zugleich Sicherheitsgehilfin bzw. Sicherheitsgehilfe[57].« Akzeptanz lässt sich nicht anordnen

[53] Es gab bereits mehrfach solche Ansätze, sowohl vor dem Bundesverfassungsgericht als auch vor dem Europäischen Gerichtshof, die alle scheiterten. Gerade das Bundesverfassungsgericht sah wiederholt Regierung und Gesetzgeber in der Verantwortung, zuletzt am 22. Juli 2009 (Aktenzeichen 2 BvL 3/09).

[54] Weißbuch 2006 (wie Anm. 6), S. 79; Jan-Phillipp Weisswange, Reservisten der Bundeswehr. Ihre Rolle für Militär und Gesellschaft in der Transformation. In: <www.bundeswehr.de/fileserving/PortalFiles/02DB131300000001/W27Q8HTZ431INFODE/v_3_reservisten-der-bundeswehr.pdf> [letzter Abruf 30.8.2009].

[55] Antwort der Bundesregierung (wie Anm. 48), S. 8.

[56] Unterrichtung durch den Wehrbeauftragten (wie Anm. 12), S. 34.

[57] Vgl. ZDv 44/10 VS-NfD »Schießsicherheit«, Randnummer 638. Einen pragmatischeren Sprachgebrauch erlaubt der Leitfaden zur sprachlichen Gleichbehandlung von Soldatinnen und Soldaten. G1/A1-Information, FüS I 3, Bonn, 16. Januar 2009.

und durch Gleichstellungsbeauftragte überwacht, sondern muss vielmehr durch persönlichen Einsatz und Professionalität gewonnen werden[58].

Verteidigungsminister Scharping machte 2002 zudem tiefe Einschnitte in die militärische Kultur, um die Attraktivität des Dienstes in den Streitkräften zu steigern. So besteht im Rahmen der »Qualifizierungsoffensive« seit 2002 für geeignete Bewerber mit für die Bundeswehr interessanten zivilberuflichen Qualifikationen die Möglichkeit, mit höherem Dienstgrad als Zeitsoldat Dienst zu leisten[59]. Zivilberufliche Aus- und Weiterbildung während des Dienstes, Zulagen und Weiterverpflichtungsprämien sollen ebenso attraktivitätssteigernd wirken wie die Vereinbarkeit von Familie und Beruf und eine verbesserte Infrastruktur[60]. Dennoch besteht nach wie vor Handlungsbedarf. Einsatzbelastung, häufige Versetzungen und Standortwechsel oder mangelnde Planungssicherheit werden bereits seit Jahren als dringende Handlungsfelder in den Berichten des Wehrbeauftragten identifiziert[61].

Entwicklungen bei Ausbildung, Bildung und Erziehung: Geeignetes Personal muss aus-, fort- und weitergebildet sowie erzogen werden – und zwar wegen der rasanten sicherheitspolitischen, gesellschaftlichen, streitkräftespezifischen und technologischen Entwicklungen lebenslang. Um den veränderten Rahmenbedingungen Rechnung zu tragen, erfolgt die Neuordnung der Ausbildung durch Hervorheben des streitkräftegemeinsamen und multinationalen Ausbildungsansatzes, das Ausrichten der Ausbildung an Einsatzerfordernissen (einschließlich Sprachenausbildung); durch weiteres Harmonisieren und Standardisieren der Ausbildung; durch Realisieren zentraler Ausbildungseinrichtungen der Streitkräfte; sowie durch Auswerten und konsequentes Umsetzen von Erfahrungen und Erkenntnissen aus Einsätzen, Übungen und CD&E-Vorhaben[62].

Entwicklungen bei Materialbeschaffung und -bewirtschaftung: Einsätze in geografisch weit entfernten Regionen, oftmals mit hoher Gefährdungslage, stellen neue Anforderungen in allen Fähigkeitskategorien. Parallel dazu ist die rasante technologische Entwicklung – insbesondere im IT-Bereich – zu berücksichtigen. Trotz etlicher Fortschritte – etwa das Aufklärungssystem SAR Lupe oder eine Vielzahl geschützter Fahrzeuge – verzögern sich einige wichtige Projekte: so das Transportflugzeug A-400 M oder der Mittlere Transporthubschrauber NH 90. Aufgrund der Haushaltslage ist eine Priorisierung in der Ausrüstungs- und Materialplanung erforderlich[63].

Entwicklungen bei Organisation und Betrieb: Wiederum unter Verteidigungsminister Scharping erfolgten erste Ansätze, durch Kooperationen mit der Wirt-

---

[58] Siehe zu dieser Problematik: Unterrichtung durch den Wehrbeauftragten (wie Anm. 12), S. 34 f.
[59] Dass diese Spezialisten nicht als solche zu erkennen waren – beispielsweise durch eigene Dienstgradabzeichen – stieß gelegentlich auf Kritik.
[60] Schneiderhan, Bewahren (wie Anm. 7), S. 29.
[61] Unterrichtung durch den Wehrbeauftragten (wie Anm. 12), S. 3-7.
[62] 2004 wurde die modular aufgebaute Einsatzvorbereitende Ausbildung für Konfliktverhütung und Krisenbewältigung (EAKK) eingeführt. Seither erhalten alle Soldaten bereits in der Allgemeinen Grundausbildung streitkräftegemeinsames Grundlagenwissen und erste Kenntnisse für den Auslandseinsatz. Weißbuch 2006 (wie Anm. 6), S. 162-165.
[63] Siehe Graw, Reform (wie Anm. 12), S. 14-17.

schaft Einsparungen zu erzielen. Hierzu schloss die Bundesregierung am 15. Dezember 1999 mit der Wirtschaft den Rahmenvertrag »Innovation, Investition und Wirtschaftlichkeit in der Bundeswehr«[64]. Am 22. August 2000 nahm dann die Gesellschaft für Entwicklung, Beschaffung und Betrieb mbH (g.e.b.b.) ihre Arbeit auf. Durch Zusammenarbeit mit der Wirtschaft sollen die begrenzten Ressourcen der Bundeswehr effektiver eingesetzt und zusätzliches Kapital der privaten Wirtschaft und deren Fähigkeiten für die Bundeswehr nutzbar gemacht werden[65].

Entwicklungen bei den Einsätzen: Gegenwärtig sind rund 7 450 Soldaten der Bundeswehr weltweit im Einsatz. Dass sie einen wichtigen und notwendigen Beitrag zur Sicherheit Deutschlands leisten, erkennt die Gesellschaft inzwischen an – auch wenn die persönliche Bereitschaft der Befragten sinkt, sich in sie einzubringen[66]. Die Einsatzkontingente werden aus dem vorhandenen Streitkräftedispositiv modular zusammengestellt. Auftrag, Aufgaben und Bedingungen im Einsatzgebiet, Verfügbarkeit von Kräften und Mitteln und die Abstimmung mit den Bündnispartnern bestimmen den Kräfte- und Mittelansatz[67]. Künftig sollen modulare Fähigkeitspakete als deutscher Beitrag für multinationale Operationen angeboten und in Abstimmung mit den Bündnispartnern flexibel, zeitlich begrenzt und – falls erforderlich – schnell eingesetzt werden. Auch wenn ein Fähigkeitsmodul aus Personal und Material verschiedener Truppenteile bestehen kann, ist geplant, künftig geschlossene Teileinheiten oder Einheiten zum Einsatz zu bringen[68].

Entwicklungen der Haushaltslage: Die Haushaltslage wird den ständigen Anpassungsprozess der Bundeswehr immer wesentlich bestimmen. In den vergangenen Jahren wurde seitens des BMVg, der Truppe, von Verteidigungspolitikern, Politikwissenschaftlern und der Publizistik immer wieder auf die Unterfinanzierung hingewiesen – allerdings regelmäßig ungehört. Zwar signalisierte der im Vergleich zu den Vorjahren gesteigerte Verteidigungshaushalt 2009 Entspannung, bietet aber auf mittelfristige Sicht noch keinen wirklichen Anlass zur Euphorie[69].

---

[64] <https://www.zvei.org/fileadmin/user_upload/Fachverbaende/Wehrtechnik/Grundsatzdokumente/Rahmenvertrag_Bw_15-9-99.pdf> [letzter Abruf 30.8.2009].

[65] Prominente Beispiele sind: HERKULES (BWI Informationstechnik GmbH), die Bundeswehr Fuhrparkservice GmbH, die LH Bundeswehr Bekleidungsgesellschaft mbH, das Kooperationsmodell Heeresinstandsetzungslogistik (HIL) sowie der Gesicherte Gewerbliche Strategische Seetransport (GGVS) und der Gesicherte Gewerbliche Strategische Lufttransport (GGSL bzw. SALIS).

[66] Thomas Bulmahn, Bevölkerungsbefragung 2008. Sicherheits- und verteidigungspolitisches Meinungsklima in Deutschland, Strausberg 2008.

[67] Schneiderhan, Bewahren (wie Anm. 7), S. 30.

[68] BMVg, Bundeswehrplan 2008, S. 47; BMVg, Bundeswehrplan 2009, S. 30. Siehe die Angaben unter www.geopowers.com.

[69] Gerhard Hubatschek, Verteidigungshaushalt 2009 – Positive Bilanz für die Legislaturperiode. In: IDS, 12 (2008), S. 2 f.

V. Forderungen an die politische Führung und die Gesellschaft

Es wäre zu kurz gegriffen, die Transformation der Bundeswehr nur als Herausforderung für die Streitkräfte zu begreifen: »Transformation braucht Geduld. [...] Rahmenbedingungen, die wir nicht entscheidend beeinflussen können, zwingen uns dazu. Aber nicht alle negativen Entwicklungen, die der Transformation zugeschrieben werden, sind ihr anzulasten[70].«

Erstaunlicherweise nimmt den massiven Wandel der Bundeswehr außerhalb der Streitkräfte kaum jemand zur Kenntnis. Bundespräsident Horst Köhler bemängelte ein »freundliches Desinteresse« in Politik und Gesellschaft: »Mich macht nachdenklich: Die Bundeswehr wird von einer Selbstverteidigungsarmee umgebaut zu – was eigentlich? einer Armee im Einsatz? einer Interventionsarmee?; der Deutsche Bundestag stimmt mehr als vierzig Mal dem Einsatz bewaffneter Streitkräfte im Ausland zu; aber die Deutschen wirken von all dem kaum berührt oder gar beeindruckt. Gewiss, die Bundeswehr ist gesellschaftlich anerkannt; aber was heißt das eigentlich genau? Die Deutschen vertrauen der Bundeswehr, mit Recht, aber ein wirkliches Interesse an ihr oder gar Stolz auf sie sind eher selten. Noch seltener sind anscheinend der Wunsch und das Bemühen, den außen- und sicherheitspolitischen Wandel zu verstehen und zu bewerten, der da auf die Bundeswehr einwirkt[71].«

Worin liegen die Ursachen dafür? Kein wesentlicher deutscher sicherheitspolitischer Meilenstein der Post-cold-war-Era – Umbau der Bundeswehr zur Einsatzarmee, Öffnung der Streitkräfte für Frauen, Bundeswehreinsatz zum Schutz der Inneren Sicherheit, weitere Ausgestaltung der Wehrpflicht – ist politisch gestaltet, sondern durch Verfassungsgerichte entschieden worden. Nach Klarstellung der Rechtmäßigkeit von Einsätzen im Erweiterten Aufgabenspektrum durch das Grundsatzurteil des Bundesverfassungsgerichtes vom 12. Juli 1994 dauerte es mehr als zehn Jahre, bis ein Einsatzversorgungsgesetz einigermaßen Sicherheit für im Dienst verwundete oder gefallene Soldaten der Parlamentsarmee und deren Angehörige bot[72]. Monatelange staatsanwaltschaftliche Ermittlungsverfahren nach Schusswaffengebrauch in den Einsätzen ließen sich ebenfalls als Anzeichen für mangelnde politische Rückendeckung auffassen – inzwischen hat sich die Situation durch den verbesserten Rechtsschutz für Soldaten etwas entspannt[73].

---

[70] Schneiderhan, Bewahren (wie Anm. 7), S. 31.
[71] Horst Köhler, Einsatz für Freiheit und Sicherheit. Rede von Bundespräsident Horst Köhler auf der 40. Kommandeurtagung der Bundeswehr, 10. Oktober 2005, Bonn. In: Bulletin. Hrsg. vom Presse- und Informationsamt der Bundesregierung, Nr. 79-1 vom 11.10.2005, S. 8 f.; siehe auch Chauvistré, Wir Gutkrieger (wie Anm. 12), S. 54-57.
[72] Das Gesetz zur Regelung der Versorgung bei besonderen Auslandsverwendungen wurde am 21. Dezember 2004 beschlossen und trat rückwirkend zum 1. Dezember 2002 in Kraft.
[73] Reinhard Müller, Erlaubt muss sein, was nötig ist. In: FAZ.net vom 14. Mai 2009; Schneiderhan, Bewahren (wie Anm. 7), S. 29.

Während sich deutsche Soldaten nach eigener Auffassung im Krieg befinden, herrscht in der Heimat tiefster Frieden. Umso wichtiger erscheint es, dem Verfall der sicherheitspolitischen (Un-)Kultur des Desinteresses entgegenzuwirken. Hier ist in erster Linie die politische Führung gefordert, die breit angelegte, sicherheitspolitische Debatte in der Öffentlichkeit anzustoßen. Ansatzpunkte hierfür gäbe es genug – beispielsweise die im Sommer 2009 verschärfte Sicherheitslage in Afghanistan[74]. Ebenfalls dringend erforderlich sind klare politische Strategien für die Einsätze. Diese müssen klare Zielvorstellungen für die Zeit nach militärischen Interventionen enthalten – und Zeitpunkte für den Abzug militärischer Mittel umfassen[75]. Nachholbedarf gibt es offenbar auch noch, die Vernetzte Sicherheitspolitik in der Praxis umzusetzen. Der gescheiterte Befreiungsversuch des vor Somalia durch Piraten zwischen April und August 2009 gekaperten Frachters »Hansa Stavanger« offenbarte Abstimmungsschwierigkeiten in der politischen Führung und in den Ressorts[76].

Überhaupt bildet die Verknüpfung von innerer und äußerer Sicherheit eine wichtige politische Aufgabe. Trotz des erweiterten Aufgabenspektrums bleibt die Landesverteidigung »eine zentrale Aufgabe der Bundeswehr als Ausdruck staatlicher Souveränität und gemeinsamer Sicherheitsvorsorge gegen mögliche, auf absehbare Zeit aber unwahrscheinliche Bedrohungen«. Das Weißbuch 2006 fasst den Begriff der Landesvereidigung vor dem Hintergrund der Verflechtungen zwischen innerer und äußerer Sicherheit weiter: »Effiziente Landesverteidigung erfordert verlässliche regionale Strukturen sowie Zivil-Militärische Zusammenarbeit bei Nutzung vorhandener Kapazitäten. Das Konzept der zivilen Verteidigung wird vor diesem Hintergrund fortentwickelt und das Konzept der Zivil-Militärischen Zusammenarbeit weiter ausgebaut[77].«

Die völlig neue Aufstellung einer auf Reservisten abgestützten bundesweiten territorialen Wehrorganisation bildet einen innovativen Ansatz, zivile Krisenvorsorge und militärische Unterstützung besser miteinander zu verknüpfen[78]. Ob weitergehende Ansätze, Katastrophenschutzzüge aus Reservisten aufzustellen, sinnvoll sind, erscheint hingegen angesichts der bereits vorhandenen, weltweit einzigartigen Kräftepotenziale für Bevölkerungs- und Katastrophenschutz fraglich[79]. Dagegen wäre im Zusammenhang mit der Neuausrichtung des sicherheitspolitischen Instrumentariums auf den Schutz Deutschlands vor asymmetrischen Bedrohungen – für die eine breite gesellschaftliche Ak-

---

[74]   Siehe Robbe, Für die Soldaten ist es Krieg (wie Anm. 12).

[75]   So forderte der Hauptprotagonist der »Salamitaktik«, Volker Rühe, in einem Interview mit dem Spiegel 34/2009 eine Exit-Strategie für den ISAF-Einsatz.

[76]   Ralf Beste [u.a.], Mission Impossible, in: Der Spiegel 19/2009, S. 22-28; Ralf Beste [u.a.], Bedingt angriffsbereit. In: Der Spiegel 20/2009, S. 24-28.

[77]   Weißbuch 2006 (wie Anm. 6), S. 64 (beide Zitate).

[78]   Bernhard Frank, Einsätze der Bundeswehr zur Hilfeleistung im Inland. In: Die Streitkräftebasis. Ein Motor der Transformation der Bundeswehr (= Wehrtechnischer Report, 2006, 9, S. 31-36).

[79]   Es besteht sogar die Gefahr, dass dieses innovative Verbindungselement als »Flecktarn-THW« fehlinterpretiert wird. Jan-Phillipp Weisswange, Auf Zukunft gepolt. In: Y. Magazin der Bundeswehr, 2008, 2, S. 54.

zeptanz angenommen werden kann[80] – die Möglichkeit zu prüfen, im Bereich der territorialen Wehrorganisation gekaderte Objektschutzkräfte zu implementieren. Andere Alternativen wären der Ersatz der jetzigen Wehrpflicht durch eine allgemeine Dienstpflicht oder die Aufstellung einer »Heimwehr« nach dem Vorbild der skandinavischen Staaten.

VI. Resümee und Ausblick

Die Transformation der Bundeswehr steuert einen fortlaufenden, vorausschauenden Anpassungsprozess der deutschen Streitkräfte an die sich ändernden sicherheitspolitischen Rahmenbedingungen und zielt auf die Verbesserung und den dauerhaften Erhalt ihrer Einsatzfähigkeit. Sie hat massive Umstrukturierungen nach sich gezogen und sie kann – je nach Änderungen der Rahmenbedingungen – weitere nach sich ziehen.

Umstrukturierungen stellen für Streitkräfte weniger die Ausnahme, sondern eher die Regel dar. General a.D. Ulrich de Maizière, der ehemalige Generalinspekteur und einer der Gründungsväter der Bundeswehr, hat es anlässlich deren 50. Jubiläums treffend ausgedrückt: »Eine Armee ist immer in Bewegung, sie ist niemals ›fertig‹[81].« Klare politische Vorgaben, ausreichende Haushaltsmittel sowie Akzeptanz und Rückhalt erleichtern einer Armee ihre Auftragserfüllung, hier ergibt sich im Hinblick auf die Bundeswehr Nachholbedarf.

Mit dem Wegfall der militärischen Bedrohung des Kalten Krieges, der zunehmenden Komplexität von Sicherheitspolitik und nicht zuletzt dem Truppenabbau und der Kürzung der Wehrpflicht hat sich die Sicherheitskultur der Bundesrepublik Deutschland massiv gewandelt. Angesichts einer sich verfestigenden »(Un-)Kultur des sicherheitspolitischen Desinteresses« ist es unabdingbar, die Staatsbürger – in Uniform und ohne Uniform – für den neuen sicherheitspolitischen Weg mitzunehmen. Fest steht: Es wird alles im Fluss bleiben. Die Transformation ist also ohne Alternative. Aber es bedarf verantwortungsbewusster Reeder, vorausschauender Steuerleute und der Kommunikation zwischen allen, die im selben Boot sitzen. Sonst liefen Transformation und Sicherheitskultur tatsächlich Gefahr, Schiffbruch zu erleiden.

---

[80] Gemäß der jüngsten Bevölkerungsbefragung des Sozialwissenschaftlichen Instituts der Bundeswehr (2008) befürworten zwischen 83 und 92 Prozent der Befragten den Schutz kritischer Infrastruktur und vor Terroranschlägen durch die Bundeswehr. Vgl. Bulmahn, Bevölkerungsbefragung (wie Anm. 66), S. 25.

[81] Ulrich de Maizière, Was war neu an der Bundeswehr? Betrachtungen eines Zeitzeugen. In: Entschieden für Frieden. 50 Jahre Bundeswehr 1955 bis 2005. Im Auftr. des MGFA hrsg. von Klaus-Jürgen Bremm, Hans-Hubertus Mack und Martin Rink, Freiburg i.Br. 2005, S. 11-16, hier S. 15.

Diachrone Betrachtungen

Reiner Pommerin

Die Wehrpflicht zwischen Bellizismus und Zivilgesellschaft. Ein Überblick

Die Pflicht des Lehnsmanns, dem Lehnsherren im Fall eines Krieges mit Waffen und Gefolge zur Verfügung zu stehen, erwuchs im Mittelalter aus der Pflicht des Lehnsherrn, auch seinerseits einem Vasallen Schutz und Schirm zu garantieren. Diese Pflichten bildeten einen wesentlichen Teil des gegenseitigen Treueverhältnisses, das sich aus der Verleihung von Grund und Boden durch den Lehnsherrn an den Lehnsmann ergab. Natürlich sahen sich die Einwohner eines Territoriums wohl nicht erst seit dem frühen Mittelalter veranlasst – und gewiss auch hinreichend motiviert –, bei einem Überfall durch ein feindliches Heer Kriegsdienst oder sonstige, bei der Verteidigung anfallende Arbeiten zu leisten. Erbracht wurden diese zunächst von freien Bauern sowie abhängigen Dorfbewohnern.

Die Heranziehung der Einwohner beschränkte sich allerdings nicht allein auf die Verteidigung des eigenen Territoriums; denn »auf Geheiß ihres Landesherren waren Teile von ihnen sogar im Rahmen eines Aufgebots zeitlich begrenzt außerhalb der Landesgrenzen einsetzbar«[1]. Doch richtete sich die Landfolge im 15. und 16. Jahrhundert neben der Verteidigung gegen Einfälle von außen nicht zuletzt auch gegen die Überfälle der innerhalb des eigenen Landes umherschweifenden Banden. Abgesehen davon, dass die in den einzelnen Territorien des Heiligen Römischen Reichs Deutscher Nation abgefassten Dienstpflichten für die jeweiligen Untertanen unterschiedlich ausfielen, sahen sie zudem auch eine Reihe von Ausnahmeregelungen vor. So konnten etwa wohlhabendere Dienstpflichtige einen, allerdings von ihnen auszurüstenden, Knecht zu ihrer Stellvertretung entsenden.

Da die Pflicht zum Kriegsdienst nur einen geringen Teil der jeweiligen Landesbevölkerung erfasste und zumeist eher eine reine Zahlungspflicht darstellte, prägte in erster Linie der Einsatz von Landsknechten in Söldnerarmeen das Kriegsgeschehen in Spätmittelalter und Früher Neuzeit. Die jeweiligen Landsknechtshaufen oder Söldnerarmeen stellten Condottieri, also Militärunternehmer wie etwa Francesco Sforza, Georg von Frundsberg oder Albrecht

---

[1] Bruno Thoß, Wehrpflicht in Deutschland – ein historischer Überblick. In: Wehrpflicht auf dem Prüfstand. Über die Zukunft einer Wehrform. Hrsg. von Ralph Thiele, Berlin 2000, S. 11–33, hier S. 13.

von Wallenstein zusammen, oder sie wurden im Auftrag der Landesherren angeworben. Die landsmannschaftliche Herkunft der Landsknechte spielte dabei keine Rolle. Schon um dem ständigen Druck der Anwerbung ausländischer Söldner zu entgehen, forderte der den Kaisern Karl V. sowie Maximilian II. dienende Söldnerführer Lazarus von Schwendi zwar bereits im 16. Jahrhundert die Aufstellung eines Volksaufgebots, eine stärkere Verpflichtung des Adels sowie eine effektivere Finanzierung und Versorgung der Truppen[2]. Doch können solche Forderungen, die zudem keine Umsetzung fanden, ebenso wenig wie die frühmittelalterliche Landfolge oder die Defensionswerke der Frühen Neuzeit als Vorläufer einer *allgemeinen* Wehrpflicht angesehen werden[3]. Schließlich bezogen sich solche Überlegungen und Wehrformen nicht auf einen in einer Demokratie lebenden Staatsbürger, sondern zielten vielmehr noch auf den Untertan. Dies gilt auch für die 1630 in Schweden von König Gustav II. Adolf eingeführte Wehrpflicht, die sich auf männliche Untertanen zwischen 18 und 30 konzentrierte, von diesen allerdings nur diejenigen einzog, die bestimmte psychische und physische Voraussetzungen erfüllten. Zudem blieben einige Berufsgruppen in Schweden von dieser Wehrpflicht unberührt.

Die Umwandlung der Landfolge in ein Defensionswerk mit einer Dienstpflicht erfolgte nur langsam, wobei den von den Ständen oder den Landesherren anberaumten regelmäßigen Musterungen, bei denen auch Waffen und Material überprüft wurden, gewiss eine wichtige Rolle zukam. Im Fall eines drohenden Krieges zogen die Landesherren jedoch weiterhin nicht alle waffenfähigen Landesbewohner ein, sondern sie beschränkten sich, je nach militärischer Lage, auf einen kleinen Teil der dienstfähigen männlichen Bevölkerung, den sogenannten Ausschuss. Die Defensionswerke, die beispielsweise Ende des 16. Jahrhunderts in Brandenburg, Bayern oder in Hessen entstanden, suchten den Ausschüssen einen organisatorisch festeren und zuverlässigen Rahmen zu verleihen, um dadurch die als sehr unzuverlässig erscheinenden und schwer zu disziplinierenden Söldnerheere ersetzen zu können.

Doch enthielten auch diese Defensionswerke noch eine Fülle von Ausnahmeregelungen, sodass der angeworbene Söldner, zumeist ein »Ausländer«, der kriegführende Soldat blieb. Die Bedeutung der Defensionspflicht und die Frage, ob ein Söldnerheer oder ein Defensionswerk besser zur Landesverteidigung geeignet sei, verringerten sich in dem Maße, in dem sich die frühneuzeitliche Staatenbildung vollzog, und schließlich die stehenden Heere deren Platz und Funktion übernahmen und erweiterten. Schließlich verfügten die Staaten Euro-

---

[2] Vgl. dazu Matthias Rogg, Die Ursprünge. Ritter, Söldner, Soldat – Militärgeschichte bis zur Französischen Revolution 1789. In: Grundkurs deutsche Militärgeschichte. Die Zeit bis 1914. Vom Kriegshaufen zum Massenheer. Im Auftr. des MGFA hrsg. von Karl-Volker Neugebauer, München 2006 (= Grundkurs deutsche Militärgeschichte, 1), S. 46.

[3] Vgl. dazu Helmut Schnitter, Die überlieferte Defensionspflicht. Vorformen der allgemeinen Wehrpflicht in Deutschland. In: Die Wehrpflicht. Entstehung, Erscheinungsformen und politisch-militärische Wirkung. Im Auftr. des MGFA hrsg. von Roland G. Foerster, München 1994 (= Beiträge zur Militärgeschichte, 43), S. 29-37.

pas im Zeitalter des Absolutismus über ein berufsständisch geprägtes und dem jeweiligen Monarchen unterstehendes Militär. Nur dieses übte das Monopol der staatlichen Gewalt aus, selbst wenn es, wie etwa in Frankreich im Rahmen einer dualistischen Heeresverfassung neben den geworbenen Truppen des Linienheeres gleichzeitig noch Milizen gab. Das bedingungslos dem Monarchen untergeordnete Militär, »die Verstaatlichung von Heerwesen und Heeresunterhalt und damit die Abwendung vom System des privaten Kriegsunternehmertums ist ein Vorgang, dessen Bedeutung für die Entstehung des frühmodernen Staates gar nicht überschätzt werden kann«[4]. Für eine allgemeine Wehrpflicht der Untertanen gab es im stehenden Heer, allein schon bedingt durch die zahlreichen und vielfältigen Einsätze sowie die spezifische gesellschaftliche Struktur des absolutistischen Staates, keinen Platz.

Weil die das Ende der stehenden Heere ankündigenden Ereignisse und Erfahrungen des amerikanischen Unabhängigkeitskrieges in Europa praktisch nicht wahrgenommen wurden, erwiesen sich erst die politischen Umwälzungen im Gefolge der Französischen Revolution als richtungsweisend für die Entwicklung einer allgemeinen Wehrpflicht. Zur Aufrechterhaltung von Recht und Ordnung gründete sich bei Revolutionsausbruch zunächst in Paris und dann später in ganz Frankreich eine Bürgerwehr, die Nationalgarde. Von ihrem geringen militärischen Nutzen einmal abgesehen, signalisierte jedoch allein schon ihre bloße, innenpolitisch durchaus bedeutsame Existenz, dass der Bürger auch Soldat und der Soldat auch Bürger war. Deshalb gab die Verfassung von 1791 jedem aktiv wahlberechtigten Franzosen das Recht, in die Nationalgarde einzutreten. Einen Zwang zum Dienst in der Nationalgarde enthielt die Verfassung allerdings nicht. Die französische Nationalversammlung hatte zunächst das bisher dem König verpflichtete stehende Heer als Söldnerheer beibehalten. Anfänglich durchaus angestellte Überlegungen, eine völlig neue, dem revolutionären Staat stärker verbundene Armee, auf Grundlage einer allgemeinen Wehrpflicht aufzubauen, erfuhren eine deutliche Ablehnung. Doch zeigten die weiteren revolutionären Ereignisse schnell, dass das stehende Heer mit seinen Linientruppen nicht mehr als zuverlässig angesehen werden konnte. Als die von disziplinaren Problemen sowie der Emigration vieler adeliger Offiziere betroffenen Linientruppen schließlich nicht nur als potenziell revolutionsgefährdend, sondern zudem auch als untaugliches Instrument für die Außenpolitik Frankreichs angesehen werden mussten, rief die Regierung am 4. August 1791 Freiwillige aus der Nationalgarde auf. Mit deren Hilfe schuf sie Freiwilligenbataillone, die bis 1793 gleichberechtigt neben den Linientruppen standen. »Ihre militärische Bedeutung entsprach nicht dem legendären Ruhm, und der Bewunderung, die ihnen die Nachwelt lange zollte. Sie trug jedoch in das Militärwesen ein neues Element hinein, nämlich die Bereitschaft des einzelnen Soldaten, sich für die als gerecht empfundene Sache nicht nur ohne Zwang, sondern mit eigener Initiative einzusetzen. Es war ihr leidenschaftlicher Patrio-

---

[4] Heinz Duchhardt, Das Zeitalter des Absolutismus, München 1989, S. 43.

tismus und kämpferischer Enthusiasmus, der dem Militär- und Kriegswesen einen neuen zukunftsweisenden Zug verlieh«[5].

Als der Krieg gegen die konservativen Mächte Europas für Frankreich negativ auszugehen drohte, und der erhoffte Zustrom von Freiwilligen trotz der patriotischen Beschwörungen der Gefahren für das Vaterland ausblieb, sah sich der Konvent am 24. Februar 1793 gezwungen, die zuvor abgelehnte Wehrpflicht doch noch einzuführen. Allerdings enthielt das dazu erlassene Dekret eine Fülle von Ausnahmeregelungen; denn es konnten beispielsweise Stellvertreter entsandt und auch weiterhin gegen entsprechendes Handgeld Söldner geworben werden. Im Konvent setzte sich die Erkenntnis durch, dass weiteres Handeln erforderlich war. Die Verfassung des 24. Juni 1793 legte daher fest, dass alle Franzosen auch Soldaten seien, und dass der Bürger neben den bürgerlichen auch militärische Pflichten habe. Doch bekanntlich wurde diese Verfassung nicht wirksam.

So führte schließlich der militärische Druck der gegnerischen Allianz auf Frankreich am 23. August 1793 zum Gesetz über die allgemeine Volksbewaffnung. Doch stieß selbst die beabsichtigte Levée en masse aus ganz unterschiedlichen Gründen schnell an ihre Grenzen, obgleich jetzt zumindest die bisher noch mögliche Stellvertretung ausgeschlossen wurde. Tatsächlich beschränkte sich die Einberufung aber lediglich auf die 18- bis 25-jährigen männlichen Franzosen. Erst die allerdings unter anderen politischen Umständen 1798 erlassene »loi Jourdan« setzte für den Kriegsfall die Einberufung aller waffenfähigen Männer in Frankreich durch und ermöglichte somit die Aufstellung von Massenheeren. Deren augenscheinlich werdender Erfolg unter Napoleon I. Bonaparte gab den Anstoß auch in anderen europäischen Staaten, die bisherigen Wehrformen zu überdenken und sodann in Richtung einer allgemeinen Wehrpflicht zu verändern.

Den Vorreiter bei der Einführung einer allgemeinen Wehrpflicht in Deutschland spielte der Kleinstaat Schaumburg-Lippe. Hier führte Graf Wilhelm zu Schaumburg-Lippe, ein erfahrener Soldat und Feldmarschall der britischen Armee, die allgemeine Wehrpflicht sowie eine Freiwilligenmiliz ein und errichtete auf einer kleinen Insel im Steinhuder Meer eine Militärschule. In Preußen galt hingegen zunächst noch weiterhin das Kantonreglement von 1792, dass Adel, Staatsdiener, Besitz und Bildung vom Militärdienst ebenso befreite wie die Einwohner bestimmter Industriegebiete, Landschaften und Städte, so etwa Berlin, Brandenburg, Magdeburg und Potsdam. Daher diente auch in der preußischen Armee noch eine große Zahl von angeworbenen »Ausländern«.

Durch die verlorenen Schlachten von Jena und Auerstedt sah sich König Friedrich Wilhelm III. veranlasst, im Jahr 1807 eine »Militär-Reorganisationskommission« einzusetzen. Deren Vorsitz übernahm Generalmajor Gerhard

---

5 Rainer Wohlfeil, Vom Stehenden Heer des Absolutismus zur Allgemeinen Wehrpflicht 1789-1814. In: Handbuch zur deutschen Militärgeschichte 1648-1939. Bd 1, Abschnitt II. Hrsg. vom MGFA durch Friedrich Forstmeier [et al.], Frankfurt a.M. 1964, S. 1-188, hier S. 41.

von Scharnhorst, der als 18-jähriger in die Militärschule des Grafen Wilhelm zu Schaumburg-Lippe eingetreten war und sie für fünf Jahre besucht hatte. Scharnhorst ging bei seinen Überlegungen zu einer Veränderung der Wehrform davon aus, dass im Prinzip alle Bewohner eines Landes auch dessen geborene Verteidiger seien[6]. Folgerichtig verpflichteten die im August 1808 erlassenen »Kriegs-Artikel für die Unter-Officiere und gemeinen Soldaten« jeden Untertan des preußischen Staates im Kriegsfall zum Waffendienst. Da gleichzeitig die Prügelstrafe abgeschafft wurde, kam es im preußischen Heer zur »Freiheit des Rückens«, wie es der damalige Stabskapitän August Graf Neidhardt von Gneisenau formulierte. Dadurch erhielt der Soldat eine neue rechtliche und soziale Stellung und fand gesellschaftliche Anerkennung als »Mann von Ehre«. Zentrales Anliegen der Reformer aber blieb die Einführung der allgemeinen Wehrpflicht, mit deren Hilfe sie eine innere Einheit zwischen Regierung, Heer und Nation herzustellen und somit der Idee des »soldat citoyen« zum Durchbruch zu verhelfen gedachten.

Eine ebenfalls unter der Leitung von Scharnhorst 1809 eingesetzte Kommission ging daher vom Grundsatz der gleichen Pflichten für alle Staatsbürger aus, doch einige der Kommissionsmitglieder wollten unbedingt an der Möglichkeit der Stellvertretung festhalten. Scharnhorst jedoch hielt die Stellvertretung als mit der Idee einer allgemeinen Wehrpflicht für unvereinbar, denn mithilfe der Stellvertretung hätten sich auch weiterhin ganze Gruppen der Bevölkerung der Wehrpflicht einziehen können. Damit aber hätte die Gefahr bestanden, dass wie schon bisher überwiegend lediglich die sozial schwächeren Schichten der Bevölkerung, ungelernte Arbeiter, kleine Handwerker und Söhne von Kleinbauern den Militärdienst leisteten. Scharnhorst hoffte, dieses Dilemma mit einer deutlich auf die Integration des Bürgertums zielenden Verkürzung der dreijährigen Dienstzeit auf lediglich ein Jahr durch die Einführung des sogenannten Einjährig-Freiwilligen lösen zu können.

Zu Beginn des Krieges, den Preußen und seine Verbündeten im Jahr 1813 gegen das nach Hegemonie über Europa strebende napoleonische Frankreich führten, kam es zunächst mit der Aufhebung der bisherigen Befreiungsregelungen in der Kantonpflichtigkeit zu einem ersten wichtigen Schritt in Richtung der allgemeinen Wehrpflicht. Freiwillige aus dem Bürgertum, die in der Lage waren, sich selbst zu bekleiden sowie beritten zu machen, fanden ihre Integration in die neu aufgestellten Jägerdetachements. Schließlich führte im März 1813 die Einrichtung der Landwehr im gesamten Königreich Preußen noch während des Krieges mit ihrer Beseitigung der Unterscheidung zwischen Volk und Armee praktisch zur allgemeinen Wehrpflicht.

Nach dem erfolgreichen Abschluss des Krieges machten das »Gesetz über die Verpflichtung zum Kriegsdienst« vom 3. September 1814 sowie die am 21. November 1815 erlassene »Landwehrverordnung« alle über 20-jährigen

---

[6]   Vgl. dazu Heinz Stübig, Der Wehrverfassung Preußens in der Reformzeit. Wehrpflicht im Spannungsfeld von Restauration und Revolution 1815-1860. In: Die Wehrpflicht (wie Anm. 3), S. 39-52.

männlichen Einwohner Preußens zu Wehrpflichtigen. Zwar spielten für diese Entwicklung gewiss auch ideelle Motive eine Rolle, doch »wesentlich ausschlaggebend war die Erkenntnis, dass der verschuldete und wirtschaftlich schwer mitgenommene Staat ein starkes Heer leichter auf der Grundlage der allgemeinen Wehrpflicht erhalten könne als auf der Basis der friderizianischen Heeresaufbringung«[7]. Künftig leisteten alle wehrpflichtigen Männer einen dreijährigen Dienst bei den Linientruppen ab, an den sich noch eine zweijährige Reservistenzeit anschloss. Danach musste der Wehrpflichtige noch für weitere 14 Jahre der Landwehr zur Verfügung stehen, die alle 17- bis 40-jährigen Männer außerhalb des stehenden Heeres erfasste. Keineswegs aber herrschte damit in Preußen Wehrgerechtigkeit; denn nicht jeder als tauglich gemusterte junge Mann wurde tatsächlich auch einberufen. Vielmehr verhinderten allein schon die geringen Finanzmittel des preußischen Staates bis in die Sechzigerjahre des 19. Jahrhunderts die vollständige Ausschöpfung des vorhandenen personellen Ersatzes. So durften in jedem Jahr etwa 20 000 von etwa 82 000 Wehrpflichtigen damit rechnen, nicht einberufen zu werden. Im Jahre 1833 erfolgte aus finanziellen Gründen eine Verkürzung der dreijährigen Dienstzeit auf zwei Jahre, die allerdings 1856/57 wieder der dreijährigen Dienstpflicht wich. In anderen deutschen und europäischen Staaten wurde die erforderliche Anzahl von Rekruten unter den gemusterten Tauglichen teilweise durch das Los bestimmt.

Den Kern des königstreuen preußischen Heeres-Offizierkorps, das aus Berufssoldaten und Freiwilligen bestand, stellte weiterhin überwiegend der Adel. Lediglich wirtschaftlich privilegierte bürgerliche Wehrpflichtige dienten als »Einjährig-Freiwillige« und bildeten danach einen Teil des Offizierkorps der Landwehr. Die Offiziere der Linientruppen sahen allerdings, allein schon weil diese gewählt wurden, auf die Offiziere der Landwehr herab. Noch suspekter wurde die Landwehr den konservativen Linienoffizieren, als ein Teil der bürgerlichen Landwehroffiziere während der Revolution von 1848/49 offen seine Sympathie und Verständnis für die Sache der bürgerlichen Opposition zeigte. An der Spitze des Entwicklungsprozesses hin zum »Bürgersoldaten« standen badische Soldaten. Sie unterzeichneten 1848 in Rastatt ein Protestschreiben, in dem sie eine Humanisierung des Militärdienstes, Chancengleichheit sowie die Milderung sozialer Härten forderten. Nicht von ungefähr sah daher der Entwurf der Deutschen Reichsverfassung von 1848 eine für alle Bürger gleiche Wehrpflicht mit dem Verbot der Stellvertretung vor.

Die Reorganisation des preußischen Heeres unter Marginalisierung und Auflösung der für das Bürgertum geschaffenen Landwehr und somit der Erhalt des extrakonstitutionellen Charakters des stehenden Heeres als Machtfaktor der Krone Anfang der Sechzigerjahre durch Kriegsminister Albrecht von Roon wurde von den konservativen Kräften in Heer und Gesellschaft begrüßt. Doch führten seine Anstrengungen, die Wehrform Wehrpflicht effizienter zu gestalten, zu heftigen Auseinandersetzungen zwischen der Krone und dem preußischen Landtag. Der König bestritt und verhinderte vehement ein vom Landtag

---

[7]   Wohlfeil, Vom Stehenden Heer (wie Anm. 5), S. 186.

erwünschtes Mitspracherecht in militärischen Angelegenheiten. Er beharrte vielmehr auf der uneingeschränkten Zuständigkeit und Kommandogewalt der Krone. Die 1866 ausgehandelte Indemnitätsvorlage räumte dem Landtag immerhin das Recht ein, über Militärgesetze sowie den sich aus ihnen ergebenden finanziellen Notwendigkeiten abzustimmen. Dies bedeutete jedoch keineswegs, dass der Landtag eine wirkliche Kontrolle über das Heer erhielt. So blieb die preußische Armee trotz der allgemeinen Wehrpflicht ein in erster Linie dem Monarchen verpflichtetes Heer mit absolutistischen Zügen.

Der Norddeutsche Bund hielt 1867 ebenso wie das 1871 gegründete Deutsche Reich an der allgemeinen Wehrpflicht fest. Doch dachten weder die Bundesfürsten noch die Reichsleitung, den bisherigen Charakter des Heeres zu verändern. Nach Artikel 57 der Verfassung des Deutschen Reiches unterlag jeder Deutsche der Wehrpflicht und konnte sich in der Ausübung dieser Pflicht nicht vertreten lassen. Doch hatte die Beschränkung der Präsenzstärke der Armee im Frieden auf ein Prozent der Bevölkerungszahl von 1867 zur Folge, dass eine völlige Ausschöpfung der jährlichen Quote der tauglichen Wehrpflichtigen und damit Wehrgerechtigkeit auch im Kaiserreich nicht erreicht wurde. Jede personelle Ausweitung der Friedensstärke des Heeres hätte zudem der Zustimmung des Reichstags bedurft, der sich dazu allerdings bis 1893 versagte. Seine Zustimmung zu einer, letztlich geringfügigen Vergrößerung des Heeres erfolgte schließlich auch nur deshalb, weil von der Reichsleitung eine Verkürzung der Wehrdienstzeit bei der Infanterie von drei auf zwei Jahre zugestanden wurde. Tatsächlich jedoch belasteten vor allem die hohen Kosten für den Bau einer Schlachtflotte das Militärbudget und behinderten die völlige Umsetzung der Wehrpflicht. So blieben alle ständigen Forderungen von Generalstabschef Helmuth von Moltke und anderen Militärs erfolglos, mehr Wehrpflichtige einzuziehen und auszubilden. Die Wehrordnung von 1888 hielt in ihrer neuen Fassung von 1901 an der allgemeinen Wehrpflicht fest und erfasste alle männlichen Bürger zwischen 17 und 45 Jahren.

Wehrgerechtigkeit blieb allerdings auch weiterhin im Kaiserreich eine Schimäre, denn »die von oben kontrollierte und disziplinierte Volksbewaffnung im Rahmen der allgemeinen Wehrpflicht stieß dort auf ihre Grenzen, wo konservative Militaristen in der vollständigen Ausschöpfung der Wehrkraft eine Bedrohung für die der Armee zugedachten Rolle als innenpolitisches Machtinstrument der Krone erblickten«[8]. Während die Nachwuchsgewinnung bei Offizieren und Unteroffizieren als relativ unproblematisch galt, hätten aus der Sicht der Monarchie durch die allgemeine Wehrpflicht mit den Rekruten auch »unerwünschte Elemente« in die Armee gelangen können.

Um dies zu verhindern, verzichtete das Kriegsministerium lieber auf die Ausschöpfung der Quote der als tauglich gemusterten Wehrpflichtigen und ließ stets weniger Wehrpflichtige einziehen als tatsächlich zur Verfügung standen. So erhielten vom Land stammende Wehrpflichtige stets den Vorzug vor Städ-

---

[8]   Stig Förster, Militär und staatsbürgerliche Partizipation. Die allgemeine Wehrpflicht im Deutschen Kaiserreich 1871-1914. In: Die Wehrpflicht (vgl. Anm. 3), S. 61.

tern, weil unter diesen die unerwünschten Anhänger der Sozialdemokratie vermutet wurden. Eine weitere Möglichkeit, die erwünschte Zusammensetzung der Rekruten zu sichern, bestand darin, aus dem Arbeitermilieu stammende Wehrpflichtige einfach als angeblich körperlich untauglich auszumustern. Von beiden Möglichkeiten wurde nach 1871 reichlich Gebrauch gemacht.

Selbst die schließlich vom Reichstag für die beiden Jahre 1912 und 1913 genehmigte Erhöhung des Friedensumfangs des Heeres um 160 000 Mann wurde lediglich bis zur Zahl 120 000 ausgenutzt. Nach Meinung der konservativen Kreise im Kriegsministerium durfte die Zusammensetzung einer der Monarchie treuen und vor allem auch innenpolitisch zuverlässigen Armee nicht einfach dem Zufall überlassen werden. Als Garant für diese Armee galten ein in der Mehrzahl adeliges Offizierkorps, ein Unteroffizierkorps aus kleinbürgerlichem oder ländlichem Milieu sowie vorwiegend vom Land stammende Rekruten.

So verfügte das Deutsche Reich bei Ausbruch des Ersten Weltkriegs 1914 zwar über fast 5,5 Millionen zwar taugliche, aber unausgebildete Wehrpflichtige. Allerdings hatten auch die Kriegsgegner Deutschlands, mit Ausnahme Englands, das über eine Berufsarmee verfügte und die Wehrpflicht erst 1915 einführte, ihr Wehrpflichtpotenzial nicht voll ausgeschöpft, denn sonst wäre ihre zahlenmäßige Überlegenheit noch größer gewesen. Erst im Verlauf des Krieges erfolgte in allen kriegführenden Staaten die Mobilisierung der Wehrpflichtigen in großem Umfang. Die Reichsleitung sah sich veranlasst, die Altersgrenze für die Wehrpflicht auf das sechzigste Lebensjahr heraufzusetzen. Erst die umfassende Nutzung der Wehrpflicht versetzte alle Kriegführenden in die Lage, den so verlustreichen Stellungskrieg führen zu können. Jede Seite hoffte darauf, dass die hohen Verluste, die dem Gegner zugefügt wurden, diesen zur Aufgabe zwingen würden. Als die Waffen schwiegen, hatte allein das Deutsche Reich den Tod von über 1,8 Millionen Soldaten zu beklagen.

Am Ende des Ersten Weltkrieges standen in Deutschland die Auflösung der militärischen Ordnung und die Gründung von Soldatenräten. Deshalb hofften die radikaldemokratischen Mitglieder der Revolutionsregierung, endlich das stehende Heer abschaffen und eine Volkswehr errichten zu können. Bis zum Frühjahr 1919 gab es daher in den Verfassungsberatungen der Weimarer Nationalversammlung keine Zweifel an der Notwendigkeit einer allgemeinen Wehrpflicht, da diese Wehrform als mit einer Demokratie gut vereinbar galt. Doch die erste Regierung der Weimarer Republik, die eine Koalition aus Sozialdemokraten, Linksliberalen sowie der Zentrumspartei bildete, beabsichtigte, die Wehrpflicht abzuschaffen. Sie hoffte zum einen, mit diesem Schritt ein deutliches außenpolitisches Zeichen zu setzen und Deutschland auf diese Weise die Rückkehr in das Staatensystem zu erleichtern. Zum anderen bestand nach dem langen und so verlustreichen Weltkrieg in der deutschen Bevölkerung kein politischer Rückhalt für einen Wehrdienst, ohne den sich zudem die an anderer Stelle so dringend notwendigen Finanzmittel einsparen ließen. Noch bevor jedoch eine politische Diskussion über die Wehrpflicht überhaupt einsetzen konnte, verfügten die Siegermächte im Artikel 173 des Versailler Vertrages die Abschaffung der allgemeinen Wehrpflicht in Deutschland. Die Abschaffung der

Wehrpflicht war unter den Siegermächten keineswegs unumstritten gewesen, sie schien ihnen jedoch unumgänglich, wollte man endlich die aus ihrer Perspektive erfolgte umfassende Militarisierung der deutschen Gesellschaft beenden. Die Berufsarmee der Weimarer Republik, die Reichswehr, wurde auf eine Stärke von 100 000 Mann begrenzt.

Am 24. August 1935 führte Adolf Hitler unter Bruch der Bestimmungen des Versailler Vertrages und von den Ententemächten ungehindert eine allgemeine Wehrpflicht von zweijähriger Dauer ein. Nach dem »Anschluss« Österreichs 1938 sowie den folgenden Besetzungen des Sudetenlandes, Danzigs, oder des Elsasses galt auch dort die Wehrpflicht. Das Recht auf Kriegsdienstverweigerung gab es im »Dritten Reich« nicht, wäre es doch mit den größenwahnsinnigen und brutalen Kriegszielen Hitlers unvereinbar gewesen. So leisteten in dem vom nationalsozialistischen Deutschland angezettelten Zweiten Weltkrieg, der zu einem rassenpolitischen Vernichtungskrieg unvorstellbaren Ausmaßes ausartete, etwa 18,2 Millionen Deutsche Kriegsdienst. Die ursprünglich einmal als Basis für die Verteidigung des eigenen Landes angesehene Wehrpflicht degenerierte somit zur notwendigen Voraussetzung eines letztlich auf Weltherrschaft ausgerichteten Angriffs- und Eroberungskrieges. An dessen Ende hatte allein Deutschland den Tod von 5,3 Millionen Toten zu beklagen.

So überraschte es nicht, dass der nach den politischen Spannungen zwischen der Sowjetunion und den westlichen Mitgliedern der Anti-Hitler-Koalition von den westlichen Alliierten favorisierte neue demokratische Staat auf westdeutschem Boden für den Text seiner Verfassung weder ein militärisches Instrument vorsah, noch eine verfassungsrechtliche Grundlage zu seiner Selbstverteidigung schuf. Das am 8. Mai 1949 verabschiedete und von den drei Militärgouverneuren gebilligte Grundgesetz sicherte hingegen im Artikel 4 Absatz 3 seinen Bürgern das Recht zur Kriegsdienstverweigerung. Bevor der Parlamentarische Rat am 1. September 1948 in Bonn seine Beratungen zum Grundgesetz aufnahm, hatte am 25. Februar der kommunistische Umsturz in der Tschechoslowakei stattgefunden und am 24. Juni die Blockade der Westsektoren Berlins durch die Sowjetunion begonnen, die erst im Mai des folgenden Jahres, nur wenige Tage vor der Verkündigung des Grundgesetzes, endete. Befürchtungen vor einem Angriff der Roten Armee auf den westlichen Teil Europas führten schon im März 1948 zur Gründung einer Militärallianz, der »Westunion«, und am 4. April 1949 zur Gründung der Nordatlantischen Verteidigungsgemeinschaft, der NATO. Diese Vorgänge, vor allem aber der Ausbruch des Krieges in Korea im Juni des folgenden Jahres, förderten in der Bevölkerung der jungen Bundesrepublik Deutschland die Entwicklung einer Bedrohungsperzeption. Als daher in Frankreich, Italien und den Benelux-Staaten der Wunsch nach einer effektiveren multinationalen Verteidigung gegenüber der Sowjetunion aufkam, und zu diesem Zweck eine Europäische Verteidigungsgemeinschaft ins Leben gerufen werden sollte, erklärte der erste Bundeskanzler Konrad Adenauer sogleich die Bereitschaft der Bundesrepublik, sich an einer solchen europäischen Armee zu beteiligen. Der ab Sommer 1951 in Paris verhandelte EVG-Vertrag enthielt für alle Mitgliedstaaten die Verpflichtung, ihre militärischen Kontingente auf der Basis einer allgemeinen Wehrpflicht aufzustellen.

Die Einführung einer allgemeinen Wehrpflicht hatte bereits der Adenauer in sicherheits- und militärpolitischen Fragen beratende Gerhard Graf von Schwerin angeregt. Auch die im Oktober 1950 zu Überlegungen über künftige westdeutsche Streitkräfte im Kloster Himmerod in der Eifel im Auftrag des Bundeskanzlers zusammengeholten militärischen Experten erkannten, dass ein Verteidigungsbeitrag der Bundesrepublik, allein schon wegen des notwendigen Umfangs der aufzustellenden westdeutschen Streitkräfte lediglich auf der Basis einer allgemeinen Dienstpflicht zu bewerkstelligen sein würde. In dem vom Bundeskanzler für die Bearbeitung militärpolitischer und sicherheitspolitischer Fragen eingerichteten Amt Blank, benannt nach dessen Leiter, dem späteren ersten Verteidigungsminister Theodor Blank, entstand daher der Entwurf eines Wehrpflichtgesetztes. Dieser Entwurf blieb auch aktuell, nachdem die EVG scheiterte und die Bundesrepublik nunmehr ohne große Zeitverzögerung in die WEU sowie in die NATO integriert werden sollte. Die erste Lesung des Wehrpflichtgesetzes fand im Deutschen Bundestag am 4. Mai 1956 statt. Die SPD, die damals eine Freiwilligenarmee forderte, bezweifelte, dass eine allgemeine Wehrpflicht besonders der Staatsform der Demokratie entspreche, indem sie auf die Erfahrungen der vergangenen 50 Jahre mit der Wehrpflicht verwies. Zudem zog sie weiterhin die Größe und Zahl der angeblich von der Bundesregierung geplanten Verbände in Zweifel. Schließlich entschied sich der Deutsche Bundestag am 21. Juli 1956 mit großer Mehrheit für eine Wehrpflichtarmee. Aufgrund der alliierten Vorbehalte für die Stadt übernahm Berlin die Wehrgesetzgebung nicht.

Die Wehrpflicht galt und gilt nur für Männer. Allerdings beschloss der Bundestag nach einer vorausgegangenen und erfolgreichen Klage einer deutschen Frau vor dem Europäischen Gerichtshof im Oktober 2000 eine Grundgesetzänderung. Diese ermöglichte nun auch Frauen den uneingeschränkten freiwilligen Waffendienst. Seit Januar 2001 stehen alle Laufbahnen, Laufbahngruppen sowie Tätigkeitsbereiche dem freiwilligen Dienst von Frauen offen. »Diese Öffnung aller Laufbahnen der Streitkräfte für Frauen darf gewiss ebenfalls als ein weiterer wesentlicher Einschnitt in der jüngsten deutschen Militärgeschichte angesehen werden[9].« Verteidigungsminister Blank hatte sich bei seinem Plädoyer für eine Wehrpflicht auf Scharnhorst und Gneisenau berufen und dazu unter anderem ausgeführt: »Nirgends trete die Identifikation des Bürgers mit dem Gemeinwesen, die wechselseitige Verknüpfung von freiheitlichen Rechten und bürgerlichen Pflichten deutlicher zutage als bei dieser Wehrform. Nur die Wehrpflicht sichere den Kontakt zwischen Volk und Streitkräften und ermögli-

---

[9]   Reiner Pommerin, Vom Kalten Krieg zu globaler Konfliktverhütung und Krisenbewältigung – Militärgeschichte zwischen 1990 und 2006. In: Grundkurs deutsche Militärgeschichte. Die Zeit nach 1945. Armeen im Wandel. Im Auftr. des MGFA hrsg. von Karl-Volker Neugebauer, München 2008 (= Grundkurs deutsche Militärgeschichte, 3), S. 274-395, hier S. 324.

che damit die Integration der Wehrpflicht in den Staat[10].« Es mögen diese
Überlegungen gewesen sein, welche die SPD nach heftigen innerparteilichen
Diskussionen 1959 auf ihrem Programmparteitag in Bad Godesberg zur Ak-
zeptanz der Landesverteidigung sowie der Wehrform Wehrpflicht veranlassten.
In der DDR wurde die Wehrpflicht am 24. Januar 1964 eingeführt.

Zwar kam es auch nach der Einführung der Wehrpflicht wegen der sich
immer mehr verkürzenden Wehrdienstdauer, zurzeit beträgt sie neun Monate,
sowie aufgrund des dadurch aufgeworfenen Problems der Wehrgerechtigkeit
häufig zu Attacken auf diese Wehrform. Bei diesen Diskussionen zeigten sich
die Gegner der Wehrpflicht stets besser organisiert als ihre Verteidiger. Doch
kein Bundestag und keine Bundesregierung stellten deshalb die Wehrpflicht
ernsthaft infrage. Die grundsätzlich positive Haltung von Parlament und Regierung zur Wehrpflicht änderte sich weder, als die Zahl der vom Recht
der Kriegsdienstverweigerung Gebrauch machenden Wehrpflichtigen ab den
1970er-Jahren steil anstieg, noch als im Oktober 1990 die Vereinigung beider
Teile Deutschlands Realität wurde und der Kalte Krieg sein Ende fand. Allerdings entfiel mit dem Ende des Warschauer Paktes und der Sowjetunion auch
die bisherige Bedrohungsperzeption. Es erscholl der Ruf nach einer Friedens-
vidende, und manche Bürger wollten die Streitkräfte gleich ganz abschaffen.
Doch erwies sich leider schon bald, wie der Krieg auf dem Gebiet des früheren
Staates Jugoslawien sowie die Anschläge eines international operierenden Terrorismus zeigten, dass das Zeitalter völliger Friedfertigkeit leider noch nicht
angebrochen war.

Im Kontext der vom Bundesverfassungsgericht legitimierten Einsätze im
Rahmen kollektiver Sicherheitssysteme auch außerhalb des Bündnisgebietes der
NATO transformierte sich die Bundeswehr von einer Friedens- zu einer
Einsatzarmee. Soldaten, die Grundwehrdienst, freiwilligen zusätzlichen Wehrdienst oder Wehrübungen leisteten, dürfen in Auslandseinsätzen allerdings
lediglich nur dann eingesetzt werden, wenn sie sich dafür freiwillig melden.
Die Veränderung der Einberufungskriterien und vor allem die sich erneut stellende Frage der Wehrgerechtigkeit – nur eine begrenzte Zahl von den als tauglich gemusterten jungen Männern wurde auch tatsächlich zum Wehrdienst
eingezogen – entfachten eine neue Diskussion über Wehrgerechtigkeit und die
Wehrpflicht.

Doch nicht nur in der Bundesrepublik Deutschland, sondern auch in den
Staaten der Bündnispartner kam es nach dem Ende des Kalten Krieges zu ähnli-
chen Diskussionen und schließlich zu einer Veränderung der Wehrform. Na-
türlich gab es auch Staaten wie etwa Kanada, die außer in der Zeit der beiden
Weltkriege gar keine Wehrpflicht eingeführt hatten. Andere Staaten hatten die
Wehrpflicht bereits in früherer Zeit abgeschafft, so etwa das Vereinigte König-

---

[10] Hans Ehlert, Innenpolitische Auseinandersetzungen um die Pariser Verträge und die
Wehrverfassung 1954 bis 1956. In: Hans Ehlert, Christian Greiner, Georg Meyer, Bruno
Thoß, Die NATO-Option. Hrsg. vom Militärgeschichtlichen Forschungsamt, München
1993 (= Anfänge westdeutscher Sicherheitspolitik 1945 bis 1956, 3), S. 235–560, hier
S. 523 f.

reich 1960 und die USA 1973. Belgien und die Niederlande gaben die Wehrpflicht 1993, Frankreich 1996, Spanien 2002 auf, und Italien führte 2005 einen
freiwilligen einjährigen Wehrdienst ein. Zurzeit verfügen 20 der 26 NATO-
Staaten über eine Berufsarmee oder planen zumindest, ihre Streitkräfte entsprechend umzugestalten und somit die Wehrpflicht aufzugeben.

Die Wehrpflichtgegner halten es generell für unzeitgemäß, junge Menschen
auf diese Weise für den Staat in die Pflicht zu nehmen. Ihre Befürworter betonen hingegen, dass die Wehrpflicht ein besonderer Ausdruck der gemeinsamen
Verantwortung der Bürger für das Gemeinwesen sei. Diese gemeinsame Verantwortung gelte es gerade in einer Zeit zu fördern, in welcher der Hang zum
Individualismus zu einer größeren Beeinträchtigung des Allgemeinwohls führen könne. »Der Erhalt und die Verteidigung von Recht und Freiheit, die Wahrung der Menschenrechte und die Garantie der Grundrechte werden von den
Befürwortern der Wehrpflicht als Angelegenheiten aller Bürger angesehen, die
deren aktives Eingreifen rechtfertige. Der Wehrdienst fordere also die Identifikation mit der freiheitlichen Demokratie und begünstige damit eine Wertordnung, welche die Rechte des Einzelnen mit dem Gemeinwohl in Einklang brin-
ge. Die Wehrpflicht unterstreiche, so argumentieren ihre Befürworter weiter,
dass die demokratische Wertordnung von allen Bürgern des Staates als schutz-
würdig und schutzbedürftig angesehen werde«[11].

Trotz unterschiedlicher Positionen zur Wehrform Wehrpflicht in der Gesellschaft und selbst innerhalb der politischen Parteien halten sowohl der Deutsche
Bundestag als auch die Bundesregierung an der Wehrpflicht fest. Eine öffentliche Diskussion über die Beibehaltung oder die Abschaffung der Wehrpflicht
sollte in einer sachlichen und keinesfalls in einer unsachlichen, emotionsgela-
denen und irrationalen Atmosphäre stattfinden. Dass eine Veränderung der
Wehrform eine höchst komplexe Angelegenheit sei, bei der eine Fülle von verschiedenen Aspekten zu berücksichtigen wäre, hat das Bundesverfassungsgericht im Februar 2002 unterstrichen und dabei erneut auf sein früheres Urteil
vom 13. April 1978 verwiesen, in dem es hieß: »Die dem Gesetzgeber eröffnete
Wahl zwischen einer Wehrpflicht- und einer Freiwilligenarmee [ist] eine
grundlegende staatspolitische Entscheidung, die auf wesentliche Bereiche des
staatlichen und gesellschaftlichen Lebens einwirkt und bei der der Gesetzgeber neben verteidigungspolitischen Gesichtspunkten auch allgemeinpolitische,
wirtschaftliche und gesellschaftspolitische Gründe von sehr verschiedenem
Gewicht zu bewerten und gegeneinander abzuwägen hat[12].«

---

[11] Reiner Pommerin, Die Wehrpflicht. Legitimes Kind der Demokratie oder überholter
Ballast für die Einsatzarmee. In: Entschieden für Frieden. 50 Jahre Bundeswehr. Im Auftrag des Militärgeschichtlichen Forschungsamtes hrsg. von Klaus-Jürgen Bremm, Hans-
Hubertus Mack und Martin Rink, Freiburg i.Br. 2005, S. 299-312, hier S. 300.
[12] Beschluss Bundesverfassungsgericht, 20.2.2002, Randnummer 47.

Rüdiger Bergien

Das Leitbild der »Landesverteidigung«.
Legitimations- und Mobilisierungskonzept nach 1806, 1918/19 und 1945/49

Würde man versuchen, die bald sechs Jahrzehnte bundesdeutscher Wehr- und Sicherheitspolitik unter einen Leitbegriff zu fassen, man käme schwerlich an dem Kompositum »Landesverteidigung« vorbei. Kaum ein anderer Begriff bündelt in den wehrpolitischen Diskursen derartig viele Bedeutungsebenen und qualifiziert sich dadurch zu einem universell einsetzbaren »Containerbegriff«[1]: So bezeichnet »Landesverteidigung« nicht nur die Kernaufgabe der Bundeswehr – die Verteidigung des Bundes- und Bündnisgebiets –, sondern auch den Schutz der Infrastruktur im Rahmen der territorialen Verteidigung[2] und schließlich »alle Notwehrmaßnahmen, die den Schutz des Landes im Verteidigungsfalle gewährleisten«[3], also eine Art »Gesamtverteidigung«. Und kaum ein anderer wehrpolitischer Begriff weist eine derartig weitreichende Legitimationsfähigkeit auf. Mit dem Argument der »Landesverteidigung« rechtfertigte Bundeskanzler Konrad Adenauer die »Wiederbewaffnung« (und erklärte die »Landesverteidigung« zur »vornehmsten Aufgabe einer Regierung[4]). Die SPD-Opposition kleidete ihre Akzeptanz der (bis dahin von ihr abgelehnten) Wehrpflichtarmee in ihrem Godesberger Programm von 1959 in ein »Ja zur Landesverteidigung«[5]. Das umstrittene Waffensystem »Starfighter« wurde vonseiten der Luftwaffe zur »Speerspitze der deutschen Landesverteidigung« erhoben[6]

---

[1]   Containerbegriffe beschreiben dem Soziologen Ulrich Beck zufolge dynamische und mehrdimensionale Sachverhalte so, als ob es sich um einen statischen Sachverhalt handeln würde. Sie charakterisieren politische Diskurse; Beispiele für Containerbegriffe sind »Bildung« und »soziale Gerechtigkeit«.

[2]   Manfred Messerschmidt, Rainer Wohlfeil und Gerhard Papke, Die Landesverteidigung in der deutschen Geschichte, Freiburg i.Br. 1967 (unveröffentlichtes Ms.).

[3]   Emil Schuler, Die Landesverteidigung in der Bundesrepublik, Neckargemünd 1962, S. 27.

[4]   Henning Köhler, Adenauer. Eine politische Biographie, Frankfurt a.M., Berlin 1994, S. 1073.

[5]   Grundsatzprogramm der Sozialdemokratischen Partei Deutschlands, beschlossen vom Außerordentlichen Parteitag der Sozialdemokratischen Partei Deutschlands in Bad Godesberg, 13.-15.11.1959. Online: <http://library.fes.de/pdf-files/bibliothek/retro-scans/fa-57721.pdf> [letzter Abruf: 1.3.2009].

[6]   Klaus Hornung, Staat und Armee. Studien zur Befehls- und Kommandogewalt und zum politisch-militärischen Verhältnis in der Bundesrepublik Deutschland, Mainz 1975, S. 278.

und noch die extensive Ausweitung des Einsatzgebiets der Bundeswehr im Zeichen des »Kriegs gegen den Terror« brachte der damalige Bundesverteidigungsminister Peter Struck auf die griffige Formel der »Landesverteidigung am Hindukusch«[7].

Dieses Potenzial des Begriffs »Landesverteidigung«, in ganz unterschiedlichen politischen Kontexten Anschluss zu stiften und Legitimität herzustellen, hat zwei Wurzeln. Es beruht einerseits auf der bis in die Antike zurückreichenden moralischen Legitimität der Selbstverteidigung beziehungsweise des »Verteidigungskriegs«. Andererseits beruht es auf der »demokratischen« Konnotierung des Begriffs, die sich wiederum aus dessen enger Assoziation mit der – seit den Befreiungskriegen positiv aufgeladenen – Wehrpflicht ergibt und »Landesverteidigung« zur Chiffre militärischer Erneuerungsprozesse macht. Diese semantische Ausprägung manifestiert sich in der Rede des SPD-Vorsitzenden Erich Ollenhauer zum Godesberger Programm vor dem SPD-Parteitag, in der er erklärte, dass »unser Bekenntnis zur Landesverteidigung [...] seine Wurzeln in dem Bekenntnis zur Demokratie« habe, weil sich der »freie Bürger in der Demokratie [...] der Verpflichtung zur Verteidigung in der Demokratie nicht entziehen« könne[8]. Mit dieser Äußerung referierte Ollenhauer auf eine in der Bundesrepublik lagerübergreifend und bis heute geteilte Grundüberzeugung. »Landesverteidigung« erscheint in den politischen Diskursen als nichts weniger denn als Leitbegriff des demokratischen Wehrwesens der Bundesrepublik, der – analog zu Begriffen wie »Parlamentsarmee« oder »Innere Führung« – den, verglichen mit früheren deutschen Armeen, grundsätzlich gewandelten Charakter der Bundeswehr beschreibt[9].

Eine begriffsgeschichtliche Analyse der Verwendungsweisen von »Landesverteidigung« in den vergangenen zwei Jahrhunderten, wie sie mit diesem Beitrag vorgenommen werden soll, lässt die unbekümmerte Verknüpfung von »Landesverteidigung« mit dem Prinzip der »Streitkräfte in der Demokratie« indes fragwürdig erscheinen. Zwar erscheint »Landesverteidigung« seit den Befreiungskriegen durchgängig als Leitbegriff gerade der progressiven, emanzipatorischen, der »linken« Wehrdiskurse[10]. Eine Analyse der einschlägigen

---

[7] Dokumentation des Original-Pressetextes von Verteidigungsminister Peter Struck online: <http://www.uni-kassel.de/fb5/frieden/themen/Bundeswehr/struck.html> [letzter Abruf: 1.3.2009]. Siehe auch Jasmin Klofta, Selbstverteidigung am Hindukusch? Die Haltung der deutschen, überregionalen Presse zum Afghanistankrieg 2001, eine Inhaltsanalyse der Kriegsargumente in den Kommentaren der Frankfurter Rundschau und Die Welt, Norderstedt 2008.

[8] Der SPD-Vorsitzende Ollenhauer zum Godesberger Programm, November 1959. In: Die Adenauer-Ära: die Bundesrepublik Deutschland, 1949-1963. Hrsg. von Werner Bührer, München [u.a.] 1993, S. 192-195, hier S. 194.

[9] Genau aus diesem Grund fällt es den politischen Akteuren gegenwärtig offenbar auch schwer, auf den Begriff zu verzichten – eher bedient man sich mit der »Landesverteidigung am Hindukusch« eines in sich widersprüchlichen Schlagworts, als den Fakt einer militärischen Intervention »out of area« beim Namen zu nennen.

[10] Als »Wehrdiskurse« werden hier gruppenspezifische und regelgeleitete Äußerungen zu dem Themenfeld der Wehr- und Sicherheitspolitik definiert. Siehe Reiner Keller, Wissenssoziologische Diskursanalyse als interpretative Analytik. In: Die diskursive Konstruktion

Verwendungen von »Landesverteidigung« und von synonymen Begriffen wie »Vaterlands«- und »Heimatverteidigung« zeigt jedoch auch, dass diese progressive Konnotation[11] immer wieder und insbesondere in den Epochen nach den preußisch-deutschen Niederlagen von 1806, 1918 und 1945 die Instrumentalisierung von »Landesverteidigung« als Mobilisierungskonzept erleichterte. Bei »Landesverteidigung«, so soll hier argumentiert werden, handelte es sich um einen »Scharnierbegriff«, der aufgrund seiner positiven Konnotierung in ganz unterschiedlichen Kontexten Legitimität herstellen konnte[12] und der zugleich aufgrund seiner inhaltlichen Flexibilität diese Legitimität auf wiederum unterschiedliche Sachverhalte übertragen konnte – auf die Aufstellung einer Miliz ebenso wie auf eine »totale Landesverteidigung«.

Da der wandelbare Begriff der »Landesverteidigung« eng mit den – ebenfalls recht unterschiedlichen – Konzepten der Wehrpflicht assoziiert, und da Letztere seit den preußischen Heeresreformen 1807-1814 wiederum als der Kern militärischer Reformprozesse gilt, stellt sich die Frage nach dem Reformcharakter der »Landesverteidigung« als Konzept. Am Ende dreier verlorener Kriege, in den Jahren ab 1806, 1918 und 1945/49 trat sie als Baustein eines militärischen Erneuerungsdiskurses in Erscheinung – in sehr unterschiedlichen semantischen Ausprägungen. Der Begriff »Landesverteidigung« suggeriert die Legitimität der durch ihn bezeichneten Rüstung oder Mobilisierung – zu einem genuin demokratischen Leitbegriff, dem man in Zeiten globaler militärischer Interventionen nachtrauern müsste, macht ihn dies nicht.

Die Analyse setzt im Folgenden mit der »Politisierung« des Begriffs »Landesverteidigung« in der ersten Hälfte des 19. Jahrhunderts ein und skizziert dessen Aufstieg zum wehrpolitischen Leitbegriff der Arbeiterbewegung; schließlich zum Integrationsbegriff der wilhelminischen Wehrdiskurse vor und während des Ersten Weltkriegs. Der Interpretation von »Landesverteidigung« als Synonym des »Wehrkonsenses« der Weimarer Republik folgt eine Leerstelle: die Jahre des »Dritten Reichs«. Dessen Repräsentanten bedienten sich erst in der Phase des »Endkampfs« wieder des zuvor als »pazifistisch« zurückgewiesenen Begriffs. Eine Darstellung der Bedeutung des Begriffs für die »Wiederbewaffnung« der 1950er-Jahre schließt den Bogen dieser Längsschnittanalyse.

---

der Wirklichkeit. Zum Verhältnis von Wissenssoziologie und Diskursforschung. Hrsg. von Reiner Keller, Konstanz 2005, S. 49-75, hier S. 49.

[11]   Konnotationen sind über den Bedeutungsumfang eines Lexems hinausgehende Informationen, die mit diesem Lexem verknüpft sind. Konnotationen beeinflussen die Verwendung von Lexemen außerordentlich stark, wie sich an einem historisch konnotierten Begriff wie »Volksgemeinschaft« leicht nachvollziehen lässt. Siehe zum Phänomen der Konnotation Manfred Kaempfert, Wort und Wortverwendung. Probleme der semantischen Deskription anhand von Beobachtungen der deutschen Gegenwartssprache, Göppingen 1984, S. 87-97; Dieter Felbick, Schlagwörter der Nachkriegszeit: 1945-1949, Berlin [u.a.] 2003, S. 31-33.

[12]   Der Begriff bei Georg Bollenbeck und Clemens Knobloch, Einleitung: »Öffentlichkeit« als Ressource. In: Resonanzkonstellationen. Die illusionäre Autonomie der Kulturwissenschaften. Hrsg. von Georg Bollenbeck und Clemens Knobloch, Heidelberg 2004, S. 7-14. Siehe auch Matthias Weipert, »Mehrung der Volkskraft«. Die Debatte über Bevölkerung, Modernisierung und Nation 1890-1933, Paderborn [u.a.] 2006, S. 17.

I. Die »Politisierung« des Begriffs »Landesverteidigung« in der ersten Hälfte des 19. Jahrhunderts

Vorweg sei noch ein Blick auf die erste der beiden eingangs erwähnten historischen Wurzeln der Anschlussfähigkeit des Begriffs »Landesverteidigung« geworfen: auf die moralische Legitimität einer militärischen Selbstverteidigung, auf die bis in die Antike zurückreichende und noch die einschlägigen Vorstellungen des 18. Jahrhunderts prägende Lehre vom »gerechten Krieg«[13]. Diese sich stark aus der christlichen Ethik speisende, im 19. Jahrhundert durch völkerrechtliche Normierungen abgelöste Idee beruhte auf der Prämisse, dass aus einem »gerechten« Grund geführte Kriege moralisch vertretbar seien und dass insbesondere das Ziel der Selbstverteidigung einen solchen gerechten Grund darstelle. Der »Defensions-Krieg« war folglich »denen zulässigen und gerechten Kriegen beizuzehlen« [sic][14] und konnte vorbereitet werden durch die »Landesdefension«, die Fortifikation wie auch eine defensive, im 17. Jahrhundert durch die Aufgebote und die »Defensionswerke«[15] getragene räumlich begrenzte »Landesvertheidigung« eines Territoriums[16]. »Landesdefension« oder »Landesvertheidigung« waren damit Gegenbegriffe zu der durch die Söldnerbeziehungsweise Stehenden Heere getragenen mobilen und offensiven Kriegführung im Zeitalter der »Bellizität«[17].

Auf diese positive Konnotation des Begriffs konnten in Preußen nach 1806 die Militärreformer um Gerhard von Scharnhorst und August Neidhardt von Gneisenau ausgehen, als sie den Begriff »Landesvertheidigung« aufgriffen und im Kontext der Formierung Preußens zu einer »wehrhaften Nation«[18] verwendeten. »Landes«- und »Vaterlandsvertheidigung« geriet zum zentralen Mobilisierungsbegriffspaar in Reformzeit und Befreiungskriegen. In Druckschriften, Aufrufen und Presseartikeln in die öffentliche Kommunikation eingebracht[19], von Reformern wie Gneisenau zur »ehrenvollsten Beschäftigung zu jeder Zeit

---

13   Zum Begriff Oliver Hidalgo, Der »gerechte Krieg« – ein moralphilosophischer Holzweg. In: Kann es heute noch »gerechte Kriege« geben? Hrsg. von Christian Starck, Göttingen 2008 (= Preisschriften des Forschungsinstituts für Philosophie Hannover, 5), S. 67–108; Angaben zu weiterführender Literatur: S. 67–69.

14   Eintrag Defensions-Krieg. In: Johann Heinrich Zedler, Grosses vollständiges Universal-Lexikon, 2., vollst. photomechan. Nachdr., Graz 1994, Bd 7, Sp. 399 f.

15   Siehe Winfried Schulze, Landesdefension und Staatsbildung. Studien zum Kriegswesen des innerösterreichischen Territorialstaates (1564–1619), Wien, Köln, Graz 1973.

16   Messerschmidt/Wohlfeil/Papke, Die Landesverteidigung (wie Anm. 2), S. 6.

17   Dieser Begriff bei Johannes Burkhardt, Die Friedlosigkeit der Frühen Neuzeit. Grundlegung einer Theorie der Bellizität Europas. In: Zeitschrift für Historische Forschung, 24 (1997), S. 509–574.

18   Karen Hagemann, »Mannlicher Muth und Teutsche Ehre«: Nation, Militär und Geschlecht zur Zeit der Antinapoleonischen Kriege Preußens, Paderborn [u.a.] 2002 (= Krieg in der Geschichte, 8), S. 74.

19   Zum Beispiel: [Anonymus], Über die Landesvertheidigung durch einen Landsturm. In: Neue Feuerbrände vom 15.5.1808, S. 68–72.

des Lebens« erhoben[20], legitimierte es einen Umbau der preußischen Wehrverfassung und erfüllte die zentrale Funktion, potenziell revolutionäre Wehrformen wie die Aufstellung von Landwehr und Landsturm einzuhegen und mit den Interessen des Staates zu verknüpfen. Dem siegreichen Ausgang der Befreiungskriege verdankt »Landesverteidigung« einen erheblichen Teil seiner bis heute anhaltenden Legitimität.

Ebenfalls von der vormodernen positiven Konnotierung des Begriffs ausgehend, zusätzlich aber inspiriert durch die Idee der *défense nationale* der Französischen Revolution – der Verknüpfung von Wehrbereitschaft und politischer Teilhabe – wurde »Landesverteidigung« für Angehörige der bürgerlichen Deutungseliten wie Ernst Moritz Arndt oder Carl Ludwig Jahn zu einem Partizipationsversprechen. Der Wille zur Landesverteidigung wies den Weg in eine andere, nicht mehr adlig und ständisch, sondern bürgerlich und egalitär geprägten Gesellschaft[21]. Entsprechend wurden die Instrumente der Landesverteidigung – Landwehr und Landsturm – zu Symbolen dieser erhofften neuen Ordnung. Die Klammer zwischen der Verwendung von »Landesverteidigung« als Mobilisierungsbegriff und der als Partizipationsbegriff bildete während der napoleonischen Kriege die von breiten Teilen der Bevölkerung oder mindestens der Eliten geteilte Grundüberzeugung, dass die verhassten Besatzer geschlagen werden mussten.

Doch mit dem Sieg über das napoleonische Frankreich löste sich das »Scharnier« zwischen diesen Wirklichkeitsdeutungen auf und »Landesverteidigung« büßte seinen Status als lagerübergreifend anschlussfähiger Leitbegriff ein. Das Ergebnis war ein grundsätzlicher Konflikt, der sich vordergründig um die preußische Landwehr, *de facto* aber um die politische Partizipation des Bürgertums drehte. Als Instrument von »Volksbewaffnung« und »Landesverteidigung« 1813 aufgestellt, von Arndt und anderen Apologeten einer »Wehrhaftmachung« enthusiastisch begrüßt, wurde die Landwehr seit den 1820er-Jahren durch die Führung der preußischen Armee systematisch vernachlässigt[22]. Gegen diese »kalte« Beseitigung des verbliebenen liberalen Elements der preußischen Wehrverfassung stemmten sich nun Demokraten und Radikaldemokraten wie Wilhelm Rüstow und Rudolf Lohbauer[23], die sich in den Jahrzehnten des

---

[20] Gneisenau. Ausgewählte Briefe und Schriften. Hrsg. vom Bundesministerium der Verteidigung, Bonn 1987 (= Demokratische Profile/Schriftenreihe Innere Führung, 1987, 2), S. 97 f.

[21] Ute Frevert, Das jakobinische Modell. Allgemeine Wehrpflicht und Nationsbildung in Preußen-Deutschland. In: Ute Frevert, Militär und Gesellschaft im 19. und 20. Jahrhundert, Stuttgart 1997, S. 17-47, hier S. 21.

[22] Dierk Walter, Preußische Heeresreformen 1807-1870. Militärische Innovation und der Mythos der »Roonschen Reform«, Paderborn [u.a.] 2003 (= Krieg in der Geschichte, 16), S. 371-380.

[23] Über den biografischen Hintergrund und die wehrpolitischen Vorstellungen von Lohbauer und Rüstow siehe Rudolf Jaun, »Das einzige wahre und ächte Volksheer«. Die schweizerische Miliz und die helvetische Projektion deutscher Radikal-Liberaler und Demokraten 1830-1870. In: Der Bürger als Soldat. Die Militarisierung europäischer Gesellschaften im langen 19. Jahrhundert. Ein internationaler Vergleich. Hrsg. von Christian Jansen, Es-

Vormärz in eine regelrechte »Milizbesessenheit« hineinsteigerten. Dabei ging es ihnen um nichts weniger, als ihren Anspruch auf »Wehrhaftigkeit« in der Ordnung der Gesellschaft zu verankern. Denn es war die »Wehrhaftigkeit«, in Kombination mit der Bereitschaft zur »Landesverteidigung«, die den Anspruch auf politische Teilhabe begründete[24].

»Wehrhaftigkeit« und »Landesvertheidigung« waren in den Jahrzehnten des Vormärz politische Kampfbegriffe, die sich nicht nur gegen das Wehrsystem, sondern auch gegen die Ordnung der Gesellschaft in Preußen richteten. Konsequenterweise fand 1848, als revolutionäre Bürger- und Volkswehren, Arbeiterbataillone und Milizionäre[25] gegen Einheiten der Stehenden Heere kämpften, die »Pflicht zur Landesvertheidigung« Eingang in die Paulskirchenverfassung[26], und ebenso konsequent bezeichneten sich die Angehörigen der »Arbeiterbataillone« und »Volkswehren« als »*Wehr*männer«, deren Aktivitäten teilweise, so in der Pfalz, von »Landesverteidigungsausschüssen« gesteuert wurden[27]. Der Mobilisierungs- und Scharnierbegriff der Befreiungskriege war drei Jahrzehnte einseitig revolutionär konnotiert.

II. »Landesverteidigung« als Leitbegriff der Arbeiterbewegung und Integrationsbegriff der wilhelminischen Wehrdiskurse bis 1918

Wenn das Scheitern der 1848er-Revolution auf den ersten Blick auch eine Schwächung »linker«, das heißt Milizen und Volkswehren propagierender und sich durch die »Landesverteidigung« legitimierender Wehrkonzepte bedeutete, so festigte dieses Scheitern doch mittelfristig auch eine spezifisch linke »Wehrhaftigkeit«. Gerade entschiedene Kritiker des bestehenden Militärsystems wie

---

sen 2004 (= Frieden und Krieg. Beiträge zur Historischen Friedensforschung, 4), S. 68-82, hier S. 74-80.

[24] Hagemann, »Mannlicher Muth« (wie Anm. 18), S. 74; Christian Jansen, Einheit, Macht und Freiheit. Die Paulskirchenlinke und die deutsche Politik in der nachrevolutionären Epoche, 1849-1867, Düsseldorf 2000 (= Beiträge zur Geschichte des Parlamentarismus und der politischen Parteien, 119), S. 348.

[25] Zu der militärischen Dimension der Revolution von 1848/49 in Deutschland und Europa siehe Dieter Langewiesche, Die Rolle des Militärs in den europäischen Revolutionen von 1848. In: Europa 1848. Revolution und Reform. Hrsg. von Dieter Langewiesche Dieter Dowe und Heinz-Gerhard Haupt (= Reihe Politik- und Gesellschaftsgeschichte, 48), Bonn 1998, S. 915-932.

[26] Walter Cartellieri, Rechtliche und organisatorische Probleme eines deutschen Verteidigungsbeitrages. In: Bürger und Landesverteidigung; Bericht über eine Arbeitstagung. Hrsg. von Walter Cartellieri und Erich Weniger, Frankfurt a.M. 1952, S. 32-46, hier S. 33.

[27] Jürgen Keddigkeit, Der Landesverteidigungsausschuß und die Provisorische Regierung der Pfalz im Frühjahr 1849. In: Die Pfalz und die Revolution 1848. Hrsg. von Hans Fenske, Kaiserslautern 2000 (= Beiträge zur pfälzischen Geschichte, 16), S. 3-62, hier S. 19.

der Paulskirchenlinke Wilhelm Schulz-Bodmer[28], der ehemalige Leutnant des Mannheimer Arbeiterbataillons Wilhelm Liebknecht[29] und der Angehörige der revolutionären badisch-pfälzischen Armee Friedrich Engels hatten die Erfahrung gemacht, dass die angestrebte neue Gesellschaftsordnung auch militärisch erkämpft und verteidigt werden müsse. Wie einst das Bürgertum mit Blick auf den vermeintlich dekadenten Adel betonten seit Ende des 19. Jahrhunderts die Führer der Arbeiterbewegung gegenüber dem »schlaffen« – sich mit dem wilhelminischen Staat arrangiert habenden – Bürgertum ihre »traditionelle Wehrbereitschaft«[30]. In seiner berühmten »Flintenrede« erklärte August Bebel vor dem Reichstag, dass »wir bis zum letzten Mann und selbst die ältesten unter uns bereit [seien], die Flinte auf die Schulter zu nehmen und unseren deutschen Boden zu verteidigen«[31] und Gustav Noske sekundierte in seiner »Landesverteidigungs-Rede« am 24. April 1907 wiederum vor dem Reichstag, dass »wir wünschen, daß Deutschland möglichst wehrhaft ist, [...] daß das ganze deutsche Volk an den militärischen Einrichtungen, die zur Verteidigung des Vaterlandes notwendig sind, ein Interesse hat[32].«

In diesen und weiteren einschlägigen Äußerungen manifestiert sich nicht etwa ein »sozialdemokratischer Militarismus«[33]. Hier zeigt sich die bereits im Zusammenhang mit der bürgerlichen Miliz-Begeisterung festgestellte politische Vorstellung der Linken, dass nämlich der Anspruch auf politische Macht auf der Bereitschaft zur »Landesverteidigung« beruhte. Das Bekenntnis zur »Landesverteidigung« – und damit das Bekenntnis zur tradierten Schutzfunktion der Obrigkeit beziehungsweise des Staates – war damit auch immer ein Bekenntnis zu dem Anspruch auf politische Herrschaft – ein Zusammenhang, den im Gedächtnis behalten sollte, wer beispielsweise die sozialdemokratische Wehrpolitik des Jahres 1919 und die Positionierung der SPD im Jahre 1959 kritisiert[34].

Die positive Konnotierung des Kompositums »Landesverteidigung« in den Äußerungen führender »Reichsfeinde« bedeutete keineswegs, dass Militärs, Konservative und andere staatsnahe Gruppen dessen Verwendung systematisch vermieden hätten. In seiner Grundbedeutung – der räumlich gebundenen Verteidigung eines Territoriums oder Staatsgebiets – war der Begriff »Landes-

---

[28] Jansen, Einheit, Macht und Freiheit (wie Anm. 24), S. 348.

[29] Annelies Laschitza, Die Liebknechts: Karl und Sophie – Politik und Familie, Berlin 2007, S. 16.

[30] Ben Möbius, Das Vaterland der »vaterlandslosen Gesellen«. Sozialdemokratischer Patriotismus am Vorabend des Ersten Weltkriegs. In: Politische Gesellschaftsgeschichte im 19. und 20. Jahrhundert. Hrsg. von Henning Albrecht, Hamburg 2006, S. 13-29, hier S. 23.

[31] Verhandlungen des Reichstages. Stenographische Berichte, Bd 189, 51. Sitzung vom 7.3.1904, 1588.

[32] Zit. nach Wolfram Wette, Gustav Noske. Eine politische Biographie, Düsseldorf 1987, S. 70.

[33] Wie Wolfram Wette, Militarismus in Deutschland. Geschichte einer kriegerischen Kultur, Darmstadt 2008, S. 64, 80 f., vermutet.

[34] Einschlägig für die Kritik an der sozialdemokratischen Wehrpolitik der Jahre 1918 bis 1920 ist noch immer Wette, Gustav Noske (wie Anm. 32).

verteidigung« auch für die preußisch-deutsche militärische Elite des 19. Jahrhunderts ein Schlüsselbegriff. Auffällig ist auf dieser Ebene, dass sich im Zuge der in der zweiten Hälfte des 19. Jahrhunderts einsetzenden Technisierung und Industrialisierung der Kriegführung der semantische Bezugsrahmen des Begriffs erheblich ausweitete. Neben der bodenständigen, durch Landwehrformationen zu führenden territorialen Verteidigung bezog sich der Begriff zunehmend auch auf jene Verteidigungsvorbereitungen, die in den sich modernisierenden Gesellschaften vom Militär allein nicht mehr zu leisten waren[35].

So fielen unter den Begriff »Landesverteidigung« in den fachmilitärischen Diskursen der zweiten Hälfte des 19. Jahrhunderts nicht mehr nur das Fortifikationswesen, sondern auch der Schutz des Eisenbahnnetzes und der Wasserwege, mithin: der kriegswichtigen Infrastruktur. Illustriert wird diese Ausweitung des semantischen Rahmens des Begriffs durch die 1868 in Preußen (mit Blick auf den wahrscheinlichen Zusammenstoß mit Frankreich) gegründete »Landesverteidigungskommission«, die »alle für die Landesverteidigung im Frieden zu treffenden Maßregeln u[nd] Einrichtungen prüfen u[nd] begutachten« sollte. An ihrer Spitze stand der damalige Kronprinz, ferner gehörten ihr der Chef des Generalstabes der Armee, der Generalinspekteur der Artillerie (später der Fußartillerie), der Chef des Ingenieurkorps, der Direktor des Allgemeinen Kriegsdepartements in Vertretung des Kriegsministers und einige besonders berufene Generale, später auch Admirale an. Typische Aufgabenfelder und Beratungsgegenstände der Kommission waren beispielsweise der im Jahre 1888 diskutierte Bau von Sperrforts in Lothringen oder die Frage des Baus des Nord-Ostsee-Kanals im Jahre 1891[36]. Zwar löste man die Kommission im Jahre 1898 wieder auf – in Zeiten der »Weltpolitik« schien eine Koordinationsstelle für eine territoriale Verteidigung offenbar entbehrlich. Doch bereits wenige Jahre später hatten sich durch die radikalen Modernisierungs- und Transformationsprozesse (welche seit dem »Schwellenjahrzehnt«[37] der 1880er-Jahre die sogenannte Hochmoderne einleiteten[38]) die kollektiven Bedrohungsgefühle in der politischen Kultur Deutschlands derartig verdichtet, dass sich ein die Sozialdemokraten nun einschließender »Verteidigungskonsens« konstituierte[39].

---

[35] Über den Milizgedanken in der preußischen Armee nach 1871 siehe Oliver Stein, »Ein ganzes Volk in Waffen ist nicht zu unterschätzen.« Das deutsche Militär und die Frage von Volksbewaffnung, Miliz und vormilitärischer Ausbildung 1871-1914. In: Miliz. Militärische Mobilisierung und gesellschaftliche Ordnung in der Neuzeit. Hrsg. von Rüdiger Bergien und Ralf Pröve [in Vorbereitung].

[36] Handbuch für Heer und Flotte. Enzyklopädie der Kriegswissenschaften und verwandter Gebiete. Hrsg. von Georg von der Alten. T. V: Idstein–Leipzig, Berlin [u.a.] 1913, S. 810.

[37] Der Begriff bei Jürgen Osterhammel, Die Verwandlung der Welt. Eine Geschichte des 19. Jahrhunderts, München 2009, S. 112 f.

[38] Über diese Modernisierung und deren Deutung als »Entfaltung der Hochmoderne« siehe Ulrich Herbert, Europe in High Modernity. Reflections on a Theory of the 20th Century. In: Journal of Modern European History, 5 (2007), 1, S. 5-21.

[39] Gunther Mai, »Verteidigungskrieg« und »Volksgemeinschaft«. Staatliche Selbstbehauptung, nationale Solidarität und soziale Befreiung in Deutschland in der Zeit des Ersten Weltkrieges (1900-1925). In: Der Erste Weltkrieg. Wirkung, Wahrnehmung, Analyse, München. Hrsg. von Wolfgang Michalka, Zürich 1994, S. 583-602, hier S. 585.

Dieser erwies sich als eine tragfähige Basis für den »integrativen Kriegsnationalismus«[40].

Am Beginn des Ersten Weltkriegs stand das kollektive Bekenntnis zur »Landesverteidigung«. Im Kriegsverlauf steigerte sich die Bedeutung des Begriffs als Klammer und »Scharnier« zwischen den divergierenden Wirklichkeitsdeutungen in dem Maße, in dem sich unter dem Druck des ersten industrialisierten Massenkriegs Kriegsdeutungen und Kriegsziele der »Klassengesellschaft« erneut polarisierten. So suchte die Führung der Sozialdemokratie im Laufe der Kriegsjahre 1915 und 1916 das Unbehagen an der eigenen Basis einzudämmen[41], indem sie die »Verteidigung des Vaterlands mit der Verteidigung der Arbeiterinteressen« gleichsetzte[42]. Und als diese Strategie scheiterte und im Dezember 1915 20 sozialdemokratische Reichstagsabgeordnete ihre Zustimmung zu den Kriegskrediten verweigerten – und damit aus dem Verteidigungskonsens ausscherten – da besaß für diese der Landesverteidigungs-Begriff immerhin noch eine derartige Legitimität, dass einer ihrer Protagonisten, Eduard Bernstein, versicherte, dass die Ablehnung der Kriegskredite »die Pflicht zur Landesverteidigung in keiner Weise in Abrede« stelle[43].

Auf der anderen Seite legitimierten die »Alldeutschen« ihre extremen territorialen Forderungen – wie die Annexion Belgiens und des »polnischen Grenzstreifens« – mit den Erfordernissen der »Landesverteidigung«[44] und der Friedensvertrag von Brest-Litowsk erschien selbst in der liberalen Presse als »allein von der Rücksicht auf die deutsche Landesverteidigung [...] vorgeschrieben«[45]. Als sich im Herbst 1918 die Pläne von Annexionen im Westen und einem bis an das Schwarze Meer reichenden »Ostimperium« aufgelöst hatten, blieb den Protagonisten der Parteien der Reichstagsmehrheit (unter ihnen Walther Rathenau und selbst Philipp Scheidemann) nur die »Landesverteidigung« als kleins-

---

40   Jörn Leonhard, Vom Nationalkrieg zum Kriegsnationalismus. Projektion und Grenze nationaler Integrationsvorstellungen in Deutschland, Großbritannien und den Vereinigten Staaten im Ersten Weltkrieg. In: Nationalismen in Europa. West- und Osteuropa im Vergleich. Hrsg. von Ulrike von Hirschhausen, Göttingen 2001, S. 204–240, hier S. 208.

41   Ein Beispiel: Sozialdemokratie und Landesverteidigung. Hrsg. vom Bezirksvorstand der Provinz Brandenburg, Berlin 1915.

42   Wette, Gustav Noske (wie Anm. 32), S. 184.

43   Eduard Bernstein, Die »Zwanzig«. In: Berliner Tageblatt (Abend-Ausgabe), 3.3.1916, S. 3. – Im Juni 1915 hatten der Parteivorsitzende Hugo Haase, der marxistische Parteitheoretiker Karl Kautsky und der Revisionist Eduard Bernstein den Aufruf »Das Gebot der Stunde« veröffentlicht, in welchem sie argumentierten, dass die Sozialdemokratie angesichts der auch in der Regierung diskutierten extensiven Kriegszielpläne einen Kontrapunkt setzen und für einen Verständigungsfrieden eintreten müsse. In diesem Sinne stimmten in der Reichstagssitzung vom 2.12.1915 20 sozialdemokratische Abgeordnete gegen die Verlängerung der Kriegskredite. Als sie im März 1916 wieder gegen die Fraktionsdisziplin verstießen, wurden sie aus der Fraktion ausgeschlossen. Im April 1917 gründeten Angehörige dieser Gruppe in Gotha die Unabhängige Sozialdemokratische Partei Deutschlands (USPD).

44   Fritz Fischer, Griff nach der Weltmacht. Die Kriegszielpolitik des kaiserlichen Deutschland 1914, Düsseldorf 1964, S. 321 und S. 340.

45   [Anonymus], Ein Nachwort zu Brest-Litowsk. In: Berliner Tageblatt (Morgen-Ausgabe), 7.3.1918, S. 2.

ter gemeinsamer Nenner der im Krieg polarisierten Klassengesellschaft, um eine in die Französische Revolution zurückreichende Konnotation des Begriffs zu aktivieren und zu einer *lévee en masse* aufzurufen[46]. Und auch wenn der Verteidigungskonsens für eine kurze Phase im Oktober und November 1918 seine Bindekraft eingebüßt zu haben schien, dauerte es nach dem Zusammenbruch der wilhelminischen Ordnung nur Wochen, bis ein neuer wehrpolitischer Konsens etabliert, der »Primat der Sicherheit«[47] aktiviert und »Landesverteidigung« erneut als Leitbegriff etabliert war.

III. »Landesverteidigung« als Synonym des »Wehrkonsenses« der Weimarer Republik

Die Voraussetzungen für diese unmittelbare Reaktivierung des Begriffs bildeten die massiven innen- und außenpolitischen Bedrohungen: die Furcht vor einem bolschewistischen Putsch, die Gefahr eines alliierten Einmarschs in die westlichen Reichsteile und – für die preußischen Ostprovinzen – der polnische Staatsbildungskrieg. Diese Bedrohungen verstärkten in Kombination mit der Auflösung der etablierten Ordnungssysteme das Bedürfnis nach integrativen Leitbildern. Die »Volksgemeinschaft« war bereits 1918/19 ein solches Integrationskonzept[48], aber eben auch und vor allem die »Landesverteidigung«, welche in den Jahren 1918/19 (wie nach der Niederlage von 1806) als lagerübergreifend verwendeter Mobilisierungsbegriff fungierte. In einem gemeinsamen Aufruf vom 6. Januar 1919 appellierten etwa der Volksrat in Breslau gemeinsam mit dem dortigen Zentral-Soldatenrat und dem 6. Armeekorps an Freiwillige, sich der »Landesverteidigung« »zum Schutze Schlesiens und zur Wiedergewinnung der deutschen Provinz Posen« zur Verfügung zu stellen[49]. Die Aufstellung von Freikorps diente – neben der »Aufrechterhaltung von Sicherheit und Ordnung« – der »Vaterlandsverteidigung«, und der preußische Ministerpräsident Paul

---

[46] Michael Geyer, Insurrectionary Warfare. The German Debate about a Levée en Masse in October 1918. In: Journal of Modern History, 73 (2001), 2, S. 459-527. Über Rathenaus Engagement: S. 482 f.; über Scheidemanns Befürwortung einer »nationalen Verteidigung« unter bestimmten Voraussetzungen: S. 479 f.

[47] Mai, Verteidigungskrieg (wie Anm. 39), S. 583.

[48] Ebd., S. 592 f.; Michael Wildt, »Volksgemeinschaft« als politischer Topos in der Weimarer Republik. In: NS-Gewaltherrschaft. Beiträge zur historischen Forschung und juristischen Aufarbeitung. Hrsg. von Alfred Gottwaldt, Norbert Kampe und Peter Klein, Berlin 2005, S. 23-39.

[49] Der Aufruf ist abgedruckt in: Protokoll der Sitzung des Volksrats der Stadt Breslau vom 6.1.1919. Archiwum Państwowe (fortan: AP) Wrocław, Zentraler Volksrat in Breslau, 1918-1920, Nr. 3, Bl. 64 (149)-67 (155).

Hirsch stellte im März 1919 die flächendeckende Gründung von »Einwohner-wehren« unter das Schlagwort der »Heimatverteidigung«[50].

Spätestens im Frühjahr 1920 aber waren die inneren und äußeren Bedrohun-gen des Weimarer Staates abgeebbt und man hätte erwarten können, dass damit die Frequenz des Wortfelds »Landesverteidigung« in der öffentlichen Kommu-nikation nachgelassen hätte oder dass es, analog der Situation in Preußen nach 1813/15, wiederum auf die Diskurse bestimmter politischer Gruppen be-schränkt worden wäre. Das Gegenteil war der Fall. »Landesverteidigung« stieg zu *dem* Leitbegriff der Weimarer Wehrpolitik auf, dessen gleichermaßen weit-reichende Anschlussfähigkeit in den politischen, öffentlichen und fachmilitäri-schen Diskursen auf den ersten Blick leicht übersehen lässt, dass der gleiche Begriff in unterschiedlichen Kontexten ganz Unterschiedliches bezeichnen und, sprecherabhängig, mit teilweise gegensätzlichen Wirklichkeitsdeutungen ver-knüpft sein konnte. Es war zweifellos wiederum diese Flexibilität des Begriffs – seine Eigenschaften eines »Containerbegriffs« –, die ihn in der polarisierten politischen Kultur der Weimarer Republik zu einem unverzichtbaren sprachli-chen Mittel machte, in Bezug auf das brisante Feld der Wehrpolitik einen Mi-nimalkonsens – einen »Wehrkonsens«[51] – herzustellen.

Erstens blieb »Landesverteidigung« im republikanischen Lager und hier ins-besondere in den Äußerungen sozialdemokratischer Politiker ein Synonym für eine republikanische und emanzipatorische Wehrpolitik. »Landesverteidigung« bedeutete in diesem Sinne den »Schutz der freiesten Verfassung der Welt«[52]; »Landesverteidigung« diente, so der sozialdemokratische Reichstagsabgeord-nete (und vormalige KPD-Mitbegründer) Paul Levi, nicht den Interessen der Bourgeoisie, sondern denen »der Massen«, bedeutete den Schutz der Errungen-schaften der Revolution[53]. Weil aber nach der Erfahrung der Rechts- und Links-putsche, der »Aufstände« in Oberschlesien und der Ruhrbesetzung auch jedem noch so militärkritischen Linkspolitiker klar sein musste, dass diese neue politi-sche Ordnung bedroht war und der aktiven Verteidigung bedurfte, wurde der Landesverteidigungs-Begriff zu einem Dachbegriff für alle militärischen Maß-

---

[50]   Der Appell an den Selbstverteidigungsreflex zeigte durchaus Wirkung: Im Sommer 1919 verfügte die Republik, die Ende 1918 noch ohne nennenswerte Machtmittel dagestanden hatte, über etwa 450 000 Mann innerhalb der sich nicht zuletzt aus Freikorps zusammen-setzenden Vorläufigen Reichswehr, über eine nicht genau quantifizierbare Zahl von Grenzschutzeinheiten und über etwa 900 000 Angehörige in den Einwohnerwehren. Siehe Wette, Gustav Noske (wie Anm. 32), S. 551-554.

[51]   Zur Konstituierung und Auflösung des zivil-militärischen und lagerübergreifenden »Wehrkonsenses« in der Weimarer Republik siehe Rüdiger Bergien, Die bellizistische Re-publik. Wehrkonsens und »Wehrhaftmachung« in Deutschland 1918-1933 [in Vorberei-tung, erscheint 2010].

[52]   Bernhard Rausch, Was soll geschehen? Zur Reform der Reichswehr. In: Die Neue Zeit, 38 (1920), 2, S. 49-55, hier S. 50.

[53]   Paul Levi, Wehrhaftigkeit und Sozialdemokratie, Berlin 1928, S. 9.

nahmen, die dem Schutz der Republik dienten. »Landesverteidigung« besaß eine semantische Schnittmenge mit dem Begriff »Republikschutz«[54].

Zweitens bezeichnete »Landesverteidigung« in den fachmilitärischen Äußerungen, neben durch Milizformationen zu führende Defensivoperationen[55] die Gesamtheit der für die Verteidigung des Territoriums zu treffenden Maßnahmen, also für das, was in der Bundesrepublik als »Gesamtverteidigung« bezeichnet werden sollte. In dieser Verwendungsweise bezeichnete »Landesverteidigung« die Vorbereitung der Infrastruktur auf die Kriegführung etwa durch den Einbau von Minenkammern in Brücken und die Vorbereitung von »weitreichenden künstlichen Überschwemmungen« zur Verzögerung eines feindlichen Einmarsches[56]. In diesem Sinne einer »Gesamtverteidigung« bezeichnete »Landesverteidigung« den – ab 1928 vom Reichsinnenministerium vorbereiteten – Luft- und Gasschutz ebenso wie die Mobilmachungsvorbereitungen in der Industrie, die »Wehrhaftmachung« der Jugend und die Verbreitung des »Wehrgedankens«. In diesem extensiven und zugleich staatsorientierten Gebrauch wurde »Landesverteidigung« zur Signatur der »bellizistischen« kollektiven Sinnsysteme der Zwischenkriegszeit.

Die Vorstellung, dass »Landesverteidigung« im industriellen Zeitalter nicht mehr nur den Schutz der Grenzen, sondern alle Felder umfassen müsse, die für die Kriegführung neuralgisch waren, ergibt sich aus der Erfahrung des entgrenzten Ersten Weltkriegs. Sie manifestierte sich jedoch bereits im 19. Jahrhundert in der erwähnten preußischen »Landesverteidigungskommission«. Und es ist vor diesem Hintergrund kein Zufall, dass im Februar 1928 der neue Reichswehrminister Groener ein einzurichtendes zivil-militärisches Gremium, das auf Reichsebene die »Gesamtkriegführung« vorbereiten sollte, gegenüber einem Ministerialdirektor des Auswärtigen Amtes als »Landesverteidigungskommission« bezeichnete[57].

Drittens entwickelte sich »Landesverteidigung« in den halböffentlichen fachmilitärischen Diskursen – das bedeutet: in vorwiegend reichswehrinternen oder auch an Behördenvertreter gerichteten Äußerungen – zu einem Synonym

[54] Siehe Rüdiger Bergien, Staat im Staate? Zur Kooperation von Reichswehr und Republik in der Frage des Grenz- und Landesschutzes. In: Vierteljahrshefte für Zeitgeschichte, 56 (2008), 4, S. 643–678.
[55] Insbesondere durch den in den Ostprovinzen über die Jahre 1920/21 hinaus aufrechterhaltenen Selbst- und Grenzschutz. Siehe als bisher einzige Monografie zum Gegenstand Jun Nakata, Der Grenz- und Landesschutz in der Weimarer Republik 1918-1933. Die geheime Aufrüstung und die deutsche Gesellschaft, Freiburg i.Br. 2002.
[56] Joachim von Stülpnagel, Gedanken über den Krieg der Zukunft, o.D. [Februar 1924], BA-MA, RH 2, 417, Bl. 3–46.
[57] Aufzeichnung des Ministerialdirektors Köpke über ein Gespräch mit dem Reichswehrminister Groener, 20.2.1928, PA-AA, R, 30045 a, Bl. 62 f. Ein derartiges Gremium wurde in der Weimarer Republik bereits seit 1922 unter dem Namen »Reichsverteidigungsrat« geplant, jedoch mit Rücksicht auf den zu erwartenden Zusammenstoß mit den Alliierten im Falle seines Bekanntwerdens nie eingerichtet. Siehe Entwurf zur Bildung eines Reichsverteidigungsrates, mit einem Anschreiben des Reichswehrministers an den Reichskanzler. Geheim, 25.8.1922. BA-MA, RH 2, 407, Bl. 4-12; Gerhard Meinck, Der Reichsverteidigungsrat. In: Wehrwissenschaftliche Rundschau, 6 (1956), S. 411-422.

für die geheime Aufrüstung. Die »Denkschrift zu Fragen der Landesverteidigung« des Chefs der Heeresleitung Hans von Seeckt vom 16. April 1923 war nichts anderes als ein Forderungskatalog von gegen den Versailler Vertrag verstoßenden Rüstungsmaßnahmen[58]; entsprechend führen die »Zusammenstellungen der für die Landesverteidigung im Osten« beziehungsweise »im Westen« gegebenen »Weisungen und Richtlinien« aus dem Dezember 1923 und dem April 1924 von einer hinter den feindlichen Linien kämpfenden Kleinkriegsorganisation (»Feldjägerdienst«)[59] bis zu einem aus Freiwilligen zu rekrutierenden »Nachrichtennetz« das gesamte Spektrum jener geheimen Mobilmachungsvorbereitungen auf, mit denen man auf einen neuerlichen feindlichen Einmarsch im Stile der Ruhrbesetzung zu reagieren plante.

Nach 1923 etablierte sich für diese personellen Rüstungen der Begriff »Landesschutz«. Eine reichsweit aufgezogene Ersatzorganisation bezeichnete die Reichswehr-Führung als »Landesschutzorganisation«, die mehr als tausend[60] in dieser Organisation (aus Tarnungsgründen als Zivilangestellte der Reichswehr) beschäftigten ehemaligen Offizieren als »Landesschutz-Offiziere«. Im dienstlichen Schriftverkehr wurden Schreiben, die diese Mobilmachungsvorbereitungen betrafen (und deshalb in besonderer Weise geheim zu halten waren) zeitweilig mit einem großen grünen »L« im Briefkopf gestempelt – »L« für »Landesschutz« oder »Landesverteidigung«. Die »Wiederwehrhaftmachung« der ersten deutschen Demokratie, die Einbindung eines rechtsradikalen Paramilitarismus in die von den zivilen Eliten unterstützten »Mobilmachungsvorbereitungen gegen Recht und Verfassung«[61], vollzogen sich somit unter dem einzigen Begriff, der nach dem Ersten Weltkrieg und der scharfen innenpolitischen Polarisierung der Jahre 1918/19 über die Gruppe des Militärs und des »nationalen Lagers« hinaus anschlussfähig war. Natürlich besteht keine direkte Kausalität zwischen der Bezeichnung der Geheimrüstung als »Landesverteidigung« und deren Unterstützung durch Politik und Verwaltung. Doch steht diese Begriffssetzung für die Grundüberzeugung, dass die »Wehrhaftmachung« vor dem Hintergrund der Versailler Friedensordnung tatsächlich einen Akt der »Lan-

---

[58]   Denkschrift des Generals von Seeckt zu Fragen der Landesverteidigung vom 16.4.1923. Akten der Reichskanzlei, Das Kabinett Cuno, Bd 1, Nr. 124, S. 392–395.

[59]   Zur Gründung des Feldjägerdienstes siehe Gerd Krüger, »Ein Fanal des Widerstandes im Ruhrgebiet«. Das »Unternehmen Wesel« in der Osternacht des Jahres 1923; Hintergründe eines angeblichen »Husarenstreichs«. In: Mitteilungsblatt des Instituts für Soziale Bewegungen, 24 (2000), S. 95–140, hier S. 98 f.

[60]   Aktennotiz über Anzahl, Tätigkeiten und Bezahlung der Landesschutzangestellten, o.D. [Jan./Feb. 1930], BA Berlin, R 43 I, 725, Bl. 259–261.

[61]   Die Formulierung bei Bernhard R. Kroener, Mobilmachungsplanungen gegen Recht und Verfassung. Kriegsvorbereitungen in Reichsheer und Wehrmacht 1918–1939. In: Erster Weltkrieg – Zweiter Weltkrieg: Ein Vergleich. Krieg, Kriegserlebnis, Kriegserfahrung in Deutschland. Im Auftr. des MGFA hrsg. von Bruno Thoß und Hans-Erich Volkmann, Paderborn [u.a.] 2002, S. 57–77. Zur Einbindung des organisierten Paramilitarismus in die »Landesverteidigung« der Weimarer Republik siehe Rüdiger Bergien, Paramilitary Volunteers for Weimar. Germany's »Wehrhaftmachung«. How Civilians were Attracted to Serve in Irregular Military Units. In: War Volunteering in Modern Times. Ed. by Christine Krüger and Sonja Levsen, New York 2010.

desverteidigung« darstellte – eine Grundüberzeugung, die eben auch von den Angehörigen der politischen und administrativen Eliten geteilt wurde.

Das belegt der bemerkenswerte Umstand, dass auch republikanische Beamte und Politiker den Begriff im Laufe der 1920er-Jahre zunehmend in dieser spezifischen Bedeutung – als Chiffre für die illegalen Rüstungen – übernahmen. So meldete der Oberpräsident in Magdeburg Otto Hörsing im Dezember 1922 dem preußischen Innenminister Carl Severing, dass in der Provinz Sachsen Reichswehr-Einheiten Fragebögen an die Landräte versenden würden, »offenbar« »zur Vorbereitung der Landesverteidigung«[62]. Da, wie Hörsing wusste, mit diesen Fragebögen die »wehrfähige« Bevölkerung erfasst und damit verbotene Mobilmachungsvorbereitungen betrieben wurden, benutzte der in anderen Kontexten durchaus militärkritische[63] Hörsing »Landesverteidigung« wie die Militärs als Chiffre. Ähnlich verwendete Hörsings Amtskollege, der Schneidemühler Oberpräsident Friedrich von Bülow den Begriff, als er sich im Juli 1926 auf Bitten des Wehrkreiskommandos II in Stettin beim preußischen Innenminister für die Weiterverwendung des Grafen Johann zu Dohna aus Meseritz – Landesführer des »Stahlhelms« Ostmark und ausgewiesener Republikgegner – in der Landesschutzorganisation einsetzte und erklärte, dass es »vollkommen unmöglich« sei, »einen Mann wie den Grafen Dohna, der sich beim Polenaufstand hoch ausgezeichnet hat [...] in Zukunft von der Landesverteidigung ausschliessen zu wollen«[64]. Der Ministerialrat im preußischen Innenministerium, Kurt Schönner, fasste im März 1929 die Kooperation zwischen preußischer Verwaltung und Reichswehrdienststellen unter den Terminus »Landesschutzarbeiten«[65]. Entsprechend bezeichnete Anfang 1931 Reichskanzler Heinrich Brüning die preußische Unterstützung für die geheimen Rüstungen als »Aufgaben der Landesverteidigung«[66] und zumindest in die direkte Nähe der Geheimrüstung rückte der ehemalige Reichskanzler und Reichsfinanzminister Joseph Wirth den Begriff, als er erklärte, er habe als Reichskanzler 1920 und 1921 »im

---

[62] Der Oberpräsident in Magdeburg an den preußischen Minister des Innern, 28.12.1922, Abschrift, BA Berlin, R 1501/113129, Bl. 44 f., hier Bl. 44.

[63] Nach der Verkündung des Belagerungszustands am 26.9.1923 und nach der Vereinbarung von »Richtlinien über die Handhabung der vollziehenden Gewalt« zwischen dem Chef der Heeresleitung von Seeckt und dem preußischen Innenminister Severing weigerte sich Hörsing, sich dem Wehrkreiskommando IV bedingungslos zu unterstellen. Darüber hinaus stellte er im November 1923 dem Wehrkreiskommando III im Rahmen einer »Erkundigung« kritische Fragen über dessen Rolle im Zusammenhang mit dem Küstriner Putsch vom 1.10.1923, was Seeckt in einer scharfen Beschwerde an Severing als »Bespitzelung« bezeichnete. Siehe Nakata, Der Grenz- und Landesschutz (wie Anm. 55), S. 121 f.

[64] Der Oberpräsident an den Oberregierungsrat Dr. Masur, 28.7.1926. Sofort. WAP Poznan, Oberpräsidium Schneidemühl, 186, Bl. 313–315, hier Bl. 313 [Hervorhebung des Autors].

[65] Der Bayerische stellv. Bevollmächtigte zum Reichsrat an das Ministerium des Äußern, betr. Landesschutz, 4.3.1929, Bayerisches Hauptstaatsarchiv, MA, Bd 104593, o.Bl.

[66] So gab Staatssekretär Pünder in einem Schreiben an Groener eine Äußerung Brünings mit den Worten wieder, dass es »dem Herrn Reichskanzler [...] auch innerpolitisch sehr bedeutsam [erscheine], dass die Preußische Staatsregierung sich endlich zur Mitverantwortung an den vom Reichswehrministerium vorgezeichneten Aufgaben der Landesverteidigung entschlossen hat«. Der Staatssekretär in der Reichskanzlei an den Reichswehrminister, [?].1.1931, Entwurf, vertraulich, BA Berlin, R 43 I/725, Bl. 185 f.

Interesse der Landesverteidigung bewusst die Bestimmungen des Versailler Vertrages umgangen« und Mittel für den Aufbau des Grenz- und Landesschutzes sowie für geheime materielle Rüstungen bereitgestellt[67].

Reinhart Koselleck hat nun argumentiert, dass die historischen Akteure mit den »Leitbegriffen der geschichtlichen Bewegung«, mit Sprachen, Begriffen und Terminologien Weltbilder und Wirklichkeitsdeutungen übernehmen[68]. In dem Maße, in dem die zivilen Eliten in Politik und Verwaltung im Zusammenhang mit der geheimen Aufrüstung in eine Kooperation mit dem Militär eintraten, übernahmen sie die von den Militärs praktizierte Verwendungsweise des Begriffs und gebrauchten »Landesverteidigung« nicht nur als Bezeichnung für die Heimatverteidigung und darüber hinaus für den Republikschutz, sondern auch für die entgrenzte Form der Landesverteidigung und die illegalen Mobilmachungsvorbereitungen. Mit dieser Verwendungsweise aber übernahmen sie, im Sinne Kosellecks, Weltbilder und Wirklichkeitsdeutungen des Militärs. Damit bietet diese begriffs- und ideengeschichtliche Ebene *eine* Erklärung für die erstaunlich schnelle und weitgehende Akzeptanz der geheimen Mobilmachungsvorbereitungen durch die zivilen Eliten.

Indem die militärischen Eliten unter dem Druck der Transformation des internationalen Systems und der radikalen Entwaffnung nach 1918 die Leitvokabel der progressiven Wehrdiskurse des 19. Jahrhunderts übernommen hatten, waren sie gleichsam in den Besitz eines »trojanischen Pferdes« gelangt, über welches sie nach der Kriegsniederlage den zivilen Eliten und dem republikanischen Lager militärische Wirklichkeitsdeutungen übermitteln konnten. Durch den Scharnierbegriff »Landesverteidigung« stand eine gemeinsame »Sprache« zur Verfügung, welche die Fortsetzung der zivil-militärischen »Einheitsfront« der Revolutionsmonate und des Nachkriegs[69] in der Phase der relativen Stabilisierung der Republik erleichterte.

IV. »Landesverteidigung« im »Dritten Reich«: Von der Stigmatisierung zur Renaissance im »Endkampf«

Eine weitere Verwendung von »Landesverteidigung« ist bis hierhin unterschlagen worden: die Zurückweisung des mit dem Begriff verknüpften Konzepts der Defensive vonseiten der extremen Rechten und dessen Diffamierung als »ten-

---

[67] Zit. nach Erhard Reusch, Die Friedrich Krupp AG und der Aufbau der Reichswehr in den Jahren 1919-1922. In: Archiv und Wirtschaft, 13 (1980), S. 72-88, hier S. 83.

[68] Reinhart Koselleck, Einleitung. In: Geschichtliche Grundbegriffe. Historisches Lexikon zur politisch-sozialen Sprache in Deutschland. Hrsg. von Reinhart Koselleck, Otto Brunner und Werner Conze, Bd 4, Stuttgart 1978, Bd 1, XIII-XXX, hier XIII f.

[69] Heinz Hürten, Der Kapp-Putsch als Wende. Über Rahmenbedingungen der Weimarer Republik seit dem Frühjahr 1920, Opladen 1989, S. 11.

denziell pazifistisch«[70]. Diese Ablehnung der Defensive lässt sich bis in das späte 19. Jahrhundert zurückverfolgen, als Offiziere und Militärschriftsteller, orientiert an dem »Kult der Offensive«[71], »Landesverteidigung« und deren Instrumente wie Volkswehr und Miliz als der deutschen geografischen Lage völlig unangemessen darstellten[72]. Auch nach 1918 dominierte, der offiziellen Ausrichtung an dem Leitbild der Landesverteidigung zum Trotz, im deutschen Offizierkorps und natürlich im »nationalen Lager« die Ansicht, dass »Landesverteidigung« in der gegebenen Lage nicht mehr als ein Notbehelf war, ein Synonym für den nach 1918 »zur Organisation erhobenen Burgfrieden«[73].

Mit der Auflösung dieses wehrpolitischen »Burgfriedens« – des Wehrkonsenses – in den frühen 1930er-Jahren, spätestens aber mit dem 30. Januar 1933 büßte »Landesverteidigung« seinen Status als Leit- und »Scharnier«-Begriff ein – zumindest für die nächsten zehn Jahre. Indem für die militärische Elite nach dem Wegfall der Rüstungsbeschränkungen im Herbst 1932 und der Rede des neuen Reichskanzlers Adolf Hitler vor den Spitzen der Reichswehr am 3. Februar 1933[74] Alternativen zur reinen Defensivkriegplanung sichtbar wurden und indem die weltanschaulichen Prämissen des Nationalsozialismus den – selbstredend offensiv zu führenden – »Kampf als Daseinsform« überhöhten[75], sank »Landesverteidigung« erneut zu einem Fachbegriff herab. Dieser mochte für die Inspektion der Festungen im OKH sowie die Pioniertruppe noch einige Relevanz haben (und gab einer Abteilung des Wehrmacht-Führungsstabes im OKW ihren Namen, welche seit Kriegsausbruch mit der Regelung der militärischen Besatzung der eroberten Gebiete befasst war[76]). In der öffentlichen Kommunikation des NS-Staats kam ihm aber keine Bedeutung zu.

Nicht einmal Anfang September 1939 machte sich die nationalsozialistische Führung das in dem Begriff nach wie vor »sedimentierte« Mobilisierungs- und Legitimationspotenzial zunutze. Die vermeintlich auf rassischer Grundlage

---

[70] Ernst Moritz, Wehrhaftmachung und Politik. In: Neue Preußische Zeitung vom 20.5.1932.

[71] Der Begriff geht zurück auf Stephen Van Evera, The Cult of the Offensive and the Origins of the First World War. In: International Security, 9 (1984), 1, S. 58-107.

[72] In diesem Sinne argumentiert etwa Oberst a.D., Zimmermann, Milizheere. Die Heere der französischen Republik im Kriege. In: Vierteljahreshefte für Truppenführung und Heereskunde, 10 (1913), 4, S. 694-731, bes. S. 730 f.

[73] Michael Geyer, Der zur Organisation erhobene Burgfrieden. In: Militär und Militarismus in der Weimarer Republik. Hrsg. von Klaus-Jürgen Müller und Eckhardt Opitz, Düsseldorf 1978, S. 15-100.

[74] Zu dieser Rede zuletzt: »Man kann nur Boden germanisieren«. Eine neue Quelle zu Hitlers Rede vor den Spitzen der Reichswehr am 3. Februar 1933. In: Vierteljahreshefte für Zeitgeschichte, 49 (2001), S. 517-551.

[75] Zum Bild des »Kampfes« in Ideologie, Propaganda und Politik des Nationalsozialismus siehe Bernhard R. Kroener, Kampf als Daseinsform. In: Der Nationalsozialismus und die deutsche Gesellschaft, Einführung und Überblick. Hrsg. von Bernd Sösemann, Stuttgart, München 2002, S. 312-328.

[76] Die »Abteilung Landesverteidigung« spielte insbesondere im Rahmen der Kriegführung gegen die Sowjetunion eine unrühmliche Rolle, hier wurde beispielsweise die berüchtigte »Bandenkampfanweisung« erarbeitet. Siehe Dieter Pohl, Die Herrschaft der Wehrmacht. Deutsche Militärbesatzung und einheimische Bevölkerung in der Sowjetunion 1941-1944, München 2008 (= Quellen und Darstellungen zur Zeitgeschichte, 71), S. 88.

geeinte »große Kampfgemeinschaft«[77] schien, anders als die wilhelminische Klassengesellschaft, keines Appells an ihren Selbstverteidigungswillen zu bedürfen. Trotz der berüchtigten Formulierung Hitlers, dass ab »5 Uhr 45« – angeblich – »zurückgeschossen« würde, wurde der vorgeblich wegen des »polnischen Kampfes gegen die freie Stadt Danzig« verübte Überfall auf Polen nicht ernsthaft als Verteidigungskrieg ausgegeben, – ebenso wenig wie die sich anschließenden »Feldzüge«, wenngleich die den Gegnern unterstellten aggressiven Absichten eine große Rolle für die Legitimation der von der NS-Führung betriebenen Eskalation des Kriegs spielte. Doch den Begriff »Landesverteidigung« nahm Propagandaminister Joseph Goebbels zumindest öffentlich in der ersten Kriegshälfte nicht in den Mund. Bis in das Jahr 1943 hinein vermittelte die NS-Führung ihrer »Volksgemeinschaft« das Bild eines durch das Militär beherrschten Krieges. Zweifellos war man sich bewusst, dass Landesverteidigung nicht nur ein mobilisierendes, sondern auch ein alarmistisches Potenzial besaß, das dem Ziel der Aufrechterhaltung friedensähnlicher Zustände im Reich zuwidergelaufen wäre.

Die Nationalsozialisten eigneten sich die mobilisierende und integrierende Landesverteidigungs-Terminologie erst an, als der Krieg offensichtlich außer Kontrolle geraten war: als das offensive Potenzial der Wehrmacht im Sommer 1943 auf den Schlachtfeldern des Kurser Bogens endgültig verbrannt war, immer jüngere Jahrgänge einberufen wurden und die alliierten Luftangriffe die »Heimatfront« konstituierten. Bereits seit Stalingrad und der zumindest rhetorischen Ausrufung des »Totalen Kriegs« mehrten sich in der politischen Sprache des NS-Staates die Bezüge auf das Deutungsmuster des Verteidigungskriegs. Dieses kam am wirkungsmächtigsten in dem Bild vom Kampf des »freien Europas« gegen den »asiatischen Bolschewismus« zum Ausdruck, in Goebbels' Behauptung, die Wehrmacht sei berufen, »eine grundlegende Rettung Europas« vor der »Gefahr aus dem Osten« durchzuführen[78], und das auf dem Feld der Anwerbung von Freiwilligen für die Waffen-SS aus dem europäischen Ausland – trotz der wachsenden Bedeutung von Zwang und Terror – nicht wirkungslos blieb[79].

Noch im Dezember 1942 war während einer Ministerkonferenz die Verwendung der Formulierung »Festung Europa« wegen ihres *defensiven* Untertons explizit verboten worden[80]. Doch mit fortschreitendem Kriegsverlauf nahmen die Anleihen an das Landesverteidigungs-Wortfeld in der *lingua tertii imperii* zu: erst wurde Europa, dann das Reich, schließlich einzelne Städte zu »Festungen«,

---

[77] Adolf Hitler: Rede am 1. September 1939 in Berlin vor dem Reichstag. In: Hitler. Reden und Proklamationen 1932-1945. Kommentiert von einem deutschen Zeitgenossen. Hrsg. von Max Domarus, Wiesbaden 1965 ff. Hier auch das folgende Zitat.

[78] Rede von Joseph Goebbels im Berliner Sportpalast vom 18.2.1943. Online: <http://www.dhm.de/lemo/html/dokumente/sportpalastrede/index.html> [letzter Abruf: 31.3.2009].

[79] Rolf-Dieter Müller, An der Seite der Wehrmacht – Hitlers ausländische Helfer beim »Kreuzzug gegen den Bolschewismus« 1941-1945, München 2007.

[80] Max Bonacker, Goebbels' Mann beim Radio. Der NS-Propagandist Hans Fritzsche (1900-1953), München 2007 (= Schriftenreihe der Vierteljahrshefte für Zeitgeschichte, 94), S. 126.

in deren Bereich »jeder Fußbreit Boden« gegen die »asiatische Flut« zu verteidigen war. Vor allem die Aufstellung des »Volkssturms«, bei dem es sich faktisch um nichts anderes als eine »Territorial-Miliz zur Landesverteidigung« handelte[81], stand für die Instrumentalisierung des Konzepts der »Landesverteidigung«, insbesondere aber für den Versuch, durch explizite Bezugnahme auf die napoleonischen Befreiungskriege – durch die Produktion eines Propagandafilms wie »Kolberg« oder durch die Bezeichnung der buchstäblich »letzten Aufgebote« durch die Wehrkreiskommandos Anfang 1945 als »Gneisenau-Aufrufe« – den Abwehrwillen für die »totale Landesverteidigung« und dadurch für die »Choreographie des Untergangs«[82] zu heben.

V. Der »Landesverteidigung« in der deutschen »Wiederbewaffnung« nach 1945

Im »Endkampf« des »Dritten Reichs« erhielt der Leitbegriff »Landesverteidigung« eine antikommunistische Färbung (wobei die NS-Propagandisten hier durchaus an Deutungsmuster anknüpfen konnten, die seit der Revolution von 1918/19 verwendet wurden[83]). Diese Verknüpfung war wirkungsvoll, weil sie die in die Vormoderne zurückreichende Mobilisierungskraft von »Landesverteidigung« auf eine aktuelle Bedrohungslage ausrichtete, und es wäre billig, Konrad Adenauer und seinen militärischen Beratern vorzuhalten, dass sie in der Wiederbewaffnungsdebatte mit der sowjetischen Bedrohung argumentierten (wenngleich Adenauer mit Ausrufen wie »Asien steht an der Elbe!«[84] ziemlich nahtlos an die NS-Propaganda-Stereotype anknüpfte). »Landesverteidigung« war auch in der Hochphase des Kalten Kriegs weitaus mehr als ein antisowjetischer Mobilisierungsbegriff. Die emanzipatorische, »linke« Konnotation des Begriffs konnte zumindest in der SBZ/DDR reaktiviert werden, wo die Aufstellung von bewaffneten Organen, der KVP, der NVA sowie der Betriebskampfgruppen unter das Leitbild einer »sozialistischen Landesverteidigung« gestellt wurde[85]. Damit knüpfte man explizit an jene Bedeutungsebene

[81] Carl Schmitt, Theorie des Partisanen. Zwischenbemerkung zum Begriff des Politischen, 4. Aufl., Berlin 1995, S. 43; Hans Kissel, Der Deutsche Volkssturm 1944/45. Eine territoriale Miliz im Rahmen der Landesverteidigung, Berlin, Frankfurt a.M. 1962 (= Beiheft der Wehrwissenschaftlichen Rundschau, 16/17).
[82] Siehe Bernd Wegner, Hitler, der Zweite Weltkrieg und die Choreographie des Untergangs. In: Geschichte und Gesellschaft, 26 (2000), S. 493–518.
[83] Siehe Gerd Koenen, Zwischen Antibolschewismus und »Ostorientierung« – Kontinuitäten und Diskontinuitäten. In: Strukturmerkmale der deutschen Geschichte des 20. Jahrhunderts. Hrsg. von Anselm Doering-Manteuffel, München 2006, S. 241–251.
[84] Zit. nach Detlef Bald, Die Bundeswehr. Eine kritische Geschichte 1955–2005, München 2005, S. 7.
[85] Zum Konzept der »sozialistischen Landesverteidigung« siehe die Beiträge in: Militär, Staat und Gesellschaft in der DDR. Forschungsfelder, Ergebnisse, Perspektiven. Im Auftr.

des Begriffs an, die in diesem Beitrag von den Befreiungskriegen über die Radikaldemokraten des Vormärz und der 1848er-Revolution bis zu den wehrpolitischen Positionierungen August Bebels nachgezeichnet werden konnte.

Im Verständnis des von der militärischen Elite der DDR, etwa von dem langjährigen Minister für Nationale Verteidigung Armeegeneral Heinz Hoffmann formulierten Konzepts der »sozialistischen Landesverteidigung«[86] war diese konstitutiver Teil des »Klassenkampfes«[87]. Die »sozialistische Landesverteidigung« stand für den Schutz einer fortschrittlichen Gesellschaftsordnung gegen ihre äußeren und inneren Feinde. Aus dieser Perspektive bestand auch kein Widerspruch zwischen der massiven Militarisierung der ostdeutschen Gesellschaft[88] und der offensiven Ausrichtung der NVA und der in der DDR stationierten Warschauer-Pakt-Truppen und der defensiven Grundbedeutung des Leitbegriffs »Landesverteidigung«. Der räumliche Bezug von »Landesverteidigung« hatte sich in dem Leitbild der »sozialistischen Landesverteidigung« weitgehend aufgelöst. Nicht mehr ein Territorium, sondern die Ideologie war Gegenstand der Verteidigung.

Gegenüber dieser semantischen Beschränkung des Begriffs im sich etablierenden Staatssozialismus erscheint in den politischen Diskursen der jungen Bundesrepublik das gesamte Spektrum der mit »Landesverteidigung« verknüpften Konnotationen und Bedeutungen. Da ist *erstens* die eingangs skizzierte – semantisch der »sozialistischen Landesverteidigung« am nächsten stehende – Verknüpfung mit der demokratischen Ordnung, eine Verknüpfung, welche der Sozialdemokratie nach einem knappen Jahrzehnt des selektiven Widerstands die Zustimmung zu Wehrpflichtarmee und Bündnisintegration erleichterte. Doch über die politischen Diskurse und Argumentationsmuster hinaus wurde das eigentliche Wehrsystem der Bundesrepublik – die »Organisation der Gewalt« –, *zweitens*, stärker geprägt durch die Verwendung von »Landesverteidigung« als Synonym für den Begriff »Gesamtverteidigung«. Diese Verwendungsweise knüpfte an die »totale Landesverteidigung« der Weimarer Republik« an. Aus einer vergleichenden Perspektive erweist sich diese nun auch als Reaktion auf ein dramatisches militärisches Ungleichgewicht gegenüber dem voraussichtlichen Gegner im »Zukunftskrieg«. Nicht anders als in den 1920er-Jahren galt in der Bundesrepublik das wahrscheinliche Kriegsszenario als durch das reguläre Militär nicht beherrschbar. Die geplanten zwölf Bundeswehr-Divisionen vermochten bestenfalls einen Teil der konventionellen Kräfte des potenziellen Gegners zu binden, für die signifikante Restmenge der

---

des MGFA hrsg. von Hans Ehlert und Matthias Rogg, Berlin 2004 (= Militärgeschichte der DDR, 8).

[86] Etwa in: Heinz Hoffmann, Sozialistische Landesverteidigung. Aus Reden und Aufsätzen, Juni 1978 bis Mai 1982, Berlin 1983. Dabei ging der Begriff »sozialistische Landesverteidigung« auf Lenin zurück.

[87] Handbuch militärisches Grundwissen. NVA-Ausg., 11. Aufl., Berlin (Ost) 1982, S. 19.

[88] Siehe hierzu Clemens Heitmann, Familie Franzkes Wehrbeitrag. Zur Einbindung der DDR-Bevölkerung in das System der Sozialistischen Landesverteidigung – eine fiktive Biographie. In: Militär, Staat und Gesellschaft (wie Anm. 85), S. 377-417.

Bedrohungen des entgrenzten Krieges waren Politik und Verwaltung zuständig: so das Bundesministerium des Innern für einen »Luftschutzhilfsdienst«, das »Bundesamt für Zivilschutz« für ein aufzustellendes »Zivilschutzkorps« – eine Art Miliz für den nuklearen Ernstfall – und für eine ganze Reihe von zivilen und halbstaatlichen Akteuren wie das Rote Kreuz und das Technische Hilfswerk, die eine wichtige Rolle in den »zivilen Notstandsplanungen« spielten. Daneben beinhaltete »Landesverteidigung« durchaus auch das, was man in der Weimarer Republik unter Förderung des »Wehrwillens« der Bevölkerung gefasst hatte und was nun als »innere Verteidigungsbereitschaft« der Bundesbürger als eine der »Voraussetzungen für die Glaubwürdigkeit der Abschreckung« galt[89]. Und für den nicht unwahrscheinlichen Fall einer feindlichen Besetzung des Bundesgebiets organisierte der Bundesnachrichtendienst schließlich eine »Stay-Behind«-Organisation[90] (wie sie in der Weimarer Republik bereits in Gestalt des »Feldjägerdienstes« existiert hatte) und welche die Rote Armee mit Terroranschlägen überziehen sollte[91] – gewissermaßen als letztes Mittel der Landesverteidigung.

Diese umfassende Verwendungsweise des Leitbegriffs ist ein Spiegel der durch die nukleare Bedrohung an ihren Endpunkt gelangten »Entgrenzung der Gefahr«. Sie war an die Konjunkturen des Kalten Kriegs geknüpft – anders als die *dritte* Verwendungsweise von »Landesverteidigung« in der Bundesrepublik, die Verwendung als Mobilisierungsbegriff zur Durchsetzung bestimmter Ordnungsvorstellungen und zur Akkumulation staatlicher Machtmittel. Diese Verwendungsweise ist zugleich die stärkste Kontinuität zwischen den drei hier behandelten Nachkriegen.

In der Epoche der Napoleonischen Kriege mobilisierten die Militärreformer mit dem Begriff »Landesverteidigung« gegen die »Fremdherrschaft«. Sie modernisierten indes zugleich auch die Wehrverfassung grundlegend und gaben dem monarchischen Staat damit ein neues Machtmittel in die Hand. Unter dem Leitbegriff »Landesverteidigung« mobilisierten die politischen Eliten der jungen deutschen Demokratie nach 1918 gegen Polen und Bolschewisten – und etablierten damit eine neue Ordnung, auf deren Überleben Anfang 1919 noch niemand gesetzt haben dürfte. Natürlich mobilisierten Adenauer und andere Befürworter der Wiederbewaffnung mit dem Begriff der »Landesverteidigung« Teile der Bevölkerung gegen den potenziellen Feind im Osten. Ihm aber kam es vor allem darauf an, über die Mobilisierung von Zivilisten für den westdeut-

---

[89] Bruno Thoß, Nato-Strategie und nationale Verteidigungsplanung. Planung und Aufbau der Bundeswehr unter den Bedingungen einer massiven atomaren Vergeltungsstrategie 1952-1960, München 2006; Ulrich de Maizière, Die Landesverteidigung im Rahmen der Gesamtverteidigung. Untersuchung und Schlußfolgerungen, Hamburg 1964 (= Truppe und Verwaltung, 10), S. 45.

[90] Siehe Klaus Naumann, Machtasymmetrie und Sicherheitsdilemma. Ein Rückblick auf die Bundeswehr des Kalten Kriegs. In: Mittelweg 36, 14 (2005), 6, S. 13-28, hier S. 24 f.

[91] Erwägungen über die Konsequenzen einer solchen Terrorkriegführung für die eigene Zivilbevölkerung wurden offensichtlich weder in den 1920er-Jahren noch in der Bundesrepublik angestellt.

schen »Verteidigungsbeitrag« die Westintegration und die staatliche Souveränität wiederzuerlangen[92].

Und glaubte die in Teilen durchaus militärkritische MSPD-Führung 1918/19, die Etablierung der republikanischen Ordnung beziehungsweise den Schutz der Republik nur durch die Mobilisierung von Zivilisten – gleich ob in Freikorps, den Einwohnerwehren oder später der Landesschutzorganisation organisiert – erreichen zu können, so hielten die Adenauer-Kabinette den westdeutschen »Verteidigungsbeitrag« für unerlässlich auf dem Weg zu einem souveränen Staatswesen, zu einem ernst zu nehmenden Bündnispartner und von diesem Status ausgehend zu einer aussichtsreichen Verhandlungsposition in der deutschen Frage. »Ein Staat«, so Adenauer in der ihm eigenen Direktheit, »der keine Wehrmacht hat, ist machtlos. Da kann man sagen, was man will. Und Demokratie hin, Demokratie her, wenn Leute da sind, die gegen die Demokratie angehen, und die Demokratie hat nichts, was sie schützt, als ihr Prinzip, dann ist sie eben verloren[93].« Und galt der Reichswehrführung das Konzept der »Landesverteidigung« mit ihren Säulen zivil-militärische Kooperation und Landesschutzorganisation als einzig gangbarer Weg hin zu militärischer und nationaler »Wehrhaftigkeit«, so bot den Verfassern der Himmeroder Denkschrift von 1950, der Magna Charta der westdeutschen Wehrpolitik, allein der »Ethos der Landesverteidigung«[94] von der das gesamte Volk durchdrungen sein müsse, sowie das Konzept der »Landesverteidigung im Bündnis« Aussicht auf Anschluss an die neueste militärtechnische Entwicklung und auf eine dem Standard des westlichen Bündnisses entsprechende Ausrüstung.

Zumindest in den letzten beiden der hier skizzierten deutschen Nachkriege war »Landesverteidigung« weitgehend auf die Funktion eines die Durchsetzung politischer Ordnungsvorstellungen legitimierenden Mobilisierungsbegriffs festgelegt. Wie weitgehend sich der Begriff von seinem semantischen Kern – der Verteidigung eines Territoriums – gelöst hatte, wird daran deutlich, dass an eine erfolgreiche Landesverteidigung im Wortsinne – also der Schutz der Grenzen vor einem polnischen, französischen oder sowjetischen Angriff – weder nach 1918 noch nach 1950 – in Bundesrepublik wie DDR – ernsthaft kaum je zu denken war. Das von Joachim von Stülpnagel 1924 beschworene Leitbild einer »totalen«, einen »Volkskrieg« und die Verwüstung weiter Teile deutschen Territoriums einschließenden Landesverteidigung[95] beweist aus dieser Perspektive bemerkenswerte Parallelen zu der nach Ansicht von Teilen der politischen Führung wie des Luftwaffenoffizierkorps mit nuklearen Mitteln zu

---

[92] Roland G. Foerster [et al.], Von der Kapitulation bis zum Pleven-Plan, München, Wien 1982 (= Anfänge westdeutscher Sicherheitspolitik, 1), hier insbesondere der Beitrag von Roland G. Foerster, S. 437-575, hier S. 441-456.

[93] Zit. nach Michael Geyer, Der Kalte Krieg, die Deutschen und die Angst. Die westdeutsche Opposition gegen Wiederbewaffnung und Kernwaffen. In: Nachkrieg in Deutschland. Hrsg. von Klaus Naumann, Hamburg 2001, S. 267-318, hier S. 269.

[94] Zit. nach Bald, Die Bundeswehr (wie Anm. 84), S. 30.

[95] Wilhelm Deist, Die Reichswehr und der Krieg der Zukunft. In: Militärgeschichtliche Mitteilungen, 45 (1989), S. 81-92; Geyer, Der zur Organisation erhobene Burgfrieden (wie Anm. 73).

führenden Landesverteidigung der 1950er- und 1960er-Jahre auf[96]. »Landesverteidigung« als Mobilisierungsbegriff für mit konventionellen Mitteln nicht zu beherrschenden Kriegsszenarien – es ist diese machiavellistische und nicht die aus dem 19. Jahrhundert stammende progressive Konnotation des Leitbegriffs, in deren Kontinuität die jüngste Verwendungsweise des Begriffs steht: die Deutung des gegenwärtigen »Anti-Terror-Krieges« als zeitgemäße Form der Landesverteidigung.

---

[96] Dieter Krüger, Schlachtfeld Bundesrepublik? Europa, die deutsche Luftwaffe und der Strategiewechsel der NATO 1958 bis 1968. In: Vierteljahrshefte für Zeitgeschichte, 56 (2008), S. 171–225.

Michael Berger

»Deutschland, mein Vaterland!?«
Die Rolle von Minderheiten in der Armee am Beispiel des
Militärdienstes der jüdischen Bevölkerung in Preußen

»Brandenburger, Preußen, Schlesier, Pommern, Litthauer[1]!« Mit diesen Worten rief König Friedrich Wilhelm III. im März 1813 sein Volk auf, sich gegen die napoleonische Besatzung zu erheben. In allen preußischen Provinzen eilten Freiwillige zu den Fahnen. Den flammenden Aufrufen folgten auch die jüdischen Bürger des preußischen Königreiches. »Wer von euch edlen, großherzigen Jünglingen denkt und fühlt in diesem Augenblick nicht ebenso wie David? Wer hört ihn nicht mit Freuden, diesen ehrenvollen Ruf, für das Vaterland zu fechten und zu siegen, wem schlägt das Herz nicht hoch empor bei dem Gedanken, das Feld der Ehre zu betreten[2]?« So riefen die jüdischen Gemeinden ihre Mitglieder auf, zu den Fahnen zu eilen. Die Begeisterung, die aus diesen Worten spricht, hatte die jungen jüdischen Männer ergriffen. Hatten Sie nicht gerade erst die bürgerliche Gleichstellung erhalten? War es damit nicht selbstverständlich, Waffendienst zu leisten?

Eines wird an dieser Stelle deutlich: Mit Preußen ist die Geschichte der deutschen Juden untrennbar verbunden, in allen Höhen und Tiefen. Die auf die Niederlage des preußischen Heeres bei Jena und Auerstedt im Jahre 1806 folgende Heeresreform, die stets nur im Kontext mit einer Gesamtreform des preußischen Staates zu sehen war, hatte gerade durch die Wechselwirkung der staatlichen und militärischen Reformen sowie der dadurch in Gang gesetzten

---

[1]   Aufruf König Friedrich Wilhelm III., »An Mein Volk«, veröffentlicht in der Schlesischen privilegierten Zeitung, Breslau, 20. März 1813.

[2]   Zitat nach Julius H. Schoeps, Der Anpassungsprozess (1790-1870). In: Juden in Berlin. Hrsg. von Andreas Nachama, Julius H. Schoeps und Hermann Simon, 2. akt. Aufl., Berlin 2002, S. 59; Vgl. auch Flugschrift, Zuruf an die Jünglinge, welche den Fahnen des Vaterlandes folgen, Berlin 1813; Hoffnung und Vertrauen. Predigt wegen des Ausmarsches des vaterländischen Heeres, gehalten am 28. März 1813 in Gegenwart mehrerer freiwilligen Jäger jüdischen Glaubens in der großen Synagoge zu Berlin von dem Vice-Ober-Landes-Rabbiner Herrn Meyer Simon Weyl, Berlin [1813]; Rede und Gebet zur Einweihungsfeier der Synagoge und zur Einsegnung der freiwilligen Krieger der israelitischen Gemeinde zu Königsberg, gehalten am 19. April 1815, Königsberg [1815]; Horst Fischer, Judentum, Staat und Heer in Preußen im frühen 19. Jahrhundert. Zur Geschichte der staatlichen Judenpolitik, Tübingen 1968 (= Schriftenreihe wiss. Abhandlungen des Leo Baeck Instituts, 20), S. 37-41.

Dynamik eine wesentliche Wirkung auf die Umsetzung der bürgerlichen Gleichstellung der Juden in Preußen. Die Heeresreformen waren dabei nur ein Teil, eingebettet in ein »Reformgebäude«, wobei die Staatsreformen nicht als Mittel zur Durchführung der militärischen Reformen, sondern als tragender Bestandteil des gesamten Reformwerkes zu sehen waren. Den Maßnahmen zur Modernisierung der Armee folgten Verwaltungsreformen und verfassungspolitische Reformen, Agrar-, Gewerbe- und Finanzreformen sowie weitreichende Bildungs- und Gesellschaftsreformen. Auch die von Staatskanzler Karl August Fürst von Hardenberg durchgesetzte bürgerliche Gleichstellung der preußischen Juden war Teil dieser Gesellschaftsreformen. Das königliche Edikt vom 11. März 1812 »betreffend die bürgerlichen Verhältnisse der Juden im Preußischen Staat« näherte die rechtliche Stellung der jüdischen Untertanen jener der übrigen Bürger an[3]. Die nur wenig später folgende Einbeziehung in den Militärdienst schien die bürgerliche Gleichstellung zu vollenden und zu sichern. Aus diesem Grund sollte der im engen Zusammenhang zwischen Gesellschafts- und Heeresreformen deutlich sichtbare integrative Charakter des Militärdienstes in dem nun folgenden fast 100-jährigen Kampf der deutschen Juden um bürgerliche Gleichstellung und gesellschaftliche Anerkennung eine Schlüsselrolle spielen[4].

Infolge des Ediktes von 1812 entwickelte sich in Preußen, insbesondere in der Hauptstadt Berlin, ein selbstbewusstes jüdisches Großbürgertum, prosperierten Wissenschaften und Künste, getragen von jüdischen Intellektuellen. Daran erinnern die Familiennamen Mendelssohn, Herz, Meyerbeer, von Bleichröder, Wertheim, Rathenau, Ullstein, Mosse, um nur einige zu nennen. Von Berlin ging auch die Zerstörung des jüdischen Lebens in Deutschland aus, hier wurde die Auslöschung der jüdischen Geschichte, Kultur und Präsenz geplant, von hier wurde sie gesteuert. Wer den jüdischen Friedhof in Berlin-Weißensee durchwandert, wird irgendwann vor einem gewaltigen Kriegerdenkmal stehen: vor dem vom Gemeindebaumeister Alexander Beer entworfenen Ehrenmal für die im Ersten Weltkrieg gefallenen Soldaten der jüdischen Gemeinde Berlin. Daneben befindet sich ein großes Ehrenfeld mit Gräbern der Gefallenen in Reihen. Dort liegen sie zusammen: der Landsturmmann und der Leutnant, der Stabsarzt und der Unteroffizier, der Fliegeroffizier und der Kanonier.

Es waren jedoch nicht nur die jüdischen Bürger aus den großen Städten, die bei Kriegsbeginn zu den Fahnen eilten, nicht nur die Studenten und Intellektuellen, die Söhne der Großbürger und Rabbiner aus den großen Gemeinden; es

---

3 Preußisches Emanzipationsedikt »Edikt betreffend die bürgerlichen Verhältnisse der Juden in dem Preußischen Staate«, Friedrich Wilhelm Hardenberg, Kircheisen, Gegeben Berlin, den 11ten März 1812.
4 Vgl. Stephan Huck, Geschichte der Freiheitskriege. Hrsg. vom Militärgeschichtlichen Forschungsamt, Potsdam 2004 (= Hilfen für die historische Bildung, 1), S. 49-57; Stephan Huck, Vom Berufsmilitär zur allgemeinen Wehrpflicht – Militärgeschichte zwischen Französischer Revolution und Freiheitskriegen 1789 bis 1815. In: Grundkurs deutsche Militärgeschichte, Bd 1: Die Zeit bis 1914. Vom Kriegshaufen zum Massenheer, München 2006, S. 140-148.

waren ebenso die Handwerker, Kaufleute und Viehhändler aus kleinen Städten und Marktgemeinden. Dort gab es vor der Zeit der Shoah[5] ein lebendiges Landjudentum, in jedem zweiten Ort eine jüdische Gemeinde. Auf vielen jüdischen Friedhöfen finden sich Ehrenmäler, in den Synagogen Gedenktafeln für die jüdischen Gefallenen. Auf dem jüdischen Friedhof im fränkischen Bad Kissingen liegt das Grab des preußischen Leutnants Jakob Michaelis[6], gefallen im Krieg von 1866, dort ruht er zusammen mit einem preußischen Kameraden neben einem bayerischen Soldaten. Im württembergischen Rexingen findet man neben dem Ehrenmal für die Gefallenen des Ersten Weltkrieges das Ehrengrab des Fliegerleutnants Josef Zürndorfer. Diese Beispiele sind Zeugnisse für die fortwährende Präsenz jüdischer Soldaten in Deutschen Armeen, ihren treuen Dienst für das deutsche Vaterland.

Deutschland, mein Vaterland!? – Auch der »nicht vorbelastete« Leser wird spätestens hier verstehen, worum es in diesen Ausführungen geht, welchen Stellenwert der Militärdienst in der Emanzipationsgeschichte des deutschen Judentums einnahm. Ausrufezeichen und Fragezeichen stehen für Sehnsucht, Wunsch und Willen auf der einen, für Zweifel und Zerrissenheit durch die immer wieder erlittenen Demütigungen und Zurückweisungen auf der anderen Seite. Die Geschichte jüdischer Soldaten reflektiert auch sehr deutlich – gerade in der Zeit nach der Gründung des Kaiserreiches – die Spannung zwischen dem unter deutschen Juden nach wie vor ungebrochenen Integrationswillen auf der einen Seite und dem immer stärker werdenden Antisemitismus in der vom preußischen Militarismus geprägten Gesellschaft ab dem späten 19. Jahrhundert[7]. An dieser Stelle sollte man jedoch auch einen Blick auf die Situation und rechtliche Stellung der Juden in Deutschland und Europa in der Zeit vor der Französischen Revolution werfen.

---

[5] Anstelle des Begriffes Holocaust wird häufig das hebräische Wort Shoah verwendet. Es bedeutet »Unheil«, »Zerstörung«, »große Katastrophe«. In der Bibel (Jes 10,3) bezeichnet es eine von Gott gesandte und von außen kommende Existenzbedrohung für das Volk Israel.

[6] Der preußische Leutnant Jakob Michaelis war Angehöriger des Infanterie-Regiments »Graf Bülow von Dennewitz« (6. Westfälisches) Nr. 55, das im Preußisch-Österreichischen Krieg von 1866 der Mainarmee unterstellt war. Leutnant Michaelis fiel am 10.7.1866 in der Schlacht bei Bad Kissingen gegen die mit Österreich verbündeten bayerischen Truppen. Michael Berger, Eisernes Kreuz und Davidstern. Die Geschichte Jüdischer Soldaten in Deutschen Armeen, Berlin 2006, S. 94; Günther Voigt, Deutschlands Heere bis 1918, Bd 2, Osnabrück 1981, S. 599.

[7] Aus der Reihe der hierzu erschienenen Monografien, Arbeiten und Ausstellungen sei exemplarisch hingewiesen auf Berger, Eisernes Kreuz und Davidstern (wie Anm. 6); Deutsche Jüdische Soldaten. Von der Epoche der Emanzipation bis zum Zeitalter der Weltkriege, Begleitband zur Wanderausstellung. Hrsg. vom Militärgeschichtlichen Forschungsamt in Zusammenarbeit mit dem Moses Mendelsohn Zentrum Potsdam und dem Centrum Judaicum Berlin, Potsdam 1996; Deutsche Jüdische Soldaten 1914–1945. Im Auftr. des Bundesministeriums der Verteidigung hrsg. vom Militärgeschichtlichen Forschungsamt, 3., erw. und überarb. Aufl., Herford, Bonn 1987.

I. Die Situation der jüdischen Bevölkerung im Mittelalter und der Frühen Neuzeit

Noch im 18. Jahrhundert wurden Juden in den Ländern Europas als Bürger zweiter Klasse betrachtet. Neben der traditionellen Elite von Gemeindevorstehern und weltlichen Gelehrten gab es einige wenige Hofjuden und Hoffaktoren, die im Dienste eines Fürsten standen. Abgesehen von dieser kleinen privilegierten Schicht war der größere Teil der jüdischen Bevölkerung eine Klasse minderen Rechts am Rande der Gesellschaft. Die im frühen Mittelalter verliehenen Privilegien, die auf jeden Fall einen Teil der jüdischen Bevölkerung in der Rechtstellung mit der christlichen Bevölkerung gleichsetzten, wurden nach der mit den Kreuzzügen einsetzenden Verfolgung durch die Kirche und den Beschlüssen des 4. Laterankonzils von 1215 nach und nach entzogen und durch demütigende Bestimmungen ersetzt. So verloren Juden auch das Recht, Waffen zu tragen, und gehörten damit spätestens seit Mitte des 13. Jahrhunderts zu den schutzbedürftigen, waffenlosen Gruppen, die unter den Schutz des Kaisers bzw. Landesherrn gestellt wurden. Sie wurden zu Kammerknechten (servi camerae)[8] des Kaisers, die das Judenregal als persönlichen Besitz betrachteten: »Sie (die Juden) galten als Vermögensobjekt des Kaisers, der nicht selten das einträgliche Schutzrecht über sie verkaufte oder als Ausdruck seiner Gnade verschenkte[9].« Jedoch unterstützten Juden in Kriegs- und Notzeiten Maßnahmen zur Landesverteidigung und waren am Ausbau und der Unterhaltung von Stadtbefestigungen beteiligt. In der Regel wurden sie für Hilfsdienste herangezogen; nur in seltenen Fällen fanden sie Verwendung als Kämpfer.

II. Die Emanzipation und ihre Auswirkungen auf den Militärdienst der Juden

In der zweiten Hälfte des 18. Jahrhunderts wurde in Deutschland und anderen europäischen Ländern der Ruf nach einer Verbesserung der Situation der jüdischen Bevölkerung laut. Einer der ersten Schritte in Richtung auf eine Verbesserung der rechtlichen Stellung der Juden waren die von Kaiser Joseph II. 1781/82 erlassenen Toleranzpatente, die zumindest einige Beschränkungen für wohlha-

---

[8] Jüdisches Lexikon. Ein enzyklopädisches Handbuch des jüdischen Wissens in vier Bänden. Hrsg. von Georg Herlitz und Bruno Kirschner, Nachdr. der 1. Aufl., Bd 3, 2. Aufl., Frankfurt a.M. 1987, S. 573 f.; Werner Keller, Und wurden zerstreut unter alle Völker. Die nachbiblische Geschichte des jüdischen Volkes, Wuppertal und Zürich 1993, S. 251 f.; Friedrich Battenberg, Des Kaisers Kammerknechte: Gedanken zur rechtlich-sozialen Situation der Juden in Spätmittelalter und früher Neuzeit. In: Historische Zeitschrift, 245 (1987), 3, S. 545–599.

[9] Aaron Tänzer, Die Geschichte der Juden in Württemberg, Frankfurt a.M. 1983, S. 3.

bende Juden milderten[10]. Insgesamt handelte es sich um acht Toleranzpatente, die zwischen 1781 und 1789 erlassen wurden. Die Gewährung gewisser bürgerlicher Rechte musste letztendlich zur Wahrnehmung staatsbürgerlicher Pflichten wie dem Wehrdienst führen. So wurde in den Jahren 1788/89 in Österreich die Militärpflicht für Juden eingeführt[11].

In Deutschland forderten, getragen vom Geist der Aufklärung, einflussreiche Gelehrte und Politiker wie Gotthold Ephraim Lessing, Karl August von Hardenberg, Christian Wilhelm von Dohm und Wilhelm von Humboldt die Emanzipation der Juden. Der preußische Staatsrat Christian Wilhelm von Dohm veröffentlichte in den Jahren 1781 bis 1783 die für den Geist der Aufklärung aufschlussreiche Schrift »Über die bürgerliche Verbesserung der Juden«. Die judenfeindliche Politik sei »ein Überbleibsel der Barbarei der verflossenen Jahrhunderte, eine Wirkung des fanatischen Religionshasses, die, der Aufklärung unserer Zeit unwürdig, durch dieselbe längst hätte getilgt werden sollen«[12]. Doch schon der Titel machte deutlich, dass sich mit dem Wort »Verbesserung« eine gewisse Zweideutigkeit verband. Einerseits war damit natürlich eine Verbesserung der Lebensbedingungen des größeren Teils der jüdischen Bevölkerung durch die Aufhebung antijüdischer Gesetze gemeint, andererseits sollten die Juden an sich verbessert werden. Diese schon in Dohms Schrift erkennbare Richtung setzte sich fort in der folgenschweren Erklärung des Grafen Stanislas de Clermont-Tonnère[13] vor der Französischen Nationalversammlung im September 1791: »Il faut tout refuser aux juifs comme nation, il faut tout leur accorder comme individus[14].« – Nicht die Emanzipation der jüdischen Nation wurde gefordert, nur der Jude als Individuum galt als emanzipationswürdig und emanzipationsfähig und besonders dann, wenn er sich von seiner Tradition löste. So ist es nicht verwunderlich, wenn Heinrich Heine die Taufe als

---

[10] Vgl. dazu: Heinrich Graetz, Volkstümliche Geschichte der Juden in zwei Bänden, Bd 2: Von der jüdisch-spanischen Zeitepoche bis zur Epoche der Wiedergeburt, Nachdr. der 1. Aufl., Köln 2000, S. 888 f.; Jüdisches Lexikon (wie Anm. 8), Bd 4, S. 629 f.; Joseph Karniel, Die Toleranzpolitik Kaiser Josephs II., Gerlingen 1986 (= Schriftenreihe des Instituts für Deutsche Geschichte der Universität Tel-Aviv, 9); Shulamit Volkov, Die Juden in Deutschland 1780–1918, München 1994 (= Enzyklopädie Deutscher Geschichte, 16), S. 18 f.; Ulrich Wyrwa, Juden in der Toskana und in Preußen im Vergleich, London 2003 (= Schriftenreihe wiss. Abhandlungen des Leo Baeck Instituts, 67), S. 63, 108 f.

[11] Erwin A. Schmidl, Juden in der k.(u.)k. Armee 1788–1918, Eisenstadt 1989, S. 35–37.

[12] Christian Wilhelm von Dohms Bedeutung beruht auf dem 1781 bis 1783 erschienenen Werk »Über die bürgerliche Verbesserung der Juden«, das man als »Bibel« für die Emanzipation der Juden bezeichnen kann. Christian Wilhelm von Dohm, Über die bürgerliche Verbesserung der Juden, 2 T., Berlin, Stettin 1781–83, hier insbes. S. 83.

[13] Stanislas-Marie-Adélaïde, Graf von Clermont-Tonnerre, französischer Staatsmann (1757–1792).

[14] Rede des Grafen Clermont-Tonnerre in der Sitzung der französischen Nationalversammlung vom 21.–24.12.1789: »Man soll alles den Juden verweigern, und alles ihnen als Individuen gewähren; sie dürfen im Staate weder eine politische Körperschaft noch einen Orden bilden; sie sollen individuell Staatsbürger sein. Man behauptet, daß sie das nicht sein wollen. So mögen sie es (klar) sagen und man verbanne sie dann! Es darf keine Nation in der Nation geben.«

»Entrébillet in die europäische Kultur«[15] bezeichnete. Besonders betroffen von dieser Entwicklung waren in der Folgezeit diejenigen Juden, die eine Anstellung im Staatsdienst oder eine Karriere im Militär anstrebten.

Die Forderung nach Emanzipation kam jedoch nicht nur aus dem Kreis aufgeklärter Geister, sondern auch aus den Reihen privilegierter Juden. Der Hofbaurat Isaak Daniel Itzig, sein Schwager David Friedländer, der Bankier und Reformer Israel Jacobson, die Ephraims, Fraenkels und Hirschs setzten sich für die Gleichberechtigung der Juden im Staat ein und waren Wegbereiter für die Emanzipation ihrer Glaubensbrüder[16]. Der berühmte Philosoph Moses Mendelssohn gab die Anregung zu Dohms Schrift »Über die bürgerliche Verbesserung der Juden«. Die jüdisch-deutsche Aufklärung und der Wunsch nach Emanzipation gaben den Anstoß für ein neues jüdisches Selbstverständnis. Viele Juden waren nun nicht mehr beseelt vom Wunsch nach Rückkehr in das Heilige Land, sondern fühlten sich als Bürger eines Staates, von dem sie ihre bürgerlichen Rechte einforderten, aber gleichzeitig auch bereit waren, den damit verbundenen Pflichten nachzukommen.

Die Toleranzpatente Joseph II. und die Beschlüsse der französischen Nationalversammlung vom September 1791 waren zwar ein Durchbruch auf dem Weg zur Gleichberechtigung, doch erst der Vormarsch der Truppen Napoleon Bonapartes in Europa brachte den Juden in den von Napoleon besetzten deutschen Staaten die bürgerliche Gleichstellung. Napoleon hatte schon bei der Eroberung Norditaliens 1796 sämtliche Gettomauern niederreißen lassen sein, sein Bruder Jérôme Bonaparte setzte als König von Westphalen die bürgerliche Gleichstellung der dort lebenden jüdischen Bevölkerung mit Nachdruck durch. Napoleon I. befürwortete wie Graf Clermont-Tonnère eine vollständige Eingliederung der Juden in den französischen Staat bei gleichzeitiger Aufgabe sowohl der religiösen Tradition als auch des Bewusstseins, zur jüdischen Nation zu gehören. Am 30. Mai 1806 berief der Kaiser nach dem Vorbild des Sanhedrin[17] in hellenistisch-römischer Zeit eine Versammlung jüdischer Notablen ein. Napoleon wollte mit diesem Schachzug die Sympathien der Juden Europas für sich gewinnen. Der Sanhedrin erklärte in seiner zweiten Sitzung am 9. Februar 1807 nach langem Zögern seine Bereitschaft, die staatsbürgerlichen Pflichten den Religionsgesetzen voranzustellen. Diese Zustimmung erfolgte in

---

[15] Der oft zitierte Satz (»Der Taufzettel ist das Entréebillet zur europäischen Kultur«) findet sich in »Gedanken und Einfälle«. Er wurde erstmals von Adolf Strodtmann in Heinrich Heine, Letzte Gedichte und Gedanken. Aus dem Nachlasse des Dichters zum 1. Male veröffentlicht, Hamburg 1869.

[16] Hierzu Julius H. Schoeps, Ephraim Veitel Ephraim – Ein Vorkämpfer der Judenemanzipation. In: Mendelssohn Studien. Beiträge zur neueren deutschen Kultur- und Wirtschaftsgeschichte. Hrsg. von Cécile Loewenthal-Hensel, Bd 2, Berlin 1975, S. 51-70.

[17] Sanhedrin (»Synhedrion«, »Gerichtshof«), Richterkollegium in hellenistisch-römischer Zeit. Neben einem aus drei Richtern bestehenden Kollegium gab es einen kleines Synhedrion mit 23 Mitgliedern sowie ein aus 71 Mitgliedern bestehendes großes Synhedrion in Jerusalem.

der Hoffnung, damit endgültig die Verwirklichung der bürgerlichen Rechte zu erreichen[18].

Jérôme Bonaparte ließ für das Königreich Westphalen eine Verfassung aus-arbeiten, in der die vollständige Gleichberechtigung der Juden verankert war. Der ehemalige preußische Staatsrat Dohm, der nun in westphälische Dienste getreten war, hatte einen großen Anteil an der Erarbeitung dieser Verfassung. Jérôme war ein Befürworter der Gleichheit der Konfessionen und forderte die Juden seines Königreiches dazu auf, öffentliche Ämter zu bekleiden. Damit war der freie Zugang zum Staatsdienst und auch zum Militärdienst gesichert.

III. Einführung der Militärdienstpflicht und Teilnahme an den Freiheitskriegen

Die ersten deutschen Juden, die zum Militärdienst eingezogen wurden, kamen aus den zu Frankreich geschlagenen linksrheinischen Departements, den drei Hansestädten, dem Großherzogtum Berg, Königreich Westphalen und Groß-herzogtum Frankfurt als neu gegründete Staaten[19]. Die Gleichberechtigung der Juden in Frankreich hatte einen nicht unbeträchtlichen Einfluss auf die Neure-gelung der Rechtslage der in den Rheinbundstaaten Baden und Bayern ansässi-gen Juden, schon allein wegen der Veränderung des territorialen Besitzstandes beider Staaten. In Baden wurde im Jahre 1809 das Staatsbürgerrecht nur auf jene Juden ausgedehnt, die nicht Hausier-Trödel- oder Leihhandel trieben. Das bay-erische Judengesetz von 1813 verlängerte das Prinzip des Schutzjudentums durch Zuteilung einer Matrikelnummer. Diese Matrikelnummer und das damit verbundene Niederlassungsrecht konnten nur auf den ältesten Sohn vererbt werden. Die Militärdienstpflicht der bayerischen Juden[20] wurde in einer am 30. April 1804 ergangenen Verordnung festgelegt, die ihnen in Rücksicht auf ihre Religion das Recht einräumte, durch Zahlung eines Kopfgeldes von 180 Gulden an die Militärkasse einen Ersatzmann zu stellen[21]. Diese Regelung wur-de in Paragraf 3 des Kantonsreglements vom 7. Januar 1805[22] erneut bestätigt und stieß bei den bayerischen Juden, die vehement für die persönliche Leistung des Militärdienstes eintraten, auf große Ablehnung. Im Konskriptionsgesetz vom 29. März 1812[23] war zwar die Möglichkeit der Befreiung jüdischer Wehr-pflichtiger gegen Zahlung einer Geldsumme entfallen, es gab jedoch die Option

---

[18] Vgl. dazu: Graetz, Volkstümliche Geschichte (wie Anm. 10), S. 935, S. 942-958.
[19] Berger, Eisernes Kreuz und Davidstern (wie Anm. 6), S. 32.
[20] Grundlegend hierzu Wolfgang Schmidt, Die Juden in der Bayerischen Armee. In: Deut-sche Jüdische Soldaten (wie Anm. 7), S. 63-85.
[21] Sammlung der im Gebiete der inneren Staats-Verwaltung des Königreiches Bayern beste-henden Verordnungen, Bd 6. Hrsg. von Georg Döllinger, München 1838, S. 219.
[22] Eugen von Frauenholz, Das Heerwesen des 19. Jahrhunderts, München 1941, S. 276.
[23] Art. 3 des Konskriptionsgesetzes. In Auszügen abgedr. in ebd., S. 332.

der Stellvertretung durch Zahlung sowohl einer Einstandsgebühr an die Konskriptionskasse als auch einer Einstandssumme. Auf diese Weise konnten sich die Wehrpflichtigen durch einen bereits Gedienten vertreten lassen. So kamen die eingezogenen Militärpflichtigen in der Regel aus den unteren Bevölkerungsschichten, die eine Einstandssumme nicht aufbringen konnten. Im Königreich Preußen wurde die Gleichberechtigung durch Staatskanzler Fürst Hardenberg durchgesetzt. Die im königlichen Edikt vom 11. März 1812[24] festgelegte bürgerliche Gleichstellung war jedoch mit Einschränkungen versehen und sollte nicht von Dauer sein. Im Paragrafen 9 des Ediktes behielt sich König Friedrich Wilhelm III. vor, die Zulassung von Juden zum Staatsdienst »in der Folge der Zeit gesetzlich zu bestimmen«. Diese Einschränkung sollte nach 1815 für die in den Freiheitskriegen kämpfenden jüdischen Soldaten schwerwiegende Folgen haben.

Schon in der Zeit vor den Freiheitskriegen waren eindrucksvolle Beweise für militärische Leistungen jüdischer Soldaten allgemein bekannt. Eine der bekanntesten Geschichten war die des Berek Joselewicz[25], der während der polnischen Revolution von 1794 unter Tadeusz Kościuszko eine polnische Kavallerietruppe aus Freiwilligen um sich sammelte, später dann in der polnischen Legion aufseiten Napoleons kämpfte und in der französischen Armee eine Eskadron kommandierte. Nach Errichtung des Großherzogtums Warschau durch Napoleon kehrte er in die Heimat zurück, wurde Chef einer Ulaneneskadron und fiel 1809 im Kampf gegen österreichische Truppen. Die Taten des Berek Joselewicz beeindruckten den preußischen Minister Leopold von Schrötter[26], der eher ein Gegner der Juden war, so sehr, dass er im Jahre 1808 seinem König einen Entwurf bezüglich der Militärdienstfähigkeit der Juden vorlegte, der folgende Kommentare beinhaltete: »Der Jude hat orientalisch-feuriges Blut und eine lebhafte Imagination. Alles Anzeichen einer männlichen Kraft, wenn sie benutzt und in Tätigkeit gesetzt wird. Er ist in der älteren und auch in der mittleren Zeit sehr tapfer gewesen, und man hat selbst in ganz neuerer Zeit, sowohl im amerikanischen als französischen Revolutionskriege, auffallende Beispiele von Juden gehabt, welche sich ausgezeichnet haben[27].« Schrötters Anmerkungen sind ein Zeichen dafür, dass die militärischen Fähigkeiten der Juden durch die napoleonischen Kriege bekannt wurden und in schriftlichen Vorgängen auf höchster Ebene attestiert wurden.

Die Begeisterung, mit der die Juden Preußens seit 1813 an den Feldzügen der Freiheitskriege teilnahmen, zeigt die hohe Zahl Freiwilliger, die durchweg positive Beurteilung der Vorgesetzten, die Zahl der Beförderungen sowie die

[24] Preußisches Emanzipationsedikt (wie Anm. 3).
[25] Berek (Berko) Joselewicz, geb. in Krottingen (Litauen) um 1770, gefallen bei Kock am 8.5.1809 im Gefecht gegen österreichische Truppen. Sein Andenken als Held lebt in Liedern und Sagen der Polen fort.
[26] Friedrich Leopold Reichsfreiherr von Schrötter, Minister beim Generaldirektorium, geb. am 1.2.1743 auf Gut Wohnsdorf zwischen Friedland und Allenburg (Ostpreußen), gest. am 30.6.1815 in Berlin.
[27] Zit. nach Felix A. Theilhaber, Jüdische Flieger im Weltkrieg, Berlin 1924, S. 11.

Anzahl der erworbenen Auszeichnungen. Die Aufrufe vom Februar 1813, in denen der König allen Freiwilligen die Aussicht auf eine spätere Staatsanstellung einräumte, schien die Ungerechtigkeiten des Ediktes annähernd auszugleichen. Zeitgleich wurde die Ausnahme der Juden von der Kantonpflichtigkeit aufgehoben und der Innenminister ordnete an, dass jüdische Freiwillige in die Armee aufzunehmen seien. Das preußische Wehrgesetz vom 3. September 1814 verpflichtete den männlichen Teil der Bevölkerung ab dem 20. Lebensjahr zum Militärdienst. Diese Militärpflicht galt auch für die jüdische Bevölkerung Preußens. So legte bereits der Paragraf 16 des Emanzipationsediktes fest: »Der Militair-Konscription oder Kantonspflichtigkeit und den damit in Verbindung stehenden besonderen gesetzlichen Vorschriften sind die inländischen Juden gleichfalls unterworfen. Die Art und Weise der Anwendung dieser Verpflichtung auf sie wird durch die Verordnung wegen der Militair-Konscription näher bestimmt werden.« Als Folge des Wehrgesetzes dienten seit dem Jahre 1814 neben jüdischen Freiwilligen auch regulär zum Wehrdienst eingezogene jüdische Soldaten in der preußischen Armee[28].

Absolut zuverlässige Angaben über die Anzahl jüdischer Kriegsteilnehmer in den Jahren zwischen 1813 und 1815 existieren nicht. So unterscheiden sich zeitgenössische und spätere jüdische Berechnungen von der Erhebung des Kriegsministeriums aus dem Jahre 1843[29]. Eine Schrift des Vereins zur Abwehr des Antisemitismus in Berlin »Die Juden im Heere« berichtet Folgendes über die Teilnahme jüdischer Soldaten an den Freiheitskriegen:

»Erst durch das Edikt vom 11. März 1812, das die Juden zu Staatsbürgern erhob, wurden sie auch militärpflichtig. Die Juden hatten also, als sie anfingen, preußische Soldaten zu werden, keine militärische Tradition und die Uebung fehlte ganz, und trotzdem bestanden sie in dem unmittelbar darauf folgenden Befreiungskrieg die Feuerprobe als Bürger und Patrioten und rechtfertigten das Vertrauen, das der Staat in sie setzte. Die Dankbarkeit ist die Mutter der Begeisterung, und die Juden waren stets im Laufe der Geschichte dankbar für jeden noch so geringen Fortschritt, den man ihnen gewährte. Nach den Feststellungen des preuß[ischen] Kriegsministeriums (Militärwochenblatt vom 4. Nov. 1843) traten in den Jahren 1813-1815 als Freiwillige 561 Juden ein – etwa 5½ Prozent der im wehrfähigen Alter sich damals in Preußen befindlichen Juden. Dazu kamen 170 Juden, welche ausgehoben wurden, so daß zusammen 731 Juden den Krieg mitmachten. Wie immer in einer Zeit großer Begeisterung, vergaß man, für eine kurze Weile wenigstens, alle Vorurteile, und der König sicherte allen Freiwilligen einen Anspruch auf Anstellung im Dienste des Staates zu[30].«

28 Grundlegend hierzu Manfred Messerschmidt, Juden im preußisch-deutschen Heer. In: Deutsche Jüdische Soldaten (wie Anm. 7), S. 39-62; Berger, Eisernes Kreuz und Davidstern (wie Anm. 6), S. 32-67.

29 Vgl. näher Manfred Messerschmidt, Die preußische Armee. In: Handbuch zur deutschen Militärgeschichte 1648-1939, Bd 2, Abschnitt IV, T. 2. Hrsg. vom MGFA durch Friedrich Forstmeier [et al.], München 1979, S. 202-211, mit weiteren Literaturangaben zum Problemkreis S. 432-434.

30 Die Juden im Heere. Hrsg. vom Verein zur Abwehr des Antisemitismus, Berlin 1910, S. 9 f., unter Bezugnahme auf das Militärwochenblatt, 27 (1843), S. 348; Julius Kopsch, Die

Martin Philippson, der sich bei seinen Nachforschungen im Jahre 1906 auf amtliche Listen und Gemeindeunterlagen stützte, ging von einer Zahl von mindestens 406 Freiwilligen aus. Bei einer Gesamtzahl von 31 000 im damaligen
Preußen lebenden Juden kam Philippson auf einen Anteil von 1,31 Prozent.
Aufgrund dieser zuverlässigen Angabe lässt sich bei vorsichtiger Schätzung
eine Anzahl von wahrscheinlich mehr als 500 Freiwilligen annehmen, die damit
den Angaben des preußischen Kriegsministeriums aus dem Jahre 1843 recht
nahe kommt. Die weiteren bereits erwähnten 170 Kriegsteilnehmer waren regulär konskribierte Soldaten, also Soldaten, die aufgrund ihrer Militärpflicht
zur Armee einberufen wurden[31]. Wenn wir darüber hinaus die Anzahl der
Kriegsfreiwilligen ins Verhältnis setzen zu der Gesamtzahl von 731[32], zeigt dieser Vergleich eindeutig, welchen Einsatz preußische Juden für ihr Vaterland
erbrachten. Allein in der Schlacht von Belle–Alliance fielen 55 jüdische Artilleristen[33]. Insgesamt avancierten 23 jüdische Soldaten zum Offizier. An 82 Juden
wurde das Eiserne Kreuz verliehen, vier erhielten den russischen St.-Georgs-
Orden, vier weitere das Militärehrenzeichen. Einer der ersten Soldaten, denen
das Eiserne Kreuz verliehen wurde, war der jüdische Kriegsfreiwillige Günz-
burg[34]. Ein Jude erhielt in den Kriegen gegen Napoleon den höchsten Orden
Pour le Mérite, der Berliner Fuhrunternehmer und Vater des öffentlichen Per-
sonennahverkehrs Simon Kremser (1775-1851). Im Jahre 1806, als Preußen die
schwersten Niederlagen hinnehmen musste, stand der jüdische Fuhrmann
Kremser als »Königlich preußischer Kriegscommissarius« in den Diensten Blüchers. Von diesem mit dem Transport der Kriegskasse betraut, rettete sie Kremser auf dem Rückzug vor dem Zugriff des Feindes. Als 1813 die »nationale Erhebung« gegen die napoleonische Fremdherrschaft begann, war Simon Kremser
in Blüchers Schlesischer Armee. Als Blücher in Paris einmarschierte, fand er
dort die noch unausgepackte Quadriga des Brandenburger Tores, die Napoleon
als »Souvenir« aus Berlin entführen ließ, eine der größten Demütigungen für

---

Juden im deutschen Heer, Berlin 1910, S. 6 f.; Näher dazu Horst Fischer, Judentum, Staat
und Heer in Preußen im frühen 19. Jahrhundert. Zur Geschichte der staatlichen Judenpolitik, Tübingen 1968, S. 47-53.

[31] Martin Philippson, Der Anteil der jüdischen Freiwilligen an dem Befreiungskriege 1813
und 1814. In: Monatsschrift für Geschichte und Wissenschaft des Judentums, 50 (1906),
S. 12 f.; Martin Philippson, Die jüdischen Freiwilligen im preußischen Heere während der
Befreiungskriege 1813/14. In: Im Deutschen Reich, 12 (1906), 7, S. 407-425; Michael
Fraenkel, Der Anteil der jüdischen Freiwilligen an dem Befreiungskriege 1813/14, Breslau
1922 (Sonderdruck aus: Jüdische Volkszeitung, Bd 29, Nr. 2-9), S. 16 f.

[32] Vgl.: die Stärke eines Kavallerieregimentes.

[33] Nachum T. Gidal, Die Juden in Deutschland von der Römerzeit bis zur Weimarer Republik, Köln 1997, S. 146.

[34] Ebd.; vgl. auch Fischer, Judentum (wie Anm. 2), S. 41. Nach Fischer erhielten in der preußischen Armee 71 Juden das Eiserne Kreuz, 4 den russischen St.-Georgs-Orden und 7 das
Eiserne Kreuz am Weißen Bande; Philippson, Der Anteil (wie Anm. 31), S. 8; Fraenkel,
Der Anteil (wie Anm. 31), S. 15. Nach Philippson und Fraenkel hatten 72 Juden das Eiserne Kreuz für Kombattanten, 4 den russischen St.-Georgs-Orden, 4 das Militärehrenzeichen erhalten. Das Eiserne Kreuz am Weißen Bande für Nichtkombattanten wurde 5
Ärzten, einem Kaufmann und einem Gutsbesitzer jüdischen Glaubens verliehen.

die Berliner. Den Rücktransport der Quadriga, die seitdem von den Berlinern liebevoll »Retourkutsche« genannt wurde, soll Simon Kremser geleitet haben. Der König dankte Kremser mit der Verleihung von Eisernem Kreuz und Pour le Mérite sowie dem Monopol für den Berliner Fuhrverkehr. Seinen Namen haben die Berliner in dem überdachten, an den Seiten offenen Pferdewagen verewigt, der seit 175 Jahren zum Straßenbild Berlins gehört[35]. Eines der wenigen erhaltenen Zeugnisse für die Teilnahme jüdischer Soldaten an den Freiheitskriegen ist der Grabstein von Samuel Berolzheimer auf dem jüdischen Friedhof in Steinhart im Donau-Ries[36]. Die Memoiren des Freiwilligen Jägers Löser Cohen (1793-1873) sind die einzigen erhaltenen Erinnerungen eines jüdischen Kriegsteilnehmers aus der Zeit der Freiheitskriege[37].

IV. Die Zeit nach den Freiheitskriegen

Kurz nach Kriegsende war in der Zeitschrift »Sulamith« zu lesen: »Nachdem aber nun überall in Deutschland die Israeliten an der Vertheidigung des Vaterlandes den pflichtmäßigen Antheil genommen, und sich mit den Waffen in der Hand als Bürger bewährt haben, so sind sie eben dadurch auch zu Bürgern wirklich geworden, und würde es unbillig, ja ungerecht sein, sie von den Rechten der Bürger noch länger ausschließen zu wollen[38].« In Wirklichkeit erlebte die nun auch durch die Teilnahme an der Verteidigung des Vaterlandes mögliche Integration und bürgerliche Gleichstellung in der Zeit nach 1815, nach der endgültigen Niederlage Napoleons, einen Rückschlag.

Als Ergebnis des Wiener Kongresses entschied der neu gegründete Deutsche Bund, dass alle Staaten mit französischer Verfassung die den Juden zugestandenen Rechte außer Kraft setzen durften. In Folge wurden die im Edikt vom März 1812 der jüdischen Bevölkerung zugestandenen Bürgerrechte von den meisten Staaten des Deutschen Bundes widerrufen oder gar nicht erst angewendet. Der preußische König Friedrich Wilhelm III. hatte 1813 in den Aufrufen zur freiwilligen Meldung den verdienten Feldzugteilnehmern unterschiedslos einen Anspruch auf eine künftige Staatsanstellung eingeräumt. Diese Zusage wurde im Falle der jüdischen freiwilligen Kriegsteilnehmer nicht eingelöst[39]. So stieg in den Jahren nach 1815 in Preußen die Zahl der im stehenden

35 Theilhaber, Jüdische Flieger (wie Anm. 27), S. 12.
36 Israel Schwierz, Steinerne Zeugnisse jüdischen Lebens in Bayern. Hrsg. von der Bayerischen Landeszentrale für politische Bildungsarbeit, München 1992, S. 11 und 277.
37 Memoiren des Freiwilligen Jägers Löser Cohen. Nach einer Abschrift aus dem Nachlass von Moritz Stern, Jerusalem, eingel. und kommentiert von Erik Lindner, Berlin 1993.
38 Sulamith, eine Zeitschrift zur Beförderung der Kultur und Humanität unter den Israeliten. Hrsg. von David Fränkel, 4 [1816?], Bd 2, S. 180.
39 Messerschmidt, Juden im preußisch-deutschen Heer (wie Anm. 28), S. 40 f.; siehe auch Fischer, Judentum (wie Anm. 2), S. 54 f.

Heer dienenden jüdischen Soldaten nur langsam an. Im Jahre 1817 wurde die Wehrpflicht der Juden auf »Staatsbürger« eingeschränkt. Aber längst nicht alle jüdischen Einwohner Preußens waren Staatsbürger – die unterschiedliche Rechtsstellung der Juden aus den neu gewonnenen Gebieten komplizierte die Situation erheblich[40]. Auch ging die politische und militärische Führung bei allen Fragen, die Rechte jüdischer Soldaten betreffend, zunehmend restriktiver vor. Der jüdische Vorgesetzte war im christlichen Staat nach wie vor unerwünscht. So äußerte der Chef des Militärkabinetts, dass Juden zukünftig nur als einfache Soldaten eintreten dürften, »auf Beförderung in höhere Militärchargen aber keinen Anspruch machen« könnten[41]. Eine Order des Militärkabinetts aus dem Jahre 1822 untersagte jegliche Beförderung jüdischer Soldaten[42]. Tatsächlich fanden dennoch einzelne Beförderungen statt.

Im Jahr 1825 dienten 190 jüdische Soldaten in der preußischen Armee. Nachdem bei der ersten Judenzählung im Jahr 1827 eine Unterrepräsentation festgestellt wurde, legte man in einer Verfügung fest, dass die Gleichbehandlung jüdischer und nicht jüdischer Rekruten zu erfolgen hätte. Nach dieser Verfügung stiegen die Einberufungszahlen weiter langsam an. Im Jahre 1834 dienten 354 jüdische Soldaten im preußischen Heer, 1843 – 394 und im Jahre 1846 – 425[43]. Die Armee war nun offenbar bereit, jüdische Soldaten mit weniger Vorbehalten anzunehmen. Alle wurden von ihren Vorgesetzten mit guter bis sehr guter Führung beurteilt[44]. Trotz des seit 1822 bestehenden Beförderungsverbots wurden mehrere Soldaten zum Unteroffizier befördert. Zwei jüdische Freiwillige erlangten die Zulassung zum Landwehr-Offizier[45]. Jedoch nur ein jüdischer Offizier, Meno Burg, wurde nach dem Kriege weiter befördert. 1845 wurde die Wehrpflicht auf Juden in allen Teilen des Preußischen Königreiches ausgedehnt[46]. Neben der Einbeziehung in die Wehrpflicht ergab sich nun regelmäßig die Beförderung zum Unteroffizier; des Weiteren wurden verabschiedete jüdische Unteroffiziere zu untergeordneten Staatsstellen zugelassen. So hatten nicht zuletzt die hervorragenden dienstlichen Leistungen den drohenden Ausgren-

---

[40] Vgl. Ilja Mieck, Preußen von 1807 bis 1850, Reformen, Restauration und Revolution. In: Handbuch der preussischen Geschichte, Bd 2: Das 19. Jahrhundert und große Themen der Geschichte Preußens. Hrsg. von Otto Büsch, Berlin, New York 1992, S. 95; Zur Judenfrage in Deutschland. Vom Standpunkte des Rechtes und der Gewissensfreiheit. Im Verein mit mehreren Gelehrten. Hrsg. von Wilhelm Freund, Berlin 1843, S. 7 ff.
[41] Zit. nach Fischer, Judentum (wie Anm. 2), S. 123.
[42] Messerschmidt, Juden im preußisch-deutschen Heer (wie Anm. 28), S. 42.
[43] Salomon Neumann, Zur Statistik der Juden in Preußen von 1816 bis 1880. 2. Beitrag aus den amtlichen Veröffentlichungen, Berlin 1884, S. 27.
[44] Der Minister des Innern, »Denkschrift, die Militairpflicht der Juden betreffend«, 15. September 1845, GStA Berlin-Dahlem, I HA, Rep. 84a, Nr. 11945, Bl. 98, Druckschrift, S. 11-13.
[45] Zur Beförderungspraxis bei jüdischen Soldaten vgl. Fischer, Judentum (wie Anm. 2), S. 122-126, 130-133.
[46] Dazu ausführlich ebd., S. 166-176.

zungsprozess aufgehalten[47]. Das Gesetz über die Verhältnisse der Juden aus dem Jahre 1847 näherte die Rechtsstellung an die allgemeinen Staatsbürgerrechte weiter an. Nun war der Zugang zu öffentlichen Ämtern in eingeschränktem Rahmen auch ohne Zivilversorgungsschein möglich. Für die jüdischen Soldaten änderte sich jedoch wenig. Der Zugang zum Offizierberuf blieb ihnen nach wie vor verschlossen. Der Artillerieoffizier und spätere Major Meno Burg war nicht nur der einzige Offizier, der nach Ende der Freiheitskriege weiter befördert wurde, er war auch der einzige preußische Stabsoffizier jüdischen Glaubens im gesamten 19. Jahrhundert. Religiös im Judentum verwurzelt, fühlte er sich national als Preuße und Deutscher. Meno Burg hatte immer den Wunsch gehegt, dass deutsche Juden Staatsämter erhalten sollten. Sein Wunsch wurde nicht erfüllt. Mit Ausnahme einiger Ärzte wurde nach ihm bis zum Ersten Weltkrieg kein seinem Glauben treu gebliebener Jude Berufsoffizier[48].

Die Revolution von 1848 brachte für die Rechtsstellung der preußischen Juden einige, wenn auch bescheidene Fortschritte. In Paragraf 5 der neuen preußischen Verfassung wurde Folgendes festgeschrieben: »Die Ausübung staatsbürgerlicher Rechte ist fortan von dem religiösen Glaubensbekenntnis unabhängig.« Im Herbst 1848 wurden zwar einige jüdische Militärärzte zu Offizieren ernannt, die Verfassungsbestimmungen wurden jedoch durch zusätzliche Gesetzgebung und durch die Verwaltungspraxis unterlaufen. In einem sogenannten christlichen Staat war der jüdische Vorgesetzte weder als Beamter noch als Offizier erwünscht. Auch das Gesetz über die Gleichberechtigung der Konfessionen von 1869 im Norddeutschen Bund brachte keine positive Änderung[49].

V. Reichseinigungskriege und Kaiserreich

Für den deutschen Krieg von 1866 und den Deutsch-Französischen Krieg gibt es aufgrund lückenhafter Erhebungen kein zuverlässiges Zahlenmaterial. Im Krieg gegen Österreich von 1866 sollen 1025 preußische jüdische Soldaten gekämpft haben[50]. Die wirkliche Gesamtzahl lag wahrscheinlich wesentlich höher. Verglichen hiermit dienten in der österreichischen Armee während des Krieges ungefähr 20 000 Juden. Im Deutsch-Französischen Krieg von 1870/71 liegen die

[47] Vgl. ebd., S. 177-190; Jacob Toury, Soziale und politische Geschichte der Juden in Deutschland 1847-1871. Zwischen Revolution, Reaktion und Emanzipation, Düsseldorf 1977, S. 285-288.

[48] Renatus F. Rieger, Major Meno Burg (1789-1853). Der einzige preußische Stabsoffizier jüdischen Glaubens im 19. Jahrhundert. In: Deutsche Jüdische Soldaten (wie Anm. 7), S. 125-136; Meno Burg, Geschichte meines Dienstlebens, Erweiterter Neudruck der Ausgabe von 1916, Teetz 1998.

[49] Berger, Eisernes Kreuz und Davidstern (wie Anm. 6), S. 91-93.

[50] Die Juden im Heere (wie Anm. 30), S. 27-39.

Zahlen zwischen mindestens 4700 und maximal 12 000. Genauere Angaben gibt
es über die Zahl der gefallenen, verletzten und dekorierten Soldaten. 473 wurden verwundet oder sind gefallen; 373 wurden mit dem Eisernen Kreuz ausgezeichnet. 1870/71 wurden über 100 Juden zu Reserveoffizieren ernannt, die
meisten im zahlenmäßig stärksten preußischen Kontingent, 22 in der bayerischen Armee und einige in den anderen Kontingenten. Wenigen gelang nach
Ende des Krieges die Fortsetzung der Karriere in der aktiven Armee, einer
brachte es in der bayerischen Armee bis zum Oberstleutnant. Der in Eberswalde
geborene Kaufmann Siegismund Samuel (1847-1907) war Kriegsteilnehmer in
beiden Kriegen, wurde mit dem Eisernen Kreuz und weiteren Orden ausgezeichnet und zum Reserveoffizier befördert[51]. Er wird auch in Fontanes »Deutscher Krieg von 1866« erwähnt. Dort steht über das Gefecht bei Rudersdorf und
Alt-Rognitz: »Unter den Grenadieren, mit denen Leutnant von Sydow bis zur
Alt-Rognitzer Kirche vordrang, zeichneten sich zwei Einjährig-Freiwillige aus:
Grenadier Hasenpflug und Gefreiter Samuel. Das Beispiel des Gefreiten Samuel
steht nicht allein da; vielfach zeichneten sich seine Glaubensgenossen während
des Feldzuges aus. Es war, als ob sie sich das Wort gegeben hätten, den alten
Vorstellungen ein Ende zu machen[52].«
Abermals schien der Durchbruch zur Gleichberechtigung im Militär zum
Greifen nahe. Doch auch diese Hoffnung wurde enttäuscht. Die letzten Jahrzehnte des 19. Jahrhunderts waren gekennzeichnet durch wachsenden Antisemitismus. Bei einer Karriere im Militär spielte nach wie vor das Glaubensbekenntnis die entscheidende Rolle[53]. Auch die im Zuge der Roon'schen
Heeresreform von 1860 erfolgten Vergrößerung des stehenden Heeres und der
daraus resultierende erhöhte Bedarf an Offizieren sollte keine positiven Auswirkungen auf die Zulassung von Juden zur Laufbahn der Offiziere haben.
Weitere Maßnahmen der Reform waren die Reorganisation der Landwehr sowie eine gleichzeitige Verlängerung der Dienstzeiten. Spätestens seit der Reform von 1852 hatte die Landwehr ihre Selbstständigkeit als Wehrformation
ohnehin verloren. Teile waren bereits in das stehende Heer überführt worden,
ein Prozess, der sich im Laufe der Umsetzung der Heeresreform fortsetzen
sollte. Der vor allem im Falle eines Krieges gestiegene Bedarf an Offizieren
wurde nun aus den Reihen der neu eingeführten Dienstgradgruppe der Reser-
ve-Offiziere ergänzt. Diese wiederum kamen größtenteils aus den Reihen der
Einjährig-Freiwilligen[54]. Von den seit 1880 in der preußischen Armee dienenden
30 000 jüdischen Einjährig-Freiwilligen wurde keiner zum Reserveoffizier be-

---

[51] Siegismund Samuel (1841-1907), nahm an den Kriegen 1866 und 1870/71 teil, erhielt das
      Eiserne Kreuz und wurde zum Reserveoffizier befördert. Seine Briefe aus den Kriegsjah-
      ren wurden ein Jahr nach seinem Tod veröffentlicht. Siegismund Samuel, Briefe aus den
      Feldzügen von 1866 und 1870-71. Hrsg. von Erna Schmidt, Berlin 1908.
[52] Theodor Fontane, Der Deutsche Krieg von 1866, Bd 1, Berlin 1987, S. 413.
[53] Deutsch-jüdische Geschichte in der Neuzeit. Hrsg. von Michael A. Meyer, Bd 3: Umstrit-
      tene Integration 1871-1918. Von Steven M. Lowenstein [u.a.], München 1997, S. 157-159.
[54] Michael Epkenhans, Einigung durch »Eisen und Blut« – Militärgeschichte im Zeitalter der
      Reichsgründung 1858 bis 1871. In: Grundkurs deutsche Militärgeschichte, Bd 1: Die Zeit
      bis 1914. Vom Kriegshaufen zum Massenheer, München 2006, S. 316-332.

fördert, während von den in dieser Zeit dienenden 1500 zum Christentum übergetretenen Einjährigen 300 zum Reserveoffizier befördert wurden[55]. Max Warburg, im Kaiserreich und in der Weimarer Republik einer der einflussreichsten Bankiers, diente in den 1880er-Jahren als Einjährig-Freiwilliger in einem Bayerischen Kavallerieregiment[56], bewarb sich als Offizier und wurde von den Offizieren seines Regiments abgelehnt[57]. Ebenso erging es Walther Rathenau; einer der schmerzlichsten Augenblicke seines Lebens, wie er 1911 in seiner Schrift »Staat und Judentum« erwähnte[58]. Im Jahre 1907 gab es in der Armee des Kaiserreiches unter insgesamt 33 607 Offizieren und Beamten im Offizierrang nur 16 Juden, die vermutlich alle in der Bayerischen Armee dienten. All dies konnte nicht verhindern, dass bei Ausbruch des Ersten Weltkriegs die deutschen Juden von einer Welle des Patriotismus erfasst wurden. Der vom Kaiser verkündete Burgfriede schien die in der Gesellschaft vorhandenen Grenzen zu überwinden[59].

VI. Jüdische Soldaten im Ersten Weltkrieg[60]

»Liebt nächst Gott das Vaterland.« Mit diesen Worten riefen im Jahre 1914 Rabbiner im ganzen deutschen Reich die jüdische Bevölkerung dazu auf, ihren Beitrag zur Verteidigung Deutschlands zu leisten. Der Insterburger Bezirksrabbiner Dr. Max Beermann richtete in seinem Bezirk ein Rundschreiben an die jüdischen Mannschaften, das mit den Worten begann: »Kameraden, Brüder! Nie war das Schwert für eine gerechtere Sache gezogen.« Aufrufe dieser Art waren bezeichnend für die Begeisterung, die nicht nur die jüdischen Soldaten, sondern auch ihre Rabbiner erfasst hatte. So war es eine patriotische Konsequenz, dass

[55] Zahlen nach Die Juden im Heere (wie Anm. 30), S. 40; und Werner T. Angress, Prussia's Army and the Jewish Reserve Officer Controversy before World War I. In: Year Book of the Leo Baeck Institute, 17 (1972), S. 19-42. Siehe auch Reichstagsverhandlungen über die Zurücksetzung der jüdischen Einjährigen-Freiwilligen. Nach dem amtlichen stenographischen Bericht. In: Im deutschen Reich, 14 (1908), S. 266-276, abgedr. u.a. in: Jüdische Reserveoffiziere. Hrsg. von Max J. Loewenthal im Auftr. des Verbandes der Deutschen Juden von seinem Generalsekretär, Berlin 1914, vgl. auch Die Juden im Heere (wie Anm. 30), S. 41-61; Die Juden als Soldaten. Hrsg. von dem Comité zur Abwehr antisemitischer Angriffe in Berlin, 2. Aufl., Berlin 1897.
[56] 3. Königlich-Bayerisches Cheveauxlegersregiment.
[57] Eckart Kleßmann, M.M. Warburg & Co. Die Geschichte eines Bankhauses, Hamburg 1998, S. 35 f.; Ron Chernow, Die Warburgs. Odyssee einer Familie, Berlin 1994, S. 60-62.
[58] Walther Rathenau, Staat und Judentum. Eine Polemik. In: Gesammelte Schriften, Bd 1, Berlin 1925.
[59] Hintergrund ist die Thronrede Wilhelms II. zur Eröffnung des Reichstages am 4.8.1914 im Weißen Saal des Berliner Schlosses: »Ich kenne keine Parteien mehr, ich kenne nur noch Deutsche!«
[60] Vgl. dazu Berger, Eisernes Kreuz und Davidstern (wie Anm. 6), S. 142-152; und Jüdisches Lexikon (wie Anm. 8), Bd 4/1, S. 182 f.

mit den zahllosen jüdischen Freiwilligen auch jüdische Seelsorger als Feldrabbiner zu den Fahnen eilten. Die Feldrabbiner standen bei den jüdischen Soldaten an der Front wie auch in den jüdischen Gemeinden in hohem Ansehen, denn sie waren oftmals die einzige Stütze im Kampf gegen den sich weiter ausbreitenden Antisemitismus. Die von ihnen betreuten jüdischen Soldaten erfüllten ihre Pflicht gleich den nicht jüdischen Kameraden. Dank erhielten sie nicht, denn wieder wurde aus dem Kampf fürs Vaterland ein erneutes Ringen um Anerkennung und Gleichberechtigung. Insgesamt dienten von 1914 bis 1918 fast 100 000 deutsche Juden in Heer und Marine. 77 000 waren unmittelbar an der Front eingesetzt. Knapp 30 000 wurden mit zum Teil höchsten Auszeichnungen dekoriert und 20 000 befördert – davon waren mehr als 3000 Offiziere, Sanitätsoffiziere und Militärbeamte im Offizierrang. 12 000 jüdische Soldaten verloren im Krieg ihr Leben[61]. Was 1916 mit der »Judenzählung«[62] im Heer begann, setzte sich in der Weimarer Republik fort. Die Leistungen jüdischer Soldaten wurden von den zunehmend an Einfluss gewinnenden nationalistischen Parteien und Gruppierungen geleugnet, schlimmer noch, man gab ihnen die Schuld an der militärischen Niederlage.

VII. Wehrmacht und nationalsozialistische Gewaltherrschaft[63]

Nach dem Kriege übernahm die Aufgabe der Abwehr antisemitischer Angriffe auf die Ehre der jüdischen Kriegsteilnehmer der im Februar 1919 gegründete Reichsbund jüdischer Frontsoldaten (RjF). Durch gezielte Aufklärung in Form von Kundgebungen, Flugblättern und Büchern, die den Nachweis des Einsatzes jüdischer Soldaten lieferten[64], wurde den Angreifern der Wind aus den Segeln genommen. Gleichzeitig war der RjF für die ehemaligen jüdischen Soldaten

---

[61] Zahlen nach Jacob Segall, Die deutschen Juden als Soldaten im Kriege 1914-1918, Berlin 1921, S. 11, 27-29, 31, 35-38; und Messerschmidt, Juden im preußisch-deutschen Heer (wie Anm. 28), S. 51; vgl. auch Franz Oppenheimer, Die Judenstatistik des preußischen Kriegsministeriums, München 1922.

[62] Erlaß des preußischen Kriegsministeriums zur Zählung der jüdischen Soldaten, 11.10.1916, abgedr. in: Werner T. Angress, Das deutsche Militär und die Juden im Ersten Weltkrieg. In: Militärgeschichtliche Mitteilungen, 19 (1976), S. 97 f.; Siehe dazu Deutsch-jüdische Geschichte in der Neuzeit, Bd 3 (wie Anm. 53), S. 367 f.

[63] Manfred Messerschmidt, Juden im preußisch-deutschen Heer (wie Anm. 28), S. 54-60; Berger, Eisernes Kreuz und Davidstern (wie Anm. 6), S. 142-152.

[64] Beispiele: Der Schild, Zeitschrift des Reichsbundes jüdischer Frontsoldaten, Berlin 1 (1905)-17 (1923); siehe auch Der Schild, Zeitschrift des Bundes jüdischer Soldaten. Hrsg. vom Bund jüdischer Soldaten (RjF) durch den Vorsitzenden, Berlin 1 (2007)-2 (2008); Die jüdischen Gefallenen des deutschen Heeres, der deutschen Marine und der Schutztruppen 1914-1918. Ein Gedenkbuch. Hrsg. vom Reichsbund jüdischer Frontsoldaten, Berlin 1932; Kriegsbriefe gefallener Deutscher Juden. Hrsg. vom Reichsbund jüdischer Frontsoldaten e.V. Mit einer Zeichnung von Max Liebermann, Berlin 1935, sowie zahlr. weitere Publikationen u.a. von Felix A. Theilhaber.

eine Art »Heimat« und beriet sowie unterstützte sie auch bei Bedarf in sozialen Fragen[65].

Mit dem 30. Januar 1933 brach für das deutsche Judentum die Zeit der Verfolgung an, die mit der Vernichtung des deutschen und des größten Teils des europäischen Judentums endete. Für den Reichsbund jüdischer Frontsoldaten begann nun der verzweifelte Kampf um die Ehre und die Rechte der jüdischen Soldaten des Ersten Weltkriegs, ein hoffnungsloser Kampf gegen Entrechtung, Ausgrenzung und Verfolgung. Man war nun einer Macht ausgeliefert, für die der Antisemitismus nicht nur als Bestandteil zu ihrem Parteiprogramm gehörte, sondern die auch bereit war, alle gegen Juden und den ehemaligen politischen Gegner angekündigten Maßnahmen in die Tat umzusetzen. Diese begannen mit pogromartigen Ausschreitungen und dem Boykott jüdischer Geschäfte am 1. April 1933 und fanden ihre Fortsetzung in den Gesetzen, mit denen Juden aus ihren Berufen gedrängt und zunehmend entrechtet wurden. In Anwendung der von Reichswehrminister Werner von Blomberg am 28. Februar 1934 erlassenen Umsetzung des Gesetzes zur Wiederherstellung des Berufsbeamtentums auf Soldaten mussten außer den Frontkämpfern alle jüdischen Soldaten die Streitkräfte verlassen[66]. Das Gesetz zur Wiedereinführung der Wehrpflicht vom März und das Reichsbürgergesetz vom September 1935 beinhalteten einen vollständigen Ausschluss der deutschen Juden sowohl vom Wehrdienst als auch von den Rechten als Staatsbürger. Mit den Gesetzen des Jahres 1935, die auch die bis dahin geltenden Ausnahmen für ehemalige Frontkämpfer wegfallen ließen, ging die fast 150-jährige Geschichte jüdischer Soldaten in deutschen Armeen zu Ende.

Die jüdischen Frontkämpfer, die im Verlauf der Pogrome vom 9. auf den 10. November 1938 verhaftet und in Konzentrationslager verschleppt worden waren, wurden wegen ihrer Verdienste als Frontkämpfer im Ersten Weltkrieg wieder freigelassen. Viele von ihnen wurden jedoch später erneut in Vernichtungslager verschleppt und dort ermordet. So endete die Geschichte deutscher jüdischer Soldaten in den Gettos und Lagern der Nazis. Auch die Erinnerung an ihre soldatischen Leistungen und die Opfer, die sie auf den Schlachtfeldern für ihr deutsches Vaterland erbracht hatten, wurde von den Ehrenmalen entfernt. Die Nationalsozialisten wollten sie für alle Zeiten auslöschen.

---

[65] Zum Reichsbund jüdischer Frontsoldaten vgl. ausführlich Ulrich Dunker, Der Reichsbund jüdischer Frontsoldaten 1919-1938. Geschichte eines jüdischen Abwehrvereins, Düsseldorf 1977; vgl. auch Berger, Eisernes Kreuz und Davidstern (wie Anm. 6), S. 187-203, und Frank Nägler, Einführung. In: Deutsche Jüdische Soldaten (wie Anm. 7), S. 20-22.

[66] Wichtige politische Verfügungen des Reichskriegsministers und Oberbefehlshabers der Wehrmacht – geheim –, Berlin 1935, S. 40.

VIII. Für immer vergangen?

Was ist geblieben von diesem Teil der deutsch-jüdischen Geschichte, von der Erinnerung an die jüdischen Soldaten des Ersten Weltkrieges und der Kriege des 19. Jahrhunderts[67]? Die Bundeswehr ist sich dieses Teils der deutschen Geschichte und der aus ihr resultierenden Verantwortung durchaus bewusst. Neben den Traditionslinien preußische Heeresreformen, militärischer Widerstand gegen Hitler und der eigenen 50-jährigen Geschichte hat auch die Geschichte deutscher jüdischer Soldaten einen wichtigen Stellenwert. Das im Jahre 1961 neu aufgelegte Buch »Kriegsbriefe gefallener deutscher Juden«[68], eine erste Ausstellung zur Geschichte jüdischer Soldaten und die im Jahre 1996 eröffnete zweite Ausstellung »Deutsche Jüdische Soldaten«[69] trugen zur Pflege dieser Tradition bei. Die Geschichte deutscher jüdischer Soldaten entwickelte sich damit zu einem festen Bestandteil der Politischen Bildung in den Streitkräften. Bundeswehrkasernen wurden mit den Namen jüdischer Soldaten benannt, die Bundeswehr gedenkt am Volkstrauertag der jüdischen Gefallenen des Ersten Weltkrieges, und sowohl Reservisten als auch aktive Soldaten pflegen jüdische Friedhöfe.

Juden als deutsche Soldaten – das war vor der Zeit des Nazi-Regimes Alltag im deutschen Militär. Zwölf Jahre später jedoch, nach der Shoah, war es für viele Juden undenkbar, in einer deutschen Armee zu dienen. Dennoch gibt es in der Bundeswehr heute wieder einige Soldaten jüdischen Glaubens, und diese schlossen sich am 8. November 2006 zum »Bund jüdischer Soldaten« zusammen. Im Rahmen von Tagungen[70], Vorträgen und Kranzniederlegungen erinnert dieser Soldatenbund an das Schicksal der ehemaligen jüdischen Frontsoldaten des Ersten Weltkrieges und ihrer Familien in der Zeit der nationalsozialistischen Gewaltherrschaft, aber auch das Andenken an die jüdischen Soldaten in den Kriegen des 19. Jahrhunderts soll bewahrt werden[71]. Unterstützt wird dieses Engagement vom Zentralrat der Juden, dem Bundesministerium der Verteidigung[72] und Stiftungen wie der Konrad-Adenauer-Stiftung und der Friedrich-Ebert-Stiftung. Der Bund jüdischer Soldaten verleiht jährlich die von

---

[67] Zu diesem Kapitel ausführlich: Berger, Eisernes Kreuz und Davidstern (wie Anm. 6), S. 224-235; Der Schild, Zeitschrift des Bundes jüdischer Soldaten (wie Anm. 64); Jüdische Soldaten in Deutschen Armeen. Dokumentation der gleichnamigen Tagung in Zusammenarbeit mit dem Bund jüdischer Soldaten (RjF) und dem Zentralrat der Juden in Deutschland. Hrsg. von Andreas Kleine-Kraneburg, Konrad-Adenauer-Stiftung e.V., Sankt Augustin, Berlin 2008.

[68] Kriegsbriefe (wie Anm. 64); Kriegsbriefe gefallener Deutscher Juden. Mit einem Geleitwort von Franz Josef Strauß, überarb. Neuaufl., Herford 1961.

[69] Deutsche Jüdische Soldaten (wie Anm. 7).

[70] Jüdische Soldaten in Deutschen Armeen (wie Anm. 67).

[71] Jüdische Soldaten in Deutschen Armeen – Rückblick und aktuelle Situation. In: Der Schild, 2 (2002), 2, S. 20-22.

[72] Wolfgang Schneiderhan, Grußwort anlässlich der ersten Tagung des Bundes jüdischer Soldaten in: Jüdische Soldaten in Deutschen Armeen (wie Anm. 67), S. 7-9.

seinem Gründungsvorsitzenden gestiftete Bernhard-Weiß-Medaille für Verständigung und Toleranz. Mit der Medaille ausgezeichnet wurden Oberst Bernhard Gertz, Vorsitzender des Bundeswehrverbandes und der Bundesminister a.D. und Vorsitzende der SPD-Fraktion im Deutschen Bundestag Peter Struck[73]. Struck erhielt die Bernhard-Weiß-Medaille für seinen Einsatz für Toleranz und Verständigung zwischen den unterschiedlichen Kulturen und Religionen sowie sein couragiertes Eintreten gegen Antisemitismus und Fremdenfeindlichkeit[74].

Das Terrorregime der Nationalsozialisten führte zur fast vollständigen Vernichtung des deutschen Judentums mit seiner besonderen Geschichte. Dass ein Teil der deutsch-jüdischen Geschichte, der Militärdienst jüdischer Soldaten in deutschen Armeen, weiterlebt, ist auch der Führung der Bundeswehr und ihrem Bemühen um die Pflege und Bewahrung dieser Geschichte zu verdanken.

---

[73] Grußwort des Gründungsvorsitzenden und amtierenden Vorsitzenden des Bundes jüdischer Soldaten Hauptmann Michael Berger anlässlich der Verleihung der Bernhard-Weiß-Medaille 2008 an Peter Struck. Vgl. http://www.bundjuedischersoldaten-online.com/40555.html [letzter Abruf: 24.8.2009].

[74] Laudatio der Präsidentin des Zentralrates der Juden in Deutschland Frau Charlotte Knobloch anlässlich der Verleihung der Bernhard-Weiß-Medaille 2008 an Peter Struck. Ebd.

Angelika Dörfler-Dierken

Reformen in der Militärseelsorge: Feldgeistlicher, Befreiungsprediger, Seelsorger der Bundeswehr

Der Soldat ist mit den Fragen von Leben und Tod gewissermaßen dienstlich und existenziell beschäftigt. Daher verwundert es nicht, dass religiöse Fragen von Soldaten gestellt wurden und heute noch gestellt werden, dass religiöse Praktiken in frühneuzeitlichen Soldatenhaufen wie in modernen, staatlich geordneten Streitkräften verbreitet waren und sind. Zur Einrichtung einer obrigkeitlich organisierten geistlichen Betreuung von Soldaten kam es mit der Aufstellung stehender Heere im 17. und 18. Jahrhundert. Die sogenannten Feldprediger hatten in diesen Armeen die Funktion, bildend und versittlichend zu wirken und dadurch der treuen Diensterfüllung seitens der Soldaten Vorschub zu leisten, vor allem der Neigung zur Desertion entgegenzutreten. Durch Warnung vor Unsittlichkeit gegenüber der weiblichen Bevölkerung, durch Unterweisung im rechten Verständnis der Bindungskraft des Eides, durch Hinweis auf göttliche Macht und göttlichen Zorn sollte der Sieg – notfalls auch mit lebensverachtendem Mut – befördert und dem Tod der Schrecken genommen werden. Der geistlich betreute und mit dem Sakrament des Lebens versehene Soldat stürbe somit versöhnt mit Gott.

Während der antinapoleonischen Kriege haben Theologen und Dichter sich – zumindest mit der Feder bewaffnet – an die Spitze der nationalen Bewegung gestellt und die Soldaten mit ihren Predigten und Liedern zum entschlossenen Befreiungskampf gegen den »satanischen« Fremdherrscher aufgefordert. Bei Kriegsbeginn im Sommer 1914 knüpften Pfarrer, Priester und Zivilisten ebenso wie Militärgeistliche an diese Propaganda an und beteiligten sich an der Verbreitung einer »Hurra-Stimmung«, die grundlegendes Versagen und theologische Selbstaufgabe zugunsten des nationalistischen Zeitgeistes offenbarte[1].

---

[1]   Vgl. für die katholische Kriegspredigt und -theologie im Ersten Weltkrieg Heinrich Missalla, »Gott mit uns«. Die deutsche katholische Kriegspredigt 1914-1918, München 1968; für die evangelische Kriegspredigt und -theologie vgl. Karl Hammer, Deutsche Kriegstheologie 1870-1918, München 1971; Martin Schian, Die Arbeit der evangelischen Kirche im Felde (= Die deutsche evangelische Kirche im Weltkriege, 1), Berlin 1921; vergleichend für beide Konfessionen Gerd Krumeich, »Gott mit uns«? Der Erste Weltkrieg als Religionskrieg. In: »Gott mit uns«. Nation, Religion und Gewalt im 19. und frühen 20. Jahrhundert. Hrsg. von Gerd Krumeich und Hartmut Lehmann, Göttingen 2000 (= Veröffentlichungen des Max-Planck-Instituts für Geschichte, 162), S. 273-283.

Während des Zweiten Weltkrieges mag sich zwar mancher Wehrmachtgeistliche um eine Haltung innerer Distanz zur Wehrmacht im totalitären Unrechtsregime bemüht haben, faktisch aber waren die Pfarrer marginalisiert. Nach 1945 wurde das Verhältnis von Soldat, Pfarrer und Gesellschaft grundlegend neu geordnet: Die geistliche Freiheit der Seelsorger und ihre Ausgliederung aus der militärischen Hierarchie und Befehlskette wurden rechtlich neu geregelt. Weil (fast) alle Seelsorger (seit 1993 auch Pfarrerinnen) für Soldaten (seit 2000 auch Soldatinnen) der Bundeswehr nach einer überschaubaren Amtszeit in die zivilen Kirchengemeinden zurückkehren, ist der Entstehung eines militarisierten geistlichen Sonderethos organisationssoziologisch und strukturell ein Riegel vorgeschoben[2]. Wie das Grundgesetz die Soldaten der Bundeswehr auf die Erhaltung des Friedens und den Schutz des Rechts ausrichtet, so sind die Militärseelsorger durch die Friedensworte ihrer Kirchen in Predigt und Lehre an die Verheißung des Friedens Gottes mit den Menschen gebunden und müssen ihre Anstrengungen als »Schritte auf dem Weg des Friedens« begreifen[3].

Indem die Militärseelsorge in der Zentralen Dienstvorschrift 10/1 Innere Führung (2008) erstmals zu denjenigen Angelegenheiten gezählt wird, für die der militärische Vorgesetzte aktiv Sorge zu tragen hat, ist das Verhältnis freier, partnerschaftlicher Kooperation zwischen beiden bestätigt worden[4]. Durch die Einführung eines obligatorischen berufsethischen und persönlichkeitsbildenden Unterrichts in den Streitkräften mit der Zentralen Dienstvorschrift 10/4 Lebenskundlicher Unterricht (2009), die den Untertitel »Selbstverantwortlich leben – Verantwortung für andere übernehmen« trägt, wird den besonderen ethischen Herausforderungen des Soldatenberufs begegnet[5]. Dieser Unterricht wird zwar

---

[2] Der Vertrag der Bundesrepublik Deutschland mit der Evangelischen Kirche in Deutschland zur Regelung der evangelischen Militärseelsorge, unterzeichnet am 22. Februar 1957, regelt in Art. 19,1 und 3, dass Militärgeistliche in das Beamtenverhältnis auf Zeit berufen werden, »für sechs bis acht Jahre« mit der Verlängerungsmöglichkeit um vier Jahre. Vertrag abgedruckt in Evangelisches Kirchenamt für die Bundeswehr, Glauben leben. Evangelische Militärseelsorge in der Deutschen Bundeswehr, Berlin 2007, S. 114–124, hier S. 120.

[3] Rat der Evangelischen Kirche in Deutschland (im Folgenden EKD), Schritte auf dem Weg des Friedens. Orientierungspunkte für Friedensethik und Friedenspolitik. Ein Beitrag des Rates der Evangelischen Kirche in Deutschland (= EKD-Texte, 48), 3. erw. Aufl., Gütersloh 2001; danach als jüngste Friedensdenkschrift Aus Gottes Frieden leben – für gerechten Frieden sorgen, Gütersloh 2007. Für die katholische Kirche vgl. Die deutschen Bischöfe, Gerechter Frieden. Hirtenwort 2000, und Die deutschen Bischöfe, Gerechtigkeit schafft Frieden. Wort der Bischofskonferenz zum Frieden 1983.

[4] Zentrale Dienstvorschrift (ZDv) 10/1 Innere Führung. Selbstverständnis und Führungskultur der Bundeswehr, Berlin 2008, Ziff. 673 f.

[5] Zentrale Dienstvorschrift (ZDv) 10/4 Lebenskundlicher Unterricht. Selbstverantwortlich leben – Verantwortung für andere übernehmen können, 2009, Ziff. 101: »Angesichts des raschen und tief greifenden Wandels und einer Gesellschaft, die in wichtigen Lebensfragen eine große Meinungsvielfalt aufweist, brauchen Soldatinnen und Soldaten ein geschärftes ethisches, rechtliches und politisches Bewusstsein sowie eine ausgeprägte moralische Urteilsfähigkeit, um die Folgen ihres Handelns richtig einordnen und bewerten zu können. Gerade für die Aufgaben der Konfliktverhütung und Krisenbewältigung – einschließlich des Kampfes gegen den internationalen Terrorismus – müssen sich alle Soldatinnen und Soldaten mehr denn je der ethisch-moralischen Grundlagen eines ver-

gegenwärtig ausschließlich durch Militärseelsorgerinnen und Militärseelsorger erteilt, soll aber kein konfessioneller Religionsunterricht sein[6]. Während die sittliche Belehrung der preußischen Soldaten auf die Verhinderung von Desertion, Saufen und Spielen zielte[7], soll der ethische Unterricht für Bundeswehrsoldatinnen und -soldaten die individuelle Verantwortung für die Wahrung und Förderung von Menschenwürde, Recht, Freiheit und Frieden fördern[8]. Damit trägt der Dienstherr der Erkenntnis Rechnung, dass Religion – hier unspezifisch gebraucht für das Gesamt der handlungsleitenden Überzeugungen eines Individuums – ein extrem starker Motivator ist[9].

Angesichts der Fülle des Materials kann es im Folgenden weniger um eine historische Darstellung[10] als um die Herausarbeitung und Skizzierung von Ty-

---

antwortbaren Handelns als Soldatin oder Soldat bewusst sein. Sie müssen selbstverantwortlich leben und Verantwortung für andere übernehmen können. Dies gilt in besonderem Maße für Vorgesetzte, deren Beispiel Richtschnur für das Handeln der unterstellten Soldatinnen und Soldaten sein soll.«

[6] Ebd., Ziff. 104: »Der Lebenskundliche Unterricht [...] ist ein Ort freier und vertrauensvoller Aussprache und lebt von der engagierten Mitarbeit der Soldatinnen und Soldaten. Er ist kein Religionsunterricht und auch keine Form der Religionsausübung im Sinne von § 36 des Soldatengesetzes, sondern eine berufsethische Qualifizierungsmaßnahme.«

[7] Beispielhaft erwähnt sei die frühe, aus dem Englischen übersetzte Schrift: Treuhertziger Unterricht / Vor Christliche Kriegs-Leute / wie sie sich der wahren / Gottseeligkeit / und rechtschaffenen / Tapferheit / gemäs verhalten / sollen, Berlin 1703.

[8] ZDv 10/4 Lebenskundlicher Unterricht (wie Anm. 5), Ziff. 101 f.: Soldatinnen und Soldaten müssen sich heute »mehr denn je der ethisch-moralischen Grundlagen eines verantwortlichen Handelns« bewusst sein, die »auf den Werten unseres Staates, wie sie Eingang in das Grundgesetz und die freiheitliche demokratische Verfassung gefunden haben«, beruhen. »Diese sind: Menschenwürde, Freiheit, Frieden, Gerechtigkeit, Gleichheit, Solidarität und Demokratie.« Vgl. BMVg: ZDv 10/1 Innere Führung (wie Anm. 4), Ziff. 508: »Soldatinnen und Soldaten müssen stets in der Lage sein, selbstverantwortlich zu leben und zu handeln und Verantwortung für andere übernehmen zu können. Um diese Kernkompetenz zu erreichen, [...] treten sie jederzeit für die Werte und Normen der freiheitlichen demokratischen Grundordnung ein und schärfen sie ihr Gewissen und entwickeln eine moralische Urteilsfähigkeit.«

[9] Zu religiösen Überzeugungen als Motivator – sei es zum Schlechten oder zum Guten – für das Handeln von Kämpfern, Kriegern oder Soldaten gibt es keine zeitübergreifenden oder religionsvergleichenden Untersuchungen. Einen ersten Einblick gewähren Lexikaartikel wie Assia Maria Harwazinski, Fundamentalismus/Rigorismus. In: Metzler Lexikon Religion. Gegenwart – Alltag – Medien, Bd 1. Hrsg. von Christoph Auffarth [u.a.], Stuttgart 1999, S. 427-434; vgl. in demselben Lexikon in Bd 2, 1999, Jörg Rüpke, Heiliger Krieg, S. 17; Jörg Rüpke, Krieg/Militär, S. 255-258; Sabine Behrenbeck, Heros/Heroismus, S. 28-31; Stefan Hartmann, Krieger/Ritter, S. 258-261.

[10] Hartmut Rudolph, Das evangelische Militärkirchenwesen in Preußen. Die Entwicklung seiner Verfassung und Organisation vom Absolutismus bis zum Vorabend des I. Weltkrieges, Göttingen 1973 (= Studien zur Theologie und Geistesgeschichte des 19. Jahrhunderts, 8). Rudolph gliedert die Geschichte des Militärkirchenwesens in die Perioden: altpreußische Zeit mit Unabhängigkeit des Militärkirchenwesens von landeskirchlichen Organen bei Schädigung der Landeskirche, weil diese zur Versorgungsanstalt für die ausgedienten Feldgeistlichen wurde; nachnapoleonische Zeit mit Unterstellung der Militärkirche unter die verstaatlichte Zivilkirche und die Zeit der Verfassung, in der die zivile Entwicklung Preußens zum Verfassungsstaat und die Einführung synodaler Elemente in der Zivilkirche keine Auswirkungen auf die Militärkirche hatten. Demnach blieb die Militärkirche im Vergleich zur Zivilkirche in verfassungsrechtlicher Hinsicht zurück und ih-

pen der Verhältnisbestimmung von Militär, Militärkirche, Zivilkirche und Gesellschaft gehen. Sie werden folgendermaßen unterschieden: Der *preußische* Typus[11] sieht die Militärkirche als Dienstleisterin für die Hebung der soldatischen Moral. Durch die Bestallung ehemaliger Feldprediger mit wichtigen Posten in der zivilen Kirchenhierarchie werden Kirche und Gesellschaft von preußisch-militärischem Geist durchdrungen. Der *antinapoleonische* Typus ist gekennzeichnet durch eine extreme (literarische) Militarisierung der Zivilkirche. Die Unterscheidung zwischen Militär und Gesellschaft, Schlachtfeld und bürgerlich-zivilem Raum, zwischen Feldseelsorge und ziviler Seelsorge, zwischen Feldpredigt und Kriegshetze im Gewand zivil-religiöser Dichtung ist aufgehoben. Zivilprediger übernehmen die Aufgaben und Funktion der Feldprediger und befördern die allgemeine Mobilisierung. Der Typus von Militärseelsorge, der während der beiden Weltkriege des 20. Jahrhunderts vorherrschte, entsprach noch dem preußischen: Unterordnung der Militärkirche unter Anforderungen des Militärs und Einbindung der Feldgeistlichen in das Befehlssystem der Reichswehr bzw. Wehrmacht, wies aber wegen der inneren Durchdringung von totalitärem Staat, Militär und Gesellschaft auch Züge des antinapoleonischen Typus auf. Den Gegentypus dazu bildet die Bestimmung des Verhältnisses der genannten Größen für die Bundeswehr: Dieser *bundesrepublikanische* Typus ist gekennzeichnet durch die Scheidung von Militär und Kirche einerseits (es gibt keine Militärkirche mehr) sowie die Verbindung von Gesellschaft und Kirche andererseits (starke Friedensorientierung in beiden Feldern). Die Bundeswehr wird parlamentarisch kontrolliert, die Militärseelsorge ist zivilkirchlich verankert. Das Grundgesetz ist als Friedensordnung konzipiert und die Grundrechte sichern die Bürgerinnen und Bürger, auch die Soldatinnen und Soldaten, als »Bürger in Uniform« vor staatlicher Überwältigung. So sollte ein Damm gegen die neuerliche Militarisierung der Gesellschaft und gegen die Instrumentalisierung von Religion und Kirche für militärische Zwecke errichtet werden.

I. Preußische Feldseelsorge

In der Schlacht bei Chotusitz, am 24. Mai 1742, spornte der Feldprediger Joachim Friedrich Seegebart (1714-1752) die vor dem Feind zurückweichenden

---

re Loslösung von der Zivilkirche war nicht rückgängig zu machen. Geändert hat sich dies erst in der Bundeswehr, durch den Militärseelsorgevertrag und durch die Einbindung der Militärseelsorge in die EKD.

11 Arnold Vogt, Einführung. In: Martin Richter, Die Entwicklung und die gegenwärtige Gestaltung der Militärseelsorge in Preußen. Historisch-kritische Denkschrift, Neudruck der Ausgabe Berlin 1899, Osnabrück 1991 (= Bibliotheca Rerum Militarium. Quellen und Darstellungen zur Militärwissenschaft und Militärgeschichte, 70), S. V-XXIII, eigene Paginierung.

Soldaten an, wieder auf das Schlachtfeld zu stürmen. Damit erreichte er es tatsächlich, dass das Glück der Preußen sich wendete und die Österreicher geschlagen werden konnten. In seinen autobiografischen Aufzeichnungen erinnerte sich der Pfarrer: Ich »that und redete als ein Feldmarchal und bemerkte augenblicklich die Impression von meinem Zureden und Vorstellungen an der Leute Gebehrden und Gehorsam.« Er habe damals gelernt, »daß das Christentum resolut und muthig macht auch in den verworrensten Begebenheiten.« Seegebart selbst war sein Handeln offenbar nicht ganz geheuer, deshalb diskutierte er die Frage einer möglichen Unvereinbarkeit von Kriegsamt und Predigtamt in seiner Autobiografie. Er kam zu folgendem Schluss: »Mir deucht nicht, etwas gethan zu haben, das meinem Amte unanständig wäre. Ein wahres Mitleiden mit den Verjagten und Verfolgten, und die starke Impression von meinem Amte als N.B. [nota bene] Feld-Prediger hat mich dazu vermocht; habe ich zu viel gethan, so habe ich's Gott und dem Könige gethan.« Für seinen militärischen Eifer wurde Seegebart die beste Pfarre im Lande versprochen[12].

Seegebarts Überlegungen zeigen, dass es keineswegs als selbstverständlich galt, wenn Feldgeistliche die Funktion von Offizieren übernahmen. Ihre Aufgabe sollte sich eigentlich darauf beschränken, vor der Schlacht mit den Soldaten zu beten und das Abendmahl zu feiern. »Geistlich« sollten sie die Soldaten zum Kampf ertüchtigen, während der Schlacht bei der Bagage mit der Kriegskasse bleiben und sich danach um die Verwundeten und Sterbenden kümmern[13].

Der »Vater« der preußischen Feldseelsorge, der »Soldatenkönig« Friedrich Wilhelm I. (1688-1740, König ab 1713) war überzeugt, der Dienst von Feldpredigern helfe, die Disziplin zu verbessern: in der Garnison wie in der Gefechtsaufstellung. Er löste die Feldpredigerstellen aus der zivilkirchlichen Verfassung heraus und setzte mit Lampertus Gedike (1683-1736; Feldprediger von 1709-1736) im Jahre 1717 den ersten preußischen Feldpropst ein[14]. Im »Reglement vor die Königlich Preußische Infanterie« von 1726 hieß es:

> »Weilen ein Kerl, welcher nicht Gott fürchtet, auch schwerlich seinem Herrn treu dienen und seinen Vorgesetzten rechten Gehorsam leisten wird, also sollen die Officiers den Soldaten wohl einschärfen, eines christlichen und ehrbaren Wandels sich zu befleißigen; weshalb die Officiers, wenn sie von eines Soldaten gottlosem Leben in Erfahrung kommen, selbigen vornehmen, und wenn er sich nicht bessert, den Kerl zum Priester schicken müssen[15].«

---

12 Preußischer Choral. Deutscher Soldatenglaube in drei Jahrhunderten. Hrsg. von Kurt Ihlenfeld, Berlin 1935, S. 43-45. Die Schrift erlebte noch in demselben Jahr ihre 2. Aufl.

13 Erich Schild, Der preußische Feldprediger, Bd 1: Bilder aus dem kirchlichen Leben der preussischen Armee älterer Zeit, Eisleben 1888, S. 46. Auch die Seelsorge für die Insassen der Lazarette, mit Kranken- und Sterbendenabendmahl, war ihnen anvertraut, vgl. S. 106-133.

14 Schild, Der preußische Feldprediger, Bd 1 (wie Anm. 13), S. 28; ausführlich zu Gedike vgl. Erich Schild, Der preußische Feldprediger Bd 2: Das kurbrandenburgisch-preußische Feldpredigerwesen in seiner geschichtlichen Entwicklung, Halle a.d.S. 1890, S. 130-135; Friedrich Karl Scheel, Preußische Feldpröpste. In: »Ein Kriegesmann und guter Christ«. Historische Skizzen aus der Soldatenseelsorge. Hrsg. vom Evangelischen Kirchenamt für die Bundeswehr, Hannover 1990, S. 81-95, hier S. 81-84.

15 Zit. nach: Preußischer Choral (wie Anm. 12), S. 29.

Umgekehrt führten die Feldprediger Kommunikantenlisten, in denen sie die ethischen Gefährdungen ihrer Beichtkinder notierten – etwa: »potator« (Trinker), »scortator« (Unzüchtiger), »lusor« (Spieler) – und auch vermerkten, wenn der Soldat mit Reuetränen Besserung gelobte. Soldaten, die sich den Bemühungen ihrer Feldprediger widersetzten und die religiösen Bildungsveranstaltungen störten, konnten in Arrest genommen werden, der Feldprediger hatte also Disziplinargewalt. Aber der Kommandeur konnte seinerseits auch den Feldprediger in Arrest nehmen lassen, wenn der in seinem Dienst säumig war[16]. Die von den Regimentsführern ausgewählten und nach ihrem Regiment benannten Feldprediger wurden zu »wesentliche[n] Integrationsfiguren«[17] in der preußischen Armee. Neben den eher geistlichen Verrichtungen bestand ihre Aufgabe auch darin, die Soldaten und ihre Kinder zu katechisieren und in diesem Zusammenhang auch zu alphabetisieren; in Berlin wurde dafür die Garnisonschule eingerichtet[18]. Im Jahr 1733 schenkte der König allen Regimentern Neue Testamente mit Gebeten und Gesangbücher, je eines für eine jede Zeltgemeinschaft[19]. Wichtige Feldpredigertätigkeiten waren neben der täglichen Andacht Eidesbelehrung[20] und Fahnenweihe[21], vor allem aber das Abendmahl, das sowohl von lutherischen wie von reformierten Soldaten besonders gerne vor einer zu erwartenden großen Schlacht genommen wurde[22]. Durch die Bestellung von Hallenser Theologiestudenten zu Feldpredigern bildete sich schon in der ersten Hälfte des 18. Jahrhunderts ein spezieller Typus des Feldpredigers heraus. Die pietistische Frömmigkeit und Sprachkultur dieser Theologen formte den preußischen Landespatriotismus. Die Liebe zum göttlichen Vater übertrugen sie auf den Monarchen[23]. Das prägte insbesondere das Bild Friedrichs II. Die Verbin-

---

[16] Schild, Der preußische Feldprediger, Bd 1 (wie Anm. 13), S. 3, 9.

[17] Frank Wernitz, Die Armee Friedrichs des Großen im Siebenjährigen Krieg 1756-1763, Eggolsheim-Bammersdorf 2002, S. 99.

[18] Curt Jany, Geschichte der Königlich-Preußischen Armee bis zum Jahre 1807, Bd 1: Von den Anfängen bis 1740, Berlin 1928, S. 712 mit Anm. 207.

[19] Jany, Geschichte der Königlich-Preußischen Armee (wie Anm. 18), S. 713.

[20] Dass die Eidesbelehrung unter den damaligen Bedingungen schwierig zu leisten war, ersieht man aus der Schilderung von Rekrutierung und Vereidigung des einfachen Soldaten Ulrich Bräker (1735-1798), eines gebürtigen Schweizers, der in der friderizianischen Armee dienen musste, 1756 während der Schlacht bei Lobositz in Böhmen desertierte und seine Erfahrungen aufzeichnete: Ulrich Bräker, Lebensgeschichte und natürliche Ebentheuer des armen Mannes im Tockenburg, Nachdruck Zürich 1993, cap. XLVI, S. 40. Aus dem Mittelalter kommt das Diktum »Erzwungener Eid ist Gott leid«.

[21] Preußischer Choral (wie Anm. 12), S. 76.

[22] Schild, Der preußische Feldprediger, Bd 1 (wie Anm. 13), S. 51-55. Die lutherischen Feldprediger waren auch in Friedenszeiten bei jedem Infanterie- und Kavallerieregiment tätig, die katholischen und reformierten nur während der Kriegszeit. Sie »standen« nicht jeweils bei ihrem Regiment, sondern beim Stab und hießen deshalb »Stabsfeldprediger«. Vgl. S. 69.

[23] Gerhard Kaiser, Pietismus und Patriotismus im literarischen Deutschland, Wiesbaden 1961. In dieser bahnbrechenden Studie hat der Autor nachgewiesen, dass nicht nur Analogien zwischen spätpietistischen und patriotischen Formulierungen bestanden, sondern dass umfangreiche religiöse Vorstellungskreise in den entstehenden preußischen Landespatriotismus einströmten. Preußen wurde schließlich zur Heilsinstanz, die mystische Teilhabe erlaubte. Die Studie erlebte eine ergänzte 2. Aufl. 1973, hier insbesondere

dung patriarchalen Denkens – der König als Vater seines Landes – mit Motiven sich selbst opfernder Christusnachfolge, der Soldat opferbereit für seinen König wie Christus für seine Gemeinde – führte zu absurd-blutrünstigen literarischen Verklärungen des Soldatentodes.

II. Antinapoleonische Befreiungspredigt: Auftakt für das nationale Zeitalter

Das im Zeitalter des Absolutismus vorherrschende Militärkonzept sah die Kriegführung als Sache der stehenden Heere mit ihren Berufssoldaten, nicht der breiten Bevölkerung an. »Anständige« Bürger, insbesondere solche von einiger Wohlhabenheit oder Bildung, sahen das Militär als Strafanstalt und den Militärdienst als Schande an, keineswegs als Ehrenpflicht. Die Trennung von Militär und Gesellschaft war in vielen Staaten politisch gewollt, weil eine allgemeine Volksbewaffnung ein unkalkulierbares Risiko für die gesellschaftliche und politische Stabilität zu bergen schien[24]. Nachdem sich allerdings durch den Sieg Napoleons über die alten Mächte gezeigt hatte, dass die Kraft der hoch motivierten »Levée en masse« derjenigen traditionell gedrillter Soldaten überlegen war, wurden in Preußen zusammen mit der Staatsreform auch Heeresreformen auf den Weg gebracht, die auch die Feldseelsorge umgestalteten: Sie wurde eingebunden in ein begeistertes Volk und einen enthusiasmierten Predigerstand[25]. Der Heeresreformer August Wilhelm Antonius Graf Neidhardt von Gneisenau (1760-1831) schlug 1811 in seiner Denkschrift »Weitere Bemerkungen zu dem Aufsatze über die Milizen« vor, »Befehle« für die Prediger vorzu-

---

S. 224-241. Vgl. auch Angelika Dörfler-Dierken, »Friederikus ruft, unser König: Allons, frisch ins Gewehr« Oder: Die Formierung einer opferbereiten Erregungsgemeinschaft. Erscheint im nächsten Band des Arbeitskreis Religion und Aufklärung, voraussichtlich 2010.

[24] Rainer Wohlfeil, Vom Stehenden Heer des Absolutismus zur Allgemeinen Wehrpflicht (1789-1814). In: Handbuch zur deutschen Militärgeschichte 1648-1939, Bd 1, Abschnitt II. Hrsg. vom Militärgeschichtlichen Forschungsamt durch Friedrich Forstmeier [et al.], München 1979, S. 88-100.

[25] Jörn Bleese, Die Militärseelsorge und die Trennung von Staat und Kirche (= Diss. jur.), Hamburg 1969, S. 73-82, unterscheidet zwischen zwei Typen von Religion im militärischen Bereich: Religion als Disziplinarinstrument und Zuchtmittel und Religion als Motivationsinstrument. Der Soldat, dem es eine Ehre sei, für das Vaterland zu sterben, brauche den Geistlichen nicht mehr zur Disziplinierung. Dagegen ist einzuwenden, dass die Erweckung von Opferbereitschaft bis zum eigenen Tode auch eine Form der Disziplinierung ist. Eben darum, dem Mann beizubringen, seinen Platz in der Gefechtsreihe nicht zu verlassen und sich auch zum Tode bereitzufinden, war es den preußischen Feldgeistlichen auch unter Friedrich II. und seinen Vorgängern schon gegangen. Nur die Mittel, dieses Ziel zu erreichen, änderten sich: Sollte unter Friedrich II. der Soldat den Offizier mehr fürchten als den Feind, so sollte er zur Zeit der Befreiungskriege um seiner Ehre und Liebe zum Vaterland willen notfalls auch den Tod erleiden wollen. Mir scheint deshalb, dass die Unterscheidung von Bleese künstlich ist.

bereiten, damit diese bei Ausbruch des Krieges die Gemeinden in den Kirchen sammeln und diese für den bevorstehenden Kampf geistlich rüsteten[26]. Entsprechend hatten die Prediger den Aufruf des Königs Friedrich Wilhelm III. »An mein Volk« vom 17. März 1813 und das »Edikt zur Aufstellung der Landwehr« von der Kanzel zu verlesen und am 28. März, dem Sonntag Laetare, über den Text Jeremia 17, 5-8: »So spricht der Herr, verflucht sei der Mann, der sich auf Menschen verlässt«, zu predigen. Wie die Bauern befreit waren (an Martini, also am 11. November 1810), so sollten zukünftig auch die Soldaten sich als freie Menschen in sittlicher Verantwortung zum Dienst für das Vaterland bereitfinden, die bisher aufgrund der Exemtionen freigestellten Bürger und Bürgerssöhne sollten durch die Einrichtung der Jägerdetachements für die freiwillige Meldung gewonnen werden. Statt der Erzwingung von Gehorsam durch Strafen sollte zukünftig in der preußischen Armee an das Ehrgefühl der Soldaten appelliert werden. Wer wohlhabend genug war, seine Bekleidung und Bewaffnung zu finanzieren, galt den Reformern als so gut erzogen, dass er »sogleich ohne vorherige Dressur gute Dienste leisten« kann[27]. Bürgerlichen Soldaten wurde zudem in Aussicht gestellt, in den bis dahin weitestgehend adligen Offizierstand aufzusteigen[28].

Es bedurfte allerdings kaum der »auffällig unisone[n] Predigt«[29] der Zivilpfarrer, um Einmütigkeit in der Motivation der männlichen Bevölkerung und Zustimmung seitens der Frauen zu erzeugen: Gesellschaft, Soldaten und Kirche befanden sich längst im Gleichschritt: Der Krieg wider Napoleon sei »heilig«, weil Gott mit den Preußen das Werk fortsetze, das er mit den Russen begonnen habe: sein Gericht zu vollstrecken an den widergöttlichen Mächten der Revolution, die (damaliger Überzeugung nach) seiner Gerechtigkeit spotteten. Als Friedrich Wilhelm III. im Frühjahr 1813 die allgemeine Wehrpflicht ohne die Zulassung eines Stellvertreters verfügte, wofür die Reformer sich schon lange eingesetzt hatten, waren die patriotischen Prediger, wie etwa der Berliner Theologieprofessor Friedrich Daniel Ernst Schleiermacher (1768-1834) längst tätig gewesen. Schleiermacher versuchte sogar, selbst Feldprediger zu werden und reihte sich in die Landwehr ein[30]. Moralisch begründete Zweifel an Krieg und Töten hatte er nicht, handelte es sich doch bei dem Krieg gegen Napoleon

---

[26] Gerhard Graf, Gottesbild und Politik. Eine Studie zur Frömmigkeit in Preußen während der Befreiungskriege 1813-1815, Göttingen 1993 (= Forschungen zur Kirchen- und Dogmengeschichte, 52), Textbeilage 7, S. 124 f.

[27] »Bekanntmachung in Betreff der zu errichtenden Jägerdetachements«, zit. nach Hans-Christian Hettfleisch und Peer Luthmer, Aufklärung und Heeresreform – Pädagogische Konsequenzen der Aufklärung in Deutschland in Hinblick auf die preußische Staats- und Heeresreform (= Diplomarbeit an der Hochschule der Bundeswehr Hamburg), Hamburg 1979, S. 198. Die militärgeschichtliche Literatur hat auf die aufklärerischen Motive in der Erziehung des einfachen Soldaten bei den Heeresreformern hingewiesen: Heinz Stübig, Armee und Nation. Die pädagogisch-politischen Motive der preußischen Heeresreform 1807-1814, Frankfurt a.M. 1971 (= Europäische Hochschulschriften, Reihe 11, Pädagogik, 5), S. 74-101.

[28] Wohlfeil, Vom Stehenden Heer des Absolutismus (wie Anm. 24), S. 119-153.

[29] Graf, Gottesbild und Politik (wie Anm. 26), S. 36.

[30] Kurt Nowak, Schleiermacher. Leben, Werk, Wirkung, Göttingen 2001, S. 342-345.

für ihn um eine Befreiung aus dem Sklavenstande. Dichtertheologen wie Karl
Theodor Körner (1791-1813) – er hörte neben vielen anderen Professoren auch
in Berlin bei Schleiermacher –, der seine Verlobte allein in Wien zurückließ und
nach Preußen eilte, um sich bei den Lützower Jägern mit ihren schmucken
schwarzen Uniformen zu melden, erträumten sich den eigenen Opfertod:
>»Wer scheidet dort röchelnd vom Sonnenlicht, / Unter winselnde Feinde ge-
bettet? Es zuckt der Tod auf dem Angesicht, / Doch die wackern Herzen er-
zittern nicht, Das Vaterland ist ja gerettet! / Und wenn Ihr die schwarzen Ge-
fall'nen fragt: / Das war Lützow's wilde verwegene Jagd[31].«
Neben das Motiv des Selbstopfers für das Vaterland, das als im Opfer Jesu
Christi für seine Brüder präfiguriert gedacht wurde, tritt hier ein zweites Motiv:
die Wildheit eines jeden der hoch emotionalisierten Kämpfer, seine tierische
Natur, als Voraussetzung für den Sieg. Wie eine »Jagd« zeichnet auch der im
Haus eines reformierten Predigers erzogene Heinrich von Kleist (1777-1811)
den Krieg: Der Feind wird zum Tier, der Freiheitskämpfer fühlt sich als »Hermann, der Cherusker«, als einer der Helden der Vorzeit[32]. Solche waidmänni-
schen oder germanisierenden Deutungen dürften jedoch weniger eindrücklich
gewesen sein als die Feldgottesdienste vor Schlachten und nach Siegen, die
Morgen- und Abendgebete der angetretenen Truppe etc. Nach dem Sieg bei
Kulm am 30. August 1813 sollen beim Feldgottesdienst etwa 180 000 Soldaten
auf die Knie gefallen sein. Ein Feldprediger berichtet: »[D]ie Krieger schämten
sich nicht der heiligen Rührung[33].«
In einer neueren Untersuchung zu den Befreiungskriegen wird hervorgehoben, dass es sich hier um einen »Mythos« handele, insofern die spätere nationalistische Propaganda aus »den Verlautbarungen einer kleinen aber lautstarken
Minderheit auf die Einstellung der Majorität« geschlossen habe und die »umfängliche Quellenproduktion« des »aufgeklärten Stadtbürgertums und Reform-
adels« stark überschätzt worden sei. Die Entwicklung sei in anderen Teilen des
Alten Reiches anders verlaufen als in Preußen, deshalb werde die dortige Entwicklung unzulässig verallgemeinert und lasse sich nicht auf Baden, Württemberg und Bayern oder gar Österreich übertragen. Der literarisch vervielfältigten
Begeisterung der Bildungsbürger für den Milizeinzug, propagandistisch abge-
stützt von etwa 500 zumeist protestantisch geprägten Publizisten, entsprach

---

[31] Körner, zit. nach Hugo Oertel, Karl Theodor Körner. Ein Lebensbild aus der Zeit des
deutschen Freiheitskampfes für die deutsche Jugend und das deutsche Volk gezeichnet,
Wiesbaden 1880, S. 155.

[32] Wolf Kittler, Die Geburt des Partisanen aus dem Geist der Poesie. Heinrich von Kleist
und die Strategie der Befreiungskriege, Freiburg i.Br. 1987, S. 357 f.

[33] Graf, Gottesbild und Politik (wie Anm. 26), S. 58 f. Bleese, Die Militärseelsorge und die
Trennung von Staat und Kirche (wie Anm. 25), S. 79 f., macht darauf aufmerksam, dass
die vorhandenen 60 Feldprediger während der Befreiungskriege längst nicht ausreichten,
die religiösen Bedürfnisse der Soldaten zu erfüllen. Im Gegenteil, durch die Unterscheidung zwischen Militärseelsorge im Frieden und zu Kriegszeiten waren die Feldgeistlichen nicht auf ihre Aufgabe vorbereitet. Faktisch übernahmen deshalb die zivilen Geistlichen die Mobilisierungsfunktion der Militärgeistlichen, besonders bei ihren Predigten zur
Verabschiedung der ausrückenden Truppen.

demnach nicht die derjenigen, die sich aufbieten lassen sollten[34]. Richtig ist, dass die literarischen Produkte der Vaterlandsverteidiger vor allem in Preußen und Norddeutschland verbreitet waren. Nur die Studenten propagierten überall dieselben Ideen, wobei allerdings nur etwa fünf Prozent der Kriegsfreiwilligen in Preußen tatsächlich Studenten waren, sodass nicht mehr als ein Fünftel der in Preußen immatrikulierten Aus- und Inländer sich gemeldet haben dürfte[35]. Dabei wird für viele die als Gegenleistung für den Dienst am Vaterland versprochene Karriereaussicht im preußischen Staatsdienst entscheidend gewesen sein. Richtig an der Kritik des »Mythos« vom Befreiungskrieg Deutschlands ist des Weiteren, dass die Ereignisse ihren Fokus in Preußen hatten, dass die Befreiungskriege sowohl militärisch als auch literarisch weniger ein gesamtdeutsches als ein preußisches Phänomen waren.

Anschlussfähig waren viele der Pamphlete in der Vorstellungswelt des einfachen Volkes, insbesondere die des ehemaligen Theologiestudenten Ernst Moritz Arndt (1769-1860), der in demselben Kreis wie Gneisenau und Schleiermacher in Berlin verkehrte. Hier waren Aberglaube und Magie trotz aller Reformmaßnahmen des aufgeklärten Kirchenregiments noch sehr lebendig. Arndt knüpfte hieran an, indem er Napoleon als »Satan« darstellte: »Denn der Satan ist gekommen, / Er hat sich Fleisch und Bein genommen, / Und will der Herr der Erde sein[36].«

Die damalige Virulenz von Teufelsvorstellungen erkennt man daran, dass evangelische Eltern häufig die *abrenuntiatio* (Absage an den Teufel) bei der Taufe ihrer Kinder forderten, damit diese auch wirklich geschützt seien[37]. Im Auftrag des früheren preußischen Staatsreformers, jetzt als Berater am Hof des Zaren tätigen Karl Freiherr vom und zum Stein (1757-1831) fasste Arndt seine Schrift zur Popularisierung der Gedanken von Volksbewaffnung und Volkskrieg ab: »Was bedeutet Landsturm und Landwehr« (1813) hatte den größten Erfolg von allen seinen Schriften. Zwischen 1813 und 1815 sind etwa 80 000 bis 100 000 Exemplare davon verbreitet worden, die teils auf Anregung der Obrigkeiten, teils durch Subskriptionen von Privatleuten gedruckt worden waren[38]. Arndt ging es dabei um die »totale« Mobilisierung der Bürger, um die Mobilisierung von Verstand und Gefühl von »allen waffenfähigen Männern ohne Unterschied des Alters und des Standes«, die auch ihre Arbeitsgeräte für die Ausrottung des

---

[34] Ute Planert, Der Mythos vom Befreiungskrieg. Frankreichs Kriege und der deutsche Süden: Alltag – Wahrnehmung – Deutung, 1792-1841, Paderborn [u.a.] 2007 (= Krieg in der Geschichte, 33), S. 26, S. 397 f., mit Beispielen religiös begründeter Wehrdienstverweigerung, z.B. der Fellbacher Pietisten.

[35] Ebd., S. 483 f.

[36] Arndt, Lied der Rache (1811), zit. nach Graf, Gottesbild und Politik (wie Anm. 26), S. 85. Vgl. zur Dämonisierung Napoleons auch Erich Pelzer, Die Wiedergeburt Deutschlands 1813 und die Dämonisierung Napoleons. In: »Gott mit uns« (wie Anm. 1), S. 135-156; hier auch zahlreiche zeitgenössische Abbildungen Napoleons als Teufel. Arndt ist keineswegs der einzige Autor, der Napoleon dämonisiert.

[37] Planert, Der Mythos vom Befreiungskrieg (wie Anm. 34), S. 343.

[38] Rolf Weber, Einführung. In: Ernst Moritz Arndt, Drei Flugschriften. Reprint, Berlin 1988, S. 7-30, hier S. 26 f.

Feindes zweckentfremden – »Büchsen, Flinten, Speere, Keulen, Sensen usw.« –
und »alle Kriegskünste, Listen und Hinterlisten« gebrauchen sollten. Glocken-
klang sollte den Auszug der Soldaten überhöhen, Gottesdienst und Gebet jeden
Tag im Dienst strukturieren. Inhalt der Andachten und Predigten sollte sein,
dass »der Tod für das Vaterland im Himmel und auf Erden ein großes Lob
ist«[39]. Wie gezielt Arndt die affektive Dimension anzusprechen wusste, soll hier
an einer Strophe aus seinem »Vaterlandslied« illustriert werden:
»O Deutschland, heil'ges Vaterland! / O deutsche Liebe und Treue!
Du hohes Land! Du schönes Land! / Dir schwören wir aufs neue:
Wir wollen heute Mann für Mann / mit Blut das Eisen röten,
mit Henkersblut, Franzosenblut – / O süßer Tag der Rache!
Das klinget allen Deutschen gut, / das ist die große Sache[40].«
Die »letalen Zumutungen«[41] des modernen Staates werden hier nicht mehr traditionell religiös verklärt – der Ton des Gedichtes ist nicht christlich, denn von
der Religion der Feindesliebe ist hier nichts zu erkennen. Stattdessen werden
angebliche Wesenstugenden der Deutschen verklärt, landschaftliche Schönhei-
ten beschworen und Rachephantasien bedient. Die starke religiöse Färbung
vieler Arndtscher Traktate zeigt aber, dass zur Mobilisierung breiter Bevölkerungsschichten noch keineswegs auf ein rein patriotisch oder nationalistisch
begründetes Gedankengebäude zurückgegriffen werden konnte – nur durch die
Aktivierung der Kohäsions- und Motivationskraft bellizistisch gedeuteter
christlicher Tradition konnte die Mobilisierung weiter Kreise der Gesellschaft
und ihre mentale Einbindung entsprechend der militärischen Erfordernisse
gelingen.

Mit Blick auf Preußen ist festzustellen, dass weniger der Katholizismus als
vielmehr der Protestantismus mit seiner spezifischen Prägung die borussische
Identität formte und sich dadurch auch tief im späteren Nationalismus veran-
kerte. Die vielfach beschriebene Verbindung von Thron und Altar im 19. Jahrhundert[42] zeigt sich etwa an der Feier des Sedantages[43] und an Bedeutung und
Funktion der Potsdamer Garnisonkirche. Hier war am 22. Juli 1740 König

[39] Arndt, Drei Flugschriften (wie Anm. 38), S. 7 f., 13.
[40] Zit. nach: Vom Konfessionalismus zur Moderne. Hrsg. von Martin Greschat, Neukirchen 1997 (= Kirchen- und Theologiegeschichte in Quellen, 4), S. 177.
[41] Planert, Der Mythos vom Befreiungskrieg (wie Anm. 34), S. 523.
[42] Gangolf Hübinger, Sakralisierung der Nation und Formen des Nationalismus im deutschen Protestantismus. In: »Gott mit uns« (wie Anm. 1), S. 233-247.
[43] Die Feier des Sedantages, zur Erinnerung an den entscheidenden Sieg im Deutsch-Französischen Krieg der Jahre 1870/71 war im Deutschen Kaiserreich insbesondere bei den Protestanten sehr beliebt. Fritz Schellak, Nationalfeiertage in Deutschland 1871 bis 1945, Frankfurt a.M. [u.a.] 1990; Rüdiger Wulf, »Hurra, heut ist ein froher Tag, des Kaisers Wiegenfest.« Schulfeiern zum Kaisergeburtstag und zum Sedantag des Kaiserreichs. In: »Furchtbar dräute der Erbfeind!« Vaterländische Erziehung in den Schulen des Kaiserreichs 1871-1918. Hrsg. von Jochen Löher und Rüdiger Wulf, Dortmund 1998 (= Schriftenreihe des Westfälischen Schulmuseums Dortmund, 3), S. 57-95; Claudia Lepp, Protestanten feiern ihre Nation. Die kulturprotestantischen Ursprünge des Sedantags. In: Historisches Jahrbuch, 118 (1998), S. 201-222.

Friedrich Wilhelm I. beigesetzt, am 18. August 1786 Friedrich II. neben ihn gebettet worden, 1816 wurden hier die Fahnen der besiegten französischen Truppen als Trophäen ausgestellt und Gedenktafeln für die eigenen Gefallenen angebracht. Von 1919 an wurden hier die Fahnen der untergegangenen preußischen Regimenter aufbewahrt. In der Garnisonkirche hatte das preußische und später das deutsche Militär sein geistliches Zentrum[44]. Die symbolische Bedeutung der Garnisonkirche wurde noch 1933 so hoch veranschlagt, dass am 21. März der antichristliche Joseph Goebbels den greisen Reichspräsidenten Hindenburg dorthin bringen ließ, um Hitlers Machtergreifung mit dem Hauch altpreußischer Weihe zu umgeben[45]. Obgleich auch bei dieser Feier der Choral von Leuthen »Nun danket alle Gott« gesungen wurde, war das nicht der Höhepunkt, sondern der Beginn des Endes der in den vorhergehenden 80 Jahren entwickelten »säkulare[n] Religion des Nationalismus«[46], die eine innere Zersetzung des Protestantismus offenbart[47].

Die »Militärkirchenordnung« von 1832 atmet den Geist der Reaktion ihrer Zeit. Deren Erneuerung gegen Ende des 19. Jahrhunderts sollte die Verbindung von Zivilkirche und Militärgemeinde mindern. Für die katholische Kirche hatte die Exemtion schon die Herauslösung der Militärkirche aus der Zivilkirche verwirklicht. Militärgeistliche sollten zu nachgeordneten Befehlsempfängern werden. Dagegen forderte der Evangelische Oberkirchenrat in Berlin die Einheit des Kirchenregiments und wollte seinen Einfluss auf die Militärseelsorge ausdehnen. Um öffentliche Diskussionen und Einflussnahme der Volksvertretungen sowie zivilkirchlicher Gremien zu vermeiden, wurden Weiterentwicklungen der rechtlichen Ordnung der Militärseelsorge nur unterhalb der Gesetzesebene vorgenommen[48].

Entsprechend der preußischen Tradition wurde in der Wehrmacht die Seelsorge anfangs für militärische Zwecke instrumentalisiert: Bisherige Kriegserfahrung habe »gelehrt, dass die seelische Kraft eines Heeres seine beste Waffe ist«, die »ihre Kraft in erster Linie aus einem festen Glauben« ziehe. »Die Feldseelsorge ist daher ein wichtiges Mittel zur Stärkung der Schlagkraft des Heeres. Sie ist eine dienstlich befohlene Einrichtung der Wehrmacht[49].« Die Militärgeistli-

---

[44] Ludwig Bamberg, Die Potsdamer Garnisonkirche. Baugeschichte – Ausstattung – Bedeutung, Berlin 2006.

[45] Klaus Scheel, Der Tag von Potsdam, Berlin 1996, S. 101 f.; Tag von Potsdam. Bildungsforum und Schülerprojekt. Hrsg. vom Landtag von Brandenburg, bearbeitet von Lutz Borgmann, Potsdam 2003 (= Die Garnisonkirche, 2); Klaus-Jürgen Müller, Der Tag von Potsdam. In: Potsdam. Stadt, Armee, Residenz in der preußisch-deutschen Militärgeschichte. Hrsg. von Bernhard R. Kroener unter Mitarbeit von Heiger Ostertag, Berlin 1993, S. 437-439.

[46] Michael Stürmer, Das ruhelose Reich. Deutschland 1866-1918, Hamburg 2002 (= Die Deutschen und ihre Nation, 3), S. 13-15.

[47] Bernhard R. Kroener, »Nun danket alle Gott.« Der Choral von Leuthen und Friedrich der Große als protestantischer Held. Die Produktion politischer Mythen im 19. und 20. Jahrhundert. In: »Gott mit uns« (wie Anm. 1), S. 105-135.

[48] Umfassend und detailliert Vogt, Einführung (wie Anm. 11).

[49] Merkblatt über Feldseelsorge vom 21. August 1939, Ziff. 1. Zitiert bei Dieter Beese, Seelsorger in Uniform. Evangelische Militärseelsorge im Zweiten Weltkrieg. Aufgabe, Lei-

chen waren straff in die Hierarchie der Wehrmacht eingebunden. Ihnen wurde befohlen, Individualseelsorge zum Nutzen der nationalsozialistischen »Volksgemeinschaft« zu betreiben[50]. Weil gleichwohl die Gefahr gesehen wurde, dass das Wirken der Pfarrer und Priester in der Wehrmacht kritischen Geist und Widersetzlichkeit provozieren könnte, sollte die christliche Friedensbotschaft nach Möglichkeit überhaupt nicht laut werden. Deshalb wurde die Wehrmachtseelsorge auf administrativem Wege weitgehend abgeschafft[51]. Totale Mobilisierung der gesamten Bevölkerung forderte jetzt nicht mehr zwingend die Indienstnahme des christlichen Traditionsbestandes; man konnte es sich erlauben, die zivilen Seelsorger ebenso wie die Militärgeistlichen zu marginalisieren. Die »letalen Zumutungen« des nationalsozialistischen Staates wurden mit Hinweis auf die eigene Weltanschauung, mit vielfältigem Druck und Terror durchgesetzt.

tung, Predigt, Hannover 1995, S. 73 f. Den Wert religiöser Überzeugungen für die Erfüllung (angeblicher) militärischer Pflichten erkannten also auch die Nationalsozialisten. Sie hatten aber wenig Verständnis für konfessionelle Differenzen oder gar ihrem Anspruch gegenüber kritisch eingestellten Pfarrern, weshalb sie »eigene« religiöse Erbauungsliteratur drucken und an die Soldaten verteilen ließen. So brachten sie ein Büchlein mit dem Titel »Preußischer Choral« und dem Untertitel »Deutscher Soldatenglaube in drei Jahrhunderten« heraus, das 1941 schon in 6. Aufl. erschien (vgl. Anm. 12). In diesem von Kurt Ihlenfeld (1901-1972, ev. Pfarrer, Gründer des Eckart-Verl. und eines Kreises mit angeblicher Nähe zum christlich motivierten Widerstand) herausgegebenen, tornistertauglichen Traktat wird den Wehrmachtsoldaten ein »preußischer Glaube« (S. 11) nahegebracht, dessen Charakteristikum die Einfachheit sei. Die Wehrmachtsoldaten sollten aus der dargebotenen Zitatensammlung entnehmen, dass Gehorsam und Vertrauen die entscheidenden Eigenschaften sind, die Soldaten brauchen, ihnen im preußisch-lutherisch geprägten Deutschland schon immer anempfohlen worden waren und ihnen auch im nationalsozialistischen Deutschland helfen würden.
50 Die Wehrmachtpfarrer wurden schon 1936 von Vereidigungsfeierlichkeiten ausgeschlossen; 1940 wurde ihnen verboten, militärische Anlagen zu betreten und gar in solchen christliches Schrifttum zu verteilen, Verwandte von Verstorbenen oder Gefallenen zu informieren oder auch nur ein paar Trostworte an die amtlichen Schreiben der militärisch Zuständigen hinzuzufügen. Wehrmachtsgeistliche durften auch keine abgeschossenen feindlichen Flieger beerdigen. Die Liste der Einschränkungen seelsorglichen Handelns ließe sich verlängern: Josef Zienert, »Laß ihren Dienst gesegnet sein (...)«. Kleine Geschichte der Deutschen Marineseelsorge von 1674-1945. Hrsg. vom Evangelischen Kirchenamt für die Bundeswehr, Bonn 1983 (= Beiträge aus der evangelischen Militärseelsorge, 43), S. 30. Vgl. u.a. Hans E. Flieger, Das christliche Leben in der deutschen Wehrmacht von 1939-1945, Aachen 2001 (zeitgeschichtliche Dokumentation). Ferner die Aufsätze in: Kirchen im Krieg. Europa 1939-1945. Hrsg. von Karl-Josef Hummel und Christoph Kösters, Paderborn [u.a.] 2007; Manfred Messerschmidt, Aspekte der Militärseelsorgepolitik in nationalsozialistischer Zeit. In: Militärgeschichtliche Mitteilungen, 1 (1968), S. 63-105, hier S. 51, formulierte zusammenfassend, dass der Wehrmachtseelsorge »nur ein schmales Aktionsfeld blieb«.
51 Beese, Seelsorger in Uniform (wie Anm. 49), S. 182; Albrecht Schübel, 300 Jahre evangelische Soldatenseelsorge, München 1964, S. 111; Messerschmidt, Aspekte der Militärseelsorgepolitik (wie Anm. 50), S. 75 f.

III. Seelsorgerinnen und Seelsorger für Soldatinnen und Soldaten der Bundeswehr

Nach dem Zweiten Weltkrieg waren sowohl der preußische wie auch der anti-napoleonische Typus der Militärseelsorge völlig desavouiert. Die Deutsche Demokratische Republik und die Bundesrepublik Deutschland gingen ver-schiedene Wege hinsichtlich der Militärseelsorge bei der Aufstellung ihrer Streitkräfte.

In der Nationalen Volksarmee gab es keine Militärseelsorge, auch nicht für die Bausoldaten, die häufig aus christlichen Gründen den Dienst mit der Waffe verweigert hatten. Eine seelsorgerische Betreuung und geistliche Versorgung der Soldaten durch zivile Pfarrer und Priester war kaum möglich, denn die Ausgangsmöglichkeiten der Wehrpflichtigen waren stark eingeschränkt. Die Berufssoldaten meinten, keiner geistlichen Begleitung zu bedürfen, denn sie teilten die von den in Tradition zur Wehrmacht eigens eingeführten Politoffi-zieren vertretenen Parolen des atheistischen Sozialismus. Entsprechend gab es keine Hochschätzung des individuellen soldatischen Gewissens. Die wenigen Totalverweigerer wurden inhaftiert und dauerhaft aus der sozialistischen Ge-sellschaft ausgeschlossen. Nachdem im Jahre 1978 Wehrkunde als Unterrichts-fach und die vormilitärische Ausbildung durch die Jugendorganisationen der Partei eingeführt worden waren, distanzierten sich die gesellschaftlich schon weitgehend marginalisierten Kirchen von der Sicherheits- und Verteidigungs-politik der DDR und forderten: »Schwerter zu Pflugscharen«[52]. Damit bereiteten sie einer systemkritischen Opposition den Boden, die letztlich zur Auflösung des ersten und letzten sozialistischen Deutschlands führte.

Einigkeit bestand in weiten Teilen der Gesellschaft der Bundesrepublik Deutschland, in den Kirchen – die hier, anders als im Osten, als wichtige gesell-schaftliche Akteure angesehen wurden – und in den mit der Vorbereitung eines deutschen Verteidigungsbeitrages beauftragten Kreisen darin, dass »grundle-gend Neues«[53] geschaffen werden müsse. Zur Entstehung der spezifisch deut-schen Form[54] der Militärseelsorge gibt es einige historische und ethische Unter-suchungen, die übereinstimmend betonen, dass die Initiative für einen

[52] Martin Hohmann, Schwerter zu Pflugscharen. Die Friedensarbeit der evangelischen Kir-chen in der DDR 1981/82 – dargestellt an Beispielen aus der Kirchenprovinz Sachsen, Berlin 1998; Anke Silomon, »Schwerter zu Pflugscharen« und die DDR. Die Friedensar-beit der evangelischen Kirchen in der DDR im Rahmen der Friedensdekaden 1980 bis 1982, Göttingen 1999.

[53] Hans-Jürgen Rautenberg und Norbert Wiggershaus, Die »Himmeroder Denkschrift« vom Oktober 1950. Politische und militärische Überlegungen für einen Beitrag der Bundesre-publik Deutschland zur westeuropäischen Verteidigung, Karlsruhe 1977, S. 53.

[54] Internationaler Vergleich von Strukturen des Verhältnisses von Kirche, Staat und Militär-seelsorge bei Martin Bock, Religion und Militär. Konzeptionelle Überlegungen zum inter-nationalen Vergleich der Seelsorge an Soldaten, Strausberg 1992 (= SOWI-Arbeitspapier, 59). Ähnlich wie in der Bundesrepublik Deutschland sind die Militärseelsorgen von Tschechien und den Niederlanden organisiert.

konzeptionellen Neuansatz auf die Überlegungen der Kirchen zurückzuführen ist[55]. Tatsächlich aber hat der Bundeswehrplaner Wolf Stefan Traugott Graf von Baudissin (1907-1993) einen überraschend großen Anteil daran[56]. Ihm als evangelisch-lutherischem Christen war bewusst, dass der Augenblick für einen Neuanfang günstig war. Aufgrund verschiedener Zufälle und der politischen Lage war ihm Verantwortung als Referatsleiter in der Dienststelle des Bundeskanzlers für die mit der Vermehrung der alliierten Truppen zusammenhängenden Fragen (dem Amt Blank, der Vorläuferinstitution des Bundesministeriums der Verteidigung) übertragen[57]. Deshalb entwickelte er von 1951 an in Aufnahme und kritischer Auseinandersetzung mit den Vorstellungen der beiden großen christlichen Kirchen die Konzeption der Militärseelsorge für die Bundeswehr und für den Lebenskundlichen Unterricht[58]. Dass wieder eine Militärseelsorge nötig sein würde, stand bei den politisch und militärisch Verantwortlichen von Anbeginn an fest[59] und ist nach Ausweis der Quellen nie Gegenstand von kontroversen Diskussionen gewesen, weil das Grundgesetz für die Bundesrepublik Deutschland Artikel 141 der Weimarer Reichsverfassung als Artikel 140 über-

55   Zum Neuanfang in der Militärseelsorge vgl. Bleese, Die Militärseelsorge und die Trennung von Staat und Kirche (wie Anm. 25); Klaus Steuber, Militärseelsorge in der Bundesrepublik Deutschland. Eine Untersuchung zum Verhältnis von Staat und Kirche, Göttingen 1972; Anneliese Cremers, Staat und Evangelische Kirche im Militärseelsorge-Vertrag von 1957. Mit einem Anhang zur Dokumentation der Entstehungsgeschichte. Diss. jur. Freiburg i.Br. 1973; Hans Ehlert, Interessenausgleich zwischen Staat und Kirchen – Zu den Anfängen der Militärseelsorge in der Bundesrepublik Deutschland. In: Militärseelsorge. Zeitschrift des Katholischen Militärbischofsamtes, 33 (1991), S. 39-72; anders: Angelika Dörfler-Dierken, Zur Entstehung der Militärseelsorge und zur Aufgabe der Militärgeistlichen in der Bundeswehr, Strausberg 2008 (= Sozialwissenschaftliches Institut der Bundeswehr, Forschungsbericht, 83).

56   Der Nachlass Baudissins wird gesammelt im Baudissin-Dokumentationszentrum (im Folgenden abgekürzt BDZ) an der Führungsakademie der Bundeswehr in Hamburg durch Claus Freiherr von Rosen. Vgl. zur Biografie zuletzt Wolf Graf von Baudissin 1907-1993. Modernisierer zwischen totalitärer Herrschaft und freiheitlicher Ordnung. Hrsg. im Auftr. des MGFA von Rudolf J. Schlaffer und Wolfgang Schmidt, München 2007.

57   Vgl. Wolf Graf von Baudissin, Als Mensch hinter den Waffen. Hrsg. und kommentiert von Angelika Dörfler-Dierken, Göttingen 2006, S. 59.

58   Vgl. zusammenfassend mit weiterführender Literatur aus evangelischer Perspektive Angelika Dörfler-Dierken, Zur Entstehung der Militärseelsorge und zur Aufgabe der Militärgeistlichen in der Bundeswehr (wie Anm. 55); Angelika Dörfler-Dierken, Zur Ethik der Inneren Führung. In: Zeitschrift für Evangelische Ethik, 51 (2007), 2, S. 117-128; aus katholischer Perspektive Heinz Jermer, Innere Führung als Ethik für die Bundeswehr. In: Kirche unter Soldaten. 50 Jahre Katholische Militärseelsorge in der Deutschen Bundeswehr. Hrsg. vom Katholischen Militärbischofamt, Berlin 2006, S. 319-344.

59   Schon in der »Himmeroder Denkschrift« vom Oktober 1950, welche die Ergebnisse eines von Adenauer veranlassten geheimen Treffens ehemaliger, als unbelastet geltender Generale und Admirale der Wehrmacht – auch Baudissin nahm als »Dienstrangniedrigster« (Major a.D.) teil – dokumentiert, wird mit großer Selbstverständlichkeit davon ausgegangen, dass es bei dem »deutschen Kontingent« für die zukünftigen europäischen Streitkräfte Militärpfarrer geben würde. Vgl. Rautenberg/Wiggershaus, Die »Himmeroder Denkschrift« (wie Anm. 53), S. 54: »Die Militärseelsorge kann bis zur Aufstellung der vollen Verbände durch die örtlichen Geistlichen wahrgenommen werden. Später wird eine eigene Truppenseelsorge zu schaffen sein.«

nommen hatte: Der Staat ist verpflichtet, Religionsgesellschaften zuzulassen, soweit in den besonderen staatlichen Gewaltverhältnissen das Bedürfnis nach Gottesdienst und Seelsorge besteht[60]. Allerdings, so hält es ein Grundsatzpapier aus dem Amt Blank fest, das Baudissin im Juni 1952 abgefasst hat, müsse »versucht werden, die Gefahren einer reinen Wehrmachtskirche zu umgehen«[61].

Der Angelpunkt der Neuordnung bestand in der Idee, dass Militärpfarrer im »deutschen Kontingent« einer zukünftigen europäischen Verteidigungsarmee als Zivilisten tätig sein sollten – ohne militärischen Rang, ohne Uniform, ohne Eingliederung in die Militärorganisation[62]. Im März 1952 ermächtigte der Rat der Evangelischen Kirche in Deutschland (EKD) die Kirchenkanzlei, Verhandlungen über den Aufbau einer Militärseelsorge mit den Bonner Dienststellen aufzunehmen. Ziel sollte es sein, einen Militärseelsorgevertrag zwischen Staat und Kirche auszuhandeln, wobei folgende Grundsätze gelten sollten: »Militärseelsorge darf nicht zu einem Organisationselement der Streitkräfte werden. Die Militärseelsorge muss Teil der kirchlichen Arbeit bleiben. Die Geistlichen bleiben an ihre jeweiligen Kirchen gebunden; sie sind nicht Diener des Staates[63].«

Die Idee der EKD bestand darin, die Betreuung der Soldaten in den Gemeinden vorzunehmen. Dadurch sollte die Verselbstständigung einer militärischen Sonderkirche mit einer eigenen Bereichstheologie und -ethik verhindert werden. Tatsächlich treffen die zitierten Formulierungen auf Baudissins Konzept zu: Das sah die Unabhängigkeit der Militärseelsorge gegenüber der militärischen Organisation beziehungsweise deren Freiheit der militärischen Hierarchie gegenüber vor, sorgte wegen der nur zeitlich begrenzten Übernahme von Zivilpfarrern in den Bereich des Militärs für deren größtmögliche organisatorische und mentale Nähe zu den Kirchen und zivilen Pfarrern. Am 22. Juli 1952, also dreieinhalb Jahre vor Einberufung der ersten Wehrpflichtigen, machte

---

[60] Dass in dem staatlichen Gewaltverhältnis Militär ein freier kirchlicher Dienst gewünscht wurde, als die ersten Planungen für deutsche Streitkräfte im Amt Blank gemacht wurden, bestätigt im Rückblick auch der ehemalige Leiter des Referats »Kirchliche Angelegenheiten und Bildungswesen« in der Personalabteilung des Amt Blank, Dr. Franz Lubbers, Die Neuordnung der Militärseelsorge. Ein Rückblick aus staatlicher Sicht. In: Katholische Militärseelsorge in der Bundeswehr. Ein Neubeginn (1951-1957). Hrsg. vom Katholischen Militärbischofsamt, Bonn 1986, S. 13-22, bes. S. 20.

[61] BDZ 52, 5: Entwurf, betr. Das »Innere Gefüge« der Streitkräfte, Bonn I Pl/W/G1/3, 30.6.1952.

[62] Dass die Einigkeit wichtiger Kirchen- und Staatsvertreter in dieser Frage belastbar war, ist daran zu erkennen, dass alle Versuche scheiterten, die Seelsorge in der Bundeswehr analog zu der früheren Wehrmachtseelsorge mit Rangabzeichen, Uniform und Eingliederung in die Militärorganisation durchzusetzen.

[63] EKA Az. 10-12-01: 24. August 1990, Arbeitspapier von Loest für Militärgeneraldekan Gramm: Die »Stunde Null« des Evangelischen Kirchenamtes für die Bundeswehr. Peter Zocher, Edo Osterloh – vom Theologen zum christlichen Politiker. Eine Fallstudie zum Verhältnis von Theologie und Politik im 20. Jahrhundert, Göttingen 2007 (= Arbeiten zur Kirchlichen Zeitgeschichte, Reihe B, Darstellungen, 48), S. 318, referiert den Beschluss des Rats der EKD mit gewissen, aber nicht den Sinn ändernden Abweichungen.

Baudissin einen Vermerk zu einer Besprechung vom Vortag, dass weitgehende Einigkeit mit der evangelischen Kirche erzielt worden sei[64]. 1957 wurde der Militärseelsorgevertrag unterschrieben[65].

In der aus katholischer Perspektive argumentierenden Literatur ist wiederholt auf die Bedeutung der Tradition aufmerksam gemacht worden. Entsprechend stellte man fest, dass die Organisation der westdeutschen Militärseelsorge eine bemerkenswerte Kontinuität aufweise[66], die sich nicht nur aufgrund der rechtlichen Lage (das Konkordat zwischen dem Heiligen Stuhl und dem Deutschen Reich regelte 1933 in Artikel 27, dass die Militärseelsorge exemt ist), sondern auch aus der Erfahrung und Person des Feldgeneralvikars und kommissarischen Feldbischofs der Wehrmacht (1936-1945) Georg Werthmann (1898-1980)[67] erkläre[68]. Tatsächlich bilden die Soldatinnen und Soldaten mit ihren Familien je eine konfessionelle Personalgemeinde, die beiden Bischöfe versehen ihren Dienst in der Bundeswehr im Nebenamt und die Militärgeistlichen sind nur für begrenzte Zeit von ihren Landeskirchen oder Bistümern für den Dienst an den Soldaten freigestellt worden. Die Neuregelung sichert die Zivilität und Kirchlichkeit der Militärseelsorge und bewahrt diese zugleich davor, zum unkritischen Appendix des militärischen Apparates zu werden. Dass Militärgeistliche die Soldaten zu Töten und Kampf aufreizen, soll damit ebenso ausgeschlossen sein, wie der umfassende Zugriff des Staates auf seine Bürger. Wenn Militärgeistliche in ihren Kirchen verwurzelt sind, dann ist es

---

[64] BA-MA, Bw 9/400. Am 13. März 1952 fasste der Rat der EKD den Beschluss, den Aufbau einer Militärseelsorge für die evangelische Seite durch einen Vertrag zwischen Staat und Evangelischer Kirche zu regeln. Steuber, Militärseelsorge in der Bundesrepublik Deutschland (wie Anm. 55), S. 14 f.

[65] Vgl. Martin Greschat, Der Militärseelsorgevertrag zwischen der Bundesrepublik Deutschland und der Evangelischen Kirche in Deutschland. In: Zeitschrift für Kirchengeschichte, 119 (2008), 1, S. 63-79. Zur Geschichte der katholischen Militärseelsorge vgl. die Aufsätze in: Kirche unter Soldaten (wie Anm. 58).

[66] Heinz Hürten, Streiflichter zu Geschichte und Problemen der Katholischen Militärseelsorge. In: Militärseelsorge, 44 (2006), S. 91-100, bes. S. 94-98; Johannes Güsgen, Die Katholische Militärseelsorge in Deutschland zwischen 1920 und 1945. Ihre Praxis und Entwicklung in der Reichswehr der Weimarer Republik und der Wehrmacht des nationalsozialistischen Deutschlands unter besonderer Berücksichtigung ihrer Rolle bei den Reichskonkordaten, Köln 1989 (= Bonner Beiträge zur Kirchengeschichte, 15).

[67] Werthmann wurde erster Militärgeneralvikar der Bundeswehr (1955-1962). Vgl. zu Biografie und Werk Monica Sinderhauf, Katholische Wehrmachtseelsorge im Krieg. Quellen und Forschungen zu Franz Justus Rarkowski und Georg Werthmann. In: Kirchen im Krieg (wie Anm. 50), S. 265-292; Klaus-Bernward Springer, Art. Werthmann. In: Biographisch-Bibliographisches Kirchenlexikon, Bd 21, 2003, Sp. 1548-1553; Klaus-Bernward Springer, Tradition und Neuanfang der Militärseelsorge im Wirken ihres ersten Militärgeneralvikars Georg Werthmann (1898-1980). In: Kirche unter Soldaten (wie Anm. 58), S. 119-146; Hans Jürgen Brandt, Prälat Georg Werthmann (1898-1980). Biographische Skizze und Würdigung. In: ... und auch Soldaten fragten. Zu Aufgabe und Problematik der Militärseelsorge in drei Generationen. Symposium zur Geschichte der Militärseelsorge 1990. Hrsg. von Hans Jürgen Brandt, Paderborn 1992 (= Quellen und Studien zur Geschichte der Militärseelsorge, 9), S. 55-62.

[68] Güsgen, Die Katholische Militärseelsorge in Deutschland (wie Anm. 66); Ehlert, Interessenausgleich zwischen Staat und Kirche (wie Anm. 55).

ihre Aufgabe, dem Frieden zu dienen. Der demokratische Staat erlaubt einen freiheitlichen Einfluss auf die Angehörigen einer tendenziell totalen Institution – dem Militär – und begrenzt sich damit selbst. Denn er ist angewiesen auf Menschen, die im Einklang mit ihrem Gewissen handeln – das Gewissen aber ist frei und deshalb muss es auch freien Einflüssen ausgesetzt werden. Frei ist das Gewissen gegenüber den Ansprüchen der totalen Institution – gebunden ist es dagegen im Herrn und seinem Frieden schaffenden Wort. Mag mancher auch davon sprechen, dass nur eine »Teilrevision« des preußischen Typus der Militärseelsorge gelungen sei, weil einerseits »anstelle des herkömmlichen militärisch-zivilen Gegensatzes eine Konzeption gesamtkirchlicher und gesamtgesellschaftlicher Integration für die Bundeswehrseelsorge«[69] festgeschrieben wurde, andererseits aber der Einfluss traditionell militärkirchlicher Strukturen in der Aufgabenbeschreibung der Militärpfarrer beibehalten wurde und das Profil der Pfarrer berufsständisch-wehrethisch geprägt blieb[70], so ist doch festzuhalten, dass die neuen rechtlichen Regelungen erstmals die organisatorische und damit mentale Einbindung der Militärgeistlichen in die Zivilkirche und deren Verpflichtung auf die friedensethischen Positionen ihrer Kirchen erlauben.

Für die Geschichte der Militärseelsorge ergibt sich aus dieser Typologie die Erkenntnis, dass die Seelsorge an deutschen Soldatinnen und Soldaten in der Nachkriegszeit »zivilisiert« worden ist, indem die Militärgeistlichen aus dem militärischen Bereich ausgegliedert und dem kirchlichen eingegliedert wurden. Die preußischen Reformen sind für den spezifisch deutschen Typus der Seelsorge an den Soldatinnen und Soldaten *nicht* zum Vorbild geworden. Vielmehr stellen sie eher so etwas wie einen Antitypus dar: Denn zivile Predigt wie »Feld«-Predigt sollen allen Verlautbarungen der Kirchen in der Gegenwart nach nicht Aufreizung zum Kampf, sondern Aufforderung zur Feindesliebe, nicht Mobilisierung zur Gewaltanwendung, sondern Sensibilisierung für friedliche Konfliktlösungsstrategien sein. So wurde innerhalb des Bereichs des Militärischen, der auf Raumbeherrschung und Durchsetzung hin angelegt ist, ein Widerlager implementiert. Verhindert wird durch diese neue, erst nach den Erfahrungen des Zweiten Weltkriegs geschaffene Struktur, dass es noch einmal zu einer Symbiose von Nation und Religion kommt, zu einer Ausrichtung der Soldatinnen und Soldaten und der gesamten Gesellschaft auf ein kriegerisches Ethos. Wirksam verhindert werden damit auch die Absorption des Geistlichen vom Militärischen, die Sakralisierung der Nation und die Glorifizierung des Soldatentodes.

---

[69] Vogt, Einführung (wie Anm. 11), S. XV.

[70] Vgl. Jens Müller-Kent, Militärseelsorge im Spannungsfeld zwischen kirchlichem Auftrag und militärischer Einbindung. Analyse und Bewertung von Strukturen und Aktivitäten der ev. Militärseelsorge unter Berücksichtigung sich wandelnder gesellschaftlicher Rahmenbedingungen, Hamburg 1990 (= Hamburger Theologische Studien, 1); Arnold Vogt, Religion im Militär. Seelsorge zwischen Kriegsverherrlichung und Humanität. Eine militärgeschichtliche Studie, Frankfurt a.M. 1984 (= Europäische Hochschulschriften, Reihe 3, Geschichte und ihre Hilfswissenschaften, 253).

Manfred Franz Heidler

Militärreformen im Spiegel der Militärmusik

Reformen und Veränderungen innerhalb deutscher Streitkräfte korrespondie-
ren mit musikalischen Neuorientierungen; oder aber sie wirkten sich im Zuge
eines erneuerten Musikbegriffs auf Besetzung und Repertoire der Musikeinheiten innerhalb des Militärs aus. *Militär* wirkt(e) dabei immer als Abbild der
Gesellschaft. *Militärmusik* spiegelt so bis heute jene gesellschaftlich-politischen
Systeme wider, in die sie als musikkulturelle Organisation eingebunden war
und ist.

I. Deutsche Militärmusik bis zu den preußischen Heeresreformen 1807 bis 1815

Militärische Musik in Deutschland erklingt bis heute zumeist in geblasener
Form. Die zunächst unstandardisierten Bläserformationen bildeten sich erst im
Laufe der Zeit zum militärischen Blasorchester der jeweiligen Waffengattungen
aus. Im Blasorchester verbanden sich Holz- und Blechblasinstrumente in chori-
scher Besetzung mit dem Perkussionsinstrumentarium. Die Entwicklung des
Blasorchesters ist daher einerseits mit der Konstruktion von Klappenmecha-
nismen für die Holzblasinstrumente seit der zweiten Hälfte des 18. Jahrhunderts verbunden; andererseits mit der Entwicklung von Ventilmechanismen bei
den Blechblasinstrumenten seit dem zweiten Jahrzehnt des 19. Jahrhunderts.
Erst damit waren ein chromatisches Spiel und die Einpassung in die tempe-
rierte Stimmung möglich[1].

Mit der Schaffung der stehenden Heere und durch Einführung des Gleich-
schritts gegen Ende des 17. Jahrhunderts verfestigte sich die organisationsbe-
dingte Musikausübung innerhalb des Militärs. Bei der Infanterie bildete sich

---

[1] Vgl. hierzu: Wolfgang Suppan, Blasmusikland Steiermark. Der Steirische Blasmusikver-
band am Beginn des 21. Jahrhunderts. Kultur-, gesellschafts- und wirtschaftspolitische
Perspektiven, Gnas 2003, S. 14, 23 f.; David Withwell, The Principal Band Appearances in
the French Revolution. In: Alta Musica, 4 (1979), S. 221–242; erweitert in Alta Musica,
5 (1979).

nachfolgend mit variablen Bläserensembles und durch Übernahme von Teilen des Instrumentariums der Janitscharenmusik des türkischen Heeres die Organisation der späteren militärischen Musikkorps aus. Als Vorform der »Infanteriekapellen« können die früheren »Spile« der Landsknechte gelten, die nachfolgend und unter wesentlichen Veränderungen im Blasinstrumentenbau sich zu kleinen Bläserformationen und dann im 19. Jahrhundert zu reichhaltig besetzten Musikkorps erweiterten. Die reinen »Trommlerkorps« traten zwar in den Hintergrund, behielten aber als Spielmannszüge bei der Infanterie weiter ihre funktionale Bedeutung, wogegen der Bläserkörper militärischer Ensembles im Verlaufe des 18. Jahrhunderts immer mehr erweitert wurde. Das Schwergewicht der Instrumentation lag bei den Holzblasinstrumenten, da die Blechblasinstrumente zumeist nur als Naturinstrumente Verwendung fanden. Das »Schalmeierkorps« bildete die eigentliche Keimzelle der frühen blasenden »Soldaten- oder Feldmusik«, bis die Schalmei durch die beweglichere Oboe abgelöst wurde. Die Oboe war für Jahrzehnte das wichtigste Melodieinstrument innerhalb der Regimentsmusiken, und ihr verdanken die Musiker beim Militär auch ihren Namen: Hoboisten. Mitte des 18. Jahrhunderts wurde aufgrund klanglicher Neuorientierungen auch in der Kunstmusik die Klarinette zur Oboe hinzugefügt und so zum Kennzeichen einer sich entwickelnden »Infanteriemusik«. Bei der Reiterei dagegen waren seit dem Mittelalter Trompeten und Pauken gängige Instrumente, während den Kern der »Jägermusiken« die (Wald-)Hörner bildeten. Somit sind die spezifischen Bläserformationen von (Linien-)Infanterie, Kavallerie und Jägertruppe benannt. Aufgrund der Mängel bei den vorhandenen Blechblasinstrumenten (Naturtoninstrumente) war der künstlerische Vortrag der damals bestehenden Ensembles relativ bescheiden, die Kompositionen wirkten vom ihrem musikalischen Gehalt zudem eher ärmlich. Der englische Musikgelehrte Charles Burney schrieb dazu um 1772 kritisch: »Was die Musik anbetrifft, so bemerkt man hier dieselbe Unveränderlichkeit im Geschmack, wie bey Hofe; und ich fand, dass die preussischen Märsche, seit dem Antritt der Regierung des itzigen Königs [also 1740] nur einen Schritt zur Neuheit oder Besserung getan hätten; denn weder die gespielten Stücke, noch die Instrumente, worauf sie gespielt wurden, hatten etwas Vorzügliches[2].«

Während der Befreiungskriege 1813/1814 wurde der »Staatsbürger« als »Verteidiger seines Vaterlandes« proklamiert; entsprechend ermöglichte die Wehrpflicht eine Aufstellung von »Massenheeren«. Zur Funktionalität dieser Streitkräfteorganisation gehörte auch eine entsprechend formierte Militärmusik. Die nationale Gesinnung jener Zeit zeigte sich in »Kriegsliedern« und patriotischen Gesängen. Sie bildeten auch einen gewichtigen Teil von »Musik im Volk«. Diese bedeutsamen musiksoziologischen und wehrpsychologischen Hintergründe sollten sich bis zur Reichsgründung 1871 noch verdichten, und

---

[2] Charles Burney, Tagebuch einer musikalischen Reise durch Frankreich und Italien, durch Flandern, die Niederlande und am Rhein bis Wien, durch Böhmen, Sachsen, Brandenburg, Hamburg und Holland 1770–1772. Hamburg 1772, hier: Reprint 2. Aufl., Leipzig 1975, S. 418.

das notwendige »vaterländische Repertoire« erfuhr vor allem auch in Militär-
musikbearbeitungen eine deutliche Verbreitung. In diesem Zusammenhang ist
auch Ludwig van Beethoven zu nennen, der einen zwar kleinen aber doch gewichtigen Beitrag an Kompositionen für »Militairmusik« hinterließ. Er, der
»Revolutionär im Konzertsaal«[3], erlangte militärmusikalische Bedeutsamkeit,
indem sein »Marsch für die böhmische Landwehr«[4] im Jahr 1813 auf unbekannten Wegen das Armeekorps des späteren preußischen Generals der Infanterie Yorck von Wartenburg erreichte. Bei seinem Korps wurde dieser Marsch
gern gespielt, was ihm den bis heute geläufigen Namen »Marsch des Yorck-
schen Korps« einbrachte. Aus der Zeit der Befreiungskriege sind zudem der
»Alte Jägermarsch« sowie der 1814 von Johann Heinrich Walch für die siegreichen Truppen über Napoleon stammende »Pariser Einzugsmarsch« geläufig[5].
Karl Lange, der Musikmeister der Königsgrenadiere, komponierte 1816 seinen
»Sedan-Marsch«[6]. Im Jahr 1817 begründete Friedrich Wilhelm III. zudem seine
berühmte Sammlung der »Königlich-Preußischen Armeemärsche«, die bis
heute den Kern des Marschrepertoires deutscher Militärmusik bildet.

Militärmusik war damals zwar häufig notwendige Funktionsmusik, die jedoch nicht nur im Umfeld von Soldaten spielte, sondern als Teil veröffentlichter
Musikdarbietungen auch bei der Zivilbevölkerung große Wertschätzung erlangte. Als Beispiel sei hier auf das »Harmoniekorps« des Fürsten Günther
Friedrich Carls I. zu Schwarzburg-Sondershausen verwiesen, das er im Jahre
1801 aufstellen ließ[7]. Dadurch erhielt nicht nur seine Gardekompanie ein eigenes Musikkorps, sondern zugleich spielte diese Bläserformation zu den fürst-
lich-höfischen Festivitäten auf und unterhielt auch die Bürger in der Residenz
Sondershausen mit konzertanten Beiträgen bei den alsbald in den Sommermonaten eingerichteten Konzerten am Sonntagnachmittag im fürstlichen Park »Am
Loh«. Dies führte zu einer »Veröffentlichung« der Musik: Die Bürger mussten
dazu keinen Eintritt entrichten und konnten so an der zuvor exklusiven hö-
fischen Unterhaltung teilhaben. Außerdem bildete dieses »Harmoniekorps«
unter der Leitung des späteren Hofkapellmeisters Johann Simon Hermstedt,
einem der berühmtesten Klarinettenvirtuosen seiner Zeit, neben dem Hofor-
chester die Keimzelle des später so renommierten »Lohorchesters« der Resi-
denzstadt Sondershausen. Dies ist nur ein Beleg von vielen für die Wechselwirkung von Militär- und Kunstmusik.

Mit der Entwicklung von Ventilen bei den Blechblasinstrumenten zwischen
1814 und 1820 gelang deren lang ersehnte »Chromatisierung«. Es wurde so eine

---

3   Ulrich Schmitt, Revolution im Konzertsaal. Zur Beethoven-Rezeption im 19. Jahrhundert,
    Mainz 1990.
4   Georg Kandler, Zur Geschichte der deutschen Soldatenmusik. In: Bernhard Schwertfeger,
    Die Deutsche Soldatenkunde, Bd 1, Leipzig 1937, S. 489.
5   Johann Heinrich Walch, (1776–1855) wirke als Direktor der Hofkapelle in Gotha/
    Thüringen. Sein bekanntestes Werk dürfte der Pariser Einzugsmarsch sein, der später als
    Präsentiermarsch der Fliegertruppe der Luftwaffe der Wehrmacht fungierte.
6   Ebd., S. 490.
7   Volker Wahl und Hans Eberhardt, Musikerleben. Gesammelte Aufsätze zur Thüringer
    Musik- und Musikergeschichte, Rudolstadt, Jena 2000, S. 93.

ständige Erweiterung der Instrumentation dieser »Harmoniemusiken« ermöglicht, die erst die Auffaltung zum Blasorchester als eigener Ensembleform zuließ. Diese bedeutsamen Entwicklungsschritte leiteten die instrumentale Organisation zunächst der preußischen Musikkorps ein, die nachfolgend als klingender Ausdruck einer ganzen Epoche aufspielen sollten. Nur in diesem Zusammenhang lässt sich der Erfolg der späteren Militärkonzerte als Teil musikalischer Unterhaltung und »Volksbildung« erklären. So wurde das öffentliche Militärkonzert im Laufe des 19. Jahrhunderts zu einem bedeutenden Bestandteil des Musiklebens in Deutschland. Die zu Beginn des Jahrhunderts noch bestehenden instrumentalen Probleme wurden nach und nach behoben. Ferner verbesserte sich der Ausbildungsstand der Musiker und Dirigenten; das Fehlen geeigneter Komponisten wurde durch die zahlreichen Bearbeitungen von Militärkapellmeistern ausgeglichen. So entsprachen die öffentlichen Konzerte den Bedürfnissen aller: Die Komponisten konnten ihre Werke einem großen Publikum bekannt machen, die Musiker konnten mit anspruchsvoller Musik ihre musikalischen und technischen Fertigkeiten zur Anwendung bringen und das Publikum konnte die Musik hören, die ihm gefiel, und sah überdies in der Militärmusik Armee und Staat auf angenehme Weise repräsentiert[8].

Ein Beispiel für die zeitgenössischen Berichte zur Militärmusik in der Zeit nach der preußischen Militärreform lieferte die »Allgemeine Musikalische Zeitung« im Juli 1830: »Alle Sonntage ist dort grosse Harmoniemusik und Feuerwerk für das Entrée von zehn Silbergroschen inbegriffen. Auch in anderen Gärten nahe bey der Stadt finden die gewöhnlichen Concerte von Militärmusik häufig statt[9].« Mitteilungen wie diese vermitteln auch einen Eindruck zum Repertoire der Regimentsmusiken, hier der Garnison Groß-Berlin, die über eine große Zahl an Musiken verfügte, die untereinander durchaus konkurrierten. Das Spielgut der Musikkorps begrenzte sich auf mehr oder weniger gelungene Arrangements von zeitgenössischen Kompositionen und hierzu gehörten sogar Beethovens Symphonien, eingerichtet für Bläserbesetzungen.

Freilich herrschte anfangs noch ein geradezu unübersichtlicher Stimmungswirrwarr bei den Instrumenten, und uneinheitliche Besetzungen sowie ein deutlich erkennbarer Mangel an Standardisierung kennzeichnete die gesamte Militärmusik. Dennoch brachten die Musikkorps unter der Führung versierter Dirigenten »Militärmusik« zu einer ersten konzertanten Blüte, was die Vielzahl von Konzerten auch in den entferntesten Garnisonen belegt. Jedoch blieben Grenzen: »jeder blies, mit dem was er hatte«; gedrucktes Notenmaterial war Mangelware. Es blieben als Repertoire neben Märschen nur meist selbst komponierte oder kopierte Werke oder eben auch selbst erstellte oder angekaufte Arrangements. Damit war offenkundig, dass innerhalb des Militärs eine ordnende Hand benötigt wurde, um ein geeignetes Schema für Besetzung und Instrumentation der Musikkorps zu liefern. Einen entscheidenden Anteil an der

---

[8] Bernhard Höfele, Das öffentliche Militärkonzert im 19. Jahrhundert. In: Alta Musica, 20 (1998), S. 57.
[9] Allgemeine Musikalische Zeitung Leipzig, Juli 1830, 30, Sp. 492.

Entwicklung dieser Rahmenorganisation hatte dabei ein Musiker und Organisator, dem das Verdienst zukommt, als »Zivilist im Soldatenrock« gleichsam die gesamte Militärmusik nicht nur der preußischen, sondern aller deutschen Armeen maßgeblich reformiert zu haben: Wilhelm Wieprecht.

II. Monsterkonzerte und Zapfenstreiche – Wieprechts modellhafte Militärmusik

Aufgrund ihrer zwischenzeitlich erfolgten instrumentellen und personellen Ausstattung und durch die musikalische Könnerschaft versierter Militärdirigenten erreichten die Musikkorps nicht nur eine große Popularität bei der Berliner Bevölkerung, sondern erwarben sich die Gunst und Wertschätzung ihres Befehlshabers und Königs und zudem auch von namhaften Komponisten. Nachdem dem Klangkörper durch die Entwicklung von Ventilen eine neue Anpassungs- und Ausdrucksfähigkeit verliehen worden war, begann auch für die Militärmusik eine neue Epoche[10]. Und hier entfaltete Wilhelm Wieprecht (1802–1872) seine Wirksamkeit für eine bedeutsame Ansehenssteigerung der Musik in der preußischen Armee. Sein kometenhafter Aufstieg fällt auch in die Zeit der revolutionären Ereignisse der Jahre 1848/49. Seine Reformen begannen in königlichem Auftrag bei der Kavalleriemusik des Garde du Corps. Dort führte er die neu erfundenen Blechblasinstrumente mit Ventilen ein, komponierte neue Märsche und Spielstücke für die nun musikalisch versierteren Ensembles der Kavallerie und erlangte über diese erfolgreiche musikalische Tätigkeit auch auf die Infanteriemusiken des preußischen Gardekorps Einfluss. Seine künstlerischen Fähigkeiten und sein Ideenreichtum als Musiker, Komponist, Instrumenten(mit)erfinder und Organisator waren so umfänglich, dass er als »Director der gesammten Musik des Gardecorps« im Status eines Militärbeamten samt Uniformrock und Helm zum militärmusikalischen Helden seiner Zeit wurde, freilich nicht ganz unumstritten. In seiner Denkschrift zur Militärmusik kamen geradezu moderne Grundsätze militärischer Menschenführung zum Tragen: »Die ausübende Tonkunst kann nur unter mildem Regimente gedeihen; nicht militärische Gewalt, sondern gründliche Belehrung vermag diejenige Liebe und Begeisterung für (Ensemble-)Musik zu wecken, ohne welche die ausübenden Musiker immer nur den Stempel musikalischer Dressur tragen würden[11].« Er entwickelte bis 1860 sein berühmtes »Normal-Instrumental-Tableau«

---

[10] Max Chop, Geschichte der deutschen Militärmusik, Hannover 1926, S. 13 f.
[11] Wilhelm Wieprecht, Die Militär-Musik und die militär-musikalische Organisation eines Kriegsheeres. Hinterlasse Denkschrift von Wilhelm Wieprecht weil. Direktor der gesammten Musik des Königl. Preuß. Garde-Corps u.s.w. Berlin 1885, S. 23. Siehe hierzu auch: August Kalkbrenner, Wilhelm Wieprecht. Director der sämmtlichen Musikchöre des Garde-Corps. Sein Leben und Wirken nebst einem Auszug seiner Schriften, Berlin 1882.

zur Standardisierung der Stimmbesetzung von Infanterie-, Kavallerie- und Jägermusiken, komponierte den heute noch gespielten Großen Zapfenstreich und organisierte wahre »Monsterkonzerte« als erfolgreiche Massenspektakel seiner Zeit. Zu seinem ersten Konzert dieser Art berichtete er selbst:

> »Die Aufstellung geschah in einem offenen Carré, so, daß 16 Infanterie-Musikchöre in Linie zu drei Rotten die Front zu mir, 16 Cavallerie-Chöre ebenso den rechten und die 200 Tambours den linken Flügel bildeten. In der Mitte des Carrés stand ich, das Gesicht den Musikern zugewandt; die sämmtlichen Schlaginstrumente der Infanterie-Musik stellte ich im Halbkreise nahe zu mir, die Musik-Dirigenten und Tambour-Majors mit ihren Tactstäben ausgerichtet vor ihre Chöre. Dieses militairmusikalische Tableau in seiner Paradeaufstellung, glänzend uniformiert, hatte nur einen einzigen Civilisten in seiner Mitte, auf den Aller Augen sich richteten – und das war ich[12]!«

Ohne seine organisatorische und musikalische Vorleistung: die Vereinheitlichung der Besetzung, die Beseitigung des vorherrschenden Stimmungswirrwarrs und die Bereitstellung entsprechender Kompositionen und Arrangements, wären diese aufsehenerregenden Aktivitäten nicht möglich gewesen. Wieprecht, der ehemalige Theater- und Opernmusiker, war vertraut mit den theatralischen Möglichkeiten von musikalisch-dramaturgischer Inszenierung – und auch seiner eigenen Person. So hieß es in einer zeitgenössischen Quelle:

> »Ein Konzert von Wieprecht ist ein besonderes Ereignis für die Liebhaber solcher Vergnügen in allen Kreisen; es geht stets ins Monströse, und zwar in allen Verhältnissen [...] Seine Konzerte haben den Charakter eines Volksfestes und, da sie vornehmlich Monsterleistungen preußischer Militärmusik sind, so gewinnt dies Volksfest von selbst Züge preußischen Nationalstolzes. Der Offizierstand ist reich vertreten; der Soldat nicht minder; die preußischen Kokarden an vielen Zivilhüten belehren darüber, daß sich an dieser Musik das Herz patriotisch Vereinigter besonders labt. Aber auch viel des liberalen, verführten Volks, Männlein wie Weiblein, versammelt sich an diesen Tischen, um für fünf Silbergroschen einmal die Gardemusik in ihrer strammen Disziplin zu hören. Wieprecht versöhnt alle Parteien; ihm klatschen Reaktionäre und Demokraten gleichmäßig kräftig ihren Beifall zu [...] Ein paar hundert Augen hangen an dem kleinen Mann, der hoch auf seinem Stuhle steht, mit dem jovialen Gesicht seine Heerscharen musternd. Er hebt den Kommandostab, und nun rasseln die Trommeln, pfeift die Pikkolo, grollen die Bässe, quäkt die Hoboe, schmettern die Trompeten, und die Posaunen dröhnen, und die Pauken hallen dumpf dazwischen – forte, fortissimo, piano, pianissimo, ganz wie der Meister den Taktstock schwingt, Arme und Füße, Nase und Ohren in Bewegung. Alles an ihm wird durch die Musik elektrisiert; er malt in Gesten förmlich die ganze Partitur, hüpft und huckt, winkt und schlägt, dreht sich rechts und links und um und um, bis ihm der Schweiß auf der Stirn steht, der Halskragen aufweicht und der gro-

[12] Zit. nach: Georg Kandler, Zur Geschichte der deutschen Soldatenmusik. In: Schwertfeger, Die Deutsche Soldatenkunde (wie Anm. 4), S. 473–523, hier S. 494.

ße Foulard hervorgelangt wird, den im Eifer gebadeten Kapellmeister zu trocknen[13].«

Somit etablierte Wilhelm Wieprecht mit seinen »musikalischen Legionen« in der Zeit revolutionären Aufruhrs auch jenes militärmusikalische Schauspiel, das bis heute durch die Macht der Emotionalität fortwirkt: den Großen Zapfenstreich. Als Volksspektakel mit Fackelschein, Musik und Soldaten inszeniert, zieht diese eindringliche Soldatenmusik die Zuschauer und Zuhörer bis heute in ihren Bann. Das Ritual des Großen Zapfenstreichs als tradiertes Zeremoniell in deutschen Streitkräften, entwickelte sich aber im Zeitgeist von Biedermeier und Gottesgnadentum.

Im Zusammenhang mit den Vorgängen der Revolution von 1848/49 und ihrer Bedeutung für die Musikentwicklung ist zu bemerken, dass die Mitte des 19. Jahrhunderts eine musikalische Zäsur darstellte. Die musikgeschichtliche Bedeutung der gescheiterten Revolution von 1848/49 zeichnet sich deutlich ab, weil Musik als klingende Symbolik, wie sie z.B. in der Französischen Revolution ab 1789 Bedeutung hatte, weitgehend fehlte. Der Griff von Demokraten nach politischer Herrschaft war gescheitert und Musik wurde durch den entstehenden romantischen Kunstbegriff in die »Pole Avantgarde und Schund geschieden«; sie wurde »Gebrauchsmusik, die bis zur Trivialmusik« herabsank. Der »Romantik« der ersten Jahrhunderthälfte folgte so die »Neuromantik« der Zeit danach[14]. Unter diesen Aspekten sind nicht nur die musikalischen Aktivitäten und Darbietungen von Wilhelm Wieprecht und der preußischen Militärmusik zu betrachten. Wieprechts umfassendes Reformwerk[15] verfestigte sich vor allem unter seinen Nachfolgern, den Militärmusikinspizienten, zur allgemein verbindlichen Auffassung von Militärmusik nach der Reichsgründung 1871. Wesentliche Änderungen in der instrumentellen Ausstattung und Funktionalität derselben unterblieben bis zum Ende des Ersten Weltkriegs.

III. 1919/20: »Harmoniemusiken aus Zwang« – Die Militärmusik der Reichswehr

Kennzeichen der unruhigen Jahre der Weimarer Republik war ein neuer Blick auf Kunst und Musik, der eine deutliche künstlerische Zeitenwende markiert. In den Jahren nach der »Urkatastrophe« des 20. Jahrhunderts, dem Ersten Weltkrieg, bildeten »atonale Verlockungen« und »Musikexperimente« die klingende Symbolik der neuen Zeit, während Bauhaus und »neue Sachlichkeit« die bildende und gestalterische Kunst stimulierten. »Die Nachrevolutionszeit brachte

---

13 Zit. nach: ebd., S. 496.
14 Carl Dahlhaus, Über die musikgeschichtliche Bedeutung der Revolution von 1848. In: Colloquia musicologica Brno 1976/77, Brünn 1978, S. 521.
15 Sein Besetzungsprinzip aus dem Jahre 1860 wurde dann 1897 für alle Musikkorps im Deutschen Reich als verbindlich erklärt.

in Deutschland ein kulturelles und künstlerisches Leben hervor, das in seiner
Fülle und Vielfalt, Originalität und Experimentierfreudigkeit nur mit den großen geschichtlichen Perioden verglichen werden kann. Alles im Umsturz, alles
ein Neubeginn[16]!«

Die Reichswehr verfügte zwar über eine Militärmusik, doch war vom Glanz
vergangener Jahre allenfalls nur mehr ein rudimentärer Rest vorhanden. Wo bis
zum Ersten Weltkrieg ca. 15 000 bis 16 000 Musiker in den Musikkorps der
deutschen Militärmusik dienten, reduzierte sich deren Anzahl auf rund 3600.
Im 100 000-Mann-Heer der Reichswehr bestanden ca. 148 Musikkorps mit
durchschnittlich 24 Musikern. In fast 140 Garnisonen waren diese Musikkorps
meist bei Einheiten in Bataillons- oder Abteilungsstärke stationiert. Die Musikkorps der damaligen Reichswehr hielten die Tradition der in mehreren Jahrhunderten gewachsenen deutschen Militärmusik aufrecht. Die Truppen mar-
schierten unter den Klängen der alten Armee- und Paradenmärsche durch die
Garnisonstädte. Militärmusik war auch nach dem verlorenen Krieg für das Volk
gewohnte Selbstverständlichkeit; die Militär- und Gartenkonzerte, die die Musikkorps in ihren Garnisonstädten und Nachbarorten durchführten, blieben von
der Bevölkerung stets beachtet und gut besucht.

Nach wie vor verstärkten sich Provinztheater, Bühnen und Sinfonieorchester
oft und gern mit Bläsern und Streichern der örtlichen Militärmusikkorps. So
blieb auch die Militärmusik des 100 000-Mann-Heeres Bindeglied zwischen
Militär und Bevölkerung. Gleichwohl blieb die militärische Gebrauchsmusik
die wichtigste Aufgabe der Militärmusik, etwa bei Marschmusik mit der Truppe, Vorbeimärschen, Paraden, der musikalischen Truppenbetreuung im Manöver oder beim Spielen im Biwak sowie dem Großen Zapfenstreich bei besonderen Anlässen[17].

Nicht nur das »stolze Heer« wurde auf die Kopfstärke von 100 000 Mann
Heer (und 15 000 Mann Marine) durch die Siegermächte zusammengestrichen,
sondern auch seine ehemals klingende Symbolik – die Musikkorps – wurde
aufgelöst und zudem in der Besetzungsstärke auf eine Art von »Harmoniemusik aus Zwang« zurechtgestutzt. Die auf Wilhelm Wieprecht zurückgehende
Stimmenbesetzung wurde wieder blechlastiger, da die Holzblasinstrumente auf
das Notwendige reduziert worden waren. An Neuerungen wie z.B. einen Saxophonsatz, der bereits bei einigen Musikkorps der »Alten Armee« infolge von
»Liebhaberei« unterhalten worden war, war nicht zu denken. So musste die
deutsche Militärmusik bis 1935 warten, bis etatmäßig in den neu aufgestellten
Musikkorps der Luftwaffe Saxophone aufgenommen werden konnten. Mit dem
bestehenden Instrumentarium der Bataillonsmusiken des Heeres oder den

16   Hermann Scherchen, ... alles hörbar machen. Briefe eines Dirigenten 1920–1939. Hrsg.
      von Eberhard Klemm, Berlin 1976, S. 5.
17   Kurt Krickemeyer, Von der militärischen Gebrauchsmusik zum konzertanten Blasor-
      chester. Eine allgemeine Betrachtung der Aufgaben und der Tätigkeit sowie der kulturel-
      len Bedeutung der deutschen Militärmusik in Geschichte und Gegenwart. Vortrag zum
      Jahrestreffen des Musikmeisterkorps am 25., 26. und 27. Mai 1988 in Karlstadt a.M., Ty-
      poscript, Privatarchiv Heidler.

Trompeterkorps der Kavallerieverbände der Reichswehr war es zwar möglich, das bisher gebräuchliche Zeremoniell der Kaiserzeit zu pflegen. Doch zu mehr als zur bescheidenen Wiedergabe des bekannten Repertoires zwischen »Fridericus Rex« und den tradierten Potpourris aus Opern und Operetten und anderer musikalischer Verschnittware für Bläser reichten die Möglichkeiten ihrer Musikeinheiten nicht.

Unter diesen Rahmenbedingungen ist das Blas- oder besser Militärmusikexperiment zu sehen, das 1926 bei den »Donaueschinger Kammermusik-Aufführungen« auf Initiative des ehemaligen Militärmusikers und erfolgreichen »Neutöners« Paul Hindemith über die Bühne ging, dem aber eine musikalische Anerkennung bis heute weitgehend versagt blieb. Der musikalische »Bürgerschreck« Hindemith wurde bereits 1922 in den Arbeitsausschuss des Donaueschinger Festivals berufen. Bis 1925/26 führten seine Impulse zur Erprobung neuer bläserischer Ausdrucksformen. Zudem sollten andere Gesellschaftsschichten zu »neuer Musik« finden, indem man das »ländlich-kleinstädtische Sänger- und Amateur-Blasmusikwesen« als Klientel entdeckte. 1926 lag das Ziel in der Schaffung einer neuen Art von »Gebrauchsmusik für Blasorchester«, die damit das bis dato gebräuchliche Spielgut, dieses »Surrogat« (so Hindemith), ablösen sollte. Hindemith griff dabei 1926 zu einem Trick, um dem zwar etablierten, aber anscheinend nicht mehr zugkräftigen Kammermusik-Treff in Donaueschingen neue Impulse zu geben. Dass dabei gerade die Militärmusik auf den Plan trat, erscheint auf den ersten Blick verwunderlich; lief es doch eigentlich antimilitaristischen Strömungen dieser Zeit, namentlich bei Kulturschaffenden, zuwider. Hindemith selbst verfügte aber über eigene Erfahrungen als Militärmusiker, da er während seiner Kriegsdienstzeit von August 1917 bis Ende 1918, an der großen Trommel eingesetzt, einer Infanteriemusik angehört hatte. Als Komponisten für sein Projekt von 1926 konnte er seine Kollegen Ernst Pepping mit einer »Kleine(n) Serenade«, Ernst Krenek mit »Drei lustigen Märschen«, Ernst Toch zum »Spiel für Militärblasorchester« und Hans Gál mit seiner »Promenadenmusik« zur Mitwirkung gewinnen, nachdem er selbst sich mit seiner Konzertmusik op. 41 bei den »Donaueschinger Kammermusik-Aufführungen« am 24. und 25. Juli 1926 beteiligte. Am 24. Juli 1926 dirigierte Hermann Scherchen als ausgewiesener Könner der »modernen Musik« im Wechsel mit Heinrich Burkhard die Uraufführungen dieser Werke. Wie die Rezensenten vermeldeten, schlug sich das Musikkorps des Ausbildungsbataillons 14 der Reichswehr in Donaueschingen mit Hermann Schmidt als Musikmeister »wacker«. Am 25. Juli fand eine Wiederholung des Premierenkonzertes statt, bei dem dann auch die »Promenadenmusik« von Hans Gál erklang.

Hindemith stand mit seiner Auffassung zu dieser Zeit nicht mehr allein. In einem von großem Sachverstand gekennzeichneten Artikel ein Jahr nach der Donaueschinger Premiere neuer Blasmusik heißt es dazu, dass die deutsche Militärmusik auf dem Standpunkt verblieben war, den Wieprecht in den 1840er-Jahren durch seine Reformen erreicht hatte. Weitergehende Entwicklungen vor allem im Ausland waren dadurch unberücksichtigt geblieben. So erhob sich die Forderung nach Errichtung von »Landes-Blasorchestern« als Ergänzung zum Spielbetrieb der Sinfonieorchester – in Anlehnung an die »französische und belgische Modellmusik«. Zudem wurde auf die Bedeutung der Spielliteratur der im Ausland führenden Blasmusiken verwiesen, die dort im Wesentlichen das Repertoire der Sinfonieorchester spielten, während sich das hierzulande gepflegte in den ausgetretenen Bahnen zwischen Fantasie und Potpourri bewegte oder sich in den »Modernismen« zwischen Richard Strauss und Giacomo Puccini erschöpfte. Weiter wurden die antiquierten Angebote der Blasmusikverlage sowie das Fehlen von Partituren und Direktionsstimmen für Dirigenten bemängelt und zudem die Überwindung der »kommißmäßigdilletantischen Es-Dur-Musik« gefordert, damit Militär- und Blasmusik jenen Stand der Musikkultur erreichen können, der in anderen Ländern bereits vorherrschte. Diese Fachanalyse gipfelte in der Forderung, dass »in Deutschland tatsächlich etwas grundlegend Neues geschaffen« werden müsse, damit die deutsche Blasmusik endlich als Kulturfaktor anerkannt werden könne, zu dem sie »Berechtigung und Berufenheit« habe[18]. Später, im Jahr 1952 schrieb Hindemith:

> »Von echter symphonischer Musik für Blasinstrumente wird man billigerweise nicht das altgewohnte Klangbild erwarten dürfen, das den üblichen Märschen, Charakterstücken und arrangierten Opern- und Konzertwerken ihr Gepräge gab und durch seine schablonenhafte Anwendung die ganze Gattung zum Verblassen verdammt und bei guten Musikern in Verruf gebracht hat: über hin- und herhopsenden Bässen irgendwo in der Klangmasse eine Melodie, der unweigerlich in den Tenorhörnern eine Geigenmelodie sekundieren muß; dann eine Menge toten Harmoniefüllsels, womöglich mit nachschlagenden Hörnern, und obendrüber Figurationen von hohem Holz. Es muß vielmehr danach gestrebt werden, die Satz- und Formerwägungen, nach denen die Symphonik unserer gemischten Orchester geschrieben wird, auch hier anzuwenden – nicht durch bloße Übernahme, sondern in bewusster Anpassung an die so gänzlich andersgeartete Ausdrucksweise einer ausschließlich aus Bläsern bestehenden Spielergruppe mit ihrem zwar spröderen und starreren, dafür aber ungleich bunteren und naturklanghafteren Ton[19].«

Diese rückblickenden Feststellungen zeigen die Besetzungsproblematik der damals vorherrschenden Infanteriebesetzung der Reichswehrmusikkorps auf[20]. Für Märsche und andere »Produktionen« sowie das reichswehrtypische Zeremoniell reichten 13 Instrumente mit entsprechenden Stimmverdopplungen aus. Walter Bernhagen, damals als Musikmeister in Konstanz tätig, beschrieb die

---

[18] J. Back-Straßburg, Blasmusik. In: Rheinische Musik- und Theater-Zeitung, 28 (1927), 35/36, S. 406–408, und 37/38, S. 423–425.

[19] Paul Hindemith in einem Programmheft zu einem Konzert in Köln am 15. März 1952. Siehe hierzu: Hindemith-Jahrbuch 29, Frankfurt 2000, S. 179–182.

[20] Winfried Gray, Die Donaueschinger Musiktage 1921–1926. Musik für Blasorchester 1926, Cham/Schweiz 1995, S. 69 und S. 97. Winfried Gray untersuchte in seiner Arbeit die bis dato international gebräuchlichen Instrumentalbesetzungen von Blas- und Militärorchestern und kam zum Ergebnis, dass die deutsche Blasmusik von 32 bekannten Instrumenten bloß 13 verwendete, während die Italiener 25, die Franzosen 24 und die Amerikaner 21 in ihren Besetzungen hatten.

Veranstaltung 1926 zwar kritisch, aber sicherlich treffend, indem er feststellte, der Titel »Militärmusik« sei nicht richtig gewählt. Gemeint sei »Blasmusik«, wie sie bei der Infanteriemusik üblich war. Am treffendsten hätte die Ankündigung lauten müssen: »Originalkompositionen für deutsche Infanteriemusik«[21]. Hans Schorn bemerkte an anderer Stelle zur Problematik der Reichswehrbesetzung im Hinblick auf die Donaueschinger Veranstaltung: »Zum Problem der Militärmusik muß allerdings gesagt werden, daß eine prinzipielle Klärung keineswegs gelang und wohl auch gar nicht beabsichtigt war, solange eben die traditionelle Besetzung unserer Musikkapellen weiter besteht und deren Umwandlung in ein Blasorchester, wie es die jungen Komponisten zur Erweiterung des Klangbezirks gerne haben möchten, hinderlich ist. So war, was man da hörte, mehr oder minder ein Kompromiß[22].« Hier tritt die instrumentelle Problematik der deutschen Militär- und Zivilblasorchester deutlich hervor, denn beider Klangmöglichkeiten waren eingeschränkt. Zumindest im benachbarten Ausland änderte sich die Situation allmählich und Hindemith hatte wohl Besetzungen dieser Art schon im Auge, als er Donaueschingen 1926 plante; die »jugendbewegte« Bläserbewegung, die auch er verkörperte, wollte sich auch darauf beschränken[23].

Es ist zu unterstreichen, dass die Mitwirkung des Musikkorps hierbei vermutlich der einzig gangbare Weg war, um dieses Projekt überhaupt durchführen zu können. Hierzu dürfte Musikmeister Hermann Schmidt, er spielte die Soloklarinette bei den Premierenkonzerten, nicht in unerheblichem Maße einen Beitrag geleistet haben, weil bei der gerade in intellektuellen Kreisen vorherrschenden Abneigung gegen das Militär die Freistellung des Musikkorps sicherlich auf erhebliche Widerstände seitens der Kommandeure gestoßen sein dürfte. Die Verpflichtung Hermann Scherchens als Dirigent rührt zum einen sicherlich aus seiner Popularität als erfolgreicher Dirigent »zeitgenössischer Musik«[24], zum anderen aus der Tatsache, dass er als Dirigent im Deutschen Arbeiter-Sängerbund zumindest einen gewissen Bezug zur angesprochenen Zielgruppe für diese Musiken hatte. Festzuhalten bleibt aber, dass »alle Partituren für die üblichen Militärkapellen [vermutlich] zu kompliziert [...] und keineswegs dazu geeignet waren, von Amateurmusikern gespielt zu werden«[25]. So veranschaulichte es der »blasmusikalische Kontrapunkt« zur Veranstaltung: »Abends, beim Begrüßungsabend mit Bier und Militärmusik von Krenek, Toch, Pepping und Hindemith, erhielt die alte Militärmusik ihr Recht. Herr Musikmeister Schmidt

---

[21] Deutsche-Militär-Musiker-Zeitung, Nr. 33, 14.8.1926, S. 221.

[22] Zit. nach: Gray, Die Donaueschinger Musiktage (wie Anm. 20), S. 97.

[23] Wolfgang Suppan, Komponieren für Amateure. Ernest Majo und die Entwicklung der Blasorchesterkomposition, Tutzing 1987 (= Alta Musica, 10), S. 29 f.

[24] Paul Hindemith wäre jedoch anscheinend ein anderer Dirigent für dieses Projekt lieber gewesen. Scherchen trat später nochmals als Blasorchesterdirigent in Erscheinung, als er im Jahre 1932, dann mit dem Berliner Schubert-Chor und einem Blasorchester, eine Schallplatte mit dem Marsch der »Eisernen Front«, dem Rotgardistenmarsch und der Internationale für den Bundesverlag des Deutschen-Arbeiter-Sänger-Bund (DASB) einspielte.

[25] Achim Hofer, Blasmusikforschung. Eine kritische Einführung, Darmstadt 1992, S. 216.

ergriff den Dirigentenstab. Und die hiesige Bataillonsmusik gab ihr Bestes, unter rauschendem Beifall[26].«

IV. Der Militärmusikdienst der Bundeswehr zwischen Tradition und Neubeginn

»Verjeßt mir die Musike nicht, dat is'n janz wichtiges Kapitel für die Soldaten, und die Leute hören dat nämlich furchtbar jern[27]!« So äußerte sich Bundeskanzler Konrad Adenauer angeblich gegenüber den Angehörigen des Amtes Blank, die mit der Planung des »westdeutschen Verteidigungsbeitrages« befasst waren. Im Hintergrund dieser Einlassung stand eine intensive und emotional geführte Debatte um die »Wiederbewaffnung« und den richtigen Umgang mit dem überlieferten militärischen Erbe der ehemaligen deutschen Vorgängerarmeen. Denn eines war offensichtlich: Ein Aufbau von Streitkräften in einer Demokratie wie der Bundesrepublik konnte nur mit einem Bruch zu den Traditionsbezügen der Vorgängerarmeen erfolgen.

Die Abkehr von »überlebter Tradition« und die Absage an »Militarismus und Kommiss« waren Kernforderungen für einen militärischen Neuanfang und dieses betraf vor allem auch die Militärmusik. Diese grundlegende neue Ausrichtung machte bei der bevorstehenden engen Zusammenarbeit mit den »Wehrmachtteilen der West- bzw. Atlantik-Staaten« einerseits weitgehende Angleichungen auch an den inneren Aufbau und äußere Formen erforderlich, andererseits sollte gleichzeitig »den soldatischen Erfahrungen und Gefühlen des deutschen Volkes Rechnung getragen werden.« Somit wurde es mehr als wichtig, »einen gesunden Ausgleich zu finden zwischen notwendigem neuen Inhalt und den aufgelockerten Formen einerseits und dem berechtigten Wunsch nach dem hergebrachten Ansehen des Soldaten in der Öffentlichkeit andererseits«. Zudem war für die Planungen unabdingbar, »daß Geist und Grundsätze des inneren Neuaufbaues von vornherein auf lange Sicht festgelegt werden und darüber etwa notwendige Änderungen der Organisation ihre Gültigkeit« behielten[28]. Unter diesen Maximen hatte auch eine Erneuerung der Militärmusik, als klingende Symbolik von soldatischem Brauchtum und militärischer Tradition, zu erfolgen.

Die Bearbeitung der Fachfragen zur Militärmusik erfolgte im Bereich des »Inneren Gefüges«, der späteren »Inneren Führung«. Der deutsche Gedanke an einen »absoluten Nullpunkt«[29] in Bezug zur Tradition ließ kühne Visionen für

---

[26] Zit. nach Gray, Die Donaueschinger Musiktage (wie Anm. 20), S. 87.
[27] Zit. nach Fritz Masuhr, »Verjeßt mir die Musike nicht ...!« In: Mit klingendem Spiel. Militärmusik – einst und jetzt. Zeitschrift der Deutschen Gesellschaft für Militärmusik e.V., 18 (1995), 4, S. 222–224.
[28] Ebd.
[29] Heinz Karst, Das Bild des Soldaten. Versuch eines Umrisses, Boppard a.Rh. 1964, S. 340.

die neuen deutschen Streitkräfte aufscheinen, die jedoch im europäischen Kontext eine Umlenkung erfahren sollten und mussten, um im europäischen Rahmen einigermaßen in Übereinstimmung zu treten. Die Armeen der anderen beteiligten Nationen an der zwischen 1950 und 1954 projektierten Europäischen Verteidigungsgemeinschaft hatten ungebrochene und weit zurückreichende nationale Traditionslinien und Symbolidentitäten auch ihrer Militärmusiken. Hier hatten die Planer im Amt Blank einen Anschluss zu finden, der aber in einen überzeugenden demokratisch-deutschen Rahmen einzupassen war. Gewollt war eine möglichst schnörkellose Präsentation und Repräsentation des neuen Streitkräftekontingentes in der beabsichtigten internationalen Verzahnung, was einem Spagat in puncto Tradition und Symbolik gleichkam. Das Ansinnen der Reformer um Wolf Graf von Baudissin war es, eine »Verteidigungsarmee ohne Pathos, ohne Paraden, ohne Fahnen zu schaffen«, die zudem auch ohne Militärmusik auskommen sollte[30].

Militärmusik bildete ein wiederkehrendes Thema bei weiteren Sitzungen innerhalb der militärischen Abteilung unter Generalleutnant a.D. Heusinger. Hierbei wird ersichtlich, dass verschiedene Themengebiete gleichzeitige Behandlung fanden. Die wohl zentrale Besprechung über die Belange der Militärmusik in den neuen Streitkräften fand am 17. Februar 1954 statt[31]. Baudissins Stellvertreter, Heinz Karst, trug hier die grundlegenden Gedanken vor. Zunächst schilderte er »den durch die Technik bedingten Wandel der Aufgaben der Militärmusik«. Die früheren Führungsaufgaben im Gefecht wie Signal- und Nachrichtenübermittlung sowie das Spielen anfeuernder Musik seien entfallen. Geblieben sei dagegen die Bedeutung der Musik im Frieden, »wo sie als Ausgleich der Technisierung durch ihre aufbauende Wirkung gesteigerte Bedeutung erfährt. Sie weckt Gefühls- und Gemütswerte und stärkt den Gemeinschaftsgeist, kann aber auch betäubend und aufputschend wirken. Der Wert des Singens ist unbestritten, desgleichen bestehen keine Bedenken gegen die Verwendung der Militärmusik bei Konzerten und Feierstunden.« Baudissin dagegen verwies auf den beklemmenden Surrealismus, wenn schwerste Vernichtungswaffen zum Klang von schneidigen Kavalleriemärschen vorbeirollten. Demgegenüber stand der Ausschuss auf dem Standpunkt, dass Paraden als Machtdemonstration wie auch zur Stärkung des Repräsentationsbedürfnisses weiterhin notwendig seien. Bei motorisierten Paraden sei Musik ebenfalls unentbehrlich. Sie könne durch Lautsprecher auf die An- und Abmarschstrecke übertragen werden. Ein echtes Problem stellte die Auswahl der Lieder und Märsche dar. Hierzu müssten neben den Musikmeistern auch zivile Fachleute gehört werden. Der Ausschuss war sich darüber einig, dass der langsame Paradenmarsch nicht wiederkehren dürfe. Dagegen sei das Trauerspalier von Solda-

---

[30] Heinrich Walle, Tradition – Floskel oder Form? Neue Wege zu alten Werten. Von der Friedenssicherung zur Friedensgestaltung. Deutsche Streitkräfte im Wandel. Im Auftr. des MGFA hrsg. von Heinrich Walle, Herford, Bonn 1991, S. 233 – 340, hier S. 270 f.

[31] Siehe hierzu: Ausschuss »Innere Führung« Bonn, den 1. März 1954. Kurzprotokoll über die 29. Sitzung des Ausschusses am Freitag, den 26. Februar, 15 Uhr. Abgedr. in: Manfred Heidler, Musik in der Bundeswehr, Essen 2005.

ten in der Grätschstellung mit abgenommenen Gewehr vor der Mitte des Körpers (»heroische Haltung«) eindrucksvoll. Für die Musik ergebe sich lediglich eine Aufstellung am Grabe. Der »Gute Kamerad« müsse dabei gespielt werden. Wecken, Großes Wecken, Wachaufzug, Zapfenstreich sollten entfallen. Der Große Zapfenstreich sei heute mehr ein militärisches Schauspiel als eine religiöse Veranstaltung; er müsse erhalten bleiben, bedürfe aber hinsichtlich seines Ablaufes und seiner einzelnen Teile noch der Klärung. »Ich bete an die Macht der Liebe« sei musikalisch wie textlich sehr fragwürdig. Die Ansicht der beiden Kirchen zur Frage des Großen Zapfenstreiches solle eingeholt werden. Nach wie vor habe die Musik beim Feldgottesdienst »unbestrittene Aufgaben«.

In dieser Sitzung wurden, wie ersichtlich, die umfänglichen Fragestellungen zur Militärmusik in den neuen Streitkräften thematisiert, und es erfolgte im Diskurs zwischen den späteren Generalen der Bundeswehr Heinz Karst und Wolf Graf von Baudissin eine eingehende Bewertung zum Für und Wider der vor allem auf emotionale Wirkung zielenden Militärmusik. Die Reformer im Amt Blank schätzten die Militärmusik alten Stils also durchaus nicht. Nach ihrer Meinung sollte die neue Militärmusik weder ein Repräsentations- noch Stimmungsinstrument darstellen[32]. Mit dieser Meinung standen sie gänzlich konträr zu Bundeskanzler Adenauer, der als Pragmatiker anderer Ansicht war. In Baudissins Referat vor dem Sicherheitsausschuss des Bundestages am 6. September 1954 vertrat dieser den Standpunkt der Dienststelle Blank zu Fragen wie militärisches Zeremoniell, Uniformen, Paraden, Großer Zapfenstreich, Wachaufstellung, Militärmusik und Fahnen. Das löste einen lebhaften Meinungsaustausch aus, der mit der Bekräftigung endete, dass »beinahe alle Formen des Zeremoniells veraltet und überlebt seien«[33]. Aus den am 1. März 1954 besprochenen Themenfeldern wurden jedoch entsprechende Schlüsse gezogen.

Die erörterten Themen nötigten somit zu weiterer, nunmehr musikspezifischer Auseinandersetzung. Interessanterweise sollten die Musikkorps nicht wie bisher bei den Regimentern, sondern den Divisionen organisatorisch angesiedelt werden und dafür aber eine wesentliche personelle Verstärkung erfahren. So wurde die Frage der Instrumentierung der angestrebten Divisionsmusikkorps aufgeworfen. Da über Paraden zu Fuß oder motorisiert verhandelt wurde, stellte sich auch die naheliegende Frage nach Spielleuten, also nach Spielmannszug oder Spielmannstrupp bei einem Musikkorps, wie diese seit Ende des 18. Jahrhundert und auch in der Wehrmacht bei Heer, Marine und Luftwaffe[34] üblich gewesen waren.

Schmunzeln mag heute die Frage nach Märschen auslösen, die rhythmisch für motorisierte Paraden geeignet erschienen[35]. Und überhaupt stellte sich die

---

[32] Zit. nach Masuhr, »Verjeßt mir die Musike nicht ...!« (wie Anm. 27), S. 222–224.

[33] Tradition in deutschen Streitkräften bis 1945, Herford 1986 (= Entwicklung deutscher militärischer Tradition, 1), S. 85 f.

[34] Hierbei war je ein Spielmannszug bei der Wehrmacht einem Musikkorps von Heer und Marine zugeordnet. Die Luftwaffe verfügte über einen sogenannten Spielmannstrupp.

[35] Die Problematik, dass die relativ kleinen Musikkorps des Heeres in der Wehrmacht nicht über genügend Lautstärke bei motorisierten Paraden und Vorbeimärschen verfügten, war

Frage nach der Auswahl des Repertoires von Liedern für den Soldatengesang und instrumentalen Märschen für die Marschmusik. Um zu einem sachdienlichen Ergebnis zu kommen, sollte die Repertoireauswahl nicht mehr nur von den altgedienten Musikmeistern vorgenommen werden. Denn diese hätten sicherlich ihre überkommenen Gewohnheiten hochgehalten. Daher erschien es den Planern sinnvoll, dieses Problem durch die Hinzuziehung ziviler Fachleute zu lösen. Überhaupt stand das gesamte überbrachte militärische Protokoll einschließlich der militärmusikalischen Formen zur Disposition. Ein gänzlicher Verzicht erfolgte so durch den ersatzlosen Wegfall der traditionellen Formen wie Wecken, Großes Wecken, Wachaufzug und Zapfenstreich[36], wobei hingegen an einer modifizierten Form von Paraden und Großem Zapfenstreich festgehalten wurde. Eine gewisse Meinungsunsicherheit trat bei der Argumentation zum Großen Zapfenstreich zutage[37]. Zum einen wurde er als militärisches Schauspiel, zum anderen als religiöse Veranstaltung benannt. Insgesamt stand er nicht zur Disposition, doch wurden für seine Abfolge und die musikalischen Teile noch Klärungsbedarf angemeldet. Vor allem in der weiteren Verwendung des Liedes »Ich bete an die Macht der Liebe« schieden sich offenbar die Geister[38]. Heusinger sah, nach längerer Diskussion über das Thema Militärmusik, die Priorität bei der Auswahl von Liedern und Märschen für die deutschen Truppen. Durch ein noch zu bildendes Gremium sollte die entsprechende Auswahl getroffen werden. Über den angedachten konzertanten Charakter von Militärmusik, wie ihn Karst ins Spiel gebracht hatte, wurde augenscheinlich nur oberflächlich oder überhaupt nicht mehr diskutiert. Zur wirklichen Chefsache war die ganze Angelegenheit somit nicht geworden, denn Minister Blank sollte über den Verlauf der Diskussionen »orientiert« werden.

Die Öffentlichkeit erfuhr vom Neuaufbau einer Militärmusik durch einen Bericht des Bonner Generalanzeigers am 28. Dezember 1954. Dort heißt es unter dem Titel »Blanks Sorgen um die Militärmusik«:

»Ebenso wie Dr. Adenauer haben sich auch die Reformer im Amt Blank bereits Gedanken darüber gemacht, was von der alten Militärmusik in einer künftigen deutschen Wehrmacht wieder verwendet werden kann. Die Mitarbeiter des Grafen Baudissin, der als Leiter der Abteilung Inneres Gefüge im Amt Blank mit Idealismus an der Reform des Barras arbeitet, sind dabei zu etwas anderen Schlußfolgerungen gekommen als der Bundeskanzler. Sie schätzen Militärmusik alten Stils überhaupt nicht [...] Nach ihrer Meinung

---

seit dem Aufkommen der Panzertruppe und ihrer Darstellung in den unzähligen Paraden und Schaumanövern durch das NS-Regime bekannt. Hier versuchte Heeresmusikinspizient Hermann Schmidt, mit seiner sogenannten Panzermusik Abhilfe zu schaffen.

[36] Siehe hierzu: Walter Transfeldt, Wort und Brauch in Heer und Flotte, 9. überarb. und erw. Aufl. Hrsg. von Hans-Peter Stein, Stuttgart 1986, S. 188 f. Die NVA pflegte, entgegen der Bundeswehr, das umfängliche militärische Zeremoniell, das von der Kaiserzeit über Reichswehr und Wehrmacht überliefert worden war, weiter, wenngleich unter dem Leitmotiv einer »progressiven sozialistischen Militärmusik«.

[37] Ebd., S. 303 f.

[38] Besprechung zwischen Vertretern der beiden Kirchen und Angehörigen des Bundesministeriums für Verteidigung, 28.4.1960; BA-MA, Bw 1/313284.

soll die neue Militärmusik kein Repräsentations- und Stimmungsinstrument mehr sein, mit dem sich die Armee auf Marktplätzen zur Schau stellt[39].« Erkennbar wird auch hier, wie schwer sich die Planer mit der doch anscheinend allseits beliebten Militärmusik taten. Die wachsende Bedeutung der Militärmusik in den Aufstellungsplanungen für die bundesdeutschen Streitkräfte zeigte sich dadurch, dass der Kanzler größten Wert auf die vorgezogene Aufstellung von Musikkorps legte. Parallel dazu griff Adenauer nun immer stärker persönlich in die militärischen Gesamtplanungen ein. Er trieb zur Eile, da er den längst überfälligen und notwendigen Akzent in der Öffentlichkeit und bei den Vertragspartnern durch die Präsentation von Streitkräften setzen wollte. Im April 1955 hieß es, dass man die Aufstellung von Militärmusik und Territorialorganen für vordringlich hielt. Eine der Grundlagen war dabei der Wunsch Adenauers endlich aktive Truppenteile vorzeigen zu können. Bei diesem Ansinnen stand wohl die Überlegung Pate, dass Musikkorps zum einen als positiv wirkendes Element gegen die ablehnende Haltung der »Ohne-mich-Bewegung« in der Bevölkerung eine Brückenfunktion wahrnehmen könnten, und zum anderen, dass diese »Truppen« nicht als aggressive Kampfverbände für Freund und Feind erkennbar wären.

Bei einer neuerlichen Besprechung vom 20. und 21. Mai 1955 am Urlaubssitz Adenauers auf der Bühler Höhe im Schwarzwald, wurde die Problematik zwischen dem Bundeskanzler, Blank, Heusinger und Speidel nochmals erörtert. Die erhoffte Streckung des Zeitplanes erfolgte jedoch nicht, sodass »Adenauer weiterhin auf dem Vorziehen von Lehrtruppen und 6 Musikkorps« bestand[40]. Entscheidender Hintergrund für Adenauers Eile war die bevorstehende Vier-Mächte-Verhandlung in Genf. Er befürchtete, dass man dort über den deutschen Verteidigungsbeitrag verhandeln würde, bevor dieser überhaupt reale Wirklichkeit geworden war. So sorgte der Bundeskanzler im September 1955 für eine erhebliche Überraschung, als er forderte, dass zu seinem Geburtstag am 5. Januar »das Ständchen nicht mehr wie bisher von einem Bundesgrenzschutz-Musikkorps« gespielt werde, sondern von einem Musikkorps der neuen Streitkräfte[41].

Nun war Eile geboten. Im Oktober wurden rasch die ersten Eignungsprüfungen ehemaliger Stabs- und Obermusikmeister bei der Offizierbewerberprüfzentrale in Köln durchgeführt und nachfolgend dann zum Dezember 1955 die ersten Musikoffiziere der neuen Streitkräfte eingestellt:

»Major Karl Schneider, der mit der Wahrnehmung der Geschäfte des Musikinspizienten beauftragt wurde, und Hauptmann Hans Fries als Chef des ersten Musikkorps, das in Andernach aufgestellt werden sollte. Überstürzt wurden in der ersten Dezemberhälfte aus der großen Menge der Bewerber

---

[39] Bonner General-Anzeiger, 28.12.1954, abgedr. in: Fritz Masuhr, Die Militärmusik in der Bundeswehr. Militärmusik-Geschichte 1955–1975, Bonn 1977.

[40] Hans Ehlert [u.a.], Die Nato-Option, München 1993 (= Anfänge westdeutscher Sicherheitspolitik 1945–1956, 3), S. 669.

[41] Zit. nach Masuhr, »Verjeßt mir die Musike nicht ...!« (wie Anm. 27), S. 223. Hier auch die weiteren Zitate.

eine Anzahl Musiker ausgewählt und zur musikalischen Überprüfung nach Köln beordert – völlig unbürokratisch, teils telefonisch und über Weihnachten. Von ihnen wurden 50 Männer zum Dienstantritt am 2. Januar 1956 nach Andernach einberufen. Bei der Firma Alexander wurde ein Satz Musikinstrumente bestellt, der jedoch nicht vollständig geliefert werden konnte, so daß die Musiker aufgefordert werden mußten, ihre eigenen Instrumente mitzubringen. Vom Bundesgrenzschutz-Musikkorps Kassel wurden die ersten Noten leihweise herangeschafft.«

Nach der notwendigen Einkleidung der Musiker am 2. Januar 1956 erfolgte die erste Probe des neu gebildeten Militärblasorchesters, das in Besetzung und Instrumentation an die frühere Luftwaffenbesetzung anknüpfte und sogar über einen aufsehenerregenden Saxophonsatz verfügte. Bereits am nächsten Tag wohnte Minister Theodor Blank persönlich einer weiteren Probe bei und war voll des Lobes über die musikalischen Leistungen seiner frisch eingekleideten Soldaten. Sie spielten in der bis dato einzigen vollständigen militärischen Einheit der späteren Bundeswehr. In der Tageszeitung »Die Welt« war dann zu lesen: »Es braust kein Ruf wie Donnerhall / Von Andernach am Rheine – // Ein neuer Ton nebst Mamboschall / Macht unserer Streitkraft Beine. // Man wiegt den Kopf, man denkt zurück / Elf Jahr nach schweren Wettern – // ›Die Macht des Schicksals‹ heißt das Stück / Auf Heeres-Notenblättern.« Aus diesen fröhlichen Reimen wird die gesamte Tragweite dieser erneuerten Militärmusik erkennbar: Das erste Musikkorps der neuen deutschen Streitkräfte verfügte über einen Saxophonsatz, ein Novum bei einer Heereseinheit, und das Repertoire war dem Anlass entsprechend gut gewählt, da die Ouvertüre zur Verdi-Oper »Die Macht des Schicksals« nicht nur musikalisch der Tragweite dieses musikalischen Unterfangens gerecht wurde.

Mit der »unkompliziert-improvisierten« Aufstellung des Musikkorps der Lehrtruppe in Andernach im Januar 1956 durch Hans Friess war der praktische Schritt zum Aufbau der so lange »theoretisierten« Militärmusik der westdeutschen Streitkräfte endlich praktisch vollzogen worden. Der erste Auftritt dieses neuen Klangkörpers verdeutlichte der Öffentlichkeit, dass Musik auch in einer hoch technisierten Armee wie der späteren Bundeswehr als unverzichtbar angesehen wurde. Der später etablierte Militärmusikdienst der Bundeswehr gründete dabei auf einer organisatorischen Eigenständigkeit, indem er als eigener Fachdienst neben dem Sanitäts- und Militärgeografischen Dienst in die Bundeswehr integriert wurde. Mit diesem Schritt wurde Neuland im militärischen Planungsgefüge betreten. Die Militärmusik erhielt einen weitgehend autonomen, nicht primär anderen Truppengattungen unterworfenen Organisationsstatus, der mit einer personellen Anbindung an den Sanitätsdienst etwas beschnitten wurde. Dies war ein entscheidender Schritt gegenüber den früher bestehenden Organisationsformen der Militärmusik, wie sie etwa für die Wehrmacht noch zugrunde lagen. Bei dieser waren die Musikkorps und ihre Musikmeister in die verschiedenen Waffen- bzw. Truppengattungen integriert gewesen, trugen deren Waffenfarben und unterstanden auch deren Regimentskommandeuren. Die Musikinspizienten der drei Wehrmachtteile hatten damals den Status von uniformierten Wehrmachtbeamten (ab 1938 Soldaten), die vorwiegend als Professoren einen Lehrauftrag für Militärmusik an der Staatlich Akademischen Hochschule für Musik in Berlin wahrnahmen. Sie waren also nominell nicht mit der organisatorischen und personellen Führung der Militärmusik in den verschiedenen Kommandobehörden beauftragt. Diese wiederum lag in den Händen von fachfremden Truppenoffizieren.

Durch die neue Organisationsform der Militärmusik mit einheitlichen Musikkorps in der Bundeswehr wurde auch ihre vormals gepflegte teilstreitkraftspezifische Ausformung aufgegeben. Das hatte zur Folge, dass nur noch ein Dienstposten im Dienstgrad Oberst für den Inspizienten des Fachdienstes Militärmusik zur Verfügung gestellt wurde.

V. Vom Cluster zur neuen Struktur – der Militärmusikdienst der Bundeswehr und die Wiedervereinigung

Mit Auflösung der NVA in Folge der deutschen Wiedervereinigung zum 3. Oktober 1990 wurde auch die Militärmusik der Nationalen Volksarmee des »Arbeiter- und Bauernstaates« DDR Teil der deutschen Militärmusikgeschichte. Eingefügt in die parteilich gesteuerten Politverwaltungen und Kulturkollektive, stand sie von ihrer Organisationsstruktur, ihrer personellen Ausgestaltung und letztlich auch in ihrer militärmusikalischen Funktion durchaus in einer Kontinuitätslinie zur Luftwaffenmusik der Wehrmacht. Zudem sicherten in der Gründerzeit der NVA-Musikkorps in der DDR auch ehemalige Angehörige der durch Hans-Felix Husadel geprägten Musik der Luftwaffe, wie vor allem der spätere Oberst beim Zentralen Orchester (ZO) der NVA, Gerhard Baumann, Aufbau und musikalische Orientierung.

Militärmusik, organisiert im Zentralen Orchester, den Stabs- und Musikkorps der NVA[42], war Teil des gesamtpolitischen Systems und dadurch bedingt in hohem Maße in Medien und Öffentlichkeit durch militärische Zeremonielle, wie dem Großen Wachaufzug und dem Großen Zapfenstreich am Mahnmal für die Opfer des Faschismus und Militarismus in Berlin, bei Ehrenparaden und anderen staatlichen und militärischen Anlässen, präsent. Modische musikalische Präferenzen der Bevölkerung blieben bei den Präsentationen der Musikkorps weitgehend ausgeblendet, während der programmatische Schwerpunkt anscheinend bei der Pflege der »sozialistischen Militärmusik« lag. Literaturwünsche der Blas- und Militärmusik wurden dabei von etablierten Komponisten der DDR bedient, die aufgrund von gesicherten Aufträgen für diese schrieben und scheinbar so ideale Bedingungen für die Militärmusik der NVA schufen. Die militärischen Blasorchester der NVA und anderer bewaffneter

---

[42] Vorschrift für die Musikkorps der Nationalen Volksarmee. DV-10/13, Ministerium für Nationale Verteidigung 1965.

Organe, wie der Volkspolizei und des Ministeriums des Innern und der Staatssicherheit[43] oder auch der Grenztruppen, können aber heute im Rückblick vor allem aufgrund ihrer weitgehenden einheitlichen Instrumentation und Besetzung mit Berufsmusikern als professionelle Orchester in Uniform bezeichnet werden, deren höchste musikalische Qualifizierung sich in den sogenannten Zentralen Orchestern[44] bündelte.

Die NVA wurde am 2. Oktober 1990, 24.00 Uhr, offiziell aufgelöst und Teile ihres Personals in die Bundeswehr überführt. Die politischen Vorgaben der Zusammenführung von NVA und Bundeswehr zu einer »Armee der Einheit« sind dabei als ein bisher einmaliger Vorgang in der Geschichte anzusehen. Damit war die NVA, einschließlich ihrer Traditionssymbolik, gewissermaßen ordnungsgemäß der Geschichte überantwortet[45]. Für die Militärmusik in der NVA bedeutete dies die Demobilisierung ihrer gewachsenen und personell gefestigten Musikkorps. Dieser Prozess war alles andere als emotional leicht zu bewältigen, wie es die Darstellung des späteren Generalinspekteurs der Bundeswehr, Hans-Peter von Kirchbach, am besten verdeutlicht:

»Wir haben ein Musikkorps. Wenigstens personelle Reste davon gibt es noch. Der Musikkorpschef hat die Division verlassen. Er ist noch vor dem 3. Oktober 1990 ausgeschieden. Bei mir meldet sich ein Oberfeldwebel, der das Musikkorps derzeit führt. Nicht gerade feinfühlig ist das Musikkorps bislang aus Bonn behandelt worden. Zu Besprechungen der Musikkorpschefs ist der Oberfeldwebel, weil nicht im Dienstgrad, nicht zugelassen. Ein Anruf hat ihn bislang erreicht. Sein Musikkorps sei nicht spielfähig, hat man ihm gesagt, und Auftritte verboten. Nach strengen Regeln mag dies alles zutreffen. Es sind nur noch 18 Musiker, der Klangkörper ist sicher unvollständig. Dennoch, gibt es nicht zunächst dringendere Probleme für die Leute? Hätte man ihnen nicht zunächst einmal Hoffnung und Vertrauen vermitteln sollen[46]?«

Erste Kontakte zwischen den Musikkorps und zwischen den Chefs der Musikkorps von Bundeswehr und NVA gab es bereits einige Zeit vor der Wiedervereinigung. Es wurden ähnlich anderen militärischen Verbänden Patenverhältnisse aufgebaut, um den Übergang zu erleichtern und bestehende Vorbehalte abzubauen. Menschliches Verständnis kollidierte jedoch häufig mit dienstlichen Vorgaben.

Der Bundeswehr bescherte die Zusammenführung beider Armeen die Auflösung ihrer traditionsreichen Musikkorps des Heeres in Bremen, Hamburg,

43 Festliches Militärkonzert zum 40. Jahrestag der Gründung der DDR, Veranstaltung anläßlich der XXXIII. Berliner Festtage des Theaters und der Musik. 13. Oktober 1989, Programmheft, S. 8, Privatarchiv Heidler.

44 Konzertprogramm Schauspielhaus Berlin, Großer Konzertsaal. Hrsg. vom Schauspielhaus Berlin, Konzertsaison 1989/90, S. 3 f.

45 Wilfried Hanisch, Was ist heute noch bewahrenswert aus der Traditionsauffassung der NVA? Fragen, Fakten und aktuelle Probleme. In: Information. Arbeitsgruppe Geschichte der NVA und Integration ehemaliger NVA-Angehöriger beim Landesvorstand Ost des DBwV, 2 (1997), S. 34.

46 Hans Peter von Kirchbach, Manfred Meyers und Victor Vogt, Abenteuer Einheit. Zum Aufbau der Bundeswehr in den neuen Ländern, Frankfurt a.M. 1992, S. 54, 91 f.

Gießen und des Luftwaffenmusikkorps 4, ebenfalls in Hamburg. Dafür wurden mit dem Personal der ehemaligen Musikkorps der NVA in Neubrandenburg, Potsdam und Erfurt neue Heeres- und in Berlin ein neues Luftwaffenmusikkorps aufgestellt. Die »gesamtdeutsche« Militärmusik nach der Wiedervereinigung organisierte sich somit von Größenordnung und Auftrag her wie die der Bundeswehr vor der Auflösung der NVA.

VI. Ausblick

Die Aufgabenstellung des Militärmusikdienstes der Bundeswehr, von der »Armee der Einheit« zur heutigen »Armee im Einsatz« unterliegt wie die gesamte Streitkräfteorganisation einem ständigen Wandel. Wie die Anpassung der Bundeswehr an die sich wandelnden Einsatzszenarien kontinuierlich zu erfolgen hat, so ist auch ihr Militärmusikdienst gehalten, sich diesen neuen Aufgaben auf seinem ureigensten Feld der Musik mit eigenen Ideen und Elan zu stellen. Er tut dies in vielfältiger Weise, indem er seine Gesamtorganisation der veränderten Streitkräftekonzeption zwischenzeitlich durch Auflösung von weiteren vier Musikkorps des Heeres bzw. der Streitkräftebasis angepasst hat und mittels der »Teilkonzeption Militärmusik« in der Bundeswehr neu verortet wurde, sich einem permanenten Diskurs mit Institutionen musikalischer und wissenschaftlicher Bildung stellt, medial in vielfältiger Weise präsent ist, die eigenen und alliierten Truppen im Rahmen der einsatzspezifischen Aufgabenstellung in den Einsatzländern musikalisch betreut und in bewährter Weise die Verbindung innerhalb der Truppe, zwischen Truppe und Bevölkerung sowie als musikalischer Botschafter der Bundesrepublik Deutschland auch im internationalen Rahmen mittels der »Macht der Töne« sicherstellt. In der »Teilkonzeption Militärmusik« der Bundeswehr heißt es dazu: »Militärmusik nimmt im Ausland und bei Einsätzen die Aufgabe und Rolle eines kulturellen Botschafters wahr. Sie vermittelt einen Teil deutscher Kultur. Dadurch fördert sie einerseits die Beziehung zu anderen Nationen und unterstützt andererseits die Arbeit der Angehörigen der Bundeswehr vor Ort[47].«

Militärmusik organisiert sich weltweit zumeist in der abendländischen Musiktradition. Die Militärorchester vermitteln so ihre eigene kulturelle Identität und sind gleichzeitig Global Player vor allem auch in anderen Kulturräumen. Die »Armee der Einheit« veränderte sich deutlich zur »Armee im Einsatz«, mit grundlegender Änderung des Auftrages der Bundeswehr insgesamt. Die Militärmusik der Bundeswehr musste dieser Entwicklung Rechnung tragen, wollte sie selbst nicht in Nichtbeachtung oder Bedeutungslosigkeit verfallen. Die veränderten Einsatzszenarien der Streitkräfte führ(t)en zu militärischer Globalität

---

[47] Teilkonzeption Militärmusik der Bundeswehr (TK MilMusBw), Generalinspekteur der Bundeswehr, FüS I 3 – Az 59-01-01 vom 18.12.2007.

und fordern heute ein erweitertes Musikmanagement zwischen Tradition und (Musik-) Psychologie. Militärmusik ist somit weit mehr als nur »emotionaler Kitt« in modernen Streitkräften unter »asymmetrischer Bedrohungslage«. Sie bedarf zu ihrer Aktualisierung auch der Wissenschaft. Diese ermöglicht die Bedeutungsverstärkung von (Militär-)Musik als einer kulturellen Macht eigener Wirklichkeit. Militärmusik schafft so Vernetzungspotenziale von musikalischem Erleben und persönlicher Erfahrungsverarbeitung und verfügt dazu über besondere Möglichkeiten für militärische Verwendungszwecke. Sie verdeutlicht mögliche Wirkungsfelder und -potenziale von Musik im Zusammenhang mit dem Erleben und Bewältigen von Krisensituationen. Die ständige Aktualisierung des eigenen streitkräftespezifischen Musikbegriffs oder der Musikauffassung der Bundeswehr insgesamt, der zudem den Einsatzszenerien in anderen Kulturräumen Rechnung trägt und Interkulturalität erst ermöglicht, liegt in der fachlichen Kompetenz des Militärmusikdienstes, dessen Musikkorps mit ihrer ansprechenden musikalischen Aktivität und künstlerischen Programmatik zwischen Exerzierplatz und Zeremoniell, Konzertsaal, Musikfestival und Truppenbetreuung in den Einsatzgebieten die Bundeswehr hör- und sehenswert abbilden.

»Der dreifache Primat der Waffen, der Consti-
tution, der Wissenschaften ist es allein, der uns
aufrecht zwischen den mächtigsten Nachbarn
erhalten kann!«
(Gneisenau an Ernst M. Arndt) [1]
»Eine Tradition selber zu schaffen, ist viel
schwieriger, aber auch großartiger, als sie in den
Resten und Formen verjährter Gesinnungen zu
suchen und zu pflegen.«
(Theodor Heuss) [2]

Eberhard Birk

Die preußischen Heeresreformen als Nukleus einer europäischen Militärtradition

I. Prolegomena

Reflexionen über die deutsche militärische Tradition haben seit jeher Konjunktur. Insbesondere in Zeiten des Umbruchs und der Auflösung kollektiver Erinnerungskulturen versprechen Traditionen Orientierung und Sicherheit, mentale Stabilität und Gewissheit. Andererseits gehören diese kulturellen Wissensbestände nach eruptiven Umwälzungen überholten Zeitaltern an, sodass sich ihre Deutungshoheit natürlich an den neuen Rahmenbedingungen zu messen hat[3]. Epochale Einschnitte wie die Französische Revolution 1789 oder das Annus Mirabilis 1989 stellen in (militär-)historiografischer Hinsicht durch ihre fundamentalen politischen, gesellschaftlichen und sozioökonomischen Veränderungen auch militärische Revolutionen dar[4].

So wie sich eruptive und evolutionäre Veränderungsprozesse wechselseitig verschränken und studieren lassen, so halten auch die Reaktionen darauf ein historisch-politisches »lessons-learned«-Potenzial zur Verfügung, wenn man das zeitabhängige Detail vom grundsätzlichen Denkmuster trennt. Aber wie bei allen historischen Analogiebildungen ist die Betrachtung der Historie nicht immer ohne Abstriche auf die gegenwärtige Situation übertragbar: »Die geistige Auseinandersetzung mit der Geschichte bietet dem Menschen nicht Ausbildung, sondern Bildung, nicht Handlungsanweisung, sondern Horizonte. Man

---

[1] Gneisenau in seinem Brief vom 28. August 1814 an Ernst M. Arndt, zit. nach Georg Heinrich Pertz/Hans Delbrück, Das Leben des Feldmarschalls Grafen Neithardt von Gneisenau, Bd 4: 1814, 1815, Berlin 1880, S. 280 f.

[2] Theodor Heuss, Soldatentum in unserer Zeit, Tübingen 1959, S. 22.

[3] Vgl. Eberhard Birk, Militärische Tradition. Beiträge aus politikwissenschaftlicher und militärhistorischer Perspektive, Hamburg 2006.

[4] The Dynamics of Military Revolution 1300–2050. Ed. by MacGregor Knox and Williamson Murray, Cambridge, MA 2001.

lernt aus der Geschichte nicht, was man tun soll: Aber man kann aus ihr lernen, was man bedenken muß[5].«

Die Notwendigkeit des geistigen Umorientierens könnte nun zu Beginn des 21. Jahrhunderts, vergleichbar mit dem preußischen Debakel von 1806 und der »deutschen Katastrophe«[6] zwischen 1933 und 1945 auf der »Agenda« stehen – nicht eines »Jena und Auerstedt« oder politischen, militärischen und moralischen Versagens wegen, sondern weil sich die Europäische Union vor dem Hintergrund eines fundamentalen sicherheitspolitischen Paradigmawechsels nach dem Ende der bipolaren Systemkonfrontation und dem scheinbar unumkehrbaren Prozess zunehmender politischer, wirtschaftlicher und soziokultureller Europäisierung als globaler Akteur auf dem Weg zu europäischen (integrierten) Streitkräften befindet[7]. Ob diese Streitkräfte eine längere Übergangszeit als noch-nationale Armeen haben werden oder die Überlegungen von synchronisierten respektive integrierten europäischen Streitkräften ausgehen[8], ist hierbei zweitrangig.

Zu fragen ist, inwieweit aus einem erfolgreichen nationalen Traditionselement – so wie der preußischen Heeresreformen für die Bundeswehr – für andere Armeen mit unterschiedlichen Traditionslinien und militärischen Führungskulturen genügend Potenzial für ein gemeinsames europäisches Traditionsbild bereitgestellt werden kann, um hierfür als Nukleus zu dienen. Hierzu ist zunächst die intellektuelle Herausforderung am Beispiel des Spannungsfeldes von Tradition und Bundeswehr zu skizzieren, bevor die preußischen Heeresreformen auf ihr Europäisierungspotenzial hinterfragt wird. Ihrer nationalen Verortung wegen gilt es parallel – gegebenenfalls unabhängig davon – auf der Basis einer Projektionsfläche in Form einer Bestandsaufnahme von Chancen und (vorläufi-

---

[5] Weisung zur Intensivierung der historischen Bildung in den Streitkräften, BMVg, GI, Fü S I 7 – Az 35-20-01 vom 2. März 1994 in Anlehnung an die Ausführungen des Bundespräsidenten Richard von Weizsäcker zum Thema »Geschichte, Politik und Nation« auf dem 16. Internationalen Kongress der Geschichtswissenschaften am 25. August 1985 (Die Weisung wurde als Anlage 6 der neuen ZDv 12/1 »Politische Bildung in der Bundeswehr« vom November 2007 beigefügt).

[6] Vgl. Friedrich Meinecke, Die deutsche Katastrophe, Wiesbaden 1946.

[7] Die französische Ratspräsidentschaft drängte im zweiten Halbjahr 2008 auf eine Forcierung beim Aufbau einer der gewachsenen politischen und wirtschaftlichen Bedeutung der EU adäquaten militärischen Macht, vgl. »French Presidency of the Council of the European Union« mit der Zielrichtung: »Europe taking action to meet today's challenges«; ebenso der britische Außenminister: »Miliband backs strong EU military force«. In: Guardian vom 2. Juli 2008.

[8] Vgl. hierzu den Vorschlag SAFE (Standing Armed Forces Europe) von Eberhard Birk, »Euro-Soldat« im Anmarsch? In: Y. Magazin der Bundeswehr, 8 (2002), S. 19, der sich als einfaches und eingängiges Akronym variieren lässt in Synchronized oder Strategic Armed Forces Europe. Zur Weiterentwicklung vgl. Hans-Gert Pöttering, »Synchronized Armed Forces Europe«. Neue Entwicklungen und Ansätze für ein Europa der Verteidigung. In: Österreichische Militärische Zeitschrift, (2009), 3, S. 277-282, sowie die Entschließung des Europäischen Parlaments vom 19. Februar 2009 zu der Europäischen Sicherheitsstrategie und die ESVP, insbesondere die Pkte. 51-54; http://www.europarl.europa.eu/sides/getDoc.do?type=TA&reference=P6-TA-2009-0075 [letzter Abruf: 21.7.2009].

gen) Grenzen der Europäisierungsoptionen, ein mögliches europäisches Traditionsmodell zu entwickeln und vorzuschlagen, das von allen europäischen Armeen respektive einer europäischen Armee akzeptiert werden kann.

II. Das Spannungsfeld Tradition und Bundeswehr

Im Gegensatz zu vielen europäischen Nationen haben die Deutschen seit dem Untergang des Heiligen Römischen Reiches Deutscher Nation im August 1806 in den letzten beiden Jahrhunderten eine vielfach gebrochene staatliche und militärische Entwicklung durchlaufen, die nicht nur die Frage nach staatlich-gesellschaftlichen Traditionen, sondern auch jene nach dem »gültigen Erbe des deutschen Soldaten«[9] grundsätzlich zu einem schwierigen intellektuellen und operationell-pragmatischen Unterfangen machten[10]. Die Existenz von königlichen Heeren der Kontingentsarmee des Kaiserreiches, der Reichswehr, Wehrmacht, NVA und Bundeswehr machen die Traditionsbildung der Bundeswehr, einer Armee in einer Republik vor dem Hintergrund diffiziler historischer (Dis-) Kontinuitäten, zu einer geistigen Herausforderung. Die Frage nach der Tradition steht im Schnittpunkt politischen und militärischen Selbstverständnisses[11].

Diese schwierige Herausforderung war bereits in der Aufstellungsphase der Bundeswehr zu bewältigen, als mit dem »unpolitischen Soldaten« der Reichswehr, dem bereits 1941-1945 mit dem bolschewistischen Feindbild konfrontierten ideologisierten Kämpfer der Wehrmacht und dem bundesrepublikanischen »Staatsbürger in Uniform« drei Orientierungsoptionen für das zukünftige Traditionsverständnis der Bundeswehr virulent waren[12]. Das historisch-politische und militärische Selbstverständnis der neuen Bundeswehr musste mit einer geistigen Umorientierung beginnen: Die Desavouierung der Potenzen Nation und Armee bedeutete einen kompletten Traditionsbruch. Der Verlust des zuvor als natürlich empfundenen Führungs- und Mitentscheidungsanspruchs des

---

[9] So der Untertitel bei Donald Abenheim, Bundeswehr und Tradition. Die Suche nach dem gültigen Erbe des deutschen Soldaten, München 1989 (= Beiträge zur Militärgeschichte, 27). Noch stärker an der klassischen Betrachtungsweise von Tradition ist der Originaltitel angelehnt: Reforging the Iron Cross. The Search for Tradition in the German Armed Forces, Princeton, NJ 1988.

[10] Zur Geschichte des Traditionsverständnisses der Bundeswehr vgl. Loretana de Libero, Tradition in Zeiten der Transformation. Zum Traditionsverständnis der Bundeswehr im 21. Jahrhundert. Hrsg. im Auftr. des Sozialwissenschaftlichen Instituts der Bundeswehr, Paderborn [u.a.] 2006.

[11] Vgl. dazu Militärisches Selbstverständnis (= Gneisenau-Blätter 7). Hrsg. von Eberhard Birk, Fürstenfeldbruck 2008, u.a. mit Beiträgen vom Generalinspekteur der Bundeswehr sowie den Inspekteuren von Heer, Luftwaffe und Marine.

[12] Vgl. Hans-Joachim Harder, Traditionspflege in der Bundeswehr 1956-1972. In: Tradition und Reform in den Aufbaujahren der Bundeswehr. Hrsg. von Hans-Joachim Harder und Norbert Wiggershaus, Herford, Bonn 1985 (= Entwicklung deutscher militärischer Tradition, 2), S. 97-151.

Militärs in Politik und Gesellschaft erforderte den sukzessiven Erwerb von
Vertrauen bei den neuen Alliierten, in der Politik sowie bei der Gesellschaft
und setzte somit eine kritische Selbstreflexion insbesondere des Führungspersonals mit Erfahrungen in vier deutschen Armeen mit unterschiedlichen politischen Systemen und Eiden voraus. Die Bundesrepublik Deutschland bestand
bereits seit über sechs Jahren, bevor sie neue Streitkräfte unter völlig neuen
Rahmenbedingungen erhielt – politisch-strategisch als Bündnisarmee eingebunden in der NATO[13], rüstungskontrollpolitisch in der WEU[14], national unter
dem Primat parlamentarisch-demokratischer Kontrolle. Die veränderten Rahmenbedingungen machten auch ein innermilitärisches Umdenken notwendig.
In der Himmeroder Denkschrift vom Oktober 1950 war deshalb auch eine klare
Absage an die alte Wehrmacht verankert. Es sollte und musste »ohne Anlehnung an die Formen der alten Wehrmacht heute grundlegend Neues«[15] entstehen. Wenn sich die Bundesrepublik Deutschland dem Staats- und Gesellschaftsbild des Westens näherte, dann konnte die bewaffnete Macht in diesem Staat
militärischen Urbildern vergangener deutscher Armeen keine traditionsbilden-
de Kraft zubilligen, die diesen Vorstellungen entgegenstanden[16]. Damit wird
deutlich, dass neben der Option »tradere« stets die Option »damnatio memoriae«
existiert.

Nicht nur der Wechsel von Staats- und Regierungsformen, sondern auch der
Untergang und die Neuaufstellung von Streitkräften, die Neujustierung von
politischer Kultur und Konstruktionen kollektiver militärischer Memorialkultu-
ren machen selbst bei einer personellen Kontinuität alter Eliten in neuen Führungspositionen deutlich, dass das »Traditionsproblem [...] in einer sich entwickelnden Gesellschaft von jeder Generation neu gestellt werden wird«[17]. Dabei
gilt es, über individuelle Präferenzen hinaus in der Militärgeschichte zu tradie-
rende wertorientierte Anknüpfungspunkte zu definieren, die den aktuellen
Auftrag mit einer historischen Kontinuität verbinden.

Das Traditionsverständnis der Bundeswehr hat sich über mehrere Stationen
und Prozesse entwickelt[18]. Die »Richtlinien zum Traditionsverständnis und zur

---

[13] Anfänge westdeutscher Sicherheitspolitik 1945–1956, 4 Bde. Hrsg. vom MGFA, München
1982–1997.

[14] Vgl. Eberhard Birk, Der Funktionswandel der Westeuropäischen Union (WEU) im europäischen Integrationsprozess, Würzburg 1999, S. 86–92.

[15] Abgedruckt und kommentiert in: Hans-Jürgen Rautenberg und Norbert Wiggershaus, Die
»Himmeroder Denkschrift« vom Oktober 1950. Politische und militärische Überlegungen
für einen Beitritt der Bundesrepublik Deutschland zur westeuropäischen Verteidigung,
Karlsruhe 1977, S. 36–57, hier S. 53.

[16] Vgl. Eberhard Birk, Einigkeit und Recht und Freiheit. Gedanken und Vorüberlegungen
für den Traditionsbegriff einer Bundeswehr mit europäischer Perspektive. In: Militärgeschichte. Zeitschrift für historische Bildung, 11 (2001), 4, S. 64–72, hier S. 66.

[17] So Gordon A. Craig in seinem Vorwort zur amerikanischen Ausgabe von Donald Abenheim, Bundeswehr und Tradition (wie Anm. 9), S. XI.

[18] Vgl. dazu Libero, Tradition (wie Anm. 10); Birk, Militärische Tradition (wie Anm. 3),
sowie John Zimmermann, Vom Umgang mit der Vergangenheit. Zur historischen Bildung
und Traditionspflege in der Bundeswehr. In: Die Bundeswehr 1955 bis 2005. Rückblenden
– Einsichten – Perspektiven. Hrsg. im Auftrag des MGFA von Frank Nägler, München

Traditionspflege in der Bundeswehr«, der (2.) »Traditionserlass« vom 20. September 1982, legten axiomatisch fest:

»Tradition ist die Überlieferung von Werten und Normen. Sie bildet sich in einem Prozeß wertorientierter Auseinandersetzung mit der Vergangenheit. Tradition verbindet die Generationen, sichert Identität und schlägt eine Brücke zwischen Vergangenheit und Zukunft [...] Sie setzt Verständnis für historische, politische und gesellschaftliche Zusammenhänge voraus [...] Maßstab für Traditionsverständnis und Traditionspflege in der Bundeswehr sind das Grundgesetz und die der Bundeswehr übertragenen Aufgaben und Pflichten [...] Die Darstellung der Wertgebundenheit der Streitkräfte und ihres demokratischen Selbstverständnisses ist die Grundlage der Traditionspflege der Bundeswehr[19].«

Damit wird die Bundeswehr in ihrem Traditionsverständnis auf die im Grundgesetz niedergelegte Werteordnung der Bundesrepublik Deutschland verpflichtet, deren Kern sich mit den zentralen Begriffen Freiheit, Recht und Demokratie beschreiben lässt. Dies korrespondiert mit den Zielen der NATO: »Die Parteien [...] sind entschlossen, die Freiheit, das gemeinsame Erbe und die Zivilisation ihrer Völker, die auf den Grundsätzen der Demokratie, der Freiheit der Person und der Herrschaft des Rechts beruhen, zu gewährleisten[20].«

Will man indes ein abstrakt-museales Traditionsverständnis verhindern und Tradition als geistige Haltung im Truppenalltag verankern, dann muss sie logisch, einfach und richtig sein. Das ist Tradition dann, wenn sie den aktuellen politischen Auftrag und das Werteverständnis der Soldaten mit kompatiblen militärhistorischen Ereignissen, Prozessen oder Personen verknüpfen kann. Hierzu muss sie eine Orientierung für die Bewältigung von Gegenwart und Zukunft erwarten lassen und dabei die Notwendigkeit kontinuierlicher und erfolgreicher Transformation, das Einschreiten gegen Unrecht, Gewalt und Tyrannei sowie eine lebendige Bindung der Streitkräfte an die Werte und Zielsetzungen einer freiheitlichen Demokratie und somit Einigkeit und Recht und Freiheit widerspiegeln. Deshalb hat die Bundeswehr in der preußischen (Militär-) Reform, dem militärischen Widerstand gegen Hitler und das NS-Regime sowie der eigenen Geschichte der Bundeswehr als Parlaments- und Verteidigungsarmee im Bündnis seit 1955 sowie der Konzeption der Inneren Führung für eine nunmehr als »Einsatzarmee« sich verstehende Streitkraft eine logische, einfache und richtige Tradition[21]. Sie spiegelt damit in ihrem Geschichts- und Traditionsverständnis das Bewahrenswerte wider. Dies ist – aus deutscher,

---

2007 (= Sicherheitspolitik und Streitkräfte der Bundesrepublik Deutschland, 7), S. 115-129.

[19] Vgl. »Richtlinien zum Traditionsverständnis und zur Traditionspflege in der Bundeswehr«, BMVg Fü S I 3 – Az 35-08-07 vom 20. September 1982, abgedruckt in Abenheim, Bundeswehr und Tradition (wie Anm. 9), S. 230-234. Die angeführten Zitate entstammen den Punkten 1 und 2.

[20] Vgl. die Präambel des Nordatlantikvertrages, abgedruckt in: BGBl. 1955 II, S. 289.

[21] Zum Traditionsverständnis vgl. Karl H. Schreiner, Das aktuelle Traditionsverständnis der Bundeswehr. In: Militärische Tradition. Hrsg. von Eberhard Birk, Fürstenfeldbruck 2004 (= Gneisenau-Blätter, 3), S. 37-45.

europäischer oder nordatlantischer Perspektive: Einigkeit und Recht und Freiheit für Deutschland, die EU und die NATO.

III. Das europäische Potenzial der preußischen Heeresreform

Die preußischen Heeresreformen waren die militärische Antwort auf die Umwälzungen des Militärwesens im Zuge der Französischen Revolution. Die Delegitimation des absolutistischen Staates und Heeres nach der in ihren Auswirkungen vernichtenden Doppelschlacht bei Jena und Auerstedt am 14. Oktober 1806[22] – eine »Standesarmee« wurde durch eine »Nationalarmee« besiegt – verlangte in einer »Revolution von oben« auf der Basis der staatsbürgerlichen Idee die Vereinigung von Staat, Nation und Armee. Die Ursachen, Zielsetzungen und Folgen der Gesamtheit der preußischen Reformen sind hinreichend bekannt[23]; gleiches gilt auch für die einzelnen Facetten der »äußeren« und »inneren« Dimensionen der preußischen Heeresreform[24].

Indes: Wenn die gegenwärtige Transformation der Bundeswehr als zwingend erforderliche Realitätsakzeptanz sich nur mit der Aufstellung der Bundeswehr und der preußischen Reformzeit vergleichen lässt[25], so bietet es sich

---

[22] Als Beispiel der militärischen Auswirkungen der Französischen Revolution auf die Operationsführung: Stuart McCarthy, Capitalising on Military Revolution. Lessons from the Grande Armée's Victory at Jena-Auerstädt. In: Australian Defence Force Journal (2003), 158, S. 37–52.

[23] Vgl. etwa Reinhart Koselleck, Preußen zwischen Reform und Revolution. Allgemeines Landrecht, Verwaltung und soziale Bewegung von 1791 bis 1848, Stuttgart 1967, 5. aktualisierte Aufl., München 1989; Preußische Reformen 1807 bis 1820. Hrsg. von Barbara Vogel, Königstein/Ts. 1980 (= Neue Wissenschaftliche Bibliothek, Geschichte, 96). Im Zentrum der personengebundenen und historiografischen Untersuchungen stand dabei zunächst der Reichsfreiherr vom und zum Stein, vgl. so auch zuletzt Karl vom und zum Stein. Der Akteur, der Autor, seine Wirkungs- und Rezeptionsgeschichte. Hrsg. von Heinz Duchhardt und Karl Teppe, Mainz 2003 (= Veröffentlichungen des Instituts für Europäische Geschichte Mainz, Abteilung für Universalgeschichte, Beiheft, 58), sowie zuletzt Heinz Duchhardt, Mythos Stein. Vom Nachleben, von der Stilisierung und von der Instrumentalisierung des preußischen Reformers, Göttingen 2008.

[24] Für die »äußeren« Aspekte vgl. Heinz G. Nitschke, Die Preußischen Militärreformen 1807–1813, Berlin 1983 (= Kleinere Beiträge zur Geschichte Preußens, 2), für die »inneren« Aspekte vgl. Heinz Stübig, Armee und Nation. Die pädagogisch-politischen Motive der preußischen Heeresreform 1807–1814, Frankfurt a.M. 1971 (= Europäische Hochschulschriften, Reihe 11, Bd 5), sowie als Gesamtdarstellung noch immer grundlegend Rainer Wohlfeil, Vom Stehenden Heer des Absolutismus zur Allgemeinen Wehrpflicht 1789–1814. In: Handbuch zur deutschen Militärgeschichte 1648–1939, Bd 1, Abschnitt II. Hrsg. vom MGFA durch Friedrich Forstmeier [et al.], Frankfurt a.M. 1964, S. 81–153, sowie Dierk Walter, Preußische Reformen 1807–1870. Militärische Innovation und der Mythos der »Roonschen Heeresreform«, Paderborn 2003 [u.a.] (= Krieg in der Geschichte, 16), S. 235–324.

[25] In diesem Zusammenhang ist es nicht uninteressant, dass genau in diesem Kontext die Publikation von Georg Eckert, Von Valmy bis Leipzig. Quellen und Dokumente zur Ge-

geradezu an, sie auch auf ihren möglichen Modellcharakter für eine europäische Traditionslinie zu befragen.

Stellt man sich der Herausforderung, aus den preußischen Heeresreformen einen Nukleus des Überlieferswürdigen zu destillieren, so hat man sich dessen bewusst zu sein, dass es sich nicht um die Übertragung einzelner Details, sondern nur um fundamental richtig Gedachtes handeln kann. Es geht also um eine geistige Übersetzungsleistung in die Gegenwart. Letzteres ist ja bekanntlich auch der Grund, weshalb sich die Bundeswehr auf die preußische Heeresreform als Traditionssäule beruft[26].

Fundamental politisch richtig gedacht wurden die preußischen Reformen als Reaktion auf ein äußeres und inneres Modernisierungsdefizit, die Zugrundelegung eines neuen Menschenbildes und die Vernetzung und wechselseitige Abhängigkeit von Reformen auf den unterschiedlichen Handlungsfeldern. Fundamental militärisch richtig gedacht wurde sie als Kontra zu den militärischen Auswirkungen der Französischen Revolution mit ihrem individuell-bürgerlichen und nationalen Freiheitsideal, mit dem »Staatsbürger in Uniform« und der publizistischen Begleitung des Transformationsprozesses sowie, insbesondere durch Gneisenau, durch die Vorbereitung eines neuen »doppelpoligen« Kriegsbildes – einerseits in der »klassischen« Weise der militärischen Duellsituation mit symmetrischem Kriegsbild und andererseits in asymmetrischen Kriegsformen, die über eine vergleichbare Dimension wie gegenwärtig im Irak oder Afghanistan verfügen[27].

Die Reformer um Scharnhorst und Gneisenau mussten radikal mit allen überlieferten militärischen Gewissheiten des vornapoleonischen Militärstaates Preußen brechen – die militärische Katastrophe von 1806 ließ keine Wahl. Eine

---

schichte der preußischen Heeresreform, Hannover, Frankfurt a.M. 1955, fällt, vgl. auch Richard Dietrich, Staats- und Heeresreform in Preußen. In: Neue Politische Literatur, 2 (1957), Sp. 403–420, hier: Sp. 403.

[26] Dieser andauernde Prozess begann bereits mit dem Handbuch Innere Führung. Hilfen zur Klärung der Begriffe. Hrsg. vom Bundesministerium für Vereidigung, Bonn 1957 (= Schriftenreihe Innere Führung), unter der Federführung von Wolf Graf von Baudissin, sowie Wolf Graf von Baudissin, Die Bedeutung der Reformen aus der Zeit deutscher Erhebung für die Gegenwart. In: Wolf Graf von Baudissin: Soldat für den Frieden. Entwürfe für eine zeitgemäße Bundeswehr. Hrsg. u. eingel. von Peter von Schubert, München 1969, S. 86–94; vgl. grundsätzlich auch Heinz Stübig, Die preußische Heeresreform in der Geschichtsschreibung der Bundesrepublik Deutschland. In: Militärgeschichtliche Mitteilungen, (1990) 2, S. 27–40. Die lange Zeit parallel zur Bundeswehr existierende zweite deutsche Armee berief sich ebenfalls, allerdings mit erheblichen ahistorisch-ideologischen Konstruktionen, auf das Erbe der preußischen Reformer, vgl. Paul A. Koszuszeck, Militärische Traditionspflege in der Nationalen Volksarmee der DDR. Eine Studie zur historischen Legitimation und politisch-ideologischen Erziehung und Bildung der Streitkräfte der DDR, Frankfurt a.M. 1991.

[27] Zu Letzterem vgl. insbesondere Eberhard Birk, Napoleon und Gneisenau. Anmerkungen zu ihrer Aktualität vor dem Hintergrund des Irakkonfliktes. In: Österreichische Militärische Zeitschrift, (2006) 1, S. 59–62. Zur Rolle des »kleinen Krieges« als »asymmetrische« Auseinandersetzung vor, während und nach der Französischen Revolution vgl. Martin Rink, Der kleine Krieg. Entwicklungen und Trends asymmetrischer Gewalt 1740–1815. In: Militärgeschichtliche Zeitschrift, 65 (2006), S. 355–388.

lediglich innermilitärische Erneuerung wurde als aussichtslos verworfen. Sämtliche Reformen waren nur in ihrer wechselseitigen Verschränkung verständlich. Die Einbeziehung des Bürgertums in den neuen Staat schien – auch über den Gedanken der Wehrpflicht – unerlässlich. Gleichzeitig war die allgemeine Wehrpflicht aber auch die einzig verbleibende Möglichkeit der Wehrform, um der limitierenden Schranken wegen – drohender Staatsbankrott durch Reparationszahlungen und Kontinentalsperre – eine feldeinsatztaugliche und bündnisfähige Streitkraft zu erreichen.

Grundgedanke und Zielsetzung der Militärreformen wurden sinnbildlich veranschaulicht durch die Einsicht Gneisenaus: »Aber es ist billig und staatsklug zugleich, daß man den Völkern ein Vaterland gebe, wenn sie ein Vaterland kräftig verteidigen sollen[28].« Grundsätzlich galt es daher, den Staat erhaltens- und verteidigenswert zu gestalten. Bürgerliche Freiheitsrechte sollten den Einsatz für die Aufrechterhaltung der äußeren Sicherheit garantieren. Der »Untertan« war folglich aus grundsätzlichen Erwägungen hinsichtlich des neuen, aufgeklärten Menschenbildes wegen zum Bürger zu transformieren. Zudem galt es, dem bürgerlichen Rechtsempfinden entgegenzukommen[29], und das Offizierkorps zu öffnen: »Man schließe ebenfalls dem Bürgerlichen die Triumphpforte auf, durch die das Vorurteil nur den Adligen einziehen lassen will. Die neue Zeit braucht mehr als alte Titel und Pergamente, sie braucht frische Tat und Kraft[30].« Auch genügte es nicht mehr, als Offizier einer rein soldatischen Elite anzugehören, wenn die neben Besitz klassischen bürgerlichen Attribute »Kenntnisse und Bildung« fehlten. Die Neuregelung des (bürgerlichen) Zugangs zum Offizierberuf sowie die Notwendigkeit einer zeitadäquaten Bildung, lebenslanges Lernen in Form allgemeiner und militärfachlicher Weiterbildung wurden von Scharnhorst und Gneisenau bereits vor 200 Jahren eingefordert, womit eine Grundlegung erfolgte, die eine epochenübergreifende Bedeutung besitzt. Ihre Postulate dienen als Anknüpfungspunkte für ein heutiges – nationales und europäisches – Berufsverständnis als Offizier[31].

[28] So Gneisenau in einer Denkschrift an König Friedrich Wilhelm III. vom August 1808, abgedruckt in: Gneisenau. Ausgewählte Briefe und Schriften. Hrsg. vom BMVg Fü S I 3, 1987, S. 100 (= Schriftenreihe Innere Führung, Beiheft 2/87 zur Information für die Truppe).

[29] Vgl. Walther Hubatsch, Stein und Kant. In: Walther Hubatsch, Stein-Studien. Die preußischen Reformen des Reichsfreiherrn Karl vom Stein zwischen Revolution und Restauration, Köln, Berlin 1975, S. 48–63. Bei fast allen politischen und militärischen Reformern – insbesondere bei Gneisenau – lassen sich philosophische Grundgedanken von Kant nachweisen.

[30] So Gneisenau geradezu klassisch in einem programmatischen Zeitungsartikel, dem Volksfreund vom 2. Juli 1808, zit. nach Eckert, Von Valmy bis Leipzig (wie Anm. 25), S. 144.

[31] Vgl. Eberhard Birk, Reformieren und gestalten. Was Scharnhorst, Gneisenau und Baudissin heute verlangen würden. In: IF, (2007) 1, S. 29–32.

IV. Rahmenbedingungen einer europäischen Traditionslinie für die Zukunft

Wenngleich gegenwärtig keine existenzielle äußere Bedrohung, keine europäische Verfassung und keine den nationalen politischen und gesellschaftlichen Diskursen vergleichbare europäische Öffentlichkeit bestehen, stehen Streitkräfte der EU-Staaten in gemeinsamen Einsätzen auf drei Kontinenten und deren Randmeeren[32]. Sie vertreten dort neben nationalen auch europäische Interessen, die sich auf gemeinsame Ziele und Werte stützen.

Nationale Sicherheits- und Verteidigungspolitiken im Zuge der Globalisierung zu präferieren, verkennt die Tatsache, dass auch nationale Sicherheit in Europa heute nur als Ableitungsfunktion gesamteuropäischer Sicherheit denkbar ist. Spätestens angesichts des säkularen Globalisierungsprozesses und des grenzüberschreitenden Charakters neuer sicherheitspolitischer Herausforderungen wird deutlich, dass die Aufgabenstellung der Zukunft einen größeren europäischen Rahmen benötigt – aus wirtschafts- und sozialpolitischer als auch aus sicherheits- und verteidigungspolitischer Perspektive. Dabei geht es nicht um die Delegitimierung und sofortige Abschaffung nationaler Streitkräfte. Sicherlich werden die EU-Staaten für eine Übergangszeit nationale Streitkräfte behalten wollen. Aber dass es nun gilt, die EU zu einem strategisch autonomen Akteur vor, während und nach Krisen weiterzuentwickeln, ist evident. Dazu gehören natürlich à la longue auch europäische Streitkräfte.

Dies könnte (und wird auch) mit mehreren Schritten durch finanziellen Druck, möglichen neuen äußeren Herausforderungen oder mit dem Schub eines wachsenden europäischen Bewusstseins zur Schaffung von zunächst Synchronized und dann Strategic Armed Forces Europe führen – für beide Varianten wäre das Akronym SAFE vorzuschlagen. Unberührt hiervon bleiben entweder zunächst oder ständig nationale Kapazitäten, die neben dem Schwert SAFE den Schild europäischer Verteidigung bilden. Die bereits existierenden multinationalen Streitkräfteformationen wie zum Beispiel das Eurokorps oder das Konzept der EU-Battlegroups werden hierbei sicherlich die katalysatorische Funktion eines wertvollen Nukleus übernehmen. Sie sind auf dem Weg zu integrierten Streitkräften weder Hindernis noch ein auf Dauer angelegter finaler Zustand.

Die zunehmende Vernetzung sicherheits- und verteidigungspolitischer Analyse-, Entscheidungs- und Handlungsstrukturen vor dem Hintergrund gemeinsamer sicherheitspolitischer Herausforderungen sowie der fortzuschreibenden Europäischen Sicherheitsstrategie macht neben den politisch-institutionell notwendigen Desiderata – Verfassungsvertrag, EU-Staatsbürgerschaft und Europäisches Soldatenstatut respektive Europäisches Soldatengesetz – auch Überle-

---

[32] Für eine Auflistung – neben Einsätzen von Polizei und zivilen Kräften – der »Past and present ESDP Operations« vgl. http://www.consilium.europa.eu/showPage.aspx?id=268& lang=EN&mode=g [letzter Abruf: 8.6.2009].

gungen hinsichtlich der Herausbildung eines europäischen Bewusstseins für die Soldaten der EU wünschens- und erstrebenswert, das in eine politische Kultur eingebunden sein muss[33]. Dies könnte sukzessive auch zu einem europäischen militärischen Selbstverständnis führen – gestützt auf eine europäische Tradition.

Wie problematisch dies ist, ersieht man bereits bei einem ersten kursorischen Überblick: So mag das britische Traditionsverständnis insular-maritim, global, anti-europäisch und dem Expeditionscharakter militärischer Operationen verhaftet erscheinen; Frankreich als »Grande Nation« den zivilisatorischen Idealen ebenso huldigen wie als ehemalige Kolonialmacht und dem von de Gaulle revitalisierten Führungsanspruch in Europa noch immer der vergangenen »grandeur« hinterhertrauern. Österreich als neutraler Staat in der EU mit seiner »kaiserlichen Aura« hat seit 2001 einen Traditionserlass, der sich stellenweise bis zum Wortlaut dem bundesdeutschen Traditionserlass angenähert hat[34]; Polen hat als neuer Partner in NATO und EU das Spannungsfeld von (katholischer) Nation und kommunistischer Vergangenheit auszuhalten und den neuen demokratischen Normen anzupassen[35].

Auch die nationale Bedeutung der preußischen Heeresreformen für das Traditionsverständnis der Bundeswehr impliziert indes eine europäische Schwäche. Eine unmittelbare Relevanz der Heeresreformen als einer preußischen im Hinblick auf eine intrinsische Identifikationsstiftung für den portugiesischen, dänischen oder italienischen Soldaten ist nur durch eine intellektuelle Abstraktionsleistung zu erbringen, denn militärische Tradition in Europa ist national orientiert und die Summe einzelner nationaler Tradition ist – trotz des EU-Wahlspruchs »In Vielfalt vereint« – keine europäische Tradition.

Eine mögliche militärische Traditionsbildung mit europäischer Dimension würde daher die Intensivierung und Institutionalisierung der historisch-politischen Bildung für die zukünftigen Soldaten der EU erfordern, was dann auch die Möglichkeit eröffnet, die noch-nationalen Traditionslinien in Europa anzunähern. Hierzu wären mehrere Maßnahmen denkbar: Harmonisierung der Offizier- und Unteroffizierausbildung durch ein Lehrbuch für europäische Militärgeschichte, Herausgabe einer Europäischen Militärischen Zeitschrift (EUMZ), Bildung militärischer und sicherheitspolitischer Gesellschaften, Er-

---

[33] Vgl. Identität und Politische Kultur. Hrsg. von Andreas Dornheim und Sylvia Greiffenhagen, Stuttgart 2003, sowie Eberhard Birk, Innere Führung und militärische Tradition im Spannungsfeld von Theoriendynamik und Politischer Kultur. In: Militärische Tradition (wie Anm. 3), S. 71-100.

[34] Vgl. Verlautbarungsblatt I des Bundesministeriums für Landesverteidigung, Jahrgang 2001 (53. Folge), Wien, 5. Dezember 2001; Inhalt: 117. Anordnung für die Traditionspflege im Bundesheer – Neufassung [Erlass vom 8. Oktober 2001, GZ 35 100/8–3.7/00], S. 597-638.

[35] Vgl. Andrew A. Michta, The Soldier-Citizen. The Politics of the Polish Army after Communism, New York 1997.

stellen einer »europäischen Himmeroder Denkschrift«, Herausgabe eines europäischen Traditionserlasses etc[36].

Wenn man sich die in der Himmeroder Denkschrift vom Oktober 1950 niedergelegten Gedanken vergegenwärtigt, so sieht man auf den ersten Blick, dass mit diesen hier skizzierten Vorschlägen und Perspektiven eines europäischen Geschichts- und Traditionsbewusstseins nichts Neues angemahnt wird: »Durch Schaffung eines europäischen Geschichtsbildes« soll »ein entscheidender Beitrag für die Entwicklung zum überzeugten Staatsbürger und europäischen Soldaten geleistet werden«. Es geht also um die mehr als ein halbes Jahrhundert verzögerte Einlösung eines Desiderates: »Die Verpflichtung Europa gegenüber, in dem diese Ideale entstanden sind und fortwirken sollen, überdeckt alle traditionellen Bindungen. Name und Symbole sind darauf abzustimmen[37].«

Ein Konzept für eine mögliche europäische Traditionsbildung hat von einigen Voraussetzungen auszugehen, um einen Integrationsrahmen für die alten und neuen EU-Staaten aufzuzeigen. Die nationalen Traditionen sollen – unter Beibehaltung der Möglichkeit zur nationalen Weiterentwicklung – nicht durch eine einheitliche europäische Tradition ersetzt werden. Vielmehr sollen neue, europäische Perspektiven die nationalen Betrachtungsweisen von Tradition erweitern, um in europäischem Rahmen das alte, allen Gemeinsame erneuernd zu bewahren.

Die tief reichenden Wurzeln Europas sind hinreichend bekannt: Die drei Hügel Europas heißen Akropolis (Demokratie), Golgatha (Christentum) und Kapitol (Herrschaft des Römischen Rechts). Deren Grundlegungen werden ergänzt und transformiert durch die neuzeitlichen Entwicklungen Humanismus und Aufklärung, wissenschaftlich-technischer Fortschritt und wirtschaftliche Prosperität. Sie bedürfen – neben der Weiterentwicklung der Philosophie, des technischen Rationalismus sowie der Natur- und Geisteswissenschaften vor dem Hintergrund des Spannungsfeldes der Wechselwirkungen von Natur und Geist – jedoch der Anerkennung des inneren Kerns: der unverwechselbaren Einzigartigkeit des menschlichen Individuums und seiner Fähigkeit, sein eigenes Leben und – als *zoon politikon* – jenes seiner Gemeinschaft(en) auf der Grundlage dieser Erkenntnis zu ordnen. Es geht um die historische Tiefendimension der europäischen Werteordnung[38]. Diese Grundeinsichten bedürfen jedoch eines konkretisierten Entwurfes eines an historischen Ereignissen oder

---

[36] Vgl. Hans-Hubertus Mack, Prolegomena zu einem Handbuch zur europäischen Militärgeschichte. In: Militärisches Selbstverständnis (wie Anm. 11), S. 87-97; Eberhard Birk, Aspekte der Europäisierung der Historisch-Politischen Bildung in der Bundeswehr. In: Aspekte einer europäischen Identität. Hrsg. von Eberhard Birk, Fürstenfeldbruck 2004 (= Gneisenau Blätter, 2), S. 54-60.

[37] Vgl. dazu Rautenberg/Wiggershaus, Die »Himmeroder Denkschrift« (wie Anm. 15), insbes. S. 53-55.

[38] Vgl. Eberhard Birk, Aspekte einer militärischen Tradition für Europa. In: Österreichische Militärische Zeitschrift, (2004) 2, S. 131-140.

Prozessen orientierten europäischen Geschichtsbildes, das sich mit dem Selbstverständnis der Staaten der Gegenwart verbinden lässt[39].

Der »Entwurf eines Vertrages über eine Verfassung für Europa« bietet hierfür eine überzeugende Antwort, wenn er sich in seiner Präambel auf die »kulturellen, religiösen und humanistischen Überlieferungen Europas, deren Werte in seinem Erbe weiter lebendig sind und die zentrale Stellung des Menschen und die Vorstellung von der Unverletzlichkeit und Unveräußerlichkeit seiner Rechte sowie vom Vorrang des Rechts in seiner Gesellschaft« bezieht sowie »Gleichheit der Menschen, Freiheit, Geltung der Vernunft« postuliert[40]. Es müssen also, dies als Prämisse, weiterhin Werte und Normen sein, sinnbildlich gestützt auf einen einheitlichen gesamteuropäischen historischen Erfahrungshorizont. Den nationalen (militär-)historischen »lieux de mémoires« müssen daher europäische Optionen zur Seite gestellt werden[41].

V. Bausteine für eine europäische Traditionslinie

Gleichsam folgerichtig finden sich diese Basiselemente im Erfahrungshorizont der gesamteuropäischen Erhebung von 1848/49, dem Widerstand gegen den Totalitarismus und der Geschichte des europäischen Integrationsprozesses. Alle drei hiermit vorgeschlagenen »europäischen Traditionssäulen« wären – verstanden als aktuelle, gleichwohl in Zukunft veränderbare Bestandsaufnahme – geeignet, neben dem westeuropäischen auch den mittel- und osteuropäischen historischen Erfahrungsschatz zu integrieren.

1. Baustein: Die gesamteuropäische Erhebung von 1848/49

Die politische und soziale Erhebung, die in der Revolution von 1848/49 ihren Kulminationspunkt fand, war über die jeweils national wahrgenommenen Ereignisketten hinaus ein gesamteuropäischer Prozess[42]. Trotz des obrigkeitsstaatlichen Drucks, für den Pars pro Toto die Karlsbader Beschlüsse von 1819 stehen, blieben die Ideen von Nation, Liberalismus und Verfassungsstaat als politische Leitmotive des Vormärz, der Epoche vom Wiener Kongress bis zur

---

[39] Vgl. dazu Susanne Popp, Auf dem Weg zu einem europäischen »Geschichtsbild«. Anmerkungen zur Entstehung eines gesamteuropäischen Bilderkanons. In: Aus Politik und Zeitgeschichte B 7-8/2004, S. 23–31.

[40] Amtsblatt der Europäischen Union C 310 (2004), 47. Jahrgang vom 16. Dezember 2004, S. 3.

[41] Zum Konzept vgl. Les Lieux de mémoire. Ed par Pierre Nora, t. 1 (Abschnitt »La République«); t. 2 (Abschnitt »La Nation«); t. 3 (Abschnitt »Les France«), Paris 1984-1992.

[42] Vgl. Manfred Botzenhart, 1848/49: Europa im Umbruch. Paderborn [u.a.] 1998.

Revolution 1848, virulent[43]. Bis dahin bestimmten die monarchischen Prinzipien des »Systems Metternich« – Restauration, Legitimität und Solidarität – die innen- und außenpolitischen Rahmenbedingungen europäischer Politik. Nach dem Verlust der politischen Kontrolle der alten Mächte über die Geschehnisse, die Barrikadenkämpfe in Berlin, die Erhebungen in Frankreich, Österreich, Ungarn etc., sahen sich viele Kabinettsregierungen genötigt, Zugeständnisse – Verfassungen und Parlamente – zu machen[44]. Die europäische Revolution war ein vielschichtiger Prozess mit vielfältig differenzierten Zielen unterschiedlichster Gruppierungen: bäuerliche Protestbewegungen, bürgerliche Verfassungsbewegung, Protestaktionen von Teilen der Unterschichten gegen die bestehende Sozialordnung und die nationalrevolutionären Bewegungen[45].

Die allgemeine Dramatik dieser Erhebungszeit machte vor den aktiven Soldaten oder Reservisten nicht halt[46]. So dokumentieren mehrere Adressen und Flugblätter, die zum Teil von Bürgern oder Soldaten höherer Bildung geschrieben und von einer Vielzahl von Soldaten unterschrieben wurden, in den südwestdeutschen Festungen und Standorten deren Auseinandersetzung mit den revolutionären Zielen: »Wir sind keine geworbenen Söldlinge, wir sind Bürgersoldaten[47].« Vielmehr solle in der Zukunft die Aufgabe der Soldaten jener der Bürgerwehren entsprechen: »Vertheidigung des Landes, der Verfassung und der durch die Gesetze gesicherten Rechte und Freyheit gegen innere und äußere Feinde.« Ihre Verbundenheit mit den Revolutionären brachten sie ebenfalls zum Ausdruck: »Auf unsere teutschen Brüder schießen wir nicht.« Diese Soldaten verstanden sich als »Bürger im Soldatenrock«, wie es badische Infanteristen am 8. April 1848 in einer Petition an ihre Vorgesetzten formuliert haben. Darüber hinaus forderten viele Soldaten in ihren Eingaben eine allgemeine Humanisierung des Militärdienstes sowie die Gewährung von sozialen und wirtschaftlichen Zukunftschancen. Insgesamt bieten diese Haltungen ein enormes Europäisierungspotenzial.

In der konkreten historischen Situation scheiterte diese Erhebung, nachdem die Mehrzahl der Barrikadenkämpfe zugunsten der alten Regimes beendet wurden und diese wieder im Vollbesitz sämtlicher Machtapparate waren[48], »aber nicht umsonst war die Revolution, wenn wir an die Fernwirkungen den-

---

43 Vgl. Dieter Langewiesche, Europa zischen Restauration und Revolution 1815-1849, 4. Aufl., München 2004 (= Oldenbourg Grundriß der Geschichte, 13).

44 Vgl. die Beiträge in Europa 1848. Revolution und Reform. Hrsg. von Dieter Dow, Heinz-Gerhard Haupt und Dieter Langewiesche, Bonn 1998.

45 Vgl. Wolfgang J. Mommsen, 1848. Die ungewollte Revolution, Frankfurt a.M. 2000, S. 300.

46 Vgl. dazu grundsätzlich Dieter Langewiesche, Die Rolle des Militärs in den europäischen Revolutionen von 1848. In: Europa 1848 (wie Anm. 44), S. 915-932, sowie Sabrina Müller, Soldaten in der deutschen Revolution von 1848/49, Paderborn 1999 (= Krieg in der Geschichte, 3), sowie die am MGFA geplante Dissertation von Matthias Niklaus mit dem Arbeitstitel: »Die deutsche Erhebung innerhalb der europäischen Freiheits- und Aufstandsbewegung der Jahre 1848/49 unter besonderer Berücksichtigung der Rolle des sogenannten Bürgersoldaten«.

47 Für die folgenden Zitate siehe Müller, Soldaten (wie Anm. 46), S. 203 f.

48 Vgl. Wolfram Siemann, Die deutsche Revolution von 1848/49, Frankfurt a.M. 1985, S. 157-175 (= Neue Historische Bibliothek).

ken [...] im Verfassungsdenken, in der Loyalität zur Republik, in der wir leben [...] Die Forderungen, das Volk zu bewaffnen, gaben der bewaffneten Gewalt eine neue, demokratische Legitimation[49].«

2. Baustein: Widerstand gegen den Totalitarismus

Die gesamteuropäische Erfahrung mit den totalitären Staaten des 20. Jahrhunderts war neben der überzeugten und aktiven Unterstützung auch das stille Erdulden, der aktive Widerstand gegen denselben, sei es, um von außen die Befreiung zu erwirken, oder von innen – friedlich oder gewaltsam – die Überwindung des Totalitarismus zu erreichen[50]. Im Kampf gegen den die Freiheits- und Bürgerrechte negierenden modernen totalen Staat im »Zeitalter der Ideologien«[51] standen die Europäer das gesamte 20. Jahrhundert[52]; namentlich in der Auseinandersetzung mit Faschismus und Nationalsozialismus einerseits, mit Sozialismus und Kommunismus andererseits[53]. Hierzu gehören insbesondere der Kampf gegen das nationalsozialistische »Dritte Reich«, aber auch die Erhebungen im kommunistischen Ostblock, wie zum Beispiel in der DDR 1953[54], in Ungarn 1956[55], der Tschechoslowakei 1968, bevor am 9. November 1989 die Mauer in Berlin fiel. Dies alles sind nur die prominentesten Beispiele für den Drang nach Selbstbestimmung, Freiheit und Demokratie.

Eine militärische Traditionsbildung müsste sich über den Widerstand gegen den Totalitarismus hinaus an den Grundlagen eines freiheitlichen und demokratischen Staats- und Gesellschaftsverständnisses orientieren. Ein europäisches Traditionsverständnis könnte sich an die Punkte 15 und 16 des deutschen Traditionserlasses anlehnen: Demnach sollen »Zeugnisse, Haltungen und Erfahrungen« im Traditionsverständnis verankert werden, »die als ethische und rechtsstaatliche, freiheitliche und demokratische Traditionen auch für unsere Zeit beispielhaft und erinnerungswürdig sind« und »in denen Soldaten über die militärische Bewährung hinaus an politischen Erneuerungen teilhatten, die zur

---

[49] Wolfgang Hug, Demokraten und Soldaten. Bewaffnete Gewalt in der Revolution von 1848/49 – aus südwestdeutscher Sicht. In: 1848. Epochenjahr für Demokratie und Rechtsstaat in Deutschland. Hrsg. von Bernd Rill, München 1998, S. 205-223, hier: S. 222.

[50] Vgl. Totalitarismus im 20. Jahrhundert. Eine Bilanz der internationalen Forschung. Hrsg. von Eckhard Jesse, Bonn 1999.

[51] Vgl. Karl Dietrich Bracher, Zeit der Ideologien. Eine Geschichte politischen Denkens im 20. Jahrhundert, Stuttgart 1984.

[52] Vgl. Birk, Einigkeit und Recht und Freiheit (wie Anm. 16), S. 70.

[53] Vgl. etwa Eric Hobsbawn, Das Zeitalter der Extreme. Weltgeschichte des 20. Jahrhunderts, München, Wien 1995, und Mark Mazower, Der dunkle Kontinent. Europa im 20. Jahrhundert, Berlin 2000, sowie unter anderer Perspektive Dan Diner, Das Jahrhundert verstehen. Eine universalhistorische Deutung, München 1999.

[54] Vgl. Torsten Diedrich, Waffen gegen das Volk. Der 17. Juni 1953 in der DDR, München 2003.

[55] Vgl. Paul Lendvai, One Day that Shook the Communist World: The 1956 Hungarian Uprising and its Legacy, Princeton, NJ 2008, und Der Ungarnaufstand. Das Jahr 1956 in der Geschichte des 20. Jahrhunderts; wissenschaftliches Kolloquium anlässlich des 50. Jahrestages der Revolution 1956 in Ungarn. Hrsg. von Péter Kende und Eike Wolgast, Budapest 2007.

Entstehung einer mündigen Bürgerschaft beigetragen und den Weg für ein freiheitliches, republikanisches und demokratisches Deutschland gewiesen haben«[56] – natürlich müsste »Deutschland« durch »EU« respektive »Europa« ersetzt werden.

Zur Personalisierung der militärischen Traditionsbildung eignet sich zum Beispiel Caesar von Hofacker (1896-1944), ein Cousin Stauffenbergs: Beide waren übrigens Ururenkel von Gneisenau. Hofacker war wie viele seiner Generation Kriegsfreiwilliger im Ersten Weltkrieg, zunächst Monarchist, dann Nationalist; er wurde während des Zweiten Weltkrieges durch einen für ihn schmerzhaften Lernprozess zum Patrioten und Widerstandskämpfer aus sittlicher Überzeugung, der auch zum Europäer taugt[57]. In einem Brief an seine Frau vom 15. Juli 1940 nahm er bereits visionär die Europapolitik des deutschen Bundeskanzlers Helmut Kohl und des französischen Präsidenten François Mitterand mit ihrem symbolischen Händedruck über den Gräbern von Verdun im September 1984 und die durch die Einführung des Euro zum 1. Januar 2002 gekrönte Europäische Wirtschafts- und Währungsunion vorweg: »Ich würde, wenn es auf mich ankäme, [...] eine Währungs- und Wirtschaftsunion zwischen Frankreich und Deutschland proklamieren und in einem feierlichen symbolischen Akt auf den gemeinsamen Totenfeldern von Verdun eine ewige deutschfranzösische Allianz gründen[58].«

Der bundesdeutsche Verteidigungsminister Franz-Josef Jung betonte daher zu Recht am 20. Juli 2007 bei einer traditionellen Vereidigung von Rekruten im Bendlerblock, dem Ort des Umsturzversuches vom Juli 1944 und nunmehr Sitz des Verteidigungsministeriums in Berlin: »Die Kerngedanken der europäischen Einigung sind im politischen Vermächtnis des deutschen Widerstands enthalten [...] die Gelöbnisformel verdeutlicht, dass militärisches Handeln nicht für sich stehen kann, sondern nur im Dienste von Werten, wie sie im Grundgesetz verankert sind, die schließlich die Werte sind, die uns in Europa miteinander verbinden. Dieser europäische Wertebezug, dessen Tradition und historische Wurzeln wir heute würdigen, ist ungebrochen lebendig und bedeutsam[59].«

3. Baustein: Der europäische Integrationsprozess nach 1945

Die stärkste Identität stiftende Klammer indes ist ohne Frage der Erfolg des europäischen Integrationsprozesses nach 1945. Mit der mittel- und osteuropäischen Erhebung in den Jahren 1989/1991 bot sich die Möglichkeit der Umsetzung der Vision eines »Europe whole and free« auch für den östlichen Teil

---

[56] Zit. nach Abenheim, Bundeswehr und Tradition (wie Anm. 9), S. 231 f.

[57] Zu Hofacker vgl. Eberhard Birk, Caesar von Hofacker – »ein fanatischer Treiber und Verfechter des Putschgedankens«. In: Militärische Tradition (wie Anm. 3), S. 101-128.

[58] Zit. nach Ulrich Heinemann, Caesar von Hofacker – Stauffenbergs Mann in Paris. In: »Für Deutschland«. Die Männer des 20. Juli. Hrsg. von Klemens von Klemperer, Enrico Syring und Rainer Zitelmann, Frankfurt a.M., Berlin 1994, S. 108-125, hier S. 114.

[59] http://www.franz-josef-jung.de/bt_reden/2007_juli20.pdf. [letzter Abruf: 22.11.2008].

Europas. Dies war bekanntlich auch der Ansatz der europäischen Einigungsbewegung, die bereits im Zweiten Weltkrieg und danach im Schatten des Kalten Krieges herangewachsen war. Sie setzte sich eine gemeinsame europäische Regierung zum Ziel, die auch für eine gemeinsame Verteidigung zuständig sein sollte[60]. Hierin spiegelte sich nicht nur eine konzeptionelle Antwort auf die bellizistische Vergangenheit des Kontinents. Die europäische Einigungsbestrebung wurde vielmehr gleichzeitig »für die Dauer des Ost-West-Konfliktes notgedrungen zu einem funktionalen Bestandteil der westlichen Selbstbehauptung in diesem Konflikt«[61]. Ihre zentrale geschichtsmächtige Organisationseinheit bildete die mit den – nomen est omen – Römischen Verträgen vom 25. März 1957 konstituierte EWG, die den größten politischen und wirtschaftlichen Schritt auf dem Weg zu einem »immer engeren Zusammenschluss der europäischen Völker« bildete und damit symbolisch die historische Tiefe und geografische Weite für ein unvergleichbares, gesamteuropäisches historisch-politisches Projekt aufzeigte[62]. Damit bot dieser Zusammenschluss grundsätzlich die Möglichkeit eines Beitritts osteuropäischer Völker, denen damals die Teilnahme versagt blieb. Deren Aufnahme erst machte die EU zu einer »Union der europäischen Völker«. Sie bringen durch ihre gewaltlosen Freiheitsrevolutionen einen Traditionsbestand mit, der die beiden zuerst genannten Säulen – die gesamteuropäische Erhebung von 1848/49 und den Widerstand gegen den Totalitarismus –, mit der dritten, dem Erfolg der europäischen Integration, verbindet.

Ob dieses Traditionsverständnis sich dann an der preußischen Heeresreform, dem europäischen Völkerfrühling von 1848/49 und seinem »Bürger«-Soldaten, ausgewählten militärischen Operationen des Zweiten Weltkrieges[63], dem militärischen Widerstand gegen das NS-Regime[64], den westeuropäischen

---

[60]   Vgl. Walter Lipgens, Die Bedeutung des EVG-Projekts für die europäische Einigungsbewegung. In: Die Europäische Verteidigungsgemeinschaft. Stand und Probleme der Forschung. Hrsg. vom MGFA, Boppard a.Rh. 1985, S. 9-30, hier: S. 9.

[61]   Lipgens, Die Bedeutung des EVG-Projekts (wie Anm. 60), S. 12; vgl. zudem zu den unterschiedlichen Ansätzen Klaus Schwabe, Der Stand der Bemühungen um Zusammenarbeit und Integration in Europa 1948-1950. In: Die westliche Sicherheitsgemeinschaft 1948-1950. Gemeinsame Probleme und gegensätzliche Nationalinteressen in der Gründungsphase der Nordatlantischen Allianz, im Auftrag des MGFA hrsg. von Norbert Wiggershaus und Roland G. Foerster, Boppard 1988, S. 25-36.

[62]   Vgl. hierzu Franz Knipping, Rom, 25. März 1957. Die Einigung Europas, München 2004 (= 20 Tage im 20. Jahrhundert). Für den Vertragstext vgl. Vertrag zur Gründung der Europäischen Gemeinschaft vom 25. März 1957. Der Vertrag ist in seiner ursprünglichen Fassung am 1.1.1958 in Kraft getreten gem. Bek. vom 27.12.1957 (BGBl. 1958 II, S. 1). Die Neufassung trat am 1.11.1993 in Kraft (Bek. v. 19.10.1993, BGBl. II, S. 1947).

[63]   Vgl. etwa Invasion 1944. Hrsg. von Hans Umbreit, Hamburg 1998 (= Vorträge zur Militärgeschichte, 16).

[64]   Vgl. hierzu Winfried Heinemann, Der militärische Widerstand und der Krieg. In: Das Deutsche Reich und der Zweite Weltkrieg. Bd 9/1: Die deutsche Kriegsgesellschaft 1939 bis 1945. Politisierung, Vernichtung, Überleben. Im Auftrag des MGFA hrsg. von Jörg Echternkamp, München 2004, S. 743-892, und Aufstand des Gewissens. Militärischer Widerstand gegen Hitler und das NS-Regime 1933-1945. Begleitband zur Wanderausstellung des Militärgeschichtlichen Forschungsamtes. Hrsg. im Auftrag des MGFA von Thomas Vogel, 5., völlig überarb. und erw. Aufl., Hamburg, Berlin, Bonn 2000.

Sicherheitsstrukturen oder den Geschichten nationaler Armeen über die Zeit des Kalten Krieges hinaus[65], dem Aufbau eigener militärischer europäischer Strukturen oder EU-Operationen der Gegenwart und Zukunft orientiert, ist dabei zweitrangig. Klar ist jedoch: Europäische Streitkräfte müssen sich als ein Mittel für die Durchsetzung des Friedens in Freiheit als Grundvoraussetzung militärischen Dienens begreifen.

VI. Fazit

Die preußische Katastrophe von Jena und Auerstedt wurde zur Chiffre eines gesamtstaatlichen und militärischen Modernisierungsdefizits, das in Form der Gesamtheit der preußischen Reformen »nicht *mit*, sondern *gegen* Napoleon«[66] aufgearbeitet wurde. Die gebotenen Staats-, Gesellschafts- und Bildungsreformen spiegelten sich auch in den Militärreformen wider. In den Heeresreformen wurden deshalb die vier zentralen Handlungsfelder der preußischen Reformzeit – das Menschenbild der Aufklärung, die staatlich-gesellschaftlichen Reformen, die Bildungsdimension und die militärische Transformation – aufeinander bezogen und miteinander vernetzt: »Aus einer höheren Warte betrachtet, wurden hier Scharnhorst und seine Mitstreiter zu Agenten des Epochenwandels[67].«

Versteht man die preußischen Heeresreformen als Reaktion auf eine militärische Revolution und damit auch als intellektuelle und pragmatisch-funktionale Begegnung einer existenziellen Herausforderung, so kann sie als beispielhafte Transformation auch heute noch als Denkfigur herangezogen werden: Sämtliche Rahmenbedingungen waren von den (wenigen) Reformern richtig analysiert, die grundlegenden Ziele richtig definiert und die daraus abgeleiteten Maßnahmen durch den siegreichen Abschluss in den anti-napoleonischen Kriegen erfolgreich »empirisch« bestätigt. Die zentrale Bedeutung der preußischen Militärreform für ein modernes, auch europäisches Traditionsverständnis ist, erstens, darin begründet, dass auf der Basis der staatsbürgerlichen Idee die Vereinigung von Staat, Nation und Armee – der »Staatsbürger in Uniform« – eine tief reichende Traditionswurzel findet. Ihr Erfolgsversprechen ist, zweitens, darin begründet, dass mit der erfolgreichen Befreiung von der französi-

---

[65] Vgl. hierzu: Anfänge westdeutscher Sicherheitspolitik (wie Anm. 13); Entstehung und Probleme des Atlantischen Bündnisses bis 1956 (seit 1998 bisher 7 Bde); Sicherheitspolitik und Streitkräfte der Bundesrepublik Deutschland (seit 2006 bisher 8 Bände), oder Entschieden für Frieden. 50 Jahre Bundeswehr 1955 bis 2005. Im Auftrag des MGFA hrsg. von Klaus-Jürgen Bremm, Hans-Hubertus Mack und Martin Rink, Freiburg i.Br., Berlin 2005.
[66] Elisabeth Fehrenbach, Vom Ancien Régime zum Wiener Kongress, 4., überarb. Aufl., München 2001 (= Oldenbourg Grundriss der Geschichte, 12), S. 109 (Hervorhebung im Original).
[67] Michael Sikora, Gerhard von Scharnhorst – die »Verkörperung« der preußischen Heeresreform. In: Militärische Reformer in Deutschland im 19. und 20. Jahrhundert, Potsdam 2007 (= Potsdamer Schriften zur Militärgeschichte, 2), S. 11-21, hier S. 15.

schen Besatzungsherrschaft durch die anti-napoleonischen Kriege 1813/15 eine Transformation mit erfolgreichem Abschluss in überschaubarer Zeit als ein militärhistorisches Vor- bzw. Urbild präsentiert werden kann. Die preußische Heeresreform könnte daher als *ein* mögliches (erfolgreiches) Beispiel dienen.

Aus politischen Gründen wird diese nationale Traditionslinie indes nur über einen hohen Abstraktionsgrad als Nukleus für ein europäisches Traditionsverständnis dienen können. Als preußische Heeresreform ist sie auch zu deutsch. Denn die Kehrseite der preußischen Reformen ist ihre Nachgeschichte, die allerdings nicht von den Reformern zu verantworten ist. Die Rahmenbedingungen der Restaurationsphase und später im Deutschen Reich nahmen den Modernisierungsdruck: die staatsbürgerliche, demokratische Zielsetzung wurde von der militärischen Effektivität entkoppelt, die militärische Transformation wurde so von ihren politischen und gesellschaftlichen Implikationen gelöst und instrumentell für andere Zielsetzungen benutzt. Dies macht auch deutlich, dass einem katalysatorischen Nukleus-Charakter der preußischen Heeresreformen für eine europäische Option enge (historisch-) politische Schranken gesetzt sind.

In einem zunehmenden Europäisierungsprozess müssen und werden die Europäer sukzessive ein ihnen gemeinsames Selbstverständnis entwickeln und somit die nationalen Selbstbeschreibungen mit einer europäischen Dimension verbinden. Ein europäisches militärisches Traditionsverständnis muss, so doppelt paradox es klingen mag, »der Zukunft zugewandt« sein und dabei auf ein gemeinsames Erbe rekurrieren. Die genannten Bausteine – ein »europäisches 1848/49«, der Widerstand gegen den Totalitarismus im 20. Jahrhundert und der Erfolg des europäischen Integrationsprozess – werden dann durch die Topoi Transformation und Einsatz ihre Erweiterung finden. Im Sinne einer modernen Traditionsbildung, die militärhistorisch-politische und wertgebundene zivile Elemente vereint, lässt sich alles im lateinischen Teamgedanken: »Communitate Valemus« (»gemeinsam sind wir stark«) – ein passender Wahlspruch, der im Grunde ein uralter europäischer ist – für SAFE und ein zukünftiges gemeinsames Traditionsverständnis zusammenführen.

Um dieses Gesamtverständnis zu erreichen, ist es bei aller Notwendigkeit der Einübung des für die erfolgreiche Bewährung im Einsatz Erforderlichen, i.e. der militärisch-funktionalen Handlungs- und Führungskompetenz, unabdingbar, die historisch-politische (Werte-) Bildung zu forcieren. Auf diese Dimension wies bereits der erste Traditionserlass von 1965 mit seinem Punkt 18 hin: »Geistige Bildung gehört zum besten Erbe europäischen Soldatentums. Sie befreit den Soldaten zu geistiger und politischer Mündigkeit und befähigt ihn, der vielschichtigen Wirklichkeit gerecht zu werden, in der er handeln muß. Ohne Bildung bleibt Tüchtigkeit blind«[68]. Was vor der eindimensionalen Bedrohungslage des Kalten Krieges galt, wird heute vor einem sehr viel komplexeren Einsatzszenario so wichtig wie die Beherrschung der Waffen. Dieses soldatische Ethos bietet Halt, Orientierung und Wertefestigkeit für die Aufgaben der Zukunft.

---

[68] Zit. nach Abenheim, Bundeswehr und Tradition (wie Anm. 9), S. 227.

Personenregister

Kolowrat, Franz-Anton Graf
  von 113
Korfes, Otto 376
Kościuszko, Tadeusz 492
Kraus, Karl 127
Kraus-Ellislago 125
Kremser, Simon 494 f.
Krenek, Ernst 531, 533
Krenz, Egon 383
Krüger, Horst 348
Kujat, Harald 434
Kuropatkin, Alexei N. 214,
  220
Lange, Heinrich 434
Lange, Karl 525
Langenau, Karl Friedrich
  Freiherr von 101
Langenbeck, Bernhard von
  174
Lasker, Eduard 149
Latour, Theodor Graf Baillet
  de 113
Lehmann, Rolf 384 f.
Lenin, Vladimir I. 375 f., 481
Leopold II., Kaiser 111
Leopold, Großherzog von
  Baden 163
Lessel, Emil von 203
Lessing, Gotthold Ephraim
  489
Leutwein, Theodor 210
Levi, Paul 473
Liddell Hart, Basil 418
Liebknecht, Karl 373
Liebknecht, Wilhelm 469
Lindenau, Karl Friedrich von
  111
Löffler, Hans-Georg 378
Lohbauer, Rudolf 467
Lüttwitz, Walther Freiherr
  von 251
Lützow, Adolf Freiherr von
  80, 83, 328, 379
Luise, Königin von Preußen
  75
Luther, Martin 41
Luxemburg, Rosa 373
Machiavelli, Niccolò 428
Maizière, Lothar de 397

Maizière, Ulrich de 2, 331 f.,
  336, 447
Manteuffel, Edwin von 197 f.
Manteuffel, Hasso von 360
Mao Zedong 418
Marx, Karl 376
Masséna, André 119
Matthes, Heinz 311
Matz, Elsa 308
Maximilian II., Kaiser 452
Meier-Dörnberg, Wil-
  helm 310
Meinecke, Friedrich 407
Mendelssohn, Moses 486, 490
Metternich, Klemens Fürst
  von 116
Meyer(-Thorn), Friedrich
  Heinrich 147, 149
Michaelis, Jakob 487
Mieroslawski, Ludwik 285
Mitterand, François 559
Modrow, Hans 386, 389,
  393, 396 f.
Möllendorf, Wichard
  von 111
Molitor, Ignaz Ortwein von
  146, 148
Moltke, Helmuth (der Ältere)
  Graf von 12, 148, 181,
  190-192, 195, 198, 220, 222,
  226, 457
Moser, Friedrich Carl von 11
Napoleon I., Kaiser 8, 20, 42,
  61, 65 f., 68-70, 76, 82, 85,
  87, 100 f., 103-105, 107,
  109-112, 115, 117, 119, 123,
  154, 225, 282, 372, 375, 377,
  379, 420, 454, 490, 492,
  494 f., 511 f., 514, 525
Naumann, Klaus 432
Nettelbeck, Joachim 75
Norden, Albert 372
Noske, Gustav 249-253,
  256 f., 469
Ollenhauer, Erich 464
Oyama, Iwao 214
Paul, Ernst 336
Penner, Wilfried 430
Pepping, Ernst 531, 533

Petronius, Gaius 429
Puccini, Giacomo 532
Radetzky, Joseph Graf R. von
  Radetz 109
Raeder, Erich 271
Rathenau, Walther 471 f.,
  486, 499
Reichenau, Walter von 321
Reinecke, Hermann 272
Reinhardt, Klaus 433
Reinhardt, Walther 249-251,
  253, 257
Repnin-Volkonskij, Nikolaij
  G. von 105
Riedesel, Volpert Christian
  von 98 f.
Röhm, Ernst 263
Rommel, Erwin 272
Roon, Albrecht Graf von 13,
  145, 181, 198, 456
Roosevelt, Theodore 214
Rosenfeld, Kurt 303
Rotteck, Karl von 86, 155,
  367 f.
Rühe, Volker 432
Rüstow, Wilhelm 467
Rutowski, Friedrich August
  Graf von 96
Salzmann, Christian Gotthilf
  39
Samuel, Siegismund 498
Scharnhorst, Gerhard Johann
  David von 3, 5-7, 15, 17,
  20, 23 f., 30, 38, 43-64, 71,
  74, 79, 87, 89, 97, 115, 119,
  141, 191 f., 243, 280, 291,
  327 f., 331, 345, 350, 361,
  370, 372-376, 378, 380, 388,
  455, 460, 466, 551 f., 561
Scharnhorst, Julie von 55, 63
Scharping, Rudolf 434, 442 f.
Scheidemann, Philipp 300,
  471 f.
Scheler, Wolfgang 384 f., 391
Schenk von Stauffenberg,
  Claus Graf 325, 559
Scherchen, Hermann
  531, 533
Schiffer, Eugen 251

Autorinnen und Autoren

Hauptmann Michael Berger, wissenschaftlicher Mitarbeiter am MGFA

Dr. Rüdiger Bergien, wissenschaftlicher Mitarbeiter am Zentrum für Zeithistorische Forschung, Potsdam

Oberregierungsrat Dr. Eberhard Birk, Dozent für Militärgeschichte und Politische Bildung an der Offizierschule der Luftwaffe, Fürstenfeldbruck

Oberstleutnant, Dipl. Päd. Kai Uwe Bormann M.A., wissenschaftlicher Mitarbeiter am MGFA

Wissenschaftliche Direktorin Prof. Dr. Angelika Dörfler-Dierken, Lehrbeauftragte an der Helmut-Schmidt-Universität Hamburg und Projektleiterin am Sozialwissenschaftlichen Institut der Bundeswehr, Strausberg

Dr. Jürgen Förster, Mitarbeiter am Lehrstuhl für Neuere und Neueste Geschichte an der Albert-Ludwigs-Universität Freiburg

Mag. Dr. Sabine A. Haring, Ass. Prof. für Soziologie an der Karl-Franzens-Universität Graz

Prof. Dr. i.R. Paul Heider, ehem. Oberst der NVA und Direktor des Militärgeschichtlichen Instituts der DDR

Major Dr. Manfred Franz Heidler, Mitarbeiter des Dezernats Militärmusik im Streitkräfteamt, Bonn

Dr. phil. habil. Andreas Herberg-Rothe, bis 2009 PD für Politikwissenschaft am Institut für Sozialwissenschaften an der Humboldt-Universität Berlin; 2009 Umhabilitation an die Goethe-Universität Frankfurt a.M. sowie Dozent an der Hochschule Fulda

PD Dr. Sylvia Kesper-Biermann, Mitarbeiterin am Lehrstuhl für bürgerliches Recht und Rechtsgeschichte an der Universität Bayreuth

Oberstleutnant Dr. Burkhard Köster, wissenschaftlicher Mitarbeiter am MGFA

Prof. Dr. Helmut Kuzmics, wissenschaftlicher Mitarbeiter am Institut für Soziologie an der Karl-Franzens-Universität Graz

Dr. Eckard Michels, Senior Lecturer für deutsche Geschichte am Birkbeck College, University of London

PD Walter Mühlhausen, Privatdozent am Institut für Geschichtswissenschaften der TU Darmstadt und Geschäftsführer der Stiftung Reichspräsident-Friedrich-Ebert-Gedenkstätte, Heidelberg

Dr. Henning Pahl, Leiter der Erinnerungsstätte für die Freiheitsbewegungen in der deutschen Geschichte, Rastatt

Prof. em. Dr. Reiner Pommerin, Oberst d.R., Kultursenator im Sächsischen Kultursenat

Oberstleutnant Dr. Harald Potempa, wissenschaftlicher Mitarbeiter am MGFA

Dr. Martin Rink, wissenschaftlicher Mitarbeiter am MGFA und Lehrbeauftrag-
ter an der Universität Potsdam

Hauptmann Dr. Marcus von Salisch, wissenschaftlicher Mitarbeiter am MGFA

Oberstleutnant Dr. Rudolf Schlaffer, wissenschaftlicher Mitarbeiter am MGFA

Dr. Jan Schlürmann, wissenschaftlicher Mitarbeiter am Lehrstuhl für Nordische
Geschichte an der Christian-Albrechts-Universität zu Kiel

PD Dr. Michael Sikora, Mitarbeiter am Exzellenzcluster Religion und Politik,
Westfälische Wilhelms-Universität Münster

Prof. Dr. i.R. Heinz Stübig, Philipps-Universität Marburg

PD Dr. Dierk Walter, wissenschaftlicher Mitarbeiter am Hamburger Institut für
Sozialforschung

Dr. Jan-Phillipp Weisswange, Politikwissenschaftler und Freier Journalist

Jutta Weitzdörfer-Henk M.A., wissenschaftliche Angestellte der VW-Nach-
wuchsforschungsgruppe »Regieren im 20. Jahrhundert. Politik in der modernen Industriegesellschaft 1880–1970« in Tübingen und Berlin

Wissenschaftlicher Direktor Dr. Rüdiger Wenzke, wissenschaftlicher Mitarbeiter am MGFA

Stefan Zimmermann M.A., wissenschaftlicher Mitarbeiter am Bauernhaus-Museum
Wolfegg